Sonja Großmann
Falsche Freunde im Kalten Krieg?

Studien zur Internationalen Geschichte

Herausgegeben von
Eckart Conze
Julia Angster
Marc Frey
Wilfried Loth und
Johannes Paulmann

Band 46

Sonja Großmann

Falsche Freunde im Kalten Krieg?

Sowjetische Freundschaftsgesellschaften
in Westeuropa als Instrumente und Akteure
der Cultural Diplomacy

DE GRUYTER
OLDENBOURG

Gedruckt mit Unterstützung der Gerda Henkel Stiftung, Düsseldorf

ISBN 978-3-11-076346-1
e-ISBN (PDF) 978-3-11-065621-3
e-ISBN (EPUB) 978-3-11-065234-5
ISSN 2190-149X

Library of Congress Control Number: 2019940599

Bibliografische Information der Deutschen Nationalbibliothek
Die Deutsche Nationalbibliothek verzeichnet diese Publikation in der Deutschen Nationalbibliografie; detaillierte bibliografische Daten sind im Internet über http://dnb.dnb.de abrufbar.

© 2021 Walter de Gruyter GmbH, Berlin/Boston
Dieser Band ist text- und seitenidentisch mit der 2019 erschienenen gebundenen Ausgabe.
Satz: Integra Software Services Pvt. Ltd.
Druck und Bindung: CPI books GmbH, Leck
Titelbild: Programm Festival of Friendship 1962, British-Soviet Friendship Society, Hull History Centre, U DPM/2/68/3

www.degruyter.com

Danksagung

Wie bei vielen Dissertationen hat ein langer, manchmal mühevoller Weg zu diesem Buch geführt. Diesen Entstehungsprozess haben zahlreiche Menschen begleitet und durch wissenschaftlichen Rat und persönliche Unterstützung beschleunigt und bereichert.

Professor Martin Schulze Wessel kennt das Projekt seit der ersten Vorstudie als Masterarbeit. Obwohl ich anschließend zunächst die Wissenschaft verlassen hatte, unterstützte er mein Dissertationsprojekt und half mir durch Empfehlungsschreiben bei der Suche nach Finanzierungsmöglichkeiten. Ich bin ihm sehr dankbar, dass er auch nach meinem Wechsel nach Tübingen die Arbeit weiter betreut hat. Eine großzügige und unkomplizierte Finanzierung für mein Promotionsprojekt bekam ich von der Gerda Henkel Stiftung, die auch den Druck dieses Buches bezuschusst hat.

Die Erstbetreuung übernahm Professor Klaus Gestwa, der mich in Tübingen mit offenen Armen empfangen und in sein Institut integriert hat. Dank seiner wertvollen Hinweise, seiner unermüdlichen Unterstützung und Bestärkung konnte ich die Dissertation in einem sehr angenehmen Rahmen durchführen und zum Abschluss bringen. Mein Dank gilt auch Professor Georg Schild, der freundlicherweise das Drittgutachten übernommen hat.

Sehr wohlwollende Gutachten verfassten auch die Herausgeber der Reihe „Studien zur Internationalen Geschichte". Ich freue mich sehr, dass meine „osteuropäische" Dissertation in dieser renommierten Reihe erscheint. Zusätzliche Ehre wurde dem Projekt zuteil durch den Dissertationspreis der AG Internationale Geschichte des Deutschen Historikerverbands und durch den Forschungspreis des Instituts für Auslandsbeziehungen in Stuttgart.

Danken möchte ich auch dem ganzen Tübinger Institut für Osteuropäische Geschichte und Landeskunde und meinen Mitpromovierenden Alexa von Winning, Boris Belge, Martin Deuerlein und besonders Maria Schubert. Von ihnen bekam ich nicht nur viele bereichernde Anregungen im Kolloquium, im Oberseminar und in der „Lesegruppe", sondern auch das Gefühl, nicht als Einzige im „Osteuropakeller" mit dem langsam wachsenden Text zu kämpfen. Tatkräftige Unterstützung bekam ich auch von Fabian Raßmann und Nicolas Schupp durch Kopier- und Recherchearbeiten sowie von Antonia Wegner, die es auf sich genommen hat, die ganze Arbeit Korrektur zu lesen.

Der Weg bis zur Vollendung dieses Buches hat mich durch viele Länder und größere und kleinere Archive geführt, was mir einen Einblick in höchst unterschiedliche Archivkulturen verschaffte. Stellvertretend für zahlreiche hilfsbereite Archivare möchte ich hier Michaïl Prozumenščikov nennen, der mir wichtige Bestände im RGANI zugänglich gemacht hat. Dank Wolfgang

Kucera hatte ich einen sehr unkomplizierten Zugang zum Depot des Archivs der Münchner Arbeiterbewegung.

Unvergessliche und äußerst bereichernde Erfahrungen waren für mich die Gespräche mit Zeitzeugen in kleinen Dörfern im Süden Frankreichs oder an der deutschen Nordseeküste, in Pariser Stadthäusern oder Moskauer Cafés. Ich bin allen Gesprächspartnern sehr dankbar, dass sie mir ihr Vertrauen geschenkt, mit mir ihre Erinnerungen geteilt und mir oft auch persönliche Unterlagen zur Verfügung gestellt haben. Leider haben manche die Fertigstellung des Buches nicht mehr erlebt. Danken möchte ich auch Ralph Gibson, dessen Einsatz mir die Nutzung des Titelbildes ermöglicht hat.

Obwohl ich am Anfang das Gefühl hatte, mit diesem Thema ganz allein zu stehen, konnte ich im Laufe meiner Recherchen ein wissenschaftlich und menschlich sehr bereicherndes Netzwerk aus Kolleginnen und Kollegen aus dem In- und Ausland knüpfen, die sich ebenfalls mit Freundschaftsgesellschaften oder Ost-West-Kulturaustausch befassten. Danken möchte ich insbesondere Simo Mikkonen, Pia Koivunen, Emily Lygo, Matthieu Osmont, Sophie Cœuré und Cyril Cordoba, die mich zu von ihnen organisierten Tagungen und Kolloquien eingeladen haben. So konnte ich meine Arbeit in Jyväskylä, Bielefeld, Blaubeuren, London, Rothenburg, Brüssel, Belfast, Paris, Lüneburg und Fribourg zur Diskussion stellen und wertvolle Kommentare erhalten.

Dieses Projekt über Jahre begleitet haben auch zahlreiche Freunde, die durch die Beherbergung auf Reisen, das Lesen von Passagen, spontane Kinderbetreuung oder persönliche Bestärkung immens dazu beigetragen haben, dass dieses Buch nun vor dem Abschluss steht.

Ermöglicht haben die Archivreisen und manche Schreibphase vor allem meine Eltern und Schwiegereltern durch unzählige Kinderbetreuungseinsätze und andere tatkräftige Unterstützung in stressigen Phasen. Für dieses unschätzbar wertvolle Engagement bin ich zutiefst dankbar. Der größte Dank gilt meinem Mann Johannes. Ohne seine Bestärkung wäre ich das Wagnis nie eingegangen, eine Dissertation mit zwei Kindern anzufangen. Ohne seine vielfältige Unterstützung und seine liebevolle Begleitung in allen Höhen und Tiefen hätte ich das Projekt auch sicherlich nie zum Abschluss gebracht. Ihm und meinen Kindern, die so viele Jahre darauf gewartet haben, dass das Buch endlich fertig wird, sei es gewidmet.

Inhalt

Danksagung —— V

Einleitung —— 1
    Forschungsziele und Forschungsperspektiven —— 5
    Forschungsgegenstand: Freundschaftsgesellschaften im Vergleich —— 9
    Forschungskontext —— 12
    Analytischer Rahmen und konzeptionelle Überlegungen —— 28
    Quellen —— 39
    Aufbau —— 43

1 Vom Zweiten Weltkrieg zum Kalten Krieg: Höhen und Tiefen der Freundschaft —— 45
    1.1 Einleitung: Nachkriegszeit, Kalter Krieg und Spätstalinismus —— 45
    1.2 Rückblick: Sowjetische Cultural Diplomacy in der Zwischenkriegszeit —— 50
    1.3 Die glorreiche „Gründerzeit" der Freundschaftsgesellschaften —— 62
    1.4 Freundschaft als Waffe im Kalten Krieg —— 91
    1.5 Zwischen „Friedenskampf" und „Stalinkult" —— 115
    1.6 Sonderfall Bundesrepublik: Freundschaft mit der Sowjetunion ohne Sowjetunion —— 138
    1.7 Fazit: Zäsuren und Kontinuitäten, Abschottung und Kontakte —— 146

2 Tauwetter: Öffnung, Internationalisierung und Konkurrenz —— 150
    2.1 Einleitung: Tauwetter in der Cultural Diplomacy —— 150
    2.2 Politische Öffnung: Eine Herausforderung für die Freundschaftsgesellschaften —— 153
    2.3 Die Freundschaftsmonate: Möglichkeiten und Grenzen der Cultural Diplomacy —— 176
    2.4 Das Jahr 1956: Brüche und Neuanfänge —— 186
    2.5 Von der VOKS zur SSOD: Äußere Öffnung und innere Internationalisierung —— 206
    2.6 Cultural Diplomacy westlicher Regierungen: Konkurrenz belebt das Geschäft —— 228

2.7 Fazit: Die Freundschaftsbewegung als Akteur und Katalysator der Cultural Diplomacy —— **245**

3 Détente im Westen: Erleichterung und Herausforderung der Freundschaft —— 248
3.1 Einleitung: Entspannungspolitik, Eurokommunismus und Menschenrechte —— **248**
3.2 Außenpolitische Détente und innenpolitische Bündnispolitik in den 1960er Jahren —— **254**
3.3 Prag 1968: Die Loyalität auf dem Prüfstand —— **269**
3.4 Bundesdeutsche Freundschaftsgesellschaften zwischen Neuer Ostpolitik und DKP —— **280**
3.5 Schweigen oder Reden? Die Diskussion um die Menschenrechte in France-URSS —— **315**
3.6 Zweiter Kalter Krieg? Geteilte Reaktionen auf die Intervention in Afghanistan —— **338**
3.7 Fazit: Freundschaftsgesellschaften als alternative Kommunikationskanäle —— **351**

4 Cultural Diplomacy in der Brežnev-Ära: Rhetorische, virtuelle und persönliche Begegnungen —— 355
4.1 Einleitung: Politische Stagnation und gesellschaftliche Dynamik im KSZE-Prozess —— **355**
4.2 Kulturtage und Ausstellungen: Orte der Selbstdarstellung —— **361**
4.3 Reisen: Wege zum Anderen zwischen Ideologie und Kommerz —— **379**
4.4 Kolloquien: Räume des kontrollierten Dialogs als Beitrag zum KSZE-Prozess —— **431**
4.5 Städteverbindungen: Lokale Kristallisationspunkte der Cultural Diplomacy —— **445**
4.6 Fazit: Freundschaftsgesellschaften als Mittler transnationaler Beziehungen —— **472**

5 Die Perestrojka und das Ende der Sowjetunion: Höhepunkt, Niedergang, Neubeginn? —— 476
5.1 Einleitung: Die Perestrojka und das neue Bild der Sowjetunion —— **476**
5.2 Höhepunkt? Neue Popularität der Freundschaftsgesellschaften —— **480**

5.3	Niedergang? Reaktionen auf den Wandel in der Sowjetunion und im Westen —— **494**
5.4	Neubeginn? Kontinuitäten und Brüche nach dem Ende der Sowjetunion —— **509**
5.5	Fazit: Das Ende politischer Loyalitäten und der Beginn persönlicher Beziehungen —— **518**

Ergebnisse und Ausblicke —— 521

Quellen- und Literaturverzeichnis —— 540
    Ungedruckte Quellen —— **540**
    Gedruckte Quellen —— **543**
    Sekundärliteratur —— **548**
    Internetressourcen —— **572**

Anhang —— 574
    Abkürzungsverzeichnis —— **574**
    Kurzbiographien —— **578**
    Führende Persönlichkeiten in den Freundschaftsgesellschaften —— **591**
    Abbildungsverzeichnis —— **596**

Register —— 597

Einleitung

Vor dem Hintergrund des Ukraine-Konflikts wandte sich der russische Außenminister Sergej V. Lavrov im Juli 2014 gegen eine angebliche „Diskreditierung der russischen Politik und Verzerrung des Bildes" von Russland im Ausland. Eines der Instrumente der von ihm angekündigten Imagekampagne sollte demnach ein „öffentlich-staatlicher Fonds zur Koordinierung der Arbeit der ‚Freundschaftsgesellschaften'" sein.[1] Lavrov berief sich dabei auf die 2013 von Präsident Vladimir V. Putin vorgestellte neue außenpolitische Strategie, die unter anderem auf eine Stärkung der „Soft Power" Russlands abzielte.[2] Dem Politikwissenschaftler Joseph S. Nye zufolge basiert die außenpolitische Soft Power eines Landes – im Gegensatz zur militärischen und ökonomischen Hard Power – auf der Attraktivität seiner Kultur, seiner politischen Werte und seiner Außenpolitik.[3] Abweichend davon definiert Putins außenpolitisches Konzept Soft Power als einen Werkzeugkasten alternativer diplomatischer Methoden aus den Bereichen Zivilgesellschaft, Kommunikation und Kultur. Die Anwendung dieser Methoden wird in der Politikwissenschaft eher als „Public Diplomacy" oder „Cultural Diplomacy" bezeichnet.[4] Dass Soft Power nicht immer „weich" sein muss und Cultural Diplomacy weit

---

1 MID, Rede des Außenministers Russlands, Sergej Lawrow, auf der Konferenz der Niederlassungsleiter und Vertreter von Rossotrudnitschestwo im Ausland, Moskau, 9. Juli 2014, http://www.mid.ru/de/vistupleniya_ministra/-/asset_publisher/MCZ7HQuMdqBY/content/id/678 (15.11.2016).
2 Vgl. Konzeption der Außenpolitik der Russischen Föderation, gebilligt vom Präsidenten der Russischen Föderation, Wladimir Putin, am 12. Februar 2013, http://www.mid.ru/de/foreign_policy/official_documents/-/asset_publisher/CptICkB6BZ29/content/id/122186 (15.11.2016).
3 „[Soft Power] is the ability to get what you want through attraction rather than coercion or payments. It arises from the attractiveness of a country's culture, political ideals, and policies." Nye, Joseph S.: Soft Power. The Means to Success in World Politics, New York 2004, S. X.
4 „Public Diplomacy" ist nach einer klassischen Defitinion „[a] government's process of communicating with foreign public in an attempt to bring about understanding for its nation's ideas and ideals, its institutions and cultures, as well as its national goals and current policies." Tuch, Hans N: Communicating with the World. U.S. Public Diplomacy Overseas, New York 1990, S. 3. „Cultural Diplomacy" wird quasi synonym verwendet mit Betonung des kulturellen Bereichs: „[T]he way a government portrays its country to another country's people in order to help achieve certain foreign policy goals. This self-portrayal includes the transfer and exchange of cultural media and representatives as well as the exchange of students, teachers, professors, government representatives, and others, as long as it is at least directed and sponsored in part by governmental agencies established to disseminate information, news, and interpretive material about the country's foreign policy objectives by influencing public attitudes abroad." Aguilar, Manuela: Cultural Diplomacy and Foreign Policy. German-American Relations, 1955–1968, New York 1996, S. 8. Zur Abgrenzung beider Begriffe und zum hier

über Kultur im engeren Sinne hinausreichen kann, zeigt die gleichzeitig von Putin formulierte Warnung vor einem „zerstörerischen und illegitimen Gebrauch" der Soft Power zur Einmischung in interne Angelegenheiten eines Staates, zur Destabilisierung der politischen Situation und zur Manipulation der öffentlichen Meinung unter dem Vorwand von Kultur- und Menschenrechtsprojekten.[5]

Nicht von ungefähr präsentierte Lavrov seine Initiative vor einer Versammlung von Vertretern der staatlichen Agentur Rossotrudničestvo, die nominell für die Angelegenheiten der GUS, für Fragen der im Ausland lebenden Mitbürger und für internationale humanitäre Zusammenarbeit zuständig ist (Federal'noe agenstvo po delam Sodružestva Nezavisimych Gosudarstv, sootečestvennikov za rubežom, i po meždunarodnomu gumanitarnomu sotrudničestvu).[6] Diese dem russischen Außenministerium MID untergeordnete Organisation rekurriert auf altbewährte Strukturen aus sowjetischen Zeiten. So beging Rossotrudničestvo im November 2015 mit zahlreichen Veranstaltungen in aller Welt den 90. Jahrestag der „Volksdiplomatie" (narodnaja diplomatija).[7] Sie betonte damit die Kontinuität ihrer Geschichte seit der Gründung der Allunionsgesellschaft für kulturelle Beziehungen mit dem Ausland (Vsesojuznoe obščestvo kul'turnoj svjazi s zagranicej, kurz: VOKS) im Jahr 1925, die das Image der jungen Sowjetunion im Ausland aufbessern sollte. Zu diesem Zweck organisierte sie in den 1920er und 1930er Jahren unter anderem die von der Historiographie viel beachteten Reisen ausländischer Intellektueller nach Moskau. Diese „politischen Pilger" wollten aus Bewunderung für das neue Gesellschaftsmodell oder aus Neugier den jungen

---

verwendeten breiten Konzept von „Cultural Diplomacy" siehe den Abschnitt „Analytischer Rahmen und konzeptionelle Überlegungen".

5 Konzeption der Außenpolitik der Russischen Föderation, 12. Februar 2013. In den letzten Jahren hat die russische Soft-Power-Politik große Aufmerksamkeit der Politikwissenschaft bekommen. Siehe beispielsweise: Hung Le, Xuan: Almost the Same, But Not Quite (Soft): the Duality of Russian Soft Power, in: e-International Relations Studies, 29.6.2016, http://www.e-ir.info/2016/06/29/almost-the-same-but-not-quite-soft-the-duality-of-russian-soft-power/ (11.1.2017); Petrovskij, Vladimir: „Mjagkaja sila" po-russki v poiskach točki opory, in: Meždunarodnaja Žizn' (2013) 7, S. 72–84; Kiseleva, Yulia: Russia's Soft Power Discourse. Identity, Status and the Attraction of Power, in: Politics 35 (2015) 3–4, S. 316–329.

6 Vgl. zu Rossotrudničestvo: Audinet, Maxime: Promouvoir la culture, conforter l'influence. „Rossotrudničestvo" et „Russkij Mir", instruments du „soft power" russe à l'ère postsoviétique, in: La revue russe n° 46 (2016), S. 39–53; sowie deren Website: http://rs.gov.ru/ (15.11.2016).

7 Vgl. stellvertretend die Selbstdarstellung der Geschichte von Rossotrudničestvo aus diesem Anlass auf der Seite des Russischen Hauses Berlin http://russisches-haus.de/ru/about/90Jahre Rossotrudnichestvo (15.11.2016); sowie die Infografik von RIA Novosti zum gleichen Thema http://ria.ru/infografika/20151126/1.html (15.11.2016). Zur institutionellen Kontinuität vgl. auch Maliukevičius, Nerijus: (Re)Constructing Russian Soft Power in Post-Soviet Region, in: Baltic Security & Defence Review 15 (2013) 2, S. 70–97.

Staat kennenlernen.[8] In der heutigen russischen Geschichtsschreibung werden diese „goldenen Jahre" der sowjetischen Volksdiplomatie sogar als Modell für die aktuelle russische Politik empfohlen.[9] Neben der Betreuung ausländischer Reisender gehörten zu den Instrumenten der VOKS schon damals die Unterstützung gesellschaftlicher Vereinigungen im Ausland und die Gründung sogenannter Gesellschaften der Freunde der Sowjetunion. Ihre Aufgabe war es, das Ansehen der Sowjetunion bei ausländischen Intellektuellen und Arbeitern durch Publikationen, Veranstaltungen und die Pflege des wissenschaftlichen und kulturellen Austausches zu verbessern und so neue „Freunde" zu gewinnen.

Schon während oder unmittelbar nach dem Zweiten Weltkrieg kam es in vielen Ländern zu Neugründungen derartiger Vereinigungen, die sich die Stärkung bzw. Fortführung der Kriegsallianz mit der Sowjetunion zum Ziel setzten. Spätestens ab 1947 unterlagen diese Freundschaftsgesellschaften jedoch den Prämissen des Kalten Krieges.[10] In den Ländern Ostmitteleuropas innerhalb der sowjetischen Einflusssphäre dienten sie als gesellschaftliche Massenorganisationen zur Sympathiewerbung und zur politischen Mobilisierung der Bevölkerung für die sowjetischen Herrscher.[11] Im „kapitalistischen" Ausland wurden sie zu einem Mittel der ideologischen Auseinandersetzung im Wettbewerb der Systeme um „hearts and minds".[12] Sie sollten der dortigen Bevölkerung die kulturellen und technischen Errungenschaften der Sowjetunion und ihre „friedliebende" Außenpolitik nahebringen. In der spätstalinistischen Zeit waren sie

---

8 Siehe den Klassiker Hollander, Paul: Political Pilgrims. Travels of Western Intellectuals to the Soviet Union, China and Cuba 1928–1978, New York 1981. Zu einer ausführlichen Diskussion der Forschung zu diesem Thema siehe Kapitel 1.2.
9 Golubev, Aleksandr V.: „Zvezdnyj čas" sovetskoj kul'turnoj diplomatii: 1929–1939 gody, in: Rossija i sovremennyj mir (1999) 2, S. 224–244. Zur erwünschten Vorbildfunktion für die aktuelle Politik vgl. Bogoljubova, Natal'ja Michajlovna: Stanovlenie i ėvoljucija vnešnej kul'turnoj politiki Rossii, Sankt-Peterburg 2013, hier S. 201.
10 Der Begriff „Kalter Krieg" wird in dieser Arbeit für die spezifische konfrontative Konstellation zwischen westlichen kapitalistischen Staaten unter dem Einfluss der USA und sozialistischen Staaten unter der Führung der Sowjetunion von Ende des Zweiten Weltkriegs bis zum Zusammenbruch der Sowjetunion 1991 verwendet. Zur Diskussion des Begriffs vgl. Stöver, Bernd: Der Kalte Krieg 1947–1991. Geschichte eines radikalen Zeitalters, München 2007, S. 20.
11 Siehe zu Polen und der DDR Behrends, Jan C.: Die erfundene Freundschaft. Propaganda für die Sowjetunion in Polen und in der DDR, Köln 2006; zur Tschechoslowakei: Applebaum, Rachel: Friendship of the Peoples. Soviet-Czechoslovak Cultural and Social Contacts from the Battle for Prague to the Prague Spring 1945–1969, Dissertation, University of Chicago, Chicago 2012 (unveröffentlicht).
12 Vgl. Osgood, Kenneth Alan: Hearts and Minds. The Unconventional Cold War, in: Journal of Cold War Studies 4 (2002) 2, S. 85–107.

eine zentrale Schaltstelle der sowjetischen Propaganda gegenüber der westlichen Öffentlichkeit.[13]

In der „Tauwetter"-Zeit nach Stalins Tod änderte sich jedoch die sowjetische Strategie hinsichtlich der sowjetischen Freundschaftsgesellschaften im Westen. Um auch nicht-kommunistische Kreise im Westen erreichen zu können, sollten sie ihre politische Botschaft dem kulturellen Austausch unterordnen und sich für alle Bevölkerungsteile öffnen. Dementsprechend wurde 1958 der organisatorische Rahmen in der Sowjetunion angepasst. Die VOKS wich der Union der sowjetischen Gesellschaften für Freundschaft und kulturelle Beziehungen mit dem Ausland (Sojuz sovetskich obščestv družby i kul'turnoj svjazi s zagranicej, kurz: SSOD). Die SSOD fungierte fortan als Dachorganisation für die neu geschaffenen sowjetischen Partnergesellschaften,[14] die als komplementäre, korrespondierende Organisationen einen direkten Austausch mit den Freundschaftsgesellschaften im Westen pflegen sollten. Für die Freundschaftsbewegung bedeutete das einen enormen Aufschwung. 1985 verkündete Zinaida M. Kruglova als Vorsitzende der SSOD, dass die inzwischen 82 Partnergesellschaften in der Sowjetunion in Zusammenarbeit mit 136 Freundschaftsgesellschaften jährlich rund 500.000 Maßnahmen durchführten.[15]

Hinsichtlich des finanziellen, personellen und organisatorischen Aufwands war die Sowjetunion während des Ost-West-Konflikts nach Nerijus Maliukevičius tatsächlich eine „Soft Superpower".[16] Doch was bewirkten die Freundschaftsgesellschaften mit ihren Partnergesellschaften wirklich? Waren sie lediglich sowjetische Propagandaorgane oder konnten sie eine gewisse Eigenständigkeit entwickeln? Wie gingen die westlichen Regierungen mit ihnen um? Und was bewegte die Mitglieder, die sich im Westen unter oft schwierigen Umständen freiwillig für die Sowjetunion engagierten?

---

13 Im Bewusstsein ihrer Problematik bezeichnen im Folgenden die Begriffe „Westen" und „westlich" entsprechend der politischen Aufteilung im Kalten Krieg die nicht-sozialistischen Länder Europas und die USA. Mit „östlich" und „Osten" ist die sowjetische Einflusssphäre gemeint. Die Freundschaftsgesellschaften waren selbst an der diskursiven Konstruktion des Gegensatzes zwischen „Westen" und „Osten" beteiligt.
14 Zur Unterscheidung von den im Westen existierenden Freundschaftsgesellschaften werden in dieser Arbeit die in der Sowjetunion ab 1958 gegründeten Vereinigungen als „Partnergesellschaften" bezeichnet.
15 Für Frieden und Freundschaft zwischen den Völkern, in: Kultur und Leben (1985) 10, S. 2–4.
16 Maliukevičius, (Re)Constructing Russian Soft Power, S. 75.

Forschungsziele und Forschungsperspektiven

Im Kalten Krieg waren die Freundschaftsgesellschaften offensichtlich die Freunde der falschen Seite. Zugleich warf man den sowjetischen Partnern vor, „falsche Freunde" zu sein und die eigentlichen machtpolitischen Absichten hinter der Freundschaftsfassade zu verbergen. Entsprechend waren sie im Westen oft als „Front- und Tarnorganisationen" verschrien. Aus Sicht vieler Zeitgenossen waren sie „direkt von Moskau gesteuert" und zielten lediglich darauf ab, „die Kurzsichtigen, die Harmlosen und die Schlechtinformierten zu düpieren, zu organisieren und für die Unterminierung der freien Welt zu mobilisieren".[17] Sie galten als effiziente und loyale Außenposten der Sowjetunion für die Verbreitung sowjetischer Propaganda.[18] Gleichzeitig schreibt die neuere Forschung zum Kalten Krieg transnationalen gesellschaftlichen und individuellen Akteuren eine Bedeutung als Vektoren des Austauschs und der Annäherung zwischen Ost und West zu. Der amerikanische Politikwissenschaftler und ehemalige Botschaftsmitarbeiter Yale Richmond argumentiert sogar, die vom Westen forcierte Intensivierung der kulturellen Beziehungen und des gesellschaftlichen Austauschs hätte zu den Reformen Michail Gorbačevs und schließlich zum Ende des Kalten Krieges geführt.[19]

Im Spannungsfeld dieser beiden Deutungen fragt die vorliegende Arbeit, inwieweit die Freundschaftsgesellschaften nicht nur Instrumente sowjetischer „Propaganda" oder Cultural Diplomacy waren, sondern auch als eigenständige transnationale Akteure agierten, Kommunikationskanäle schufen und damit zur Transzendierung der politischen, ideologischen und kulturellen Grenze zwischen der Sowjetunion und dem Westen beitrugen. In diesem Sinne wird das komplexe Geflecht der Freundschaftsgesellschaften aus sowjetischer und westlicher, aus staatlicher und individueller sowie aus politischer und kultureller Perspektive über den gesamten Zeitraum des Kalten Krieges hinweg analysiert. Dabei verfolgt die Arbeit im Wesentlichen vier Forschungsziele, die sich aus unterschiedlichen Forschungsperspektiven ergeben.

---

[17] Das Netzwerk der Frontorganisationen, in: Ost-Probleme (1954) 41, S. 1638–1656, hier S. 1638.
[18] Vgl. exemplarisch Baruch, Hazan: Olympic Sports and Propaganda Games. Moscow 1980, New Brunswick 1982, S. 95.
[19] Richmond, Yale: Cultural Exchange and the Cold War. How the West Won, in: American Communist History 9 (2010) 1, S. 61–75; sowie ders.: Cultural Exchange and the Cold War. Raising the Iron Curtain, University Park 2003. Auch Matthew Evangelista kam bei der Untersuchung der Pugwash-Konferenzen zu dem Ergebnis, dass vor allem die transnationalen Beziehungen das Verhältnis zwischen Ost und West verändert hätten. Vgl. Evangelista, Matthew: Unarmed Forces. The Transnational Movement to End the Cold War, Ithaca 1999.

Mechanismen der kulturellen und gesellschaftlichen Öffnung und Abschottung zwischen Ost und West

Erstens will die Arbeit durch die Untersuchung der Freundschaftsgesellschaften als Akteure an der Schnittstelle zwischen Ost und West Aufschluss geben über die diachrone Entwicklung der Öffnungs- und Abschottungsmechanismen an der physischen und perzipierten Grenze zwischen Ost und West. Damit leistet sie einen Beitrag zur Geschichte der kulturellen und gesellschaftlichen Beziehungen im Kalten Krieg. Der vermeintliche „Eiserne Vorhang" war nicht starr und undurchdringlich, sondern es fand auf unterschiedlichen Ebenen ein ständiger Austausch von Personen und Ideen statt. Dieser Austausch war freilich limitiert, politisch kontrolliert und ideologisch reglementiert. Angebrachter scheint daher das Bild eines „Nylon Curtain" (György Péteri), einer „semipermeablen Membran" (Michael David-Fox) bzw. einer „selektiv permeablen Membran", an der eine selektive, „osmotische" Diffusion von Waren, Ideen, Praktiken und Personen stattfand.[20] Je nach Zeit, Ort und Art des Transfers konnte diese Membran durchaus undurchdringlich und unüberwindbar sein wie z. B. die Berliner Mauer für Ostberliner Bürger. Relativ leicht überwindbar war sie dagegen für das Westfernsehen, das weite Teile der DDR erreichte.

Die Forschung hat diesen Austausch zwischen Ost und West bislang meist im Rahmen ausgewählter Kulturbereiche untersucht (Musik, Tanz, Sport). In der vorliegenden Arbeit liegt der Fokus hingegen auf den Freundschaftsgesellschaften als Akteuren an dieser Membran, die den Austausch von Informationen und Menschen in unterschiedlicher Form beeinflussen konnten. Diese Funktion der Freundschaftsgesellschaften als Filter, Mediatoren oder Katalysatoren für Austauschprozesse soll anhand unterschiedlicher Aktivitätsbereiche für verschiedene Phasen des Kalten Krieges analysiert werden.

---

20 Péteri, György: Nylon Curtain. Transnational and Transsystemic Tendencies in the Cultural Life of State-Socialist Russia and East-Central Europe, in: Slavonica 10 (2004) 2, S. 113–123; David-Fox, Michael: The Iron Curtain as Semi-Permeable Membrane. The Origins and Demise of the Stalinist Superiority Complex, in: Babiracki, Patryk (Hg.): Cold War Crossings. International Travel and Exchange across the Soviet Bloc, 1940s–1960s, College Station 2014, S. 14–39. „Selektiv permeabel" betont im Unterschied zu „semipermeabel" nicht nur den zeitlichen Wandel der Durchlässigkeit, sondern auch die Verantwortlichkeit konkreter Akteure für den Selektionsprozess.

Außenpolitische und innergesellschaftliche Funktionen und Wirkungen sowjetischer Cultural Diplomacy

Ein zweites Forschungsziel besteht darin, am Beispiel der Freundschaftsgesellschaften die Strategien, Funktionsweisen und Wandlungen sowjetischer Cultural Diplomacy gegenüber dem Westen und die damit verbundenen Internationalisierungsprozesse der sowjetischen Gesellschaft herauszuarbeiten. Abhängig von der internationalen Lage und der innenpolitischen Konstellation durchlebte die Sowjetunion während des Kalten Krieges Phasen der Öffnung und der Abschottung gegenüber dem Westen, die in der Cultural Diplomacy und in der Stellung der Freundschaftsgesellschaften sichtbar werden. Im Wettbewerb der Systeme, der auch auf kulturellem und gesellschaftlichem Gebiet ausgetragen wurde, gehörten die Freundschaftsgesellschaften zu den Instrumenten der sowjetischen Außendarstellung und der Beeinflussung der öffentlichen Meinung im Ausland. Über die Freundschaftsgesellschaften lässt sich nicht nur das in den Westen transportierte Bild, sondern auch die tatsächliche Umsetzung der Kampagnen in den jeweiligen Ländern verfolgen.

Gleichzeitig bieten die Freundschaftsgesellschaften einen geeigneten Rahmen, um die Wechselwirkungen zwischen Innen- und Außenpolitik sowie Innen- und Außenkommunikation zu rekonstruieren. Die unterschiedliche Darstellung und Wahrnehmung des Westens hatte immer auch innenpolitische Ursachen und Folgen. Umgekehrt waren Veränderungen in der Sowjetunion häufig eine Reaktion auf vermeintliche oder tatsächliche Entwicklungen im Westen. In beiden Fällen ist danach zu fragen, inwieweit die durch die Partnergesellschaften geförderte Einbeziehung der sowjetischen Bevölkerung in die Außendarstellung der Sowjetunion zu einer Internationalisierung der sowjetischen Gesellschaft beitrug.

Dynamik und Verflechtungen westlicher Cultural Diplomacy gegenüber der Sowjetunion

Anhand des Verhältnisses zwischen den Freundschaftsgesellschaften und der westlichen Diplomatie analysiert die Arbeit drittens die Entwicklung der Cultural Diplomacy der westeuropäischen Länder gegenüber der Sowjetunion und die Verflechtung gesellschaftlicher und staatlicher Akteure der Cultural Diplomacy in den westeuropäischen Ländern. Sie fragt danach, ob und inwieweit die Freundschaftsgesellschaften als Wegbereiter der zwischenstaatlichen Beziehungen auftraten.

Auf dem Feld der Cultural Diplomacy bewegen sich immer verschiedene Gruppen von Akteuren, die entweder kooperieren oder in außenpolitisch konfrontativen Konstellationen unterschiedliche Interessen verfolgen können. Durch ihre transnationalen Aktivitäten griffen die Freundschaftsgesellschaften in den Kompetenzbereich der westlichen Regierungen ein, so dass sich diese beständig mit ihnen auseinandersetzen mussten. Dieses Wechselverhältnis zwischen den unter dem Einfluss der Sowjetunion stehenden Freundschaftsgesellschaften und der Außenpolitik bzw. der auswärtigen Kulturpolitik der westlichen Regierungen soll eingehend untersucht werden. Die Arbeit lenkt den Blick damit ebenso auf die Wechselwirkungen sowjetischer und westlicher Cultural Diplomacy. Gerade in der Wettbewerbssituation des Kalten Krieges beobachteten sich beide Seiten gegenseitig sehr genau und definierten ihre eigenen außenpolitischen Strategien in Abgrenzung von oder in Anpassung an den jeweils Anderen.

Gesellschaftliche Verankerung kommunistischer Parteien und prosowjetische Milieus in Westeuropa

Schließlich will die Arbeit zur vergleichenden Erforschung des Kommunismus in Westeuropa beitragen, indem sie die Verbindungen der Freundschaftsgesellschaften zu den jeweiligen kommunistischen Parteien untersucht. Die Freundschaftsgesellschaften sind ein Beispiel für die Funktionsweise und die innenpolitische Rolle parteinaher Organisationen. Sie geben Einblick in die jeweilige gesellschaftliche und politische Verankerung der kommunistischen Parteien. Gefragt wird deshalb, wie eng sich die Beziehungen der Freundschaftsgesellschaften zu den kommunistischen Parteien gestalteten und wie ausgeprägt die politische, personelle und finanzielle Abhängigkeit von ihnen war. Da die Freundschaftsgesellschaften explizit für die Sowjetunion werben sollten, verspricht ihre Erforschung auch Erkenntnisse über das komplexe Verhältnis der kommunistischen Parteien zu Moskau.

Am Beispiel ausgewählter Lebenswege sollen die Beweggründe der Mitglieder für ihr Engagement ergründet und damit ein Beitrag zu einer differenzierten Darstellung prosowjetischer Milieus in Westeuropa geleistet werden. Während sich die Forschung bislang insbesondere für offen kommunistische Intellektuelle interessiert hat, handelt es sich bei den Mitgliedern der Freundschaftsgesellschaften um eine sozial und politisch deutlich heterogenere Gruppe. Die Gründe für ihr Engagement waren ebenso vielfältig wie ihre Vorstellungen von der Sowjetunion. Insbesondere einschneidende internationale Ereignisse wie die sowjetische Intervention in Ungarn 1956, die Niederschlagung des Prager Frühlings 1968 oder der Zusammenbruch der Sowjetunion 1991 geben Aufschluss über die individuelle Belastbarkeit ihrer Beziehung zur Sowjetunion.

Die nähere Betrachtung der Freundschaftsgesellschaften ermöglicht damit einen Einblick in das komplexe System der politischen, kulturellen und gesellschaftlichen Beziehungen zwischen Ost und West. Der Fokus auf eine transnationale Akteursgruppe bietet einen Querschnitt durch die verschiedenen Schichten und Aspekte der Beziehungen, der horizontale und vertikale Verbindungen sichtbar macht. Die Freundschaftsgesellschaften standen an der Schnittstelle zwischen der Sowjetunion und dem Westen. Ihre Geschichte verspricht daher Erkenntnisse über die Beziehungen und Wechselwirkungen zwischen Ost und West, insbesondere westlicher und sowjetischer Cultural Diplomacy. Außerdem verbindet sie die Top-down-Perspektive auf außen- und kulturpolitische Aktivitäten der Regierungsebene mit der Bottom-up-Perspektive auf gesellschaftliches und individuelles Engagement. Da der Untersuchungszeitraum die gesamte Dauer des Kalten Krieges umfasst, können sowohl langfristige Entwicklungen und Kontinuitäten als auch zeitlicher Wandel und Brüche herausgearbeitet werden.

Forschungsgegenstand: Freundschaftsgesellschaften im Vergleich

Eine vergleichende Betrachtung mehrerer Freundschaftsgesellschaften im Westen ist naheliegend. Denn derartige Gesellschaften existierten in nahezu allen Ländern der Welt – von San Marino über Indien bis Australien – und wurden von einer Zentrale in Moskau koordiniert. Ein klassischer Vergleich in der Geschichtswissenschaft hebt Gemeinsamkeiten und Unterschiede zweier vergleichbarer Einheiten hervor.[21] Hier liegt das primäre Interesse allerdings weniger in der reinen Gegenüberstellung der verschiedenen Freundschaftsgesellschaften. Vielmehr verweisen Parallelen und Differenzen zwischen den Vereinigungen auf den Dritten im Hintergrund – die Sowjetunion. Je mehr sich die Freundschaftsgesellschaften in verschiedenen nationalen politischen und gesellschaftlichen Kontexten ähneln, umso deutlicher tritt die koordinierende Rolle Moskaus zu Tage. Umgekehrt relativieren Unterschiede in der Ausprägung der Freundschaftsgesellschaften und in der Umsetzung von Anweisungen die vermeintliche Allmacht Moskaus. Sie unterstreichen nationale Faktoren wie die jeweilige Bedeutung und Stellung kommunistischer Parteien oder die jeweiligen zwischenstaatlichen Beziehungen zur Sowjetunion.

---

21 Zur Diskussion des Vergleichs siehe beispielsweise zusammenfassend Kocka, Jürgen/ Haupt, Heinz-Gerhard: Comparison and Beyond. Traditions, Scope, and Perspectives of Comparative History, in: dies. (Hg.): Comparative and Transnational History. Central European Approaches and New Perspectives, New York 2009, S. 1–30.

Der Fokus liegt auf den sowjetischen Freundschaftsgesellschaften in drei westeuropäischen Ländern: in Frankreich, Großbritannien und der Bundesrepublik Deutschland. Die politische und gesellschaftliche Stellung der kommunistischen Parteien in diesen drei Ländern war höchst unterschiedlich. Der Parti communiste français (PCF) erzielte bei Wahlen hohe Stimmenanteile und übte zeitweise Regierungsverantwortung aus. Die kleine Communist Party of Great Britain (CPGB) blieb bei den Wahlen zum britischen Unterhaus stets chancenlos. Auch die in den 1950er Jahren vom Bundesverfassungsgericht verbotene Kommunistische Partei Deutschlands (KPD) fuhr nach ihrer Wiedergründung als Deutsche Kommunistische Partei (DKP) nur marginale Stimmenanteile ein. Gleichzeitig waren diese drei Länder die größten und wichtigsten „kapitalistischen" Staaten Westeuropas. Als Kernmitglieder des westlichen Bündnissystems waren sie im Kalten Krieg klare ideologische Antagonisten, gleichzeitig aber immer auch wichtige außenpolitische Bezugsgrößen und wirtschaftliche Partner der Sowjetunion. Die UdSSR hatte daher ein besonderes Interesse daran, die Bevölkerung und die Öffentlichkeit in diesen Ländern politisch zu beeinflussen.

Die Association France-URSS wurde bereits im Januar 1945 gegründet. Als hierarchisch-zentralistisch strukturierte und landesweit aktive Organisation konnte sie zeitweise über 100.000 Mitglieder vereinen. Sie profitierte einerseits von der starken politischen Position und gesellschaftlichen Verankerung des PCF. Andererseits konnte sie ab den 1960er Jahren auch gaullistische und sozialistische Kreise für sich gewinnen. Neben anderen kulturellen Maßnahmen erlangte France-URSS vor allem durch die quasi-kommerzielle Organisation von Reisen in die Sowjetunion Bedeutung.

In Großbritannien existierten mehrere Gesellschaften parallel. Die bereits 1924 gegründete Society for Cultural Relations with the Soviet Union (SCR) hatte den Zweiten Weltkrieg überdauert.[22] Sie richtete sich primär an ein intellektuelles Publikum im Großraum London und bemühte sich um wissenschaftlichen und kulturellen Austausch. Die vorrangige Zielgruppe der 1946 gegründeten British-Soviet Friendship Society (BSFS), die vor allem auf politische Kampagnen setzte, waren hingegen Arbeiter und Gewerkschaftler. Die BSFS litt allerdings unter der politischen Schwäche der CPGB und der antikommunistischen Strategie der Labour-Partei. Ihr sehr aktives schottisches Pendant, die vollkommen eigenständige Scottish-Soviet Friendship Society (SSFS), sowie die kleine Wales-Soviet Friendship Society konnten in dieser Arbeit aus quellenpragmatischen Gründen nur begrenzt berücksichtigt werden. Die dritte britische Freundschaftsgesellschaft, die

---

[22] Von 1924–1947 hieß sie Society for Cultural Relations between the Peoples of the British Commonwealth and the USSR.

Great Britain-USSR Association, stellt insofern eine Ausnahme dar, als sie als Konkurrenz zu SCR und BSFS 1958 von der britischen Regierung gegründet wurde.

In der Bundesrepublik Deutschland unterhielt zunächst die Gesellschaft für Deutsch-Sowjetische Freundschaft der DDR (DSF) einen westdeutschen Ableger. Dieser wurde jedoch im Zuge des Verfahrens gegen die KPD 1955/56 verboten. Abgesehen von einer Gesellschaft im Saarland kam es erst Ende der 1960er Jahre zu Neugründungen in der Bundesrepublik. Damals wurde mit der DKP wieder eine kommunistische Partei zugelassen, und die Neue Ostpolitik der Großen Koalition und der sozialliberalen Regierung erweiterte den Handlungsspielraum für Kooperationen. Zur 1968 gegründeten Gesellschaft zur Förderung der Beziehungen zwischen der Bundesrepublik Deutschland und der Union der sozialistischen Sowjetrepubliken (Gesellschaft BRD-UdSSR[23]) in Frankfurt am Main kamen bald regionale Vereinigungen in Hamburg, Bayern, Bremen und Nordrhein-Westfalen hinzu, die mehr oder weniger eng mit der Gesellschaft BRD-UdSSR verbunden waren. 1975 wurde sie aufgelöst und durch die Arbeitsgemeinschaft der Gesellschaften Bundesrepublik Deutschland-Sowjetunion (ARGE) ersetzt, die als Dachorganisation für alle regionalen Gesellschaften fungierte. Der Einfluss der DKP blieb in den föderalistisch organisierten bundesdeutschen Gesellschaften marginal. Die Mehrzahl der Mitglieder gehörte dem sozialdemokratisch-liberalen Lager der Ostpolitiker an.

Schon aus dieser skizzenhaften Aufzählung der näher untersuchten Freundschaftsgesellschaften wird die Vielfalt der organisatorischen Strukturen, der Zusammensetzung, der Finanzierung und der politischen Ausrichtung deutlich. Daraus ergibt sich die Frage, was eine Freundschaftsgesellschaft eigentlich ausmachte.[24] Was verband die klar prosowjetische BSFS mit der regierungsabhängigen Great Britain-USSR Association? Inwiefern lassen sich die zehntausenden Mitglieder der Association France-URSS mit den 200 Mitgliedern der Hamburger Gesellschaft BRD-UdSSR vergleichen?

Zu den Freundschaftsgesellschaften zählt diese Arbeit grundsätzlich alle gesellschaftlichen Organisationen, die über die Sowjetunion informieren, Kontakte in die Sowjetunion knüpfen und kulturellen bzw. gesellschaftlichen Austausch mit der Sowjetunion fördern wollten. Entscheidend für die hier getroffene Auswahl

---

[23] Diese Abkürzung wurde hier aus pragmatischen Gründen gewählt. Zeitgenössisch wurde der Name immer ausgeschrieben, denn einerseits wurde die von der DDR verwendete Abkürzung „BRD" vom Auswärtigen Amt nicht akzeptiert. Andererseits erschien „BRD-UdSSR" zu nahe an den gängigen Bezeichnungen der anderen Freundschaftsgesellschaften, von denen man sich abgrenzen wollte.
[24] Zum Begriff der „Freundschaft" siehe den Abschnitt „Analytischer Rahmen und konzeptuelle Überlegungen".

ist jedoch, ob die entsprechende sowjetische Partnerorganisation, VOKS bzw. SSOD, sie als Verhandlungspartner anerkannte. Dies lässt sich daran ablesen, ob sie sie zu Treffen der Freundschaftsgesellschaften einlud, mit ihnen Austauschpläne aushandelte und ob über sie in den Zeitschriften der VOKS und SSOD berichtet wurde. Da der Begriff der „Freundschaftsgesellschaft" im Westen häufig abwertend verwendet wurde, lehnten z. B. die bundesrepublikanischen Gesellschaften und die Great Britain-USSR Association diese Bezeichnung für sich ab. Dennoch arbeiteten sie mit der SSOD zusammen und waren Teil ihres Netzwerkes. Deshalb scheint es gerechtfertigt, in dieser Untersuchung aus pragmatischen Gründen alle derartigen Gesellschaften in die Arbeitskategorie „Freundschaftsgesellschaft" einzubeziehen.

Forschungskontext

Die Darlegung der Forschungsziele zeigt, dass die Geschichte der Freundschaftsgesellschaften einen Beitrag zu verschiedenen – häufig getrennt behandelten – Forschungskontexten leisten kann. Sie verknüpft einerseits die Geschichtsschreibung zur Sowjetunion und zu Westeuropa zu einer gesamteuropäischen Perspektive, andererseits verbindet sie politik-, partei- und kulturgeschichtliche Ansätze. Dadurch können Querverbindungen gezogen und Wechselwirkungen zwischen den einzelnen Bereichen dargestellt werden. Die vorliegende Arbeit stellt die sowjetische Politik und das transnationale Netzwerk der Freundschaftsgesellschaften im Westen erstmals in länderübergreifender Perspektive und für den gesamten Zeitraum des Kalten Krieges dar. Damit leistet sie einen Beitrag zur Erforschung der sowjetischen Cultural Diplomacy ebenso wie zur Untersuchung der westlichen staatlichen und gesellschaftlichen Cultural Diplomacy gegenüber der Sowjetunion. Schließlich ermöglicht sie einen vergleichenden und differenzierten Blick auf die kommunistischen Parteien und prosowjetischen Milieus in Westeuropa.

Cultural Cold War

Die Geschichte der Freundschaftsgesellschaften muss zunächst vor dem Hintergrund des Kalten Krieges verstanden werden. Die globale bipolare Konstellation zwischen einem sozialistisch geprägten „Osten" unter Führung der Sowjetunion und einem kapitalistisch geprägten „Westen" unter Führung der USA definierte mit ihren Phasen der Konfrontation und Entspannung den äußeren politischen Rahmen. Einschneidende Ereignisse wie die sowjetischen Interventionen in Ungarn 1956 und in Prag 1968 beeinflussten die Wahrnehmung der Sowjetunion im

Westen und bestimmten die Rolle sowie den Handlungsspielraum der Freundschaftsgesellschaften.[25] Innerhalb dieses Rahmens prägten auch die bilateralen Beziehungen der jeweiligen Länder mit der Sowjetunion die Freundschaftsgesellschaften, die wiederum selbst einen Beitrag zur Verbesserung ebendieser Beziehungen leisten wollten.[26]

Die militärisch-politische Ebene des Kalten Krieges war untrennbar verbunden mit seiner kulturellen und gesellschaftlichen Dimension, mit der sich die Historiographie in den letzten Jahren verstärkt befasst hat.[27] Der Kalte Krieg wird nicht mehr primär als politisch-militärische Auseinandersetzung gedacht, sondern als Konfrontation zweier konkurrierender Gesellschaftssysteme und Wahrnehmungswelten. Der Begriff des „Cultural Cold War" kann sich dabei einerseits auf staatliche kulturelle Außenpolitik, andererseits auf konkrete Bereiche der transnationalen kulturellen Beziehungen beziehen.[28] Es wird also untersucht, wie die Regierungen im Kalten Krieg Kultur im weitesten Sinne als

---

[25] Dieser politikgeschichtliche Rahmen kann hier jeweils nur angedeutet werden. Siehe hierzu die Überblickswerke zur Geschichte des Kalten Krieges: Stöver, Bernd: Der Kalte Krieg 1947–1991. Geschichte eines radikalen Zeitalters, München 2007; Soutou, Georges-Henri: La guerre de cinquante ans. Les relations Est-Ouest 1943–1990, Paris 2001; aus sowjetischer Perspektive: Zubok, Vladislav M.: A Failed Empire. The Soviet Union in the Cold War from Stalin to Gorbachev, Chapel Hill 2007; Van Oudenaren, John: Détente in Europe. The Soviet Union and the West since 1953, Durham 1991.

[26] Zu den französisch-sowjetischen Beziehungen siehe grundlegend: Gomart, Thomas: Double détente. Les relations franco-soviétiques de 1958 à 1964, Paris 2003; Rey, Marie-Pierre: La tentation du rapprochement. France et URSS à l'heure de la détente 1964–1974, Paris 1991; zu den bundesdeutsch-sowjetischen Beziehungen: Dannenberg, Julia von: The Foundations of Ostpolitik. The Making of the Moscow Treaty between West Germany and the USSR, Oxford 2008; Niedhart, Gottfried/Bange, Oliver: Die „Relikte der Nachkriegszeit" beseitigen. Ostpolitik in der zweiten außenpolitischen Formationsphase der Bundesrepublik Deutschland im Übergang von den Sechziger- zu den Siebzigerjahren, in: Archiv für Sozialgeschichte 44 (2004), S. 415–448; zu den britisch-sowjetischen Beziehungen: Keeble, Curtis: Britain, the Soviet Union and Russia, Basingstoke ²2000; Pravda, Alex/Duncan, Peter J. S. (Hg.): Soviet-British Relations since the 1970s, Cambridge 1990; White, Brian: Britain, Detente and Changing East-West Relations, London 1992.

[27] Siehe zu diesem Thema exemplarisch einige Sammelbände: Scott-Smith, Giles/Krabbendam, Hans (Hg.): The Cultural Cold War in Western Europe 1945–1960, London 2003; Romijn, Peter/Abrams, Nathan (Hg.): Divided Dreamworlds? The Cultural Cold War in East and West, Amsterdam 2012; Mikkonen, Simo/Koivunen, Pia (Hg.): Beyond the Divide. Entangled Histories of Cold War Europe, New York/Oxford 2015; Sirinelli, Jean-François/Soutou, Georges-Henri (Hg.): Culture et guerre froide, Paris 2008.

[28] Vgl. die systematischen Betrachtungen zum Verhältnis von Kultur und internationalen Beziehungen bei Niño, Antonio: Uso y abuso de las relaciones culturales en la política internacional, in: Ayer n° 75 (2009), S. 25–61.

Instrument ihrer Außenpolitik nutzten. Neben Politik und Wirtschaft gilt „Kultur" als dritte Säule der Außenpolitik, mit deren Hilfe der Staat im Sinne Nyes versuchen kann, seine Soft Power zu erhöhen. Nach dem Zusammenbruch der Sowjetunion eröffneten die nun zugänglichen Archive die Möglichkeit, die Instrumentalisierung von Medien und Kultur für politische Zwecke sowie die entsprechenden Institutionen auf beiden Seiten des „Eisernen Vorhangs" zu analysieren. Dabei wird der enorme Aufwand deutlich, mit dem beide Seiten versuchten, über mediale Kanäle und kulturelle Veranstaltungen die eigene Bevölkerung vor den Kampagnen der „anderen" zu schützen und die Menschen auf der anderen Seite für sich zu gewinnen.[29]

Die offizielle Kulturpolitik der Regierungen im Rahmen von Kulturabkommen und zwischenstaatlichen Vereinbarungen wird in der Geschichtswissenschaft dagegen selten thematisiert. Für die Bundesrepublik hat Barbara Lippert noch ohne Zugang zu den Archiven eine politikwissenschaftliche Arbeit zur Auswärtigen Kulturpolitik gegenüber der Sowjetunion in den 1970er und 1980er Jahren vorgelegt. Sie erläutert die vertraglichen Grundlagen, stellt die Akteure vor und analysiert – hauptsächlich quantitativ – einige Maßnahmen wie Städtepartnerschaften, Jugendaustausch und Wissenschaftsaustausch. Sie kommt zu dem Schluss, dass auswärtige Kulturpolitik kein Vorreiter, sondern eher eine „Magd" der politischen und ökonomischen Beziehungen gewesen sei. Einmal auf den Weg gebracht, habe sie jedoch über Krisen hinweg Bestand gehabt.[30] Die Dissertation von Burkard Weth zu den (west-) deutsch-sowjetischen Kulturbeziehungen 1955 bis 1975 bietet keine Überblicksdarstellung, wie der Titel zunächst vermuten lässt, sondern eine Diskursanalyse auf Basis einzelner Dokumente aus den Beständen des Auswärtigen Amtes.[31] Natalia Donig arbeitet

---

[29] Der Schwerpunkt der Forschung liegt bis heute auf den amerikanischen und britischen Institutionen der virtuellen Auseinandersetzung: Saunders, Frances Stonor: Who Paid the Piper? The CIA and the Cultural Cold War, London 1999; Defty, Andrew: Britain, America and Anti-Communist Propaganda 1945–53. The Information Research Department, London 2013; Maguire, Thomas J.: Counter-Subversion in Early Cold War Britain. The Official Committee on Communism (Home), the Information Research Department, and „State-Private Networks", in: Intelligence and National Security 30 (2015) 5, S. 637–666; Osgood, Kenneth Alan/Etheridge, Brian Craig (Hg.): The United States and Public Diplomacy. New Directions in Cultural and International History, Leiden 2010; Cull, Nicholas J.: The Cold War and the United States Information Agency. American Propaganda and Public Diplomacy 1945–1989, Cambridge 2008; Dizard, Wilson P.: Inventing Public Diplomacy. The Story of the U.S. Information Agency, Boulder 2004.
[30] Lippert, Barbara: Auswärtige Kulturpolitik im Zeichen der Ostpolitik. Verhandlungen mit Moskau 1969–1990, Münster 1996, hier S. 535.
[31] Weth, Burkard: Deutsch-Sowjetische Kulturbeziehungen 1955–1975. Kulturpolitik im Kalten Krieg, Herzogenrath 2014.

zu den Anfängen der Kulturbeziehungen auf staatlicher und gesellschaftlicher Ebene.[32] Für die französisch-sowjetischen Beziehungen hat Thomas Gomart der „diplomatie culturelle" einen wichtigen Platz eingeräumt. Seine Arbeit zu den Jahren 1958 bis 1964 deckt jedoch nur einen kurzen Zeitraum ab.[33] Darüber hinaus gibt es keine systematischen Arbeiten zur französischen und britischen Kulturpolitik gegenüber der Sowjetunion.

Die sowjetische Kulturpolitik gegenüber dem Westen ist bisher ebenfalls nur in Ansätzen erforscht. Frederick C. Barghoorn gab 1960 als teilnehmender Beobachter auf Basis zahlreicher, allerdings nicht näher nachgewiesener mündlicher Quellen einen detaillierten Überblick über die als massiv und einseitig empfundene „Soviet Cultural Offensive" der 1950er Jahre.[34] Dass Barghoorns Studie ebenso wie Wolfgang Kasacks Aufsatz zur „Kulturellen Außenpolitik" der Sowjetunion von 1973 immer noch als Referenzwerke zu diesem Thema gelten, weist auf ein großes Desiderat der Forschung hin.[35] Die in der vorliegenden Arbeit angestrebte Langzeitanalyse eines Aspektes der sowjetischen Cultural Diplomacy soll zur Schließung dieser Forschungslücke beitragen.

Zu verschiedenen Bereichen des kulturellen Austausches zwischen der Sowjetunion und dem Westen sind in den vergangenen Jahren hingegen zahlreiche Untersuchungen erschienen. Da die staatliche Ebene vor allem in der Sowjetunion, aber auch im Westen immer in diesen Austausch involviert war, geben diese Untersuchungen Einblicke in die kulturpolitischen Strategien der Regierungen gegenüber dem jeweils Anderen. David Caute hat in seinem Klassiker „The Dancer Defects" erstmals umfassend aufgezeigt, wie der Wettbewerb der Systeme um die Vormacht auf kultureller Ebene ausgetragen wurde.[36] Die

---

32 Donig, Natalia: Kulturaustausch oder Propaganda? Westdeutsche Reaktionen auf die sowjetische auswärtige Kulturpolitik in den 50er Jahren, in: Krüger, Verena/Olshevska, Anna (Hg.): Dem Raum eine Grenze geben, Bochum 2006, S. 179–207.
33 Gomart, Thomas: Double détente. Les relations franco-soviétiques de 1958 à 1964, Paris 2003; ders.: La diplomatie culturelle française à l'égard de l'URSS. Objectifs, moyens et obstacles (1956–1966), in: Sirinelli, Jean-François/Soutou, Georges-Henri (Hg.): Culture et guerre froide, Paris 2008, S. 173–188.
34 Barghoorn, Frederick C.: The Soviet Cultural Offensive. The Role of Cultural Diplomacy in Soviet Foreign Policy, Princeton 1960.
35 Kasack, Wolfgang: Kulturelle Außenpolitik, in: Anweiler, Oskar/Ruffmann, Karl-Heinz (Hg.): Kulturpolitik der Sowjetunion, Stuttgart 1973, S. 345–390. Dies bemängelte schon Nigel Gould-Davies in seinem ebenso häufig zitierten, grundlegenden Aufsatz: Gould-Davies, Nigel: The Logic of Soviet Cultural Diplomacy, in: Diplomatic History 27 (2003) 2, S. 193–214.
36 Caute, David: The Dancer Defects. The Struggle for Cultural Supremacy during the Cold War, Oxford 2003.

Arbeiten zum kulturellen Austausch in den Bereichen Tanz,[37] Musik,[38] Film,[39] Kunst[40] und Sport[41] belegen die trotz aller Einschränkungen vorhandene kulturelle und gesellschaftliche Durchlässigkeit sowie die wechselseitige Beeinflussung und Befruchtung zwischen Ost und West im Kalten Krieg. Sie unterstreichen die wichtige Rolle nicht-staatlicher Akteure für den Austausch im Kalten Krieg und verdeutlichen ihre komplexe Interaktion mit der staatlichen Ebene.

Während diese Studien jeweils einen Bereich des kulturellen Austausches untersuchen, geht die vorliegende Arbeit mit den Freundschaftsgesellschaften von einer Akteursgruppe aus, die sich aktiv vermittelnd an verschiedenen Facetten des kulturellen Austausches beteiligte. Durch diesen Ansatz können parallele bzw. divergierende Entwicklungen zwischen unterschiedlichen Kulturbereichen aufgezeigt und übergeordnete politische Strategien herausgearbeitet werden.

Kommunismus in Westeuropa

Eine Geschichte der Freundschaftsgesellschaften leistet zweitens einen Beitrag zur Erforschung des Kommunismus in Westeuropa, denn die Freundschaftsgesellschaften entwickelten sich in Abhängigkeit von der Politik der nationalen kommunistischen Parteien, ihrem gesellschaftlichem Einfluss und

---

37 Prevots, Naima: Dance for Export. Cultural Diplomacy and the Cold War, Hanover 1998; McDaniel, Cadra Peterson: American-Soviet Cultural Diplomacy. The Bolshoi Ballet's American Premiere, Lanham 2015; Ezrahi, Christina: Swans of the Kremlin. Ballet and Power in Soviet Russia, Pittsburgh 2012; Gonçalves, Stéphanie: Danser pendant la guerre froide 1945–1968, Rennes 2018.
38 Carr, Graham: „No Political Significance of Any Kind". Glenn Gould's Tour of the Soviet Union and the Culture of the Cold War, in: Canadian Historical Review 95 (2014) 1, S. 1–29; Davenport, Lisa E.: Jazz Diplomacy. Promoting America in the Cold War Era, Jackson 2009; verschiedene Beiträge in: Mikkonen, Simo/Suutari, Pekka (Hg.): Music, Art and Diplomacy. East-West Cultural Interactions and the Cold War, Burlington 2016.
39 Shaw, Tony/Youngblood, Denise J.: Cinematic Cold War. The American and Soviet Struggle for Hearts and Minds, Lawrence 2010; Nilsen, Sarah: Projecting America, 1958. Film and Cultural Diplomacy at the Brussels World's Fair, Jefferson 2011.
40 Korowin, Elena: Der Russen-Boom. Sowjetische Ausstellungen als Mittel der Diplomatie in der BRD, Köln 2015; Bazin, Jérôme/Dubourg Glatigny, Pascal/Piotrowski, Piotr (Hg.): Art Beyond Borders. Artistic Exchange in Communist Europe (1945–1989), Budapest 2016.
41 Mertin, Evelyn: Sowjetisch-deutsche Sportbeziehungen im „Kalten Krieg", Sankt Augustin 2009; Parks, Jenifer: The Olympic Games, the Soviet Sports Bureaucracy, and the Cold War. Red Sport, Red Tape, Lanham/Boulder 2017.

ihrem Verhältnis zur KPdSU. Anstatt von „dem Kommunismus" zu sprechen, sollte von einem breiten Spektrum an „Kommunismen" ausgegangen werden, das in den jeweiligen nationalen Kontexten und im diachronen Verlauf zu Tage trat.[42] Eine solche Geschichte der „Kommunismen" in Westeuropa umfasst sowohl die politische Geschichte der kommunistischen Parteien im Spannungsfeld zwischen nationaler Politik und sowjetischen Vorgaben als auch die Sozialgeschichte kommunistischer Milieus und die Ideengeschichte der kommunistischen Utopie als intellektuellem Faszinosum.

Für den parteipolitisch und gesellschaftlich vergleichsweise bedeutenden PCF ist die vorliegende Forschung besonders umfangreich.[43] Die „grande dame" der Kommunismusforschung, Annie Kriegel, beschrieb als ehemaliges Führungsmitglied der Partei die kommunistische „Gegengesellschaft" in Frankreich in den 1960er Jahren als geschlossenes „Universum" mit eigener, spezifischer Sozialisation, Sprache, Symbolik, Vernetzung und Alltagskultur.[44] Philippe Robrieux fügte in den 1980er Jahren Insiderwissen mit öffentlich zugänglichen Dokumenten zu einer bis heute wertvollen Innensicht des PCF zusammen.[45]

Die nach dem Ende der Sowjetunion erschienenen Arbeiten von Stéphane Courtois und Marc Lazar untersuchten vor allem die politische Geschichte der Partei und ihre Abhängigkeit von Moskau.[46] Die Stellung des PCF im parteipolitischen System bestimmte ein ambivalentes, von alterierenden Phasen der Hin- bzw. Abwendung geprägtes Verhältnis zu den Sozialisten. Dies lässt sich exemplarisch am Wahlbündnis der Union de la gauche in den 1970er Jahren und der Regierungsbeteiligung unter Präsident François Mitterrand ab 1981

---

42 Vgl. Dreyfus, Michel u. a. (Hg.): Le siècle des communismes, Paris 2000. Damit wandten sich die Herausgeber auch gegen das auf die verbrecherische Dimension des Kommunismus fixierte „Schwarzbuch des Kommunismus": Courtois, François u. a. (Hg.): Le livre noir du communisme. Crimes, terreur et répression, Paris 1997.
43 Einen Überblick bietet Pudal, Bernard: Über die Geschichtsschreibung zum französischen Kommunismus, in: Jahrbuch für historische Kommunismusforschung (2013), S. 183–190.
44 Vgl. Kriegel, Annie: Les communistes français. Essai d'ethnographie politique, Paris 1968; dies./Bourgeois, Guillaume: Les communistes français dans leur premier demi-siècle 1920–1970, Paris 1985.
45 Robrieux, Philippe: Histoire intérieure du Parti communiste, Bd. 1: 1920–1945, Paris 1980; ders.: Histoire intérieure du Parti communiste, Bd. 2: 1945–1972, Paris 1981; ders.: Histoire intérieure du Parti communiste. Bd. 3: 1972–1982, Paris 1982; ders.: Histoire intérieure du Parti communiste, Bd. 4: Biographies, chronologie, bibliographie, Paris 1984.
46 Courtois, Stéphane/Lazar, Marc: Histoire du Parti Communiste Français, Paris 1995; Lazar, Marc: Maisons rouges. Les partis communistes français et italien de la Libération à nos jours, Paris 1992.

festmachen.⁴⁷ Zudem pflegte der PCF ein teilweise sehr enges Verhältnis zu den Gaullisten.⁴⁸ Der jüngeren Forschung zufolge war das „kommunistische Universum" in Frankreich weniger autonom und abgegrenzt von der übrigen Gesellschaft als bisher angenommen. Neuere Publikationen stellen vielmehr die gesellschaftliche Verankerung des PCF in den Vordergrund und versuchen sich an einer soziologisch fundierten Geschichte „von unten".⁴⁹ Mehrere Fallstudien befassen sich mit der lokalen und regionalen Verankerung des PCF und den daraus resultierenden identitätsstiftenden und erinnerungskulturellen Effekten.⁵⁰

Im Vergleich zum PCF war der politische Einfluss der britischen CPGB auf nationaler Ebene marginal. Dennoch beeinflusste sie die Geschichte der britischen Gewerkschaften und sozialen Bewegungen, wie James Eaden und Dave Renton in ihrer Überblicksdarstellung herausarbeiten.⁵¹ Der kommunistische Historiker James Klugmann hat eine mehrbändige politische Geschichte der Partei herausgegeben, wobei lediglich der von Andrew Geoff verfasste Band zu den Jahren 1964 bis 1991 eine neutrale Außenperspektive einnimmt.⁵² Über die Geschichte der CPGB hinaus geht die Darstellung von Keith Laybourn, die die Faktoren für den langsamen Niedergang des Marxismus in Großbritannien untersucht.⁵³ Ein von

---

47 Tartarowsky, Danielle/Bergounioux, Alain (Hg.): L'union sans unité. Le programme commun de la gauche 1963–1978, Rennes 2012; Dörr, Nikolas R.: François Mitterrand und der PCF. Die Folgen der „rééquilibrage de la gauche" für den Parti Communiste Francais, in: Mitteilungen des Instituts für Deutsches und Internationales Parteienrecht und Parteienforschung 17 (2011), S. 43–52.
48 Courtois, Stéphane (Hg.): 50 ans d'une passion française. De Gaulle et les communistes, Paris 1991.
49 Vgl. z. B. Pudal, Bernard: Prendre parti. Pour une sociologie historique du PCF, Paris 1989; Martelli, Roger: L'empreinte communiste. PCF et société française 1920–2010, Paris 2010; sowie mit Blick auf die Kader: Boulland, Paul: Des vies en rouge. Militants, cadres et dirigeants du PCF (1944–1981), Ivry-sur-Seine 2016.
50 Dhaille-Hervieu, Marie-Paule: Communistes au Havre. Histoire sociale, culturelle et politique 1930–1983, Mont-Saint-Aignan 2009; Lahaxe, Jean-Claude: Les communistes à Marseille à l'apogée de la guerre froide 1949–1954, Aix-en-Provence 2006; Gillot, Jean-Jacques: Les communistes en Périgord, 1917–1958, Périgueux 2007; Léon, Cristina: Zwischen Paris und Moskau. Kommunistische Vorstadtidentität und lokale Erinnerungskultur in Ivry-sur-Seine, München 2012; Bellanger, Emmanuel: Ivry, banlieue rouge. Capitale du communisme français. XXᵉ siècle, Grâne 2017.
51 Eadon, James/Renton, Dave: The Communist Party of Great Britain since 1920, Basingstoke 2002.
52 Branson, Noreen: History of the Communist Party in Britain 1941–1951, London 1997; Callaghan, John: Cold War, Crisis and Conflict. The CPGB 1951–68, London 2003; Andrews, Geoff: Endgames and New Times. The Final Years of British Communism 1964–1991, London 2004.
53 Laybourn, Keith: Marxism in Britain. Dissent, Decline and Re-emergence 1945–c. 2000, London 2005.

Kevin Morgan geleitetes Interviewprojekt zu den Lebenswelten und Biographien britischer Kommunisten kam zu dem Ergebnis, dass das kleine britische kommunistische Milieu relativ offen war und stark mit dem weiteren politischen Umfeld interagierte. Die Parteimitgliedschaft stellte also nur eine von vielen Facetten der individuellen Lebenswelten dar.[54]

Für die Bundesrepublik ergibt sich ein geteiltes Bild der Historiographie zu den Kommunistischen Parteien. Die Geschichte der Kommunistischen Partei Deutschlands (KPD) in der unmittelbaren Nachkriegszeit bis hin zu ihrem Verbot wurde auf regionaler und nationaler Ebene in ihrer politischen und sozialen Dimension untersucht.[55] Die Forschung zur DKP gestaltet sich dagegen ungleich schwieriger, da dafür lediglich auf die DDR-Archive und Verfassungsschutzberichte zurückgegriffen werden kann. Außer einem Überblickswerk von 1990 wurde deshalb bisher nur die deutschlandpolitische Funktion der DKP als Instrument der Sozialistischen Einheitspartei Deutschlands (SED) zur Beeinflussung der Bundesrepublik, insbesondere in der Friedensbewegung, untersucht.[56]

Um nationale Prägungen und den Einfluss der Zentrale in Moskau gegeneinander abzuwägen, liegt es nahe, die verschiedenen kommunistischen Parteien in vergleichender und verflechtungsgeschichtlicher Perspektive zu betrachten. In einigen Sammelbänden wird die Entwicklung einzelner kommunistischer Parteien mit Blick auf bestimmte Politikbereiche oder einschneidende Ereignisse gegenübergestellt.[57] Nur wenige Arbeiten ziehen hingegen einen direkten Vergleich oder untersuchen die Beziehungen zwischen verschiedenen kommunistischen

---

54 Vgl. Morgan, Kevin/Cohen, Gidon/Flinn, Andrew: Communists and British Society 1920–1991, London 2007, hier S. 2–8; sowie die Beiträge in: Morgan, Kevin (Hg.): Agents of the Revolution. New Biographical Approaches to the History of International Communism in the Age of Lenin and Stalin, Bern/Oxford 2005.
55 Major, Patrick: The Death of the KPD. Communism and anti-Communism in West Germany 1945–1956, Oxford 1997; mit Schwerpunkt auf Nordrhein-Westfalen: Kössler, Till: Abschied von der Revolution. Kommunisten und Gesellschaft in Westdeutschland 1945–1968, Düsseldorf 2005; Becker, Klaus J.: Die KPD in Rheinland-Pfalz 1946–1956, Mainz 2001; Bunke, Hendrik: Die KPD in Bremen 1945–1968, Köln 2001.
56 Wilke, Manfred/Müller, Hans-Peter/Brabant, Marion: Die Deutsche Kommunistische Partei (DKP). Geschichte, Organisation, Politik, Köln 1990; Müller, Hans-Peter: Gründung und Frühgeschichte der DKP im Lichte der SED-Akten, in: Schröder, Klaus (Hg.): Geschichte und Transformation des SED-Staates. Beiträge und Analysen, Berlin 1994, S. 251–285; Roik, Michael: Die DKP und die demokratischen Parteien 1968–1984, Paderborn 2006; Baron, Udo: Kalter Krieg und heißer Frieden. Der Einfluß der SED und ihrer westdeutschen Verbündeten auf die Partei „Die Grünen", Münster 2003; Hirscher, Gerhard/Baron, Udo (Hg.): Was wurde aus der DKP? Beiträge zu Geschichte und Gegenwart der extremen Linken in Deutschland, Brühl 2008.
57 DiPalma, Francesco/Müller, Wolfgang (Hg.): Kommunismus und Europa. Europapolitik und -vorstellungen der europäischen kommunistischen Parteien im Kalten Krieg, Paderborn

Parteien.⁵⁸ Donald Sassoon lässt in seinem Monumentalwerk zur westeuropäischen Linken das Potential einer solchen europäischen Geschichte des Kommunismus erahnen.⁵⁹ Angesichts der Abhängigkeit der Freundschaftsgesellschaften von der jeweiligen Politik der nationalen kommunistischen Parteien, ihrem Verhältnis zu Moskau und ihrer innenpolitischen Position ist ihre Geschichte auch ein Beitrag zur vergleichenden Parteiengeschichte. Sie eignet sich insbesondere für einen vergleichenden Blick auf die gesellschaftliche und politische Verankerung der Parteien.

Wahrnehmung der Sowjetunion in Westeuropa

Bereits während des Kalten Krieges befassten sich zahlreiche Publikationen mit der Faszination, die der Kommunismus und die Sowjetunion ganz offensichtlich auf westliche Intellektuelle ausübten. Viele Publikationen diagnostizierten eine große Naivität und kritisierten die vermeintliche „Blindheit" vor allem der französischen Intellektuellen gegenüber dem totalitären System.⁶⁰ Eng mit dieser These verknüpft ist die Verwunderung über die – meist hochgradig inszenierte – „Rekonversion" von Intellektuellen in den 1970er Jahren, als die „totalitäre Realität" des Kommunismus durch die Dissidenten „enthüllt" wurde.⁶¹ Neu angefacht wurde diese Debatte durch François Furets Buch „Le passé d'une illusion". Furet führte die Selbsttäuschung der Intellektuellen schon auf ihre Wahrnehmung der

---

2016; Dreyfus, Le siècle des communismes; Mink, Georges/Lazar, Marc/Sielski, Mariusz (Hg.): 1956, une date européenne, Lausanne 2010.

58 Lazar, Marc: Unité et crises des PC ouest-européens 1947–1960, in: Communisme n° 29–31 (1991), S. 29–43; ders., Maisons rouges; Bracke, Maud: Which Socialism? Whose Détente? West European Communism and the Czechoslovak Crisis of 1968, Budapest 2007; Bauerkämper, Arndt/DiPalma, Francesco (Hg.): Bruderparteien jenseits des Eisernen Vorhangs. Die Beziehungen der SED zu den kommunistischen Parteien West- und Südeuropas 1968–1989, Berlin 2011.

59 Sassoon, Donald: One Hundred Years of Socialism. The West European Left in the Twentieth Century, London/New York 1996.

60 Vgl. Verdès-Leroux, Jeannine: Au service du parti. Le parti communiste, les intellectuels et la culture (1944–1956), Paris 1983; dies.: Le réveil des somnambules. Le parti communiste, les intellectuels et la culture (1956–1985), Paris 1987. In einem resümierenden Spätwerk sieht Verdès-Leroux auch nach der Öffnung der Archive keinen Anlass zur Differenzierung ihrer früheren Thesen. Vgl. dies.: La foi des vaincus. Les „révolutionnaires" français de 1945 à 2005, Paris 2005. Ähnlich argumentiert auch Judt, Tony: Past Imperfect. French Intellectuals 1944–1956, Berkeley 1992.

61 Die These der Rekonversion widerlegt unter anderem Christofferson, Michael Scott: French Intellectuals against the Left. The Antitotalitarian Moment of the 1970s, New York 2004.

Oktoberrevolution zurück, in der sie fälschlicherweise eine Art Fortsetzung der Französischen Revolution gesehen hätten.[62] Auch den britischen Linksintellektuellen wurden wiederholt ein „Russland-Komplex" und ein ebenso naiver wie „überoptimistischer" Blick auf die Oktoberrevolution unterstellt.[63] Thomas Kroll deutet den Kommunismus als eine Ersatzreligion für die Intellektuellen der 1950er Jahre. Neben dem utopischen Streben nach einer besseren Gesellschaft habe diese Ersatzreligion im Glauben an das irdische Paradies der Sowjetunion auch eine „sakramentale Dimension" entwickelt. Mit seinem Vergleich kommunistischer Intellektueller aus Frankreich, Großbritannien, Österreich, Italien und der Bundesrepublik relativiert Kroll den Topos des „typischen" französischen Intellektuellen.[64] Einen wichtigen Beitrag zu einer quellenbasierten Analyse der Faszination des Kommunismus und der sowjetischen Verführungsmechanismen liefern für die Zwischenkriegszeit zudem Arbeiten zu den Reisen von Intellektuellen in die Sowjetunion.[65]

Die Beschränkung auf Intellektuelle blendet jedoch andere Faktoren aus, die für ein prosowjetisches Engagement ausschlaggebend sein konnten. Auf politischer Ebene spielten häufig außen- und sicherheitspolitische Aspekte eine Rolle. So hat Darren Lilleker gezeigt, dass die prosowjetischen Kreise in der Labour-Partei weniger aufgrund utopischer Überzeugungen an der Sowjetunion festhielten als aufgrund ihres Antiamerikanismus und ihres Friedenswillens.[66] Ähnliche Gründe machten auch Charles de Gaulle und viele seiner Anhänger geltend.[67] Nicht zuletzt flossen in das Sowjetunionbild des Westens tradierte kulturelle Stereotypen vom „alten Russland" und der „russischen Seele" mit ein.[68] Allerdings

---

62 Furet, François: Le passé d'une illusion. Essai sur l'idée communiste au XXe siècle, Paris 1995.
63 Jones, Bill: The Russia Complex. The British Labour Party and the Soviet Union, Manchester 1977; Bullock, Ian: Romancing the Revolution. The Myth of Soviet Democracy and the British Left, Edmonton 2011.
64 Kroll, Thomas: Kommunistische Intellektuelle in Westeuropa. Frankreich, Österreich, Italien und Großbritannien im Vergleich (1945–1956), Köln 2007; ders.: Kommunistische Intellektuelle im westlichen Deutschland (1945–1956). Eine glaubensgeschichtliche Untersuchung in vergleichender Perspektive, in: Geschichte und Gesellschaft 33 (2007), S. 258–288.
65 Siehe besonders Cœuré, Sophie: La grande lueur à l'Est. Les Français et l'Union soviétique 1917–1939, Paris 1999; Oberloskamp, Eva: Fremde neue Welten. Reisen deutscher und französischer Linksintellektueller in die Sowjetunion 1917–1939, München 2011.
66 Lilleker, Darren G.: Against the Cold War. The History and Political Traditions of Pro-Sovietism in the British Labour Party 1945–89, London 2004.
67 Vgl. die Beiträge in: Vaïsse, Maurice (Hg.): De Gaulle et la Russie, Paris 2006.
68 Vgl. dazu insbesondere die Bände des Wuppertaler Projekts „West-östliche Spiegelungen", darunter: Keller, Mechthild (Hg.): Russen und Rußland aus deutscher Sicht, Bd. 4: 19./20. Jahrhundert. Von der Bismarckzeit bis zum Ersten Weltkrieg, München 2000; Koenen, Gerd/Kopelew,

gibt es bislang kaum konkrete Medien- und Diskursanalysen zum Bild Russlands und der Sowjetunion in den verschiedenen westlichen Ländern.[69] Die Geschichte der Freundschaftsgesellschaften ermöglicht hier eine Erweiterung des Blicks auf einen zwar nicht repräsentativen, aber vergleichsweise breiten und nicht von vorne herein auf eine klare politische Orientierung oder eine bestimmte soziale Gruppe beschränkten Querschnitt durch die Bevölkerung.

Freundschaftsgesellschaften in der Zwischenkriegszeit und im Kalten Krieg

Der Forschungsstand zu den Freundschaftsgesellschaften selbst und ihren sowjetischen Partnern in der VOKS bzw. der SSOD ist überschaubar. Umfangreichere quellengestützte Studien erschienen bislang vor allem zur Zwischenkriegszeit. Ausgehend von seiner Untersuchung der Kommunistischen Internationalen (Komintern) systematisiert Bernhard Bayerlein das „Zwischenreich" der „Kulturellen Internationalen" in der Zwischenkriegszeit, zu dem er auch die Freundschaftsgesellschaften zählt, in verschiedene Kategorien.[70] Eine gewisse Beachtung erfährt die VOKS in den zahlreichen Studien zu den Reisen westlicher Intellektueller in die Sowjetunion. Ljudmila Štern und Sophie Cœuré untersuchen in ihren Arbeiten die Entwicklung der Empfangsstrukturen in der Sowjetunion ebenso wie die Wahrnehmungsmuster der Reisenden.[71] Aus russischer Perspektive hat sich vor allem Aleksandr V. Golubev mit dem organisatorischen Apparat

---

Lew (Hg.): Russen und Rußland aus deutscher Sicht, Bd. 5: Deutschland und die Russische Revolution 1917–1924, München 1998.

69 Vgl. lediglich: Chauvin, Hervé: La lutte finale. L'URSS dans le débat politique et intellectuel en France de 1975 à 1991, Dissertation, Université Michel de Montaigne Bordeaux 3, Bordeaux 2012; Askotchenskii, Dimitrii: Der verschwundene Feind. Zur Genese der gegenseitigen Wahrnehmung im Massenbewußtsein der Bundesrepublik Deutschland und der Sowjetunion in der Zeit von 1985 bis 1991, Bonn 1997; Gavrilova, Stella: Die Darstellung der UdSSR und Russlands in der „Bild-Zeitung" 1985–1999. Eine Untersuchung zu Kontinuität und Wandel deutscher Russlandbilder unter Berücksichtigung der Zeitungen „Die Welt", „Süddeutsche Zeitung" und „Frankfurter Rundschau", Frankfurt a.M. 2005.

70 Bayerlein, Bernhard H.: The „Cultural International" as the Comintern's Intermediate Empire. International Mass and Sympathizing Organisations beyond Parties, in: Weiss, Holger (Hg.): International Communism and Transnational Solidarity. Radical Networks, Mass Movements and Global Politics, 1919–1939, Leiden 2017, S. 28–88.

71 Stern, Ljudmila: Western Intellectuals and the Soviet Union 1920–40, London 2009; Cœuré, La grande lueur à l'est; Mazuy, Rachel: Croire plutôt que voir? Voyages en Russie soviétique (1919–1939), Paris 2002; Cœuré, Sophie/Mazuy, Rachel (Hg.): Cousu de fil rouge. Voyages des intellectuels français en Union soviétique – 150 documents inédits des Archives russes, Paris 2012; Oberloskamp, Fremde neue Welten.

der VOKS in den 1920er und 1930er Jahren, mit dem von ihr gepflegten kulturellen Austausch und mit dem sowjetischen Blick auf den Westen beschäftigt.[72]

Die Darstellung von Michael David-Fox zur sowjetischen Cultural Diplomacy der Zwischenkriegszeit ist wegweisend, da sie die Außen- und die Innenperspektive erstmals umfassend verbindet. David-Fox verweist auf die doppelte Funktion, die die VOKS durch die Betreuung ausländischer intellektueller Reisender und die Einbindung der sowjetischen Intellektuellen in die Empfangsstrukturen erfüllte. Die gut gepflegten „showcases" dienten demnach sowohl als Vorzeigeobjekte für ausländische Besucher als auch als innersowjetische Zukunftsmodelle für die sowjetische Bevölkerung. Am Beispiel der VOKS argumentiert David-Fox, dass in jeder Phase der sowjetischen Geschichte ein Zusammenhang zwischen der innersowjetischen Entwicklung und den Interaktionen mit dem Ausland bestand, da die Frage der Außenwahrnehmung durch den Westen immer mitgedacht wurde.[73] Die umfangreiche Arbeit von Jean-François Fayet rekonstruiert am Beispiel der Schweiz im Detail die Umsetzung der VOKS-Politik durch die Akteure und Vereinigungen vor Ort. Dadurch macht er einerseits die (häufig) begrenzte Effizienz der sowjetischen Politik und der Arbeit der VOKS im Ausland, andererseits die Rückwirkungen auf die Sowjetunion sichtbar.[74]

Derart umfassende Arbeiten wie von David-Fox und Fayet sucht man für die Zeit nach 1945 bisher vergeblich. Im einzigen Aufsatz zur VOKS in den Jahren nach Stalins Tod kommt Natalija Egorova auf der Basis russischer Quellen zu dem Schluss, dass diese eine Wegbereiterin der Détente gewesen sei.[75] Die Funktions- und Wirkungsweise der VOKS bzw. der SSOD in der Sowjetunion, vor allem auf der Ebene der Republiken und auf lokaler Ebene, sowie die sozialen Praktiken und Aushandlungsmechanismen innerhalb der Partnergesellschaften

---

72 Golubev, Aleksandr V./Borisov, Jurij S.: Rossija i Zapad. Formirovanie vnešnepolitičeskich stereotipov v soznanii rossijskogo obščestva pervoj poloviny XX v., Moskva 1998; Golubev, Aleksandr V.: „... vzgljad ha zemlju obetovannuju". Iz istorii sovetskoj kul'turnoj diplomatii 1920–1930-ch godov, Moskau 2004; ders./Nevežin, Vladimir A.: VOKS v 1930–1940-e gody, in: Minuvšee 14 (1993), S. 313–364. Siehe auch Fokin, Vladimir I.: Meždunarodnyj kul'turnyj obmen i SSSR v 20–30-e gody, St. Petersburg 1999.
73 David-Fox, Michael: Showcasing the Great Experiment. Cultural Diplomacy and Western Visitors to the Soviet Union, 1921–1941, Oxford, New York 2011, S. 314.
74 Fayet, Jean-François: V.O.K.S. Le laboratoire soviétique. Histoire de la diplomatie culturelle soviétique durant l'entre-deux-guerres, Chêne-Bourg 2014.
75 Yegorova, Natalia: The All-Union Society for Cultural Relations with Foreign Countries (VOKS) and the Early Détente, 1953–1955, in: Fleury, Antoine (Hg.): Une Europe malgré tout, 1945–1990. Contacts et réseaux culturels, intectuels et scientifiques entre Européens dans la guerre froide, Brüssel 2009, S. 89–102.

sind bislang nicht erforscht. Einzelne russische Arbeiten zum Wirken der Freundschaftsgesellschaften in Sibirien beschränken sich auf eine bloße Beschreibung der Aktivitäten.[76] Lediglich zur Belarussischen SSR liegen eine quellenbasierte weißrussische Studie sowie Michelle Klöckners Untersuchung zu den Freundschafts- und Kulturbeziehungen mit der DDR vor.[77] Die vorliegende Arbeit schreibt einerseits die Organisationsgeschichte der SSOD bis in die 1990er Jahre weiter, andererseits gibt sie im Rahmen der Möglichkeiten Einblick in die Rückwirkungen der Aktivitäten der Freundschafts- und Partnergesellschaften auf die sowjetische Bevölkerung.

Die Forschung zu den Freundschaftsgesellschaften im Westen ist rein quantitativ beachtlich. Allerdings handelt es sich oft um einfache Nacherzählungen auf Basis der von den Gesellschaften selbst publizierten Druckschriften. Viele ziehen ausschließlich westliches Quellenmaterial heran. Die meisten konzentrieren sich auf die Zeit des Neubeginns der Kulturbeziehungen mit der Sowjetunion in den 1950er Jahren. Und nahezu alle beschränken sich auf den nationalen Rahmen, so dass der transnationale Charakter und der weltumspannende Anspruch der sowjetischen Freundschaftsbewegung vernachlässigt werden.

Noch am besten erforscht ist die Association France-URSS. Polemisierende Darstellungen wie die des Journalisten Bernard Lecomte sehen sie als verlängerten Arm Moskaus und „eines der größten Feigenblätter der Zeitgeschichte". Gleichzeitig bescheinigen sie der Freundschaftsgesellschaft einen großen Einfluss zumindest auf die französischen Eliten.[78] Der reich illustrierte Rückblick des langjährigen Mitarbeiters Georges Martin sollte vor allem als Quelle für die Selbstdarstellung der Gesellschaft interpretiert werden.[79] Thomas Gomart und Marie-Pierre Rey widmen der Association France-URSS in ihren Darstellungen zu den französisch-sowjetischen Beziehungen je ein Kapitel.[80] Während Rey sich nur auf einige gedruckte Quellen stützt, stellt Gomart auf Basis von

---

[76] Sverčkov, Vassilij Ivanovič: Internacionalizm sibirija kov. Opyt i problemy, 60-e–načalo 80-ch gg., Irkutsk 1992; Soldatov, Sergej Alekseevič/Čižikova, Olesja Vladimirovna: Dejatel'nost' sovetskich obščestv družby i kul'turnoj svjazi so stranami Azii v 60–80-e gody XX veka (na materialach Priangar'ja), Bratsk 2010.

[77] Šadurskij, Viktor G.: Kul'turnye svjazi Belarusi so stranami Central'noj i Zapadnoj Evropy (1945–1990-e gody), Minsk 2000; Klöckner, Michelle: Kultur- und Freundschaftsbeziehungen zwischen der DDR und der Belorussischen Sozialistischen Sowjetrepublik (1958–1980), Stuttgart 2017.

[78] Lecomte, Bernard: Le Bunker. Vingt ans de relations franco-soviétiques, Paris 1994, S. 97; siehe auch Montaldo, Jean: La France communiste. Un État dans l'État, Paris 1978, S. 111.

[79] Martin, Georges: France-URSS 1945–1992. Histoire d'une grande association de connaissance, d'échanges et d'amitié, Saint-Martin-d'Hères 2002.

[80] Gomart, Double détente; Rey, Marie-Pierre: La tentation du rapprochement, S. 299–304.

Archivmaterial und Interviews die Strukturen von France-URSS und erstmals auch der Partnergesellschaft SSSR-Francija vor. Er untersucht Werdegänge ausgewählter französischer und sowjetischer Akteure sowie die Einflussnahme des PCF und Moskaus im Zeitraum von 1958 bis 1964. France-URSS war Gomart zufolge ein zusätzliches Instrument Moskaus innerhalb der bilateralen Beziehungen, mit dem sich das französische Außenministerium auseinandersetzen musste. Gleichzeitig habe die Gesellschaft vor allem durch die Organisation von Reisen zum „langen Prozess der Verflechtung zwischen beiden Ländern" beigetragen.[81]

Die Freundschaftsgesellschaften in der Bundesrepublik und ihre Aktivitäten im Bereich der Städteverbindungen, des Jugend- und Kulturaustauschs erwähnt Barbara Lippert in ihrer bereits zitierten Arbeit zur Auswärtigen Kulturpolitik der Bundesrepublik. Sie kommt zu dem Schluss, dass nichtstaatliche Mittler wie die Freundschaftsgesellschaften – teilweise mit Zuschüssen aus dem Kulturhaushalt – eine „regierungsunabhängige Dynamik" entfalten konnten. Diese wurde von der Bundesregierung als Ersatz für die stockenden offiziellen Kulturbeziehungen angesehen.[82]

Die britischen Freundschaftsgesellschaften während des Kalten Krieges werden in der Dissertation von Magdalena María Garrido Caballero über die spanisch-sowjetischen Gesellschaften zu einem punktuellen Vergleich herangezogen. Garrido Caballero verlässt damit die rein bilaterale Perspektive und verweist in Ansätzen auf den weltumspannenden Anspruch der Freundschaftsbewegung.[83] Ihre Arbeit verfolgt außerdem die Entwicklung einer Freundschaftsgesellschaft in einem westlichen Land über mehrere Jahrzehnte hinweg und berücksichtigt dabei die sowjetische Politik, das Verhältnis zur Regierung und zur kommunistischen Partei in Spanien sowie die individuelle Ebene der Mitglieder.

---

[81] Gomart, Double détente, S. 121. Zum Verhältnis zum Außenministerium siehe auch: ders.: Le PCF au miroir des relations franco-soviétiques (1964–1968), in: Relations Internationales n° 114 (2003), S. 249–266; ders.: Le dispositif du PCF dans les relations franco-soviétiques (1958–1964), in: Vaïsse, Maurice (Hg.): De Gaulle et la Russie, Paris 2006, S. 125–138; ders., La diplomatie culturelle française.
[82] Lippert, Auswärtige Kulturpolitik im Zeichen der Ostpolitik, S. 320.
[83] Garrido Caballero, Magdalena María: Las relaciones entre España y la Unión Soviética a través de las Asociaciones de Amistad en el siglo XX, Universidad de Murcia 2006, http://hdl.handle.net/10803/10891 (12.7.2010). Vgl. auch ihren kurzen Entwurf einer globalgeschichtlichen Perspektive auf die sowjetische Freundschaftsbewegung: dies.: La propaganda soviética en el exterior, in: Engochea Tirado, Enrique/Monzón Pertejo, Elena/Pérez Sarmiento, David G. (Hg.): Relaciones en conflicto. Nuevas perspectivas sobre relaciones internacionales desde la historia, València 2015, S. 103–106, http://roderic.uv.es/handle/10550/42835 (15.4.2016).

Die Geschichte der in Größe und Bedeutung mit der Association France-URSS vergleichbaren Associazione Italia-URSS erzählt Giovanni Gravina von ihren Anfängen bis in die 1960er Jahre. Allerdings stützt er sich ausschließlich auf publizierte Selbstzeugnisse und einzelne Zeitzeugeninterviews, um den Drahtseilakt der Associazione Italia-URSS zwischen Politik und Kultur zu rekonstruieren.[84] Den Kampf der kleinen Canadian-Soviet Friendship Society um eine Beeinflussung der kanadischen Öffentlichkeit in den 1950er Jahren dokumentiert Jennifer Andersons Dissertation.[85] Einen ebenso vergeblichen Kampf führte, wie Christiane Gehring und Matthieu Gillabert zeigen, auch die Gesellschaft Schweiz-Sowjetunion bzw. die Association Suisse-URSS. Gillabert hat außerdem den methodisch anregenden Versuch unternommen, die Geschichte der Association Suisse-URSS unter dem Blickwinkel des Transfers sowjetischer Rituale und Symbole zu analysieren.[86] Weitere Beiträge gibt es zu den von Moskau relativ unabhängigen skandinavischen Gesellschaften[87] sowie zu Irland und Australien.[88]

---

84 Gravina, Giovanni: Per una storia dell'Associazione Italia-URSS. Prima parte, in: Slavia 2 (1993) 3, S. 70–108; ders.: Per una storia dell'Associazione Italia-URSS. Parte seconda, in: Slavia 4 (1995) 1, S. 48–100; ders.: Per una storia dell'Associazione Italia-URSS. Parte terza, in: Slavia 4 (1995) 3–4, S. 103–141; ders.: Per una storia dell'Associazione Italia-URSS. Parte quarta, in: Slavia 6 (1997) 3, S. 135–159.
85 Anderson, Jennifer: Propaganda and Persuasion in the Cold War. The Canadian-Soviet Friendship Society 1949–1960, Dissertation, Carleton University, Ottawa 2008, https://curve.carleton.ca/theses/28113 (17.12.2014).
86 Gehrig, Christine: Die Anfänge der Gesellschaft „Schweiz-Sowjetunion", in: Brang, Peter (Hg.): Bild und Begegnung. Kulturelle Wechselseitigkeit zwischen der Schweiz und Osteuropa im Wandel der Zeit, Basel 1996, S. 593–634; Gillabert, Matthieu: L'Association Suisse-URSS dans la Guerre froide. Quête de légitimité dans les relations culturelles, in: Briegel, Françoise/ Farré, Sebastien (Hg.): Rites, hiérarchies, Chêne-Bourg 2010, S. 133–145.
87 Rotihaug, Ingunn: „For fred og vennskap mellom folkene". Sambandet Norge-Sovjetunionen 1945–70, Oslo 2000; Wenell, Olov: Sovjetunionen och svenska vänsällskap 1945–1958. Sällskapen Sverige-Sovjetunionen som medel i sovjetisk strategi, Umeå universitet, Umeå 2015, http://urn.kb.se/resolve?urn=urn:nbn:se:umu:diva-98934 (14.4.2016); Mikkonen, Simo: The Finish-Soviet Society. From Political to Cultural Connections, in: Magnúsdóttir, Rosa/Ingimundarson, Valur (Hg.): Nordic Cold War Cultures. Ideological Promotion, Public Reception and East-West Interactions, Helsinki 2015, S. 109–131. Ein Abschnitt über die isländische Gesellschaft in den 1950er Jahren findet sich in: Magnúsdóttir, Rósa: Intellectual Activism during the Cold War. Icelandic Socialists and their International Networks, in: Autio-Sarasmo, Sari/ Humphreys, Brendan (Hg.): Winter Kept us Warm. Cold War Interactions Reconsidered, Helsinki 2010, S. 154–169; Frederichsen, Kim: Soviet Cultural Diplomacy towards Denmark during the Cold War, 1945–1991, Dissertation, Københavns Universitet, Kopenhagen 2017.
88 Quinn, Michael J.: The Ireland-USSR Society, 1966–92, in: Saothar 38 (2013), S. 93–103; ders.: Irish-Soviet Diplomatic and Friendship Relations, 1919–80, Dissertation, National University of Ireland, Maynooth, 2014, http://eprints.maynoothuniversity.ie/7689/1/Quinn.pdf

Praktisch nicht erforscht ist bislang die Rolle der sowjetischen Kulturpolitik und der Freundschaftsgesellschaften in den blockfreien Staaten und ehemaligen Kolonien Südamerikas, Afrikas und Asiens.[89]

Obwohl die sowjetischen Freundschaftsgesellschaften in sozialistischen Ländern ganz andere Voraussetzungen hatten, deutlich größer waren und vor allem der Herrschaftslegitimation dienten, bieten sich hier viele Vergleichspunkte an. Jan Behrends untersucht den Beitrag der Freundschaftsgesellschaften in der DDR und Polen zur Repräsentation sowjetischer Macht über Diskurse und Inszenierungen von „Freundschaft".[90] Rachel Applebaum und Michelle Klöckner kommen in ihren Dissertationen zu den Kultur- und Freundschaftsbeziehungen zwischen der Tschechoslowakei und der Sowjetunion bzw. der DDR und der Belarussischen SSR hingegen zu dem Schluss, dass jenseits der Inszenierung durch die Freundschaftsgesellschaften in späteren Jahrzehnten tatsächlich Begegnungsräume und loyale Beziehungen zur Sowjetunion geschaffen wurden.[91]

Auch die sozialistischen „Satellitenstaaten" hatten nach sowjetischem Vorbild Netzwerke von Freundschaftsgesellschaften. Gerade die DDR bediente sich zahlreicher Vereinigungen im Westen, um sie für ihren Kampf um die völkerrechtliche Anerkennung und zur Selbstdarstellung als „anderes" und „besseres" Deutschland im Ausland zu instrumentalisieren.[92] Hier entstanden

---

(21.6.2018); McNair, John: Winning Friends, Influencing People. Soviet Cultural Diplomacy in Australia, 1928–1968, in: Australian Journal of Politics and History 61 (2015) 4, S. 515–529.
89 Tobias Rupprecht berücksichtigt in seiner Arbeit zu den Kulturbeziehungen zwischen Lateinamerika und der Sowjetunion an mehreren Stellen die Freundschaftsgesellschaften: Rupprecht, Tobias: Soviet Internationalism after Stalin. Interaction and Exchange between the USSR and Latin America during the Cold War, Cambridge 2015. Zur indonesischen Freundschaftsgesellschaft siehe Boden, Ragna: Die Grenzen der Weltmacht. Sowjetische Indonesienpolitik von Stalin bis Brežnev, Stuttgart 2006, S. 257–264.
90 Behrends, Die erfundene Freundschaft. Zur DSF siehe auch Dralle, Lothar: Von der Sowjetunion lernen, … Zur Geschichte der Gesellschaft für Deutsch-Sowjetische Freundschaft, Berlin 1993; Kuhn, Katja: „Wer mit der Sowjetunion verbunden ist, gehört zu den Siegern der Geschichte …". Die Gesellschaft für Deutsch-Sowjetische Freundschaft im Spannungsfeld von Moskau und Ostberlin, Dissertation, Mannheim 2002, http://madoc.bib.uni-mannheim.de/madoc/volltexte/2003/64/pdf/DSF.PDF (10.03.2014).
91 Applebaum, Friendship of the Peoples; Klöckner, Kultur- und Freundschaftsbeziehungen.
92 Nur auf der Basis von DDR-Quellen: Golz, Hans-Georg: Verordnete Völkerfreundschaft. Das Wirken der Freundschaftsgesellschaft DDR-Großbritannien und der Britain-GDR Society – Möglichkeiten und Grenzen, Leipzig 2004. Mit systematischer Befragung der ehemaligen Mitglieder: Abraham, Nils: Die politische Auslandsarbeit der DDR in Schweden. Zur Public Diplomacy der DDR gegenüber Schweden nach der diplomatischen Anerkennung (1972–1989), Berlin 2007. Breiter eingebettet in die bilateralen Beziehungen: Lill, Johannes: Völkerfreundschaft im Kalten Krieg? Die politischen, kulturellen und ökonomischen Beziehungen der DDR zu Italien 1949–1973, Frankfurt a.M. 2001; Wenkel, Christian: Auf der Suche nach einem

vergleichbare asymmetrische Beziehungen zwischen sozialistischen Massenorganisationen und westlichen zivilgesellschaftlichen Vereinigungen.

Die vorliegende Arbeit will diese zahlreichen Einzeldarstellungen mit den gewählten Fallbeispielen aus Frankreich, Großbritannien und der Bundesrepublik zu einer übergreifenden Geschichte der sowjetischen Freundschaftsgesellschaften im Westen während des Ost-West-Konflikts zusammenführen und in vergleichender Perspektive Parallelen und nationale Unterschiede herausarbeiten.

Analytischer Rahmen und konzeptionelle Überlegungen

Transnationale Gesellschaftsgeschichte

Der Blick auf die kulturelle Dimension des Kalten Krieges erweitert die Perspektive praktisch zwangsläufig auf nicht-staatliche Akteursgruppen. Gesellschaftliche Vereinigungen wie die Freundschaftsgesellschaften, kulturelle Mittler wie Journalisten, Akademiker, Künstler, Schauspieler, Tänzer und Musiker, aber auch Wirtschaftskonzerne und sogar einfache Touristen werden so zu Akteuren im Kalten Krieg. Ihr grenzüberschreitendes Engagement ist nach der traditionellen politikwissenschaftlichen Lesart per se transnational. Denn diese unterscheidet internationale, zwischenstaatliche Kontakte von transnationalen Kontakten, in die nicht-staatliche Akteure einbezogen sind.[93] Die transnationale Geschichte geht allerdings über die Untersuchung nicht-staatlicher grenzüberschreitender Akteure hinaus. Kiran Klaus Patel fasste den in den letzten Jahren gefundenen Konsens so zusammen:

„anderen Deutschland". Das Verhältnis Frankreichs zur DDR im Spannungsfeld von Perzeption und Diplomatie, München 2014, S. 35–99 und 210–220; Pfeil, Ulrich: Die „anderen" deutsch-französischen Beziehungen. Die DDR und Frankreich 1949–1990, Weimar 2004, S. 269–310; Griese, Olivia: Auswärtige Kulturpolitik und Kalter Krieg. Die Konkurrenz von Bundesrepublik und DDR in Finnland 1949–1973, Wiesbaden 2006, u. a. S. 70–72 und 83–86; Pekelder, Jacco: Die Niederlande und die DDR. Bildformung und Beziehungen 1949–1989, Münster 2002, S. 250–261 und 316–325. Siehe auch zu Ungarn: Klenjánszky, Sarolta: Culture et propagande dans la guerre froide (1945–1975). Le cas de l'association France-Hongrie, in: Öt Kontinens, Eötvös Loránd Tudományegyetem (2006) 2, S. 211–234.

93 Vgl. die klassische Definition von Thomas Risse-Kappen: „[R]egular interactions across national boundaries when at least one actor is a non-state agent or does not operate on behalf of a national government or an intergovernmental organization." Risse-Kappen, Thomas: Bringing Transnational Relations Back In. Introduction, in: ders. (Hg.): Bringing Transnational Relations Back In. Non-state Actors, Domestic Structures, and International Institutions, Cambridge 1995, S. 3–33, hier S. 3.

> Transnational history involves the analysis of phenomena that transcend nations and nation-states; that span territorial borders and boundaries. Transnational history thus seeks to examine interconnections and transfers across borders, as well as the circulatory regimes that might result from them. This obviously includes the analysis of processes that control and restrict transnational flows.[94]

Transnationale Geschichte blickt demnach auf grenzüberschreitende Verbindungen, auf Personen und Ideen, die sich über staatliche Grenzen hinweg bewegen. Sie setzt die Vorgänge innerhalb eines Landes oder einer nationalen Gruppe in Bezug zu Einflüssen und Transfers von außen. Die Geschichtsschreibung zur Sowjetunion hat sich erst vergleichsweise spät für transnationale Ansätze geöffnet. Dies mag einerseits damit zusammenhängen, dass die Sowjetunion nie ein Nationalstaat war. Dennoch bemühte sich dieser Vielvölkerstaat, eine übergeordnete Einheit zu schaffen. Er kommunizierte nach innen und außen das Bild eines homogenen „Sowjetmenschen", der sich einer spezifischen „Sowjetkultur" verbunden fühlte. Andererseits wurde die Sowjetunion lange als relativ abgeschlossene Einheit betrachtet, die zwar international agierte, doch transnationale Transfers mit allen Mitteln zu verhindern suchte. Tatsächlich bietet sich die sowjetische Geschichte ganz besonders für transnationale Perspektiven an.[95] Die marxistische Gesellschaftsauffassung stellte den nationalen Grenzen der Bourgeoisie die Idee der weltumspannenden Gemeinschaft der Arbeiter gegenüber. Die Sowjetunion war somit von Anfang an als ein transnationales Projekt gedacht, das über die kommunistische Bewegung ständig mit der Außenwelt interagierte.[96] Demgegenüber war die Sowjetunion gleichzeitig eine Einheit, die sich von äußeren Einflüssen mehr oder weniger abschottete, und deren Überlegenheit auf einen russisch-sowjetischen Nationalismus basierte. Aus diesem Grund versuchte der Staat insbesondere die Aktivitäten transnationaler Akteure unter staatliche Kontrolle zu bringen. Auch die

---

94 Patel, Kiran Klaus: An Emperor without Clothes? The Debate about Transnational History Twenty-five Years on, in: Histoire@Politique n° 26 (2015), http://www.histoire-politique.fr/index.php?numero=26&rub = pistes&item = 32#_ftnref39 (25.4.2016.) Siehe weitere Zusammenfassungen der Forschung zum Begriff: Iriye, Akira: Global and Transnational History. The Past, Present, and Future, Basingstoke 2013; Saunier, Pierre-Yves: Transnational History, Basingstoke 2013; Körner, Axel: Transnational History. Identities, Structures, States, in: Haider-Wilson, Barbara/Godsey, William D./Mueller, Wolfgang (Hg.): Internationale Geschichte in Theorie und Praxis. International History in Theory and Practice, Wien 2017, S. 265–290.
95 Vgl. David-Fox, Michael: The Implications of Transnationalism, in: Kritika 12 (2011) 4, S. 885–904.
96 Siehe zum Wandel der Idee der internationalen Revolution auch: Albert, Gleb J.: Das Charisma der Weltrevolution. Revolutionärer Internationalismus in der frühen Sowjetgesellschaft 1917–1927, Köln 2017.

Partnergesellschaften in der Sowjetunion waren deshalb keine unabhängigen nicht-staatlichen Akteure im oben zitierten politikwissenschaftlichen Sinne, doch wirkten in ihnen Individuen, die zu transnationalen Akteuren werden konnten. Diese Gleichzeitigkeit von abschottenden und transnationalen Tendenzen, von stark kontrollierten physischen und ideologischen Grenzen und proklamierter Grenzenlosigkeit macht die Sowjetunion zu einem besonders interessanten Untersuchungsgegenstand der transnationalen Geschichte.[97]

Grenzen werden von der transnationalen Geschichte nicht geleugnet. Sie werden gleichermaßen als Voraussetzung und Produkt transnationaler Bewegungen interpretiert und dadurch historisiert. Diese vorliegende Untersuchung versteht Grenzen – und insbesondere die Grenze zwischen Ost und West – dementsprechend nicht als undurchlässig und statisch, sondern als „selektiv permeable Membran" mit sich wandelnden osmotischen Eigenschaften. Für die Freundschaftsgesellschaften war diese Membran zugleich Existenzgrundlage und Gestaltungsfeld. Jean-Pierre Saulnier bezeichnet derartige Akteure in transnationalen Verbindungen als „Konnektoren", die – in Abhängigkeit von Ressourcen und Aushandlungsspielräumen – Beziehungen knüpfen, aufrechterhalten, verändern oder beenden können.[98]

Transnational bedeutet zudem nicht, dass Staaten und nationale Einheiten irrelevant wären. Vielmehr machen transnationale Beziehungen die Bedeutung nationaler Selbstdefinitionen überhaupt erst sichtbar. Die Sowjetunion und auch der Westen konstituierten sich gerade im Kalten Krieg immer in Abgrenzung voneinander. Innenpolitische Entwicklungen und transnationale Bewegungen bedingen sich gegenseitig. David-Fox hat für die Zwischenkriegszeit gezeigt, dass sich der Aufbau des Sozialismus mit ständigem Blick über die Grenze vollzog und der Umgang mit westlichen Reisenden das sozialistische Projekt nachhaltig beeinflusste.[99] Auch für die Zeit des Kalten Krieges ist zu fragen, welche innenpolitischen Effekte der sowjetische Blick nach Westen bzw. der westliche Blick auf die Sowjetunion hatten. Wie veränderten transnationale Prozesse und ihre vielfältigen Repräsentationen den innerstaatlichen Horizont? Inwiefern schienen sie nationale Stereotypen und Unterschiede zu bestätigen? Wenn sich die staatlich gelenkte sowjetische Diplomatie transnationaler Instrumente wie der Freundschaftsgesellschaften bediente, bezweckte sie keinesfalls eine Überwindung der Grenzen zwischen den Systemen. Vielmehr betonte sie stets die Eigenheiten des sowjetischen Modells. Die westlichen Akteure

---

[97] Siehe zu dieser Janusköpfigkeit der sowjetischen Außenbeziehungen auch Péteri, Nylon Curtain, S. 116–118.
[98] Vgl. Saunier, Transnational History, S. 33 f.
[99] David-Fox, Showcasing the Great Experiment.

bedienten sich ebenso nationaler Stereotype, um den sowjetischen Rezipienten ihr Land nahezubringen. Transnationale Geschichte ist insofern kein Gegensatz zur Nationalgeschichte oder Gesellschaftsgeschichte. Sie ermöglicht vielmehr, außenpolitische, innenpolitische, gesellschaftliche und lokale Entwicklungen zusammenzudenken und in ihren Wechselbezügen zu analysieren.

Cultural Diplomacy als transnationale Kommunikation

Wie gesehen fasste die zeitgenössische westliche Literatur die Aktivitäten der VOKS und der SSOD meist unter das Stichwort der „sowjetischen Propaganda" im Kontrast zur „guten" amerikanischen Informations- und Aufklärungspolitik.[100] Überspitzt gesagt: Propaganda war das, was die anderen machten. Diese Kategorisierung unterstellte die Verwendung unlauterer Mittel, die Verschleierung von Informationsquellen, sowie die gezielte Täuschung und Infiltration der westlichen Öffentlichkeit mit politischen Botschaften. Diese einseitige Verwendung des Propaganda-Begriffs definierte klare Täter- und Opferrollen und ignorierte die Reziprozität, die Responsivität und die Prozesshaftigkeit politischer Kommunikation. Zwar gibt es in der aktuellen Forschung Tendenzen, Propaganda mit kulturhistorischen und linguistischen Methoden zu untersuchen und „mehrdimensional, mehrdeutig, reflexiv und prozessual" zu betrachten.[101] Dennoch erscheint „Propaganda" als Analysebegriff wenig geeignet, da dadurch vor allem der Austausch von Informationen, Bildern und Zeichen erfasst und der für die Freundschaftsgesellschaften besonders wichtige Aspekt des Austausches von Personen vernachlässigt wird. Außerdem erscheint es schwierig, die negative Konnotation des Begriffs gerade in der Gegenüberstellung von Ost und West abzulegen.

Für vergleichbare westliche Maßnahmen und Instrumente der „Öffentlichkeitsarbeit" wie z. B. die United States Information Agency (USIA) brachte die

---

[100] Siehe Ebon, Martin: The Soviet Propaganda Machine, New York 1987; Rose, Clive: The Soviet Propaganda Network. A Directory of Organisations Serving Soviet Foreign Policy, London 1988; Barghoorn, Frederick C.: Cultural Relations and Soviet Foreign Policy, in: World Politics 8 (1956) 3, S. 323–344; Shultz, Richard H./Godson, Roy: Dezinformatsia. Active Measures in Soviet Strategy, Washington ³1984, S. 111 f.; Clews, John C.: Communist Propaganda Techniques, New York 1966, S. 116–118.
[101] Gries, Rainer: Propagandageschichte als Kulturgeschichte. Methodische Erwartungen und Erfahrungen, in: Deutschland Archiv 33 (2000), S. 558–570; Siehe auch ders.: Zur Ästhetik und Architektur von Propagemen. Überlegungen zu einer Propagandageschichte als Kulturgeschichte, in: ders./Ahbe, Thomas (Hg.): Kultur der Propaganda, Bochum 2005.

amerikanische Politikwissenschaft ab Mitte der 1960er Jahre den Begriff der „Public Diplomacy" als positives Pendant zur sowjetischen Propaganda auf.[102] Parallel und als Ergänzung zur Public Diplomacy wurde und wird der Begriff der „Cultural Diplomacy" verwendet. Frederick H. Barghoorn bezeichnete 1960 erstmals auch die sowjetische Kulturpolitik gegenüber dem Ausland als „Cultural Diplomacy", wobei er sie als „Manipulation kulturellen Materials und Personals für Propagandazwecke" definierte und somit die negative Konnotation des Propagandabegriffs übertrug.[103] Erst nach dem Zusammenbruch der Sowjetunion wurde Cultural Diplomacy als neutrale Kategorie auch für die sowjetische Politik verwendet, die damit ohne normative Vorannahmen in Vergleich und Beziehung zur amerikanischen gesetzt werden konnte.[104]

Während Public Diplomacy den Schwerpunkt auf die Zielgruppe – die ausländische Öffentlichkeit – legt, betont Cultural Diplomacy die Mittel der Diplomatie, die im weitesten Sinne „kulturell", also nicht primär politisch oder wirtschaftlich sind. Für beide Begriffe gibt es jedoch eine Vielzahl von Definitionen, die eine Abgrenzung in der Praxis erschwert.[105] Am plausibelsten erscheint die Einordnung von Nicholas Cull und Daniel Ostrowski, die Cultural Diplomacy als Unterkategorie der Public Diplomacy sehen. Public Diplomacy beinhaltet demnach erstens die mediale Öffentlichkeitsarbeit bzw. Public Relations (Auslandsmedien, Werbekampagnen), zweitens Auswärtige Kultur- und Bildungspolitik (Cultural Diplomacy), sowie drittens Netzwerkbildung.[106]

---

[102] Zur Entstehungsgeschichte des Begriffs vgl. Cull, Nicholas J.: The Cold War and the United States Information Agency.
[103] Barghoorn, The Soviet Cultural Offensive, S. 10; als legitime Definition angenommen z. B. in: McDaniel, American-Soviet Cultural Diplomacy, S. xxx.
[104] Nigel Gould-Davies beschrieb als einer der ersten die Institutionen und großen Entwicklungen der sowjetischen Cultural Diplomacy im Kalten Krieg. Gould-Davies, The Logic of Soviet Cultural Diplomacy.
[105] Für eine ausführliche Darstellung der Definitionen vgl. Ostrowski, Daniel: Die Public Diplomacy der deutschen Auslandsvertretungen weltweit. Theorie und Praxis der deutschen Auslandsöffentlichkeitsarbeit, Wiesbaden 2010, S. 19–36. In den Politikwissenschaften unterscheiden einige wie z. B. Patricia M. Goff Public Diplomacy und Cultural Diplomacy nicht hinsichtlich der Maßnahmen, sondern normativ hinsichtlich der Zielsetzung: Erstere verbreite unilateral eine Botschaft, letztere arbeite bi- oder multilateral und setze den Schwerpunkt auf Verständigung, Zuhören und vom Anderen Lernen. Goff, Patricia M.: Cultural Diplomacy, in: Cooper, Andrew Fenton (Hg.): The Oxford Handbook of Modern Diplomacy, Oxford 2013, S. 419–435.
[106] Vgl. Ostrowski, Die Public Diplomacy, S. 39. Cull unterscheidet fünf Elemente, die sich jedoch in die oben drei genannten einordnen lassen: „listening" (Meinungsumfragen), „advocacy" (Pressererklärungen), „Cultural Diplomacy" (kultureller Austausch), „exchange" (Studentenaustausch), „international broadcasting" (internationale Medien). Cull, Nicholas J.: Public

Obwohl ihre Aktivitäten auch die anderen Bereiche streifen, lassen sich Freundschaftsgesellschaften am ehesten in die Cultural Diplomacy einordnen.

Die unzähligen Definitionen der Cultural Diplomacy unterscheiden sich hinsichtlich ihrer Akteure (nur staatlich oder auch nicht-staatlich), ihrer Inhalte (nur Kulturaustausch oder auch Auslandsmedien) und hinsichtlich ihrer Zielsetzung (Verständigung oder Persuasion). Michael David-Fox definiert Cultural Diplomacy in seiner Arbeit für die Zwischenkriegszeit zwar institutionell als „the systematic inclusion of a cultural dimension to foreign relations, of the formal allocation of attention and resources to culture within foreign policy".[107] Tatsächlich betrachtet er jedoch nicht nur Regierungshandeln, sondern auch die gegenseitige Perzeption, die individuellen Akteure und die innenpolitischen Rückwirkungen der Maßnahmen. Das Feld der Cultural Diplomacy reicht damit weit über die staatliche Nutzung von Kultur für außenpolitische Zwecke hinaus. Sie umfasst Akteure jenseits der Regierungen sowie Rezeption und Rückkopplungsprozesse in der eigenen Gesellschaft.

Um diese Phänomene fassen zu können, wird Cultural Diplomacy im Folgenden als transnationaler Kommunikationsprozess verstanden, in dem eine bestimmte Gruppe aus staatlichen und/oder nichtstaatlichen Akteuren mittels kulturellem und gesellschaftlichem Austausch ein bestimmtes Bild ihres Landes an eine Rezipientengruppe in einem anderen Land vermittelt. Ziel ist eine Beeinflussung der zwischenstaatlichen Beziehungen und die Erhöhung der Soft Power des eigenen Landes. Cultural Diplomacy umfasst demnach nicht nur Diplomatie mit Hilfe von (hoch-) kulturellen Veranstaltungen, sondern auch die kulturelle Dimension diplomatischer Kommunikation jenseits ihrer eigentlichen Inhalte, d. h. die kulturellen Kontexte, Symbole, Rituale, Rezeptionen und ihre Rückwirkungen auf die beteiligten Akteure. Diese sehr vage Definition kann operationalisiert werden, indem man zwischen unterschiedlichen Parametern wie Akteuren, Inhalten, Rahmenbedingungen und Rezipienten differenziert und diese in ihrer Erscheinung und ihrem historischen Wandel analysiert. Jessica Gienow-Hecht hat sich auf die Suche nach so einem Modell der Cultural Diplomacy gemacht, das verschiedene Erscheinungsformen erfasst und auf unterschiedliche nationale und zeitliche Kontexte übertragbar ist. Sie stellt die These auf, dass die Effizienz und die Erfolgsaussichten von Cultural Diplomacy mit steigendem Abstand zwischen dem Ausführenden und der

---

Diplomacy. Taxonomies and Histories, in: The Annals of the American Academy of Political and Social Science n° 616 (2008), S. 31–54. Dagegen sieht Manuela Aguilar die Öffentlichkeitsarbeit („information policy") als Unterkategorie der Cultural Diplomacy. Aguilar, Cultural Diplomacy and Foreign Policy, S. 8.

107 David-Fox, Showcasing the Great Experiment, S. 14.

Regierung und mit steigender Interaktivität der Maßnahme zunehmen.[108] Der französische Sozialhistoriker Pascal Ory hat angeregt, die „diplomatie culturelle" mit Hilfe mehrerer „antithetischer Paare" zu betrachten, die jeweils Pole verschiedener Analyseachsen definieren: offiziell – privat, strukturiert – informell, massiv – punktuell, kurzlebig – nachhaltig.[109] Ein differenziertes Modell zur internationalen strategischen Kommunikation hat Birte Fähnrich in ihrer kommunikationswissenschaftlichen Arbeit zur Auswärtigen Wissenschaftspolitik entwickelt.[110] Ausgehend von diesen Überlegungen soll im Folgenden kein starres Modell etabliert werden, das dann im sozialwissenschaftlichen Sinne am Fallbeispiel getestet werden könnte. Vielmehr geht es darum, einzelne Parameter der Cultural Diplomacy und ihre möglichen Varianzen genauer in den Blick zu nehmen, um das Phänomen der Freundschaftsgesellschaften in ihren unterschiedlichen nationalen und zeitlichen Ausprägungen besser beschreiben zu können.

Die Absender der Cultural Diplomacy werden auf einer Achse zwischen staatlichen Organisationen und privaten Individuen definiert. Die staatlichen Akteure selbst können nationale Regierungsinstitutionen wie Außenministerien oder Botschaften, aber auch subnationale Einheiten wie einzelne Regionen oder Bundesländer sowie supranationale Strukturen wie die Europäische Union umfassen.[111] Anders als im Bereich der Kulturbeziehungen sind an der Cultural Diplomacy immer staatliche Akteure beteiligt. Kommunizieren staatliche Akteure jedoch offensichtlich direkt mit der ausländischen Öffentlichkeit, so wird die Botschaft wenig glaubwürdig und stößt leicht auf Misstrauen und Ablehnung bei den Rezipienten. Deshalb sind in der Regel Mittlerorganisationen bzw. zivilgesellschaftliche Akteure – in diesem Fall die Freundschaftsgesellschaften – vorgeschaltet, die die Botschaft weiterleiten, anpassen oder filtern. Dies hängt davon ab, ob eine eher konfrontative oder kooperative Beziehung zwischen den staatlichen Organisationen und den gesellschaftlichen Akteuren besteht. Weitere Akteure sind die eigentlichen Träger der Kommunikation, hier die individuellen Mitglieder der Freundschaftsgesellschaften, Künstler oder

---

108 Gienow-Hecht, Jessica C. E.: The Model of Cultural Diplomacy. Power, Distance, and the Promise of Civil Society, in: Gienow-Hecht, Jessica C. E./Donfried, Mark C. (Hg.): Searching for a Cultural Diplomacy, New York 2010, S. 13–29.
109 Ory, Pascal: Préface, in: Dubosclard, Alain u. a. (Hg.): Entre rayonnement et réciprocité. Contributions à l'histoire de la diplomatie culturelle, Paris 2002, S. 11–13.
110 Fähnrich, Birte: Science Diplomacy. Strategische Kommunikation in der Auswärtigen Wissenschaftspolitik, Wiesbaden 2013.
111 Vgl. hierzu Fähnrich, Science Diplomacy, S. 93–97.

Reisende, die möglicherweise ihre eigene diplomatische Mission verfolgen und individuelle Aneignungsstrategien entwickeln.

Die Maßnahmen der Cultural Diplomacy variieren zunächst hinsichtlich des Grades ihrer Interaktivität. Cowen und Arsenault definieren drei Schichten der Public Diplomacy mit steigender Interaktion und Akzeptanz: Monolog, Dialog und Kooperation.[112] Der Monolog ist demnach eine eindimensionale, in der Regel massenmedial vermittelte Kommunikation wie z. B. eine Rede oder die Veröffentlichung eines Artikels. Bei monologischen Maßnahmen lässt sich zwar die Botschaft, jedoch kaum ihre Rezeption kontrollieren. Bei dialogischen Maßnahmen verläuft die Kommunikation dagegen wechselseitig und multidimensional. Dabei ist nicht entscheidend, ob eine echte Debatte stattfindet oder nur ein symbolischer Dialog in Form der gegenseitigen Präsentation unterschiedlicher Positionen. Auf der dritten Stufe, der Kooperation, geht es um die gemeinsame Verwirklichung eines Projekts, das Erreichen eines gemeinsamen übergeordneten Ziels, was grundsätzlich echten Dialog, aber auch Kompromisse voraussetzt. Zwischen den einzelnen Stufen sind die Grenzen in der Praxis fließend. Je interaktiver die Maßnahme ist, umso größer sind Glaubwürdigkeit und Nachhaltigkeit – umso schwerer fällt jedoch die Kontrolle.

Der Inhalt einer Maßnahme kann eher kulturell oder politisch sein. Kulturelle Maßnahmen im engeren Sinne wären demnach wechselseitige Besuche von Künstlerensembles, der Auftritt von Folkloregruppen, der Austausch von Büchern und Filmen oder die Organisation von Sprachkursen. Zu den politischen Maßnahmen zählen politische Informationskampagnen in den Medien, Unterschriftenaktionen und Briefe an Politiker. Grundsätzlich hatte jedoch jede kulturelle Maßnahme, jeder kulturelle Austausch gerade zwischen dem Westen und der Sowjetunion auch eine politische Dimension. Umgekehrt wurden auch dezidiert politische Kampagnen über kulturelle Maßnahmen vermittelt. Die tatsächlich kommunizierte Botschaft konnte bei der gleichen Maßnahme je nach Situation stark variieren. So hatte der scheinbar rein kulturell motivierte Auftritt sowjetischer Folkloregruppen 1952 eine andere politische Dimension als 1978. So ist im Bereich der Cultural Diplomacy die Symbolik der Maßnahme häufig wichtiger als der Inhalt selbst.

Nicht zuletzt müssen die Rezipienten und Zielgruppen der Cultural Diplomacy genauer betrachtet werden. Cultural Diplomacy richtet sich grundsätzlich ebenso wie Public Diplomacy an „die Öffentlichkeit". Neben der nationalen

---

112 Cowan, Geoffrey/Arsenault, Amelia: Moving from Monologue to Dialogue to Collaboration. The Three Layers of Public Diplomacy, in: The Annals of the American Academy of Political and Social Science n° 616 (2008), S. 10–33.

Öffentlichkeit, die z. B. über Massenmedien erreicht werden kann, gibt es jedoch enger begrenzte Öffentlichkeiten, wie eine Gruppe von Kindern im Schüleraustausch. Fähnrich unterscheidet Primär- und Sekundärzielgruppen. Primär werden Meinungsführer, Eliten, Multiplikatoren angesprochen, die die Botschaft idealerweise zunächst an die nationale Öffentlichkeit als Sekundärzielgruppe und schließlich an die jeweilige Regierung weitergeben.[113]

In der Sowjetunion war hingegen keine pluralistische Öffentlichkeit vorhanden, in der verschiedene, möglicherweise konkurrierende Themen aufgenommen, verarbeitet und weitervermittelt werden konnten. In „Gesellschaften sowjetischen Typs" werden in der Forschung verschiedene „Sphären von Öffentlichkeit" unterschieden, die parallel existierten und sich überlappten.[114] Es gab dort erstens die „Öffentlichkeit als parteistaatliche Veranstaltung", in der durch Inszenierung und Gestaltung des öffentlichen Raumes die Gemeinschaft der Herrschenden und Beherrschten zelebriert wurde. Über Rituale der Partizipation wurde eine Öffentlichkeit hergestellt, in der jedoch das „Sag-, Schreib- und Denkbare" durch ungeschriebene Gesetze genau definiert war. Diese Sphäre der Öffentlichkeit war kaum empfänglich für Cultural Diplomacy aus dem Ausland. Vielmehr war sie selbst ein Teil der sowjetischen Kommunikation gegenüber dem Westen.

Eine wichtigere Rolle für unseren Zusammenhang spielten zweitens die Verbandsöffentlichkeiten auf der mittleren Ebene – wie Gewerkschaften, Berufsverbände oder auch Partnergesellschaften –, die sich zwar in die „parteistaatliche Öffentlichkeit" einordneten, die jedoch eine kommunikative Binnendynamik entwickeln konnten. Träger der Verbandsöffentlichkeiten waren wiederum Eliten, die einerseits „auf der Galerie" einen privilegierten Zugang zu Informationen gegenüber der breiten Masse der Menschen in der „Arena" besaßen,[115] andererseits eine Vermittlerrolle zwischen der „differenziert zutage tretenden Meinung der Vielen und der vom Staat repräsentierten einheitlichen ‚öffentlichen Meinung'" spielten.[116] Eine nicht zu vernachlässigende Ziel- und Rezipientengruppe der

---

113 Vgl. Fähnrich, Science Diplomacy, S. 97 f.
114 Vgl. auch zum Folgenden: Rittersporn, Gábor T./Rolf, Malte/Behrends, Jan C.: Von Schichten, Räumen und Sphären. Gibt es eine sowjetische Ordnung von Öffentlichkeiten?, in: Rittersporn, Gábor T./Rolf, Malte/Behrends, Jan C. (Hg.): Sphären von Öffentlichkeit in Gesellschaften sowjetischen Typs zwischen partei-staatlicher Selbstinszenierung und kirchlichen Gegenwelten, Frankfurt a.M. 2003, S. 389–421.
115 Vgl. Bentele, Günter: Sozialistische Öffentlichkeitsstrukturen und Öffentlichkeitsarbeit in der DDR, in: Szyszka, Peter (Hg.): Öffentlichkeit. Diskurs zu einem Schlüsselbegriff der Organisationskommunikation, Opladen 1999, S. 157–163, hier S. 159.
116 Cho, Myunghun Y.: Die Volksdiplomatie in Ostasien. Entstehung, Theorie und Praxis. Die Asienpolitik der Vereinigten Staaten und die Beziehungen zwischen der Volksrepublik China und Japan, Wiesbaden 1971, S. 199.

Cultural Diplomacy und der Freundschaftsgesellschaften stellte die Öffentlichkeit des eigenen Landes dar. Denn die Kommunikation mit oder über den Anderen vermittelt immer auch der eigenen Bevölkerung ein bestimmtes Bild vom eigenen Land.

Freundschaft und Loyalität

Die Rezeption und die langfristigen Folgen dieser Maßnahmen der Cultural Diplomacy lassen sich nur schwer empirisch messen. Dem steht zudem im Wege, dass Begrifflichkeiten wie „Freundschaft" oder „Frieden" häufig ganz andere Konnotationen in der Sprache des Sozialismus trugen als in der Sprache des Westens. Sie waren begrifflich „falsche Freunde". Nimmt man die Bezeichnung der „Freundschaftsgesellschaften" wörtlich, so war ihr Ziel die Begründung einer „Freundschaft" zwischen zwei Völkern. Freundschaft ist primär eine private, emotionale Beziehung zwischen zwei Personen, die auf gegenseitiger Sympathie beruht.[117] Über diese emotionale Bedeutung hinaus wurde „Freund" in der Arbeiterbewegung zu einer Bezeichnung für einen Gesinnungsgenossen, der über Klassen- und Nationsgrenzen hinweg politische und ideelle Interessen teilte.[118] Nachdem unter Lenin der Begriff des „Genossen" für den engeren Kreis der Mitglieder der Kommunistischen Parteien eingeführt worden war, entwickelte sich „Freund" zur Bezeichnung für den weiteren Kreis von politisch Nahestehenden, wie etwa in der DDR die Mitglieder der Blockparteien.[119]

Freundschaftsgesellschaften zielten nun keineswegs darauf ab, möglichst viele persönliche, emotionale Freundschaften zwischen Bewohnern zweier Länder anzubahnen. Gerade in den sozialistischen Staaten Osteuropas suggerierte die allgegenwärtige Freundschaftsrhetorik eine emotionale Bindung an die sowjetischen „Freunde" und Befreier und verschleierte damit die Realität der asymmetrischen Machtverhältnisse. Deshalb weisen viele Arbeiten auf die paradoxe Vorstellung einer staatlich angeordneten emotionalen Beziehung hin,

---

117 Zur ausführlichen kulturgeschichtlichen Diskussion des Freundschaftsbegriffes siehe die Arbeiten des Freiburger Graduiertenkollegs „Freunde, Gönner, Getreue", stellvertretend: Polexe, Laura: Netzwerke und Freundschaft. Sozialdemokraten in Rumänien, Russland und der Schweiz an der Schwelle zum 20. Jahrhundert, Göttingen 2011, S. 52–66.
118 Vgl. zum Begriff des „Freundes" in der Arbeiterbewegung ibid., S. 53 f.; Danzer, Doris: Zwischen Vertrauen und Verrat. Deutschsprachige kommunistische Intellektuelle und ihre sozialen Beziehungen (1918–1960), Göttingen 2012, S. 35.
119 Vgl. Besch, Werner: Duzen, Siezen, Titulieren. Zur Anrede im Deutschen heute und gestern, Göttingen ²1998, S. 33.

indem sie von „erfundener" oder „verordneter" Freundschaft bzw. „Freundschaft nach Plan" sprechen.[120] Nimmt man die politische Bedeutung von „Freunden" als einen Kreis von Sympathisanten, so hatte die Sowjetunion aber durchaus die Absicht, Freunde zu gewinnen. Gerade gegenüber westlichen Staaten konnte eine solche Freundschaft durchaus nicht „verordnet" werden. Vielmehr musste die Sowjetunion aktiv um die westliche Öffentlichkeit und die Mitglieder der Freundschaftsgesellschaften werben. Demensprechend differenzierte sie zwischen der scheinbar gegebenen „Völkerfreundschaft" mit den sozialistischen Bruderstaaten und der Sympathiewerbung im Westen. Bei der Benennung der sowjetischen Partnergesellschaften mit westlichen Staaten wurde ganz bewusst auf den Begriff der „Freundschaft" verzichtet.[121]

Zur Charakterisierung der Beziehungen, die die Sowjetunion über die Freundschaftsgesellschaften anstrebte, erscheint daher der Begriff der „Loyalität" geeigneter. Er ist normativ und politisch weitaus weniger aufgeladen. Er beschreibt keine rein emotionale, zwischenmenschliche, sondern eine politisch-rationale Beziehung im Verhältnis von Individuen zu Institutionen und Staaten.[122] Nach Jana Osterkamp und Martin Schulze Wessel zeichnet sich Loyalität erstens dadurch aus, dass sie eine auf Dauer angelegte soziale Bindung in politischen, gesellschaftlichen und kulturellen Ordnungen ist. Sie knüpft an eine Vorgeschichte an und kann auch nach einem möglichen Loyalitätsbruch weiterhin prägend sein. Zweitens ist Loyalität eine relationale und prozesshafte Beziehung, die eine Disposition zu bestimmten Handlungen beinhaltet. Sie muss hergestellt werden, kann sich verändern oder aufgehoben werden. Drittens erfordert Loyalität eine Gegenseitigkeit zwischen Loyalitätsgeber und -nehmer. Viertens wird Loyalität als Akt sprachlicher oder nichtsprachlicher Kommunikation sichtbar, wenn sie eingefordert oder erwartet wird. Loyalitäten sind wie Identitäten nicht exklusiv. Ein Akteur kann multiple Loyalitäten haben, die je nach Situation gegeneinander abgewogen werden.

---

[120] Behrends, Die erfundene Freundschaft; Golz, Verordnete Völkerfreundschaft; Zimmermann, Volker: Eine sozialistische Freundschaft im Wandel. Die Beziehungen zwischen der SBZ/DDR und der Tschechoslowakei (1945–1969), Essen 2010, S. 235.
[121] So hießen die Gesellschaften mit dem Westen Obščestvo SSSR-Francija, Obščestvo SSSR-Velikobritannija oder Obščestvo SSSR-FRG gegenüber Obščestvo sovetsko-germanskoj družby i kul'turnoj svjazi oder Obščestvo sovetsko-čechoslovackoj družby. Vgl. hierzu auch Van Oudenaren, Détente in Europe, S. 288.
[122] Vgl. auch zum Folgenden: Osterkamp, Jana/Schulze Wessel, Martin: Texturen von Loyalität. Überlegungen zu einem analytischen Begriff, in: Geschichte und Gesellschaft 42 (2016) 4, S. 553–573; Osterkamp, Jana/Schulze Wessel, Martin: Exploring Loyalty, in: dies. (Hg.): Exploring Loyalty, Göttingen 2017, S. 1–16.

Als historischer Analysebegriff wurde Loyalität bisher vor allem zur Untersuchung von Herrschaftsbeziehungen in Vielvölkerstaaten und supranationalen Institutionen wie der Europäischen Union verwendet. Er erscheint jedoch ebenso für das spezifische Verhältnis zwischen den Mitgliedern der Freundschaftsgesellschaften und der Sowjetunion geeignet. So forderte sie von ihnen eine Loyalität ein, die idealerweise sogar vor der Loyalität gegenüber der eigenen Nation wirksam werden sollte. Loyalität gegenüber der Sowjetunion war zwar nicht gleichbedeutend mit blindem Gehorsam. Von den Mitgliedern einer Freundschaftsgesellschaft wurde jedoch erwartet, dass sie die sowjetischen Interessen in ihrem Handeln und ihren Äußerungen berücksichtigten.

In diesem Sinne ist Loyalität zudem ein Instrument, das Herrschaft nicht nur innen- sondern auch außenpolitisch legitimiert. Ähnlich wie die Loyalität eines Kunden zu einem Unternehmen ist die Loyalität eigener oder fremder Bürger zu einem Staat ein kostbares Kapital. Sie sichert Einfluss und erhöht die Soft Power eines Landes. Die Loyalität zur Sowjetunion konnte auf unterschiedlichen Faktoren wie biographischen Erfahrungen oder politischen Überzeugungen beruhen. Um diese Loyalität aufrechtzuerhalten, musste die Sowjetunion jedoch eine gewisse Gegenleistung in Form von Privilegien oder erfüllten Erwartungen erbringen. Die Sowjetunion forderte von den Partnern immer wieder Loyalitätsbezeugungen ein. Ob und wie Mitglieder der Freundschaftsgesellschaften die erwünschte politische Loyalität an den Tag legten, und in welchen Situationen sie mit ihr brachen, soll in dieser Arbeit erforscht werden.

Quellen

Die Möglichkeiten und Grenzen dieser Arbeit werden von der höchst unterschiedlichen Quellenlage für die einzelnen Länder bestimmt. Für die sowjetische Seite wurden in Moskau vor allem die Bestände der VOKS und der SSOD sowie des Staatlichen Komitees für kulturelle Beziehungen (GKKS) im Staatlichen Archiv der Russländischen Föderation (Gosudarstvennyj archiv Rossijskoj Federacii GARF) herangezogen.[123] Diese Bestände sind ohne Einschränkungen zugänglich und im Internet verzeichnet. Doch sie sind mit jeweils über zehntausend Dossiers (Dela) – allein 1.200 unmittelbar zu den drei untersuchten Ländern – derart umfangreich, dass sie nur punktuell ausgewertet werden konnten. Entscheidungs- oder Aushandlungsprozesse innerhalb der VOKS bzw.

---

[123] GARF, VOKS f. 5283, SSOD f. 9576 und GKKS f. 9518; http://www.statearchive.ru/383 (25.3.2017).

SSOD lassen sich daraus nur schwer rekonstruieren, da beispielsweise Präsidiumsprotokolle nur nach Datum sortiert und nicht inhaltlich erschlossen sind. Um eine Vorstellung von den Entscheidungsabläufen an der Parteispitze der KPdSU zu bekommen, wurden zudem Berichte an das ZK aus dem Fonds 5 des Apparats des ZK im Russländischen Staatlichen Archiv für Neueste Geschichte (Rossijskij gosudarstvennyj archiv novejšej istorii, RGANI) eingesehen. Die 1950er Jahre sind dort relativ gut zugänglich, die Bestände der 1960er Jahre nur von beauftragten Archivaren einsehbar, und die folgenden Jahrzehnte gar nicht freigegeben. Weiteres Material zu den Freundschaftsgesellschaften könnte sich in den Beständen des Außenministeriums, des Kulturministeriums oder auch des Wirtschaftsministeriums finden, die im Rahmen dieser Arbeit nicht berücksichtigt werden konnten.

In Westeuropa sind die Materialien zwar in der Regel leichter zugänglich und die Arbeitsbedingungen wesentlich komfortabler als in Russland. Doch die Akten der Freundschaftsgesellschaften sind häufig weit verstreut. So mussten nicht weniger als 20 verschiedene Archive in Frankreich, Großbritannien und der Bundesrepublik besucht werden. In Frankreich ist die Lage noch relativ übersichtlich. Die Bestände der Association France-URSS wurden nach der formellen Auflösung 1992 an die Archives nationales übergeben.[124] Allerdings ist ein Großteil der Unterlagen der 1950er und 1960er Jahre den wiederholten Umzügen zum Opfer gefallen. Die Korrespondenz mit den sowjetischen Behörden, dem PCF und den Mitgliedern wurde vermutlich vor der Abgabe aussortiert. Für die 1960er Jahre wurden deshalb zusätzlich die in den Archives départementales in Lille verwahrten Bestände der Association France-URSS für das Département Nord eingesehen, in denen auch zahlreiche Reiseberichte erhalten sind.[125] Ergänzend herangezogen wurden persönliche Nachlässe langjähriger Führungsmitglieder verschiedener politischer Couleur.[126] In den Protokollen des Politbüros und des Zentralkomitees des PCF, die im Parteiarchiv in den Archives départementales de Seine-Saint-Denis eingesehen werden können, finden sich nur wenige Hinweise auf die Association France-URSS.[127] Das deutet darauf hin, dass die Kontrolle der Freundschaftsgesellschaft durch die Partei eher über einzelne Personen als über zentrale Beschlüsse angestrebt wurde.

---

124 Archives nationales de France, Pierrefitte, Fonds Association France-URSS, 88 AS.
125 Archives départementales du Nord, Lille (AD Nord), Fonds Association France-URSS, 151 J.
126 Archives départementales Territoire de Belfort, Belfort (AD Belfort), Fonds Raymond Schmittlein 64 J; Office universitaire de recherche socialiste, Paris (OURS), Fonds Maurice Deixonne, Fonds Claude Fuzier; Archives départementales Seine-Saint-Denis, Bobigny (AD SDD), Fonds Francis Cohen 354 J, Fonds Fernand Grenier 299 J (unsortiert).
127 AD SDD, Comité Central 261 J und Bureau Politique 261 J.

Zudem sind von der für die Freundschaftsgesellschaften zuständigen Section Politique extérieure POLEX nur einzelne Dokumente aus den 1980er Jahren erhalten. Die für das Verhältnis zur offiziellen Diplomatie relevanten Bestände des französischen Außenministeriums erwiesen sich vor allem für die 1960er Jahre als fruchtbar. Dokumente aus der Zeit nach 1980 waren jedoch noch nicht freigegeben.[128]

In Großbritannien bieten die Akten des Foreign Office und des British Council in den National Archives in Kew vor allem für die 1950er und 1960er Jahre einen sehr guten Einblick in die Haltung der Regierung gegenüber den Freundschaftsgesellschaften. Hier befinden sich auch die Unterlagen, Sitzungsprotokolle und Korrespondenzen der vom Foreign Office gegründeten Great Britain-USSR Association. Die SCR besteht bis heute unter dem Namen Society for Co-operation in Russian and Soviet Studies (SCRSS) in London fort und feierte 2014 ihr 90-jähriges Jubiläum.[129] In ihren Räumlichkeiten in Brixton befinden sich auch die umfangreiche Bibliothek und das Archiv der Gesellschaft, das allerdings vollkommen unsortiert in verschiedenen Räumen und Kisten verteilt und für Außenstehende bis auf die Jahresberichte und die Sammlung der eigenen Zeitschrift *Anglo-Soviet Journal* bisher nicht zugänglich ist. Nicht lokalisiert werden konnten die zentralen Bestände der British-Soviet Friendship Society. Am wahrscheinlichsten ist, dass sie unbeschriftet und unsortiert in der Marx Memorial Library in London gelagert sind. Doch bei einer Sichtung der Kellerräume fand sich dort nur ein Karton unbekannter Herkunft zur BSFS. Um diese Lücke zu schließen, wurde auf lokale Bestände in Nottingham und Birmingham sowie auf Material in Privatnachlässen ehemaliger aktiver Mitglieder im Hull History Centre zurückgegriffen.[130] Als besonders hilfreich erwies sich der umfangreiche Privatnachlass von Ivor Montagu im online zugänglichen Archiv der Communist Party of Great Britain. In den offiziellen Parteidokumenten fanden sich hingegen nur wenige Hinweise auf die Freundschaftsgesellschaften.[131]

---

128 Archives diplomatiques du Ministère des affaires étrangères, La Courneuve (AD), Fonds Europe, URSS.
129 Siehe www.scrss.org.uk (20.2.2017).
130 Nottinghamshire Archives, Nottingham (NottArch) British-Soviet Friendship Society, Nottingham Branch, DD/PP/11; Birminghamshire Archives, Birmingham MS 2141/C/5 British-Soviet Friendship Society, Birmingham Branch; Hull History Centre, Hull, Papers Commander Edgar Philip Young, Reverend Canon Stanley Evans, John Platts-Mills, Reginald Francis Orlando Bridgeman, Robin Page Arnot, Pearl Lilley.
131 Communist Party of Great Britain Archive (CPGB Archive), http://www.communistpartyarchive.org.uk

Die föderale Organisation der Freundschaftsgesellschaften in der Bundesrepublik erschwert den Zugang zu den einschlägigen Archivbeständen beträchtlich. Der einzig auffindbare, jedoch noch unsortierte Bestand war der der Bayerischen Gesellschaft zur Förderung der Beziehungen zur Sowjetunion im Archiv der Münchner Arbeiterbewegung.[132] Dort finden sich auch Materialien zur nationalen Dachorganisation, der ARGE. Trotz intensiver Bemühungen konnte dagegen keine umfassende Dokumentation zu den Sowjetunion-Aktivitäten der Rheinisch-Westfälischen Auslandsgesellschaft im Stadtarchiv Dortmund oder bei der Auslandsgesellschaft Nordrhein-Westfalen aufgetan werden.[133] Aufgrund der engen Zusammenarbeit der bundesdeutschen Gesellschaften mit dem Auswärtigen Amt erwiesen sich allerdings die Akten des für die Sowjetunion zuständigen Referats bis einschließlich der 1980er Jahre als besonders ergiebig.[134] Im Bundesarchiv in Berlin finden sich Materialien zum Westableger der DSF in den 1950er Jahren sowie einzelne Dokumente zu den Bemühungen der KPD, eine neue Freundschaftsgesellschaft aufzubauen.[135] Die Nachlässe von Luitwin Bies und Hugo Bock im Landesarchiv Saarbrücken gewähren Einblicke in die Aktivitäten Gesellschaft für kulturelle Verbindung mit der UdSSR bzw. Gesellschaft BRD-UdSSR im Saarland.[136] Ferner wurden einzelne online zugängliche Dokumente aus verschiedenen Archiven herangezogen.[137]

Zu den wichtigen gedruckten Quellen gehören die Zeitschriften und zeitgenössische Druckschriften der Freundschaftsgesellschaften selbst. Darüber hinaus geben Memoiren persönliche Einblicke in die rückblickende Einordnung des Engagements für die Sowjetunion. Hierzu dienten auch 13 Zeitzeugeninterviews in Frankreich, der Bundesrepublik und in Moskau. Ohne dass die Arbeit eine detaillierte Analyse der Erinnerungsmechanismen der Akteure leisten könnte, machten diese Gespräche mit ehemaligen führenden Mitgliedern das aus den Dokumenten

---

132 Archiv der Münchner Arbeiterbewegung, München (AMA), Bestand der Bayerischen Gesellschaft für Beziehungen zwischen der Bundesrepublik Deutschland und der Sowjetunion (BayGes).
133 Stadtarchiv Dortmund, 478 Rheinisch-Westfälische Auslandsgesellschaft e. V.
134 Mit Ausnahmegenehmigung konnte eine Auswahl der relevanten Bestände bis 1989 eingesehen werden.
135 Bundesarchiv Stiftung Archiv der Parteien und Massenorganisationen der DDR im Bundesarchiv (BArch SAPMO) DY 32.
136 Landesarchiv des Saarlandes, Saarbrücken (LA Saarbrücken), Sammlung Luitwin Bies (unsortiert), Familiennachlass Bock.
137 NATO Archives Online (NATO); University College London Archives (UCL); Fond Aleksandra N. Jakovleva, Bukovsky Archives; Wilson Center Digital Archive, Cold War International History Project (CWIHP); Diplomatic Documents of Switzerland, Online Database Dodis; International Institute of Social History Amsterdam (IISH) und Open Society Archives (OSA).

gewonnene Bild anschaulicher und dienten als rückblickendes Korrektiv. Manche der Gesprächspartner stellten persönliche Unterlagen zur Verfügung.[138]

Aufbau

Die Arbeit ist grundsätzlich chronologisch aufgebaut, um langfristige Entwicklungen und Wandlungen erfassen zu können. Bei vier untersuchten Ländern gibt es keine zeitlichen Zäsuren, die für alle Länder und die internationale Ebene gleich evident wären. Da die Sowjetunion die gemeinsame Bezugsgröße der Fallbeispiele ist, orientieren sich die einzelnen Kapitel in etwa an den Regierungszeiten der sowjetischen Generalsekretäre. Dadurch lässt sich nachverfolgen, inwiefern die Machtwechsel in Moskau Rückwirkungen auf die internationale Politik, die kommunistischen Parteien im Westen und damit auch auf die Freundschaftsgesellschaften hatten. Die Grenzen der Zeiträume sind jeweils nicht absolut zu sehen, denn die Phasen der Umsetzung können für die einzelnen Länder verschoben sein. Häufig stimmen die Zeitabschnitte mit den großen Perioden des Kalten Krieges überein.

Die Einleitungen der Kapitel skizzieren die außen- und innenpolitischen Kontexte in den westlichen Ländern und der Sowjetunion, die für die Freundschaftsgesellschaften von Bedeutung waren. Da manche Entwicklungen in bestimmten Ländern oder Phasen besonders stark ausgeprägt waren und die Quellendichte sehr unterschiedlich ist, ergeben sich in einzelnen Kapiteln regionale und thematische Schwerpunkte. Als Orientierungshilfe angesichts der Vielzahl der Akteure finden sich im Anhang Kurzbiographien einiger Persönlichkeiten, die im Register mit * markiert sind.

Das erste Kapitel beschreibt den wechselhaften Weg in Frankreich und Großbritannien von den Freundschaftsstrukturen der Zwischenkriegszeit über die hoffnungsvolle „Gründerzeit" der Nachkriegsmonate bis hin zur konfrontativen Phase des Kalten Krieges. Der letzte Abschnitt über den Sonderfall der von der DDR abhängigen Gesellschaft für Deutsch-Sowjetische Freundschaft in der Bundesrepublik liefert ein Beispiel für die Behinderung und Verfolgung der Freundschaftsgesellschaften im Westen.

Das zweite Kapitel widmet sich den Veränderungen während der Regierungszeit Nikita Chruščevs 1953 bis 1964 – der Zeit des „Tauwetters" und der

---

138 Privatarchiv von Gerhard Weber, Dietrich Sperling, Raphaël Vahé und Charles Latil. Interviewanfragen an Georges Martin, Claude Estier und Nina Benko-Denninghaus blieben leider unbeantwortet.

„friedlichen Koexistenz". Im Zeichen der Öffnung verändern sich nicht nur die Freundschaftsgesellschaften im Westen, sondern auch die sowjetische Struktur der Cultural Diplomacy. Zudem treten die westlichen Regierungen als Akteure der Kulturbeziehungen zwischen West und Ost auf den Plan.

Das dritte Kapitel befasst sich mit den Vorgängen innerhalb der Freundschaftsgesellschaften im Westen während Brežnev-Jahre bis 1985, ihrer politischen Ausrichtung im Kontext der Entspannung, der innenpolitischen Dimension der Annäherung zwischen kommunistischen und linken Parteien sowie der Diskussion um die Menschenrechte. Ein geographischer Schwerpunkt liegt hier auf dem französischen Beispiel.

Für den gleichen Zeitraum beschäftigt sich das vierte Kapitel schwerpunktmäßig mit den unterschiedlichen Aktivitäten der Freundschaftsgesellschaften im Kontext der Entspannung und des KSZE-Prozesses. Am Beispiel von Kulturtagen, Reisen, Kolloquien und Städteverbindungen werden die Zusammenarbeit der staatlichen und zivilgesellschaftlichen Akteure, die von ihnen transportierten Selbst- und Fremdbilder sowie die Konflikte und Aushandlungsspielräume einzelner Akteure verdeutlicht.

Das fünfte Kapitel schließlich verfolgt die Freundschaftsgesellschaften während der turbulenten Jahre der Perestrojka und über den Zusammenbruch der Sowjetunion hinaus in die 1990er Jahre. Gerade die Reaktionen auf die Umbrüche geben im Rückblick Aufschluss über die Strukturen der Freundschaftsgesellschaften und die Motivationen der Mitglieder.

Abschließend eine redaktionelle Bemerkung: Angesichts der unterschiedlichen Umschrift des Russischen in den verschiedenen hier verwendeten Sprachen wird im Folgenden bei Organisationen, Eigennamen und Ortsnamen die wissenschaftliche Transliteration verwendet. Außer bei Moskau werden Ortsnamen in der zur Zeit der Sowjetunion üblichen russischen Bezeichnung angegeben. Bei Autoren und Titeln von Quellen und Sekundärliteratur sowie in Zitaten werden die jeweils dort verwendeten Schreibweisen übernommen. Titel von Institutionen bleiben in der jeweiligen Landessprache. Alle Übersetzungen stammen von der Autorin.

1 Vom Zweiten Weltkrieg zum Kalten Krieg: Höhen und Tiefen der Freundschaft

1.1 Einleitung: Nachkriegszeit, Kalter Krieg und Spätstalinismus

Die Geschichte der Freundschaftsgesellschaften beginnt nicht erst – wie man annehmen könnte – mit Stalins Tod 1953. Schließlich gilt die Zeit des Spätstalinismus als Phase der Abwehr jeglicher Einflüsse von außen, der Restauration des Systems der 1930er Jahre unter den verschärften Bedingungen des Kalten Krieges.[1] Wie sollte unter diesen Bedingungen kultureller und gesellschaftlicher Austausch funktionieren? Doch die meisten Freundschaftsgesellschaften wurden bereits am Ende des Zweiten Weltkriegs gegründet. Dies alleine deutet darauf hin, dass es offensichtlich auch im Spätstalinismus Zeitfenster gab, in denen nicht nur der Gedanke der Abschottung herrschte. Die Zeit von 1945 bis 1953 war einerseits noch wesentlich vom Zweiten Weltkrieg beeinflusst, während dem die Sowjetunion unter widrigen Bedingungen durchaus in Kontakt mit der Außenwelt war. Anderseits kündigte sich unter anderem mit den Friedenskampagnen bereits zaghaft das „Tauwetter" nach Stalins Tod an.[2]

Die Geschichte der Freundschaftsgesellschaften begann jedoch auch nicht 1945. Um die sowjetische Cultural Diplomacy der Nachkriegszeit zu verstehen, muss man zunächst in die Zwischenkriegszeit zurückblicken. In dieser Periode wurden die ideologischen, strukturellen und politischen Grundlagen geschaffen, die auch in der Nachkriegszeit Bestand hatten. Die Vorstellung einer direkten Diplomatie der Massen als Gegenentwurf bzw. Ergänzung zur „bourgeoisen Geheimdiplomatie" bewirkte ein großes staatliches Interesse an Organisationen, die Einfluss auf die politische Haltung der Menschen im Ausland nehmen sollten. Zu diesem Zwecke wurde auch die Institution der VOKS gegründet, die die ersten Freundschaftsgesellschaften in westlichen Ländern koordinierte. Die sowjetische Cultural Diplomacy durchlebte zudem insbesondere während Stalins Herrschaftszeit ein Auf und Ab mit Phasen der Abschottung und der Öffnung, das sich über 1941 und 1945 hinaus fortsetzen sollte. Schließlich stellten sich schon in der Zwischenkriegszeit zwei grundlegende Fragen, die im Laufe der Zeit immer wieder unterschiedlich beantwortet wurden: Ist die Ausbreitung

---
1 Vgl. Hildermeier, Manfred: Geschichte der Sowjetunion 1917–1991. Entstehung und Niedergang des ersten sozialistischen Staates, München 1998, S. 670.
2 Vgl. zu den prägenden Faktoren des Spätstalinismus: Fürst, Juliane: Late Stalinist Society. History, Policies and People, in: dies. (Hg.): Late Stalinist Russia. Society between Reconstruction and Reinvention, London 2006, S. 1–19.

der Revolution oder lediglich die Imagewerbung für den sowjetischen Staat prioritäres Ziel? An welche Zielgruppe richten sich die Freundschaftsgesellschaften – an westliche Intellektuelle oder an revolutionäre Arbeiter?

Der Zweite Weltkrieg war ungeachtet seiner Gräuel nach dem deutschen Angriff auf die Sowjetunion eine Zeit der Öffnung für die Sowjetunion. Denn er machte den Weg frei für Allianzen, die die außenpolitische Abschottung der Sowjetunion und die innenpolitische Isolation der westlichen Kommunisten lockerten. Angesichts des gemeinsamen Feindes waren die westlichen Regierungen trotz ihrer antikommunistischen Haltung bereit, Bündnisse mit Stalins Sowjetunion einzugehen. Im Juli 1941 schlossen Großbritannien und die Sowjetunion eine Militärallianz, im Mai 1942 einen auf 20 Jahre angelegten britisch-sowjetischen Beistandspakt.[3] In Frankreich kam es zu einem Bündnis zwischen der Sowjetunion und der gaullistischen Résistance. Die Sowjetunion erkannte schon im September 1941 das von General Charles de Gaulle geführte Comité national de la France libre in London als rechtmäßige Regierung des Freien Frankreichs an und tauschte diplomatische Vertreter aus. Ebenso akzeptierte sie im Gegensatz zu den anderen Alliierten das im Juni 1943 in Algier gegründete Comité français de Libération nationale (CFLN) als provisorische Regierung.[4] Unter anderem aufgrund dieser politischen Unterstützung entstand die Vorstellung, dass die Sowjetunion an der Seite der französischen Résistance für die Befreiung Frankreichs kämpfte.

Während des Hitler-Stalin-Pakts wurden die westlichen kommunistischen Parteien von der Komintern auf einen unerbittlichen Kampf gegen die „Bourgeoisie" eingeschworen. Unmittelbar nach dem Überfall auf die Sowjetunion erhielten sie jedoch die Anweisung, ab sofort den westlichen Imperialismus nicht mehr als Kriegstreiber zu verdammen, sondern mit allen gesellschaftlichen Kräften eine nationale, antifaschistische Front gegen den gemeinsamen Feind zu bilden. In Großbritannien stützte die CPGB das Kriegskabinett unter Premierminister Winston Churchill, in dem alle drei großen Parteien vertreten waren, und suchte die Zusammenarbeit mit Labour und den Conservatives. In Frankreich näherten sich der im Untergrund agierenden PCF und die gaullistischen Résistance an. Schließlich kamen sogar kommunistische Minister in die provisorische Regierung.

---

[3] Siehe zur britischen Sowjetunionpolitik Keeble, Britain, the Soviet Union and Russia, S. 167–205.
[4] Vgl. zum Verhältnis der Sowjetunion zur France libre Arzakanian, Marina: Le rapprochement franco-soviétique pendant la Seconde guerre mondiale, in: Soutou, Georges-Henri (Hg.): L'URSS et l'Europe. De 1941 à 1957, Paris 2008, S. 131–136; dies.: De Gaulle pendant la Seconde Guerre mondiale à travers les archives soviétiques, in: Vaïsse, Maurice (Hg.): De Gaulle et la Russie, Paris 2012, S. 61–73.

De Gaulle hatte Interesse daran, die Kräfte der kommunistisch dominierten „Résistance intérieure" mit der Londoner „Résistance extérieure" zu vereinen und mit Blick auf eine mögliche Nachkriegsordnung Einfluss auf den PCF gewinnen.[5]

In diesem begünstigendem Klima wurden die Weichen für die Freundschaftsgesellschaften der Nachkriegszeit gestellt. Das Ansehen der Sowjetunion stieg dank ihres Beitrags zum Sieg über die Nationalsozialisten. Die unterschiedlichen Interessen und Einflüsse der an den Gründungen beteiligten Akteure waren wegweisend für die spätere Stellung und Rolle der Freundschaftsgesellschaften. Die Gründungsgeschichten der Freundschaftsgesellschaften geben daher Einblicke in die Stimmungslage der Bevölkerung, in die Rolle der kommunistischen Parteien und in die Interessenlage der sowjetischen Cultural Diplomacy in der unmittelbaren Nachkriegszeit. In welchem Maße war die Sowjetunion damals tatsächlich offen für einen Kulturaustausch mit dem Westen, oder bereitete sie schon eine neue Phase der Abschottung und der Auseinandersetzung vor? Umgekehrt stellt sich die Frage, wie groß die Bereitschaft im Westen zur Fortführung der Zusammenarbeit mit der Sowjetunion tatsächlich war.

Denn diese positive „Gründerzeit" war nur von kurzer Dauer. Der Burgfrieden zwischen den Alliierten wurde schon gegen Ende des Krieges brüchig. Die ideologischen und politischen Gegensätze traten wieder deutlich zu Tage. In seiner berühmten „Iron Curtain"-Rede im März 1946 konstatierte Churchill den offenen Bruch zwischen den vormaligen Alliierten. Die Truman-Doktrin vom März 1947, die Ankündigung des Marshall-Plans im Mai 1947 und dessen Ablehnung durch die osteuropäischen Länder auf Geheiß der Sowjetunion zementierten die Zweiteilung Europas. Zudem zeichnete sich mit dem Zusammenschluss der drei westlichen Besatzungszonen die Teilung Deutschlands ab. Auf der Tagung der kommunistischen Parteien im September 1947 verkündete Andrej A. Ždanov die Teilung der Welt in ein „imperialistisches und anti-demokratisches Lager" unter Führung der USA und ein „demokratisches und anti-imperialistisches Lager" unter Führung der Sowjetunion.[6]

---

5 Zur Annäherung zwischen kommunistischer und gaullistischer Résistance vgl. Willard, Germaine: Introduction, in: dies. (Hg.): Londres – Paris: 1943. Fernand Grenier – Jacques Duclos. Les relations de Gaulle – PCF, Paris 1994, S. 7–22; Wieviorka, Olivier: Histoire de la Résistance 1940–1945, Paris 2013, S. 200–202; und das detaillierte, grundlegende Werk zum Verhältnis von de Gaulle, dem PCF und der Sowjetunion während der Résistance: Giraud, Henri-Christian: De Gaulle et les communistes, Paris 1989, vor allem Bd. 2: Le Piège. Mai 1943–Janvier 1946. Zu den Beweggründen de Gaulles: Soutou, Georges-Henri: La France libre et la place de l'URSS dans le système européen, in: ders. (Hg.): L'URSS et l'Europe, S. 137–183.
6 Die vollständige Rede Ždanovs ist abgedruckt in: Procacci, Giuliano (Hg.): The Cominform. Minutes of the Three Conferences 1947/1948/1949, Mailand 1994, S. 217–251.

Mit dem außenpolitischen Bündnis zerbrachen auch auf innenpolitischer Ebene die parteiübergreifenden Allianzen. Die CPGB hatte während des Krieges vorübergehend von der prosowjetischen Stimmung profitieren können, doch in die ersten Nachkriegswahlen gewann sie nur zwei Sitze im Unterhaus. Die siegreiche Labour-Partei führte ihre antikommunistische Politik der Abgrenzung fort, obwohl die CPGB sich weiter um ein Bündnis bemühte.[7] Anders als in Großbritannien feierte der PCF im Oktober 1945 den größten Wahlerfolg seiner Geschichte und wurde stärkste Kraft in der Nationalversammlung. Doch in der Dreiparteienregierung mit der sozialistischen Section française de l'Internationale ouvrière (SFIO) und dem christdemokratischen Mouvement répulicain populaire (MRP) nahmen die Spannungen zu. Gleichzeitig überwarf sich de Gaulle mit den Parlamentariern, da er eine Präsidialrepublik mit schwachen Parteien anstrebte, und erklärt im Januar 1946 seinen Rücktritt. Nachdem der PCF in der Regierungsverantwortung die Sparpolitik als nationale Anstrengung für den Wiederaufbau und den Indochinakrieg unterstützte, gerieten die kommunistischen Abgeordneten und Minister zunehmend in interne Konflikte Im Mai 1947 entzogen sie Premierminister Paul Ramadier das Vertrauen, woraufhin dieser sie aus der Regierung entließ.

Ein dritter Faktor für den beginnenden Kalten Krieg war die gewandelte sowjetische Politik. Entsprechend der von Ždanov proklamierten Zweiteilung der Welt wurden die kommunistischen Parteien im September 1947 aufgerufen, von nun an die Außenpolitik der Sowjetunion offen zu unterstützen und erneut einen bedingungslosen Kampf gegen das „imperialistische Lager" zu führen.[8] Zur engeren ideologischen Abstimmung und Kontrolle der kommunistischen Parteien durch die KPdSU wurde zudem das Kommunistisches Informationsbüro (Kominform) als Nachfolgeorganisation der Komintern gegründet. Gleichzeitig startete in der Sowjetunion eine neue antiwestliche Kampagne. Die Zeitungen propagierten einen sowjetischen bzw. russischen Patriotismus, der die nationale Unabhängigkeit als Großmacht betonte. Die sowjetische wurde gegenüber der „westlich-imperialistischen" Kultur und Wissenschaft in allen Bereichen überlegen erklärt. Der Vorwurf der „Katzbuckelei vor dem Westen" (nizkopoklonstvo pered zapadom) hing wie ein Damoklesschwert über allen, die Kontakte mit westlichen Kollegen pflegten, sich von westlicher Kunst und

---

[7] Siehe hierzu Branson, History of the Communist Party, S. 81–87; Callaghan, John: Towards Isolation. The Communist Party and the Labour Government, in: Fyrth, Jim (Hg.): Labour's Promised Land? Culture and Society in Labour Britain, 1945–51, London 1995, S. 88–99; Laybourn, Marxism in Britain, S. 11–14; Eaden/Renton, The Communist Party, S. 98–104.
[8] Vgl. Adibekov, Grant M.: Das Kominform und Stalins Neuordnung Europas, Frankfurt a.M. 2002, S. 96–106.

Wissenschaft inspirieren ließen oder nicht in den Chor der Verdammung der westlichen Erzeugnisse einstimmen wollten.⁹ Nicht nur die Staatenwelt, auch alle gesellschaftlichen, kulturellen und wissenschaftlichen Bereiche teilten sich in zwei unversöhnlich gegenüberstehende Sphären, in die sich jeder einzuordnen hatte.

Damit begann die Hochzeit des Kalten Krieges. Hier stellt sich die Frage, wie die Freundschaftsgesellschaften als genuin transnationales Projekt mit dieser Politik vereinbar waren. Folgten die Freundschaftsgesellschaften blind dem propagandistischen Kurs oder hatten sie noch eigenen Spielraum? Gerade in dieser Phase wird deutlich, wie stark die kommunistischen Parteien tatsächlich gesellschaftlich verankert waren und inwiefern sie auch Persönlichkeiten außerhalb der Parteimitglieder mobilisieren konnten. Zudem zeigen aktuelle Arbeiten, dass die Sowjetunion auch in dieser Zeit nicht vollständig abgeschottet war. Vielmehr bestanden Kontakte auf persönlicher Ebene fort, und einzelne Künstler durften als Aushängeschilder in den Westen reisen, um die sowjetische kulturelle Überlegenheit zu demonstrieren.¹⁰ Welche Rolle spielten dabei die Freundschaftsgesellschaften?

Ab 1949/50 beginnt die Phase des „Friedenskampfes", der Veränderungen in der sowjetischen Innen- und Außenpolitik nach sich zog, die wiederum Auswirkungen auf die Freundschaftsgesellschaften hatten. 1949 waren die ideologischen, politischen und militärischen Fronten in Europa geklärt, und eine Änderung des Status quo schien immer unwahrscheinlicher. Vor diesem Hintergrund initiierte die sowjetische Führung eine breit angelegte Friedenskampagne, um die europäische Öffentlichkeit davon zu überzeugen, dass ein friedliebendes sozialistisches Lager einem kriegerischen imperialistischen Lager gegenüberstehe.

Entsprechend mussten auch die kommunistischen Parteien wieder eine Kehrtwende vollziehen. Mitte November 1949 schwor sie die dritte Tagung des Kominform darauf ein, die Konfrontations- und Destabilisierungspolitik gegenüber den westlichen Regierungen aufzugeben und wieder nationale Bündnisse

---

9 Die Kontinuitäten in der antiwestlichen Politik werden ausführlich dargelegt von Clark, Katerina/Dobrenko, Evgeny (Hg.): Soviet Culture and Power. A History in Documents, 1917–1953, New Haven 2007, S. 347–351; Sonin, Anatolij Stepanovič: Bor'ba s kosmopolitizmom v sovetskoj nauke, Moskau 2011, S. 10–15.
10 Siehe beispielsweise Johnson, Oliver: Mutually Assured Distinction. VOKS and Artistic Exchange in the Early Cold War, in: Mikkonen, Simo/Suutari, Pekka (Hg.): Music, Art and Diplomacy. East-West Cultural Interactions and the Cold War, Burlington 2016, S. 17–28; Fairclough, Pauline: Détente to Cold War. Anglo-Soviet Musical Exchanges in the Late Stalin Period, in: dies. (Hg.): Twentieth-century Music and Politics. Essays in Memory of Neil Edmunds, Burlington 2013, S. 37–56; Tomoff, Kiril: Virtuosi Abroad. Soviet Music and Imperial Competition during the Early Cold War, 1945–1958, Ithaca 2015.

im Namen des „Friedenskampfes" und der nationalen Unabhängigkeit anzustreben.[11] Die kommunistischen Parteien sollten – auch mit Hilfe gesellschaftlicher Mittlerorganisationen – breite Bevölkerungskreise jeglicher religiöser und politischer Couleur ansprechen, ohne dabei die Abgrenzung von den „rechten führenden Sozialisten, den schlimmsten Feinden des Friedens" zu vernachlässigen.

Zu diesen Mittlerorganisationen gehörten auch die Freundschaftsgesellschaften, die durch eine dezidiert nationale Argumentation versuchten, nichtkommunistische Kreise zu gewinnen. Die Membran zwischen Ost und West wurde in dieser Zeit wieder etwas durchlässiger für ausgewählte Delegationen und Kulturschaffende, was die Arbeit der Freundschaftsgesellschaften erleichterte. Allerdings blieb die Forderung nach einer bedingungslosen Loyalität gegenüber der Sowjetunion und Stalin bestehen. Gleichzeitig trafen die Freundschaftsgesellschaften im Westen auf starken gesellschaftlichen und politischen Widerstand oder waren sogar offener staatlicher Repression ausgesetzt.

Dies galt besonders für die Situation in der Bundesrepublik Deutschland, mit der sich der fünfte Abschnitt beschäftigen wird. Die dortige Gesellschaft für deutsch-sowjetische Freundschaft verfügte über gänzlich andere Rahmenbedingungen als die Freundschaftsgesellschaften in den übrigen Ländern Westeuropas.

1.2 Rückblick: Sowjetische Cultural Diplomacy in der Zwischenkriegszeit

Entstehung und Strukturen der VOKS

Schon unmittelbar nach der Revolution begann die Sowjetunion, die kulturelle und gesellschaftliche Dimension der Außenpolitik zu betonen. Zwar errichteten auch westeuropäische Regierungen nach dem Ersten Weltkrieg Institutionen, die das Image ihrer Länder im Ausland durch kulturelle Veranstaltungen beeinflussen sollten.[12] In der Sowjetunion war die Cultural Diplomacy aber aus

---

11 Zitiert hier und im Folgenden nach: La défense de la paix contre les fauteurs de guerre, in: Procacci, The Cominform, S. 903–905.
12 Nach dem Ersten Weltkrieg gründete beispielsweise die Weimarer Republik 1918 eine eigene Kulturabteilung im Außenministerium und Frankreich 1920 den Service des œuvres françaises à l'étranger. Als gesellschaftliche Vorläufer sind auch die Ende des 19. Jahrhunderts gegründete Alliance Française 1883 und die Dante-Alighieri-Gesellschaft zu nennen. Siehe zu der Entwicklung der Cultural Diplomacy in den verschiedenen Ländern Fayet, VOKS, S. 12–14; Niño, Uso y abuso de las relaciones culturales, S. 36 f.

ideologischen Gründen von Anfang an als eine tragende Säule der Außenpolitik konzipiert. Die bolschewistischen Revolutionsführer wollten mit der „bourgeoisen Geheimdiplomatie" brechen und eine internationale – nach heutigen Begrifflichkeiten transnationale – Diplomatie der Arbeitermassen aller Länder als Träger der Revolution etablieren.[13] Die erste Organisation, die in diesem Sinne agierte, war die 1919 gegründete Komintern. Sie widmete sich zunächst der Verbreitung der Revolution im Ausland durch propagandistische Informationsarbeit. Doch schon bei den Friedensverhandlungen von Brest-Litovsk 1917 wurde klar, dass die diplomatischen Spielregeln akzeptiert werden mussten, um internationale Anerkennung und nationale Sicherheit zu erreichen. Das Volkskommissariat für Auswärtige Angelegenheiten (Narkomindel), passte sich sehr schnell und pragmatisch an die Gepflogenheiten und Codes der „bourgeoisen" Diplomatie an. Die Idee einer internationalen Diplomatie auf Basis der Arbeiterschaft wurde zwar nie aufgegeben. Sie wurde aber klar von der offiziellen Diplomatie abgegrenzt und auf im institutionellen Sinne nicht-staatliche Organisationen übertragen.[14] So entwickelte sich von Beginn an eine „dual policy" zwischen der klassischen Diplomatie zur Absicherung des neuen Staates und einer transnationalen Diplomatie zur Ausbreitung der Revolution.[15]

Der Beginn der eigentlichen sowjetischen Cultural Diplomacy kann auf das Jahr 1921 datiert werden. Als nach dem Bürgerkrieg abzusehen war, dass sich die Revolution nicht so schnell ausbreiten würde wie erhofft, konzentrierte sich die sowjetische Außenpolitik auf die diplomatische Anerkennung des neuen Staates. Sie versuchte, die Beziehungen zum Westen auf vertragliche Basis zu stellen – so zum Beispiel mit dem britisch-sowjetischen Handelsabkommen und dem Vertrag von Rapallo 1922. Um ihre Seriosität gegenüber den westlichen Verhandlungspartnern unter Beweis zu stellen, grenzten sich die Vertreter des Narkomindel deutlicher als bisher von den Aktivitäten der Komintern ab.[16] Gleichzeitig mäßigte die Komintern ihren aggressiv-revolutionären Diskurs und propagierte unter der

---

13 Vgl. zu den Anfängen sowjetischer Diplomatie Schattenberg, Susanne: 1918. Die Neuerfindung der Diplomatie und die Friedensverhandlungen in Brest-Litovsk, in: Stadelmann, Matthias/Antipow, Lilia/Altrichter, Helmut (Hg.): Schlüsseljahre. Zentrale Konstellationen der mittel- und osteuropäischen Geschichte, Stuttgart 2011, S. 273–292.
14 Vgl. Kocho-Williams, Alastair: Russian and Soviet Diplomacy, 1900–39, Basingstoke 2012, S. 47–68.
15 Vgl. David-Fox, Showcasing the Great Experiment, S. 64. Vgl. zu der Doppelstrategie der sowjetischen Außenpolitik auch: Wettig, Gerhard: High Road, Low Road. Diplomacy and Public Action in Soviet Foreign Policy, Washington 1989, S. 8–10.
16 Carley, Michael Jabara: Silent Conflict. A Hidden History of Early Soviet-Western Relations, Lanham 2014, S. 45 f.

Losung der „Einheitsfront" die Kooperation mit anderen linken Strömungen.[17] Mit Hilfe verschiedener „Tarnorganisationen" sollten breitere Bevölkerungsschichten im Westen erreicht werden.[18] Nicht zuletzt die Hungersnot 1921 machte deutlich, dass die junge Sowjetunion auf die Solidarität und Hilfe des Auslands angewiesen war. Deshalb rief die Komintern die Internationale Arbeiterhilfe (IAH) Mežrabpom unter der Leitung von Willi Münzenberg ins Leben. Sie sollte die Hilfskampagnen für die Hungernden in der Sowjetunion koordinieren und zur Verbesserung des sowjetischen Ansehens im Ausland beitragen.[19] Damit war sie das erste Solidaritätsnetzwerk für die Sowjetunion im Ausland.

Obwohl sich diese Komintern-Organisationen primär an die internationale Arbeiterschaft richten sollten, öffneten sie sich schon in den frühen 1920er Jahren auch für Intellektuelle. Über die Internationale Vereinigung revolutionärer Schriftsteller wurden zum Beispiel ausgewählte Intellektuelle in die Sowjetunion eingeladen.[20] Gleichzeitig entstanden in der Sowjetunion weitere Organisationen, die sich gezielt mit kulturellen – und nicht primär politischen – Aktivitäten an ein intellektuelles Publikum im Westen richten sollten. Hierzu gehörte das im Dezember 1923 gegründete Ob"edinennoe bjuro informacii (OBI). Es hatte explizit die Aufgabe, Intellektuellen im Ausland Informationen über die Sowjetunion zu vermitteln und sie bei Reisen vor Ort mit den kulturellen Errungenschaften der Sowjetunion vertraut zu machen.[21] Unter anderem auf Drängen seiner Präsidentin Ol'ga D. Kameneva, der Schwester Lev Trockijs und Ehefrau Lev B. Kamenevs, wurde das OBI verstetigt, und im April 1925 per Dekret die VOKS gegründet.[22]

---

17 Vgl. zur Einheitsfront beispielsweise Wolikow, Serge: L'internationale communiste, 1919–1943. Le Komintern ou le rêve déchu du parti mondial de la révolution, Paris 2010, S. 62–69.
18 Zur Rolle der Komintern für die Cultural Diplomacy vgl. Kocho-Williams, Russian and Soviet Diplomacy, S. 48–62; Stern, Western Intellectuals, S. 37–48; Cœuré, La grande lueur à l'Est, S. 49–52.
19 Fayet, Jean-François: La Société pour les échanges culturels entre l'URSS et l'étranger (VOKS), in: Relations Internationales n° 115 (2003), S. 411–423, hier S. 413–415; Braskén, Kasper: In Pursuit of Global International Solidarity? The Transnational Networks of the International Workers' Relief, 1921–1935, in: Weiss, Holger (Hg.): International Communism and Transnational Solidarity. Radical Networks, Mass Movements and Global Politics, 1919–1939, Leiden 2017, S. 130–167.
20 Vgl. zur Internationalen Vereinigung revolutionärer Schriftsteller Stern, Western Intellectuals, S. 49–91.
21 Vgl. zur Entstehung und Aufgaben des OBI: Fayet, VOKS, S. 52; David-Fox, Showcasing the Great Experiment, S. 34; Bogoljubova, Stanovlenie i èvoljucija, S. 60–62; Materialy k 60-letiju Sojuza sovetckich obščestv družby i kul'turnoj svjazi s zarubežnymi stranami, Moskau 1985, S. 11 f.
22 Vgl. Fayet, VOKS, S. 54. Zu Ol'ga Kameneva vgl. Stern, Western Intellectuals, S. 7; David-Fox, Showcasing the Great Experiment, S. 35–37.

Während das OBI eine Abteilung eines staatlichen Komitees war, wurde die VOKS als gesellschaftliche Massenorganisation konzipiert. Sie war also formell eine gesellschaftliche Vereinigung, jedoch faktisch Teil des staatlichen Systems.[23] Einerseits war sie inhaltlich, personell, finanziell und politisch vollständig vom Staat abhängig. Andererseits sollte ihre rechtliche Struktur ermöglichen, gesellschaftliche Akteure, unabhängige Kulturschaffende und Intellektuelle in die Arbeit mit einzubinden. Die hybride Doppelstruktur diente außerdem dazu, die Akzeptanz der VOKS bei westlichen Intellektuellen zu erhöhen und ihre kulturelle und gesellschaftliche Mission zu unterstreichen.[24] Gründungmitglieder waren daher sowohl staatliche Organe wie das Narkomindel und das Volkskommissariat für Bildungswesen (Narkompros), als auch gesellschaftliche Organisationen, die mit dem Ausland zu tun hatten, wie die Sowjetische Akademie der Wissenschaften, die Akademie der Künste oder das Revolutionsmuseum. Um den flächendeckenden Anspruch zu untermauern, wurden zudem Vertreter aus den einzelnen Sowjetrepubliken bestimmt.[25]

Außer der engagierten Vorsitzenden Kameneva leitete die Geschicke der VOKS ein Sekretariat, das die Korrespondenz mit dem Ausland führte und die verschiedenen Büros wie das Pressebüro, das Ausstellungsbüro oder das Willkommensbüro für die Reisenden koordinierte. Regionale – nach Sprachräumen gegliederte – Unterabteilungen passten die Arbeit an die jeweiligen Zielländer an.[26] Die enge Verbindung zur offiziellen Außenpolitik unterstrichen die VOKS-Bevollmächtigten an den jeweiligen sowjetischen Botschaften in den westlichen Ländern.[27]

Zusätzlich zu diesen staatlich-organisatorischen Strukturen wurde die gesellschaftliche Verankerung der VOKS über thematische Sektionen sichergestellt. Aufgeteilt in einen wissenschaftlich-technischen und einen künstlerischen Sektor spezialisierten sich diese Sektionen auf einzelne kulturelle oder wissenschaftliche Bereiche wie Landwirtschaft, Pädagogik, Medizin, Musik, Theater, Film oder Literatur. In diese Sektionen waren jeweils Spezialisten und Intellektuelle aus der Sowjetunion und dem Ausland integriert. In den Anfangsjahren verfügten ein

---

23 Vgl. zur Natur der gesellschaftlichen Massenorganisationen Kasza, Gregory J.: The Conscription Society. Administered Mass Organizations, New Haven 1995.
24 David-Fox, Showcasing the Great Experiment, S. 40.
25 Vgl. Materialy k 60-letiju, S. 13.
26 Vgl. zur Organisatonsstruktur Fayet, Jean-François: VOKS. The Third Dimension of Soviet Foreign Policy, in: Gienow-Hecht, Jessica C. E./Donfried, Mark C. (Hg.): Searching for a Cultural Diplomacy, New York 2010, S. 33–49, hier S. 41 f.
27 Fayet zeigt am Beispiel des Bevollmächtigten in der Schweiz, Sergej Bagockij, im Detail, welche Aufgaben und Funktionen dieser Posten beinhalten konnte. Vgl. Fayet, VOKS, S. 33–190.

großer Teil der VOKS-Mitarbeiter über internationale Bildung und gute Kontakte ins Ausland. Viele von ihnen hatten als Exilanten im Westen gelebt.[28] Die Akteure der ersten Stunde um Kameneva waren überzeugt, dass die sowjetischen Intellektuellen auf den Austausch mit dem Westen angewiesen waren, um internationales Niveau erlangen zu können.[29] Die gesellschaftlichen Akteure in der VOKS durften zwar nur selten selbst ins Ausland reisen. Die meisten kamen vielmehr dadurch mit dem Ausland in Berührung, dass sie am Empfang und an der Begleitung westlicher Intellektueller in der Sowjetunion beteiligt wurden.

Als gesellschaftliche Massenorganisation hatte die VOKS somit parallel zu ihrer kaum zu verleugnenden politischen Mission auch eine ernst zu nehmende gesellschaftliche Komponente. Die Stellung der VOKS zwischen Staat und Gesellschaft brach mit der traditionellen – wenngleich auch im Westen in der Praxis nicht immer so strikten – Trennung von offizieller Diplomatie und gesellschaftlichen Initiativen.[30] Die Vermischung dieser Sphären weckte in den kapitalistischen Ländern Misstrauen und blieb auch nach 1945 eine Herausforderung für die westliche Diplomatie.

Erste Sowjetunionreisende und Freundschaftsgesellschaften

Ein vorrangiges und inzwischen sehr gut erforschtes Tätigkeitsfeld der VOKS war die Organisation von Reisen für kleinere westliche Delegationen und einzelne Intellektuelle in die Sowjetunion.[31] Diese „politischen Pilger" ließen sich laut Paul Hollander nur zu gerne von den „Techniken der Gastfreundschaft" verführen.[32] Manche reisten aus Neugier auf das gesellschaftlich-politische

---

[28] Vgl. Fayet, VOKS, S. 124.
[29] Vgl. David-Fox, Showcasing the Great Experiment, S. 37.
[30] Vgl. Fayet, VOKS, S. 20.
[31] Zu den Reisen in die Sowjetunion in der Zwischenkriegszeit sind in den letzten Jahren umfangreiche Studien entstanden. Mit den Empfangsstrukturen und der Betreuung einzelner Intellektueller befassen sich: Stern, Western Intellectuals; Mazuy, Croire plutôt que voir?; Hourmant, François: Au pays de l'avenir radieux. Voyages des intellectuels français en URSS, à Cuba et en Chine populaire, Paris 2000. Matthias Heeke hat über Intellektuelle hinaus auch Abenteuertouristen in seine Analyse einbezogen: Heeke, Matthias: Reisen zu den Sowjets. Der ausländische Tourismus in Rußland 1921–1941. Mit einem bio-bibliographischen Anhang zu 96 deutschen Reiseautoren, Münster 2003; vergleichend: Oberloskamp, Fremde neue Welten; Uhlig, Christiane: Utopie oder Alptraum? Schweizer Reiseberichte über die Sowjetunion 1917–1941, Zürich 1992; Fitzpatrick, Sheila/Rasmussen, Carolyn (Hg.): Political Tourists. Travellers from Australia to the Soviet Union in the 1920s–1940s, Carlton 2008.
[32] Hollander, Political Pilgrims.

Experiment oder im Zuge der antifaschistischen Mobilisierung in den 1930er Jahren auf Einladung der VOKS in die Sowjetunion, so zum Beispiel Romain Rolland, Arthur Koestler, André Gide, Lion Feuchtwanger, Jean-Richard Bloch und Heinrich Vogeler. Dort erwarteten sie die Empfangsstrukturen von VOKS und Inturist. Die Reisen wurden minutiös auf ihre individuellen Interessen abgestimmt und präsentierten den Gästen zeigenswerte Objekte (obekty prokazy) der sowjetischen Gesellschaft. Die westlichen Besucher sahen sorgfältig ausgewählte und eigens hergerichtete Baudenkmäler, Kolchosen, Schulen oder auch Gefängnisse. Michael David-Fox argumentiert, dass diese Vorzeigeobjekte zugleich als Zukunftsmodelle für die eigene Bevölkerung dienten. An ihnen wurde exemplarisch sichtbar, wie solche Einrichtungen im verwirklichten Sozialismus einmal aussehen und funktionieren würden.[33]

Kolchosmitarbeiter, Kinder im Pionierpalast, Arbeiter und Intellektuelle wurden zu Statisten in dieser „Theatrokratie" (François Hourmant), und als Empfangskomitees in die Willkommenskultur der westlichen Besucher eingebunden.[34] Eine besondere Rolle spielten dabei die sowjetischen Reiseführer, die einerseits als kulturelle und sprachliche Vermittler der sowjetischen Realität für die Gäste dienten, andererseits als Kontrolleure ausführliche Berichte über die Eindrücke und das Verhalten der Reisenden an die sowjetischen Behörden weitergaben.[35] Die sowjetischen Organisatoren vollzogen dabei eine Gratwanderung zwischen der absoluten Kontrolle der westlichen Reisenden und dem Ziel, ihnen das Gefühl der Freiheit und Spontanität des Reisens zu vermitteln. Ebenso musste ein ständiger Kompromiss gefunden werden zwischen einer politischen Bildungsreise mit Vorführung sowjetischer Modellprojekte und ideologischer Schulung einerseits und einer kulturell-bürgerlichen Erholungsreise mit der Besichtigung der „klassischen" Sehenswürdigkeiten andererseits. Das wichtigste für die VOKS war, dass die Reisenden nach ihrer Rückkehr die in der Sowjetunion gewonnenen Eindrücke an die Öffentlichkeit weitergaben. Die in Medien und Büchern publizierten Reiseberichte waren eine eigene literarisch-journalistische Gattung mit feststehenden Motiven. Häufig sagten

---

33 Vgl. David-Fox, Showcasing the Great Experiment, S. 98–103.
34 Hourmant, Au pays de l'avenir radieux; ders.: La croisière rouge, entre simulacre et théâtrocratie. Le système des privilèges des voyageurs aux pays de l'avenir radieux, in: Revue historique n° 613 (2000) 1, S. 123–156.
35 Vgl. ausführlicher zur Rolle der Reiseführer: Fitzpatrick, Sheila: Foreigners Observed. Moscow Visitors in the 1930s under the Gaze of their Soviet Guides, in: Russian History/Histoire Russe 35 (2008) 1–2, S. 215–234; Heeke, Reisen zu den Sowjets, S. 476–484; David-Fox, Michael: The Fellow Travelers Revisited. The „Cultured West" through Soviet Eyes, in: The Journal of Modern History 75 (2003) 2, S. 300–335.

sie mehr über die Wahrnehmungsmuster des Reisenden aus als über die sowjetische Realität.[36]

Diese Reisenden bildeten die Basis für die zweite Säule der VOKS: ein Netzwerk von Freundschaftsgesellschaften in den einzelnen Ländern, die als Anlaufstellen für philosowjetische westliche Intellektuelle vor Ort dienten. Diese „Juwelen der VOKS"[37] waren eher elitäre und ostentativ unpolitische Vereine oder Gesellschaften, die sehr unterschiedliche Grade der Institutionalisierung und der Politisierung aufwiesen.[38] Im Idealfall sollten Rückkehrer von Sowjetunionreisen als Multiplikatoren zusammen mit kommunistischen Funktionären vor Ort eine breite gesellschaftliche Sympathiebewegung anstoßen. Die Gesellschaften pflegten kulturellen und wissenschaftlichen Austausch mit den einzelnen Fachsektionen der VOKS. Sie verfügten idealerweise über eine eigene Bibliothek, förderten das Erlernen der russischen Sprache und informierten in eigenen Zeitschriften über die Entwicklungen von Wissenschaft, Kunst und Gesellschaft in der Sowjetunion.

In Deutschland ging so aus der IAH 1923 die Gesellschaft der Freunde des neuen Rußland hervor. Sie konnte bis Ende der 1920er Jahre eine beeindruckende Zahl von progressiven Intellektuellen wie die Feministin Helene Stöcker, den Schriftsteller Max Barthel oder im weiteren Umfeld Albert Einstein, Käthe Kollwitz und Bruno Taut mobilisieren.[39] Die Gesellschaft gab sich nach außen hin betont nicht-kommunistisch und rief dazu auf, „sachliche Aufklärungen über die wirtschaftlichen und kulturellen Strömungen in Rußland [zu] geben und die praktische Zusammenarbeit beider Länder [zu] vermitteln".[40] In Frankreich gab es mehrere Anläufe zur Gründung einer

---

36 Zur Diskussion der Reiseberichte als literarische Gattung und Quelle vgl. Zahn, Inka: Reise als Begegnung mit dem Anderen? Französische Reiseberichte über Moskau in der Zwischenkriegszeit, Bielefeld 2008; Heeke, Reisen zu den Sowjets; Oberloskamp, Fremde neue Welt.
37 David-Fox, From Illusory Society, S. 26.
38 Vgl. Fayet, VOKS, S. 207–209.
39 Vgl. David-Fox, Showcasing the Great Experiment, S. 71–75; Oberloskamp, Fremde neue Welten, S. 62; Grahn, Gerlinde: Vorläufer. Zum Wirken der „Gesellschaft der Freunde des neuen Russland" und des „Bundes der Freunde der Sowjetunion" in der Weimarer Republik, in: Schützler, Horst (Hg.): „Mehr als ein Studium ...". Gründung und Wirken der Gesellschaft zum Studium der Kultur der Sowjetunion, Gesellschaft für Deutsch-Sowjetische Freundschaft, Ostdeutsche Freundschaftsgesellschaften. Was war – was bleibt – wie weiter?. Beiträge und Materialien zum 60. Jahrestag der Gründung der „Gesellschaft zum Studium der Kultur der Sowjetunion" am 30. Juni 1947 in Berlin, [Berlin] 2008, S. 43–53, hier S. 43–49; Münch, Hans: Die Gesellschaft der Freunde des neuen Rußland (1923–1933), in: Deutschland – Sowjetunion. Aus fünf Jahrzehnten kultureller Zusammenarbeit, Berlin 1966, S. 110–116.
40 Der Gründungsaufruf ist abgedruckt in der apologetischen Darstellung eines Mitglieds der Deutsch-sowjetischen Freundschaft Westberlin: Elias, Rolf: Die Gesellschaft der Freunde des

derartigen Gesellschaft, die allerdings große personelle Überschneidungen aufwiesen. Die Freundschaftsgesellschaften selbst beriefen sich im Rückblick auf die von Anatole France und Edouard Herriot 1905 gegründete Association des amis du peuple russe et des peuples annexés als Ursprung der französisch-sowjetischen Freundschaftsbewegung.[41] Nach mehreren kurzlebigen Vorläufern entstand 1927 der bis in die 1930er Jahre hinein bestehende Cercle de la Russie neuve. Er vereinte einige hundert Intellektuelle, darunter Paul Langevin, Jean-Richard Bloch und Romain Rolland.[42] Sehr beständig und relativ erfolgreich war die in Großbritannien 1924 gegründete Society for Cultural Relations between the Peoples of the British Commonwealth and the USSR (SCR). Wie Emily Lygo zeigt, ermöglichten die Neugier der britischen Intellektuellen für das sowjetische Experiment, das kulturelle Interesse russischer Exilanten und die zentralen Initiativen aus Moskau ihre Gründung.[43] Die SCR achtete sehr darauf, betont unpolitisch und auf Distanz zur kommunistischen Partei zu bleiben, und bewahrte sich eine relativ große Unabhängigkeit von der VOKS.[44]

Parallel zu diesen hauptsächlich von Intellektuellen getragenen Gruppierungen in Frankreich, Deutschland und Großbritannien entstanden innerhalb der Komintern Ende der 1920er Jahre Organisationen, die sich primär an die Arbeiterschaft richten sollten. Auf Initiative der Komintern versammelten sich im November 1927 anlässlich des zehnten Jahrestages der Oktoberrevolution 1.200 Intellektuelle und Vertreter verschiedener Organisationen in Moskau und

---

Neuen Rußland. Mit vollständigem Inhaltsverzeichnis aller Jahrgänge der Zeitschrift „Das neue Rußland" 1923-1932, Köln 1985, S. 38-40.
41 Vgl. zur historiographischen Eigendarstellung beispielsweise Wolodin, L.: Dreißig Jahre der Gesellschaft „Frankreich-UdSSR", in: Kultur und Leben (1975) 3, S. 4 f. Zur Association siehe Gilles, Candar: Les socialistes français et la révolution de 1905, in: Cahiers du monde russe 48 (2007) 2-3, S. 365-378, hier S. 368.
42 Vgl. Oberloskamp, Fremde neue Welten, S. 63; David-Fox, Showcasing the Great Experiment, S. 84-86; Stern, Western Intellectuals, S. 138-141. Vgl. zur Fusion der Nouvelles amitiés franco-russes mit den Amis de la Russie nouvelle zum Cercle de la Russie neuve auf Betreiben von VOKS 1924: Brief von Jules Grandjouan an VOKS, 26.12.1927, GARF, f. 5283, op. 7, d. 194, l. 105, abgedruckt in: Cœuré/Mazuy, Cousu de fil rouge, S. 297-299.
43 Lygo, Emily: Promoting Soviet Culture in Britain. The History of the Society for Cultural Relations between the Peoples of the British Commenwealth and the USSR, 1924-1945, in: Modern Language Review 108 (2013) 2, S. 571-596, hier S. 572-576.
44 Vgl. zur SCR in der Zwischenkriegszeit auch David-Fox, Showcasing the Great Experiment, S. 81-84; Stern, Ljudmila: Western Intellectuals, S. 133-138; sowie die sowjetische Darstellung: Kuz'min, M.: Anglijskoe obščestvo kul'turnych sviazej s SSSR, in: Voprosy Istorii (1966) 2, S. 203-206.

gründeten die Internationale Vereinigung der Freunde der Sowjetunion.[45] In der Folge entstanden nationale Unterabteilungen wie der Bund der Freunde der Sowjetunion[46] in Deutschland und die auf Initiative von Henri Barbusse gegründeten Amis de l'Union soviétique (AUS) in Frankreich.[47] In Großbritannien konstituierten sich 1929 die Friends of Soviet Russia, die sich zwei Jahre später analog zum französischen Vorbild in Friends of the Soviet Union umbenannten. 1938 änderten sie – in Anlehnung an ihre Zeitschrift *Russia Today* – ihren Namen erneut in Russia Today Society.[48] Diese Gesellschaften der Freunde der Sowjetunion verfolgten vor allem in den 1930er Jahren eine wesentlich politischere Agenda als die Intellektuellen-Organisationen. Sie leisteten durch Ausstellungen, Vorträge, Filmvorführungen und Druckschriften gezielte Aufklärungsarbeit gegen vermeintlich „antisowjetische" Politik.

Diese Doppelstruktur der einerseits von der VOKS, andererseits von der Komintern geförderten Freundschaftsgesellschaften führte zu einer beständigen Konkurrenz um Publikum, Zielgruppen und Aufmerksamkeit der sowjetischen Führung – um einen „eigenen Raum auf dem Markt der sowjetophilen Freundschaften".[49] Die Trennung zwischen Arbeitern und Intellektuellen war unscharf. Häufig kam es zu personellen Überschneidungen, und das Nebeneinander der Organisationen sorgte für Verwirrung. Die symbolische Abgrenzung von den kommunistischen Parteien und der Komintern wollte nicht gelingen. Da die Organisationen trotz ihrer äußerlichen Konkurrenz das gleiche Bild von der Sowjetunion verbreiteten, erschien die von ihnen proklamierte politische Unabhängigkeit kaum glaubwürdig. Auch aus diesem Grund hatten die meisten dieser Freundschaftsgesellschaften nur wenige Mitglieder und konnten kaum

---

45 Cœuré, Sophie: „Les fêtes d'Octobre" 1927 à Moscou. La dynamique des structures d'influence soviétiques et kominterniennes autour d'un anniversaire, in: Communisme (1995), S. 57–74.
46 Remer, Claus: Der Bund der Freunde der Sowjetunion und seine Tätigkeit auf kulturellem Gebiet, in: Deutschland – Sowjetunion. Aus fünf Jahrzehnten kultureller Zusammenarbeit, Berlin 1966, S. 117–128; Grahn, Vorläufer, S. 49–53.
47 Vgl. auch zum Folgenden: Estienne, Sophie: Les Amis de l'Union soviétique 1928–1939, Abbeville 2004; Mazuy, Rachel: Parti communiste et organisation de masse dans la tourmente. Les débuts des Amis de l'URSS, in: Andrieu, Claire/LeBéguec, Gilles/Tartakowsky, Danielle (Hg.): Associations et champ politique. La loi de 1901 à l'épreuve du siècle, Paris 2001, S. 291–298. Zur Innenansicht der Geschichte der AUS siehe die Autobiographie des langjährigen Präsidenten: Grenier, Fernand: Ce bonheur-là, Paris 1974, S. 129–189.
48 Die Geschichte der britischen Friends of the Soviet Union und der Russia Today Society ist ein Desiderat der Forschung. Vgl. deshalb die Darstellung des langjährigen Generalsekretärs: Inkpin, Albert: Friends of the U.S.S.R.. The Story of the Russia Today Society, London [1942], in: MML.
49 Fayet, VOKS, S. 219.

aus der Nische der kommunistischen Sympathisanten heraustreten. Zwar wurde die Arbeit der Gesellschaften von der VOKS intern stets als Erfolg dargestellt, um die eigene Existenz zu sichern. Ihre ursprünglichen, ambitionierten Ziele erreichten sie jedoch kaum. Aus diesem Missstand sollten die Freundschaftsgesellschaften nach 1945 lernen.

Das Auf und Ab der Cultural Diplomacy unter Stalin

Die Cultural Diplomacy war insbesondere in den 1930er Jahren den Schwankungen der stalinistischen Außen- und Innenpolitik unterworfen.[50] So können diese Jahre einerseits als die „Sternstunde"[51] der sowjetischen Cultural Diplomacy gelten. Andererseits trat der – im Kalten Krieg fortgesetzte – Konflikt zwischen internationaler Öffnung und Abschottungspolitik in dieser Phase besonders deutlich zu Tage. Ihre Zusammenarbeit mit ausländischen Partnern wurde den Mitarbeitern der VOKS zunehmend zum Verhängnis. Nach der Verbannung Trockijs wurde Ol'ga Kameneva 1929 abgesetzt und durch den treuen Bolschewiken Fëdor N. Petrov ersetzt.[52] Die VOKS wurde dafür kritisiert, dass sie mit der westlichen Bourgeoisie zusammenarbeitete und die „alte" russische Kultur verbreite, anstatt für die neue sowjetische zu werben. Sie sollte sich mehr auf die politische Mission und die Mobilisierung der westlichen Intellektuellen für außenpolitische Zwecke konzentrieren.[53] Innerhalb der VOKS verloren die thematischen Sektionen, in die die sowjetischen Wissenschaftler und Kulturschaffenden eingebunden waren, an Bedeutung. Vor dem Hintergrund der Prozesse gegen die angebliche internationale Verschwörung der „Industriepartei" 1930 fiel VOKS die Aufgabe zu, von sowjetischen Intellektuellen klare Stellungnahmen pro Stalin einzufordern.[54] Die Komintern vollzog ab 1928 eine Politik der ideologischen Abgrenzung, in deren Zuge der Kampf gegen die Sozialdemokratie unter der Losung „Klasse gegen Klasse" die Politik der „Einheitsfront" ablöste.[55] Ab 1929/30 wurden deshalb auch die Gesellschaften der Freunde der Sowjetunion stärker auf die Arbeiterschaft und den politischen

---

50 Zur Periodisierung im Lichte der Cultural Diplomacy vgl. Bayerlein, The „Cultural International", S. 59–69.
51 Golubev, „Zvezdnyj čas".
52 Golubev, Vzgljad na zemlju, S. 123. 1936 wurde Kameneva nach dem Schauprozess gegen ihren Mann verhaftet und 1941 erschossen.
53 Fayet, VOKS, S. 44; David-Fox, From Illusory Society, S. 30.
54 David-Fox, From Illusory Society, S. 31.
55 Vgl. Wolikow, L'internationale communiste, S. 80–83.

Kampf eingeschworen, so dass sie einen Großteil ihrer intellektuellen Mitglieder verloren.[56]

In der Zeit der Volksfrontregierungen und im Kampf gegen den erstarkenden Faschismus Mitte der 1930er Jahre erhielten Freundschaftsgesellschaften im Westen und mit ihnen die VOKS wieder neuen Auftrieb.[57] Die Verbesserung der diplomatischen Beziehungen zu Frankreich und auch zu den USA ließen die Zahl der Reisen in die Sowjetunion rapide anwachsen. Der antifaschistische Kampf mobilisierte sowohl kommunistisch orientierte Arbeiter als auch Intellektuelle.[58] Der Diplomat und Schriftsteller Aleksandr J. Arosev wurde 1934 neuer Präsident der VOKS. Er wollte die VOKS professionalisieren und ihr einen festen Platz in der sowjetischen Diplomatie sichern. Arosev war ein Bewunderer des Westens, zugleich aber ein Getreuer Stalins.[59] 1937 erreichten stalinistische Isolierungspolitik und Xenophobie allerdings auch die VOKS. Ein Großteil ihrer Mitarbeiter fiel von 1937 bis 1939 den stalinistischen Säuberungen zum Opfer. Arosev wurde wegen angeblicher Beteiligung an einem internationalen trotzkistischen Spionagenetzwerk verurteilt und hingerichtet.[60] Nach dem Abschluss des Hitler-Stalin-Pakts 1939 hielten nur noch wenige westliche Intellektuelle der Sowjetunion die Treue.

Nachfolger Arosevs als Vorsitzender der VOKS wurde der Kunsthistoriker und junge Direktor der Tretjakovskij-Galerie Vladimir S. Kemenov. Von seinen Mitarbeitern wurde er später als sehr gebildeter, bescheidener Mann mit eher liberalen Auffassungen, großer Ausstrahlung und festen Überzeugungen beschrieben.[61] Nach seinem Amtsantritt benannte er gegenüber Außenminister

---

56 Vgl. Estienne, Les Amis de l'Union soviétique, S. 8; Remer, Der Bund der Freunde, S. 117–128, hier S. 118 f.
57 Vgl. David-Fox, Showcasing the Great Experiment, S. 288–300.
58 Die AUS erreichten in der Zeit der Volksfrontregierung 1936 sogar 70.000 Mitglieder. Estienne, Les Amis de l'Union soviétique, S. 15 f.
59 Vgl. zu Arosev David-Fox, Michael: Stalinist Westernizer? Aleksandr Arosev's Literary and Political Depictions of Europe, in: Slavic Review 62 (2003) 4, S. 733–759.
60 Vgl. Fayet, VOKS, S. 153; David-Fox, Showcasing the Great Experiment, S. 300–309; Stern, Western Intellectuals, S. 206
61 Vgl. die Beschreibung von Raisa Orlova-Kopeleva, die 1940–1947 für die VOKS arbeitete: „Als ich zum ersten Mal in die WOKS kam, fand ich im Direktionszimmer inmitten der Mahagonimöbel einen jungen Mann mit offenem Hemdkragen, ohne Krawatte, er thronte nicht in einem geschnitzten Lehnstuhl, nein, er hockte auf dem Tischrand und baumelte mit den Beinen. Ein solcher Chef war mir noch nicht untergekommen." Orlowa-Kopelew, Raissa: Eine Vergangenheit, die nicht vergeht. Rückblicke aus fünf Jahrzehnten, München 1985, S. 125.

Vjačeslav M. Molotov offen die Schwächen der VOKS, ihre Kompetenzstreitigkeiten mit anderen Organisationen und ihre mangelnde finanzielle und personelle Ausstattung. Kemenov wollte die VOKS zum zentralen Organ der kulturellen Auslandspropaganda machen.[62] Dafür rekrutierte er – wie Raisa Orlova es schildert – junge, gebildete und mehrsprachige Hochschulabsolventen, „die seine Pläne verstanden und umsetzten, Menschen, die zuzuhören imstande waren, die man, ohne sich schämen zu müssen, der eigenen und ausländischen Kulturprominenz herzeigen konnte".[63] Ehemalige Mitarbeiter erinnerten sich an die VOKS der frühen 1940er Jahre als einen Ort relativer Freiheit, eine Art „elitären Klub", der sowjetischen Intellektuellen und einer jungen, weltoffenen Elite Zugang zu Informationen und Kontakten aus dem Ausland bot.[64] Da die Sowjetunion während des Krieges auf militärische, finanzielle und moralische Unterstützung aus dem Ausland angewiesen war, kam die VOKS zu neuen Ehren und wurde in ihrer Absicht bestärkt, kulturelle und wissenschaftliche Eliten im Westen für die Sowjetunion zu gewinnen.[65] Mit offiziellem Segen der Führung kam es zu einer Intensivierung der – wenn auch meist nur postalischen – Kontakte zwischen sowjetischen und westlichen Intellektuellen.[66] Das Wechselbad von stalinistischer Abschottungspolitik und Phasen der Internationalisierung war damit allerdings noch nicht beendet.

---

[62] Vgl. den Brief Kemenovs an Molotov, 26.12.1940, zitiert in: Miner, Steven Merritt: Stalin's Holy War. Religion, Nationalism, and Alliance Politics, 1941–1945, Chapel Hill 2003, S. 228–230; vgl. auch Golubev/Nevežin, VOKS v 1930–1940-e gody, S. 317. Zu Kemenov vgl. auch Zubok, Vladislav M.: The Demise of „Socialist Realism for Export" in 1947. VOKS receives John Steinbeck and Robert Capa, in: Dobrenko, Evgeny/Jonsson-Skradol, Natalia: Socialist Realism in Central and Eastern European Literatures. Institutions, Dynamics, Discourses, London 2018, S. 71–88, hier S. 73.
[63] Orlowa-Kopelew, Eine Vergangenheit, die nicht vergeht, S. 127.
[64] Vgl. Bagley, Tennent H.: Spymaster. Startling Cold War Revelations of a Soviet KGB Chief, New York 2013, S. 22 f.; Lungina, Lilianna Z.: Podstročnik. Žizn' Lilianny Lunginoj, rasskazannaja eju v fil'me Olega Dormana, Moskau 2010, S. 177–183; Orlowa-Kopelew, Eine Vergangenheit, die nicht vergeht, S. 127–129.
[65] Vgl. Krementsov, Nikolai: Stalinist Science, Princeton 1997, S. 115.
[66] Zur Haltung der sowjetischen Öffentlichkeit zur angloamerikanischen Kultur während des Krieges vgl. Johnston, Timothy A.: Being Soviet. Identity, Rumour, and Everyday Life under Stalin 1939–1953, Oxford 2011, hier vor allem S. 84–90.

1.3 Die glorreiche „Gründerzeit" der Freundschaftsgesellschaften

Erbe der Kriegsallianz: Von der People's Convention zur British-Soviet Society

Die Freundschaftsgesellschaften nach 1945 knüpften zwar an ihre Vorgänger der Zwischenkriegszeit an, sollten jedoch zugleich einen Neuanfang im Zeichen des gemeinsamen Sieges der westlichen Alliierten mit der Sowjetunion signalisieren. Die „Gründerzeit" der Freundschaftsgesellschaften profitierte noch von den innen- und außenpolitischen Allianzen des Zweiten Weltkrieges.

In Großbritannien verlief die Entwicklung der Freundschaftsgesellschaften im Kontext der ab 1941 proklamierten britisch-sowjetischen Kriegsallianz. Ungeachtet seiner eigenen antikommunistischen Einstellung und der antikommunistischen Politik seiner Regierung bot Churchill der Sowjetunion nach dem deutschen Überfall seine Hilfe an. Der gemeinsame Feind erforderte ihm zufolge ein Bündnis aller antifaschistischen Kräfte.[67] Sowohl die im Juli 1941 geschlossene Militärallianz, als auch der im Mai 1942 auf 20 Jahre angelegte britisch-sowjetische Beistandspakt beinhalteten den Verzicht auf politische Propaganda gegenüber dem Partner. Um der britischen Bevölkerung die außenpolitische Kehrtwende zu vermitteln, wurden die Medien angewiesen, fortan antisowjetischen Gefühlen entgegenzuwirken und die Notwendigkeit der britisch-sowjetischen Allianz zu betonen. Dies geschah auch, um kommunistischer bzw. prosowjetischer Propaganda vorzugreifen.[68] Darüber hinaus beauftragte Churchill unter anderem den Juristen John Platts-Mills damit, die Bevölkerung auf das neue Bündnis einzuschwören.[69] Politisiert durch den italienischen Einmarsch in Abessinien war der Oxford-Absolvent Platts-Mills 1936 in die Labour-Partei eingetreten. Er propagierte eine antifaschistische Allianz mit der Sowjetunion und protestierte gegen die abwartende Haltung der Labour-Partei im Spanischen Bürgerkrieg. Seine Bewerbung bei der Royal Air Force war 1940 aus politischen Gründen abgelehnt worden. Nun nahm sich Platts-Mills mit großem Enthusiasmus seiner neuen Aufgabe an. Er sollte auch

---

[67] Siehe zur britischen Sowjetunionpolitik Keeble, Britain, the Soviet Union and Russia, S. 167–205.
[68] Vgl. Jenks, John: British Propaganda and News Media in the Cold War, Edinburgh 2006, S. 28; Bell, Philip M. H.: John Bull and the Bear. British Public Opinion, Foreign Policy and the Soviet Union 1941–1945, London 1990, S. 44.
[69] Vgl. seine Autobiographie Platts-Mills, John: Muck, Silk and Socialism. Recollections of a left-wing Queen's Counsel, Wedmore 2002.

1.3 Die glorreiche „Gründerzeit" der Freundschaftsgesellschaften — 63

in der Nachkriegszeit eine bedeutende Rolle für die britischen Freundschaftsgesellschaften spielen.

Von der britischen Solidaritätspolitik gegenüber der Sowjetunion profitierte auch die verhältnismäßig kleine CPGB. Schon seit der Zwischenkriegszeit hatte sie sich darum bemüht, eine formelle Zusammenarbeit mit der Labour-Partei zu erreichen. Doch Labour hatte sich immer von allen kommunistischen Organisationen distanziert und versucht, den kommunistischen Einfluss auf die Gewerkschaften gering zu halten. Ab 1930 führte die Partei eine Liste mit Organisationen, deren Mitglieder nicht zugleich Mitglieder von Labour sein durften, auf der sich unter anderem auch die Russia Today Society befand. Allerdings gab es immer auch eine kleinere Gruppe innerhalb der Partei, die diese antikommunistische Politik ablehnte und für eine Volksfront eintrat.

Einen weiteren Anlauf zur Begründung einer National Front unternahm die CPGB ab 1940 mit der People's Convention, die zur Basis für die spätere Freundschaftsbewegung wurde.[70] Angesichts der Allparteien-Kriegskoalition unter Churchill verstand sich die People's Convention als eine Art außerparlamentarische Opposition für mehr demokratische Beteiligung und zur Mobilisierung linker Labour-Anhänger. Sie forderte unter anderem die Ablösung der Regierung durch eine „Volksfrontregierung", die Verstaatlichung wichtiger Industrien und – schon vor dem deutschen Angriff – die Zusammenarbeit mit der Sowjetunion. Außer dem damaligen Generalsekretär der CPGB, Rajani Palme Dutt, war vor allem der Jurist Denis Nowell Pritt eine tragende Säule der Bewegung.[71] Der Labour-Politiker Pritt war 1932 mit einer Delegation der Fabian Society in die Sowjetunion gereist. Dort hatten ihn nicht nur die Planwirtschaft, sondern auch das Rechtssystem und die optimistische Haltung der Menschen überzeugt.[72] Nach dieser Reise begann seine Karriere in den Freundschaftsgesellschaften. Seine Reiseeindrücke schilderte er in zahlreichen von der Russia Today Society organisierten Vorträgen. 1934 wurde er Chairman der SCR. Bei

---

[70] Zur People's Convention vgl. Morgan, Kevin: Against Fascism and War. Ruptures and Continuities in British Communist Politics, 1935–41, Manchester 1989, S. 201–213; sowie die Artikel von Palme Dutt, Ivor Montagu, Harry Adams und Denis Nowell Pritt in: Labour Monthly (1941) 1.
[71] Vgl. Pritt, Denis Nowell: The Autobiography of D. N. Pritt; Bd. 1: From Right to Left; Bd. 2: Brasshats and Bureaucrats; Bd. 3: The Defence Accuses, London 1965–1966. Nigel West listet Pritt für die 1930er Jahre als Mitarbeiter des sowjetischen Geheimdienstes auf. West, Nigel: MASK. MI5's penetration of the Communist Party of Great Britain, London 2005, S. 310 und 315.
[72] „Here was a Socialist State, something that we ought to build for ourselves, in our own way; we could do it better and more easily, with our material wealth, our industrial basis and our great numbers of skilled workers. We must get really rid of the private ownership of the means of production, of unearned wealth, and of the power of our present ruling class." Pritt, From Right to Left, S. 38 f.

seiner zweiten Reise in die Sowjetunion 1936 wurde er Zeuge des Schauprozesses gegen Grigorij E. Zinov'ev und Lev B. Kamenev. Dieses Verfahren verteidigte er in der Folge gegen jede „antisowjetische" Kritik. Im Januar 1940 schließlich wurde Pritt wegen seiner prosowjetischen Haltung zum Finnlandkrieg aus der Labour-Partei ausgeschlossen und fand in der People's Convention eine neue Aufgabe.

Als die Komintern im Sommer 1941 die kommunistischen Parteien zur Bündnispolitik aufgerufen hatte, änderte sich unmittelbar die Agenda der People's Convention, die zuvor noch einen nationalen Umsturz gefordert hatte. Ihre lokalen Komitees wurden in British-Soviet Unity Committees umgewandelt, die sich für die materielle und moralische Unterstützung der Sowjetunion einsetzen sollten. Dank der nun auch von der Regierung geförderten prosowjetischen Stimmung etablierte sich so landesweit über die Parteigrenzen hinweg eine Bewegung in Gestalt von über 300 lokalen Komitees, die eher als antifaschistisch denn als prokommunistisch einzustufen waren. Die Komitees mobilisierten eine breite Front, die konservative Eliten und – trotz des Verbots – auch Labour-Mitglieder aus den verschiedenen gesellschaftlichen Bereichen einbezog.[73] Sie organisierten unter anderem relativ populäre „Friendship Weeks" als Solidaritätskundgebungen und zur Information über die Sowjetunion. Einige Komitees nahmen auch Kontakt zu sowjetischen Städten auf und legten damit die Grundlagen für spätere Städteverbindungen.[74]

Die CPGB versuchte von Anfang an, aus diesen heterogenen prosowjetischen Initiativen politischen Profit zu schlagen. Sie wollte die schnell wachsenden British-Soviet Unity Committees koordinieren und in Abstimmung mit der sowjetischen Botschaft auf politische Ziele einschwören.[75] Treibende Kraft hinter diesem Vorgehen war unter anderem der Dean of Canterbury, Hewlett Johnson, eine der schillerndsten Figuren der britischen Friedens- und Freundschaftsbewegung.[76] Ohne Mitglied der CPGB zu sein, war Johnson überzeugt

---

73 Deshalb sah sich das Executive Commitee der Labour Party im November 1941 gezwungen, Regularien für den Umgang mit solchen Vereinigungen herauszugeben. Vgl. Branson, History of the Communist Party, S. 14.
74 Nemzer, Louis: The Soviet Friendship Societies, in: The Public Opinion Quarterly 13 (1949) 2, S. 265–284, S. 283. Zu den Städteverbindungen siehe Kapitel 4.5.
75 Vgl. Briefwechsel zwischen Hewlett Johnson und Haldane, August 1941, in: UCL, Haldane Papers 4/4/16; Report of National Conference for British-Soviet Unity, 14.2.1942, in: UCL, Haldane Papers 4/4/2.
76 Zu seiner Biographie siehe: Butler, John R.: The Red Dean of Canterbury. The Public and Private Faces of Hewlett Johnson, London 2011; Ayers, David: Hewlett Johnson. Britain's „Red Dean" and the Cold War, in: Muehlenbeck, Philip E. (Hg.), Religion and the Cold War. A Global Perspective, Nashville 2012, S. 65–87.

1.3 Die glorreiche „Gründerzeit" der Freundschaftsgesellschaften — 65

von einem „christlichen Marxismus", dem zufolge der Sozialismus eine verweltlichte Form des Christentums war. Für ihn zählte weniger der offiziell proklamierte Atheismus der Sowjetunion als das moralische Fundament ihrer Gesellschaftsutopie. So erläuterte er 1946:

> I knew 29 years ago that it [the Soviet Union] would be a success [...] because for the first time in history a society was being built up which would be a moral one. [...] Religion begins in friendship. Where there is friendship there is religion. The Soviet Union is a friend of the common man – there is the religious note of the USSR.[77]

Nach Reisen in die Sowjetunion 1934 und 1937 beschrieb er in seinem 1939 erstmals erschienen Buch „The Socialist Sixth of the World" die Sowjetunion als ein Land der Freiheit und der Prosperität. Als Mitglied in der Russia Today Society organisierte Johnson ab Juni 1941 das Joint Committee for Soviet Aid. Dieses sammelte bis Herbst 1944 225.000 Pfund, die beispielsweise zum Wiederaufbau von Krankenhäusern in Stalingrad verwendet wurden.[78]

Johnson engagierte sich offensichtlich auf Anweisung Moskaus und der CPGB für die Zusammenführung der verschiedenen prosowjetischen Bewegungen. Zu diesem Zweck initiierte er am 14. Februar 1942 eine National Conference for British-Soviet Unity, auf der die Gründung eines übergreifenden National Council for British-Soviet Unity (NCBSU) beschlossen wurde.[79] In diesem waren neben den regionalen British-Soviet Committees auch die bisherigen britisch-sowjetischen Freundschaftsorganisationen wie die Russia Today Society, die SCR und das Joint Committee for Soviet Aid vertreten. Die Ziele dieser Dachorganisation beschränkten sich in keiner Weise auf die Solidarität mit der kämpfenden Sowjetunion. Sie wollte vielmehr die Weichen für die Nachkriegsordnung stellen und verhindern, dass – so der Präsident der NCBSU, der anglikanische Bischof

---

77 Account of 29th Anniversary [of the Soviet Union] in Central Hall, 9.11.1946, in: TNA, FO 371/56924.
78 Minutes of the Executive Meeting of the National Council for British-Soviet Unity, 24.7.1944, in: UCL, Haldane Papers 4/4/5. Unter Berücksichtigung der Inflation entspräche das heute einer Summe von 9,8 Millionen Pfund. Berechnet nach: Historical UK Inflation and Price Conversion, http://safalra.com/other/historical-uk-inflation-price-conversion/ (23.11.2014). Auch Churchills Ehefrau sammelte 7 Millionen Pfund mit ihrem Red Cross Aid to Russia Fund. Vgl. Knight, Claire: Mrs. Churchill Goes to Russia. The Wartime Gift Exchange between Britain and the Soviet Union, in: Cross, Anthony Glenn (Hg.): A People Passing Rude. British Responses to Russian Culture, Cambridge 2012, S. 253–267.
79 Vgl. Report of the Inaugural Meeting of the National Council for British-Soviet Unity, 25.4.1942, in: UCL, Haldane Papers 4/4/3.

von Chelmsford, Henry A. Wilson – „dann eine mächtige Minderheit wieder versuchen könnte, die britisch-sowjetischen Beziehungen zu vergiften".[80]

Im Januar 1942 wünschten laut Umfragen tatsächlich 86 % der befragten Briten, dass Großbritannien und die Sowjetunion die Allianz nach dem Krieg fortsetzten.[81] Auf dieser Basis konnte der NCBSU, wie zum Jahrestag des Überfalls auf die Sowjetunion, Großveranstaltungen mit Abgeordneten, Bischöfen und Vertretern der Labour-Partei organisieren.[82] Abgesehen vom Verhalten Johnsons geben auch Parallelen mit andern Ländern Hinweise darauf, dass die Initiativen nicht nur von unten kamen, sondern von der VOKS gesteuert wurden. So ging 1942 aus einem großen American-Soviet Congress der National Council of American-Soviet Unity hervor. Auf vergleichbare Weise wurde 1943 der National Council of Canadian-Soviet Unity gegründet.[83] Die VOKS hatte Interesse daran, den vorhandenen prosowjetischen Enthusiasmus zu institutionalisieren – auch über das Kriegsende hinaus.

Mit dem sich abzeichnenden Ende des Krieges verstärkte der NCBSU deshalb seinen Einsatz für die Weiterführung der britisch-sowjetischen Allianz und die Verstetigung der großen Sympathiewerte für die Sowjetunion. Eine materielle Basis sollte die britisch-sowjetische Freundschaft durch die Einrichtung eines „Friendship House" in London bekommen, das gemeinsam von den verschiedenen Organisationen genutzt werden konnte. Die zu diesem Zweck Anfang 1945 gegründete Friendship House Ltd. kaufte ein Haus in der Tottenham Street an.[84] Dank der noch anhaltenden britisch-sowjetischen Euphorie gelang es, bis Juli 1945 die erforderlichen 5.000 Pfund bei Privatpersonen, Firmen und Organisationen zu einzuwerben.[85]

Ab Oktober 1945 strebte das Executive Committee des NCBSU danach, die verschiedenen Akteure der britisch-sowjetischen Bewegung noch stärker zu integrieren, institutionell zu bündeln und damit effizienter, aber auch leichter

---

80 Ibid.
81 Vgl. eine Umfrage vom 16.1.1942 zitiert in Pozdeeva, L. V: London – Moskva. Britanskoe obščestvennoe mnenie i SSSR 1939–1945, Moskau 2000, S. 152.
82 Vgl. Addison, Paul: The Road to 1945. British Politics and the Second World War, London 1977, S. 138 f.; Pozdeeva, London –Moskva, S. 153 f.
83 Eine historiographische Aufarbeitung der amerikanischen Freundschaftsgesellschaften steht noch aus. Vgl. deshalb Morford, Richard: The National Council of American-Soviet Friendship, in: VOKS Bulletin n° 77 (1952), S. 92; zu Kanada: Anderson, Propaganda and Persuasion, S. 32.
84 Zum Erwerb des Friendship House: Minutes of the Executive Committee Meeting of the National Council for British-Soviet Unity, 24.7.1944 und 16.10.1944, in: UCL, Haldane Papers 4/4/5 und 4/4/7; sowie Rules of British-Soviet Friendship Houses Ltd., in: MML.
85 Executive Committee Report, National Council of British-Soviet Unity, 19.10.1945, in: UCL, Haldane Papers 4/4/13.

kontrollierbar zu machen.[86] Dies führte schließlich am 30. März 1946 auf einer weiteren National Conference for British-Soviet Friendship zur Fusion der Russia Today Society, der Anglo-Soviet Youth Friendship Alliance, des British-Soviet Women's Committee und der British-Soviet Friendship Houses Ltd. zur British-Soviet Society (BSS). Angesichts der sich damals bereits abzeichnenden Kluft zwischen den Regierungen beider Länder beschworen die 938 Delegierten die Unabdingbarkeit britisch-sowjetischer Zusammenarbeit zur Überwindung der Nachkriegsprobleme. Sie riefen alle Briten dazu auf, für die im Krieg bewährte Kooperation einzutreten.[87] Entsprechend beschränkten sich die Ziele der Gesellschaft nicht nur auf den kulturellen Austausch:

> Its [BSS'] aims shall be the strengthening of friendship and understanding between the peoples of Great Britain and the U.S.S.R.; the spreading of factual information about the U.S.S.R.; the provision of factual information about Great Britain to Soviet organisations; the securing of the application of the terms of the Treaty of Alliance between Great Britain and the U.S.S.R., including the agreement to act with other likeminded nations to maintain world peace.[88]

Die lokalen British-Soviet Committees der Kriegszeit wurden in Komitees der BSS umgewandelt. Diese schickten Vertreter zur jährlichen National Conference, die den National Council aus 30 regionalen Vertretern und 30 Persönlichkeiten sowie Mitgliedern des Sekretariats wählte. Der National Council trat etwa viermal im Jahr zusammen. Er bestimmte außerdem einen Chairman und ein Executive Committee aus 30 Personen, das in monatlichen Sitzungen die laufenden Aktivitäten besprechen sollte. Zusätzlich ernannte der National Council bis zu 20 Vize-Präsidenten und einen Präsidenten, die ausschließlich repräsentative Aufgaben erfüllten. Die laufenden Aufgaben wurden von den Mitarbeitern des Sekretariats erledigt.[89] Die Zeitschrift der BSS behielt allerdings ihren Titel *Russia Today*. Mit der Gründung der BSS war die Entwicklung der britisch-sowjetischen Freundschaftsbewegung von politisch und institutionell sehr heterogenen Gruppierungen der Kriegszeit zu einer einheitlichen und zentralistischen, landesweit operierenden und politisch koordinierten Freundschaftsgesellschaft abgeschlossen.

---

86 Vgl. Minutes of the Executive Committee Meeting of the National Council for British-Soviet Unity, 1.10.1945; sowie die Einladung zum National Council vom 4.10.1945 in: UCL, Haldane Papers 4/4/12.
87 National Conference for British-Soviet Friendship: Adopted Resolutions, in: Hull, U DEV/1/38.
88 BSS Constitution, [1946], in: Hull, U DEV/38/1.
89 Vgl. BSS Constitution, [1946], in: Hull, U DEV/38/1.

Allerdings war die BSS nicht die einzige Freundschaftsgesellschaft in Großbritannien. Die 1924 gegründete Society for Cultural Relations between the People of the Soviet Union and the Commonwealth (SCR) – 1947 umbenannt in Society for Cultural Relations with the Soviet Union – bestand auch in der Nachkriegszeit fort. In der schwierigen Lage nach dem Hitler-Stalin-Pakt hatte sich die SCR auf ihre Informationsfunktion besonnen und inhaltlich vor allem auf Hochkultur und Wissenschaft konzentriert.[90] So publizierte die SCR seit Januar 1940 das *Anglo-Soviet Journal*, das sich mit relativ langen, wissenschaftlichen und kaum illustrierten Artikeln auf insgesamt über 100 Seiten bewusst von den breiten Publikumszeitschriften abgrenzte. Nachdem in der ersten Ausgabe vor allem Übersetzungen sowjetischer Artikel abgedruckt worden waren, schrieben für die zweite Ausgabe britische Experten über den jeweiligen Stand ihres Fachgebiets in der Sowjetunion, unter ihnen beispielsweise Alan Bush über Musik, Ivor Montagu über Film und Joan Lawson über Theater.

Als wissenschaftliche Informationsquelle über die Sowjetunion erlebte die SCR ab 1941 einen wahren Höhenflug. Ihre umfangreiche Bibliothek und Mediathek mit russischen bzw. sowjetischen Büchern und Zeitschriften und das Expertenwissen ihrer Mitglieder machten die SCR zu einer gefragten Informationsquelle. Die jährlichen Ausleihen in der Bibliothek stiegen von 719 im Jahr 1940 auf etwa 4.000 im Jahr 1944.[91] Anfragen kamen sowohl von Journalisten und Wissenschaftlern als auch von staatlichen Institutionen bis hin zum Foreign Office.[92] Angesichts dieses Aufschwungs wurden 1944 auch die zwischendurch ruhenden thematischen Sektionen wiederbelebt, russischsprachige Bibliotheksmitarbeiter eingestellt, die Bibliothek systematisiert und eine Science Section mit einer eigenen Science Library gegründet.[93]

Trotz aller politischen Vorbehalte entwickelte sich die SCR während des Krieges mangels Alternativen zu einer wichtigen, von offiziellen Stellen gerne genutzten Anlauf- und Auskunftsstelle. Während das Foreign Office die Organisationen des NCBSU nach Möglichkeit mied, zeigte es gegenüber der SCR weniger Berührungsängste und war zu einer punktuellen Zusammenarbeit bereit.[94]

---

90 Vgl. Pritt, D. N.: A Word from the Chairman of the S.C.R., in: ASJ (1940) 1, S. 5 f., hier S. 6.
91 SCR 1924–1944, zitiert in: Turner, Diana: Snapshots in SCRSS Library History, in: SCRSS Digest (2014) 3, S. 26–28, hier S. 26.
92 Vgl. Addison, The Road to 1945, S. 138.
93 SCR Science Section, Draft Report, April 1949, in: CPGB, CP/IND/MONT/9/1. Eine ähnlich kontinuierliche Entwicklung über den Krieg hinweg wie die SCR erlebte die 1935 gegründete schwedische Gesellschaft für kulturelle Beziehungen mit der Sowjetunion. Vgl. Wenell, Sovjetunionen och svenska vänsällskap, S. 84.
94 Vgl. Lygo, Promoting Soviet Culture, S. 593 f. Nach Steven Miner beruhte die Einschätzung der SCR von britischen Behörden als „nützliches Instrument" auch auf der Versicherung des

Im Gegensatz zur BSS, die eindeutig politische Ziele verfolgte, richtete sich die SCR an jene, die kulturelles und wissenschaftliches Interesse an der Sowjetunion hatten. Beide Organisationen profitierten enorm von der außenpolitischen Allianz mit der Sowjetunion und der öffentlichen Sympathiewelle. In dieser Zeit arbeiteten sie im Einklang mit der Regierung und der Mehrheit der Öffentlichkeit und waren gesellschaftlich fest verankert. Dennoch konnten sie sich nie aus dem Kontrollbereich der sowjetischen Cultural Diplomacy lösen. Als die Allianzen zerbrachen, folgten sie dem vorgegebenen politischen Pfad.

Erbe der Résistance: Die Association France-URSS

Während sich die britischen Gesellschaften über die Kriegszeit relativ kontinuierlich entwickelten, waren die Freundschaftsgesellschaften in den von der Wehrmacht besetzten Ländern wie Frankreich in einer gänzlich anderen Situation. Dennoch fing auch die Association France-URSS 1945 nicht bei null an. Ihre Gründungsgeschichte stand in Wechselwirkung mit der Résistance und dem Dreiecksverhältnis zwischen dem PCF, der Sowjetunion und Charles de Gaulle.

Nachdem die Sowjetunion das Comité national de la France libre unter Führung de Gaulles anerkannt hatte, tauschten beide Seiten auch diplomatische Vertreter aus: Der ehemalige sowjetische Botschafter in Vichy, Aleksandr E. Bogomolov, kam nach London. De Gaulle schickte seine Vertrauten Roger Garreau und Raymond Schmittlein sowie – für militärische Fragen – General Ernest Petit nach Moskau.[95] Ein Ergebnis der Mission Petits war das französisch-sowjetische Jagdfliegergeschwader „Normandie-Niémen", das ab November 1942 auf Seiten der sowjetischen Truppen kämpfte und die französisch-sowjetische Militärallianz symbolisch besiegelte.[96] Schmittlein und Petit waren später viele Jahre lang Präsidiumsmitglieder der Association France-URSS. Die Sowjetunion

---

sowjetischen Spions Peter Smollett im britischen Informationsministerium, dass die SCR vollkommen unabhängig von der Sowjetunion agiere. Vgl. Miner, Stalin's Holy War, S. 248 f.
95 Vgl. Bariéty, Jacques: La délégation diplomatique et la mission militaire de la France libre en Union soviétique. Juin 1941–décembre 1944, in: Soutou, L'URSS et l'Europe, Paris 2008, S. 185–219. Zur Rolle Schmittleins im Speziellen siehe Defrance, Corine: Raymond Schmittlein. Un itinéraire dans la France libre, entre activités militaires et diplomatiques, in: Relations Internationales n° 108 (2001), S. 487–501.
96 Siehe hierzu im Detail: Facon, Patrick: Le „Normandie-Niémen", vecteur de la politique soviétique du général de Gaulle, in: Vaïsse, De Gaulle et la Russie, S. 45–59; Clarke, John D.: French Eagles, Soviet Heroes. The Normandie-Niemen Squadrons on the Eastern Front, Stoud 2005.

erkannte nicht nur das CFLN in Algier als rechtmäßige Regierung an, sondern unterstützte auch de Gaulle im Konflikt mit seinem internen Rivalen Henri Giraud, da seine Ansichten weniger reaktionär erschienen und er besser mit den Kommunisten zusammenarbeitete.[97]

Im Zuge der Annäherung zwischen der kommunistischen und der gaullistischen Résistance schickte das Zentralkomitee des PCF im Januar 1943 eine weitere Schlüsselfigur für France-URSS, Fernand Grenier, als Abgesandten nach London, um vor Ort einen ständigen Kontakt mit de Gaulle zu haben.[98] Seine Parteikarriere hatte 1922 in den Jeunesses communistes begonnen. 1932 rückte er in das Zentralkomitee des PCF auf und wurde gleichzeitig zum Generalsekretär der AUS ernannt. Ein Jahr später unternahm er mit einer Delegation der AUS seine erste Reise in die Sowjetunion.[99] 1937 errang er ein Abgeordnetenmandat in Saint-Denis. Von dort aus setzte er seine politische Agitation auch nach dem Verbot des PCF im Herbst 1939 und dem deutschen Einmarsch im Untergrund fort. Nach seiner Verhaftung im Oktober 1940 gelang ihm im Juni 1941 die Flucht aus dem Camp de Châteaubriant.[100] Danach versteckte er sich in Paris, schrieb Artikel für kommunistische Zeitungen und führte die Zeitschrift der AUS, *Russie d'aujourd'hui*, im Untergrund weiter.[101] Als Verbindungsmann zu den Gaullisten siedelte Grenier im Oktober 1943 von London zum Sitz der neuen provisorischen Regierung nach Algier über. Zunächst war er Mitglied des provisorischen Parlaments. Im April 1944 ernannte ihn de Gaulle schließlich als einen von zwei Kommunisten in seinem provisorischen Kabinett zum Kommissar für Luftfahrt.[102]

---

97 Vgl. Arzakanian, Le rapprochement franco-soviétique, S. 134.
98 Vgl. zum Lebenslauf: Fernand Grenier, in: Base de donnée des deputés français de l'Assemblée nationale, http://www.assemblee-nationale.fr/sycomore/fiche.asp?num_dept=3571 (7.11.2013); Le Maner, Yves: Grenier Fernand, Joseph, in: Gotovitch, José/Pennetier, Claude (Hg.): Dictionnaire biographique de l'Internationale communiste en France, en Belgique, au Luxembourg, en Suisse et à Moscou (1919–1943), CD-Rom Beigabe zu Wolikow, Serge: L'internationale communiste, 1919–1943; sowie zur Zeit bis 1945 seine autobiographischen Werke: Grenier, Fernand: C'était ainsi ... (1940–1945), Paris 1978; ders.: Ce bonheur là.
99 Vgl. Estienne, Les Amis de l'Union soviétique, S. 10 f. Diese Reise beschreibt er sehr pathetisch in Grenier, Fernand: Au pays de Staline, Paris 1950.
100 Das Camp de Châteaubriant oder Camp de Choisel diente 1941/42 als Lager für politische Gefangene. Im Oktober 1941 wurden dort in einem Vergeltungsakt 27 Gefangene erschossen, was insbesondere in der kommunistischen Kriegserinnerung eine große Rolle spielte. Vgl. Grenier, Fernand: Ceux de Châteaubriant, Paris 1961.
101 Grenier, Fernand: Le 100ᵉ numéro de France-URSS, in: France-URSS (1954) 1, S. 2.
102 Vgl. Wieviorka, Histoire de la Résistance, S. 338–340.

Schon im Juni 1943 wurde in Algier anlässlich des Auftritts des Chors der Roten Armee die Association pour le rapprochement franco-soviétique unter Leitung des Journalisten Jean-Marie Gerbault gegründet.[103] Dem französischen Kolonialministerium zufolge hatte diese Gesellschaft noch keine eindeutige politische Orientierung. Auch offizielle Vertreter besuchten ihre Veranstaltungen.[104] Doch nach seiner Ankunft in Algier erhielt Grenier vom PCF offenbar die Weisung, seine Arbeit mit den AUS wieder aufzunehmen, die neue Association zu konsolidieren und politisch zu orientieren. Ab November 1943 erschien unter seiner Leitung die Monatszeitschrift *France-URSS*. Die Gesellschaft bekam eigene Räumlichkeiten und feste Mitarbeiter.[105] Ein erster Nationalkongress im April 1944 verabschiedete die Statuten und formulierte folgende Ziele:

> 1. Die sowjetischen Realität in all ihren Bereichen bekannt machen, um die aufgrund von Verleumdungen oder einfach aus Unwissen bestehenden Vorurteile zu zerstören;
> 2. Die Aufmerksamkeit der Franzosen, Europäer und Moslems auf das große Interesse lenken, das Frankreich daran hat, fest mit der Sowjetunion verbunden zu sein.[106]

Auf dem gleichen Kongress wurde auch der Name in Association France-URSS geändert. Diese neue Gesellschaft knüpfte in Person Greniers und mit ihren Zielen einerseits klar an die AUS der Zwischenkriegszeit an. Andererseits jedoch war sie darum bemüht, sich von den AUS abzugrenzen und sich „unabhängig von ihren politischen, philosophischen oder religiösen Überzeugungen an all diejenigen [zu] richten, die angesichts der Ereignisse die Notwendigkeit einer französisch-russischen Allianz im Interesse Frankreichs eingesehen haben".[107]

Diese offene Ausrichtung und die Betonung des französischen nationalen Interesses entsprachen der weiterhin gültigen Strategie der „nationalen Front" des PCF. Einige Teile der Partei hatten zwar die Hoffnung, ein mögliches Machtvakuum nach der Befreiung Frankreichs für eine Revolution nutzen zu können.

---

103 Vgl. die Broschüre mit Ansprachen von Jean-Marie Gerbault und Nikolaj Aleksandrovič Rubakin: L'armée rouge chante à l'Opéra d'Alger [13.6.1943], Alger 1943, in: BDIC. Allgemein zur Association: Sovetsko-francuzskie otnošenija vo vremja velikoj otečestvennoj vojny 1941–1945. Dokumenty i materialy v dvuch tomach, Bd. 2: 1944–1945, Moskau 1983, Endnote 65, S. 512 f.
104 Vgl. Note de renseignements: L'Association Algerienne des Amis de l'Union Soviétique, 6.3.1948, in: ANOM, 81 F760.
105 Vgl. den Rückblick beim ersten Kongress in: France-URSS (1944) 4, S. 15. In Greniers Erinnerungen der Kriegsjahre wird France-URSS nicht erwähnt. Vgl. Grenier, C'était ainsi.
106 Le Congrès, in: France-URSS (1944) 4, S. 16.
107 Ibid.

Doch zeigen Dokumente der Komintern, dass Stalin die französischen Kommunisten ab 1943 angewiesen hatte, das Bündnis mit de Gaulle beizubehalten und nach der Befreiung verstärkt die Zusammenarbeit mit den Sozialisten zu suchen.[108] Einerseits wollte Stalin die Alliierten nicht provozieren. Andererseits konzentrierte er sich auf Osteuropa, um dort die militärische Kontrolle in eine dauerhafte Hegemonie zu überführen.[109] Die angestrebte Selbstbefreiung Frankreichs durch sogenannte Comités de libération scheiterte bis auf wenige Städte. Der Generalsekretär des PCF Maurice Thorez verkündete nach seiner Rückkehr aus dem sowjetischen Exil die Auflösung der paramilitärischen Einheiten und die Mitarbeit der Kommunisten in den bestehenden administrativen, politischen und militärischen Strukturen.[110] Dies bedeutete jedoch nicht, dass der PCF vollkommen auf seinen Führungsanspruch verzichtete. Er wollte jedoch den geeigneten Zeitpunkt abwarten und die Vormacht innerhalb des bestehenden Systems erreichen. Nach der Befreiung von Paris am 25. August 1944 und dem Umzug der provisorischen Regierung dorthin reaktivierte die kommunistische Partei rasch die gesellschaftlichen Strukturen der Zwischenkriegszeit wie Gewerkschaften, Presse und Jugendorganisationen.[111] Dabei war es von Vorteil, dass – wie im Falle der Association France-URSS – in Algier bereits Vorarbeiten geleistet worden waren. Auch wenn für diese Zeit keine zuverlässigen Archivquellen zum PCF und zur VOKS vorliegen, waren zweifelsohne beide in die Gründung der Association France-URSS involviert. Greniers Schlüsselrolle und die schnelle Etablierung nach der Befreiung von Paris sind Indizien für die lenkende Hand des PCF im Hintergrund. Aleksandr Bogomolov, sowjetischer Repräsentant beim CFLN, bemerkte im August 1944 gegenüber de Gaulles Vertreter in Moskau, Maurice Dejean, dass er sich gerade aktiv an der Gründung einer Association France-URSS beteilige.[112]

Das langjährige aktive Mitglied Georges Martin stellt dagegen in seiner internen Geschichte von France-URSS die Initiativen von unten heraus: Demnach

---

108 Vgl. Narinski, Mikhaïl: Moscou et le Parti communiste français pendant la Seconde guerre mondiale (1942–1944), in: Soutou, L'URSS et l'Europe, Paris 2008, S. 231–244. Philippe Buton, der jedoch noch kaum auf russisches Archivmaterial zugreifen konnte, vertritt dagegen die These einer gescheiterten Doppelstrategie: Buton, Philippe: Les lendemains qui déchantent. Le Parti communiste français à la Libération, Paris 1993.
109 Vgl. Wettig, Gerhard: Stalin und die kommunistischen Parteien in Westeuropa 1944–1951, in: Jahrbuch für historische Kommunismusforschung 16 (2010), S. 1–13, hier S. 3–6.
110 Vgl. Lazar, Maisons rouges, S. 44–46.
111 Vgl. Courtois/Lazar, Histoire du Parti Communiste Français, S. 204 f.
112 Vgl. Bogomolov, A.: Telegramma posla SSSR pri vremennom pravitel'stve Francuzskoj respubliki v Narodnyj komissariat inostrannych del SSSR [24.8.1944], in: Sovetsko-francuzskie otnošenija, S. 130–132.

seien aus Dankbarkeit für den sowjetischen Beitrag zum Sieg auf der Basis der AUS unabhängig voneinander an vielen Orten Frankreichs Freundschaftskomitees entstanden, die sich am Ende in Paris zusammengeschlossen hätten.[113] Grenier behauptete seinerseits, dass er mit einigen ehemaligen Aktivisten der AUS kurz nach der Befreiung von Paris beschlossen habe, an die Vorkriegsjahre anzuknüpfen: „Wir trafen die Entscheidung, wieder eine Freundschaftsgesellschaft aufleben zu lassen, die France-URSS heißen sollte."[114] Vermutlich enthalten alle Versionen der Gründungsgeschichte einen wahren Kern. Die lokalen Funktionäre der AUS bauten nach der Befreiung schnell ihre alten Vereinigungen wieder auf. Grenier übernahm im Auftrag des PCF die Rolle, diese lokalen Initiativen zu einer neuen zentralen Organisation zusammenzuführen. Dafür konnte er auf seine guten Beziehungen in die Sowjetunion und seine alten Netzwerke zurückgreifen. Zugleich hielten sich der PCF und die VOKS im Hintergrund, da eine Initiative von unten größere Glaubwürdigkeit versprach.

Grenier und seine Kollegen verfassten im September 1944 ein erstes, sehr pathetisches Manifest, um Unterstützer für France-URSS zu gewinnen. Dieser Aufruf an alle Franzosen, der in der zweiten Ausgabe der neuen Zeitschrift *France-URSS* und in *L'Humanité* erschien, übernahm die Grundsätze, die schon in Algier festgelegt worden waren: Auf der Basis der Résistance und in Dankbarkeit für die Befreiung Frankreichs sollte sich die neue Gesellschaft im Interesse der französischen Nation für die Fortsetzung der französisch-sowjetischen Allianz auf allen Ebenen einsetzen. Denn ...

> ... wie verdienstvoll die Bemühungen unser angelsächsischen Verbündeten und unser eigener Beitrag zum gemeinsamen Kampf auch gewesen sein mögen, können wir nicht die entscheidenden Schläge vergessen, die die sowjetischen Divisionen den Armeen des Hakenkreuzes zugefügt und die den Sieg entschieden haben. [...] Dieser gigantische Kampf für die Zukunft der Menschheit und die Würde des Menschen wurde von der Sowjetunion mit dem Opfer von sechs Millionen ihrer Kinder, mit dem Niedergang von Regionen, die dreimal größer sind als Frankreich, und mit dem unbeschreiblichen Leiden von Millionen ihrer Söhne und Töchter bezahlt.[115]

Der Bezug auf den gemeinsamen patriotischen Kampf der Résistance als nationaler Befreiungsbewegung entsprach dem damals verbreiteten Mythos, dass fast alle Franzosen im Widerstand gewesen seien und Frankreich sich zu großen Teilen selbst befreit habe. Er beschwor die nationale Einheit und das

---

113 Vgl. Martin, France-URSS, S. 25–27.
114 Zitiert von ibid., S. 27 f. Diese Gründungsgeschichte wird immer wieder wiederholt wie in: Kondakow, Waleri: Ein bejahrter junger Mann, in: Kultur und Leben (1983) 3, S. 27 f.
115 Kopie des Originals in ANF, 382 AP 150, abgedruckt in: France-URSS (1944) 11, S. 2.

Bündnis aller Widerstandskräfte unter de Gaulle, das nun in der neuen Association fortgeführt werden sollte. Die nationale Argumentation entsprach zudem der Selbstinszenierung des PCF als patriotischer Partei, die sich in der Résistance aufgeopfert und die französische Nation gerettet habe. Das Titelblatt der ersten Ausgabe von *France-URSS* verband daher den Résistance-Topos mit dem Dank gegenüber der Sowjetunion: Ein sowjetischer Soldat und ein französischer Maquisard zogen Seite an Seite fest entschlossen in den Kampf (Abb. 1).[116]

Abb. 1: Titelblatt der ersten in Paris erschienenen Ausgabe von *France-URSS* im Oktober 1944.

Tatsächlich waren 67 % der Franzosen im September 1944 der Ansicht, dass die Sowjetunion am meisten zum Sieg beigetragen habe. Außerdem hoffte eine

---

116 France-URSS (1944) 10.

Mehrheit auch für die Zukunft auf sowjetischen Beistand – vor allem gegen den deutschen Nachbarn. Im Mai 1945 glaubten 57 % der französischen Bevölkerung, dass Frankreich von der UdSSR die größte Unterstützung erwarten könne.[117] Im November 1944 reiste de Gaulle schließlich mit dem Außenminister der provisorischen Regierung, Georges Bidault, nach Moskau und handelte den am 10. Dezember 1944 unterzeichneten französisch-sowjetischen Beistandspakt aus.[118] Damit schien die französisch-sowjetische politische und militärische Zusammenarbeit im Hinblick auf den gemeinsamen deutschen Feind für die nächsten zehn Jahre besiegelt. Entsprechend enthusiastisch begrüßte France-URSS den Pakt, der Frankreich seine Stellung als „grande nation" zurückgegeben habe.[119] Die Ziele von France-URSS erschienen also in vollkommenen Einklang mit der französischen Regierungspolitik und der Strategie des PCF.

Dies waren augenscheinlich ideale Voraussetzungen für den ersten Nationalkongress von France-URSS am 13. und 14. Januar 1945 in Paris, den Grenier rückblickend als historischen Gründungsakt der Gesellschaft mystifizierte.[120] Die dort verabschiedeten Statuten formulierten die Absicht, „das gegenseitige Kennenlernen der zwei Länder, ihre gemeinsame Aktivität im Krieg und ihrer freundschaftliche Zusammenarbeit im Frieden zu fördern".[121] Diese Ziele sollten durch kulturelle Aktivitäten wie Vorträge, Ausstellungen und Filmvorführungen sowie durch Publikationen und Zeitschriften erreicht werden. Wie Grenier es formulierte, schlössen die Regierungen Verträge, während es Aufgabe der Bevölkerungen sei, sich näher kennen und schätzen zu lernen und den Verträgen dadurch Beständigkeit und Anerkennung zu sichern.[122] Außer dem sowjetischen Botschafter sprach daher auch ein Vertreter des französischen Außenministeriums, und sogar die Botschafter der USA, Belgiens und Großbritanniens waren anwesend.[123]

---

117 Vgl. Manigand, Christine: L'image de l'URSS avant l'entrée en Guerre froide. Sondages et études de presse, in: Du Réau, Elisabeth (Hg.): Regards croisées et coopération en Europe au XXe siècle, Paris 1996, S. 117–126, hier S. 119.
118 Vgl. zu den Verhandlungen Soutou, Georges-Henri: General de Gaulle and the Soviet Union, 1943–5. Ideology or European Equilibrium, in: Gori, Francesca/Pons, Silvio (Hg.): The Soviet Union and Europe in the Cold War, 1943–53, Basingstoke 1996, S. 310–333, hier 316–325.
119 L'alliance est scellée, in: France-URSS (1945) 1, S. 2.
120 Vgl. Grenier, Fernand: Le 1er congrès national de France-U.r.s.s. Paris, janvier 1945, in: FUM (1976) 1–2, S. 99 f.
121 Statuts de l'Association France-URSS, in: France-URSS. Bulletin intérieur n° 2 (1945), S. 4.
122 Vgl. Le premier congrès national de France-URSS. Patriotisme, union, enthousiasme, in: France-URSS (1945) 2, S. 6 f.
123 Ibid. Bidault stand den Einladungen von France-URSS wohlwollend gegenüber, konnte jedoch aus Zeitgründen nicht immer teilnehmen. Vgl. Pailleret an Bidault vom 18.11.1944

Zu diesem Zeitpunkt zählte die Gesellschaft schon über 75.000 Mitglieder in Frankreich und Nordafrika, die in 163 lokalen und 108 betrieblichen Komitees organisiert waren.[124]

Diese Komitees bildeten der Satzung zufolge die Grundlage der ganzen Organisation. Im Vorfeld der anfangs jährlich, ab 1954 im Drei-Jahres-Rhythmus abgehaltenen Nationalkongresse versammelten sich die Mitglieder zu Kongressen auf Département-Ebene. Sie wählten ein Comité départemental und damit die Delegierten für den Nationalkongress. Die mehreren hundert Mitglieder des Nationalkongresses wählten ihrerseits das Comité national als offizielles legislatives Leitungsgremium der Association. Dies bestimmte wiederum den Präsidenten, mehrere Vize-Präsidenten, den Generalsekretär und seine Mitarbeiter. Das Comité national traf sich zwei- bis viermal jährlich, um zwischen den Kongressen über anstehende Fragen zu entscheiden.[125] Angesichts der ersten Erfolge und des breiten sozialen und politischen Bündnisses waren die Gründer der Association France-URSS davon überzeugt, dass sich die Association France-URSS innerhalb kürzester Zeit zu einer nationalen Massenbewegung entwickeln würde. So rechneten sie bis Ende 1945 mit über einer Million Mitglieder.[126]

Die Zeitschrift *France-URSS* sollte die französische Bevölkerung für die Einhaltung der Verträge und die Aufrechterhaltung der Freundschaft mit der Sowjetunion mobilisieren. Trotz des Papiermangels der unmittelbaren Nachkriegszeit erschien diese Monatszeitschrift in Paris von ihrer ersten Ausgabe im Oktober 1944 an in einer Auflage von 80.000 Exemplaren. Bis Dezember 1945 konnte die Auflage auf über 220.000 gesteigert werden.[127] Die inhaltliche Leitlinie wurde von Anfang an durch Fernand Grenier vorgegeben. Chefredakteur wurde interessanterweise André Germain, ein nicht dezidiert links orientierter Journalist, der auf die ihm gestellte Frage „Hitler ou Moscou?" noch 1933 zu ersterem tendiert hatte.[128] Auf zunächst acht Seiten, illustriert mit Fotos und

---

und 4.2.1947, sowie dessen Antwort vom 25.2.1947 in: AD, Cabinet du ministre, Couve de Murville, 314.
124 Vgl. Vers Berlin, in: France-URSS (1945) 2, S. 2.
125 Vgl. Statuts de l'Association France-URSS, in: France-URSS. Bulletin intérieur n° 2 (1945), S. 4.
126 Grenier, Fernand: Notre association, in: Bulletin intérieur n° 10 (1944), S. 2.
127 Grenier, Fernand: Notre meilleure arme: La revue France-URSS, in: France-URSS. Bulletin intérieur n° 3 (1946), S. 6–11, hier S. 7. Zum Vergleich: Die Auflage von *Le Monde* war 1945 wegen des Papiermangels auf 150.000 beschränkt; Eveno, Patrick: Histoire du journal „Le Monde" 1944–2004, Paris 2004, S. 158.
128 Germain, André: Hitler ou Moscou?, Paris 1933. Zu André Germain vgl. Liebold, Sebastian: Kollaboration des Geistes. Deutsche und französische Rechtsintellektuelle 1933–1940, Berlin 2013, S. 176–198.

teilweise mit farbigen Elementen, fand man in *France-URSS* neben Artikeln über die Aktivitäten der Gesellschaft auch Augenzeugenberichte von Personen, die in der Sowjetunion gewesen waren.[129] Kommentare und Reportagen zur französisch-sowjetischen Waffenbrüderschaft und zum Sieg der Roten Armee über Deutschland unterstrichen die Dankbarkeit gegenüber der Sowjetunion.[130] Publiziert wurden außerdem Übersetzungen sowjetischer Texte über Alltagsleben und Wissenschaft, über den erfolgreichen Wiederaufbau in der UdSSR und über die „sowjetische Demokratie".[131]

Ähnlich wie in Frankreich verlief die Gründung von Freundschaftsgesellschaften in Belgien und Luxemburg. Auch hier initiierten ehemalige Aktivisten der AUS im Herbst 1944 einen Neuanfang unter dem Namen Amitiés Belgo-Soviétiques bzw. Association Luxembourg-URSS. Sie konnten zunächst vom Aufschwung und von den Wahlerfolgen der jeweiligen kommunistischen Parteien profitieren.[132] Auf eine Initiative der sowjetischen Besatzungsmächte und der KPÖ ging die Gründung der Österreichisch-Sowjetischen Gesellschaft (ÖSG) im Mai 1945 zurück.[133] Auch in Finnland, der Schweiz, Norwegen, Nordirland und Irland kam es wenige Monate nach Kriegsende zur (Neu-)Gründung von Freundschaftsgesellschaften.[134] Diese Parallelen bestätigen die These einer umfassenden, von Moskau gelenkten Strategie. Augenscheinlich hatte zumindest die VOKS Interesse daran, die prosowjetische Nachkriegsstimmung für die Etablierung dieser Vereinigungen zu nutzen.

---

129 Cot, Pierre: Retour d'Union soviétique, in: France-URSS (1944) 1, S. 4; Retour d'URSS, in: France-URSS (1945) 8, S. 4 f.; Retour d'URSS (1945) 9, S. 10.
130 Le défait devant Moscou, in: France-URSS (1944) 12, S. 12 f.; Quatre années de batailles 1941–1945, in: France-URSS (1945) 6, S. 4 f.
131 Démocratie soviétique, in: France-URSS (1945) 5, S. 4 f.
132 Zur Association Luxembourg-URSS vgl. Freundschaft mit der Sowjetunion von Victor Humbert, secrétaire adjoint, [ca. 1952], in: BArch SAPMO, DY 32/598. Zu den Amitiés Belgo-Soviétiques vgl. Executive Committee Report, National Council for British-Soviet Unity, 19.10.1945, in: UCL, Haldane Papers 4/4/13.
133 Vgl. Mueller, Wolfgang: Die sowjetische Besatzung in Österreich 1945–1955 und ihre politische Mission, Wien 2005, S. 101 f.; Kraus, Michael: „Kultura". Der Einfluss der sowjetischen Besatzung auf die österreichische Kultur 1945–1955, Diplomarbeit, Universität Wien, Wien 2008, S. 29, http://othes.univie.ac.at/1953/1/2008-09-03_7502796.pdf (13.2.2013).
134 Vgl. Mikkonen, The Finish-Soviet Society; Gehrig, Die Anfänge der Gesellschaft Schweiz-Sowjetunion; Rotihaug, For fred og vennskap, S. 161; Quinn, The Ireland-USSR Society, S. 93.

Das Ziel: Mobilisierung aller politischen Strömungen und sozialen Schichten

> [U]m den Amis de l'URSS beizutreten, musste man notwendigerweise eine gewisse Sympathie gegenüber dem politischen, wirtschaftlichen und gesellschaftlichen System der UdSSR zum Ausdruck bringen. Diese Bedingung erlaubte es nur, einen begrenzten Teil der Öffentlichkeit zu erreichen, größtenteils diejenigen, die schon vorher Befürworter der französisch-sowjetischen Freundschaft waren. Um Mitglied von France-URSS zu werden, reicht es dagegen, dass man ohne jegliche vorgefasste Meinung, die sozialistische Realität in all ihren Bereichen studieren will. [...]
>
> Die AUS rekrutierte ausschließlich innerhalb des Arbeitermilieus, und die französischen Intellektuellen und die Bourgeoisie blieben bei den Aktivitäten der AUS größtenteils außen vor. Von nun an richtet sich das Hauptaugenmerk von „France-URSS" darauf, die intellektuellen (literarischen, wissenschaftlichen, künstlerischen, juristischen etc.) Milieus zu erreichen. Selbstverständlich werden jedoch die Arbeitermilieus nicht abgewiesen und finden weiter ihren Platz in unserer Association.[135]

Obwohl die Kontinuitäten mit den AUS unübersehbar waren, betonte das interne Bulletin der Association France-URSS die Unterschiede zu den Organisationen der Zwischenkriegszeit. Gemäß der Politik der nationalen Front postulierte France-URSS politische Offenheit und parteipolitische Neutralität. Durch den Rückgriff auf die Zeit der Résistance sollten alle Menschen integriert werden, die der Sowjetunion ihre Dankbarkeit für ihren Beitrag zur Befreiung Frankreichs erweisen wollten. So legte Artikel 9 der Statuten sogar fest, dass bei allen Versammlungen und Veranstaltungen „jegliche Diskussion ohne Bezug zu den Zielen der Association", also über innenpolitische Angelegenheiten, untersagt sei.[136] Im Zeichen der Résistance wurde diese parteiübergreifende Zusammenarbeit auf lokaler Ebene durchaus praktiziert. In der Dordogne waren zum Beispiel sowohl der Präfekt als auch der sozialistische Bürgermeister von Sarlat Mitglied von France-URSS.[137]

Auch die Integration von Arbeitern und Intellektuellen war bei näherem Hinsehen von politischer Tragweite. Denn sie beendete nicht nur die verwirrende und konfliktreiche Doppelstruktur getrennter Gesellschaften für Intellektuelle und Arbeiter der Zwischenkriegszeit. Sie bedeutete vielmehr auch einen Verzicht auf die gezielte Ausbreitung der Revolution unter der Arbeiterschaft

---

[135] Bases d'activité, in: France-URSS. Bulletin intérieur n° 10 (1944), S. 2. Ähnlich formuliert im Gründungsaufruf France-URSS. Bulletin intérieur n° 11 (1944). Faksimile-Abdruck in Martin, France-URSS, S. 30.
[136] Vgl. Bulletin intérieur n° 2 (1945), S. 4.
[137] Vgl. Gillot, Les communistes en Périgord, S. 590 f.

zugunsten einer möglichst breiten Unterstützung für die Sowjetunion. Die revolutionäre trat also hinter der kulturellen Mission zurück. Den Weg dazu hatte unter anderem die Auflösung der Komintern im Mai 1943 geebnet.[138] Alle in dieser Zeit gegründeten Freundschaftsgesellschaften betonten deshalb, dass ihre Zielgruppe sowohl die Arbeiterschaft als auch die Intellektuellen umfasse und sie allen politischen Strömungen offen stünden.[139]

Die Aktivisten von France-URSS erhielten dementsprechend die Anweisung, ihr Hauptaugenmerk auf nationaler und lokaler Ebene auf die Rekrutierung von möglichst bekannten Intellektuellen zu legen, denen dann die Arbeiter automatisch folgen würden.[140] Unter den Unterzeichnern des ersten Manifests und den Angehörigen des ersten Comité national fanden sich viele bekannte Namen – so unter anderem die Schriftsteller Louis Aragon, Paul Éluard, François Mauriac, Charles Vildrac und Jean-Richard Bloch, die Künstler Jean Lurçat, Francis Jourdain und Albert Marquet oder die Komponisten Georges Auric und Francis Poulenc. Zu den Unterzeichnern zählten außerdem Wissenschaftler wie die Physiker Irène und Frédéric Joliot-Curie, der Kunsthistoriker Joseph Billiet, der Slawist André Mazon, der Psychologe Henri Wallon oder die Frauenaktivistinnen Gabrielle Duchêne und Germaine Malaterre-Sellier. Einige waren ehemalige Widerständler und aktive Politiker wie die Sozialisten Félix Gouin, damals Präsident der Assemblée consultative, der vormalige Regierungschef Édouard Herriot, Albert Gazier als ehemaliger Abgesandter der sozialistischen Partei bei der provisorischen Regierung in Algier oder Louis Saillant, führender Aktivist der Gewerkschaft Confédération générale du travail (CGT) und 1944 Präsident des Conseil national de la Résistance. Nicht zuletzt waren bei aller Distanzierung vom PCF abgesehen von Fernand Grenier auch weitere kommunistische Funktionäre vertreten, so zum Beispiel Marcel Cachin, Politbüromitglied und Direktor von *L'Humanité*, und der Generalsekretär der CGT, Benoît Frachon.[141]

Allerdings fällt auf, dass trotz der gemeinsamen Regierung des PCF mit dem konservativ-gaullistischen MRP außer Jacques Debû-Bridel kein aktiver

---

138 Vgl. Fayet, VOKS, S. 217. Text der Resolution des Präsidiums der Komintern zur Auflösung vom 15.5.1943, in: Wolikow, L'internationale communiste, S. 273–275.
139 Die norwegische und die Schweizer Gesellschaft fasste ebenfalls die Arbeiter- und die Intellektuellenorganisationen der Zwischenkriegszeit zusammen. Vgl. Rotihaug, For fred og vennskap, S. 161; Gehrig, Die Anfänge, S. 599.
140 Bases d'activité, in: France-URSS. Bulletin intérieur n° 1 (1944), S. 2; Les buts et les moyens d'action de France-URSS, in: France-URSS. Bulletin intérieur n° 3 (1945), S. 2.
141 Vgl. Martin, France-URSS, S. 30; sowie Membres du comité directeur, in: France-URSS. Bulletin intérieur n° 3 (1945), S. 2.

Unterstützer de Gaulles vertreten war.[142] Viele andere waren zwar nicht Mitglied des PCF, standen jedoch den Kommunisten bzw. der Sowjetunion sehr nahe. Dies galt beispielsweise für Pierre Cot vom Parti radical.[143] Die meisten Unterzeichner waren außerdem bereits in der Zwischenkriegszeit Mitglied der AUS oder des Cercle de la Russie neuve gewesen bzw. hatten sich in der antifaschistischen Intellektuellenbewegung engagiert.[144] Entgegen ihrer Absicht, über die im Widerstand geknüpften Verbindungen neue Mitglieder zu rekrutieren, mobilisierte France-URSS vor allem die alten Netzwerke der Zwischenkriegszeit.

Typisches Beispiel hierfür ist der erste Präsident der Association France-URSS, der Atomwissenschaftler Paul Langevin.[145] Der ehemalige Schüler Pierre Curies an der École de Physique et de Chémie wirkte dort später selbst als Professor und Direktor. In der Zwischenkriegszeit hatte er sich in diversen pazifistischen und antifaschistischen Organisationen engagiert und mehrere Reisen in die Sowjetunion unternommen. Nach dem Krieg wurde er zu einem offenen Verehrer der Sowjetunion und Stalins. Als Hommage an seinen von den Nationalsozialisten ermordeten Schwiegersohn Jacques Solomon trat er im September 1944 dem PCF bei und wurde im April 1945 Conseiller municipal von Paris. Als Präsident von France-URSS hatte er allerdings eine rein repräsentative Funktion. Insofern war es bezeichnend, dass Langevin vom ersten Nationalkongress in krankheitsbedingter Abwesenheit in sein Amt gewählt wurde.

Nach Langevins Tod im Dezember 1946 wurde sein Schüler Frédéric Joliot-Curie zum Nachfolger bestimmt.[146] Joliot hatte als früherer Assistent von Marie

---

142 Robrieux zählt Debû-Bridel allerdings zur „mouvance communiste". Robrieux, Histoire intérieure, Bd. 2, S. 56.
143 Nach seiner mehrmonatigen Mission in die Sowjetunion für de Gaulle im Sommer 1944 verfasste Cot einen enthusiastischen Bericht über die Leistungen der Roten Armee und die Aufbauleistung der Sowjetbürger. Offensichtlich hat er außerdem schon in den 1930er Jahren und auch während des Krieges bewusst Informationen an die Sowjetunion geliefert. Vgl. zu seiner Mission in die Sowjetunion Rapport sur Pierre Cot, GARF, f. 5283, op. 2a, d. 21, l. 212–214, abgedruckt in: Cœuré/Mazuy, Cousu de fil rouge, S. 260–263. Zur Diskussion seiner Geheimdiensttätigkeit: Bariéty, La délégation diplomatique, S. 206–208; Jansen, Sabine: Pierre Cot. Un antifasciste radical, Paris 2002, S. 392–401.
144 Dies trifft unter anderem zu auf Jean Lurçat, Francis Jourdain, Gabrielle Duchêne, Louis Aragon, Paul Éluard, Charles Vildrac, Pierre Cot, Fernand Grenier, Marc Poulton, Camille Pailleret, Paul Langevin und Jean-Richard Bloch.
145 Zur Biographie Langevins: Robrieux, Histoire, Bd. 4, S. 371 f.; Joliot-Curie, Frédéric: Paul Langevin 1872–1946, in: Obituary Notices of Fellows of the Royal Society 7 (1951) 20, S. 405–419; Bensaude-Vincent, Bernadette: Langevin 1872–1946. Science et vigilance, Paris 1987.
146 Vgl. Pinault, Michel: Frédéric Joliot-Curie, Paris 2000; Brian, Denis: The Curies. A Biography of the Most Controversial Family in Science, Hoboken 2005.

Curie deren Tochter Irène geheiratet und zusammen mit ihr 1935 den Nobelpreis für Chemie erhalten. Während der deutschen Besatzung blieb Joliot-Curie in Paris und arbeitete unter Aufsicht der Deutschen weiter in seinem Labor. Protegiert wurde er unter anderem von einem deutschen Kollegen, den er aus der Vorkriegszeit kannte. Zugleich engagierte er sich in der Résistance und trat 1944 dem PCF bei. Nach dem Krieg verfolgte Joliot-Curie zunächst sowohl seine politische als auch seine wissenschaftliche Karriere weiter. 1945 fungierte er im Auftrag de Gaulles als Gründungspräsident des Commissariat à l'énergie atomique (CEA), mit dem er 1948 maßgeblich am Aufbau des ersten französischen Atomreaktors Zoé beteiligt war. Joliot-Curies Präsidentschaft in France-URSS war zwar vor allem repräsentativ, doch profitierte die Association von seiner Bekanntheit und seinem hohen gesellschaftlichen Ansehen.[147]

Die personellen und organisatorischen Kontinuitäten zu den AUS und die steuernde Hand des PCF waren beispielsweise für die Anhänger de Gaulles zu offensichtlich, als dass sie dem proklamierten Neuanfang Glauben geschenkt hätten. Denn die Schlüsselpositionen im Sekretariat waren ausnahmslos mit Mitgliedern der kommunistischen Partei besetzt. Der erste Generalsekretär von France-URSS wurde Camille Pailleret, der langjährige Sekretär der Pariser AUS, ein enger Vertrauter Greniers. Weitere Mitarbeiter waren unter anderem der vormalige AUS-Aktivist Marc Poulton und Jacques Nicolle, Assistent von Paul Langevin am Collège de France, der die Leitung des Centre culturel et économique übernahm.[148] Maßgeblicher Motor der Association France-URSS blieb Fernand Grenier. Als Vize-Präsident übernahm er die politische Orientierung, die Kontaktpflege zur VOKS und die Führung im Redaktionskomitee der Zeitschrift. Zum Chefredakteur von *France-URSS* bestimmte er im Oktober 1946 den jungen Parteiaktivisten Mattéo Poletti, Sohn eines Kameraden aus dem Lager von Châteaubriant.[149]

Eine vergleichbare Kluft zwischen parteiübergreifendem Anspruch und kommunistischer Praxis ließ sich in Großbritannien beobachten. Während des Krieges waren auch hier bekannte Persönlichkeiten aus verschiedenen Parteien

---

[147] In einer Umfrage nach der am meisten bewunderten Persönlichkeit im September 1946 nannten die befragten Franzosen Joliot-Curie an dritter Stelle nach de Gaulle und Stalin. Vgl. Gallup, George H. (Hg.): The Gallup International Public Opinion Polls. France, Bd. 1 1939, 1944–1975, New York 1976, S. 62.
[148] Zu Marc Poulton vgl. Kondakow, Waleri: Ein bejahrter junger Mann, in: Kultur und Leben (1983) 3, S. 27 f. Zu Jacques Nicolle: Rapport sur Jacques Nicolle, 26.7.1945, in GARF, f. 5283, d. 2a, op. 31, l. 20 f., abgedruckt in: Cœuré/Mazuy, Cousu de fil rouge, S. 263–266.
[149] André Germain nous quitte, in: France-URSS (1946) 10, S. 2. Vgl. zu Poletti: Gomart, Double détente, S. 103.

und gesellschaftlichen Bereichen bereit, als Vize-Präsidenten des NCBSU für die gemeinsame britisch-sowjetische Sache zu stehen. Präsident des NCBSU und zunächst auch der BSS war der anglikanische Bischof Henry A. Wilson, der nur schwerlich als kommunistische Marionette bezeichnet werden könnte. Er begründete sein Engagement für die britisch-sowjetische Freundschaft damit, dass das Schicksal bzw. Gott Russland und Großbritannien zusammengeführt hätten und man jetzt aufeinander angewiesen sei. Zwar lehnte er das sowjetische System grundsätzlich ab. Doch wies er darauf hin, dass ein Großteil der „antisowjetischen" Vorkriegspropaganda falsch gewesen sei und Russland Freundschaft und Frieden wünsche.[150] Außer ihm und Hewlett Johnson fanden sich 1944 noch weitere Kirchenvertreter wie der ehemalige Dean of Newcastle, Horace Crotty, unter den Vize-Präsidenten des NCBSU. Daneben gab es Wissenschaftler und Kulturschaffende wie den Genetiker John B. S. Haldane, den Architekten Sir Patrick Abercrombie, den Philosophen Cyril E. M. Joad, den Zoologen Sir Peter Chalmers-Mitchell, die Schriftsteller Herbert G. Wells und Ada Chesterton und den Komponist Granville Bantock. Zudem konnten Politiker wie der ehemalige Premierminister und liberale Abgeordnete David Lloyd George oder der konservative Abgeordnete Sir Thomas Moore mobilisiert werden. Nicht zuletzt waren außer Pritt einige weitere ehemalige Labour-Politiker wie James H. Potts, Will Lawther und Harry Adams präsent.[151]

Allerdings beschränkte sich das Engagement dieser Persönlichkeiten meist darauf, ihren Namen für den Briefkopf zur Verfügung zu stellen. Sie wurden zwar vom National Council vorgeschlagen und gewählt, doch holte der NCBSU ihr Einverständnis oft erst rückwirkend ein.[152] Zudem verengte sich der Kreis der Unterstützer innerhalb der BSS nach dem Krieg relativ schnell. Vor allem diejenigen, die der CPGB nicht unbedingt nahestanden, traten von ihren Posten zurück. Von den 26 Vize-Präsidenten des NCBSU blieben nach 1946 insgesamt nur sechs Vize-Präsidenten der BSS. Von den 20 Mitgliedern des einflussreicheren Executive Committee waren 1946 nachweislich mindestens sieben in der CPGB. Weitere sieben waren ehemalige Labour-Mitglieder, die wegen ihrer „linken" Überzeugungen aus der Partei ausgeschlossen worden waren.[153] Die Rekrutierungsbasis in Großbritannien blieb also noch stärker als in Frankreich auf das kommunistische und linkssozialistische Milieu begrenzt.

---

150 Bishop of Chelmsford: Anglo-Russian Unity, in: Labour Monthly (1942) 1, S. 11 f.
151 Vgl. den Briefkopf des NCBSU, in: UCL, Haldane Papers 4/4/12.
152 Daraus ergab sich, dass beispielsweise von den 1946 vorgeschlagenen 20 Vize-Präsidenten 1947 nur elf tatsächlich diesen Posten annahmen. Vgl. Minutes of the National Council, 11.5.1946, in: Hull, U DEV/1/38.
153 Vgl. Annual Report of the British-Soviet Society 1946–1947, in: Hull, U DEV/1/38.

Im Gegensatz zu anderen Ländern gelang es in Großbritannien außerdem nicht, eine gemeinsame Freundschaftsgesellschaft für Intellektuelle und Arbeiter zu schaffen. Die eigentliche Vereinigung der Intellektuellen blieb die SCR. Obwohl diese sich bemühte, Distanz zu den anderen britisch-sowjetischen Freundschaftsgesellschaften zu wahren, gab es große personelle Überschneidungen. Der Chairman der SCR Pritt war beispielsweise zugleich führendes Mitglied im NCBSU. Viele Vize-Präsidenten der SCR traten – zumindest nominell – auch als Vize-Präsidenten der NCBSU in Erscheinung, so Charles Trevelyan, Patrick Abercrombie und John B. S. Haldane. Chairman der BSS wie auch schon des NCBSU war Reverend Stanley G. Evans, der ähnlich wie Johnson einen christlichen Sozialismus propagierte. Seine prokommunistischen und prosowjetischen Aktivitäten sowie sein Engagement im Spanischen Bürgerkrieg behinderten allerdings seine kirchliche Karriere.[154]

Die neu gegründeten Freundschaftsgesellschaften präsentierten sich in der unmittelbaren Nachkriegszeit alle als politisch offene, im nationalen Interesse agierende Vereinigungen. Sie wollten ihre Zusammenarbeit stärker auf den sowjetischen Sieg über den Faschismus und die außenpolitische Partnerschaft als auf ideologische Affinitäten gründen. Offensichtlich hatten sie wie die kommunistischen Parteien die Anweisung bekommen, breite nationale Bündnisse zu schließen und einen Neuanfang zu vermitteln. Doch obwohl diese Gründungsinitiativen tatsächlich auf ein relativ breites gesellschaftliches Interesse stießen, wagte man in keinem Fall den Schritt zu einem echten Neuanfang. Die kontrollierende Hand der kommunistischen Parteien war zu offensichtlich. Diese waren nicht bereit für eine tatsächliche parteipolitische Öffnung und eine Abgabe von Leitungspositionen an Nicht-Mitglieder. Die aus einem breiteren politischen Spektrum rekrutierten Vize-Präsidenten waren vor allem intellektuelle Aushängeschilder ohne tatsächlichen politischen Einfluss.

Die Hoffnung: Kultureller und gesellschaftlicher Austausch zwischen Ost und West

Diese intellektuellen Mitglieder verfügten teilweise über persönliche Verbindungen in die Sowjetunion und zeigten Interesse an einem Austausch über die Freundschaftsgesellschaften. Bei ihren sowjetischen Partnern stießen sie dabei

---

154 Vgl. Personalities. The Rev. Stanley Evans, in: Russia Today (1948) 5, S. 8 und 15; sowie die biographischen Notizen des Hull History Centre, http://www.hullhistorycentre.org.uk/ (25.11.2016). Auch der erste hauptamtliche Sekretär der BSS, Tom Brown, wurde vom NCBSU übernommen.

auf offene Ohren. Nach den – trotz aller logistischer Hindernisse – vergleichsweise intensiven Kontakten der Kriegsjahre hofften 1945 viele sowjetische Intellektuelle und auch die Mitarbeiter der VOKS, dass nun eine Blütezeit des kulturellen und wissenschaftlichen Austausches bevorstehe. Zum 220. Jahrestag der Gründung der Akademie der Wissenschaften im Juni 1945 wurden auf Weisung Stalins zahlreiche ausländische Wissenschaftler eingeladen. Die Festveranstaltung nährte große Hoffnungen auf eine neue Ära kultureller und wissenschaftlicher Zusammenarbeit.[155]

Die Führung der VOKS unterstützte die Gründung der Freundschaftsgesellschaften im Ausland und wollte die Nachkriegseuphorie nutzen, um sie zu effizienten Instrumenten der sowjetischen Außendarstellung und des kulturellen und wissenschaftlichen Austausches zu machen. Während die VOKS vor dem Krieg vor allem mit Einzelpersonen korrespondiert hatte, gab es 1946 bereits 62 Freundschaftsgesellschaften in 54 Ländern. Trotz einer vorübergehenden Erhöhung ihres Budgets 1946 war die VOKS dieser enormen Vergrößerung ihres Arbeitsfeldes jedoch weder finanziell noch personell gewachsen.[156] Bei einer Vorstandssitzung der VOKS im November 1944 präsentierten die Mitarbeiter viele Vorschläge zur Verbesserung der Arbeit: bessere Anpassung des Informationsmaterials an die Zielländer, besser ausgebildete und spezialisierte Mitarbeiter, eigene Forschungsabteilungen mit Informationsbibliotheken zu den einzelnen Regionen und ein verstärkter Austausch von Delegationen mit westlichen Ländern.[157] Einen Teil dieser Anregungen leitete Kemenov im August 1945 an Molotov und Georgij M. Malenkov, Mitglied des Sekretariats des ZK, weiter. In seinem Schreiben legte er – wie bereits 1940 – die Schlüsselrolle der VOKS für die Propagierung der sowjetischen Errungenschaften im Westen und für die Information der sowjetischen Bürger über das Ausland dar. Um das Interesse an einem echten Austausch unter Beweis zu stellen und dadurch das Ansehen im Ausland zu verbessern, empfahl er, westliche Ausstellungen und Konzerte auf sowjetischem Boden zuzulassen.[158] Gegenüber der eigenen Führung plädierten die Vertreter

---

[155] Vgl. Krementsov, Stalinist Science, S. 99 und 116. Dorthin kamen auf persönliche Einladung unter anderem Irène und Frédéric Joliot-Curie, Julian Huxley und Sir Robert Robinson, Direktor der Royal Society.
[156] Vgl. Tomoff, Virtuosi Abroad, S. 23 f. Zur kurzen Blütezeit der VOKS vgl. auch Zubok, The Demise, S. 73 f.
[157] Vorstandsitzung der VOKS, 2.11.1944, in: GARF, f. 5283, op. 1, d. 398, l. 37–39, abgedruckt in: Golubev/Nevežin, VOKS v 1930–1940-e gody, S. 360–364.
[158] Dieser Brief ist ausführlich zitiert bei Wenell, Sovjetunionen och svenska vänsällskap, S. 43. In ähnlicher Weise wandte sich der stellvertretende Vorsitzende der VOKS Aleksandr Karaganov im September 1945 an Molotov mit der Forderung, die zahlreichen Einladungen an sowjetische Künstler und Ensembles nach Großbritannien und die USA unbedingt anzunehmen, da dies der

der VOKS also nachdrücklich für eine kulturelle Öffnung. Sie fürchteten keinerlei schädliche Einflüsse durch den Westen, sondern waren überzeugt von der sowjetischen Gleichwertigkeit oder Überlegenheit auf kulturellem Gebiet. Für diese Position bekamen sie allerdings wenig politische Unterstützung von der sowjetischen Führung.

Die verschiedenen kulturellen Sektionen der VOKS suchten sofort nach dem Krieg Kontakt zu ihren Kollegen im Ausland, die über die Freundschaftsgesellschaften wie in den Sektionen der SCR organisiert waren. Beide Seiten zeigten Interesse an einem intensiven persönlichen und fachlichen Austausch, der zunächst vor allem schriftlich erfolgte. Schon Ende 1944 nahm die Literatur-Sektion der VOKS Kontakt mit der neu gegründeten Writers' Group der SCR auf. Diese wurde damals vom britischen Schriftsteller J. B. Priestley geleitet, der einem größeren britischen Publikum nicht nur durch seine Romane und Theaterstücke, sondern auch durch seine Funktion als Moderator der BBC während des Krieges bekannt geworden war. Im Herbst 1945 lud VOKS ihn zu einer längeren Reise durch die Sowjetunion ein. Priestley kehrte mit positiven Eindrücken zurück und rief zum Dialog und zum Abbau des Misstrauens auf.[159] Die sowjetischen Schriftsteller schickten ihren britischen Kollegen 1944 eine Liste mit Fragen unter anderem zu neuen Trends in der britischen Literatur, zu erfolgreichen Neuerscheinungen und danach, wie die Beziehungen zwischen britischen und sowjetischen Schriftstellern intensiviert werden könnten.[160] Um fundierte Antworten geben zu können, organisierte die Writers' Group landesweit Diskussionen mit zahlreichen Schriftstellern. Die Ergebnisse ihrer Sondierung übermittelte sie den sowjetischen Kollegen im Oktober 1945 in einem über 130 Seiten umfassenden Dokument. Dieses spiegelte die Vielfalt der Meinungen offen wider. Insbesondere in der Frage, ob Literatur gesellschaftlich engagiert und zweckorientiert sein müsse, hatten die Schriftsteller keine gemeinsame Position gefunden.

Verbreitung der sowjetischen Kultur im Ausland nur zuträglich sein könne. Vgl. Fairclough, Pauline/Wiggins, Louise: Friendship of the Musicians. Anglo-Soviet Musical Exchanges 1938–1948, in: Mikkonen, Simo/Suutari, Pekka (Hg.): Music, Art and Diplomacy. East-West Cultural Interactions and the Cold War, Burlington 2016, S. 29–47, hier S. 42 f.
159 Vgl. Priestley, J. B.: Russian Journey, London 1946. Zu seiner Haltung gegenüber der UdSSR: Fagge, Roger: The Vision of J. B. Priestley, London 2012, S. 81–85.
160 Vgl. auch zum Folgenden Lygo, Emily: Literature as a „Little Bridge". Exchange Between British and Soviet Writers in the Post-War Period, in: History. Journal of Education and Science 6 (2015) 10, http://history.jes.su/s207987840001329-0-1-en (31.5.2016). Namentlich beteiligt waren an dem Fragenaustausch neben Priestley Jack Lindsay, Herman Ould, Montagu Slater, Rose Macaulay, Agatha Christie, Marjorie Bowen, Phyllis Bentley, Ada Chesterton, Sylvia Townsend-Warner, Elisabeth Myers und Alan Moray Williams.

Zusammen mit diesem Dokument schickte die Writers' Group im Oktober 1945 ihrerseits einen Katalog mit über 30 Fragen an ihre sowjetischen Kollegen. Darin kamen auch heikle Themen zur Sprache, so zum Beispiel die Frage nach der schriftstellerischen Freiheit angesichts enger inhaltlicher und methodischer Vorgaben. Die sowjetischen Antworten vom Juli 1946 wurden in einer Broschüre veröffentlicht. Im Vorwort dieser Broschüre konstatierte Priestley, dass die „Russen" weder in der Hölle noch im Paradies lebten und ganz normale Menschen seien. Allerdings bestehe ein grundlegender Unterschied zwischen den britischen und den sowjetischen Schriftstellern darin, dass Letztere die Idee der „puren Literatur" ohne gesellschaftliche Botschaft ablehnten.[161] Zwar waren die Antworten einzelnen sowjetischen Schriftstellern zugeordnet, doch vertraten diese keine individuellen Standpunkte. Sie verteidigten die Prinzipien der sowjetischen Literatur im Namen aller sowjetischen Schriftsteller. Demnach gab es in der Sowjetunion keine Kriminalliteratur, da sowjetische Leser keine so morbide Neugier am Verbrechen hätten. Außerdem sei der Austausch mit dem Ausland nicht zwingend notwendig, da auch Aleksandr Puškin und Michail Lermontov nie im Ausland gewesen seien.[162] Es ist unklar, wie die Antworten erhoben, zusammengestellt und möglicherweise noch im Zuge der englischen Übersetzung von VOKS verändert wurden. In jedem Fall zeigen sie deutlich die Grenzen des intellektuellen Austausches auf, die sich in den folgenden Jahren noch verschärfen sollten.

Abgesehen vom Austausch von Fragen und Antworten, den zum Beispiel auch die Architecture Group mit ihren sowjetischen Kollegen praktizierte,[163] schickten sich die Sektionen gegenseitig Literatur mit der Bitte um Kritik und Kommentierung.[164] Am 18. Februar 1947 konnte die Writers' Group dem neuen sowjetischen Botschafter Georgij N. Zarubin eine Aufnahme zeitgenössischer britischer Gedichte übergeben, die größtenteils von den Schriftstellern selbst eingesprochen worden waren.[165] Darauf erfolgte jedoch keine Antwort mehr. Die Beziehungen der Schriftsteller versandeten in einer gegenseitigen

---

161 Soviet Writers Reply to English Writers' Questions, London 1948, S. 5–8.
162 Vgl. ibid., S. 32, 41, 60.
163 Vgl. Annual Report 1946–7, in: CPGB, CP/IND/MONT/9/1.
164 Vgl. Writers' Group Annual Report 1946–7, in: CPGB, CP/IND/MONT/9/1.
165 Eingeleitet von Walter de la Mare sprachen T. S. Eliot, Edith Sitwell, Cecil Day Lewis, Stephen Spender und Louis MacNiece. David Peel las außerdem Werke von Alun Lewis, Sydney Keyes und Frank Thompson. Vgl. „Some Recent English Poetry", in: IISH, Dora Russell Papers 247; Riley, John: Five Special Items in the SCRSS Library, in: SCRSS 90th Anniversary. SCRSS Digest (2014) 3, S. 11–13; Von der Veranstaltung in der Botschaft ist ein kurzer Filmausschnitt bei British Pathé überliefert: Around Britain, 1947, http://youtu.be/K87Z_ewRVNc (31.5.2016).

Erläuterung der Prinzipien, ohne in einen echten Dialog oder persönliche Begegnungen zu münden.

Auf die gleichen Hindernisse wie die SCR stießen die Sektionen des Centre culturel et économique der Association France-URSS, die für den kulturellen und wissenschaftlichen Austausch zuständig waren. Unter der Leitung von Jacques Nicolle richtete sich dieses Centre vor allem an ein wissenschaftliches Fachpublikum. Im Mai 1945 gab es bereits 23 fachliche Sektionen unter anderem zu Film, Theater, Literatur, Musik, Architektur, Wirtschaft, Pädagogik und Medizin. Geleitet wurden sie jeweils von namhaften Wissenschaftlern, die allerdings größtenteils Mitglieder im PCF waren. François Mauriac leitete die Sektion für Literatur, Paul Langevin die für Physik und Henri Wallon die für Pädagogik.[166] Die Aufgabe dieser Sektionen war es, Fragen französischer Wissenschaftlern oder Institutionen zur Sowjetunion zu beantworten und Fachvorträge, thematische Filmvorführungen oder Ausstellungen zu organisieren. Fast alle Sektionen veröffentlichten regelmäßige Bulletins, die vor allem mit Übersetzungen aus sowjetischen Fachzeitschriften über aktuelle Entwicklungen in der Sowjetunion informierten.[167] Jeden Donnerstag gab es einen wissenschaftlichen Vortrag über verschiedene Aspekte des sowjetischen Systems – zum Beispiel zur Landwirtschaft, zum Erziehungssystem oder zur sowjetischen Außenpolitik. Diese Vorträge wurden anschließend als Druckschrift publiziert. Ab Frühjahr 1945 stand auch eine Bibliothek zur Verfügung.[168] Die Veranstaltungen waren offensichtlich gut besucht. Der Bericht der französischen Delegation über ihren Empfang bei der Akademie der Wissenschaften in Moskau zog im Juli 1945 beispielsweise mehr als 1.000 Besucher an.[169] Nicht zuletzt organisierte France-URSS bis April 1946 insgesamt 1.266 Kinovorstellungen. Die französische Regierung unterstützte die Aktivitäten zur Verbreitung sowjetischer Kultur zu dieser Zeit politisch und finanziell.[170]

Die Verstetigung dieser Aktivitäten verlangte allerdings nach einer Intensivierung der Zusammenarbeit mit der VOKS und einer Weiterentwicklung der

---

166 Nicolle, Jacques: Le Centre Culturel et Economique de France-URSS, in: France-URSS (1945) 5, S. 15.
167 Diese Bulletins zu Architektur, Geisteswissenschaften, Jura, Medizin, Linguistik, Pädagogik, Wirtschaft, Landwirtschaft und Mathematik sind größtenteils in der Bibliothèque nationale de France in Paris erhalten.
168 Le centre culturel et économique, in: France-URSS. Bulletin intérieur n° 3 (1946), S. 10 f.
169 Vgl. Bericht der Botschaft in Paris an Kislova, Juli 1945, in: GARF, f. 5283, op. 2a, d. 40, l. 59–61, abgedruckt in: Cœuré/Mazuy, Cousu de fil rouge, S. 321–323.
170 Im Jahr 1945/46 bekam das Centre 1 Million Francs. Vgl. Note pour le Cabinet du ministre, verfasst von der Direction Générale des Relations Culturelles, 22.10.1947, in: AD, Cabinet du Ministre, Couve de Murville, 314.

einseitigen Kommunikation in einen tatsächlichen wissenschaftlichen Austausch. Im Juli 1945 erläuterte Nicolle den Mitarbeitern der VOKS die Arbeitsweise des Centre économique et culturel und präsentierte Forderungen für die künftige Zusammenarbeit. Um das gegenseitige Interesse zu demonstrieren, dürften nicht nur französische Wissenschaftler und Institutionen Fragen an die Sowjetunion stellen. Es sollten umgekehrt auch sowjetische Wissenschaftler Fragen an ihre französischen Kollegen richten. Außerdem müssten die an VOKS weitergeleiteten Fragen auch zeitnah beantwortet werden. Insgesamt bräuchten sie wesentlich mehr Material, auch zur vorrevolutionären Zeit, das möglichst objektive Informationen und Zahlen liefere.[171] Dennoch kam auch in der Folgezeit kein wirklicher persönlicher Austausch zwischen Kollegen zustande, so dass Nicolle auf absehbare Zeit keine wissenschaftlichen Delegationsreisen in die Sowjetunion anbieten konnte.[172]

Der in den 1930er Jahren relativ gut etablierte Austausch von Delegationen kam nämlich nach 1945 nur sehr zögerlich wieder in Gang. Unmittelbar nach Kriegsende lud die VOKS nur einzelne westliche Intellektuelle zu einer längeren Reise in die Sowjetunion ein. Im Mai und Juni 1945 wurde Hewlett Johnson für sein Engagement im British-Soviet Aid Committee mit einer längeren Reise inklusive einer persönlichen Audienz bei Stalin belohnt.[173] Sowohl von Seiten der Freundschaftsgesellschaften als auch von Seiten der VOKS gab es Bestrebungen, den regelmäßigen Austausch von Delegationen wieder aufzunehmen. Kemenov, der dies in seinen Schreiben an das ZK eingefordert hatte, stieß jedoch offensichtlich auf wenig Unterstützung. Auch der Vize-Präsident der VOKS, Aleksandr V. Karaganov, schlug im April 1946 dem sowjetischen Botschafter in Paris Bogomolov vor, den Austausch von Delegationen auf Nachfrage von France-URSS wieder aufzunehmen.[174]

Aus Großbritannien durften schließlich nach langem Bitten im Sommer 1946 eine neunköpfige Delegation von Funktionären der BSS sowie separat der Chairman Pritt und die Generalsekretärin Judith Todd von der SCR für mehrere Wochen in die Sowjetunion reisen. Sie besuchten außer Moskau, Leningrad und Stalingrad auch Georgien und Armenien, um die Aufbauleistung nach dem

---

171 Rapport sur Jacques Nicolle, 26.7.1945, in: GARF, f. 5283, d. 2a, op. 31, l. 20 f., abgedruckt in: Cœuré/Mazuy, Cousu de fil rouge, S. 263–266. Die weitergeleiteten Fragen französischer Wissenschaftler findet man unter anderem in: GARF, f. 5283, op. 16, d. 373.
172 Vgl. Nicolle, Jacques: Le Centre Culturel et Economique de France-URSS, in: France-URSS (1945) 5, S. 15.
173 Vgl. Butler, The Red Dean of Canterbury, S. 152–161.
174 Vgl. Karaganov an Bogomolov, 10.4.1946, in: GARF, f. 5283, op. 22, d. 2, l. 191, abgedruckt in: Cœuré/Mazuy, Cousu de fil rouge, S. 108 f.

Krieg sowie die kulturelle Entwicklung und die Integration der Volksrepubliken zu würdigen. Pritt durfte als Jurist außerdem die Kriegsgefangenenlager in Magnitogorsk und Sverdlovsk besuchen.[175] Die Vertreter von BSS und SCR wollten mit der VOKS auch über die künftige Gestaltung der Beziehungen und den Austausch weiterer Delegationen diskutieren. Sie sahen hier erheblichen Nachholbedarf.[176]

Nach ihrer Rückkehr wertete die VOKS diese Delegationsreisen als voller Erfolg. Die BSS-Delegation berichtete auf zahlreichen Treffen, in sowjetischen und britischen Medien und in einer Broschüre von ihren Erfahrungen.[177] Das Interesse an Informationen aus erster Hand und an Reisen in die Sowjetunion war sehr groß. Die BSS warnte ihre Mitglieder jedoch vor allzu großen Hoffnungen: Angesichts der Kriegsschäden sei noch nicht absehbar, wann regelmäßige Reisen angeboten werden könnten.[178] Tatsächlich blieben die enthusiastischen Bemühungen um einen regelmäßigen Austausch in den folgenden Jahren ohne Antwort von sowjetischer Seite. Erst 1949 konnten wieder reguläre Delegationen in die Sowjetunion reisen.

Umgekehrt kamen nach dem Krieg auch nur sehr wenige sowjetische Intellektuelle und Delegationen in den Westen. Ein Akteur, der die französisch-sowjetische Freundschaftsbewegung in den nächsten zwei Jahrzehnten prägen sollte, war allerdings auch schon in der unmittelbaren Nachkriegszeit präsent: der Schriftsteller und Journalist Il'ja G. Ėrenburg.[179] Ėrenburg hatte 1908 bis 1917 und auch in der Zwischenkriegszeit überwiegend in Frankreich und Westeuropa gelebt. Er war mit Sprache, Kultur und Gesellschaft Frankreichs bestens vertraut und verkehrte mit namhaften französischen Intellektuellen. Zu seinem Freundeskreis zählten unter anderem Pablo Picasso, Jean-Richard Bloch, Marc Chagall, André Malraux und Aragon. Ėrenburg war das Musterbeispiel eines transnationalen Intellektuellen, der in beiden Kulturen zu Hause war und sich beständig für Austausch einsetzte. Dieser interkulturelle Spagat stellte ihn insbesondere während der Stalin-Ära vor besondere Herausforderungen. Als

---

175 Vgl. Otčet o rabote VOKS v Anglii za 1946 god [1946], in: GARF, f. 5283, op. 22, D. 583, l. 44–76, hier l. 58–64.
176 Vgl. Minutes of the Executive Committee Meeting, 19.6.1946; und British-Soviet Society Press Office, 19.6.1946, in: Hull, U DEV/1/38.
177 Vgl. Otčet o rabote VOKS v Anglii za 1946 god, [1946], in: GARF, f. 5283, op. 22, D. 583, l. 44–76, hier l. 58–62; und Annual Report of the BSS 1946–1947, in: Hull, U DEV/1/38.
178 Vgl. Plans for the Future, in: British-Soviet Bulletin (1946) 9, S. 3, in: Hull, U DEV/1/38.
179 Vgl. aus der umfangreichen Literatur zu Ėrenburg: Marcou, Lilly: Ilya Ehrenbourg. Un homme dans son siècle, Paris 1992; Rubenstein, Joshua: Tangled Loyalties. The Life and Times of Ilya Ehrenburg, New York 1996. Außerdem seine Autobiographie Ehrenburg, Ilja: Menschen, Jahre, Leben, 2 Bände, München 1965.

"Stalinist Westernizer", als kultureller Botschafter der Sowjetunion im Westen, gelang es Ėrenburg, sich für Stalin so unentbehrlich zu machen, dass er trotz seiner jüdischen Herkunft allen Säuberungen entkam.[180] Während des Krieges kehrte er in die Sowjetunion zurück und stellte ab 1941 seine journalistischen Fähigkeiten in den Dienst der antideutschen Kriegspropaganda.[181] Auch nach Kriegsende durfte er als einer von wenigen Intellektuellen weiter als Kulturbotschafter ins Ausland reisen. Im Herbst 1945 besuchte er die von der Roten Armee besetzten Länder Osteuropas und deckte durch seine positiven Artikel deren Sowjetisierung. Als weltgewandter, frankophiler und viel gelesener Schriftsteller genoss er auch in der breiten französischen Bevölkerung hohes Ansehen. Noch während des Krieges veröffentlichten die ersten Ausgaben von *France-URSS* in Algier Artikel von Ėrenburg, in denen er vor allem über die Rote Armee berichtete.[182] Ėrenburg war also kein Unbekannter, als er nach einer längeren Amerikareise im Juli 1946 auf Vortragsreise durch Frankreich startete.[183] Außer ihm kamen jedoch zunächst kaum sowjetische Intellektuelle als Gäste der Freundschaftsgesellschaften in den Westen.

Nach 1945 legten gesellschaftliche Akteure und Intellektuelle aus der Sowjetunion und dem Westen viel Enthusiasmus an den Tag, wenn es um den Aufbau wissenschaftlicher und kultureller Beziehungen ging. Allerdings blieben viele Initiativen in den Anfängen stecken. Die Mitarbeiter von VOKS und die sowjetischen Intellektuellen scheiterten am mangelnden Willen der sowjetischen Führung zu einer echten Öffnung des Landes. Solange kaum kultureller und wissenschaftlicher Austausch möglich war, konnten sich die Freundschaftsgesellschaften ihrerseits kaum als glaubwürdige Förderer kultureller Beziehungen etablieren und damit auch kaum nicht-kommunistische Mitglieder gewinnen. Schon bald sollte diese kurze Zeit der Euphorie endgültig von der sowjetischen Abschottungspolitik und den ideologischen Auseinandersetzungen des Kalten Krieges beendet werden.

---

180 Vgl. David-Fox, Showcasing the Great Experiment, S. 220 f.
181 Vgl. zu dieser Tätigkeit Urban, Thomas: Ilja Ehrenburg als Kriegspropagandist, in: Eimermacher, Karl (Hg.), West-östliche Spiegelungen. Russen und Deutsche nach 1945, München 2006, S. 455–488.
182 Ehrenbourg, Ilya: Le silence et la mer, in: France-URSS (1944) 6, S. 3 und 15; Discours d'Ehrenbourg, in: France-URSS (1944) 7, S. 5 und 7.
183 Salut à Ilya Ehrenbourg, in: France-URSS (1946) 8, S. 2; Ilya Ehrenbourg parle de l'antisoviétisme, in: France-URSS (1946) 9, S. 6 f. Siehe auch Ehrenburg, Menschen, Jahre, Leben, Bd. 2, S. 631.

1.4 Freundschaft als Waffe im Kalten Krieg

Auf dem Weg in den Kalten Krieg: Brüche, Ernüchterung und Konformisierung

Doch trotz aller Bemühungen der Freundschaftsgesellschaften hielten die innen- und außenpolitischen Kriegsallianzen nur wenige Monate über das Kriegsende hinaus. Für die Freundschaftsgesellschaften brachten diese neuen politischen Rahmenbedingungen statt des zuvor erwarteten Booms einen Einbruch der Mitgliederzahlen und damit finanzielle Schwierigkeiten.

Stalin hatte trotz der militärischen Zusammenarbeit mit dem Westen das grundsätzliche Misstrauen gegenüber westlichen Einflüssen und die Angst vor einem Feldzug der imperialistischen Mächte gegen die Sowjetunion nicht abgelegt.[184] In Frankreich hielt die französische Dreiparteienregierung nach 1945 zunächst an einer Ausgleichspolitik gegenüber der Sowjetunion fest. Außenminister Georges Bidault versuchte noch relativ lange, eine reine Westbindung seines Landes zu vermeiden. Doch mit den ergebnislosen Außenministerkonferenzen 1945 und Anfang 1946 wuchs auch hier die Ernüchterung.[185] Trotz der Regierungsbeteiligung des PCF verlor er auch in Frankreich an Einfluss. Nach dem Wegfall des gemeinsamen Feindes traten innerhalb der Regierung zunehmend wieder parteipolitische Interessen in den Vordergrund. Gleichzeitig überwarf sich de Gaulle mit den Parlamentariern, da er eine Präsidialrepublik mit schwachen Parteien anstrebte. Deshalb erklärt er im Januar 1946 seinen Rücktritt. Der PCF hatte gezielt seine Schwächung betrieben und bejubelte seinen Rückzug,[186] doch France-URSS verlor damit einen Garanten prosowjetischer Bündnispolitik.

Der PCF verfolgte zudem keine genuin sozialistische Politik. Er unterstütze die Sparpolitik der Regierung als nationale Anstrengung für den Wiederaufbau und lehnte selbst Lohnerhöhungen für Arbeiter ab. Dies brachte die Kommunisten in Erklärungsnöte und stieß ihre eigene Klientel vor den Kopf. Als im April 1947 in den kurz zuvor verstaatlichen Renault-Werken ein Streik ausbrach, solidarisierten sich weder die kommunistische Gewerkschaft CGT noch der PCF mit den Streikenden.

---

184 Siehe zu Stalins Einschätzung des Westens Pechatnov, Vladimir O.: The Soviet Union and the World, 1944–1953, in: Leffler, Melvyn P./Westad, Odd Arne (Hg.): Origins. The Cambridge History of the Cold War, Bd. 1, Cambridge 2010, S. 90–111; Narinski, Mikhaïl: L'image de l'occident en URSS en période de transition vers 1945–1947, in: Du Réau, Elisabeth (Hg.): Regards croisés et coopération en Europe au XXe siècle. Espace européen, Paris 1996, S. 137–149, hier S. 139–142.
185 Vgl. ausführlich zu den in der Historiographie unterschiedlich gewichteten Faktoren auf dem Weg zur endgültigen Westorientierung Frankreichs Grosser, Pierre: L'entrée de la France en guerre froide, in: Berstein, Serge (Hg.): L'année 1947, Paris 2000, S. 167–188.
186 Vgl. Lazar, Maisons rouges, S. 46.

Auch unterstützte der PCF den Indochinakrieg – seit Januar 1947 sogar direkt in Person des kommunistischen Verteidigungsministers François Billoux. Diese Konflikte führten dazu, dass die Abgeordneten des PCF Premierminister Ramadier am 4. Mai 1947 das Vertrauen entzogen und die Entlassung der kommunistischen Minister aus der Regierung provozierten. Zwar hofften sie darauf, bald wieder in die Regierung zurückkehren zu können, doch im Rückblick wurde das Ende der kommunistischen Regierungsbeteiligung vom PCF und seinen Historiographen als Auftakt antikommunistischer Repressionspolitik beschrieben.[187] Diese Argumentation schien dadurch bestätigt, dass im Mai 1947 auch in Italien die kommunistischen Minister aus der Regierung ausgeschlossen wurden. In beiden Ländern mobilisierten die kommunistischen Parteien daraufhin bis Herbst 1947 zu Massenstreiks.

Auf der gemeinsamen Tagung der kommunistischen Parteien in Moskau im September 1947, auf der auch das Kominform gegründet wurde, griffen Ždanov und andere die italienische kommunistische Partei PCI und den PCF scharf für ihre Politik der nationalen Einheit während und nach dem Zweiten Weltkrieg an. Der Kampf gegen das „imperialistische Amerika" sollte nun auch auf nationaler Ebene gegen die „bourgeoisen" Kräfte fortgesetzt werden.[188] Diese Vorwürfe zwangen Jacques im Namen des PCF zu einer ausführlichen Selbstkritik und zur Zusicherung bedingungsloser Loyalität.[189] Die CPGB war aufgrund ihrer geringen Größe und Bedeutung nur assoziiertes Mitglied des Kominform, aber dennoch seinen Weisungen verpflichtet. Entsprechend beendete auch die CPGB ihre Annäherungspolitik gegenüber Labour und bekämpfte ab diesem Zeitpunkt offen die Spar- und Außenpolitik der britischen Regierung.[190] Dieser neuerliche Konfrontationskurs führte die kommunistischen Parteien in eine politische und gesellschaftliche Isolation.

Für die Freundschaftsgesellschaften brachten diese neuen politischen Rahmenbedingungen statt des zuvor erwarteten Booms einen Einbruch der Mitgliederzahlen und damit finanzielle Schwierigkeiten. Der Niedergang der britisch-sowjetischen Freundschaftsbewegung verlief parallel zu dem der CPGB. Die prosowjetische Stimmung und die nationale Bündnispolitik brachte der CPGB im Jahre 1943 einen Höchststand von 60.000 Mitgliedern. Konsequenterweise

---

187 Vgl. Buton, Philippe: L'éviction des ministres communistes, in: Berstein, Serge (Hg.): L'Année 1947, Paris 2000, S. 339–355; sowie Lazar, Marc: Communisme français et communisme international, in: Berstein, Serge (Hg.): L'Année 1947, Paris 2000, S. 357–372, hier S. 361.
188 Die vollständige Rede Ždanovs ist abgedruckt in: Procacci, The Cominform, S. 217–251.
189 Vgl. die Rede Duclos in: Procacci, The Cominform, S. 271–281; sowie Adibekov, Das Kominform und Stalins Neuordnung Europas, S. 96–106.
190 Vgl. Eaden/Renton, The Communist Party, S. 104 f.

ging die CPGB als einzige Partei in die Unterhauswahlen im Juli 1945 mit der Forderung nach einer Fortführung der großen Kriegskoalition – allerdings unter einer linken Führung.[191] Doch während die CPGB insgesamt nur 100.000 Stimmen gewann, konnte die Labour-Partei die Wahlen in erster Linie aufgrund innenpolitischer Versprechen für sich entscheiden.[192] Zwar forderten einige Labour-Abgeordnete zunächst eine Fortführung der Bündnispolitik mit der Sowjetunion. Doch Premierminister Clement Attlee und sein Außenminister Ernest Bevin nahmen von Anfang an eine zurückhaltende und wenig kompromissbereite Position gegenüber Moskau ein.[193] So wurde der beabsichtigte Zusammenschluss der verschiedenen Vereinigungen zur BSS schon im Oktober 1945 mit dem schwierigen britisch-sowjetischem Verhältnis und dem zunehmenden „Antisowjetismus" begründet.[194] Für die Kriegsjahre liegen leider keine genauen Zahlen darüber vor, wie viele Menschen in den verschiedenen Komitees organisiert waren. Bei der Gründung der BSS ging die Zentrale jedoch von gut 15.000 Mitgliedern aus und strebte für Herbst 1946 optimistisch ein Planziel von 20.000 an.[195] Schon damals gab es allerdings deutlichen Widerstand der einzelnen Komitees gegen die organisatorische und politische Konformisierung.[196] Beim nächsten Nationalkongress im Oktober 1947 zählte man gerade einmal 6.000 Mitglieder.[197] Damit ging jegliche finanzielle Planungsgrundlage verloren. In den ersten 21 Wochen ihrer Existenz machte die BSS einen durchschnittlichen wöchentlichen Verlust von 72 Pfund. Im Oktober 1946 sah sie sich gezwungen, die ersten vier Mitarbeiter zu entlassen. Im Juni 1947 wurde eine Art Notfallplan beschlossen, um einen Bankrott durch weiteren Personalabbau zu verhindern.[198]

---

[191] Branson, History of the Communist Party, S. 81–87.
[192] Vgl. zur CPGB nach dem Krieg Callaghan, Towards Isolation, S. 11–14; Eaden/Renton, The Communist Party, S. 98–104.
[193] Zu Attlees und Bevins Positionen vgl. Goodlad, Graham: Attlee, Bevin and Britain's Cold War, in: History Review n° 69 (2011), S. 1–6; zu den verschiedenen Meinungen innerhalb Labour vgl. Jones, The Russia Complex, S. 103–120.
[194] Tom Brown an die Mitglieder des Executive Committees des NCBSU, 4.10.1945, in: UCL, Haldane Papers, 4/4/12; und Executive Committee Report, 19.10.1945, in: UCL, Haldane Papers, 4/4/13.
[195] Vgl. Report on Local Organisation, 20.11.1946; und More Members – More Money – More Sales – More Results, in: British-Soviet Bulletin (1946) 6, in: Hull, U DEV/1/38.
[196] Vgl. Report on Local Organisation, 20.11.1946, in: Hull, U DEV/1/38.
[197] Vgl. Annual Report of the British-Soviet Society 1946–1947, in: Hull, U DEV/1/38.
[198] Financial Sub-Committee Report for Special Meeting of the Executive Committee, 10.10.1946; sowie Recommendations of the Economy Sub-Committee for the Executive Committee Meeting, 26.6.1947, in: Hull, U DEV/1/38.

Im Juni 1948 musste die BSS schließlich ihr Gebäude in der Devonshire Road verkaufen und günstigere Räume suchen.[199]

Die SCR kämpfte ebenfalls mit finanziellen Schwierigkeiten. Angesicht des rasanten Aufschwungs der Kriegsjahre und der unmittelbaren Nachkriegszeit hatte sie sich ab Anfang 1946 um ein eigenes Gebäude bemüht. Als sie jedoch im November 1947 schließlich am Kensington Square 14 ein repräsentatives Haus mit Räumen für die Bibliothek, einen eigenen Club, Büros und kulturelle Veranstaltungen eröffnete, war die prosowjetische Euphorie bereits verflogen. Die für den Ankauf erforderlichen 25.000 Pfund konnten kaum eingetrieben werden. Im Juni 1948 hatte die SCR erst 8.243 Pfund eingesammelt, zu denen Pritt selbst 1.500 Pfund beigesteuert hatte.[200]

Trotz des Wahlerfolgs des PCF 1945 musste auch die Association France-URSS ihre Erfolgserwartungen deutlich zurückschrauben. Im Oktober 1945 reduzierte ihr Generalsekretär Pailleret die ursprüngliche Zielvorgabe von einer Million auf 500.000 Mitglieder. Immerhin konnte man Ortskomitees in 1.220 Städten und Dörfern und 52 Komitees auf Département-Ebene vorweisen.[201] Im Januar 1946 erschien schon das Planziel von 250.000 Mitgliedern als Erfolg.[202] Diese generalstabsmäßige, aber wenig erfolgreiche Planung zur Rekrutierung neuer Mitglieder erinnerte mehr an den Aufbau einer politischen Partei als einer kulturellen Vereinigung. In den internen Bulletins wurden Zielvorgaben für die einzelnen Départements bzw. Regionen ausgegeben und anschließend daran die jeweiligen Ergebnisse gemessen. Die erfolgreichsten Werber neuer Mitglieder bekamen eine Auszeichnung.[203] Dennoch hatte France-URSS bis zum 2. Nationalkongress im April 1946 lediglich eine Mitgliederzahl von 187.194 erreicht.[204] Mit dem Rücktritt de Gaulles verlor France-URSS zudem eine Integrationsfigur für das Bündnis zwischen Kommunisten

---

199 Vgl. National Council Minutes, 20.6.1948, in: Hull, U DEV/1/38.
200 Vgl. Annual Report 1946/47 und SCR Draft Annual Report 1947/8 in: CPGB, CP/IND/MONT/9/1.
201 Pailleret, Camille: Un an déjà ..., in: France-URSS (1945) 10, S. 11.
202 Grenier, Fernand: 250.000? Pourquoi pas?, in: France-URSS. Bulletin intérieur n° 1–2 (1945), S. 3.
203 Vgl. beispielsweise Pailleret, Camille: Recruter ... recruter sans cesse!, in: France-URSS. Bulletin intérieur n° 5 (1946), S. 2.
204 Renseignements pratiques pour le Congrès, in: France-URSS. Bulletin intérieur (1946) 3, S. 5. Zur Einordnung: Der PCF, der ebenfalls einmal eine Million als Planziel ausgegeben hatte, verzeichnete 1946 je nach Schätzung zwischen 500.000 und 800.000 Mitglieder. Vgl. Martelli, Roger: Prendre sa carte, 1920–2009. Données nouvelles sur les effectifs du PCF 2010, S. 40, http://www.gabrielperi.fr/IMG/pdf/Prendre_sa_carte_1920-2009_R_Martelli.pdf (27.2.2012). Martelli erläutert ausführlich die Problematik der unterschiedlichen und lückenhaften

und Gaullisten. Nach zwei Jahren – im November 1946 – zog Grenier eine ernüchternde Bilanz. Er konstatierte einen starken Rückgang an Mitgliedern, sinkende Auflagenzahlen der Zeitschrift *France-URSS*, finanzielle Schwierigkeiten und eine Zunahme „antisowjetischer" Tendenzen in der Regierung und der französischen Öffentlichkeit. Auch der gewünschte Anziehungseffekt durch die Mitgliedschaft namhafter Intellektueller war ausgeblieben, so dass sich die Aktivisten nun doch stärker auf die „milieux populaires" konzentrieren sollten.[205] Seit Sommer 1947 musste auch France-URSS Sparappelle ausgeben.[206] Damit war das Ziel einer gesellschaftlichen Massenorganisation, die Intellektuelle und Arbeiter vereinte, in weite Ferne gerückt.

Die Geldnöte der Freundschaftsgesellschaften werfen die grundsätzliche Frage nach ihrer Finanzierung auf. Offiziell lebten die Freundschaftsgesellschaften von Mitgliedsbeiträgen, Einnahmen aus Veranstaltungen, Verkäufen von Broschüren und Zeitschriften sowie von Spenden.[207] Dahinter verbarg sich in Teilen eine indirekte Unterstützung durch die kommunistischen Parteien und die Sowjetunion. Die VOKS und das für Auslandspropaganda zuständige Sovinformbjuro stellten beispielsweise über die sowjetische Botschaft kostenlos Broschüren und Zeitschriften zur Verfügung, die dann von den Freundschaftsgesellschaften verkauft wurden. Sowjetische Firmen wie Aeroflot unterstützten die Zeitschriften durch Inserate, und die VOKS übernahm die Kosten für die Reisen von Delegationen in die Sowjetunion. Vermutlich stammten auch die Spendenbeträge nicht nur von Privatpersonen. Im Laufe der Jahre wies das ZK den Freundschaftsgesellschaften immer wieder Geldbeträge zu.[208] Ein langjähriger Mitarbeiter der sowjetischen Botschaft in der Schweiz bezeugte für die

---

Überlieferungen der Mitgliederzahlen des PCF vor allem in den 1940er Jahren, die häufig nicht zwischen ausgegebenen und bezahlten Mitgliederkarten unterschieden.
205 Vgl. Grenier, Fernand: Où en sommes-nous?, in: France-URSS. Bulletin intérieur n° 11 (1946), S. 1 f.
206 Vgl. Circulaire n° 42, À nos trésoriers départementaux et locaux, 31.7.1947; Circulaire n° 52, 11.12.1947; Circulaire n° 53, 27.12.1947, in: ANF, 88 AS 15.
207 Vgl. die Bilanzen in den Jahresberichten und bei den Kongressen, z. B. BSFS, Financial Statement for 1954, in: MML; SCR Annual Report 1948, in: CPGB, CP/IND/MONT/9/1; Documents financiers, 1962, in: ANF, 88 AS 16. Zur Finanzierung der dänischen Freundschaftsgesellschaft vgl. Frederichsen, Soviet Cultural Diplomacy, S. 112 f.
208 Vgl. Ob okazanii finansovoj pomošči obščestvu „Francija-SSSR", 23.10.1956, in: RGANI, f. 89, op. 55, zugänglich in: Bukovsky Archives, 0800 pb48-56; Ob okazanii finansovoj pomošči Obščestvu anglo-sovetskoj družby, 10.8.1959, in: „Francija-SSSR", in: RGANI, f. 89, op. 17, zugänglich in: Bukovsky Archives, 0804_eng59-3.

1970er Jahre, dass dem Sekretär der Association Suisse-URSS direkt von der Botschaft regelmäßig Geld in bar ausgehändigt wurde.[209]

Dennoch zeigen die großen finanziellen Schwierigkeiten, dass die Freundschaftsgesellschaften nicht gerade in Moskauer Geld schwammen. Die Sowjetunion hatte zwar ein Interesse daran, dass sie nicht bankrott gingen. Doch die sowjetischen Behörden waren auch nicht bereit, sie so massiv finanziell zu unterstützen, dass sie tatsächlich hochwertige Informations- und Kulturangebote hätten machen können. Über die Gründe kann nur spekuliert werden. Entweder hatten die sowjetischen Verantwortlichen tatsächlich die unrealistische Hoffnung, dass sich die Freundschaftsgesellschaften bei entsprechendem Engagement ihrer leitenden Funktionäre bald von selbst tragen würden. Oder sie hielten die Finanzierung ohnehin nur pro forma aufrecht, da der Gedanke der Verständigung im beginnenden Kalten Krieg keine Priorität hatte.

Zeitgleich mit ihren Mitgliedern und ihren finanziellen Mitteln verloren die Freundschaftsgesellschaften ab 1946 auch die Unterstützung vieler namhafter Intellektueller. Im Sommer 1947 traten vier Vize-Präsidenten der BSS zurück.[210] Im Laufe des Jahres 1948 ließ auch ihr Präsident, Bischof Wilson, sein Engagement stillschweigend auslaufen.[211] Seine Stelle übernahm der zwar bekannte, aber außerhalb kommunistischer Kreise äußerst umstrittene Johnson. Auch in Frankreich fielen aus dem breiteren Unterstützerkreis viele aus. Während der Jurist und Vize-Präsident des Conseil d'État René Cassin 1945 noch ohne Zögern dem Initiativkomitee von France-URSS beigetreten war, lehnte er ab 1947 alle Einladungen ab und weigerte sich, prosowjetische Kampagnen durch seine Unterschrift zu unterstützen.[212]

Während die Gründungen der Freundschaftsgesellschaften noch relativ ungeordnet und teilweise ohne klare politische Linie verliefen, erfolgte nun eine ideologische und personelle Anpassung. In Großbritannien war die strukturelle Straffung mit der Gründung der BSS im März 1946 formell erreicht. 1947 wurde mit Stanley Forman ein junger Funktionär der Youth Communist League neuer Generalsekretär.[213] Eine vergleichbare Entwicklung ließ sich auch in anderen

---

209 Vgl. Polianski, Nicolas: MID. Douze ans dans les services diplomatiques du Kremlin, Paris 1984, S. 189.
210 Es handelte sich um Charles Trevelyan, George Young, William Arthur Oyler-Waterhouse und Julius Silverman. Vgl. Minutes of the Executive Meeting, 26.7.1947, und Minutes of the National Council Meeting, 13.9.1947, in: Hull, U DEV/1/38.
211 Vgl. Alex Wood an Stanley Evans, 7.8.1948, in: Hull, U DEV/1/38.
212 Vgl. Pailleret an Cassin, 17.2.1945, sowie zahlreiche von Hand mit „Non" gekennzeichnete Einladungen, in: ANF, 382 AP 150.
213 Vgl. ein Interview mit ihm: Stanley Forman. A Retrospective, in: Netribution, 2000, http://www.netribution.co.uk/features/interviews/2000/stanley_forman/1.html (3.3.2015).

Ländern beobachten: Die Associazione italiana per i rapporti culturali con l'Unione Sovietica zum Beispiel war im Dezember 1944 noch als eine lose Vereinigung linker Intellektueller gegründet worden, die bewusst Distanz zum PCI und zur sowjetischen Botschaft hielt.[214] 1946 jedoch wurde auch diese Organisation politisch und strukturell enger an die Partei gebunden. Der Generalsekretär des PCI bestimmte mit Guiseppe Berti einen erfahrenen und einflussreichen Funktionär zum Generalsekretär der Associazione. Sie erhielt Statuten, einen festen Sitz, ein operationelles Sekretariat und eine Zeitschrift. Zudem wurde ihr Name entsprechend der Association France-URSS in Associazione Italia-URSS geändert. Nicht von ungefähr wird das Gründungsjahr von Italia-URSS in den historischen Selbstdarstellungen immer auf 1946 datiert.[215]

Die Freundschaftsgesellschaften in Westeuropa entwickelten sich keineswegs zu breiten gesellschaftlichen Organisationen. Spätestens ab 1946/47 waren sie aber straff organisierte ideologische Instrumente der sowjetischen Cultural Diplomacy im Kalten Krieg. Ihre vermeintliche Offenheit und Neutralität wurde mit der rhetorischen und politischen Teilung der Welt in zwei Lager ad absurdum geführt. Vielmehr wurden sie zu hochpolitischen „Waffen" im Kalten Krieg, die die „Wahrheit" über die Sowjetunion im Westen verbreiten sollten.

Zwei Wahrheiten: Der Kampf gegen den „Antisowjetismus"

Mit der zunehmenden außenpolitischen Konfrontation beider Lager, dem sowjetischen Vorgehen in Osteuropa und der sinkenden Popularität der kommunistischen Parteien verschlechterte sich das Image der Sowjetunion in der westlichen Öffentlichkeit rapide. Die Zeitungen berichteten zunehmend kritisch über die Entwicklung im Osten. In Großbritannien wies das Foreign Office die Medien sogar an, der Bevölkerung das neue Feindbild nahezubringen.[216] Die negative Berichterstattung trug sicher zu den sinkenden Sympathiewerten der Sowjetunion bei. Im September 1946 gaben 41 % der Briten an, dass sie eine weniger freundliche Haltung gegenüber der Sowjetunion hätten als vor einem Jahr.[217] Im

---

214 Vgl. zur Gründungsgeschichte und den ersten Jahren Gravina, Per una storia. Prima parte, S. 70–108.
215 Vgl. Kusnezow, Konstantin/Corghi, Vincenzo: 30 Jahre der Gesellschaft „Italien-UdSSR". Für die Erweiterung der italienisch-sowjetischen Beziehungen, in: Kultur und Leben (1977) 2, S. 14 f.; Flora, Francesco: Quindici anni dell'Associazione Italia-URSS, Rom 1962.
216 Jenks, British Propaganda, S. 31–37.
217 Vgl. Gallup, George H. (Hg.): The Gallup International Public Opinion Polls. Great Britain, Bd. 1: 1937–1975, New York 1976, S. 139.

Februar 1947 glaubten 26 % der befragten Franzosen, dass die UdSSR die Welt dominieren wolle, im Juli des gleichen Jahres nach dem Marshall-Plan waren es bereits 49 %.[218] Sicherlich war die vermeintlich „apolitische" Haltung der Freundschaftsgesellschaften von Anfang an vor allem taktischer und symbolischer Natur. Doch je mehr kritische Berichte über die Sowjetunion verbreitet wurden, desto mehr gaben die Freundschaftsgesellschaften ihren Neutralitätsanspruch zugunsten eines entschiedenen Kampfes gegen den „Antisowjetismus" auf. In der Praxis bedeutete dies, jegliche Kritik an der sowjetischen Innen- und Außenpolitik zurückzuweisen und zu widerlegen. Indem man bewusst von „Antisowjetismus" und nicht von „Antikommunismus" sprach, sollte das Problem von der ideologischen auf die diplomatische bzw. zwischenstaatliche Ebene verschoben werden. Einerseits war Kritik an der Sowjetunion so gleichbedeutend mit unzulässiger Kritik an einem verbündeten Staat. Andererseits traten die Freundschaftsgesellschaften damit als Verteidiger des Staates und nicht seiner Ideologie auf.

Erste Fälle von „Antisowjetismus" registrierte France-URSS bereits 1945. Als es zu Beschwerden über die schlechte Behandlung und die verzögerte Rückkehr der französischen Kriegsgefangenen aus der Sowjetunion kam, druckte *France-URSS* umgehend einen Augenzeugenbericht des Moskauer AFP-Korrespondenten Jean Champenois über die gute Behandlung französischer Gefangener in Odessa.[219] Ein weiteres Feld des „Antisowjetismus" war die Frage des politischen Selbstbestimmungsrechts in den Ländern Osteuropas. *France-URSS* betonte, dass die Sowjetunion freie Wahlen zulasse, solange diese keine Komplizen Hitlers an die Macht brächten.[220] Die neue polnische Regierung wurde demzufolge von revolutionären Bauern gebildet, gegen die nun von der Exilregierung ehemaliger Großgrundbesitzer in London intrigiert würde.[221]

Schon im Dezember 1945 empfahl Grenier Strategien gegen den „Antisowjetismus". Die Freundschaftsgesellschaft sei zwar politisch neutral, jedoch müsse sie gegenüber den Feinden der Sowjetunion Stellung beziehen. Er rief die Komitees dazu auf, alle verbalen Angriffe auf die Sowjetunion direkt argumentativ

---

218 Vgl. Gallup, France, Bd. 1: 1939, 1944–1975, S. 77 und 92. Im April 1946 glaubten 17 % der Franzosen, dass die Sowjetunion Frankreich helfen würde. Im September 1946 fiel ihr Anteil auf 12 %. Vgl. Manigand, L'image de l'URSS, S. 120.
219 Vgl. La débâcle, in: France-URSS (1945) 5, S. 2; Champenois, Jean: Prisonniers français à Odessa, in: France-URSS (1945) 6, S. 7; General Petit bestätigte ebenfalls die hervorragende Behandlung französischer Gefangener in der Sowjetunion: Retour d'U.R.S.S., in: France-URSS (1945) 9, S. 10.
220 Vérités nécessaires, in: France-URSS (1945) 4, S. 2.
221 Victoire!, in: France-URSS (1945) 6, S. 2; Tour d'horizon, in: France-URSS (1946) 3, S. 3; À nos secrétaires de Comités départementaux et propagandistes, 18.10.1947, in: ANF, 88 AS 15.

oder durch Sympathiebekundungen und Massenkundgebungen zu widerlegen. Anderenfalls, so fürchtete er, werde die Neutralität lediglich als Untätigkeit ausgelegt, und France-URSS laufe Gefahr, seine treuesten Anhänger zu verlieren.[222] Der 2. Nationalkongress im April 1946 stand unter dem Motto „Combattre l'antisoviétisme". Der „Antisowjetismus", der immer Katastrophen für Frankreich ausgelöst habe, wurde in der abschließenden Resolution als „bevorzugte Waffe Hitlers" und als „Instrument der Feinde des Friedens" bezeichnet.[223] „Antisowjetisch" war damit gleichzusetzten mit profaschistisch und anti-französisch.

Die BSS gelobte auf ihrer Gründungskonferenz 1946, „sich jeglicher antisowjetischer Propaganda und Aktivitäten entgegenzustellen".[224] Durch Leserbriefe in verschiedenen Zeitungen, durch persönliche Schreiben an Parlamentarier und an Premierminister Attlee und durch die Publikation eigener Broschüren versuchte die BSS gegen die „antisowjetische Stimmung" in Politik und Gesellschaft anzukämpfen.[225] Verantwortlich für die Verschlechterung der Ost-West-Beziehungen seien die Westmächte und allen voran die USA, da sie die sowjetischen Friedensangebote nicht annähmen.[226] In nostalgischer Erinnerung an die Jahre der Kriegsallianz kämpften die Freundschaftsgesellschaften immer verzweifelter gegen die vermeintliche „antisowjetische" Verschwörung in Presse und Politik:

> Millions of people suffer from the daily dose of slow poison administered by the anti-Soviet Press, and the „get-tough-with-Russia" diplomacy of our Foreign Office. [....] The millions who came to feel a warm regard for Russia during the war are only separated now by a web of lies. The Branches of the British-Soviet Society can remove that web. It is the biggest and grandest job of the age. It is Priority Number One.[227]

Besonders groß war die Enttäuschung über die „antisowjetische Politik" der vermeintlich verbündeten Labour-Regierung. Sie setzte nach 1945 weiterhin auf Abgrenzung von der CPGB und versuchte, die Kommunisten aus der

---

222 Grenier, Fernand: Répondre, mais comment?, in: France-URSS. Bulletin intérieur n° 12 (1945), S. 1 f.
223 Résolution approuvée par le IIe Congrès, in: France-URSS (1946) 5, S. 15.
224 National Conference for British-Soviet Friendship. Adopted Resolutions, 30.3.1946, in: Hull, U DEV/1/38.
225 „[W]e look to you, Mr. Prime Minister, to speak in the language of a Socialist, else how shall we know that you are one?" Miss N. Black, Secretary BSS London Area, an Prime Minister, 19.11.1946, in: TNA, FO 371/56924.
226 Vgl. Flugblatt „Russia – Friend of Humanity", [November 1946], in: Hull, U DEV/1/38.
227 Priority Number One, in: British-Soviet Bulletin (1946) 9, S. 2.

Gewerkschaftsbewegung herauszuhalten.[228] Dagegen setzte die CPGB ihre Bemühungen um ein Bündnis mit Labour fort und stützte die neue Regierung und deren Sparpolitik. Der Labour-Kongress lehnte aber jede Form der Zusammenarbeit ab.[229] Dies bekam auch die BSS zu spüren, die Labour Verrat an den sozialistischen Idealen vorwarf.[230] Im Januar 1947 forderte Stanley Evans in einem Briefwechsel mit dem Generalsekretär der Labour-Partei Morgan Philipps, dass Labour-Mitglieder auch Mitglieder der BSS werden dürfen sollten. Doch Philipps lehnte dies unter Verweis auf die Nähe der BSS zu den Kommunisten ab.[231] Einen weiteren Antrag auf Entfernung der BSS von der „ban list" wies die Labour-Konferenz im Mai 1947 zurück. Noch weitreichender als die Entscheidung selbst war jedoch, dass die BSS in diesem Zuge von führenden Labour-Politikern öffentlich als kommunistisch, prosowjetisch und antinational charakterisiert wurde. Das empfand nicht nur der Schatzmeister der BSS George Young als Verrat durch die eigene Partei: „[The BSS] might struggle on until the anti-Russian tide turns, but it cannot stand being torpedoed by its own party and Government."[232] Die BSS war endgültig damit gescheitert, ein breites nationales Bündnis für eine britisch-sowjetische Allianz und vor allem eine Annäherung zwischen Kommunisten und Labour zu erreichen. Mit dem erneuten Kurswechsel in Moskau und der Gründung des Kominform im Herbst 1947 wurde dieses Ziel ohnehin obsolet. Ab diesem Zeitpunkt beendete auch die CPGB ihre Annäherungspolitik gegenüber Labour und bekämpfte offen die Spar- und Außenpolitik der britischen Regierung.[233]

Ein wichtiges und immer wieder aktuelles Thema war die Frage der Gewährung individueller Freiheit und garantierter Rechtsstaatlichkeit in der Sowjetunion. Ende der 1940er Jahre eskalierte der Streit um die Existenz von Lagern und Zwangsarbeit in der Sowjetunion und den osteuropäischen Satellitenstaaten. Anlass war unter anderem Viktor A. Kravčenkos Buch „I chose freedom", das 1947 in französischer Übersetzung erschien. Darin beschrieb der 1944 in die USA exilierte ukrainische Beamte das System der Lager in der Sowjetunion und die Folgen der „Kulakisierung". In der kommunistischen Zeitung *Les Lettres françaises*

---

228 Vgl. Stevens, Richard: Cold-War Politics. Communism and Anti-Communism in Trade Unions, in: Campbell, Alan/Fishman, Nina/McIlroy, John (Hg.): The Post-War Compromise. British Trade Unions and Industrial Politics, 1945–64, Monmouth 2007, S. 168–191.
229 Vgl. Branson, History of the Communist Party, S. 115–117; Eaden/Renton, The Communist Party, S. 102.
230 Vgl. exemplarisch „Russia's Enemies Are Britain's Foes". C. R. Attlee Prime Minister, in: Russia Today (1948) 6, S. 10 und 16.
231 Vgl. den Briefwechsel zwischen Stanley Evans und Morgan Philipps in: Hull, U DEV/1/38.
232 Memo by the Treasurer George Young, [Juni 1947], in: Hull, U DEV/1/38.
233 Vgl. Eaden/Renton, The Communist Party, S. 104 f.

wurde Kravčenkos Zeugenbericht als Fälschung der CIA bezeichnet. Ein – angeblicher – Mitarbeiter der CIA berichtete dort, wie Kravčenko – ein armer, dem Alkohol verfallener Taugenichts – vom amerikanischen Geheimdienst als vermeintlicher Autor des Buches verpflichtet worden sei. Kravčenko strengte gegen die Zeitung deshalb einen Prozess wegen Diffamierung an. Allerdings ging es im Laufe des Prozesses weniger um die Frage der Autorschaft des Buches und die Integrität Kravčenkos als vielmehr um die Frage nach der Existenz von Lagern in der Sowjetunion, der Hintergründe des Hitler-Stalin-Pakts und die Rolle des PCF in der Résistance. In der öffentlichen Wahrnehmung war es ein Strafprozess gegen das Sowjetsystem. Folglich ließ die Verteidigung in Absprache mit der sowjetischen Botschaft eine Reihe von Zeugen auftraten, die selbst in irgendeiner Weise Erfahrungen mit der Sowjetunion gemacht hatten und aufgrund ihres Engagements in der Résistance über moralische Autorität verfügten.[234]

France-URSS beteiligte sich aktiv an der Hetze gegen den als „Marionette des amerikanischen Antisowjetismus" bezeichneten „Verräter" Kravčenko und stilisierte den Prozess zu einem Angriff auf Frankreich.[235] Mehrere führende Mitglieder der Freundschaftsgesellschaft verteidigten als Zeugen „ihre" Sowjetunion: Der damalige Präsident von France-URSS Frédéric Joliot-Curie berichtete von seiner Reise 1936 in die Ukraine und vom hohen sowjetischen Niveau in Wissenschaft und Bildung. Fernand Grenier behauptete, auf seinen Reisen in die Ukraine 1933 keine Hungernden gesehen zu haben. General Ernest Petit bezeugte als ehemaliger militärischer Vertreter de Gaulles in Moskau und jetziger Vize-Präsident von France-URSS die große Zustimmung des sowjetischen Volkes zum Regime. Die hervorragende Behandlung der französischen Kriegsgefangenen legte Colonel Raymond Marquié dar, der von 1944 bis 1947 für die Repatriierung französischer Kriegsgefangener zuständig gewesen war und seit 1948 dem Bureau National von France-URSS angehörte. Der Historiker Jean Baby, der als Mitglied des Centre culturel et économique eine ganze Reihe von Vorträgen für France-URSS gehalten hatte, belegte die Unhaltbarkeit der Vorwürfe aus historischer Sicht. Juristisch vertreten wurden *Les Lettres françaises* von dem jüdischen Anwalt und Sozialist André Blumel, der die Bezeichnung

---

234 Vgl. Israël, Liora: Un procès du Goulag au temps du Goulag? L'affaire Kravchenko (1949), in: Critique internationale (2007) 3, S. 85–101, hier S. 90. Vgl. auch zum Buch: Fleming, John V.: The Anti-Communist Manifestos. Four Books that Shaped the Cold War, New York 2009, S. 179–266.
235 Vgl. Grenier, Fernand: Pourquoi nous témoignons contre Kravtchenko, in: France-URSS (1948) 6, S. 11; Le procès de Kravtchenko, in: France-URSS (1949) 3, S. 2 und 6 f. Grenier verfasste auch eine Broschüre „Kravtchenko démasqué!", die den Mitgliedern ans Herz gelegt wurde. Vgl. Circulaire n° 9-49, 16.4.1949, in: ANF, 88 AS 18.

„Lager" mit dem Argument anfocht, dass diese Orte seien laut den Beschreibungen nicht von Stacheldraht und Mauern umgeben gewesen.[236] Aus Großbritannien reiste Hewlett Johnson an, um die Religionsfreiheit in der Sowjetunion zu bezeugen.[237] Zwar gab das Gericht am Ende Kravčenkos Diffamierungsklage statt. Doch vermied es jede Aussage zum Wahrheitsgehalt von Kravčenkos Buch. So konnten sich auch die eigentlich Unterlegenen als Sieger fühlen.[238] Die eindeutige Haltung von France-URSS in diesem höchst zweifelhaften Verfahren prägte nachhaltig den Eindruck in der Öffentlichkeit, die Gesellschaft sei ein „Handlanger der Sowjetunion".

Das Thema der Straf- und Arbeitslager beschäftigte auch die BSS. Dora Scarlett und Edgar Young hielten sich im Sommer 1949 anlässlich des Kongresses der DSF mehrere Wochen lang in der sowjetischen Besatzungszone auf. Nach ihrer Rückkehr bezeugten sie, dass es dort keinerlei Zwangsarbeit gebe und auch die ehemaligen deutschen Kriegsgefangenen aus der Sowjetunion nur Positives berichteten.[239] Generalsekretär William Wainwright bestätigte in *Russia Today*, dass die Lager in der Sowjetunion nur zur Umerziehung von Kriminellen dienten.[240] Pritt, der sich nach dem Prozess gegen Kamenev und Zinov'ev 1936 vom sowjetischen Rechtssystem begeistert gezeigt hatte, bat 1950 darum, ein solches Lager besichtigen zu dürfen, um die amerikanische Propaganda glaubhaft widerlegen zu können.[241] Faktisch sollte Pritt erst im September 1954 die Gelegenheit

---

236 Weitere Zeugen mit Bezug zu France-URSS waren der Journalist und ehemalige Kommissar für Inneres in der CFLN und GPRF Emmanuel d'Astier de La Vigerie; der Leiter des Centre culturel et économique Jacques Nicolle; der Schriftsteller Vercors; der Journalist Louis Martin-Chauffier; der katholische Journalist Pierre Debray; sowie schließlich der Radikale Politiker Pierre Cot. Vgl. Cucchetti, Humberto: Communism, French Patriotism and Soviet Legitimacy in France. Social Trajectories and Nationalism (1945–1954), in: Iacob, Bogdan C. (Hg.): Communism, Nationalism, and State Building in Post-War Europe, Bucharest 2012, S. 109–129, hier S. 119.
237 Vgl. Butler, The Red Dean of Canterbury, S. 176–178. Die BSS beteiligte sich ebenfalls mit Broschüren und Argumentationshilfen an der Kampagne. Vgl. Minutes of the National Council meeting, 15.11.1947, in: Hull, U DEV/1/38.
238 Vgl. Au procès de Kravchenko: La France accuse. Quatre semaines de débats: la France – et ses amis – ont gagné!, in: France-URSS (1949) 3, S. 5 f.
239 Minutes of the Executive Committee, 20.7.1949, in: Hull, U DEV/1/38. Vgl. zur groß angelegten Kampagne um die „Heimkehrer" in der DDR, organisiert von der DSF: Behrends, Erfundene Freundschaft, S. 165–167.
240 Wainwright, William: The „Forced Labour" Swindle, in: Russia Today (1949) 9, S. 10 f. und S. 14. Diese Argumentation war so überzeugend, dass auch France-URSS Interesse an dem Artikel angemeldet hatte. Minutes of the Executive Committee, 20.4.1949, in: Hull, U DEV/1/38.
241 Grigor'jan an Stalin, 12.9.1950, in: RGASPI, f. 17, op. 163, d. 1561, l. 71 f., zugänglich in: Archiv Aleksandra N. Jakovleva, Dokument n° 455, http://www.alexanderyakovlev.org/fond/issues-doc/1016288 (12.11.2014).

zu einem solchen Besuch bekommen. Er beschrieb das Lager als eine Art idyllische, ländliche Ferienkolonie, in der die Gefangenen über umfangreiche Rechte verfügten: „But it is worth emphasising the wholesome mixture of plain humanity and plain common sense that inspires the system. Nothing is done to degrade or dehumanise the prisoners; nor is there any sentimental coddling."[242]

Neben der Widerlegung angeblich „antisowjetischer" Argumente ging es den Freundschaftsgesellschaften natürlich auch um die Vermittlung eines positiven Sowjetunionbildes. Zu diesem Zweck bedienten sie sich vor allem der von ihnen herausgegebenen Zeitschriften. Nicht jedes Mitglied war automatisch Abonnent von *France-URSS* oder *Russia Today*. Vielmehr lief der Verkauf einzelner Nummern über ein Netzwerk von lokalen Aktivisten, die von Haus zu Haus gingen. Die besten Verkäufer erhielten regelmäßig Auszeichnungen.[243] Die Zeitschriften mussten demnach so ansprechend gestaltet sein, dass sie Käufer fanden. *France-URSS* war daher schon 1945 mit zahlreichen Fotos und farbigen Elementen illustriert. Ab 1950 zierte immer ein koloriertes Foto das Titelblatt.

Beide Zeitschriften gaben sich große Mühe, sich von den Zeitschriften der jeweiligen sowjetischen Botschaften *Soviet Weekly* und *Études soviétiques* abzugrenzen. VOKS und Sovinformbjuro lieferten ihnen Foto- und Textmaterial, das sie selektierten und umarbeiteten. Die VOKS-Mitarbeiterin Lidija D. Kislova zeigte sich verwundert, dass das Material nicht vollständig verwendet wurde. Grenier rechtfertigte sich ihr gegenüber damit, dass *France-URSS* keine Kulturzeitschrift sei, sondern sich an alle sozialen Schichten richte und deshalb unterschiedliche Aspekte berücksichtigen müsse. Zweitens müsse sie „Artikel publizieren, die sich auf die momentanen französischen Probleme" bezögen. Drittens schließlich könnten in einer Zeitschrift mit dem Namen *France-URSS* nicht ausschließlich Artikel von sowjetischen Autoren publiziert werden. Besser wären französische Beiträge, die das von VOKS geschickte Material, „an den Geschmack und die Denkgewohnheiten unserer Landsleute" anpassten.[244]

Im Jahr 1947 stammten in den 11 Ausgaben nahezu drei Viertel der Artikel in *France-URSS* von Franzosen. Grenier verantwortete namentlich allein 18 Artikel. Dazu zählten vor allem die sehr scharf formulierten Leitartikel, in denen er den „Antisowjetismus" der Regierung und der Presse angriff, die französische Deutschlandpolitik kritisierte und nicht müde wurde, für eine französisch-

---

242 Pritt, D. N.: „Prisons" in the USSR, in: ASJ (1954) 4, S. 2–7, hier S. 5.
243 Vgl. beispielsweise En pleine bagarre pour le concours d'abonnements, in: France-URSS (1950) 10, S. 2.
244 Grenier an Kislova, 9.12.1946, in: GARF, f. 5893, op. 16, d. 446, l. 58 f.

sowjetische Allianz zu kämpfen.[245] Den sowjetischen Alltag beschrieb der Moskau-Korrespondent von *L'Humanité*, Francis Cohen. In *France-URSS* publizierte er allerdings unter dem Pseudonym André Sorbier, um den Anschein einer klaren kommunistischen Ausrichtung zu vermeiden.[246] Cohens Reportagen waren als Augenzeugenberichte geschrieben. Er nahm Leser mit zu seinem Besuch in einer Autofabrik, auf einer Kolchose oder ins Französisch-Seminar des Fremdspracheninstituts. Seine Erlebniserzählungen, in denen der immer wieder die Subjektivität seiner Eindrücke unterstrich, verband Cohen mit Informationen, die häufig geäußerte Kritikpunkte gezielt widerlegen sollten. So beschrieb Cohen in seiner Reportage über die Kolchose die traditionelle Hütte einer alten „Baba", in der jedoch die Elektrizität Einzug gehalten habe und Stalin die Ikonenecke ziere. Er ließ die dienstälteste Dorflehrerin über die Modernisierung des Dorfes durch die Kolchose berichten und den Leiter der Kolchose die enorme Steigerung der Produktion mit langen Zahlenketten dokumentieren. Cohen vergaß außerdem nicht, die großen Opfer des Dorfes im Kampf gegen den Faschismus zu erwähnen. Das „Wunder" der Modernisierung erklärte er mit der Effizienz der sozialistischen Arbeitsorganisation.[247]

Für eher touristisch Interessierte beschrieb der französische Geograf Pierre George die sowjetischen Landschaften. George war Mitglied des PCF und vertrat eine marxistische Humangeographie.[248] In seinen Reportagen über den Pamir, die Volga und die Bewässerungssysteme in Zentralasien schilderte er die Bezwingung der Naturgewalten durch den Menschen. Denn es gebe „keine Zitadelle, die die Bolschewiki nicht einnehmen könnten".[249] Außerdem schrieb er über das erfolgreiche Zusammenleben der Völker in der

---

245 Vgl. Grenier, Fernand: Les Alliés en Allemagne in: France-URSS (1947) 3, S. 3; Grenier, Fernand: La Ruhr au centre du débat, in: France-URSS (1947) 5, S. 3; Grenier, Fernand: Nos 200 grammes de pain et l'Antisoviétisme, in: France-URSS (1947) 10, S. 3.
246 Vgl. eine Notiz im Inventar zu Cohens Nachlass: Archives du Parti communiste français: Fonds Francis Cohen, Octobre 2009, http://archives.seine-saint-denis.fr/-Acces-direct-aux-Instruments-de-.html (25.4.2015), S. 29. Zu Cohens Biographie siehe Matonti, Frédérique: Les „garde-fous". Trajectoires biographiques et obéissance politique. L'exemple du groupe dirigeant de La Nouvelle Critique (1967–1980), in: Le Mouvement social n° 186 (1999), S. 23–43, hier S. 28–30; sowie Gomart, Double détente, S. 77.
247 Sorbier, André: J'ai visité le kolkhoz „Le Combattant", in: France-URSS (1947) 2, S. 4 f. Siehe weitere Reportagen von Francis Cohen: ders.: Le citoyen soviétique et le monde extérieur, in: France-URSS (1947) 5, S. 6 f.; ders.: À l'institut des langues étrangères avec les étudiants de français, in: France-URSS (1947) 7, S. 6 f.
248 Vgl. Maurel, Marie-Claude: Pierre George compagnon de route, une trajectoire d'engagement, in: Cahiers de géographie du Québec n° 146 (2008), S. 319–324.
249 George, Pierre: Le Pamir. Toit du monde, in: France-URSS (1947) 4, S. 14.

sowjetischen Völkergemeinschaft, „in der jedes Volk das Recht hat, innerhalb der großen sozialistischen Gemeinschaft mit seiner eigenen Kultur zu leben".[250]

Jeweils eine Seite war der Rolle der Frau in der Sowjetunion gewidmet. Frauen könnten dort – wie die Vorsitzende der Internationalen Demokratischen Frauenföderation Eugénie Cotton betonte – ihre Fähigkeiten frei entfalten, ebenso hart arbeiten wie Männer und dank staatlicher Unterstützung dennoch ihre Kinder erziehen.[251] Andere Artikel lobten den sowjetischen Sport, der anders als in Frankreich nicht professionalisiert und kommerzialisiert sei, sondern allen Schichten offenstehe. Berichte über Freizeit und Urlaub zeigten den Sowjetbürger als „Mensch wie Du und ich", für dessen Wohlergehen der Staat jedoch mehr Sorge trage als in Frankreich.[252] Für kulturinteressierte Leser druckte die Zeitschrift jeweils Übersetzungen aus aktuellen sowjetischen, in der Regel erfolgreichen und politisch empfohlenen Romanen wie „Die Wolokolamsker Chaussee" (Volokolamskoe šosse) von Aleksandr A. Bek oder „Neuland unterm Pflug" (Podnjataja celina) von Michail A. Šolochov.[253]

Im Gegensatz zu *France-URSS* war *Russia Today* wesentlich weniger umfangreich und nicht so reich illustriert. Grund dafür mag die offenbar geringere finanzielle und personelle Ausstattung der BSS gewesen sein. Dennoch waren auch hier die meisten Artikel von englischen Autoren geschrieben. Sie widerlegten „antisowjetische" Berichte anderer englischer Zeitungen und nahmen Stellung zu aktuellen politischen Fragen wie der Berlin-Blockade.[254] Reportagen über sowjetische Republiken oder den sowjetischen Alltag waren fast ausschließlich aus sowjetischem Material zusammengestellt und daher nüchterner und weniger literarisch ansprechend als in France-URSS.[255] Unterhaltung boten außerdem die monatlichen Schach- und Kinderseiten.

---

250 George Pierre: 60 peuples unis, in: France-URSS (1947) 10, S. 8 f., hier S. 8.
251 Cotton, Eugénie: Femmes soviétiques, in: France-URSS (1947) 11, S. 24 f.
252 Siehe beispielsweise: Rousseau, René: Sportes en URSS. Le football, in: France-URSS (1947) 3, S. 5. Zur Rolle des Sports in kommunistischen französischen Zeitungen, darunter *France-URSS*, siehe auch: Robin Hivert, Emilia: Le sport, vecteur de propagande internationale. Le cas des revues d'amitié Est-Ouest dans les années 1950, in: Attali, Michael/Combeau-Mari, Évelyne (Hg.): Le sport dans la presse communiste, Rennes 2013, S. 179–191.
253 Bek, Aleksandre: La chaussée de Volokolamsk, in: France-URSS (1947) 2, S. 10; Cholokov, Michel: Terres défrichées, in: France-URSS (1947) 4, S. 16 f.; Les sports populaires. Jeux et sports nationaux, in: France-URSS (1947) 1, S. 12 f.
254 Siehe die wiederkehrende Rubrik „What We Think", sowie beispielsweise Gentlemen, The Press!, in: Russia Today (1949) 3, S. 3; King, Beatrice: The Truth about the German „Blockade", in: Russia Today (1949) 2, S. 16 f.
255 Vgl. The Soviet Standard of Living, in: Russia Today (1949) 3, S. 11–14; Kirghizia, in: Russia Today (1949) 3, S. 16 f.

Die Zeitschriften vermittelten eine klare politische Botschaft, die sie für die Landsleute möglichst ansprechend verpackten. Sie passten zwar Informationen und Materialien aus der Sowjetunion in der Form an die jeweilige Zielgruppe an, Inhalt und politische Aussage blieben jedoch unverändert. So erfüllten die Zeitschriften ihre Funktion als Multiplikatoren der sowjetischen Kampagnen, konnten aber über die enge Zielgruppe der eigenen Mitglieder hinaus keine breitere Öffentlichkeit erreichen.

Zwei Kulturen: Der Kalte Krieg in Literatur und Wissenschaft am Beispiel der SCR

Die Hoffnungen der VOKS und vieler sowjetischer Intellektueller auf eine Intensivierung des Austauschs zwischen dem Westen und der Sowjetunion wurden schnell enttäuscht. Schon 1946 scheiterten die meisten Initiativen an der mangelnden Kooperationsbereitschaft der sowjetischen Behörden. Stalin hatte nicht die Absicht, die Sowjetunion dem Westen gegenüber zu öffnen. Ihn beunruhigte vielmehr, dass so viele sowjetische Bürger während des Krieges mit dem Westen in Kontakt gekommen waren. Der rhetorische Kampf der „demokratischen" gegen „reaktionäre" und „profaschistische" Kräfte ging 1945 weiter, wobei die USA die Achsenmächte in der Rolle des Feindes ablöste. Größere kulturpolitische Vorhaben wie eine Auslandsreise des Bol'šoj-Balletts scheiterten deshalb schon 1945 am Veto Stalins.[256] Auch dezentrale Auslandsbeziehungen einzelner Sowjetrepubliken, wie sie unter anderem mit der Neugründung einer weißrussischen Filiale der VOKS angestrebt wurden, waren 1946 nicht erwünscht.[257]

Während die Medien noch ein relativ positives Bild vom Westen verbreiteten, wandte sich Stalin bereits 1945 gegen Mitglieder des Politbüros, die eine Fortsetzung der Allianz mit den Alliierten für denkbar hielten.[258] Ab August 1946 beschränkte sich die antiwestliche Kampagne nicht mehr auf die oberste politische Ebene, sondern richtete sich nun allgemein gegen Funktionäre und Kulturschaffende.[259] Innenpolitisch sollte dadurch die Atmosphäre

---

[256] Pauline Fairclough zeigt dies im Detail anhand des (gescheiterten) Austauschs von britischen und sowjetischen Musikern in den 1940er Jahren: Fairclough, Détente to Cold War.
[257] Vgl. Šadurskij, Kul'turnye svjazi Belarusi, S. 35.
[258] Vgl. zur positiven Berichterstattung über den Westen Brooks, Jeffrey: Thank You Comrade Stalin! Soviet Public Culture from Revolution to Cold War, Princeton 2000, S. 207–209.
[259] Françoise Thom unterscheidet entsprechend die Inkubationszeit, eine geheime und eine öffentliche Phase der Kampagne. Vgl. Thom, Françoise: La campagne contre „l'adulation de

der politischen Mobilisierung und Wachsamkeit erneuert und damit der Machtanspruch Stalins gesichert werden. Auch für die sowjetische Kultur und Wissenschaft wurde ein nationaler Kurs propagiert. Demzufolge waren sie dem Westen in jeder Hinsicht überlegen und sollten sich frei von westlichen Einflüssen halten.[260] Als erster Bereich fiel dieser Kampagne im August 1946 die Literatur zum Opfer. Ein Erlass des ZK griff die Literaturzeitschriften *Zvezda* und *Leningrad* öffentlich dafür an, dass sie Werke von Anna A. Achmatova und Michail M. Zoščenko publiziert hatten. Es folgten weitere Erlasse für die Bereiche Theater, Film und – im Februar 1948 – Musik, in denen exemplarisch einzelne Personen oder Werke verurteilt wurden. In seiner Rede zum 30. Jahrestag der Oktoberrevolution im November 1947 unterstrich Molotov, dass niemand ein echter sowjetischer Bürger sein könne, der wie früher im alten Russland vor dem Westen und der kapitalistischen Kultur „katzbuckele".[261]

In diesem Kontext geriet auch die VOKS zunehmend in Schwierigkeiten. Ein Beschluss des ZK im August 1946 kritisierte die unideologische und defensive Haltung der Institutionen der sowjetischen Auslandspropaganda, zu denen die VOKS zählte: Diese stellten die Überlegenheit des sowjetischen Systems, den Sieg der Sowjetunion im Zweiten Weltkrieg, die Krisenfreiheit der sowjetischen Wirtschaft und die Überwindung des Nationalitätenproblems zu wenig heraus. Um ihre Effizienz zu verbessern, sollten die verschiedenen Institutionen vom MID zentral koordiniert und kontrolliert werden. Allerdings war damals noch vorgesehen, dass die VOKS Gastspiele sowjetischer Künstler und Ausstellungen im Ausland organisieren und progressive Kulturschaffende in die Sowjetunion einladen solle.[262] Im April 1947 wurde die VOKS erneut einer Prüfung unterzogen. Der Bericht der Prüfkommission an Ždanov kritisierte wiederum die mangelnde Qualität der Materialien und die schlechte Koordination der Institutionen. Der Hauptvorwurf aber richtete sich ganz im Sinne der antiwestlichen Kampagne gegen die eigentliche Aufgabe der VOKS – nämlich die Kontakte mit dem Westen. Man beschuldigte die Mitarbeiter der Weitergabe

---

l'Occident", in: Sirinelli, Jean-François/Soutou, Georges-Henri (Hg.): Culture et guerre froide, Paris 2008, S. 11–26, hier S. 11–17. Die Kontinuitäten in der antiwestlichen Politik werden ausführlich dargelegt von Clark/Dobrenko, Soviet Culture and Power, S. 347–351.
260 Vgl. auch zum Folgenden Grüner, Frank: Patrioten und Kosmopoliten. Juden im Sowjetstaat 1941–1953, Köln 2008, S. 438–443; sowie die Dokumentensammlung Nadžafov, D. G. (Hg.): Stalin i kosmopolitizm. Dokumenty Agitpropa CK KPSS 1945–1953, Moskau 2005.
261 Tridcatletie Velikoj Oktjabr'skoj socialističeskoj revoljucii. Doklad V. M. Molotova na toržetsvennom zasedanii Moskovskogo Soveta 6 nojabrja 1947 goda, in: Pravda, 7.11.1947, S. 1 f.
262 Proekt postanovlenija CK VKP(b) „Ob osveščenii vnešnepolitičeskich voprosov v sovetskoj pečati i o sovetskoj propagande za rubežom", 13.8.1946, RGASPI, f. 77, op. 4, d. 16, l. 55–63, abgedruckt in Nadžafov, Stalin i kosmopolitizm, S. 60–66.

geheimer Daten ins Ausland, der „Vergötterung" von Ausländern sowie der mangelnden Kontrolle und Wachsamkeit gegenüber Feinden und Provokateuren in den Freundschaftsgesellschaften.[263] Auch das Zeigen ausländischer Filme geriet in Verdacht.[264] Die VOKS sollte von nun an gegen die „bourgeoise Ideologie" und die „antisowjetische Propaganda" kämpfen und die Errungenschaften des sozialistischen Systems anpreisen.[265] Kemenov selbst stimmte in diesen Diskurs ein, in dem er im *VOKS Bulletin* die „anti-humanistische, individualistische, bourgeoise Kunst" der „humanistischen", in der Gesellschaft verankerten, sozialistischen Kunst gegenüberstellte.[266] Dennoch fiel er, wie viele seiner Mitarbeiter, 1948 in Ungnade und musste – offiziell wegen finanzieller Ungereimtheiten – seinen Posten für den Juristen Andrej I. Denisov räumen.[267]

Derartige Angriffe stellten die Freundschaftsgesellschaften im Westen vor große Herausforderungen. Die antiwestlichen Kampagnen in der Sowjetunion machten den Austausch mit der Sowjetunion so gut wie unmöglich. Ab 1947 gab es keine direkten Begegnungen mehr, und auch der Briefkontakt war deutlich eingeschränkt. Die sowjetische Akademie der Wissenschaften stellte ihre fremdsprachigen Bulletins ein. Zudem waren die Künstler, Schriftsteller und Wissenschaftler im Westen gezwungen, sich im binären Raster „sowjetischer" und „bourgeoiser" Literatur, Kunst und Wissenschaft zu positionieren. Dies traf insbesondere die SCR, die immer versucht hatte, sich auf den kulturellen und wissenschaftlichen Austausch zu konzentrieren. Ihr Präsident Charles Trevelyan und ihr Chairman Denis Pritt betonten, dass die Arbeit der SCR in Zeiten schwieriger internationaler Beziehungen umso wichtiger sei:

> As the allies of yesterday drift further apart, heavy responsibility falls on an organisation like ours to maintain those links between the peoples that are snapping in the hands of the statesmen, and particularly to keep open the channel of communication between those engaged in the arts, sciences and professions.[268]

Deshalb bemühten sich die verschiedenen Sektionen der SCR, Kommunikationskanäle offenzuhalten, auch weiterhin Material in die Sowjetunion zu schicken

---

263 Pechatnov, Vladimir: Exercise in Frustration. Soviet Foreign Propaganda in the Early Cold War, 1945–47, in: Cold War History 1 (2001) 2, S. 1–27, hier S. 21.
264 Vgl. Zubok, The Demise, S. 75.
265 Vgl. Yegorova, The All-Union Society, S. 91.
266 Kemenov, Vladimir: Aspects of Two Cultures, in: VOKS Bulletin n° 52 (1947), S. 20–36. Zur ausführlichen Diskussion des Artikels siehe: Johnson, Mutually Assured Distinction, S. 22 f.
267 Vgl. Fairclough, Détente to Cold War, S. 42 und 44; Wenell, Sovjetunionen och svenska vänsällskap, S. 52.
268 The Work of the S.C.R.. An Appeal to Members and Friends, in: ASJ 9 (1948) 2, S. 15.

und die Kampagnen in der Sowjetunion abwartend zu beobachten. Nachdem die Austauschbemühungen der Nachkriegsmonate im Sande verlaufen waren, konzentrierte sich die Writers' Section der SCR während der antiwestlichen Kampagnen auf die „Klassiker". Sie organisierte Lesungen zu Gorki, Dostoevskij, Herzen und Puškin. Für das sowjetische Publikum bereitete sie eine Ausstellung zu Shakespeare vor, die nach Moskau geschickt wurde.[269] Eine der seltenen Gelegenheiten zur persönlichen Begegnung mit sowjetischen Schriftstellern bot die Reise einer Delegation von Abgeordneten des Obersten Sowjets im März 1947. Ihr gehörten unter anderem der Sekretär des Schriftstellerverbandes Aleksandr A. Fadeev und sein Stellvertreter Konstantin M. Simonov, der damalige Chefredakteur der Literaturzeitung *Novij Mir*, an. Mit diesen führenden Köpfen der antiwestlichen Kampagne in der Literatur organisierte die Writers' Group der SCR eine Diskussionsveranstaltung über die aktuelle sowjetische Literatur und deren Verhältnis zur britischen Literatur.[270]

Auch das *Anglo-Soviet Journal* räumte der Darstellung und der – zugegebenermaßen recht vorsichtigen – Diskussion der antiwestlichen sowjetischen Literaturkonzeption einen gewissen Platz ein. Publiziert wurde zum Beispiel Ėrenburgs Rede vor dem Intellektuellenkongress in Wrocław im August 1948. Darin beschwor er eine gesamteuropäische progressive Kultur, die jedoch von amerikanischem Imperialismus und bourgeoisem Barbarismus bedroht werde. Ein Schriftsteller hatte sich demzufolge klar zu positionieren und politisch zu engagieren.[271] Louis Golding, ein Mitglied der Writers' Group, kommentierte Ėrenburgs Rede und stellte dabei vor allem in Frage, ob sich die Qualität eines Schriftstellers allein an seinem gesellschaftlichen und politischen Engagement ausmachen lasse.[272] Im Dezember 1949 publizierte das *Anglo-Soviet Journal* erneut einen Artikel Ėrenburgs aus dem *Bolševist*, in dem er die Feigheit der westlichen Schriftsteller anprangerte, gemäß der sowjetischen Vorgaben seinen Bekannten Jean-Paul Sartre attackierte und die Überlegenheit der sowjetischen Kultur bekräftigte: „The Soviet Union plays a great role in protecting and

---

[269] Vgl. SCR Annual Report 1946–7, in: CPGB, CP/IND/MONT/9/1.
[270] Vgl. Writers' Group Annual Report 1946–7, in: CPGB, CP/IND/MONT/9/1. Leider ist nichts Näheres über den Verlauf der Veranstaltung bekannt.
[271] Ehrenburg, Ilya: Intellectuals in the Modern World. A Soviet View Discussed, in: ASJ (1948) 4, S. 14–17.
[272] „I think it is likelier that the best creative work will be produced by artists so abundant in energy that they will participate in the political and social life of their country. I think it is false to say that unless they do so participate, they must *necessarily be inferior artists*." Louis Golding Comments, in: ASJ (1948) 4, S. 17 f.

prolonging the life of the culture of all mankind, while in the capitalist countries thought is being trampled, creative work is perishing."²⁷³

Als im Herbst 1949 anlässlich des 25. Geburtstages der SCR endlich eine erste Delegation von sowjetischen Künstlern und Wissenschaftlern nach London reiste, definierte der damalige stellvertretende Generalsekretär des Schriftstellerverbands und Chefredakteur von *Ogenëk*, Aleksej A. Surkov, die sowjetische Literatur vor allem über ihre Abgrenzung:

> We reject reactionary romantics: we are not heirs to the literature of the decadents, for we consider decadence the product of the spiritual disintegration and decay of the society that gave it birth. [...] Equally unacceptable we find the symbolists, impressionalists, futurists, surrealists, and other representatives of the different „isms" that rioted so abundantly in the literature of the twentieth century. [...]
> We have always been internationalist, but never were, not ever will be, cosmopolitans. [...] Cosmopolitanism deprives man of his sacred feeling for his homeland, disarms him spiritually when he is faced with the danger of the imperialist super-State swallowing up countries and nations.²⁷⁴

Derartige Texte wurden im *Anglo-Soviet Journal* in der Regel als Übersetzungen ohne größere Kommentare abgedruckt. Einerseits bot die Zeitschrift damit ein Forum für die Darstellung der sowjetischen Perspektive. Andererseits enthielt die SCR sich zumindest öffentlich jeglicher Wertung, versuchte die politische Dimension auszublenden und sich auf eine rein kulturelle Mission zu konzentrieren. Dennoch verlor die Gesellschaft im Laufe der Jahre viele namhafte Mitglieder.²⁷⁵ Der Jahresbericht der Writers' Group 1948 zog eine ernüchternde Bilanz:

> Though the work we do is cultural, the ebb and flow of international affairs during the past year has had its effect. It has shown that some members consider it more important than ever to maintain the firm link with fellow-writers in the U.S.S.R. established in the first three years of the Group's existence. In other cases, members have preferred to withdraw their active support.²⁷⁶

---

273 Ehrenburg, Ilya: In Defence of Culture, in: ASJ (1949) 3, S. 22–26.
274 Surkov, Alexei: Soviet Literature, in: ASJ (1949) 4, S. 27–31, hier S. 27 und 31.
275 Neben Priestley selbst waren dies laut einem Bericht von Radio Liberty unter anderem Margaret Storm Jameson, Sean O'Casey, William Sommerset Maugham, Walter de la Mare, Robert Neumann, Stephen Spender und Victor Sawdon Pritchett. Vgl. Recent Activities of the SCR and its Network of Provincial Secretaries in the UK, 19.2.[1954], in: OSA, HU OSA, 300-1-2-43973.
276 The Writers' Group: Annual Report 1947–1948, in: CPGB, CP/IND/MONT/9/1.

Nichtsdestotrotz gab man sich überzeugt, dass die sowjetischen Schriftsteller zwar andere Ansichten hätten, dass dies ihr Interesse an der britischen Literatur und am Austausch mit ihren britischen Kollegen aber „in keiner Weise" schmälere.[277]

Tastsächlich bat die VOKS mehrmals um Material und Einschätzungen der Briten zur sowjetischen Literatur, zu Übersetzungen und zu Filmen. 1948 übersandte die VOKS der Film-Sektion der SCR mehrere sowjetische Spiel- und Dokumentarfilme, darunter „Skazanie o zemle sibirskoj" (Das Lied von Sibirien) und „Molodaja Gvardija" (The Young Guard).[278] Die Bitte um Rückmeldung und Kritik brachte den britischen Regisseur Thorold Dickinson in Verlegenheit. Zwar mochte er den ersten Film nicht. Doch da er wusste, „wie empfindlich die Russen sein können", wollte er ihnen dies nicht offen schreiben.[279] Offensichtlich wünschte die VOKS eine Rückmeldung zur Qualität der sowjetischen Literatur und Kunst von ausgewählten westlichen Experten, die über den Verdacht des „Antisowjetismus" erhaben waren. Andererseits gab dieser Austausch den Briten das Gefühl, der Kontakt zur Sowjetunion sei noch nicht ganz abgerissen und ihre kollegiale Meinung weiterhin gefragt. Zu ihrem Bedauern blieben die Kontakte zu den sowjetischen Kollegen jedoch weiterhin spärlich und einseitig.[280]

Nicht nur die Literatur, sondern auch das vermeintlich objektive Feld der Wissenschaft teilte sich im Kalten Krieg in eine „imperialistische" und eine „sozialistische" Sphäre. Nach sowjetischer Auffassung wurde die Wissenschaft im Westen zur Unterdrückung der Arbeiter, zur Bereicherung einiger Weniger und zur Vorbereitung eines neuen Krieges instrumentalisiert. Die sowjetische Wissenschaft hingegen widmete sich demnach dem Wohlergehen der Bevölkerung, dem Wiederaufbau der Sowjetunion und der Sicherung des Friedens und des Wohlstands.[281] Tatsächlich wurde die Wissenschaft in der Sowjetunion dermaßen politisiert und staatlich überwacht, dass Zweifler an der jeweils als

---

277 Vgl. ibid.
278 Secretary of VOKS English Department an Mrs. Jackson, SCR, 12.10.1948, in: CPGB, CP/IND/MONT/9/1. „Skazanie o zemle sibirskoj" (1947): Regisseur Ivan Pyr'ev; Buch: Evgenij Pomeščenkov; Film mit zahlreichen Liedeinlagen über einen Pianisten, der nach Verwundung im Zweiten Weltkrieg nach Sibirien geht und dort ein Oratorium über Sibirien schriebt. „Molodaja Gvardija" (1948): Regie: Sergej Gerasimov; nach dem gleichnamigen Roman von Aleksandr Fadeev über eine Komsomol-Widerstandsgruppe im Zweiten Weltkrieg.
279 Thorold Dickinson an Mrs. Jackson, SCR, 9.11.1948, in: CPGB, CP/IND/MONT/9/1.
280 Vgl. Briefwechsel zwischen H. C. Stevens, Vorsitzender der Translators' Section der Writers' Group, mit M. Bramova, Sekretärin der Literatursektion der VOKS, 12/1947, in: CPGB, CP/IND/MONT/9/1.
281 Siehe allgemein zur Stellung der Wissenschaft in der spätstalinistischen Sowjetunion Sonin, Bor'ba s kosmopolitizmom.

alleingültig anerkannten Lehre massiven Repressionen ausgesetzt waren und sogar um ihr Leben fürchten mussten.

International für Aufsehen sorgte zum Beispiel die Auseinandersetzung um die Lehren des Biologen Trofim D. Lysenko. Dieser leugnete unter anderem die Existenz von Genen und behauptete stattdessen, durch Umwelteinflüsse erworbene Eigenschaften könnten weitervererbt werden. Seit 1938 war Lysenko Leiter der Sowjetischen Akademie für Landwirtschaft und löste bereits Ende der 1930er Jahre eine erste Kampagne aus, in deren Zuge einige „Genetiker" verhaftet und hingerichtet wurden.[282] Nachdem es den „Genetikern" in den Kriegsjahren und der unmittelbaren Nachkriegszeit mit Unterstützung westlicher Wissenschaftler gelungen war, gegenüber Lysenko wieder die Oberhand zu gewinnen, nutzte die KPdSU die Lehre Lysenkos nun als Waffe im Cultural Cold War.[283] Eine Rede Lysenkos vor der Landwirtschaftsakademie im August 1948 leitete eine landesweite und internationale Kampagne zur Verbreitung seiner Lehre ein, um gegen die „bourgeoisen" Theorien Mendels und Darwins anzukämpfen. Die kommunistischen Parteien und die ihnen nahestehenden Wissenschaftler wurden gezwungen, klar Position zu beziehen. Entweder konnten sie – teilweise entgegen ihrer wissenschaftlichen Überzeugungen – Loyalität gegenüber der Sowjetunion beweisen. Oder sie stellten die Wissenschaft über die Politik und liefen dadurch Gefahr, ins „falsche Lager" zu geraten.

Die Freundschaftsgesellschaften spielten eine wesentliche Rolle für die Lysenko-Kampagne. Unter dem Dach von France-URSS wurde die Gesellschaft der Amis de Mitchourine gegründet. Diese machte nicht nur Werbung für Lysenkos Lehre, sondern vertrieb auch das behandelte Saatgut in Frankreich.[284] In der britischen SCR brachte die Lysenko-Kampagne vor allem die Biologen in Bedrängnis. Zunächst löste die Augustsitzung der Landwirtschaftsakademie unter den britischen kommunistischen Genetikern große Unsicherheit und Verwirrung aus. Wie sollten sie gegenüber dieser eindeutigen Parteinahme für Lysenko reagieren, dessen Theorien sie wissenschaftlich für zweifelhaft hielten und dessen Rede

---

282 Vgl. zu dieser Vorgeschichte Krementsov, Nikolai: A „Second Front" in Soviet Genetics. The International Dimension of the Lysenko Controversy, 1944–1947, in: Journal of the History of Biology 29 (1996) 2, S. 229–250.
283 Zum Fall Lysenko im Kalten Krieg siehe beispielsweise die Sondernummer des Journal of the History of Biology 45 (2012) 3; DeJong-Lambert, William: Biological Utopias East and West. Trofim D. Lysenko and his Critics, in: Romijn, Peter/Abrams, Nathan (Hg.): Divided Dreamworlds? The Cultural Cold War in East and West, Amsterdam 2012, S. 33–52.
284 Vgl. „Les amis de Mitchourine développement leurs actions", in: France-URSS (1950) 9, S. 13; Martin, France-URSS, S. 60; Kotek, Joël/Kotek, Dan: L'affaire Lyssenko, Paris 1986, hier S. 166–171. Die gleiche Funktion übernahm Italia-URSS, vgl. Gravina, Per una storia. Parte seconda, S. 50 f.

von der „reaktionären Genetik" das eigene Werk in Frage stellte? So schrieb der Botaniker Alan G. Morton an den Genetiker John B. S. Haldane:

> On the face of it <u>you</u> have been told that a lot of our work is not just wrong and wasted but actually <u>against</u> the best interests of mankind. My personal difficulty is not that of accepting that Lysenko might be partially right or Weissmann [der Genetiker August Weismann] partly wrong but the way that these two articles seem to DEDUCE from first principles that Lysenko is right and his critics almost counter revolutionaries. I am in rather a flat spin. I suspect that other comrades may be likewise.[285]

Auch sein Kollege Angus Bateman zeigte sich insgeheim wenig überzeugt von dem „antiwissenschaftlichen Quatsch von Lysenko und seiner Schule".[286]

In der Öffentlichkeit hingegen vermieden sie jegliche Kritik an ihren sowjetischen Kollegen. Symptomatisch dafür war das Verhalten Haldanes. Haldane war als Mitglied des Executive Committee der CPGB und des Editorial Board des *Daily Worker* seit 1942 bzw. 1943 Vize-Präsident des NCBSU, der BSS und der SCR. Haldane selbst war 1928 auf Einladung des Genetikers Nikolaj I. Vavilov in der Sowjetunion gewesen, der auf Betreiben Lysenkos 1940 entlassen wurde und 1943 in Haft gestorben war. Bei einer Diskussion in der BBC am 30. November 1948 behauptet Haldane wider besseres Wissen, Vavilov sei eines natürlichen Todes gestorben.[287] Wie für viele seiner Kollegen ging es Haldane darum, trotz großer persönlicher Zweifel an der Lysenko-Kampagne keine Angriffsflächen für eine grundsätzliche Kritik am sowjetischen System zu bieten.[288] Das erklärt auch, warum Morton in seinem Entwurf für ein Statement an das Political Committee der CPGB Lysenkos Lehren als „absolut korrekt" bezeichnete und „ohne Zögern" volle Unterstützung für den neuen Trend in der Biologie zusicherte. Dies ging freilich selbst Haldane zu weit.[289]

Der erste Artikel im *Anglo-Soviet Journal* zu Lysenko – ebenfalls von Morton verfasst – war ein Kompromiss zwischen den beiden Extrempositionen.

---

285 Alan G. Morton an J. B. S. Haldane, 30.8.1948, in: UCL, Haldane Papers 5/1/2/8/18.
286 Angus G. Bateman an J. B. S. Haldane, 29.8.1948, in: UCL, Haldane Papers 5/1/2/8/17; sowie Where I disagree with Lysenko, 1948, in: UCL, Haldane Papers 4/9/1/6.
287 Vgl. Paul, Diane B.: A War on Two Fronts. J. B. S. Haldane and the Response to Lysenkoism in Britain, in: Journal of the History of Biology 16 (1983) 1, S. 1–37, hier insbesondere S. 13; Clark, Ronald: J. B. S. The Life and Work of J. B. S. Haldane, Oxford 1984, zur Lysenko-Affäre S. 172–186.
288 Vgl. zur Diskussion: In Support of Lysenko, [Dez.] 1948, in: UCL, Haldane Papers 4/9/1/7; Paul, A War on Two Fronts, S. 22.
289 Morton, A. G.: The Present Position in Biology, 18.11.1948, in: UCL, Haldane Papers 4/9/1/4. Zu Haldanes Reaktion vgl. J. B. S. Haldane an Maurice Conforth, 20.11.1948, in: UCL, Haldane Papers 4/9/1/5.

Ohne die Genetik grundsätzlich zu verdammen, präsentierte er Lysenkos Theorie als großen Gewinn für die Biologie und zitierte ausführlich aus dessen Rede vom August 1948. Interessanterweise übersetzte der Artikel auch die Präsidiumsbeschlüsse der sowjetischen Landwirtschaftsakademie, die im Detail aufzählten, welche Wissenschaftler entlassen und welche Institute geschlossen werden sollten. So wurden die wissenschaftlichen, politischen und vor allem menschlichen Folgen der Kampagne zumindest angedeutet.[290] Außerdem publizierte die SCR die gesamte Diskussion der Landwirtschaftakademie auf Englisch, um den Mitgliedern eine verlässliche Informationsbasis zu liefern.[291]

Ähnlich wie die Schriftsteller lösten die Biologen in der SCR den Spagat zwischen britischen Genetikern und sowjetischen Lysenkoisten dadurch auf, dass sie zu dieser Frage nur kommentarlos Übersetzungen von sowjetischen Vorträgen und Artikeln über Lysenko veröffentlichten. Dies galt zum Beispiel auch für den Vortrag des stellvertretenden Vorsitzenden der Landwirtschaftsakademie Ivan E. Gluščenko anlässlich des 25-jährigen Jubiläums der SCR.[292] Hingegen wurden weder die anschließende Diskussion noch sonstige Statements britischer Akteure für oder gegen Lysenko publiziert. Die SCR hätte also durchaus eine Plattform für eine sachliche, wissenschaftliche und gut informierte Diskussion bieten können. Faktisch ging man dieser Diskussion jedoch zumindest in der Öffentlichkeit aus dem Weg und zog sich auf eine unkommentierte Weitergabe der sowjetischen Sichtweise zurück. Haldane publizierte seine zunehmend kritischen Stellungnahmen zu Lysenko in anderen Zeitungen wie dem *Modern Quarterly* und distanzierte sich auch nach und nach von der CPGB.[293] 1950 trat er aus der Partei aus, blieb jedoch Mitglied der BSS und der SCR.

Wie hier beispielhaft an den wissenschaftlichen und künstlerischen Sektionen der SCR dargestellt wurde, versuchten die Freundschaftsgesellschaften, die Kontakte in die Sowjetunion trotz der antiwestlichen Kampagne nicht abreißen zu lassen. Dafür gingen sie nach außen hin viele ideologische, politische sowie künstlerische und wissenschaftliche Kompromisse ein. Es ist schwer zu sagen, wen die Freundschaftsgesellschaften damals in der Sowjetunion tatsächlich

---

290 Morton, A. G.: Biology in the Soviet Union, in: ASJ (1948) 4, S. 5–8.
291 Current activities, 8.12.1948, in: CPGB, CP/IND/MONT/9/1.
292 Vgl. Glushchenko, I. E.: The Fundamental Principles of Michurin Genetics, in: ASJ (1949) 4, S. 16–26; Lysenko, T. D.: New Developments in the Concept of Biological Species, in: ASJ (1951) 1, S. 4–11. Am 20.9.1952 gab es einen Vortrag von Jakovlev, Direktor des agrarwissenschaftlichen Forschungsinstituts, mit dem Titel „Michurin and Soviet Horticulture".
293 Beispielsweise Haldane, J. B. S.: In Defense of Genetics, in: The Modern Quarterly 4 (1949) 3, S. 194–202.

erreichten und was diese Kontakte für die sowjetischen Ansprechpartner bedeuteten. Für manche sowjetische Kulturschaffende und Wissenschaftler waren die Freundschaftsgesellschaften in dieser Zeit der einzige Kommunikationskanal in den Westen. Dies illustriert zum Beispiel ein Briefwechsel zwischen dem sowjetischen Regisseur Vsevolod I. Pudovkin als Leiter der Film-Sektion der VOKS und Ivor Montagu, der seinerseits der Film Section der SCR vorstand. Beide kannten sich noch aus der Zwischenkriegszeit, und Montagu hatte mehrere theoretische Werke Pudovkins aus dem Russischen übersetzt. In einem Schreiben brachte Pudovkin 1948 seine Freude zum Ausdruck, dass Montagu ihn nicht vergessen habe und nach wie vor Interesse für den sowjetischen Film zeige. Er und die Mitglieder seiner Sektion würden ebenfalls gerne britische Filme und Filmtheorie kennenlernen. Wehmütig äußerte Pudovkin seine Hoffnung, dass sie sich eines Tages auch wieder persönlich sehen könnten.[294]

1.5 Zwischen „Friedenskampf" und „Stalinkult"

Mobilisierung für den Frieden: Nationale Diskurse einer transnationalen Kampagne

Der Beginn des zielgerichteten „Friedenskampfes" 1949 markierte auch einen Einschnitt in der Geschichte der Freundschaftsgesellschaften. Geoffrey Roberts argumentiert, dass diese Friedenskampagne nicht nur als Propagandamanöver gedeutet werden dürfe, sondern tatsächlich die Verhinderung eines weiteren Weltkriegs und die Überwindung des Ost-West-Gegensatzes – wenngleich nach sowjetischen Bedingungen – bezweckte.[295] In jedem Fall ließ sich mit dem Friedenstopos im kriegsmüden Europa eine breitere soziale und politische Basis mobilisieren. Nicht wenige waren der Ansicht, dass die Zuspitzung des Systemkonflikts die Gefahr eines Krieges deutlich erhöht habe und dieser nur durch Dialog und Verständigung abgewendet werden könne. Die kommunistischen Parteien sollten nun erneut parteiübergreifend alle „Freunde des Friedens" ansprechen und für die Sowjetunion mobilisieren. Anfangs stützte sich die Friedenskampagne im Westen hauptsächlich auf bereits vorhandene gesellschaftliche Gruppen und Organisationen, die dem Kommunismus nahestanden.

---

294 Vgl. Pudovkin an Montagu, [1948], in: CPGB, CP/IND/MONT/9/1.
295 Vgl. Roberts, Geoffrey: Moscow's Campaign against the Cold War, 1948–1955, in: Bozo, Frédéric/Rey, Marie-Pierre/Rother, Bernd/Ludlow, N. Piers (Hg.): Visions of the End of the Cold War in Europe, 1945–1990, New York 2012, S. 47–60.

Dies traf insbesondere auf die Freundschaftsgesellschaften zu, die daher in der westlichen Öffentlichkeit als Träger und Multiplikatoren der Kampagne auftraten. Die personellen und institutionellen Überschneidungen zwischen der Friedensbewegung und den Freundschaftsgesellschaften waren beträchtlich. Ein erster Schritt zu einer organisierten Friedensbewegung war der „Weltkongress der Intellektuellen zur Verteidigung des Friedens und der Kultur" in Wrocław Ende August 1948. 500 Intellektuelle aus 46 Ländern knüpften auf dieser Veranstaltung symbolisch an die antifaschistischen Intellektuellenkongresse der Zwischenkriegszeit an.[296] Unter den Teilnehmern befanden sich viele namhafte Intellektuelle wie Pablo Picasso, Paul Éluard und Louis Aragon sowie Mitglieder der Freundschaftsgesellschaften wie J. B. S. Haldane, Julian Huxley oder Irène Joliot-Curie.

Das Politbüro des PCF verkündete am 30. September 1948: „Das französische Volk wird niemals Krieg gegen die Sowjetunion führen."[297] Unter dem Vorwand des Pazifismus forderten die französischen Kommunisten also ganz offen eine größere Loyalität gegenüber der Sowjetunion als gegenüber der eigenen Regierung. Bereits im Februar 1948 hatte der sozialistische Politiker Yves Farges die parteipolitisch unabhängige Bewegung der Combattants de la liberté ins Leben gerufen. Diese Vereinigung ehemaliger Résistance-Kämpfer wandte sich gegen die Einbindung Frankreichs in ein westliches Militärbündnis. Sie wurde zunehmend kommunistisch vereinnahmt und im Dezember 1948 unter dem Namen Combattants de la paix et la liberté institutionalisiert.[298]

Auf einen Beschluss des Politbüros des Zentralkomitees der KPdSU hin[299] organisierten die Combattants schließlich den Weltfriedenskongress vom 20. bis 25. April 1949 in Paris. Unterstützt wurden sie von der Internationalen Demokratischen Frauenföderation (IDF), deren Leiterin Eugénie Cotton Mitglied im Bureau National von France-URSS war. Parallel dazu versammelten sich in Prag die osteuropäischen und chinesischen Delegierten ohne Einreiseerlaubnis. Im Gegensatz zum Kongress in Wrocław, an dem vor allem ausgewählte Intellektuelle teilgenommen hatten, war der in Paris eine Massenveranstaltung. Die über 1.700 Delegierten kamen aus 72 Ländern, wobei Frankreich

---

[296] Zum Kongress in Wrocław siehe Pinault, Frédéric Joliot-Curie, S. 411–413; Hartmann, Anne/Eggeling, Wolfram: Sowjetische Präsenz im kulturellen Leben der SBZ und frühen DDR 1945–1953, Berlin 1998, S. 63–74; Santamaria, Yves: Le parti de l'ennemi? Le Parti Communiste Français dans la lutte pour la paix (1947–1958), Paris 2006, S. 60–65.
[297] Pinault, Frédéric Joliot-Curie, S. 415.
[298] Vgl. Santamaria, Le parti de l'ennemi, S. 49–58.
[299] Rešenie Politbjuro CK VKP(b) „O Vsermirnom Kongresse storonnikov mira", 6.1.1949, in: RGASPI, f. 17, op. 162, d. 39, l. 154, abgedruckt in: Adibekov, Das Kominform, S. 200 f.

und Italien die größten Teilnehmergruppen stellten. Die kurz zuvor beschlossene NATO-Gründung werteten die Teilnehmer als Beleg für die Kriegsvorbereitungen der „Imperialisten". In ihrem Abschlussappell forderten sie ein Verbot von Atomwaffen, ein Remilitarisierungsverbot für Japan und Westdeutschland sowie einen Verzicht auf neue Militärbündnisse.

France-URSS beteiligte sich aktiv an den Vorbereitungen zum Pariser Weltfriedenskongress. Das Comité national rief seine Mitglieder zur Teilnahme und zur aktiven Unterstützung der Friedensbewegung auf. Der Friede könne nur gesichert werden,

> indem man den Antisowjetismus enttarnt und anprangert, der immer die bevorzugte Waffe der Feinde Frankreichs war; indem man das wahre, arbeitsame und friedliche Gesicht der Sowjetunion bekannt macht; indem man für die Einhaltung des Beistandspaktes vom 10. Dezember 1944 und für eine Rückkehr zur französisch-sowjetischen Freundschaftspolitik kämpft.[300]

Um eine symbolische Brücke zum antifaschistischen Kampf der Résistance zu schlagen, beteiligte sich France-URSS an den sogenannten „Caravanes de la paix" – Sternfahrten von den wichtigen Orten der Résistance und großen Städten Frankreichs zum Kongress in Paris.[301] In seiner Maiausgabe 1949 legte *France-URSS* in aller Ausführlichkeit dar, warum die Sowjetunion sich nichts sehnlicher wünsche als den Frieden.[302] Unter den ca. 300 britischen Delegierten in Paris waren auch 42 Mitglieder der BSS, die dort mit ihren Mitstreitern von France-URSS zusammentrafen.[303] Durch die Freundschaftsgesellschaften konnte außerdem die stellenweise noch recht unzulängliche lokale Verankerung der Friedensbewegung kompensiert werden.[304]

---

300 Avant tout, gagner la paix!, in: France-URSS (1949) 4, S. 3.
301 Vgl. die Anweisungen dazu in zahlreichen Rundbriefen: Circulaires n° 6-49, n° 7-49 und n° 8-49, in: ANF, 88 AS 18.
302 Pourquoi l'Union Soviétique veut la paix, in: France-URSS (1949) 5. Die Argumentation lässt sich anhand der Überschriften der einzelnen Artikel nachzeichnen: „Un pays sans chômage et sans profiteurs de guerre ne peut être qu'attaché à la paix"; „Un pays qui a souffert plus qu'aucun autre"; „Un pays qui lutte pour la paix depuis 31 ans"; „Un pays où l'homme est le capital le plus précieux"; „Un pays ami de la France et de tous les peuples".
303 Vgl. Minutes of the National Council of BSS, 7.5.1949, in: Hull, U DEV/1/38; The Spokesmen for 2 Million, in: Russia Today (1949) 7, S. 9-15.
304 Dies relativiert Schlagas Feststellung über die mangelnde gesellschaftliche Verankerung des Weltfriedensrates zumindest für die Anfangszeit. Vgl. Schlaga, Rüdiger: Die Kommunisten in der Friedensbewegung – erfolglos? Die Politik des Weltfriedensrates im Verhältnis zur Außenpolitik der Sowjetunion und zu unabhängigen Friedensbewegungen im Westen (1950-1979), Münster 1991, S. 308.

Die Überschneidungen zwischen Friedensbewegung und Freundschaftsgesellschaften waren auch in der Besetzung der Führungsgremien ersichtlich. Der Präsident von France-URSS Frédéric Joliot-Curie wurde auch zum Präsidenten des Weltfriedenskomitees gewählt, das sich schließlich zu einem Weltfriedensrat verstetigte. Der Spagat zwischen dem politischen Engagement und der Stellung Joliot-Curies als Leiter des CEA wurde nun immer schwieriger. Als er eine Weitergabe relevanter Erkenntnisse aus der Atomforschung an die Sowjetunion im Januar 1949 öffentlich ausschloss, zog er den Zorn des PCF auf sich. Nicht zuletzt mit Blick auf Joliot-Curies Verhalten machte der stellvertretende Generalsekretär des PCF Jacques Duclos unmissverständlich klar, dass es für kommunistische Wissenschaftler eine klare Hierarchie der Loyalitäten geben musste: „Jeder Mensch des Fortschritts hat zwei Vaterländer, das seine und die Sowjetunion, das große Land des Sozialismus."[305] In den folgenden Monaten hatte Joliot-Curie gleich zweimal Gelegenheit, die Loyalität zu seinem „zweiten Vaterland" unter Beweis zu stellen. Erst trat er als Zeuge im Kravčenko-Prozess auf. Dann erklärte er öffentlich, dass er seine Forschungen niemals in den Dienst eines Krieges gegen die UdSSR stellen würde. Damit positionierte er sich endgültig auf die Seite des „sowjetischen Lagers" und war für die französische Regierung unhaltbar geworden. Auch auf Druck der USA wurde Joliot-Curie im April 1950 aus dem Amt als Haut Commissaire für Atomenergie entlassen.[306]

Auch Ivor Montagu, der Chairman des British Peace Commitee (BPC), spielte eine Rolle als Bindeglied zwischen Friedensbewegung und Freundschaftsgesellschaften. Montagu stammte aus einem aristokratisch-jüdischem Elternhaus, hatte sich aber früh von dieser Herkunft emanzipiert, eine bürgerliche Frau geheiratet und sich zunächst dem Sozialismus, dann dem Kommunismus zugewandt. Neben seiner beruflichen Tätigkeit als Zoologe war er Regisseur, Drehbuchautor und Mitbegründer der London Film Society. Nach seiner ersten Sowjetunionreise 1926 wurde er 1931 Mitglied der CPGB und übernahm nach und nach verschiedene Leitungsfunktionen in der Russia Today Society und der BSS. Er war Mitglied im Executive Committee der SCR, leitete deren Film Section und übersetzte für ihre Writers' Section Literatur aus dem Russischen. Nicht zuletzt war Montagu auch Sportfunktionär, Begründer und langjähriger Präsident der

---

305 Zitiert in Pinault, Frédéric Joliot-Curie, S. 425; vgl. hierzu auch Uztopal, Deniz: La réception en France du lyssenkisme, les scientifiques communistes français et la conceptualisation de la „science prolétarienne" (1948–1956), in: Cahiers d'histoire. Revue d'histoire critique n° 122 (2014), S. 121–141. Der Ausspruch ist angelehnt an ein angebliches Zitat von Thomas Jefferson: „Jeder Mensch von Kultur hat zwei Vaterländer, das seine und Frankreich."
306 Vgl. Pinault, Frédéric Joliot-Curie, S. 461.

britischen und internationalen Tischtennisföderation.[307] Während des Krieges arbeitete Montagu möglicherweise für den sowjetischen Geheimdienst.[308] In jedem Fall blieb er Zeit seines Lebens der Sowjetunion und der CPGB treu. Als aktiver Unterstützer der Friedensbewegung war Montagu bereits zum Kongress in Wrocław eingeladen worden. Er nahm am Pariser Friedenskongress teil und leitete von 1948 bis 1967 das BPC.

Die Freundschaftsgesellschaften und die Friedensbewegung wurden in der Folge personell und inhaltlich noch enger miteinander verbunden. Auf Anweisung Moskaus sollten die Freundschaftsgesellschaften als Multiplikatoren der Friedensbotschaft wirken. Als das Kominform im November 1949 die kommunistischen Parteien und gesellschaftlichen Mittlerorganisationen anwies, nationale Bündnisse im Namen des „Friedenskampfes" einzugehen, erhielt auch die VOKS eine neue Rolle und Bedeutung innerhalb der sowjetischen Außenpolitik.[309] Sie wurde finanziell und personell gestärkt, ohne dass damit eine Reform nach Kemenovs Vorschlägen verbunden gewesen wäre. Gleichzeitig wurde sie politisch noch enger durch das ZK kontrolliert und durch das Außenministerium instruiert. Mehrere interne Berichte kritisierten die VOKS für die politische Ineffizienz ihrer Arbeit.[310] Die Freundschaftsgesellschaften leisteten dem Kominform Folge und bemühten sich, durch eine nationale Argumentation Menschen unterschiedlicher sozialer Schichten und verschiedener politischer und religiöser Überzeugungen für den „Friedenskampf" zu gewinnen. Sie appellierten dabei vor allem an antiamerikanische und antideutsche Ressentiments. Verantwortlich für das Wettrüsten waren demnach die USA, während die Sowjetunion nur auf die Bedrohung reagiere. Die USA untergrabe die nationale Unabhängigkeit und Souveränität, indem sie – beispielsweise durch den Marshall-Plan und die NATO – anderen Ländern ihr System aufzwinge.

Die BSS kritisierte folglich die britische Regierung für ihren blinden Gehorsam gegenüber der US-Außenpolitik, deren Rüstungsvorgaben Großbritannien

---

307 Montagu selbst fasste sein Leben in 12 Kategorien: „sportsman", „zoologist", „political life", „trade unionist", „films and television", „film critic", „journalist", „warrior", „friend of the Soviet Union", „anti-fascist and peace-worker", „translator" und „author". Vgl. Curriculum Vitae, December 1967, in: CPGB, CP/IND/MONT/1/1A. Siehe auch den ersten Teil seiner Autobiographie: Montagu, Ivor: The Youngest Son. Autobiographical Sketches, London 1970. Zu seiner Rolle im Tischtennis siehe Griffin, Nicholas: Ping Pong Diplomacy. Ivor Montagu and the Astonishing Story behind the Game that Changed the World, London 2014.
308 Dies war umso heikler, da sein Bruder Ewen Montagu für den MI5 arbeitete. Vgl. Macintyre, Ben: Operation Mincemeat. The True Spy Story that Changed the Course of World War II, London 2010, S. 83–91.
309 Vgl. Yegorova, The All-Union Society, S. 92.
310 Vgl. Wenell, Sovjetunionen och svenska vänsällskap, S. 55–60.

angeblich in den Ruin trieben: „Mr. Attlee and Mr. Morrison do not speak for the British people in this. They speak for Mr. Truman and General MacArthur."[311] Mit dem Marshall-Plan hätten sich die USA direkt in die westeuropäische Innenpolitik eingemischt:

> The real plan of the U.S.A. was to bolster reaction. Whilst Europe is told that America sends dollars for food, the American people are told that the dollars go to fight Communism „wherever it is to be found". If we examine the „aid" already given we shall see that America's intervention is much more concerned with military strategy and the destruction of the leftwing governments than it is with the provision of food for war-torn Europe.[312]

Die Politik der USA sei auch deshalb schädlich für die westeuropäischen Länder, weil sie ein noch nicht wirklich entnazifiziertes Deutschland wirtschaftlich erstarken lasse und sogar militärisch aufrüste. Die Sowjetunion hingegen führe ihren antifaschistischen Kampf fort und garantiere langfristige Sicherheit vor Deutschland. Tatsächlich gab es auch jenseits kommunistischer Kreise großen Unmut über den Verzicht auf deutsche Reparationen und die Wiederbewaffnung der Bundesrepublik.[313] So konnte France-URSS bereits nach der Londoner Sechsmächtekonferenz 1948 auf Statements von gaullistischen und anderen nicht-kommunistischen Abgeordneten und Journalisten verweisen, die das Zugeständnis einer westdeutschen Staatsgründung als Niederlage der französischen Außenpolitik bewerteten.[314] 1950/51 protestierten die Freundschaftsgesellschaften vehement gegen die deutsche Wiederbewaffnung. Auch hier wurden nationale und antifaschistische Argumente verknüpft.[315]

Zu den außenpolitischen Argumenten für ein Bündnis mit der Sowjetunion kamen innen- bzw. wirtschaftspolitische. Ende der 1940er und Anfang der 1950er Jahre kämpften sowohl Großbritannien als auch Frankreich noch mit massiven wirtschaftlichen Problemen. Die Wiederaufnahme eines geregelten Handels mit der Sowjetunion lag aus Sicht der Freundschaftsgesellschaften daher im Interesse des nationalen Wohlstands und der wirtschaftlichen Prosperität. Gerade

---

311 Press Statement issued 29.1.1951; ähnliche Argumentation z. B. in: For National Council Members. Annual Conference Discussion Statement, [Januar 1953], beide in: Hull, U DYO/1/49.
312 BSS Monthly Branch Circular, 7/1947, in: Hull, U DEV/1/38.
313 Im April 1951 sahen 34 % der befragten Franzosen in der Wiederbewaffnung der Bundesrepublik eine Gefahr für Frankreichs Sicherheit. Vgl. Gallup, France, Bd. 1: 1939, 1944–1975, S. 147.
314 Les Français devant le problème allemand. Ordre du jour adressé par le secrétariat National de „France-U.R.S.S." à M. le Président du Conseil des Ministres, in: France-URSS (1949) 1, S. 4 f.
315 Vgl. beispielsweise exemplarisch Emergency Resolution on the Rearming of Western Germany, [Februar 1951], in: Hull, U DYO/1/49. Siehe auch Simoëns, André: Du troisième Reich à la République Démocratique Allemande, in: France-URSS (1950) 1, S. 7 f.

die BSFS, die es besonders auf eine Mobilisierung von Gewerkschaftskreisen abgesehen hatte, forderte auf ihren jährlichen Kongressen seit 1948 gebetsmühlenartig einen Ausbau der Handelsbeziehungen mit der Sowjetunion.[316]

Der stagnierenden Wirtschaft im Westen mit ihrer hohen Arbeitslosigkeit stellten die Freundschaftsgesellschaften das sowjetische Modell gegenüber, das seit dem Krieg ungeahnte Wachstums- und Wiederaufbauleistungen ermöglicht habe. Die wirtschaftliche, innenpolitische und diplomatische Situation des eigenen Landes musste folglich in besonders düsteren Farben gezeichnet werden. So appellierte der Nationalkongress von France-URSS in Lyon im Juni 1952 an die französische Bevölkerung:

> Frankreich ist beunruhigt. Das Elend wächst. Unsere Lebensbedingungen verschlechtern sich laufend. Zahlreichen Zweigen unserer Wirtschaft droht die Stagnation. [...] Die militärischen Ausgaben erdrücken unser Land. In der Welt vermehren sich die Krisenherde. An unseren Grenzen wächst die Bedrohung durch ein Deutschland, dessen Rachegelüste von unseren Regierungen bestärkt werden. Wie zu Zeiten Hitlers formiert sich eine angebliche europäische Armee. Das Ausland hat sich auf dem Boden unseres Vaterlandes niedergelassen; der Krieg, den man offen vorbereitet und der unser Land vernichten würde, das ist der Krieg gegen die Sowjetunion, die 17 Millionen der Ihren für ihre und unsere Freiheit verloren hat. Aber die Völker wollen Frieden.[317]

Der einzige Ausweg aus dieser Situation waren demnach das Bündnis mit der Sowjetunion und der Kampf für den Frieden, den jeder in seinem eigenen Umfeld führen müsse: „[J]eder Franzose ist verantwortlich für das Schicksal des Landes und den Frieden in der Welt." Ob „Männer oder Frauen, Junge oder Alte" – alle müssten dazu beitragen, „unsere Freiheit, Frankreich und den Frieden zu retten".[318]

Im Gegensatz zur früheren Rhetorik der Abschottung und der Konzentration auf kommunistische Kreise besannen sich die Freundschaftsgesellschaften nun also wieder auf ihre ursprüngliche Absicht einer möglichst breiten gesellschaftlichen Mobilisierung für die Sowjetunion. So formulierte die BSFS auf ihrem Nationalkongress 1951 bewusst Argumente für unterschiedliche Bevölkerungsgruppen. Sie wies Gewerkschaftler auf die Verwirklichung weitreichender Arbeiterrechte in der Sowjetunion hin. Gläubigen Menschen wurde die Sowjetunion als ein Vorbild

---

[316] Vgl. exemplarisch: Insist on These Things – And Support This Campaign, in: Russia Today (1950) 3, S. 8 f. Die Jahreskonferenz Anfang 1952 startete eine „United campaign for Friendship and Trade with the USSR", Annual Conference Arrangement Committee, 6.1.1952, in: Hull, U DYO/1/49.
[317] Appel à la Nation, in: France-URSS (1952) 6, S. 2.
[318] Appel à la Nation, in: France-URSS (1952) 6, S. 2; vgl. auch ähnlich in Argumentation und Wortlaut: Pailleret, Camille: Bonne année... de vérité, in: France-URSS (1952) 2, S. 3.

für „echte Brüderlichkeit" zwischen Nationen und Religionen angepriesen. Künstler sollten die hohe Wertschätzung der sowjetischen Kulturschaffenden bewundern. Und Mütter könnten durch ein Engagement für die Sowjetunion verhindern, dass zukünftig Söhne und Töchter im Krieg fielen. Kurz:

> Friendship with the Soviet Union is the indispensable necessity for Britain's welfare and the peace of the world. It is a national need, transcending all party and other differences. It is a demand voiced by all true patriots. [...] We call on all people, of every walk of life, every political and religious outlook, to join the British-Soviet Friendship Society.[319]

Die von der Friedensbewegung praktizierte Verknüpfung nationaler, antiamerikanischer und antideutscher Argumente fiel in Frankreich und Großbritannien zumindest partiell auf fruchtbaren Boden. Angesichts der sowjetischen Atombombentests im August 1949, der von den USA angekündigten Entwicklung einer Wasserstoffbombe und des Ausbruchs des Koreakrieges Anfang 1950 schien die Furcht vor einem neuerlichen, mit Nuklearwaffen ausgetragenen Weltkrieg durchaus berechtigt. Im Juni 1950 sahen 49 % der befragten Briten eine große Kriegsgefahr, im Januar 1951 bereits 58 %.[320] Im Januar 1949 fürchteten 41 % der Franzosen einen baldigen Krieg.[321] In der antiamerikanischen und antideutschen Argumentation wiederum fanden zum Beispiel in Frankreich Linke und Gaullisten zusammen. Während die einen den antifaschistischen Kampf beschworen und gleichzeitig den amerikanischen Imperialismus fürchteten, wollten die anderen aus Sicherheitsgründen ein Wiedererstarken Deutschlands verhindern und Frankreichs Stellung als selbstbewusste und souveräne Macht in Europa wiederherstellen.[322] Auch in Großbritannien gab es mit den „Bevanites" eine linke Gruppe innerhalb der Labour-Partei, die sich angesichts des Koreakrieges gegen eine militärische Abhängigkeit Großbritanniens von den USA aussprach.[323] Das große Potential der Friedensrhetorik zeigte sich an dem vom Ständigen Komitee des Weltfriedensrates im März 1950 lancierten

---

319 Annual General Conference: A Four-Point Plan for British-Soviet Co-Operation, 3.–4.2.1951, in: Hull, U DYO/1/49.
320 Vgl. Gallup, Great Britain, Bd. 1: 1937–1975, S. 223 und S. 239.
321 Vgl. Gallup, France, Bd. 1: 1939, 1944–1975, S. 129.
322 Zur Geschichte und Entwicklung des Antiamerikanismus in Frankreich vgl. zusammenfassend Nettelbeck, Colin: Anti-Americanism in France, in: O'Connor, Brendon (Hg.): Anti-Americanism. History, Causes, and Themes, Bd. 3: Comparative Perspectives, Oxford 2007, S. 131–153.
323 Vgl. Singh, Robert: Anti-Amercanism in the United Kingdom, in: O'Connor, Anti-Americanism, S. 183–212. Als „Bevanites" bezeichneten sich die Anhänger des Labour-Politikers Aneurin Bevan, der 1951 aus Protest gegen die britische Beteiligung am Koreakrieg die Regierung verließ.

"Stockholmer Appell". Dieser sprach sich für die Ächtung aller Atomwaffen aus und forderte die Einstufung eines atomaren Erstschlags als Verbrechen gegen die Menschlichkeit.[324] Der Text war mit seinem allgemein gehaltenen Wunsch nach Abrüstung – ohne Schuldzuweisungen und kriegerische Rhetorik – darauf zugeschnitten, möglichst breite Bevölkerungskreise in ganz Europa zu erreichen. Die Freundschaftsgesellschaften warben lautstark für eine Unterzeichnung des Appells, so dass am Ende hunderttausende Unterschriften zusammenkamen.[325]

Die Neuorientierung der Freundschaftsgesellschaften im „Friedenskampf" schien sich auszuzahlen. France-URSS und BSS konnten seit 1948 wieder steigende Mitgliederzahlen verzeichnen.[326] Es gelang ihnen mit Hilfe der Friedensbewegung, wieder Massenveranstaltungen auf die Beine zu stellen und eine größere mediale Aufmerksamkeit zu erzielen. Am 12. Juni 1949 organisierte die BSS mit dem BPC einen „Congress of Peace, Trade and Friendship with the USSR", der mit 591 Teilnehmern als großer Erfolg angesehen wurde. Allerdings ging es in den meisten Ansprachen weniger um Frieden als um eine Beweihräucherung der Sowjetunion.[327] Angesichts zunehmender Mitgliederzahlen, eines steigenden Absatzes von *Russia Today* und einer nachlassenden „antisowjetischen Stimmung" in der Bevölkerung blickte die BSS Mitte 1951 geradezu optimistisch in die Zukunft.[328] Einen ähnlichen Aufschwung erlebte auch die

---

324 Vgl. Pailleret, Camille: La volonté du peuple français, in: France-URSS (1950) 2, S. 3. Der Text war Ergebnis einer Initiative aus dem Westen und einer strategischen Übernahme der Idee durch die Sowjetunion. Die grundlegende Formulierung entstand auf Basis eines Antrags einer Gruppe französischer Abgeordneter. Er wurde dann von den Combattants de la paix aufgenommen und im Januar 1950 vom Politbüro der KPdSU beschlossen. Vgl. ausführlich zur Entstehungsgeschichte des Stockholmer Appells Pinault, Frédéric Joliot-Curie, S. 448–450.
325 Laut Weltfriedensrat unterschrieben fast 500 Millionen Menschen, die Mehrheit davon jedoch in sozialistischen Staaten. Vgl. Santamaria, Parti de l'ennemi, S. 23.
326 BSS: 1949: 7.250; 1950: 8.000; 1951: 8.859; 1952: 11.685. Vgl. General Conference, Report for 1953 and 1954, in: MML. France-URSS: 28.2.1948: 20.471; 18.2.1949: 28.427; 1.4.1950: 54.766; 1.4.1951: 48.288. Combattre pour l'Amitié franco-soviétique. Bulletin intérieur de l'Association France-U.R.S.S. n°29 (1949) und n° 35 (1951), in: ANF, 88 AS 15. Die Zahlen für France-URSS sagen nur etwas über die Entwicklung und nicht über die Gesamtzahl der Mitglieder aus. Die Mitgliedschaft wurde ab Januar jeden Jahres durch den Verkauf von Mitgliedsmarken erneuert, so dass sich naturgemäß die Zahlen im Laufe der Monate erhöhen und nur die Zahlen vom Dezember die Gesamtmitgliedschaft des Kalenderjahres wiedergeben würden.
327 Vgl. Auszüge aus den Reden in: Russia Today (1949) 7, S. 9–15; Minutes of the Executive Committee Meeting, 15.6.1949, in: Hull, U DEV/1/38.
328 Vgl. National Council. Information Material for General Secretary's Report, 26.5.1951, in: Hull, U DPM/2/68/2.

Association France-URSS, die ihren 5. Nationalkongress im Dezember 1950 zu einem „Congrès National pour l'amitié avec l'U.R.S.S. et pour la paix" mit über 1.000 Teilnehmern erweitern konnte. In einem offenen Brief wandten sie sich an den französischen Präsidenten, um gegen die „friedensgefährdende" französische Außenpolitik zu protestieren.³²⁹

Ob sich durch den Mitgliederzuwachs der Freundschaftsgesellschaften im Zuge der Friedenskampagne auch ihre qualitative Zusammensetzung veränderte und tatsächlich verschiedene soziale und politische Gruppen integriert wurden, lässt sich schwer nachweisen. France-URSS konnte 1950 zumindest einige nicht-kommunistische Persönlichkeiten in die Führungsebene einbinden. Zu ihnen zählte der Jesuit Abbé Jean Boulier, der sich in der Zwischenkriegszeit von einem überzeugten Royalisten zum Aktivisten der linkskatholischen Jeunesse ouvrière chrétienne gewandelt und sich während des Krieges im katholischen Widerstand engagiert hatte.³³⁰ Nach seiner Teilnahme am Friedenskongress der Intellektuellen in Wrocław wurde er zum katholischen Aushängeschild der Friedensbewegung und kam ins Bureau National von France-URSS. Mit Pierre Debray stieß ein weiterer Protagonist mit christlich-humanistischem Profil zu France-URSS.³³¹ Debray war erst Ende der 1930er Jahre zum Christentum konvertiert, hatte ebenfalls der Résistance angehört und nach 1945 Literaturkritiken für verschiedene Zeitungen geschrieben. 1949 verfasste er eine vernichtende Rezension von Kravčenkos „J'ai choisi la liberté" in der katholischen Wochenzeitung *Témoignage chrétien*. Als er seine Kritik als Zeuge im Kravčenko-Prozess wiederholte, wurde er aus der Redaktion entlassen. Das Redaktionskomitee von *France-URSS* hingegen nahm ihn als nicht-kommunistischen Journalisten mit offenen Armen auf. 1949 reiste Debray mit einer Delegation von France-URSS erstmals in die Sowjetunion. Anschließend publizierte er einen umfangreichen Augenzeugenbericht, in dem die Sowjetunion als Ort der Freiheit – insbesondere auch der Religionsfreiheit – und der Prosperität lobte und die französische Presse und Öffentlichkeit der „antisowjetische Lüge" bezichtigte.³³²

---

329 Vgl. Lettre à M. le Président de la République, und Résolution finale adoptée par le Congrès National pour l'amitié avec l'URSS et pour la paix, in: ANF, 88 AS 3.
330 Vgl. zu seiner Biographie Cucchetti, Communism, S. 122–125; sowie seine Autobiographie: Boulier, Jean: J'étais un prêtre rouge. Souvenirs et témoignages, Paris 1977.
331 Vgl. Cucchetti, Communism, S. 125–127.
332 Vgl. Debray, Pierre: Ein Katholik erlebt die Sowjetunion, Leipzig 1952, S. 49–57.

Punktuelle Kontakte: Westliche Delegationen und Monate der Freundschaft

Der Zuwachs der Mitglieder hatte jedoch auch wesentlich damit zu tun, dass westliche Delegationen in die Sowjetunion und sowjetische Kulturveranstaltungen im Westen den Freundschaftsgesellschaften neue Glaubwürdigkeit verliehen. Mit dem Nachlassen der antiwestlichen Kampagne und der neuen Strategie der Öffnung erhielt eine steigende Zahl ausgewählter Personen Gelegenheit zum Aufenthalt in der Sowjetunion. Die Reisenden sollten sich vor Ort vom Friedenswillen der Sowjetunion überzeugen und anschließend „authentische" Zeugnisse über die dortige Entwicklung ablegen. Dies steigerte sowohl die Attraktivität der Freundschaftsgesellschaften für potentielle Mitglieder als auch ihr Ansehen in der westlichen Öffentlichkeit.

Im Juni 1949 bat Grenier den sowjetischen Botschafter Bogomolov erneut um eine Wiederaufnahme der Delegationsreisen. Diese seien das beste Mittel gegen die verleumderische Behauptung der „antisowjetischen Propaganda", dass sich die „mystische" Sowjetunion sich mit einem eisernen Vorhang abschirme und Ausländern bewusst den Zutritt verwehre.[333] Tatsächlich konnte daraufhin eine 24-köpfige französische Delegation nach Moskau, Leningrad, Stalingrad und Georgien reisen, um im Oktober 1949 den Feierlichkeiten zum Jahrestag der Revolution beizuwohnen. Zu dieser Delegation gehörten prominente Intellektuelle wie Joliot-Curie, der Biologe Marcel Prenant, der Direktor der Tageszeitung *La Marseillaise* Marcel Guizard, der Karikaturist Jean Effel und der Direktor von *Les Lettres françaises* Claude Morgan. Die Mehrheit der Mitreisenden stellten verdiente regionale Funktionäre von France-URSS.[334] Bei der sorgfältigen Auswahl durch France-URSS und die Auslandsabteilung des PCF POLEX wurden Kandidaten bevorzugt, von denen man sich anschließend eine möglichst gute Propagandaarbeit erhoffte.[335] Nach Meinung Bogomolovs ergab sich daraus eine gelungene Mischung aus bekannten „progressiven Persönlichkeiten" und „aktiven Propagandisten", die verschiedene regionale und berufliche Milieus vertraten. Stolz berichtete er im Februar 1950 nach Moskau, dass allein bis Ende 1949 bereits 79 Artikel in Zeitungen mit einer Gesamtauflage von über 11 Millionen erschienen seien. Außerdem hätten insgesamt 116.000 Personen die Reiseberichte im Rahmen von 318 Versammlungen gehört. Die Reise der Delegation hatte damit ihm zufolge zur wachsenden

---

[333] Vgl. Brief Grenier an Bogomolov, 2.6.1949, in: GARF, f. 5283, op. 2, d. 140, l. 134 f., abgedruckt in: Cœuré/Mazuy, Cousu de fil rouge, S. 148–150.
[334] Vgl. Pailleret, Camille: Une delegation de „France-U.R.S.S." est à Moscou, in: France-URSS (1949) 11, S. 16.
[335] Zur Rolle der POLEX für die Auswahl vgl. Klenjánszky, Culture et propagande, S. 212.

Sympathie für die Sowjetunion beigetragen und den Kampfgeist gegen den „Antisowjetismus" innerhalb von France-URSS gestärkt.[336]

Aus Großbritannien lud Anfang 1950 der Moskauer Gewerkschaftsbund über die BSFS 20 Gewerkschafter zu den Maifeierlichkeiten in die Sowjetunion ein, nachdem der Britische Trade Union Council eine direkte Einladung der sowjetischen Gewerkschaftsvereinigung ausgeschlagen hatte.[337] Nach ihrer Rückkehr gaben sich die Reisenden alle Mühe, gegenüber ihren Gewerkschaftskollegen und in einer Broschüre mit dem sprechenden Titel „Russia With Our Own Eyes" angebliche „antisowjetische" Vorurteile zu widerlegen.[338] Die Authentizität der Augenzeugenberichte aus der Sowjetunion wurde bekräftigt durch ausführliche Berichte über die vermeintlich unparteiische und repräsentative Auswahl der Teilnehmer. Demnach seien die Teilnehmer von einzelnen Gewerkschaftsorganisationen oder Fabrikbelegschaften demokratisch bestimmt worden.[339] Da eine Zusammenarbeit mit der CPGB und der BSFS das Ende der eigenen Karriere bedeuten konnte, hatten sich wohl überhaupt nur überzeugte Sowjetunion-Anhänger zu einer solchen Reise bereit erklärt. Am Ende umfasste die Delegation 18 Gewerkschaftsfunktionäre und Betriebsratsvorsitzende aus verschiedenen Branchen und allen Teilen Englands sowie einen Vertreter aus Schottland und William Wainwright von der BSFS als Sekretär der Delegation.[340]

Außerdem versicherten die Berichterstatter, durchaus nicht nur „Potemkinsche Dörfer" gesehen zu haben. Tatsächlich war den Reisenden suggeriert worden, dass sie selbst die Auswahl der besuchten Orte Moskau, Leningrad, Kiev und Soči getroffen hätten. Die Teilnehmer präsentierten sich dementsprechend selbst als zweifelnde und kritische Beobachter:

> [W]e are quite sure that we can believe the evidence of our own eyes; and that we took great care to check and cross-check whatever we were told. We made a practice of

---

[336] Rapport sur le travail de l'Association „France-URSS" en 1949, 13.2.1950, in: GARF, f. 5283, op. 22, d. 215, l. 65, 73–75, abgedruckt in: Cœuré/Mazuy, Cousu de fil rouge, S. 327–330. Ein Beispiel für einen Reisebericht von René Durand in Périgord liefert Gillot, Les communistes en Périgord, S. 597.
[337] Vgl. Wainwright, William: We're Off To Moscow, in: Russia Today (1950) 4, S. 3 f.
[338] Russia With our Own Eyes. Full Report of the British Workers' Delegation 1950, London 1950.
[339] Vgl. ibid. Siehe auch die Beschreibung des Auswahlprozesses in: Russia, the Truth. Official Report of the Elected Delegation of Trade Unionists to the U.S.S.R., 1951, London 1951, S. 1 f.; Russia 1952. The Complete Report of 12 British Trade Unionists in the U.S.S.R., May 1952, London 1952, S. 3.
[340] Vgl. die Aufzählung der Teilnehmer in: Russia With Our Own Eyes, S. 3–5.

stopping the casual passer-by in the street, talking to workers picked out by ourselves in factories, wandering off on our own late at night and very early in the morning.[341]

Vor allem aber verwies jeder Bericht darauf, dass alle Sowjetbürger von den einfachen Leuten bis hin zur Führungsebene sich nichts mehr als Frieden und Freundschaft wünschten. Diese Wahrheit wollten sie weitergeben:

> Our task is to speak the truth of what we have seen, and we are determined to do it. Our people want peace just as much as the Soviet people want it. By giving the truth, we are helping our own country to live in peace, which surely is the most worthwhile aim for anyone to have.[342]

Nach diesem erfolgreichen Testlauf durften von nun an jährlich Delegationen aus BSFS-Mitgliedern und Gewerkschaftlern zu den Maifeierlichkeiten in die Sowjetunion reisen. Auch France-URSS schickte 1951 erneut eine 14-köpfige Reisegruppe in die Sowjetunion.[343] Zwischen 1951 und 1953 fuhren auf Einladung der VOKS sechs weitere französische Delegationen mit insgesamt 75 Teilnehmern in die Sowjetunion.[344] Die meisten Neugierigen und Reisewilligen mussten freilich weiterhin vertröstet werden, was die Freundschaftsgesellschaften immer wieder in Erklärungsnot brachte. Grenier warb für Verständnis mit dem Hinweis, dass die Übernachtungskapazitäten wegen der Kriegszerstörungen noch nicht ausreichten, die Zugverbindungen wegen der deutschen Teilung unterbrochen und Flüge aufgrund der Abwertung des Francs zu teuer seien. Dass nur ausgewählte und politisch zuverlässige Besucher in die Sowjetunion reisen konnten, erachtete Grenier durchaus für legitim: „Es ist eine gute und weise Politik in der aktuellen internationalen Lage, die Übernachtungskapazitäten Moskaus und anderer sowjetischer Städte für die und nur für die zu reservieren, die für die Annäherung zwischen den Völkern arbeiten."[345] Nur die loyalsten und von POLEX sorgfältig überprüften Freunde waren es demnach wert, in die Sowjetunion zu reisen.

Wie die Reisen westlicher Delegationen in die Sowjetunion, so waren auch Besuche sowjetischer Persönlichkeiten im Westen von großer Bedeutung für die Glaubwürdigkeit der Freundschaftsgesellschaften und die Erfolgsaussichten ihrer

---

341 Russia the Truth, S. 6.
342 Russia the Truth, S. 8. Zur Organisation der Reisen in die Sowjetunion siehe ausführlich Kapitel 4.3.
343 Vgl. auch 10.000 kilomètres à travers l'Union soviétique. De Paris à Moscou et de Moscou au pays de Tamerlan, in: France-URSS (1952) 1, S. 4 f.
344 Liste des délégations reçues par la VOKS entre 1951 et 1953, in: GARF, f. 5283, op. 8, d. 22, l. 90, abgedruckt in: Cœuré/Manzuy, Cousu du fil rouge, S. 173 f.
345 Grenier, Fernand: A propos des voyages en U.R.S.S., in: France-URSS (1950) 1, S. 4.

Kampagne gegen den „Antisowjetismus". Eine erste sowjetische Gruppe reiste im Herbst 1949 nach Großbritannien. Sie bestand aus dem Schriftsteller Aleksej A. Surkov, dem ukrainischen Dichter Pavlo G. Tychina, dem Komponisten und Pianisten Dmitrij B. Kabalevskij, dem Historiker und Vize-Präsidenten der Akademie der Wissenschaften, Vjačeslav P. Volgin, dem Genetiker Ivan E. Gluščenko, dem Historiker N. V. Matkovskij und dem Sekretär der Delegation, V. A. Fandjušin. Für sie organisierte die BSFS am 6. November eine Zeremonie zum Jahrestag der Oktoberrevolution in der Empress Hall. Die Reden vor etwa 9.000 Zuhörern umrahmte Kabalevskij mit mehreren Klavierstücken. Für Generalsekretär William Wainwright war das Treffen „in jeder Hinsicht ein historisches Ereignis".[346] Eingeladen wurde die Delegation außerdem zum 25. Geburtstag der SCR, die für die Gäste darüber hinaus öffentliche Vorträge in London, Oxford, Cambridge, Birmingham, Liverpool und Manchester organisierte. Zudem trafen die sowjetischen Delegierten mit den einzelnen Fachsektionen der SCR zu kleineren Diskussionsrunden zusammen.[347] Insgesamt bescherte der Besuch beiden Gesellschaften große öffentliche Aufmerksamkeit und unterstrich ihre Authentizität und Legitimität als britisch-sowjetische Vermittler. Nicht von ungefähr pries die SCR die Veranstaltungen als „Meilensteine in der Geschichte der Gesellschaft und lebendige Beispiele für den Wert [ihrer] Arbeit".[348]

Unter dem Label der „Freundschaftsmonate" entwickelten sich derartige Besuche und Auftritte sowjetischer Kulturschaffender und Wissenschaftler in Großbritannien um den Jahrestag der Oktoberrevolution in den folgenden Jahren zu fest institutionalisierten, stark ritualisierten Inszenierungen. Der mit Fahnen geschmückte Raum, das Absingen der sowjetischen Hymne, die Rede des sowjetischen Botschafters und die Hochrufe auf die Sowjetunion, die Freundschaft und Stalin gehörten zum wiederkehrenden Zeremoniell dieser alljährlichen Begegnungen. Die von den sowjetischen Revolutionsfeiern übernommene Symbolik wurde in jener Zeit von allen Freundschaftsgesellschaften – auch von denen in den sozialistischen Bruderstaaten – adaptiert.[349] Während solche Veranstaltungen in den sozialistischen Ländern der umfassenden Mobilisierung und politischen Erziehung zur Freundschaft mit der Sowjetunion dienten, waren sie im Westen seltene Gelegenheiten zur Begegnung mit Vertretern sowjetischer Eliten.

---

346 Wainwright, William: The Hearts Beats True, in: Russia Today (1949) 12, S. 11–13.
347 Vgl. zum detaillierten Programm: Welcome Guests of the S.C.R. A Great Occasion, in: ASJ (1949) 4, S. 4–7.
348 Ibid., S. 4.
349 Vgl. zu den Freundschaftsmonaten in der DDR und Polen: Behrends, Die erfundene Freundschaft, S. 226–233.

Die zu den Freundschaftsmonaten in den Westen entsandten Delegationen sowjetischer Künstler und Wissenschaftler wurden mit den Jahren immer größer. In der Regel handelte es sich um loyale Kulturfunktionäre, von denen eine angemessene Repräsentation der Sowjetunion im westlichen Ausland erwartet werden konnte. Zum Freundschaftsmonat 1952 reisten außer Kabalevskij beispielsweise der Historiker Evgenij A. Kosminskij, der Schriftsteller Konstantin A. Fedin, der Chefredakteur der *Literaturnaja gazeta* Konstantin M. Simonov, der Geiger Igor' S. Bezrodnij und die Pianisten Ėmil' G. Gilel's und Michail G. Erochin nach Großbritannien. Die Musiker gaben im Namen der BFSF zahlreiche Konzerte in Bristol, Manchester und in der Londoner Royal Albert Hall, während die SCR für die übrigen Gäste Treffen an den Universitäten in London und Cambridge organisierte.[350]

Auch Il'ja Ėrenburg war weiterhin regelmäßig zu Gast im Westen. Nach einem längeren Aufenthalt in Frankreich und den USA im Oktober 1946 war er wieder in die Sowjetunion zurückgekehrt, wo er sich mit der antiwestlichen Kampagne konfrontiert sah. Zur persönlichen Bedrohung für ihn wurde allem die ab 1949 begonnene antisemitische Kampagne gegen die „wurzellosen Kosmopoliten". Unter diese Kategorie konnten im Prinzip all jene Mitglieder der Intelligenz fallen, deren internationale Kontakte und deren Aufgeschlossenheit gegenüber dem Westen als „Antipatriotismus" ausgelegt werden konnten. Faktisch waren die Opfer, die ihre Posten verloren, in Haft kamen und teilweise auch hingerichtet wurden, zu 70 % jüdischer Abstammung. Ihren symbolischen Höhepunkt erreichte diese Kampagne um den Jahreswechsel 1952/53 mit dem Prozess gegen Rudolf Slánský in der Tschechoslowakei und der sogenannten „Ärzteverschwörung" in der Sowjetunion.[351] Ėrenburg konnte als jüdischer Intellektueller mit Westkontakten und Mitbegründer des Jüdischen Antifaschistischen Komitees eigentlich geradezu als Prototyp des „wurzellosen Kosmopoliten" gelten. Dennoch war er offenbar aus Stalins Sicht als vielbeachtetes internationales Aushängeschild und erfolgreicher Werbeträger gegenüber dem Westen unentbehrlich.[352] Zumindest nach außen hin musste Ėrenburg sich allerdings an die neuen Bedingungen anpassen und in den rhetorischen Kampf gegen das „imperialistische Amerika" und den „bourgeoisen Westen" mit einstimmen. In seinen Memoiren beschreibt er die Situation als „reinste Folter" – wenn er beispielsweise auf dem Pariser Friedenskongress über die friedliebende Sowjetunion sprechen sollte, während zur gleichen Zeit zahlreiche seiner Freunde als „Kosmopoliten"

---

350 Vgl. Soviet Visitors, [November 1952], in: CPGB, CP/IND/MONT/9/1.
351 Siehe hierzu Brent, Jonathan/Naumov, Vladimir: Stalin's Last Crime. The Plot Against the Jewish Doctors, 1948–1953, New York 2010.
352 Vgl. Clark/Dobrenko, Soviet Culture and Power, S. 472.

geächtet und hingerichtet wurden.³⁵³ Trotzdem schwieg er und spielte seine Rolle als intellektueller Vorkämpfer der Friedensbewegung und Vize-Präsident des Weltfriedensrates weiter.³⁵⁴

Eindeutige Loyalitäten: Stalinfreunde und Regierungsfeinde

Die Intensivierung des persönlichen Austausches und die offenere Haltung der VOKS dürfen jedoch nicht darüber hinwegtäuschen, dass die sowjetischen Verantwortlichen auch nach 1949 keine ideologischen Kompromisse eingingen. Nach wie vor forderten die Freundschaftsgesellschaften bedingungslose Loyalität gegenüber der Sowjetunion ein. Tendenziell lässt sich für diese Jahre in Ost- und Westeuropa eher ein Trend zur Vereinheitlichung und zur Gleichschaltung der Freundschaftsgesellschaften ausmachen als eine Ausdifferenzierung und Sensibilisierung gegenüber nationalen Gegebenheiten. In Schweden beispielsweise hatten ursprünglich verschiedene regionale Gesellschaften bestanden, in denen vor allem Sozialdemokraten die Richtung angaben. Ab 1949 drängte die VOKS die schwedische kommunistische Partei in verstärktem Maße dazu, eine eigene alternative Gesellschaft zu gründen. So wurden die Gesellschaften 1950 in einem kommunistisch dominierten nationalen Dachverband, dem Förbundet Sverige-Sovjetunionen, zusammengeschlossen.³⁵⁵ In Island wurde 1949/50 im Kontext der Friedensbewegung eine Freundschaftsgesellschaft mit der sprechenden Abkürzung MIR (Menningartengsl Islands og Radstjornarrikjanna) gegründet.³⁵⁶ Der wenig aktive National Council of Canadian-Soviet Unity konstituierte sich 1949 neu als Canadian-Soviet Friendship Society.³⁵⁷ Auch in den Ländern unter sowjetischer Herrschaft wie der Tschechoslowakei und Polen wurden die Freundschaftsgesellschaften ab 1949 verstärkt für politische Ziele eingespannt, enger an die kommunistischen Parteien angebunden und als gesellschaftliche Massenorganisationen landesweit ausgebaut. Die 1947 in der SBZ entstandene Gesellschaft zum Studium der Kultur der Sowjetunion wurde

---

353 Vgl. Ėrenburgs Beschreibung des Kongresses in Ehrenburg, Menschen, Jahre, Leben, Bd. 2, S. 351–367.
354 Vgl. Rubenstein, Tangled Loyalties, S. 245 f.; sowie zur beständigen Gradwanderung zwischen der Loyalität gegenüber Stalin und seinen jüdischen Freunden ibid., S. 253–276.
355 Vgl. im Detail zur Umstrukturierung der schwedischen Gesellschaften Wenell, Sovjetunionen och svenska vänsällskap, S. 105–121.
356 Vgl. Magnusdottír, Intellectual Activism, S. 161 f.; Ne zatuchaet ogon' družby, in: Konsul 45 (2016) 4, http://www.magazineconsul.ru/archive/36/mnogolikaya-diplomatiya/ne-zatuxaetogon-druzbyii.html (24.11.2016).
357 Vgl. Anderson, Propaganda and Persuasion, S. 58–61.

mit Blick auf die bevorstehende Staatsgründung der DDR im Juli 1949 in die Gesellschaft für Deutsch-Sowjetische Freundschaft (DSF) überführt.[358]

Im Zuge dieses Angleichungs- und Vereinheitlichungsprozesses benannte sich auch die BSS auf ihrer Annual General Conference im Januar 1950 in British-Soviet Friendship Society (BSFS) um.[359] 1947 hatte man eine solche Umbenennung noch mit der Begründung abgelehnt, dass der Begriff „Friendship" angesichts der schwierigen innenpolitischen und internationalen Lage als falsches Signal verstanden werden könne.[360] Die Umbenennung ging einher mit personellen Veränderungen und einer Professionalisierung der Geschäftsführung. Nach einem kurzen Intermezzo des ehemaligen Propagandasekretärs der CPGB, William Wainwright, übernahm Patrick Sloan den Posten des Generalsekretärs der BSFS.[361] Dieser hatte von 1931 bis 1936 als Englischlehrer und Mitarbeiter einer Tourismusorganisation in der Sowjetunion gelebt, was ihn als glaubhaften Kenner von Land und Leuten auswies. Nach seiner Rückkehr arbeitete Sloan bis 1941 als Herausgeber von *Russia Today* und verfügte daher bereits über eine langjährige Erfahrung in der Freundschaftsbewegung.[362] In seinem 1950 herausgegebenen Pamphlet „Common Sense about Russia" widerlegte Sloan beispielsweise auf der Basis seiner Erfahrungen aus den 1930er Jahren Kritik an der Sowjetunion geschickt, indem er die mangelnden Freiheitsrechte, wirtschaftlichen Probleme

---

358 Vgl. Behrends, Die erfundene Freundschaft, S. 158–161. In der Tschechoslowakei fusionierten 1949 die Gesellschaft der Freunde der Sowjetunion und die Gesellschaft für kulturelle und wirtschaftliche Beziehungen mit der Sowjetunion zum Verband für tschechoslowakisch-sowjetische Freundschaft (Svaz československo-sovětského přátelství, SČSP). Vgl. Applebaum, Friendship of the Peoples, S. 92 f.
359 Vgl. Agenda Annual General Conference 28.–29.1.1950, in: Hull, U DEV/1/38.
360 Vgl. Report of the Annual Conference of the BSS, 4.–5.10.1947, in: Hull, U DEV/1/38. Paradoxerweise begründete die Gesellschaft die Namensänderung rückblickend gerade damit, dass man nicht als sowjetische „Frontorganisation" wahrgenommen werden wollte, die für eine Übertragung des sowjetischen Systems auf Großbritannien eintrat. Vgl. British-Soviet Friendship Society 1946–1986. The History and Present Day Activities of the Society, London 1986. Demgegenüber sah das Foreign Office in der Umbenennung eher eine angeordnete Gleichschaltung mit anderen westlichen Freundschaftsgesellschaften. Vgl. The British-Soviet Friendship Society, Juni 1955, in: PAAA, B 11 Nr. 1006. Allerdings verzichteten die meisten anderen westlichen Gesellschaften auf den Begriff „Freundschaft", um sich von den Gesellschaften in sozialistischen Ländern abzuheben (Gesellschaft für Deutsch-Sowjetische Freundschaft, Towarzystwo Przyjaźni Polsko-Radzieckiej, etc.).
361 Vgl. zu Wainwright: Minutes of the National Council, 7.5.1949; sowie Annual Report of the British-Soviet Society 1948–1949, in: Hull, U DEV/1/38.
362 Vgl. Pat Sloan, in: Russia Today (1949) 3, S. 15 und 21.

und den Einparteienstaat nicht leugnete, sondern durch die dortigen Verhältnisse erklärte und rechtfertigte.³⁶³

Über noch engere biographische und berufliche Verbindungen zur Sowjetunion verfügte Andrew Rothstein, der 1950 zum Herausgeber des *Anglo-Soviet Journal* ernannt wurde. Sein Vater Theodore Rothstein (Fjodor Aronovič Rotštejn), ein Russe jüdischer Herkunft, hatte zwischen 1890 und 1920 mit seiner Familie im politischen Exil in London gelebt und dort den Vorläufer der kommunistischen Partei gegründet. Nach seiner Rückkehr in die Sowjetunion hatte er mehrere höhere Regierungsämter bekleidet, unter anderem als Botschafter im Iran. Andrew, sein ältester Sohn, blieb in Großbritannien, studierte in Oxford Geschichte und zählte 1920 zu den Gründungsmitgliedern der CPGB. Von da an arbeitete er mit kurzen Unterbrechungen und Aufenthalten in Moskau für die sowjetische Gesandtschaft in Großbritannien und die Nachrichtenagentur TASS. Er schrieb mehrere Bücher und Pamphlete über die Sowjetunion und die Geschichte der Arbeiterbewegung.³⁶⁴ 1943/44 fiel Rothstein bei den sowjetischen Behörden in Ungnade und verlor seinen Posten als Büroleiter der TASS. Obwohl er sich persönlich ungerecht behandelt fühlte, blieb er der Sowjetunion gegenüber Zeit seines Lebens absolut loyal.³⁶⁵ Kurz bevor er die Leitung des *Anglo-Soviet Journal* übernahm, verlor Rothstein aufgrund seiner kommunistischen Überzeugungen seine Stellung als Dozent an der London School for

---

363 Sloan, Pat: Common Sense about Russia, London 1950.
364 Vgl. zu Rothsteins Biographie in der Zwischenkriegszeit Burke, David: Lawn Road Flats. Spies, Writers and Artists, Woodbridge 2014, S. 78–81. Laut Burke stand Rothstein in Kontakt mit Mitarbeitern des sowjetischen Geheimdienstes und sei sicherlich ein „Kommunikationskanal zur sowjetischen Botschaft" gewesen. Burke konnte jedoch keine aussagekräftigen Beweise dafür finden, dass Rothstein direkt für den sowjetischen Geheimdienst gearbeitet hatte. Vgl. ibid., S. 164–168.
365 Vgl. hierzu den ausführlichen Lebenslauf des MI5 Andrew Rothstein, [1946], in: TNA, KV2/1582. Eric Hobsbawms Charakteristik von Rothstein ist wenig schmeichelhaft: „Andrew was a rather boring, round-faced petit-bourgeois figure, who defended whatever needed defending in the Soviet Union. [...] A founder member of the British CP, and obviously with good Russian connections, he had been a leading figure in the Party in the 1920s, but in 1929–30 his opposition to the Comintern's ultra-left course, not to mention his vitriolic temper and lack of proletarian bona fide, led to his fall. He was exiled (minus his wife and children) to Moscow, his Party membership transferred to the CPSU. Luckily for his survival he was soon allowed back into Britain and the British CP on condition that for the rest of his career he occupied only local functions in the Party. Yet he remained a totally loyal, totally committed communist. Indeed, I had the impression that for him, as for others like him, the test of his devotion to the cause was the readiness to defend the indefensible." Hobsbawm, Eric: Interesting Times. A Twentieth-Century Life, London 2002, S. 140.

Slavonic and East European Studies.[366] 1955 wurde er außerdem Vize-Chairman der BSFS, für die seine Sprach- und Landeskenntnisse, seine Kontakte zur CPGB sowie seine Nähe zur sowjetischen Botschaft und zu Moskau von großem Nutzen waren.

In der Realität war auch die Association France-URSS politisch weit weniger offen, als sie mit ihrer nationale Argumentation im Zeichen des Friedenskampfes glauben machen wollte. Einige der Mitglieder, die erst im Zuge der Friedensbewegung zu France-URSS gestoßen waren und nicht dem PCF angehörten, mussten daher früher oder später in Konflikt mit den ideologischen und politischen Rahmenvorgaben geraten. Pierre Debray zum Beispiel begehrte ab 1951 zunehmend gegen den Mangel an interner Demokratie und die enge Anbindung der Association an den PCF auf. Seiner Meinung nach verherrlichte France-URSS die Sowjetunion zu einseitig und betonte die französischen Interessen zu wenig. Kritische Äußerungen würden sofort als „antisowjetisch" abgestempelt. France-URSS brauche jedoch verschiedene Meinungen über die Sowjetunion und individuell verschiedene Motivationen für die besondere Beziehung zu ihr.[367] Interessant ist, dass diese Kritik im Kontext der proklamierten Öffnung für unterschiedliche politische Meinungen nicht einfach abgebügelt wurde. Vielmehr spielte sich die Diskussion im Vorfeld des Nationalkongresses 1952 für alle Mitglieder zugänglich im internen Bulletin von France-URSS ab. Debray bekräftigte noch einmal, dass sich auch Nicht-Marxisten frei äußern können müssten. Für Jean Dorville, den Sekretär des France-URSS-Komitees für das 9. Pariser Arrondissement, ließen sich dagegen die Sowjetunion und die Unterstützung für sie nicht vom sozialistischen Projekt trennen:

> Ich glaube, dass man Unrecht hat, wenn man eine Sowjetunion für die Katholiken, eine Sowjetunion für die Radikalen [Sozialisten], eine Sowjetunion für die wohlgesonnene und konformistische Bourgeoisie will. [...] Die UdSSR ist auf dem Weg zum Sozialismus und zum Kommunismus und deshalb hat sie große und schöne Dinge realisiert. [...] Die Sowjetunion ohne Kommunismus zu präsentieren, bedeutet, sie ihres Inhalts, ihrer Substanz selbst zu berauben – das wäre, sie nicht so zu zeigen, wie sie ist, sondern so, wie sie der eine oder andere gerne hätte, nachdem er sie durch ein Sieb der persönlichen Überzeugungen gepresst hat; und das ist meiner Meinung nach ein sehr großer Irrtum, der weder der Sache der Einen noch der Sache der Anderen und noch weniger der

---

366 Vgl. zu Rothsteins Entlassung und der anschließenden Unterstützungskampagne Andrew Rothstein [1950], in: TNA, KV2/1582.
367 Vgl. die handschriftlichen Notizen zu den Sitzungen des Bureau national von Francis Cohen, hier zitiert vom März 1952 in: AD SSD, 354 J 46. Ähnliche Äußerungen Debrays finden sich wiederholt ab November 1951.

Sache des Friedens nützt. [...] Man muss bewundern können ohne Vorbehalte und Einschränkungen.[368]

Anfang der 1950er Jahre erforderte ein Engagement für die Sowjetunion demnach in den westlichen Freundschaftsgesellschaften eine hundertprozentige Loyalität und das grundsätzliche Einverständnis mit allen Aspekten der sowjetischen Lebenswirklichkeit. Dazu gehörte auch, die überragende Rolle Stalins zu akzeptieren und den Kult um seine Person mitzutragen. Stalin war die über jeden Zweifel erhabene Verkörperung von Frieden und Wahrheit. Aufbauend auf Stalins Nimbus als großer Führer, Held des Zweiten Weltkriegs und Befreier Europas wurde der Kult um seine Person in den kommunistischen Milieus Westeuropas spätestens ab 1949 ebenso forciert wie in den sozialistischen Ländern. Von nun an konnte keine Erklärung und Rede mehr ohne Hommage an Stalin auskommen. Als ein Delegierter diese Ehrbezeugung auf dem 4. Nationalkongress von France-URSS im Juni 1949 aus der Abschlussresolution streichen wollte, bekam er zur Antwort: „Alle Probleme haben dank Stalins Genie ihre Lösung gefunden, [...] das ist sein gigantisches Werk."[369] Einen Höhepunkt des Stalinkults markierten die Feierlichkeiten zu seinem 70. Geburtstag im Dezember 1949. Die Association France-URSS publizierte aus diesem Anlass eine Sonderausgabe ihres Magazins, gab eine Briefmarke heraus und organisierte am 21. Dezember im Pleyel-Saal eine Festveranstaltung zu Ehren Stalins, des „Erbauers des Friedens" und „Wohltäters der Menschheit".[370] Aus den lokalen Komitees gingen tausende von Geschenken ein. Dem sowjetischen Botschafter überreichte man stellvertretend ein Goldenes Buch mit Dokumenten der französisch-sowjetischen Zusammenarbeit.[371] In *Russia Today* wurde Stalin als eine Art neuzeitlicher Christus gefeiert, der der Welt zu Weihnachten Frieden bringe.[372]

Als zwei wesentliche Faktoren für diese scheinbar blinde Gefolgschaft können die Polarisierung der öffentlichen Meinung und die Erinnerung an die sowjetische Unterstützung im Kampf gegen Deutschland angesehen werden. Darüber hinaus konnte es auch individuelle Gründe für die Vergötterung Stalins geben. Sowohl die Gegner der Sowjetunion als auch die kommunistischen

---

368 Tribune pour le Congrès n° 3, Bulletin intérieur, [1952], in: ANF, 88 AS 3.
369 Grenier, Fernand: Halte à l'antisoviétisme, in: Gagner la Paix par l'Amitié Franco-Soviétique. Rapports et Discours au Comité National des 3 et 4 décembre 1949, S. 1, in: ANF, 88 AS 18.
370 Siehe die Sonderausgabe 70ème anniversaire de Staline. L'Homme de la paix, in: France-URSS (1949) 12.
371 Vgl. Le monde entier lui rend hommage, in: France-URSS (1950) 2, S. 12; Gillot, Les communistes en Périgord, S. 601.
372 Vgl. Goodwill, in: Russia Today (1949) 12, S. 2.

Parteien setzten die Sowjetunion gleich mit Stalin und dem Kommunismus. Damit war jeder Kommunist oder „Freund" der Sowjetunion ein „Stalinist". Jede Kritik an Stalin oder seiner Herrschaft war gleichbedeutend mit einer Kritik an der Sowjetunion und am Kommunismus. Die Lysenko-Affäre zeigte exemplarisch, dass es in dieser Zeit trotz persönlicher Zweifel keinen öffentlichen Raum für differenziertere Urteile gab. „Wir waren also stalinistisch [...] vor allem in dem Sinne, dass wir gegen Hitler kämpften. [...] Stalin war das Gegenteil von Hitler, also war ich stalinistisch", erinnerte sich der spätere Vize-Präsident von France-URSS, André Pierrard. Im Kalten Krieg verschob sich dann das Feindbild: „[S]talinistisch zu sein, das bedeutete, für den Frieden und gegen den amerikanischen Imperialismus zu sein."[373] Für die Eheleute Gibson, die Mitglieder der CPGB und der BSFS in Liverpool waren, verkörperte Hitler ebenfalls „alles Böse" und Stalin „alles Gute". Doch trotz dieser gottgleichen Position blieb er nahbar: „Onkel Joe – ein Typ aus Liverpool".[374] Auch Platts-Mills, inzwischen führendes Mitglied der SCR, unterdrückte noch Jahre nach Stalins Tod jeden Zweifel an dessen Integrität, obwohl sein Freund Otto Šling Ende 1952 in einem Schauprozess in Prag zu Unrecht verurteilt und hingerichtet worden war:

> Even then, I could not accept that this showed the true character of Stalin. I must have been World Stalin Lover No 1. When Krushchev denounced him in February 1956, I still wouldn't accept it. I reasoned, „If there is conspiracy in Moscow, this is it: a conspiracy to rob Stalin of his just fame as saviour of the world from the Nazis."[375]

Ein zweiter, nicht zu unterschätzender Faktor für die Polarisierung der Wahrnehmung in dieser Zeit war die gesellschaftliche und staatliche Stigmatisierung von Kommunisten bzw. Freunden der Sowjetunion, auf die hier nur kurz eingegangen werden kann. Denn obwohl die Erfolge der Freundschaftsgesellschaften sowohl quantitativ als auch qualitativ begrenzt blieben, bekämpften die westlichen Regierungen den angeblichen „Propagandakrieg" der Sowjetunion mit harten Mitteln. Der Kampf um die Deutungshoheit in den westlichen Öffentlichkeiten ließ auch aus ihrer Sicht kaum Kompromisse zu. Als Gegengewicht zur sowjetischen Propaganda hatte beispielsweise die britische Regierung Anfang

---

[373] André Pierrard zitiert nach: Mosco, Alain: Mémoires d'Ex. Interviews de divers membres exclus ou démissionnaires du Parti Communiste français, Bd. 5: André Pierrard, Paris 1990, S. 110 f., in: BDIC.
[374] „We were entirely sympathetic to Stalin as a Liverpool character – uncle Joe, you know." Communist Party Oral History Project: John Gibson, in: BL.
[375] Platts-Mills, Muck, Silk and Socialism, S. 356. Platts-Mills kannte Šling aus dessen Londoner Zeit während des Krieges.

1948 das Information Research Department (IRD) als zentrale Instanz für die Ausarbeitung und Verbreitung von Informationsmaterial über und für die Sowjetunion eingerichtet. Das IRD belieferte die britischen Medien gezielt mit anonymen Pressemeldungen und Argumenten gegen sowjetische Kampagnen.[376] Die größte Gefahr ging dabei aus Sicht des IRD weniger von den kommunistischen Parteien selbst aus als von ihren „Frontorganisationen" wie den Freundschaftsgesellschaften oder den Friedenskomitees, deren kommunistische Beeinflussung nicht auf den ersten Blick erkennbar war.[377]

Parallel dazu entfernte die Labour-Regierung ab März 1948 Angestellte aus dem Öffentlichen Dienst, die Verbindungen zur CPGB hatten und in ihrer Arbeit mit sicherheitsrelevanten Informationen in Berührung kamen. Abweichler innerhalb der Labour-Partei wie Platts-Mills wurden ausgeschlossen.[378] Das Foreign Office und das MI5 beobachteten die Akteure der Freundschaftsgesellschaften genau.[379] Ihr Ziel war eine politische und gesellschaftliche Isolierung der Friedens- und Freundschaftsbewegung. Deshalb setzte die Regierung auch alles daran, den ursprünglich in Sheffield geplanten zweiten „Weltkongress für den Frieden" im Herbst 1950 zum Scheitern zu bringen. Der größte Teil der ausländischen Delegierten, darunter auch Joliot-Curie, wurde in letzter Minute an der Einreise gehindert. So mussten der Kongress und mit ihm einige hundert Delegierte kurzfristig nach Warschau verlegt werden.[380]

Angesichts der nach wie vor sehr hohen Stimmenanteile der kommunistischen Partei in Frankreich waren dort die antikommunistischen Maßnahmen auch nach 1947 weitaus weniger heftig. Dennoch stieß auch France-URSS auf erheblichen gesellschaftlichen und politischen Widerstand. Zwischen 1947 und 1951 wurden zehnmal Räumlichkeiten von France-URSS beschädigt.[381] Die Regierung verweigerte selbst so bekannten Persönlichkeiten wie Il'ja Ėrenburg und Dmitrij Šostakovič Visa für den 5. Nationalkongress von France-URSS im Dezember 1950. Da gleichzeitig Druckerzeugnisse und Filme aus der Sowjetunion vom Zoll beschlagnahmt und zensiert wurden, lag der Vorwurf nahe,

---

376 Vgl. zur Entstehungsgeschichte des IRD Defty, Britain, America and Anti-Communist Propaganda, S. 63–101.
377 Vgl. ibid., S. 195.
378 Branson, History of the Communist Party, S. 160–168.
379 Vgl. die Überwachungsakten in den National Archives unter KV 2 beispielsweise von William Wainwright TNA, KV 2 3355–3357 und Ivor Montagu TNA, KV 2 600–602.
380 Vgl. ausführlich zum Kongress in Sheffield, zu den Reaktionen der britischen Regierung und seinen Folgen Deery, Philip: The Dove Flies East. Whitehall, Warsaw and the 1950 World Peace Congress, in: Australian Journal of Politics and History 48 (2002) 4, S. 449–468.
381 Grenier, Fernand: L'antisoviétisme utilise aussi le plastic, in: France-URSS (1951) 11, S. 16; Un engin explose en face de la librairie France-U.R.S.S., in: Le Monde, 13.10.1951.

nicht die Sowjetunion, sondern der Westen beschränke einseitig die Meinungs- und Informationsfreiheit.[382]

Im Dezember 1951 schloss der Conseil National der SFIO eine gleichzeitige Mitgliedschaft in der SFIO und France-URSS aus.[383] Im gleichen Monat wurde der damalige Vize-Präsident von France-URSS, General Petit, offiziell aus dem Militärdienst entlassen, da er an einer Parade des PCF zum Nationalfeiertag am 14. Juli in Uniform teilgenommen habe. France-URSS nutzte den Vorfall, um an die Solidarität von Militärs und ehemaligen Widerstandskämpfern zu appellieren.[384] Zu den staatlichen und parteipolitischen Sanktionen kamen gesellschaftliche Initiativen zur Bekämpfung des Kommunismus und seiner vermeintlichen Verbündeten, deren Kampagnen nicht selten offen oder verdeckt von den Regierungen unterstützt wurden. Transnationale Vereinigungen wie der Congress of Cultural Freedom, Paix et Liberté oder das Comité International de Défence de la Civilisation Chrétienne trugen mit ihren antikommunistischen Kampagnen ihrerseits zur Spaltung und Radikalisierung der öffentlichen Meinung bei.[385]

Die Maßnahmen gegen Kommunisten und „Friedenskämpfer", die auch die Freundschaftsgesellschaften trafen, setzten Zweifler am außenpolitischen Kurs der eigenen Regierung dem Verdacht aus, Kommunisten und Stalinisten zu sein. Sie trugen dadurch aber auch zu einer tatsächlichen Homogenisierung, Verengung und Radikalisierung des prosowjetischen Spektrums bei. Wer einmal als ein Freund der Sowjetunion eingestuft worden war, konnte sich diesem Urteil kaum mehr entziehen. Nicht selten verloren die Betroffenen ihr soziales und berufliches Netzwerk. Dadurch wurden sie den kommunistischen Hardlinern erst recht in die Arme getrieben, die sie zu Märtyrern der eigenen Sache stilisierten. Abbé Boulier zum Beispiel verlor nach einem öffentlichen Auftritt auf dem Friedenskongress 1948 seinen Lehrstuhl am Institut catholique in Paris. Ab diesem Zeitpunkt widmete er France-URSS und der Friedensbewegung seinen vollem Einsatz.[386] Auch Debray suchte und fand nach seiner Entlassung bei *Témoignage chrétien* eine neue berufliche und politische „Heimat" bei *France-URSS*:

---

382 Vgl. Lettre à M. le Président de la République, in: France-URSS (1951) 1, S. 3.
383 Vgl. Comité directeur [de la SFIO], 19.1.1966, in: OURS, Guy Mollet AGM 27.
384 Vgl. Hommage au Général Petit, in: France-URSS (1952) 2, S. 5; Le Général Petit est mis à la retraite d'office, in: Le Monde, 23.12.1951, S. 4.
385 Auf die einzelnen antikommunistischen Gruppierungen und Kampagnen kann hier nicht eingegangen werden. Für einen aktuellen Forschungsüberblick zur Geschichte des Antikommunismus siehe Großmann, Johannes: Die „Grundtorheit unserer Epoche"? Neue Forschungen und Zugänge zur Geschichte des Antikommunismus, in: Archiv für Sozialgeschichte 56 (2016), S. 549–590.
386 Vgl. Boulier, J'étais un prêtre rouge.

> Ich hatte verstanden. [...] Alles, absolut alles kann man sich gestatten, ausgenommen eine Geste, ein Wort zugunsten der Sowjetunion. Ich hatte diese große Lektion teuer bezahlt, aber die Art Lektionen bezahlt man nie zu teuer. Noch etwas anderes hatte ich entdeckt: daß es nicht genügt, geduldig die Wahrheit zu erforschen, daß man überdies kämpfen muß, und zwar nicht gegen die Lüge, die alles in allem eine nicht sehr zu fürchtende Abstraktion ist, sondern gegen die Lügner. [...] Ich stürzte mich in die Schlacht.[387]

Jeglicher Angriff von außen verstärkte die Überzeugung, auf der richtigen Seite zu stehen. So war, als wieder einmal eines der Büros der Association von politischen Gegnern angegriffen und verwüstet worden war, in *France-URSS* zu lesen: „Wir bleiben angesichts der Provokationen sehr ruhig – wie die Starken und Gerechten."[388] Die Gegner reagierten dieser Argumentation zufolge nur deshalb mit Repressionen, weil sie die Macht der „Wahrheit" und den Aufstand der Massen gegen ihre Politik fürchteten: „Diese Wahrheit macht den Menschen Angst, die das einfache Wort ‚Frieden' um den Schlaf bringt."[389] Besonders ausgeprägt war die Furcht vor kommunistischer Infiltration und sowjetischer Beeinflussung naturgemäß in den westlichen Besatzungszonen und der jungen Bundesrepublik Deutschland. Nicht nur deshalb muss der im folgenden Abschnitt beschriebene westdeutsche Ableger der Gesellschaft für Deutsch-Sowjetische Freundschaft als ein Sonderfall in der Entwicklung der Freundschaftsgesellschaften angesehen werden.

1.6 Sonderfall Bundesrepublik: Freundschaft mit der Sowjetunion ohne Sowjetunion

Anlässlich des Monats für deutsch-sowjetische Freundschaft 1953 gab die Gesellschaft für Deutsch-Sowjetische Freundschaft (DSF) ein Abzeichen heraus, auf dem zwei Männer sich vor einer sowjetischen und einer deutschen Flagge die Hand geben. Im Hintergrund ist neben dem Brandenburger Tor jedoch nicht der Kreml, sondern der Kölner Dom abgebildet (Abb. 2).

Diese Symbolik bringt die Sonderstellung der Gesellschaft für Deutsch-Sowjetische Freundschaft in der Bundesrepublik Deutschland auf den Punkt. Denn diese war trotz formeller Eigenständigkeit eine Unterabteilung der DSF in der DDR und damit primär ein deutschlandpolitisches Instrument der SED. Sie

---

387 Debray, Ein Katholik erlebt die Sowjetunion, S. 54 f.
388 Halte aux incendiaires!, in: France-URSS (1948) 2, S. 2.
389 Pailleret, Camille: La vérité au service de la paix, in: France-URSS (1950) 12, S. 3. Vgl. auch mit ähnlicher Argumentation: Wainwright, William: Why Churchill Hates Them, in: Russia Today (1949) 11, S. 8 f.

Abb. 2: Abzeichen zum Monat der deutsch-sowjetischen Freundschaft 1953 mit Brandenburger Tor und Kölner Dom 1953.

zielte daher in erster Linie auf die deutsch-deutschen und nicht auf die bundesdeutsch-sowjetischen Beziehungen. Auch aus diesem Grund waren die innenpolitischen Bedingungen für die DSF West[390] ungleich schwieriger als zum Beispiel für France-URSS und die britischen Freundschaftsgesellschaften. Dazu kamen die Schwäche der KPD und die staatliche Verfolgung und gesellschaftliche Ausgrenzung kommunistischer Bewegungen in der Bundesrepublik. Dennoch lassen sich durchaus auch Parallelen zu den Entwicklungen der Freundschaftsgesellschaften in anderen Ländern Westeuropas beobachten.

In der sowjetischen Besatzungszone wurde auf Initiative des Propagandabeauftragten Sergej I. Tjul'panov am 30. Juni 1947 eine Gesellschaft zum Studium der Kultur der Sowjetunion gegründet. Diese sollte zunächst vor allem

---

[390] Um Missverständnisse zu vermeiden, wird im Folgenden wegen der Namensgleichheit von DSF West und DSF Ost gesprochen.

Intellektuelle ansprechen, um den Diskurs der deutschen Bevölkerung über die Sowjetunion nachhaltig und dauerhaft zu verändern.[391] Wie die kommunistischen Parteien in anderen Ländern, so wurde auch die SED im Frühjahr 1949 von Moskau angewiesen, die Freundschaftsgesellschaften zur Mobilisierung breiterer Bevölkerungskreise – unter anderem für die Unterstützung der sowjetischen Außenpolitik und der Friedenskampagne – zu nutzen. Die Gesellschaft wurde nun systematisch zu einer Massenorganisation ausgebaut und auf dem zweiten Kongress Anfang Juli 1949 in Gesellschaft für Deutsch-Sowjetische Freundschaft umbenannt.

Zugleich hatte die SED nach dem Willen der sowjetischen Führung in der neugegründeten Bundesrepublik Deutschland den Auftrag, eine Politik der „Nationalen Front" zu verfolgen, um sie von innen heraus zu schwächen und die Westanbindung zu verhindern.[392] Es war beabsichtigt, durch Appelle an das Nationalgefühl zeitweilige Bündnisse mit bürgerlichen Kräften in der Bundesrepublik einzugehen, die sich für die Einheit Deutschlands einsetzten und gegen ein Bündnis mit den USA aussprachen. Wie in Frankreich und Großbritannien sollte auch hier eine Allianz mit der Sowjetunion als Voraussetzung für nationale Stärke, politische Unabhängigkeit und dauerhaften Frieden angepriesen werden.

Trotz zögerlicher Umsetzung dieser Anweisungen entstand nach und nach ein umfangreicher und breit gefächerter Westapparat. Ministerien, Blockparteien und Massenorganisationen bekamen eigene Westabteilungen, um ihre Kampagnen in der Bundesrepublik umzusetzen. 1949 nabelte sich die KPD offiziell von der SED ab, obwohl sie finanziell und politisch weiterhin vollständig von der SED abhängig blieb.[393] Auch die DSF sollte sich an der Westarbeit beteiligen. Im Sommer 1949 reiste ein Funktionär der DSF durch Westdeutschland, um geeignete und interessierte Personen für die Gründung einer Freundschaftsgesellschaft ausfindig zu machen.[394] Angesichts vorheriger Verbote vergleichbarer Gesellschaften in den Westzonen waren erhöhte Diskretion

---

391 Vgl. Behrends, Die erfundene Freundschaft, S. 150–152. Vgl. zur offiziellen Gründungslegende Kuczynski, Jürgen: Beginn einer großen Freundschaftsbewegung, in: Schiel, Ilse (Hg.): Im Zeichen des roten Sterns. Erinnerungen an die Traditionen der deutsch-sowjetischen Freundschaft, Berlin 1975, S. 477–481.
392 Vgl. ausführlich zur Politik der Nationalen Front Amos, Heike: Die Westpolitik der SED 1948/49–1961. „Arbeit nach Westdeutschland" durch die Nationale Front, das Ministerium für Auswärtige Angelegenheiten und das Ministerium für Staatssicherheit, Berlin 1999, S. 19–30.
393 Vgl. zur KPD in der Nachkriegszeit Kössler, Abschied von der Revolution, S. 225–227.
394 Vgl. zur Gründungsgeschichte auch zum Folgenden Dralle, Von der Sowjetunion lernen, S. 404–406; vgl. auch Referat zum 5. Jahrestag des Bestehens der Gesellschaft für Deutsch-Sowjetische Freundschaft, in: BArch SAPMO, DY 32/10718.

und organisatorische Flexibilität erforderlich. Im Herbst 1949 trat wie geplant ein kleiner Kreis von persönlich geladenen Mitstreitern in Frankfurt am Main zusammen, die kurze Zeit später in Bremen die Gesellschaft zum Studium der Sowjetunion gründeten. Ihrer Bezeichnung entsprechend sollte die Gesellschaft eher den Charakter einer unpolitischen Bildungseinrichtung haben und – laut Satzungsentwurf – „Kenntnisse über die Sowjetunion" verbreiten.[395] Im November 1949 beschloss ein Arbeitsausschuss die Gründung entsprechender Filialen in ganz Westdeutschland.[396]

Bei ihrem formellen Gründungskongress am 17. September 1950 in Homberg bei Duisburg nahm die Gesellschaft dennoch die Bezeichnung Gesellschaft für Deutsch-Sowjetische Freundschaft an. Begründet wurde dies damit, dass man sich angesichts der „antisowjetischen Kriegshetze" nicht mehr auf eine reine Informationstätigkeit beschränken könne.[397] Präsident wurde der Arzt Alfred Wahl, KPD-Mitglied seit 1945.[398] Er hielt bei dem Kongress eine flammende Rede gegen die drohende Kriegsgefahr und unterstrich die „große Bedeutung" der Gründung der DDR. Er pries die Sowjetunion als „Land eines schwungvollen wirtschaftlichen Aufstiegs", als „Land von hoher Kultur und des wissenschaftlichen Fortschritts" und als „Land der Freiheit" und der „Freundschaft".[399] Die Parallelen in Wortwahl und Argumentation zu den anderen Freundschaftsgesellschaften sind kaum zu übersehen.

Die DSF West sah ihre Aufgabe unter anderem darin, „der Hetze und Verleumdung gegen die UdSSR durch die Verbreitung der Wahrheit über das staatliche, wirtschaftliche und kulturelle Leben der Völker der Sowjetunion in Wort und Schrift entgegenzutreten". Zudem wollte sie „unter der westdeutschen Bevölkerung das Gefühl des Vertrauens zur Friedenspolitik der Sowjetunion [...] vertiefen".[400] Anfang 1951 protestierte die DSF West unter anderem mit einer

---

395 Vgl. Satzungen der Gesellschaft zum Studium der Sowjetunion, in: BArch SAPMO, DY 32/6148.
396 Vgl. Beschlußprotokoll der Arbeitsausschuß-Sitzung am 4. November 1949, in: BArch SAPMO, DY 32/10111.
397 Vgl. Referat zum 5. Jahrestag des Bestehens der Gesellschaft für Deutsch-Sowjetische Freundschaft, in: BArch SAPMO, DY 32/10718.
398 Vgl. die Biographie Alfred Wahls [o.T.], in: BArch SAPMO, DY 32/10716.
399 Vgl. Durch Freundschaft zum Frieden! Rede des Naturwissenschaftlers und Arztes Dr. Alfred Wahl anlässlich des Gründungskongresses der Gesellschaft für Deutsch-Sowjetische Freundschaft in Homberg (Niederrhein) am 17. September 1950, Düsseldorf 1950.
400 Entschließung des Kongresses für deutsch-sowjetische Freundschaft, in: Durch Freundschaft zum Frieden!, S. 21.

Unterschriftenaktion gegen die „Remilitarisierung" der Bundesrepublik.[401] Im November 1951 organisierte sie – im Einklang mit den sozialistischen und den westeuropäischen Freundschaftsgesellschaften – einen Monat der deutschsowjetischen Freundschaft. Bezeichnenderweise traten in diesem Rahmen jedoch keine Gäste aus der Sowjetunion, sondern nur aus der DDR auf. Unter der Losung „Die Sowjetunion ist der beste Freund des deutschen Volkes!" sollte der Monat zur „Entlarvung und Zerschlagung der Antisowjethetze" und zur „Verbreitung der Wahrheit über die uneigennützige Hilfe der Sowjetunion" dienen.[402]

Trotz aller Unabhängigkeitsbekundungen war die DSF West faktisch eine Unterabteilung der DSF Ost. Die Kader für die Landessekretariate wurden in Ostberlin ausgewählt und auf der Zentralschule für Deutsch-Sowjetische Freundschaft in Schönwalde oder in Tagesseminaren geschult. Auch prüfte und bestimmte die DSF Ost die Teilnehmer der in die Sowjetunion entsandten Delegationen. Regelmäßig fuhren Funktionäre aus dem Osten nach Westdeutschland, um vor Ort Instruktionen zu geben.[403] Verdiente Mitglieder wurden zu Erholungs- oder Schulungsreisen in die DDR eingeladen oder durften sogar mit einer DDR-Delegation nach Moskau fahren.[404] Ebenso wie in der SED die Strukturen der Westarbeit laufend verändert wurden, so waren auch innerhalb der DSF die Zuständigkeiten für Westdeutschland im ständigen Fluss.[405] Anfang 1951 wurde die Westabteilung der DSF ganz aufgelöst und ihr Zuständigkeitsbereich beim

---

401 Aufruf des Präsidiums der Gesellschaft für Deutsch-Sowjetische Freundschaft, 11.2.1951, in: BArch SAPMO, DY 32/10712. Zur Kampagne allgemein vgl. Amos, Die Westpolitik der SED, S. 87.
402 Entwurf: Werbeplan für den Monat der deutsch-sowjetischen Freundschaft in Westdeutschland, 14.10.1951, in: BArch SAPMO, DY 32/10714. Bewusst verzichtet wurde auf die von der DSF Ost genutzten Slogans „Von der Sowjetunion lernen – heißt siegen lernen" sowie „Es lebe der Bannerträger des Friedens und des Fortschritts – Josef Wissarionowitsch Stalin!" Vgl. Losungen zum Monat der deutsch-sowjetischen Freundschaft, [1951], in: BArch SAPMO, DY 32/10714.
403 Siehe beispielsweise den Instrukteurs-Bericht über den Einsatz in Westdeutschland in der Zeit vom 3.11. bis 15.11.1951, in: BArch SAPMO, DY 32/10111; Westdeutsche Teilnehmer am dreimonatigen Lehrgang auf der Zentralschule der Gesellschaft für Deutsch-Sowjetische Freundschaft in Schönwalde. Beginn 21.1.1952, in: BArch SAPMO, DY 32/10729; DSF an Arbeitsbüro der KPD, 6.10.1951, in: BArch SAPMO, DY 32/6148.
404 Vgl. die Teilnehmerlisten der Mai-Delegation nach Moskau 1951 und 1952, in: BArch SAPMO, DY 32/10699.
405 Vgl. zum permanenten Umbau der Gremien für Westarbeit Amos, Heike: Die Westpolitik der DDR 1949 bis Mitte der 1960er Jahre. Institutionelle Voraussetzungen, Apparate und politische Konzeptionen, in: Creuzberger, Stefan/Hoffmann, Dierk (Hg.): „Geistige Gefahr" und „Immunisierung der Gesellschaft". Antikommunismus und politische Kultur in der frühen Bundesrepublik, München 2014, S. 43–58, hier S. 44 f.

Generalsekretär angesiedelt.⁴⁰⁶ Zudem bekamen die DSF-Vertreter eines jeden DDR-Bezirks ein westdeutsches Bundesland zugewiesen, mit dessen DSF-Vertretern sie regelmäßigen Kontakt halten und ihnen materielle und politische Unterstützung bieten sollten.

Allerdings waren die Genossen in Berlin mit der Arbeit der DSF West keineswegs zufrieden. 1951 urteilte der Zentralvorstand, Sekretariat und Präsidium der DSF West seien „noch nicht wirklich arbeitsfähig". Der Zustand der Landessekretariate sei „sowohl ideologisch als auch kräftemäßig vollkommen unzureichend". Viele KPD-Mitglieder litten noch an „Sektierertum" und wollten nicht mit Parteilosen zusammenarbeiten. Gleichzeitig aber forderte der Zentralvorstand eine klarere ideologische Linie und den Ausbau der DSF West zu einer „Kampforganisation".⁴⁰⁷ Betrachtet man die Mitglieder der Delegationen und die Teilnehmer der Schulungen, so engagierten sich in der DSF West tatsächlich fast ausschließlich langjährige KPD-Mitglieder aus traditionellen Arbeitermilieus. In den wenigen Ausnahmefällen kritisierten die DSF-Funktionäre in Ostberlin wiederum sofort „stark bürgerliche Tendenzen".⁴⁰⁸ Gerade im antikommunistischen Kontext der frühen Bundesrepublik glich es einer Quadratur des Kreises, eine breite, „nicht-sektiererische" Organisation aufzubauen, die jedoch keine „schöngeistigen Klubabende" veranstalten sollte, sondern als ideologisch gefestigte „Kampforganisation" auftrat.⁴⁰⁹ Dieser Zielkonflikt zwischen nicht-kommunistischer Massenorganisation und deutschlandpolitischem Instrument wurde auch in nachfolgenden Jahren nicht gelöst.

Der Erfolg der DSF West blieb so äußerst beschränkt. Die offizielle Zahl von 40.000 Mitgliedern Ende 1950 war wohl deutlich übertrieben.⁴¹⁰ Von Anfang an musste die DSF gegen staatliche Repression und gesellschaftliche Ausgrenzung ankämpfen. In den unmittelbaren Nachkriegsjahren wurde die KPD aus historischen Gründen und aus macht- und deutschlandpolitischem Kalkül sowohl von den Westalliierten als auch von den anderen Parteien in Westdeutschland als politischer Partner und gesellschaftliche Kraft toleriert.⁴¹¹ Seit

---

406 Vgl. Schreiben von Grünberg, 25.4.1951, in: BArch SAPMO, DY 32/6148.
407 Vgl. Vorlage an das Sekretariat des Parteivorstandes, 8.9.1951, in: BArch SAPMO, DY 32/6178; und Protokoll der Tagung des Präsidiums vom 29.7.1951, Düsseldorf, 31.7.1951, in: BArch SAPMO, DY 32/10712; vgl. zu ähnlich vernichtenden Berichten aus dem Jahr 1951 Dralle, Von der Sowjetunion lernen, S. 412–415.
408 Vgl. beispielsweise Aktenvermerk aufgrund der Aussprache mit den Freunden auf der Zentralschule, Januar 1952, in: BArch SAPMO, DY 32/10729.
409 Vgl. Protokoll der Tagung des Präsidiums vom 29.7.1951, in: BArch SAPMO, DY 32/10712.
410 Vgl. Dralle, Von der Sowjetunion lernen, S. 411.
411 Siehe hierzu und zum Folgenden ausführlich Kössler, Till: Die Grenzen der Demokratie. Antikommunismus als politische und gesellschaftliche Praxis in der frühen Bundesrepublik,

Anfang 1950 entwickelte sich jedoch ein breiter Konsens für ein gesetzliches und strafrechtliches Vorgehen gegen die KPD und mit ihr verbundene Vereinigungen. Denn einerseits musste nach der Gründung der beiden deutschen Teilstaaten keine Rücksicht mehr auf sowjetische Befindlichkeiten genommen werden. Andererseits wuchs mit der Politik der „Nationalen Front" und der massiven Propagandaoffensive der SED seit 1949 die Angst vor einer kommunistischen Unterwanderung. Innerhalb weniger Monate kam es zu einer Reihe von Verordnungen und Maßnahmen, die das kommunistische Milieu in der Bundesrepublik kriminalisierten. Den Anfang machte im September 1950 der Ausschluss von Mitgliedern verfassungsfeindlicher Organisationen – darunter der DSF – aus dem Öffentlichen Dienst.[412] Am 28. März 1951 verabschiedete die Bunderegierung einen Erlass, der Wirtschaftsunternehmen öffentliche Aufträge entzog, wenn sie Kontakte zu „verfassungsfeindlichen Vereinigungen" wie der namentlich genannten DSF pflegten.[413] Obwohl die DSF West ihre demokratische, patriotische und verfassungstreue Ausrichtung nun noch mehr betonte, folgten Durchsuchungen von Büros und Privatwohnungen sowie Verbote einzelner Veranstaltungen.[414] Auf Grundlage der „Verordnung zur Abwehr von Angriffen auf die demokratische Grundordnung der Bundesrepublik" vom 6. Juni 1951, die sich vor allem gegen Schriftgut aus der DDR wandte, wurde der DSF in Niedersachsen im Juli 1951 jede Tätigkeit verboten. Schreibmaschinen und Druckschriften wurden beschlagnahmt.[415] Im gleichen Monat führte eine Strafrechtsänderung das Vergehen des Hoch- und Landesverrats wieder ein, zu dem auch die Zusammenarbeit mit DDR-Organisationen gerechnet wurde.

Der im November 1951 von der Bundesregierung eingereichte Verbotsantrag gegen die KPD enthielt auch einige Vorwürfe gegen die DSF West. Diese entschloss sich daraufhin, öffentlich bei den zuständigen Richtern Protest einzulegen, die wichtige politische Bedeutung der DSF für die Bundesrepublik herauszustellen und ihre Gegner ansonsten nach Möglichkeit nicht zu

---

in: Creuzberger, Stefan/Hoffmann, Dierk (Hg.): „Geistige Gefahr" und „Immunisierung der Gesellschaft". Antikommunismus und politische Kultur in der frühen Bundesrepublik, München 2014, S. 229–250.
412 Vgl. Becker, Die KPD in Rheinland-Pfalz, S. 296.
413 Vgl. Schreiben des SdP an alle Landesverbände, 7.4.1951, in: BArch SAPMO, DY 32/6178.
414 Vgl. Schreiben des SdP an Landessekretariate, 4.5.1951; Protest!, 5.5.1951 sowie Erklärung der GfDSF zum dem Verfassungsbruch der Bundesregierung und ihrer Behörden, 9.5.1951, in: BArch SAPMO, DY 32/6178.
415 Vgl. Verfügung nach § 29 des Gesetzes über die öffentliche Sicherheit und Ordnung, 20.7.1951 in: BArch SAPMO, DY 32/10721; Beschlagnahmeanordnung für Schmalfilmkopien, Devisenvergehen, in: BArch SAPMO, DY 32/10721; sowie Erklärung der GfDSF Land Niedersachsen, in: BArch SAPMO, DY 32/10721.

provozieren.[416] Auch mahnte das Sekretariat der DSF die Mitarbeiter zu erhöhter Wachsamkeit. Autos wurden umgemeldet und Dokumente in Sicherheit gebracht.[417] Von da an gehörten kurzzeitige Verhaftungen, Hausdurchsuchungen und berufliche Einschränkungen zum Alltag der westdeutschen Kommunisten. Wie bei der KPD provozierte diese Kriminalisierung auch im Falle der DSF einerseits eine Resignation und Abwendung von „Traditionskommunisten" und Zweiflern, andererseits eine Radikalisierung der verbliebenen Akteure.[418]

1953 verfügten die Funktionäre der DSF zu ihrer Sicherheit über mehrere illegale Wohnungen. Ihre Aktivitäten nahmen immer mehr den Charakter einer konspirativen Tätigkeit an.[419] Bereits fünf Landesverbände der DSF West waren verboten, als eine Verhaftungswelle einsetzte. Der Präsident der DSF Alfred Wahl wurde während eines Aufenthalts in der Sowjetunion wegen Vorbereitung zum Hochverrat angeklagt. Von gesundheitlichen Problemen gezeichnet ging er ins Exil nach Ostberlin und verstarb dort im Dezember 1953.[420] Ende März 1953 erfolgte die Verhaftung von 20 Funktionären der DSF West, von denen die Mehrheit nach kurzer Zeit wieder freikam.[421] Der Generalsekretär und vormalige rheinland-pfälzische KPD-Landesvorsitzende Georg Gampfer, der Jura-Student Hans Glaser und der Sekretariatsmitarbeiter Hans Schorlepp aber wurden wegen „Vorbereitung zum Hochverrat", „Staatsgefährdung" und „Geheimbündelei" angeklagt. Der Prozess im Juli 1955 zielte darauf ab, der DSF die Absicht eines politischen Umsturzes in der Bundesrepublik nachzuweisen.[422] Gampfer wurde zu drei Jahren Gefängnis verurteilt, da er wegen seiner „überdurchschnittlichen Intelligenz" als „besonders gefährlich" angesehen wurde.[423] Während des Prozesses und nach dem Urteil wurde er zu einer

---

416 Vgl. Schreiben des SdP an alle Landessekretäre, 6.1.1952, in: BArch SAPMO, DY 32/6178; Diskussion der Präsidiumstagung am 20.1.1952, in: BArch SAPMO, DY 32/10712.
417 Vgl. Bericht über die Sicherung unserer Organisation, [Anfang 1952], in: BArch SAPMO, DY 32/10721.
418 Vgl. zu den Entwicklungen in der KPD ausführlich: Kössler, Abschied von der Revolution, S. 315–354.
419 Zapis' besedy s zamestitelem general'nogo sekretarja Obščestva germano-sovetskoj družby Villerdingom, 15.4.1953, in: RGANI, f. 5, op. 28, d. 64, l. 118–122.
420 Vgl. Nachruf [Alfred Wahl], in: BArch SAPMO, DY 32/6148; Dr. Alfred Wahl verstorben, in: Neues Deutschland, 24.12.1953, S. 2; Peter hat Geburtstag. Sowjet-Freundschaft, in: Der Spiegel, 1.4.1953, S. 7–10.
421 Im Oktober 1953 wurde der Sekretär der DSF in Rheinland-Pfalz zu zwei Monaten Gefängnis wegen „Rädelsführerschaft" verurteilt. Vgl. Becker, Die KPD in Rheinland-Pfalz, S. 297.
422 Vgl. die Prozessakten in: BArch SAPMO, BY 1/1922–1926. Siehe zudem die Erinnerungen des damaligen Verteidigers von Gampfer: Posser, Diether: Anwalt im Kalten Krieg. Deutsche Geschichte in politischen Prozessen, 1951–1968, Bonn 2000, S. 109–128.
423 Vgl. Becker, Die KPD in Rheinland-Pfalz, S. 297.

Art Märtyrer der Freundschaftsbewegung stilisiert und von einer internationalen Solidaritätskampagne unterstützt, an der sich auch France-URSS und die BSFS beteiligten.[424] Im März 1956 wurde die DSF West schließlich bundesweit verboten. Gleichzeitig löste die DSF Ost ihre Westabteilung auf. Künftig sollten legale Kanäle für Kontakte mit einzelnen Persönlichkeiten in Westdeutschland genutzt werden.[425] Als Lehre aus dem Schicksal der DSF achteten später entstandene Freundschaftsgesellschaften in der Bundesrepublik auf demonstrative Distanz zur kommunistischen Partei.

1.7 Fazit: Zäsuren und Kontinuitäten, Abschottung und Kontakte

Die Eckdaten der ersten Phase der Freundschaftsgesellschaften scheinen klar gesetzt: vom Ende des Zweiten Weltkriegs 1945 bis zu Stalins Tod 1953. Es handelte sich um eine Periode des Wiederaufbaus und der Spaltung zwischen Ost und West, die Hochphase der Repression und der Abschottung. Als Instrumente der sowjetischen Außendarstellung waren die Freundschaftsgesellschaften Akteure des Propagandakrieges. Bei näherer Betrachtung erweist sich der Zeitabschnitt jedoch als wesentlich unübersichtlicher und weniger klar begrenzt.

Die unmittelbare Nachkriegszeit war zunächst stark von den Prämissen des Zweiten Weltkriegs geprägt. Die relative Liberalität der Kriegsjahre blieb für die sowjetische Cultural Diplomacy zunächst bestimmend. Aus Dankbarkeit für ihren Beitrag zum Sieg gegen das Hitler-Regime war ein großer Teil der westlichen Bevölkerung der Sowjetunion wohlgesonnen. Auch die westlichen Regierungen schlossen eine Fortführung der Allianz mit der Sowjetunion noch nicht grundsätzlich aus. In diesem Kontext forcierten die VOKS und führende Funktionäre der Freundschaftsbewegung der Zwischenkriegszeit und der Kriegsjahre gemeinsam die Gründung von Freundschaftsgesellschaften. Die kommunistischen Parteien waren im Hintergrund steuernd an diesen Gründungen beteiligt

---

424 Vgl. Ergebnisse und Aufgaben in der Arbeit mit Westdeutschland, [1956], in: BArch SAPMO, DY32/10715; Bulletin to secretaries, 23.3.1955, in: MML; Rundschreiben von Weill-Hallé, 8.7.1955, in: BArch SAPMO, DY 32/11158. Eine vergleichbare Solidaritätskampagne starteten die Freundschaftsgesellschaften für die Frau des Präsidenten der Griechisch-Sowjetischen Gesellschaft Beata Kitsikis, die wegen angeblicher Spionagetätigkeiten gefoltert und zum Tode verurteilt worden war. Das Urteil wurde allerdings nicht vollstreckt und sie wurde 1951 aus dem Gefängnis entlassen. Vgl. Facts Concerning Mme Kitskis, 15.4.1948; und Minutes of the Executive Committee, 27.4.1948, in: Hull, U DEV/1/49; sowie What We Think, in: Russia Today (1948) 7, S. 2.
425 Sekretariatsvorlage: Vorläufige Richtlinie für die gesamtdeutsche Arbeit, 14.4.56; sowie Ergebnisse und Aufgaben in der Arbeit mit Westdeutschland, [1956], in: BArch SAPMO, DY32/10715.

und besetzten Schlüsselpositionen. Die Freundschaftsgesellschaften konnten teilweise auf die wohlwollende Billigung der Regierungen, vor allem aber auf die Unterstützung namhafter Kulturschaffender, Wissenschaftler und Intellektueller zählen, die in der Mehrzahl keine kommunistischen Parteimitglieder waren. In Ost und West herrschte damals tatsächlich die Hoffnung, nach dem institutionellen Neuanfang intensive Beziehungen aufnehmen zu können.

Der einsetzende Kalte Krieg sollte diese Hoffnungen jedoch schon nach wenigen Monaten enttäuschen. Während die Funktionäre der VOKS weiter auf persönliche Begegnungen setzten, blockierte die sowjetische Führung größere Austauschprojekte und ließ dadurch zahlreiche Initiativen ins Leere laufen. Damit verspielte die Sowjetunion eine Chance, ihr positives Image als Befreier auszubauen und in Soft Power umzusetzen. Ab 1947 nutzte Moskau die Freundschaftsgesellschaften gezielt als politische „Waffe" im Kalten Krieg. Als verlässlicher Kommunikationskanal in den Westen gaben die Freundschaftsgesellschaften das sowjetische Selbstbild in dieser Phase nahezu ungefiltert an das westliche Zielpublikum weiter. Sie kämpften mit ideologischen Argumenten gegen den „Antisowjetismus", übernahmen ab 1949 die Rhetorik des Friedenskampfes, inszenierten „Freundschaftsmonate" und pflegten den Stalinkult. Die Freundschaftsgesellschaften im Westen agierten und argumentierten in dieser Zeit sehr ähnlich wie die in den sozialistischen Ländern Osteuropas. Sie waren insofern Teil jener „transnationalen Diskurs- und Symbolgemeinschaft" der sowjetischen Einflusssphäre, die Behrends für die DDR und Polen ausgemacht hat.[426] Damit waren die Freundschaftsgesellschaften allerdings gesellschaftlich und politisch weitgehend isoliert und verloren außerhalb der engeren kommunistischen Milieus massiv an Einfluss und Glaubwürdigkeit. Die Mitglieder der Freundschaftsgesellschaften und die Rezipienten ihrer Angebote bildeten nahezu geschlossene Soziabilitäten, die große personelle und inhaltliche Überschneidungen mit den kommunistischen Parteien hatten.

Nicht zuletzt aufgrund dieser innenpolitischen Nähe der Freundschaftsgesellschaften zu den kommunistischen Parteien reagierten die westlichen Regierungen entschieden auf die gesamtgesellschaftlich eigentlich relativ einflusslosen Aktivitäten der Freundschaftsgesellschaften und anderer prosowjetischer Vereinigungen wie des Weltfriedensrates. Die Mitglieder sahen sich politischer und gesellschaftlicher Isolierung und Stigmatisierung – teilweise sogar strafrechtlicher Verfolgung – ausgesetzt. Da sie ihre Loyalität zur

---

[426] Behrends, Jan C.: Vom Panslavismus zum „Friedenskampf". Außenpolitik, Herrschaftslegitimation und Massenmobilisierung im sowjetischen Nachkriegsimperium (1944–1953), in: Jahrbücher für Geschichte Osteuropas 56 (2008) 1, S. 27–53, hier S. 43.

Sowjetunion über ihre Loyalität zur eigenen Nation zu stellen schienen, wurden sie als eine Gefahr für die nationale Sicherheit angesehen. Auf die sowjetische Abschottungspolitik reagierten die westlichen Regierungen ihrerseits mit Abschottung. Kultureller und wissenschaftlicher Austausch war auch aufgrund der antiwestlichen Kampagnen in der Sowjetunion kaum möglich. Kulturschaffende und Wissenschaftler mussten sich im Westen ebenfalls für ein „Lager" entscheiden und zumindest nach außen hin dessen Positionen verteidigen. Wie das Beispiel der SCR zeigt, versuchten dennoch einige Akteure innerhalb der Freundschaftsgesellschaften, trotz aller Hindernisse den Kontakt zu ihren sowjetischen Kollegen zu halten. Ende der 1940er Jahre litten die Freundschaftsgesellschaften massiv unter dieser Situation, die sie an den Rand ihrer Existenz brachte.

Ab 1949 jedoch bekamen die Freundschaftsgesellschaften und die VOKS mit der Friedenskampagne eine neue Aufgabe. Der Diskurs der Freundschaftsgesellschaften wechselte erneut zu einer integrativen, nationalen Rhetorik, der zufolge die Zusammenarbeit mit der Sowjetunion für das politische und wirtschaftliche Überleben des eigenen Landes erforderlich schien. Gleichzeitig lud die VOKS wieder ausgewählte Delegationen aus dem Westen in die Sowjetunion ein und schickte namhafte sowjetische Kulturschaffende und Wissenschaftler in den Westen. Wenngleich dieser Austausch sehr begrenzt blieb, gewann die von den Freundschaftsgesellschaften beanspruchte Vermittlerrolle dadurch wieder an Glaubwürdigkeit.

Diese Kontakte waren sicherlich noch kein Durchbruch in den kulturellen Beziehungen zur Sowjetunion. Doch waren die Freundschaftsgesellschaften in den spätstalinistischen Jahren einer der wenigen Kanäle, über die überhaupt Auftritte sowjetischer Künstler im Westen organisiert und persönliche Begegnungen realisiert werden konnten. In diesem Sinne ist Geoffrey Roberts' Argument zuzustimmen, dass die Friedensbewegung einen wichtigen Anstoß zur Öffnung der sowjetischen Gesellschaft gab.[427] Interne Überlegungen zu einer effizienteren Ausrichtung der VOKS machen außerdem deutlich, dass es schon vor 1953 ein Bewusstsein für die Notwendigkeit einer Öffnung gab. Denn auch den sowjetischen Akteuren war klar, dass die Glaubwürdigkeit ihrer Friedensbotschaft zumindest eine selektive Durchlässigkeit der „Membran" in den Westen voraussetzte. Die sowjetische Sorge um ihre Außenwirkung und die sich

---

427 Vgl. Roberts, Geoffrey: Averting Armageddon. The Communist Peace Movement, 1948–1956, in: Smith, Stephen A. (Hg.): The Oxford Handbook of the History of Communism, Oxford 2014, S. 322–338, hier S. 323.

anbahnende, wenngleich noch verhaltene Intensivierung des Austauschs nahmen spätere Entwicklungen der „Tauwetter"-Zeit vorweg und relativieren insofern die Zäsur des Jahres 1953.[428]

Doch bevor diese Entwicklungen endgültig zum Durchbruch kommen konnten, bot der Tod Stalins im März 1953 noch einmal einen Anlass, die Geschlossenheit einer über die Ländergrenzen und über den „Eisernen Vorhang" hinausreichenden kommunistischen Gemeinschaft zu zelebrieren.[429] Die Aprilausgabe von *France-URSS* war ganz dem Werk und Wirken Stalins gewidmet und brachte, gerahmt von schwarzem Trauerflor, eine emotionale Hommage an den „ruhmreichen Staatschef" und „zutiefst humanen Menschen".[430]

Die BSFS rief ihre Mitglieder dazu auf, Blumen und Geschenke an der sowjetischen Botschaft abzulegen. Der Dean of Canterbury hielt einen Vortrag zu Stalins Lebenswerk. Und die SCR organisierte am 12. März eine große Gedenkveranstaltung in London,[431] die ihre angebliche politische Neutralität ad absurdum führte und von einem rührseligen Nachruf Pritts im *Anglo-Soviet Journal* begleitet wurde:

> Thank you, Joseph Stalin, for the cultural human development, for the conscious purposeful humanism that you have brought to the lives of all who have eyes to see, minds to understand, and hearts to rejoice. We and our fellow men have, of course, many, many more achievements than that for which to thank you; but for that alone our gratitude is so full that there can never be words enough to express it.
> We will thank you more truly with our deeds, by working for and helping to build, on the foundations you have taught us to understand, for ourselves and all others, a world of peace and growing culture.[432]

Allerdings folgten als Protest auf diese Lobeshymne mehrere demonstrative Austritte aus der SCR – Vorboten jener neuen Zeiten, die mit Stalins Tod anbrachen.[433]

---

[428] Juliane Fürst argumentiert sogar, dass der Spätstalinismus nicht nur Entwicklungen des „Tauwetters" sondern sogar der Brežnev-Zeit vorbereitete. Vgl. Fürst, Late Stalinist Society, S. 18.
[429] Vgl. hierzu auch Behrends, Erfundene Freundschaft, S. 289–304.
[430] France-URSS (1953) 4, S. 3.
[431] Vgl. Bulletin to branch Secretaries, BSFS, March 1953, in: Hull, U DYO/1/38.
[432] Pritt, D. N.: J. V. Stalin 1879–1953, in: ASJ (1953) 1, S. 2 f., hier S. 3.
[433] Minutes of the Executive Committee Meeting, 10.6.1953, in: CPGB, CP/IND/MONT/9/1.

2 Tauwetter: Öffnung, Internationalisierung und Konkurrenz

2.1 Einleitung: Tauwetter in der Cultural Diplomacy

Nach Stalins Tod waren die Veränderungen in den Beziehungen zum Westen unübersehbar. In den Jahren 1954 und 1955 erlebten die kulturellen Beziehungen zwischen der Sowjetunion und dem Westen einen sprunghaften Anstieg – wie sich allein schon aus einer kursorischen Aufzählung der prominentesten Projekte mit Frankreich und Großbritannien ablesen lässt: Gastspiel der Comédie française in der Sowjetunion, Reise des Bol'šoj-Balletts nach Frankreich, Tourneen des Berëzka- und des Moiseev-Tanzensembles, Konzerte des Geigers David F. Ojstrachs, des Cellisten Mstislav L. Rostropovičs und des Pianisten Ėmil' G. Gilel's in beiden Ländern. Ausländische Delegationen kamen in die Sowjetunion und sowjetische Besuchsgruppen in den Westen. Im Sommer 1955 reisten mit dem sowjetischen Schiff Batory fast 800 Franzosen als Touristen nach Leningrad. Erste Kontakte zwischen sowjetischen und westlichen Städten wie Odessa und Marseille, Dijon und Stalingrad, Leningrad und Hamburg oder Stalingrad und Coventry wurden geknüpft.

Die neue politische Führung in Moskau sandte Signale einer kompromissbereiteren und versöhnlicheren Außenpolitik an den Westen. Bereits am 15. März 1953 ließ der zum Vorsitzenden des Ministerrats ernannte Georgij M. Malenkov wissen, dass es seiner Meinung nach zwischen den USA und der UdSSR keine Probleme gebe, die nicht friedlich durch Verhandlungen lösbar seien. Tatsächlich wurde binnen weniger Monate der Konflikt mit Jugoslawien beigelegt und der Krieg in Korea beendet.[1] Grundsätzlich fühlte sich die neue Führung durch die westlichen Mächte bedroht. Doch angesichts der äußeren Konsolidierung der bipolaren Weltordnung zielte ihre Außenpolitik darauf ab, den „kapitalistischen Imperialismus" weniger durch offene Konfrontation herauszufordern als ihn von innen heraus zu schwächen. Die nun proklamierte Doktrin der friedlichen Koexistenz verzichtete daher auf direkte militärische Aggressionen gegenüber dem Westen. Der „Kampf zwischen den Systemen" war damit jedoch nicht beendet, sondern sollte von nun an vorrangig auf ökonomischem, technischem,

---

1 Vgl. für einen Überblick über die Außenpolitik nach Stalins Tod: Mastny, Vojtech: The Elusive Détente. Stalin's Successors and the West, in: Larres, Klaus/Osgood, Kenneth Alan (Hg.): The Cold War after Stalin's Death. A Missed Opportunity for Peace?, Lanham 2006, S. 3–26, hier S. 4; Zubok, A Failed Empire, S. 94–103.

wissenschaftlichem und kulturellem Gebiet ausgetragen werden.[2] Getragen von einem großen ideologischen Optimismus, der Überzeugung von der Attraktivität des sozialistischen Systems und der bevorstehenden Verwirklichung der kommunistischen Utopie, gingen die sowjetischen Verantwortlichen davon aus, dass die Sowjetunion diesen Wettbewerb langfristig gewinnen würde.[3] Die Öffentlichkeitsarbeit gegenüber dem Westen sowie der wissenschaftliche und kulturelle Austausch gewannen nun eine neue politische Bedeutung. Cultural Diplomacy wurde zu einer zentralen Strategie der Außenpolitik. Sie sollte „antisowjetischen" Stimmungen in den westlichen Gesellschaften entgegenwirken und damit zur langfristigen Verbesserung des sowjetischen Images im Westen beitragen.

Dementsprechend fiel dem kulturellen Faktor in den zwischenstaatlichen Beziehungen zwischen Ost und West ein neuer Stellenwert zu. Das Kulturministerium bekam 1953 die Aufgabe, mit allen kapitalistischen Ländern kulturelle Beziehungen herzustellen.[4] Auf der Genfer Gipfelkonferenz im Juli 1955, dem ersten Zusammentreffen der Staats- und Regierungschefs der Alliierten seit der Potsdamer Konferenz, waren die Kulturbeziehungen erstmals Gegenstand zwischenstaatlicher Verhandlungen. Hier und auf der nachfolgenden Außenministerkonferenz im November diskutierten die Verhandlungsdelegationen grundlegende Fragen des kulturellen, technologischen und wissenschaftlichen Austausches.[5] Der viel zitierte „Geist von Genf" brachte für die Sowjetunion ein gestärktes Selbstbewusstsein gegenüber dem Westen. Für den Westen war er ein Zeichen für das ernsthafte Interesse der Sowjetunion an staatlich geregelten Vereinbarungen über kulturellen Austausch.[6] Im Herbst 1955 verabschiedete das ZK mehrere Resolutionen zum Ausbau der kulturellen Beziehungen mit verschiedenen westlichen Ländern – darunter mit Großbritannien.[7]

---

2 Vgl. zur Theorie der „friedlichen Koexistenz" beispielsweise Kortunov, V.: On the Peaceful Co-existence of two Systems, in: VOKS Bulletin (1955) 2, S. 5–11; Romanovskij, Sergej K.: Meždunarodnye kul'turnye i naučnye svjazi SSSR, Moskau 1966, S. 9 f.
3 Vgl. Gould-Davies, The Logic of Soviet Cultural Diplomacy, S. 200.
4 Vgl. Aggeeva, Irina A.: Kul'turnye svjazi ėpochi cholodnoj vojny. SSSR– Kanada (1950–1970-e gg.), Moskau 2011, S. 27.
5 Vgl. Van Oudenaren, Détente in Europe, S. 285; Gould-Davies, The Logic of Soviet Cultural Diplomacy, S. 205.
6 Vgl. Zubok, Vladislav M.: Soviet Policy Aims at the Geneva Conference, 1955, in: Bischof, Günter/Dockrill, Saki (Hg.): Cold War Respite. The Geneva Summit of 1955, Baton Rouge 2000, S. 55–74.
7 Vgl. Gilburd, Eleonory: The Revival of Soviet Internationalism in the Mid to Late 1950s, in: dies./Kozlov, Denis (Hg.): The Thaw. Soviet Society and Culture during the 1950s and 1960s, Toronto 2013, S. 362–401, hier S. 364.

Diese neue außenpolitische Strategie setzte grundlegende Veränderungen in der Kulturpolitik voraus. Il'ja Ėrenburgs Roman „Ottepel'" („Tauwetter") wurde dabei gleichermaßen zum Stichwortgeber und zum Exempel einer Entwicklung, in deren Zuge die starren Regeln des Sozialistischen Realismus in Literatur, Kunst und Musik zunehmend aufgeweicht wurden.[8] Gleichzeitig mit der ästhetischen Liberalisierung kam es zu einer Neubewertung der kulturellen Kontakte und Beziehungen zum Westen. Die antiwestlichen und antisemitischen Kampagnen gegen Intellektuelle wurden beendet. Als eine ihrer ersten Amtshandlungen entließ die neue Führung die in der Ärzteverschwörung angeklagten Mediziner aus dem Gefängnis und zog im Gegenzug den Chefankläger Michail D. Rjumin zur Rechenschaft.

Am Beispiel der Freundschaftsgesellschaften betrachtet das folgende Kapitel diese Umstellung der Sowjetunion zwischen 1953 und Mitte der 1960er Jahre vom isolierten zum internationalen Akteur, von der spätstalinistischen Gesellschaft zur „Tauwetter"-Gesellschaft und von sporadischem gesellschaftlichen Austausch mit dem Westen zu vertraglich geregelten Kulturkontakten auf Regierungsebene. Phasen des Wandels und der Veränderung sind immer auch Phasen der Aushandlung, die den Einfluss und die Spielräume der beteiligten Akteure sichtbar machen.

Der erste Abschnitt des Kapitels untersucht die Umsetzung und die strukturellen und personellen Folgen der von der Sowjetunion ausgehenden Veränderungen in den westeuropäischen Freundschaftsgesellschaften. Die Kanäle und Hindernisse für die Übertragung neuer politischer Konzeptionen und Strategien von Moskau auf die kommunistischen Parteien im Westen und von dort auf die Freundschaftsgesellschaften verdeutlichen die komplexe Interaktion zwischen diesen drei Akteuren. Wer gab den Auftrag, die Freundschaftsgesellschaften umzugestalten, und wer sorgte für die Umsetzung? Untersuchungen der kommunistischen Parteien im Westen haben gezeigt, dass diese größtenteils den Entwicklungen in Moskau hinterherhinkten und Schwierigkeiten hatten, den Veränderungen nach 1953 und 1956 zu folgen. Zugleich gab diese Phase den Anstoß für einen längerfristigen Prozess der Ausdifferenzierung.[9] Spielten die Freundschaftsgesellschaften hier eher eine Vorreiterrolle, oder hielten sie zunächst unflexibel an den Paradigmen des Stalinismus fest?

Gleichzeitig mit diesen politischen und ideologischen Umbrüchen konnten die Freundschaftsgesellschaften ihre Zusammenarbeit mit sowjetischen Partnern

---

8 Vgl. zur Literatur: Laß, Karen: Vom Tauwetter zur Perestrojka. Kulturpolitik in der Sowjetunion (1953–1991), Köln 2002, S. 24–43.
9 Vgl. beispielsweise Lazar, Unité et crises, S. 29–43.

nach 1953 sowohl quantitativ als auch qualitativ steigern. Diese neue Form der Kooperation zeigen beispielhaft die Freundschaftsmonate in Großbritannien. Das Schlüsseljahr 1956 mit dem 20. Parteitag der KPdSU und der sowjetischen Intervention in Ungarn war eine Bewährungsprobe für den neuen Kurs der politischen Öffnung und kulturellen Ausrichtung der Freundschaftsgesellschaften. Deren Reaktionen verdeutlichen einerseits den Grad der Abhängigkeit bzw. Unabhängigkeit von den kommunistischen Parteien Westeuropas, andererseits die Erfolge und Mängel der neuen kulturellen „Imagepolitik" der Sowjetunion seit 1953.

Der vierte Abschnitt widmet sich den grundlegenden Veränderungen innerhalb der Freundschaftsbewegung auf Seiten der Sowjetunion. Die Ablösung der VOKS durch die SSOD und die Gründung von Partnergesellschaften mit einzelnen Ländern in der Sowjetunion werden häufig nur als formaler Akt betrachtet, der mit einem Einflussverlust der Freundschaftsbewegung einhergegangen sei.[10] Hier soll jedoch die kommunikative und symbolische Bedeutung dieser strukturellen Veränderung sowohl gegenüber den Freundschaftsgesellschaften und Öffentlichkeiten im Ausland als auch gegenüber der eigenen Bevölkerung herausgearbeitet werden.

Spätestens nach der Genfer Konferenz traten die westlichen Regierungen ihrerseits stärker als zuvor gegenüber der Sowjetunion als Akteure der Cultural Diplomacy in Erscheinung. Gleichzeitig griffen die Freundschaftsgesellschaften durch den Ausbau ihrer Aktivitäten vermehrt in (zwischen-) staatliche Kompetenzbereiche ein, so dass ihr Verhältnis zu den Regierungen neu ausgehandelt werden musste. Dieses Konkurrenzverhältnis und die zunehmende Verflechtung staatlicher und gesellschaftlicher Cultural Diplomacy untersucht der fünfte Abschnitt.

2.2 Politische Öffnung: Eine Herausforderung für die Freundschaftsgesellschaften

Unter den Prämissen der friedlichen Koexistenz und der Austragung des Wettbewerbs der Systeme änderte sich in den sowjetischen Medien der Ton gegenüber dem Westen nach 1953 schlagartig. Kultureller Austausch galt nicht mehr als Bedrohung, sondern als mögliche Bereicherung und ein Teil der außenpolitischen Strategie. Entsprechend gab sich das *VOKS Bulletin* ab 1954 alle Mühe,

---

10 Vgl. Kasack, Kulturelle Außenpolitik, S. 386; Gould-Davies, The Logic of Soviet Cultural Diplomacy, S. 205 f.; McDaniel, American-Soviet Cultural Diplomacy, S. 15; Frederichsen, Soviet Cultural Diplomacy, S. 191.

die Sowjetunion als schon immer an internationaler Vernetzung interessiertes Land zu präsentieren:

> The Soviet Government's policy has always been one of peace, friendship and cultural cooperation among nations. International cultural intercourse accords with the interests of the peoples of all lands. It enriches the treasury of world culture, for every nation, big or small, has qualities of its own to contribute to it and benefits by contact with the culture of other peoples. It is also an important factor in promoting mutual understanding and good-neighbourly relations among nations.[11]

Im Gegensatz zur stalinistischen Zeit propagierte nun der stellvertretende Vorsitzende der VOKS Vladimir G. Jakovlev unter Berufung auf Lenin, dass der kulturelle und wissenschaftliche Austausch mit anderen Ländern für die Entwicklung der sowjetischen Gesellschaft notwendig sei. In jeder nationalen Kultur – auch in der kapitalistischen – seien „progressive" Elemente einer humanistischen Weltkultur enthalten, die die sowjetische Gesellschaft in die eigene Kultur integrieren sollte.[12] Der kulturelle Austausch funktionierte nach sowjetischer Vorstellung unter den Prämissen der Nichteinmischung in innere Angelegenheiten und des Respekts für die unterschiedlichen Systeme. Beschränkungen, Zensur und Kontrolle des Austausches wurden damit begründet, dass das sowjetische Volk vor bestimmten Ideen und schädlichen Einflüssen geschützt werden müsse, die den kulturellen Austausch als Vorwand für einen „antisowjetischen Kampf" missbrauchten.[13] Der VOKS und vor allem den Freundschaftsgesellschaften als Teil der Auslandspropaganda war in diesem kulturellen Wettbewerb eine wichtige Rolle als Kommunikationskanal zugedacht. Die Freundschaftsgesellschaften sollten nun den Schwerpunkt nicht mehr auf die unmittelbare politische Kampagne, sondern auf kulturelle Maßnahmen legen und das Bild einer friedlichen Kulturnation kommunizieren. Kulturelle Veranstaltungen erschienen dafür geeignet, eine große und möglichst sozial und politisch breite Mitgliedschaft anzuziehen und vor allem bei dem Kommunismus nicht nahestehenden Kreisen Interesse für die Sowjetunion wecken.

---

11 For Closer Cultural Relations among Nations, in: VOKS Bulletin (1954) 1, S. 5.
12 Vgl. hierzu beispielsweise die Rede Vladimir Jakovlevs anlässlich des 30. Geburtstags der SCR: Yakovlev, Vladimir G.: The International Cultural Relations of the Soviet People, in: ASJ (1954) 4, S. 17–23, hier S. 17. Zur neuen Konzeption des Kulturaustauschs siehe auch Solodovnikov, A.: Meždunarodnye kul'turnye svjazi, in: Meždunarodnaja Žizn' 2 (1954), S. 100–110; oder Kalishyan, G. M: The Extension of Cultural Relations of the U.S.S.R. with Foreign Countries, in: VOKS Bulletin (1955) 3, S. 5–9.
13 Vgl. Yakovlev, V.: New Prospects of Cultural Interchange, in: VOKS Bulletin (1955) 6, S. 5–11, hier S. 11.

Dieser Ansatz ist nicht ganz neu, sondern steht in klarer Kontinuität zu den schon ab 1949 proklamierten Prämissen der Friedensbewegung, der Mobilisierung breiter Kreise der Bevölkerung unter dem Friedenstopos.[14] Die Öffnungen nach 1953 wurden schon seit 1949 vorbereitet und in kleinem Maßstab eingeübt. Auch damals bemühten sich die Freundschaftsgesellschaften durch erste persönliche Begegnungen mit beiderseitigen Delegationen, das öffentliche Interesse an sowjetischer Kultur für politische Zwecke zu nutzen. Doch verhinderte die starke ideologische Auflladung, der gleichzeitige kompromisslose Kampf gegen den „Antisowjetismus" und um die „Wahrheit" über die Sowjetunion ihren tatsächlichen Erfolg. Nach 1953 erleichterten konziliante außenpolitische Gesten, eine vorsichtige Infragestellung der stalinistischen Unfehlbarkeit, eine neue Rhetorik und eine Vervielfältigung kultureller und gesellschaftlicher Kontakte dieses Streben nach Öffnung der Freundschaftsgesellschaften. Dennoch war die Kehrtwende in der Praxis nicht so einfach umsetzbar, da die Freundschaftsgesellschaften dafür nicht nur das Image der Sowjetunion, sondern auch ihr eigenes Image grundsätzlich verändern mussten. Die drei Länderbeispiele Frankreich, Großbritannien und Bundesrepublik Deutschland zeigen, wie unterschiedlich diese neuen Prämissen umgesetzt wurden, und welche Rolle die jeweiligen kommunistischen Parteien dabei spielten.

Demonstrative Öffnung in Frankreich

Innerhalb von France-URSS erfolgte ein erster Bruch nach Stalins Tod, als man in der Zeitschrift erstmals öffentlich Fehler eingestand. Anlässlich der „Ärzteverschwörung" hatte *France-URSS* die „Wahrheit über das Komplott der Mediziner" im März 1953 zur Titelgeschichte gemacht, die undifferenziert die sowjetische Version der zionistischen Verschwörung gegen Stalin übernommen hatte.[15] Nach dem Freispruch der Beschuldigten im April 1953 gestand der Redakteur Pierre Debray die irrtümliche Einschätzung auf der Basis nicht vorhandener Beweisstücke ein.[16] Er war einer der ersten, der die Gelegenheit nutzen wollte, um in France-

---

14 Diese Kontinuität betont auch Roberts, Moscow's Campaign.
15 Vgl. unter anderem Bruhat, Jean: La vérité sur le complot des médecins. Qui sont ces espions?, in: France-URSS (1953) 3, S. 4.
16 Debray, Pierre: La preuve qu'en U.R.S.S. sont respectés les droits de l'Homme et du citoyen. Les médecins faussement accusés sont réhabilités, in: France-URSS (1953) 5, S. 15. Am 6.4.1953 wurde auch in *L'Humanité* die Erklärung des sowjetischen Innenministeriums über das Fehlurteil und die falschen Untersuchungsmethoden publiziert. Vgl. Verdès-Leroux, Au service du parti, S. 429.

URSS „das Klima zu verändern" und die „Fenster so weit wie möglich zu öffnen".[17] Damit stieß er aber unter anderem bei Fernand Grenier auf heftigen Widerstand. Dieser schaffte es mit Unterstützung der PCF-Führung, vorübergehend wieder die Oberhand über die Zeitschrift zu gewinnen, um eine zu „pessimistische" Darstellung der Sowjetunion zu verhindern.[18]

Die VOKS hatte ihre Prämissen allerdings schon verändert und konstatierte bei France-URSS Anfang 1954 gravierende Schwächen: Mit 66.000 Mitgliedern war die Vereinigung weit von einer Massenorganisation entfernt. Sie arbeite zu viel mit Kommunisten oder dem Kommunismus nahestehenden Personen und nutze zu wenig das allgemein wachsende Interesse und die positive Stimmung gegenüber der Sowjetunion in der französischen Gesellschaft.[19] Lidija Kislova, Vorstandsmitglied der VOKS, wies deshalb den Vertreter vor Ort an, die Probleme mit der Botschaftsleitung grundlegend zu untersuchen und entsprechende Verbesserungsvorschläge zu machen. Insbesondere sollte das zehnjährige Jubiläum von France-URSS und der zehnte Jahrestag des französisch-sowjetischen Vertrages im Dezember 1954 für eine maximale Aktivierung genutzt werden.[20]

An diesem Jubiläumskongress lassen sich exemplarisch die Mechanismen beobachten, mit deren Hilfe solche personellen und inhaltlichen Kurswechsel vor Ort umgesetzt wurden. Das wesentliche Ziel des Kongresses bestand darin, France-URSS unabhängiger vom PCF erscheinen zu lassen, um etwaige Vorbehalte von Nicht-Kommunisten abzubauen. Treibende Kraft dahinter war auf den ersten Blick paradoxerweise der PCF, namentlich Jacques Duclos, der zweite Mann hinter Generalsekretär Maurice Thorez.[21] Eine starke, politisch integrative Freundschaftsgesellschaft, die dennoch im Interesse des PCF handelte, war der Partei nützlicher als ein politisch-ideologisches Anhängsel. Entsprechend beschloss das Politbüro des PCF im November 1954, dass France-URSS nicht die Aufgabe habe, „Propaganda für den Sozialismus zu machen, sondern [...] dem französischen Volk die Friedenspolitik der UdSSR und die erreichten Ergebnisse in den verschiedenen Bereichen zu vermitteln". Außerdem sei es wichtig, „eine größere Zahl von Persönlichkeiten aller sozialen Schichten und verschiedener

---

17 Comité national, Notes manuscrits, 12.–13.9.53, in: AD SSD, 354 J 45.
18 Vgl. Note au camarade Etienne Fajon, 12.11.1953, in: AD SSD, 299 J 29.
19 Vgl. [Bericht von Rogov, Vertreter VOKS in Paris] an VOKS, 17.2.1954, in: GARF, f. 5283, op. 22, d. 461, l. 44–54.
20 Vgl. Kislova an Rogov, 6.4.1954, in: GARF, f. 5283, op. 22, d. 461, l. 45–57. Vgl. zu Kislova Fitzpatrick, Foreigners Observed, S. 217 und 219.
21 Vgl. Informacija o prebyvanii vo Francii delegacii dejatelej sovetskoj kul'tury (s 7 po 21 dekabrja 1954 g.), in: RGANI, f. 5, op. 28, d. 352, l. 9–13.

politischer Meinungen zu gewinnen, die eine Annäherung zwischen der UdSSR und Frankreich befürworten".[22]

Auf personeller Ebene bedeutete dieser Neuanfang, dass die Résistance-Generation die Veteranen der politisch orientierten Freundschaftsbewegung der Zwischenkriegszeit ablöste. Der Fall ist exemplarisch dafür, wie derartige Personalentscheidungen in dem PCF nahestehenden Organisationen durchgeführt wurden. Laut VOKS erschien es „notwendig", Camille Pailleret als Generalsekretär und Vize-Präsident Fernand Grenier, der als hauptverantwortlich für das „Sektierertum" in der Gesellschaft angesehen wurde, zu „entfernen".[23] Ein Comité d'orientation bereitete im Vorfeld des Kongresses diese personelle Umstrukturierung vor, bei dessen Sitzung Grenier eine ausführliche Selbstkritik übte:

> Mein Fehler war es, 1944 nicht ausreichend die neue, vom 2. Weltkrieg geschaffene Situation berücksichtigt zu haben. Es ging nicht mehr darum, die UdSSR zu verteidigen wie vor 1939, sondern eine große Freundschaftsgesellschaft zu gründen, nicht mehr auf Basis der Verteidigung der UdSSR sondern des französischen Interesses. [...] [In] der Praxis habe ich mich nicht mit ausreichendem Nachdruck für deren Durchsetzung eingesetzt. [...] Ich betrachte mich also als Verantwortlicher Nummer 1 für die falsche, im Zickzack verlaufende Orientierung, die in den letzten Jahren nicht ausreichend klar war. [...] Deshalb bitte ich die Kommission mich weder als Vize-Präsident noch als Mitglied des Bureaus aufzustellen. Man muss eine neue Mannschaft arbeiten lassen, ohne sie mit der Bürde unserer Vergangenheit und unseres Einflusses zu belasten.[24]

1954 sollte demnach der 1944 von Grenier nicht wirklich realisierte politische und soziale Pluralismus verwirklicht werden. Dafür ersetzte ihn in der Schlüsselposition als Beauftragter des PCF und als Zuständiger für *France-URSS* André Pierrard.[25] Der Arbeiterfunktionär Pierrard kam während des Krieges zum PCF und war leitendes Mitglied des Comité de libération in Pas-de-Calais. Nach der Befreiung arbeitete er journalistisch für verschiedene kommunistische Zeitungen, bevor er 1946 in die Assemblée Nationale einzog. 1954 in das Zentralkomitee des PCF ernannt, bekam er die Aufgabe zugeteilt, France-URSS zu übernehmen, obwohl er vorher mit der Association nie etwas zu tun hatte:

---

22 Bureau Politique, 4.11.1954, in: AD SSD, 261 J 4/11.
23 Informacija o prebyvanii vo Francii delegacii dejatelej sovetskoj kul'tury (s 7 po 21 dekabrja 1954 g.), in: RGANI, f. 5, op. 28, d. 352, l. 9–13, hier l. 10.
24 Comité d'organisation [vermutlich November 1954], in: AD SSD, 266 J 29. Grenier blieb France-URSS dennoch in den nächsten Jahrzehnten bis zur Auflösung treu.
25 Vgl. das autobiographische Interview: Mosco, Mémoires d'Ex, Pierrard; sowie die Biographie der Assemblée Nationale, http://www.assemblee-nationale.fr/sycomore/fiche.asp?num_dept=5916 (29.8.2010).

> Der neue starke Mann in der Organisationsabteilung ruft mich zu sich, er heißt Marcel Servin, er sagt mir, du musst France-URSS nehmen – das ist sein Ausdruck [...]. Der starke Mann darin ist Fernand Grenier, seit langem Mitglied des Zentralkomitees, [...] der France-URSS wie ein echter König sein Königreich regiert. Aber France-URSS funktioniert nicht, man verliert Mitglieder. [...][W]arum? [...] Die politische Ausrichtung ist falsch, sie ist zu nahe an der Partei, [...] sie erscheint wie eine Filiale der Partei. Servin erklärt mir das [...:] Du musst das wieder in Ordnung bringen, man muss aus France-URSS eine Vereinigung machen, in der viele Nicht-Kommunisten sind. [...] Es müssen in France-URSS Leute sein, die mit der Sowjetunion zusammenarbeiten wollen, obwohl sie sogar antikommunistisch sind, die das innere sowjetische Regime nicht wollen, aber eine Kooperation zwischen Frankreich und der Sowjetunion.
>
> Nun, ich sage „ja" – das steht außer Frage. [...] Ich hatte vier Wochen, um mich auf meine neue Funktion vorzubereiten. Ich habe schnell ein Komitee France-URSS am Hafen von Dunkerque gegründet, um eine Art Rechtfertigung zu haben, damit ich nicht vorgeschlagen werde als einer, der noch nie einen Fuß in diese Organisation gesetzt hatte. Beim Kongress von France-URSS hat man den armen Fernand abgesetzt, der noch eine leichte Selbstkritik abgab, und dann war er nicht mehr im Bureau. Ich wurde ins Bureau ernannt und bei der nächsten Sitzung des Bureaus – das war natürlich alles schon seit einer Ewigkeit so arrangiert – wurde ich zum Direktor von [der Zeitschrift] France-URSS ernannt [...].[26]

Der neue Generalsekretär Raymond Treppo war ein junger kommunistischer Funktionär, der seinen sozialen Aufstieg dem PCF verdankte. Treppo, in Italien geboren, arbeitete nach der Übersiedlung der Familie nach Südfrankreich unter anderem als Kuhhirte. Als Gehilfe in der Résistance trat er im Juni 1943 in den PCF ein und wurde nach dem Krieg Sekretär der Kommunistischen Jugend in seinem Ort. 1947 bekam er seinen ersten richtigen Posten als Sekretär von France-URSS im Departement Isère. Um in die „Welt der Persönlichkeiten des Departements" aufgenommen zu werden, änderte er auf Geheiß der Partei sogar seinen Vornamen vom italienischen Guerrino in Raymond.[27] Nachdem „sein" Komitee in diesen schwierigen Jahren relativ erfolgreich war, durfte Treppo 1949 mit der ersten Delegation von France-URSS in die Sowjetunion reisen und wurde 1952 Mitglied des Sekretariats auf nationaler Ebene. Nicht nur er selbst war erstaunt über seine Ernennung zum Generalsekretär von France-URSS.[28] Auch an der Basis in den lokalen Komitees gab es vorab einigen

---

26 Mosco, Mémoires d'Ex, Pierrard, S. 81. Pierrards Ernennung „von oben" war sicherlich kein Einzelfall. Der Generalsekretär der Associazione Italia-URSS erinnert sich, wie er von dem PCI ohne vorherige Verbindung zur Freundschaftsgesellschaft auf den Posten berufen und in einer formellen Sitzung gewählt wurde. Vgl. Gravina, Per una storia. Parte seconda, S. 54.
27 Treppo, Raymond: La Chance de ma vie, Paris 2006, S. 58.
28 Vgl. ibid., S. 78.

Widerstand gegen die „ungerechte" Behandlung so verdienter Persönlichkeiten wie Grenier und Pailleret. Bei der öffentlichen Abstimmung im Kongress wagte jedoch keiner mehr zu protestieren.[29] Die Art und Weise der Ernennung Pierrards und Treppos verdeutlicht, dass der PCF die Kaderentscheidungen für France-URSS nach strategischen Gesichtspunkten von oben traf. Anschließend mussten sie gemäß der Prinzipien des demokratischen Zentralismus formell von der Basis abgesegnet werden. Die Kontrolle der Freundschaftsgesellschaft erfolgte primär über diese Schlüsselfiguren.

Gleichzeitig mit diesem Machtbeweis des PCF gelang es, Persönlichkeiten in die Présidence von France-URSS zu gewinnen, die ihrerseits gegenüber der Öffentlichkeit eine größere parteipolitische Unabhängigkeit bezeugten. Der neue Präsident General Ernest Petit, Chef der Militärmission de Gaulles in Moskau während des Krieges, verkörperte die glorreiche Zeit der antideutschen französisch-sowjetischen Allianz. Er war als ehemaliger Vertrauter de Gaulles eine integrative Figur für die gaullistische Resistance. Selbst wenn keine Beweise vorliegen, dass Petit tatsächlich vom sowjetischen Geheimdienst rekrutiert worden war,[30] war er für die UdSSR und den PCF ein politisch verlässlicher Partner. Er ließ sich 1948 auf einer „progressistischen" Liste des PCF in den Conseil de la République bzw. den Senat wählen. Schon ab 1947 war er Mitglied des Bureau national von France-URSS und hatte 1949 im Kravčenko-Prozess ausgesagt. Frédéric Joliot-Curie, der sich nie intensiv in France-URSS eingebracht und damals schon gesundheitliche Schwierigkeiten hatte, wurde stillschweigend zum Ehrenpräsidenten ernannt.

Viel öffentliche Aufmerksamkeit bekam France-URSS vor allem durch die Ernennung Jean-Paul Sartres zum Mitglied der Présidence. Der noch 1948 in der Sowjetunion von Andrej Ždanov als „Hyäne" gescholtene Sartre näherte sich Mitte der 1950er Jahre an den PCF und die Sowjetunion an.[31] Im Mai und Juni 1954 bereiste er auf Einladung des Schriftstellerverbandes mehrere Wochen lang Moskau, Georgien, Zentralasien und Armenien. Anschließend schilderte er in einer Reihe von Interviews in *Libération* und *France-URSS* seine sehr positiven

---

29 Vgl. Informacija o prebyvanii vo Francii delegacii dejatelej sovetskoj kul'tury (s 7 po 21 dekabrja 1954 g.), in: RGANI, f. 5, op. 28, d. 352, l. 9–13.
30 So behauptet von Wolton, Thierry: La France sous influence. Paris-Moscou: 30 ans de relations secrètes, Paris 1997, S. 43. Nach Bariéty ließ Petit sich in jedem Fall vom sowjetischen Geheimdienst als Informationsquelle ausnützen. Vgl. Bariéty, La délégation diplomatique, S. 195 f.
31 Siehe für eine sehr differenzierte Analyse von Sartres wechselndes Verhältnis zum Kommunismus Birchall, Ian H.: Sartre against Stalinism, New York 2004, hier S. 133–143.

Reiseeindrücke.[32] In seiner Grußbotschaft zum Kongress begründete Sartre sein Engagement für France-URSS damit, dass durch die Begegnungen mit den Menschen auf seiner Reise die Sowjetunion für ihn ein Gesicht bekommen habe. Wenn es gelänge, mehr Franzosen ein solch lebendiges Bild der Sowjets zu vermitteln, würden sie seiner Meinung nach auch verstehen, dass Frankreich in Freundschaft mit der UdSSR leben müsse.[33]

Die parteipolitische Öffnung von France-URSS wurde Mitte der 1950er Jahre zusätzlich durch die innerfranzösische Diskussion über die Europäische Verteidigungsgemeinschaft (EVG) begünstigt. Diese verband für France-URSS ideal anti-amerikanische, anti-deutsche, nationale und pazifistische Argumente. Die Mehrheit der Gaullisten und auch einige Sozialisten lehnten die EVG vor allem mit Hinweis auf den Verlust der militärischen Souveränität Frankreichs ab. Die eigene Armee würde im Verteidigungsfall letztendlich innerhalb der EVG und NATO einem amerikanischen Oberbefehl unterstehen.[34] Im Vorfeld der Abstimmung in der Assemblée nationale führte France-URSS gemeinsam mit dem PCF Mitte 1954 eine groß angelegte Kampagne gegen die EVG, die sich an die breite Öffentlichkeit und insbesondere an die Abgeordneten als Entscheidungsträger richtete.[35] Bei einer Protestaktion im Dezember 1953 mit 10.000 Besuchern traten unter anderem der gaullistische Abgeordnete René Capitant, der ehemalige sozialistische Premierminister Edouard Herriot und einige sozialistische Bürgermeister auf.[36] Nach dem Scheitern des EVG-Vertrags in der Assemblée Nationale ging France-URSS politisch gestärkt und gesellschaftlich legitimiert aus

---

32 Vgl. die Artikelserie Les impressions de Jean-Paul Sartre sur son voyage en U.R.S.S., in: Libération, 15.–22.7.1954; Une interview de Jean-Paul Sartre, in: France-URSS (1954) 8, S. 5; sowie Une interview exclusive de Jean-Paul Sartre, in: France-URSS (1954) 9, S. 4.
33 L'amitié, seule politique possible. Un message de Jean-Paul Sartre, in: France-URSS (1955) 1, S. 15. Bis heute werden den wenigen Jahren Sartres als weitgehend passiver Vize-Präsident von France-URSS als Beweis für Sartres Nähe zum Kommunismus große Bedeutung beigemessen. Vgl. Birchall, Sartre Against Stalinism, S. 136; Drake, David: Sartre, London 2005, S. 93.
34 Siehe zum Meinungsbild und den Argumenten der verschiedenen Parteien in der EVG-Debatte im Folgenden Buton, Philippe: La CED, l'affaire Dreyfus de la Quatrième République?, in: Vingtième Siècle n° 84 (2004), S. 43–59. Für eine eher polemische Darstellung der Debatte unter Einbeziehung der Rolle von France-URSS siehe Wolton, La France sous influence, S. 119–141.
35 Vgl. Landréa, Ali: Rendre impossible une nouvelle Wehrmacht, in: France-URSS (1953) 3, S. 3; Le Comité national de France-URSS aux parlementaires, in: France-URSS (1954) 5, S. 3. Zur Anweisung des PCF vgl. Santamaria, Le parti de l'ennemi, S. 245. Vgl. auch La croisée des chemins, in: France-URSS (1954) 9, S. 3.
36 Vgl. Debray, Pierre: Le 13 décembre à Paris, le peuple de France, ses savants, ses artistes célèbrent en présence de l'Ambassadeur de l'U.R.S.S. le traité du 10 décembre 1944, in: France-URSS (1954) 1, S. 3 f.

der Kampagne hervor. Sie hatte ihre Nützlichkeit bewiesen, und Berührungsängste zu anderen politischen Strömungen waren abgebaut worden.[37] Angesichts der bevorstehenden Ratifizierung der Pariser Verträge, die die Aufnahme der Bundesrepublik in die NATO festschreiben würden, versuchte der Kongress Ende 1954 an diese Erfolge anzuknüpfen. Erneut mobilisierte die Association viele französische Persönlichkeiten und vor allem Abgeordnete verschiedener Parteien, ein Statement in *France-URSS* für die Einhaltung des Vertrages von 1944 abzugeben.[38] Der Kongress selbst verabschiedete einen Appell an alle Franzosen, der nochmals vor der deutschen Wiederbewaffnung warnte.[39]

Der Neuanfang von France-URSS 1954 sollte nicht nur auf personeller Ebene stattfinden, sondern von einer neuen „objektiven" Darstellung der Sowjetunion begleitet werden. Bereits im Vorfeld des Kongresses gab es eine öffentliche Diskussion über die Neuorientierung von France-URSS. Die Augustausgabe von *France-URSS* forderte Leser, Mitglieder und Komitee-Mitarbeiter auf, ihre Meinung zu den französisch-sowjetischen Beziehungen, dem Ansehen von France-URSS in verschiedenen Milieus und zur zukünftigen Orientierung zu äußern.[40] Leider ist über den Rücklauf insgesamt nichts bekannt, aber einige – auch kritische – Kommentare wurden in der Zeitschrift veröffentlicht. Der Sekretär des Komitees Seine sah es als Fehler an, dass sich France-URSS so sehr in politische Fragen eingemischt hatte. Die Rolle von France-URSS sei es, kulturellen Austausch zu pflegen, „Barrieren einzureißen", Vorurteile abzubauen und für gegenseitige Verständigung zu werben. Ein Vize-Präsident aus dem Komitee Isère plädierte dafür, dem Beispiel der Sowjetunion selbst zu folgen:

> Ich für meinen Teil liebe das tapfere sowjetische Volk und unsere Freunde, die französischen Kommunisten – Kameraden in der Résistance und im Kampf gegen einen stumpfsinnigen und schädlichen Kapitalismus. [...] Aber ich bedaure jeden Tag die systematischen Bezichtigung des „Feindes" und umgekehrt: die beständige Verehrung

---

37 Vgl. Après le rejet de la C.E.D. Déclaration du Bureau national de l'Association France-URSS, 2ᵉ septembre 1954, in: France-URSS (1954) 10, S. 3; Déclaration du Comité national de l'Association France-URSS, 18.–19.9.1954, in: AD SSD, 354 J 48; sowie die Kommentare hierzu in: Comité national, 18.–19. 9.1954, in: AD SSD, 354 J 45.
38 Vgl. „Négociez avec l'U.R.S.S." ont demandé ces députés à M. Mendès-France, in: France-URSS (1954) 12, S. 14 f.; La France a de bonnes raisons de rester fidèle au traité franco-soviétique, in: France-URSS (1955) 2, S. 6 f.; „Nous souhaitons, pour la France, que se multiplient les contacts avec les soviétiques", in: France-URSS (1955) 3, S. 9–11; Ce que sera la célébration du 10ᵉ anniversaire du traité d'alliance franco-soviétique, in: France-URSS (1954) 11, S. 18.
39 Vgl. L'Alliance franco-soviétique, nécessité nationale, in: France-URSS (1955) 1, S. 3.
40 Vgl. Notre 7ᵉ Congrès, in: France-URSS (1954) 8, S. 15.

von allem, was aus der UdSSR kommt. Das schreckt viele Franzosen ab. [...] Lasst es uns den Sowjets nachmachen und seien wir nicht päpstlicher als der Papst.[41]

Die Resolution des Nationalkongresses benannte in einer Art kollektiven Selbstkritik Fehler der Vergangenheit wie die zu enge politische Konzeption von France-URSS und die Konzentration auf einen Meinungssektor. Von nun an sollte France-URSS ein „Begegnungsort für alle Franzosen" werden, egal „ob sie das sowjetische Regime begrüßten, ob sie nationale Interessen verfolgten oder einfach das sowjetische Leben kennenlernen wollten".[42] In seiner Abschlussrede beschwor Präsident Petit den „Geist der Erneuerung". Er plädierte für eine „demokratische Kontrolle" zwischen der Zentrale und den Komitees sowie für eine klare „Unterscheidung zwischen Objektivität und Propaganda". Hierzu sollte man sich darauf konzentrieren, Fakten zu präsentieren und die Leser und das Publikum selbst den Schluss ziehen lassen, dass die Erfolge auf das System zurückzuführen seien.[43] Der spätere Generalsekretär von SSSR-Francija Valentin I. Svistunov zog rückblickend eine sehr positive Bilanz des Kongresses 1954:

> Diese beginnenden und beständigen Bemühungen der Gesellschaft um die Propaganda der friedliebenden Außenpolitik der Sowjetunion trugen dazu bei, dass im Dezember 1954 das Parlament Frankreichs fast einstimmig die Notwendigkeit von Gesprächen mit der Sowjetunion beschloss [...]. Die Kommunistische Partei förderte aktiv, dass in der Leitung der Gesellschaft auf allen Ebenen Männer und Frauen verschiedener politischer Ansichten und religiöser Überzeugungen gewählt wurden, die sich für Freundschaft und die Entwicklung von Beziehungen zwischen Frankreich und der UdSSR einsetzten.[44]

Schwierige Öffnung in Großbritannien

In Frankreich spielte die kommunistische Partei eine wesentliche Rolle für die Anpassung der Freundschaftsgesellschaft an die Prämissen des „Tauwetters". Diesem Muster entsprach ebenfalls die Associazione Italia-URSS. Dort wurde schon 1953 Orazio Barbieri vom PCI als neuer Generalsekretär benannt mit dem Auftrag, die Freundschaftsgesellschaft zu öffnen und „die zu überzeugen, die

---

41 Tribune de discussion, in: France-URSS (1954) 10, S. 19.
42 Susciter un large mouvement en faveur de l'alliance franco-soviétique. Résolution adoptée par le Congrès „France-URSS", in: France-URSS (1955) 1, S. 13.
43 Vgl. L'esprit de rénovation de ce Congrès. Extraits du discours de clôture prononcé par le Général Petit, in: France-URSS (1955) 1, S. 14.
44 Vgl. Svistunov: Ob obščestve „Francija-SSSR", 14.4.1978, in: GARF, f. 9576, op. 20, d. 1892, l. 3–12, hier l. 4.

noch nicht überzeugt sind".[45] Ganz anders verlief jedoch der Neuanfang in Großbritannien. Unter anderem aufgrund der weniger effektiven Zusammenarbeit mit der CPGB kam es nicht zu personellen Veränderungen. Den Freundschaftsgesellschaften gelang es kaum, sich politisch und gesellschaftlich zu öffnen.

Bei der Annual Conference der BSFS im April 1953 verbreitete der Generalsekretär Patrick Sloan trotz der Trauer über den Verlust Stalins eine gewissen Optimismus. Denn seit Stalins Tod herrsche eine aufgeschlossenere Stimmung gegenüber der Sowjetunion in der britischen Politik und Presse, die den Frieden nun in Reichweite bringe und eine zukünftige Mitgliederzahl von 10.000 realistisch erscheinen lasse.[46] Die beiden Kommissionen der Konferenz, die sich mit der „Verbreitung der Wahrheit" beschäftigten, wagten neue Ansätze. Demnach sollten in den lokalen Komitees kleinere Meetings für kontroverse Diskussionen stattfinden und in *Russia Today* Platz für Leserbriefe und ein Meinungsforum eingeräumt werden.[47] Doch sowohl die Öffnung von Diskussionsforen als auch der Aufschwung und die steigenden Mitgliederzahlen blieben Wunschdenken – wie der Chairman der BSFS selbst ein Jahr später bilanzieren musste.[48] Weiterhin kämpften sie mit massiven materiellen Schwierigkeiten und überlegten immer wieder, *Russia Today* einzustellen.[49] Vor allem die Basis blieb alten Denkmustern verhaftet. So sah sich Andrew Rothstein genötigt, die lokalen Aktivisten in Leserbriefen zu einer neuen Rhetorik im Umgang mit politischen Gegnern zu ermahnen:

> 4. The manner of writing is also very important. In principle, don't be aggressive (still less abusive) even if you are replying to the most outrageous statements about the USSR. [...] [K]eep your temper. There is always time to lose it.
> 5. Don't get drawn into disparaging comparisons between British and Soviet institutions. We stand for friendship whatever the political differences; and nothing plays more

---

45 Vgl. Gravina, Per una storia. Parte seconda, S. 53–55. Auch in den Provinzen wurden die Verantwortlichen entsprechend ausgetauscht, wie das Beispiel des Sekretärs von Bologna zeigt: Zappi, Graziano „Mirco": Ricordi di un comunista italiano. Parte seconda, in: Slavia (2008) 4, http://brezhnardini.blogspot.de/2009/02/ricordi-di-un-comunista-italiano-2.html (23.11.2015).
46 Draft Secretary's Speech, [April 1953], in: Hull, U DPM/2/68/2; sowie Officers' Report to National Council on Annual General Conference Recommendations and Plan for 1953, [10.5.1953]; sowie Report on the Annual General Conference of the BSFS, in: Hull, U DYO/1/49.
47 Vgl. Report on the Annual General Conference of the BSFS, in: Hull, U DYO/1/49.
48 Vgl. Report for 1953 and 1954, in: MML.
49 Vgl. Timofeev, Vertreter VOKS an der sowjetischen Botschaft, an Jakovlev, Vize-Präsident VOKS, 20.7.1955, in: GARF, f. 5283, op. 22, d. 499, l. 158 f.; Zapis' besedy s general'nym sekretarem Kompartii Velikobritanii G. Pollitom, 12.10.1955, in: RGANI, f. 5, op. 28, d. 350, l. 154–156.

effectively into the hands of those who want to keep British-Soviet relations a matter of party politics than airing one's personal opinion about the superiority of this or that Soviet way of doing things over the corresponding British way. Let the facts speak for themselves.

6. If humanly possible, show that you appreciate your opponent's point of view as sincerely held, even though mistaken.[50]

Die Probleme mit der breiteren Rekrutierung von Mitgliedern rührten auch daher, dass die BSFS weiterhin alle politischen Kampagnen der Sowjetunion verfolgte. Wie beispielsweise die Forderung nach Aufnahme Chinas in die Vereinten Nationen oder die Unterstützung des Österreichischen Staatsvertrags 1955 gingen diese teilweise weit über die britisch-sowjetischen Beziehungen hinaus.[51] Gegenüber dem VOKS-Vertreter an der sowjetischen Botschaft in London kritisierte selbst ein Gesinnungsgenosse, der Generalsekretär der schottischen Gesellschaft SSFS, die mangelnde Umsetzung der kulturellen Ausrichtung:

It seems to us too, that the B.S.F.S. is just such a „Friendship Society". Instead of confining itself strictly to the work of persuading people of the possibility and value of effecting friendly contact and co-operation with the Soviet Union and of uniting in itself the maximum number of people who are persuaded of this, it is constantly engaged in political activity which must restrict its support to the ranks of the Party and the left-wing of the labour movement. [...] It is no exaggeration to say that Mr Molotov can hardly make a pronouncement on any important international question, and the Soviet Union can hardly make a move in the international arena, without the B.S.F.S. launching off a full campaign of support. A flood of resolutions, newsletters and bulletins pours from B.S.F.S. head office containing unfavourable contrasts between Soviet foreign policy and British foreign policy.[52]

Zu dieser Zeit ging es gerade darum, nicht (mehr) wie eine „typische" Freundschaftsgesellschaft zu agieren. Die VOKS machte sich zunehmend Sorgen angesichts des mangelnden gesellschaftlichen Einflusses der BSFS und nahm dabei zugleich die CPGB in die Pflicht. Im Gespräch mit deren Generalsekretär Harry Pollitt machte der VOKS-Vorsitzende Andrej Denisov sehr deutlich, dass sich

---

50 Bulletin to secretaries, 23.3.1955, in: MML.
51 Vgl. Minutes, 10.5.1955, in: TNA, FO 371/116671.
52 [Einschätzung von George McAlister zur Situation der Freundschaftsgesellschaften in Großbritannien, übergeben an die sowjetische Botschaft], [März 1956], in: GARF, f. 5283, op. 22, d. 538, l. 19–31, hier l. 26. Die eigenständige SSFS war trotz aller Nähe zur Kommunistischen Partei relativ gut in der schottischen Gesellschaft verankert. Vgl. die historische Selbstdarstellung: Scotland-URSSR Society 1945–1985. 40 Years of Working for Friendship. A brief Account, http://www.scotland-russia.llc.ed.ac.uk/archives/history-politics/soviet-period/scotland-ussr-society/ (4.6.2019).

die Freundschaftsgesellschaften den neuen Bedingungen anpassen und insbesondere die Intellektuellen in ihre Arbeit einbeziehen müssten.[53] Doch um diesen Punkt entwickelte sich ein Streit zwischen VOKS, CPGB und BSFS. Sloan und Rothstein waren der Meinung, dass sich die BSFS weiterhin auf die Arbeiter konzentrieren solle, da die SCR sich um die „Intelligencija" kümmere. Deshalb wollten sie mehr Gewerkschaftler und weniger Intellektuelle in den Delegationen.[54] Pollitt stellte sich dagegen auf die Seite der VOKS, da die Zusammenstellung der Delegationen nur Sache der sowjetischen Seite sei und bekannte Kulturschaffende das Prestige der BSFS steigern könnten.[55] Als Rothstein und Sloan im Gespräch mit Jakovlev im April 1956 ebenso auf der Trennung von Arbeitern und Intellektuellen bestanden, kritisierte dieser die politische und gesellschaftliche Isolation der BSFS heftig.[56]

Auch der SCR blieb Kritik nicht erspart. Anfang 1954 meldete Jakovlev zwar an das ZK der KPdSU, dass die SCR aufgrund ihres kulturellen Schwerpunktes fähig sei, Teile der „Intelligencija" zu integrieren, die Berührungsängste mit „progressiven Vereinigungen" hätten.[57] Doch in der Folge bemängelten die Vertreter der VOKS immer wieder, dass die Arbeit der SCR auf einen kleinen elitären Kreis beschränkt sei und nicht die breiteren akademischen Kreise, wie Ärzte oder Lehrer, einbeziehe.[58] Dass der Grat zwischen politischer Öffnung und Treue sehr schmal war, zeigt eine Einschätzung einer sowjetischen Delegation vor Ort, der die politische Unabhängigkeit zu weit ging:

---

53 Vgl. Zapis' besedy s general'nym sekretarem Kompartii Velikobritanii G. Pollitom, 12.10.1955, in: RGANI, f. 5, op. 28, d. 350, l. 154–156, hier 154.
54 Sloan wollte beispielsweise in der sowjetischen Delegation zum Freundschaftsmonat 1955 nicht den Botaniker Nikolaj V. Cicin haben, den die VOKS vorgeschlagen hatte.Vgl. Denisov an ZK, 11.10.1955, in: RGANI, f. 5, op. 28, d. 350, l. 130 f. Am Ende entschied der VOKS-Vertreter in London für Cicin. Vgl. Informacija delegacii dejatelej sovetskoj kul'tury o poezdki v Anglii v nojabre 1955 goda, [o.D.], in: RGANI, f. 5, op. 28, d. 463, l. 7–10.
55 Vgl. Zapis' besedy s general'nym sekretarem Kompartii Velikobritanii G. Pollitom, 12.10.1955, in: RGANI, f. 5, op. 28, d. 350, l. 154–156.
56 Vgl. Informacionnaja zapiska o prebyvanii v SSSR vicepredsedatelja Obščestva anglo-sovetskoj družby A.Rotštejna, general'nogo sekretarja Obščestva Slouna i Sovetnika Obščestva po voprosam teatra i muzyka A. Borsdorfa, 4.5.1956, in: RGANI, f. 5, op. 28, d. 462, l. 39–44.
57 Spravka ob anglijskie obščestvach družby i kul'turnoj svjazi s SSSR, Jakovlev an Stepanov, ZK, 11.1.1954, in: RGANI, f. 5, op. 28, d. 196, l. 5–13.
58 Vgl. Zapis' besedy s general'nym sekretarem Kompartii Velikobritanii G.Pollitom, 12.10.1955, in: RGANI, f. 5, op. 28, d. 350, l. 154–156; sowie Informacionnaja zapiska o prebyvanii v SSSR vicepredsedatelja Obščestva anglo-sovetskoj družby A.Rotštejna, general'nogo sekretarja Obščestva Slouna i Sovetnika Obščestva po voprosam teatra i muzyka A. Borsdorfa, 4.5.1956, in: RGANI, f. 5, op. 28, d. 462, l. 39–44.

Offenbar haben die Versuche, die englische Gesellschaft für kulturelle Verbindungen mit der UdSSR als unpolitische Organisation erscheinen zu lassen, letztendlich dazu geführt, dass sich diese Gesellschaft in den 30 Jahren ihres Bestehens von der Führung der Freunde [der CPGB] gelöst hat und sich jetzt praktisch unter der Kontrolle des englischen Geheimdienstes befindet.[59]

Um eine solches Abdriften zu verhindern und die SCR wieder auf die richtige politische Bahn zu bringen, bemühte sich der Vertreter der VOKS in London, mit Donovan T. Richnell einen neuen Mitarbeiter einzuschleusen, dessen Parteimitgliedschaft wenig bekannt war.[60]

Der Konflikt mit den scheinbar reformunwilligen britischen Freundschaftsgesellschaften sagt weniger über die politische Einstellung der Leitungsfiguren aus als über ihr Verhältnis zur CPGB und der VOKS in Moskau. Die politisch eher schwache CPGB war nicht bereit oder sah keinen großen Nutzen darin, die Freundschaftsgesellschaften für sich zu instrumentalisieren. Jakovlev kritisierte 1954 heftig die mangelnde Zusammenarbeit, ja sogar das Konkurrenzverhältnis zwischen BSFS und CPGB. Die Tatsache, dass Pollitt nicht einmal zur Eröffnung des Freundschaftsmonats 1954 sprach, zeige, „dass die englischen Freunde weit davon entfernt [seien], die unbedingt notwendige Führung und Hilfe der Gesellschaft und ihren Aktivitäten zu leisten und dass sie ihr unnötige ‚Autonomie' gewähr[t]en".[61] Vertreter der VOKS und des ZK legten im Oktober 1955 Pollitt und im Juli 1956 seinem Nachfolger John Gollan alle Kritikpunkte gegenüber den Freundschaftsgesellschaften dar. Sie forderten sie wiederholt dazu auf, die „alten Leitungsmitglieder der Gesellschaften zu ersetzen, für die es schwierig sei, die Öffnung der Gesellschaft zu verkörpern".[62] Doch beide stellten sich hinter Sloan und Denis N. Pritt. Gollan stützte zudem Sloans und Rothsteins Argumentation, dass es für die BSFS einfach nicht möglich sei, „gleichzeitig politischaufklärerische Arbeit zur Stärkung der englisch-sowjetischen Beziehungen zu

---

59 Otčet delegacii dejatelej sovetskoj kul'tury, vyezžavšej v Angliju v nojabre-dekabre 1954g, in: GARF, f. 5293, op. 22, d. 499, l. 11–19, hier l. 13.
60 Vgl. O rabote posol'stva v 1954 godu po linii VOKS, in: GARF, f. 5283, op. 22, d. 499, l. 48–63, hier l. 51. Der Bibliothekar und spätere leitende Mitarbeiter der British Library Donovan Thomas Richnell (1911–1994) war Mitglied der Medizinischen Sektion der SCR, ab 1955 Mitglied des Executive Committee und ab 1957 Vice-Chairman der SCR. Allerdings entwickelte er keine nennenswerte Aktivität und es konnte auch keine Mitgliedschaft in der CPGB nachgewiesen werden.
61 Otčet delegacii dejatelej sovetskoj kul'tury, vyezžavšej v Angliju v nojabre-dekabre 1954g, in: GARF, f. 5293, op. 22, d. 499, l. 11–19, hier l. 13.
62 Zapis' besedy s gensekretarem Kompartii Velikobritanii Golanom, 9.7.1956, in: RGANI, f. 5, op. 28, d. 460, l. 158–160, hier l. 159. Siehe auch Zapis' besedy s general'nym sekretarem Kompartii Velikobritanii G.Pollitom, 12.10.1955, in: RGANI, f.5, op. 28, d. 350, l. 154–156.

leisten und mit regierungsnahen Organisationen zusammenzuarbeiten".[63] Doch trotz aller Kritik griff auch die VOKS nicht direkt ein – diese Kaderfragen seien Aufgabe der britischen Genossen.[64] Die Steuerungsmöglichkeiten der VOKS gegenüber den Freundschaftsgesellschaften waren demnach relativ beschränkt. Ohne die Mitarbeiter der nationalen kommunistischen Partei konnten weder strukturelle noch personelle Veränderungen vorgenommen werden. Eine zu klare Steuerung durch die VOKS hätte wiederum dem Prinzip der offiziellen politischen Unabhängigkeit der Freundschaftsgesellschaften widersprochen und der gewünschten politischen Öffnung entgegengewirkt.

Versuchte Öffnung in der Bundesrepublik

Vergleichbar mit den Vorgängen in Frankreich und Großbritannien versuchten die sowjetischen Verantwortlichen, die DSF und vor allem ihre Westabteilung dazu zu bringen, die neuen Vorgaben der Cultural Diplomacy umzusetzen. Im Gespräch mit dem Leiter der Abteilung für Gesamtdeutsche Fragen bei der Sowjetischen Militäradministration, Oberst M. M. Kijatkin, Ende 1953 mussten sowohl das Präsidiumsmitglied der West-DSF Ludwig Schirner als auch der Generalsekretär der DSF in Berlin Gottfried Grünberg das Scheitern der bisherigen Westarbeit eingestehen. Die DSF in Westdeutschland sei eine „sektiererische Organisation" ohne jeden Einfluss auf die westdeutsche Gesellschaft, die nur Losungen der KPD verbreite und zu 80 % Kommunisten als Mitglieder habe. Kijatkin ermahnte Grünberg, dass bis zum nächsten Kongress klare Ziele und Aufgaben herausgearbeitet und bekannte, einflussreiche Personen für die Gesellschaft gewonnen werden müssten.[65] Grünberg bemühte sich daraufhin mit Hilfe einer zentralen Kommission für gesamtdeutsche Arbeit, die Aktivitäten in Westdeutschland zu systematisieren und neue Kandidaten für die Leitungspositionen zu finden.[66] Darüber hinaus sollten die Bezirksorganisationen

---

63 Zapis' besedy s gensekretarem Kompartii Velikobritanii Golanom, 9.7.1956, in: RGANI, f. 5, op. 28, d. 460, l. 158–160, hier l. 160.
64 Vgl. ibid.
65 Vgl. Beseda s 1-m sekretarem Prezidiuma Obščestva germano-sovetskoj družby v Zapadnoj Germanii Širnerom, 18.12.1953, in: RGANI, f. 5, op. 28, d. 64, l. 217–220; sowie Beseda s general'nym sekretarem Obščestva germano-sovetskoj družby v GDR Grjunbergom iz dnevnika načal'nika Otdela po Obščegermanskim voprosam Verchovnogo Kommissara SSSR v Germanii polkovnika Kijatkina M.M., 21.1.1954, in: RGANI, f. 5, op. 28, d. 199, l. 10 f.
66 Vgl. Beseda s general'nym sekretarem Obščestva germano-sovetskoj družby GDR Grjunbergom, 11.2.1954, in: RGANI, f. 5, op. 28, d. 199, l. 22–25.

der DSF-Ost die DSF-Länderorganisationen in Westdeutschland durch direkte Partnerschaften unterstützen.[67]

Im Zuge der Anbahnung diplomatischer Beziehungen zwischen der Bundesrepublik und der Sowjetunion suchte die VOKS selbst direkten Kontakt zu den „Freunden" in Westdeutschland.[68] Dieses Anliegen stieß zwar auf große Zustimmung bei den Funktionären der DSF West, die ihre Position dadurch gestärkt sahen. Doch die Genossen in Ostberlin fürchteten ihre Kontrollmacht zu verlieren. Nachdem bei einer gesamtdeutschen Tagung der DSF im Mai 1955 die westdeutschen Genossen deutliche Kritik an der Rolle der DSF Ost geäußert und direkte Kontakte zur Sowjetunion eingefordert hatten, wurde der Generalsekretär Karl Walter unmittelbar zu einer Selbstkritik wegen seiner „kleinbürgerlichen Tendenzen" bewogen. Er habe die Hilfe aus der DDR nicht ausreichend angenommen, was zur „Loslösung von der DDR als Basis des nationalen Kampfes" führe.[69]

Die Meinungsverschiedenheiten mit den Kollegen in der Bundesrepublik Deutschland wurden immer heftiger.[70] Im Oktober 1955 stellte der Zentralvorstand indigniert fest, dass die Genossen im Westen alle Ratschläge ignorierten und entgegen der vorgegebenen politischen Grundlinie arbeiteten. Sie pflegten eine „Verherrlichung Adenauers als Kanzler und Meister und eine unmögliche herabsetzende Art der Schilderung sowjetischer führender Genossen und eine empörende Ignorierung der Deutschen Demokratischen Republik". Sie würden so „nach und nach zu einem ‚salonfähigen' Anhängsel der kleinbürgerlichen Adenauerregierung".[71] Im Februar 1956 folgte ein vernichtendes Gesamturteil über die DSF West: schlechte Organisation, korrupte und schlecht qualifizierte Mitarbeiter, inaktives Präsidium, geradezu antisowjetische Publikationen, unerlaubte eigenständige Kontaktaufnahmen mit der VOKS und „Anti-Berlinlinie".[72] Damit machte Ostberlin erneut deutlich, dass der Bezugspunkt der DSF West nicht die Sowjetunion, sondern die DDR war und bleiben sollte.

---

67 Vgl. Direktive des Sekretariats des Zentralvorstandes der Gesellschaft für Deutsch-Sowjetische Freundschaft über die gesamtdeutsche Arbeit in den Bezirken, Kreisen und Grundeinheiten, 18.3.1954, in: BArch SAPMO, DY 32/11258.
68 Vgl. Mitteilung von Frd. Willerding an Frd. Pittermann, 14.4.55, in: BArch SAPMO, DY 32/10727.
69 Abschrift, Einschätzung der Besprechung am 25./26.5.1955, in: BArch SAPMO, DY 32/11233.
70 Vgl. Bericht über meine Teilnahme an einer Sekretariatssitzung in Düsseldorf am 1.8.1955 von Friebel, in: BArch SAPMO, DY 32/11233.
71 Stellungnahme des Sekretariats der ZV zur Arbeit der Gesellschaft in Westdeutschland, 10.10.1955, in: BArch SAPMO, DY 32/11393.
72 Einschätzungen der Arbeit der Gesellschaft für DSF in der Bundesrepublik Deutschland, 22.2.1956, in: BArch SAPMO, DY 32/11233.

Diese Schuldzuweisungen an die westlichen Genossen lenkten allerdings vor allem davon ab, dass die DSF Ost mit ihrer Westpolitik gescheitert war. Sie war unfähig, die neuen sowjetischen Vorgaben der politischen Öffnung umzusetzen.[73] Ein Gründungsmitglied der DSF-West, der Kaufmann Georg Jacoby aus Bremen, hatte im Januar 1956 in einem bitteren Brief an den Präsidenten der DSF in Berlin Friedrich Ebert das Grundproblem klar benannt: „Die Ausrichtung der Organisation nach dem Vorbild der Gesellschaft in der DDR war in Anbetracht der gänzlich anderen Struktur der beiden Teile Deutschlands eine falsche Entscheidung und ist den Freunden in der Sowjetunion völlig unverständlich (Ausspruch Prof. Denissow, Moskau, WOKS)."[74] Die direkte Übertragung der sozialistischen Konzeption einer Freundschaftsgesellschaft, bei der die Abhängigkeit von Ostberlin unverkennbar waren, war in der Bundesrepublik zum Scheitern verurteilt.

Während sie eine politische Öffnung der DSF West verhinderte, versuchte die DDR-Führung gleichzeitig neue Kanäle für westdeutsch-sowjetische Kulturbeziehungen zu schaffen. Bereits im März 1954 kam eine Versammlung kultureller Persönlichkeiten der DDR hinsichtlich der Westarbeit zu dem Schluss, dass es „nicht zielführend" sei, die westdeutsch-sowjetischen Kulturbeziehungen über die als KPD-nah wahrgenommene DSF West auszubauen. Besser sei es, eine parallele Organisation mit neutralem Namen zu gründen, die breite Kreise der westdeutschen Intellektuellen integrieren solle.[75] Daraufhin sondierte die DSF Ost unter westdeutschen Wissenschaftlern und Künstlern das Interesse an der Gründung einer solchen Gesellschaft. Dabei sollte nicht der Eindruck entstehen, dass dahinter eine Partei, Organisation oder die „Ostregierung" stünde. Von den 30 angesprochenen Persönlichkeiten antworteten 20 grundsätzlich positiv.[76] Besonders interessiert zeigte sich der Atomphysiker Hans Klumb, Direktor des Physikalischen Instituts der Universität Mainz, der sich selbst als „parteiloser Marxist" bezeichnete.[77] Für den Erfolg des Unternehmens müssten ihm zufolge die

---

73 Zum Scheitern der Westpolitik der SED und ihrer Gremien vgl. Amos, Die Westpolitik der SED, S. 145.
74 Abschrift Schreiben Georg Jacoby an Friedrich Ebert, in: BArch SAPMO, DY32/10715; sowie ähnlich Jacoby an Fedin, 7.2.1958, in: GARF, f. 9576, op. 6, d. 37, l. 35 f.
75 Informacija o soveščanii dejatelej kul'tury GDR po voprosu kul'turnogo obmena s Zapadnoj Germaniej i rabote zapadnogermanskogo Obščestva družby s SSSR, 29.3.1954, in: RGANI, f. 5, op. 28, d. 213, l. 9–14.
76 Vgl. [Karcher, Oskar]: Kulturaustausch Bundesrepublik – Sowjetunion, [28.1.1955], in: BArch SAPMO, DY 32/6135.
77 Vgl. Hans Klumb, in: Verzeichnis der Professorinnen und Professoren der Universität Mainz, http://gutenberg-biographics.ub.uni-mainz.de/id/d373a232-bb00-4a9c-bd37-8eb6196a8612 (19.01.2017).

Teilnehmer überzeugt sein, „dass das auf völlig legale Weise passiert". Er bot zu diesem Zweck an, mögliche Interessenten zu einer „Teepartie" in einen „abhörsicheren Raum" nach Mainz einzuladen.[78] Klumb war bereits 1954 auf Einladung der Sowjetischen Akademie der Wissenschaften in die Sowjetunion gereist. Danach forderte er, dass „menschlich faire und weitblickende Männer aus dem naturwissenschaftlichen Bereich" Vorarbeit zur Schaffung menschlicher Kontakte und zum Abbau von Vorurteilen leisteten, um ein friedliches Zusammenleben der Völker und die Lösung so brennender Probleme wie der Wiedervereinigung zu ermöglichen.[79]

Im März 1955 beschloss das ZK der SED die Gründung des Arbeitskreises Ost oder AKROS unter Leitung von Klumb. Im Gegensatz zur DSF sollte sich der AKROS vornehmlich um Kulturbeziehungen und die „Intelligencija" kümmern und sich durch Unternehmensspenden und die Organisation von Tourneen sowjetischer Künstler finanzieren.[80] Aufgabe des im Juli 1955 offiziell gegründeten AKROS war die „Herstellung und Pflege wissenschaftlicher und künstlerischer Beziehungen mit den Ländern des Ostens im Dienste der Völkerverständigung unter Ausschluß jeder politischen und ideologischen Betätigung". Das sollte durch Anregung und Förderung kultureller und wissenschaftlicher Veranstaltungen, durch die Vermittlung von Kontakten und den Austausch von Literatur geschehen.[81] Außer Osteuropa und der Sowjetunion umfasste der Wirkungsbereich auch China und die Länder Ostasiens. Gründungsmitglieder waren außer Klumb und seiner Frau der Kölner Mathematiker Guido Hoheisel, der Kunsthistoriker Hans Friedrich Secker und der Journalist Rainer Maria Wallisfurth.[82]

---

[78] Vgl. [Karcher, Oskar]: Kulturaustausch Bundesrepublik – Sowjetunion, [28.1.1955], in: BArch SAPMO, DY 32/6135.
[79] Klumb, Hans: Eine Studien- und Informationsreise in die UdSSR, in: Physikalische Blätter 11 (1955) 4, S. 166–170, hier S. 170.
[80] Vgl. Zapis' besedy členom sekretariata Obščestva germano-sovetskoj družby GDR PITTEROM, in: RGANI, f. 5, op. 28, d. 350, l. 52–54.
[81] Satzung der AKROS, in: BArch SAPMO, DY 32/10715.
[82] Hans Koch, Leiter des Münchner Osteuropainstituts, hatte bei der ersten Umfrage ebenfalls Interesse an dem Projekt bekundet. Doch letztendlich nahm er Abstand von einer Mitgliedschaft, da ihm die Sache „zu rot" erschien. Vgl. zur Mitgliederliste: Akros, in: BArch SAPMO, DY 32/10715. Wallisfurth war bereits 1954 mit einer VOKS-Delegation in der Sowjetunion, um die „Irrtümer" über Russland zu berichten. Vgl. Donig, Natalia: Reisen ins „Arbeiterparadies". Deutsche Delegationen in der Sowjetunion zwischen Inszenierung und Eigensinn (1953–1957), in: Pietrow-Ennker, Bianka (Hg.): Russlands imperiale Macht. Integrationsstrategien und ihre Reichweite in transnationaler Perspektive, Wien 2012, S. 325–356, hier S. 330.

Inwieweit die VOKS in diesen Gründungsprozess involviert war, konnte nicht im Einzelnen ermittelt werden. In jedem Fall sah ihr Jahresplan für das Jahr 1955 die Aktivierung der Arbeit in Westdeutschland und die Gründung einer neuen Gesellschaft für kulturelle Beziehungen vor, da die Vorhandene einen zu kommunistischen Ruf habe.[83] Dementsprechend lud die VOKS gleich Mitte November 1955 eine Delegation des AKROS nach Moskau und Leningrad ein und stellte vor Ort für jeden Wissenschaftler ein individuelles Programm zusammen.[84] Die politisch unabhängige Fassade des Kreises bröckelte allerdings, als das Delegations- und zugleich Präsidiumsmitglied der DSF West und der KPD Oskar Karcher in der Sowjetunion öffentlich auch im Namen der DSF auftrat. Umgekehrt verlor der Generalsekretär Wallisfurth seinen Posten, da er über die Reise einen „antisowjetischen" Bildband mit „tendenziösen Bildern" veröffentlicht hatte.[85] Der antikommunistische Volksbund für Frieden und Freiheit und das Bundesinnenministerium stuften seine schriftlichen und mündlichen Reiseberichte dagegen als „kommunistische Propaganda" ein.[86]

Mangels Alternativen wurde der AKROS zu einem der Hauptansprechpartner der VOKS. Doch entwickelte er sich bald zu einem Ein-Mann-Betrieb um Klumb mit Sitz in seiner Wohnung. Auf dem Programm standen vor allem seine eigenen Vorträge.[87] Das Auswärtige Amt hatte sich von Anfang an vom AKROS distanziert.[88] Obwohl die Vereinigung weder nennenswerte Aktivitäten entfalten noch einen größeren Mitgliederkreis gewinnen konnte, wurde sie zunehmend öffentlich mit dem Vorwurf, sie sei eine „kommunistische Tarnorganisation", konfrontiert und letztendlich im Februar 1958 verboten.[89] Natal'ja Egorova ordnete ohne Kenntnis der deutschen Archive Klumbs Initiative als Ausdruck des

---

83 Vgl. Die Pläne der VOKS für 1955, in: GARF, f. 5283, op. 22, d. 495, l. 9; zitiert bei Yegorova, The All-Union Society, S. 99.
84 Vgl. Abschrift Betr. Delegation der Akros von Krolikowski, [Attaché der DDR-Botschaft in Moskau], in: BArch SAPMO, DY 32/10889.
85 Vgl. Aktenvermerk über Besuch von Klump[sic!] in Berlin, 20.12.1955, in: BArch SAPMO, DY32/11393; Einschätzungen der Arbeit der Gesellschaft für DSF in der Bundesrepublik Deutschland, 22.2.1956, in: BArch SAPMO, DY 32/11233.
86 Vgl. Donig, Reisen ins Arbeiterparadies, S. 351 f.
87 Vgl. Rundschreiben Nr. 2/1956 an die Mitglieder und Freunde des „Arbeitskreis Ost", in: GARF, f. 5283, op. 16, d. 365, l. 131–133. Siehe dort den Schriftverkehr mit der VOKS. Themen der Vorträge waren z. B. die „Notwendigkeit der Wiedervereinigung", „China, gestern, heute und morgen" oder „Atomenergie in Krieg und Frieden". Vgl. Vorträge gehalten von Professor Dr. H. Klumb ab Juni 1957, in: GARF, f. 9576, op. 6, d. 37, l. 24 f.
88 Vgl. Donig, Kulturaustausch oder Propaganda, S. 192.
89 Vgl. Hans Klumb an Prof. Dr. Denisow, Präsident der VOKS, in: GARF, f. 9576, op. 6, d. 37, l. 26.

westeuropäischen gesellschaftlichen Interesses an der Sowjetunion und als Vorläufer der Ostpolitik ein.[90] Tatsächlich gab es in Westdeutschland vor allem in wissenschaftlichen Kreisen ein Interesse an Informationen über die Sowjetunion. Doch der AKROS ist eher ein Beispiel der gescheiterten Versuche der VOKS sowie der SED und DSF Ost, in der Bundesrepublik eine Freundschaftsgesellschaft neuen Typs aufzubauen, die politisch kontrolliert blieb, aber nach außen glaubhaft neutral auftrat.[91]

Eine weitere regionale Initiative im damals noch nicht zur Bundesrepublik gehörenden Saargebiet scheiterte dagegen beinahe an der mangelnden Unterstützung der VOKS. In der traditionellen Arbeiterregion konnte die Kommunistische Partei Saar (KPS) neben beachtlichen Stimmanteilen auf kommunaler Ebene noch 1952 mit knapp 10 % der Stimmen und vier Mandaten in den Landtag einziehen. Ihr Erfolg speiste sich erstens aus traditionellen, oft langjährigen Mitgliedschaften in Gewerkschaften und linken Parteien in der Bergbauregion. Zweitens beriefen sich viele Saarländer auf ihren Widerstand gegen die „Heim-ins-Reich"-Bewegung bei der ersten Saarabstimmung 1933. Drittens war die KPS bis kurz vor der zweiten Saarabstimmung 1955 die einzige legale Partei, die sich für die Wiedereingliederung des Saargebiets in die Bundesrepublik aussprach. Sie lehnte die Pariser Verträge wegen der eindeutigen Westbindung und Wiederbewaffnung grundsätzlich ab.[92] In diesem Kontext konnte sich bereits in den 1950er Jahren eine von der DSF unabhängige Freundschaftsgesellschaft herausbilden.

Nachdem einer ersten Gesellschaft für Freundschaft mit der Sowjetunion im März 1953 der Eintrag in das Vereinsregister aus politischen Gründen verweigert worden war,[93] startete im Sommer 1955 ein neuer Versuch. Die Gesellschaft für kulturelle Verbindung mit der UdSSR hatte zum Ziel, „wahrheitsgetreue Informationen auf kulturellem, wissenschaftlichem und wirtschaftlichem Gebiet der UdSSR zu verbreiten; den kulturellen, wissenschaftlichen und wirtschaftlichen

---

90 Vgl. Yegorova, The All-Union Society, S. 99 f. Sie ordnet Klumb fälschlicherweise als Vorsitzenden der saarländischen Freundschaftsgesellschaft ein.
91 Vgl. zu den Versuchen der VOKS auch Donig, Kulturaustausch oder Propaganda, S. 190–192.
92 Vgl. Becker, Wilfried: Die Entwicklung der politischen Parteien im Saarland 1945 bis 1955 nach französischen Quellen, in: Hudemann, Rainer/Poidevin, Raymond (Hg.): Die Saar 1945–1955/La Sarre 1945–1955. Ein Problem der europäischen Geschichte/Un problème de l'histoire européenne, München 1992, S. 253–296, hier S. 288–296; Dingel, Frank: Die Kommunistische Partei Saar, in: Stöss, Richard (Hg.): Parteien-Handbuch. Die Parteien der Bundesrepublik Deutschland 1945–1980, Bd. 2: FDP bis WAV, Opladen 1983, S. 1852–1879.
93 Vgl. Gesellschaft für Freundschaft mit der Sowjetunion, [März 1953]; sowie Schneider an Innenministerium des Saarlandes, 13.1.1954, in: LA Saarbrücken, NL Bies.

Austausch zwischen gleichartigen Institutionen der UdSSR und unserer Saarheimat zu fördern und zu pflegen".[94] Bei der Gründungsversammlung wurde jedoch deutlich, dass ihre Agenda weit darüber hinausging. So forderte sie im Sinne der KPS unter anderem die Anerkennung der beiden deutschen Staaten als Voraussetzung für eine Wiedervereinigung Deutschlands und lehnte das wenige Wochen danach zur Abstimmung stehende Saarstatut ab.[95]

Treibende Kraft hinter der Gründung beider Gesellschaften war ihr Geschäftsführer Julius Schneider.[96] Der überzeugte Sozialist und spätere Kommunist agierte in den 1930er Jahren gegen den Anschluss der Saar an das Deutsche Reich. Er kämpfte anschließend auf Seiten der Internationalen Brigaden im Spanischen Bürgerkrieg und in der französischen Résistance. Seine Kontakte zu den ehemaligen französischen Kameraden und der Association France-URSS halfen ihm bei der Gründung der Gesellschaft.[97] Vorsitzender war der parteilose Dreher und Gewerkschaftler Hubert Kesternich, stellvertretender Vorsitzender das SPD-Mitglied Rudolf Stark, Schneiders Vertrauter noch aus der Sozialistischen Jugend der 1920er Jahre. Kassier wurde der aus einer Künstlerfamilie stammende Tiefbauingenieur und Bauunternehmer Hugo Bock, der angeblich regelmäßig aus seiner eigenen Kasse zur Finanzierung der Gesellschaft beitrug.[98] Die Mitglieder einte ihre Nähe – aber nicht unbedingt Mitgliedschaft – zur KPS, ihr antifaschistisches Engagement und der Wille, zukünftige Kriege zu verhindern.

Um aus der geographischen und politischen Isolierung zu kommen, wandten sich die Saarländer unmittelbar nach der Gründung an die Freundschaftsgesellschaften in Frankreich und Belgien mit der Bitte um Material und

---

94 Einladung zur Gründungsversammlung „Gesellschaft für kulturelle Verbindung mit der UdSSR", 25.8.1955, in: LA Saarbrücken, NL Bies.
95 [Ansprache auf der Gründungsversammlung, vermutlich von Schneider], 4.9.1955, in: LA Saarbrücken, NL Bies. Das Saarstatut sah als Teil der Pariser Verträge vor, das Saarland bis zum Abschluss eines Friedensvertrages direkt der Westeuropäischen Union zu unterstellen und wirtschaftlich an Frankreich anzubinden. Nach einem heftigen „Abstimmungskampf" wurde das Saarstatut in einer Volksabstimmung am 23. Oktober 1955 abgelehnt. Vgl. hierzu ausführlich Hudemann/Poidevin, Die Saar 1945–1955.
96 Vgl. Mallmann, Klaus-Michael/Paul, Gerhard: Das zersplitterte Nein. Saarländer gegen Hitler, Bonn 1989, S. 228–233.
97 Georges Martin schrieb im Rückblick, dass die Saarländische Gesellschaft „in Verbindung mit France-URSS" entstanden sei. Martin, Georges: Avec R.f.a.-U.r.s.s., in: FUM (1976) 11, S. 55.
98 Siehe Aktennotiz von Friebel, 29.8.1956, in: BArch SAPMO, DY 32/11260; sowie Bies, Luitwin/Granz, Marianne: 50 Jahre West-Ost-Gesellschaft im Saarland, in: Wostok (2005), S. 70–75, hier S. 70 f. Zu Hugo Bocks finanziellem Beitrag vgl. Interview Annie Herrmann.

Redner.[99] Außerdem nahmen sie sofort Kontakt zur VOKS auf. Sie hofften auf Unterstützung und vor allem auf eine baldige Einladung in die Sowjetunion. Die sowjetischen Partner signalisierten zwar Interesse, beschränkten sich jedoch auf das Senden von Büchern und Druckschriften sowie den Verleih von Filmen über die sowjetische Botschaft.[100] Auch aus diplomatischen Gründen waren sie nicht bereit, sowjetische Künstler wie David Ojstrach ins Saarland zu schicken.[101] Trotz häufiger Beschwerden bei der sowjetischen Botschaft in Bonn, dass sie von der VOKS nicht ernst genommen würden,[102] lud die VOKS Schneider und Bock erst 1958 in die Sowjetunion ein.[103]

Unterstützung erhielt die Gesellschaft dagegen aus Ostberlin, obwohl sie keine institutionelle Verbindung mit der DSF Ost hatte. Schneider reiste regelmäßig in die DDR, um die Mitarbeiter der DSF zu informieren und sich über die mangelnde Responsivität der VOKS zu beklagen.[104] Insbesondere nach dem vollständigen Verbot der DSF West sollte von Ostberlin aus die „Bruderorganisation im Saargebiet [...] mit allen zur Verfügung stehenden Mitteln" unterstützt werden.[105] Nachdem keine sowjetischen Gäste kamen, organisierte die Gesellschaft Vorträge ostdeutscher Wissenschaftler und verbreitete Bücher und Zeitschriften aus der DDR. Die Eingliederung des Saarlands in die Bundesrepublik und das Verbot der KPS 1957 hatten für die Gesellschaft keine gravierenden Folgen.[106] Damit war diese regionale Organisation mit ihren immerhin 300 Mitgliedern die größte sowjetische Freundschaftsgesellschaft in der Bundesrepublik. Mit entsprechendem Selbstbewusstsein trat Bock 1959

---

99 Vgl. Protokoll der Gründungsversammlung der „Gesellschaft für kulturelle Verbindungen mit der Union der Sozialistischen Sowjetrepubliken" am 4. September 1955, in: LA Saarbrücken, NL Bies. Beispielsweise baten sie France-URSS um Sartre als Gastredner. Vgl. Kesternich und Schneider an France-URSS, 16.3.1956, in: LA Saarbrücken, NL Bies.
100 Vgl. Vižilin, stellv. Vorstand VOKS, an Kesternich, 15.11.1955, in: LA Saarbrücken, NL Bies.
101 Vgl. den Briefwechsel zwischen Fedosjuk, stellv. Vorsitzender der Abteilung Zentraleuropa der VOKS, und Kesternich, 2.2.1956 und 25.5.1956, in: LA Saarbrücken, NL Bies.
102 Morozov: Zapis' besedy s prezidentom saarskogo obščestva kul'turnych svjazej s SSSR Kesternichom i s upravljajuščim delami (ėtogo) obščestva Šnajderom, 24.10.1956, in: GARF, f. 5283, op. 16, d. 365, l. 78–81.
103 Vgl. Kesternich an das Präsidium der VOKS, 5.6.1958, in: LA Saarbrücken, NL Bies.
104 Vgl. beispielsweise Aktennotiz: Besuch der Freunde Hubert Kesternich und Julius Schneider von der Gesellschaft für kulturelle Verbindung mit der UdSSR des Saarlandes, 12.1.1957; sowie zahlreiche weitere Notizen von Gesprächen mit Schneider, in: BArch SAPMO, DY 32/11260.
105 Ergebnisse und Aufgaben der Arbeit mit Westdeutschland, [1956], in: BArch SAPMO, DY 32/10715.
106 Vgl. Aktennotiz: Besuch des Landessekretärs Genosse Julius Schneider aus dem Saargebiet, vom 6. bis 8.5.1957, in: BArch SAPMO, DY 32/10715.

beim Nationalkongress der Association France-URSS als Vertreter der bundesrepublikanischen Freundschaftsgesellschaften auf.[107]

Der Aufbau einer bundesweiten Organisation zur Förderung kulturellen Austausches mit der Sowjetunion mit entsprechenden politischen Garantien scheiterte damit an der antikommunistischen Stimmung in der Bundesrepublik, an der mangelnden Bereitschaft der DDR-Organisationen, in der Bundesrepublik eigenständige Beziehungen zur Sowjetunion zu akzeptieren, und schließlich an der mangelnden Unterstützung durch die VOKS. Dies bedeutete allerdings nicht, dass ohne Freundschaftsgesellschaften kein Kulturaustausch zwischen der Sowjetunion und der Bundesrepublik möglich war. Wie Natalia Donig zeigt, bereiteten die Auftritte David Ojstrachs in der Bundesrepublik im Februar 1954 den Weg für von privaten Konzertveranstaltern organisierten Austausch. Mit der Aufnahme diplomatischer Beziehungen im Herbst 1955 entwickelte der VOKS-Beauftragte an der sowjetischen Botschaft, N. E. Tverdochlebov, rege Aktivitäten, um direkte Kontakte mit westdeutschen Kulturinstitutionen zu knüpfen, die Interesse an kulturellen Beziehungen mit der Sowjetunion hatten.[108]

Bei der Umsetzung der neuen Ausrichtung der Freundschaftsgesellschaften traten die nationalen Kontexte deutlich zu Tage. Die französische Association France-URSS war eng an den PCF angebunden, der sie anwies, die neue kulturelle und politisch offenere Orientierung durch personelle Neuausrichtungen umzusetzen. Absurderweise konnte sich France-URSS auf den ersten Blick politisch öffnen, weil der PCF ein Interesse daran hatte, ihre Mobilisierungsfunktion in der französischen Gesellschaft zu nutzen. Die britische CPGB dagegen war selbst gesellschaftlich und politisch isoliert und sah auch keine Möglichkeit, die BSFS für eine Öffnung zu nutzen. Dadurch konnte sie sich kaum in der britischen Gesellschaft außerhalb der ohnehin kleinen kommunistischen Milieus verankern. In der spezifischen Situation der Bundesrepublik konnten Freundschaftsgesellschaften nur dann aktiv werden, wenn sie keinen offensichtlichen Kontakt zu KPD und SED unterhielten. In allen Ländern bestand die größte Herausforderung für die Freundschaftsgesellschaften darin, den Neuanfang angesichts ihrer eigenen Stalin-treuen Vergangenheit glaubhaft zu machen. Trotz dieser politischen Schwierigkeiten konnten die Freundschaftsgesellschaften in Westeuropa große kulturelle Veranstaltungen organisieren.

---

107 Vgl. [Ansprache Bock bei 9. Nationalkongress von France-URSS], in: LA Saarbrücken, NL Bies.
108 Vgl. Donig, Kulturaustausch oder Propaganda, S. 183–187.

2.3 Die Freundschaftsmonate: Möglichkeiten und Grenzen der Cultural Diplomacy

Zur Öffnung der Freundschaftsgesellschaften und ihrer wachsenden Attraktivität trugen die Appelle der VOKS und die Absichtserklärungen der Freundschaftsgesellschaften wohl eher wenig bei. Viel wichtiger war der tatsächliche Aufschwung der kulturellen und gesellschaftlichen Beziehungen zwischen Ost und West. Im Gegensatz zum Spätstalinismus bemühte sich die sowjetische Führung nun, ihr Image durch den Export von kulturellen Aushängeschildern zu verbessern. Sie wollte den Wettbewerb auf wissenschaftlichem und kulturellem Gebiet aufnehmen und baute die Kontakte auf allen Ebenen aus.

In allen westeuropäischen Ländern konnten die Freundschaftsgesellschaften nach 1953 eine erstaunliche Aktivität entwickeln. Sie organisierten zahlreiche Tourneen sowjetischer Künstlergruppen und schickten selbst vermehrt Delegationen in die Sowjetunion. So befriedigten sie eine wachsende Neugier auf die Sowjetunion.[109] Sie gehörten zu den ersten Anbietern für Reisen in die Sowjetunion und trugen in den 1950er Jahren zu den ersten Städteverbindungen zwischen sowjetischen und westlichen Städten bei. Dabei konnten sie auf ihre Erfahrungen und Kontakte aus der Zeit des Krieges und des Spätstalinismus zurückgreifen. Da sich der Tourismus und die Städteverbindungen nach dieser Pionierzeit vor allem ab Mitte der 1960er Jahre voll entfalten sollten, ist ihre Entwicklung Gegenstand eines späteren Kapitels.[110] Beispielhaft für die Aktivitäten der 1950er Jahre sollen hier die Tourneen sowjetischer Künstler im Rahmen der Monate der Freundschaft untersucht werden. Im Zentrum der folgenden Ausführungen stehen die Akteure, die Organisation und die Rezeption der Veranstaltungen im Rahmen der sowjetischen Freundschaftsmonate in Großbritannien im November 1953 und 1954.

Repräsentanten sowjetischer Kultur

Der plötzlich explodierende kulturelle Austausch griff in vielen Fällen auf Strukturen und Kontakte zurück, die in kleinerem Maßstab bereits unter Stalin existierten. Wie im vorherigen Kapitel dargestellt, organisierten die Freundschaftsgesellschaften im Westen bereits ab 1949 zur Feier des Jahrestages der

---

[109] Diese neuen Aktivitäten beschreiben exemplarisch: Magnúsdóttir, Intellectual Acitivsm, S. 163–165; Mikkonen, The Finish-Soviet Society, S. 122 f.; Gravina, Per una storia. Parte seconda, S. 56–61;
[110] Siehe Kapitel 4.3 und 4.5.

Oktoberrevolution im November jeden Jahres einen „Monat der Freundschaft". Diese vertrauten Organisationsformen wurden genutzt, um nun erste größere Gruppen und bald ganze künstlerische Ensembles in den Westen zu schicken, die vor einem breiten Publikum auftraten. Dabei blieben zwar viele Kontrollmechanismen und Inszenierungen bestehen, doch waren die neuen Freundschaftsmonate in quantitativer und qualitativer Hinsicht nicht vergleichbar mit denen des Spätstalinismus.

Wie in den Jahren zuvor selektierten die sowjetischen Behörden – letztendlich das ZK der KPdSU – sorgfältig die Teilnehmer der Delegation, die im November und Dezember 1953 nach Großbritannien und Frankreich reiste. In der Reisegruppe von gut 20 Personen waren der Filmregisseur Grigorij V. Aleksandrov, der Geiger Igor' D. Ojstrach, die Pianistin Bella M. Davidovič, der Puppenspieler Sergej V. Obrazcov, die armenische Mezzo-Sopranistin Zara Doluchanova, vier Balletttänzer vom Bol'šoj- und Kirov-Ballett und drei Sänger des Bol'šoj-Theaters. Dazu kamen zwei Medizinerinnen, ein Gewerkschaftsvertreter und zwei Abgesandte der VOKS.[111] In den Delegationen waren einerseits immer Repräsentanten der verschiedenen Sphären der sowjetischen Gesellschaft, aus Politik, Wissenschaft und Kultur. Sie waren Ansprechpartner für verschiedene Berufsgruppen entsprechend der verschiedenen thematischen Sektionen der SCR und konnten die Errungenschaften auf allen Gebieten der sowjetischen Gesellschaft präsentieren. Andererseits kamen die Delegierten aus verschiedenen Republiken und vermittelten damit das Bild der ganzen sowjetischen Völkerfamilie, in der alle regionalen Kulturen gefördert würden und in friedlicher Eintracht zusammenlebten.

Betrachtet man den Kulturaustausch mit verschiedenen westlichen Ländern in den 1950er Jahren, tauchen immer wieder die gleichen Namen auf, die teilweise auf mehrmonatigen Tourneen durch verschiedene westliche Länder reisten. Einige waren „cultural mediators", die bereits in den 1920er Jahren regelmäßig in den Westen gereist waren und jetzt an alte Bekanntschaften anknüpfen konnten. Dazu gehörten Il'ja Ėrenburg, David Ojstrach oder Sergej Obrazcov.[112] Ein großer Teil der Delegation war jedoch vergleichsweise jung und reiste – abgesehen von Grigorij Aleksandrov – das erste Mal ins westliche

---

[111] Vgl. Members of proposed Soviet delegation, in: TNA, FCO 371/106582; sowie die Aufzählung der Tänzer bei Nicholas, Larraine: Fellow Travellers. Dance and British Cold War Politics in the Early 1950s, in: Dance Research 19 (2001) 2, S. 83–105, hier S. 101.
[112] Vgl. zu den „cultural mediators" Gilburd, Eleonory: Books and Borders. Sergei Obraztsov and Soviet Travels to London in the 1950s, in: Gorsuch, Anne E./Koenker, Diane P. (Hg.): Turizm. The Russian and East European Tourist under Capitalism and Socialism, Ithaca 2006, S. 227–247, hier S. 227.

Ausland. Sie hatten allerdings zuvor ihre Auslandstauglichkeit in sozialistischen Ländern bewiesen und sich schon internationales Renommee, beispielsweise durch die Teilnahme an Musikwettbewerben, erworben.[113] Die Freundschaftsgesellschaften ihrerseits legten immer Wert darauf, möglichst bereits im Westen bekannte Künstler gesendet zu bekommen, die ein breiteres kulturinteressiertes Publikum anlocken konnten. 1956 erklärte France-URSS das finanzielle Defizit der Tournee des Cellisten Mstislav Rostropovič, damit, „dass das Violoncello in Frankreich kein populäres Instrument ist und dieser Künstler dem größeren Publikum nicht bekannt war".[114] Für Künstler wie Rostropovič waren diese ersten Auftritte im westlichen Ausland unter dem Dach der Freundschaftsgesellschaften eine Art Bewährungsprobe, die zum Sprungbrett für eine zukünftige internationale Karriere werden konnten. So wurde Igor' Ojstrach bei dem Freundschaftsmonat 1953 von Impresario Victor Hochhauser entdeckt.[115]

Die tatsächliche Zusammensetzung der Delegationen wurde den Freundschaftsgesellschaften meist erst kurz vor der Ankunft mitgeteilt, was zu einigen organisatorischen Schwierigkeiten führte. 1953 erfuhr die BSFS erst Ende Oktober, dass der Komponist Aram I. Chačaturjan und der Biochemiker Aleksandr I. Oparin doch nicht Teil der Delegation sein würden.[116] Im November 1954 hatte die SCR mit zwei Wochen Vorlauf vom Kommen David Ojstrachs erfahren und musste ad hoc für ihn eine Konzerttournee organisieren.[117] Diese kurzfristigen Änderungen erforderten von den Freundschaftsgesellschaften große Flexibilität und Improvisationskunst, zu der kommerzielle Anbieter wohl kaum bereit gewesen wären. Im Zweifelsfall mussten die Freundschaftsgesellschaften innerhalb weniger Tage ein Programm für die Künstler organisieren. Dies gelang nur dank ihrer landesweiten lokalen Verankerung und des großen

---

113 Die Pianistin Bella Davidovič hatte beispielsweise 1949 den Preis beim internationalen Chopin-Wettbewerb in Warschau gewonnen, Zara Doluchanov war Solistin beim Symphonieorchester des Moskauer Rundfunks, und der junge Igor' Ojstrach hatte bereits einige Auslands-Konzerte mit seinem Vater David Ojstrach gegeben.
114 Rapport financier, [September 1956], in: GARF, f. 5283, op. 22, d. 543, l. 60–63, hier l. 63.
115 Vgl. Brown, Mick: Victor and Lilian Hochhauser: Exclusive Interview, in: The Telegraph, 26.7.2014.
116 Vgl. I.R.D.: Note on Visit of Soviet Cultural Delegation to U.K., November 1953, in: TNA, FCO 371/106582.
117 Vgl. John Platts-Mills an Botschafter Malik, 8.6.1955, in: GARF, f. 5283, op. 22, d. 499, l. 148 f. France-URSS bekam Ende Juni 1956 die Zusage, dass das sowjetische Varieté-Ensemble in der Sommerferienzeit ab Juli für eine sechswöchige Tournee kommen würde. Vgl. Rapport d'ensemble sur le séjour en France de la troupe d'artistes du théâtre d'Estrade de Moscou du 13 juillet au 23 aout 1956, in: GARF, f. 5283, op. 22, d. 543, l. 70–75.

Engagements der Mitglieder. Sobald das Kommen eines Ensembles feststand, wurden die lokalen Komitees angewiesen, entsprechende Räumlichkeiten und Termine in ihrer Region zu suchen. Berufliche und politische Netzwerke der Mitglieder erwiesen sich hierbei als sehr nützlich.

Präsentationen sowjetischer Kultur

Das Programm für die Delegationen bestand einerseits aus politischer Repräsentation, andererseits aus kulturellen Darbietungen und wissenschaftlichen Vorträgen. Vergleichbar mit früheren Freundschaftsmonaten fand weiterhin eine groß inszenierte Kundgebung zur Feier der Oktoberrevolution statt. Am 8. November 1953 kamen beispielsweise 7.000 bis 9.000 Gäste in die Empress Hall zu einer – nach Aleksandrovs Beschreibung – feierlichen Zeremonie:

> The British-Soviet Friendship Month opened in London's large Empress Hall on a day that will long be remembered as a radiant holiday of friendship. Everything contributed to the festive feeling: the strong handclaps with which hundreds of people greeted the Soviet delegates pushing through to the speaker's stand; the loud cheers of welcome and thunderous applause of 18,000 hands; the welcoming smiles of all faces and eyes shining with joy; the fine English children who presented the Soviet delegates with bouquet after bouquet; the vivid and informative speeches of Hewlett Johnson and John Platts-Mills; the enthusiasm with which the hall received a statement by a member of the Soviet Embassy that all disputed international questions can be resolved peacefully ... I will also long remember that deep and thrilling silence shattered by a deafening burst of applause when the meeting unanimously endorsed the slogans of friendship between the British and Soviet peoples.[118]

Anschließend tourte die Delegation drei Wochen durch Großbritannien. Allein in England besuchte sie 20 Städte – darunter Birmingham, Manchester, Liverpool, Brighton, Bristol und Nottingham – und bestritt insgesamt 80 Veranstaltungen, im Wesentlichen Vorträge und Konzerte. Sie besichtigte verschiedene Einrichtungen und traf Vertreter der Freundschaftsgesellschaften vor Ort.[119] Die SCR organisierte für Aleksandrov Treffen in der British Film Academy, im British Film Institute und anderen Studios sowie mehrere Vorträge über die sowjetische Filmkunst an Universitäten und in Kinos. Außerdem vermittelte sie den beiden Ärztinnen Besuche

---

[118] Alexandrov, G. V.: A Month in Britain, in: VOKS Bulletin (1954) 2, S. 8–11, hier S. 8 f.
[119] Vgl. Otčet o rabote delegacii dejatelej sovetskij kul'tury, vyezžavšej v Angliju dlja učastija v mesjačnike anglo-sovetskoj družby v nojabre 1953 g., in: RGANI, f. 5, op. 28, d. 252, l. 72–77; sowie I.R.D.: Note on Visit of Soviet Cultural Delegation to U.K., November 1953, in: TNA, FCO 371/106582.

in zehn Krankenhäusern und Privatpraxen in London, Birmingham, Cardiff, Edinburgh, Glasgow und Manchester. Für Obrazcov arrangierte sie Besichtigungen verschiedener Puppentheater und kleinere Aufführungen.[120]

Die künstlerischen Programme der sowjetischen Ensembles anlässlich der Freundschaftsmonate bemühten sich um eine internationale Sprache. Sie boten ein populäres Potpourri von Musik und Tanz, von kürzeren volkstümlichen und klassischen Darbietungen. 1953 präsentierte die Delegation in Großbritannien beispielsweise von traditionellen Instrumenten begleitete temperamentvolle ukrainische und exotische usbekische Tänze sowie Auszüge aus klassischen Ballettstücken und aus neueren sowjetischen Inszenierungen. Für die Künstler waren solche Varieté-Darbietungen eher unbefriedigend. Die Sängerinnen trällerten einen kurzen Opernausschnitt, die Musiker trugen ein kleines Werk eines sowjetischen Komponisten vor und die Tänzer durften dazwischen ein paar akrobatische Tanzeinlagen bieten. In der Regel fand dies zudem in Räumlichkeiten statt, die weder für Tanz noch für klassische Musik geeignet waren.[121]

Dieses primär populär-kulturelle Programm enthielt jedoch implizit politische Botschaften: Erstens präsentierte es den kulturellen Reichtum der gesamten sowjetischen Völkerfamilie, in der sich die regionalen Kulturen optimal entwickelten. Dies wirkte vor allem im Kontrast zu den damaligen Entkolonialisierungskonflikten beispielswiese in Algerien. Zweitens veranschaulichte es die „Exzellenz" und „Leistung" der sowjetischen Kultur in allen Bereichen und deren Anerkennung und Förderung durch den Staat. Drittens verdeutlichte es die Aufhebung der Grenzen zwischen populärer und klassischer Kultur. Und nicht zuletzt sollte viertens beim Zuschauer Sympathie für das sowjetische Volk geweckt werden. Diese politische Dimension bekamen die Auftritte einerseits durch die begleitenden Reden des Botschafters oder der Vertreter der VOKS, andererseits durch die entsprechende Darstellung durch die Freundschaftsgesellschaften. So führte der Kommentator in *France-URSS* die herausragende Leistung der Künstler auf das politische System zurück, in dem Kultur keine Elitenangelegenheit sei und im Gegensatz zu Frankreich kein Unterschied zwischen Hoch- und Populärkultur gemacht werde.[122]

---

120 Vgl. zum Programm SCR Annual Report 1953–1954, in: MML.
121 Vgl. zu den Umständen der Tanzdarbietungen: Nicholas, Fellow Travellers, S. 87–89.
122 Vgl. Léon, Georges: Quinze jours durant danseurs, chanteurs et musiciens soviétiques ont enchanté la France, in: France-URSS (1954) 2, S. 7 f. Vergleichbar kommentierte Pierre Debray den Auftritt Obrazcovs damit, dass ihm in der Sowjetunion ein eigenes Theater mit 230 Künstlern zu Verfügung stünde, während in Frankreich die Marionettenspieler kaum finanziell überleben könnten. Vgl. Debray, Pierre: Pour Serge Obratzov l'âme de la poupée c'est la main de l'homme, in: France-URSS (1954) 2, S. 9.

Für die Organisation dieser Großveranstaltungen kooperierten die Freundschaftsgesellschaften durchaus auch mit kommerziellen Partnern. In Großbritannien war eine Schlüsselfigur für sowjetische Kulturveranstaltungen der Impresario Victor Hochhauser.[123] Ab 1945 organisierte der aus einer jüdisch-slowakischen Familie stammende Impresario mit Hilfe seines Bekannten Yehudi Menuhin Veranstaltungen mit klassischer Musik und Ballett. Da er über russische Sprachkenntnisse verfügte und keine Berührungsängste mit sowjetischen und britischen kommunistischen Kreisen hatte, avancierte er bald zum führenden Impresario für sowjetische Künstler. Zunächst arrangierten die Freundschaftsgesellschaften den Kontakt, und Hochhauser nutzte die Anwesenheit sowjetischer Künstler in Großbritannien für eigene Veranstaltungen. So organisierte er 1953 ein Konzert mit Igor' Ojstrach und dem London Philharmonic Orchestra in der Royal Albert Hall, als dieser für den Freundschaftsmonat nach London kam.[124] In den folgenden Jahren lief es meist umgekehrt: Hochhauser arrangierte in Verhandlung mit dem sowjetischen Kulturministerium direkt die Tourneen sowjetischer Künstler und Ballettgruppen. Dann überließ er sie den Freundschaftsgesellschaften für eine exklusive Zeremonie mit politischem Anstrich. Im Herbst 1954 arrangierte er beispielsweise Konzerte für David Ojstrach mit dem London Philharmonic Orchestra in der Festival Hall und Plattenaufnahmen bei Columbia.[125]

Während die VOKS in den ersten Jahren gerne auf die Freundschaftsgesellschaften als politisch treue Partner für den Austausch zurückgriff, übernahmen in den Folgejahren immer mehr kommerzielle Anbieter die Organisation, was zu Konflikten mit den langjährigen Partnern führte. Für die VOKS garantierte ein kommerzieller Impresario einen professionelleren Auftritt mit breiterer Rezeption in der Öffentlichkeit und nicht zuletzt mehr Einnahmen. Andererseits wollten und konnten sie die Freundschaftsgesellschaften nicht ignorieren, für die die Veranstaltungen eine wichtige Einnahmequelle waren. Der Konflikt eskalierte beispielsweise 1955, als das sowjetische Kulturministerium und die VOKS die BSFS dazu drängten, die Tournee des Moiseev-Ensembles gemeinsam mit einem „progressiven Impresario" zu organisieren, was Sloan ablehnte.[126]

---

123 Vgl. zu Hochhauser Gonçalves, Danser pendant la guerre froide, S. 131; Brown, Mick: Victor and Lilian Hochhauser. Exclusive Interview, in: The Telegraph, 26.7.2014.
124 Vgl. I.R.D.: Note on Visit of Soviet Cultural Delegation to U.K., November 1953, in: TNA, FCO 371/106582.
125 Vgl. Ojstrach, David: Dvadcat' dnej v Londone, in: Literaturnaja Gazeta, 10.4.1955, S. 4.
126 Vgl. Zapis' besedy s general'nym sekretarem Kompartii Velikobritanii G. Pollitom, 12.10.1955, in: RGANI, f. 5, op. 28, d. 350, l. 154–156, hier 155.

In Frankreich gab es derartige Konflikte weniger, da die ebenso dem PCF nahestehende Agence Littéraire et Artistique Parisienne (ALAP) und der Impresario Fernand Lumbroso die Rolle der kommerziellen Veranstalter übernahmen.[127] Die ALAP wurde 1952 von Louis Aragon, dem Künstler Jean Lurçat und dem Journalisten Georges Soria gegründet. Alle drei hatten persönliche Erfahrungen mit der Sowjetunion und verfolgten mit dem kulturellen Austausch zwischen Frankreich und der UdSSR ein kommerzielles, aber mindestens ebenso ein politisches Ziel. Eng in das kommunistische Milieu Frankreichs eingebunden und mit besten Kontakten in die Sowjetunion präsentierte die ALAP mit der Delegation 1953 das erste Mal sowjetische Künstler. Lumbroso war zwar weniger politisch ambitioniert, doch er verfügte über ausreichend Abenteuerlust und Geschäftssinn, um in Zusammenarbeit mit der ALAP französische Künstler in die Sowjetunion zu bringen. Die ALAP spezialisierte sich vor allem auf große Ensembles und Spektakel und konnte daraus ein profitables Geschäft entwickeln.[128] Ohne direkte institutionelle Verbindung arbeitete die ALAP eng mit France-URSS zusammen. Wie beispielsweise bei der Einladung des Moiseev-Balletts nach Frankreich 1954 stellte in der Regel France-URSS den ersten Kontakt her, und die ALAP übernahm den organisatorischen und finanziellen Teil der Tourneen.[129]

Rezeption sowjetischer Kultur

Anders als kommerzielle Anbieter wollten die Freundschaftsgesellschaften eine politische Botschaft vermitteln und mit Hilfe der Veranstaltungen neue Mitglieder rekrutieren und an Prestige gewinnen. Andrew Rothstein ging davon aus, dass allein die Musik die politische Botschaft der Freundschaft transportierte:

> Hunderte Zuschauer, die zu den Konzerten kamen, um einfach nur Musik zu hören, dachten am Anfang überhaupt nicht an Politik. Aber beim Konzert wurden sie von einem Gefühl der Freundschaft zu dem friedliebenden sowjetischen Volk durchdrungen, und sie verließen den Konzertsaal bereits als Mitglieder einer der Freundschaftsgesellschaften mit der Sowjetunion.[130]

---

127 Zur ALAP vgl. auch im Folgenden Gomart, Double détente, S. 84–89.
128 Laut Marie-Pierre Rey koordinierten sie Ende der 1960er Jahre 80 % des französisch-sowjetischen kulturellen Austauschs. Vgl. Rey, La tentation du rapprochement, S. 297.
129 Siehe Moïsseiev danse à Paris, in: France-URSS (1955) 10, S. 16–21; und „La meilleure troupe folklorique du monde", in: France-URSS (1955) 11, S. 5.
130 Rotštejn, Ėndr'ju: V dni mesjačnika anglo-sovetskoj družby, in: Izvestija, 3.1.1954, S. 4.

Dieser „Bekehrungseffekt" war sicherlich übertrieben. Auch die von ihm im Folgetext genannte Zahl von 2.000 neu gewonnenen Mitgliedern allein unter den 9.000 Besuchern an dem Abend in der Empress Hall konnte nicht stimmen. Tatsächlich stiegen die Mitgliederzahlen der BSFS von 1953 bis 1954 insgesamt nur um etwa tausend an.[131] Der Erfolg dieser ersten großen Darbietungen sowjetischer Künstler außerhalb der Freundschaftsgesellschaften war dennoch nicht zu übersehen. Die BSFS selbst sprach von 53.000 Zuschauern und 6 Millionen Briten, die sie über die Medien erreichten.[132] In Frankreich füllten die Künstler gemeinsam mit einer Gruppe von Turnern dreimal in Folge das Vélodrome d'Hiver mit seinen rund 20.000 Plätzen.[133] Die Karten für die ersten sowjetischen Tanzdarbietungen seit dem Krieg waren sehr begehrt. Die Fachpresse schenkte ihnen große und überwiegend positive Aufmerksamkeit.[134] Die breitere Presse fokussierte sich 1953 vor allem auf Aleksandrov, Ojstrach und Obrazcov, die sogar Auftritte in der BBC bekamen. Abgesehen von dem fachlichen Interesse an der Entwicklung des sowjetischen Balletts und der Musik befriedigte die Delegation nach der langen „Funkstille" eine Neugier auf Begegnungen mit Menschen von jenseits des „Eisernen Vorhangs". Das künstlerische Potpourri bot für jeden etwas. Es war in seiner Kurzweil auch dem von den Freundschaftsgesellschaften vertretenen Arbeiterpublikum zuzumuten, das sonst selten klassische Konzerte oder Opernaufführungen besuchte.[135] Mit Kosakentänzen, Balalajka und Čajkovskij bedienten die Gäste die stereotypen Vorstellungen des westlichen Publikums von „russischer" Kultur und beeindruckten mit Virtuosität und Exotik.

Die meisten Besucher nahmen eine vorangehende politische Rede des VOKS-Vertreters oder Botschafters und das Hoch auf die britisch-sowjetische Freundschaft auf Bannern und Programmen in Kauf. Selbst wenn sie sich nicht mit der politischen Botschaft identifizierten, galt allein der Kontakt mit der sowjetischen Kultur als Erfolg. Dementsprechend waren die Freundschaftsgesellschaften trotz einiger organisatorischer Schwierigkeiten sehr zufrieden. Die Veranstaltungen hätten ihnen viel öffentliche Aufmerksamkeit und Anerkennung eingebracht und

---

131 Laut Annual Report wuchs die Mitgliederzahl von 9.972 im September 1953 auf 10.096 im September 1954. Vgl. Annual Report 1953–54, in: MML. Der Vertreter der VOKS Sergej A. Kondraščev meldete einen Mitgliedszuwachs von 12.456 auf 13.462. Vgl. Sergej A. Kondraščev: O rabote posol'stva v 1954 godu po linii VOKS, in: GARF, f. 5283, op. 22, d. 499, l. 48–63, hier l. 59.
132 Vgl. Resolution der BSFS, 13.12.1953, übersetzt ins Russische in: RGANI, f. 5, op. 28, d. 252, l. 84 f.
133 Vgl. France-URSS (1954) 2, S. 2.
134 Vgl. Nicholas, Fellow Travellers, S. 87 f.
135 Pat Sloan bat sogar darum, lieber ein folkloristisches Ensemble zu schicken als ein klassisches Ballett. Vgl. ibid., S. 97.

ihre Arbeit auf ein neues Niveau angehoben.[136] Sogar das IRD und das Northern Department des Foreign Office mussten zugeben, dass die „Russen mit diesem Besuch sehr zufrieden sein" konnten, obwohl einige Künstler nicht mehr als „Beta Plus" gewesen wären und die BSFS sich als „ziemlich inkompetente Veranstalter" erwiesen hätten.[137] Angesichts dieser positiven Erfahrung wünschten sich die Freundschaftsgesellschaften weitere derartige Tourneen, um ihr Image aufzubessern und die Kassen zu füllen. Sloan bat für 1954 um eine mehrwöchige Tournee des Moiseev-Balletts oder des folkloristischen Berëzka-Ensembles durch Großbritannien unter der Ägide der BSFS.[138] Die SCR wünschte sich ihrerseits eine Tournee des Moskauer staatlichen Puppentheaters mit Sergej Obrazcov.[139] Unterstützt von Botschafter Vinogradov und dem PCF versuchte France-URSS ebenfalls für Ende 1954 das Berëzka-Ensemble nach Frankreich zu holen. Sie wollten eine medien- und publikumswirksame – sowie finanziell attraktive – Großveranstaltung mit sowjetischem Tanz organisieren, auf die die französische Öffentlichkeit nach Absage des Bol'šoj-Balletts im Herbst 1954 wartete.[140]

Der unbekannte Berichterstatter der sowjetischen Delegation 1953 übertrieb mit 75.000 Besuchern den Erfolg der Reise noch einmal mehr.[141] Ihm zufolge erschienen 295 Artikel in britischen – davon 88 in „bourgeoisen" – Zeitungen. So hätten sie ein Publikum von 25 Millionen Briten erreicht, was der Hälfte der erwachsenen Bevölkerung entsprochen hätte. Zudem wurden sie in vielen Städten von Bürgermeistern empfangen, darunter Mitglieder der Labour und der Conservative Party, und zu einem Lunch mit einer Parlamentariergruppe geladen. Dies zeige das wachsende Interesse an der Sowjetunion in Großbritannien, das sich einerseits auf zunehmenden Widerstand der Briten gegen die amerikanische Bevormundung stütze. Andererseits trug nach Meinung der Berichterstatter ausgerechnet die Entwicklung der sowjetischen Wasserstoffbombe dazu bei, das Ansehen der Sowjetunion zu steigern. Denn sie zeige entgegen der gegnerischen Propaganda die hohe technische Leistungsfähigkeit der Sowjetunion und ließe

---

136 Vgl. Resolution der BSFS, 13.12.1953, übersetzt ins Russische in: RGANI, f. 5, op. 28, d. 252, l. 84 f.
137 Northern Department an British Embassy, Moscow, 14.12.1953, in: TNA, FCO 371/106582.
138 Vgl. Kondraščev an das Kulturministerium, Bespolov, 13.1.1954; sowie Denisov an Stepanov, CK KPSS, 1.2.1954, in: RGANI, f. 5, op. 28, d. 196, l. 17 und 24.
139 Vgl. SCR Annual Report 1953–1954, in: MML.
140 Vgl. Rogov, VOKS-Vertreter in Paris, an Kislova, Vorstandsmitglied VOKS, 31.8.1954, in: GARF, f. 5283, op. 22, d. 461, l. 143 f. Jakovlev, Vorstandsmitglied VOKS trug diese Anliegen weiter an das ZK: Jakovlev an ZK, 16.10.1954, in: GARF, f. 5283, op. 22, d. 461, l. 157 f.
141 Vgl. auch im Folgenden: Otčet o rabote delegacii dejatelej sovetskij kul'tury, vyezžavšej v Angliju dlja učastija v mesjačnike anglo-sovetskoj družby v nojabre 1953 g., in: RGANI, f. 5, op. 28, d. 252, l. 72–77.

damit auch an anderen „antisowjetischen Behauptungen" zweifeln. Die Erfahrung in Großbritannien beweise außerdem den Erfolg des „Friedenskampfes", die große Bedeutung der kulturellen Beziehungen für die Entwicklung der Freundschaft und die nützliche Rolle der Freundschaftsgesellschaften, die durch derartige Delegationen maßgeblich unterstützt werden könnten. Der anonyme Berichterstatter hatte ein großes Interesse daran, gegenüber dem Kulturministerium und dem ZK die Auslandsmission als politischen und kulturellen Erfolg darzustellen. Er wollte die Effektivität der Arbeit der VOKS und den Nutzen solcher Veranstaltungen beweisen und damit vermutlich auch seine eigenen Chancen auf weitere Reisen erhöhen.

Der Puppenspieler Sergej Obrazcov lieferte einen eher literarischen Bericht über seine Reisen nach Großbritannien 1953 und 1954.[142] In diesem betrachtete er zwar pflichtbewusst kritisch die Auswüchse des Kapitalismus. Er unterstrich jedoch die Ähnlichkeiten im Alltag zwischen Briten und Sowjetbürgern, die die gleichen Freuden und Leiden teilten. Der in mehreren Auflagen als Buch, Film und Hörspiel erschienene Bericht brachte seinen Mitbürgern durch die Beschreibung der Sehenswürdigkeiten und die zahlreichen Bezüge zur britischen Literatur Großbritannien nahe. Dagegen beschrieb er kaum die Umstände seiner Reise und seine Auftritte. Allerdings sprach er davon, dass er unter den britischen Puppenspielern und bei den Freundschaftsgesellschaften Freunde gefunden habe, von denen ihm der Abschied schwergefallen sei.[143]

Darüber hinaus lassen sich die persönlichen Erfahrungen der sowjetischen Delegationsteilnehmer kaum rekonstruieren. Weder in dem Bericht an die Partei noch in Obrazcovs Schilderung wurden die Erfahrungen mit der westlichen Welt thematisiert. Das dichte Programm mit 25 Städten in vier Wochen allein in Großbritannien und anschließender zweiwöchiger Tournee in Frankreich stellte eine enorme physische Anstrengung dar. Die Delegationsteilnehmer beschwerten sich 1953 und 1954 bei der BSFS, dass das vollgepackte Programm zu wenige Möglichkeiten für touristische Besichtigungen ließ.[144] Tatsächlich bestimmten vor allem die vorhandenen lokalen Komitees der BSFS, die Vorträge und Konzerte organisierten, die Reiseroute. Man kann sich vorstellen, welche

---

142 Obrazcov, Sergej: O tom, čto ja uvidel, uznal i ponjal vo vremija dvuch poezdov v London, Moskau 1957, in englischer Übersetzung: Obraztsov, Sergei: On What I Saw, Learned and Understood During two Visits to London, London 1957. Vgl. für eine detaillierte Analyse des Reiseberichts Gilburd, Books and Borders, S. 227–247.
143 Obraztsov, On What I Saw, S. 130 f.
144 Vgl. Resolution der BSFS, 13.12.1953, übersetzt ins Russische in: RGANI, f. 5, op. 28, d. 252, l. 84 f.; und Otčet delegacii dejatelej sovetskoj kul'tury, vyezžavšej v Angliju v nojabre-dekabre 1954g, in: RGANI, f. 5, op. 28, d. 352, l. 16–24, hier l. 16.

Flut von Eindrücken auf die Teilnehmer hereinbrach, die vorher noch nie im westlichen Ausland gewesen waren. Bisweilen kann man ein leichtes – und vorsichtig geäußertes – Erstaunen herauslesen, dass die westliche Bevölkerung nicht so „antisowjetisch" sei und die westliche Kultur nicht so „degeneriert" wie in der Sowjetunion gerne dargestellt. So bemerkte Jakovlev 1954, dass sich in Großbritannien ein großer Anteil der „Intelligencija" nicht nur für die „Comic-Kultur" interessiere und es in den Museen auch „gesunde" klassische Kunst zu sehen gäbe.[145]

Angesichts der Erfolgsmeldungen ließen sich die sowjetischen Behörden und nicht zuletzt das ZK von der Fortsetzung derartiger kultureller Spektakel überzeugen. Die Großveranstaltungen, die sich die Freundschaftsgesellschaften auf die Fahnen schrieben, machten in jedem Fall im Westen großen Eindruck. Sie trugen zu einem neuen positiveren Sowjetunionbild bei. Gegenüber der westlichen Öffentlichkeit gaukelten die Freundschaftsmonate eine nominelle und finanzielle Stärke sowie einen politischen und gesellschaftlichen Einfluss der Freundschaftsgesellschaften vor, was vor allem in Großbritannien in keiner Weise gegeben war. Sie profitierten davon, zum richtigen Zeitpunkt die richtigen Kontakte bieten zu können. Die Freundschaftsgesellschaften wirkten als Katalysatoren an der „Membran", indem sie derartige Veranstaltungen ermöglichten. Nach dieser Zeit des Aufschwungs der kulturellen Beziehungen war der Einbruch 1956 noch stärker spürbar.

2.4 Das Jahr 1956: Brüche und Neuanfänge

1956 war in vielerlei Hinsicht ein „europäisches Datum", ein transnationales Schlüsseljahr des Kalten Krieges – ein Jahr, in dem viele Hoffnungen geweckt und enttäuscht wurden.[146] Die Enthüllungen über die stalinistischen Verbrechen auf dem 20. Parteitag der KPdSU und die sowjetische Intervention in Ungarn im Herbst erschütterten in besonderem Maße die kommunistische Welt im Westen. Infolge der von der Sowjetunion eingeforderten politischen und sozialen Öffnung der Freundschaftsgesellschaften nach 1953 stellten diese Erschütterungen deren Loyalität gegenüber der Sowjetunion einerseits und gegenüber den kommunistischen Parteien andererseits auf den Prüfstand. Wie sollten sie

---

145 Vgl. Otčet delegacii dejatelej sovetskoj kul'tury, vyezžavšej v Angliju v nojabre-dekabre 1954g., in: RGANI, f. 5, op. 28, d. 352, l. 16–24, hier l. 23.
146 Vgl. Mink/Lazar/Sielski, 1956, une date européenne.

reagieren, ohne ihre Glaubwürdigkeit als primär an kulturellem Austausch interessierte Organisationen zu verlieren?

Hoffnungen und Enttäuschungen des Jahres 1956

Die Enthüllungen des 20. Parteitags der KPdSU im Februar 1956 weckten in der Sowjetunion und im Ausland Hoffnungen auf eine endgültige Abkehr von der stalinistischen Vergangenheit. Bei nicht wenigen Mitgliedern der kommunistischen Parteien und der Freundschaftsgesellschaften, die noch im Spätstalinismus bedingungslos die Sowjetunion verteidigt hatten, erschütterten sie allerdings nachhaltig den Glauben an die Unfehlbarkeit des Kommunismus und der Sowjetunion. Sowohl die Führung des PCF als auch der CPGB versuchten möglichst lange die Inhalte der „Geheimrede" zu verschweigen. Selbst nach deren Veröffentlichung setzte der französische Generalsekretär Maurice Thorez alles daran, dem „Chruščev zugeschriebenen Bericht" – wie er formulierte – die Explosivität zu nehmen und jegliche Infragestellung der eigenen Parteiführung zu vermeiden. Trotz heftiger interner Diskussionen bekräftigte der Parteitag im Juli 1956 diesen Kurs.[147] In der CPGB wuchs ebenfalls der innerparteiliche Druck durch Leserbriefe und Resolutionen, die Erklärungen des Parteitags nicht zu verschweigen, die Gründe für die Fehlentwicklungen in der Sowjetunion nicht allein bei Stalin zu suchen und Konsequenzen für die CPGB zu ziehen.[148] Harry Pollitt wollte den innerparteilichen Kampf nicht mehr ausfechten und erklärte im Mai 1956 – offiziell aus gesundheitlichen Gründen – seinen Rücktritt. Unter seinem Nachfolger John Gollan wurde die Chance für Reformen nicht genutzt, so dass sich der Unmut in teilweise neu gegründeten Zeitschriften wie *The Reasoner* äußerte und sich eine Spaltung ankündigte.

France-URSS folgte in ihrer offiziellen Rezeption der politischen Linie des PCF. Die Zeitschrift präsentierte als Ergebnisse des 20. Parteitags der KPdSU vor allem den neuen Fünfjahresplan und die angekündigte Politik der friedlichen Koexistenz gegenüber den kapitalistischen Ländern.[149] Die vorliegenden Quellen

---

147 Siehe ausführlich zu den internen Diskussionen und der Politik Thorez' in: Robrieux, Histoire intérieure, Bd. 2: 1945–1972, S. 427–472.
148 Vgl. zur Reaktion der CPGB auf den 20. Parteitag der KPdSU und der Intervention in Ungarn auch im Folgenden Callaghan, Cold War, Crisis and Conflict, S. 62–78; sowie Laybourn, Marxism in Britain, S. 47–56.
149 Vgl. Où va l'U.R.S.S.? XXème Congrès du Parti Communiste de l'U.R.S.S., in: France-URSS (1956) 3, S. 16–18; Le XXe Congrès du P.C.U.S. et les relations franco-soviétiques, in: France-URSS (1956) 4, S. 4.

bezeugen keine größere interne Diskussion über die stalinistische Vergangenheit. Erst in der Maiausgabe von *France-URSS* fand sich eine vorsichtige Infragestellung Stalins, dem jedoch die Geschichte den richtigen Platz zuweisen werde. Wenn er auch Fehler begangen haben mochte, „wird immer bleiben, dass Stalin im Sturm niemals seine Beherrschung verloren hat, dass er den Staat mit fester Hand geführt hat, und dass er niemals am Schicksal seines Vaterlandes verzweifelt ist".[150] Stalins Verdienste im Zweiten Weltkrieg wogen demzufolge all seine Irrtümer auf. Diese Abwesenheit jeglicher Diskussionen in France-URSS bedeutete jedoch nicht, dass der 20. Parteitag für die einzelnen Mitglieder keine Folgen hatte. Pierrard beispielsweise meinte, dass sich damals für ihn die Erde um „mindestens 180 Grad" gedreht hätte. Während man vorher alles aus der Sowjetunion wie „das Wort Gottes" geglaubt hätte, waren nun plötzlich Zweifel möglich. Dies sei eine „kulturelle Revolution" gewesen.[151]

Demgegenüber trug die BSFS die internen Diskussionen stärker nach außen – möglicherweise aufgrund ihrer größeren institutionellen Unabhängigkeit von der kommunistischen Partei. Platts-Mills sprach das Thema bereits im April an. Wenn sich der Sturm gelegt habe, werde seiner Meinung nach ein ausgewogenes Bild von positiven und negativen Seiten von der sowjetischen Politik und Stalins Person zu Tage treten.[152] Patrick Sloan berichtete im Mai 1956 über die neue Stimmung in Moskau, in der jetzt Kritik an Stalin geübt werden dürfe, mit allem Schlechten der Vergangenheit gebrochen werde und besonders die Freiheitsrechte Beachtung fänden.[153] Nachdem die Geheimrede im *Observer* erschienen war, folgte im August 1956 schließlich ein selbstkritischer Artikel zu den Enthüllungen über Stalin vom ehemaligen Chairman Stanley Evans, der auch seine eigene Rolle und die der BSFS in Frage stellte:

> The denial, not only of democracy, or even of law, but also of elementary human values, involved in all this sordid process has been a deep shock to people throughout the world who for many years have been the defenders of the Soviet Union against its critics. It follows automatically that in many things they (and this, of course includes the present writer) have been wrong and the critics have been right, and this is something which they themselves must face and admit quite frankly. [...] An honestly critical friendship is always the best friendship, and the friends of the U.S.S.R. will welcome the big strides

---

150 Champenois, Jean: Moscou, avril 1956, in: France-URSS (1956) 5, S. 8 f.
151 Mosco, Mémoires d'Ex, Pierrard, S. 97. Auch Martin beschreibt einen „Schock" innerhalb der Association: Martin, France-URSS, S. 77.
152 Platts-Mills, John: This Historic Visit, in: British-Soviet Friendship (1956) 4, S. 3.
153 Sloan, Pat: New Mood in Moscow, in: British-Soviet Friendship (1956) 5, S. 4.

towards democracy now being made but will not be content until they have gone far enough really to secure essential human liberties.[154]

In seiner Sitzung vom Juni 1956 begrüßte das Executive Committee in einer Resolution ausdrücklich die Veränderungen in der Sowjetunion und den Kampf gegen den Persönlichkeitskult. Sie stellten sogar fest, dass die Sowjetunion im Bereich der Garantie individueller Rechte von Großbritannien lernen könne, und forderten die Abschaffung der sowjetischen Zensur für ausländische Korrespondenten.[155]

In beiden Freundschaftsgesellschaften blieb der 20. Parteitag nach außen hin zunächst folgenlos und hätte alleine sicherlich nicht das Erdbeben ausgelöst, das sie Ende 1956 erschütterte. Als Organisationen, die vor allem die friedliebende Sowjetunion, die bilaterale Zusammenarbeit und den Austausch propagierten, konnten sie innersowjetische Vorgänge leichter ausblenden als die kommunistischen Parteien. Anders war dies jedoch im Herbst 1956, als die Sowjetunion selbst militärisch den Frieden zerstörte.

Auf der internationalen Ebene begann das Jahr 1956 zunächst vielversprechend mit bilateralen Gesprächen und symbolischen Staatsvisiten. Adenauers Besuch in Moskau im September 1955 leitete diplomatische Beziehungen zwischen der BRD und der Sowjetunion ein. Im April 1956 kamen Nikita Chruščev und der Vorsitzende des Ministerrats Nikolaj A. Bulganin zu ihrem ersten Staatsbesuch im Westen nach Großbritannien. Chruščevs Selbstinszenierung im Ausland als „Gegen-Stalin" und menschlicher „Kommunist Nr. 1", die er bei seinen Besuchen in den USA 1959 und in Frankreich 1960 noch perfektionierte, vermittelte das Bild einer offenen Sowjetunion, mit der verhandelt werden könne.[156] Bereits im Vorfeld sprachen sich 62 % aller Briten für den Besuch der sowjetischen Staatsmänner aus, und die britische Presse beurteilte den Besuch überwiegend positiv.[157] Im Mai 1956 reisten schließlich der

---

154 Evans, Stanley: The Stalin Disclosures, in: British-Soviet Friendship (1956) 8, S. 3 und 14.
155 Vgl. Three Resolutions adopted by the National Council of the BSFS, 24.6.1956, in: Hull, U DYO/1/49. Letzteres veranlasste die Botschaftsmitarbeiter Platts-Mills und Rothstein darauf hinzuweisen, dass diese Forderung unangebracht sei. Sie sollten sich lieber um die Pflege der Beziehungen zu englischen Organisationen und die Entwicklung neuer Arbeitsmethoden kümmern. Roščin und Bogatyrev an Jakovlev, 25.8.1956, in: GARF, f. 5283, op. 22, d. 538, l. 88 f.
156 Siehe hierzu Zubkova, Elena/Zubkov, Sergej: Das große PR-Projekt „Nikita Chruščev für den Westen". Konstruktionsmechanismen und Repräsentationsstrategien eines neuen Sowjetunionbildes, in: Pietrow-Ennker, Bianka (Hg.): Russlands imperiale Macht. Integrationsstrategien und ihre Reichweite in transnationaler Perspektive, Wien 2012, S. 209–225.
157 Vgl. Gallup, Great Britain, Bd. 1, S. 375 f.

französische Ministerpräsident Guy Mollet und sein Außenminister Christian Pineau nach Moskau.[158]

Mit den Staatsbesuchen und dem nun blühenden kulturellen Austausch schienen die Freundschaftsgesellschaften ein lange gefordertes Etappenziel erreicht zu haben. Sie sahen sich als Pioniere, die für diese Entwicklungen den Weg bereitet hatten. Allerdings ging es für sie nun darum, nicht von den Entwicklungen auf Regierungsebene überrollt zu werden, ihren Beitrag an den Verbesserungen der Beziehungen zu betonen und dementsprechend ihren Anteil am Glanz der Staatsbesuche einzufordern.[159] Sowohl die BSFS als auch France-URSS begleiteten die Staatsbesuche intensiv publizistisch, nutzten die erhöhte Aufmerksamkeit für die Sowjetunion und umrahmten sie mit politischen Diskussionsveranstaltungen.[160] Erstmals seit 1945 fühlten sich die Freundschaftsgesellschaften im Einklang mit der Außenpolitik ihrer Regierungen und hofften, von der verbesserten internationalen Lage zu profitieren.[161]

Mit der sowjetischen Intervention in Ungarn und der Suez-Krise wurden die Hoffnungen auf eine neue Ära der Ost-West-Entspannung vorerst enttäuscht. Die Sowjetunion machte unmissverständlich deutlich, dass auch zukünftig keine Abweichungen von der Moskauer Lehrmeinung geduldet würden und sie selbst gegenüber Bruderstaaten nicht vor militärischen Mitteln zurückschreckte. Für viele Mitglieder der kommunistischen Parteien und der Freundschaftsgesellschaften wuchs die Enttäuschung über eine Sowjetunion, die sich offensichtlich seit Stalin doch nicht so sehr verändert hatte wie erhofft.

Die Führungen aller westlichen kommunistischen Parteien begrüßten ausdrücklich die Intervention als Maßnahme zur Eindämmung der „reaktionären Kräfte". Doch diesem Kurs wollten zahlreiche Mitglieder und vor allem kommunistische Intellektuelle nicht folgen. In Großbritannien trieb die Positionierung

---

[158] Zur Vorbereitung und politischen Dimension der Reise siehe Narinski, Mikhaïl: La visite de la délégation française en URSS en 1956, in: Soutou, L'URSS et l'Europe, Paris 2008, S. 451–464.

[159] So Platts-Mills anlässlich Chruščevs und Bulganins Staatsbesuch in Großbritannien: „The British Soviet Friendship Society is proud of the part which we have played in pioneering, stimulating and sponsoring these exchanges. We welcome others who now come into this important field of work. We claim no monopoly and seek to set no limits to what others may do." Platts-Mills, John: This Historic Visit, in: British-Soviet Friendship (1956) 4, S. 3.

[160] Vgl. Poletti, Matteo: Le voyage de Moscou, in: France-URSS (1956) 6, S. 10–23.

[161] Das Comité national von France-URSS im Juli 1956 hoffte auf einen „neuen Geist", der nach dem Besuch das Misstrauen gegenüber der Organisation abbauen werde. Vgl. die Zusammenfassung der Diskussion des Comité national vom 7./8. Juli 1956, in: Notre Action, Juillet 1956, in: BArch SAPMO, DY 32/613; sowie Chemins nouveaux de France-U.R.S.S., in: France-URSS (1956) 8, S. 6 f.

der Parteiführung die nach dem 20. Parteitag aufgetretene Spaltung der CPGB weiter voran.[162] Der PCF ging seinerseits massiv gegen interne Abweichler vor, die sich gegen die Intervention aussprachen oder einen außerordentlichen Parteitag forderten. Darunter waren namhafte Mitglieder wie der Historiker Henri Wallon und die Schriftsteller und Journalisten Claude Roy und Claude Morgan.[163]

Für die Kommunikation der Freundschaftsgesellschaften nach außen bedeutete das Jahr 1956 eine schwere Prüfung. Wie sollte man der neuen „objektiven" Darstellung der Sowjetunion und dem proklamierten politischen Pluralismus gerecht werden, ohne die Sowjetunion anzuklagen, sich mit der Kommunistischen Partei zu überwerfen oder alle Nichtkommunisten zu verjagen? Die Ereignisse in Ungarn lösten interessanterweise bei allen untersuchten Freundschaftsgesellschaften eine ähnliche Reaktion aus: sich nach außen dezidiert neutral geben und nach innen in begrenztem Rahmen Diskussionen zulassen.

Die Mitglieder des Executive Committee der BSFS sahen sich auf der Dringlichkeitssitzung am 6. November 1956 angesichts der schwierigen Informationslage nicht im Stande, eine konkrete Stellungnahme abzugeben. Einige glaubten die UdSSR eindeutig im Unrecht. Manche meinten, man sollte zunächst abwarten. Andere waren der Ansicht, man könne nicht schweigen. So forderte Evans eine ausführliche Behandlung des Themas in einem Newsletter an die Mitglieder. Einig war man sich nur darüber, den eigentlich zwei Tage später beginnenden Freundschaftsmonat angesichts der Ereignisse zu verschieben, mehr Informationen von den sowjetischen Behörden zu fordern und die Freundschaftsarbeit grundsätzlich fortzusetzen:

> The Executive Committee of the British Soviet Friendship Society notes with profound regret and shock the sudden critical worsening of the international situation and particularly of relations between the Great Powers. [...] At the same time, the Executive Committee reaffirms the belief of the British Soviet Friendship Society that, despite the current crisis, the development of friendly political, cultural and trading relations between the peoples of Great Britain and the U.S.S.R. still is, and will remain, in the basic interests of both countries.[164]

---

162 Siehe hierzu Callaghan, Cold War, Crisis and Conflict, S. 70 f.
163 Vgl. Martelli, Roger: 1956 communiste. Le glas d'une espérance, Paris 2006, S. 80–87 und 188–192; Lazar, Maisons rouges, S. 96; Robrieux, Histoire intérieure, Bd. 2, S. 479 f.
164 Minutes of the Emergency Meeting of the Executive Committee, 6.11.1956, in: Hull, U DYO/1/49.

Vergleichbar vermied auch France-URSS eine eindeutige öffentliche Stellungnahme zu den Ereignissen in Ungarn. Die Erklärungen des Bureau National am 9. November 1956 und des Comité national am 16. Dezember argumentierten ähnlich wie die britische Deklaration. Sie relativierten die Ereignisse in Ungarn erstens durch den Vergleich mit der Suezkrise, in der Frankreich und Großbritannien ebenfalls militärische Initiativen ergriffen hätten, die den Interessen der Sowjetunion entgegenstünden. Zweitens betonten sie, dass es innerhalb von France-URSS verschiedene Meinungen zu den Ereignissen gebe, welche die Mitglieder außerhalb der Gesellschaft bei Veranstaltungen und in der Presse äußern könnten. Dadurch trugen sie indirekt der internen Kritik und dem proklamierten politischen Pluralismus Rechnung. Drittens sei es im Interesse des Friedens, der nationalen Sicherheit Frankreichs gegenüber Deutschland und der Fortschritte in den kulturellen und wirtschaftlichen Beziehungen unabdingbar, weiter für die französisch-sowjetische Freundschaft einzutreten. Viertens verurteilten sie diejenigen, die die Situation für eine Kampagne gegen die Sowjetunion nutzten, die nur dem Kalten Krieg diene.[165] Diese Statements mögen aus heutiger Sicht sehr zögerlich und wenig gewagt erscheinen. Dennoch war es für die Freundschaftsgesellschaften neu, dass sie die Sowjetunion im Gegensatz zu den kommunistischen Parteien nicht bedingungslos unterstützten und zumindest einen Teil der internen Auseinandersetzungen öffentlich machten.

Anlässlich des Besuchs von Chruščev und Bulganin in London hatte die BSFS bereits beschlossen, *Russia Today* zugunsten eines neuen illustrierten Zeitschriftenformats unter dem Titel *British-Soviet Friendship* einzustellen. Die neue Zeitung sollte vom „einseitigen Zugang zu britisch-sowjetischen Beziehungen" abkommen und „alle Standpunkte diskutieren".[166] An diesem Plan hielt sie auch nach den Ereignissen in Ungarn fest. Noch am 8. November 1956 verschickte der Redakteur John Goss an zahlreiche Persönlichkeiten Briefe mit der Bitte um eine Stellungnahme zu folgender Frage: „What steps do you consider should be taken by Britain and the U.S.S.R. in order to end the present international crisis and restore good British-Soviet relations?"[167] Die Antworten vieler Persönlichkeiten – Labour-Abgeordneten, Wissenschaftlern und Schriftstellern – wurden daraufhin in *British-Soviet Friendship* abgedruckt.[168] Einige

---

[165] Vgl. Appel au bon sens; sowie Au Peuple français, in: France-URSS (1956) 12, S. 7 und 15.
[166] Redakteur John Goss an Bertrand Russell mit der Bitte um ein Statement für die erste Ausgabe, abgedruckt in: Russell, Bertrand/Bone, Andrew G.: The Collected Papers of Bertrand Russell. Bd. 29: Détente or Destruction, 1955–57, London 2005, S. 40.
[167] Vgl. ibid.
[168] Die folgenden Stellungnahmen sind zitiert aus: Britain and Russia – What Now?, in: British-Soviet Friendship, (1956) 12, S. 2 f. und 6. Siehe weitere Stellungnahmen in: Britain and

der Statements zogen Parallelen zwischen der französisch-britischen Intervention in Ägypten und der sowjetischen in Ungarn und schwächten damit ihre Kritik ab. Nur der amtierende Präsident der BSFS Hewlett Johnson stützte die sowjetische These, dass Ungarn die Sowjetunion gegen die Faschisten zu Hilfe gerufen habe.[169] Andere Sympathisanten des Kommunismus fanden durchaus kritischere Worte. Lord Chorley, Vize-Präsident der SCR, meinte:

> Improvement in respect of Hungary can only be obtained by effective action on the part of the U.S.S.R. to explain much more satisfactorily than has yet been done why she deemed it necessary to overthrow M. Nagy's Government by ruthless and overwhelming military might in violation of a well known Marxist principle laid down by Lenin himself.

Der Filmkritiker Cedric Belfrage, ehemaliges Mitglied der kommunistischen Partei in den USA, sprach von einem „Blutbad" in Ungarn und forderte eine freie Presse in der Sowjetunion. Der Chairman der BSFS Platts-Mills selbst zeigte sich dagegen überzeugt davon, dass der Aufstand in Ungarn von außen gesteuert gewesen sei. Er forderte zwar Freiheitsrechte im Sozialismus, zweifelte aber zugleich an deren Gewährung in westlichen Ländern.[170] Erstmals bot die BSFS also ein Forum, in dem Kritik an der Sowjetunion kein Tabu mehr war.

Da France-URSS sich in den vorangehenden Jahren tatsächlich politisch geöffnet hatte, konnten dort nicht alle Mitglieder des Präsidiums mit der oben erwähnten Kompromissformel zufriedengestellt werden. Außer François Mauriac und Édouard Herriot erklärte auch Sartre aus Protest gegen die Intervention öffentlich seinen Austritt.[171] Für diese Austritte brachten die in der Association Verbliebenen wenig Verständnis auf, da die Association ja das Handeln der sowjetischen Regierung weder begrüßt noch verurteilt hätte, ebenso wenig wie sie das französische Handeln in der Suez-Krise bewerteten.[172] Da *Libération* den Appell des Bureau national ebenfalls publizierte, wurde die Haltung von France-URSS einem breiteren Publikum bekannt.[173] Die Öffentlichkeit nahm jedoch die Nuancen zwischen der eindeutigen Befürwortung des PCF und der demonstrativen Neutralität von France-URSS kaum wahr. Ebenso wie der PCF und

---

Russia: What Now? Forum continued, in: British-Soviet Friendship (1957) 1, S. 2 f., 11 und 15; Britain and Russia: What now? Forum continued, in: British-Soviet Friendship (1957) 2, S. 2 und 15.
169 Hewlett Johnsons Glaube an die Sowjetunion und auch an Stalin ließ sich von den Ereignissen 1956 nicht erschüttern. Vgl. Butler, The Red Dean, S. 206–208.
170 [Entwurf für einen Aritkel], [Ende 1956], in: Hull, U DPM/5/2.
171 Vgl. Treppo, La Chance de ma vie, S. 84.
172 „Les intérêts des deux pays ...", in: France-URSS (1956) 12, S. 3.
173 Vgl. Tišin, Mitarbeiter der Pariser Botschaft, an Jakovlev, Vorstandsmitglied VOKS, 15.11.1956, in: GARF, f. 5283, op. 22, d. 543, l. 77–80.

L'Humanité wurde France-URSS massiv rhetorisch und auch tätlich für ihre Position angegriffen. Am 6. November zogen etwa 1.000 Menschen unter anderem zu den Räumlichkeiten der Freundschaftsgesellschaft und warfen Fenster ein, während Mitarbeiter die Demonstranten ihrerseits mit Flaschen bewarfen.[174] Diese Attacken, bei denen die Staatsmacht offensichtlich eher auf Seiten der Demonstranten war, führten bei vielen zu einer Solidarisierung mit ihrer Partei und ihrer Organisation gegen die „Faschisten".[175]

Im Dezember fanden innerhalb des Comité national zwar intensive Diskussionen statt, doch stand für alle die Einheit der Association im Mittelpunkt. Der Vize-Präsident und bekannte Kinderarzt Benjamin Weill-Hallé meinte, dass er ebenfalls zum Rücktritt gedrängt worden sei, aber er wolle unabhängig und nicht überstürzt entscheiden. Der Gaullist René Cerf-Ferrière blieb ebenfalls, obwohl er erst im Oktober die immer noch eindeutige Überzahl der Kommunisten im Comité national angeprangert hatte. Er mahnte jedoch an, dass es für die Verbliebenen wichtig sei, dass jetzt offen nach außen kommuniziert werde. Colette Jeanson, Frau des Philosophen Francis Jeanson, fragte sich, wie man den Menschen mit Zweifeln begegnen sollte: „Es reicht nicht zu sagen: Man darf keine Stellung beziehen. Ich werde sie nicht überzeugen, indem ich über die Rolle der UdSSR während des Krieges oder über die Qualitäten des sowjetischen Volkes spreche."[176] Anders als die BSFS veröffentlichte *France-URSS* nur die tendenziell positiven Statements der Diskussion. Präsident Petit rief als Rechtfertigung noch einmal die sowjetischen Verdienste im Zweiten Weltkrieg und die neue Bedrohung durch eine deutsche Armee mit ehemaligen SS-Offizieren in Erinnerung.[177] Im Rückblick gab Petit allerdings an, dass auch er durchaus mit sich gehadert hätte:

> Offen gesagt wollte auch ich damals alles hinwerfen und mich von der Assoziation verabschieden. Aber ich konnte nicht. Die Erinnerung an den Krieg hielt mich davon ab. General de Gaulle machte mich damals zum Chef der französischen Militärmission in Moskau und ich durchlebte mit den Russen die Schmerzen der Niederlage und die Freude des

---

[174] Die Gewalt eskalierte weiter: Am 7. November kam es zu bürgerkriegsähnlichen Zuständen bei Straßenschlachten zwischen Demonstranten und Sympathisanten des PCF mit zwei Toten und über 100 Verletzten. Vgl. Horel, Catherine: Frankreich und die Ungarnkrise 1956, in: Schmidl, Erwin A./Engelke, E. (Hg.): Ungarnkrise 1956 und Österreich, Wien 2003, S. 175–186, hier S. 176–178; Bernard, Jean-Pierre A.: Novembre 1956 à Paris, in: Vingtième siècle n° 30 (1991) 1, S. 66–81.
[175] Dies führt Robrieux zum PCF aus: Vgl. Robrieux, Histoire intérieure, Bd. 2, S. 475 f.
[176] Notes manuscrits du Comité national, 15.–16.12.1956, in: AD SDD, 345 J 45.
[177] Vgl. La session de notre Comité national, in: France-URSS (1957) 1, S. 32 f.

Sieges. Und jetzt in friedlichen Zeiten bleiben wir nicht standhaft und geben unsere Freundschaft auf, weil wir diese Prüfungen nicht aushalten?[178]

Obwohl einige Führungsfiguren in der BSFS und France-URSS persönlich Zweifel hatten, wollten sie die Idee der notwendigen Zusammenarbeit mit der Sowjetunion nicht aufgeben, nachdem sich in den Jahren zuvor scheinbar alles zum Besseren gewandelt hatte. Nach der Durststrecke des Spätstalinismus waren die Aktivitäten endlich ins Rollen gekommen, und es hatte sich die außenpolitische Stimmung zu Gunsten der Freundschaftsgesellschaften gewandelt. Jetzt wollten sie nicht das Handtuch werfen. Ähnlich wie zur Hochzeit des Kalten Krieges in der SCR wichen persönliche Überzeugung und öffentliche Stellungnahme häufig voneinander ab, um nicht den „falschen Freunden" zuzustimmen.

Die Associazione Italia-URSS vermied es ebenfalls, öffentlich eindeutig Stellung zu beziehen, um der inzwischen erreichten politischen Heterogenität der Mitglieder Rechnung zu tragen und eine Spaltung zu vermeiden.[179] Laut deren Generalsekretär Orazio Barbieri war die sowjetische Botschaft alles andere als erfreut über diese Haltung. Doch der Generalsekretär des PCI Palmiro Togliatti hätte sie gestützt.[180] Die Reaktionen der sowjetischen Verantwortlichen auf diese öffentlich zurückhaltenden Stellungnahmen von Seiten der Freundschaftsgesellschaften sind nicht eindeutig. Aus den Botschaften in Paris und London findet sich kein Protest in den Quellen. Dass alle untersuchten Freundschaftsgesellschaften vergleichbar zurückhaltend reagierten, obwohl die kommunistischen Parteien die Intervention eindeutig stützten, legt sogar nahe, dass die Gesellschaften eine entsprechende Anweisung aus Moskau erhalten hatten, sich neutral zu verhalten und den Unmut durch interne Diskussionen abzufedern. Eine erzwungene eindeutige Unterstützung der sowjetischen Intervention hätte die Bemühungen der vorherigen Jahre zunichte gemacht, die Freundschaftsgesellschaften als offiziell von den Parteien unabhängiges offenes Forum für alle Menschen mit grundsätzlichem Interesse an der Sowjetunion zu präsentieren.

Die VOKS selbst strebte eher danach zu vermitteln und für Verständnis zu werben. Ein Beispiel dafür sind die Bemühungen Il'ja Ėrenburgs, die Wogen im Diskurs der französischen linken Intellektuellen zu glätten. Ėrenburg fürchtete

---

178 So zitiert von Sedych, Vol'f: Na krugi svoja. Pereosmyslivaja XX vek i svoju žizn', Moskau 2008, S. 202.
179 Vgl. Gravina, Per una storia. Parte seconda, S. 73–75.
180 Vgl. Barbieri, Orazio: La fede e la ragione. Ricordi e riflessioni di un comunista, Mailand 1982, S. 196 f.

selbst, alle mühsam erarbeiteten Errungenschaften des „Tauwetters", vor allem die vereinfachten Westkontakte und den kulturellen Austausch, wieder zu verlieren. Deshalb hatte er persönlich Interesse an Kompromisslösungen im Weltfriedensrat, um einen Bruch zwischen sowjetischer Regierung und westlichen Intellektuellen zu vermeiden.[181] Am 1. Dezember 1956 schrieb Èrenburg einen offenen Brief an France-URSS, in dem er die Austritte und heftigen Reaktionen bedauerte. Trotz Meinungsverschiedenheiten sei die Freundschaft zwischen den beiden Ländern und Völkern, die gemeinsam gegen Deutschland gekämpft hatten, weiterhin von lebensnotwendigem Interesse. Deshalb sollten sie ihr Wirken für die französisch-sowjetische Annäherung fortsetzen: „Es ist schwierig aufzubauen und leicht zu zerstören."[182] Gleichzeitig bemühte er sich, in einem öffentlichen Briefwechsel zwischen französischen und sowjetischen Schriftstellern zu vermitteln.

Exemplarisch für Èrenburgs Vermittlungsversuche war sein Bemühen um den Schriftsteller Vercors. Nach einer aktiven Zeit in der Résistance hatte dieser sich dem PCF angenähert ohne einzutreten, und wurde Mitglied des Comité national von France-URSS.[183] Für Herbst 1956 hatte Èrenburg gemeinsam mit Vercors und France-URSS eine Ausstellung mit französischen Reproduktionen in Moskau organisieren wollen.[184] Doch nach der sowjetischen Intervention in Ungarn hatte Vercors einen Protestbrief verfasst, den zahlreiche linke französische Intellektuelle unterzeichneten. In diesem hieß es unter anderem: „Wir dachten und werden immer denken, dass der Sozialismus ebenso wie die Freiheit nicht mit Bajonetten verbreitet werden kann."[185] Nachdem der Mitunterzeichner Sartre sich demonstrativ vom Kommunismus losgesagt hatte, sah sich Vercors genötigt, seinen persönlichen Standpunkt im *Observateur* ausführlicher zu

---

181 Vgl. Rubenstein, Joshua: Ilya Ehrenburg. Between East and West, in: Journal of Cold War Studies 4 (2002) 1, S. 44–65, hier S. 61 f.
182 Ilja Ehrenbourg et les membres du bureau de la Section des Amis de la science et de la culture françaises an Général Ernest Petit, Raymond Treppo, Bureau du Comité national de l'Association France-URSS, 1.12.1956, in: GARF, f. 5283, op. 16, d. 530, l. 158.
183 Vgl. Informacija o rabote VOKS s francuzskam pisatelem Verkorom, 17.12.1953, in: RGANI, f. 5, op. 28, d. 102, l. 183–185. Zu seiner Biographie Riffaud, Alain: Vercors. L'homme du silence, Rom 2014.
184 Siehe den Briefwechsel zwischen Èrenburg und Vercors in: Èrenburg, Il'ja G./Frezinskij, Boris Ja. (Hg.): Počta Il'ii Èrenburga. Ja slyšu vsë ... 1916–1967, Moskau 2006, S. 326; sowie Èrenburg, Il'ja G.: Pis'ma 1908–1967. Bd. 2: Na cokole istorij ... Pis'ma 1931–1967, Moskau 2004, S. 410 f.
185 Vercors: P[our]. P[rendre]. C[ongé]. ou le concours des blois, Paris 1957, S. 119–121. Die Argumente dieses Briefes wies eine Gruppe von sowjetischen Intellektuellen in der *Literaturnaja Gazeta* zurück.

erläutern. Er übte Kritik, weil „nichts mehr schmerzt als zu sehen, dass diejenigen, die man schätzt, ebenso handeln wie diejenigen, die man bekämpft". Vercors stellte seinerseits den Verfassern die Frage, ob sie denn nie zweifelten und sich immer absolut sicher seien, „die ganze Wahrheit" zu kennen. Abschließend rief er zu einem echten Dialog auf, zu einem Treffen, auf dem gemeinsam die Wahrheit gesucht werden könne.[186] Vercors' Aufruf nutzte Ėrenburg wiederum in seinem Leserbrief in der Literaturnaja gazeta für einen Appell, trotz aller Schwierigkeiten die menschlichen und kulturellen Verbindungen zu halten, um nicht denen in die Hände zu spielen, die wieder ein Klima des Kalten Krieges fördern wollten.[187] Schließlich stimmte Vercors nach der Sitzung des Conseil National der Partisans de la Paix der Reise in die Sowjetunion und der Eröffnung der Ausstellung zu. Er wolle auf Basis freundschaftlicher persönlicher Beziehungen weiter im Dialog bleiben, um diejenigen zu unterstützen, die gegen die Isolierung der Sowjetunion gegenüber dem Westen kämpften.[188] Diesen symbolischen Erfolg rechneten die Verantwortlichen der SSOD Ėrenburg im Nachhinein sehr hoch an.[189]

Niedergang und Neubesinnung nach 1956

Vercors' Umdenken kam auch der Leitung von France-URSS sehr entgegen, die sich bemühte, ihren Mitgliedern Zuversicht zu vermitteln. In der Januarausgabe von France-URSS versuchte Pierrard Optimismus zu verbreiten, da außer den wenigen prominenten Fällen die Mitgliederzahlen gehalten würden.[190] So berichtete die Zeitschrift von Komitees, in denen sogar ein Mitgliederzuwachs zu verzeichnen sei, und dokumentierte die Spendenfreudigkeit für die zerstörten Räumlichkeiten in Nizza und Paris.[191] Tatsächlich war die Situation weniger rosig. Der Botschaftsmitarbeiter Tišin verfasste einen alarmierenden Bericht an die Zentrale der VOKS. France-URSS werde von „faschistischen Elementen" angegriffen und benötige jetzt maximale Unterstützung durch gutes Material und finanzielle

---

186 Vgl. Vercors, P.P.C., S. 133–136.
187 Vgl. Ėrenburg, Il'ja: Pis'mo v redakciju, in: Literaturnaja gazeta, 1.12.1956, S. 4.
188 Brief Vercors an Ėrenburg, 4.12.1956, abgedruckt in: Vercors, P.P.C., S. 138–141; und Ėrenburg, Pis'ma, Bd. 2, S. 334–336. Der Brief erschien außerdem am 6.12.1956 in Libération. Seine Argumentation führte Vercors zudem in einem Artikel in Le Monde aus, der nach seiner Rückkehr am 12.5.1957 erschien: Vercors, P.P.C., S. 167–195.
189 Vgl. Informacija o sozdanii i dejatel'nosti sovetskich obščestv družby i kul'turnoj svjazi s zarubežnymi stranami, [Anfang 1959], in: GARF, f. 9518, op. 1, d. 17, l. 134–151, hier l. 150.
190 Vgl. Pierrard, André: Éditorial, in: France-URSS (1957) 1, S. 3.
191 Vgl. La session de notre Comité national, in: France-URSS (1957) 1, S. 32 f.

Zuschüsse.[192] Insgesamt 20 Mitglieder des Comité national waren ausgetreten. Die Mitgliederzahlen reduzierten sich massiv von über 50.000 Anfang 1956 auf gute 33.000 im Mai 1957.[193] Der monatliche Verkauf der Zeitschrift ging von 59.474 im Januar 1956 auf ein Jahr später 48.128 zurück.[194] Schon vor November 1956 kämpfte France-URSS mit großen finanziellen Schwierigkeiten. Ende August hatte die Gesellschaft 13 Millionen Francs Schulden, da die Preise und Gehälter sowie die Produktionskosten der Zeitschrift stark gestiegen waren. Zur Sicherung des Kongresses 1957 benötigte sie deshalb möglichst schnell 6,5 Millionen Francs.[195] Im Oktober 1956 bewilligte das ZK eine im Verhältnis zur Finanzierungslücke relativ bescheidene Finanzspritze von 114.000 Rubel.[196] Aufgrund der Finanzprobleme musste France-URSS die Räumlichkeiten in der Rue d'Anjou verlassen und zum Januar 1957 in kleinere Räume in der Rue de la Vrillière ziehen.[197]

Auch für die BSFS war das Jahr 1956 desaströs. Bereits Ende November 1956 beklagte sich Sloan beim Vertreter der VOKS an der Botschaft, dass sie infolge der „antisowjetischen Kampagne" mindestens ein Drittel der Mitglieder verloren hätten. In den 30 Jahren ihres Bestehens hätten sie noch nie solche Schwierigkeiten erlebt. Doch Sloans Gesuch, für Beratungen nach Moskau zu reisen, lehnte Bogatyrev ab: Angesichts der internationalen Lage seien die Voraussetzungen nicht gegeben, praktische Fragen zu klären und Hilfe zu leisten.[198] Es kam allerdings langfristig noch schlimmer, als Sloan befürchtet hatte: Zählte die BSFS im September 1955 noch 10.290 Mitglieder, so waren es ein Jahr später nur noch 7.564 und schließlich Ende 1957 nur noch 3.747.[199] Da die jährliche Finanzspritze durch den Freundschaftsmonat 1956 ausgefallen war, belief sich Mitte 1957 das Defizit auf über 600 Pfund. Die Mitgliedsbeiträge mussten drastisch von 3 auf 5 Pfund erhöht werden.[200]

---

192 Vgl. Tišin an Jakovlev, 15.11.1956, in: GARF, f. 5283, op. 22, d. 543, l. 77–80.
193 Vgl. Rapport au 9e Congrès National 1959, in: ANF, 88 AS 16.
194 Etat comparatif de diffusion sur 10 ans de 1954 à 1964 determinée sur le mois de janvier, 5.–6.12.1964, in: AD SSD, 354 J 45.
195 Vgl. Rapport financier [September 1956], in: GARF, f. 5283, op. 22, d. 543, l. 60–63.
196 Vgl. Ob okazanii finansovoj pomošči obščestvu „Francija-SSSR", 23.10.1956, in: RGANI, f. 89, op. 55, zugänglich in: Bukovsky Archives, 0800 pb48–56. Ein US-Dollar entsprach damals ca. 3,5 Francs oder 5,3 Rubeln. Das zugesagte Geld entsprach also etwa 75.000 Francs.
197 Rapport de la commission nationale de contrôle financier, [8.–10.6.1957], in: AD SSD, 354 J 44.
198 Zapis' besedy s General'nym Sekretarem Obščestva anglo-sovetskoj družby P. Slounom, 28.11.1956, in: GARF, f. 5283, op. 22, d. 538, l. 116 f.
199 Vgl. Biennial Report (1955–1956), in: BArch SAPMO, DY 32/595.
200 Vgl. British-Soviet Friendship Society. Financial Statements for Jan–Dec 1956, in: MML; Loss of Zeal – and Money. Anglo-Soviet Society, in: Manchester Guardian, 13.5.1956.

Für die Freundschaftsgesellschaften als Massenorganisationen war der Einbruch damit wesentlich heftiger als für die kommunistischen Parteien selbst. Die CPGB verlor mit circa 9.000 etwa ein Viertel der Mitglieder, gegenüber etwa zwei Dritteln bei der BSFS; der PCF nur etwa 10 % gegenüber einem Drittel in France-URSS.[201] Da keine genaueren Daten über die soziologische und politische Zusammensetzung der Mitglieder der Freundschaftsgesellschaften vorliegen, kann über die Gründe nur spekuliert werden. Erstens: Während die Freundschaftsgesellschaften sich explizit durch ihre Haltung zur Sowjetunion definierten, vertraten die Kommunistischen Parteien eine Ideologie, die nicht zwangsweise mit der Sowjetunion identifiziert werden musste. Selbst wenn man das sowjetische Modell ablehnte, war es möglich, den utopischen Glauben an die Verwirklichung eines spezifisch britischen oder französischen Kommunismus zu bewahren.[202] Zweitens erscheint es wahrscheinlich, dass gerade diejenigen, die seit 1953 in der Hoffnung auf eine internationale Entspannung zu den Freundschaftsgesellschaften gestoßen waren, angesichts der doch nicht friedliebenden Politik der Sowjetunion schneller wieder austraten. Drittens ist aber durchaus glaubhaft, dass 1956 einige gerade deshalb austraten, weil die Freundschaftsgesellschaften in diesem Fall nicht dezidiert die Sowjetunion verteidigt hatten. Den PCF verließen ebenfalls vor allem führende Intellektuelle, während die Basis dem prosowjetischen Kurs folgte.[203] Viele Mitglieder von France-URSS trugen offensichtlich die kulturelle Neuorientierung und politische Öffnung nicht mit.[204]

1956 war somit für die Freundschaftsgesellschaften ein in vielerlei Hinsicht katastrophales Jahr. Doch gleichzeitig half der reinigende Effekt der Katastrophe, nun tatsächlich den Weg der politischen Erweiterung einzuschlagen. Während die CPGB im April 1957 auf ihrem Kongress auf Kontinuität setzte, versuchte die neunte Generalkonferenz der BSFS Mitte Mai einen vorsichtigen Neuanfang. Die geänderte Satzung strich den politischen Bezug auf das britisch-sowjetische Abkommen und betonte das Prinzip der Gegenseitigkeit der Aktivitäten und den Austausch zwischen den Bevölkerungen. Zudem wurde die

---

201 Auf einem Höhepunkt im Mai 1956 lag die Mitgliederzahl der CPGB bei 38.579, im Februar 1958 bei 24.670. Callaghan, Cold War, Crisis and Conflict, S. 17. Nach den von Martelli berechneten Mitgliederzahlen des PCF waren es 1956 noch 278.429 gegenüber 259.404 im Jahr 1957. Vgl. Martelli, Prendre sa carte, S. 18 und 42.
202 So eine zentrale These bei Kroll, Kommunistische Intellektuelle, S. 640.
203 Vgl. Lazar/Courtois, Histoire du Parti communiste, S. 299.
204 Auf der Sitzung des Comité national Ende Oktober 1956 war z. B. die Rede von vielen lokalen Komitees, die von Kameraden geleitet würden, für die die neue Orientierung schwer annehmbar sei. Vgl. Comité national 27.–28.10.1956, notes manuscrits, in: AD SSD, 354 J 45.

innerorganisatorische Repräsentativität verbessert, indem in Zukunft jedes lokale Komitee einen Vertreter in den National Council entsenden durfte. Die programmatische Eröffnungsrede hielt außerdem nicht der Präsident Hewlett Johnson, sondern Robert Chorley. Dieser gab als Labour-Mitglied ein wesentlich offeneres Bild für die Gesellschaft ab.[205] Dennoch entwickelte sich die BSFS zu einem Forum für die Verbliebenen, „für alle, die Freundschaft wollten", während sich die Zweifelnden zurückzogen.[206] Die BSFS kämpfte weiterhin gegen das Mitgliedschaftsverbot für Labour-Anhänger und blieb in ihrer Nische weitgehend isoliert. Die SCR dagegen betonte nach den Ereignissen in Ungarn 1956 erst recht ihre politische Neutralität und zog sich auf die kulturellen Aspekte der britisch-sowjetischen Zusammenarbeit zurück.[207]

France-URSS blieb dagegen auf dem Weg der politischen Erweiterung. Allerdings kamen bei der Führung des PCF nach 1956 Bedenken auf, dass die Pluralisierung zu weit getrieben worden sei und die Partei die Kontrolle verlieren könnte. Dies entsprach der allgemeinen Tendenz des PCF in dieser Zeit, sich angesichts der Enthüllungen in Moskau und der Kritik an der Intervention in Ungarn im Gegensatz zum PCI gegen jegliche politische und gesellschaftliche Öffnung zu wehren.[208] Ursprünglich sollte die Strategie der Öffnung beim Nationalkongress von France-URSS im Dezember 1956 in Absprache mit der VOKS fortgesetzt werden: stärkere Betonung der nationalen Interessen, Darstellung eines „fotografischen Abbilds" der Sowjetunion und die Gründung thematischer Sektionen, die Mitglieder integrieren sollten, die vielleicht nicht mit dem politischen Gesamtprogramm einverstanden waren.[209] Nach der Verschiebung des Nationalkongresses aufgrund der Turbulenzen um die Ereignisse in Ungarn änderte sich nichts Grundsätzliches an diesen Plänen.

Doch als Pierrard sie im Mai 1957 im Comité Central des PCF vorstellte, stießen sie auf den Widerstand der Parteiführung. Der Generalsekretär Maurice Thorez zog aus der Ungarnkrise die Lehre, dass sich France-URSS zu sehr diversifiziert hätte. Erstens solle France-URSS sich wieder primär auf die in den lokalen Komitees organisierten Massen und weniger an die Intellektuellen richten. Zweitens seien zu viele Nicht-Kommunisten in die Leitung gelassen worden.

---

205 Vgl. The British-Soviet Friendship Society. 9th General Conference, in: MML.
206 Newsletter, 21.6.1957, in: Hull, U DPM/2/68/2.
207 Vgl. Annual Report 1956–57, in: SCRSS Archive.
208 Vgl. Lazar/Courtois, Histoire du Parti communiste, S. 296–298.
209 Vgl. Plan de travail pour la préparation du Congrès des 14, 15 et 16 décembre 1956, [septembre 1956], und Propositions à V.O.K.S. pour aider à la préparation du Congrès National de l'Association qui aura lieu les 14, 15 et 16 décembre 1956 à Paris, Septembre 1956, in: GARF, f. 5283, op. 22, d. 543, l. 51–54 und 55–57.

Diese seien zwar für eine Allianz mit der Sowjetunion, stimmten jedoch nicht in allen Punkten mit der Partei überein. Sie sprängen dann – wie nach den Ereignissen in Ungarn – schnell wieder ab. Drittens kritisierte Thorez das zu breite Aktivitätsfeld von France-URSS. Statt sich um Austausch zu kümmern, sollte man sich wieder auf ihre Kernaufgabe beschränken, „dass [man] vor allem eine beträchtliche Propagandaarbeit im Land macht, um die sowjetischen Errungenschaften bekannt und die Sowjetunion beliebt zu machen [faire aimer], denn das ist eine Organisation für die französisch-sowjetische Freundschaft".[210] Entsprechend formulierte das Politbüro des PCF Ende Mai 1957 einen Beschluss, nach dem France-URSS keine „apolitische Organisation" sei, sondern auf der Basis ihrer Friedenspolitik „Sympathien" für die Sowjetunion wecken sollte.[211]

Entgegen dieser Strategie der politischen Abschottung des PCF setzte die Führung der VOKS weiterhin den Schwerpunkt auf eine maximale soziale und politische Erweiterung sowie auf kulturelle und gesellschaftliche Aufgabenfelder, um möglichst viel gesellschaftlichen und politischen Einfluss auf Nichtkommunisten zu erlangen. In einem Gespräch zwischen Botschafter Vinogradov und dem Kaderbeauftragten Servin trat dieser Gegensatz deutlich zu Tage:

> Gen. Servin sagte, dass die Erweiterung der Basis der Gesellschaft „France-URSS", die breitere Beteiligung von Vertretern bourgeoiser Kreise in ihre Aktivitäten, zum Verlust der führenden Rolle der Partei in dieser Gesellschaft führen könne. In diesem Zusammenhang haben wir [Vinogradov] betont, dass weder vom Verlust noch von irgendeiner Schwächung der Leitung der Gesellschaft von Seiten der Partei gesprochen werden könne, sondern dass es angesichts der konkret bestehenden Umstände unabdingbar erscheint, verschiedene neue Arbeitsformen der Gesellschaft zu finden, die es ermöglichen, ihre Aktivitäten zu stärken.[212]

Am Ende folgte France-URSS der sowjetischen Linie. Auf dem 9. Nationalkongress am 15. und 16. Juni 1957 gründeten sich wie geplant thematische Kommissionen für Medizin, Landwirtschaft, Sport, Wirtschaft, Wissenschaft, Kunst, Technik und Erziehung. Dem sehr erfolgreichen Vorbild des bereits seit 1952 bestehenden Cercle philatélique entsprechend sollten sie Personen integrieren, die an einem bestimmten Thema in der Sowjetunion interessiert waren, ohne zwangsweise das

---

210 Beitrag von Maurice Thorez, Comité Central, 14.–16.5.1957, in: AD SSD, 261 J 33/2.
211 Bureau politique, 28.5.1957, in: AD SSD, 261 J 4/14.
212 Vgl. Spravka, 28.2.1956 [anhand Fundstelle und Unterschrift zu datieren auf 1957], in: GARF, f. 9576, op. 18, d. 4, l. 21–24, hier l. 21.

politische Programm der Freundschaftsgesellschaft unterstützen zu müssen.[213] Damit wurde der 1945 gegründete Centre culturel wiederbelebt, der lange fast nur noch auf dem Papier existiert hatte. Die Leitung übernahm der Journalist Francis Cohen, der durch seine akademische Herkunft, sein Studium der Naturwissenschaften an der Sorbonne und seine führende Tätigkeit in der kommunistischen Studentenbewegung in der Zwischenkriegszeit über gute Kontakte in französische Intellektuellenkreise verfügte.

Die größte und nachhaltigste Erweiterung gelang France-URSS 1957 durch die Einbeziehung politisch aktiver Gaullisten in die Leitung der Freundschaftsgesellschaft auf nationaler und lokaler Ebene. Die Integration primär antikommunistischer Gaullisten in die kommunistisch dominierte Freundschaftsgesellschaft war für die nächsten Jahrzehnte ein Alleinstellungsmerkmal von France-URSS. Diese auf den ersten Blick ungewöhnliche Allianz basierte im Wesentlichen auf der Zusammenarbeit in der Résistance, der gemeinsamen antideutschen und antiamerikanischen Haltung, dem linken Gaullismus sowie persönlichen Verbindungen mit der Sowjetunion. Diese Faktoren werden im Folgenden anhand von René Capitant, Raymond Schmittlein und Léo Hamon exemplarisch erläutert, die 1957 bzw. 1965 Mitglieder der Présidence wurden.[214]

Wie auch in der Gründungszeit von France-URSS war erstens das Bündnis der Résistance zwischen Gaullisten und Kommunisten und die damit verbundene Erinnerung an den gemeinsamen Kampf gegen den deutschen bzw. faschistischen Feind ein wesentlicher integrierender Faktor. Abgesehen von dem gemeinsamen memorialen Bezugspunkt bestanden aus dieser Zeit viele

---

213 Vgl. Plan de travail pour la préparation du Congrès des 14, 15 et 16 décembre 1956, [9/1956], in: GARF, f. 5283, op. 22, d. 543, l. 51–54. Zur Gründung des Cercle philatélique vgl. France-URSS an VOKS, 8.12.1952, in: GARF, f. 5283, op. 16, d. 511, l. 268. Er wird in Berichten in der Regel positiv erwähnt, da er sehr aktiv sei und relativ viele junge Franzosen erreiche. 1954 hatte er beispielsweise 17–18.000 Mitglieder. Vgl. Zapis' besedy s sekretarem po propagande obščestva Francija-SSSR Rajmonom Mark'e, 30.3.1954, in: GARF, f. 5283, op. 22, d. 461, l. 65–68.
214 Vgl. zur Biographie Capitants: http://www.assemblee-nationale.fr/sycomore/fiche.asp?num_dept=1426 (16.1.2017); und den Lebenslauf der Préfecture de police, in: ANF, 19920521/21. Zur Biographie Schmittleins: Defrance, Corine: Raymond Schmittlein (1904–1974). Médiateur entre la France et la Lituanie, in: Cahiers Lituaniens n° 9 (2008), S. 18–23; dies.: Raymond Schmittlein (1904–1974). Leben und Werk eines Gründungsvaters der Universität Mainz, in: Kißener, Michael/Mathy, Helmut (Hg.): Ut omnes unum sint. Gründungspersönlichkeiten der Johannes-Gutenberg-Universität, Stuttgart 2005, S. 11–30. Zur Biographie Hamons: Hamon, Léo/Conac, Gérard/Maisl, Herbert/Vaudiaux, Jacques (Hg.): Itinéraires. Études en l'honneur de Léo Hamon, Paris 1982, S. VI–X; sowie seine Autobiographie, in der er France-URSS nicht erwähnt: Hamon, Léo: Vivre ses choix, Paris 1991.

persönliche Bekanntschaften zwischen Gaullisten und Kommunisten. Schmittlein war als Vertreter de Gaulles in der Sowjetunion eng in die sowjetisch-französische Anti-Hitler-Politik eingebunden und hatte dort mit General Petit zusammengearbeitet. Capitant war in Algier an der Seite Greniers Erziehungsminister in der provisorischen Regierung.[215]

Aus dieser Erfahrung resultierte zweitens bei vielen Gaullisten eine tiefe Dankbarkeit für den sowjetischen Beitrag zum Sieg über Deutschland und ein grundsätzliches Misstrauen einem möglichen politischen und militärischen Wiedererstarken des Nachbarlandes gegenüber. Hamon, Capitant und Schmittlein setzten sich Mitte der 1950er Jahre an der Seite der Kommunisten aktiv gegen die deutsche Wiederbewaffnung ein. So trat Capitant im Dezember 1953 bei einer Demonstration gegen die Wiederbewaffnung erstmals öffentlich für France-URSS auf.[216] Hamon wurde für seine Gegnerschaft zur EVG 1954 aus dem MRP ausgeschlossen. Schmittlein hatte als Generaldirektor für kulturelle Angelegenheiten in der französischen Besatzungszone in der unmittelbaren Nachkriegszeit Erfahrungen mit den Deutschen gemacht und war an deren „Umerziehung" beteiligt. Trotzdem oder gerade deshalb war bei ihm die Angst vor dem Aufkommen revanchistischer Kräfte in Deutschland besonders ausgeprägt.

Als Konsequenz aus dem gemeinsamen Kampf gegen Deutschland traten die Gaullisten vor allem aus sicherheitspolitischen Überlegungen für eine verstärkte Zusammenarbeit mit der Sowjetunion ein. Ein Bündnis mit der Sowjetunion sicherte Frankreich einerseits gegenüber zukünftigen deutschen Angriffen ab. Andererseits bot es ein Gegengewicht gegenüber einer zu großen außenpolitischen Abhängigkeit von den USA. Frankreich sollte als europäische Großmacht zwischen den USA und der UdSSR eine unabhängige Außenpolitik führen. De Gaulle fürchtete keine ideologischen Hindernisse, da er die Sowjetunion weniger als Vertreterin einer feindlichen Ideologie denn als einen temporären Nachfolgestaat Russlands betrachtete.[217] Dementsprechend begründete Schmittlein sein Engagement in France-URSS:

---

215 Noch wichtiger war die Erinnerung an den gemeinsamen Kampf für Veteranen wie General Fernand Gambiez und Mitglieder des französisch-sowjetischen Jagdfliegergeschwaders „Normandie-Niémen" wie General Gaston Baugnies de Saint-Marceau, der Ende der 1970er Jahre zu France-URSS hinzustieß.
216 Vgl. Debray, Pierre: Le 13 décembre à Paris, le peuple de France, ses savants, ses artistes célèbrent en présence de l'Ambassadeur de l'U.R.S.S. le traité du 10 décembre 1944, in: France-URSS (1954) 1, S. 3 f.
217 Vgl. Martin, Garret: Towards a New Concert of Europe. De Gaulle's Vision of a Post-Cold War Europe, in: Bozo, Frédéric/Rey, Marie-Pierre/Rother, Bernd/Ludlow, N. Piers (Hg.): Visions of the End of the Cold War in Europe, 1945–1990, New York 2012, S. 91–104, hier S. 92 f.;

> In dem Moment, in dem unsere Rivalen [Deutschland] ebenso wie unsere Freunde [USA] bereit sind, überall unseren Platz einzunehmen, wo sie es für möglich halten, darf Frankreich seine Interessen und seine Unabhängigkeit nicht auf dem Altar des Pangermanismus und des Amerikanismus opfern. Frankreich muss dagegen eine offene und klare Politik haben, um umgekehrt von seinen sowjetischen Freunden zu verlangen, unsere nationalen Interessen zu verstehen.[218]

Ein dritter Faktor, der die Zusammenarbeit mit den Kommunisten erleichterte, war die Tatsache, dass nahezu alle in France-URSS engagierten Gaullisten der Strömung der Linksgaullisten, der Gaullistes de gauche, zuzurechnen waren.[219] Ohne die Treue zu de Gaulle in Frage zu stellen, suchten die Gaullistes de gauche einen dritten Weg zwischen Kapitalismus und Sozialismus durch mehr Elemente der Mitbestimmung und staatliche Intervention in der Wirtschaft. Sie organisierten sich im Laufe der Jahrzehnte in wechselnden Gruppen und Parteien, unter anderem von 1958 bis 1962 als Union démocratique du travail (UDT) unter Capitant.[220]

Nicht zuletzt verband einige ihre persönliche oder berufliche Biographie mit der Sowjetunion. Schmittlein war nicht nur während des Krieges in der Sowjetunion, sondern verfügte dank seines Russisch-Studiums und eines mehrjährigen Aufenthalts im Baltikum in der Zwischenkriegszeit über umfangreiche Landes- und Sprachkenntnisse. Seine Verehrung für das „alte Russland", seine Erfahrungen im Krieg und außenpolitischen Überzeugungen gingen so weit, dass er auch in den Folgejahren – zumindest öffentlich – keinerlei Kritik an der sowjetischen Innen- und Außenpolitik zuließ. So schadete beispielsweise seiner Meinung nach die Suez-Krise den französisch-sowjetischen Beziehungen weit mehr als die sowjetische Intervention in Ungarn.[221] Dabei schreckte er nicht davor zurück, der offiziellen gaullistischen Regierungspolitik zu widersprechen. So brachte er Anfang der 1960er Jahre die französische Regierung in die Bredouille, indem er sich als Mitglied der Freundschaftsgesellschaft mit der DDR Échanges franco-allemands bereits

---

Vaïsse, Maurice: La grandeur. Politique étrangère du général de Gaulle, 1958–1969, Paris 1998, S. 264.
218 Mr Schmittlein ancien ministre, in: France-URSS (1957) 2, S. 6. Zu Capitant vgl. Message de René Capitant, in: France-URSS (1957) 7, S. 9.
219 Neben Capitant, Schmittlein und Hamon galt dies beispielsweise auch für George Gorse, Jean de Lipkowski und Louis Joxe, die später zu France-URSS stoßen sollten.
220 Siehe zu den verschiedenen Gruppierungen der Gaullistes de gauche Pozzi, Jérôme: Les mouvements gaullistes. Partis, associations et réseaux (1958–1976), Rennes 2011, S. 205–224, zur UDT insbesondere S. 208–212.
221 Mr Schmittlein ancien ministre, in: France-URSS (1957) 2, S. 6.

kurz nach dem Mauerbau öffentlich für die offizielle Anerkennung der DDR und der Oder-Neiße-Grenze aussprach.[222]

Hamon empfand ebenfalls eine Faszination für das Land, die russische Kultur und seine Bewohner – unter anderem aufgrund seiner familiären Herkunft. Seine russisch-ukrainische Mutter und sein polnischer Vater waren nach der Revolution 1905 nach Frankreich ins Exil gegangen. Nach einer Reise 1955 in die Sowjetunion trat er 1957 der Senatsgruppe France-URSS und der Association France-URSS bei, in der er Präsident des Komitees in Dijon und Mitglied des Comité national wurde. Seine Mitgliedschaft in der Présidence nationale ab 1965 hielt er auch als Staatssekretär und Sprecher des Premierministers Jacques Chalban-Delmas aufrecht. Anders als Schmittlein lehnte Hamon eine bedingungslose Freundschaft zur Sowjetunion ab. Vielmehr entwickelte er sich in den 1970er Jahren in der Présidence zum „enfant terrible", zum ständigen Mahner einer kritischen Haltung gegenüber der Sowjetunion, insbesondere in der Frage der Menschenrechte.[223]

Seiner Erinnerung nach ist Pierrard auf Persönlichkeiten wie Schmittlein und Capitant aktiv zugegangen, um sie zu einem Mitwirken in France-URSS zu überreden.[224] Die Entsendung von Gaullisten zur France-URSS lag jedoch sicherlich im Interesse de Gaulles und war von ihm gebilligt. Während seiner Zeit ohne offizielles politisches Amt bemühte sich de Gaulle, mit den sowjetischen Vertretern im Gespräch zu bleiben. Beispielsweise trafen er und ihre engsten Verbündeten regelmäßig den sowjetischen Botschafter Vinogradov, um ihm etwa seine Position zur EVG zu erläutern.[225] France-URSS war für ihn eine Möglichkeit, Kontakte in die Sowjetunion zu pflegen und an Informationen

---

222 Siehe hierzu Pfeil, Die „anderen" deutsch-französischen Beziehungen, S. 284 f. Der Mitarbeiter des Auswärtigen Amtes Blankenhorn hatte geurteilt, Schmittlein könne „nicht recht zwischen der Sympathie für das russische Volk und einem positiven Verhältnis zur sowjetischen Politik unterscheiden.", zitiert bei ibid., S. 285.
223 Mit Louis Joxe und Maurice Dejean kamen in den 1970er Jahren zwei ehemalige Botschafter in Moskau zu France-URSS, denen die Freundschaftsgesellschaft eine Möglichkeit bot, ihr Engagement für französisch-sowjetische Beziehungen fortzusetzen, obwohl sie in ihrer Amtszeit gegen France-URSS arbeiteten. Vgl. Davieau-Pousset, Sophie: Maurice Dejean, diplomat atypique (1899–1982), Dissertation, Institut d'études politiques, Paris 2013, S. 572–576; Morelle, Chantal: Louis Joxe. Diplomate dans l'âme, Bruxelles 2010, S. 366–373.
224 Im Widerspruch zur oben zitierten Auseinandersetzung mit Thorez behauptet Pierrard zudem, die Gaullisten im Auftrag des PCF rekrutiert zu haben. Vgl. Mosco, Mémoires d'Ex, Pierrard, S. 83.
225 Vgl. Kaninskaya, Galina: La perception des gaullistes en URSS durant la querelle de la CED, in: Vaïsse, Maurice (Hg.): De Gaulle et la Russie, Paris 2012, S. 181–194, hier S. 182–185.

von dort zu gelangen – möglicherweise schon in Vorbereitung seiner erneuten Machtübernahme.[226]

Die Zusammenarbeit von Gaullisten und Kommunisten innerhalb von France-URSS hatte bis zur Auflösung der Association Bestand. Die Kooperation auf nationaler Ebene spiegelte sich zwar noch in den Leitungen der Komitees auf Département-Ebene, jedoch nur bedingt in der Mitgliedschaft an der Basis wieder. Präsident Petit kritisierte bei seiner Eröffnungsrede zum Nationalkongress im Mai 1959, dass einige Komitees die Neuorientierung des Kongresses 1954 immer noch nicht umgesetzt hätten. Sie hätten sich nicht erweitert und keine Persönlichkeiten verschiedener politischer Couleur in die Leitungsorgane integriert.[227] Dadurch entstand eine dauerhafte und kaum überwindbare Kluft zwischen der in der großen Mehrheit kommunistischen Basis und der immer pluralistischeren nationalen Führung.

Das Jahr 1956 war eine Herausforderung für die Freundschaftsgesellschaften, bei der es erstmals nicht nur ein eindeutiges Dafür oder Dagegen gab, sondern zumindest intern verschiedene Meinungen geäußert wurden. Auch die VOKS forderte erstmals keine bedingungslose Unterstützung ein, sondern bemühte sich darum, die Wogen zu glätten, um einen größeren Imageschaden abzuwenden. Zwar war das Jahr nominell verlustreich, doch zugleich eine Art Läuterung, nach der die Freundschaftsgesellschaften trotz allem, insbesondere in Frankreich, den Weg der politischen Erweiterung weitergingen. Nicht zuletzt waren die Erfahrungen 1956 ein Schlüsselereignis für die Umstrukturierung der Cultural Diplomacy in der Sowjetunion.

2.5 Von der VOKS zur SSOD: Äußere Öffnung und innere Internationalisierung

> Die Gesellschaft für kulturelle Verbindung der UdSSR mit dem Ausland (WOKS) hat seit ihrer Gründung viel Nützliches geleistet, sie hat freundschaftliche Verbindungen mit anderen Ländern angeknüpft, hat diese ausgebaut und für kulturelle Zusammenarbeit Sorge getragen. Jetzt aber, wo sich die Tendenz zur Erweiterung dieser Verbindungen viel

---

226 Dafür spricht, dass sich in den Jahren 1956/57 gaullistische Vertreter auch verstärkt in konservative transnationale Netzwerke eingebracht haben, um nützliche Kontakte zu knüpfen. Vgl. Großmann, Johannes: Die Internationale der Konservativen. Transnationale Elitenzirkel und private Außenpolitik in Westeuropa seit 1945, München 2014, S. 223–226. Bernard Lecomte schreibt fälschlicherweise, dass de Gaulle erst 1966 Gaullisten in France-URSS geschickt hätte, um den Kommunisten nicht das Monopol der französisch-sowjetischen Beziehungen zu überlassen. Vgl. Lecomte, Le Bunker, S. 99.
227 Vgl. Discours d'ouverture par M. le Général Petit, IXe Congrès National, in: ANF, 88 AS 16.

stärker geltend macht, zeigt es sich, daß der Rahmen, in dem sich die Gesellschaft betätigt, wie auch die Formen und Methoden ihrer Arbeit veraltet und nicht mehr geeignet sind, weite Kreise der Sowjetöffentlichkeit zu der Arbeit heranzuziehen, die der Ausbau unserer Auslandsverbindungen erfordert.[228]

Mit diesen Worten begründete die neue Vorsitzende der VOKS Nina V. Popowa die Umstrukturierung ihrer Organisation zur SSOD, zur Sojuz sovetskich obščestv družby i kul'turnych svjazi s zagranicej SSOD (Union der sowjetischen Gesellschaften für Freundschaft und kulturelle Beziehungen mit dem Ausland). Im Gegensatz zur VOKS war die SSOD als Dachorganisation für Vereinigungen konzipiert, die jeweils mit einem Land zusammenarbeiteten und in denen besagte „weite Kreise der Sowjetöffentlichkeit" Mitglied sein konnten.

Vieles spricht dafür, dass die SSOD die Arbeit der VOKS unter neuem Etikett fortsetzte. Dennoch war diese Umstrukturierung nicht nur ein symbolischer Akt gegenüber der ausländischen Öffentlichkeit. Vielmehr muss sie im Kontext der neuen Form der Herrschaftslegitimation Chruščevs durch die Mobilisierung und Einbeziehung von Eliten in staatliche Prozesse betrachtet werden. Zur Integration bestimmter gesellschaftlicher Kreise in eher unpolitische Fragen wurden unter dem Schlagwort der „Entbürokratisierung" gesellschaftliche Massenorganisationen geschaffen bzw. gestärkt, die parallel zu den staatlichen Strukturen arbeiteten. So entstanden Verbands- bzw. Versammlungsöffentlichkeiten, die in thematisch begrenzte gesellschaftliche Projekte eingebunden wurden, wenn sie auch nicht an den eigentlichen politischen Entscheidungen partizipieren durften.[229] Stephan Merl nennt diese Art der Legitimierung „Scheinpartizipation".[230] Obwohl nicht mit demokratischer Partizipation vergleichbar, war diese Partizipation dennoch nicht nur Schein, sondern hatte eine große symbolische Legitimierungsfunktion nach innen und außen. Im Folgenden werden die Möglichkeiten und Grenzen dieser „symbolischen Partizipation" anhand des strukturellen und personellen Aufbaus der SSOD und der Partnergesellschaften sowie ihrer Aktivitätsbereiche erläutert.

---

228 Popowa, N. W.: Für Freundschaft und Zusammenarbeit, in: Kultur und Leben (1958) 4, S. 2–7, hier S. 4.
229 Vgl. hierzu Gilburd, The Revival of Soviet Internationalism, S. 373; Breslauer, George W.: Khrushchev Reconsidered, in: Problems of Communism (1976) 9–10, S. 18–33, hier S. 23–25.
230 Vgl. zu den Überlegungen Merl, Stephan: Entstalinisierung, Reformen und Wettlauf der Systeme 1953–1964, in: Plaggenborg, Stefan (Hg.): Handbuch der Geschichte Russlands, Bd. 5: 1945–1991. Vom Ende des Zweiten Weltkriegs bis zum Zusammenbruch der Sowjetunion, Stuttgart 2002, S. 175–318, hier S. 238 f.; sowie ders.: Politische Kommunikation in der Diktatur. Deutschland und die Sowjetunion im Vergleich, Göttingen 2012, S. 138–140.

Institutionelle Reformen: Neue Strukturen für neue Herausforderungen

Wie Popova in ihrer Rede zur Gründung der SSOD ausführte, hatten sich tatsächlich nach 1953 die Rahmenbedingungen der VOKS massiv gewandelt. Die neue Rhetorik gegenüber dem Westen, die Multiplikation gesellschaftlicher, wissenschaftlicher und kultureller Kontakte mit dem Ausland sowie beginnende Verhandlungen über kulturellen Austausch auf Regierungsebene brachten neue Herausforderungen. Die Auslandskommunikation musste an den neuen Tonfall angepasst, die exponentiell zunehmenden Delegationen betreut und zugleich die Freundschaftsgesellschaften im Ausland möglichst optimal unterstützt werden, um deren Einfluss in den westlichen Öffentlichkeiten zu vergrößern.

Die Strukturen der VOKS blieben jedoch zunächst unverändert. Zwar gab es schon seit Mitte der 1940er Jahre immer wieder Bestrebungen und verschiedene Vorschläge, die Arbeit der VOKS wirksamer und zielgruppenorientierter zu gestalten. Doch diese verliefen immer wieder im Sande. Während die VOKS nach 1953 Veränderungen von den Freundschaftsgesellschaften einforderte, gab es innerhalb der Organisation selbst nur kleinere strukturelle Anpassungen.[231] Schwierigkeiten ergaben sich hier unter anderem dadurch, dass die VOKS nicht einem bestimmten Gremium unterstand, sondern die Zuständigkeiten zwischen dem MID, dem ZK und dem Kulturministerium ungeklärt waren. Deshalb gab es wiederholt interne Auseinandersetzungen. Im Juni 1954 wehrte sich beispielsweise der stellvertretende Vorsitzende Jakovlev gegen eine mögliche Umwandlung der VOKS in eine staatliche Struktur, da die Flexibilität und Freiheit einer gesellschaftlichen Organisation für die Arbeit mit den westlichen Ländern unerlässlich sei.[232]

In diesen Jahren wuchs zugleich die Kritik der westlichen Freundschaftsgesellschaften an den langsamen Entscheidungsprozessen, der wenig responsiven Bürokratie und dem ungeeigneten oder mangelnden Material. Die Freundschaftsgesellschaften beschwerten sich wiederholt über die kurzfristigen Planungen der Delegationen und Gastspiele im Rahmen der Freundschaftsmonate. Die Mitarbeiterin der SCR Eleonory Fox riet VOKS 1955 dringend, langfristiger zu planen. Denn gerade mit Blick auf zukünftige Kooperationen mit Regierungen oder dem British Council würden solche Probleme nicht verziehen und ein negatives Bild auf die Sowjetunion werfen.[233]

---

231 Vgl. Wenell, Sovjetunionen och svenska vänsällskap, S. 61 f.
232 Vgl. Yegorova, The All-Union Society, S. 97; David-Fox, Showcasing the Great Experiment, S. 323.
233 Vgl. [Fox, Eleonory]: Observation on Soviet Information and Propaganda Services, 12.5.1955, in: GARF, f. 5283, op. 22, d. 499, l. 223–233, hier l. 230.

Weitere Herausforderungen für die sowjetische Cultural Diplomacy waren das wachsende Interesse „bourgeoiser" Einrichtungen an Beziehungen mit der Sowjetunion und der zunehmende kulturelle Austausch auf Regierungsebene. Insbesondere nach der Genfer Gipfelkonferenz 1955 stellte sich die Frage, wie man entsprechenden Regierungsanfragen begegnen sollte und in welchem Verhältnis sie zu den Aktivitäten der Freundschaftsgesellschaften stehen sollten. Nach einer Diskussion mit Vertretern der kommunistischen Parteien im Anschluss an den 20. Parteitag plädierte die VOKS für einen offenen Umgang mit den staatlichen Akteuren und die Schaffung geeigneter Organe, ohne die Freundschaftsgesellschaften fallen zu lassen.[234] All diese Aspekte zusammengenommen machten Mitte der 1950er Jahre deutlich, dass die Arbeit der VOKS verbessert, die Entscheidungsprozesse beschleunigt und die Kommunikationsstrukturen vereinfacht werden mussten, um die Arbeit der Freundschaftsgesellschaften effektiv zu unterstützen. Gerade zur Gewinnung von Einfluss auf nicht-kommunistische Zielgruppen war eine responsivere Partnerorganisation in der Sowjetunion notwendig.[235]

Den endgültigen Ausschlag für die Umstrukturierung der „Auslandspropaganda" in der Sowjetunion gab jedoch der Imageschaden durch die Intervention in Ungarn im Oktober 1956. So gestand der „Beschluss über Maßnahmen zur Verbesserung der Propaganda im Ausland" des ZK vom Februar 1957: „Während reaktionäre Kreise der kapitalistischen Länder diese Ereignisse für eine scharfe antisowjetische und antikommunistische Kampagne ausnutzten, war unsere Propaganda offensichtlich der Situation nicht gewachsen." Um der „aggressiven Politik der imperialistischen Staaten" etwas entgegensetzen zu können, müsse die Auslandspropaganda grundlegend verbessert werden. Bisher zeigten die zuständigen sowjetischen Organisationen zu wenig eigene Initiative, vielmehr reagierten sie nur auf Bitten und Vorschläge ausländischer Organisationen. Sie arbeiteten nach Meinung des ZK unkoordiniert, unsystematisch und ohne sich untereinander abzusprechen.[236]

Deshalb beschloss das ZK der KPdSU die Gründung eines koordinierenden Organs, das direkt dem Sekretariat des ZK unterstand: das Staatliche Komitee

---

234 Vgl. Yegorova, The All-Union Society, S. 101 f.
235 Vgl. zu den internen Diskussionen 1956 und 1957 auch Frederichsen, Soviet Cultural Diplomacy, S. 188 f.
236 Postanovlenie CK KPSS „O merach ulučšenija sovetskoj propagandy na zarubežnye strany", 16.2.1957, in: RGANI, f. 3, op. 12, d. 181, l. 23–31, abgedruckt in: Fursenko, Aleksandr Aleksandrovič (Hg.): Prezidium CK KPSS. 1954–1964. Černovye protokol'nye zapisi zasedanij, stenogrammy, postanovlenija v 3 tomach. Bd. 2: Postanovlenija 1954–1958, Moskau 2006, S. 575–581, hier S. 576.

für kulturelle Beziehungen GKKS (Gosudarstvennyj komitet kul'turnych svjazej).[237] Das GKKS sollte in Zukunft erstens alle Aktivitäten aus dem Bereich „Auslandspropaganda" des Sovinformbjuro, des Auslandsradios, Sovéksportfil'm und die Herausgabe von Druckerzeugnissen in Fremdsprachen koordinieren. Zweitens sollte es bei der Ausarbeitung und Verhandlung zwischenstaatlicher kultureller Abkommen Aufgaben des Außenministeriums übernehmen. Drittens sollte es neue Formen der Auslandspropaganda entwickeln und diese bei anderen Staaten studieren. Vorsitzender des GKKS war der Journalist Jurij A. Žukov, der als Korrespondent der *Pravda* in Frankreich über westliche Auslandserfahrung und Sprachkenntnisse verfügte.

Im Zuge dieser Maßnahmen zur Verbesserung der Auslandspropaganda beschloss das ZK im September 1957 die Ablösung der VOKS durch die SSOD.[238] Nach kurzer Vorbereitungszeit wurde diese neue Institution mit einem großen Treffen aller Freundschaftsgesellschaften und zahlreicher Vertreter der sowjetischen Eliten am 17. und 18. Februar 1958 gegründet. Auf den ersten Blick blieben die Strukturen der SSOD denen der VOKS sehr ähnlich. Das Gesicht der neuen SSOD war die Vorsitzende Nina V. Popova. Sie war bereits im April 1957 ernannt worden, um die Umstrukturierung der VOKS vorzubereiten.[239]

Laut ihrer Biografin war Popova seit ihrer Kindheit im Waisenhaus in der westrussischen Stadt Elec „auserwählt", eine Mission zu erfüllen, Brücken zu bauen gegen Hass, Feindschaft und historische Vorurteile und für den Frieden zu kämpfen. Insofern sei das Angebot des Vorsitzes der SSOD eine „Sternstunde des Schicksals" gewesen, da sie dadurch endlich für ihren Traum – die Verwirklichung des Friedens durch Kultur – arbeiten konnte.[240] Tatsächlich garantierte Popova als langjähriges Parteimitglied, kurzzeitige stellvertretende Kulturministerin und seit 1956 Kandidatin des ZK politische Verlässlichkeit. Als Gründungsmitglied und Vorsitzende des Antifaschistischen Komitees sowjetischer Frauen und Vize-Präsidentin der IDF verfügte sie über Erfahrung mit gesellschaftlich-politischen Massenorganisationen auch auf internationaler

---

237 Vgl. ibid; sowie Zubkov, Sergej A.: Sovetskaja propaganda na zarubežnye strany i formirovanie novogo obraza strany i ee liderov v mire, 1953–1964 gg., in: Golubev, Aleksandr Vladimirovič (Hg.): Rossija i mir glazami drug druga. Iz istorii vzaimovosprijatija, Moskau 2009, S. 254–275, hier S. 260 f.
238 O reorganizacii VOKSa. Sekretariat CK KPSS, 5.9.1957, in: RGANI, f. 89, op. 55, d. 21, 11. 1–34, zugänglich in: Bukovsky Archives, ct48–57.
239 Laut der britischen Botschaft in Moskau war Denisov bereits im Sommer 1956 zurückgetreten, nachdem er wegen eines Artikels von 1948 in die Kritik geraten war. Vgl. Chancery, British Embassy, to Department, 9.5.1957, in: TNA, BW 2/532.
240 Borisova, Natal'ja Valer'evna: Nina Popova. Zizn' kak sozidanie, Elec 2005, hier S. 5 und S. 151.

Ebene.²⁴¹ Vier Funktionäre als Vize-Präsidenten unterstützten sie bei der Arbeit.²⁴² Legitimatorische Basis der SSOD bildete die Allunionskonferenz, die jedoch in ihrer Geschichte nur insgesamt fünf Mal einberufen wurde: zur Gründung 1958, 1967, 1974, 1981 und 1987. Die Konferenz bestimmte wiederum einen zweimal jährlich tagenden Rat aus anfangs 180 Mitgliedern und ein 13-köpfiges Präsidium.²⁴³

Die geografischen Abteilungen innerhalb der SSOD waren im Gegensatz zur VOKS nach kapitalistischen und sozialistischen Ländern Europas bzw. Asiens eingeteilt, da die Freundschaftsgesellschaften dort unterschiedliche Rollen zu erfüllen hatten. Ansonsten wurden die ehemaligen thematischen Sektionen der VOKS übernommen und in die Abteilung „Sowjetische Kultur" integriert. Allerdings waren sie mit jeweils nur einem Referenten pro Disziplin (Literatur, Theater, Wissenschaft etc.) personell schwach besetzt. Darüber hinaus gab es noch spezielle Abteilungen – unter anderem für den Austausch von Büchern, den Empfang ausländischer Delegationen und die Bearbeitung der schriftlichen Korrespondenz. Insgesamt waren in der SSOD 234 Personen beschäftigt.²⁴⁴

Die Partnergesellschaften: Symbole und Akteure der Internationalisierung

Das Neue an der SSOD waren die Partnergesellschaften, für die die SSOD eine Dachorganisation bilden sollte. Bereits im August 1957 hatte das ZK die Gründung von Vereinigungen in der Sowjetunion beschlossen, die kulturelle und gesellschaftliche Beziehungen zu einem bestimmten Land pflegen und auf der Basis von „Gleichberechtigung und Gegenseitigkeit" mit den Freundschaftsgesellschaften im Ausland zusammenarbeiten sollten.²⁴⁵ Eine Art Testballon dieser Partnergesellschaften waren die Druz'ja kul'tury i nauki Francii, die

---

241 Die britische Botschaft hielt Popova in jedem Fall für „außerordentlich geeignet" für diesen Posten. Vgl. Chancery, British Embassy, to Department, 9.5.1957, in: TNA, BW 2/532.
242 Griorgij M. Kališjan, Evgenij V. Ivanov, Viktor I. Gorškov und M. T. Sizov. Für diese Personen konnten keine näheren biographischen Angaben ermittelt werden.
243 Vgl. Unionskonferenz sowjetischer Gesellschaften für Freundschaft und kulturelle Verbindungen mit dem Ausland, in: Kultur und Leben (1958) 3, S. 7.
244 Vgl. Struktura, Štaty i dolžnostnye soslady SSODKS, 15.8.1958, in: RGANI, f. 89, op. 46, zugänglich in: Bukovsky Archives, ct48–57.
245 Sekretariat ZK an ZK KPSS, 15.8.1957, in: RGANI, f. 89, op. 46, zugänglich in: Bukovsky Archives, ct48–57.

Freunde der Kultur und Wissenschaften Frankreichs. Sie wurden unter dem Vorsitz Ėrenburgs im Vorfeld der Sowjetunionreise Mollets und Pineaus bereits im April 1956 gegründet (Abb. 3).[246]

Abb. 3: Ėrenburg spricht bei der Gründung der Freunde der Kultur und Wissenschaften Frankreichs. Im Vordergrund: Jurij Žukov, Präsidiumsmitglied und Vorsitzender der GKKS.

Ab Dezember 1957 gründeten sich nun zahlreiche Gesellschaften zur Pflege der Beziehungen mit sozialistischen Ländern wie Polen, China, Ungarn, aber auch mit Finnland, Großbritannien (Obščestvo SSSR-Velikobritanija), Italien

---

246 Vgl. Iz postanovlenija Prezidiuma CK KPSS „O bližajščich meroprijatijach po dal'nejšemu ulučšeniju franko-sovetskich otnošenij", 15.3.1956, in: RGANI, f. 3, op. 14, d. 9, l. 63–67, abgedruckt in: Gusev, B. I./Murav'ev, Ju. N. (Hg.): „My dolgo ždali ėtoj vystavki, podoždem ešče 10 minut", in: Istoričeskij Archiv 19 (2011) 1, S. 33–83, hier S. 41. Dagegen wird die Gründung als gesellschaftliche Initiative unter Ėrenburg präsentiert in: Une société des amis de la science et de la culture françaises constituée en U.R.S.S., in: France-URSS (1956) 5, S. 5; V sekcii druzej nauki i kul'tury Francii, in: Pravda, 22.4.1956, S. 6.

(Obščestvo SSSR-Italija) und Frankreich (Obščestvo SSSR-Francija).²⁴⁷ Zunächst sollte mit ihrer Hilfe die Arbeit mit den Freundschaftsgesellschaften im Ausland organisatorisch vereinfacht werden. Sie fungierten als konkrete Ansprechpartner für ein Land, und die Angebote konnten leichter an die nationalen Gegebenheiten des jeweiligen Landes angepasst werden. Über diese praktischen Aspekte hinaus ging es jedoch vor allem um die kommunikative Bedeutung dieser Gründungen. Gerade im Westen konnte ihre bloße Existenz die Freundschaftsgesellschaften vor Ort unterstützen, indem sie den Vorwurf des einseitigen Informationsflusses und des asymmetrischen Austausches entkräften halfen. Sie signalisierten, dass es auch in der Sowjetunion Personen gebe, die Interesse an der Kultur des jeweiligen westlichen Landes hatten und Informationen über dieses Land in der Sowjetunion verbreiteten. Im Gegensatz zur staatlichen, zentralistischen VOKS präsentierten sie sich als vermeintlich zivilgesellschaftliche Organisationen auf Augenhöhe mit den Freundschaftsgesellschaften.

Zugleich suggerierte die VOKS bzw. SSOD den Freundschaftsgesellschaften im Westen allerdings, dass die neuen Partnergesellschaften unter anderem auf ihren Wunsch hin gegründet worden seien, um den oben genannten Kritikpunkten zu begegnen. So verabschiedete die BSFS auf ihrer neunten Nationalkonferenz im Mai 1957 nicht zufällig eine Resolution, nach der in der Sowjetunion eine entsprechende Partnerorganisation gegründet werden sollte.²⁴⁸ Ebenso befragte Popova den Präsidenten der Association France-URSS General Petit persönlich, was er denn von der eventuellen Gründung einer Partnergesellschaft halten würde.²⁴⁹

Die Partnergesellschaften waren keine zivilgesellschaftlichen Vereinigungen und in diesem Sinne nicht mit den Freundschaftsgesellschaften im Westen vergleichbar. Dennoch war die gesellschaftliche Struktur der Partnergesellschaften keine reine Fassade, um dem Westen eine Bewegung „von unten" vorzugaukeln. Diese neuen Vereinigungen bezogen im Sinne der „symbolischen Partizipation" über die Vorstände und nationalen und lokalen Filialen einen größeren Anteil der Bevölkerung in die Außendarstellung der Sowjetunion und

---

247 Partnergesellschaften mit Gründungsdatum: 7.1.1958 DDR; 13.1.1958 Finnland; 21.1.1958 ČSSR; 24.1.1958 Indien; 7.2.1958 Italien; 14.2.1958 Ungarn; 8.4.1958 Großbritannien; 23.5.1958 Griechenland; 18.6.1958 Schweden; 11.7.1958 Frankreich; 24.7.1958 Österreich. Vgl. die jeweilige Berichterstattung über die Gründungen in *Kultur und Leben*.
248 Report of the Ninth General Conference of the BSFS, in: BArch SAPMO, DY 32/595.
249 Brief General Petit an Popova, 1.8.1957, in: GARF, f. 9576, op. 2, d. 67, l. 112–114. Pierrard meinte ebenfalls, dass SSSR-Francija auf Bitten von France-URSS gegründet wurde. Vgl. Mosco, Mémoires d'Ex, Pierrard, S. 87.

damit in die Kontakte mit dem Ausland ein. Wie auch Eleonory Gilburd argumentiert, herrschte Mitte der 1950er Jahre tatsächlich der Wille zur Beteiligung breiterer Kreise der Bevölkerung an den internationalen Beziehungen, die glaubwürdiger als der Staat die sowjetischen Errungenschaften gegenüber dem Ausland direkt vermitteln konnten.[250]

Bei der Gründungsversammlung der SSOD hatte Popova genau angegeben, welche Personenkreise als Delegierte vertreten sein sollten, um die gesamte Sowjetöffentlichkeit zu repräsentieren.[251] Die Diversität der Anwesenden wurde in allen Presseberichten besonders hervorgehoben und kam in der Auswahl der Rednerliste zum Ausdruck. „Auf diese Weise lieferte die Konferenz einen neuen Beweis dafür, wie sehr die breitesten Schichten des Sowjetvolkes an der Erhaltung des Friedens und an der Erweiterung und Vertiefung der kulturellen Beziehungen mit allen Ländern interessiert sind."[252] Ebenso betonten die Berichte über die jeweiligen Gründungsversammlungen der Partnergesellschaften, dass sie eine breite Bewegung „von unten" waren.[253] Entsprechend sollte auch die Leitungsebene der einzelnen Partnergesellschaften ein repräsentatives Bild der sowjetischen kulturellen, wissenschaftlichen und politischen Eliten abgeben. Aushängeschild der Vereinigungen war immer ein im Partnerland möglichst bekannter Präsident. Bei SSSR-Francija fand dieses Amt mit Ilja Ėrenburg, inzwischen auch Mitglied der sowjetisch-französischen Parlamentariergruppe im Obersten Sowjet, eine geradezu ideale Besetzung. Weniger glücklich gewählt erscheint der Schriftsteller Aleksej A. Surkov als Vorsitzender von SSSR-Velikobritanija. Der damalige Kandidat des ZK der KPdSU und Vorsitzende des Schriftstellerverbandes war vor allem bekannt für seine patriotischen Gedichte während des Krieges und für seine Kampagne gegen Boris Pasternak. Surkov

---

250 Vgl. Gilburd, The Revival of Soviet Internationalism, S. 373–375.
251 Vgl. Popova an ZK, 15.10.1957, in: RGANI, f. 89, op. 46, zugänglich in: Bukovsky Archives, ct48–57.
252 Auf breiter öffentlicher Grundlage, in: Kultur und Leben (1958) 4, S. 7–9. Demnach waren unter den Anwesenden 55 Mitglieder oder korrespondierende Mitglieder der Akademie der Wissenschaften, 44 Arbeiter und Kolchosbauern, ein Drittel Frauen, 62 Vertreter der Jugend, 48 Deputierte des Obersten Sowjets. Siehe dort auch die zahlreichen Fotos der „diversen" Teilnehmer. Vgl. auch Naša zel' – mir i sotrudničestvo, in: Pravda, 18.2.1958, S. 3.
253 Vgl. „UdSSR – Grossbritannien", in: Kultur und Leben (1958) 5, S. 59–60; Die Sowjetisch-Österreichische Gesellschaft, in: Kultur und Leben (1958) 9, S. 60; Gründung der Gesellschaft für Sowjetisch-Deutsche Freundschaft und Kulturverbindung in der UdSSR, in: Kultur und Leben (1958) 2, S. 5 f.; Die Gesellschaft für Sowjetisch-belgische Freundschaft, in: Kultur und Leben (1958) 6, S. 51; Die Gesellschaft „UdSSR-Griechenland", in: Kultur und Leben (1958) 8, S. 54; Die Gesellschaft „UdSSR-Schweden", in: Kultur und Leben (1958) 8, S. 55; Frederichsen, Soviet Cultural Diplomacy, S. 83.

war zwar bereits mit Delegationen in der Nachkriegszeit 1949 nach Großbritannien gekommen, hatte jedoch sonst keine engere Verbindung zu dem Land und sprach vermutlich kaum Englisch.[254]

Diese Präsidenten waren wiederum umgeben von einer Reihe von Vize-Präsidenten und einem sehr umfangreichen Vorstand. Diese Ämter wurden den Kandidaten im Vorhinein angetragen, und es war wohl kaum opportun, diese Ehre abzulehnen. Wie bei den Freundschaftsgesellschaften im Westen waren es diese Persönlichkeiten, die gegenüber der Öffentlichkeit immer wieder als „große Namen" genannt wurden. Die Auswahl erfolgte deshalb primär nach der Bekanntheit der Person im Partnerland, die oft mit Sprach- und Landeskenntnissen einherging. Explizit nach dem Vorbild von France-URSS standen beispielsweise Ėrenburg bei SSSR-Francija folgende Persönlichkeiten als ein „kollegiales Präsidium" zur Seite: Jurij A. Žukov in seiner Funktion als ehemaliger *Pravda*-Korrespondent in Frankreich und zugleich in nützlicher Personalunion mit dem GKKS (Abb. 3); der berühmte Mathematiker Andrej N. Kolmogorov, der 1955 die Ehrendoktorwürde der Sorbonne erhalten hatte; der Schriftsteller Aleksandr E. Kornejčuk; der armenische Maler Sarjan Martiros, der 1926 bis 1928 in Frankreich gelebt hatte; schließlich die populäre Primaballerina des Bol'šoj-Balletts Galina S. Ulanova. Zusätzlich ergänzten 15 weitere Personen als Vize-Präsidenten das Präsidium.[255]

Einen breiteren Querschnitt durch die Bevölkerung mit möglichst allen Berufsgruppen, sozialen Schichten und Regionen sollten sehr großen Vorstände

---

254 Nach Roberts hat er dies selbst behauptet, obwohl er angeblich einmal eine englische Zeitung in der Tasche hatte. Vgl. Roberts, John C. Q.: Speak Clearly into the Chandelier. Cultural Politics between Britain and Russia, 1973–2000, Richmond 2000, S. 13. Vorsitzender von SSSR-Italija wurde der Filmregisseur Georgij V. Aleksandrov, von SSSR-Avstrija der Komponist Dmitrij D. Šostakovič, von SSSR-Belgija der Biologe Andrej L. Kursanov.

255 Pavel V. Abrosimov, Architekt; Michail V. Aplatov, Kunsthistoriker; Aleksandr A. Imšeneckij, Mikrobiologe; Ivan A. Kairov, Präsident APN RSFSR, Präsident der sowjetisch-französischen Parlamentariergruppe; Evgenij A. Korovin, Professor für internationales Recht; Aleksej G. Krylov, Direktor der Moskauer Autofabrik Lichačev; Aleksej N. Leont'ev, Mitglied der pädagogischen Akademie der Wissenschaften; Aleksej P. Mares'ev, Held der Sowjetunion, Generalsekretär des Sowjetischen Komitees der Veteranen; Nikolaj G. Pal'gunov, Leiter der TASS; Varbara A. Pivovarova, Leiterin des Moskauer Fremdspracheninstituts; Villis P. Samson, Bildungsminister der lettischen SSSR; Jouzapas Stankievičius, apostolischer Verwalter des römisch-katholischen Erzbistums Kaunas; Sergej I. Jutkevič, Regisseur, mehrfach Jurymitglied bei den Filmfestspielen in Cannes; Spartak B. Bagdasarjan, Sekretär der armenischen LKSM [Parteijugendorganisation]; Vasilij P. Zotov, stellvertretender Vorsitzender von Gosplan. Vgl. Spisok členov pravlenija obščestva „SSSR-Francija", in: GARF, f. 9576, op. 2, d. 67, l. 51–59.

der Partnergesellschaften bieten.²⁵⁶ Von den 70 Vorstandsmitgliedern von SSSR-Francija kamen 17 aus verschiedenen autonomen Gebieten und Republiken vom Baltikum bis Zentralasien.²⁵⁷ Die „Arbeiter und Bauern" aus diesen Regionen gehörten jedoch fast ausnahmslos dem Obersten Sowjet an und waren Teil einer Regionalelite. Bei den übrigen Mitgliedern überwogen auch hier diejenigen, die irgendeinen Bezug zu Frankreich hatten, bereits Teil einer Delegation gewesen waren, idealerweise eine gewisse Bekanntheit in Frankreich hatten und/oder Französisch konnten – immerhin 20 der 70 Mitglieder. Hierzu gehörten die Schauspielerin Ėlina A. Bystrickaja, der Komponist Nikita V. Bogoslovskij, der über Verbindungen zu französischen Komponisten verfügte, der Generalmajor Georgij N. Zacharov, Kommandant des Luftwaffengeschwaders „Normandie-Niémen" oder der Schriftsteller Lev V. Ninkulin. Einige hatten beruflich mit Frankreich zu tun wie die Übersetzerin und Leiterin des französischsprachigen Theaters des Moskauer Lehrerhauses Aleksandra P. Oranovkaja, die Literaturwissenschaftlerin Tamara L. Motylëva, der Spezialist für romanische Linguistik Vladimir G. Gak, der Historiker für westeuropäische Geschichte Boris F. Poršnev und die Direktorin der Moskauer Spezialschule Nr. 2 mit vertieftem Französischunterricht. Zuletzt waren einige Personen qua Amt Mitglied, darunter der sowjetische Botschafter in Frankreich Sergej A. Vinogradov und sein Kultursekretär Viktor S. Volodin, der Leiter der Ersten Europäischen Abteilung des MID Amazasp O. Arutjunjan, der stellvertretende Kulturminister Vasilij I. Pachomov sowie Vertreter der Stadtverwaltungen von Odessa, Jakutsk, Leningrad und Klin, die partnerschaftliche Beziehungen zu französischen Städten hatten.

Viele dieser Persönlichkeiten hatten ein berufliches oder persönliches Interesse an Kontakten mit Frankreich, die während der spätstalinistischen Jahre eingefroren waren. Mit Hilfe der Partnergesellschaften bekamen sie Aussicht auf regelmäßige Treffen mit ausländischen Kollegen, die mögliche Beteiligung an Delegationen und Informationen aus dem Partnerland. Deshalb war es für Wissenschaftler und Künstler nicht uninteressant, sich in den Vorstand einer Partnergesellschaft wählen bzw. ernennen zu lassen.²⁵⁸ Vor der Aufnahme überprüften das ZK und der KGB die Vorstandsmitglieder.²⁵⁹ Dennoch war die

---

256 Anfang 1959 merkte beispielsweise die Leitung der VOKS kritisch an, dass in einigen Vorständen bestimmte Wissenschaften, Frauen, Arbeiter, Kolchozniki und junge Menschen zu wenig vertreten waren. Informacija o sozdanie i dejatel'nosti sovetskich obščestv družby i kul'turnoj svjazi s zarubežnymi stranami, [März 1959], in: GARF, f. 9518, op. 1, d. 17, l. 134–151.
257 Der Vorstand von SSSR-Velikobritanija hatte 86 Mitglieder.
258 Siehe Kapitel 4.3.
259 Vgl. Jeffery, Inez Cope: Inside Russia. The Life and Times of Zoya Zarubina, Austin 1999, S. 100.

Mitgliedschaft in einer Partnergesellschaft weniger politisch als die in der KPdSU. Die Partnergesellschaften befriedigten damit die Bedürfnisse einer gesellschaftlichen Elite nach internationalem Austausch und mobilisierten sie als Akteure an der Außendarstellung der Sowjetunion.

Boten die Partnergesellschaften so einerseits einen Zugang zum Westen, waren sie andererseits ein Mittel, um die Auslandskontakte in geregelte und gut kontrollierbare Bahnen zu lenken. Über die Partnergesellschaften entschied die SSOD und letztlich das ZK, wer wann an welcher Delegation ins Ausland teilnehmen durfte und wer Zugang zu welchen Informationen bekam. Öffnung und Kontrolle waren zwei Seiten einer Medaille. Zu diesem Kontrollaspekt passt, dass ab 1957 auch die „Tauwetter"-Phase in der Kulturpolitik zu Ende ging. Wie im Falle der bekannten Pasternak-Affäre griff die sowjetische Regierung wieder verstärkt in das Geistesleben und in ästhetische Fragen der Kunst, Musik und Literatur ein und übte in der Kulturpolitik eine stärkere Kontrolle aus.[260]

Dass die Vorstände der Partnergesellschaften nur begrenzt Einfluss nehmen sollten, wird dadurch deutlich, dass die SSOD weit mehr als nur eine Dachorganisation für sie bildete, sondern sie nahezu vollständig integrierte. Die Generalsekretäre der Partnergesellschaften arbeiteten zugleich als Referenten in den verschiedenen regionalen Sektionen und unterstanden damit den Entscheidungen des Präsidiums der SSOD.[261] Diese hauptamtlichen Mitarbeiter kamen häufig aus dem diplomatischen Dienst, beherrschten die jeweilige Landessprache und hatten aufgrund ihrer langjährigen Tätigkeit entsprechende Kontakte zu den kulturellen und politischen Kreisen des Landes. Meist besetzten sie alternierend den Posten des Generalsekretärs und des SSOD-Vertreters in dem jeweiligen Land vor Ort. Ein typisches Beispiel bietet Valentin I. Svistunov, der nach seinem Französisch-Studium und einer kurzen Zeit als Lehrer in den Dienst der SSOD eintrat.[262] Er wechselte sich mit Viktor S. Volodin zwischen 1958 und 1987 auf den Posten des Generalsekretärs von SSSR-Francija und des SSOD-Vertreters in der Pariser Botschaft ab.[263] Für

---

260 Siehe zur erneuten Kontrolle in Literatur, Kunst und Musik ausführlich Laß, Vom Tauwetter zur Perestrojka, S. 44–76.
261 So war beispielsweise der Leiter der Abteilung Westeuropa Generalsekretär von SSSR-Francija, der Leiter der Abteilung der britischen Länder (Großbritannien und Commonwealth) zugleich Leiter der Gesellschaft SSSR-Velikobritanija.
262 Vgl. Gomart, Double détente, S. 104.
263 Svistunov war 1958–1962, 1968–1974 und 1980–1987 Generalsekretär von SSSR-Francija sowie 1962–1968 und von 1974–1980 Vertreter der SSOD in Paris. Volodin war 1958–1962 SSOD-Vertreter in Paris und 1962–1968 Generalsekretär von SSSR-Francija.

Großbritannien lösten sich unter anderem Vladimir Čubarov, Anatolij Mas'ko und Andrej Parastaev als Generalsekretäre von SSSR-Velikobritanija und SSOD-Vertreter in London ab.[264]

Diese beiden Posten waren die Schlüsselpositionen für die Partnergesellschaften. Sie waren die zentralen Ansprechpartner für die Freundschaftsgesellschaften und die Bindeglieder zu den Ministerien und anderen staatlichen Stellen. Die SSOD-Vertreter an den Botschaften hatten die Aufgabe, vor Ort Kontakt mit den Freundschaftsgesellschaften, aber auch mit anderen gesellschaftlichen Organisationen und kulturellen Einrichtungen zu halten, sie in ihrer Arbeit zu unterstützen und regelmäßig über deren Tätigkeit Bericht zu erstatten.[265] Darüber hinaus sollten sie bei der Auswahl von Delegationen in die Sowjetunion mitwirken, deren Aktivitäten als Multiplikatoren nach der Rückkehr beobachten und sowjetische Delegationen im jeweiligen Land betreuen.[266] Wie Kislova bereits 1954 den VOKS-Vertreter in Paris anwies, war es nicht seine Aufgabe, offensichtlich zu kontrollieren, sondern „mit Takt und Geschick [der Freundschaftsgesellschaft] die eine oder andere nützliche Maßnahme nahezulegen, oder umgekehrt solche Maßnahmen zu verhindern, die offensichtlich nicht realisierbar oder nützlich sind".[267]

Die Partnergesellschaften richteten sich jedoch nicht ausschließlich an die kleine Gruppe der Intellektuellen in den Vorständen. Eine breitere Schicht der Bevölkerung wurde über kollektive Mitglieder, d. h. Schulen, Universitätsinstitute, Kolchosen, Theater, Fabriken oder andere Einrichtungen integriert. Bei diesen kollektiven Mitgliedern gab es in der Regel Komitees der jeweiligen Partnergesellschaften. Diese organisierten z. B. Sprachkurse, veranstalteten Mini-Ausstellungen und Vorträge über das Partnerland oder waren für den Empfang von Delegationen aus dem jeweiligen Land zuständig. Sehr aktive kollektive Mitglieder waren beispielsweise die Autofabrik Lichačev (ZIL) in Moskau, die Spezialschulen mit vertiefter Sprachausbildung wie die Moskauer Schule Nr. 2 oder Besatzungen von Handelsschiffen, die regelmäßig westliche Häfen

---

264 Anatolij Mas'ko war von 1969–1979 Generalsekretär von SSSR-Velikobritanija und zu Beginn der 1960er Jahre und von 1979–1983 SSOD-Vertreter in London. Vladimir Čubarov war ab 1961 SSOD-Vertreter und anschließend bis 1969 Generalsekretär. Andrej Parastaev war von 1973–1979 SSOD-Vertreter und anschließend bis 1985 Generalsekretär.
265 Nikolas Polianski schreibt über den Schweizer SSOD-Vertreter, dass er eine feste Anzahl von Berichten abzuliefern hatte, in denen er die marginalen Aktivitäten der Association Suisse-URSS entsprechend aufbauschte. Vgl. Polianski, MID, S. 112 f.
266 Vgl. Položenie o predstavitele Sojuza sovetskich obščestv družby i kul'turnoj svjazi s zarubežnymi stranami, 24.6.1958, in: GARF, f. 9518, op. 1, d. 17, l. 229 f.
267 Kislova an Rogov, 6.4.1954, in: GARF, f. 5283, op. 22, d. 461, l. 55–57, hier l. 57.

anliefen.²⁶⁸ Ihre Mitglieder wurden für die Außendarstellung der Sowjetunion mobilisiert, erhielten dafür jedoch im Gegenzug einen privilegierten, wenn auch gut gefilterten Zugang zum Ausland. Dadurch, dass die SSOD zukünftig alle Mitglieder und Angehörigen der kollektiven Mitglieder, also z. B. alle Beschäftigten eines Betriebes, als „Aktive" der Freundschaftsbewegung zählte, wurde sie auf dem Papier tatsächlich zu einer Massenbewegung. An ihre Grenzen stieß die Öffnung der Freundschaftsbewegung allerdings bei der Frage der individuellen Mitgliedschaft. Diese war zwischen der VOKS, dem ZK und der GKKS ernsthaft diskutiert worden, doch am Ende führte schließlich das Bedürfnis nach Kontrolle zur Ablehnung.²⁶⁹

Die Freundschaftsbewegung sollte nicht nur alle Schichten, sondern auch alle Gebiete der Sowjetunion integrieren. Im April 1958 hatte das ZK beschlossen, die Kader der Republiken aktiver in die außenpolitischen Aktivitäten einzubeziehen. Im Juli 1958 fasste das Sekretariat des ZK den Beschluss zur Erweiterung der Partnergesellschaften auf Ebene der Republiken.²⁷⁰ Nachdem die VOKS bereits in der Zwischenkriegszeit über Filialen in den Republiken verfügt hatte, bekamen einige Republiken – darunter die ukrainische und belarussische – bereits vor Stalins Tod wieder Unterabteilungen der VOKS. Wie Klöckner für die belarussische Republik zeigt, wurden nach 1958 für eine stärkere gesellschaftliche Verankerung in allen Republiken Organisationen nach Vorbild der SSOD gegründet.²⁷¹ Die einzelnen Partnergesellschaften bauten ebenfalls auf Republikebene und in größeren Städten Komitees auf. Dabei hatten die Republiken einerseits geographisch oder historisch bedingte Schwerpunktländer. Andererseits hing die Gründung von Partnergesellschaften davon ab, ob regelmäßig Delegationen aus den entsprechenden Ländern dorthin reisten oder ob es bereits partnerschaftliche Beziehungen mit Städten im Ausland gab. In Leningrad entstanden beispielsweise bereits 1958 Gesellschaften mit 24 Ländern. Die Irkutsker Parteiführung bat das ZK in Moskau, in Irkutsk eine eigene Abteilung der SSOD gründen zu dürfen mit Filialen der Sowjetisch-Chinesischen und Sowjetisch-Japanischen Gesellschaft – allein 1958 hätten sie

---

268 Vgl. Ossipow, A.: Freunde Italiens, in: Kultur und Leben 11 (1968) 6, S. 26 f.; Gogitidze, A.: Mariannes Moskauer Heim, in: Kultur und Leben (1965) 9, S. 34 f.; Adomanis, Kazimieras: Schiff der Freundschaft, in: Kultur und Leben (1974) 1, S. 16.
269 Vgl. Informacija o sozdanie i dejatel'nosti sovetskich obščestv družby i kul'turnoj svjazi s zarubežnymi stranami, [März 1959], in: GARF, f. 9518, op. 1, d. 17, l. 134–151. Gilburd wertet alleine die Tatsache, dass eine solche individuelle Mitgliedschaft erwogen wurde, als Indikator für die Internationalisierung. Vgl. Gilburd, The Revival of Soviet Internationalism, S. 363.
270 Vgl. Popova an CK KPSS, 15.8.1958; und Gorškov an CK KPSS, 3.10.1958, in: GARF, f. 9576, op. 18, d. 1, l. 58 f. und 83–85.
271 Vgl. Klöckner, Kultur- und Freundschaftsbeziehungen, S. 68 f.

dort 236 Delegationen betreut.[272] Schon 1958 entstanden Filialen von SSSR-Velikobritanija zunächst in der Armenischen SSR und in Stalingrad.[273] Diese einzelnen Filialen der SSOD blieben allerdings zunächst vollkommen abhängig von den Anweisungen Moskaus. Sie durften höchstens Vorschläge für Veranstaltungen und Delegationen machen, die jeweils in Moskau abgesegnet und in den Jahresplan aufgenommen werden mussten.[274] Mitte 1959 waren in die verschiedenen Leitungsorgane der SSOD und auf Republikebene bereits 3.000 Personen eingebunden. Es gab 28 Partnergesellschaften mit gut 1.000 kollektiven Mitgliedern und 16 regionale Filialen der SSOD.[275] Ungeachtet der tatsächlichen Beteiligung der einzelnen Personen kann mit Eleonory Gilburd von einer „Demokratisierung" des Zugangs zu Informationen über das Ausland gesprochen werden, da ein deutlich größerer Teil der Bevölkerung an der Außendarstellung der Sowjetunion beteiligt wurde.

Aufgaben und Aktivitäten: Kommunikation nach außen und innen

Die Aufgaben der SSOD richteten sich zunächst primär an das Ausland: Informationen über das Leben des sowjetischen Volkes und seine Errungenschaften zu liefern, um die „antisowjetische Propaganda zu entlarven", den Einfluss der Sowjetunion in der ausländischen Öffentlichkeit zu stärken und Sympathie für die Sowjetunion in breiten Kreisen der ausländischen Bevölkerung zu wecken. Allerdings ging es auch darum, das sowjetische Volk mit der Geschichte, Literatur und Kunst anderer Völker vertraut zu machen.[276]

Eine wichtige Aufgabe der SSOD war die Versorgung der Partner im Ausland mit Druckschriften und Informationsmaterial über die Sowjetunion. Dazu gehörten Fotoausstellungen, Übersetzungen von Artikeln aus der sowjetischen Presse, Materialien zu wichtigen politischen Entscheidungen und die Herausgabe von Zeitschriften. Bereits seit 1930 erschien der *VOKS Bulletin* auf Russisch. Seit 1943 gab es zusätzlich eine englische Übersetzung, um im Kontext

---

272 Vgl. Popova an CK KPSS, 29.9.1958, in: GARF, f. 9576, op. 18, d. 1, l. 82. Siehe hierzu auch Soldatov/Čižikova, Dejatel'nost' sovetskich obščestv, S. 30.
273 Vgl. Spravki o sovetskich obščestv družby i kul'turnoj svjazi s zarubežnymi stranami, 1.5.1959, in: GARF, f. 9576, op. 2, d. 121, l. 35–43.
274 Vgl. Klöckner, Kultur- und Freundschaftsbeziehungen, S. 76.
275 Vgl. Otčet o rabote Sojuza sovetskich obščestv družby i kul'turnoj svjazi s zarubežnymi stranami (fevral' 1958 g.–aprel' 1959 g.), 8.4.1959, in: GARF, f. 9576, op. 18, d. 1, l. 198–223.
276 Vgl. O reorganizacii VOKSa. Sekretariat CK KPSS, 5.9.1957, in: RGANI, f. 89, per. 55, d. 21, ll. 1–34, zugänglich in: Bukovsky Archives, ct48-57; Materialy k 60-letiju, S. 41 f.

der Kriegsallianzen ein etwas breiteres Publikum zu erreichen. Im Zuge der Internationalisierung ab 1955 maß die VOKS der Zeitschrift neue Bedeutung bei. Sie verbreitete sie großflächig im Ausland und bat die Mitarbeiter der Freundschaftsgesellschaften gezielt um ihre Meinung.[277] Eleonory Fox von der SCR sparte nicht an Kritik: „Why is it consistently late in appearing, so that No 1, 1955, appearing in May, carries all sorts of New Year greetings? Is it compelled to use as its leading articles, heavy-weight political and philosophical matter, thus making many English readers fail to read beyond page 5 of any issue?"[278] Ebenso sahen Rothstein und Sloan keinen Mehrwert im *VOKS Bulletin* angesichts zahlreicher konkurrierender Zeitschriften mit vergleichbarem Inhalt wie *Soviet Weekly*.[279] Im Zuge des Besuchs von Premierminister Mollet in der UdSSR erschien ab 1956 auch eine französische Version des *VOKS Bulletin*.[280] An dessen Inhalt hatten Petit und Pierrard zwar nichts auszusetzen. Doch Titel, Layout und Fotos sollten ihrer Meinung nach mehr dem französischen Geschmack angepasst werden.[281]

Im August 1956 beschloss das ZK der KPdSU schließlich die Publikation einer neuen Monatszeitschrift unter dem offeneren Titel *Kul'tura i žizn'*. Sie erschien ab der ersten Ausgabe im Juni 1957 auf Englisch, Französisch, Russisch, Deutsch und Spanisch und wurde in 77 Ländern verteilt.[282] Die Ausgaben waren allerdings in allen Sprachen identisch. Anfänglich gab es auch hier massive Probleme mit Druck und Auslieferung, so dass teilweise nur die englische

---

277 Die Ausgaben ab 1955 sind in westeuropäischen Bibliotheken relativ flächendeckend vorhanden, während vorherige Bände in Deutschland gar nicht (auch nicht auf dem Gebiet der ehemaligen DDR) und in Frankreich und Großbritannien nur in einzelnen ausgewählten Bibliotheken zugänglich sind.
278 [Fox, Eleonory]: Observation on Soviet Information and Propaganda Services, 12.5.1955, in: GARF, f. 5283, op. 22, d. 499, l. 223–233, hier 231.
279 Vgl. Informacionnaja zapiska o prebyvanii v SSSR vicepredsedatelja Obščestva anglo-sovetskoj družby A. Rotštejna, general'nogo sekretarja Obščestva Slouna i Sovetnika Obščestva po voprosam teatra i muzyka A. Borsdorfa, 4.5.1956, in: RGANI, f. 5, op. 28, d. 462, l. 39–44.
280 Vgl. Iz postanovlenija Prezidiuma CK KPSS „O bližajšich meroprijatijach po dal'nejšemu uluščeniju franko-sovetskich otnošenij", 15.3.1956, in: RGANI, f. 3, op. 14, d. 9, l. 63–67, abgedruckt in: Gusev/Murav'ev, My dolgo ždali, S. 41.
281 Vgl. Zapis' besedy s rukovodjaščimi rabotnikami Obščestva „Francija-SSSR" È. Peti i A. P'errarom po voprosam rasprostranenija vo Francii žurnala „Bjulleten' VOKS" na francuzskom jazyke, 20.4.1956, in: RGANI, f. 5, op. 28, d. 462, l. 34 f.
282 Vgl. Spravka, verfasst von Gorškov, [Anfang 1960], in: GARF, f. 9576, op. 18, d. 52, l. 27–31. Die erste Ausgabe erschien mit einer Gesamtauflage von 40.000 Stück, davon 15.000 auf Englisch, 10.000 auf Französisch und jeweils 5.000 auf Russisch, Deutsch und Spanisch. Der symbolischen Öffnung eher abträglich war die Tatsache, dass *Kul'tura i žizn'* von 1946 bis 1951 der Titel der Zeitschrift der Agitprop-Abteilung des ZK der KPdSU gewesen war.

oder russische Ausgabe herauskam, nur in schwarz-weiß gedruckt wurde oder die Ausgaben mit bis zu sechsmonatiger Verspätung erschienen.[283] *Kul'tura i žizn'* sollte den ausländischen Lesern die friedliebende Außenpolitik der Sowjetunion, das Leben der Völker der Sowjetunion und die Errungenschaften der sowjetischen Wissenschaften, Literatur und Kunst vermitteln.[284] Die Zeitschrift erschien als aufwändiges buntes Hochglanzjournal mit zahlreichen Fotos und war tatsächlich wesentlich ansprechender als ihre Vorgängerin. Ein interner Rückblick 1959 wertete *Kul'tura i žizn'* als Erfolg. Insbesondere hoben die Verantwortlichen hervor, dass die Zeitschrift auf reges Interesse im Ausland stoße, wovon die zahlreichen Leserzuschriften zeugten.[285] Allerdings waren die meisten Absender aus westlichen Ländern Mitarbeiter der Freundschaftsgesellschaften. Ebenso wurden zwar Artikel aus *Kul'tura i žizn'* von ausländischen Zeitschriften übernommen, doch handelte es sich dabei primär um Zeitschriften der kommunistischen Parteien oder der Freundschaftsgesellschaften. Die Verbreitung der neuen Zeitschrift blieb zudem größtenteils auf die Leitungsebene der Freundschaftsgesellschaften beschränkt. Dennoch spielte sie eine Rolle als Verbindungsorgan des globalen Netzwerks der Freundschaftsgesellschaften. Dadurch, dass die Zeitschrift über die Aktivitäten der Gesellschaften in den verschiedenen Ländern berichtete, trug sie vor allem bei den Mitgliedern kleinerer Gesellschaften zu dem Gefühl bei, nicht alleine auf weiter Flur zu kämpfen. Sie fühlten sich als Teil einer großen transnationalen Gemeinschaft.

Ein weiteres Aufgabengebiet der Partnergesellschaften war die Organisation kultureller Veranstaltungen über das Partnerland. Bei den Reden der Gründungsveranstaltungen standen meist die jahrhundertealten kulturellen Verbindungslinien zwischen den Völkern im Zentrum. So beschwor bei der Gründung von SSSR-Francija Ėrenburg die Liebe des sowjetischen Volkes zum Volk Montesquieus und Hugos, zum Volk Balzacs und Stendhals, zum Volk Pasteurs und Curies. Die Historikerin Nina A. Sidorova bewunderte die Kunstwerke der französischen Gotik und griff den nationalen Mythos der Freiheitsliebe des französischen Volkes, des immerwährenden Strebens nach nationaler Unabhängigkeit von Jeanne d'Arc bis zur Résistance auf.[286]

---

283 Vgl. zu den anfänglichen Problemen: Popova an P. N. Pospelov, Sekretär des ZK, 23.3.1958, in: GARF, f. 9576, op. 1, d. 391, l. 1–3.
284 Vgl. Spravka, verfasst von Gorškov, [Anfang 1960], in: GARF, f. 9576, op. 18, d. 52, l. 27–31.
285 Vgl. auch zum Folgenden: Inozemcev, I.: Spravka o pis'mach v redakciju žurnala „Kul'tura i žizn'", 11.3.1959, in: GARF, f. 9518, op. 1., d. 17, l. 127–131.
286 Vgl. Stenogramma učreditel'nogo sobranija po sozdanie Obščestva „SSSR-Francija", 11.7.1958, in: GARF, f. 9576, op. 2, d. 67, l. 1–51. Siehe im Rückblick: Sedykh, Wolf: 25 ans et ... des siècles, in: FUM (1983) 7–8, S. 16 f.

Dementsprechend umfasste das in den Veranstaltungen kommunizierte Bild größtenteils die „Klassiker" des nationalen Kulturkanons oder eher progressive zeitgenössische Künstler. So organisierte SSSR-Francija beispielsweise Abende zu den Geburts- und Todestagen von Molière, Honoré Daumier, Eduard Manet, Paul Cézanne, Jean-Richard Bloch oder des ehemaligen Präsidenten von France-URSS Paul Langevin.[287] SSSR-Velikobritanija organisierte entsprechend Abende zu Ehren des Botanikers Robert Brown oder des Schriftstellers John Milton.[288] Insgesamt konnte in den 1950er und 1960er Jahren SSSR-Francija – vielleicht dank ihres umtriebigen Vorsitzenden – wesentlich mehr Veranstaltungen auf die Beine stellen als SSSR-Velikobritanija.

Die bekannteste und bereits am besten dokumentierte Initiative Ėrenburgs für französisch-sowjetischen kulturellen Austausch war sicherlich die Picasso-Ausstellung im Oktober 1956 in Moskau. Diese Ausstellung ermöglichte Ėrenburg mit Initiative, Ausdauer und Verhandlungsgeschick.[289] Weniger bekannt ist, dass ihm dafür die VOKS, France-URSS und insbesondere die Vorgängerorganisation von SSSR-Francija, die Druz'ja Francii, den notwendigen institutionellen Rahmen boten. Bereits 1954 hatte das ZK den Vorschlag der VOKS genehmigt, Picasso in die Sowjetunion einzuladen. Als ihm eine Delegation der VOKS zum Nationalkongress von France-URSS 1954 diese Einladung überbrachte, machte Picasso deutlich, dass er dann auch eine Ausstellung in der Sowjetunion machen wolle. Da Picasso schließlich nicht kommen konnte, wiederholte die VOKS im September 1956 diese Einladung anlässlich seines 75. Geburtstags.[290] Das ZK wollte offensichtlich im Vorfeld des Ersten Künstlerkongresses die Ausstellung möglichst klein halten.[291] Doch nach einer ersten Zusage war Picasso verstimmt und reagierte nicht mehr auf die sowjetischen Schreiben. Im persönlichen Gespräch mit Botschafter Vinogradov machte er

---

287 Vgl. Informacija o sozdanie i dejatel'nosti sovetskich obščestv družby i kul'turnoj svjazi s zarubežnymi stranami, [März 1959], in: GARF, f. 9518, op. 1, d. 17, l. 134–151, hier l. 148.
288 Vgl. Gromeka, W.: „An die Gesellschaft 'UdSSR-Großbritannien', Moskau", in: Kultur und Leben (1958) 9, S. 54–56, hier S. 56.
289 Siehe zur Entstehungsgeschichte sowie kurz- und langfristigen Rezeption der Picasso-Ausstellung sehr fundiert Gilburd, Eleonory: Picasso in Thaw Culture, in: Cahiers du monde russe 47 (2006) 1–2, S. 65–108, sowie Volovnikov, Vladimir G.: O neobyknovennom gode neobyknovennoj ėpochi. Neizvestnaja istorija vystavki Pablo Pikasso v SSSR v 1956g., Moskau 2007.
290 Vgl. Informacija o prebyvanii vo Francii delegacii dejatelej sovetskoj kul'tury (s 7 po 21 dekabrja 1954 g.), in: RGANI, f. 5, op. 28, d. 352, l. 9–13; Vizžilin, stellvertretender Vorstand der VOKS, an ZK, 30.8.1956, in: GARF, f. 5283, op. 22, d. 543, l. 8; Svistunov, Vertreter Abteilung Westeuropa der VOKS, an Trišin, Vertreter der VOKS in Paris, 17.9.1956, in: GARF, f. 5283, op. 16, d. 530, l. 47–49.
291 Vgl. Gilburd, Picasso in Thaw Culture, S. 72.

deutlich, dass er die Angriffe auf seine Person durch den Präsidenten der sowjetischen Kunstakademie Aleksandr M. Gerasimov und das Aufführungsverbot des Filmes „Le Mystère Picasso"[292] übel nahm. Zudem gefiel ihm nicht, dass auf der Ausstellung nur Zeichnungen und keine Gemälde von ihm gezeigt werden sollten. Um die Wogen zu glätten, empfahl Jakovlev, Picasso in diesen Fragen entgegenzukommen und die Feierstunde zu seinem Geburtstag nicht nur im Rahmen der Druz'ja Francii, sondern in Anwesenheit von Gerasimov in der Akademie der Künste zu begehen.[293] Allzu viel Spielraum hatten sie jedoch ohnehin nicht mehr, da Picasso bereits 38 sorgfältig ausgewählte Gemälde an die sowjetische Botschaft in Paris geschickt hatte, die ohne größeren diplomatischen Affront nicht mehr zurückgegeben werden konnten.[294]

Zehn Tage später, am 25. Oktober 1956, wurde die Ausstellung im Puškin-Museum in Moskau tatsächlich eröffnet. Allerdings konnte Picasso nicht persönlich kommen und schickte nur eine Grußbotschaft.[295] In einem Interview mit *France-URSS* begrüßte er, dass nach langen Jahren der Beschimpfungen seine Werke endlich in Moskau gezeigt werden konnten.[296] Der durchschlagende Erfolg dieser Ausstellung und ihre große, nachhaltige Bedeutung in der Erinnerung sowjetischer Intellektueller sind nicht zu leugnen.[297] Wie Jakovlev bemängelte, erwähnte die Berichterstattung der *Pravda* jedoch nicht, dass sie von den Druz'ja Francii organisiert wurde. Dies wäre für France-URSS wichtig gewesen als Beweis ihrer gesellschaftlichen Initiative für die Verbreitung der französischen Kultur in der Sowjetunion.[298]

Denn die Ausstellung wurde – vielleicht nicht von Ėrenburg, aber von den Verantwortlichen im ZK und der VOKS – weniger für das sowjetische Publikum als für die westliche Öffentlichkeit organisiert. Derartige Veranstaltungen sollten die Freundschaftsgesellschaften im Ausland stärken, indem sie den Vorwurf der kulturellen „Einbahnstraße" entkräfteten und deren Glaubwürdigkeit erhöhten. So schlug schon 1954 die VOKS dem ZK der KPdSU vor, während des

---

292 „Le Mystère Picasso" ist ein Dokumentarfilm von 1955, für den der Regisseur Henri-Georges Clouzot den Entstehungsprozess mehrerer Bilder von Picasso filmte. Der Film erhielt beim Filmfestival von Cannes 1956 den Spezialpreis der Jury. Er wurde in der Sowjetunion schließlich nur einem begrenzten Publikum gezeigt. Vgl. Gilburd, Picasso in Thaw Culture, S. 94.
293 Vgl. Jakovlev an ZK, 15.10.1956, in: GARF, f. 5283, op. 22, d. 543, l. 32 f.
294 Vgl. Gilburd, Picasso in Thaw Culture, S. 74.
295 Die Grußbotschaft findet sich in: Picasso, in: Kultur und Leben (1957) 1, S. 20 f. Vgl. auch Rubenstein, Ilya Ehrenburg – Between East and West, hier S. 62.
296 Vgl. Picasso expose à Moscou, in: France-URSS (1956) 10, S. 4 f.
297 Vgl. Gilburd, Picasso in Thaw Culture, S. 65–67.
298 Vgl. Jakovlev an Pal'gunov N.G. von TASS, 31.10.1956, in: GARF, f.5283, op. 22, d. 543, l. 40.

Monats der Freundschaft in Großbritannien kulturelle Veranstaltungen zu England in der Sowjetunion durchzuführen, „damit das Freundschaftsgefühl zur Sowjetunion verstärkt und breitere Kreise in England angesprochen werden".[299] Hier griff erstmals der Mechanismus der Gegenseitigkeit in der Cultural Diplomacy: Um den Freundschaftsgesellschaften im Westen Glaubwürdigkeit zu verleihen und der westlichen Öffentlichkeit das Bild eines offenen Landes zu vermitteln, musste die sowjetische Regierung in Kauf nehmen, dass westliche Kulturveranstaltungen – im Zweifelsfall auch eine Picasso-Ausstellung – in der Sowjetunion durchgeführt wurden.

Ähnlich verhielt es sich bei einer weiteren Aufgabe der Partnergesellschaften: dem Empfang und der Begleitung ausländischer Delegationen und Touristengruppen in der Sowjetunion. Während Inturist für das touristische Programm zuständig war, kümmerte sich das Netzwerk der Partnergesellschaften vor Ort um die sogenannten menschlichen Begegnungen. Sie organisierten Empfangsabende mit Volkskunstdarbietungen, die den ausländischen Gästen das Gefühl geben sollten, kein anonymer Tourist, sondern persönlich willkommen zu sein und die russische Gastfreundschaft genießen zu dürfen. Dafür brauchten sie jedoch die Mitwirkung der sowjetischen Mitglieder.[300] Gerade für den Empfang ausländischer Delegationen war es wichtig, einen repräsentativen Ort der Freundschaft zu haben. Dies wurde das Dom družby s narodami zarubežnych stran, das Haus der Freundschaft an der Ulica Kalinina, heute Ulica Vozdviženka, Nummer 16. Das zentral gelegene Haus unweit des Kreml, der Lenin-Bibliothek und des Arbat war schon von außen sehr beeindruckend und hatte eine internationale Geschichte. Der adelige Fabrikant Arsenij A. Morozov ließ es Ende des 19. Jahrhunderts im maurischen Stil erbauen. Die Fassade ist außen bedeckt mit Jakobsmuscheln. Zwei Rundtürme mit Zinnen und ein Eingangsportal verleihen ihm einen herrschaftlich-exotischen Anstrich. Nach der Revolution beherbergte es das avantgardistische Theater Proletkul't und sukzessive die japanische, die britische und die indische Botschaft. Am 31. März 1959 wurde es schließlich als Haus der Freundschaft feierlich eröffnet. Es bot seinen Besuchern Ausstellungsräume, einen Konzert- und einen Konferenzsaal mit Simultanübersetzungsanlage, ein Kino, einen Musiksalon, eine Bibliothek und ein Café.[301] Vergleichbare Freundschaftshäuser als Veranstaltungs- und Empfangsorte für

---

299 Denisov an ZK, 1.11.1954, in: RGANI, f. 5, op. 28, d. 250, l. 147.
300 Siehe Kapitel 4.3.
301 Vgl. Gilburd, The Revival of Soviet Internationalism, S. 362 f.; sowie Iwanow, J. W.: Haus der Freundschaft, in: Kultur und Leben (1959) 5, S. 34–38. Seit 2006 dient das Gebäude der russischen Regierung als Empfangsgebäude für ausländische Gäste und diplomatische Gespräche.

ausländische Gäste entstanden in den Republikhauptstädten sowie in Leningrad und Irkutsk.

Damit war ein Veranstaltungsort geschaffen, der einerseits als Empfangshaus für ausländische Delegationen einen diplomatischen Zweck erfüllte. Andererseits bot er einen kontrollierten Raum der Kommunikation und Begegnung für sowjetische Besucher mit Persönlichkeiten und Kulturerzeugnissen aus dem Ausland. Der Kunsthistoriker Michail J. German erinnert sich für die 1960er Jahre trotz aller Kontrolle an einen Ort, der internationales Flair versprach:

> Im Freundschaftshaus war es angenehm und merkwürdig: eine Atmosphäre des Auserwähltseins für den Zugang zu einer von höchster Stelle abgesegneten Kommunikation mit Ausländern – eine attraktive Seltenheit zu dieser Zeit. Ein guter Geruch [...] ein preiswertes, fast üppiges, nicht bäuerliches Buffet, teilweise sogar Empfänge im europäischen Stil, ritualisierte Reden, schließlich einfach die Möglichkeit Französisch zu sprechen und Komplimente zu hören [...].[302]

Die ausführliche Berichterstattung über die Gründungen der SSOD und der Partnergesellschaften betonte beständig deren Verankerung in der Bevölkerung und deren Möglichkeiten für einen Austausch mit dem Westen. Damit signalisierte sie nach außen und nach innen, dass die Sowjetunion ein offenes Land sei, in dem jeder Zugang zu derartigen Vereinigungen und damit zu Informationen und Kontakten mit dem Ausland haben könnte. Diese Botschaft nahmen viele Sowjetbürger zum Anlass, die Partnergesellschaften als mögliche Kommunikationskanäle in den Westen zu nutzen. Die SSOD erhielt von Anfang an tausende Briefe – allein 1958 waren es 8.111.[303] Davon waren offensichtlich die Verantwortlichen selbst überrascht und diskutierten intern, wie vor allem mit den vielen Anfragen um Brieffreundschaften umgegangen werden sollte.[304]

An SSSR-Francija wandten sich sowjetische Bürger 1960 mit den unterschiedlichsten Anliegen.[305] Abgesehen von der Suche nach Brieffreunden bat die überwiegende Anzahl der Zuschriften um Material aus Frankreich wie französische Zeitschriften oder Bücher. Die Omsker Briefmarkenfreunde wünschten sich beispielsweise die französischen Briefmarken der „Helden der Befreiung" für ihre Briefmarkenausstellung zum Jahrestag des Sieges. Eine Schülerin der

---

302 German, Michail: Složnoe prošedšee. Passé composé, St. Petersburg 2000, S. 475.
303 Vgl. Spravka o rabote s korrespondenciej v 1961 godu i v 1 kvartale 1962 g., in: GARF, f. 9576, op. 1, d. 397, l. 35–38.
304 Vgl. Gilburd, The Revival of Soviet Internationalism, S. 374 f.
305 Die hier zitierten Briefe finden sich alle in: GARF, f. 9576, op. 6, d. 124 und 125. Leider ist nur ein Bruchteil der Briefe einzusehen.

Mittelschule Nr. 40 wollte die Noten der Marseillaise. Ein Herr Nikišin bat um ein bestimmtes Tuberkulose-Medikament, das nur in Frankreich erhältlich war. Andere versuchten, über SSSR-Francija Kontakt zu französischen Kriegskameraden aufzunehmen – wie Pavel Michajlov, der seine französischen Freunde und Genossen aus dem KZ Sachsenhausen grüßen wollte. Verzweifelt wandte sich die 82-jährige Eugénie Arndt aus Pavlovskij Posad an SSSR-Francija. Die gebürtige Französin ging 1901 nach Russland, diente selbst in beiden Kriegen auf russischer Seite und heiratete einen Mann deutscher Abstammung, der 1941 nach Kasachstan verbannt wurde, wo er bald verstarb. Sie selbst konnte erst 1954 zurückkehren und war seitdem ohne jegliche Unterstützung. Jetzt wünsche sie, in einem Altenheim untergebracht zu werden, wo sie in Ruhe sterben könne. Sie zweifelte an der neuen Internationalisierungsrhetorik: „In den *Nouvelles de Moscou* [französischsprachige Wochenzeitung der SSOD] lese ich immer, wie freundschaftlich man sich gegenüber Ausländern verhält, aber es scheint mir, das ist nur Fassade. Ich habe viele Verwandte in Frankreich. Ich erhalte Briefe aus meinem Land, aber ich kann meinen Verwandten nicht die ganze Wahrheit schreiben."[306] Der Generalsekretär Svistunov und oft auch Ėrenburg persönlich machten sich die Mühe, diese Briefe zu beantworten. Den meisten Bitten um Bücher und anderes Material konnten sie jedoch nicht nachkommen. Gesuche um Brieffreundschaften leiteten sie an andere Vereinigungen weiter, da die Partnergesellschaften keine individuellen Brieffreundschaften, sondern nur Korrespondenzen zwischen Kollektiven vermittelten. Andere Anfragen übergaben sie an die entsprechenden zuständigen Stellen. So sandte Ėrenburg den Brief von Eugénie Arndt an den Präsidenten der Moskauer Gebietsverwaltung. Die Partnergesellschaft sammelte und kanalisierte die Anfragen, konnte jedoch für den einzelnen Bürger kaum tatsächliche Kommunikation mit dem Ausland vermitteln.

1959 zog die SSOD selbst eine Erfolgsbilanz: Durch die Partnergesellschaften würden breitere Kreise der sowjetischen Bevölkerung einbezogen und ausländische Organisationen wären leichter bereit, mit Organisationen in der Sowjetunion in Kontakt zu treten.[307] Die Partizipation blieb in vielerlei Hinsicht symbolisch, hatte jedoch eine mobilisierende, legitimierende und zugleich kontrollierende Funktion gegenüber den sowjetischen kulturellen und wissenschaftlichen Eliten und dem Westen. Die Struktur der SSOD mit Partnergesellschaften wurde zum Vorbild für andere sozialistische Staaten. In der DDR erfolgte entsprechend 1961 die Gründung der Liga der Völkerfreundschaft und anschließend einzelner

---

306 Eugénie Arndt an SSSR-Francija, 23.10.1960, in: GARF, f. 9576, op. 6, d. 125, l. 388 f.
307 Vgl. Otčet o rabote Sojuza sovetskich obščestv družby i kul'turnoj svjazi s zarubežnymi stranami (fevral' 1958g.–aprel' 1959g.), 8.5.1959, in: GARF, f. 9576, op. 18, d. 1, l. 198–223, hier l. 199.

Gesellschaften mit dem westlichen Ausland.[308] Eine aktive Rolle konnten die regionalen Partnergesellschaften erst in den 1970er Jahren einnehmen, als im Zuge der Entspannung mehr Projekte in Kooperation mit den Freundschaftsgesellschaften in der Sowjetunion durchgeführt wurden.

2.6 Cultural Diplomacy westlicher Regierungen: Konkurrenz belebt das Geschäft

Bis 1953 spielten die westlichen Regierungen vor allem als Antagonisten der Freundschaftsgesellschaften und Projektionsfläche für das Feindbild der „imperialistischen" und „antisowjetischen Kriegshetzer" eine Rolle. Im Zuge der friedlichen Koexistenz und der vorsichtigen Annäherung zwischen der Sowjetunion und den Staaten Westeuropas tarierte sich das Dreiecksverhältnis von westlichen Außenministerien, Freundschaftsgesellschaften und der SSOD bzw. der sowjetischen Regierung neu aus. Der zunehmende kulturelle Austausch über die Freundschaftsgesellschaften war eine Herausforderung für die westlichen Regierungen, die selbst den wachsenden kulturellen Austausch mit der Sowjetunion kontrollieren wollten. Als umgekehrt immer mehr bilaterale Kulturabkommen zwischen der Sowjetunion und westlichen Staaten abgeschlossen wurden, mussten sich umgekehrt die Freundschaftsgesellschaften im Westen gegenüber dieser neuen Konkurrenz positionieren.

Konkurrenz um die sowjetischen Gäste: Das Soviet Relations Committee

Die exponentiell zunehmende Aktivität der Freundschaftsgesellschaften nach Stalins Tod verunsicherte die diplomatischen Akteure auf Regierungsebene. Bisher hatten die Freundschaftsgesellschaften vor allem auf ideologisch-politischer Ebene agiert und keine nennenswerten Anteile der Bevölkerung hinter sich bringen können. Die kulturellen Spektakel der 1950er Jahre im Rahmen der Freundschaftsmonate zogen jedoch – wie beabsichtigt – ein weitaus größeres Publikum an. Dabei waren die kulturellen Veranstaltungen der Sowjetunion mit einer klaren Botschaft verbunden, die für die westlichen Regierungen nicht vertretbar war. Die Außenministerien sahen sich nun mit der Frage konfrontiert, ob sie den Freundschaftsgesellschaften das Monopol des kulturellen Austausches und vor allem seiner politischen Deutung überlassen wollten. Eine weitgehende Blockadepolitik durch

---

308 Vgl. Golz, Verordnete Völkerfreundschaft, S. 27–37.

Visaverweigerung, Nichtbeachtung oder gar Verbote der Veranstaltungen schien jedoch in Zeiten der friedlichen Koexistenz nicht mehr opportun und würde auf diplomatische Verstimmungen und wenig Verständnis bei der eigenen Bevölkerung stoßen.[309] Verweigerte man insbesondere bekannten Künstlern wie David Ojstrach beim Freundschaftmonat in Großbritannien 1954 das Visum, würde dies vermutlich auch Proteste von Personen nach sich ziehen, die den Freundschaftsgesellschaften fernstanden.[310] Waren die sowjetischen Gäste einmal im Land, konnte man sie kaum mit Nichtbeachtung bestrafen. Nach intensiven Diskussionen innerhalb des Foreign Office im Vorfeld des Freundschaftsmonats 1954 forderte schließlich ein Rundschreiben des Staatssekretärs alle Mitarbeiter auf, auch von der Botschaft ausgesprochene Einladungen mit dem Verweis auf Terminengpässe abzulehnen, ohne die politischen Gründe auszuführen.[311] Dies brachte jedoch gerade führende Mitarbeiter des Foreign Office wie den Leiter des Northern Department H. A. F. Hohler in eine diplomatisch heikle Lage, da er eine persönlich ausgesprochene und bereits zugesagte Einladung des Botschafters zum Konzert von David Ojstrach im Dezember 1954 kaum nachträglich ausschlagen konnte.[312]

Die britische Regierung stand jedoch nicht als einzige vor diesem Dilemma, dass einerseits großes gesellschaftliches Interesse an kulturellem Austausch mit der Sowjetunion bestand und andererseits politische und ideologische Überlegungen eine Öffnung verhinderten. Von der Verunsicherung und der Suche nach neuen Strategien insbesondere nach der Genfer Konferenz zeugten die regen Konsultationen zwischen den Ländern. Im Zuge des Verbotsverfahrens gegen die DSF fragte das Auswärtige Amt sämtliche diplomatische Vertretungen Westeuropas an, ob in ihren Ländern ebenfalls derartige Gesellschaften bestünden.[313] Auch die Delegierten des im Juli 1953 gegründeten NATO Committee on Information and Cultural Relations diskutierten regelmäßig die Frage des Umgangs mit den Freundschaftsgesellschaften. Zunehmend kamen sie zu dem

---

309 So argumentierte beispielsweise George Jellicoe vom Northern Department im Foreign Office hinsichtlich einer möglichen Verweigerung der Visa für die sowjetische Delegation zum Freundschaftsmonat 1953. Vgl. George Jellicoe, Northern Department, 15.10.1953, in: TNA, FCO 371/106582.
310 Vgl. H. A. F. Hohler, Visas for Soviet Visitors for British-Soviet Friendship Month, 29.10.1954, in: TNA, FO 371/111700.
311 I. Kirkpatrik, Office Circular n° 21, The „Society for Cultural Relations", 2.11.1954, in: TNA, FO 371/116671. Einladungen der BSFS sollten dagegen ohne Zögern abgelehnt werden. Vgl. Foreign Office, 5.11.1954, in: TNA, FO 371/111697.
312 Vgl. Hohler an Ward, 1.12.1954, in: TNA, FO 371/111700; sowie Briefentwurf von Hohler an den Botschafter in Moskau Halter, 31.1.1955, in: TNA, FO 371/116671.
313 Vgl. Telegramm an sämtliche diplomatische Vertretungen mit Ausnahme Rom (Vat.) und Helsinki, 18.10.1955, in: PAAA, B11/1007; sowie die Antworten darauf in PAAA, B11/1006 und 1007.

Schluss, dass die Regierungen am besten selbst auf diesem Gebiet aktiv werden sollten. Neu war die hier von der britischen Delegation vorgebrachte Idee, dass derartige Veranstaltungen vorteilhaft für den Westen wären und langfristig zum innersowjetischen Wandel beitragen könnten:

> a) The Russians have proclaimed their desire to develop contacts between East and West. It would be highly undesirable if they were to appear more sincere than the West in wishing to dismantle the Iron Curtain.
> b) In the long run the desire of the Soviet governing and managerial classes for a more civilised way of life is likely to affect the policy of the Soviet leaders. Closer contact with Western reality should hasten this process.
> c) Soviet visitors abroad are likely to be impressed, whatever public statements they may make on their return, by the generally higher living standards in the West and the freedom of political expression, as well as by the evident desire of Western peoples and Governments for peace.
> d) The West also gains by visits to the Soviet Union of responsible and representative delegations who are prepared to put our case frankly to Russians who count. Many of these, moreover, have a nostalgia for Western culture, and cultural exchanges are, therefore, likely to work to our advantage.[314]

Die Konkurrenz der Freundschaftsgesellschaften im Bereich des kulturellen Austausches gehörte demnach zu den Argumenten für den Ausbau kultureller Beziehungen auf staatlicher Ebene. Die britische Regierung ging sogar so weit, alternative Institutionen für die Freundschaftsgesellschaften zu schaffen, um ihr Monopol zu brechen.

Treibende Kraft für die Kultur- und Informationskampagnen gegenüber der Sowjetunion innerhalb der britischen Regierung war der Labour-Abgeordnete Christopher Mayhew. Noch in den 1930er Jahren war er als überzeugter Marxist selbst in der Sowjetunion gewesen.[315] Doch nach dem Krieg sagte er als dezidierter Antikommunist der sowjetischen Propaganda den Kampf an. So war er 1948 Mitinitiator des gegen die Sowjetunion gerichteten IRD im Foreign Office. Nach einer weiteren Reise in die Sowjetunion 1954 zeigte sich Mayhew erschüttert von dem verzerrten Großbritannienbild der sowjetischen Bevölkerung, das sie vor allem durch Kontakte mit den Freundschaftsgesellschaften vermittelt

---

314 Committee on Information and Cultural Relations. Anglo-Soviet Cultural Relations. Note by the United Kingdom Delegation, 26.8.1955, in: NATO Archives Online, AC/52-D/112.
315 Mayhew beschreibt diese Reise in seiner Autobiographie: Mayhew, Christopher: A War of Words. A Cold War Witness, London 1998, S. 1–4.

bekäme.³¹⁶ Infolgedessen begann er seinen „privaten Kalten Krieg gegen die Freundschaftsgesellschaften" – wie Platts-Mills es nannte.³¹⁷ Auf Mayhews Vorschlag hin gründete das Foreign Office im April 1955 das Soviet Relations Committee (SRC) innerhalb des British Council.³¹⁸ Dieses Komitee sollte „einflussreiche Russen" nach Großbritannien und „verlässliche" britische Vertreter in die Sowjetunion schicken sowie den Austausch kultureller Delegationen erleichtern. All diese Aktivitäten waren jedoch dem Ziel untergeordnet, die Freundschaftsgesellschaften „auszubooten" (squeeze out) und britische Organisationen dazu zu bringen, ihre Kontakte zur Sowjetunion über den SRC laufen zu lassen.³¹⁹ Innerhalb des offiziell regierungsunabhängigen British Council mit primär kulturellen Aufgaben entstand mit dem SRC eine inhaltlich vom Foreign Office kontrollierte und finanzierte Expertenrunde mit klar politischen Zielen.³²⁰ Zu dieser Zeit stand der British Council unter massivem Rechtfertigungsdruck. Ein interner Report hatte 1954 den Kampf gegen die Gefahren des Kommunismus als neues Betätigungsfeld ausgemacht. In diesem Kontext erschien die Einrichtung des SRC ein logischer Schritt.³²¹ Trotz personeller Kontinuität Mayhews zeigte es den Wandel der britischen Propagandastrategie weg von der reinen „enlightment propaganda" der Gegeninformation und des „Kampfes für die Wahrheit" hin zur Überzeugung durch direkte Begegnungen der Sowjetbürger mit dem Westen und zum kulturellen Austausch als Vektor politischer Botschaften.³²²

---

316 Vgl. Mayhew, A War of Words, S. 31 f.
317 Platts-Mills, Muck, Silk and Socialism, S. 364.
318 O rabote posol'stva v 1954 godu po linii VOKS, in: GARF, f. 5283, op. 22, d. 499, l. 48–63, hier l. 50. Siehe auch Mayhews eigene Darstellung in: Mayhew, A War of Words, S. 50–53. Hohler sprach bereits bei der Diskussion um den Freundschaftsmonat im Oktober 1954 davon, dass es den Vorschlag gebe, einen „respektablen Rivalen" für die SCR zu etablieren. Hohler an Ward, 27.10.1954, in: TNA, FO 371/111700.
319 Vgl. Soviet Relations Committee of the British Council, Report on Activities: April 1955 to December 1956, in: TNA, BW 2/532.
320 Die jährliche Finanzierung des FO für das SRC belief sich 1955/56 auf 20.000 BPf und 1956/57 auf 30.000 BPf. Vgl. Soviet Relations Committee of the British Council: Report on Activities: April 1955 to December 1956, S. 2, in: TNA, BW 2/532. Außer Mayhew als Chairman umfasste das SRC den Vorsitzenden des parlamentarischen Komitees für auswärtige Angelegenheiten der Conservatives Charles Mott-Radclyffe als Vize-Chairman, den Generaldirektor des British Council Sir Paul Sinker sowie Hohler vom Northern Department.
321 Vgl. Watanabe, Aiko: The British Council's Soviet Relations Committee. A Departure from its „Cultural Brief" or the Manifestation of an inherent Political Tendency?, in: Odysseus 7 (2003), S. 74–95, hier S. 86–90.
322 Vgl. zum Wandel in der britischen Propagandastrategie Defty, Britain, America and Anti-Communist Propaganda, S. 222–245.

In der Praxis erwies es sich jedoch als nicht so einfach, die Freundschaftsgesellschaften durch das neue Komitee zu ersetzen. Um künftig der erste Ansprechpartner für britische Institutionen und Einzelpersonen zu sein, die Austausch mit der Sowjetunion suchten, musste das SRC zunächst von den sowjetischen Institutionen anerkannt werden. Bereits im Vorfeld der Gründung sondierten die Verantwortlichen des Foreign Office bei der sowjetischen Botschaft und der VOKS, ob diese zur Zusammenarbeit bereit wären. Wie oben ausgeführt, bemühten sich letztere nach 1953, Kontakte mit breiteren Kreisen der westlichen Gesellschaften zu etablieren. Außerdem waren die Vertreter der VOKS unzufrieden mit der mangelnden politischen und sozialen Öffnung der britischen Freundschaftsgesellschaften. Deshalb kam ihnen das Angebot eines regierungsnahen Partners gelegen. Jakovlev signalisierte dem britischen Botschafter Anfang 1955, dass sie durchaus gewillt seien, den Austausch mit einer „repräsentativeren Einrichtung" zu pflegen.[323] So erläuterten die britischen Vertreter nach der offiziellen Gründung des SRC in der sowjetischen Botschaft Aufgaben und Ziele des Komitees und begannen Gespräche über die Entwicklung der kulturellen Beziehungen mit Botschafter Jakov A. Malik.[324]

In der Folge entwickelten die Mitarbeiter des SRC eine lebhafte Aktivität. Sie kontaktierten Organisationen und Institutionen, die bereits Beziehungen in die Sowjetunion oder Interesse an einem Austausch hatten. So gelang es, mehrere Delegationen von Wissenschaftlern, Medizinern und Ingenieuren zu organisieren.[325] Zur politisch verlässlichen Betreuung sowjetischer Delegationen in Großbritannien und britischer in der Sowjetunion bauten sie wie die VOKS einen Pool geeigneter Dolmetscher auf. Diese sollten nicht nur die Sprache beherrschen, „sondern auch fähig [sein], die britische Perspektive geschickt und klar zu vermitteln".[326] Beim NATO Committee on Information and Cultural Relations stellte die britische Delegation das SRC als ein von der Sowjetunion

---

[323] Report on a reception given by VOKS for the Soviet Cultural Delegation which has just visited the UK, 5.1.1955, in: The National Archives, FO 371/116671; vgl. hierzu auch O rabote posol'stva v 1954 godu po linii VOKS, in: GARF, f. 5283, op. 22, d. 499, l. 48–63, hier l. 50.
[324] Vgl. Kopija pamjatnoj zapiski, in: RGANI, f. 5, op. 28, d. 322, l. 95–97; Malik an den britischen Außenminister, 18.6.1954 und den Bericht über ein erstes Treffen mit dem Botschafter am 27.7.1954 von Hohler, in: TNA, FO 371/116818.
[325] Soviet Relations Committee of the British Council, Report on Activities: April 1955 to December 1956, S. 7, in: TNA, BW 2/532.
[326] E. J. M. Richardson an Miss E. Hankin, 27.9.1955, in: TNA, FO 371/116818. Dort befinden sich zahllose ähnliche Schreiben an potentielle Kandidaten. Vgl. auch Soviet Relations Committee of the British Council, Report on Activities: April 1955 to December 1956, S. 6, in: TNA, BW 2/532.

akzeptiertes erfolgreiches Modell vor, mit dem das Monopol der „fellow-travelling" Organisationen im Bereich der Kulturkontakte gebrochen werden könnte.[327]

Die zweite Herausforderung für das SRC bestand jedoch darin, dass die sowjetischen Behörden und VOKS nicht gewillt waren, die politisch treuen Freundschaftsgesellschaften fallenzulassen, obwohl Mayhew und seine Mitarbeiter dies ständig forderten.[328] Jakovlev warnte das MID und Botschafter Malik sogar davor, zu einseitig auf die Regierungskontakte zu setzen. Besser sei es, verschiedene Kommunikationskanäle offen zu halten.[329] Damit traten SRC einerseits und BSFS und SCR andererseits in einen beständigen Wettbewerb um die besten sowjetischen Kulturveranstaltungen. Die BSFS gewann die Oberhand, als sie zum Freundschaftsmonat 1955 eine Tournee des prestigeträchtigen Moiseev-Ensembles organisieren konnte. Das vom Balletttänzer des Bol'šoj-Theaters Igor' Moiseev 1936 gegründete Ensemble war durch Tourneen in die sozialistischen Staaten und nach Österreich über die Grenzen der Sowjetunion hinaus bekannt. Bisher war es jedoch noch nicht in den Westen gekommen.[330] Sloan hatte sich mit Unterstützung der sowjetischen Botschaft und der VOKS schon seit Ende 1954 darum bemüht, dieses Ensemble nach London zu bekommen.[331] Vermutlich kam ihm zugute, dass bereits ein Gastspiel des Moiseev-Ensembles in Paris geplant war. Auf Initiative der ALAP mit Georges Soria gastierte es dort mit großem Erfolg im Oktober 1955 im Théâtre Chaillot.[332]

In Zusammenarbeit mit dem Impresario Peter Daubeney präsentierte die BSFS anschließend die 50 Tänzer vier Wochen lang in Großbritannien. Die Zuschauer und die überregionale nicht-kommunistische Presse zeigten sich begeistert von dem Potpourri aus narrativen, teilweise komödiantischen, schnellen und virtuosen

---

327 Vgl. Committee on Information and Cultural Relations. Anglo-Soviet Cultural Relations. Note by the United Kingdom Delegation, 26.8.1955, in: NATO Archives Online, AC/52-D/112.
328 Vgl. Zapis' besedy s sovetnikom Britanskogo posol'stva v Moskve PARROTOM, 18.5.1955, in: RGANI, f. 5, op. 28, d. 322, l. 94.
329 Jakovlev an den stellvertretenden Außenminister Zorin, 23.6.1955, in: GARF, f. 5283, op. 22, d. 499, l. 129. Siehe hierzu auch Yegorova, The All-Union Society, S. 98. Egorova schließt jedoch aus dem Schreiben, dass Jakovlev im Gegensatz zu Malik grundsätzlich gegen Kontakte mit dem SRC war.
330 Zur eher memoirenhaften Geschichte des Moiseev-Ensembles und zur Charakteristik seiner Tänze siehe Šamina, Lidija Alekseevna/Moiseeva, Ol'ga: Teatr Igorja Moiseeva, Moskau 2012.
331 Vgl. Kondraščev: Spravka k memorandumu obščestv o kul'turnom ob'mene v 1955 godu, 4.5.1955, in: GARF, f. 5283, op. 22, d. 499, l. 142–145.
332 Vgl. die ausführlichen Eindrücke des Gastspiels in: Šamina/Moiseeva, Teatr Igorja Moiseeva, S. 277–287; sowie Moïsseiev danse à Paris, in: France-URSS (1955) 10, S. 16–21.

Gruppentänzen, ihrer demonstrativen Fröhlichkeit und den exotisch bunten Kostümen.[333] Über diesen Werbe-Erfolg für die BSFS war das Foreign Office bereits im Vorfeld alles andere als erfreut:

> There is no doubt that if this Company comes under the auspices of the British-Soviet Friendship Society more kudos will accrue to this Society from this one visit than to the Soviet Relations Committee of the British Council from all its painstaking and valuable work so far. [...] It appears also that our previous attempts to influence the Russians against supporting this Society [the BSFS] have been unsuccessful. The Soviet attitude seems to be the quite pragmatic one that they will make what use they can of the Soviet Relations Committee and also continue to extend their contacts as far as possible with the various Friendship Societies – in order to capitalize in every way on the present international situation.[334]

Dagegen konnte das Foreign Office nur demonstrativ die Vergabe der Visa möglichst lange hinauszögern.[335] Es forderte erneut alle Mitarbeiter auf, Einladungen zu diesen Veranstaltungen abzulehnen, auch wenn sie direkt vom Botschafter und ohne Verweis auf die BSFS kämen.[336] Diplomatisch heikel wurde es, als ein Tänzer des Moiseev-Ensembles bei der von der BBC übertragenen Royal Variety Performance in Anwesenheit der Queen auftreten durfte. Da das Programm bereits von der Queen abgesegnet war, gelang es dem Foreign Office nur noch zu verhindern, dass die BSFS prominent auf dem Programm genannt wurde.[337] Das Northern Department musste diese bittere Niederlage eingestehen: „We must admit that the Russians and their British sympathisers have won a minor engagement in the cold war."[338]

Umgekehrt waren die sowjetischen Partner in manchen Situationen durchaus bereit, aus taktischen und finanziellen Überlegungen den Regierungsinstitutionen gegenüber den Freundschaftsgesellschaften den Vorzug zu geben. Diese Pragmatik und das geschickte Gegeneinander-Ausspielen der verschiedenen

---

333 Vgl. The Press and the Moiseyev Ensemble, in: Russia Today Newsletter, November 12/26, 1955, in: Hull, U DPM/2/68/3. Zu der ähnlich erfolgreichen Tournee des Ensembles in den USA 1958 vgl. Prevots, Dance for Export, S. 71–74.
334 Minutes A. M. Simons an Jellicoe, 41.8.1955, in: TNA, FO 371/116671.
335 Siehe den Briefwechsel zwischen Brenchley, Home Office, und L. C. Kelly, Foreign Office, 8. und 19.9.1955, in: TNA, FO 371/116671.
336 Vgl. Office Curricular, 10.11.1955, in: TNA, FO 371/116672.
337 Vgl. Jellicoe an J. O. Rennie, UK Delegation to Foreign Ministers Conference, 11.11.1955, in: TNA, FO 371/116672; und Nicholas, Fellow Travellers, S. 99.
338 Jellicoe an J. O. Rennie, UK Delegation to Foreign Ministers Conference, 11.11.1955, in: TNA, FO 371/116672. Mayhew sah das Auftreten des Moiseev Ensembles vor der Queen und in der BBC auch als persönlichen Rückschlag. Mayhew, War of Words, S. 61.

Akteure zeigt beispielhaft die Affäre um den Moskauer Staatszirkus 1956. Als Sloan im Januar 1956 erfahren hatte, dass der Moskauer Staatszirkus im April nach Frankreich kommen würde, bat er sofort das Kultusministerium, ihn anschließend über die BSFS nach London zu schicken. Zugleich beauftragte er Platts-Mills, bei der Botschaft die organisatorischen Fähigkeiten der BSFS und vor allem ihre politische Verlässlichkeit hervorzuheben.[339] Diese Strategie erwies sich zunächst als erfolgreich. Anfang April klärten Sloan und Rothstein in Moskau mit dem Kulturministerium und VOKS die Details der Tournee. Jakovlev bestätigte nach ihrer Rückkehr mündlich das Arrangement mit dem Impresario Tom Arnold. Demzufolge sollte der Zirkus im Anschluss an die Tournee in Frankreich vom 21. Mai bis 9. Juni 1956 im Harringay Stadium auftreten.[340]

Doch im April 1956 kamen Bulganin und Chruščev zum ersten sowjetischen Staatsbesuch im Westen nach London. Auf der Tagesordnung stand unter anderem die Neuregelung der Kulturbeziehungen. Die britische Seite bestand darauf, dass das abschließende Kommuniqué explizit erwähnte, dass die Kulturbeziehungen über den British Council bzw. „von den jeweiligen Regierungen gebilligte Organisationen" – also das SRC – laufen sollten. Die Formel lehnten die sowjetischen Verhandlungspartner mit Verweis auf den von den Briten selbst geforderten freien Kulturaustausch ab.[341] Außerdem hätten Chruščev und Bulganin bereits mündlich gegenüber dem Premierminister ihr Wort gegeben, mit dem SRC zusammenzuarbeiten.[342] Nach Mayhews Darstellung hatte er Bulganin schließlich im persönlichen Gespräch überzeugt, mit der Tournee des Moskauer Zirkus ein Exempel zu statuieren.[343]

Kulturminister Nikolaj A. Michajlov kommunizierte daraufhin der BSFS noch während seines Aufenthalts in Großbritannien, dass die Zirkustournee bisher nur mündlich zugesagt sei und eventuell über die Regierungsebene

---

339 „Please take up at once with Malik [Botschafter] or Byelo. [Botschaftsrat Belochvostikov] the need for them to send the Circus here through us rubbing in that we can deal with everyone concerned and that any inefficiency in arrangement for Oistrakh, Kogan, Malinin or Moiseyev were due to their unbusinesslike approach. This is most important as I gather they are still toying with the idea that we are just ‚amateurs' and ‚professionals' would do it better. If you can confirm the story that David Oistrakh is really no raise money for the Israel aggressors, run this in, as this is just the sort of thing that does happen ‚commercially' but not through us." Pat Sloan an John Platts-Mills, 20.1.1956, in: Hull, U DPM/2/68/2.
340 Vgl. BSFS an Malik, 27.4.1956, in: GARF, f. 5283, op. 22, d. 538, l. 6–9, hier l. 6.
341 Vgl. die Diskussion zwischen dem sowjetischen Kulturminister Michajlov und dem Privy Council Anthony Nutting, Anglo-Soviet Cultural Relations, 24.4.1956, in: TNA, PREM 11/3542.
342 Vgl. Kapitonova, Natalia: Visit of Soviet Leaders Nikita Khrushchev and Nicholas Bulganin to Britain in April 1956, in: Cold War History 14 (2014) 1, S. 127–152, hier S. 143.
343 Vgl. Mayhew, War of Words, S. 62 f.

laufen werde. Doch die BSFS hatte für die vier Wochen später stattfindende Tournee bereits die Werbetrommel gerührt, die BBC hatte sogar das erste Mal eine Veranstaltung der BSFS angekündigt, und fast alle Karten waren ausverkauft. Deshalb schickten Platts-Mills, Rothstein und Sloan einen entsprechend aufgebrachten Brief an Botschafter Malik. Insbesondere kränkten sie folgende Argumente:

> (2) It is also being suggested that the Circus „is not the business of the Society's". To this it is only necessary to reply that nobody suggested this before we went to Moscow, nor in Moscow. Moreover, we have established ourselves as presenting Soviet artists and ensembles in Britain over several years. Further, we see no future whatever for our Society if work which we can do and have done is taken away from us gradually and we are left to do only the jobs which nobody else will undertake. [...]
> (3) A third argument was put to us – that if in any way the British Government was annoyed by the circus coming under our auspices, then it should not come under our auspices. It is necessary to face the fact that neither the British Government nor Mr. Mayhew wants any Soviet recognition of our Society whatever. If this line is pursued to its logical conclusion it means that the Society should not be recognised at all by the Soviet side. If, on the contrary, the Soviet view is that the Society's work should be strengthened – as Mr. Mikhailov agrees it should – then the Society must continue to be able from time to time to present circuses, ensembles etc. with a wide popular appeal.[344]

Die Vertreter der BSFS fürchteten nicht nur finanzielle Einbußen, sondern sahen sich nach jahrelanger politischer Treue zugunsten von dezidierten „Antisowjets" verraten. Malik leitete den Brief an Michajlov weiter mit dem Hinweis, dass die Verhandelnden in Moskau offensichtlich voreilige Versprechungen gemacht hätten und man im Falle einer Vertragsänderung der BSFS finanzielle Entschädigung gewähren müsste.[345] Jakovlev wehrte für die VOKS die Vorwürfe mit der Begründung ab, dass sonst die britische Regierung die Visa für die Artisten verweigert hätte. Außerdem wäre die BSFS entgegen der Absprachen nicht nur als Initiator sondern öffentlich als Mitveranstalter aufgetreten, was die britischen Behörden auf den Plan gerufen hätte.[346] Er sah damals den negativ konnotierten Namen der BSFS eher als Hindernis für einen Erfolg der Tournee. Am Ende kam der Zirkus zwar nicht direkt über das SRC, doch der Impresario musste den Vertrag mit der BSFS aufkündigen und einen

---

344 BSFS an Malik, 27.4.1956, in: GARF, f. 5283, op. 22, d. 538, l. 6–9, hier l. 7 f.
345 Vgl. Malik an Michajlov mit Kopie an Kuznecov und Denisov, 5.5.1956, in: GARF, f. 5283, op. 22, d. 538, l. 4 f.
346 Vgl. Jakovlev an Bogatyrev, Vertreter VOKS, 8.6.1955, in: GARF, f. 5283, op. 22, d. 538, l. 12.

neuen direkt mit der Botschaft abschließen.³⁴⁷ Offensichtlich war es der sowjetischen Seite zu diesem Zeitpunkt wichtiger, gegenüber dem Foreign Office die Bereitschaft für offiziellen Kulturaustausch zu zeigen als ideologische Ziele zu verfolgen und loyale Freunde zu unterstützen.

Nach dem Staatsbesuch schien das SRC sein Ziel erreicht zu haben. In den nächsten Monaten konnten einige äußerst prestigeträchtige Projekte unter seiner Ägide erfolgreich verwirklicht werden, darunter eine Tournee des Chors der Roten Armee und das Gastspiel des Bol'šoj-Balletts in London ab 29. September 1956.³⁴⁸ Doch das Problem des SRC war, dass es als vom Foreign Office gegründete Organisation, finanziert aus staatlichen Mitteln, stark von der internationalen Großwetterlage abhängig war. Als sowjetische Panzer in Budapest einrollten, wurde das Bol'šoj-Ballett in einer Nacht-und-Nebel-Aktion nach Moskau zurückgerufen. Da war an den für Mitte November geplanten Gegenbesuch des Saddler's Well Ballet in Moskau nicht mehr zu denken.³⁴⁹ Alle Projekte des SRC wurden ausgesetzt und die Beziehungen „tiefgefroren".³⁵⁰ Dies nutzte die sowjetische Presse für eine Kampagne unter anderem in der *Literaturnaja gazeta* gegen Mayhew und das SRC. Während die Sowjetunion immer zu kulturellem Austausch bereit sei, verhindere die Blockadehaltung des SRC, dass sowjetische Bürger in den Genuss des Saddler's Well Ballets kämen.³⁵¹ Das SRC dränge sie zwar dazu, die Freundschaftsgesellschaften fallen zu lassen, doch diese würden sich wenigstens freundlich gegenüber der Sowjetunion verhalten.³⁵² Bei allen Schwierigkeiten, die die Ereignisse in Ungarn für die

---

347 Vgl. Note to Prime Minister, 29.5.1956, in: TNA, PREM 11/3542.
348 Siehe im Detail zu den Verhandlungen, der Durchführung und Rezeption dieser Tournee aus sowjetischer Perspektive Ezrahi, Swans of the Kremlin, S. 137–168; sowie aus britischer Perspektive Gonçalves, Danser pendant la guerre froide, S. 128–159.
349 Ibid., S. 160–164.
350 Vgl. auch eine Übersicht aller abgesagten Veranstaltungen und Delegationen in: Soviet Relations Committee of the British Council, Report on Activities: April 1955 to December 1956, S. 14 f., in: TNA, BW 2/532.
351 Vgl. Interview given by N. A. Mikhailov, Minister of Culture of USSR, on Cultural Relations between Britian and the Soviet Union, in: New Times, 18.5.1957, in: TNA, BW 2/532; Vilenskij, M.: Avtoritet Kristofera Mejch'ju, in: Literaturnaja Gazeta, 1.12.1956, S. 4; sowie „Literary Gazette" on Christopher Mayhew, in: British-Soviet Newsletter, 23.2.1957, in: MML. Malik meinte zudem, dass sich Mayhew durch einige „antisowjetische" Artikel, unter anderem mit Aufrufen zum Boykott der Weltjugendfestspiele in Moskau, in der *Times* als Vice-Chairman des SRC vollkommen kompromittiert hätte. Vgl. Malik an Michajlov, Gromyko und Kaftanov, 29.11.1956, in: GARF, f. 5283, op. 22, d. 538, l. 119–124. Die BSFS nahm diese Polemiken gerne auf: British-Soviet Cultural Exchanges, in: British-Soviet Newsletter, 24.8.1957, in: MML.
352 Vgl. Record of Mr. Mayhew's Interview with Mr. Zhukov on August 19 [1957], in: TNA, BW 2/532. In einer ähnlich „unfreundlichen Atmosphäre" verlief die Diskussion mit Malik im

Freundschaftsgesellschaften nach sich zogen, konnten sie nun den sowjetischen Partnern beweisen, dass nicht nur Geld und Einfluss, sondern politische Treue und Verlässlichkeit in Krisenzeiten entscheidende Faktoren für die Kulturbeziehungen waren.

Beziehungspflege im staatlichem Auftrag: Die Great Britain-USSR Association

Damit war das Foreign Office wieder in einer ähnlichen Ausgangssituation wie 1954 angelangt, weshalb Zweifel an dem Erfolg dieser Blockadepolitik wuchsen:

> (ii) Our ability to foil the „friendly societies" depends on our ability to keep the impresarios sweet. If a society, with Russian financial aid, proves able to get the best Russian companies over here on favourable terms, while we can do nothing but frown and forbid, the impresarios will, however reluctantly, play with the societies.
> (iii) Meanwhile, Russian „culture" gets a lavish public showing here and we get no comparable showing in Russia, except in so far as the Russians may find it to their advantage to import Angry Young Men, fellow-travelling performers or other misleading representatives of this country. [...]
> In the light of the above, it is at least worth considering whether our policy should be less severely negative and whether our best choice of controlling these exchanges does not lie in joining in them?[353]

Aus dieser Argumentation heraus, lieber das Spiel mitzuspielen als das Feld den anderen zu überlassen, verstärkte das Foreign Office sein Engagement für kulturellen Austausch mit der Sowjetunion. Zunächst gewährte die britische Regierung Ende 1958 dem SRC knapp 100.000 Pfund, damit es mit dem GKKS ein Austauschprogramm im großen Stil aushandeln konnte.[354] Dies scheint eine enorme Summe, um zwei Freundschaftsgesellschaften mit insgesamt weniger als 6.000 Mitgliedern und einem jeweiligen Jahresbudget um die 10.000 Pfund „auszubooten".[355] Doch das große Manko des SRC war seine offensichtliche

---

Dezember 1957. Vgl. Record of Meeting with the Soviet Ambassador on 20th December, 1957, in: TNA, BW 2/532.
353 U.S.S.R.: Manifestations, Note Deputy Director General an Director General, 11.11.1957, in: TNA, BW 2/532.
354 Vgl. Committee on Information and Cultural Agreements. Proposed UK/USSR Programme. Note by the United Kingdom Delegation, 29.11.1958, in: NATO Archives Online, AC/52 – D (58) 63.
355 Zum Vergleich: Die BSFS hatte 1956 ein Jahresbudget von 10.642 Pfund. Vgl. British-Soviet Friendship Society. Financial Statements for Jan–Dec 1956, in: MML; und Ende 1957 noch 3.747 Mitglieder. Für die SCR liegen für diese Jahre keine konkreten Zahlen vor, doch pendelte sich in den 1960er Jahren ihre Mitgliederzahl bei etwa 1.500 ein.

institutionelle, finanzielle und politische Abhängigkeit von der britischen Regierung sowie die Tatsache, dass es sich um einen geschlossenen Expertenkreis ohne gesellschaftliche Verankerung handelte.

Deshalb reifte die Idee, eine eigene gesellschaftlich-parlamentarische Vereinigung für Beziehungen zur Sowjetunion zu gründen, in die alle im Unterhaus vertretenen Parteien Abgesandte schicken sollten. Weitere an Austausch interessierte Personen konnten Mitglied werden.[356] Diesen Vorschlag präsentierte Mayhew gemeinsam mit dem konservativen Abgeordneten Fitzroy Maclean. Der schottische Adelige kannte die Sowjetunion sehr gut. Er war ab 1937 an der Botschaft in Moskau tätig und reiste in dieser Zeit mehrmals bis Zentralasien.[357] In den 1950er Jahren nahm er seine Reisetätigkeit wieder auf und verfasste mehrere schriftliche und filmische Reiseberichte. Maclean liebte das Land und seine Menschen und war der Meinung, dass man den Kontakt aufrechterhalten sollte. Aufgrund seiner Erfahrungen im Stalinismus blieb er dennoch überzeugter Antikommunist und ging wenig politische Kompromisse ein.

Im Prinzip stieß die Idee einer alternativen Vereinigung sowohl beim Foreign Office als auch beim British Council auf Zustimmung. Diskussionen gab es über die institutionelle Anbindung und die politischen Kontrollmechanismen. Doch Mitte 1959 wurde schließlich offiziell die Great Britain-USSR Association mit Maclean als Chairman und dem ehemaligen Premierminister Clement Attlee im Amt des repräsentativen Präsidenten ins Leben gerufen. Mayhew selbst hielt sich als Vize-Chairman eher im Hintergrund. Als Mitglieder wurden zunächst ausgewählte Parlamentarier, Impresarios wie Hochhauser und andere Personen angesprochen, die sich aus beruflichen Gründen mit Beziehungen zur Sowjetunion befassten. Über die Zulassung neuer Mitglieder entschied das Executive Committee, um vor allem zu vermeiden, dass Mitglieder der CPGB oder der Freundschaftsgesellschaften aufgenommen würden.[358]

---

356 Vgl. zu diesen Überlegungen Note: Parliamentary Committee, 20.11.1958; sowie Mayhew an David Ormsby-Gore, Minister of State for Foreign Affairs zu Cultural Relations with the U.S.S.R., 14.3.1959, in: TNA, BW 2/719. Schon Ende 1957 suggerierte Botschafter Malik Mayhew, als Ersatz für das SRC eine neue Gesellschaft zu etablieren. Vgl. Record of Meeting with the Soviet Ambassador on 20th December, 1957, in: TNA, BW 2/532.
357 Vgl. zu seiner Biographie McLynn, Frank: Fitzroy Maclean, London 1992, zu seinen Reisen in die Sowjetunion insbesondere S. 327–329 und 344–353.
358 Vgl. zu diesen Diskussionen: John Profumo, Parliamentary Under-Secretary, an Christopher Mayhew, 19.12.1958; British Council Comments on the Articles of Association of the Willoughby Society, 7.3.1959; Ralph Murray an Christopher Mayhew, 10.4.1959, in: TNA, BW 2/719.

Die Ziele der Gesellschaft lasen sich nicht wesentlich anders als die der Freundschaftsgesellschaften:

> To foster contacts of all kinds between the United Kingdom and the Soviet Union conducive to mutual understanding between the two countries; to encourage the objective study of the U.S.S.R. in the United Kingdom; and to promote in the U.S.S.R. a knowledge and understanding of the United Kingdom and its people.[359]

Der Name der neuen Gesellschaft war bewusst als Entsprechung für die im Februar 1958 gegründete Obščestvo SSSR-Velikobritanija gewählt. Zudem forcierte das Foreign Office die Gründung der Great Britain-USSR Association, als sich eine erste Delegation der Partnergesellschaft ankündigte[360] Die Gründungsväter wünschten sich, dass die neue Organisation als äquivalenter und bevorzugter Gegenspieler von der sowjetischen Partnergesellschaft anerkannt werden würde. Bei der Gründungsversammlung von SSSR-Velikobritanija brachten die anwesenden Vertreter der britischen Botschaft und Mayhew ihre Hoffnung zum Ausdruck, dass die neue Partnergesellschaft dazu beitragen würde, die Kontakte auf breiter Grundlage zu erweitern und zu vertiefen.[361] Damit nahm zumindest die britische Regierung das von der Sowjetunion beabsichtigte Signal durch die Gründung der Partnergesellschaft auf.

Die SSOD, SSSR-Velikobritanija und die sowjetische Botschaft waren gerne bereit, mit der neuen Gesellschaft zu kooperieren und hofften – ähnlich wie beim SRC – auf bisher verwehrte Kommunikationskanäle in nichtkommunistische politische Kreise. Allerdings wollten sie auch jetzt keineswegs auf die Freundschaftsgesellschaften als Partner verzichten.[362] Wie das SRC bereits mit dem Dolmetscherdienst, bemühte sich die Association, den Freundschaftsgesellschaften vergleichbare Aktivitäten und Strukturen auszubauen: Bibliothek, Organisation von Vorträgen britischer und sowjetischer Gäste, Begleitung von Delegationen in Großbritannien und der UdSSR etc. Zur landesweiten Verankerung wurden Filialen in verschiedenen Landesteilen

---

359 United Kingdom/Soviet Parliamentary and Cultural Society, in: TNA, BW 2/719.
360 Vgl. Minutes of the meeting held at the Foreign Office at 10.30 a.m., April 13, 1959, in: TNA, BW 2/719.
361 Vgl. An die Gesellschaft „UdSSR-Großbritannien", Moskau, in: Kultur und Leben (1958) 9, S. 54–56, hier S. 54.
362 Vgl. Predloženija po voprosam sotrudničestva s Associaciej „Velikobritanija-SSSR", [Juli 1959], in: GARF, f. 9576, op. 7, d. 75, l. 6 f.; Spravka [der sowjetischen Botschaft London], 30.6.1959, in: GARF, f. 9576, op. 18, d. 4, l. 181–183. Dies machten Surkov und Žukov auch gegenüber Mayhew von Anfang an deutlich: Vgl. Mr. Mayhew's Record of two Meetings with Mr. Surkov and Officials of the U.S.S.R.-Great Britain Society on March 25 and March 27, 1959; sowie MR. Mayhew's Record of a Meeting with Mr. G. A. Zhukov on March 28, 1959, in: TNA, BW 2/719.

gegründet, eine eigener Bulletin *Britain-USSR* herausgegeben und die Zahl der Mitarbeiter deutlich erhöht. Symbolisch für den neuen Anspruch stand der Umzug 1962 in neue repräsentative Räumlichkeiten am Grosvenor Place. Die Innenausstattung bis hin zu Möbeln und Teppichen wurde ausführlich diskutiert, um ein optimales „Schaufenster für englisch-sowjetische Beziehungen" zu schaffen, das neue Mitglieder und vor allem die sowjetischen Gäste beeindrucken sollte.[363] Ähnlich wie in der Sowjetunion westliche Gäste empfangen wurden, wollte man sowjetische Gäste hofieren und ihnen alle Vorzüge des Landes und die – im Gegensatz zu den Freundschaftsgesellschaften – vorhandenen finanziellen und räumlichen Ressourcen der Association präsentieren.

So war die Great Britain-USSR Association formell eine zivilgesellschaftliche Vereinigung, doch weiterhin politisch und finanziell vom Foreign Office abhängig. Sie sollte mit Hilfe der kulturellen Kontakte eine klare politische Mission erfüllen. Damit unterschied sie sich in ihrem Status und ihren Aktivitäten kaum von der SSOD und SSSR-Velikobritanija, wie auch Mayhew rückblickend zugeben musste:

> The Russians valued organized contacts as a means of promoting Soviet communism and as a cover-up for their ruthless suppression of genuinely free communications. [...] But there was humbug on the British side too. We spoke warmly about Count Leo Nikolayevich Tolstoy and Robert Burns, David Oistrakh and Benjamin Britten, but our aims were political: we wanted to break down the isolation of the Soviet people from the West and to disrupt their ties with British communists and fellow-travellers.[364]

Cultural Diplomacy auf Regierungsebene: Die Kulturabkommen

Die britische Regierung war zwar die einzige, die tatsächlich eine alternative Vereinigung etablierte, um den anderen Freundschaftsgesellschaften Konkurrenz zu machen. allerdings brachten die regen Aktivitäten der Freundschaftsgesellschaften auf kulturellem Gebiet auch die anderen westlichen Regierungen dazu, selbst aktiv zu werden. Die französische Regierung war in gewisser Weise ein Vorreiter darin, die Kulturbeziehungen auf zwischenstaatliche Ebene zu heben. Nach dem ersten größeren französischen Freundschaftsmonat im Dezember 1953 machte die Kulturabteilung des Außenministeriums dem Vertreter der VOKS Rogov sehr deutlich, dass es für sie nicht wünschenswert sei, dass

---

[363] Vgl. Minutes of a meeting of the General Purposes and Finance Committee, 25.4.1962; 25.6.1962 und 27.9.1962, in: TNA, BW 2/659.
[364] Mayhew, A War of Words, S. 58.

sowjetische Artisten und Sportler wie geschehen über France-URSS nach Frankreich kämen.[365] Gleichzeitig ging die französische Regierung mit dem Austausch zwischen der Comédie française und dem Bol'šoj-Ballett in die Offensive. Obwohl die Verhandlungen dafür erst Anfang 1954 begannen, feierte die Comédie française bereits im April umjubelte Auftritte in Moskau vor über 30.000 Zuschauern.[366] Die Gegentournee des Bol'šoj-Balletts im Mai 1954 fiel jedoch den Auswirkungen des globalen Kalten Kriegs zum Opfer. Nachdem am Vortag der Premiere die französische Armee die entscheidende und verlustreiche Niederlage gegen die von der Sowjetunion unterstützten Viet Minh im Indochinakrieg erlitten hatte, sah sich die französische Regierung gezwungen, alle Auftritte abzusagen.[367] Dies löste heftige Reaktionen bei französischen Ballettliebhabern aus und erlaubte der kommunistischen französischen und sowjetischen Presse, die Balletttänzer als Opfer der französischen Politik des „Eisernen Vorhangs" darzustellen, die vermeintlich harmlose kulturelle Auftritte der Völkerverständigung verhinderte.[368] Damit endete der erste Versuch, kulturellen Austausch auf Regierungsebene zu organisieren, in einem kommunikativen Desaster. Wie die britische 1956, erschien die französische Regierung 1954 als Blockiererin freien kulturellen Austausches, die ihren Mitbürgern hochwertige sowjetische Kunst vorenthielt. Gleichzeitig gab auch hier die VOKS die Kontakte über France-URSS keinesfalls auf. Während der Austausch zwischen der Comédie française und dem Bol'šoj-Ballett auf Regierungsebene verhandelt wurde, schickte die VOKS im Februar und März 1954 demonstrativ andere sowjetische Künstler über France-URSS. Wie der Pianist Emil' G. Gilel's sollten diese vor allem Konzerte außerhalb von Paris geben.[369] Damit waren dem intergouvernementalen Kulturaustausch die großen, finanziell aufwändigen Tourneen vorbehalten. France-URSS übernahm währenddessen die Arbeit an der Basis und in der Provinz mit entsprechendem politischem Auftrag.

Das Image-Debakel nach der sowjetischen Intervention in Ungarn löste – wie gesehen – in der Sowjetunion einerseits den Umbau der Institutionen der Freundschaftsbewegung aus. Andererseits verstärkte es die Bemühungen zur Regelung kultureller Beziehungen auf zwischenstaatlicher Ebene durch das

---

365 Vgl. Rogov an Denisov, 29.3.1954, in: GARF, f. 5283, op. 22, d 461, l. 58–61, hier l. 58.
366 Vgl. zur Tournee der Comédie française Gonçalves, Danser pendant la guerre froide, S. 116–118.
367 Vgl. zur Tournee und den Gründen der Absage: ibid., S. 103–113.
368 Vgl. Alors que le gouvernement français fait tomber „le rideau de fer" de l'Opéra, le peuple et les dirigeants de l'U.R.S.S. ont acclamé en même temps que la troupe de Molière, le génie de la France, in: France-URSS (1954) 6, S. 12.
369 Vgl. Rogov an Denisov, 29.3.1954, in: GARF, f. 5283, op. 22, d 461, l. 58–61.

GKKS. Die westlichen Regierungen hatten Interesse daran, die gerade begonnenen Kulturbeziehungen nicht dauerhaft auf Eis zu legen, sondern eher auszubauen. Auf einer Sitzung des NATO Committee for Information and Cultural Relations im April 1957 sprachen sich die Vertreter Frankreichs, der USA und Großbritanniens für eine langsame Wiederaufnahme kultureller Beziehungen aus. Letztere argumentierten, dass der positive Effekt solcher Beziehungen auf die sowjetische Bevölkerung nicht unterschätzt werden sollte. Wichtige Informationskanäle versiegten sonst, und schließlich würden die sowjetischen Behörden wieder auf die Freundschaftsgesellschaften zurückgreifen.[370]

Frankreich gehörte zu den ersten westlichen Ländern, die ein bilaterales Kulturabkommen abschlossen. Bereits in der gemeinsamen Erklärung zum Abschluss der Reise Mollets und Pineaus nach Moskau im Mai 1956 betonten beide Seiten ihre Absicht, die kulturellen und wissenschaftlichen Beziehungen auszubauen und zu intensivieren.[371] Die politische Relevanz der Kulturbeziehungen unterstrich Anfang 1957 die Einrichtung des – zunächst mager ausgestatteten – Postens des Conseiller culturel an der französischen Botschaft in Moskau.[372] Im März 1957 führte ein Mitarbeiter der Direction Genérale des Affaires Culturelles et Techniques (DGACT) innerhalb des Außenministeriums aus, dass man weiter auf die sowjetischen Verhandlungspartner zugehen müsste, um France-URSS in Verbindung mit der ALAP nicht das Monopol der prestigeträchtigen Kulturbeziehungen zu überlassen:

> Es ist nämlich wichtig, dass unser kultureller Austausch ausgeglichen ist, und ich habe den Eindruck, dass die Association France-URSS den Moment genutzt hat, in dem unsere intellektuellen Kontakte mit der UdSSR begrenzt waren, um uns zu ersetzen oder uns zum Handeln zu zwingen. [...]
> Ich denke, dass man den sowjetischen Behörden möglichst deutlich machen muss, dass es im Interesse der Entwicklung unserer kulturellen Beziehungen mit der UdSSR wünschenswert ist, dass der künstlerische Austausch und die künstlerischen Veranstaltungen direkt von der DGACT organisiert werden. [...]
> Bei Gesprächen mit den Mitgliedern der sowjetischen Botschaft habe ich zumindest den Eindruck gewonnen, dass diese nicht ungehalten darüber wäre, diese Sache lieber auf einem offiziellen Niveau zu klären als mittels einer Association, deren Projekte eher zufällig sind und die nur über ein begrenztes Publikum und begrenzte Mittel verfügen. [...]

---

370 Vgl. Committee on Information and Cultural Relations: Exchanges Between the Atlantic Community and the USSR. Note by the United Kingdom Delegation, 18.4.1957, in: NATO Archives Online, AC/52-D/224/6.
371 Vgl. La déclaration commune, in: France-URSS (1954) 6, S. 22 f. Zur Bedeutung des Kulturaustausches für Pineau vgl. auch Gomart, La diplomatie culturelle française, S. 176 f.
372 Vgl. Gomart, Double détente, S. 200–202.

> Unter Umständen [...] könnten Sie durchscheinen lassen, dass wir wie schon im Mai 1956 weiterhin bereit sind, eine Gemischte Kommission zu gründen, analog zu der, die vor kurzem zur Regelung der kulturellen Beziehungen zwischen der UdSSR und Belgien geschaffen wurde.[373]

Tatsächlich sah das im Oktober 1957 unterzeichnete französisch-sowjetische Kulturprotokoll eine gemeinsame französisch-sowjetische Gemischte Kommission vor. Sie sollte jährliche Austauschpläne für die verschiedenen Bereiche wie Technik, Wissenschaft oder Kultur nach dem Prinzip der Gegenseitigkeit aushandeln. Damit entstand eine zusätzliche Arbeitsebene, auf der die Verhandlungen durch Funktionäre pragmatischer geführt werden konnten als direkt zwischen den Ministerien.[374] Artikel 12 des französisch-sowjetischen Kulturabkommens sah vor, dass auch die Beziehungen zwischen gesellschaftlichen Vereinigungen gefördert würden. Diese Vereinbarung bezogen die Freundschaftsgesellschaften und ihre sowjetischen Partner – zum Ärger der Kulturabteilung im Außenministerium – auf sich. Deshalb dachte die französische Regierung ebenfalls daran, eine alternative Vereinigung zu gründen.[375]

France-URSS als ein Katalysator der zwischenstaatlichen Kulturbeziehungen stellte keinen Einzelfall dar. Die Association France-Hongrie beschleunigte durch ihre Aktivitäten den Abschluss eines Abkommens mit Ungarn.[376] Vergleichbar drängte die Associazione Italia-URSS die italienische Regierung durch eine breit angelegte Kampagne zur Unterzeichnung eines Kulturprotokolls und Schaffung einer Gemeinsamen Kommission 1960.[377] In der Bundesrepublik ohne größere Freundschaftsgesellschaft irritierten die kaum kontrollierbaren zunehmenden kulturellen Aktivitäten der VOKS mit verschiedenen privaten Impresarios und Institutionen gleichermaßen das Auswärtige Amt. Deshalb sah es zunächst vor, die Deutsche Gesellschaft für

---

373 Direction Générale des Affaires Culturelles et Techniques an Direction Politique, Europe, Europe Orientale und AmbaFrance Moscou, 3.5.1957, in: AD, DGRCST Echanges Culturels 1956–1960, carton 250. Vgl. auch die ähnliche Argumentation bei Conversations franco-soviétiques, Paris, Mars 1960, A/S: Relations culturelles entre la France et l'URSS, in: AD, MAE Europe, 1944–1960, 270. Vgl. auch Gomart, La diplomatie culturelle française, S. 187.
374 Vgl. Jeu, Bernard: La coopération culturelle franco-soviétique, in: Tiers-Monde 9 (1968) 35, S. 897–907, hier S. 898 f.
375 Vgl. Note pour le Cabinet du Ministre von der Europaabteilung, [6/1958], in: Cabinet du Ministre, Couve de Murville, 314.
376 Vgl. Klenjánszky, Culture et propagande, S. 224.
377 Vgl. Gravina, Per una storia. Parte terza, S. 103–112 und 122–126; Reccia, Alessandra: L'Italia nelle relazioni culturali sovietiche, tra pratiche d'apparato e politiche del disgelo, in: eSamizdat. Rivista di culture dei paesi slavi (2012–2013) 9, S. 23–42, hier S. 27, http://www.esamizdat.it/rivista/2012-2013/pdf/reccia_eS_2012-2013_(IX).pdf (20.11.2015).

Osteuropakunde (DGO) zu einem zentralen koordinierenden Ansprechpartner für die VOKS zu machen.[378] Die Gründung der SSOD und des GKKS nahmen die bundesdeutschen Diplomaten als Steigerung der kulturellen Offensive wahr. Dies bewegte sie letztendlich dazu, die Verhandlungen über ein Kulturabkommen mit der Sowjetunion aufzunehmen.[379]

Da die SSOD und die Kulturministerien nie auf die Zusammenarbeit mit den Freundschaftsgesellschaften verzichteten, existierten in Großbritannien und Frankreich von nun an Kulturbeziehungen auf staatlicher und gesellschaftlicher Ebene nebeneinander – bzw. waren in unterschiedlicher Gewichtung miteinander verflochten. Diese zunehmenden Verflechtungen lagen erstens daran, dass kein Staat ohne gesellschaftliche Akteure Kulturbeziehungen pflegen kann. Er braucht immer Künstlergruppen oder individuelle Kulturschaffende als Ausführende. Zweitens hatten auf beiden Seiten die Staaten großes Interesse daran, in einer konfrontativen Situation wie im Kalten Krieg die kulturellen Beziehungen zu kontrollieren. Sie mischten sich deshalb stark in die gesellschaftliche Ebene ein. Vor allem trennte aber drittens die Sowjetunion die staatliche und gesellschaftliche Sphäre nicht. Einerseits waren die SSOD und die Partnergesellschaften Teil des Staates, hatten einen gesellschaftlichen Anstrich und verhandelten sowohl mit staatlichen als auch mit zivilgesellschaftlichen Vereinigungen im Westen. Andererseits gab die Sowjetunion den gesellschaftlichen Akteuren der Freundschaftsgesellschaften im Westen einen quasi-staatlichen Status, indem sie sie wie offizielle Vertreter ihrer Länder behandelte.

2.7 Fazit: Die Freundschaftsbewegung als Akteur und Katalysator der Cultural Diplomacy

Ab Mitte der 1950er Jahre wurde die „Membran" zwischen Ost und West deutlich durchlässiger für Personen und Ideen. Die Freundschaftsgesellschaften trugen als Katalysatoren zur Beschleunigung dieses Austauschs bei. Erstens gehörten die Freundschaftsgesellschaften damals zu den wenigen Organisationen, die bereits in den Jahren zuvor Beziehungen zur Sowjetunion unterhalten hatten. Sie hatten einzelne Delegationen in die Sowjetunion geschickt und in kleinerem Rahmen sowjetische Kulturveranstaltungen im Westen organisiert. Dadurch standen sie mit ihren unentbehrlichen Kontakten und

---

378 Vgl. Donig, Kulturaustausch oder Propaganda, S. 192–194.
379 Vgl. ibid. S. 205–207.

organisatorischen Erfahrungen unmittelbar nach Stalins Tod als politisch verlässliche Partner für den Ausbau der kulturellen Beziehungen zum Westen bereit. So hatten sie in den ersten Jahren eine Monopolstellung im verstärkten kulturellen Austausch zwischen dem Westen und der Sowjetunion, der insofern keinen absoluten Neuanfang markierte, sondern in direkter Kontinuität zu den Kriegs- und Nachkriegsjahren stand.

Die Zunahme des Austauschs und der direkten Kommunikation zwischen der Sowjetunion und dem Westen wurde zur Herausforderung für die westlichen Regierungen. Sie wollten den beginnenden kulturellen Austausch mit der Sowjetunion nicht aus ihrer Sicht politisch zweifelhaften Organisationen wie den Freundschaftsgesellschaften überlassen, die möglicherweise ihre eigene politische Agenda verfolgten. Deshalb wurden in dieser Phase alle westlichen Regierungen selbst auf dem Gebiet der kulturellen und gesellschaftlichen Beziehungen aktiv und versuchten, die Freundschaftsgesellschaften durch alternative Modelle zu umgehen: entweder durch Gründung eigener staatsnaher Gesellschaften wie in Großbritannien oder durch den Ausbau der offiziellen zwischenstaatlichen Kulturbeziehungen wie in Frankreich. Indirekt wirkten die Freundschaftsgesellschaften somit als Stimulus für den Ausbau kultureller Kontakte auf zwischenstaatlicher Ebene. Obwohl für die Freundschaftsgesellschaften dadurch eine unliebsame Konkurrenz entstand, bot diese Situation auch neue Aushandlungsspielräume. Sie belebte das Geschäft und erhöhte die Durchlässigkeit der „Membran".

Um die Beziehungen gegenüber dem Westen und ihr Bild jenseits des „Eisernen Vorhangs" zu verbessern, musste die sowjetische Führung zumindest in eine begrenzte gesellschaftliche Öffnung einwilligen. Austausch konnte ja nur stattfinden, wenn er auf dem Prinzip der Gegenseitigkeit basierte. Die 1958 vollzogene Umstrukturierung der SSOD und die Gründung der Partnergesellschaften in der Sowjetunion dienten deshalb einerseits dazu, die Glaubwürdigkeit der in den Westen gesendeten Botschaft zu erhöhen und das Bild eines offenen, an gegenseitigem gesellschaftlichem Austausch interessierten Landes zu vermitteln. Andererseits richtete sich diese Botschaft auch an die sowjetische intellektuelle Öffentlichkeit. Sie erweckte den Anschein, dass prinzipiell jeder Sowjetbürger mit dem Ausland in Kontakt treten könne und entsprach damit einem wachsenden Bedürfnis nach internationalem Austausch mit dem Westen. Tatsächlich wurden die Bevölkerung und vor allem Teile der sowjetischen Eliten mit Hilfe der Partnergesellschaften in bisher nicht dagewesenem Ausmaß für die sowjetische Außendarstellung herangezogen. Der Empfang und die Betreuung ausländischer Delegationen boten ebenso wie die Auftritte westlicher Künstler eine wachsende Zahl von Gelegenheiten zur persönlichen Begegnung mit Menschen und (Hoch-) Kultur aus dem Westen. Gleichzeitig dienten die

Partnergesellschaften jedoch dazu, die gesellschaftlichen Auslandskontakte in kontrollierbare Bahnen zu lenken und die Filtermechanismen an der „Membran" aufrechtzuerhalten.

Wie die kommunistischen Parteien, so begann in der „Tauwetter"-Zeit auch der bis dato noch recht monolithisch anmutende Block der Freundschaftsgesellschaften im Westen sich auszudifferenzieren. Dies geschah mit dem Segen der politischen Verantwortlichen in Moskau, die eine positive Imagewerbung der Sowjetunion im Ausland nun für wichtiger und sinnvoller hielten als eine ungefilterte Weitergabe der politischen Botschaft. Das revolutionäre Sendungsbewusstsein trat hinter der kulturellen Mission zurück. Die sowjetische Cultural Diplomacy orientierte sich mehr an ihren Zielgruppen, versuchte auf den westlichen Geschmack einzugehen und eher zu unterhalten als zu erziehen. Dafür war man bereit, mit politisch weniger verlässlichen Partnern wie der Great Britain-USSR Association zusammenzuarbeiten. Dennoch wurden die politischen Intentionen dieser Cultural Diplomacy nicht völlig vergessen. Dies verdeutlicht das Oxymoron der „Freundschaftsfront", das Popova bei der Gründung der SSOD für die Freundschaftsbewegung gebrauchte.[380] Einerseits ging es für viele Beteiligte und – zumindest der Rhetorik nach – auch für die Regierungen um Völkerverständigung, kulturellen Austausch und persönliche Kontakte. Andererseits waren und blieben die Freundschaftsgesellschaften ein politisches Instrument an der „Front" des Kalten Krieges, im ideologischen Wettbewerb der Systeme.

---

380 Vgl. Popowa, N. W.: Für Freundschaft und Zusammenarbeit, in: Kultur und Leben 2 (1958) 4, S. 2–7, hier S. 3.

3 Détente im Westen: Erleichterung und Herausforderung der Freundschaft

3.1 Einleitung: Entspannungspolitik, Eurokommunismus und Menschenrechte

Auf die Aufbruchsjahre der „Tauwetter"-Zeit folgten die langen Jahre der Brežnev-Ära von Mitte der 1960er Jahre bis zur Amtsübernahme Gorbačevs 1985. Der Übergang von Chruščev zu Brežnev war weitaus fließender als der von Stalin zu Chruščev. Die Charakteristika der sowjetischen Innen- und Außenpolitik in der Brežnev-Ära werden überwiegend Gegenstand des nächsten Kapitels sein. Dieses Kapitel befasst sich hingegen vor allem mit der westlichen Perspektive auf die Freundschaftsgesellschaften in diesem Zeitraum. Dabei untersucht es insbesondere die Rolle der Freundschaftsgesellschaften für die Politik der westlichen Regierungen gegenüber der Sowjetunion, ihre Bedeutung für innen- und parteipolitische Entwicklungen und für die öffentliche Debatte über die Sowjetunion. Dabei lassen sich drei übergreifende Paradigmen ausmachen, die für alle untersuchten Länder in dieser Zeit in unterschiedlichem Maße bestimmend waren: erstens das Auf und Ab der Entspannungspolitik, zweitens die Annäherungs- und Abgrenzungsprozesse innerhalb der Linken zwischen kommunistischen und sozialistischen bzw. sozialdemokratischen Parteien und drittens die Auseinandersetzung um die Menschenrechtssituation in der Sowjetunion.

Die Freundschaftsgesellschaften hatten sich schon in den 1940er Jahren die politische Annäherung zwischen ihren Heimatländern und der Sowjetunion zum Ziel gesetzt. Mit der Entspannungspolitik wurde dieses Ziel zumindest teilweise erfüllt. Nach den Tiefpunkten der zweiten Berlinkrise und der Kubakrise erkannten beide Supermächte, dass ein globaler atomarer Konflikt nur durch einen Abbau von Spannungen verhindert werden konnte. Ein erster Schritt in diese Richtung war das Moskauer Atomteststoppabkommen 1963, für das sich insbesondere der britische Premierminister Harold Macmillan und der US-amerikanische Präsident John F. Kennedy eingesetzt hatten.[1] Auch Frankreichs Präsident Charles de Gaulle verstärkte ab 1963 seine Bemühungen um eine Détente mit der Sowjetunion. Er strebte nach einem starken und eigenständigen, von den USA weitgehend unabhängigen Europa unter französischer Führung

---

[1] Vgl. Oliver, Kendrick: Kennedy, Macmillan and the Nuclear Test-Ban Debate, 1961–63, Basingstoke 1998; White, Britain, Détente and Changing East-West Relations.

und einer Überwindung der bipolaren Weltordnung. Nachdem sein Versuch gescheitert war, die Bundesrepublik durch den Élysée-Vertrag aus ihrer engen Verbindung mit den USA zu lösen, versuchte de Gaulle sich – zumindest symbolisch – von seinen westlichen Bündnispartnern zu emanzipieren. Dies verdeutlichten die „Politik des leeren Stuhls" in der EWG 1964 und der Rückzug Frankreichs aus der militärischen Struktur der NATO 1966. In einer begrenzten Annäherung an die Sowjetunion sah de Gaulle ein machtpolitisches Gegengewicht zur Allianz mit den USA.[2] Umgekehrt machten diese Überlegungen Frankreich zu einem interessanten Partner für die sowjetische Führung, da eine Spaltung oder zumindest eine Lockerung des westlichen Bündnisses nur in ihrem Interesse sein konnte. Brežnev erhoffte sich von der Entspannungspolitik eine dauerhafte Garantie der Nachkriegsgrenzen in Europa, eine Anerkennung als gleichwertige Supermacht neben den USA, wirtschaftliche Vorteile durch einen Ausbau des Handels sowie außenpolitische Stabilität und Sicherheit für die Sowjetunion.[3]

Parallel zur französischen Détente-Politik propagierten die Vordenker der Neuen Ostpolitik in der Bundesrepublik einen Richtungswechsel im Verhältnis zur Sowjetunion unter Anerkennung der Nachkriegsgrenzen. Egon Bahrs Rede im Juli 1963 in Tutzing fasste diesen Gedankengang in der Formel „Wandel durch Annäherung" zusammen. In der 1966 geschlossenen Großen Koalition scheiterte der von Außenminister Willy Brandt verkörperte Wille zur Annäherung allerdings in der Praxis noch am Widerstand der CDU/CSU und vor allem an der mangelnden Gesprächsbereitschaft der Sowjetunion.[4] Erst ab 1969, mit der Bildung der sozialliberalen Koalition unter Brandt als Bundeskanzler, konnte die Neue Ostpolitik umgesetzt werden. Seine außenpolitische Verhandlungsoffensive mündete Anfang der 1970er Jahre in die Ostverträge mit der Sowjetunion, Polen und der DDR. Deren Ratifizierung wurde durch

---

[2] Vgl. zu de Gaullles Philosophie der Détente: Martin, Towards a New Concert of Europe, S. 91–104; Vaïsse, La grandeur, S. 414–433; Hofmann, Birgit: Der „Prager Frühling" und der Westen. Frankreich und die Bundesrepublik in der internationalen Krise um die Tschechoslowakei 1968, Göttingen 2015, S. 70–98.
[3] Vgl. Bowker, Mike: Brezhnev and Superpower Relations, in: Bacon, Edwin/Sandle, Mark (Hg.): Brezhnev Reconsidered, Basingstoke 2002, S. 90–109, hier S. 91–93; Zubok, A Failed Empire, S. 222–226; Van Oudenaren, Détente in Europe, S. 349.
[4] Siehe zur Ostpolitik der Großen Koalition: Winkels, Martin: Die Deutschland- und Ostpolitik der ersten Großen Koalition in der Bundesrepublik Deutschland (1966–1969), Dissertation, Bonn 2009, http://hss.ulb.uni-bonn.de/2009/1967/1967.pdf (26.11.2015); Hofmann, Der Prager Frühling, S. 99–114.

heftige innenpolitische Auseinandersetzungen mit der Opposition verzögert, die insbesondere gegen die Anerkennung der Oder-Neiße-Linie protestierte.[5]

Nachdem der Moskauer Vertrag faktisch die Grenzen und die Existenz der DDR anerkannt hatte, war der Weg frei für eine gesamteuropäische Sicherheitskonferenz. Diese hatte die Sowjetunion schon seit Mitte der 1950er Jahre gefordert.[6] Nach mehrjährigen Verhandlungen verabschiedeten 1975 in Helsinki 35 Staaten die Schlussakte der Konferenz für Sicherheit und Zusammenarbeit in Europa (KSZE). Sie schrieb einerseits die militärische Unverrückbarkeit der nach dem Krieg entstandenen Grenzen in Europa fest. Andererseits verpflichteten sich die Unterzeichnerstaaten zur Einhaltung der Menschenrechte und zur Förderung des kulturellen und humanitären Austausches zwischen Ost und West.[7] Mit der Entspannungspolitik weichte die Freund-Feind-Dichotomie der 1940er und 1950er Jahre auf. Die Sowjetunion verlor bei einem Großteil der westlichen Bevölkerung das Image des „Schreckgespensts", das für alles Unheil in der Welt verantwortlich war. Währenddessen hatte das positive Gegenbild der USA als Verteidigerin von Freiheit, Demokratie und Gerechtigkeit durch den Vietnamkrieg insbesondere bei jungen Menschen weltweit an Glaubwürdigkeit eingebüßt.[8]

Diese neuen außenpolitischen Entwicklungen boten grundsätzlich ideale Rahmenbedingungen für die Freundschaftsgesellschaften. Diese konnten nun nicht nur in Übereinstimmung mit der Außenpolitik ihrer Regierung, sondern auch mit einem Großteil der Bevölkerung in den jeweiligen Ländern agieren. Konnten die Freundschaftsgesellschaften davon profitieren und breitere gesellschaftliche Kreise integrieren? Wie veränderte sich das Verhältnis zwischen der Außenpolitik der jeweiligen Regierungen und den Freundschaftsgesellschaften? Nahmen sich die beiden Seiten eher als Gegner, als Konkurrenten oder als Partner wahr? Wie integrierte die sowjetische Seite die Freundschaftsgesellschaften in ihre Entspannungspolitik?

---

5 Vgl. hierzu im Detail Grau, Andreas: Gegen den Strom. Die Reaktion der CDU/CSU-Opposition auf die Ost- und Deutschlandpolitik der sozial-liberalen Koalition 1969–1973, Düsseldorf 2005.
6 Vgl. Loth, Wilfried: Die Rettung der Welt. Entspannungspolitik im Kalten Krieg 1950–1991, Frankfurt a.M. 2016, S. 1–20.
7 Zur französischen KSZE-Politik im Detail siehe Heyde, Veronika: Frankreich im KSZE-Prozess. Diplomatie im Namen der europäischen Sicherheit 1969–1983, Berlin/Boston 2017. Zur bundesrepublikanischen KSZE-Politik: Peter, Matthias: Die Bundesrepublik im KSZE-Prozess 1975–1983. Die Umkehrung der Diplomatie, Berlin/München/Boston 2015.
8 Vgl. Jørgensen, Thomas Ekman: Friedliches Auseinanderwachsen. Überlegungen zu einer Sozialgeschichte der Entspannung 1960–1980, in: Zeithistorische Forschungen (2006) 3, S. 363–380, hier S. 372.

Die diplomatische Entspannung der 1960er und 1970er Jahre ging in ganz Westeuropa einher mit innenpolitischen Annäherungsbemühungen zwischen den kommunistischen und sozialistischen Parteien.[9] Infolge der Entspannungsbestrebungen konservativer Regierungen gingen die sozialistischen und sozialdemokratischen Parteien ihrerseits auf die Sowjetunion und die kommunistischen Parteien zu. In Frankreich kam es in den 1960er Jahren auch aus wahltaktischen Überlegungen über punktuelle Kooperationen zu einer Annäherung zwischen dem PCF und der SFIO. Diese mündeten 1972 im landesweiten Wahlbündnis der Union de la gauche mit dem Parti Socialiste (PS), das bis 1977 Bestand hatte. In Großbritannien setzte der Annäherungsprozess zwischen der CPGB und der Labour-Partei erst in den 1970er Jahren ein. Unter Generalsekretär John Gollan folgte die CPGB der „British Road for Socialism". Sie strebte demnach keinen revolutionären Umsturz an, sondern beabsichtigte vielmehr den Aufbau des Sozialismus innerhalb des bestehenden politischen Systems und wollte sich daher im Sinne einer „Broad Left Strategy" mit Labour verbünden.[10] In den 1960er Jahren wies Labour diese Annäherungsversuche noch zurück. Während der Oppositionszeit Anfang der 1970er Jahre wuchs jedoch der Einfluss des linken Parteiflügels. Dessen Anhänger setzten eine Abkehr von der strikten antikommunistischen Linie durch und ermöglichten so eine Zusammenarbeit zwischen Sozialisten und Kommunisten innerhalb der Trade Unions – und innerhalb der BSFS.[11]

Parallel zu diesem „Linksruck" der sozialistischen und sozialdemokratischen Parteien emanzipierten sich viele kommunistische Parteien im Westen vom Weg der Sowjetunion als idealem und einzig denkbaren Modell des Sozialismus. Diese Distanzierung wurde erstmals sichtbar nach der gewaltsamen Niederschlagung des „Prager Frühlings" 1968, an der ein Großteil der kommunistischen Parteien in Westeuropa offen Kritik übte. Unter dem Label des Eurokommunismus wandten sich vor allem die italienischen, spanischen und französischen Kommunisten ab Mitte der 1970er Jahre noch stärker von der Sowjetunion ab. Sie erkannten die pluralistisch-demokratische Verfassung ihrer Länder in der bestehenden Form an und kritisierten die Einschränkung der Freiheitsrechte in der Sowjetunion. Der PCF blieb in seinem ideologischen Reformeifer hinter dem italienischen PCI zurück und richtete sich spätestens seit 1979 wieder auf Moskau aus.[12]

---

9 Siehe hierzu der gesamteuropäische Überblick in: Sassoon, One Hundred Years of Socialism; Smith, W. Rand: Enemy Brothers. Socialists and Communists in France, Italy, and Spain, Lanham 2012.
10 Vgl. Laybourn, Marxism in Britain, S. 57–80.
11 Vgl. Thorpe, Andrew: A History of the British Labour Party, Basingstoke ³2008, S. 187–189.
12 Zur vergleichenden Betrachtung der eurokommunistischen Phase in Frankreich und Italien: Lazar, Maisons rouges, S. 121–151.

Die wesentlich kleinere CPGB schlug Ende der 1970er Jahre ebenfalls eine eurokommunistische Richtung ein und versuchte, unterschiedliche gesellschaftliche Strömungen von der Umweltbewegung bis zu den Feministinnen zu integrieren. Angesichts dieses Kurswechsels spalteten sich jedoch mehrere prosowjetische Gruppen ab.[13]

Diese Annäherungsprozesse zwischen den Parteien des linken politischen Spektrums wurden bisher vor allem als von den Parteileitungen angeordnete Strategien interpretiert.[14] In der Forschung herrscht Konsens, dass die eurokommunistische Ausrichtung des PCF nur ein vorrübergehendes, taktisches Manöver war.[15] Dabei ist bisher nur wenig darüber bekannt, wie diese Richtungswechsel jenseits der Führungsgremien wahrgenommen, umgesetzt und möglicherweise dauerhaft verankert wurden. Hier kann der Blick auf die Freundschaftsgesellschaften einen wertvollen Beitrag leisten.

In der Bundesrepublik Deutschland bröckelte der antikommunistische Konsens bei den Sozialdemokraten und in der Öffentlichkeit ebenfalls. Seit 1964 wurden Stimmen in Politik und Medien lauter, die die Neugründung einer kommunistischen Partei befürworteten. Das grundsätzliche Verbot einer kommunistischen Partei, wie es sonst nur in den Diktaturen Südeuropas bestand, wirkte im internationalen Kontext anachronistisch. Zudem wuchs das Bewusstsein, dass viele unter den politisch ausgegrenzten und verfolgten Kommunisten im „Dritten Reich" als antifaschistische Widerstandskämpfer agiert hatten. Nicht zuletzt erwies sich das KPD-Verbot zunehmend als „Stolperstein" für die angestrebte Neue Ostpolitik. Unter anderem machten indirekte Verhandlungen zwischen SPD und SED mit Hilfe des PCI und die Vermittlung von Bundesjustizminister Gustav Heinemann den Weg frei für die Gründung der Deutschen Kommunistischen Partei (DKP) im September 1968.[16] Dieser Wandel schuf angesichts der vorherigen Verbote einerseits die Voraussetzung für die Gründung

---

13 Andrews, Endgames and New Times, S. 140–177.
14 Der Eurokommunismus ist ein großes Desiderat der Forschung: Vgl. Dörr, Nikolas R.: Eurokommunismus als Teil der historischen Kommunismusforschung, in: Docupedia-Zeitgeschichte, 6.1.2014, http://docupedia.de/zg/doerr_eurokommunismus_v1_de_2014 (6.11.2015). Aktuellere Studien gibt es vor allem zur westlichen Perspektive auf den Eurokommunismus: Heurtebize, Frédéric: Le péril rouge. Washington face à l'eurocommunisme, Paris 2014; Dörr, Nikolas: NATO and Eurocommunism. The Fear of a Weakening of the Southern Flank from the Mid-1970s to Mid-1980s, in: Journal of European Integration History (2014) 2, S. 245–258.
15 Für eine oberflächliche Taktik argumentieren Andolfatto, Dominique: PCF. De la mutation à la liquidation, Monaco 2005, S. 33–51; Heurtebize, Le péril rouge, S. 348; Lazar, Maisons rouges, S. 148.
16 Vgl. zu den Details der Entwicklung und der Verhandlungen: Schultz, Jens: Sozialdemokratie und Kommunismus. Die Auseinandersetzung der SPD mit dem Kommunismus im Zeichen

einer bundesdeutschen Freundschaftsgesellschaft. Andererseits illustriert gerade die Gründungsgeschichte dieser Gesellschaft, wie zunächst die KPD im Untergrund und anschließend die DKP versuchten, von der Neuen Ostpolitik zu profitieren und mehr Einfluss auf die bundesrepublikanische Öffentlichkeit zu gewinnen.

Die politische Diversifizierung der Freundschaftsgesellschaften und die Bündnisse der Kommunisten mit den gemäßigten Linken führten zum dritten Charakteristikum dieser Jahre: zur Frage nach den Bedingungen und Grenzen der Loyalität gegenüber der Sowjetunion. Im Gegensatz zu den 1950er Jahren, in denen man entweder Freund oder Feind der Sowjetunion sein musste, war nun in den nationalen Öffentlichkeiten und innerhalb der Freundschaftsgesellschaften ein deutlich breiteres und nuancierteres Spektrum von Einstellungen gegenüber der Sowjetunion möglich. Blieben die Mitglieder der Freundschaftsgesellschaften der Sowjetunion auch in jenen Momenten treu, in denen nicht nur die Antikommunisten, sondern auch grundsätzlich prosowjetisch eingestellte Kreise und sogar die kommunistischen Parteien selbst auf Distanz zur Sowjetunion gingen? Insbesondere die Freundschaftsgesellschaften in Ländern mit starken eurokommunistischen Bewegungen gerieten hier in einen Loyalitätskonflikt zwischen der kommunistischen Partei und Moskau.

Besondere Herausforderungen für die Loyalität im untersuchten Zeitraum waren die Intervention der Truppen des Warschauer Paktes in Prag 1968 sowie die Frage der Menschenrechte und des Umgangs mit Opposition in der Sowjetunion. Unter Brežnev ging die Sowjetunion massiv gegen Andersdenkende vor, sperrte sie in Lager oder Psychiatrien und wies schließlich viele prominente Intellektuelle aus. Im Unterschied zu den 1930er Jahren nutzten diese sogenannten Dissidenten die nationale, aber vor allem die internationale Öffentlichkeit, um auf ihre Anliegen aufmerksam zu machen. Bei der Behandlung Andersdenkender musste sich die Sowjetunion ab 1975 an den humanitären Verpflichtungen messen lassen, die im „Dritten Korb" der KSZE-Schlussakte von Helsinki festgeschrieben waren. Nach ihrer Ausweisung in den Westen traten Dissidenten dort als Augenzeugen der sowjetischen Realität auf, was die Deutungshoheit der Freundschaftsgesellschaften über die Zustände in der Sowjetunion schmälerte.[17]

---

der Neuen Ostpolitik 1969–1974, Dissertation, Mannheim 2009, S. 61–67, https://ub-madoc.bib.uni-mannheim.de/29348/4/Sozialdemokratie_und_KommunismusErbe2.pdf (30.10.2012).
17 Siehe hierzu im Überblick: Vaïssié, Cécile: Pour votre liberté et pour la nôtre. Le combat des dissidents de Russie, Paris 1999; Reddaway, Peter: Repression und Liberalisierung. Sowjetmacht und Dissidenten 1953–1986, in: Osteuropa 60 (2010) 11, S. 105–125.

Die Diskussion über die Menschenrechtsfrage verdeutlicht die Möglichkeiten und Grenzen der sowjetischen Einflussnahme auf die internen Diskussionen und die politische Ausrichtung der Mitglieder. Die unter französischen Intellektuellen besonders heftig geführte Debatte über die totalitäre Dimension der Sowjetunion brachte den PCF dazu, auch in dieser Frage offene Kritik an Moskau zu üben. Ein vergleichbarer Schritt hätte für France-URSS die weitere Arbeit unmöglich gemacht. Umgekehrt liefen die Freundschaftsgesellschaften mit allzu eindeutigen Loyalitätsbekundungen gegenüber der Sowjetunion Gefahr, sich gegenüber der eigenen Bevölkerung unglaubwürdig zu machen und ihren pluralistischen Anstrich zu verlieren.

Die KSZE-Schlussakte von Helsinki markierte gleichzeitig den Höhepunkt der Entspannungspolitik und den Anfang ihres Niederganges. Das gegenseitige Misstrauen nahm nicht zuletzt durch die Auseinandersetzungen über die Menschenrechtsfrage zu. Ab 1976 erklärte US-Präsident Jimmy Carter die Menschenrechte zu einem wichtigen Prinzip in den bilateralen Beziehungen, weshalb die Abrüstungsverhandlungen in eine Sackgasse gerieten. Der NATO-Doppelbeschluss und die sowjetische Intervention in Afghanistan 1979 läuteten den Beginn einer neuen Phase der Konfrontation ein, die ihren Höhepunkt im Jahr 1983 finden sollte. Die unterschiedlichen Reaktionen der französischen, britischen und bundesdeutschen Freundschaftsgesellschaften auf die Intervention in Afghanistan verdeutlichen einerseits, wie weit diese sich im Laufe der 1960er und 1970er Jahre auseinanderentwickelt hatten. Umgekehrt zeigt der Umgang der SSOD mit diesen unterschiedlichen Reaktionen, wo die Toleranzgrenze der sowjetischen Behörden für Kritik durch die eigenen „Freunde" verlief.

3.2 Außenpolitische Détente und innenpolitische Bündnispolitik in den 1960er Jahren

Verflechtung staatlicher und gesellschaftlicher Cultural Diplomacy im Zeichen der Détente

Dadurch, dass die westeuropäischen Regierungen ab Mitte der 1950er Jahre auf dem Gebiet die Cultural Diplomacy aktiv wurden, veränderte sich deren Verhältnis zu den Freundschaftsgesellschaften. Die Annäherungspolitik der Regierungen im Rahmen der Détente zwang nun die Freundschaftsgesellschaften erneut, ihren Platz innerhalb der politischen und kulturellen Beziehungen neu zu bestimmen.

Als de Gaulle im Mai 1958 die Macht ergriff, versuchte der PCF gegen diese „militärische und personelle Diktatur" zu mobilisieren. Er wollte die Einsetzung

3.2 Außenpolitische Détente und innenpolitische Bündnispolitik — 255

de Gaulles als Premierminister und schließlich das Verfassungsreferendum im September 1958 verhindern.[18] Demgegenüber hielt sich France-URSS mit öffentlichen Kommentaren sehr zurück. Für die Association wuchs mit der Rückkehr der Symbolfigur der Résistance die Hoffnung auf günstige Bedingungen für die französisch-sowjetischen Beziehungen und die weitere Integration von Gaullisten. Sofort bemühte sich ihr Président Ernest Petit um ein Treffen mit Außenminister Couve de Murville, um ihm die Ziele und neue Ausrichtung von France-URSS zu erläutern.[19] Für die Mitarbeiter der Europaabteilung des Außenministeriums blieb France-URSS allerdings ein „Transmissionsriemen des PCF" und immer noch zu prosowjetisch für eine Zusammenarbeit. Sie fürchteten weiterhin die Konkurrenz der Freundschaftsgesellschaft im Kulturaustausch.[20] Allerdings konnte die französische Regierung aufgrund der nun aktiven Beteiligung von Gaullisten wie Raymond Schmittlein und René Capitant France-URSS nicht mehr als rein kommunistische Organisation ignorieren.

Insbesondere bereitete Probleme, dass die sowjetischen staatlichen Organe die Freundschaftsgesellschaften wie gleichwertige diplomatische Partner behandelten. Dies zeigten deutlich die gegenseitigen Staatsbesuche Nikita Chruščevs in Frankreich 1960 und de Gaulles in Moskau 1966. De Gaulle bemühte sich zwar 1960, Chruščev mit möglichst wenig kommunistischen Gesinnungsgenossen zusammentreffen zu lassen.[21] Doch France-URSS setzte alles daran, große Teile der Bevölkerung zu mobilisieren, von der medialen Aufmerksamkeit zu profitieren und sich als maßgeblichen Akteur der bilateralen Beziehungen zu profilieren. Im Auftrag und in Kooperation mit dem PCF organisierte die Association vor und während des Staatsbesuches unzählige Veranstaltungen in den Provinzen. *France-URSS* publizierte zahlreiche Artikel und zwei Sondernummern, und die Komitees sammelten über 10.000 Sympathiebezeugungen von französischen Bürgern in einem „Goldenen Buch", das Chruščev als Geschenk überreicht wurde.[22] Nicht zuletzt präsentierte France-URSS einen Gala-Konzert-Abend mit dem Pianisten und Komponisten Aram Chačaturjan vor 3.000 Gästen. Stellvertretend für Chruščev, der nicht persönlich

---

18 Vgl. Gomart, Double Détente, S. 223–225.
19 Vgl. Général Petit an Couve de Murville, 4.6.1958, in: AD, Europe 1940–1960, URSS, 274.
20 Vgl. Note pour le Cabinet du Ministre, [6/1958], in: AD, Europe 1940–1960, URSS, 274.
21 Vgl. Zubkova/Zubkov, Das große PR-Projekt, S. 218.
22 Vgl. Spravka o meroprijatijach, provedennych Obščestvom „Francija-SSSR" v svjazi s poezdkom N. S. Chruščeva vo Franciju, in: GARF, f. 9576, op. 6, d. 111, l. 261–266. Die März und April-Ausgaben von *France-URSS* waren ganz Chruščev gewidmet. Siehe auch: Texte qui figurera en tête du Livre d'or de „France-U.R.S.S.", in: AD Nord, 141 J 24. Vgl. zur Mobilisierungskampagne des PCF: Gomart, Double détente, S. 293–295.

teilnehmen konnte, wurde seiner Frau und Tochter ein enthusiastischer Empfang bereitet.[23]

Im Gegenzug für diese Mobilisierungskampagnen adelte Chruščev die Freundschaftsgesellschaft als entscheidenden Akteur der bilateralen Beziehungen. Am Tag seiner Ankunft am 23. März 1960 empfing er demonstrativ 75 Vertreter von France-URSS zu einer fast einstündigen Audienz im Quai d'Orsay. Dort hob Chruščev einerseits die Bedeutung der Aktivitäten der Gesellschaft für die Schaffung eines „Klimas des Vertrauens" hervor, das zur Verbesserung der internationalen Beziehungen beitrage. Andererseits kritisierte er sehr deutlich die mangelnde Unterstützung der französischen Regierung für die Arbeit der France-URSS, die gesellschaftlich-kulturellen Austausch verhindere: „Eure Kollegen der sowjetischen Association URSS-France sind dagegen in einer wesentlich vorteilhafteren Situation; niemand beäugt sie misstrauisch, geschweige denn dass jemand ihnen Hindernisse in den Weg legen würde."[24] *Sovetskaja Kul'tura* illustrierte den allgemeinen Bericht über Chruščevs Besuch in Frankreich ausgerechnet mit einem Foto von diesem Empfang. Damit unterstrich die Zeitung unter dem Titel „Die Franzosen sagen „Moskau ist Freundschaft, Moskau ist Frieden, es lebe Chruščev" die große Sympathie für den sowjetischen Staatschef in der französischen Bevölkerung (Abb. 4).[25]

De Gaulles Gegenbesuch 1966 sollte nach dem Führungswechsel in der Sowjetunion einer der Höhepunkte seiner Sowjetunionpolitik werden. France-URSS und SSSR-Francija begrüßten zwar nachdrücklich dieses Gipfeltreffen zur Verbesserung der französisch-sowjetischen Beziehungen. Gleichzeitig setzten sie alles daran, dass das Treffen nicht nur zu einem „Sieg von de Gaulles Außenpolitik" wurde.[26] Zur Vorbereitung des Besuches fand im Mai 1966 die zweite Nationalkonferenz von SSSR-Francija statt, um dem großen Interesse der sowjetischen Bevölkerung an Frankreich Ausdruck zu verleihen. Roland Leroy, Mitglied des Zentralkomitees des PCF und der Présidence von France-URSS, empfahl der Partnergesellschaft, möglichst weitere, in Frankreich

---

23 Vgl. Volodin an Gorškov, 14.4.1960, in: GARF, f. 9576, op. 6, d. 111, l. 198 f. Siehe auch Khrouchtchev en France, Paris 1960, S. 58 f.; und die Sonderausgabe von *France-URSS Informations* zu diesem Anlass.

24 Allocution prononcée par le Président Khrouchtchev à la Réception des représentants de l'Association „France-URSS", in: GARF, f. 9576, op. 6, d. 111, l. 212 f. Siehe hierzu auch Gomart, Double détente, S. 302.

25 Vgl. „Moskva – družba", „Moskva – mir", „Chruščevu ura!", – govorjat Francuzy, in: Sovetskaja kul'tura, 26.3.1960, S. 1.

26 Vgl. Zapis' besedy Predsedatelja Prezidiuma SSOD t. Popovoj N. V. s členom prezidentskogo soveta Obščestva „Francija-SSSR" sekretarem CK FKP R. Lerua, 19.3.1966, in: RGANI, f. 5, op. 50, d. 785, l. 193–200, hier l. 196.

Abb. 4: Der Artikel ist überschrieben mit „;Moskau ist Freundschaft, Moskau ist Frieden, Es lebe Chruščev', rufen die Franzosen." Die Bildunterschrift lautet: „Am 23. März empfing N. S. Chruščev in seiner Residenz im Palais des Außenministeriums eine Delegation von „France-URSS". Auf dem Bild: N. S. Chruščev spricht mit Vertretern der Assoziation.".

bekannte Persönlichkeiten wie die erste Frau im All Valentina V. Tereškova ins Präsidium zu wählen, in Moskau ein eigenes Komitee zu gründen und durch zahlreiche Veranstaltungen vor Ort Präsenz zu zeigen. Dies sollte vor der anwesenden französischen Presse zeigen, dass die Partnergesellschaft auf Basis der Gegenseitigkeit französische Kultur in der Sowjetunion verbreitete, um indirekt die Glaubwürdigkeit von France-URSS in der französischen Öffentlichkeit zu stärken.[27] Allerdings tat ihnen de Gaulle nicht den Gefallen, einen Gala-Empfang im Freundschaftshaus zu besuchen, um SSSR-Francija gleichermaßen zu honorieren wie Chruščev France-URSS.[28] Doch als eine Delegation von France-URSS de Gaulle demonstrativ bei seiner Rückkehr am Flughafen Orly empfing, bezeichnete der damalige Forschungsminister Alain Peyrefitte die Reise zu ihrer Zufriedenheit als „Triumph von France-URSS".[29]

Zusätzlich verlieh die SSOD den Freundschaftsgesellschaften einen quasi-staatlichen Charakter, indem sie ab Mitte der 1960er Jahre mit ihnen eigene vertragliche Vereinbarungen abschloss. Diese formellen jährlichen Austauschpläne legten für beide Seiten die Anzahl und den Umfang der geplanten Delegationen, Ausstellungen, Konferenzen, die zu zelebrierenden Jahrestage und die Zahl der Sprachstipendien genau fest. Dem ersten Austauschplan ging jeweils eine Art Rahmenvereinbarung voraus, in der – ähnlich einem Staatsvertrag – die grundsätzlichen Aufgaben und Ziele der beiden Partner festgeschrieben wurden. Für France-URSS legte die am 2. April 1963 von André Blumel als Vertreter der Présidence und Viktor I. Gorškov als stellvertretender Vorsitzender der SSOD unterzeichnete Vereinbarung folgende Aufgaben fest: Aktionen für die Verständigung zwischen dem französischen und sowjetischen Volk, Verbreitung von Informationen über das andere Land, Feier von Jahrestagen und anderen kulturellen Festen, Vorbereitung und Empfang von Delegationen, Herstellung von Beziehungen zwischen kulturellen, sozialen und sportlichen Einrichtungen, Austausch von Büchern, Fotos, Videos und Filmen, Beitrag zur Einrichtung von Städtepartnerschaften, Touristenaustausch sowie Beitrag zur Stärkung von Französisch und Russisch.[30] Vergleichbare Vereinbarungen

---

27 Vgl. ibid. Zum Kongress selbst siehe U.R.S.S.-France: un premier bilan, in: FUM (1966) 7–8, S. 41.
28 Vgl. Philippe Baudet an Couve de Murville, Direction d'Europe, 26.3.1966, in: AD, Europe 1965–1969, URSS, 2682.
29 Roussat, Raymond: „Aujourd'hui, c'est le triomphe de France-U.r.s.s.", in: FUM (1986) 6, S. 30.
30 Vgl. Accord sur la coopération culturelle entre l'Association „France-URSS" d'une part et l'Union des Associations soviétiques pour l'amitié et les relations culturelles avec l'Étranger et l'Association „URSS-France" d'autre part, 2.4.1963, in: ANF, 88 AS 33. Siehe auch Gomart, Double détente, S. 118.

schloss die SSOD in den folgenden Jahren mit nahezu allen Freundschaftsgesellschaften im Ausland.[31]

Einen zusätzlichen offiziellen Anstrich erhielten diese Austauschpläne dadurch, dass die jährliche Unterzeichnung wie die eines Staatsvertrages inszeniert wurde. Nach kurzen Ansprachen der Vertreter beider Gesellschaften setzten sie sich nebeneinander an einen Tisch und signierten gleichzeitig jeweils ein Exemplar des Vertrages. Im Hintergrund waren die nationalen Flaggen aufgespannt (Abb. 5).[32] Über diese Zeremonien berichtete die sowjetische Presse und würdigte damit öffentlich die Freundschaftsgesellschaften. Sie vermittelte erneut das Bild einer Gesellschaft, die zahlreiche Kontakte mit dem westlichen Ausland pflegte.[33]

Die Präambeln der Austauschpläne selbst nahmen Bezug auf bevorstehende Staatsbesuche, aktuelle Ereignisse oder zwischenstaatliche Vereinbarungen, zu deren Erfüllung die Freundschaftsgesellschaften mit ihren Aktivitäten beitragen wollten. Die oben genannten, umfangreichen Aufgabenfelder gingen jedoch weit über den Handlungsbereich einer gesellschaftlichen Vereinigung hinaus und griffen in die Kompetenzen der Außenministerien ein. Wegen ihres hybriden, halboffiziellen Charakters waren die Austauschpläne für die Regierungen ein beständiges Ärgernis. So vermerkte die Kulturdirektion des französischen Außenministeriums:

> Die Existenz dieser Vereinbarungen ist tatsächlich extrem schockierend, da ihr jährlicher Abschluss bedeutet, dass eine französische gesellschaftliche Vereinigung [...], die der kommunistischen Partei untersteht, sich das Recht herausnimmt, mit einer sowjetischen Vereinigung zu verhandeln, die faktisch nur eine Abspaltung der sowjetischen Regierung ist. In diesem Vorgehen liegt der Beginn einer Aufspaltung und Aushöhlung der Vorrechte der Regierung.[34]

---

31 Siehe Counter-Draft of BSFS, [1961], in: MML; Boden, Die Grenzen der Weltmacht, S. 262; Frederichsen, Soviet Cultural Diplomacy, S. 93 f. Die bundesdeutschen Vereinigungen unterzeichneten erst 1977 ihren ersten Austauschplan. Siehe Kapitel 3.4.
32 Siehe die Fotos beispielsweise in: FUM (1964) 5, S. 22; „URSS-France" et „France-URSS": plan d'échanges signé!, in: FUM (1972) 6, S. 36; sowie in: Urban, Alexander/Wedernikow, Igor: Verständigung im Namen des Friedens. 10 Jahre Gesellschaft „UdSSR-BRD", Moskau 1982.
33 Siehe beispielsweise Vo imja družby SSSR i Francii, in: Pravda, 1.3.1966, S. 5; Podpisan plan sotrudničestva, in: Izvestija, 14.4.1984, S. 5; Für Italia-URSS: Plan für kulturelle Zusammenarbeit, in: Kultur und Leben 13 (1969) 5, S. 16; Friendship Societies Agree on two-year Action Plan, in: British-Soviet Friendship (1976) 56, S. 3; Kalischjan, Grigori: Begegnungen in Belgien, in: Kultur und Leben (1969) 4, S. 30.
34 Échanges Est-Ouest: Note pour le Secrétaire Général, s/a Activité de l'Association France-URSS, [1965], in: AD, Europe 1961–1965, URSS, 1934.

Abb. 5: Unterzeichnung des Austauschplanes 1964 durch Aleksej I. Adžubej, Schwiegersohn Chruščevs, und General Petit. Im Hintergrund stehend v.l.n.r: Raymond Roussat, N. N., Monique Paris, André Pierrard, Eugénie Cotton, Viktor Volodin.

In Großbritannien vereinbarte die SSOD parallel Austauschpläne mit der BSFS, der SCR und der quasi-staatlichen Great Britain-USSR Association, wodurch sich die Konkurrenz um die Delegationen noch verschärfte. Letztere wurde sogar mit Informationen des IRD und der Geheimdienste über mögliche sowjetische Planungen für kulturelle Delegationen versorgt, um den Freundschaftsgesellschaften zuvorzukommen.[35] Der Chairman der Great Britain-USSR Association Thomas Churchill beschwerte sich dennoch 1969, dass er oft Besuche mit der SSOD vereinbare, bei denen er im letzten Moment darüber informiert werde, dass die Besucher doch nicht als Gäste der Association, sondern der BSFS kämen. Außerdem wechselten manche Delegationen zwischen beiden Vereinigungen innerhalb einer Tour.[36]

Fanden in Frankreich Veranstaltungen im Rahmen der Austauschpläne zwischen den Freundschaftsgesellschaften statt, konnte die Regierung kaum eingreifen, ohne diplomatische Irritationen hervorzurufen. Mitte der 1960er

---

[35] Vgl. R. L. Speaight, Anglo-Soviet Friendship Organizations, 22.6.1964, in: TNA, FO 1110/1820.
[36] Vgl. Thomas B. L. Churchill: The First Ten Years. An informal Review and Commentary on the Work of the Great-Britain-USSR Association 1959–1969, in: TNA, FCO 28/1115.

Jahre gelang es beispielsweise France-URSS gemeinsam mit SSSR-Francija, einen größeren Austausch von Delegationen zu organisieren. Im Oktober 1963 kamen so über 50 sowjetische Persönlichkeiten verschiedener Berufsgruppen nach Paris und reisten durch die Regionen.[37] Capitant hatte sich vorab für die Gewährung von Touristen-Visa eingesetzt. Deshalb konnte die französische Botschaft ohne diplomatische Verstimmungen die Visa nicht verweigern, obwohl die Delegation außerhalb des staatlich vereinbarten Austauschprotokolls kam.[38] Mehrere Präfekten berichteten verärgert aus den Départements, dass die Empfänge in zahlreichen kommunistischen, aber auch sozialistischen Rathäusern der Touristengruppe einen offiziellen Anstrich verlieh.[39] Im folgenden Jahr reisten gemäß dem Prinzip der Gegenseitigkeit 150 französische Persönlichkeiten – unter ihnen mehrere Politiker, Wissenschaftler und Gewerkschafter – als Gäste von SSSR-Francija in die Sowjetunion. Auch hier konnten die französischen Behörden nichts dagegen unternehmen.[40] In der Sowjetunion erwartete die Delegation ein ausgefeiltes, auf die jeweiligen Berufsgruppen abgestimmtes und attraktives Besuchsprogramm. Neben zahlreichen Ministern empfing sie insbesondere der Vorsitzende des Präsidiums des Obersten Sowjets Anastas I. Mikojan, das formelle Staatsoberhaupt der Sowjetunion, wie Staatsgäste.[41] Angesichts der prominenten Zusammensetzung der Delegation organisierte am Ende auch die französische Botschaft in Moskau für sie einen Empfang. Denn die französischen Diplomaten wollten nur allzu gerne mehr über die geführten Gespräche und die Eindrücke der Teilnehmer erfahren. Der französische Botschafter Philippe Baudet musste anerkennen, dass es France-URSS dank ihrer privilegierten Beziehungen zu SSSR-Francija und anderen sowjetischen Behörden gelungen war, ein sehr ansprechendes Programm mit zahlreichen Begegnungen mit sowjetischen Bürgern zusammenzustellen. Dies sei geeignet

---

37 Vgl. die Liste der sowjetischen Delegationsmitglieder, 14.–27.10.1963, in: AD, Europe 1961–1965, URSS, 1934. Für eine detaillierte Analyse der Reise siehe Großmann, Sonja: Une autre diplomatie entre Est et Ouest. Les associations d'amitié avec l'URSS en Europe occidentale pendant la Guerre froide, in: Genin, Vincent/Osmont, Matthieu/Raineau, Thomas (Hg.): Réinventer la diplomatie. Sociabilités, réseaux et pratiques diplomatiques en Europe depuis 1919/Reshaping Diplomacy. Networks, Practices and Dynamics of Socialization in European Diplomacy since 1919, Bruxelles 2016, S. 105–120.
38 Vgl. René Capitant an Couve de Murville, 30.10.1963; sowie Note pour le Ministre, Attitude à l'égard de l'association France-URSS, 24.3.1964, in: AD, Europe 1961–1965, URSS, 1934.
39 Siehe mehrere Briefe in: AD, Europe 1961–1965, URSS, 1934.
40 Vgl. Note pour le Secrétaire Général, 13.4.1964, in: AD, Europe 1961–1965, URSS, 1934.
41 Vgl. Entretien animé chez Mikoyan, in: FUM (1964) S. 42–44.

gewesen, im Sinne der Veranstalter auch die nicht-kommunistischen Teile der Gruppe zu „verführen".[42]

Obwohl sich diese Begegnungen auf eine ausgewählte Elite beschränkten, boten sie dennoch einen engeren Kontakt mit der Bevölkerung, als die Botschaft hätte organisieren können. Die westlichen Regierungen hatten Schwierigkeiten das sowjetische „Volk" zu erreichen, da der Aktivitätsradius der Kulturabteilungen der Botschaften im Wesentlichen auf Moskau und Leningrad beschränkt war. Zudem konnten die Mitglieder der Botschaft in den 1960er Jahren nur begrenzt reisen und mit Einheimischen in Kontakt treten.[43] Deshalb fürchteten die Mitarbeiter der Kulturabteilung, dass France-URSS für sich den Austausch von „Volk zu Volk" reklamiere, während dem Außenministerium nur der Austausch von „Staat zu Staat" bliebe.[44] In diesem Zusammenhang argumentierte Botschafter Baudet, dass die Botschaft die Kommunikationskanäle der Partnergesellschaften in der Sowjetunion vor Ort nützen sollte, insofern sie der „eigenen kulturellen Aktion in der Sowjetunion dienlich sein" könnten. Denn gerade in den Republiken gäbe es dort Personen, die sich wirklich zur französischen Kultur hingezogen fühlten. Manche von ihnen nutzten die Gesellschaft zur Legitimierung ihrer Kontakte mit dem Westen. Die Botschaft ihrerseits schütze laut Baudet die Zusammenarbeit mit SSSR-Francija vor dem Vorwurf, zu profranzösisch zu sein. Schließlich könne die Partnergesellschaft manche Dinge leichter bei den sowjetischen Behörden durchsetzen als sie selbst.[45]

Diese Einschätzung war in den 1960er und 1970er Jahren kein Einzelfall. Trotz aller Vorbehalte entdeckten andere westliche Botschaften und ihre Außenministerien mit der Zeit ebenso die Nützlichkeit der Partnergesellschaften in der Sowjetunion, die zunehmend Filialen in den verschiedenen Teilrepubliken bildeten. Das Foreign Office sah in SSSR-Velikobritanija ebenfalls den idealen Partner für seine quasi-staatliche Great Britain-USSR Association. Der Schweizer Botschafter empfahl 1967, vorsichtig Kontakte mit der Gesellschaft Sowjetunion-Schweiz aufzunehmen, da einige ihrer Mitglieder tatsächlich Interesse an der Schweiz hätten. Deren „goodwill" könne sonst womöglich ins Gegenteil umschlagen. Bisher habe sich die Gesellschaft nicht als „ein Sturmbock

---

42 Vgl. Philippe Baudet an Couve de Murville, Visite en URSS d'un important groupe de Français sous l'égide de l'Association France-URSS, 16.9.1964, in: AD, Europe 1961–1965, URSS, 1934.
43 Vgl. Gomart, Double détente, S. 68.
44 Vgl. Echanges Est-Ouest: Note pour le Secrétaire Général. Activité de l'Association France-URSS, [Anfang 1965], in: AD, Europe 1961–1965, URSS, 1934.
45 Philippe Baudet an Couve de Murville, 26.3.1966, in: AD, Europe 1965–1969, URSS, 2682; sowie ebenso Philippe Baudet an Couve de Murville, 5.4.1966, in: AD, Europe 1965–1969, URSS, 2682.

kommunistischer Propaganda" erwiesen.⁴⁶ Den westlichen Außenministerien war durchaus bewusst, dass es sich bei den Partnergesellschaften und der SSOD um quasi-staatliche Organisationen handelte. Dennoch machte sie ihr gesellschaftlicher Anspruch zu interessanten Partnern. Dies bezeugt, dass es den Partnergesellschaften auch in der Wahrnehmung der westlichen Zeitgenossen gelang, einen gewissen Teil der sowjetischen Eliten zu integrieren und eigenständige Akteure zu werden. Zugleich trug die Zusammenarbeit zwischen den Botschaften und den Partnergesellschaften zusätzlich dazu bei, im Sinne der Sowjetunion die Grenzen zwischen zwischenstaatlichen und gesellschaftlichen Beziehungen zu verwischen. Nicht zuletzt verbanden sie damit die Hoffnung, durch vermehrte Kontakte mit der sowjetischen Elite Veränderungen von innen heraus zu erreichen.

France-URSS als Forum der Annäherung zwischen Kommunisten und Sozialisten

Der oben zitierte Austausch großer Delegationen 1963 und 1964 zwischen France-URSS und SSSR-Francija zielte nicht nur darauf ab, größere Kreise der französischen Eliten mit der sowjetischen Realität bekanntzumachen. Denn die Anregung für diese Maßnahme kam von dem für Außenpolitik zuständigen Sekretär des PCF Raymond Guyot in der Absicht, sie zur Annäherung zwischen Kommunisten und Sozialisten zu nutzen. Deshalb sollten möglichst viele Sozialisten an der Delegation teilnehmen, um sie mit der Sowjetunion vertraut zu machen und informelle Kontakte zu kommunistischen Kollegen herzustellen.⁴⁷ Aus diesem Grunde waren die Organisatoren sehr erfreut, dass sich mehrere sozialistische Bürgermeister unter den 132 Teilnehmern befanden. Außerdem hatten im Jahr zuvor einzelne sozialistische Bürgermeister die sowjetische Delegation in Frankreich empfangen.⁴⁸

---

46 Botschafter August Rudolf Lindt an die Abteilung für Politische Angelegenheiten des Eidgenössischen Politischen Departements, 16.2.1967, in: Diplomatic Documents of Switzerland, http://db.dodis.ch/document/32809 (27.6.2013).
47 Vgl. Kratkaja informacija o poezdke special'noi turistskoj gruppy Sojuza sovetskich obščestv družby i kul'turnoi svjazi s zarubežnymi stranami i Obščestva „SSSR-Francija" v oktjabre s.g. vo Franciju, in: RGANI, f. 5, op. 50, d. 535, l. 202–208.
48 Vgl. Liste des participants à la rencontre franco-soviétique qui a eu lieu à Moscou et Leningrad du 5 au 14 septembre 1965, in: ANF, 88 AS 36; Kratkaja informacija o poezdke special'noi turistskoj gruppy Sojuza sovetskich obščestv družby i kul'turnoi svjazi s zarubežnymi stranami i Obščestva „SSSR-Francija" v oktjabre s.g. vo Franciju, in: RGANI, f. 5, op. 50, d. 535,

Schon als André Pierrard im Mai 1957 im PCF die Erweiterungsstrategie von France-URSS vorstellte, machte er deutlich, dass die eigentliche Zielgruppe dieser politischen Erweiterung nicht die Gaullisten, sondern die Sozialisten waren:

> Die Entwicklung von France-URSS kann und wird jedenfalls der Sache der Einheitsfront dienen. Die Haltung gegenüber der UdSSR ist tatsächlich oft entscheidend. [...][J]ede Veränderung der Haltung eines Sozialisten oder einer sozialistischen Organisation in diesem Punkt räumt viele Schwierigkeiten aus dem Weg. Deshalb handelt eine Parteisektion, die sich nicht für France-URSS interessiert – und das ist der Fall bei zahlreichen Sektionen –, gegen die Politik der Einheitsfront.[49]

Bis zur tatsächlichen Annäherung zwischen PCF und SFIO sollten allerdings noch einige Jahre vergehen. Angesichts des von de Gaulle eingeführten Mehrheitswahlrechts riefen bei den Wahlen 1962 erstmals beide Parteien dazu auf, im zweiten Wahlgang die Stimme dem Kandidaten der jeweils anderen Partei zu geben. Die anschließenden Sondierungsgespräche führten 1963 zu dem Beschluss des Kongresses der SFIO, offiziell den „ideologischen Dialog" mit dem PCF aufzunehmen. Innerhalb des PCF war vor allem der damals noch stellvertretende Generalsekretär Waldeck Rochet ein Verfechter dieser Annäherung.[50]

Zur Vorbereitung und Begleitung der Annäherung sollte unter anderem France-URSS dienen. Durch die Integration von Sozialisten in die Association sollten Berührungsängste abgebaut und langfristig deren Sichtweise auf die Sowjetunion verändert werden. Dafür musste jedoch zunächst das seit 1951 bestehende Verbot für Mitglieder der SFIO aufgehoben werden, sich aktiv an France-URSS zu beteiligen. Innerhalb von France-URSS wurde der Weg für die Sozialisten durch einige personelle Veränderungen bereitet. Der bisherige Verbindungsmann zum PCF Pierrard verlor nach 1956 sukzessive das Vertrauen der Parteiführung. Da er deren nationalfranzösische Haltung im Algerienkrieg nicht teilte, wurde er schließlich 1959 aus dem ZK ausgeschlossen. Er behielt jedoch zunächst die Position in der Présidence von France-URSS und als

---

l. 202–208; sowie O zasedanii Nacional'nogo komiteta Obščestva „Francija-SSSR" 23–24 nojabrja 1963 goda, in: GARF, f. 9576, op. 6, d. 234, l. 26–31.
49 Beitrag von André Pierrard, Comité Central, 14.–16.5.1957, in: AD SSD, 261 J 33/2.
50 Siehe zur Annäherung zwischen PCF und SFIO: Smith, Enemy Brothers, S. 43–45; Lefebvre, Denis: Le parti socialiste à l'heure de l'union de la gauche, in: Tartakowsky, Danielle/Bergounioux, Alain (Hg.): L'union sans unité. Le programme commun de la gauche, 1963–1978, Rennes 2012, S. 35–43; Vigreux, Jean: Le parti communiste à l'heure de l'union de la gauche, in: Tartakowsky/Bergounioux, L'union sans unité, S. 45–56.

Herausgeber des *France-URSS Magazine*.[51] Doch auch hier erwies er sich aus Sicht der Partei und Moskaus als politisch unzuverlässig. Stein des Anstoßes war die Sonderausgabe des *France-URSS Magazine* anlässlich Chruščevs Besuch in Frankreich im März 1960. Darin fand sich ein Artikel über den Besuch des Zaren in Frankreich 1893 mit einem Foto von Zar Nikolaus II.[52] Hier hatten offensichtlich die Kontrollmechanismen im Kompetenzwirrwarr zwischen der SSOD, der sowjetischen Botschaft und dem PCF versagt. Der Inhalt war zwar mit den verschiedenen Stellen abgesprochen, doch am Ende schoben sie sich gegenseitig die Verantwortung zu.[53] Während der SSOD-Repräsentant Volodin zuvor immer für die politische Öffnung von France-URSS plädiert hatte, sah er in der Affäre ein Anzeichen, dass sie nun der politischen Kontrolle des PCF entglitt. Die Pluralisierung sei so weit gegangen, dass nur noch gute 50 Prozent der Mitglieder im PCF seien. Und nachdem Petit aus gesundheitlichen Gründen geschwächt war, nutzten seiner Ansicht nach die Gaullisten Schmittlein und Capitant die Gelegenheit, ihren Einfluss zu verstärken.[54] Guyot folgerte ebenfalls aus dieser Affäre, dass Pierrard nicht mehr vertraut werden könne, und France-URSS dringend eine neue starke Persönlichkeit des PCF brauche.[55]

Dieser neue Mann des PCF wurde Roland Leroy.[56] Der gelernte Eisenbahner war schon als Jugendlicher in der kommunistischen Résistance und stieg nach dem Krieg schnell die Parteileiter nach oben. 1956 wurde er Abgeordneter und Mitglied des Zentralkomitees des PCF. Bald nach seiner Berufung ins Sekretariat

---

51 Mosco, Mémoires d'Ex, Pierrard, S. 121–128. Zu Pierrards Engagement gegen den Algerienkrieg vgl. Coppin, Marc: La Côte d'Opale en guerre d'Algérie 1954–1962, Villeneuve-d'Asq 2012, S. 228 f.
52 Grunwald, Constantin de: De Yaroslav le Sage à Nikita Khrouchtchev, in: FUM (1960) 3, S. 14–17. Vgl. zu diesem Vorfall auch Gomart, Double détente, S. 114. Gomart interpretiert ihn allerdings als Beispiel der strengen Kontrolle der Zeitschrift durch den PCF.
53 Vgl. Zapis' besedy s glavnym redaktorom žurnala „Francija-SSSR" Matteo Poletti, 4.3.1960, in: GARF, f. 9576, op. 18, d. 77, l. 44–46, hier l. 45; Spravka po povody soobščenija Posla SSSR vo Francii t. Vinogradova o special'nom nomere žurnala „Francija-SSSR", 8.3.1960; sowie Gorškov an ZK, 8.3.1960, in: GARF, f. 9576, op. 18, d. 77, l. 51–55.
54 Vgl. Otčet predstavitel'stva SSOD v 1960 godu po okazaniju pomošči Obščestvu „Francija-SSSR" i drugim francuzskim obščestvenym organizacijam v ich dejatel'nosti po ukreplenju franko-sovestkich kul'turnych i naučnych svjazej, 30.11.1960, in: GARF, f. 9576, op. 18, d. 77, l. 209–259, hier l. 218–220.
55 Vgl Zapis' besedy pervogo Zamestitelja Predsedatelja Prezidiumja SSOD t. Gorškova V. I. s členom Politbjuro FKP f. Rajmonom Gjujo, 31.8.1960, in: GARF, f. 9576, op. 18, d. 56, l. 226–331. Der PCF nahm Pierrards politisches Verhalten genau unter die Lupe: Vgl. Beschluss des Sekretariats, 14.6.1960, zitiert in Gomart, Double détente, S. 114 f.
56 Vgl. Bureau politique, 25.5.1961, in: AD SSD, 261 J 4/18. Zu Leroys Biographie vgl. Interview Roland Leroy; sowie polemisch in: Robrieux, Histoire intérieure, Bd. 4, S. 392–395.

1960 bekam er die Aufgabe, sich um die gesellschaftlichen Massenorganisationen – darunter France-URSS – zu kümmern. Ab 1962 wirkte er aktiv im Bureau politique von France-URSS mit, wurde jedoch erst beim Nationalkongress 1965 formell in die Présidence gewählt. Obwohl er 1961 maßgeblich am Parteiausschluss der als „Chruščevianer" geltenden Politbüromitglieder Marcel Servin und Laurent Casanova beteiligt war, galt Leroy als enger Vertrauter von Waldeck Rochet und junger Aufsteiger der neuen Generation, die sich von der stalinistischen Linie von Thorez, jedoch nicht von Moskau ablösen wollte. Die Bestimmung Leroys zur Kontaktperson für France-URSS unterstrich laut Rochet die große Bedeutung, die der PCF France-URSS beimaß.[57] Ab 1962 wurde Leroy von dem Kommunisten Raymond Roussat als Generalsekretär unterstützt. Dieser widmete sich während seiner 19-jährigen Amtszeit aufopferungsvoll der Association, war jedoch politisch unauffällig und handelte im Großen und Ganzen nach Leroys Vorgaben.[58]

Ein anderer wichtiger Verbindungsmann zwischen Sozialisten und Kommunisten in France-URSS war der Sozialist André Blumel.[59] Während der Volksfrontregierung war der jüdische Anwalt ein enger Vertrauter von Léon Blum und zeitweise dessen Kabinettschef gewesen. Angesichts der faschistischen Bedrohung appellierte er schon damals für eine Zusammenarbeit mit den Kommunisten. Deshalb brach er 1946 mit der SFIO und schloss sich 1948 dem Parti socialiste unitaire an, der für eine Allianz von Sozialisten und Kommunisten eintrat.[60] Nach seiner Verteidigung von *Les Lettres françaises* im Kravčenko-Prozess wurde er für France-URSS rekrutiert und sofort in das Bureau national gewählt. Geprägt von der Erfahrung des Holocaust näherte sich Blumel jedoch nicht nur den Kommunisten, sondern gleichzeitig der zionistischen Bewegung an. So war er unter anderem Mitbegründer und erster Präsident der Union sioniste de France, unterstützte die illegale Einwanderung nach Palästina und engagierte sich für die Gründung des Staates Israel. Deshalb verweigerten ihm die sowjetischen Behörden lange Jahre die Einreise, obwohl

---

57 Vgl. Bericht Popova an ZK der KPdSU, 6.7.1966, in: RGANI, f. 5, op. 58, d. 338, l. 35–41. So auch die Einschätzung des französischen Außenministeriums in: Note sur le XIe Congrès de l'Association France-URSS, 17.6.1965, in: AD, Europe 1961–65, URSS, 1934.
58 Vgl. die Kurzbiographie in: ANF, 88 AS 7; sowie die Biographie der Préfecture de Police in: ANF, 19920521/21. „Roussat, il suivait ce que je faisais – en général", Interview Roland Leroy.
59 Vgl. zur Biographie Blumels im Folgenden Lafon, François: André Blumel, un itinéraire sioniste à la croisée des chemins, in: Bulletin du Centre de la recherche français à Jérusalem (2008) http://bcrfj.revues.org/5949 (14.6.2013); vgl. auch Nadaud, Éric: André Blumel, dirigeant socialiste et sioniste, in: Archives Juives 42 (2009) 2, S. 133–139.
60 Der Parti socialiste unitaire, gegründet 1948, benannte sich 1954 um in Parti socialiste de gauche.

mehrmals Vertreter des PCF für Blumel bürgten und dessen enges persönliches Verhältnis mit Thorez unterstrichen.[61] Erst nachdem er den Vorsitz der Fédération sioniste de France 1959 abgegeben hatte, durfte er in die Sowjetunion reisen. Im Juli 1960 stellte Blumel in *France-URSS* seine Vision für France-URSS vor: keine kommunistische oder „parakommunistische" Association, sondern eine Vereinigung auf Basis von Pluralismus und Diversität in absoluter Unabhängigkeit von Parteien und Regierungen.[62]

Nachdem Petit gesundheitlich geschwächt war, hatte Blumel faktisch seit Beginn der 1960er Jahre die Führung der Présidence in France-URSS und die regelmäßigen Reiseplanungen nach Moskau zur Absprache mit der SSOD übernommen. In den folgenden Jahren kam es zu internen Machtkämpfen. Vor allem die nicht-kommunistischen Präsidiumsmitglieder warfen Petit einen autoritären und undemokratischen Führungsstil vor. Nachdem Blumel 1962 mehrmals mit seinem Rückzug aus France-URSS gedroht hatte, wurde er als Kompromisslösung im März 1964 zum Président délégué adjoint ernannt.[63] Erst beim Kongress im Mai 1970 übernahm er offiziell den Posten des Président délégué von Petit, der ein Jahr später verstarb.

Mit Leroy und Blumel verfügte France-URSS somit über Persönlichkeiten, die für die Integration der Sozialisten in France-URSS agieren konnten. In diesem Kontext beschloss der 10. Nationalkongress 1962 auf Anregung des PCF den oben genannten Austausch von großen repräsentativen Delegationen beider Länder, um den Prozess zu beschleunigen. Nachdem sich de Gaulle mit der Détente aktiv um eine Annäherung an die Sowjetunion bemühte, wollten die Sozialisten nicht zurückbleiben. So machte auch die SFIO Schritte auf die Sowjetunion zu und schickte im Oktober 1963 eine erste Parteidelegation dorthin. Eine Mitgliedschaft der Sozialisten in France-URSS erschien in diesem Zusammenhang als geeignete Geste guten Willens, da sie eine Differenzierung zwischen der Haltung gegenüber den französischen Kommunisten und der Sowjetunion erlaubte. Wie ein leitendes Mitglied formulierte, könne es darüber hinaus nicht schaden, dass die Parteikameraden bei von France-URSS organisierten Reisen selbst sähen, „was auf der

---

61 Vgl. Gorškov, Mitarbeiter VOKS, an V. V. Popov, VOKS-Vertreter in Paris, 4.10.1952, in: GARF f. 5283, d. 22, op. 348, l. 226, abgedruckt in: Cœuré/Mazuy, Cousu de fil rouge, S. 154 f.; Zapis' besedy pervogo Zamestitelja Predsedatelja Prezidiumja SSOD t. Gorškova V.I. s členom Politbjuro FKP t. Rajmonom Gjujo, 30.8.1960, in: GARF, f. 9576, op. 18, d. 56, l. 226–231.
62 Blumel, André: „France-U.R.S.S." Pourquoi? Comment?, in: FUM (1960) 7–8, S. 3.
63 Vgl. zu den internen Querelen: Comité national, 29.2.1964, in: AD SSD, 354 J 45; Grenier, Notes sur le Comité national, 28./29.2.1964, in: AD SSD, 299 J 31; O Zasedanii Nacional'nogo Komiteta Obščestva „Francija-SSSR" 9–10 maja 1964g., in: GARF, f. 9576, op. 6, d. 271, l. 106–109.

anderen Seite des Vorhangs passierte."[64] Blumel sprach mehrfach in dieser Angelegenheit mit dem Generalsekretär der SFIO Guy Mollet. Im Oktober 1964 empfahl das Bureau der SFIO zwar grundsätzlich eine Annäherung an France-URSS. Doch erst nach der Präsidentschaftswahl im Dezember 1965, bei der zum ersten Mal die SFIO und der PCF mit François Mitterrand einen gemeinsamen Kandidaten unterstützt hatten, hob das Comité directeur der SFIO formell das Verbot der Mitgliedschaft in France-URSS auf. Nicht zufällig beschloss es bei der gleichen Sitzung die Aufnahme eines Dialogs mit dem PCF über ein gemeinsames Wahlprogramm.[65] Zur offiziellen Aufnahme der von der SFIO abgesandten Kandidaten in die Présidence von France-URSS berief die Association im Juni 1966 einen außerordentlichen Nationalkongress ein. Dort wurden der ehemalige Staatssekretär und Senator Marcel Champeix, der Generalsekretär der SFIO im Departement Seine, Claude Fuzier, der schon ab 1962 Gespräche mit den Kommunisten geführt hatte, und André Jeanson von der CFDT in die Présidence gewählt bzw. berufen. Ein Dutzend weitere Vertreter der Sozialisten stießen zum Comité national.[66] Auf Anweisung aus Paris integrierten ebenso die Komitees in den einzelnen Departements Sozialisten in ihre jeweilige Présidence.[67]

Wie Leroy gegenüber Nina Popova beim Kongress 1966 betonte, war France-URSS somit die einzige Organisation, in der Vertreter der Gaullisten, Sozialisten und Kommunisten in den Führungsgremien saßen. Dies stellte die Association jedoch vor neue Herausforderungen und erfordere eine noch „flexiblere und intelligentere Arbeit" des PCF, um weder von den Gaullisten noch von den Sozialisten vereinnahmt zu werden. Auf lokaler Ebene erfordere die Einbeziehung der Sozialisten noch viel Überzeugungsarbeit.[68] Dennoch erhöhte die politische Pluralisierung der Association deren Glaubwürdigkeit in der französischen Öffentlichkeit. Mit der Annäherung zwischen Kommunisten und Sozialisten innerhalb der Freundschaftsgesellschaften war France-URSS kein Einzelfall. Die Ireland-USSR Association konnte ebenso wie die norwegische Gesellschaft Norge-Sovjetunionen in dieser Zeit Nicht-Kommunisten aus der Labour-Partei bzw. der Sozialistischen Volkspartei integrieren.[69] Allerdings

---

64 Vgl. die Argumentation in dem Schreiben von Marcel Livian an Guy Mollet, 15.3.1965, in: OURS, Guy Mollet, AGM 27.
65 Vgl. Comité directeur, 19.1.1966, in: OURS, Guy Mollet, AGM 27.
66 Vgl. Le congrès extraordinaire de „France-URSS" 11–12 juin à Paris, in: FUM (1966) 7–8, S. 41–44; Congrès extraordinaire de L'Association France-U.R.S.S., in: Progrès 14.4.1966.
67 Vgl. Briefwechsel zwischen SFIO Nord und Comité départemental du Nord, in: AD Nord, 151 J 20.
68 Vgl. Bericht Popova an ZK der KPdSU, 6.7.1966, in: RGANI, f. 5, op. 58, d. 338, l. 35–41.
69 Vgl. Quinn, The Ireland-USSR Society; Rotihaug, For fred og vennskap, S. 163.

ist nicht klar, ob diese Politik auch dort gezielt betrieben wurde. Die erfolgreiche Annäherung durch die Détente-Politik de Gaulles zwischen Frankreich und der Sowjetunion sowie zwischen Kommunisten und Sozialisten wurde allerdings schon 1968 in Frage gestellt.

3.3 Prag 1968: Die Loyalität auf dem Prüfstand

Vergleichbar mit der sowjetischen Intervention in Budapest 1956 war die gewaltsame Beendigung des „Prager Frühlings" durch die Truppen des Warschauer Paktes im August 1968 ein gravierender Einschnitt für all jene, die sich um ein positives Image der Sowjetunion im Ausland bemühten. Wie schon 1956 war der Fall umso tiefer, nachdem eine Zeit der politischen Annäherung und des Aufschwungs der kulturellen Beziehungen vorangegangen war. Im Unterschied zu 1956 hatten sich jedoch vor 1968 die kommunistischen Parteien Westeuropas vorsichtig von Moskau distanziert. Viele westeuropäische Kommunisten verfolgten die Ideen der Prager Reformer und die Veränderungen in der Tschechoslowakei mit wachsendem Interesse. Diese strebten augenscheinlich nach einer demokratischen Form des Sozialismus, die auch in Großbritannien, Frankreich oder Italien verwirklicht werden könnte.[70] Gleichzeitig fürchteten die westlichen kommunistischen Parteien die wachsenden Spannungen zwischen Moskau und Prag. So versuchte beispielsweise Waldeck Rochet noch im Juli 1968 zu vermitteln.[71] Leroy traf Anfang August den Generalsekretär der tschechoslowakischen kommunistischen Partei (KPČ) Alexander Dubček und blieb noch während der Intervention in Prag.[72] Nach der Beendigung des „Prager Frühlings" mit militärischen Mitteln am 20. August äußerte eine Mehrheit der westlichen kommunistischen Parteien erstmals – und viele auch letztmals – Kritik am Vorgehen der Sowjetunion. Nur sehr kleine oder im Untergrund arbeitende und damit stark von Moskau abhängige Parteien – wie die kommunistischen Parteien Westberlins, Luxemburgs, Griechenlands und Portugals – unterstützten die sowjetische Intervention.[73]

---

70 Vgl. zu Frankreich Bracke, Which Socialism, S. 153–167; zu Großbritannien Callaghan, Cold War, Crisis and Conflict, S. 299.
71 Nach Vigreux wollte Rochet damit den „Prager Frühling" „retten". Nach Bracke wollte er Dubček wieder auf den „richtigen" Weg des Sozialismus zurückbringen. Vgl. Vigreux, Jean: Waldeck Rochet. Une biographie politique, Paris 2000, S. 272–275; Bracke, Which Socialism, S. 153–167.
72 Vgl. Leroy, Roland: La quête du bonheur, Paris 1995, S. 32 f.
73 Vgl. Bracke, Which Socialism, S. 209.

Geschockt vom Eingreifen der Truppen des Warschauer Paktes am 21. August 1968 drückte das Bureau politique des PCF seine „Überraschung [über] und Verurteilung" (réprobation) der „militärischen Intervention" aus. Probleme zwischen den Bruderparteien sollten besser im Dialog gelöst werden.[74] Infolge massiver interner Diskussionen schwächte das ZK in seiner Resolution am nächsten Tag die Kritik durch die Wortwahl „Missbilligung" (désapprobation) leicht ab. Rochet ordnete zudem an, die Resolution in den Parteieinheiten an der Basis zu diskutieren. So kam erstmals ein innerparteilicher Diskussionsprozess über politische Fragen in Gang. Allerdings wandte sich die Führung des PCF Moskau relativ schnell wieder zu. Ende August begrüßte sie die Vereinbarungen zwischen der KPdSU und der KPČ und die damit eingeleitete erzwungene „Normalisierung" in der Tschechoslowakei – das heißt die Wiederausrichtung der KPČ auf die Linie Moskaus. Im November bemühte sich Rochet in Moskau um die Wiederherstellung „brüderlicher Beziehungen" mit der KPdSU.[75]

In Großbritannien bedauerten das Political Committee der CPGB am 21. August und das Executive Comitee am 23. August sehr deutlich die „vollkommen ungerechtfertigte militärische Intervention" der Truppen des Warschauer Paktes.[76] Anders als im PCF blieb Gollan noch 1969 bei dieser Haltung und akzeptierte die „Normalisierung" nicht. Die Illoyalität der eigenen kommunistischen Partei stellte die Freundschaftsgesellschaften vor neue Herausforderungen. So mussten sie nicht nur einen Balanceakt zwischen der Treue zur Sowjetunion und der Glaubwürdigkeit vor der jeweiligen Öffentlichkeit vollführen, sondern auch ihre Haltung gegenüber der kommunistischen Partei und den Überzeugungen der Mehrheit ihrer Mitglieder abstimmen.

Großbritannien: Loyalität der BSFS und Dilemma der Great Britain-USSR Association

Im Gegensatz zu 1956 reagierten die westlichen Freundschaftsgesellschaften sehr unterschiedlich auf die Ereignisse in Prag und folgten weder zwangsweise ihren kommunistischen Parteien noch der sowjetischen Politik. Laut ihrem

---

74 Vgl. ibid., S. 219–222.
75 Vgl. Lomellini, Valentine: Les relations dangereuses. French Socialists, Communists and the Human Rights Issue in the Soviet Bloc, Bruxelles 2012, S. 30–36.
76 Vgl. Callaghan, Cold war, Crisis and Conflict, S. 300; sowie die Erinnerungen des Asisstant General Secretary Falber, Reuben: The 1968 Czechoslovak Crisis. Inside the British Communist Party, London 1996.

langjährigen Generalsekretär Martin Grünberg protestierte die ÖSG nicht öffentlich gegen die sowjetische Intervention, da die in der Gesellschaft vertretenen Wirtschaftskreise um ihre guten kommerziellen Beziehungen zur Sowjetunion fürchteten. Sie hätten ihre „Bestürzung" deshalb in einem Brief an die Partnergesellschaft in Moskau geäußert, der jedoch einigen Protest ausgelöst hätte.[77]

Die Reaktion der BSFS auf die Ereignisse in Prag war wesentlich vorsichtiger. Das Statement des Executive Committee vom 22. August 1968 urteilte nicht über die Intervention, sondern äußerte vor allem die Furcht, dass eine neue „antisowjetische Hysterie" entstehen könne und die britisch-sowjetischen Beziehungen darunter leiden würden.[78] Neben dem vagen Statement erschien zusätzlich ein Artikel von Andrew Rothstein, in dem er die „antisowjetischen Lügen" in der britischen Presse über die angebliche Bedrohung durch die Sowjetunion und über den Hitler-Stalin-Pakt widerlegte.[79] Rothstein vermerkte in dem schon vor dem 20. August verfassten Text zwar, dass er damit nicht zu den Ereignissen in Prag Stellung beziehen wollte. Doch in der aktuellen Situation wirkte sein Lob auf die friedliebende Sowjetunion wie Hohn und eine Rechtfertigung der Intervention als Reaktion auf die antisowjetischen Kampagnen im Westen.

Aufgrund fehlender interner Quellen für diese Zeit kann die Diskussion innerhalb der BSFS nicht im Detail nachvollzogen werden. Glaubt man den Leserbriefen in der Zeitschrift, stützte eine Mehrheit der Mitglieder die sowjetische Position.[80] Dennoch äußerten sich auch andere Stimmen. In Reaktion auf Rothsteins Artikel prangerte der langjährige Generalsekretär und damalige Vize-Präsident der BSFS Patrick Sloan die mangelnde Informationsfreiheit in der Sowjetunion an. Dort seien nicht einmal die etwas kritischeren Positionen der westlichen kommunistischen Parteien zu Prag in der Presse zu lesen gewesen.[81] Wesentlich deutlichere Worte fand ebenfalls ein Statement des

---

77 Vgl. Grünberg, Martin: Der Protest der Österreichisch-Sowjetischen Gesellschaft, in: Karner, Stefan/Tomilina, Natalja/Tschubarjan, Alexander (Hg.): Prager Frühling. Das internationale Krisenjahr 1968. Beiträge, Köln 2008, S. 1167 f. Vermutlich um seine Rolle rückblickend heldenhafter darzustellen, behauptet Grünberg fälschlicherweise, dass alle anderen Freundschaftsgesellschaften in dieser Frage „Stützpunkte der Sowjetunion" waren. Tatsächlich wurden infolge der „falschen Wahrnehmung" der Ereignisse in Prag der ÖSG die Tage der Republik Belarus in Österreich verschoben. Vgl. Šadurskij, Kul'turnye svjazi Belarusi, S. 97.
78 Vgl. Executive Committee statement, in: British-Soviet Friendship (1968) 9, S. 4.
79 Vgl. Rothstein, Andrew: Why the People Can Never Relax Vigilance, in: British-Soviet Friendship (1968) 9, S. 4 und 6.
80 Vgl. Correspondence, in: British-Soviet Friendship (1968) 11, S. 2; Points from Readers' Letters, in: British-Soviet Friendship (1968) 12, S. 2.
81 Letters, in: British-Soviet Friendship (1968) 10, S. 6.

BSFS-Komitees in Manchester: „We have been shocked and sadly disappointed at the armed invasion of Czechoslovakia in contradiction to the professed Soviet policy of national independence for all nations."[82]

Die Ereignisse in Prag 1968 markierten für die CPGB den Beginn einer innerparteilichen Spaltung, an der die BSFS beteiligt war. In den 1970er Jahren bildete sich ein unter dem Einfluss der Schriften Gramscis stehender „eurokommunistischer" Flügel um die Zeitschrift *Marxism Today*, der sich vom sowjetischen Modell des Sozialismus abwandte und eine britische parlamentarische Form anstrebte. Zugleich gruppierte sich nach 1968 ein prosowjetischer Flügel um die Zeitschrift *Labour Monthly* von Rajani Palme Dutt und die Tageszeitung *Morning Star*, der weiterhin am sowjetischen Modell festhielt und keine Kritik an der Sowjetunion duldete. Dieser Gruppe bot die BSFS eine Heimat. Sie ließ fortan in ihren öffentlichen Statements keinen Zweifel an der bedingungslosen Loyalität der Mitglieder gegenüber der Sowjetunion und verteidigte sie gegen jegliche „antisowjetische Angriffe" in den britischen Medien.

Im Gegensatz zur BSFS wollte die regierungsnahe Great Britain-USSR Association sich keinesfalls zu einem Instrument sowjetischer Propaganda machen lassen, sondern Kontakte auf „repräsentativer und unpolitischer Basis" herstellen und ein „objektives Studium" der Sowjetunion fördern.[83] Im Herbst 1968 war die Association der britischen Öffentlichkeit und der Regierung eine klare Stellungnahme schuldig. Die Leitung drückte öffentlich „Schock und Bestürzung" (shock and dismay) aus, worauf der Vorsitzende von SSSR-Velikobritanija Aleksej Surkov protestierte. Chairman Fitzroy Maclean sprach zudem direkt beim Botschafter vor. Allerdings kamen die Verantwortlichen der Association zugleich intern überein, dass die „kulturellen Brücken nicht abgebrochen werden sollten, auch wenn der Verkehr über sie für einige Zeit langsamer laufen müsse".[84] Denn die Great Britain-USSR Association wollte die Zusammenarbeit mit den sowjetischen Partnern ebenfalls nicht mehr in Frage stellen. Sonst hätten wieder wie 1956 die politisch treuen Freundschaftsgesellschaften die Oberhand gewonnen. Wie eine „echte" Freundschaftsgesellschaft standen sie vor dem Dilemma, wie viel Kritik aus politischer Überzeugung artikuliert werden konnte, ohne den kulturellen und gesellschaftlichen Austausch mit der Sowjetunion zu gefährden. So kommentierte ihr Director Thomas Churchill in einem Bericht für das Foreign Office 1969:

---

82 Statement issued by the Manchester and District Branch Committee of the BSFS, in: British-Soviet Friendship (1968) 10, S. 6.
83 The Great Britain-USSR Association: Draft for a printed booklet, [July 1961], in: TNA, BW 2/659.
84 Vgl. Minutes of a meeting of the General Purposes and Finance Committee, 25.9.1968, in: TNA, FCO 28/786.

Unless there is some basic change in the governmental set-up in the USSR, I think the Association will always be faced with the dilemma that greater co-operation with the Soviet authorities could only be achieved by greater willingness on the Association's part to co-operate with the aims and objects of the Soviet state. Presuming that the Association does not want to become a Front organisation [...] the question arises as to what extent the Association should close its eyes to the blacker side of the Soviet scene [...], and concentrate its efforts on bridge-building activities, the avoidance of embarrassing or divisive topics and the stressing of aspects of common ground and cooperation. If the Association [...] were in all circumstances totally to overlook the actions of the Soviet government, it could justly be branded as a fellow-travelling organisation. If on the other hand we were to change our policy radically and move to the attack, issuing public declarations of opposition to Soviet policies and engaging in political controversy deeply offensive to the Soviet Government, I have no doubt that a complete break in relations between the Russians and the Association would swiftly ensue which would probably endure for a very long time.[85]

In der Great Britain-USSR Association gab es unterschiedliche Meinungen, wie dieses Dilemma gelöst werden sollte. Anfang der 1970er Jahre häuften sich innerhalb der Association und im Foreign Office die Vorwürfe, das „Friedens- und Freundschaftsspiel" der Russen mitzuspielen und ein vom britischen Steuerzahler finanziertes, einseitiges Medium der sowjetischen Propaganda geworden zu sein.[86]

Frankreich: Zwischen Missbilligung, Diskussion und „Normalisierung"

France-URSS versuchte 1968 ebenfalls einen Balanceakt zwischen der Loyalität zum PCF und zur Sowjetunion. Als sich die Présidence am 28. August versammelte, lagen ihr vier Entwürfe für Resolutionen von Léo Hamon, René Capitant, André Blumel und Claude Fuzier vor – bezeichnenderweise keiner von einem Mitglied des PCF. Diese unterschieden sich vor allem in der Wortwahl, kaum in der Sache. Der Sozialist Blumel sprach von einem „massivem Eintritt bewaffneter Kräfte". Der Gaullist Capitant von einer Besetzung gegen den Willen der tschechoslowakischen Regierung und des Volkes. Der Vertreter des PS Fuzier benutzte den Begriff einer „militärischen Intervention", die nicht gutgeheißen

---

[85] The First Ten Years. An informal Review and Commentary on the Work of the Great-Britain -USSR Association 1959–1969 by Thomas B. L. Churchill, Director of the Association, 10.12.1969, in: TNA, FCO 28/1115.
[86] Vgl. ein Brief von Commander Courney vom 19.2.1973, zitiert bei Roberts, Speak Clearly, S. 1 f.; G. G. H. Walden an Giffard, 26.11.1970, in: TNA, FCO 28/1115.

und bedauert werden müsse.[87] Allen Entwürfen gemeinsam war, dass sie die sowjetische Politik zwar kritisierten, aber die „antisowjetische" Kampagne zurückwiesen und den grundsätzlichen Willen zur Fortführung der Zusammenarbeit mit der Sowjetunion betonten. Diesem Schema folgte die von Vercors formulierte Kompromissversion, der sich das Comité national im Großen und Ganzen einen Monat später anschloss:

> Die von der Intervention des 21. August 1968 in der Tschechoslowakei ausgelöste Emotion wurde von der Présidence nationale der Association France-URSS ausnahmslos geteilt; diese kann eine Aktion nur bedauern [déplorer], unter der die französisch-sowjetische Freundschaft vermutlich schwer leiden wird. Dennoch kann die Présidence nicht aus dem Blick verlieren, dass die Mission der Association darin besteht, im übergeordneten Interesse beider Länder und des Friedens diese Freundschaft zwischen den beiden Völkern aufrechtzuerhalten und zu entwickeln. In ihrer Sitzung [...] verurteilt die Présidence nationale die überzogene Kampagne derer, die jede Gelegenheit nutzen, um ihren Antisowjetismus zum Ausdruck zu bringen, und sie wünscht, dass die Beziehungen zwischen der tschechoslowakischen und sowjetischen Regierung es dem tschechoslowakischen Volk ermöglichen, seine nationale Souveränität und die Macht über sein Schicksal wiederzuerlangen [...].[88]

Insgesamt waren die Resolutionen von France-URSS schwächer als die des PCF. Sie vermieden, einen Schuldigen beim Namen zu nennen, und verurteilten die „antisowjetischen" Angriffe mit schärferen Worten als die Intervention an sich. Allerdings sprach das Comité national noch Ende September von „Intervention" und Verletzung der Souveränität, als der PCF bereits die „Normalisierung" in der Tschechoslowakei gebilligt hatte. Die Resolutionen spiegelten einen kleinsten gemeinsamen Nenner wider, um die Einheit von France-URSS trotz der auseinanderdriftenden Meinungen ihrer Mitglieder zu bewahren. Ein neutrales Statement wie 1956 war angesichts der lebhaft geführten öffentlichen Debatte und der Präsenz von Vertretern unterschiedlicher Parteien in den Leitungsgremien nicht möglich. In die nicht näher spezifizierte „Emotion" konnte jeder seine Haltung hineininterpretieren.

---

87 Vgl. die verschiedenen Versionen in: OURS, Fond Claude Fuzier, France-URSS.
88 Résolution adoptée à l'unanimité par les membres présents de la Présidence Nationale de l'Association „France-U.R.S.S.", le 28 août 1968; sowie zur Entstehungsgeschichte: Rapport présenté par Maître André Blumel pour le Comité national du 29 septembre 1968, in: AD Belfort, 64 J 1. Anwesend waren bei der Sitzung Blumel, Capitant, Desson, Fuzier, Jeanson, Paris, Pierrard, Portal und Vercors. Schmittlein, Leroy und Hamon erklärten sich rückwirkend mit der Erklärung einverstanden. Vgl. Blumel an Schmittlein, in: AD Belfort, 64 J 1; siehe auch: Résolution adoptée par le Comité national réuni à Paris le 29 septembre 1968, in: AD Belfort, 64 J 1.

3.3 Prag 1968 — 275

Diese internen Meinungsverschiedenheiten wurden erstmals durch den Abdruck von Leserbriefen und der Diskussion im Comité national vom September 1968 in *France-URSS Magazine* für alle Mitglieder und die Öffentlichkeit nachvollziehbar. Die Einschätzungen verliefen quer zu den Parteilinien und gingen weit auseinander.[89] Blumel verteidigte bei dieser Sitzung in seinem einleitenden Statement den Bruch mit dem in den Statuten festgelegten Prinzip der Unparteilichkeit durch die Stellungnahme der Présidence. Die Ereignisse hätten die französisch-sowjetischen Beziehungen unmittelbar betroffen, und ohne die Resolution hätten Initiativen einzelner Personen oder Gruppen die Einheit der Association oder sogar ihre Existenz in Gefahr gebracht.[90] Eine erste Gruppe mit dem Gaullisten Schmittlein, dem Mathematikprofessor Arnaud Denjoy sowie den Kommunisten Raymond Marquié und Constantin Feldzer warb um Verständnis für das sowjetische Eingreifen als eine Art Notwehr gegen die amerikanische und westdeutsche Einmischung in der Tschechoslowakei. Andere wie der Gaullist Hamon und auch Leroy verurteilten die Intervention scharf, da sie gegen den Willen des tschechoslowakischen Volkes verstieß und keinesfalls mit einer möglichen deutschen Gefahr zu rechtfertigen sei. Aus vielen Stellungnahmen sprach eine tiefe Enttäuschung über die sowjetische Aktion, die die langjährigen Bemühungen der Freundschaftsgesellschaft für ein positiveres Bild der Sowjetunion zunichtegemacht habe. Sogar der „Veteran" und Gründungsvater von France-URSS Fernand Grenier, der in den schwierigsten Zeiten des Stalinismus immer zur Sowjetunion gehalten hatte, konnte diesmal ihr Handeln „nicht akzeptieren". Allen gemeinsam war der Wille zur Fortführung des Engagements, indem sie zwischen Regierungshandeln und dem „sowjetischen Volk" unterschieden. Noch weiter ging der Fernsehjournalist Henri Spade, der aufgrund seiner Zeit in der Résistance den Gaullisten nahestand. Aus der Erfahrung des Krieges fühlte er sich dem sowjetischen Volk, jedoch weniger dem sowjetischen Regime verbunden. Er argumentierte daher für die Fortsetzung der Kontakte in der Hoffnung, dass sich dadurch eines Tages auch in der Sowjetunion die liberalen Kräfte durchsetzen würden:

> Der Prager Frühling wird eines Tages der Moskauer Frühling werden [...]. Unsere Aufgabe ist es, die Arbeit wieder aufzunehmen, den Felsen wieder zurück auf den Berg zu rollen, versuchen zu verstehen und verständlich zu machen, unsere Freunde zu überzeugen, dass es andere Wege gibt als den der Panzer, andere noblere Waffen als die der

---

89 Vgl. auch zum Folgenden die zusammenfassende Darstellung der Diskussion: La session du 28 septembre 1968 du comité national de l'Association France-U.R.S.S., in: FUM (1968) 11, S. 40–45.
90 Vgl. Rapport présenté par Maître André Blumel pour le Comité national du 29 septembre 1968, in: AD Belfort, 64 J 1.

Panzer, andere Motoren, um die Menschen voranzubringen als die der Panzer. Ich sage weiterhin „ja" zu „France-URSS", nicht mehr „ja" allein, auch nicht „ja aber", ich sage „ja trotzdem".[91]

Die zahlreichen, in Auszügen veröffentlichten Leserbriefe spiegeln ein ähnliches Meinungsbild von Enttäuschung und Zurückweisung bis hin zu Appellen gegen die „antisowjetischen" Kampagnen wider. Einige Mitglieder traten aus Protest aus. Andere sahen jedoch gerade in konfliktreichen Zeiten die Notwendigkeit, sich für eine französisch-sowjetische Annäherung und friedliche Beziehungen zu engagieren.[92] Sicherlich waren die Leserbriefe selektiert, damit sich Pro und Kontra einigermaßen die Waage hielten. Doch diese offene Darstellung konträrer Meinungen war neu für *France-URSS Magazine*. Erstmals boten die Gesellschaft und die Zeitschrift Diskussionsplattformen. Wie innerhalb des PCF gab es zusätzlich Treffen der lokalen Komitees zur Diskussion der Erklärungen der Présidence und des Comité national. Glaubt man den in der Zeitschrift veröffentlichten Zusammenfassungen, waren diese Diskussionen zwar heftig, doch fanden die zentralen Erklärungen am Ende als kleinster gemeinsamer Nenner eine sehr hohe Zustimmung unter den Teilnehmern.[93] Da von einem hohen Prozentsatz kommunistischer Mitglieder ausgegangen werden muss, entsprach das Meinungsbild wohl in etwa dem der lokalen Komitees des PCF. Dort verurteilte jeweils nur ein sehr geringer Anteil die Intervention scharf oder hielt die Kritik der PCF-Zentrale für unangemessen. Der Großteil akzeptierte die von der Leitung vorgegebene Linie.[94]

Auf innenpolitischer Ebene litt vor allem das mühsam aufgebaute Verhältnis von France-URSS zu den Sozialisten. Im Gegensatz zum PCF verurteilte das Comité directeur der SFIO mit heftigen Worten die „kriminelle Aggression der UdSSR gegen das tschechoslowakische Volk" als „neues München", das nichts mit dem Sozialismus zu tun habe.[95] Angesichts der Distanzierung des PCF gegenüber der KPdSU wollte das Comité directeur zunächst an der Mitgliedschaft in France-URSS festhalten. Erst infolge der zurückhaltenden Resolution der Présidence und der Akzeptanz der „Normalisierung" nach den Verhandlungen in

---

91 Henri Spade an André Langlois, 27.9.1968, in: AD SSD, 354 J 45.
92 Nos lecteurs nos écrivent, in: FUM (1968) 10, S. 5–7; FUM (1968) 11, S. 55–57; FUM (1968) 12, S. 51 f.
93 Vgl. France-URSS, in: FUM (1968) 12, S. 53–57.
94 Vgl. die ausführliche Darstellung des Meinungsbildes an der Basis in: Lafon, François: Le PCF et l'intervention soviétique à Prague, in: Communisme n° 97/98 (2009), S. 87–101.
95 [Résolution du Comité directeur de la S.F.I.O.], 23.8.1968, in: OURS, Fonds Claude Fuzier, France-URSS. Zu den parteiinternen Diskussionen vgl. Lomellini, Les relations dangereuses, S. 38–40.

Moskau durch den PCF beschloss es am 4. September den offiziellen Austritt aus France-URSS.[96] Die sozialistischen Mitglieder aus Présidence und Sekretariat wurden abgezogen. Einige bedauerten diesen Schritt jedoch persönlich. Der Sekretariatsmitarbeiter Lucien Girondeau zeigte sich beispielsweise tief enttäuscht über die neu aufgerissenen innen- und außenpolitischen Gräben:

> Es ist wirklich desaströs, dass mehrere Jahre Arbeit für die Union der Linken gestoppt werden von gravierenden und unglücklichen Ereignissen. [...] Du [Raymond Roussat] vertrittst für mich diese Form des demokratischen Kommunismus, mit der alles möglich ist. Warum mussten unsere sowjetischen Freunde einen so schwerwiegenden Fehler begehen? Warum muss die französische KP, nachdem sie den Mut hatte, die sowjetische Intervention zu verurteilen, die Vereinbarungen von Moskau anerkennen? Ich will dennoch denken, dass nichts irreparabel ist [...]. Ich will noch hoffen.[97]

Die sowjetische Botschaft beobachtete das Meinungsbild in France-URSS und die Darstellung in *France-URSS Magazine* genau. Während sich im PCF im Herbst 1968 die Wogen allmählich glätteten, ging die Diskussion vor allem um die Außenkommunikation in France-URSS über die Zeitschrift weiter. Aus Sicht der Botschaft wäre es die Aufgabe des PCF-Vertreters Leroy gewesen, die Diskussion in die entsprechende Richtung zu lenken, statt in Présidence und Comité national Resolutionen zu initiieren, die das Handeln der Sowjetunion missbilligten.[98] Als Augenzeuge der Intervention in Prag war Leroy jedoch persönlich tief geschockt und fest davon überzeugt, dass die sowjetische Intervention nicht dem Willen des tschechoslowakischen Volkes entsprach.[99] Dennoch folgte er im Herbst der Parteilinie und beendete zumindest oberflächlich die Diskussion in France-URSS. Im Oktober sicherte die Présidence auf Antrag Leroys der sowjetischen Botschaft zu, bei den Feierlichkeiten zum 51. Jahrestag der Oktoberrevolution die Vorfälle in Prag nicht zu erwähnen.[100] Mitte Dezember versprachen Leroy und Blumel dem Botschafter, die öffentlichen Debatten

---

96 Vgl. Comité directeur, 4.9.1968, in: OURS, Comptes rendus de réunions du secrétariat et du Comité directeur 1968–1969.
97 Lucien Girondeau an Raymond Roussat, 9.9.1968, in: OURS, Fonds Claude Fuzier, France-URSS.
98 Vgl. Spravka Posol'stva SSSR vo Francii „K pozicii FKP v svjazi s Čechoslovackimi sobytijami", podgotovlennaja dlja CK KPSS, 6.11.1968, in: RGANI, f. 5, op. 60, d. 339–349, abgedruckt in: „Pražskaja vesna" i pozicija zapadnoevropej'skich kompartij, in: Voprosy Istorii (2008) 12, S. 3–23, hier S. 10–15.
99 Vgl. La session du 28 septembre 1968 du comité national de l'Association France-U.R.S.S., in: FUM (1968) 11, S. 40–45, hier S. 45; Leroy, La quête du bonheur, S. 32 f.
100 Vgl. Compte-rendu de la réunion de Présidence du 23 octobre 1968, in: AD Belfort, 64 J 1.

zu beenden und keine Leserbriefe mehr in *France-URSS Magazine* zu veröffentlichen, was die Présidence am folgenden Tag prompt so beschloss.[101]

Einen formellen Anlass dafür lieferte ein politisch sehr kritischer, als Leserbrief verfasster Artikel von Vercors. Als Anhänger des Sozialismus und im Namen der Freundschaft bezeichnete er darin die Intervention in Prag als „Präventivkrieg" gegen eine nicht vorhandene konterrevolutionäre Bewegung, als einen „Angriffskrieg" gegen einen anderen Staat, als einen „Lügenkrieg" auf der Basis falscher Behauptungen und als einen „imperialistischen Krieg" gegen den Willen eines Volkes.[102] Der Mehrheit der Mitglieder der Présidence ging diese Kritik zu weit und sie verweigerten ihre Zustimmung zur Veröffentlichung. Doch nachdem Vercors daraufhin mehrmals mit einem demonstrativen Austritt gedroht hatte, durfte er im März 1969 nach langem Hin und Her eine stark abgeschwächte Form des Artikels als Editorial in *France-URSS Magazine* publizieren. In diesem erläuterte er aus seiner Sicht die Prinzipien der Association: absolute politische Unabhängigkeit, Freiheit zu Kritisieren, Aussprache der Wahrheit gegenüber dem Partner und Recht auf Selbstbestimmung der Völker.[103] Als Ausgleich schrieb Schmittlein in Abstimmung mit Blumel im Folgemonat einen Gegenartikel, in dem er seine bereits in der Diskussion geäußerte Meinung wiederholte. Demnach habe die Sowjetunion sicherlich gute Gründe gehabt, mit der Intervention das Risiko auf sich zu nehmen, an internationalem Ansehen zu verlieren.[104]

Zwar bemühte sich France-URSS zu moderieren, doch die Wogen ließen sich nicht so leicht glätten. Dabei hatte Leroy offensichtlich Schwierigkeiten, der „Normalisierung" seiner Partei zu folgen, während Schmittlein zum Verteidiger der Sowjetunion avancierte.[105] Entsprechend sahen Blumel und Pierrard vor allem in Leroy den Störenfried, der laut Pierrard „immer noch nicht seine

---

101 Vgl. Zapis' besedy s zamestitelem prezidenta-ispolnitelja Obščestva „Francija-SSSR" Andre Bljumelem i členom Prezidentskogo Soveta ėtogo obščestva členom Politbjuro CK FKP Rolanom Lerua, 25.12.1968, in: RGANI, f. 5, op. 61, d. 580, l. 1–3; Décision adopté à l'unanimité par la Présidence dans sa réunion du 18 décembre 1968; sowie Compte-rendu de la réunion de Présidence du 18 décembre 1968, in: AD Belfort, 64 J 1.
102 Vercors an Pierrard, 30.11.1968, in: AD Belfort, 64 J 1.
103 Vgl. Vercors: L'amitié dans la vérité, FUM (1969) 3, S. 3. Vgl. zur vorangegangenen Diskussion Zapis' besedy s Prezidentom-ispolnitelem Obščestva „Francija-SSSR" A. Bljumelem, in: RGANI, f. 5, op. 61, d. 580, l. 71–74. Langfristig konnte Vercors jedoch nicht gehalten werden. Er trat Ende 1969 zurück.
104 Schmittlein, Raymond: La vérité, in: FUM (1969) 4, S. 3. Armand Lanoux distanzierte sich wiederum von Schmittleins Artikel. Vgl. FUM (1949) 5, S. 3.
105 Vgl. den Streitfall um eine Redakteurin von *France-URSS Magazine* Dokladnaja zapiska, 28.2.1968 und Dokladnaja zapiska, 4.3.1969, in: RGANI, f. 5, op. 61, d. 580, l. 78–84.

Meinung seit August 1968 geändert habe, während die Leitung des PCF in ihren praktischen Aktivitäten Prag nicht mehr erwähne und brüderliche Beziehungen mit der KPdSU aufgenommen hätte".[106] Pierrard war noch im Herbst 1968 für die Veröffentlichung von Vercors' Artikel und eine offene Diskussion in der Zeitschrift. Dennoch stellte er es im Gespräch mit Volodin als sein Verdienst dar, dass „die Zeitschrift zur Zeit der tschechoslowakischen Ereignisse praktisch das einzige Presseorgan mit Verbindungen zum PCF war, das mehr oder weniger versucht hat, eine Kampagne für die Freundschaft mit der Sowjetunion zu realisieren". Dafür verlor die Zeitschrift laut Pierrard die Unterstützung von Leroy und der Parteiführung, so dass sie nun weniger finanzielle Unterstützung von France-URSS bekomme.[107]

Tatsächlich hatten die Gesellschaft und die Zeitschrift Ende 1969 massive finanzielle Schwierigkeiten. Dies lag jedoch nicht an gestrichenen Subventionen. Zwischen Dezember 1968 und Dezember 1969 sank die Mitgliederzahl um gute 7.000 auf 24.295, und mit ihr die Zahl der Abonnenten. Als Konsequenz erschien *France-URSS Magazine* ab Ende 1969 nur noch in zweimonatlichem Rhythmus auf schlechterem Papier.[108] Die Reisen in die Sowjetunion – die Haupteinnahmequelle der Association – erlebten ebenfalls einen starken Rückgang.[109] Trotz aller Konflikte mit der Botschaft erwog die SSOD nach bisherigen Kenntnissen zu keinem Zeitpunkt, France-URSS für ihre kritische Haltung zur Sowjetunion zu „bestrafen". Eine Delegation der SSOD in Frankreich zog bereits im Februar 1969 eine eher positive Bilanz, nach der nun alle wieder die französisch-sowjetischen Kontakte unterstützten und sich die Situation zum Besseren wenden würde. Allerdings folgerte sie aus der Loyalitätskrise mit France-URSS, dass sie sich in Zukunft nicht mehr allein auf die Freundschaftsgesellschaft stützen, sondern flexibel mit verschiedenen Gruppen der französischen Gesellschaft zusammenarbeiten sollte.[110]

Aus Sicht der SSOD blieb die Reaktion von France-URSS auf die Intervention in der ČSSR dennoch lange Zeit ein dunkler Fleck in der Erfolgsgeschichte.

---

106 Vgl. Žukov an ZK, 22.9.1969, in: RGANI, f. 5, op. 61, d. 580, l. 245–247, hier l. 247.
107 Zapis' besedy s členom Prezidentskogo Soveta „Francija-SSSR" direktorom žurnala obščestva tov. Andre P'errarom, 20.11.1969, in: RGANI, f. 5, op. 61, d. 580, l. 311–313. Zu Pierrards vorheriger Haltung vgl. Comité de rédaction du 22 octobre 1968; sowie Compte-rendu de la réunion de Présidence du 20 novembre 1968, in: AD Belfort, 64 J 1.
108 Vgl. Réunion de la présidence du 19.11.1969, in: AD Belfort, 64 J 1; Pour une grande année 1970 de l'amitié franco-soviétique!, in: FUM (1969) 12, S. 6 f.
109 Siehe zu den ökonomischen Aspekten der Reisen Kapitel 4.3.
110 Otčet o poezdke v Franciju delegacii SSOD, 24.2.1969, in: RGANI, f. 5, op. 61, d. 532, l. 16–19.

So urteilte der Beauftragte der SSOD Valentin Svistunov 1978: „Die Leitung der Gesellschaft konnte nicht den richtigen Weg finden, sie schwamm im Fahrwasser einzelner Politiker [und] kümmerte sich um nationale Parteiinteressen, die von Klassenpositionen Abstand nahmen, statt um den proletarischen Internationalismus."[111] Für die Selbstdarstellung der Geschichte von France-URSS und in persönlichen Rückblicken der Mitglieder war 1968 dagegen ein sehr positiver Referenzpunkt, um die eigene politische Unabhängigkeit und die der Association zu beweisen.[112] Für Viele war es individuell ein großer Schritt, sich erstmals öffentlich gegen eine Entscheidung der Sowjetunion zu stellen. Doch da France-URSS damit mehr oder weniger der Haltung des PCF und letztendlich dessen „Normalisierung" folgte, war die Kritik weniger mutig, als sie manchen ehemaligen Aktivisten im Rückblick erscheinen mag.

3.4 Bundesdeutsche Freundschaftsgesellschaften zwischen Neuer Ostpolitik und DKP

Die westlichen Regierungen reagierten auf die gewaltsame Beendigung des „Prager Frühlings" ebenfalls verhältnismäßig zurückhaltend. Sie verurteilten sie verbal, blieben aber abgesehen davon bei einer Politik der Nichteinmischung. Die Intervention zeigte das Scheitern der französischen Détente-Politik, da offensichtlich die Sowjetunion die von de Gaulle beabsichtigte Aufweichung der Blöcke nicht akzeptierte und das europäisch-atlantische Bündnis maßgeblich blieb. De Gaulle selbst hatte eine zwiespältige Haltung hinsichtlich der Intervention in Prag. Er verurteilte sie, warf aber zugleich – ähnlich wie Schmittlein – der Bundesrepublik vor, sich zu sehr in Prag eingemischt und dadurch indirekt die Intervention ausgelöst zu haben. Infolgedessen löste nun die Bundesrepublik Frankreich als europäischen Motor der Sowjetunionpolitik ab. Denn für Außenminister Willy Brandt wurde klar, dass im Zweifelsfall die USA nicht bereit wäre einzugreifen und die Bundesrepublik aus Sicherheitsgründen die Zweiteilung Deutschlands und die Ostgrenzen anerkennen musste.[113] SPD und FDP hielten trotz Intervention in

---

111 Svistunov, V.: Ob obščestve „Francija-SSSR", 14.4.1978, in: GARF, f. 9576, op. 20, d. 1892, l. 3–12, hier l. 6.
112 Vgl. Martin, France-URSS, S. 117 f.; Leroy, La quête du bonheur, S. 49; Interview Roland Leroy; Interview I Raphaël Vahé.
113 So die zentrale These von Hofmann, Der Prager Frühling, S. 425–430.

Prag an den Ideen der Ostpolitik fest und gewannen damit die Bundestagswahlen 1969.[114]

In diesem Kontext feierte am 19. April 1969 die Gesellschaft zur Förderung der Beziehungen zwischen der Bundesrepublik Deutschland und der Sowjetunion (Gesellschaft BRD-UdSSR) in einem feierlichen Festakt im Hessischen Staatstheater in Wiesbaden ihre offizielle Gründung. Unter den über 400 anwesenden Gästen befanden sich der Parlamentarische Staatssekretär im Auswärtigen Amt Gerhard Jahn, Bundestags- und Landtagsabgeordnete aller Parteien, darüber hinaus Vertreter von 26 großen Wirtschaftsunternehmen, der Gewerkschaften, der Kirchen und zahlreiche Hochschulprofessoren. Aus der Sowjetunion war eine mehrköpfige Delegation unter der Leitung der Vorsitzenden der SSOD Nina Popova angereist.[115] Die bundesdeutsche Presse reagierte überwiegend positiv auf die Gründung. *Die Zeit* zeigte sich dankbar für die Initiative, die die Hoffnung auf Annäherung noch nicht aufgegeben habe.[116] Auch die *FAZ* gab sich verhalten optimistisch: „Die Erwartung, private Initiative könnte den Boden lockern, scheint die bisherigen Erfahrungen zu ignorieren. Aber unter den wohlwollenden Blicken offizieller Stellen könnte die nicht amtliche Ackerarbeit womöglich einiges vorbereiten, was von offizieller Seite ohne Kulturabkommen nicht möglich ist."[117] Zehn Jahre zuvor wäre eine solche Veranstaltung undenkbar gewesen. Nach dem Verbot der politischen DSF West und dem Scheitern des kulturell ausgerichteten AKROS in den 1950er Jahren bestand in der Bundesrepublik nur noch die regional tätige Saarländische Gesellschaft. Die Aufweichung des antikommunistischen Konsenses, die Zulassung der DKP und die Anfänge der Ostpolitik schufen Ende der 1960er Jahre neue Rahmenbedingungen, die eine solche Gründung mit der Zustimmung sowohl der bundesdeutschen als auch der sowjetischen Regierung ermöglichten.

---

114 Zur Reaktion von SPD und FDP siehe Wengst, Udo: Die bundesdeutschen Parteien und ihre Reaktionen auf den Einmarsch, in: Karner, Stefan/Tomilina, Natalja/Tschubarjan, Alexander (Hg.): Prager Frühling. Das internationale Krisenjahr 1968, Köln 2008, S. 559–569.
115 Vgl. Analytischer Überblick über die Teilnehmer am Festakt, 19. April 1969, in: AMA, BayGes, 34.
116 Zager Optimismus. Gründung einer deutsch-sowjetischen Gesellschaft, in: Die Zeit, 25.4.1969, S. 7. Siehe auch: Deutsch-sowjetische Gesellschaft nahm ihre Tätigkeit auf, in: Die Welt, 21.4.1969, S. 5; Für bessere Beziehungen Bonn-Moskau. Deutsch-sowjetische Gesellschaft beginnt ihre Tätigkeit mit einem Festakt, in: Süddeutsche Zeitung, 21.4.1969, S. 6.
117 Frisé, Maria: Freundschaft im April-Schnee. Die „Gesellschaft zur Förderung der Beziehungen zwischen der Bundesrepublik Deutschland und der Sowjetunion" in Wiesbaden, in: FAZ, 21.4.1969, S. 4.

KPD als „Geburtshelfer": Der Weg zu einer bundesdeutschen Freundschaftsgesellschaft

Als Indikatoren der veränderten Stimmung in der westdeutschen Öffentlichkeit sind Mitte der 1960er Jahre aus verschiedenen Kreisen Gesellschaften zur Förderung der Beziehungen zur Sowjetunion entstanden. Der Berliner CDU-Bundestagsabgeordnete Ferdinand Friedensburg gründete 1965 eine Gesellschaft Deutschland-Sowjetunion, für die er namhafte Persönlichkeiten verschiedener Parteien gewinnen konnte. [118] Friedensburg war schon kurz nach dem Krieg überzeugt gewesen, dass „eine vertrauensvolle Beziehung zur Sowjetmacht" und der Abbau von Feindbildern für die Wiederherstellung der deutschen Einheit notwendig seien. Deshalb trat er 1947 sogar kurzzeitig in die DSF Ost ein.[119] Allerdings wollte er zur Wahrung der politischen Unabhängigkeit seiner Gesellschaft zunächst möglichst wenig mit der sowjetischen Botschaft zusammenarbeiten und konnte so kaum tatsächliche Kontakte herstellen.[120] Das Auswärtige Amt zeigte großes Interesse für diese Initiative. Doch nachdem der zunehmend alters- und amtsmüde Vorsitzende keinen Nachfolger fand, wurde die Gesellschaft bis zu seinem Tod nur noch als „Merkposten" aufrechterhalten.[121]

Nahezu gleichzeitig mit Friedensburgs Initiative gründeten im Dezember 1964 Wilhelm Rotter und der Frankfurter Rechtsanwalt Harold Rasch eine Deutsch-Sowjetische Gesellschaft (DSG). Sie hatte sich zum Ziel gesetzt, „durch Förderung und Pflege der kulturellen und menschlichen Beziehungen zwischen dem ‚deutschen Volk' und den Völkern der Sowjetunion zur

---

118 Die DSF Ost nennt unter anderem Ernst Wilhelm Meyer (SPD), Frank Reuter (FDP), Thomas Dehler (FDP), Alexander Menne (FDP), Professor Werner Conze und Botschafter a. D. Hans Kroll. Zur Gründung der „Gesellschaft Deutschland-Sowjetunion" in Westdeutschland, 11.1.1966, in: BArch SAPMO, DY 32/4214.
119 Friedensburg, Ferdinand: Es ging um Deutschlands Einheit. Rückschau eines Berliners auf die Jahre nach 1945, Berlin 1971, S. 59. Auch die DDR hatte Friedensburg als Kritiker an Adenauers Ostpolitik ausgemacht. Vgl. Amos, Die Westpolitik der SED, S. 255.
120 Vgl. Ferdinand Friedensburg an Gerhard Schröder, Bundesminister des Auswärtigen, 11.10.1965; sowie Aufzeichnung: Veranstaltung der Gesellschaft Deutschland-Sowjetunion, 16.2.1966, in: PAAA, B 41 Nr. 68. Ohnehin störte die sowjetische Botschaft der in ihrem Titel manifestierte gesamtdeutsche Anspruch der Gesellschaft. Vgl. Zur Gründung der „Gesellschaft Deutschland-Sowjetunion" in Westdeutschland, 11.1.1966, in: BArch SAPMO, DY 32/4214.
121 Vgl. Vermerk: Gesellschaft Deutschland-Sowjetunion e. V., 27.1.1970; sowie Aufzeichnung Blumenfeld: Gesellschaft Deutschland-Sowjetunion, 18.1.1967, in: PAAA, B41 Nr. 68.

Völkerverständigung beizutragen".[122] Das Auswärtige Amt ordnete die Initiative dem linken Spektrum zu, da Rasch Mitherausgeber der *Blätter für deutsche und internationale Politik* war und in dem von der DDR finanzierten Pahl-Rugenstein Verlag publizierte. Dafür sprach aus dessen Sicht auch die Forderung der DSG nach Anerkennung der DDR und der Oder-Neiße-Grenze.[123] Die KPD urteilte dagegen von Ostberlin aus, dass Rotter und Rasch mit „neofaschistischen Kreisen"[124] in Verbindung stünden, namentlich der neutralistisch-nationalistischen Vereinigung deutscher Nationalversammlung (VDNV), die eine Annäherung zwischen beiden Teilstaaten und einen westdeutsch-sowjetischen Dialog anstrebte.[125] In jedem Fall erschien der SSOD die Initiative von „großem Interesse" und unterstützenswert. So lud sie Rotter bereits im August 1965 zur Vorbereitung einer sowjetischen Woche in Frankfurt in die Sowjetunion ein.[126] Die DSG konnte zudem einzelne Veranstaltungen wie Vorträge zur Sowjetunion durchführen und

---

122 Einführungsvortrag des Vorsitzenden der Deutsch-Sowjetischen Gesellschafte e. V., Wilhelm Rotter, Frankfurt/Main, am 1. Dezember 1964, in: Blätter für deutsche und internationale Politik (1965) 1, S. 90–95, hier S. 90.
123 Vgl. Protokoll der Jahresmitgliederversammlung der Deutsch-Sowjetischen Gesellschaft e. V. am 16. März 1968, in: PAAA, B 41 Nr. 39. Sowie zur Bewertung des Auswärtigen Amtes: Vermerk: Deutsch-sowjetische Gesellschaft e. V., 26.4.1968, in: PAAA, B 41 Nr. 39. Im Pahl-Rugenstein-Verlag erschien beispielsweise Rasch, Harold: Die Bundesrepublik und Osteuropa. Grundfragen einer künftigen deutschen Ostpolitik, Köln 1963; ders.: Deutsche Ostpolitik in der Sackgasse – und ein Ausweg, in: Blätter für deutsche und internationale Politik (1964) 7, S. 530–541.
124 Achim [Max Schäfer, ideologische Abteilung] an die Genossen Arnold [Max Reimann] und Albert [vermutlich Albert Buchmann], 15.4.1965, in: BArch, SAPMO, BY 1/4053.
125 Informationen der ZPKK [Zentralen Parteikontrollkommission] für das PB und Sekretariat, Nr. 33, Deutsch-Sowjetische Gesellschaft e. V., 19.12.1964, in: BArch SAPMO, BY 1/3329. Demnach war auch Hermann Schwann, Gründer der VDNV, Mitglied der DSG. In der VDNV fanden sich viele ehemalige Mitglieder der NSDAP zusammen, die eine neutralistische Deutschlandpolitik verfolgten. Teile des VDNV schlossen sich mit anderen Vereinigungen 1965 zur Aktionsgemeinschaft Unabhängiger Deutscher (AUD) zusammen. Diese war später als konservativ-ökologische Strömung an der Gründung der Grünen beteiligt. Vgl. Stöss, Richard: Die Aktionsgemeinschaft Unabhängiger Deutscher, in: ders. (Hg.): Parteien-Handbuch. Die Parteien der Bundesrepublik Deutschland 1945–1980, Bd. 1, Opladen 1983, S. 310–335. Harold Rasch orientierte sich dagegen weiter nach rechts. Er war 1981 Mitunterzeichner des Heidelberger Manifests gegen die „Unterwanderung des deutschen Volkes" durch Ausländer. Vgl. Wagner, Andreas: Das „Heidelberger Manifest" von 1981. Deutsche Professoren warnen vor „Überfremdung des deutschen Volkes", in: Klatt, Johanna/D'Antonio, Oliver (Hg.): Manifeste. Geschichte und Gegenwart des politischen Appells, Bielefeld 2011, S. 285–313, hier S. 289.
126 Vgl. Zapis' besedy s 1-ym predsedatelem „Nemecko-sovetskogo Obščestva" Vil'gel'm Rotterom 17 sentjabrja 1964g, in: GARF, f. 9576, op. 6, d. 280, l. 47–51; Informacija o prebyvanii v Sovetskom Sojuze predsedatelja Nemecko-sovetskogo obščestva (FRG) g-na Rottera s suprugoj s 21 ijulja po 4 avgusta 1965g, in: RGANI, f. 5, op. 50, d. 742, l. 179–186.

plante für Herbst 1968 eine weitere sowjetische Woche in Kooperation mit der SSOD, die vermutlich an der sowjetischen Intervention in Prag scheiterte.[127] Danach findet sich kein Beleg mehr für weitere Aktivitäten.

Diese – wenn auch kurzlebigen – Initiativen erhöhten den Druck auf die von Ostberlin aus agierende KPD, wie in den anderen westeuropäischen Ländern eine Freundschaftsgesellschaft unter ihrer Ägide zu gründen. Bereits 1958 und 1963 hatte das Politbüro der KPD vergebliche Versuche in diesem Sinne unternommen. Denn angesichts der Erfahrungen mit der DSF West und dem AKROS sollte sich die Gesellschaft möglichst „natürlich organisch" aus lokalen Gruppierungen entwickeln, damit die steuernde Hand der KPD unsichtbar blieb.[128] Politbüro-Mitglied Max Schäfer startete 1965 einen neuen Anlauf:

> Ich bin der Meinung, wir sollten uns überlegen, wie wir nach den Bundestagswahlen die Sache in Angriff nehmen und zwar evtl. gestützt auf die Kreise, die sich um die „Blätter für deutsche und internationale Politik" gruppieren. Natürlich ist das Bestehen einer „Deutsch-Sowjetischen Gesellschaft e. V." eine gewisse Erschwernis. Aber dennoch wäre doch zu überlegen, ob wir nicht geradezu gezwungen sind, den Versuch zu machen, eine „Gesellschaft Bundesrepublik-Sowjetunion" zustande zu bringen.[129]

Tatsächlich erwies sich dieser Weg über die Frankfurter Kreise als fruchtbarer. Die Parteifunktionäre fanden schließlich in Herbert Mochalski und Eugen Kogon politisch verlässliche, aber renommierte Initiatoren. Der evangelische Pfarrer Mochalski engagierte sich während des Krieges im Widerstand der Bekennenden Kirche und nach 1945 in zahlreichen Friedensinitiativen gegen die deutsche Wiederbewaffnung. Ab 1949 war er Chefredakteur der Zeitschrift des Bruderrats der Bekennenden Kirche *Stimme der Gemeinde*, die eine christlich geprägte politische Stimme gegen die Politik der Westbindung erhob. 1953 kandidierte Mochalski für

---

127 Vgl. Protokoll der Jahresmitgliederversammlung der Deutsch-Sowjetischen Gesellschaft e. V. am 16. März 1968, in: PAAA, B 41 Nr. 39; Filatov, Referent SSOD: Informacija o prebyvanii v SSSR delegacii Germano-sovetskogo Obščestva, 29.8.1968, in: GARF, f. 9576, op. 6. d. 405, l. 49–51.
128 „Um ein natürliches, organisches Wachstum einer Vereinigung ‚Bundesrepublik-Sowjetunion' zu erreichen, wird vorgeschlagen, sie aus einer Reihe verschiedenartiger örtlicher Ansätze und Gruppierungen heraus zu entwickeln." Vorlage: Zur Entwicklung einer Gesellschaft Bundesrepublik-Sowjetunion, 14.2.1958, in: BArch, SAPMO, BY 1/2397. Siehe auch Beschluß der Politbüro-Sitzung am 9.10.1963, in: BArch, SAPMO, BY 1/2647; sowie Überlegungen zur Entwicklung einer Gesellschaft Bundesrepublik-Sowjetunion, 21.2.1964, in: BArch SAPMO, BY 1/4048.
129 Achim [Max Schäfer, ideologische Abteilung] an den Genossen Arnold [Max Reimann] und an den Genossen Albert [vermutlich Albert Buchmann], 15.4.1965, in: BArch, SAPMO, BY 1/4053.

die GVP für den Bundestag und engagierte sich anschließend in der Deutschen Friedensunion (DFU). Daher verfügte er über gute Kontakte zu Kreisen des christlichen Widerstands, der Bewegung gegen die Wiederbewaffnung und nach Ostberlin.[130] Zumindest die ersten zwei Punkte verbanden ihn mit dem bekannten Publizisten und Politikwissenschaftler Kogon, einer Ikone des Widerstands und der Aufklärung über den Nationalsozialismus. Dieser blieb Zeit seines Lebens auf der Suche nach einem „dritten Weg" zwischen Kapitalismus und Kommunismus. Mochalski hatte bereits 1964 über den Stimme-Verlag und das sowjetische Komitee zum Schutze des Friedens eine Reise nach Moskau und Leningrad organisiert. An der nahmen unter anderem sein Bekannter aus der Bekennenden Kirche und der GVP, Justizminister Gustav Heinemann, und Kogon teil.[131] Angesichts der politischen Sackgasse der „Politik der Stärke" war Mochalski für die Anerkennung des Status quo, um „Auflockerungen herbeizuführen und das Mißtrauen abzubauen". Hierzu sollten „bewußte Schritte der Annäherung", Besuche und Aussprachen beider Seiten beitragen.[132]

Mit Mochalski und Kogon stimmte die KPD-Parteiführung 1966 das Vorgehen zur Gründung einer bundesdeutsch-sowjetischen Freundschaftsgesellschaft ab. Weitere geeignete Persönlichkeiten für die Gesellschaft sollten durch eine erneute dreiwöchige Informationsreise in die Sowjetunion über den Stimme-Verlag gewonnen werden. An dieser sollten „nur solche Personen teilnehmen, die ihre Zustimmung geben, nach der Reise Beiträge zu einem Reisebericht zu schreiben".[133] Unter den Mitreisenden waren der Theologe und Widerständler Martin Niemöller, die Chefredakteurin der *Zeit* Marion Gräfin Dönhoff, der Physiker Boris Rajewsky, die Frau des hessischen Ministerpräsidenten Christa Zinn, der ehemalige hessische Minister Harald Koch und der Industrielle Kurt A. Körber.[134] Die Teilnehmer verbanden größtenteils persönliche

---

[130] Vgl. zu Mochalski als Verbindungsmann der GVP nach Ostberlin: Treffke, Jörg: Gustav Heinemann. Wanderer zwischen den Parteien. Eine politische Biographie, Paderborn 2009, S. 146–148.
[131] Siehe die veröffentlichten Reiseberichte: Bethke, Hildburg/Jaspert, Werner (Hg.): Moskau – Leningrad heute. Berichte und Impressionen von einer Reise, Frankfurt a.M. 1965.
[132] Vgl. Mochalski, Herbert: Vorwort, in: ibid., S. 7 f., hier S. 8.
[133] Bericht über den Fortgang der Verhandlungen zur Bildung einer Gesellschaft Bundesrepublik – Sowjetunion von H. R., 25.11.1966, in: BArch SAPMO, BY 1/4053.
[134] Weitere Teilnehmer der Reise: der Theologe Karl Linke; der Publizist Gösta von Uexküll; der Chefredakteur von Radio Bremen Harry Pross mit seiner Frau, der Literaturkritikerin Heddy Pross-Weerth; die Gewerkschaftler Georg Benz von der IG Metall, Alma Kettig von der IG Chemie und Werner Vitt, Vorstandsmitglied der IG Chemie-Papier-Keramik; die Wissenschaftlerin Hildburg Bethke, der Soziologe Werner Hoffmann, der Philosoph Hans-Heinz Holz und der Direktor der BASF Franz J. P. Leitz. Die Reise führte unter anderem nach Novosibirsk, Irkutsk und Bratsk,

Beziehungen zu Mochalski und Kogon. Viele entstammten den Kreisen um den Stimme-Verlag und fast alle waren vorher schon einmal in die Sowjetunion gereist. Dennoch bot ihnen die Reise nach Sibirien und Zentralasien viel Unbekanntes und Exotisches sowie zahlreiche Treffen mit offiziellen Vertretern der Politik und Wissenschaft. Bei der abschließenden Diskussion mit mehreren sowjetischen Persönlichkeiten über die bundesdeutsch-sowjetischen Beziehungen stellten die Teilnehmer durchaus kritische Fragen nach der Situation der Religion, Problemen der Planwirtschaft, zur Zusammensetzung der sibirischen Bevölkerung oder zur negativen Darstellung der Bundesrepublik in der sowjetischen Presse. Auf diese Fragen antworteten die sowjetischen Experten manchmal sehr ausweichend, wie einige Teilnehmer kritisch anmerkten.[135]

Wie von den Initiatoren geplant, bildete sich aus den Reiseteilnehmern eine Kerngruppe, die am 23. April 1968 die Gesellschaft BRD-UdSSR gründete.[136] Präsident wurde der aus einer russischen Adelsfamilie stammende Frankfurter Biophysiker und Strahlenforscher Boris Rajewsky.[137] Als Direktor des Max-Planck-Institutes für Biophysik 1937 bis 1966 stellte er während des „Dritten Reiches" seine Forschung teilweise in den Dienst der Machthaber, konnte dadurch jedoch zugleich sein Institut und jüdische Kollegen schützen.[138] In den 1960er Jahren engagierte sich der Strahlenforscher gegen Atomwaffen und kam so zur Friedensbewegung. Einer der Vize-Präsidenten war neben Kogon der ehemalige Landesminister und SPD-Bundestagsabgeordnete Harald Koch, der als Vorsitzender der RWAG bereits Erfahrung in der Zusammenarbeit mit der Sowjetunion

---

sowie Alma-Ata, Taškent, Samarkand und Buchara. Zu den Teilnehmern der Reise, dem Programm und den Reiseberichten vgl. auch im Folgenden Mochalski, Herbert/Kogon, Eugen (Hg.): Sowjet-Sibirien und Zentralasien heute. Berichte, Erfahrungen und politische Gespräche, Frankfurt a.M. 1967. Gegen die Teilnahme von Justizminister Heinemann – auch als Privatmann – meldete das Auswärtige Amt Bedenken an. Vgl. Aufzeichnung: Festvortrag des Bundesminister der Justiz, Dr. G. Heinemann, am 27.10.1968, 30.7.1968, in: PAAA, B41 Nr. 39.
135 Vgl zu den Reiseberichten: Mochalski/Kogon, Sowjet-Sibirien und Zentralasien heute. Siehe hierzu auch Kapitel 4.3.
136 Vgl. Protokoll über die Gründungsversammlung der „Gesellschaft zur Förderung der Beziehungen zwischen der Bundesrepublik Deutschland und der Sowjetunion" am 23. April 1968 in Frankfurt/Main, in: AMA, BayGes, 108.
137 Vgl. zu seinem Lebenslauf: Löhr, Eberhard/Scherer, Eberhard: Boris Rajewsky (1893–1974). Ein Rückblick auf Leben und Werk, in: Strahlentherapie und Onkologie (2004) 1, S. 1–4.
138 Zur Kontroverse um Rajewskys Beteiligung im „Dritten Reich" siehe Karlsch, Rainer: Boris Rajewsky und das Kaiser-Wilhelm-Institut für Biophysik in der Zeit des Nationalsozialismus, in: Maier, Helmut (Hg.): Gemeinschaftsforschung, Bevollmächtigte und der Wissenstransfer. Die Rolle der Kaiser-Wilhelm-Gesellschaft im System kriegsrelevanter Forschung des Nationalsozialismus, Göttingen 2007, S. 395–452.

hatte.[139] Innerhalb dieser als Bürgerinitiative entstandenen Organisation bemühte sich bereits seit 1952 ein Länderkreis Osteuropa um Kontakte mit der Sowjetunion. Ab 1967 gelang es diesem sogar, jeweils für ein Jahr sowjetische Lektoren für den Sprachunterricht an die RWAG zu holen.[140] Außerdem hatte Koch als gelernter Jurist und langjähriges Vorstands- und Aufsichtsratsmitglied der Hoesch AG beste Beziehungen in die Wirtschaft.[141]

Bei der Ausarbeitung der Satzung hatte die juristische Abteilung der KPD streng darauf geachtet, dass der Parteieinfluss nicht sichtbar war und Struktur, Ziele und Name keinen Anlass für rechtliche Schritte oder Argumente für eine Verfassungswidrigkeit lieferten. Sie sollte nicht „dem Schema der alten Massenorganisationen" entsprechen.[142] Dennoch korrespondierten die Strukturen der neuen Gesellschaft auf den ersten Blick mit denen anderer Freundschaftsgesellschaften. Auch sie verfügte über ein Präsidium aus bekannten Persönlichkeiten und in der Person Mochalskis über einen Verbindungsmann zur kommunistischen Partei.[143] Im Unterschied zu anderen Gesellschaften rekrutierte sich die Mitgliedschaft jedoch kaum direkt aus der kommunistischen Partei, und die Gesellschaft hatte nie den Anspruch, eine Massenorganisation mit einem systematisch-hierarchischen Aufbau in allen Landesteilen zu werden.[144] Angesichts der Ostpolitik-Euphorie in der Bundesrepublik mit der Regierungsübernahme der sozialliberalen Koalition gelang es der Gesellschaft vielmehr, eine kulturelle, wirtschaftliche und politische Elite von Ostpolitik-Unterstützern zu vereinen.[145]

---

139 Vgl. Leise, Britta: Koch, Harald Albrecht Friedrich, in: Bohrmann, Hans (Hg.): Biographien bedeutender Dortmunder. Menschen in, aus und für Dortmund, Essen 2001, S. 117–120.
140 Zur Ostarbeit der RWAG siehe Eck-Pfister, Silvia: Für eine Welt – Humanität und Toleranz. Eine Bürgerinitiative für Verständigung über Grenzen und internationalen Austausch 1945–1995, Dortmund 1995, S. 207–236; sowie Merten, Artur/Eicher, Thomas (Hg.): Deutsch-russische Kulturarbeit in Dortmund. 50 Jahre Länderkreis Osteuropa in der Auslandsgesellschaft Nordrhein-Westfalen, Oberhausen 2002.
141 Eine weitere Vize-Präsidentin war Christa Zinn (1927–2002), Juristin im Staatsdienst und Ehefrau des langjährigen hessischen Ministerpräsidenten Ernst August Zinn.
142 Vgl. An Gen. Achim von „Walser", 1.6.1967, in: BArch SAPMO, BY 1/4053.
143 Vgl. Zapis' besedy s predstaviteljami Germanskoj Kommunističeskoj partii, 13.5.1969, in: RGANI, f. 5, op. 61, d. 532, l. 74–76.
144 So beispielsweise Mochalski in einem Rundschreiben: „Wie Sie wissen, sind wir nicht darauf bedacht, eine möglichst große Zahl von Mitgliedern zu haben. Wir legen vielmehr Wert auf qualifizierte Mitglieder und sind darum in der Werbung und der Aufnahme von neuen Mitgliedern eher zurückhaltend." Informationsbrief, 18.2.1969, in: AMA, BayGes, 108.
145 Darunter waren die Schriftsteller Heinrich Böll, Martin Walser, Günther Weisenborn, die Publizisten Walter Dirks und Heinz-Maria Ledig-Rowohlt, der Gründer der *Nürnberger Nachrichten* Josef E. Drexel, die Professoren Golo Mann, Alexander Mitscherlich, Reinhard W. Kaplan, Hans-Joachim Heydorn, Karl von Arentin und Fritz Baade, die Bürgermeister von

Die Gründungsgruppe verband teilweise die Erfahrung des Widerstands gegen den Nationalsozialismus, eine Gegnerschaft zur Westbindungspolitik unter Bundeskanzler Adenauer, die Idee der Aussöhnung mit dem ehemaligen Kriegsgegner Sowjetunion und der Wille zur Friedenssicherung. Einige Unternehmer hatten zudem Interesse an wirtschaftlichen Kontakten mit der Sowjetunion. Die Biographien der Gründungsmitglieder verdeutlichen, dass sie nicht einfach Marionetten Ostberlins oder Moskaus waren, sondern über unterschiedliche biographische oder politische Motivationen verfügten, sich für Beziehungen zur Sowjetunion einzusetzen. Die Nähe der neuen Gesellschaft zur KPD bzw. DKP war den meisten Gründungsmitgliedern durchaus bewusst. Doch schwanden Ende der 1960er Jahre bei vielen die Berührungsängste mit den Kommunisten. Sie sahen sie nicht mehr als irrationale Bedrohung, sondern als politische Strömung, mit der man sich auseinandersetzen musste und konnte. Heike Amos' Feststellung für die DFU kann größtenteils auf die Gesellschaft BRD-UdSSR übertragen werden: Viele waren bereit, in ihrem Engagement politische Kompromisse einzugehen, um eine Aussöhnung mit den Nachbarn und einen dauerhaften Frieden zu erreichen. Das gesamte Ausmaß der politischen Instrumentalisierung der Organisation dürfte dagegen den wenigsten bekannt gewesen sein.[146]

Eine erste Prüfung ihrer Kompromissfähigkeit war die sowjetische Intervention in Prag. Die Gesellschaft war zwar zu diesem Zeitpunkt noch nicht an die Öffentlichkeit getreten, so dass noch niemand eine öffentliche Stellungnahme von ihr erwartete. Laut Mochalski hätte auch intern kein Mitglied geäußert, dass die Gesellschaft die Arbeit einschränken bzw. gar nicht erst aufnehmen sollte.[147] Es ist jedoch davon auszugehen, dass einige der Beteiligten wie Heinrich Böll, Golo Mann und Martin Walser, die später nie wieder in Erscheinung traten, das Projekt stillschweigend verließen. Der ursprünglich für den 27. Oktober 1968 geplante Festakt wurde verschoben – doch nicht aus Protest gegen die Intervention, sondern aus Angst vor Anfeindungen, wie Mochalski ausführte:

> [Bei der Veranstaltung] hätten wir mit Störungen und Demonstrationen rechnen müssen. Zwischenfälle bei unserem ersten öffentlichen Auftreten wären aber ein schlechter Start für unsere Gesellschaft, der uns in eine Defensivhaltung drängen würde, statt unsere

---

Stuttgart Arnulf Klett, von Dortmund Dietrich Keuning und von Oberhausen Luise Albertz, sowie die Unternehmer Wilhelm Bentele, Carl Backhaus, Hans Gerzywisch, Jan W. Hillebrand, Wolfgang Muth und Wolfgang Schlichting. Vgl. die Liste der Mitglieder vom 25.9.1968, in: AMA, BayGes, 108. Vgl. hierzu auch Lippert, Auswärtige Kulturpolitik, S. 215.
146 Vgl. Amos, Die Westpolitik der SED, S. 310 f.
147 Vgl. Informationsbrief von Mochalski, 2.10.1068, in: AMA, BayGes, 108.

Arbeit positiv entfalten zu können. Außerdem möchten wir als Gastgeber die Vertreter des sowjetischen Partnerverbandes keinen Unannehmlichkeiten aussetzen.[148]

Dies bedeutete jedoch nicht, dass sie das sowjetische Vorgehen billigten. In der *Stimme der Gemeinde* zeigte sich Mochalski „erschreckt und schockiert" über die Intervention, die „nicht zu rechtfertigen" sei. „Der Einmarsch von Truppen der sozialistischen Staaten, ohne daß sie von den Organen der ČSSR gerufen wurden, setzt diese Staaten ins Unrecht und ist Wasser auf die Mühlen aller Reaktionäre und kalten Krieger, die nun ein Alibi haben, jede Entspannungspolitik zu diskreditieren."[149] Dem sowjetischen Botschafter Semën K. Carapkin versicherten Kogon und Mochalski im persönlichen Gespräch, dass sie ihre Arbeit dennoch und gerade deshalb verstärkt fortsetzen wollten, da sie Rückschritte in der Entspannungspolitik fürchteten.[150]

Den „Boden auflockern": Unterstützung für die Neue Ostpolitik

Mit dieser Haltung folgten die Initiatoren der Gesellschaft BRD-UdSSR dem Großteil der „Ostpolitiker" und sahen sich im Einklang mit der Außenpolitik der Bundesregierung. Im Dezember 1968 erläuterte Mochalski im Süddeutschen Rundfunk das Verhältnis der neuen Gesellschaft zur Regierungspolitik:

> Ich würde sagen, unsere Arbeit ist eine Hilfestellung für die Politik, sei es auf der einen oder auch auf der anderen Seite. Wir können ja nur [...] auf der Ebene der Begegnungen der Menschen zueinander den Boden auflockern, sozusagen eine Vorarbeit leisten, von der dann vielleicht auch einmal die Politiker profitieren können, wenn ein besseres Klima auch zwischen den Menschen beider Seiten hergestellt ist.[151]

Die Bundesregierung war Ende der 1960er Jahre für diese gesellschaftliche und kulturelle „Vorarbeit" durchaus offen, um die öffentliche Meinung auf die Ostpolitik einzustimmen. Weiter begünstigend kam hinzu, dass im Kontext der

---

148 Informationsbrief von Mochalski, 2.10.1068, in: AMA, BayGes, 108.
149 Mochalski, Herbert: Die Prager Tragödie, in: Stimme der Gemeinde 20 (1968) 17, Sp. 515 f.
150 Vgl. Zapis' besedy s prezidentom Obščestva sodejstvija razvitiju otnošenij meždu FRG i Sovetskim Sojuzom B. Raevskim, viceprezidentom prof. E. Kogonom i general'nym sekretarem togo že obščestva G. Mochal'skim, 13.9.1968, in: GARF, f. 9576, op. 6, d. 405, l. 54–56.
151 Zur Information: 10 Minuten-Interview des Süddeutschen Rundfunks Stuttgart am 11. Dezember [1968] (Sendung am 12. Dezember) mit Dr. Mochalski, in: AMA, BayGes, 108. Ähnlich formulierte er auch bei der öffentlichen Gründungsveranstaltung: Vgl. Gesellschaft zur Förderung der Beziehungen zwischen der Bundesrepublik Deutschland und der Sowjetunion. Festakt zum Beginn der öffentlichen Tätigkeit, 19. April 1969, Wiesbaden, in: AMA, BayGes, 34.

Ostpolitik sowohl der Auswärtigen Kulturpolitik als auch der gesellschaftlichen Dimension der Außenpolitik eine neue Bedeutung beigemessen wurde. Verschiedene politische Akteure bereiteten die Reformen der Auswärtigen Kulturpolitik der sozialliberalen Koalition bereits ab Mitte der 1960er Jahre vor.[152] Brandt bezeichnete 1967 programmatisch die Auswärtige Kulturpolitik als „dritte Säule" der Außenpolitik und schrieb ihr eine wichtige Rolle im Austausch mit den Ländern des Ostens zu. Diese neue Auswärtige Kulturpolitik ging einerseits von einem weiten Kulturbegriff aus, andererseits sollte sie im Sinne einer Demokratisierung neue gesellschaftliche Akteure einbeziehen. Der Soziologe Ralf Dahrendorf, Parlamentarischer Staatssekretär im Auswärtigen Amt 1969 bis 1970, prägte die Formel der „Außenpolitik der Gesellschaften". Demnach könnten im Hinblick auf die Ostpolitik die gesellschaftlichen Akteure gerade da aktiv werden, wo die politischen Akteure gehemmt seien.[153] Wie in den anderen westlichen Ländern Ende der 1950er Jahre galt es nun, die Herausforderung der sowjetischen Cultural Diplomacy anzunehmen und nach dem Prinzip der Gegenseitigkeit vermehrt Veranstaltungen in der Sowjetunion durchzusetzen.

In diesem Kontext verfolgte das Auswärtige Amt von Anfang an sehr aufmerksam die Gründungsbestrebungen für die neue Gesellschaft BRD-UdSSR. Umgekehrt wollte die Gesellschaft BRD-UdSSR grundsätzlich in Abstimmung mit der Bundesregierung arbeiten und hoffte auf ihre politische und finanzielle Unterstützung. Rajewsky wandte sich bereits im Mai 1968 mit der Bitte um ein Gespräch an Brandt.[154] Die Empfehlung des Leiters der Sowjetunion-Abteilung des Auswärtigen Amtes Ulrich Sahm gab dessen Strategie gegenüber der Gesellschaft für die nächsten Jahre vor: Zusammenarbeit und politische Kontrolle. Obwohl die Gründungsmitglieder „weitgehend als politisch aktive, der Bundesregierung gegenüber kritisch eingestellte Persönlichkeiten bekannt" waren, sollte demnach das Gespräch aufgenommen werden, um sie „nicht von vornherein in die Opposition zu drängen und dem Auswärtigen Amt gewisse Einflußmöglichkeiten zu erhalten". Um sie allerdings politisch nicht zu sehr aufzuwerten, empfing nicht

---

152 Vgl. Defrance, Corine: Die Auswärtige Kulturpolitik im Wandel. Neuansätze der Jahre 1966–1974, in: Wilkens, Andreas (Hg.): Wir sind auf dem richtigen Weg. Willy Brandt und die europäische Einigung, Bonn 2010, S. 320–341. Darüber hinaus beschäftigt sich Lippert ausführlich mit den Reformen der Auswärtigen Kulturpolitik im Lichte der Ostpolitik. Vgl. Lippert, Auswärtige Kulturpolitik, S. 122–142.
153 Vgl. ibid., S. 128.
154 Vgl. Rajewsky an Brandt, 20.5.1968, in: PAAA, B41 Nr. 39.

der Minister persönlich, sondern nur der Parlamentarische Staatssekretär.[155] Sahm hatte dagegen keine Bedenken, dass Justizminister Gustav Heinemann den Festvortrag bei der ursprünglich für Oktober 1968 geplanten Festveranstaltung hielt:

> Mir will scheinen, daß durch Ihre Anwesenheit und durch Ihren Vortrag in guter Weise verdeutlicht werden könnte, daß die Bundesregierung eine ehrliche Versöhnung mit der Sowjetunion anstrebt. Gleichzeitig würde hierdurch der vielleicht bestehenden Gefahr vorgebeugt, daß sich die Gesellschaft in die Rolle eines Interessenanwalts der Sowjetunion in der Bundesrepublik Deutschland gedrängt fühlt.[156]

Erst nachdem der Gründungsakt wegen der Ereignisse in Prag auf April 1969 verschoben und Heinemann inzwischen zum Bundespräsidenten gewählt worden war, riet die Abteilung von seinem Auftritt ab, um die Gesellschaft nicht „in besonders spektakulärer Weise" zu fördern.[157] Deshalb übernahm es Gerhard Jahn, der Gesellschaft bei dieser Veranstaltung öffentlich politische Rückendeckung zu geben: „Jeder [...] Beitrag, den Sie in Ihrem Bereich leisten, jede Begegnung, die Sie vermitteln und jede Initiative, die Sie zur Vertiefung des gegenseitigen Verständnisses ergreifen, [...] ist [...] eine wichtige Ergänzung der Bemühungen offizieller deutscher Politik." [158]

Der Beitrag der Gesellschaft beschränkte sich in den ersten Monaten allerdings auf Veranstaltungen in der Bundesrepublik. Sie organisierten eine Vortragsreise des Wirtschaftsprofessors Rėm A. Belousov und eine Besichtigungstour für eine Gruppe sowjetischer Mediziner.[159] Im Herbst 1969 veranstaltete die Gesellschaft „Tage der deutsch-sowjetischen Begegnung". Zu denen kamen neben Belousov eine Reihe von Kunsthistorikern, Architekten, Gesundheitsexperten und Filmschaffenden. Zudem fanden Ballettabende mit Solisten des Kirov-Theaters und des Bol'šoj-Theaters im Hessischen Staatstheater Wiesbaden sowie Konzerte

---

155 Aufzeichnung Gesellschaft zur Förderung der Beziehungen zwischen der Bundesrepublik Deutschland und der Sowjetunion, 27.5.1968, in: PAAA, B41 Nr. 39.
156 Sahm: Festvortrag des Herrn Bundesministers der Justiz, Dr. G. Heinemann, am 27.10.1968 im Kurhaussaal Wiesbaden auf Einladung der „Gesellschaft zur Förderung der Beziehungen zwischen der Bundesrepublik Deutschland und der Sowjetunion", 20.7.1968, in: PAAA, B 41 Nr. 68.
157 Lautenschlager: Teilnahme des Bundesministers a. D. Dr. Heinemann an dem Festakt der Gesellschaft zur Förderung der Beziehungen zwischen der Bundesrepublik Deutschland und der Sowjetunion am 19. April 1969, 1.4.1969, in: PAAA, B 41 Nr. 68.
158 Entwurf Ansprache von PStS Jahn bei Eröffnungsfeier, 19.4.1969, in: PAAA, B41 Nr. 68.
159 Vgl. Informationsbrief, 23.12.1968, in: AMA, BayGes, 108; Trofimov: Otčet, 29.4.1969, in: RGANI, f. 5, op. 61, d. 532, l. 30–41.

mit dem Geiger Leonid B. Kogan statt.[160] Damit unterschieden sich diese „Tage der Begegnung" kaum von den Freundschaftsmonaten, die die Freundschaftsgesellschaften in anderen Ländern organisierten. Sie verzichteten aber auf die pompöse Freundschaftsbekundung zum Jahrestag der Oktoberrevolution.[161] Auch wenn die Gesellschaft ursprünglich geplant hatte, Veranstaltungen in der Sowjetunion und Begegnungen in Form von Schüleraustausch und Städtepartnerschaften durchzuführen, zeigten sie sich in der Frage der Gegenseitigkeit nachgiebig, um überhaupt Aktivitäten vorweisen zu können und zunächst „der sowjetischen Seite Vertrauen ein[zu]flößen" – wie Mochalski es formulierte.[162]

Wie andere westeuropäische Regierungen fürchtete aus diesem Grund der Botschafter in Moskau Helmut Allardt die Konkurrenz der Gesellschaft BRD-UdSSR, die ohne große politische Vorbedingungen und ohne Gegenseitigkeit Kulturaustausch betreibe. Diese „Doppelgleisigkeit" des Kulturaustausches könne die Bemühungen der Botschaft erschweren oder gar in Frage stellen.[163] Der Sowjetunion-Abteilung in Bonn war diese Gefahr durchaus bewusst. Bei den regelmäßigen Treffen mit Rajewsky oder Mochalski erinnerte der Abteilungsleiter Alfred Blumenfeld immer wieder an das Prinzip der Gegenseitigkeit, damit die Gesellschaft keine „Einbahnstraße" werde. Dennoch überwog für ihn die Hoffnung, dass „sich über die Gesellschaft Möglichkeiten erschließen würden, die uns bisher nicht offen gestanden hätten, mit anderen Worten, aus den Verbindungen der Gesellschaft ‚Honig zu saugen'".[164] Die Gesellschaft sollte insbesondere dort aktiv werden, wo die offiziellen Stellen bisher am sowjetischen Widerstand gescheitert waren. Dazu gehörte die Verbreitung einer russischsprachigen Zeitung über die Bundesrepublik in der Sowjetunion und eine Buchausstellung in der Sowjetunion in Kooperation mit dem Börsenverein des Deutschen Buchhandels.[165]

---

160 Vgl. Sowjetische Vertreter zu den „Tagen der Begegnung", November 1969; sowie Rundschreiben von Diehl, 14.10.1969, in: AMA, BayGes, 108.
161 Vgl. Blumenfeld: Aufzeichnung, Empfang anläßlich der „Tage der deutsch-sowjetischen Begegnung" in Frankfurt a.M. am 11. November 1969, 4.11.1969, in: PAAA, B 41 Nr. 68.
162 Deutsche Botschaft an AA, 10.7.1969, in: PAAA, B41 Nr. 68.
163 Vgl. Deutsche Botschaft an AA, 8.5.1969 und 28.10.1969, in: PAAA, B41 Nr. 68.
164 Aufzeichnung Blumenfeld: Gesellschaft zur Förderung der Beziehungen zwischen der Bundesrepublik Deutschland und der Sowjetunion, 25.5.1970, in: PAAA, B41 Nr. 68.
165 Zwar verfolgte die Gesellschaft von Anfang an den Plan einer Zeitschrift, doch in dieser Frage kamen auch Mochalski und Rajewsky trotz intensiver Bemühungen bei den sowjetischen Behörden nicht weiter. Siehe hierzu zahlreiche Dokumente in PAAA, B41 Nr. 68. Siehe zur Zeitschriftenfrage auch die Erinnerungen des Botschafters Allardt, Helmut: Moskauer Tagebuch. Beobachtungen Notizen Erlebnisse, Düsseldorf 1973, S. 64–66. Vgl. zur Buchausstellung Vermerk:

Trotz dieser Unterstützung blieb das Auswärtige Amt sehr vorsichtig angesichts möglicher sowjetischer Vereinnahmung. Insbesondere gegenüber Mochalski herrschte großes Misstrauen, was zu regelmäßigen Anfragen beim Bundesverfassungsschutz führte. Ebenso missfiel der hauptamtliche Geschäftsführer der Gesellschaft Walter Diehl, der 1960 in einem Prozess für sein Engagement in der Friedensbewegung verurteilt worden war.[166] Um einer zu starken Linksorientierung entgegenzusteuern, schreckte das Auswärtige Amt nicht vor dem Versuch zurück, mit dem Rechtsanwalt Friedrich-Christoph von Bismarck ein CDU-Mitglied in die Gesellschaft BRD-UdSSR einzuschleusen, das „dort in [ihrem] Sinne wirken" sollte.[167]

Nicht nur das Auswärtige Amt, auch die SSOD verfolgte die Initiative mit größter Aufmerksamkeit. Seit den 1950er Jahren hatte sie darauf gedrängt, eine neue Freundschaftsgesellschaft in der Bundesrepublik zu gründen.[168] Bereits im Juni 1968 reiste Mochalski nach Moskau, um mit Popova in der SSOD, Inturist, APN und dem sowjetischen Außenministerium die weitere Zusammenarbeit zu besprechen. Nachdem er dort kein Unbekannter war, wurde er überall außerordentlich herzlich und wohlwollend empfangen. Ihm wurde signalisiert, dass die Realisierung seiner Vorschläge zur Zusammenarbeit „jederzeit möglich" sei.[169] Die sowjetische Seite war sehr angetan, dass in der Bundesrepublik endlich eine Gesellschaft mit nationaler Ausstrahlung und relativ breiter politischer und gesellschaftlicher Verankerung gegründet worden war, die „objektiv gesehen nun reale Möglichkeiten für eine Aktivierung und Erweiterung unserer propagandistischen Arbeit in Westdeutschland bot".[170]

Deutsche Buchausstellung in der SU; Benutzung der guten Dienste der Deutsch-Sowjetischen Freundschaftsgesellschaft, 18.9.1969, in: PAAA, B41 Nr. 68.
166 Vgl. Bundesamt für Verfassungsschutz an Bundesministerium des Innern: Betr. Deutsch-Sowjetische Freundschaftsgesellschaften in der Bundesrepublik, 29.7.1968; sowie Aufzeichnung Abteilung II A 4, 17.12.1968, in: PAAA, B41 Nr. 68. Siehe zum Prozess gegen Diehl die Erinnerungen seines Verteidigers Hannover, Heinrich: Die Republik vor Gericht. Erinnerungen eines unbequemen Rechtsanwalts, Bd. 1: 1954–1974, Berlin 1998, S. 57–80.
167 Vermerk II A 4, Betr. „Gesellschaft Deutschland-Sowjetunion e. V.", 2.2.1970, in: PAAA, B41 Nr. 68. Friedrich-Christoph von Bismarck (1934–2013) war zwar grundsätzlich bereit, als Kontaktperson zu wirken. Als Bekannter von Niemöller und überzeugter Protestant war er jedoch bereits seit der Gründung Mitglied. Siehe Vermerk von Lincke Betr. Gesellschaft zur Förderung der Beziehungen zwischen der Bundesrepublik Deutschland und der Sowjetunion, in: PAAA, B41 Nr. 68.
168 Vgl. Bericht über den Fortgang der Verhandlungen zur Bildung einer Gesellschaft Bundesrepublik – Sowjetunion, 25.11.1966, in: BArch SAPMO, BY 1/4053.
169 Bericht über meine Gespräche in Moskau am 11., 12. und 13. Juni 1968, in: AMA, BayGes 108.
170 Ob obščestvennych svjazjach Sojuza sovetskich obščestv družby s FRG, [Juli 1968], in: GARF, f. 9576, op. 6, d. 431, l. 40–46.

Entsprechend hochrangig war die sowjetische Delegation zur öffentlichen Gründung der Gesellschaft in Wiesbaden. Neben Popova reiste der Mitarbeiter der Internationalen Abteilung des ZK Vsevolod D. Ežov – ein Historiker und Germanist –, der stellvertretende Leiter der Westeuropaabteilung der SSOD Lev M. Kapalet und der ehemalige Dolmetscher Stalins Valentin M. Berežkov an. Bei der sowjetischen Berichterstattung über die Gründung der Gesellschaft BRD-UdSSR wurden rhetorisch die alten Geschütze aufgefahren, um die neue Zusammenarbeit mit Westdeutschland zu rechtfertigen. Berežkov hob in seinem Artikel den Aufstieg der „neofaschistischen Kräfte" in der NPD und die gleichzeitige Verfolgung der Kommunisten in der Bundesrepublik hervor. Zudem geißelte er die „sowjetfeindlichen" und „verleumderischen" Kampagnen in der Presse, die „dem außenpolitischen Kurs der herrschenden Kreise Bonns [entsprächen], die sich hartnäckig weiger[te]n, die reale Sachlage in Europa anzuerkennen". In diesem Kontext erschien es umso verdienstvoller, „der westdeutschen Bevölkerung eine richtige Vorstellung vom Leben der UdSSR, von ihrer Politik und ihren Bestrebungen zu vermitteln".[171] Intern meldete Popova ein ganz anderes Bild. Angesichts der bevorstehenden Bundestagswahl nutzte die Delegation die Gelegenheit, sich mit Hilfe mehrerer persönlicher Gespräche mit der Führung von SPD, FDP und DKP ein Bild von der innenpolitischen Lage in der Bundesrepublik und den jeweiligen ostpolitischen Plänen zu machen.[172] Popova begrüßte die positive Grundstimmung in der Öffentlichkeit und den Parteien, von der die Gesellschaft BRD-UdSSR profitieren werde. Deshalb schlug sie dem ZK vor, zur Unterstützung der erfolgreich gestarteten Vereinigung in der Sowjetunion eine entsprechende Partnergesellschaft zu etablieren.[173]

Tatsächlich präsentierte sich am 4. Februar 1970 das Institut zur Förderung der Beziehungen mit der Öffentlichkeit der Bundesrepublik Deutschland

---

[171] Bereshkow, W.: Ein Erfolg der fortschrittlichen Kräfte Westdeutschlands, in: Kultur und Leben (1969) 9, S. 20 f.

[172] Bei der SPD sprachen sie unter anderem mit Bundesgeschäftsführer Hans-Jürgen Wischnewski und dem stellvertretenden Schatzmeister Hans Hermsdorf über ihr Verhältnis zu DKP und KPdSU und die Pläne zur Ostpolitik. Vgl. Popova: Zapis' besedy s predstaviteljami rukovodstva Socialdemokratičeskoj partii Germanii, [5/1969], in: RGANI, f. 5, op. 61, d. 532, l. 77–83. Von der FDP trafen sie die Vorstandsmitglieder Karl Moersch und Hans-Wolfgang Rubin zum Gespräch über die Chancen der FDP bei der Bundestagswahl, ihre außenpolitischen Pläne zur Anerkennung des Status quo, die wirtschaftliche Situation und die atomare Abrüstung. Vgl. Zapis' besedy s predstaviteljami rukovodstva Svobodnoj demokratičeskoj partii, 13.5.1969, in: RGANI, f. 5, op. 61, d. 532, l. 84–87.

[173] Vgl. Otčet o poezdke v FRG delegacii SSOD, 13.5.1969, in: RGANI, f. 5, op. 61, d. 532, l. 66–73.

(Institut po razvitiju otnošenij s obščestvennost'ju FRG) als eine Vorstufe zur einer Partnergesellschaft.¹⁷⁴ Präsident des Instituts wurde der einflussreiche Historiker Vladimir M. Chvostov, Direktor des historischen Instituts der Akademie der Wissenschaften. Analog zu den Ende der 1950er Jahre geschaffenen Partnergesellschaften verfügte das Institut über einen Vorstand von 83 Kulturschaffenden, Funktionären und anderen Persönlichkeiten, die im weitesten Sinne mit Deutschland zu tun hatten. 32 Personen arbeiteten für die Wissenschaft an Instituten und Universitäten, 22 waren im journalistischen Bereich tätig, acht Mitglieder vertraten Sovchosen, Fabriken oder Kolchosen, und schließlich gab es sogar jeweils einen Vertreter der orthodoxen Kirche, der evangelisch-lutherischen Kirche in Lettland und der polnischen Kirche in Vilnius.¹⁷⁵ Während Berežkov vor allem Hindernisse für eine Aussöhnung in der aktuellen Politik sah, unterstrich Chvostov bei der Gründung des Instituts SSSR-FRG die schwierigen Erinnerungen an die „schweren Opfer und Leiden der Kriegszeit", die die Aktivitäten einer solchen Gesellschaft nicht selbstverständlich machten.¹⁷⁶

Skeptisch zeigte sich ein Vertreter der Kulturabteilung der DDR gegenüber dem Institut, das der schon seit 1958 bestehenden sowjetischen Freundschaftsgesellschaft mit der DDR (Sovetskoe obščestvo družby c GDR) Konkurrenz machte. Er äußerte gegenüber Chvostov Bedenken, dass „doch unter der Intelligenz, unter der Jugend, unter den Germanisten usw. das Interesse, mehr über die BRD zu erfahren, groß sei". Dies könnte von bundesdeutscher Seite ausgenützt werden. Chvostovs Antwort macht nur allzu deutlich, dass diesem Interesse ohnehin möglichst wenig begegnet werden sollte:

> [Dieses Problem] betreffe vor allem die Intelligenzija, auch die Germanisten und Studenten der deutschen Sprache, aber nicht die Jugend und die Studenten insgesamt. Für die sei die BRD eine unbedeutende Größe (etwa wie Italien, England) [...]. Die Hauptfrage werde sein, bei der Entwicklung der Zusammenarbeit die häufiger werdenden Delegationen aus der BRD so wie bisher möglichst von der sowjetischen Bevölkerung fernzuhalten (Radius der Auslandspropaganda maximal einschränken).¹⁷⁷

---

174 Siehe: Eine neue Freundschaftsgesellschaft, in: Kultur und Leben 14 (1970) 3, S. 13; sowie den Kommentar im *Spiegel* hierzu: Rede von Rapallo, in: Der Spiegel, 16.2.1970, S. 116–118.
175 Vgl. Vorstandsmitglieder des Sowjetischen Instituts zur Förderung der Beziehungen zur Öffentlichkeit der Bundesrepublik Deutschland, in: AMA, BayGes 34.
176 Vgl. Fernschreiben Allardt an Bonn, 5.2.1970, in: PAAA, B41 Nr. 68.
177 Botschaftsrat Tautz, Kulturabteilung: Vermerk über ein Gespräch mit dem Präsidenten der Akademie der Pädagogischen Wissenschaften der UdSSR, Prof. Chwostow, am 9.12.1970, in: BArch SAPMO, DY 32/151.

Die Gründung des Instituts hatte zunächst vor allem symbolischen Charakter. Erstens war sie ein Symbol der Normalisierung der (kulturellen) Beziehungen zwischen der Bundesrepublik und der Sowjetunion. Wie in anderen westlichen Ländern war damit eine formal gesellschaftliche, aber quasi staatliche Organisation geschaffen, die es ermöglichte, einen Teil der Kulturbeziehungen über die Freundschaftsgesellschaften laufen zu lassen. Zweitens erkannte die Sowjetunion damit die neue Gesellschaft BRD-UdSSR trotz nur loser Bindung an die DKP als eine den anderen Freundschaftsgesellschaften gleichwertige Organisation an. Drittens sollte das Institut gemeinsam mit der Gesellschaft BRD-UdSSR die öffentliche Meinung in der Bundesrepublik im Streit um die Ratifizierung der Moskauer Verträge beeinflussen. Entsprechend wurde es nach deren Ratifizierung 1972 parallel zu den anderen Gesellschaften in Obščestvo SSSR-FRG (Gesellschaft UdSSR-BRD) umbenannt. Vorsitzender wurde mit Leonid M. Zamjatin eine politisch einflussreiche Persönlichkeit. Als Generaldirektor der TASS war Zamjatin auch beruflich mit der Außendarstellung der Sowjetunion beschäftigt. Er galt als enger Vertrauter Brežnevs und bekam ab 1978 den einflussreichen Posten des Leiters der Internationalen Abteilung des ZK.

Nach dem Abschluss der Moskauer Verträge musste die Gesellschaft BRD-UdSSR zwar nicht mehr „den Boden auflockern", aber die innenpolitischen Debatten um die Ratifizierung des Moskauer Vertrags begleiten und ab 1972 die neuen politischen Beziehungen gesellschaftlich untermauern. In der ersten Hälfte der 1970er Jahre konnte sie sich verstärken und territorial ausbreiten. Einige Gründungsmitglieder schufen in ihren Bundesländern regionale Gesellschaften, die mehr oder weniger lose mit der zentralen Gesellschaft BRD-UdSSR in Frankfurt verbunden waren. Diese hatten unterschiedliche politische und inhaltliche Ausrichtungen.

Schon lange vor der Ostpolitik pflegte der Hamburger CVJM-Generalsekretär Gerhard Weber Austausch mit der Sowjetunion.[178] In dieser Funktion und als Vorsitzender des Hamburger Jugendrings setzte er sich schon Ende der 1950er Jahre für Jugendaustausch mit den sozialistischen Ländern ein – trotz großer Widerstände im Bundesjugendring und scharfer Angriffe in der Presse. Daraus entwickelte sich ab 1961 ein regelmäßiger Austausch zwischen dem Hamburger Jugendring und der Leningrader Abteilung des Kommunistischen Jugendverbandes Komsomol.[179] Für den Erhalt des Friedens waren seiner Meinung nach der

---

[178] Vgl. zu Weber: Schildt, Axel: Ein Hamburger Beitrag zur Verständigung im Kalten Krieg. Der Jugendaustausch mit Leningrad 1959–1991, in: Zeitschrift des Vereins für Hamburgische Geschichte 98 (2012), S. 193–218, hier S. 201.
[179] Vgl. auch zu den Details dieses Austausches: Schildt, Ein Hamburger Beitrag, S. 198–200.

Dialog und die Aussöhnung mit den Nachbarn und politisch Andersdenkenden auf der Basis der christlichen Nächstenliebe notwendig.

> Der Glaube an Jesus Christus verbietet die Verteufelung von Andersdenkenden – auch wenn sie das kommunistische Parteibuch in der Tasche haben und mit den Christen nichts Gutes im Sinn haben. Der christliche Glaube befreit von jeder Form der Berührungsangst, von jedem pauschalen Freund-Feind-Denken. Er befähigt zur Feindesliebe. [...] Christliche Nächstenliebe darf deshalb nicht da zu Ende sein, wo das Bekenntnis zur kommunistischen Ideologie anfängt. Sie schließt diskriminierte Kommunisten hier ebenso ein, wie von Kommunisten Verfolgte in den Ländern, wo sie die Herrschaft haben.[180]

Aus dieser pazifistisch-christlichen Motivation heraus unterstützte er die Ostpolitik, forderte die Anerkennung der DDR und der Oder-Neiße-Grenze und trat 1969 der FDP bei, die sich seiner Ansicht nach am meisten für die Verständigung mit dem Osten einsetzte.[181] Nachdem Weber ab 1971 für die Partei in der Hamburger Bürgerschaft saß, betrieb er im Herbst 1972 die Gründung einer Gesellschaft BRD-UdSSR in Hamburg e. V.[182] Da Weber davon überzeugt war, dass Kommunisten in die politische Diskussion eingebunden werden müssten, waren einige im Vorstand der Gesellschaft vertreten.[183] Dies erfreute besonders den sowjetischen Vizekonsul in Hamburg.[184] Allerdings erwies es sich lange Jahre schwierig, offizielle Vertreter aus der SPD in den Vorstand aufzunehmen, da es laut Weber immer Auseinandersetzungen zwischen SPD und DKP bzw. SPD und FDP gegeben habe.[185]

---

180 Auseinandersetzung statt Verbote, [1978], in: Privatarchiv Weber.
181 Vgl. Gerhard Weber: Ansprache Ostermarsch-Abschlußkundgebung Bremen, 30.3.1969, in: Privatarchiv Weber; Interview Gerhard Weber.
182 Das Informationsblatt der Gesellschaft BRD-UdSSR gibt den 11.9.1972 als Gründungsdatum an. Vgl. Aus den Regionalgesellschaften, in: Kontakte BRD-UdSSR (1973) 1, S. 11, in: AMA, BayGes. Die Satzung wurde im Laufe des Jahres 1973 ausgearbeitet und die „Gesellschaft BRD-UdSSR in Hamburg e. V." am 11.1.1974 ins Vereinsregister eingetragen, weshalb der Januar 1974 als Gründungsdatum gefeiert wurde. Vgl. Auszug aus dem Vereinsregister, Privatarchiv Weber.
183 Ein Stellvertreter war der jüdische Filmproduzent Walter Koppel, der nach dem Krieg aufgrund seiner Verfolgung während des Nationalsozialismus kurzzeitig KPD-Mitglied war und Kontakte zur DKP unterhielt. Ebenso der Soziologe Thomas Neumann, dem wegen seiner Nähe zur DKP 1973 eine Professur verweigert worden war, sowie der Speditionskaufmann Karl Heinsohn, Geschäftsführer der DDR-eigenen Hamburger Speditionsfirma „Richard Ihle". Vgl. Auszug aus dem Vereinsregister, Privatarchiv Weber.
184 Vgl. Šarapov, Vizekonsul in Hamburg: Informacija o sozdanii otdelnij obščestv sodejstvija razvitiju otnošenij meždu FRG i SSSR v zemljach konsul'skogo okruga, 18.4.1973, in: GARF, f. 9576, op. 20, d. 66, l. 62–66.
185 Vgl. Fedorov, Konsul in Hamburg: Zapis' besedy s predsedatelem Gamburgskogo otdelenija obščestva „FRG-SSSR" G. Veberom, 12.11.1975, in: GARF, f. 9576, op. 20, d. 725, l. 200–202.

Selbst im konservativ geprägten Bayern gründete der langjährige Vorsitzende der bayerischen IG Metall Erwin Essl 1973 eine Bayerische Gesellschaft zur Förderung der Beziehungen zwischen der Bundesrepublik Deutschland und der Sowjetunion.[186] Der gelernte Kraftfahrzeugschlosser bei MAN begann seine Gewerkschaftskarriere bereits in den 1930er Jahren. 1935 ging er für die Firma nach Südamerika und war während des Krieges in Großbritannien interniert. In den 1950er Jahren wandte sich der SPD-Landtagsabgeordnete entschieden gegen die Wiederbewaffnung. Als Vorsitzender des Wirtschaftsbeirats der bayerischen SPD organisierte er ab Mitte der 1960er Jahre Veranstaltungen mit internationalen Referenten zur Neuen Ostpolitik. Sein primäres Interesse galt der Verbesserung der wirtschaftlichen Beziehungen zur Sowjetunion. Durch seine langjährige Tätigkeit in der IG Metall und der SPD hatte er beste Verbindungen in die wirtschaftlichen und politischen Kreisen Bayerns – auch der CSU. So gelang es ihm, namhafte bayerische Unternehmen wie die Dornier Werke, die Siemens AG, die Bayerische Vereinsbank und die Rüstungsfirma Kraus-Maffei für eine Mitgliedschaft und finanzielle „Gründungsbeihilfe" für die Bayerische Gesellschaft zu gewinnen.[187] Aus der Politik kam Unterstützung vom Vorsitzenden der bayerischen FDP Heinz Brandt und für die Stadt München von SPD-Oberbürgermeister Georg Kronawitter.[188] Doch auch der CSU-Landtagspräsident Rudolf Hanauer fand die Pläne „interessant und unterstützenswürdig", und die Bayerische Staatskanzlei schickte einen Ministerialdirigenten in den Beirat.[189] Selbst Franz Josef Strauß hatte nach Aussage Essls „drei Herren" aus der Staatskanzlei benannt, die der Gesellschaft beitreten sollten.[190] Das andere Ende des politischen Spektrums im Vorstand vertrat der Schriftsteller

---

186 Vgl. zu Essls Biographie: Essl, Ruth/Hitzer, Friedrich (Hg.): Erwin Essl. 80 Jahre. Aus seinem Leben. In Wort, in Bild, in Reden, München 1990, S. 5–9. Die offizielle Schreibweise lautete Eßl, doch nutzte er selbst immer die Form Essl.
187 Vgl. Bayerische Vereinsbank an Essl, 22.12.1972, Dornier Werke München an Essl, 22.12.1972; Heinz Brandt an Essl, 19.1.1973, in: AMA, BayGes, 1; Hoffmann, Siemens AG an Essl, 22.1.1973, in: PAAA, ZA 112717; Zapis' besedy s prezidentom bavarskogo obščestva sodejstvija razvitiju otnošenija meždu FRG i SSSR Ėrvinom Ėsselem, 15.6.1973, in: GARF, f. 9576, op. 20, d. 66, l. 86 f.
188 Heinz Brandt an Essl, 19.1.1973, Kronawitter an Essl, 21.8.1972, in: AMA, BayGes, 1.
189 Vgl. Rudolf Hanauer an Essl, 17.7.1972, in: AMA, BayGes; Staatskanzlei, Ministerialrat Schwabe an Essl, 26.1.1973, in: AMA, BayGes, 1; Essl an Ministerpräsident Alfons Goppel, 20.12.1973; sowie Essl an Ministerialdirigent Huber, 26.6.1974, in: BHStA, StK 16169.
190 Vgl. Protokoll Sitzung Vorstand und Vorsitzender der AKs am 17.1.1974, in: AMA, BayGes, 109.

Friedrich Hitzer, Chefredakteur der linken Literaturzeitschrift *kürbiskern* und DKP-Mitglied, der während des Slawistik-Studiums selbst länger in Moskau war.[191]

Aufgrund der vielseitigen Unterstützung konnte die Bayerische Gesellschaft in den folgenden Jahren florieren. Sie organisierte mehrere Delegationen bayerischer Wirtschaftsvertreter nach Sibirien, eine Ausstellung „Umwelt und Kosmos" im Olympiazentrum in München 1975 und eine große Ausstellung „Bayern – Land und Leute" 1978 in Moskau. Das Beispiel verdeutlicht, dass in den 1970er Jahren Vertreter aller Parteien bereit waren, mit der Sowjetunion in Kontakt zu treten – selbst die proklamierten Ostpolitikgegner der CSU. Außerdem zeugt es davon, dass die deutsche – und hier insbesondere die bayerische – Wirtschaft bei Geschäften mit der Sowjetunion keine ideologischen Berührungsängste hatte und deshalb die Neue Ostpolitik unterstützte.[192]

In Dortmund konstituierte sich 1971 aus dem Länderkreis Osteuropa der RWAG eine eigenständige Deutsch-Sowjetische Gesellschaft unter Vorsitz des Bochumer Linguistikprofessors Friedhelm Denninghaus. Deshalb spielte in der Dortmunder Freundschaftsgesellschaft die Vermittlung der russischen Sprache eine zentrale Rolle. Schon seit 1967 kamen sowjetische Lektoren zum Sprachunterricht. Die Gesellschaft organisierte mit der RWAG eigene Intensivkurse in Dortmund, aus denen langfristig das Landesspracheninstitut in Bochum hervorging.[193] Eine politischere Ausrichtung hatte dagegen die 1974 gegründete Gesellschaft Rhein-Ruhr mit Sitz in Köln. Sie wurde vom ehemaligen Bundestagsabgeordneten Karl-Heinz Walkhoff geleitet, der zum linken SPD-Flügel zählte. In ihr engagierten sich unter anderem Karl-Heinz Schröder, zuständig für internationale Kontakte der DKP, und seine Frau Walborg, Dolmetscherin an der sowjetischen Botschaft.[194]

---

191 Vgl. Harald [Kaderabteilung] an Berger [Politbüro], 3.3.1969, in: BArch SAPMO, BY 1/4053. Weitere Vorstandsmitglieder waren der Direktor der Siemens AG Helmut Hoffmann, die SPD-Stadträtin Inge Hügenell, der dritte Bürgermeister der Stadt München Eckhart Müller-Heydenreich, der Bürgermeister der Stadt Nürnberg Willy Prößl, der Vorsitzende des DGB München Wilhelm Rothe. Die Wissenschaft war vertreten durch den stellvertretenden Direktor des Osteuropa-Instituts Heinrich Vogel und den dortigen Doktoranden Wilfred Schöndube.
192 Siehe hierzu im Detail Rudolph, Karsten: Wirtschaftsdiplomatie im Kalten Krieg. Die Ostpolitik der westdeutschen Großindustrie 1945–1991, Frankfurt a.M. 2004.
193 Vgl. Eck-Pfister, Für eine Welt, S. 208 f.
194 Vgl. Zeitzeugengespräch von Helena Pivovar mit Walborg Schröder am 26. April 2010, in: Eßer, Albert/Hilbrenner, Anke (Hg.): Osteuropa in Bergisch Gladbach. Zwangsarbeit und Partnerschaft, 1941–1991, Bergisch Gladbach 2010, S. 83–90, hier S. 83 f.

Zwischen sowjetischen und bundesdeutschen Interessen: Der Weg zur ARGE

Die SSOD akzeptierte zunächst diesen ideologisch-politischen Wildwuchs der regionalen Freundschaftsgesellschaften. Allerdings versuchte sie vor allem nach der Ratifizierung des Moskauer Vertrages, der DKP mehr politischen Einfluss zu verschaffen. Die zentrale Gesellschaft BRD-UdSSR war dagegen darauf bedacht, ein politisch neutrales Bild abzugeben. Anhand der schon in den 1950er Jahren gegründeten Saarländischen Gesellschaft spielte sich Anfang der 1970er Jahre exemplarisch ein Streit um die politische Ausrichtung ab.

Die Saarländische Gesellschaft blieb in den 1960er Jahren von ihrer Gründergeneration aus dem kommunistischen Widerstand und dem Kampf gegen das Saarstatut 1955 geprägt. Alfred Blumenfeld vom Auswärtigen Amt ordnete sie deshalb als „eindeutig kommunistische Tarnorganisation" ein. Von den elf Vorstandsmitgliedern seien sieben früher in der KPD gewesen und die restlichen vier seien aktive Mitglieder des Bund der Deutschen oder der Deutschen Demokratische Union (DDU) – der saarländischen Organisation der DFU.[195] Ende der 1960er Jahre leistete die Gesellschaft einen wichtigen Beitrag für die Beziehungen zwischen dem Theater Tbilissi und dem Saarländischen Staatstheater mit seinen Intendanten Hermann Wedekind. Hieraus gingen die späteren Städteverbindungen zwischen Saarbrücken und Tbilissi hervor.[196]

Nach der Gründung der Gesellschaft BRD-UdSSR hatten Vertreter der SSOD Mochalski wiederholt gedrängt, die Saarländische Gesellschaft einzubeziehen. Einerseits sollte nur ein Ansprechpartner für Westdeutschland die Organisation erleichtern, andererseits sollte dies den Kommunisten entsprechenden politischen Einfluss auf nationaler Ebene zusichern.[197] Die zentrale Gesellschaft BRD-UdSSR machte jedoch zur Bedingung, dass sich die Saarländische Gesellschaft politisch öffnete.[198] Entsprechend beschloss die Saarländische Gesellschaft Ende 1972 eine neue Satzung, die das Ziel eines „von allen Parteien unabhängigen Engagements für die Verbesserung der Beziehungen zwischen beiden Ländern" festschrieb. Dies sollte verdeutlichen, dass in der Gesellschaft

---

195 Vgl. Blumenfeld an die Saarländische Staatskanzlei, 22.6.1967, in: PAAA, B41 Nr. 39. So auch die politische Selbsteinschätzung der saarländischen Delegation. Informacija o prebyvanii v Sovetskom sojuze delegacii Saarskogo obščestva kul'turnoj svjazi s Sovetskim Sojuzom (FRG), 14.8.1965, in: RGANI, f. 5, op. 50, d. 742, l. 166–172, hier l. 169.
196 Siehe Kapitel 4.5.
197 Vgl. Mochalski: Bericht über meine Gespräche in Moskau am 11., 12. und 13. Juni 1968, 15.6.1968, in: AMA, BayGes, 108; sowie Ob obščestvennych svjazjach Sojuza sovetskich obščestv družby s FRG, in: GARF, f. 9576, op. 6, d. 431, l. 40–46.
198 Vgl. Diehl an Saarländische Gesellschaft, 23.2.1972, in: LA Saarbrücken, NL Bies.

„Platz und Arbeitsmöglichkeit für alle Menschen guten Willens" sei.[199] Zudem benannte sie sich in Gesellschaft BRD-UdSSR im Saarland um, und der parteilose Unternehmer Hugo Bock übernahm den Vorsitz.[200] Diese Schritte überzeugten allerdings die zentrale Gesellschaft BRD-UdSSR noch nicht. Eine Schlüsselfigur, insbesondere für die Kontakte nach Moskau, blieb das Vorstandsmitglied Luitwin Bies – ein aktiver DKP-Politiker.[201]

In Konkurrenz zur Saarländischen Gesellschaft trat im Januar 1973 anlässlich eines Gastspiels des Theaters Tbilissi die Gesellschaft zur Förderung der Beziehungen zwischen der BRD und der UdSSR, Landesverband Saar, an die Öffentlichkeit. Mit dieser wollten der stellvertretende SPD-Fraktionsvorsitzende im Landtag Manfred Wagner, der FDP-Landesvorsitzende Werner Klumpp und der stellvertretende Fraktionsvorsitzende der CDU Konrad Schön eine alternative Vereinigung zur Stärkung der Städteverbindung mit Tbilissi schaffen. Diese Initiative kam der zentralen Gesellschaft BRD-UdSSR sehr entgegen, da sie so die Integration der ursprünglichen Saarländischen Gesellschaft umgehen konnte.[202]

Obwohl die SSOD Gesellschaften mit breiterem politischem Einfluss wollte, konnte sie die Isolation der Saarländischen Gesellschaft als eine der stärksten Bastionen für die DKP innerhalb der bundesdeutschen Freundschaftsgesellschaften nicht tolerieren. Als Klumpp anlässlich der Tage des Saarlands in Georgien 1973 auch in Moskau war, erklärte ihm der stellvertretende SSOD-Vorsitzende Evgenij Ivanov, dass unbedingt Vertreter der DKP in die neue Gesellschaft eingebunden bzw. beide Gesellschaften zusammengeführt werden müssten.[203] Zugleich versicherte Ivanov der ursprünglichen Saarländischen Gesellschaft die Treue, da die SSOD nicht bereit sei „einen alten Freund gegen zwei neue einzutauschen".[204]

---

[199] Protokoll der Jahresversammlung der Gesellschaft für kulturelle Verbindung mit der UdSSR – jetzt Gesellschaft „BRD-UdSSR im Saarland", in: LA Saarbrücken, NL Bies. Vgl. Satzung der Gesellschaft für kulturelle Verbindungen mit der UdSSR e. V., in: LA Saarbrücken, NL Bies; sowie Auszug aus der Satzung, in: Impulse. Informationen der „Gesellschaft BRD-UdSSR im Saarland", Februar 1974, in: LA Saarbrücken, FNL Bock 45.
[200] Vgl. Protokoll der konstituierenden Sitzung des Vorstandes am 24.1.1971, in: LA Saarbrücken, NL Bies.
[201] Vgl. http://www.saarland-biografien.de/Bies-Luitwin (3.2.2017).
[202] Vgl. Rundschreiben Nr. 1, Februar 1973, in: LA Saarbrücken, NL Bies; sowie Verträge mit Leben füllen. Neue Gesellschaft will Beziehungen zur UdSSR fördern, in: Saarbrücker Zeitung, 17.1.1973.
[203] Vgl. Otčet o prebyvanii v Sovetskom Sojuze delegacii Obščestva „FRG-SSSR", in: GARF, f. 9576, op. 20, d. 42, l. 153 f.
[204] Vgl. Kesternich an Botschaft der UdSSR, 5.4.1973; sowie Kesternich an die Georgische Gesellschaft für Freundschaft und kulturelle Verbindungen mit dem Ausland, 3.4.1973, in: LA Saarbrücken, NL Bies.

Trotz wiederholten Drängens von Seiten der SSOD und der sowjetischen Botschaft war keine der beiden saarländischen Organisationen bereit, auf die andere zuzugehen.[205] Der Geschäftsführer der zentralen Gesellschaft BRD-UdSSR Diehl wehrte sich gegen die Einmischung aus Moskau, „die aus prinzipiellen Gründen zurückzuweisen" sei.[206] Die georgischen Partner wussten ihrerseits nicht mehr, mit welcher Organisation sie jetzt zusammenarbeiten sollten, angesichts der westdeutschen „Traditionen des föderativen Regionalismus", wo die regionalen Einheiten nicht der Zentrale gehorchten.[207]

Ein zweiter derartiger Streitfall zwischen den Einflüssen der sowjetischen und bundesdeutschen Politik drehte sich um die Frage der Integration Westberlins in das Wirkungsgebiet der Gesellschaft, das nach sowjetischer Auffassung nicht Teil der Bundesrepublik war. Ursprünglich nahm die Satzung zu dieser Frage nicht explizit Stellung, und es war unklar, ob Einzelpersonen aus Westberlin in die Gesellschaft aufgenommen werden könnten. Dies nahm eine Gruppe von CDU-Abgeordneten im Mai 1969 zum Anlass für eine Kleine Anfrage im Bundestag über das angebliche Verbot der Mitgliedschaft von Westberlinern in der Gesellschaft BRD-UdSSR. Das Auswärtige Amt antwortete ausweichend, dass darüber nichts bekannt sei. Es handle sich um eine „private Vereinigung", auf die die Bundesregierung keinen Einfluss habe.[208] Dennoch unterstützte das Auswärtige Amt gemeinsam mit dem Berliner Senat eine Prüfung der „Loyalität gegenüber den deutschen Belangen",[209] indem gezielt ein Mitglied der Westberliner Senatsverwaltung die Mitgliedschaft beantragte. Diesen Test bestand die Gesellschaft zwar, doch sollte kein Westberliner in den Vorstand aufgenommen werden.[210]

---

205 Siehe beispielsweise Zapis' besedy s predsedatelem zemel'noj organizacii SvDP v Saare, členom federal'nogo pravlenija SvDP Vernerom Klumpom, 1.4.1974; sowie Zapis' besedy s zam. predsedatelja saarskogo obščestv „FRG-SSSR" členom CHDS Maslo, 15.8.1974, in: GARF, f. 9576, op. 20, d. 385, l. 137 f. und l. 168–170.
206 Walter Diehl an Hugo Bock, 19.4.1973, in: LA Saarbrücken, NL Bies.
207 Meladze: predsedatelju prezidiuma gruzinskogo obščestva druzby i kul'turnoj svjazi s zarubežnymi stranami, [1/1974], in: GARF, f. 9576, op. 10, d. 358, l. 23.
208 Vgl. Blumenfeld: Fragestunde des Deutschen Bundestages in der Woche vom 7.–9. Mai 1969, 6.5.1969, in: PAAA, B41 Nr. 68.
209 Aufzeichnung Blumenfeld: Gesellschaft zur Förderung der Beziehungen zwischen der Bundesrepublik Deutschland und der Sowjetunion, 10.3.1970, in: PAAA, B41 Nr. 68.
210 Siehe zu dieser Frage zahlreiche Schriftwechsel zwischen dem Auswärtigen Amt und dem Berliner Senat wie z. B. Aufzeichnung Blumenfeld, 13.5.1969; Sahm an Senator für Bundesangelegenheiten, Bevollmächtigter des Landes Berlin beim Bund, 23.5.1969; Christoph von Bismarck an von Lahn, AA, 5.6.1970, in: PAAA, B41 Nr. 68.

Nach der Unterzeichnung des Viermächteabkommens über Berlin äußerte Mochalski Ende 1972 die Absicht, eine eigene Teilgesellschaft in Berlin zu gründen, wobei er nicht mit „unzulässigen Einmischungen" von Seiten der Sowjetunion rechnete.[211] Dazu kam es zunächst nicht. Doch die 1974 neu ausgehandelte Satzung, die die Beziehung zwischen den Regionalgesellschaften und der zentralen Gesellschaft genauer regelte, enthielt folgenden Passus: „Die Gesellschaft besteht auf dem Gebiet der Bundesrepublik Deutschland und im Sinne des Viermächteabkommens in Berlin (West)."[212] Wegen dieser Formulierung verweigerten vier Vorstandsmitglieder, darunter Essl, ihre Unterschrift unter die neue Satzung.[213] Der Beauftragte der SSOD bei der sowjetischen Botschaft Aleksej Dijkov meldete erhebliche Bedenken an, „wodurch die weitere Zusammenarbeit mit der Bundesgesellschaft infrage gestellt sei".[214] Botschafter Valentin M. Falin meinte, „[m]an habe nicht erwartet, daß diejenigen, die immer Freunde der UdSSR gewesen seien, nunmehr die Berlinpolitik der Bundesregierung unterstützten".[215]

Die Gesellschaft BRD-UdSSR versuchte sowohl in der Saarland- als auch in der Berlin-Frage zwischen der SSOD, der DKP und den Interessen der Bundesregierung zu navigieren, da sie für eine effiziente Arbeit auf das Vertrauen von allen Seiten angewiesen war. Zwischen allen Stühlen geriet die Gesellschaft BRD-UdSSR bald auch in eine finanzielle Krise. Ursprünglich hoffte sie, sich aus Firmenspenden finanzieren zu können, doch diese gingen stark zurück.[216] Das Auswärtige Amt bezuschusste nur einzelne Projekte wie das deutschsowjetische Kolloquium in Gummersbach zu „Kooperation und Sicherheit in Europa", das im Interesse der bundesdeutschen Cultural Diplomacy lag.[217] Da 1972 der Kredit der Bank für Gemeinwirtschaft in Höhe von 120.000 DM auslief, wandten sich die Vorstandsmitglieder über Parteifreunde an Außenminister

---

211 Vgl. Vermerk: Deutsch-sowjetische Kulturbeziehungen, 13.12.1972, in: PAAA, B41 Nr. 126. In Westberlin existierte weiterhin eine unmittelbare Filiale der DSF Ost.
212 Beschlußprotokoll der Mitgliederversammlung am 10.5.1974 in München, in: AMA, BayGes, 110.
213 Vgl. Essl an Diehl, 28.10.1974; sowie Diehl an Essl, 29.10.1984, in: AMA, BayGes, 110.
214 Aktennotiz, 17.5.1974, in: AMA, BayGes, 110.
215 Bericht Meyer-Landrut an Minister, 3.12.1974, in: PAAA, ZA 112717.
216 1970 gingen 48.000 DM an Mitgliedsbeiträgen und Spenden ein. Vgl. Memorandum der Gesellschaft Bundesrepublik Deutschland-Sowjetunion, Oktober 1971, in: PAAA, B41 Nr. 126.
217 Siehe Kooperation und Sicherheit in Europa. Texte des Kolloquiums vom 4.–6. Juni 1971 in der Theodor-Heuß-Akademie in Gummersbach zwischen Politikern, Wissenschaftlern und Publizisten aus der Sowjetunion und aus der Bundesrepublik Deutschland, Frankfurt 1971. Zur Finanzierung: Von Staden: Gesellschaft zur Förderung der Beziehungen zwischen der Bundesrepublik Deutschland und der Sowjetunion, 20.12.1971, in: PAAA, B41 Nr. 126.

Walter Scheel und Staatssekretär Egon Bahr mit der Bitte um langfristige finanzielle Zuschüsse.[218] Angesichts der laufenden Debatte um die Ratifizierung der Ostverträge waren sich beide Adressaten einig, „daß ein finanzieller Zusammenbruch der Gesellschaft wegen mangelnder Unterstützung durch die Bundesregierung zur Zeit nicht vertretbar sei. Es müsse eine Lösung gefunden werden, um die Gesellschaft lebensfähig zu erhalten."[219] Allerdings hatte sie nach Ansicht des Leiters der Politischen Abteilung im Auswärtigen Amt Berndt von Staden bisher nicht die Erwartungen erfüllt. Sie habe „wegen der einseitigen politischen Ausrichtung einiger ihrer führenden Mitglieder weiterhin Schwierigkeiten, einen breiten Rückhalt in der deutschen Öffentlichkeit zu finden". Nach Abschluss des Moskauer Vertrages hätte sie angesichts vieler anderer Initiativen keine „Schlüsselstellung" mehr für Kontakte in die Sowjetunion. Nicht zuletzt habe die Gesellschaft die bisherige gezielte Projektförderung „nicht mit Takt und Loyalität entgolten".[220] In dieser Logik stimmte das Auswärtige Amt weiterer Projektfinanzierung zu, um die Existenz der Gesellschaft zu sichern. Es lehnte aber eine dauerhafte Förderung ab, da ihre politische Zusammensetzung keine absolute Loyalität garantiere.[221]

Gleichzeitig bemühten sich die Mitarbeiter des Auswärtigen Amtes und der RWAG, Alternativen zu der bestehenden Gesellschaft zu schaffen. Botschafter Ulrich Sahm schlug Scheel 1972 vor, einen regelmäßigen bundesdeutsch-sowjetischen Gesprächskreis ähnlich der deutsch-britischen Königswinter-Konferenzen zu etablieren. Dies sollte verhindern, „daß auf sowjetischer [...] Seite die propagandistisch geschulten, aber völlig einflußlosen Leute der Freundschaftsgesellschaften die Sache in die Hände bekommen".[222] Allerdings zeigten sich weder die Mitarbeiter der Sowjetunion-Abteilung, noch die für die Leitung angedachte Marion Gräfin Dönhoff, noch der Vorsitzende der Gesellschaft SSSR-FRG Leonid Zamjatin von dem Konzept überzeugt, so dass die Idee im Sande verlief.[223]

---

218 Vgl. Heinz-Herbert Karry, hessischer Wirtschaftsminister, an Scheel, 10.12.1971; Memorandum der Gesellschaft Bundesrepublik Deutschland – Sowjetunion, Oktober 1971; sowie Sanne, Bundeskanzleramt an Ministerialdirektor von Staden, 20.3.1972. in: PAAA, B41 Nr. 126.
219 Sanne, Bundeskanzleramt, an von Staden, 20.3.1972. in: PAAA, B41 Nr. 126.
220 Von Staden: Gesellschaft zur Förderung der Beziehungen zwischen der Bundesrepublik Deutschland und der Sowjetunion, 20.12.1971, in: PAAA, B41 Nr. 126.
221 Vgl. Blumenfeld an von Staden, 19.4.1972; sowie Memorandum, 20.12.1971, in: PAAA, B41 Nr. 126.
222 Sahm an Minister Scheel, 29.12.1972, in: PAAA, ZA 112717.
223 Vgl. beispielsweise Stabreit an Ministerbüro, 22.1.1973; Korrespondenz zwischen Scheel und Dönhoff, 20.3.1973 und 12.4.1973; Aufzeichnung: Gespräch des Herrn Parlamentarischen

Ein anderer Versuch bestand darin, eine neue Dachorganisation zur Kooperation aller Institutionen zu schaffen, die Kulturaustausch im weitesten Sinne mit der Sowjetunion betrieben. Nach einigen Arbeitstreffen wurde jedoch deutlich, dass die anderen Institutionen – darunter das Stuttgarter Institut für Auslandsbeziehungen (IfA) und die Deutsche Gesellschaft für Osteuropakunde – eine „Monopolisierung der kulturellen Beziehungen zur UdSSR durch Herrn Mochalski" fürchteten und eine Dachorganisation unter der Führung der Gesellschaft BRD-UdSSR ablehnten.[224] Die sowjetische Botschaft hielt sich zwar demonstrativ aus dieser Diskussion heraus. Doch die Einrichtung einer zentralen Institution war im sowjetischen Interesse, da sie sowohl die Koordination des Austausches als auch die politische Kontrolle erleichtert hätte. Zamjatin suchte bereits Anfang 1973 in der Bundesrepublik mögliche Alternativen zur Gesellschaft BRD-UdSSR als zentralem Ansprechpartner für die SSOD, in die nach seiner Vorstellung alle politischen Kräfte von DKP bis CSU eingebunden werden sollten.[225]

Angesichts der schwierigen finanziellen Lage, der internen und externen Auseinandersetzungen wegen der Berlin-Frage in der Satzung und des zunehmenden Vertrauensentzugs durch die bundesdeutsche und sowjetische Regierung beschloss das Präsidium der Gesellschaft BRD-UdSSR am 19. November 1974 ihre Auflösung. Aus gänzlich unterschiedlichen Motiven begrüßten das Auswärtige Amt wie die SSOD diesen Schritt. Nach Meinung des Leiters der Sowjetunion-Abteilung Andreas Meyer-Landrut war die Entwicklung von der sowjetischen Botschaft herbeigeführt worden, da die Gesellschaft nicht bereit gewesen sei, „sich als ‚Freundschafts-Gesellschaft' umfunktionieren zu lassen". Andererseits sollten sich die Regionalgesellschaften nun möglichst schnell koordinieren, um den Eindruck zu vermeiden, „an der Förderung der Beziehungen zur UdSSR bestünde kein Interesse mehr, oder sogar, die Bundesregierung sei für diese Entwicklung mitverantwortlich".[226] Auch die Akteure der Gesellschaften selbst wollten ihre Arbeit weiterführen.

Staatssekretärs mit einer Delegation der sowjetischen „Gesellschaft UdSSR-BRD" unter Leitung von Minister L. M. Samjatin am 8. Februar 1973, in: PAAA, ZA 112717.
224 Vgl. Aufzeichnung Betr. Tagung der Rheinisch-Westfälischen Auslandgesellschaft (RWAG) in Dortmund über „Die kulturellen Beziehungen zwischen der Bundesrepublik Deutschland und der UdSSR – Stellung, Aufgaben und Möglichkeiten der Mittler-Organisationen" vom 26 bis 28. April 1972; sowie Vermerk: Deutsch-sowjetische Kulturbeziehungen, 13.12.1972, in: PAAA, B41 Nr. 126.
225 Vgl. Botschaft Moskau an Bonn, 19.1.1973, in: PAAA, ZA 112717.
226 Vgl. Dingens an Minister, 3.12.1974, in: PAAA, ZA 112717.

Unter der Führung Harald Kochs und begleitet vom Auswärtigen Amt bildeten Vertreter der verschiedenen Regionalgesellschaften bald eine Satzungskommission, um die Grundlage für eine neue Dachorganisation zu schaffen. Dijkov bestand gegenüber Koch darauf, dass alle Parteien, d. h. auch die DKP, in der neuen „Arbeitsgemeinschaft der Gesellschaften Bundesrepublik Deutschland – Sowjetunion" (ARGE) vertreten sein sollten.[227] Das Problem wurde schließlich dadurch gelöst, dass nur die Regionalgesellschaften als sogenannte Trägergesellschaften Mitglieder der ARGE wurden. Diese entsandten jeweils proportional zu den Mitgliederzahlen Vertreter in den Vorstand. Dadurch konnten mögliche DKP-Vertreter über die Regionalgesellschaften in den Vorstand gelangen, doch im Gesamtvorstand nicht allzu viel Einfluss gewinnen. Was den Streit um die Berlin-Frage betraf, musste so für die ARGE selbst keine Aussage über das Wirkungsgebiet gemacht werden.[228]

So konnte am 19. April 1975 die ARGE offiziell gegründet werden. Neben dem Vorsitzenden Harald Koch wurden als seine Stellvertreter Erwin Essl aus München und Gerhard Weber aus Hamburg bestimmt.[229] Mit der Ablösung Mochalskis, Niemöllers und Kogons in der Leitungsebene trat die KPD-nahe und ideologisch geprägte Generation der „Friedenskämpfer" und Westbindungsgegner zugunsten einer SPD-nahen Generation der pragmatischen Ostpolitiker ab.[230] Räumlich angesiedelt wurde die ARGE zur Zufriedenheit des Auswärtigen Amtes bei der RWAG in Dortmund. Diese bot als „zuverlässigste und mitgliederstärkste" Gesellschaft eine gewisse Garantie gegen politische Vereinnahmung.[231] Die Schulden der vorherigen Gesellschaft hatte „ein großes Frankfurter Kreditinstitut übernommen".[232] Auch die SSOD zeigte sich äußerst zufrieden mit der neuen Dachorganisation, die zum ersten Mal alle

---

227 Vgl. Zapis' besedy s vice-prezidentom Obščestva FRG-SSSR, prezidentom RWIO Garal'dom Kochom, 20.1.1975, in: GARF, f. 9576, op. 20, d. 725, l. 3–6.
228 Vgl. die Satzung in: AMA, BayGes, 110.
229 Protokoll über die Versammlung Deutsch-Sowjetischer Gesellschaften zur Gründung einer Arbeitsgemeinschaft, 18.4.1975, in: AMA, BayGes, 110.
230 Nach Meinung des Redakteurs der *Neuen Zeit* Pavel Naumov sollte man allerdings nun eine geeignete Form zur Erneuerung guter Beziehungen zu Mochalski finden, der bei der Umwandlung der Gesellschaft „einige Kränkungen" erfahren habe. Vgl. Otčet o poezdke SSOD v Federativnuju Respubliku Germanii po priglašeniju obščestva „FRG-SSSR v Saare" v sentjabre 1975 goda, in: GARF, f. 9576, op. 20, d. 699, l. 20–28, hier l. 28. Er blieb zwar noch einige Jahre Vorsitzender der hessischen Regionalgesellschaft, trat jedoch auf der ARGE-Leitungsebene nicht mehr in Erscheinung.
231 Vgl. Vermerk Kühn zu ARGE, 2.7.1975, in: PAAA, ZA 112804.
232 Laut Essl in der Vorstand- und Beiratssitzung der Bayerischen Gesellschaft, 8.6.1975, in: AMA, BayGes, 109.

Regionalgesellschaften zusammenfasste. Koch musste bei seinen Besuchen in der Sowjetunion jedoch immer wieder auf die föderalistische Struktur verweisen.[233] Die ARGE repräsentierte zwar erstmals das ganze Bundesgebiet, war jedoch bei weitem keine so hierarisch-zentralistische Organisation wie beispielsweise die Association France-URSS.

Eine spezielle Partnerschaft: Das Auswärtige Amt und die ARGE

Die Grundkonstellation zwischen Freundschaftsgesellschaften, Auswärtigem Amt, DKP und Sowjetunion änderte sich mit der ARGE nicht wesentlich. Vielmehr verfestigte sich die Doppelstrategie von Kontrolle und Kooperation. Erstens waren die Freundschaftsgesellschaften aufgrund der stagnierenden offiziellen Cultural Diplomacy ein willkommener Ersatz, mit dem das Auswärtige Amt personell und politisch sehr eng zusammenarbeitete. Zweitens erschienen die Freundschaftsgesellschaften als nützliche Kommunikationskanäle in die Sowjetunion. Deshalb erhielten sie drittens umfangreiche, wenn auch gezielte finanzielle Förderung. Viertens schließlich bestand weiterhin die Frage der Einflussnahme der DKP als politische Herausforderung. Diese Punkte, die im Folgenden ausgeführt werden, waren in der zweiten Hälfte der 1970er Jahre Gegenstand zahlreicher Besprechungen im Auswärtigen Amt. Ihre praktischen Folgen für die Aktivitäten der bundesdeutschen Freundschaftsgesellschaften werden im nächsten Kapitel deutlich werden.

Erstens ging es um das Verhältnis von staatlich geregelter Cultural Diplomacy und gesellschaftlichen Beziehungen über die ARGE. Gegenüber der Gründungszeit der Gesellschaft BRD-UdSSR hatten sich in den 1970er Jahren die Rahmenbedingungen der Auswärtigen Kulturpolitik verändert. Mit Abschluss und Ratifizierung des Moskauer Vertrages musste Kulturpolitik nicht mehr für außenpolitisch-diplomatische Beziehungen „den Boden auflockern". Im Moskauer Vertrag selbst spielten allerdings kulturelle Beziehungen nur eine marginale Rolle. Auch in den Verhandlungen über ein Kulturabkommen mit der Sowjetunion ab 1972 nahm die Bundesregierung eine eher defensive Haltung ein.[234] Zur Konkretisierung sollte – ähnlich wie im französischen Fall – ein Gemischter Ausschuss Zweijahresprogramme aushandeln, was jedoch bis 1988 an der Berlin-Frage scheiterte. Während Ende der 1960er Jahre die Idee der

---

233 Vgl. Sitzung Geschäftsführender Vorstand, 6.2.1976, in: LA Saarbrücken, NL Bies.
234 Vgl. zu der Rolle der kulturellen Beziehungen im Moskauer Vertrag und zu Inhalt und Bedeutung des Kulturabkommens: Lippert, Auswärtige Kulturpolitik, S. 232 f. und S. 237–248.

Auswärtigen Kulturpolitik als „Schrittmacher" für die politische Annäherung gedacht war, hinkte nun die vertraglich geregelte Auswärtige Kulturpolitik den politischen und wirtschaftlichen Beziehungen hinterher. Wie Lippert argumentiert, nutzte die Bundesregierung den eher zweitrangigen Bereich der Kulturbeziehungen, um grundsätzliche außenpolitische Prinzipien gegenüber der Sowjetunion in der Berlin-Frage aufrechtzuhalten. Dies schien politisch umso weniger bedenklich, als die Erfahrung der vorherigen Jahrzehnte gezeigt hatte, dass sich der Kulturaustausch auch ohne offizielle Verträge mit Hilfe gesellschaftlicher Akteure pragmatisch entwickelte.[235] Insofern hatte das Auswärtige Amt großes Interesse, politisch verlässliche gesellschaftliche Organisationen wie die ARGE als Instrumente einer halboffiziellen Cultural Diplomacy zu nutzen. Dadurch entstand auf der Basis von Kontrolle und Unterstützung eine enge Partnerschaft zum beiderseitigen Vorteil.

Die Zusammenarbeit basierte zunächst auf einer sehr engen persönlichen Verbindung zwischen der Leitung der ARGE und dem Auswärtigen Amt. Koch hatte bereits bei der Umgestaltung der Gesellschaft BRD-UdSSR in die ARGE mit dem Auswärtigen Amt zusammengearbeitet und setzte die regelmäßigen Abstimmungen fort. Nach Kochs Ausscheiden aus Altersgründen übernahm der SPD-Politiker Walter Behrendt den Vorsitz. Der ehemalige Abgeordnete des Bundestags und des Europäischen Parlaments war ein Vertrauter Kochs und Wunsch-Kandidat des Auswärtigen Amtes.[236] Anders als seine Vorgänger verbanden Behrendt weder seine Herkunft aus einer Dortmunder Bergmannsfamilie noch seine bisherige Tätigkeit mit der Sowjetunion. Aufgrund der Erfahrung seiner französischen Kriegsgefangenschaft hatte er sich insbesondere der deutsch-französischen Aussöhnung und als Europaparlamentarier der westeuropäischen Zusammenarbeit verschrieben.[237] Das erste Mal reiste er 1976 im Rahmen der Dortmunder Städteverbindungen mit Rostov-am-Don in die Sowjetunion.[238] Der Geschäftsführer der RWAG Rudolf Friebel begründete die Wahl Behrendts mit seinem starken Rückhalt in der Gesellschaft und seinen guten Verbindungen zur Bundesregierung und zum Bundestag. Zudem

---

235 Vgl. ibid., S. 320.
236 Vgl. Vemerk: ARGE, 4.11.1976, in: PAAA, ZA 112804. Zur Biographie vgl. Knippschild, Dieter: Behrendt, Walter, in: Bohrmann, Hans (Hg.): Biographien bedeutender Dortmunder. Menschen in, aus und für Dortmund, Essen 2001, S. 15 f.
237 Interview mit der Tochter Dagmar Bourger: Der Dortmunder Walter Behrendt war Präsident des Europäischen Parlaments, in: Lokalkompass Dortmund, 23.5.2014, http://www.lokalkompass.de/dortmund-ost/politik/der-dortmunder-walter-behrendt-war-praesident-des-europaeischen-parlaments-d437391.html (9.12.2015).
238 Blinow, Anatoli: Dortmunder Tage in Rostow am Don, in: Sowjetunion heute, 16.11.1976, S. 28 f. und 32.

sei er als ehemaliger Abgeordneter für die sowjetischen Behörden ein „valabler Gesprächspartner".[239] Behrendt entwickelte eine weniger emotionale als eine pragmatisch-professionelle Haltung zur Sowjetunion und achtete insbesondere auf eine gewisse Distanz zu den sowjetischen Partnern und zur DKP.

Das enge Verhältnis zum Auswärtigen Amt setzte sich auch nach dem Regierungswechsel in Bonn 1982 fort, obwohl die Leitung der ARGE mit dem Bundestagsabgeordneten und Vorsitzenden der hessischen Gesellschaft Dietrich Sperling ab März 1984 in der Hand der SPD blieb. Der in Schlesien geborene studierte Jurist und Soziologe verbrachte einige Zeit am Europa-Kolleg in Brügge, das seine Vorstellungen einer europäischen Verständigung prägte. Sein Interesse an der Sowjetunion weckte 1975 eine Reise nach Moskau und Georgien als Bundestagsabgeordneter mit einer Delegation der Jusos unter Leitung seines Büroassistenten Rudolf Scharping.[240] Alle drei Vorsitzenden der ARGE trafen sich fast monatlich mit Vertretern des Auswärtigen Amtes. Sie stimmten wichtige Dokumente wie die Rahmenvereinbarungen und die Austauschpläne inhaltlich ab und kooperierten eng bei der Planung von politischen Veranstaltungen wie z. B. Kolloquien.[241] Ebenso klärten sie vorab Verhaltensweisen in politisch heiklen Situationen.

Angesichts der fehlenden zwischenstaatlichen Kulturvereinbarungen war das Auswärtige Amt sehr daran interessiert, die Kommunikationskanäle der Freundschaftsgesellschaften und der Partnergesellschaften vor allem in entferntere Gebiete der Sowjetunion zu nutzen. Sie boten eine Möglichkeit, in der Sowjetunion bundesdeutsche Kultur beispielsweise über Ausstellungen zu präsentieren. Bei einer Besprechung Ende 1976 kamen die Vertreter von Auswärtigem Amt und Bundespresseamt zu folgendem Schluss:

> [U]nter den gegebenen Umständen [sind] die Möglichkeiten, mit Hilfe der Gesellschaften informationspolitisch in die Sowjetunion (bes. in die Provinz!) hineinzuwirken, bedeutend und noch lange nicht ausgeschöpft. Informationspolitische Funktionen könnten von den Freundschaftsgesellschaften häufig leichter als von der Botschaft erfüllt werden (Reinelt [BPA]: „je offizieller, desto schwieriger"). Außerdem sei dies billiger (Grundsatz: Effektivität).[242]

---

239 Heyken: Vermerk: Deutsch-sowjetische Gesellschaften, 15.12.1976, in: PAAA, ZA 112804.
240 Scharping war von 1971–1975 Assistent Sperlings in seinem Abgeordnetenbüro. Siehe zu der Reise: Rosenbaum, Ulrich: Rudolf Scharping. Biographie, Berlin u. a. 1993, S. 38 f.
241 Vgl. beispielsweise die Diskussion des Rahmenvertrages 1977: 212 an 213, 7.2.1977; Vermerk: Deutsch-sowjetische Gesellschaften, 8.2.1977; Vermerk: Deutsch-sowjetische Gesellschaften, 11.2.1977; sowie Plan 1977, in: PAAA, ZA 133126.
242 Vermerk: Deutsch-sowjetische Freundschaftsgesellschaften. Hausbesprechung am 7.12.1976, in: PAAA, ZA 112408.

Wie die verschiedenen Aktivitäten zeigen werden, konnten die Freundschaftsgesellschaften in der Sowjetunion von einem gewissen Vertrauensvorschuss profitieren und in politischer Hinsicht gewagtere, mehr am Dialog orientierte Maßnahmen durchsetzen. Zudem erkannte das Auswärtige Amt wie in den 1960er Jahren schon die französische Botschaft, dass die Partnergesellschaften eine Möglichkeit boten, zumindest eine begrenzte sowjetische Elite zu erreichen. Bezeichnenderweise war die Gründung des Instituts SSSR-FRG 1970 für Botschafter Allardt die erste Gelegenheit „vor einer – wenn auch gründlich gesiebten –,Öffentlichkeit' der Sowjetunion" zu sprechen.[243] In der zweiten Hälfte der 1970er Jahre wollte die Botschaft die Kanäle der Partnergesellschaften möglichst für die eigene Cultural Diplomacy nutzen. Denn „für viele Sowjetbürger [liefen] die Kontakte mit dem Ausland im wesentlichen über diesen Kanal". Insbesondere in entfernteren Gebieten konstatierten sie größere Aushandlungsspielräume. So „wären im Einzelfall Kontakte mit lokalen sowjetischen Vereinigungen (Beispiel: Tbilissi) [ergiebig], die geneigt zu sein scheinen, vor allem eigene Beziehungen zu ausländischen Partnergesellschaften zu pflegen".[244]

Aus diesen Gründen waren das Auswärtige Amt und das Bundespresseamt bereit, die Freundschaftsgesellschaften zwar projektgebunden, doch kontinuierlich finanziell zu unterstützen. Zugleich konnte so eine finanzielle Abhängigkeit von sowjetischen oder kommunistischen Geldquellen vermieden werden. Diese Projektfinanzierung ermöglichte politische Steuerungsmöglichkeiten, da nur solche Projekte unterstützt wurden, die für die Bundesrepublik „informationspolitisch interessant" waren.[245] An dieser jährlich steigenden finanziellen Unterstützung änderte sich auch nichts unter der CDU-FDP-Regierung. 1987 bliefen sich die jährlichen Projektzuschüsse auf insgesamt 211.000 DM.[246] Ab 1981 wurden zusätzlich 20.000 DM als Verwaltungskostenzuschuss gebilligt, um die Stelle eines Geschäftsführers zu bezahlen. Dieser sollte den amtsmüden Behrendt entlasten, um den für das Auswärtige Amt wertvollen

---

243 Allardt, Moskauer Tagebuch, S. 268. Siehe auch Fernschreiben Allardt an AA, 23.1.1970, 28.1.1970 und 5.2.1970, in: PAAA, B41 Nr. 68.
244 Vermerk: Deutsch-Sowjetische Freundschaftsgesellschaften, Gespräch mit Bundespresseamt, 15.7.1976, in: PAAA, ZA 112804. Vgl. auch die ähnlich: Die deutsch-sowjetischen Freundschaftsgesellschaften, [3/1976]; und Vermerk: Deutsch-sowjetische Freundschaftsgesellschaften, 7.12.1976, in: PAAA, ZA 112804.
245 Vgl. Vermerk: Deutsch-sowjetische Freundschaftsgesellschaften, 7.12.1976, in: PAAA, ZA 112408. Im Jahre 1974 hatte das Auswärtige Amt der Gesellschaft BRD-UdSSR gut 8.000 DM Zuschüsse ausgezahlt. Vgl. Fragestunde des Deutschen Bundestages am 24./25.4.74, 16.4.1974, in: PAAA, ZA 112717.
246 Vgl. Vermerk: ARGE, 13.1.1988, in: PAAA, ZA 143618.

politisch loyalen Vorsitzenden zu halten.[247] Zudem finanzierte die Bundesregierung immer mehr Maßnahmen, die nicht unmittelbar ihrer Selbstdarstellung dienten. Dies galt beispielsweise für Reisen sowjetischer Delegationen wie einer Gruppe sowjetischer Schriftsteller in die Bundesrepublik. Das Auswärtige Amt argumentierte, dass diese anschließend ihre Eindrücke vom Leben in der Bundesrepublik als Multiplikatoren in die Sowjetunion trügen.[248] Ebenso bezuschussten sie Besuchsreisen von sowjetischen Führungskreisen wie des Vorsitzenden von SSSR-FRG Leonid Zamjatin, der als enger Vertrauter Brežnevs galt. Vertreter des Auswärtigen Amtes oder der Bundesregierung nutzten seine regelmäßige Anwesenheit bei Veranstaltungen der Freundschaftsgesellschaften gerne zu informativen Gesprächen über die aktuelle sowjetische Politik.[249]

Die enge Verbindung des Auswärtigen Amtes mit den Freundschaftsgesellschaften führte zu einer gegenseitigen Abhängigkeit. Die Gesellschaften mussten ihr Programm politisch so ausrichten, dass sie Finanzierung erhielten. Umgekehrt hätte die Einstellung der finanziellen Unterstützung des Auswärtigen Amtes für die ARGE zu diplomatischen Verstimmungen mit der Sowjetunion geführt, da die sowjetische Führung die ARGE als offiziellen, quasi-staatlichen Partner betrachtete. Behrendt wusste dieses Dilemma zu nutzen. Er argumentierte z. B. 1978 gegenüber dem Auswärtigen Amt, dass von der Bundesregierung „sehr befürwortete" Veranstaltungen aufgrund der absehbaren Finanzierungslücke nicht mehr durchgeführt werden könnten. Dies sei umso heikler, nachdem das Abschlusskommuniqué von Brežnevs Besuch in Bonn im Mai 1978 festhielt, dass sich beide Seiten für die Kontakte zwischen der ARGE und der Gesellschaft SSSR-FRG einsetzen würden.[250]

Eine gegenseitige Abhängigkeit brachte die enge Zusammenarbeit zwischen Auswärtigem Amt und ARGE auch hinsichtlich möglicher politischer Einflussnahme durch die DKP und die SSOD. Die Medien und die CDU/CSU-Opposition stellten regelmäßig unangenehme Fragen zur finanziellen Unterstützung der Bundesregierung und der Rolle der Kommunisten in den Gesellschaften. Die Regierung verwies trotz enger Kooperation im Zweifelsfall immer auf den privaten

---

247 Vgl. Beschluß-Protokoll der Mitgliederversammlung, 17.4.1982, in: AMA, BayGes, 113; sowie Unterlage für Unterredung StM Dr. Mertes/ARGE-Vorsitzender Behrendt am 4.11.1982, in: PAAA, ZA 133290. 1976 gewährte das Auswärtige Amt der ARGE auch 6.000 DM als Starthilfe. Vgl. Niederschrift über die Sitzung des Geschäftsführenden und des Gesamtvorstandes der Arbeitsgemeinschaft der Gesellschaften BRD-UdSSR am Freitag, den 10. September 1976 in Köln, in: PAAA, ZA 112804.
248 Vgl. 213 [Kühn] an 632, 28.2.1977, in: PAAA, ZA 133126.
249 Vgl. 213 an 640: Besuch von L. M. Samjatin, 15.1.1981, in: PAAA, ZA 133290.
250 Vgl. Finanzielle Situation der Arbeitsgemeinschaft, 27.6.1978, in: PAAA, ZA 133126.

Charakter der Gesellschaften. Staatsministerin Hildegard Hamm-Brücher argumentierte so gegenüber einer Anfrage des CSU-Abgeordneten Gerd Langguth zur „Durchsetzung" der Gesellschaften durch die DKP 1977:

> [D]ie in der [ARGE] zusammengefassten Gesellschaften [sind] Vereinigungen privaten Rechts [...], auf deren Zielsetzung, interne Struktur und Mitgliedschaft die Bundesregierung keinen Einfluß hat und nehmen will. Davon unberührt bleibt die Feststellung, daß die Bundesregierung sich von den Gesellschaften distanzieren würde, wenn diese Ziele verfolgten, die mit dem Grundgesetz nicht in Einklang zu bringen wären oder welche die Bundesregierung aus sonstigen Gründen nicht billigen könnte. Dazu besteht z.Zt. jedoch kein Anlaß.[251]

Deshalb war das Auswärtige Amt immer sehr darauf bedacht, in der Öffentlichkeit und im Bundestag nicht den Verdacht zu wecken, „die Bundesregierung unterstütze unliebsame kultur- und informationspolitische Aktivitäten der Sowjetunion in der Bundesrepublik Deutschland" oder „kommunistische Hilfsorganisationen".[252] Mit diesem Argument verweigerte die Regierung lange eine institutionelle Förderung. Es sollten zudem keine zu hochrangigen Vertreter an Veranstaltungen teilnehmen oder sich in den Vorstand wählen lassen. Nicht zuletzt machte das Auswärtige Amt das Bundesinnenministerium darauf aufmerksam, dass „negative Berichte über deutsch-sowjetische Freundschaftsgesellschaften die Zusammenarbeit zwischen diesen und amtlichen deutschen Stellen erschwerten".[253] Aus eben diesen Gründen legte das Auswärtige Amt großen Wert darauf, dass die DKP innerhalb der Freundschaftsgesellschaften nicht zu stark wurde, um keine Angriffsfläche zu bieten.

Beim Kampf gegen einen zu starken Einfluss der DKP konnte das Auswärtige Amt auf die Unterstützung der ARGE und ihres Vorsitzenden Behrendt bauen, der immer eine Unterwanderung der Regionalgesellschaften durch die DKP fürchtete. Denn eine Abstempelung als kommunistische Vereinigung hätte nicht nur die Unterstützung des Auswärtigen Amtes beendet, sondern die Glaubwürdigkeit der ARGE in der Öffentlichkeit in Frage gestellt. Neben den kommunistischen Vertretern in der Saarländischen Gesellschaft, mit denen laut Friebel „eine sachliche Zusammenarbeit möglich sei",[254] bereitete zunehmend die Kölner Gesellschaft Rhein-Ruhr Sorge. In ihr seien nach Beobachtungen des

---

[251] Hildegard Hamm-Brücher, Staatsminister im AA, an Gerd Langguth, MdB, 6.9.1977, in: PAAA, ZA 133126.
[252] Vermerk: Deutsch-sowjetische Freundschaftsgesellschaften, Hausbesprechung am 7.12.1976, in: PAAA, ZA 112408.
[253] Vgl. Vermerk: Deutsch-Sowjetische Freundschaftsgesellschaften, Gespräch mit Bundespresseamt, 15.7.1976, in: PAAA, ZA 112804.
[254] Vgl. Heyken: Vermerk: Deutsch-sowjetische Gesellschaften, 15.12.1976, in: PAAA, ZA 112804.

Bundesinnenministeriums „sieben von sechzehn maßgeblichen Positionen [...] von DKP oder DFU-Personen besetzt".[255] Als 1979 trotz Behrendts Warnung dort der SPD-Bundestagsabgeordnete Karl-Heinz Hansen zum Vorsitzenden gewählt wurde, erreichte für Behrendt die „Tendenz zur Majorisierung" durch die DKP die „Grenze des Zumutbaren".[256] Denn Hansen fiel regelmäßig durch seine Positionen links von der SPD-Führung auf und solte 1981 aus der Partei ausgeschlossen werden.[257] Deshalb forcierte Behrendt die Gründung einer alternativen Gesellschaft im Rheinland mit Sitz in Bonn, die trotz heftiger Proteste Hansens vom Gesamtvorstand der ARGE im Januar 1982 als elfte Regionalgesellschaft in die ARGE aufgenommen wurde.[258]

Abgesehen von diesen Einzelfällen konnte tatsächlich nicht von einer „Unterwanderung" der bundesdeutschen Freundschaftsgesellschaften durch die DKP gesprochen werden. In den meisten Regionalgesellschaften waren zwar „aus optischen Gründen"[259] – wie Behrendt es einmal formulierte – Vertreter der DKP integriert, doch konnten sie nie die Agenda bestimmen und auf Bundesebene keine größere Rolle spielen. Ein gutes Beispiel lieferte die Wiedergründung einer Regionalgesellschaft in Bremen im Rahmen der Städteverbindungen mit Riga im Mai 1976. Wenige Monate zuvor hatte der sowjetische Konsul Fedorov dem Bremer DKP-Vorsitzenden Herbert Breidbach eine derartige Gründung vorgeschlagen. Doch dieser sah sich dazu ohne die Unterstützung geeigneter

---

255 Heyken: Vermerk zur Frage des MdB Dr. Langguth nach der politischen Zusammensetzung der deutsch-sowjetischen Gesellschaften, 6.9.1977, in: PAAA, ZA 133126. In Rhein-Ruhr waren dies unter anderem von der DKP Helmut Rödl, Paul Neuhöffer, Werner Weber, Werner Stertzenbach, Liesel Thelen, Peter Tümmers, sowie von der SPD, neben Hansen, Karl-Heinz Walkhoff und Karl Wienand. In Bayern war der Schriftsteller Friedrich Hitzer vertreten, im Saarland Luitwin Bies.
256 Vermerk, ARGE, 23.5.1979, in: PAAA, ZA 133145. Als Behrendt diese Position auch Ivanov von der SSOD in Moskau deutlich machte, meinte dieser „die Sowjetunion habe, um der DKP genügend Betätigungsfeld zu sichern, eine Unterwanderung der Gesellschaften gar nicht nötig, man möge sie nicht für so dumm halten." Vermerk, ARGE, 19.9.1979, in: PAAA, ZA 133145; aus sowjetischer Sicht: Informacija o prebyvanii v SSSR delegacii Federacii i regional'nych obščestva „FRG-SSSR", [9/1979], in: GARF, f. 9576, op. 20, d. 2289, l. 41–46, hier l. 44.
257 Vgl. Hansen, Karl-Heinz: „Es ist nicht alles schlecht, was scheitert". Ein politischer Lebenslauf, Hamburg 2014. In diesem erwähnt er jedoch seine Tätigkeit für die Gesellschaft BRD-UdSSR nicht.
258 Vgl. Vermerk: Neugründung regionaler Sowjetunion-Gesellschaften in der Bundesrepublik Deutschland, 11.2.1982, in: PAAA, ZA 133290; sowie Beschluß-Protokoll Gesamtvorstand, 23.1.1982, in: AMA, BayGes, 113.
259 Vermerk: Neugründung regionaler Sowjetunion-Gesellschaften in der Bundesrepublik Deutschland, 11.2.1982, in: PAAA, ZA 133290.

Kandidaten aus anderen Parteien nicht in der Lage.[260] Entsprechend frustriert war Breidbach, als das Mitglied des Bremer Abgeordnetenhauses Konrad Kunick und der Vorsitzende der Bremer Arbeitskammer Erich Ströh vom „rechten Rand der SPD" ihm mit der Gründung zuvorkamen, ohne die DKP auch nur darüber zu informieren.[261] Die Einschätzung der DDR-Botschaft in Moskau, dass die Mitarbeit der DKP in den Gesellschaften der BRD „nicht behindert" werde, aber äußert schwierig sei, war wohl zutreffend.[262]

Trotz des relativ geringen Einflusses der DKP nutzten Behrendt und die anderen Vertreter der ARGE das Argument der öffentlichen Diskreditierung im Falle einer kommunistischen Einflussnahme regelmäßig gegenüber der SSOD, um die politische Unabhängigkeit der bundesdeutschen Freundschaftsgesellschaften zu verteidigen.[263] Die ARGE akzeptierte zwar größtenteils die Spielregeln der SSOD, um mit ihr effizient zusammenarbeiten zu können. Sie nahm sich jedoch gewisse Freiheiten heraus. Bei einem Treffen aller Freundschaftsgesellschaften in Moskau im September 1977 fanden die Abgesandten der ARGE die Referate „äußerst ermüdend" und zogen es teilweise vor, „auf Moskauer Straßen spazieren zu gehen".[264] Außerdem weigerte sich Behrendt, ein Grußwort zu sprechen, und die bundesdeutsche Delegation nahm nicht an der Abstimmung über ein Dankesschreiben an Brežnev teil. Denn die ganze Veranstaltung habe „prokommunistischen Charakter" – wie Behrendt gegenüber dem Referenten der SSOD für Zentraleuropa Ermakov erklärte –, und sie müssten die ARGE vor dem Vorwurf einer prokommunistischen Vereinigung schützen.[265]

---

260 Fedorov, Konsul in Hamburg, Zapis' besedy s predsedatelem Pravlenija Bremenskoj zemel'noj organizacii GKP tov. Ch. Brajdbachom, 7.2.1978, in: GARF, f. 9576, op. 20, d. 1914, l. 31 f.
261 Vgl. Fedorov: Informacija ob učastii vo vstreče členov pravlenija vnov' sozdannogo Obščestva „FRG-SSSR" v Bremene s delegaciej Kompartii Latvii, in: GARF, f. 9576, op. 20, d. 1914, l. 78–80.
262 Vgl. Botschaft der DDR in Moskau an Zentralvorstand der DSF Herbert Grünstein, 4.6.1982, in: BArch SAPMO, DY 32/4272.
263 Siehe exemplarisch: Vermerk, Betr: Arbeitsgemeinschaft der deutsch-sowjetischen Gesellschaften, 16.1.1979, in: PAAA, ZA 133126; Zapis' besedy s sekretarem gamburgskogo organizacii GKP, členom pravlenija Obščestva FRG-SSSR v Gamburge tov. G. Medlerom, 15.11.1977, in: GARF, f. 9576, op. 20, d. 1508, l. 151 f.
264 Botschafter Wieck an Auswärtiges Amt: Reise einer Delegation der Arbeitsgemeinschaft der deutsch-sowjetischen Gesellschaften in die Sowjetunion, 10.10.1977, in: PAAA, ZA 133127.
265 Vgl. Ermakov: Informacija o prebyvanii v SSSR delegacij Federacii obščestv „FRG-SSSR" i Rejno-Vestfal'skogo inostrannogo obščestva, [10/1977], in: GARF, f. 9576, op. 20, d. 1508, l. 140 f.

Die enge finanziellen, politischen und personellen Verflechtungen zwischen dem Auswärtigen Amt und der ARGE brachte sie faktisch in eine ähnlich regierungsnahe Position wie die Great Britain-USSR Association. Allerdings konnte das Auswärtige Amt im Gegensatz zum Foreign Office im Zweifelsfall auf deren gesellschaftlichen Charakter und politische Unabhängigkeit verweisen und musste nicht mit kommunistischen Organisationen konkurrieren. Als im August 1980 die britische NATO-Delegation im Political Committee eine Bestandsaufnahme der jeweiligen sowjetischen Freundschaftsgesellschaften erfragte, brachte das Auswärtige Amt diesen Unterschied folgendermaßen auf den Punkt:

> Anders als in Großbritannien besteht in der Bundesrepublik kein Dualismus von sowjetisch kontrollierten „Freundschaftsgesellschaften" einerseits und mit der Bundesregierung kooperierenden deutsch-sowjetischen Gesellschaften andererseits. Vielmehr können bei uns die existierenden deutschen Sowjetunion-Gesellschaften nicht als unkritisch prosowjetisch bezeichnet werden, eignen sich vielmehr durchaus für eine Zusammenarbeit mit amtlichen deutschen Stellen, vor allem im wissenschaftlich-kulturellen Bereich und in der Selbstdarstellung. [...] Die Gesellschaften sollen eben nicht Vehikel sowjetischer Propaganda bei uns sein, sind aber nützliche Mittler und Träger verschiedener Projekte. Darüber hinaus verschaffen sie uns zusätzliche Kommunikationskanäle [...].[266]

3.5 Schweigen oder Reden? Die Diskussion um die Menschenrechte in France-URSS

Der Umgang mit politisch Andersdenkenden im eigenen Land war immer ein Problem für das außenpolitische Image der Sowjetunion und damit auch für die Freundschaftsgesellschaften. In den 1940er Jahren schien es noch möglich, die Existenz von Lagern zu leugnen und Kritiker wie Kravčenko mit Prozessen zu überziehen. Doch spätestens nach den Enthüllungen auf dem 20. Parteitag der KPdSU waren zu viele Verfehlungen der Sowjetunion offensichtlich und von ihr selbst bestätigt worden. Als in den 1970er Jahren immer mehr Fälle von gewaltsamem Vorgehen gegen sowjetische Andersdenkende im Westen bekannt wurden und einige der Dissidenten in den Westen ausreisten bzw. ausgewiesen wurden, hatte man lebendige und medienwirksame Zeugen für Menschenrechtsverletzungen. Die zunehmende Durchlässigkeit der „Membran" brachte alternative Bilder der Sowjetunion in den Westen, mit denen sich die Freundschaftsgesellschaften auseinandersetzen mussten. Trotz aller Euphorie der Entspannung wurde dadurch ihr Bild in der westlichen Öffentlichkeit eingetrübt. Der Umgang mit der

---

[266] Heyken an Ständige Vertretung NATO, Deutsche Gesellschaften zur Förderung der Beziehungen Bundesrepublik Deutschland – Sowjetunion, 8.8.1980, in: PAAA, ZA 133145.

Frage der Menschenrechte in der Sowjetunion hing stark von der innenpolitischen Konstellation insbesondere zwischen kommunistischen und anderen linken Parteien in den jeweiligen Ländern zusammen.

In der Bundesrepublik war die Diskussion über die Menschenrechte in der Öffentlichkeit zwar präsent, doch nutzten sie vor allem die Gegner der Ostpolitik als Argument gegen die vermeintlich zu naive Politik der sozialliberalen Koalition. Die „Ostpolitiker" waren sich der Schattenseiten des sowjetischen Systems größtenteils bewusst. Allerdings sahen sie keine Alternative zur Annäherungspolitik und hofften weiterhin, dadurch zum inneren Wandel der Sowjetunion beizutragen.[267] Entsprechend wichen die bundesdeutschen Freundschaftsgesellschaften wie 1968 der öffentlichen Diskussion um die Menschenrechte aus. Allerdings bedeutete dies nicht, dass die einzelnen Akteure das sowjetische Vorgehen billigten. Weber hatte beispielsweise öffentlich Andrej D. Sacharov und Aleksandr I. Solženicyn verteidigt, weshalb ihn die sowjetische Botschaft argwöhnisch beobachtete.[268] Da die Gesellschaft BRD-UdSSR und die ARGE über keine eigenen Publikationsorgane verfügten, mussten sie sich nicht auf eine einheitliche Darstellung der Sowjetunion einigen. Die Sitzungsprotokolle überliefern keine internen Diskussionen über die Dissidenten. Bei Kolloquien oder anderen Treffen mit sowjetischen Vertretern hielten sich die Mitglieder aber nicht mit Kritik zurück.

Nirgends schlug die Frage der Menschenrechte in der Sowjetunion so hohe Wellen wie in Frankreich. Diese Debatte, die vor allem von Intellektuellen in den Medien ausgetragen wurde, erreichte einen vorläufigen Höhepunkt mit der Veröffentlichung der russischen Version des „Archipel Gulag" von Solženicyn im Dezember 1973 und seiner Ausweisung im Januar 1974. Deshalb wird sie in der Literatur und Presse häufig als „Solženicyn-Effekt" oder sogar „Solženicyn-Schock" bezeichnet. Dies unterstreicht die von Zeitgenossen gestützte These, dass Solženicyn den gegenüber den Verfehlungen des Sozialismus „blinden" linken französischen Intellektuellen die Augen für den totalitären Charakter der Sowjetunion öffnete.[269] So nutzte die Gruppe der „Nouveaux philosophes"

---

[267] Vgl. Hauschild, Sonja: Propheten oder Störenfriede? Sowjetische Dissidenten in der Bundesrepublik Deutschland und Frankreich und ihre Rezeption bei den Intellektuellen (1974–1977), Digitale Osteuropa-Bibliothek: Reihe Geschichte, Bd. 13, 2007, S. 78–83, https://epub.ub.uni-muenchen.de/1359/ (13.5.2013).

[268] Vgl. Botschaftsmitarbeiter Vladimirov an Ivanov, 2.10.1973, in: GARF, f. 9576, op. 20, d. 66, l. 119–121.

[269] Vgl. Durand, Claude: Le choc Soljénitsyne, in: Histoire n° 233 (1998), S. 66–69. Vom „Gulag-Schock" in Frankreich spricht auch Ackermann, Ulrike: Sündenfall der Intellektuellen. Ein deutsch-französischer Streit von 1945 bis heute, Stuttgart 2000, S. 154–160.

diese Metapher, um sich selbst als antitotalitäre und sozialismuskritische Intellektuelle zu definieren. Für viele französische Intellektuelle verkörperten die Dissidenten zumindest auf den ersten Blick das Idealbild der Vorkämpfer für Freiheitsrechte, auf das auch sie sich seit der Dreyfus-Affäre beriefen.[270] Wie Michael S. Christofferson und Hervé Chauvin diagnostizieren, lag die ungewöhnlich heftige Reaktion in Frankreich jedoch wesentlich an der innenpolitischen Konstellation, dem Wahlbündnis zwischen Kommunisten und Sozialisten.[271]

Gegen Antisemitismus oder „Antisowjetismus"? Positionierungen im Kontext der Union de la gauche

Zwar unterbrachen die Ereignisse 1968 vorübergehend den Annäherungsprozess zwischen beiden linken Parteien. Doch die Präsidentschaftswahl im Juni 1969, bei der sie jeweils eigene Kandidaten ins Rennen schickten, machte erneut deutlich, dass sie auch nach dem Rücktritt de Gaulles nur gemeinsam Erfolg haben konnten.[272] In zwei Stufen schlossen sich 1969 und 1971 der Parti socialiste unifié (PSU), die SFIO und verschiedene kleinere Gruppierungen zum Nouveau Parti socialiste (PS) unter Führung von François Mitterrand zusammen. Dieser ließ sich mit einer klaren Aussage für ein Bündnis mit dem PCF an die Parteispitze wählen. Nach längeren Verhandlungen zwischen dem PCF und dem PS, bei denen Roland Leroy eine führende Rolle spielte, wurde im Juni 1972 ein gemeinsames Wahlprogramm beschlossen, das die sogenannte Union de la gauche besiegelte. Bei deren Aushandlung war die Menschenrechtssituation in der Sowjetunion zunächst kein größerer Streitpunkt.[273] Doch spätestens ab 1973 war die Position des PCF und indirekt auch von

---

270 Vgl. Chauvin, La lutte finale, S. 66.
271 Vgl. Christofferson, French Intellectuals, S. 89 f.; Chauvin, La lutte finale, beispielsweise, S. 78; ebenso argumentiert Hauschild, Propheten oder Störenfriede. Für eine Zusammenfassung der Debatte um den „Solženicyn-Schock" siehe: Boel, Bent: French Support for Eastern European Dissidence, 1968–1989. Approaches and Controversies, in: Villaume, Poul/Westad, Odd Arne (Hg.): Perforating the Iron Curtain. European Detente, Transatlantic Relations and the Cold War 1965–1985, Kopenhagen 2009, S. 215–241.
272 Vgl. auch zum Folgenden die beiden Überblicksartikel Lefebvre, Le parti socialiste; Vigreux, Le parti communiste.
273 Siehe zu dieser Frage im Detail Chauvin, Hervé: L'union de la gauche et la problématique des droits de l'homme en URSS, in: Tartarowsky, Danielle/Bergounioux, Alain (Hg.): L'union sans unité. Le programme commun de la gauche, 1963–1978, Rennes 2012, S. 83–94.

France-URSS in dieser Frage wesentlich durch die Annäherung zum bzw. Abgrenzung vom PS bestimmt.

Zur Vorbereitung der Union de la gauche kamen schon 1970 sozialistische Vertreter zu France-URSS zurück. Neben André Jeanson vertraten ab dem Nationalkongress 1970 der Journalist Claude Estier und ab 1973 zusätzlich Gérard Jaquet die Sozialisten in der Présidence. Beide waren enge Vertraute von Mitterrand und schon früh für eine Zusammenarbeit mit den Kommunisten eingetreten. Estier wurde 1947 deshalb aus der SFIO ausgeschlossen und trat wie Blumel dem Parti socialiste unitaire bei.[274] Als Redakteur bei *Libération* in den 1960er Jahren hatte er nach eigenen Angaben durch die täglichen Auseinandersetzungen mit seinen kommunistischen Kollegen gelernt, „dass die Union ein ständiger Kampf ist".[275] Ab Mitte der 1960er Jahre schloss er sich Mitterrand an und widmete sich als Abgeordneter von Paris und später als Senator ganz der Politik.

Jaquet war ebenfalls in der sozialistischen Résistance gewesen, am Ende der Vierten Republik Minister und ein Gegner von de Gaulles Machtübernahme. Als langjähriger Vorkämpfer der Union de la gauche wurde er von Mitterrand mit den Verhandlungen über das gemeinsame Wahlprogramm betraut. In dieser Zeit machte er Bekanntschaft mit Leroy, der ihn zu France-URSS brachte.[276] Durch sein Engagement für die Europäische Bewegung und als Secrétaire national des PS für Auswärtige Angelegenheiten war Jaquet zudem mit internationalen Fragen befasst.

Als Vorzeichen der Union de la gauche mag gelten, dass auch der Posten des Président délégué in sozialistischer Hand blieb. Nach Blumels Tod im Mai 1973 übernahm der bisherige Président délégué adjoint, der Sozialist Guy Desson, das Amt.[277] Desson wollte wie Jaquet und Estier 1958 nicht dem progaullistischen Kurs seiner Partei folgen und war 1960 Gründungsmitglied des PSU. Als überzeugter Gegner der deutschen Wiederbewaffnung plädierte er dennoch sehr „gaullistisch" für eine unabhängige Stellung Frankreichs zwischen den Blöcken.[278] Nach eigenen Angaben kam Desson infolge einer Delegationsreise in die Sowjetunion 1955 zu France-URSS.[279] Dort wurde er 1959 Mitglied der

---

274 Vgl. seine Autobiographie: Estier, Claude: J'en ai tant vu. Mémoires, Paris 2008.
275 Ibid., S. 63.
276 So Gérard Jaquet im Interview: À la mémoire de Gérard Jaquet, 19.3.2014, http://battut jean.blogspot.de/2014/03/a-la-memoire-de-gerard-jaquet-gerard.html (14.6.2016).
277 Vgl. Déroche, Gilles: Guy Desson, la politique, la culture. Itinéraire d'un député ardennais, Charlesville-Mézières 1996.
278 Vgl. ibid., S. 156.
279 Vgl. Rapport du président délégué M. Guy Desson, 11.–12.10.1975, in: AD SSD, 354 J 45.

Présidence des Pariser Komitees und 1965 der Présidence nationale. Zudem verband ihn ebenfalls eine langjährige Freundschaft mit Leroy. Nachdem er 1968 sein Abgeordnetenmandat desillusioniert aufgegeben hatte, näherte er sich immer mehr den Positionen des PCF an. Er bewarb sich als gemeinsamer Kandidat beider Parteien im Zeichen der Union de la gauche 1973 mit Unterstützung seiner Freunde Blumel, Leroy und Armand Lanoux aus France-URSS erneut für ein Mandat.[280] Nach der Wahlniederlage konnte er sich ganz France-URSS widmen. Wie Blumel und Schmittlein war Desson zugleich führendes Mitglied der Freundschaftsgesellschaft mit der DDR, den Échanges franco-allemands.[281]

In der Diskussion um die Situation von Juden und Andersdenkenden in der Sowjetunion Ende der 1960er und in der ersten Hälfte der 1970er Jahre stellte sich der PCF noch klar auf die Seite der Sowjetunion. Ebenso hielt France-URSS zumindest öffentlich die Treue. Eine erste Prüfung war der Prozess gegen die Schriftsteller Andrej D. Sinjavskij und Julij M. Daniel im Februar 1966. Die Présidence beschloss nach einer internen Diskussion, dazu keine Stellungnahme abzugeben.[282] Mitte März einigte sich das Comité national nur auf eine Resolution, die unterschiedliche, intern geäußerte Meinungen erwähnte, die von Protest bis hin zu Verständnis für den Prozess reichten.[283] Ein begleitender Artikel versuchte, demonstrativ objektiv und unparteiisch zu sein, und wurde gerade dadurch zu einem politischen Statement: Der Prozess sei nicht öffentlich gewesen, deshalb schwer zu beurteilen, und auch die sowjetischen Bürger hätten sehr unterschiedliche Meinungen darüber.[284]

Ein vergleichbares Dilemma erlebte anlässlich dieses Prozesses gegen die Schriftsteller die regierungsnahe Great Britain-USSR Association. Einige ihrer Mitglieder forderten einen öffentlichen Protest. Auf Anraten des Foreign Office sprachen der Chairman Maclean und der Vice-Chairman Francis Noel-Baker in dieser Sache nur mündlich beim Botschafter vor, denn man fürchtete sonst eine drastische Reduzierung bzw. temporäre Aussetzung der Kontakte wiederum zugunsten der Freundschaftsgesellschaften.[285] Um die bisher aufgebauten

---

280 Vgl. Déroche, Guy Desson, S. 179.
281 Vgl. Pfeil, Die anderen deutsch-französischen Beziehungen, S. 270.
282 Vgl. Zapis' besedy Predsedatelja Prezidiuma SSOD t. Popovoj N. V. s členom prezidentskogo soveta Obščestva „Francija-SSSR" sekretarem CK FKP R. Lerua, 19.3.1966, in: RGANI, f. 5, op. 50, d. 785, l. 193–200, hier l. 196.
283 Vgl. Résolution du Comité national, in: FUM (1966) 4, S. 6.
284 Chatel, Nicole: Sur le procès de deux écrivains, in: FUM (1966) 4, S. 5 f.
285 Vgl. zu dieser Angelegenheit Note on G.B.-U.S.S.R. Association. Annual Council Meeting, 8.2.1968; sowie Minute 717 of the General Purposes and Finance Committee's Meeting, 18.1.1968, in: TNA, FO 13/262. Der sowjetische Botschafter in London Michail N. Smirnovskij vermerkte positiv, dass die Leitung der Association eine öffentliche Stellungnahme verhindert

Beziehungen nicht in Gefahr zu bringen, war auch das Foreign Office dazu bereit, politische Kompromisse einzugehen und indirekt im Interesse der sowjetischen Seite zu handeln.

Wenn in Frankreich in den 1960er Jahren die Problematik um die Situation der Juden in der Sowjetunion in der öffentlichen Diskussion auftauchte, war Blumel der ideale Kronzeuge. Nachdem ihm lange wegen seiner „zionistischen Tätigkeiten" die Einreise verweigert worden war, bewies er schon im Anschluss an seine erste Sowjetunionreise 1959, dass seine Loyalität zur Sowjetunion größer war als zur zionistischen Bewegung.[286] Im September 1964 bestätigte Blumel beispielsweise gegenüber der jüdischen Zeitung *La Presse nouvelle*, dass die Juden zwar allgemein unter der antireligiösen Einstellung des Staates litten. Doch es gebe keinen staatlichen, höchstens einen diffusen gesellschaftlichen Antisemitismus: „Ich denke, dass im Rahmen der sozialistischen Gesetzgebung, im Geiste der Doktrin und der Ideen Lenins, der ein überzeugter Philosemit war, das oder die jüdischen Probleme mühelos gelöst werden."[287]

Diese öffentliche Deckung des sowjetischen Antisemitismus wurde Blumel immer wieder vorgeworfen.[288] Dennoch sollte – ähnlich wie im Fall von Haldane – von öffentlichen Äußerungen nicht unbedingt auf die tatsächliche Überzeugung geschlossen werden. Blumel war sich der Lage der sowjetischen Juden durchaus bewusst. Er versuchte hinter den Kulissen mehrmals, auf die sowjetischen Behörden Einfluss zu nehmen und in Einzelfällen zu intervenieren. Offensichtlich hoffte er, dank seiner privilegierten Kontakte zu sowjetischen Führungskreisen die Rolle eines Mediators spielen zu können.[289] Bereits bei seiner zweiten Reise in die Sowjetunion 1960 brachte Blumel bei der SSOD den Fall eines während des Krieges emigrierten Juden vor, dessen Frau und Tochter

---

hätte. Vgl. Vstreča s rukovoditeljami Associacii „Velikobritanija-SSSR", in: GARF, f. 9576, op. 7, d. 305, l. 11–13. Zur Position des Foreign Office vgl. Talking Points: The Finances of the G.B.-U.S.S.R. Association, [2/1968], in: TNA, FO 13/262.

286 Vgl. Blumel, André: La vie des juifs en U.R.S.S., in: France-URSS (1960) 12, S. 24–27; sowie die positive Beurteilung des SSOD-Vertreters: Otčet predstavitel'stva SSOD v 1960 godu po okazaniju pomošči Obščestvu „Francija-SSSR" i drugim francuzskym obščestvenym organizacijam v ich dejatel'nosti po krepleniju franko-sovestkich kul'turnych i naučnych svjazej, 30.11.1960, in: GARF, f. 9576, op. 18, d. 77, l. 209–259, hier l. 227 f.

287 Interview accordée par Maître Blumel président délégué adjoint de l'Association France-URSS au journal „La presse nouvelle", 30.9.1964, in: AD SSD, 354 J 48.

288 Siehe beispielsweise den israelischen Artikel von Tsur, Jacob: Attention aux naïfs: André Blumel, in: Maariw, 15.1.1971, in französischer Übersetzung in: AD Belfort, 64 J 1.

289 Zu dieser gemäßigteren Schlussfolgerung kommt der gleiche Autor rückblickend in Tsur, Jacob: Blumel, André, in: Encyclopaedia Judaica, Second Edition, Bd. 4, New York 2007, S. 9 f.

immer noch in Moskau lebten.²⁹⁰ Im September 1971 überbrachte Blumel Botschafter Valerian A. Zorin auch im Namen von Schmittlein ein Gnadengesuch für den Physiker Lev Korenblit, das dieser jedoch als Einmischung in interne Angelegenheiten abwies.²⁹¹ Während des Leningrader Prozesses gegen die jüdischen Flugzeugentführer im Dezember 1970 und Januar 1971 befand sich eine Delegation der Présidence mit Blumel, Desson und Roussat in Moskau, um die Austauschpläne zu besprechen. Blumel machte im Gespräch mit der Leitung von SSSR-Francija und der SSOD ebenso wie mit sowjetischen Juristen deutlich, dass das unverhältnismäßige Urteil bei den Mitgliedern von France-URSS und in der französischen Öffentlichkeit Aufsehen hervorrufe, die Beziehungen behindere und gegen die UN-Rassendiskriminierungskonvention verstoße. Zwar blieben seiner Aussage nach „die Positionen bis zum Schluss gegensätzlich", doch wurde ihm angeboten, als „befreundeter Jurist der Sowjetunion" in Zukunft an vergleichbaren Prozessen als Zeuge teilzunehmen.²⁹² Auf Vermittlung von Blumel ließen sich die sowjetischen Partner auch auf eine Diskussionsrunde einer Delegation der SSOD mit der jüdischen Gemeinde in Paris ein. Obwohl den sowjetischen Vertretern unbequeme Fragen zu den Menschenrechten in der Sowjetunion, zur Unterscheidung zwischen Zionisten und Juden sowie zum Gedenken an den Holocaust in der Sowjetunion gestellt wurden, zog der SSOD-Vertreter Anatolij N. Capalkin eine positive Bilanz: Solche Treffen seien bei guter Vorbereitung der sowjetischen Vertreter nützlich, denn die meisten Juden in Frankreich stünden der Sowjetunion wohlwollend gegenüber.²⁹³

Ab September 1973 startete der PCF eine verschärfte Kampagne gegen den vermeintlichen „Antisowjetismus" in den französischen Medien, um sich innerhalb des Wahlbündnisses von den Sozialisten abzugrenzen. Sie richtete sich insbesondere gegen den *Nouvel Observateur*, der sich auf die Seite sowjetischer Andersdenkender gestellt hatte. Jegliche Berichte über Einschränkungen der Demokratie und Freiheit in der Sowjetunion wurden nun als Lüge abgetan.²⁹⁴ Dieser Verschärfung des Tones folgte auch France-URSS beim 13. Nationalkongress in Royan im November 1973. Quer zu den Parteien sahen alle Redner den „Antisowjetismus" als Bedrohung der friedlichen Koexistenz und zukünftigen Entspannung und distanzierten sich von den Dissidenten.²⁹⁵ Schmittlein warf Vladimir K. Bukovskij vor, sich in den Dienst amerikanischer Medien zu stellen.

---

290 Vgl. Gorškov an Turelnov, 29.10.1960, in: GARF, f. 9576, op. 6, d. 125, l. 143–146.
291 Vgl. Blumel an Schmittlein, 17.8.1971 und 20.9.1971, in: AD Belfort, 64 J 1.
292 Président délégué, Projet confidentiel, 11.1.1971, in: AD Belfort, 64 J 1.
293 Vgl. Capalkin an Svistunov, 7.6.1972, in: GARF, f. 9576, op. 20, d. 390, l. 89–92, hier l. 92.
294 Siehe zur Kampagne Robrieux, Histoire intérieure, Bd. 3: 1972–1982, S. 84–86.
295 Siehe die Reden Schmittleins, Estiers, Leroys und Dessons, in: ANF, 88 AS 18.

Er betonte zudem, dass Andrej Sacharov offensichtlich nicht so unterdrückt sei, da er ja er über Telefon mit westlichen Medien seine Thesen verbreiten könne.[296] Leroy war in seinen Äußerungen vorsichtiger und beklagte, dass die Kampagne um Sacharov und Solženicyn den Helsinki-Prozess bedrohe. Der Sozialist Estier riet dagegen, der antisowjetischen Kampagne vor allem mit „gelassener Information" entgegenzutreten.[297] Als „Antisowjetismus" empfand France-URSS einerseits die zunehmende Berichterstattung über das Schicksal Andersdenkender in der Sowjetunion. Andererseits wurde er tatsächlich spürbar in sich häufenen Anschlägen auf sowjetische Gebäude und Fahrzeuge in Frankreich.[298]

In der Diskussion der 1970er Jahre um die Menschenrechte fiel *France-URSS Magazine* eine Schlüsselrolle zu. Die Zeitschrift hatte den Anspruch, eine eigenständige Gegenstimme in der zunehmend sowjetunionkritischen Presselandschaft zu bilden. Auch wenn ihre Leserschaft wohl kaum über die Mitglieder hinausging,[299] wurden die darin abgedruckten Stellungnahmen von Mitgliedern der Présidence in den anderen französischen Medien als Positionen von France-URSS rezipiert. Allerdings befand sich *France-URSS Magazine* nach dem Herbst 1968 nicht nur in einer finanziellen, sondern auch in einer politischen Krise. Die PCF-Führung hatte kein Vertrauen mehr in ihren Direktor Pierrard. Auch der Direktor der APN war unzufrieden mit der Aufklärungsarbeit der Zeitschrift.[300] Deshalb wurde Pierrard ab dem 11. Nationalkongress 1970 ein Comité de direction mit Raymond Schmittlein, der Soziologin Madeleine Guilbert und dem Fernsehjournalisten Henri Spade zur Seite gestellt.[301] Vor allem war von nun an das PCF-Mitglied Georges Martin als Nationalsekretär für die Zeitschrift abgeordnet, der sie die folgenden 20 Jahre prägen sollte.

In seiner ausführlichen Analyse der Lage der Zeitschrift konstatierte Martin, dass die Verbindung zwischen ihr und der Freundschaftsgesellschaft zu lose

---

296 Schmittlein, Raymond: Pour une plus juste connaissance de l'U.R.S.S., in: ANF, 88 AS 18.
297 Claude Estier, ANF, 88 AS 18.
298 Siehe hierzu Chauvin, La lutte finale, S. 66. Zu den Beschädigungen vgl. Communiqué de la Présidence nationale, in: FUM (1971) 7–8, S. 35.
299 Ende 1970 gab es beispielsweise 14.884 Abonnenten und nur 3.770 freie Verkäufe der Zeitschrift. Vgl. Proces-verbal du Comité de rédaction, 18.11.1971, in: ANF, 88 AS 31.
300 Vgl. Rapport de l'A.P.N. sur les propositions faites par l'agence dans la mise en œuvre en France, des mesures de contre-propagande, 28.11.1970, in: RGANI, f. 5, op. 62, d. 34, l. 165–170, abgedruckt in: Werth, Nicolas/Moullec, Gaël (Hg.): Rapports secrets soviétiques. La société russe dans les documents confidentiels 1921–1991, Paris 1994, S. 442 f. Offensichtlich gab es zudem persönliche Auseinandersetzungen zwischen Leroy und Pierrard, wie sich Hélène Larroche erinnerte. Interview Hélène Larroche.
301 Siehe Compte-rendu de la réunion de Secrétariat national, 16.9.1971, in: ANF, 88 AS 10.

sei. Nur 96 der 202 Mitglieder in Leitungsgremien besäßen selbst ein Abonnement. Einen Grund dafür sah er darin, dass sie zu den in der Öffentlichkeit brisanten Themen wie der Lage der Juden in der UdSSR schwieg. Dieses könne als „Akzeptanz der Behauptungen der antisowjetischen Kampagnen" ausgelegt werden und erschwere die Arbeit der lokalen Mitarbeiter. Vielmehr müsse man den „antisowjetischen" Äußerungen Informationen und Fakten entgegenstellen, die den Migliedern als Argumentationshilfe dienen könnten.[302] Nach ausführlichen Diskussionen in den verschiedenen Gremien entschied das Comité national, die Zeitschrift trotz hoher Kosten in jedem Fall zu erhalten und „beharrlicher und geschickter auf den immer hinterhältiger werdenden Antisowjetismus zu antworten".[303]

Gleichzeitig mit der Kampagne des PCF begann Martin ab 1973 mit der angekündigten „aktiven Zurückweisung des Antisowjetismus" in *France-URSS Magazine*. In einer Rubrik „Chronique de l'antisoviétisme" widerlegte er gezielt Berichte aus der französischen Presse. Zum Auftakt zitierte er in der Dezember-Ausgabe zahlreiche westliche Psychiater, die den Vorwurf widersprachen, dass gesunde Menschen in der Sowjetunion in der Psychiatrie interniert würden. Dissidenten wie Pjotr Grigorienko könnten von westlichen Ärzten besucht werden und zeigten tatsächlich Anzeichen einer psychischen Erkrankung.[304] Nach der Veröffentlichung des „Archipel Gulag" folgte Martin der Linie des PCF. Er bedauerte in *France-URSS Magazine* zwar, dass Solženicyn nicht in der Sowjetunion publizieren durfte. Gleichzeitig suggerierte er jedoch, dass die offensichtlich groß angelegte Kampagne um Solženicyn gezielt von „Kalten Kriegern" um Radio Liberty gestartet worden war, um antisowjetische Empörung zu schüren und den Helsinki-Prozess in Frage zu stellen.[305]

Obwohl France-URSS zahlreiche Leserbriefe zu dem Thema erreichte, ließ die Zeitschrift anders als 1968 nur eine sehr kontrollierte Diskussion zu. Seit Ende 1971 veröffentlichte sie zwar laufend eine Auswahl von Leserbriefen, doch „entschärfte" Schmittlein diese persönlich durch ausführliche Kommentare.[306] Durch dieses Prozedere erschienen die Leserbriefe meist mit monatelanger

---

[302] Georges Martin: FUM, 21.2.1971, in: ANF, 88 AS 31. In dieser Argumentation stützte ihn der Veteran der Zeitschrift, Grenier. Vgl. Nouveau départ. Une lettre de Fernand Grenier, [7/1971], in: AD SSD, 266 J 19.
[303] Décision du Comité national du 16.5.1971, in: FUM (1971) 7–8, S. 35.
[304] Vgl. Martin, Georges: A propos de psychiatrie, in: FUM (1973) 12, S. 26 f.
[305] Vgl. Martin, Georges: Littérature …?, in: FUM (1974) 4, S. 30 f. Vgl. zur Reaktion des PCF: „Repousser l'antisoviétisme, c'est l'affaire de tous". Une déclaration du Comité Central du Parti Communiste Français, in: L'Humanité, 19.1.1974, S. 5.
[306] Siehe Projet de Procès-Verbal de la réunion du Comité de Direction, 7.12.1971, in: AD Belfort, 64 J 1.

Verspätung und büßten dadurch an Brisanz ein. So wurde der erste Leserbrief zur Solženicyn-Affäre in der Juni-Ausgabe des nächsten Jahres abgedruckt. Der Verfasser wollte sein Abo und seine Mitgliedschaft in France-URSS kündigen, da er schockiert war über den „scherzhaften Ton", in dem über Solženicyn und die Internierungen in Psychiatrien gesprochen wurde. Dies beantwortete Schmittlein trocken:

> Ich weiß nicht, wer in einem scherzhaften Ton über Solženicyn gesprochen hätte, aber das wäre sehr bedauerlich. Es ist nicht nur beklagenswert, sondern sogar unerträglich, dass ein talentierter Schriftsteller wie er [...] sich herablässt, sich von den Feinden seines Landes zum Instrument der Verunglimpfung machen zu lassen.[307]

Die Flut der Leserbriefe riss dennoch nicht ab. Nach Schmittleins Tod im September 1974 wurden sie allerdings einige Monate lang gar nicht mehr veröffentlicht.[308]

Mit der Zurückhaltung in der Dissidentenfrage handelte France-URSS nicht nur im Einklang mit den Prämissen des PCF, sondern auch mit der französischen Regierung. Angesichts des laufenden Entspannungsprozesses und den Verhandlungen zur KSZE wollte man die Sowjetunion nicht provozieren. Staatspräsident Georges Pompidou reiste kurz nach der Veröffentlichung des „Archipel Gulag" im März 1974 nach Moskau. Auch sein Nachfolger Valéry Giscard d'Estaing vertrat die – letztlich nicht allzu weit von dem PCF entfernte – Position, dass der Umgang mit Dissidenten eine interne Angelegenheit sei, von der er sich nicht auf dem Weg der Détente aufhalten lassen wollte.[309]

Zwischenpositionen: Die GULAG-Reportage

Mit der Hinwendung zum Eurokommunismus Ende 1975 änderte der PCF die Kommunikationsstrategie über die Menschenrechte in der Sowjetunion. Für die politische Rechte war die Diskussion um den Archipel Gulag ein willkommener Anlass, vor sowjetischen Verhältnissen im Falle eines Wahlsieges der Linken zu warnen. Große Teile der nicht-kommunistischen Linken hatten Solženicyn

---

[307] Victime de l'intoxication, in: FUM (1974) 6, S. 8.
[308] Martin sprach gegenüber der sowjetischen Botschaft von einer Menge Leserbriefen, auf die er in seiner Chronique de l'anti-soviétisme zu reagieren versuchte. Vgl. Capalkin an Svistunov, 19.7.1974, in: GARF, f. 9576, op. 20, d. 389, l. 115 f.; und Martin, Georges: Faisons le point, in: FUM (1974) 6, S. 15 und 42;
[309] Siehe zur Position Giscard d'Estaings: Chauvin, La lutte finale, S. 37–44.

verteidigt, um zu verdeutlichen, dass unter einer sozialistischen Regierung in Frankreich die Freiheitsrechte garantiert seien.[310] Dadurch erhöhte sich der Druck auf den Bündnispartner PCF, den sowjetischen Umgang mit Andersdenkenden zu verurteilen.

Im Oktober 1975 drückte *L'Humanité* das erste Mal klar eine „absolute Missbilligung" der Internierung des Mathematikers Leonid I. Pljušč in eine psychiatrische Anstalt aus und forderte seine Freilassung.[311] Im Dezember 1975 reagierte der PCF auf eine Fernsehdokumentation über Lager in der Nähe von Riga mit einem öffentlichen Brief an die KPdSU und sprach sich seinerseits gegen jegliche Einschränkung der Menschen- und Freiheitsrechte aus.[312] Von da an intervenierte die Partei mehrmals öffentlich für die Freilassung von Dissidenten, wie beispielsweise Ende 1976 für Vladimir Bukovskij. Bis 1978 verfolgte der PCF diesen Konfrontationskurs mit Moskau, wies Einmischungsversuche und Tadel der KPdSU zurück und proklamierte die französische Variante eines demokratischen Sozialismus.[313]

Mit diesem Sinneswandel des PCF geriet France-URSS zwischen alle Stühle. Per definitionem war es die Aufgabe der Association, sich für ein positives Sowjetunion-Bild in der französischen Öffentlichkeit einzusetzen. France-URSS war zudem politisch und finanziell vom Wohlwollen der Sowjetunion, aber ebenso vom PCF abhängig. Ihre kommunistischen Mitglieder mussten sich zwischen ihrer Loyalität zum PCF und zur Sowjetunion entscheiden. Nicht zuletzt war es im Interesse der Freundschaftsgesellschaft, den mühsam erarbeiteten politischen Pluralismus in der Présidence zu erhalten. Das Verschweigen der Problematik oder gar eine klare Verteidigung des sowjetischen Kurses hätte zum Austritt von Sozialisten und Gaullisten geführt und möglicherweise zahlreiche Reisewillige von einer Tour mit France-URSS in die Sowjetunion abgehalten. Zudem waren die Dissidenten in den französischen Medien zwischen 1975 und 1977 das zentrale Sowjetunion-Thema, das nur schlecht übergangen werden konnte. France-URSS versuchte deshalb einen Balanceakt als Mediator zwischen den verschiedenen Parteien, um die interne und externe Debatte zu steuern. Die Berichterstattung in *France-URSS Magazine* entwickelte sich von der rein defensiven Widerlegung „antisowjetischer" Argumente zur offensiven

---

310 Vgl. Christofferson, French Intellectuals, S. 92–96.
311 Siehe Robrieux, Histoire intérieure, Bd. 3, S. 248; Chauvin, La lutte finale, S. 77. Pljušč war besonders geeignet als Exempel, da er im Gegensatz zum „Reaktionär" Solženicyn aus seiner marxistischen Überzeugung heraus das System kritisierte.
312 Vgl. Communiqué du Bureau Politique du Parti Communiste Français, in: L'Humanité, 13.12.1975, S. 1.
313 Vgl. hierzu ausführlich Chauvin, La lutte finale, S. 102–110.

Information über umstrittene Themen, die angepasst an das französische Publikum die sowjetische Position darlegten.

Beispielhaft für diese Mediationsversuche war das Projekt einer Reportage über das sowjetische Straf- und Lagersystem 1975.[314] Desson und Martin argumentierten Anfang 1975 gegenüber dem Generalsekretär von SSSR-Francija Vladimir F. Grenkov, dass eine solche Reportage der „antisowjetischen Kampagne" im Westen „objektive Informationen" entgegensetzen könne. Deshalb sei es insbesondere für die Glaubwürdigkeit entscheidend, dass Martin bei der Recherche verschiedene Gefängnisse und Strafkolonien besuchen und mit Staatsanwälten, Verteidigern und Spezialisten für sowjetisches Recht sprechen könnte. Nach ihrer Aussage hatte das Präsidiumsmitglied von SSSR-Francija Jurij Žukov bereits für die notwendige Genehmigung durch das Innenministerium gesorgt.[315] So reiste Martin im August 1975 und März 1976 zur Vorbereitung der Reportage in die Sowjetunion und traf dort unter anderem den ersten stellvertretenden Innenminister Viktor S. Paputin, zwei Anwälte in Moskau und den Stellvertreter des mit den Dissidenten-Prozessen befassten Generalstaatsanwalts Roman A. Rudenko. Außerdem durfte er das Frauenlager Nr. 5 in Možaisk bei Moskau, das Jugendlager Ikša und das Männerlager „strengen Regimes" Nr. 5 Šachtjorskij bei Donskoj im Oblast Tula besuchen.[316]

Die genauen Stationen und Ergebnisse der Reise waren für Martin nicht entscheidend, da sein Urteil schon vorher feststand. So versicherte er 1975 seinen Moskauer Gesprächspartnern, „dass er alles tun werde, um die falsche Vorstellung von den Strafkolonien in der Sowjetunion zu zerstreuen, die sich bei vielen Franzosen aufgrund der antisowjetischen Propaganda gebildet habe".[317] Er wolle als Chefredakteur der Zeitung die stürmischen Diskussionen in France-URSS möglichst schnell beenden. Allerdings sei es für ihn als Mitglied des PCF schwierig, offen gegen solche Tendenzen vorzugehen, die derzeit von der Parteiführung unterstützt würden. Sein einziges Mittel sei es deshalb, objektives

---

314 Bereits 1972 hatte Schmittlein einen Gulag-Artikel geschrieben. Vgl. Procès-verbal du comité de direction de „France-URSS Magazine", 27.4.1972, in: ANF, 88 AS 31.
315 Vgl. Guy Desson und Georges Martin an Grenkov, 14.5.1975, in: GARF, f. 9576, op. 20, d. 730, l. 100–104. Siehe auch Capalkin an Svistunov, 19.7.1974, in: GARF, f. 9576, op. 20, d. 389, l. 115 f.
316 Vgl. Informacija o prebyvanii v SSSR direktora žurnala Obščestva „Francija-SSSR" Žorža Martena, in: GARF, f. 9576, op. 20, d. 699, l. 139–141. Zumindest Ikša gehörte zu den Vorzeigelagern für westliche Delegationen aus der Chruščev-Zeit. Vgl. Hardy, Jeffrey S.: Gulag Tourism. Khrushchev's „Show" Prisons in the Cold War Context, 1954–59, in: Russian Review 71 (2012) 1, S. 49–78.
317 Informacija o prebyvanii v SSSR direktora žurnala Obščestva „Francija-SSSR" Žorža Martena, 18.8.1975, in: GARF, f. 9576, op. 20, d. 699, l. 139–141, hier l. 140.

Material zu publizieren.[318] Für die SSOD bot der kommunistische Chefredakteur der Zeitschrift einer Freundschaftsgesellschaft, der offensichtlich die kritische Position seiner eigenen Partei missbilligte, eine gewisse Garantie, dass eine derart offensive Taktik zur Beeinflussung der öffentlichen Diskussion in Frankreich funktionieren könnte. Dennoch war das Misstrauen gegenüber dem Projekt insgesamt und Martin persönlich groß. Während Martin von den anderen beiden Lagern offizielle Pressefotos erhielt, wollte das sowjetische Innenministerium auch auf mehrmalige Nachfrage keine Fotos des Männerlagers herausgeben. Zudem erschien es suspekt, dass Martin im Gespräch keine eindeutige Stellungnahme zum Fall des Dissidenten Leonid Pljušč abgeben wollte und dem Thema auswich.[319]

Der Gulag-Artikel war mehrmals Gegenstand der Sitzungen der Présidence. Dabei sprachen sich die beiden kommunistischen Präsidiumsmitglieder Louis Baillot und Raymond Marquié sowie der Sozialist Jaquet für eine vorsichtige Darstellung aus. Demgegenüber drohte der Gaullist Hamon mit seinem Rückzug aus der Présidence, wenn France-URSS weiterhin die Position der Sowjetunion rechtfertige.[320] Schließlich erschien der Artikel als Dossier in der Mai-Ausgabe von *France-URSS Magazine* mit einer Einführung der Présidence. Diese betonte, dass der Artikel auf offiziellen sowjetischen Dokumenten basiere und die Rechtssysteme immer im Lichte der Traditionen und Gewohnheiten des Landes gesehen werden müssten.[321]

Martin versuchte mit dem Dossier allen Seiten gerecht zu werden. Er selbst präsentierte sich als kritischer Augenzeuge, der sich der Selektion des Gezeigten bewusst sei.[322] So hätte er trotz seiner Bitte keinen Zugang zu politischen Strafkolonien erhalten. Auch hätte er gezielt die Widersprüche zwischen den gesetzlich garantierten Freiheitsrechten und der Internierung politischer Gefangener hinterfragt. Als Beweis für seine ausführliche Recherche war die Reportage mit Fotos illustriert, die ihn im Gespräch mit sowjetischen Spezialisten zeigten.

Entgegen der Erwartungen angesichts des Titels und der zeitgenössischen Debatte widmete sich der überwiegende Teil des Artikels dem sowjetischen Justiz- und Strafsystem für gewöhnliche Straftaten. Laut Martin entspreche es auf

---

318 Otčet o prebyvanii vo SSSR glavnogo redaktora žurnala obščestva „Francija-SSSR" Žorža Martena s 21 do 27 marta 1976g., in: GARF, f. 9576, op. 20, d. 1062, l. 78–82, hier l. 78.
319 Vgl. ibid.
320 Vgl. Svistunov an Ivanov, 14.1.1976, in: GARF, f. 9576, op. 20, d. 1081, l. 97–100, hier l. 97.
321 FUM (1976) 5, S. 21.
322 Vgl. auch zum Folgenden: Martin, Georges: Le dossier du Goulag. Les systèmes judiciaire et pénitentiaire en Union Soviétique, in: FUM (1976) 5, S. 21–40.

dem Papier weitgehend dem französischen. Auch in der Praxis fand er an den Strafanstalten nichts zu beanstanden. Die Häftlinge gingen bezahlter Arbeit nach, hätten das Recht auf Freizeit, Sport, Bildung und Kontakt nach außen. Sie waren zwar tatsächlich in Strafkolonien gefangen, doch zielten diese vor allem auf Umerziehung und soziale Wiedereingliederung ab. Wesentlich heikler war die Internierung politischer Gefangener. Einerseits bestätigte Martin hier, dass diese nach der sowjetischen Gesetzgebung legal ablaufe. Nach Meinung seiner Gesprächspartner sei eine politische Opposition nicht notwendig, da die Partei den Willen des Volkes erfülle. Die Dissidenten bildeten demnach nur eine sehr kleine disparate Gruppe Unzufriedener, während sich die Lebensbedingungen der Mehrheit des sowjetischen Volkes ständig verbesserten. Die Verurteilung von Personen aufgrund ihrer politischen Meinung entspreche den Gesetzen des Landes. Doch unterstrich Martin, dass dies der französischen Rechtstradition widerspreche und deshalb die „Emotion" der Öffentlichkeit hervorrufe wie im Fall Pljušč.

Der Artikel war eindeutig verharmlosend und ohne direkte Kritik am sowjetischen System. Allerdings darf nicht die Brisanz unterschätzt werden, in einer von der Sowjetunion abhängigen Zeitschrift überhaupt zuzugeben, dass dort noch in den 1970er Jahren politisch Andersdenkende verurteilt und inhaftiert wurden. Dies verdeutlicht der Vergleich mit der Darstellung der Frage der Dissidenten in *British-Soviet Friendship*. Dort betonten die Herausgeber 1970, dass sie in ihrer Zeitschrift keinen Platz für Kritik an der Sowjetunion sähen, da diese genug in anderen Organen geäußert werde.[323] Entsprechend übernahmen sie beispielsweise im Fall Solženicyn oder auch im Fall Sacharov die offizielle sowjetische Sichtweise, ohne sie für das britische Publikum abzuschwächen.[324] So publizierte *British-Soviet Friendship* zwar ebenfalls einen Artikel über das sowjetische Strafsystem. Dieser wurde jedoch direkt in der Fassung der sowjetischen Nachrichtenagentur APN abgedruckt und stellte vollkommen unhinterfragt das erfolgreiche humane Umerziehungssystem vor.[325]

Für die SSOD war Martins Gulag-Artikel deshalb trotz allem nicht leicht zu akzeptieren. Der Vertreter der SSOD Svistunov versuchte, Ivanov in Moskau auf die Lektüre vorzubereiten. Er erläuterte, dass Martin so viele Relativierungsklauseln verwende, um etwaigen Anschuldigungen der Parteilichkeit

---

323 Vgl. Where We Stand, in: British-Soviet Friendship (1970) 3, S. 2.
324 Vgl. Moss, John: Goulash Archipelago, in: British-Soviet Friendship (1974) 8, S. 8; Beer Bellies Rally to Solzhenitsyn Circus, in: British-Soviet Friendship (1975) 9–10, S. 4; Burhop Questions Sakharov's Honesty, in: British-Soviet Friendship (1976) 3–4, S. 14.
325 Struchkov, Nikolai: Main Aim is Re-education, in: British-Soviet Friendship (1976) 5–6, S. 7.

entgegenzutreten. Der Ton sei jedoch in jedem Fall zu defensiv und vermittle den Eindruck, dass es etwas Schlechtes gebe, das versteckt gehalten werde. Dennoch erschien ihm der Artikel nützlich, um die öffentliche Debatte zu beeinflussen.[326] Laut Martin hatte der Gulag-Artikel bei vielen Lesern positive Reaktionen hervorgerufen, und es wurden 2.000 Extranummern von den Komitees bestellt.[327] Leider kann nicht nachvollzogen werden, ob die ausschließlich positiven Leserbriefe in den nächsten Nummern das tatsächliche Bild der Zuschriften widerspiegelten.[328] Martin selbst stellte im Rückblick seinen eigenen politischen Wagemut heraus. Seiner Darstellung nach weigerten sich einige Komitees, die Ausgabe auszuliefern, da ihnen die Präsentation der Lager zu weit ging.[329]

Die tatsächliche Stimmungslage innerhalb der Mitgliederbasis von France-URSS zur Dissidentenfrage ist schwer einzuschätzen. Allerdings lassen sich in Analogie zum PCF einige Vermutungen aufstellen. Während die Pariser Führungsebene des PCF eine kritische Haltung zur Sowjetunion einnahm und den Umgang mit den Freiheitsrechten kritisierte, folgte die breite Masse der Mitglieder in den Provinzen diesem Schritt nicht unbedingt. Für sie war diese Abkehr vom Vorbild in Moskau ein Verrat an den Idealen des Kommunismus.[330] Eine Umfrage vom März 1974 zeigte ein gespaltenes Meinungsbild innerhalb des PCF: 33 % seiner Wähler betrachteten die Verwirklichung der Freiheitsrechte in der Sowjetunion als Erfolg, 23 % eher als Misserfolg.[331] Wie mehrere Mitglieder des Comité national von France-URSS immer wieder betonten, war die Frage der Menschenrechte zwar innerhalb der Présidence heiß diskutiert, die Mitglieder in ihren lokalen Komitees machten sich dagegen über diese Fragen wenig Gedanken.[332] Die Basis blendete das Thema größtenteils aus und hielt an den gewohnten Denkmustern prosowjetischer Loyalität fest.[333] Zu diesem – für sie erfreulichen – Schluss kamen auch die Mitarbeiter der Botschaft bei ihren Reisen in die Provinzen. Der Vertreter von France-URSS im zentralfranzösischen Corrèze meinte, dass die Kritik des PCF an der Sowjetunion nur ein taktisches Manöver im Rahmen der Union de la gauche

---

326 Svistunov an Ivanov, 14.4.1976, in: GARF, f. 9576, op. 20, d. 1081, l. 97–100, hier l. 100.
327 Vgl. Georges Martin an Desson, 2.6.1976, in: ANF, 88 AS 31.
328 Siehe die Leserbriefe, in: FUM (1976) 7–8, S. 4; und FUM (1976) 9, S. 4.
329 Vgl. Martin, France-URSS, S. 137.
330 Vgl. Chauvin, La lutte finale, S. 105.
331 Vgl. Duhamel, Olivier/Parodi, Jean-Luc: Images du communisme. La dégradation de l'image de l'Union soviétique, in: Pouvoirs n° 21 (1982), S. 169–180, hier S. 171 f.
332 Vgl. Comité national du 29 Février 1976, GARF, f. 9576, op. 20, d. 1082, l. 55–62.
333 Dies belegt auch eine Studie zu den Kommunisten in Le Havre. Siehe Dhaille-Herviéu, Communistes au Havre, S. 673.

sei. Die Mehrheit der französischen Kommunisten würde diesem nicht folgten.[334] Von einer Podiumsdiskussion im Süden Frankreichs berichtete der Konsul, dass viele im Publikum die „antisowjetische Propaganda der bourgeoisen Presse" angriffen.[335] Stellvertretend für diese Haltung der Basis sei der Leserbrief eines treuen Mitglieds der AUS seit 1934 zitiert, der scharfe – auch persönliche – Kritik an der politischen Öffnung der Association übte:

> Euer Editorial [...] ist im Grunde inakzeptabel. Man kann es in einem einzigen Satz zusammenfassen: „Wir sind überzeugt, dass es in der UdSSR Verletzungen der Freiheit gibt, aber wir sprechen nicht darüber ..." Das ist unter dem transparenten Deckmantel der Neutralität schlicht und einfach eine Kapitulation vor den antisowjetischen Elementen der P[résidence] N[ationale], das heißt M. Leroy und seinen Freunden. Diese haben innerhalb einiger Jahre eine ungeheure und gefährliche Kehrtwende vollzogen. Sie haben sich in „Speerspitzen" des Antisowjetismus verwandelt, während sie mehr als ein halbes Jahrhundert lang die konsequentesten und treuesten Verteidiger des ersten sozialistischen Staates waren. [...] Wenn Roland Leroy nicht den normalen Weg des Rücktritts wählt, bleibt Euch, wie mir scheint, nur, ihn auszuschließen – ihn und seine Glaubensgenossen. So würde die Association ihren Zusammenhalt und ihre Einheit wiederfinden.[336]

Dieses Beispiel verdeutlicht auch, wie unzuverlässig abgedruckte Leserbriefe das Meinungsbild der Leser wiedergeben. Denn *France-URSS Magazine* druckte diesen Leserbrief zum Ärger der SSOD nur bis zum zweiten hier zitierten Satz, so dass er als eine Kritik am Schweigen der Zeitschrift gegenüber den Verletzungen der Menschenrechte in der Sowjetunion erschien.[337] Vielleicht traf Martin mit dem Gulag-Dossier den Geschmack der Mehrheit seiner Leser. Er erreichte jedoch kaum die breitere französische Öffentlichkeit. Seine Gegner sahen in der Reportage vielmehr einen weiteren Beweis für die Blindheit der Mitglieder von France-URSS gegenüber den Verfehlungen der Sowjetunion. Jean-François Revel, ein erklärter Gegner der Union de la gauche und Kritiker der „totalitären Versuchung" des Sozialismus, hatte beispielsweise nur einen spitzen Kommentar für die Beschreibung des Gulag als Ferienklub übrig, in dem alles „Luxus, Ruhe und Überfluss" sei.[338]

---

334 Vgl. Otčet o kommandirovke v Jussel', departement Korrez s 6 po 8 ijulja 1976g., in: GARF, f. 9576, op. 20, d. 1471, l. 44–47.
335 Vgl. Surov, Otčet ob učastii v konferencii-diskussii v g. Oban', 4.6.1976, in: GARF, f. 9576, op. 20, d. 1081, l. 114–116.
336 John Browne an den Chefredakteur von FUM, 22.5.1978, in: GARF, f. 9576, op. 20, d. 1892, l. 86–89, hier 86 f.
337 Vgl. Courrier, in: FUM (1978) 7–8, S. 4 f., hier S. 4.
338 Revel, Jean-François: La nouvelle censure. Exemple de mise en place d'une mentalité totalitaire, Paris 1977, S. 216. Siehe ähnlich: Montaldo, La France communiste, S. 112–115; Valandré, Frédéric: France Intox, Paris 2006, S. 133.

Balanceakt zwischen PCF und SSOD: Interne Debatten und öffentliches Schweigen

Martin verfehlte jedoch auch ein weiteres Ziel seines Dossiers: die interne Debatte in der Leitung von France-URSS zu beenden. Denn mit der immer deutlicheren Distanzierung des PCF von der Sowjetunion wurden die Diskussionen in der Présidence und im Comité national immer hitziger. Dabei zweifelte niemand an der Realität der Verfolgung der Dissidenten. Doch die Mitglieder waren sich uneins, wie deutlich dies in der Öffentlichkeit gesagt werden solle und ob unterschiedliche individuelle Meinungen in *France-URSS Magazine* zum Ausdruck kommen sollten. Wie 1968 fanden die Auseinandersetzungen quer zu den Parteilinien statt. Bei einer Diskussion im Comité national am 29. Februar 1976 sprach sich das kommunistische Mitglied der Présidence Louis Baillot dafür aus, auch über die negativen Seiten der sowjetischen Realität zu berichten. Selbst Martin gab zu, dass „einige Äußerungen, die gestern als antisowjetisch eingestuft wurden, heute als Fakten bestätigt wurden". Der ehemalige kommunistische Generalsekretär von France-URSS Jean Cazalbou forderte ebenso wie der Gaullist Hamon eine eindeutige Missbilligung wie 1968, nachdem nun auch der PCF klar Position bezogen hätte. Einige Vertreter aus den Provinzen wollten dagegen den Kampf gegen den „Antisowjetismus" weiter in den Vordergrund stellen, nicht aus französischer Sicht urteilen und die positiven Aspekte der Sowjetunion hervorheben. Auch der Sozialist Jaquet war gegen eine öffentliche Stellungnahme, da die Association keine politische Partei sei.[339]

Die internen Diskussionen stellten France-URSS vor eine Zerreißprobe. „Wir sind an einem Punkt angelangt, an dem der Einfluss, die Entwicklung und die Existenz selbst unserer Association [...] in Frage gestellt werden könnten", meinte Präsident Desson im Januar 1977 vor dem Comité national.[340] Um das Auseinanderbrechen der Association zu verhindern, verabschiedete der Nationalkongress in Avignon im Mai 1977 eine Art zweite Gründungs-Charta. Sie wiederholte im Wesentlichen die schon in den Statuten 1945 festgelegten Grundsätze: Unparteilichkeit im Dienst des nationalen Interesses, Meinungspluralismus unter Ausklammerung ideologischer Fragen, Information über „Licht- und Schattenseiten" der Sowjetunion bei gleichzeitigem Kampf gegen den „Antisowjetismus":

---

339 Rapport de M. Louis Baillot au Comité national de l'Association France-URSS du 29 février 1976, in: ANF, 88 AS 19. Vgl. auch zu den folgenden Zitaten der Diskussion: Comité national du 29 février 1976, in: GARF, f. 9576, op. 20, d. 1082, l. 55–62.
340 Rapport de M. G. Desson, Président-Délégué au Comité national du 13 janvier 1977, in: ANF, 88 AS 3.

> Für uns ist der Antisowjetismus der entschiedene, systematische und wiederholte Wille, die sowjetische Realität zu deformieren, zu denaturieren, zu verfälschen und zu vertuschen mit dem – erklärten oder nicht erklärten – Ziel, der UdSSR, der Verständigung, der Kooperation und der Freundschaft zwischen dem französischen und dem sowjetischen Volk zu schaden. Wir müssen deshalb diese Praxis anprangern, ohne dass unsere Informationen über die sowjetische Realität einseitig werden und ohne dass alle des Antisowjetismus beschuldigt werden, die sich ehrlich Fragen stellen und ihre Meinung zu dieser Realität äußern.[341]

Der Text war ausreichend vage formuliert, um zumindest vordergründig alle zufriedenzustellen. Er begründete auch für die folgenden Jahre die nach außen getragene scheinbare politische Neutralität der Association. Stützte man sich ausschließlich auf die Zeitschrift der Association, waren die internen Auseinandersetzungen tatsächlich kaum spürbar. Es entstand vielmehr der Eindruck, dass sie jegliche kritische Stellungnahme vermied und in dieser Zeit wesentlich zurückhaltender war als einige Kommentare in *L'Humanité*.

Anlässe für Kritik hätte es genug gegeben: Im März 1978 verboten die sowjetischen Behörden dem Regisseur Jurij P. Ljubimov die Inszenierung von Čajkovskijs „Pik Dame" in der Pariser Oper wegen „skandalöser Deformierungen". Im April 1978 wurde dem Cellisten Mstislav Rostropovič, der mehrmals über France-URSS auf Tournee in Frankreich gewesen war, die Staatsbürgerschaft entzogen. Im Mai 1978 fiel das harte Urteil gegen den Physiker und Gründer der Moskauer KSZE-Gruppe Jurij F. Orlov. Die Présidence von France-URSS diskutierte jeweils ausführlich über die Themen, informierte in *France-URSS Magazine* über die Fakten und die „große Emotion", die die Ereignisse ausgelöst hätten. Doch sie vermied jegliche eindeutige Stellungnahme.[342] Der PCF kritisierte den Prozess gegen Orlov öffentlich und beteiligte sich am 13. Juli an einer Demonstration aller Parteien für seine Freilassung. *France-URSS Magazine* stellte dagegen nur fest, dass der Prozess nach der sowjetischen Gesetzgebung legal ablief, wenn der Ablauf und das Urteil in Frankreich auch auf Kritik stoßen würden.[343] Martin führte die offensive Informationspolitik in der Zeitschrift weiter. Zwar wurde nach dem Kongress in Avignon wie schon länger angedacht die „Chronique de l'antisoviétisme" in der Zeitschrift eingestellt, da sie – wie Martin selbst meinte – nicht mehr zeitgemäß erschien und einige Leser abschreckte.[344] Allerdings präsentierte Martin dafür – weniger aggressiv, doch

---

341 Texte d'orientation, in: FUM (1977) 7–8, S. 40,
342 Zu Rostropovič vgl. Préoccupation, in: FUM (1978) 5, S. 6.
343 Après le procès Orlov, in: FUM (1978) 6, S. 6 f. Siehe in vergleichbarem Duktus: Verdicts à Moscou, in: FUM (1978) 9 f.
344 Vgl. Martin, Georges: À propos de l'antisoviétisme, in: FUM (1977) 7–8, S. 16.

inhaltlich vergleichbar – in seiner neuen Rubrik „On en parle" „objektive" Informationen zu aktuell diskutierten Themen wie der neuen sowjetischen Verfassung, französisch-sowjetischen außenpolitischen Unstimmigkeiten oder der Situation der Minderheiten.[345] Diese Artikel waren zwar weniger apologetisch als zu früheren Zeiten, doch setzten sie sich in keiner Weise kritisch mit der sowjetischen Realität auseinander.

Die vermittelnde und zurückhaltende Position von France-URSS hing nicht nur mit dem Selbstverständnis der Association oder der Naivität ihrer Mitglieder zusammen, sondern auch mit der Einflussnahme durch die SSOD. Angesichts der Entfremdung von PCF und KPdSU wurde die indirekte Steuerung der Freundschaftsgesellschaft durch die Sowjetunion über die Schlüsselfiguren der kommunistischen Partei wie Leroy unzuverlässig. Deshalb versuchte die SSOD in der Diskussion um die Situation der Dissidenten, verstärkt direkt Einfluss zu nehmen. Dadurch sollte nicht nur sichergestellt werden, dass France-URSS die sowjetischen Interessen in dieser Frage vertrat. Die Association bot vielmehr eine Möglichkeit, indirekt die Mitglieder des PCF zu erreichen und die prosowjetischen Kräfte innerhalb der Partei zu stärken.

Diese Einflussnahme geschah primär über Schlüsselpersonen wie Raymond Marquié. Der überzeugte Kommunist hatte nach eigenen Angaben seine Liebe zur Sowjetunion und zur russischen Sprache von seiner Großmutter vermittelt bekommen, die vor der Revolution ein Jahr in Sankt Petersburg gewohnt hatte und in der Zwischenkriegszeit Mitglied der AUS war.[346] Ab 1944 war Marquié in Moskau Beauftragter für die Repatriierung französischer Gefangener auf sowjetischem Gebiet, bis er 1947 öffentlich die Ausweisung der sowjetischen Militärmission aus Frankreich als „Teil eines antisowjetischen Generalplans" bezeichnete.[347] Nach seiner Aussage im Kravčenko-Prozess wurde er Mitglied des Sekretariats, des Comité national und ab 1970 auch der Présidence von France-URSS.[348] Marquiés Rolle bestand in den 1970er Jahren darin, die SSOD über die internen Diskussionen bei Versammlungen der Présidence und des

---

345 Siehe beispielsweise Martin, Georges: La nouvelle constitution, in: FUM (1977) 9–10, S. 17 f.; Martin, Georges: Autour d'un voyage, in: FUM (1977) 11, S. 13 f.; Martin, Georges: Le Russe et les autres, in: FUM (1977) 10, S. 10 f.
346 Vgl. seine Selbstdarstellung in: Schischkin, Andrej: Raymond Marquié: „Der Storm Ihrer Geschichte fließt in die richtige Richtung", in: Kultur und Leben (1988) 8, S. 24 f.
347 Vgl. zu Marquiés Rolle während des Krieges: Védrine, Jean/Barasz, Johanna: Les prisonniers de guerre. Vichy et la Résistance (1940–1945), Paris 2013, S. 449–454. Zu seiner kritischen Äußerung vgl. auch Wolton, Thierry: Le KGB en France, Paris 1986, S. 29.
348 Den Sekretariatsposten gab Marquié 1958 wegen Unstimmigkeiten mit Petit auf. Vgl. Zapis' besedy s sekretarem Obščestva „Francija-SSSR" po voprosam kul'tury Rajmonom Mark'e, 8.2.1958, in: GARF, f. 9576, op. 6, d. 31, l. 6–8.

Comité national zu informieren und diese Diskussionen durch eigene Interventionen oder Absprachen mit Verbündeten in die gewünschte Richtung zu lenken. Ob Marquié dies nur im Auftrag der SSOD oder des KGB tat, kann nicht nachgewiesen werden. Seine Kollegen in France-URSS waren sich zumindest im Rückblick seiner Rolle bewusst. So erinnerte sich Leroy, dass er ein sehr schlechtes Verhältnis zu Marquié gehabt habe, da dieser eher ein „sowjetischer Akteur [agent] als ein französischer Kommunist" gewesen sei.[349]

So beeinflusste Marquié nachweislich die oben zitierte Diskussion im Comité national im Februar 1976, indem er Jaquet zu einer abschließenden vermittelnden Stellungnahme bewegte.[350] Ebenso war er maßgeblich an der Diskussion um die Charta für den Kongress von Avignon beteiligt, um die „antisowjetischen Tendenzen" in France-URSS zu beenden.[351] Exemplarisch sowohl für die internen Diskussionen als auch für die Beeinflussungsversuche der SSOD über Marquié war die Auseinandersetzung um einen Artikel von Léo Hamon. Im Herbst 1978 hatte dieser als einer der Präsidenten turnusmäßig ein Editorial für *France-URSS Magazine* geschrieben, in dem er der Sowjetunion in deutlichen Worten die Verletzung der Schlussakte von Helsinki und der Menschenrechtserklärung vorwarf:

> Wir haben so das Recht und die Pflicht in einem freundschaftlichen Ton zu sagen: Hört mit diesen Prozessen auf, öffnet die Gefängnisse und psychiatrischen Anstalten, öffnet Eure Grenzen, und Ihr werden sehen, dass die Liebe zum Heimatland die meisten davon abhalten wird, es zu verlassen. Die unangenehmen Konsequenzen, die Ihr heute verhindern wollt, werden gering sein gegenüber dem enormen moralischen Schaden, den Euch die derzeitigen Praktiken zufügen.[352]

Da die Leitartikel regulär vor der Veröffentlichung von den anderen Präsidenten abgesegnet werden mussten, sprachen Svistunov und Marquié sofort mit mehreren Präsidenten, um diese „unzulässige Einmischung in interne Angelegenheiten der UdSSR" zu verhindern.[353] Zwar wurde Hamons Artikel zunächst abgelehnt, doch sprach sich in der Présidence eine Mehrheit für

---

[349] „Agent" kann im Französischen sowohl einen Vertreter/Akteur als auch einen Agenten/Spion bezeichnen. Interview Roland Leroy. Auch Hélène Larroche klassifizierte Marquié im Interview als von der Sowjetunion bezahlten Spion. Vgl. Interview Hélène Larroche.
[350] Vgl. Marquiés kommentierende Bemerkungen in: Comité national du 29 février 1976, in: GARF, f. 9576, op. 20, d. 1082, l. 55–62.
[351] Siehe Svistunov an Ivanov, 13.4.1977 und 26.4.1977, in: GARF, f. 9576, op. 20, d. 1488, l. 69 f. und 76–78; sowie die Protokolle der Präsidiumssitzungen vom 25.2.1977 und 1.4.1977, in: ANF, 88 AS 3..
[352] Projet d'éditorial par M. Léo Hamon, in: GARF, f. 9576, op. 20, d. 2266, l. 32–34, hier l. 33.
[353] Svistunov an Ivanov, 20.9.1978, in: GARF, f. 9576, op. 20, d. 2266, l. 31.

neue Richtlinien im Umgang mit der Diskussion um Menschenrechte aus. Sie plante ausführliche Studien zu umstrittenen Themen, einen stärkeren Dialog zwischen SSSR-Francija und France-URSS und die Veröffentlichung der internen Diskussionen in der Zeitschrift.[354] Allerdings wurde letztendlich der von Spade, Hamon und dem Gewerkschaftsfunktionär der CFDT Yves Arcadias eingebrachte Vorschlag abgelehnt, dass in *France-URSS Magazine* persönliche Meinungen geäußert werden dürften.[355] Dennoch war der Vertreter der SSOD vor dem Comité national im Januar 1979 alarmiert, da er in jedem Fall die Veröffentlichung der internen Diskussionen verhindern wollte.

Im Vorfeld der Sitzung sprachen deshalb Mitarbeiter der Botschaft neben Hamon auch mit anderen Mitgliedern des Comité national wie Charles Rebières. Der sollte den ehemaligen Generalsekretär des Pariser Comités von France-URSS Albert Boisseau dazu bringen, gegen den Vorschlag der Présidence zu stimmen. Boisseau begann auftragsgemäß die Diskussion mit einem Statement, dass er keinen Anlass sehe, die Diskussion von Avignon noch einmal aufzunehmen.[356] Dafür griff Baillot ihn laut Marquié in einer Sitzungspause scharf an.[357] Nachdem der Ton vorgegeben war, stimmten viele Redner dieser neutralen Position zu, um nicht bei der „antisowjetischen Kampagne" mitzumachen. Hamon plädierte seinerseits mit Zitaten aus seinem abgelehnten Editorial für – zumindest individuelle – klare Statements:

> Ich kann mich nicht mit einer Position solidarisch zeigen, die ignoriert oder zu ignorieren scheint, was mich so tief schmerzt. Ich würde vor meinen Kollegen an der Universität erröten, ich würde vor mir selbst erröten, wenn ich scheinbar etwas beipflichten würde, das ich von ganzem Herzen ablehne.[358]

Zugleich akzeptierte er jedoch im Namen der Einheit der Association die Entscheidung der Présidence. Richtig unzufrieden war Marquié nur mit dem Beitrag eines Vertreters aus dem Département Indre, der einen permanenten kritischen Dialog mit der Partnergesellschaft SSSR-Francija forderte. Schließlich gelang es Marquié, im Komitee für die Abschlussresolution mit Guilbert

---

354 [Vorschlag für Comité national 10.12.1978], in: ANF, 88 AS 3.
355 Vgl. Procès-verbal de la réunion de la Présidence, 1.12.1978, in: ANF, 88 AS 3.Vgl. die Todesanzeige in: Le Monde, 11.9.2002, S. 29; und M. Yves Arcadias devient membre de la Présidence de France-URSS, 24.12.1973, in: APP, 77 W 3546/276910.
356 Vgl. zur Diskussion den publizierten Text in: Compte rendu du Comité national, 14.1.1979, in: ANF, 88 AS 3; sowie die von Marquié kommentierte Version: Comité national du 14 Janvier 1979, in: GARF, f. 9576, op. 20, d. 2265, l. 3–14.
357 Vgl. Svistunov an Kruglova, 31.1.1979, in: GARF, f. 9576, op. 20, d. 2265, l. 49 f.
358 Compte rendu du Comité national, 14.1.1979, S. 12, in: ANF, 88 AS 3.

und Roussat eine starke Abschwächung des Beschlusses der Présidence durchzusetzen.[359] Demnach sollten nicht alle Debatten, sondern nur die Mitschrift dieser einen Sitzung des Comité national in voller Länge in *France-URSS Magazine* abgedruckt werden. Weitere interne Diskussionen würden nur als Zusammenfassungen ohne Nennung von Namen und nur mit Zustimmung des Comité national veröffentlicht werden.

Nach dieser Sitzung meldete Svistunov nach Moskau ein ambivalentes Fazit:

> Es ist [...] offensichtlich, dass die vom Comité national eingenommene Position
> – eine positive Bewertung gerade deshalb verdient, weil sie die Présidence nicht unterstützt hat, die sich noch weiter von der Position von Avignon entfernt hatte; das heißt, sie hat die Präsidenten korrigiert und ihnen dadurch gezeigt, dass sie [die Mitglieder des Comité national] in der Gesellschaft „das Wetter bestimmen";
> – bedauerlich ist, dass das Comité national dennoch, wenn auch abgeschwächte, Zugeständnisse an diejenigen abgesegnet hat, die die Gesellschaft in ein Forum der Kritik an der UdSSR umformen wollen.
> So wurde eine Diskussion beendet, die schon über ein Jahr in der Gesellschaft andauert. Angesichts der Tatsache, dass jedoch ihre unmittelbaren Initiatoren ihre „Drohung" nicht wahr gemacht haben und in der Gesellschaft geblieben sind, kann die Diskussion unter dem ersten möglichen Vorwand wieder aufgenommen werden, wenn es im Interesse der entsprechenden Kräfte liegt.[360]

Tatsächlich flammte die Debatte in der ersten Hälfte der 1980er Jahre immer wieder auf. Es waren mit Hamon, Spade und Arcadias immer wieder die gleichen Mitglieder der Présidence, die für deutliche Kritik an der sowjetischen Politik eintraten. Doch auch wenn sie unbequem waren, brauchte France-URSS diese „Störenfriede" als Nachweis ihres politischen Pluralismus. Wie schon Mitte der 1950er Jahre hing die Glaubwürdigkeit der Freundschaftsgesellschaft von ihrer offensichtlichen Unabhängigkeit von der Sowjetunion ab. Bereits 1973 erklärte Marquié einer SSOD-Delegation, dass sie Hamon gewähren ließen, um die „Demokratie" von France-URSS gegenüber der französischen Öffentlichkeit und vor allem den Sozialisten unter Beweis zu stellen.[361] Solange seine Meinung keine Mehrheit fand und nicht als offizielle Position von France-URSS erschien, war er äußerst nützlich. Allerdings ist Jean Montaldos Behauptung nicht gerechtfertigt, Hamon und andere seien nur „nützliche Idioten" und

---

[359] Comité national du 14 Janvier 1979, in: GARF, f. 9576, op. 20, d. 2265, l. 3–14.
[360] Svistunov an Kruglova, 17.1.1979, in: GARF, f. 9576, op. 20, d. 2265, l. 27 f.
[361] Vgl. Svistunov: Otčet o poezdke vo Franciju delegacii Obščestva SSSR-Francija i Associacii po svjazjam sovetskich i zarubežnych gorodov, in: GARF, f. 9576, op. 20, d. 70, l. 90–94, hier l. 93.

symbolische Aushängeschilder auf dem Papier gewesen, die von den eigentlichen Beschlüssen nichts mitbekommen hätten.[362] Zwar zeigt die Durchsicht der Sitzungsprotokolle der Présidence, dass es Mitglieder wie die russisch-französische Schauspielerin Marina Vlady gab, die nur äußerst selten an den wöchentlichen Treffen teilnahmen und fast nie das Wort ergriffen. Hamon, Spade und Arcadias waren jedoch ebenso wie die Sozialisten Jaquet und Estier äußerst präsente und aktive Präsidenten. Die „Störenfriede" blieben auch deshalb in der Association, weil sie eine persönliche Mission verfolgten. Sie verstanden sich als Mittler zwischen Frankreich und der Sowjetunion in der Hoffnung, die Sowjetunion von innen heraus verändern zu können. Hamon und auch Arcadias strebten einen echten Dialog mit den Sowjetbürgern an und verfügten über persönliche Kontakte – auch zu Dissidenten.[363] Sie blieben in France-URSS, um zu verhindern, dass die Association zu einem rein prosowjetisches Propagandainstrument wurde. Umgekehrt war für sie die Freundschaftsgesellschaft als Rückendeckung für ihre Aktivitäten und Kontakte nützlich. Spade hatte diese Hoffnung auf einen „Moskauer Frühling" bereits nach der Intervention in Prag 1968 geäußert. In einem Brief an Desson 1979 erläuterte er die verschiedenen Motive seines Engagements in France-URSS:

> Wenn ich in France-URSS bin, dann ist es deshalb, weil ich glaube, dass das Gleichgewicht der Kriegsallianz auch im Frieden Deutschland weiterhin davon abhalten kann, [...] seine Stimme in Europa zu stark zu erheben. Es geht nicht darum, die Fehler von Partnern und Freunden zu rechtfertigen, deren Stärken und Schwächen ich kenne. Noch geht es darum, ihr politisches, gesellschaftliches, ökonomisches Gedankengut zu verbreiten, das nicht das meine ist [...]. Es geht jedoch auch darum, zu einer progressiven, wenn auch sehr langsamen Entkrampfung der Sowjets beizutragen. An dem Tag, an dem sie sich weniger bedroht fühlen, geben sie vielleicht ihre alten, unnachgiebigen Traditionen auf, was sie uns näher bringen würde [...].[364]

Diese Hoffnung auf „Wandel durch Annäherung" teilte er mit vielen bundesdeutschen Mitgliedern der Freundschaftsgesellschaften. Damit waren sie aus Sicht der sowjetischen Regierung „falsche Freunde", da sie gerade nicht das sowjetische System stabilisieren, sondern seinen Wandel voranbringen wollten.

---

362 Vgl. Montaldo, La France communiste.
363 Vgl. Zasedanie prezidentskogo Soveta, 1.2.1980, in: GARF, f. 9576, op. 20, d. 2677, l. 82–86, hier l. 85; Hamon, Vivre ses choix, S. 499 f. Die folgenden Überlegungen sind inspiriert von einem Kolloquiumsvortrag von Emilia Robin Hivert, die dessen Skript freundlicherweise zur Verfügung gestellt hat: Robin Hivert, Emilia: Léo Hamon et les relations Est-Ouest, unveröffentliches Paper im Rahmen des Kolloquiums „Léo Hamon", Centre d'histoire de Sciences Po Paris, 12.–13.12.2013.
364 Henri Spade an Guy Desson, 11.7.1979, in: ANF, 88 AS 12.

3.6 Zweiter Kalter Krieg? Geteilte Reaktionen auf die Intervention in Afghanistan

Die Debatte um die Menschenrechte in der Sowjetunion bedeutete auf internationaler Ebene den langsamen Niedergang der Entspannungspolitik. Die sowjetische Intervention in Afghanistan im Dezember 1979 markierte das endgültige Ende der Entspannung und den Beginn einer neuen Phase der Konfrontation. Einige Autoren sprechen auch von einem Zweiten Kalten Krieg.[365] Allerdings war die Situation für die Freundschaftsgesellschaften in den 1980er Jahren nicht vergleichbar mit der zwischen 1947 und 1953. Im Gegensatz zu den damals politisch sehr homogenen Vereinigungen hatten sich die Freundschaftsgesellschaften in den jeweiligen nationalen Kontexten sehr unterschiedlich entwickelt: eine loyale BSFS, France-URSS mit pluralistischer Leitung und in der Bundesrepublik eine regierungsnahe ARGE. Die Reaktionen auf die sowjetische Intervention in Afghanistan 1979 zeigen, dass diese weder in Einklang mit der Position der jeweiligen kommunistischen Partei noch mit der der Sowjetunion standen. Außerdem verdeutlicht der pragmatische und wenig ideologische Umgang der SSOD mit diesen Reaktionen, dass hinsichtlich der Cultural Diplomacy – sowohl auf zwischenstaatlicher als auch auf gesellschaftlicher Ebene – nicht von einer Rückkehr zur Abschottungspolitik gesprochen werden kann.

Bedingungslose Loyalität der BSFS

Um für Großbritannien die Reaktion der BSFS auf Afghanistan zu verstehen, ist ein kurzer Rückblick auf die in vielen Punkten konträre Entwicklung der CPGB und der BSFS erforderlich. Die nach 1968 zunehmenden Auseinandersetzungen innerhalb der CPGB zwischen eher eurokommunistisch orientierten Anhängern Gramscis und Pro-Moskau-Gruppierungen erreichten 1977 ihren vorläufigen Höhepunkt. Die Neuauflage der „British Road to Socialism" schrieb endgültig die Abkehr von der Diktatur des Proletariats zugunsten einer „Broad Democratic Left" fest. Daraufhin spaltete sich eine prosowjetische Gruppe um Sid French ab und gründete die New Communist Party of Britain (NCP).[366] Trotz dieser Reformbemühungen war der Niedergang der CPGB nicht aufzuhalten. Bis Juni 1979 sank die Mitgliederzahl auf 20.599, und sie konnte bei der Wahl zum

---

[365] Gassert, Philipp/Geiger, Tim/Wentker, Hermann (Hg.): Zweiter Kalter Krieg und Friedensbewegung. Der NATO-Doppelbeschluss in deutsch-deutscher und internationaler Perspektive, München 2011.
[366] Siehe Laybourn, Marxism, S. 98–120.

Abgeordnetenhaus im Mai 1979 gerade noch gut 16.000 Wählerstimmen für sich gewinnen.[367]

Wie in Frankreich in den 1960er Jahren näherten sich in den 1970er Jahren auch die CPGB und die Labour-Partei an, als letztere ihren klaren antikommunistischen Kurs verließ und die Beziehungen mit der Sowjetunion ebenfalls verstärkte. Die inzwischen übliche Praxis der Zusammenarbeit zwischen Labour und Kommunisten innerhalb der Gewerkschaften wurde 1972 offiziell bestätigt. Kommunisten wurden bei Konferenzen des Trade Union Congress (TUC) zugelassen und auch gegenüber der BSFS wurde 1973 der „Labour-Ban" aufgehoben. Über die Gewerkschaften konnte die CPGB so trotz ihres Niedergangs gesellschaftlichen Einfluss zu bewahren. In Opposition zur restriktiven Gewerkschaftspolitik auch der Labour-Regierung gelang es ihr, ihre Rolle als Verteidigerin der Arbeiterrechte in zahlreichen Streiks und während der Wirtschaftskrise auszuspielen.[368] Dabei manifestierte sich der Einfluss der CPGB auf die Gewerkschaften weniger in der direkten Übernahme von Führungsposten durch Parteifunktionäre, sondern vielmehr in der Beeinflussung ihrer Entscheidungen.[369]

Von diesem wachsenden Einfluss konnte auch die BSFS profitieren und in den Gewerkschaften und gesellschaftlichen Bewegungen besser Fuß fassen. Bei der General Conference der BSFS 1976 in Coventry wurde diese Zusammenarbeit institutionalisiert, indem fortan Gewerkschaften assoziierte kollektive Mitglieder der BSFS werden konnten. Sie ernannten Beauftragte für die Zusammenarbeit mit den gesellschaftlichen Organisationen.[370] Tatsächlich konnte die BSFS bei der Assoziierung von Gewerkschaften im Namen des Engagements für Frieden gewisse Erfolge verbuchen.[371] So vermeldete der

---

367 Vgl. Andrews, Geoff: Culture, Ideology and Strategy of the Communist Party of Great Britain 1964–1979, Dissertation, Kingston University, Kingston 2002, S. 228, http://ethos.bl.uk/OrderDetails.do?uin=uk.bl.ethos394192 (23.5.2014).
368 Vgl. Laybourn, Marxism in Britain S. 84–89.
369 Vgl. Morgan, Kevin: The Communist Party and the Trade Unions, 8.6.2013, Trade Union Forum, History & Policy, http://www.historyandpolicy.org/trade-union-forum/meeting/the-communist-party-and-the-trade-unions (11.10.2015).
370 Vgl. Helsinki Opens New Era. BSFS Conference Resolution, in: British-Soviet Friendship (1976) 7, S. 10.
371 Darunter war die National Union of Mineworkers, die National Union of Railway Men und die Transport and General Workers Union. Vgl. Swift, Frank: Transport and General Workers Union Affiliate to BSFS, in: British-Soviet Friendship (1977) 5–6, S. 3.

Generalsekretär Steve Parry im November 1976 unter Einschluss der Mitgliedschaft der Assoziierten eine Million Mitglieder.[372]

Da die erneuten internationalen Spannungen der Friedensbewegung neuen Aufschwung gaben, gelang es der BSFS zudem Ende der 1970er und Anfang der 1980er Jahre einige Gruppen der Friedensbewegung zu assoziieren. Peace Officer der BSFS wurde der ehemalige Journalist Gordon Schaffer, der schon seit den 1940er Jahren mit der BSFS verbunden war.[373] Die von ihm beschworenen Szenarien vom Untergang der Welt erinnerten nicht von ungefähr an die Friedenskampagne der 1950er Jahre: „[W]e are at the centre of the struggle for the survival of our Country and the human race. [...] This struggle for peace is a job for all of us but when we speak of not being political we have got to be sure who are the friends of peace and who are the enemies."[374] Nicht zuletzt profitierte die BSFS davon, in Margaret Thatcher – seit 1975 Vorsitzende der Conservatives – ein klares Feindbild zu haben, gegen das sich auch Labour-Mitglieder positionieren konnten. Dank dieser Faktoren gelang es der BSFS im Gegensatz zur CPGB tatsächlich ihre Mitgliederzahlen zwischen 1976 und 1983 von 1.673 auf 2.570 zu erhöhen. Dadurch entstand die scheinbar absurde Situation, dass die sich öffnende CPGB Mitglieder verlor, während die BSFS mit ihrem klar prosowjetischen Kurs und ihrer personellen Kontinuität Zuwächse verzeichnen konnte.[375]

Die BSFS wirkte in den 1970er Jahren sogar parteiübergreifend integrierend, indem sie nach 1968 zunehmend prosowjetische Kräfte der Labour-Partei einband, die von der arbeitgeber-freundlichen Politik der Labour-Regierung unter Premierminister James Callaghan enttäuscht waren. Zu den bekannteren dieser Persönlichkeiten gehörten Renée Short, William Wilson und James

---

372 Parry, Steve: Miners, Railmen and Printers Affiliate to Friendship Society, in: British-Soviet Friendship (1976) 11–12, S. 3.
373 Das Labour-Mitglied hatte schon in den 1930er Jahren für Pritts Wahlkampagne gearbeitet und lernte darüber auch Montagu kennen. Endgültig überzeugte ihn 1936 eine Reise mit VOKS von den Errungenschaften des sowjetischen Sozialismus. 1946 war er Mitglied der ersten BSFS-Delegation in die Sowjetunion und ab den 1950er Jahren aktives Mitglied der Friedensbewegung. Schaffer war überzeugter Sozialist, begründete sein Engagement jedoch vor allem mit den Erfahrungen im Spanischen Bürgerkrieg und dem Verdienst der Sowjetunion im Zweiten Weltkrieg. Vgl. Schaffer, Gordon: Baby in the Bathwater. Memories of a Political Journalist, Lewes 1996.
374 Report of Branch Secretaries Meeting, 9.12.1979, in: NottArch, DD/PP/11/3/3.
375 Nach Hewlett Johnsons Tod 1975 wechselte Andrew Rothstein vom Posten des Vice-Chairman auf den des Präsidenten. Unter den Vize-Präsidenten waren 1976 viele, die schon seit den 1940er Jahren aktiv waren: James Aldridge, Alan Bush, Ivor Montagu, Axel Page, Dennis N. Pritt und Pat Sloan. Vgl. General Secretary's Report, [1976], in: Hull, U DX 367/13.

Lamond. Anders als Denis N. Pritt oder John Platts-Mills in den 1940er Jahren konnten die Labour-Abgeordneten in der Partei bleiben, obwohl sie eine explizit prosowjetische Position vertraten. Wie Darren Lilleker zeigt, sahen diese in der Sowjetunion ein – wenn auch nicht in allen Facetten nachahmenswertes – Modell des Sozialismus mit vielen positiven Grundzügen. Sie lehnten die einseitig atlantische Ausrichtung der britischen Außenpolitik ab und traten für politische, wirtschaftliche und kulturelle Beziehungen mit der Sowjetunion ein. Ihr Hauptargument war die Erhaltung des Friedens in Europa, die sie eher der Sowjetunion als den USA zutrauten.[376] Deshalb hielten sie sich mit öffentlicher Kritik an der Sowjetunion zurück und fanden in der BSFS eine politische Heimat. Angesichts des jahrelangen Labour-Verbots erschien die Wahl des Labour-Abgeordneten William Wilson 1978 zum Chairman der BSFS zwar auf den ersten Blick revolutionär, doch sie stand nicht für eine inhaltliche Öffnung. Die politische Wahrnehmung des aus Coventry stammenden Wilson prägten seine Erlebnisse bei der Bombardierung seiner Heimatstadt und deren spätere Verbindungen zu Dresden und Stalingrad. Daraus resultierte seine Dankbarkeit gegenüber der Sowjetunion für die Befreiung Europas.[377] Mitte der 1960er Jahre trat er der BSFS und der British-GDR Friendship Society bei und engagierte sich für die politische Anerkennung der DDR. Anlässlich seiner Wahl zum Chairman versicherte er dem SSOD-Vertreter Parastaev, dass er die soziale Basis der Organisation erweitern und mehr mit Labour-Politikern und „realistisch denkenden Konservativen" zusammenarbeiten, doch zugleich den politischen Kampf gegen den „Antisowjetismus" fortführen wolle.[378]

Deshalb erscheint es nicht verwunderlich, dass die BSFS die Intervention in Afghanistan nicht verurteilte wie die CPGB. Das Executive Committee der BSFS verabschiedete vielmehr mit nur einer Gegenstimme eine Resolution, die nicht nur Verständnis für die Sowjetunion äußerte, sondern den USA und Großbritannien die Hauptschuld an den Ereignissen gab:

---

376 Vgl. Lilleker, Against the Cold War, S. 3.
377 Vgl. ibid., S. 193–200; Berger, Stefan/LaPorte, Norman: Britische Parlamentarierkontakte nach Osteuropa 1945–1989. Zwischen „fellow travelling" und ostpolitischer Erneuerung, in: Archiv für Sozialgeschichte 45 (2005), S. 3–42, hier S. 7.
378 Vgl. Zapis' besedy s členom parlamenta, predstavitelem Obščestva britano-sovetskoj družby U. VILSONOM, 9.10.1978, in: GARF, f. 9576, op. 20, d. 1950, l. 190. Nach unbestätigten Quellen waren Frank Swift, James Lamond, Jim Layzell, Gordon Schaffer und William Wilson auch in der Untergruppierung der CPGB um die Zeitschrift *Straight Left* des ehemaligen Studentenführers der Partei Fergus Nicholson organisiert. http://www.grahamstevenson.me.uk/index.php?option=com_content&view=article&id=1411:nicholson-fergus&catid=14:n&Itemid=115 (25.10.2016).

> It was only when the Soviet government responded to the repeated appeals from Kabul that the present campaign of hatred and lying propaganda was launched by Mrs Thatcher and President Carter. [...] The USSR [...] had no other course than to respond to the Afghan government's appeal for military assistance to stop the further invasion of its territory.[379]

Da mehrere Komitees unabhängig voneinander vergleichbare Resolutionen verabschiedeten, war die Leitung mit dieser Meinung offensichtlich im Einklang mit der Basis.[380] Deputy General Secretary Pam Meister werte sich sogar gegen die Berichterstattung des *Guardian*, nach der die BSFS wie die CPGB den Einsatz in Afghanistan kritisiert hätte.[381]

In der Folge publizierte die BSFS unermüdlich Presseerklärungen, wenn Thatcher – aus ihrer Sicht fälschlicherweise – behauptete, dass die Sowjetunion in Afghanistan einmarschiert sei, dass die Sowjetunion aufrüste oder Freiheitsrechte verletze.[382] Nicht nur diese Kampagnen, auch die Rhetorik erinnert an die Hochzeit des Kalten Krieges. Thatcher erzählte demnach wahlweise „haarsträubenden Unsinn" oder „Müll". Für die „antisowjetische Propaganda" der USA mussten auch Vergleiche mit Goebbels herhalten.[383] Die BSFS-Führung baute ein regelrechtes Bedrohungsszenario auf, das an den kollektiven Kampfgeist der Mitglieder appellieren sollte. Sie waren demnach umgeben von einer „antisowjetischen" konservativen Regierung, einer sowjetunionkritischen kommunistischen Partei, einer „antisowjetischen gleichgeschalteten Presse" und konfrontiert mit Angriffen sowjetischer Exilanten.[384] Der SSOD-Vertreter bei der Botschaft Anatolij Mas'ko war äußerst zufrieden mit der klaren Positionierung der BSFS und deren aktiver Arbeit gegen die antisowjetische Kampagne.[385]

---

379 Press Statement, 29.1.1980, in: NottArch, DD/PP/11/3/5. Vgl. zur Verurteilung der Intervention durch die CPGB: Andrews, Endgames and New Times, S. 92–95.
380 Siehe Minutes of Executive Committee Meeting, 27.1.1980, in: NottArch, DD/PP/11/3/1.
381 Vgl. Pam Meister an The Guardian, 29.1.1980, in: NottArch, DD/PP/11/3/5.
382 Siehe zahlreiche Presseerklärungen in: NottArch, DD/PP/11/3/5.
383 Press Statement, 24.4.1979, und 16.10.1979, in: NottArch, DD/PP/11/3/5.
384 Vgl. Minutes of Branch Secretaries' Meeting, 4.12.1983, in: NottArch, DD/PP/11/3/1, darin ein Bericht von Roger Vaughan, Secretary der Nottingham Branch: „Running a Branch in a Hostile Environment".
385 Siehe Mas'ko an Janaev, Stellv. Präsidium SSOD, 25.2.1980 und 19.5.1980, in: GARF, f. 9576, op. 20, d. 2731, l. 27–29 und 64–67.

„Normalisierung" in Frankreich

Der innenpolitische Umschwung in Frankreich begann schon zwei Jahre vor Afghanistan. Im September 1977 zerbrach die Union de la gauche primär an den Forderungen des PCF. Nachdem immer deutlicher wurde, dass vor allem der PS von diesem Bündnis profitierte, wollte Generalsekretär George Marchais lieber auf eine Regierungsübernahme der Linken verzichten, statt als Juniorpartner des PS zu enden. Der PCF attackierte nun erneut heftig die „bourgeoisen" Sozialisten. Dennoch blieb er bei den Wahlen zur Assemblée nationale im März 1978 trotz leichter Zugewinne hinter dem PS. Wenig später beendete der PCF seine „eurokommunistische" Phase und ordnete sich wieder vollständig den Weisungen der KPdSU unter. Symbolisch vollzogen wurde diese Rückkehr in den Schoß Moskaus auf dem 23. Parteitag im März 1979, bei dem Marchais der Sowjetunion eine „global positive Bilanz" bescheinigte.[386] In der Konsequenz dieser „Normalisierung" sprach der PCF nach der sowjetischen Intervention in Afghanistan ohne zu zögern von einem afghanischen Hilferuf an die sowjetischen Truppen.[387]

Anders als 1968 blieben die Vertreter der Sozialisten nach dem Ende der Union de la gauche in der Association France-URSS. Dennoch erfolgte parallel zur „Normalisierung" des PCF auch eine „Normalisierung" der Freundschaftsgesellschaft. Ab 1979 tauchten weniger Leserbriefe oder andere kritische Berichte in *France-URSS Magazine* auf. Zwar gab es immer noch einzelne kritische Stimmen wie die Arcadias', Spades und Hamons, doch drang so gut wie keine interne Diskussion nach außen. So sprach sich anlässlich der sowjetischen Intervention in Afghanistan innerhalb der Présidence von France-URSS nur Arcadias für eine offene Kritik an der Sowjetunion aus. Spade wollte dagegen vor allem einen öffentlichen Protest gegen die kurz darauf erfolgte Exilierung Sacharovs nach Gorki organisieren.[388] Am Ende stellte die Présidence unter Berufung auf den Beschluss von Avignon wiederum nur Meinungsverschiedenheiten fest und verzichtete auf eine eindeutige Positionierung.[389] Im Comité national im Januar 1980 hätte, laut Vasilij Mitrochins Aufzeichnungen, der KGB verhindert, dass eine „antisowjetische Resolution" zu Afghanistan und Sacharov verabschiedet wurde.[390] Zwar sind in diesem Fall keine vorherigen Absprachen beispielsweise

---

386 Vgl. Courtois/Lazar, Histoire du Parti communiste, S. 374 f. und 386 f.
387 Vgl. Robrieux, Histoire intérieure, Bd. 3: 1972–1982, S. 404.
388 Vgl. Zasedanie Prezidentskogo Soveta, 1.2.1980, in: GARF, f. 9576, op. 20, d. 2677, l. 82–86.
389 Siehe Resolution de la Présidence nationale, 1.2.1980, in: France-URSS Information (1980) 2–3, S. 1, in: ANF, 88 AS 31.
390 Vgl. Obščestvo SSSR-Francija, in: Wilson Center Digital Archive, CWIHP, Mitrokhin Archive, Folder 71.

mit Marquié bekannt, doch wäre dies angesichts der vergleichbaren vorangegangenen Fälle naheliegend. In der Sitzung plädierten wiederum vor allem Marquié, Baillot und Grenier gegen den Vorschlag, eine Delegation zu SSSR-Francija zu schicken, um ihnen ihre Position zu erläutern.[391]

Sowohl in der Présidence als auch im Comité national entbrannte die Diskussion auch deshalb nicht so heftig wie einige Jahre zuvor, weil große Übereinstimmung hinsichtlich zweier, alles überlagernder Punkte herrschte: Angesichts der offensichtlichen Gefahr erneuten Wettrüstens und der Bedrohung des internationalen Friedens plädierten alle für Abrüstung, Frieden und möglichst wenig Provokationen auf beiden Seiten. Einige Vertreter regionaler Komitees berichteten beim Comité national sogar von einem spürbaren Aufschwung bei Mitgliederzahlen und Aktivitäten, da wieder eine offensichtliche Notwendigkeit für ein Engagement für den Frieden bestand. Zweitens fanden sich alle in einer gemeinsamen Kampagne gegen den Boykott der Olympischen Spiele in Moskau zusammen, der nicht nur das Symbol der internationalen Verständigung der Völker trüben, sondern auch die Haupteinnahmequelle von France-URSS – die Reisen in die Sowjetunion – zu diesen Spielen bedrohen würde.[392]

Dementsprechend stellte auch die Resolution des Comité national nur die „unterschiedlichen Einschätzungen" der einzelnen Mitglieder fest, um dann als wesentliche Aufgabe zu definieren, die öffentliche Meinung für die Olympischen Spiele zu gewinnen.[393] Die darauf folgende massive Kampagne gegen den Boykott der Olympischen Spiele in Moskau fand die Unterstützung vieler Institutionen, der meisten Parteien und auch breiter Kreise der französischen Öffentlichkeit. Nachdem die französische Regierung den Sportverbänden die Entscheidung überlassen hatte, stimmten die meisten für eine Beteiligung an den Olympischen Spielen. Selbst wenn France-URSS nur einen kleinen Beitrag hierzu geliefert hat, blickte die Freundschaftsgesellschaft mit Stolz auf die Kampagne zurück, bei der sie allein 50.000 Unterstützerkarten gesammelt hatte.[394]

Symbolisch für die „Normalisierung" von France-URSS stand die Übernahme der Präsidentschaft nach dem Tod Dessons im März 1980 durch die Wissenschaftlerin Madeleine Guilbert.[395] Aufgewachsen in einer politisch links

---

391 Vgl. Comité national du 17 janvier 1980, in: GARF, f. 9576, op. 20, d. 2677, l. 37–41.
392 Siehe Spade, Henri: Pour les jeux Olympiques, in: FUM (1979) 7–8, S. 5; Intensifier les efforts. Résolution du Comité national du 9 mars 1980, in: FUM (1980) 4, S. 9.
393 Vgl. Déclaration du Comité national, 10.3.1980, in: GARF, f. 9576, op. 20, d. 2677, l. 135.
394 Vgl. Rede von Madeleine Guilbert und Charles Latil beim 15. Nationalkongress, 9.–11.11.1980, in: France-URSS Information (1980) 12, in: ANF, 88 AS 19.
395 Vgl. zur Biographie Guilberts: Zylberberg-Hocquard, Marie-Hélène: Madeleine Guilbert (1910–2006), in: CLIO. Histoire, femmes et sociétés (2007) n° 25, S. 5–8.

orientierten, antiklerikalen Familie beteiligte sie sich an der Résistance und trat 1945 in den PCF ein. Als Professorin für Soziologie in Tours beschäftigte sie sich insbesondere mit den Zusammenhängen von Arbeit und Geschlecht. Nachdem Guilbert bereits seit 1970 Mitglied der Présidence von France-URSS war, übernahm sie nun im Ruhestand die Präsidentschaft. Zwar war sie die erste Président délégué mit Parteibuch des PCF seit 1954, doch wurde sie gerade deshalb ausgewählt, weil sie keine aktive Politikerin war.[396] Ähnlich wie die ersten Präsidenten Paul Langevin und Frédéric Joliot-Curie war sie in der Öffentlichkeit eher für ihre wissenschaftliche als für ihre politische Arbeit bekannt. Das Generalsekretariat übernahm 1981 nach 19 Jahren unter Raymond Roussat der junge Lehrer und bisherige Vorsitzende des Jugendkomitees von France-URSS Nord Raphaël Vahé. Er war Mitglied des PCF, hatte aber bisher keine klassische Parteikarriere verfolgt, sondern war die Karriereleiter innerhalb von France-URSS aufgestiegen.[397]

Die „Normalisierung" von France-URSS bestätigte der 15. Nationalkongress im November 1980 in Lyon. Er widmete sich wieder primär dem Kampf gegen den „Antisowjetismus" oder konkreten praktischen Fragen der Zusammenarbeit wie Russischkursen, Städtepartnerschaften oder Reisen.[398] Kritische Stimmen wie die einer Delegierten aus dem Komitee Rhône, die das Schweigen zu Afghanistan beklagte, tauchten in der offiziellen Zusammenfassung nicht auf.[399] Dennoch registrierte der Beobachter der Polizei eine rege Debatte zu diesem Thema mit sehr widersprüchlichen Meinungen.[400] Die Abschlussdeklaration sprach sich jedoch nur allgemein für einen neuen Freundschaftsvertrag zwischen beiden Ländern und eine erfolgreiche KSZE-Konferenz in Belgrad aus.

Mehr als Afghanistan bewegte das Vorgehen gegen die Solidarność in Polen im Dezember 1981 die Gemüter in Frankreich und in France-URSS. Ähnlich wie 1968 in Prag hatten viele mit Sympathie die wachsende Protestbewegung von unten verfolgt und sahen durch die sowjetische Intervention das Recht auf Meinungsäußerung und politische Opposition massiv verletzt. Dennoch erfolgten auch hier nur intern heftige Diskussionen, bei denen man sich wiederum lediglich auf eine neutrale Resolution einigen konnte.[401] Daraufhin

---

396 Vgl. Svistunov an Kruglova, 29.4.1980, in: GARF, f. 9576, op. 20, d. 2677, l. 146–148.
397 Vgl. zum Werdegang: Raphaël Vahé an Raymond Roussat, 9.7.1973, in: AD Nord, 151 J 24; Interview I Raphaël Vahé.
398 Siehe die Reden und Zusammenfassungen in: France-URSS Information (1980) 12, in: ANF, 88 AS 19.
399 Siehe Allocution de Mlle Nathalie Simonitto, in: ANF, 88 AS 19.
400 Vgl. Les décisions du Congrès de l'Association France-URSS, 15.11.1980, in: APP, 77 W 3546/276910.
401 Vgl. Procès verbal de la réunion de la Présidence nationale, 18.12.1981, in: ANF, 88 AS 7.

erklärte der ehemalige Staatssekretär im Außenministerium Jean de Lipkowski seinen Rücktritt. Er hielt es für „extrem schockierend", angesichts der Verletzung fundamentaler Menschenrechte „den kleinsten gemeinsamen Nenner" zu suchen und zu schweigen.[402] Hamon ließ seine Mitgliedschaft in der Présidence vorübergehend ruhen, da er nicht mehr bereit war, innerhalb von France-URSS auf seine Meinung zu verzichten.[403] Allerdings ließ er sich beim nächsten Nationalkongress 1984 erneut in die Présidence wählen unter der Bedingung, dass akzeptiert werde, dass er sich weiterhin frei für Menschenrechte in der Sowjetunion einsetze.[404]

Der Wahlsieg Mitterrands und die Regierungsübernahme durch die Sozialisten 1981 änderte nichts an der politischen Orientierung von France-URSS. Obwohl für die Regierungsmehrheit nicht notwendig, überantwortete Mitterrand damals vier Ministerposten dem PCF. Seine damit verbundene Hoffnung, die interne Spaltung und damit die Schwächung des PCF weiter voranzutreiben, sollte sich bestätigen.[405] Wie in Großbritannien konnte France-URSS in den 1980er Jahren steigende Mitgliedszahlen verzeichnen, während der PCF stark an Einfluss verlor.[406] Denn durch die zahlreichen kulturellen Veranstaltungen und Dienstleistungen wie z. B. Reisen gelang es der Freundschaftsgesellschaft, sich im Bewusstsein vieler Franzosen von der Partei zu lösen. Dies lässt sich exemplarisch an der Sprachförderung zeigen. 1982 rief France-URSS in Kooperation mit dem französischen Russischlehrerverband das Jahr der russischen Sprache in Frankreich aus. France-URSS hatte sich seit langem für die Verbreitung der Sprache engagiert, indem innerhalb der lokalen Komitees selbst Sprachunterricht angeboten wurde. So lernten 1985 innerhalb von France-URSS 3.000 Erwachsene Russisch.[407] Mit Memoranden, Pressekampagnen und Veranstaltungen warben sie für Russisch als Fremdsprache in Schulen und Universitäten, das nur noch ca. 20.000 französische Schüler der Sekundarstufe lernten.[408] Diese Initiative wurde sowohl vom Kulturministerium als auch von

---

402 Jean de Lipkowski an Madeleine Guilbert, 6.1.1982, in: ANF, 88 AS 12.
403 Léo Hamon an Madeleine Guilbert, 9.2.1982, in: ANF, 88 AS 12.
404 Vgl. Léo Hamon an Madeleine Guilbert, 15.5.1984, in: ANF, 88 AS 12.
405 Vgl. Dörr, François Mitterrand und der PCF.
406 Vgl. zum Niedergang des PCF Courtois, Stéphane/Andolfatto, Dominique: France. The Collapse of the House of Communism, in: Backes, Uwe/Moreau, Patrick (Hg.): Communist and Post-Communist Parties in Europe, Göttingen 2008, S. 87–132, hier S. 88–99.
407 Vgl. Salque, Danièle: Le rôle de France-U.r.s.s., in: FUM (1985) 2, S. 28.
408 Vgl. Memorandum N° 1, in: ANF, 19920214/38

der Presse sehr positiv aufgenommen.[409] Für die Lernenden selbst spielten politische Faktoren kaum eine Rolle. Die exemplarisch in *Kultur und Leben* vorgestellten Sprachschüler von France-URSS lernten wegen eines russischen Schwiegersohns, aus Liebe zur russischen Literatur und in der Hoffnung, einmal „Krieg und Frieden" im Original lesen zu können, oder um sich bei Reisen besser zurechtzufinden.[410] 1984 organisierte France-URSS im Gegenzug in enger Kooperation mit der französischen Regierung ein Jahr der französischen Sprache in der Sowjetunion. Dabei konnte France-URSS wiederum als Kontaktvermittler und Türöffner für die Cultural Diplomacy auf Regierungsebene fungieren.[411] Sie war nun eine gesellschaftlich anerkannte Organisation mit primär kultureller Mission, ohne dass sie sich aus der politischen Linie des PCF gelöst hätte.

Kritik und Kontinuität der regierungsnahen Gesellschaften in der Bundesrepublik und Großbritannien

Während die BSFS die Sowjetunion nach der Intervention in Afghanistan verteidigte und die Association France-URSS nach außen schwieg, ertönten in der Bundesrepublik kritische Stimmen. Behrendt hielt sich auf einer Feier zum 70. Geburtstag von Essl in Anwesenheit des sowjetischen Kulturattachés nicht zurück: „Die Ereignisse in Afghanistan sind bestürzend und beunruhigend; sie können nicht gutgeheißen werden und sind zu verurteilen. Der Einmarsch der sowjetischen Truppen in Afghanistan bedeutet eine psychologische Erschwerung der Beziehungen unserer beiden Staaten und der Arbeit unserer Gesellschaften."[412] Allerdings wollten sich nicht alle Regionalgesellschaften dieser deutlichen Kritik anschließen. Die Hamburger Gesellschaft bedauerte zwar die Intervention, sprach sich jedoch vor allem deutlich gegen einen Boykott der Olympischen Spiele in Moskau aus.[413] Dieser Argumentation wollte eine Mehrheit der Vertreter sowohl bei der Vorstandssitzung der ARGE im Februar als

---

409 Vgl. exemplarisch: L'année de la langue russe. Une initiative de „France-U.R.S.S." et des professeurs spécialisés, in: Le Monde, 10.2.1982, S. 8; sowie das ganze Pressedossier, in: ANF, 88 AS 59.
410 Vgl. Russische Sprache. Botschafter des Friedens, in: Kultur und Leben (1982) 3, S. 34 f.
411 Matchabelli, Wladimir: Un jalon pour l'avenir. Année du français en U.R.S.S., in: FUM (1985) 2, S. 30–32; Mission en U.R.S.S. sur l'année du français, 3.11.1983, in: ANF, 19900194/44.
412 Öffentliche Bemerkungen von Herrn Behrendt anl. des 70. Geburtstages von Herrn Essl am 9.1.80 in Gegenwart des sowjetischen Kulturattaché, in: PAAA, ZA 133145.
413 Gesellschaft Bundesrepublik Deutschland-Sowjetunion in Hamburg e. V.: Mitteilung an die Presse, in: GARF, f. 9576, op. 20, d. 2694, l. 16.

auch bei der Mitgliederversammlung im April 1980 folgen. Behrendt und Denninghaus von der RWAG stimmten jedoch dagegen. Da laut Satzung öffentliche Erklärungen des Vorstands die Einstimmigkeit erforderten, blieb es im Februar bei einer nicht-öffentlichen Protokollnotiz.[414] Als sich allerdings Behrendt bei der Mitgliederversammlung weigerte, eine Resolution zum Boykott zu unterschreiben, unterzeichneten Weber und Essl unter Berufung auf das Mehrheitsprinzip die Presseerklärung, so dass diese trotz allem veröffentlicht werden konnte. Behrendt sah darin einen Vertrauensbruch und kündigte seinen sofortigen Rückzug an, den er am Ende jedoch nicht ausführte.[415]

Bei dieser Diskussion versuchte auch die DKP ihren Einfluss geltend zu machen. Drei DKP-Vertreter der Regionalgesellschaften veröffentlichten nach der Mitgliederversammlung eine Erklärung gegen Behrendts Position. Trotz der politischen Unterstützung stufte der SSOD-Vertreter Azat A. Zasuchin diese Aktion als wenig hilfreich ein: Ein derart offensichtlicher Einfluss der DKP und die Veröffentlichung interner Meinungsverschiedenheiten könnten der ARGE nur schaden.[416] Der Argumentation Behrendts folgend sah er damit die Priorität in der Glaubwürdigkeit der ARGE in der bundesrepublikanischen Öffentlichkeit und nicht in ihrer politischen Mission. Zasuchin behielt mit seiner Mahnung zur Zurückhaltung Recht. In einem Interview in der Botschaftszeitschrift *Sowjetunion heute* hatte sich der Vorsitzende der Regionalgesellschaft Rhein-Ruhr Hansen eindeutig gegen einen Boykott der Olympischen Spiele ausgesprochen.[417] Dies bot den Gegnern der ARGE eine Angriffsfläche. Im Juni 1980 stellte eine Gruppe von Abgeordneten der CDU/CSU-Fraktion eine Kleine Anfrage im Bundestag zu den „DKP-beeinflußten Freundschaftsgesellschaften", die explizit auf Äußerungen Hansens Bezug nahm. Der Bundesregierung blieb in diesem Fall wieder nichts anderes übrig, als die Gesellschaften als private Organisationen

---

414 Vgl. Beschluß-Protokoll über die Sitzung des Gesamtvorstand der ARGE am 8.2.1980, in: AMA, BayGes 111.

415 Vgl. Zasuchin an Vedernikov: O položenii v rukovodstve Federacii obščestv „FRG-SSSR", 25.4.1980, in: GARF, f. 9576, op. 20, d. 2694, l. 80 f.; Vermerk: ARGE, 20.4.1980, in: PAAA, ZA 133145; Essl an Mitglieder des Vorstandes und Beirates der Bayerischen Gesellschaft: Entscheidung über den Abstimmungsmodus in der ARGE, 5.5.1980; sowie Presseerklärung, 22.4.1980, in: AMA, BayGes 111.

416 Dies waren Karl-Heinz Schröder, Luitwin Bies und Gustav Tambowsky. Vgl. Zasuchin an Vedernikov, O položenii v rukovodstve Federacii obščestv „FRG-SSSR", 25.4.1980, in: GARF, f. 9576, op. 20, d. 2694, l. 80 f.; sowie Essl an Mitglieder des Vorstandes und Beirates der Bayerischen Gesellschaft, 5.5.1980, in: AMA, BayGes, 111; Vermerk: ARGE, 20.5.1980; sowie Presse-Erklärung, 22.4.1980, in: PAAA, ZA 133145.

417 Vgl. „Diese zehn Jahre sind nicht verloren", in: Sowjetunion heute (1980) 7, S. 51.

darzustellen, die keine politischen „Freundschaftsgesellschaften" seien, sondern mit ihren Projekten zur Realisierung der KSZE-Schlussakte beitrugen.[418]

Behrendt stimmte seine Haltung eng mit dem Auswärtigen Amt ab. Dieses hatte ihn ausdrücklich darin bestärkt, die Arbeit trotz der Ereignisse in Afghanistan weiterzuführen und im März 1980 nach Moskau zu reisen, um den Austauschplan für 1980/81 mit der SSOD zu unterzeichnen. Zu diesem Zweck schlugen die Mitarbeiter Textbausteine für eine politisch möglichst unverfängliche Ansprache vor, die jedoch die „spürbare psychologische Erschwerung" der Tätigkeit aufgrund der Ereignisse deutlich machen sollte.[419] Bei möglichen Angriffen von der sowjetischen Seite sollte Behrendt lieber kontern als aus Protest abreisen.[420] Trotz des offiziellen Boykotts der Olympischen Spiele von Seiten der Bundesrepublik wollte das Auswärtige Amt den Kommunikationskanal über die Freundschaftsgesellschaften offenhalten.

Hinsichtlich der engen Zusammenarbeit mit dem Auswärtigen Amt waren die bundesdeutschen Gesellschaften mit der Great Britain-USSR Association vergleichbar. Obwohl diese eine eindeutige politische Linie vertreten wollte, musste sie sich im Einzelfall kompromissbereit zeigen. Der neue Director ab 1973, John C. Q. Roberts, hatte sich vorgenommen, keine sowjetischen Diplomaten zu hofieren und notfalls in Kauf zu nehmen, dass die BSFS wieder mehr Einfluss gewann.[421] Seiner Meinung nach war Maclean, der auch nach seinem Wechsel 1973 in das Amt des Präsidenten aktiv mitwirkte, zu kompromissbereit und aufgrund seiner zahlreichen Kontakte in höhere sowjetische Kreise nicht mehr unparteiisch.[422] Doch Roberts war ebenso von der Kooperationsbereitschaft der sowjetischen Seite abhängig.

Die Regierungsübernahme Thatchers 1979 änderte nichts an der staatlichen finanziellen und politischen Unterstützung für die Tätigkeiten der Association. Nach der sowjetischen Intervention in Afghanistan protestierte die Leitung und verschob auf unbestimmte Zeit die Antrittsreise des frisch gewählten Präsidenten, Ex-Premierminister Harold Wilson, zur SSOD. Gegenüber der sowjetischen Botschaft rechtfertige Roberts diesen Schritt mit dem Druck der öffentlichen

---

418 Vgl. DKP-beinflußte „Freundschaftsgesellschaften". Antwort der Bundesregierung auf die Kleine Anfrage. Drucksache 8/4188 31.3.1980, http://dip21.bundestag.de/dip21/btd/08/041/0804188.pdf (10.12.2012). Siehe auch Beiträge zur Beantwortung der Kleinen Anfrage der CDU/CSU-Fraktion betr. DKP-beeinflusste „Freundschaftsgesellschaften", 10.4.1980, in: PAAA, ZA 133145.
419 Vgl. Vermerk: ARGE, 4.2.1980; sowie Arnot an Behrendt, 29.2.1980, in: PAAA, ZA 133145.
420 Vgl. Vermerk, ARGE, 3.3.1980, in: PAAA, ZA 133145.
421 Roberts Vorstellung von einer unabhängigeren Association zieht sich wie ein roter Faden durch sein autobiographisches Buch über seine Zeit als Director: Roberts, Speak Clearly.
422 Vgl. ibid., S. 40.

Meinung. Er betonte gleichzeitig, dass sie weiter daran interessiert seien, die im Austauschplan vorgesehenen Maßnahmen durchzuführen.[423] Gemäß den Beschlüssen des Foreign Office sagten sie große symbolische Projekte ab, doch Veranstaltungen in der Sowjetunion führten sie im eigenen Interesse weiterhin durch. Ähnlich wie die Bundesregierung wollte auch das Foreign Office nicht die Brücken abbrechen, wie Chairman John Lawrence an die Mitglieder schrieb:

> The night may be long or short but the day will come eventually and in the meantime it is important that human and cultural contacts should be maintained wherever this can be done without compromise of principle. To cut off all cultural contacts would harm people who have nothing to do with the invasion in Afghanistan.[424]

Die SSOD reagierte ihrerseits weniger empfindlich auf die Kritik aus der Bundesrepublik und Großbritannien als vermutet. Wie in Frankreich hatte die SSOD versucht zu verhindern, dass öffentliche Kritik geäußert wurde. Eine demonstrative Unterstützung der Intervention hätte jedoch in beiden Fällen die Glaubwürdigkeit der Vereinigungen in Gefahr gebracht. In der Bundesrepublik forderte die SSOD aus diesem Grund nicht einmal eine Kampagne gegen den Boykott der Olympischen Spiele ein. Als Weber Mitte Januar und Essl im Februar 1980 zu Gesprächen in Moskau waren, wurde ihnen von Ivanov zwar der Unmut über die kritische Haltung und die „antisowjetischen Tendenzen in der Bundesrepublik" kommuniziert.[425] Dennoch drohte er nie mit dem Abbruch oder der Einschränkung der Beziehungen. Die Vertreter der SSOD empfahlen dafür dringlichst, mit Falin oder Ivanov einen sowjetischen Vertreter zu einer Vortragsreise in die Bundesrepublik einzuladen, so dass sie ihre Position darlegen könnten.[426] Ganz ähnlich kam die SSOD auch gegenüber der Great Britain-USSR Association zu dem Schluss, dass die Kontakte aufrechterhalten werden sollten, da die Mitglieder weniger „antisowjetisch" seien als die Leitung.[427]

---

423 Vgl. Zapis' besedy s direktorom Associacii „Velikobritanija-SSSR" Džonom Robertsom, 14.1.980; sowie John Roberts an Botschafter Nikolaj Lyn'kov, 7.1.1980, in: GARF, f. 9576, op. 20, d. 2731, l. 17 und 18 f.
424 J. W. Lawrence: From the Chairman, 30.1.1980, in: TNA, FCO 13/954.
425 Vgl. Zapis' besedy s vice-prezidentom Federacii obščestv „FRG-SSSR", predsedatelem Gamburgskogo obščestva „FRG-SSSR" Gerchardom Veberom, in: GARF, f. 9576, op. 20, d. 2694, l. 13–15; sowie Vermerk: ARGE, 3.3.1980, in: PAAA, ZA 133145.
426 Vgl. Fernschreiben Bonn an Moskau, Krise um Afghanistan, 8.2.1980, in: PAAA, Neues Amt 10423.
427 Vgl. Janaev, stellv. Vorsitzender des Präsidiums der SSOD, an Mas'ko, 12.2.1980; sowie Plan raboty Predstavitel'stva SSOD po vypolneniju postanovlenija Bjuro Prezidiuma SSOD ot 29.2.1980, in: GARF, f. 9576, op. 20, d. 2731, l. 20 f. und 47–52, hier l. 51.

Damit sahen beide Seiten die offizielle Regierungspolitik im Gegensatz zur Einstellung und zu den Interessen der Bevölkerung. Sie begründeten die Aufrechterhaltung der Kontakte damit, dass die jeweilige Partnergesellschaft eine Möglichkeit darstellte, die Bevölkerung zu erreichen. Über den obligatorischen Protest hinaus war keine der Seiten an einer Eskalation interessiert.

3.7 Fazit: Freundschaftsgesellschaften als alternative Kommunikationskanäle

Die Entspannungspolitik ermöglichte eine Annäherung zwischen West und Ost, die grundsätzlich im Sinne der Freundschaftsgesellschaften war. Diese stilisierten sich dabei selbst als Wegbereiter der Détente. Tatsächlich aber folgten sie eher den Entwicklungen der internationalen Politik und versuchten, ihren Platz innerhalb der Cultural Diplomacy zu behaupten. Dies gelang ihnen vor allem deshalb, weil die Sowjetunion sie als alternative, politisch verlässliche Kommunikationskanäle beibehielt und förderte. Durch Privilegien, bevorzugte Behandlung bei Staatsempfängen und mit Hilfe von halbstaatlichen Austauschplänen setzte die sowjetische Führung die Stellung der Freundschaftsgesellschaften als außenpolitische Akteure auch gegenüber den westlichen Regierungen durch. Diese mussten sich daher immer wieder aufs Neue mit den Aktivitäten der Freundschaftsgesellschaften auseinandersetzen.

In dieser Zeit wuchs allerdings auch das Bewusstsein in den westlichen Außenministerien, dass die Freundschafts- und vor allem die sowjetischen Partnergesellschaften für die eigene Cultural Diplomacy von großem Interesse sein konnten. Am weitesten ging dabei das Auswärtige Amt, das die Freundschaftsgesellschaften zunächst als willkommene Begleiter der Neuen Ostpolitik begrüßte und sie – angesichts fehlender zwischenstaatlicher Vereinbarungen – in den 1970er Jahren schließlich als Instrumente einer alternativen Auswärtigen Kulturpolitik nutzte. Wie bei der Great Britain-USSR Association waren somit auch in der Bundesrepublik gesellschaftliche und staatliche Cultural Diplomacy eng miteinander verflochten.

Mit Blick auf die Annäherung zwischen linken und kommunistischen Parteien treten klare Unterschiede zwischen den Ländern hervor. France-URSS bot dem PCF in den 1960er Jahren ein Forum, die Annäherung an die Sozialisten in die Wege zu leiten und das Wahlbündnis zu begleiten. Die regelmäßige Kontaktpflege von Sozialisten, Kommunisten und Gaullisten innerhalb der Association schuf zusätzliche zwischenparteiliche Verbindungen und verschaffte dem PCF indirekt politische Anerkennung. Der Bündnispolitik mit den Sozialisten versuchte die Parteiführung eine Basis zu verschaffen, die bis in die lokalen

Komitees von France-URSS reichen sollte. Als sich der PCF zunehmend von Moskau distanzierte, diente France-URSS umgekehrt der Sowjetunion als ein Kommunikationskanal, um eine völlige Entfremdung der Partei durch die Stärkung prosowjetischer Kräfte zu verhindern. In Großbritannien scheiterte ein mögliches Bündnis der linken Parteien in den 1960er Jahren weiterhin an der Abgrenzungspolitik der Labour-Partei. Erst in den 1970er Jahren gelang eine Annäherung innerhalb der Gewerkschaften. Die BSFS spielte ihre integrierende Rolle weniger auf dem Weg einer politischen Öffnung als durch die Integration prosowjetischer Strömungen aus beiden Parteien.

Ähnlich wie in den anderen Ländern sollte während der 1940er Jahre auch in der Bundesrepublik die kommunistische Partei zur treibenden Kraft hinter der Gründung der Freundschaftsgesellschaft werden. Ende der 1960er Jahre hoffte zunächst die KPD und dann die neugegründete DKP, eine mit anderen westeuropäischen Ländern vergleichbare Freundschaftsbewegung aufzubauen zu können. Doch wenngleich die sozialliberale Übermacht innerhalb der Gesellschaft kommunistische Mitglieder grundsätzlich tolerierte, konnte sie deren politischen Einfluss stets klein halten. Dennoch spielte die DKP als Bedrohungsszenario eine wichtige Rolle. Das Auswärtige Amt begründete seine Kontrolle, aber auch seine Finanzierung der Freundschaftsgesellschaften mit der Furcht vor kommunistischer Unterwanderung. Die CDU/CSU-Opposition wiederum schürte gezielt Ängste vor der DKP, um die Neue Ostpolitik der Regierung anzugreifen. Und schließlich bemühten auch die Freundschaftsgesellschaften selbst den Verweis auf die Kommunismusfurcht in der Bundesrepublik, um ihren ideologisch sehr zurückhaltenden Kurs gegenüber den sowjetischen Partnern durchzusetzen.

In allen drei Ländern waren die Freundschaftsgesellschaften nicht nur Anhängsel der kommunistischen Parteien. Vielmehr traten sie auch auf innenpolitischer Ebene als eigenständige Akteure in Erscheinung. Das Spektrum der Zusammenarbeit mit den kommunistischen Parteien reichte vom französischen Fall einer aktiven Vorbereitung der vom PCF erstrebten Annäherung an die Sozialisten über die Sammlung innerparteilicher Dissidenten in Großbritannien bis hin zu der in Westdeutschland praktizierten weitgehenden Marginalisierung der kommunistischen Partei auf dem Gebiet der Zusammenarbeit mit der Sowjetunion.

Der Blick auf die Loyalität zur Sowjetunion, der dritte Interessensschwerpunkt dieses Kapitels, lässt ebenfalls große Differenzen zwischen den einzelnen Freundschaftsgesellschaften sichtbar werden. Das Jahr 1968 brachte grundlegende Meinungsverschiedenheiten ans Tageslicht, die oft quer zu den Parteilinien verliefen. In der Bewertung des militärischen Vorgehens in Prag wichen erstmals nicht nur die Meinungen einzelner Mitglieder ab. Vielmehr verhielten sich die Freundschaftsgesellschaften je nach Land höchst unterschiedlich und reagierten vor allem weitgehend unabhängig von den jeweiligen kommunistischen Parteien. Die Menschenrechtsfrage in der Sowjetunion stellte in den 1970er Jahren vor allem die Freundschaftsgesellschaft in Frankreich auf die Probe, da die Union de la gauche den PCF zu einer klaren Positionierung zwang. Die Association France-URSS folgte zwar grundsätzlich der Linie des PCF, die vom Kampf gegen den „Antisowjetismus" in der ersten Hälfte der 1970er Jahre über die offene Kritik an der Sowjetunion im Zuge des Eurokommunismus bis hin zur „Normalisierung" ab 1977 reichte. Doch versuchte sie auch, zwischen den Positionen zu vermitteln. Einerseits filterte sie das von der Sowjetunion ausgegebene Selbstbild und passte es – wie im Falle der GULAG-Reportage – für die französische Öffentlichkeit an. Andererseits nahm France-URSS auch auf Druck der SSOD von 1975 an zurückhaltendere Positionen als der PCF ein, um keinen Bruch mit der Sowjetunion zu riskieren. Schließlich vermied sie im Gegensatz zum PCF ab 1979 durch demonstrativ neutrale Statements, die sowjetische Interventionspolitik in Afghanistan öffentlich zu unterstützen.

Angesichts dieser Diversifizierung der Freundschaftsgesellschaften nahm die SSOD eine erstaunlich pragmatische Haltung hinsichtlich ihrer politischen Mission ein. Sie absolvierte dabei selbst eine Gratwanderung: Die Freundschaftsgesellschaften sollten einerseits möglichst breit in Gesellschaft und Öffentlichkeit verankert sein und dadurch unabhängig erscheinen. Andererseits sollten sie ihre eigentliche politische Mission – die positive Außendarstellung der Sowjetunion – nicht vernachlässigen und keinesfalls öffentliche Kritik üben. In der Praxis ergaben sich daraus sehr unterschiedliche Modelle. So versuchte die SSOD, France-URSS diskret auf Linie zu bringen, akzeptierte aber gleichzeitig die politischen Eigenheiten der bundesrepublikanischen Gesellschaften. In Großbritannien folgte die BSFS der Vorgabe zur politischen Missionierung, die jedoch in der Öffentlichkeit wenig Anklang fand. Gleichzeitig kooperierte die SSOD bereitwillig mit der regierungsnahen und dafür finanzkräftigen Great Britain-USSR Association. Der italienische Fall zeigt jedoch, dass die Toleranz der sowjetischen Seite Grenzen hatte: Nachdem der PCI unter Enrico Berlinguer auch nach 1979 am Eurokommunismus festgehalten und Solidarność unterstützt hatte, verlor die Associazione Italia-URSS die finanzielle und moralische Unterstützung der Sowjetunion. Denn anders als die bundesdeutschen Gesellschaften war sie zu eng mit der kommunistischen Partei verbunden, um der SSOD einen breiteren gesellschaftlichen Einfluss sichern zu können.[428]

Von diesen internen Diskussionen und vom Auf und Ab der Entspannung blieben die Aktivitäten der Freundschaftsgesellschaften nahezu unberührt. Wie

---

428 Vgl. Gravina, Per una storia. Parte quarta, S. 152 f.

das nächste Kapitel zeigen wird, konnten alle untersuchten Freundschaftsgesellschaften in Kooperation mit der SSOD und den Partnergesellschaften zugleich ihren Austausch mit der Sowjetunion in unterschiedlichsten Bereichen ausbauen und intensivieren.

4 Cultural Diplomacy in der Brežnev-Ära: Rhetorische, virtuelle und persönliche Begegnungen

4.1 Einleitung: Politische Stagnation und gesellschaftliche Dynamik im KSZE-Prozess

Während der im vorangegangenen Kapitel beschriebenen außenpolitischen Hoch- und Tiefpunkte hinsichtlich der Entspannungspolitik und der innenpolitischen Verschiebungen im Westen blieb die Lage in der Sowjetunion relativ stabil. Nicht umsonst bezeichnete Michail Gorbačev die lange Regierungszeit Leonid Brežnevs von 1964 bis 1982 rückblickend im Kontrast zu den Veränderungen der Perestrojka als „Zeitalter der Stagnation". Nicht wenige Historiker übernahmen diese Deutung, da die Periode von großer personeller Stabilität, schleichendem wirtschaftlichem Niedergang und wachsendem Bürokratismus ohne größere ideologische Veränderungen gekennzeichnet war.[1] Das Regime bediente sich der immer gleichen politischen Inszenierungen, oft wiederholten Parolen und bewährten Handlungsmuster. Diese Verlässlichkeit wurde nach den Turbulenzen der vorangegangenen Jahrzehnte von vielen als positiv empfunden und trug dazu bei, dass diese Jahre von Zeitgenossen oft als „goldenes Zeitalter" erinnert wurden. Es herrschten soziale Sicherheit ohne Furcht vor massiven politischen Verfolgungen und ein relativer Wohlstand mit Zugang zu Konsumgütern.[2]

Wie jüngere Forschungen zeigen, fanden jedoch innerhalb des starren staatlichen Rahmens dynamische Modernisierungs- und Internationalisierungsprozesse statt, die in vielen Aspekten mit ähnlichen Entwicklungen im Westen vergleichbar waren. In der „stagnierenden" Brežnev-Zeit gab es mehr Raum für individuelle Aneignungen und Resistenzen, es konnten sich Teilöffentlichkeiten und Gruppendynamiken entwickeln, ohne dass die eigensinnigen Akteure

---

[1] Siehe zum Gegensatz von Stagnation und Dynamik Belge, Boris/Deuerlein, Martin: Einführung: Ein goldenes Zeitalter der Stagnation? Neue Perspektiven auf die Brežnev-Ära, in: dies. (Hg.): Goldenes Zeitalter der Stagnation? Perspektiven auf die sowjetische Ordnung der Brežnev-Ära, Tübingen 2014, S. 1–33, hier S. 13–15; Bacon, Edwin: Reconsidering Brezhnev, in: ders./Sandle, Mark (Hg.): Brezhnev Reconsidered, Basingstoke 2002, S. 1–21; Elie, Marc/Ohayon, Isabelle: Introduction, in: Cahiers du monde russe 54 (2013) 1–2, S. 11–28.
[2] Brežnevs Bemühungen um Ruhe und Wohlstand stellt insbesondere Susanne Schattenberg heraus: Schattenberg, Susanne: Leonid Breschnew. Staatsmann und Schauspieler im Schatten Stalins. Eine Biographie, Köln 2017, S. 347–411.

dadurch gleich in Opposition zum Regime geraten wären.[3] Diese scheinbar widersprüchliche Gleichzeitigkeit von politischer Stagnation und gesellschaftlicher Dynamik wird in der sowjetischen Cultural Diplomacy der 1960er und 1970er Jahre und namentlich in der Freundschaftsbewegung besonders sichtbar. Während sich die Institutionen, Inszenierungen und politischen Leitlinien kaum veränderten, erlebten die Aktivitäten der Freundschaftsbewegung einen beachtlichen quantitativen und qualitativen Sprung.

Die Institutionen der Freundschaftsgesellschaften standen für Kontinuitäten und Stagnation. Die 1958 geschaffene SSOD und die Partnergesellschaften blieben im Prinzip bis zum Ende der Sowjetunion unverändert bestehen. Die einzige institutionelle Veränderung unter Brežnev bestand darin, dass er das 1958 gegründete GKKS wieder auflöste. Da inzwischen mit den wichtigsten Staaten Kulturabkommen geschlossen worden waren, fielen dessen Kompetenzen 1967 wieder an das Außen- und Kulturministerium zurück.[4] Die SSOD als Kontaktorganisation für gesellschaftliche Organisationen bekam hingegen weitere Aufgabenfelder zugewiesen wie die Städteverbindungen mit dem Ausland. Zudem koordinierte die SSOD eine wachsende Anzahl von sowjetischen Partnergesellschaften mit Ländern auf allen Kontinenten. 1975 gab es nach Angaben der SSOD 63 Partnergesellschaften mit zahlreichen Filialen in den Republiken, die jährlich 25.000 Maßnahmen organisierten, mit 108 Freundschaftsgesellschaften im Ausland zusammenarbeiteten und insgesamt Millionen Sowjetbürger in die Freundschaftsbewegung integrierten.[5] Diese beeindruckende Zahl, die etwa einem Fünftel der Bevölkerung entsprach, ergab sich aus der Summe der Sowjetbürger, die einem der 25.000 kollektiven Mitglieder angehörten. Dabei handelte es sich um Institutionen wie beispielsweise Schulen, Kolchosen, Theater oder Fabriken.

Zur „demokratischen" Verankerung und Legitimierung der Freundschaftsbewegung fanden 1967 und 1974 Allunionsversammlungen der SSOD statt, bei denen wie schon bei der Gründung die Beteiligung „breitester" Bevölkerungsschichten inszeniert wurde.[6] Daneben gab es zahlreiche Treffen mit Vertretern

---

3 Vgl. die Beiträge in den oben genannten Sammelbänden; siehe zur Rolle westlicher Musik: Zhuk, Sergei I.: Rock and Roll in the Rocket City. The West, Identity, and Ideology in Soviet Dniepropetrovsk, 1960–1985, Washington 2010.
4 Vgl. Šadurskij, Kul'turnye svjazi Belarusi, S. 87; Gould-Davies: The Logic of Soviet Cultural Diplomacy, S. 206.
5 Saakov, R. R.: Dviženie obščestvennosti za družbu meždu narodami SSSR i drugich stran, in: Voprosy Istorii (1975) 10, S. 15–28.
6 Vgl. Zwei Tage im Kreml. Unionskonferenz des Verbandes sowjetischer Gesellschaften für Freundschaft und kulturelle Verbindungen mit dem Ausland, in: Kultur und Leben (1967) 4, S. 9–11, hier S. 9. Aus diesem Bericht ging jedoch sehr deutlich hervor, dass es sich bei den 800 Delegierten nicht wirklich um einen Querschnitt durch die „normale Bevölkerung",

der Freundschaftsgesellschaften aus aller Welt wie zum Beispiel anlässlich des 60. Jahrestages der Oktoberrevolution 1977 mit über tausend Teilnehmern. Auf diesen hochgradig ritualisierten Treffen wurden Grußworte verlesen, Vorträge mit Titeln wie „Die Große Sozialistische Oktoberrevolution und die Entwicklung der Bewegung für Freundschaft zwischen den Völkern" gehalten und Erfolgsberichte aus verschiedenen Ländern und Republiken zitiert.[7] Diese Treffen zelebrierten das weltweite Netzwerk der Freundschaftsbewegung und steckten den politischen und ideologischen Rahmen. Sie dienten allein der Selbstbestätigung und ließen keinen Raum für Diskussionen, kritische Stimmen oder konkreten Erfahrungsaustausch. Insbesondere den Vertretern kleinerer Freundschaftsgesellschaften in kapitalistischen Ländern, die in ihrer Heimat eine teilweise verfolgte oder zumindest belächelte Minderheit waren, vermittelten die Treffen das Gefühl der Zugehörigkeit zu einer weltweiten Bewegung.[8]

Neben den internationalen Treffen bot die Verleihung von Orden und Medaillen Gelegenheit zur Beschwörung des Gemeinschaftsgefühls und zur individuellen Entlohnung loyaler Freundschaftsaktivisten durch den sowjetischen Staat. Den anlässlich des 50-jährigen Bestehens der Sowjetunion geschaffenen Orden der Völkerfreundschaft (Orden družby narodov) verlieh der Oberste Sowjet ab Oktober 1972 speziell an Personen und Organisationen, die sich für internationale Freundschaft und Kooperation einsetzten. Bezeichnenderweise war die SSOD selbst 1974 eine der ersten Organisationen, die mit diesem Orden ausgezeichnet wurde.[9] Auch altverdienten „Freundschaftsveteranen" wie Fernand Grenier wurde in dieser Form für ihre jahrzehntelange Loyalität gedankt.[10] Eine

---

sondern um eine ausgewählte Partei- und Funktionärselite handelte. Unter ihnen befanden sich demnach „111 Deputierte des Obersten Sowjets der UdSSR und der Unions- und autonomen Republiken, 118 Deputierte der örtlichen Sowjets, 57 Helden der Sowjetunion und Helden der sozialistischen Arbeit, 25 Leninpreis- und Staatspreisträger. 591 Delegierte trugen Orden und Medaillen an der Brust, mit denen sie für ihre aktive Teilnahme am Aufbau des ersten sozialistischen Staates der Welt ausgezeichnet wurden." Siehe auch Na znameni našem – družba narodov, in: Pravda, 26.1.1967, S. 1; Vtoraja Vsesojuznaja, in: Izvestija, 24.1.1967, S. 4.
7 Vgl. auch für die folgenden Zitate: Für Frieden und Völkerfreundschaft, in: Kultur und Leben (1977) 11, S. 3–5.
8 So äußerte sich Laurence Bradshaw als Chairman der BSFS ebenso wie sein Nachfolger William Wilson begeistert über diese Treffen. Vgl. Bradshaw, Laurence: Meeting of societies makes friendship living reality, in: British-Soviet Friendship (1978) 3–4, S. 14 f.; Report on the Branch Secretaries Meeting, 5.12.1982, in: NottArch, DD/PP/11/3/1.
9 Vgl. Für Verdienst bei der Festigung der Völkerfreundschaft, in: Kultur und Leben (1975) 1, S. 6.
10 Vgl. Fernand Grenier décoré de l'ordre de l'amitié des peuples, in: FUM (1979) 1, S. 7. 1980 erhielten den Orden der jahrelange Präsident des Comités Rhône, der Neurochirurg Pierre Wertheimer, sein dortiger Nachfolger Marcel Meunier und der langjährige Generalsekretär des Komitee Nord Abdon Lemaire. Vgl. Les médaillés du Congrès, in: FUM (1981) 1, S. 34.

einfachere Auszeichnung war die Ehrenmedaille der SSOD „Für den Einsatz für die Freundschaft" (Za vklad v delo družby), die zu tausenden an aktive Mitglieder verteilt wurde.[11]

Nicht nur die Strukturen, auch die Kader blieben in diesen Jahren weitgehend stabil. Als Nina Popova 1974 aus Altersgründen ausschied, wurde Zinaida M. Kruglova zur Vorsitzenden der SSOD bestimmt und durch eine weitere Allunionskonferenz legitimiert.[12] Die Parteifunktionärin aus Leningrad wurde 1974 gleichzeitig Deputierte des Obersten Sowjets, Mitglied des ZK und für ein Jahr stellvertretende Kulturministerin. Die Amtsübernahme Kruglovas, die über keine nennenswerte internationale Erfahrung verfügte, stand nicht für einen Neuanfang, sondern für politische Verlässlichkeit. Stabilität garantierte auch die der SSOD übergeordnete Internationale Abteilung des ZK, die von 1955 bis 1986 unter der Leitung von Boris N. Ponomarev stand. Dieser ewige – aber letztlich nie aufgenommene – Anwärter auf einen Platz im Politbüro galt als Antistalinist, aber auch als entschiedener Gegner des Eurokommunismus und der Entspannung.[13] Die Verbindung zwischen ZK und SSOD wurde auf jeder Allunionskonferenz und jedem internationalen Treffen der SSOD durch die symbolische Verlesung eines Grußworts des ZK bekräftigt. Zudem wählte die SSOD-Konferenz 1967 „unter stürmischem Beifall" das gesamte Politbüro zum Ehrenpräsidium der SSOD.[14] Das aufwendige Zeremoniell um die Freundschaftsbewegung hatte jedoch immer weniger mit der Realität der Aktivitäten zu tun. Hier wurden lediglich kollektive Rituale der Legitimation, der Mobilisierung und der Gratifikation

---

11 Allein beim Kongress von France-URSS 1980 bekamen 26 Mitglieder diese Auszeichnung, darunter die Mitarbeiter des Sekretariats in Paris. Vgl. Les médaillés du Congrès, in: FUM (1981) 1, S. 34. Von der BSFS erhielten sie 1986 William Wilson, Renée Short, sowie die Sekretariatsmitarbeiterinnen Pam Meister und Hilda Perham. Vgl. Annual Report BSFS, 1986, in: NottArch, DD/PP/11/3/1. In der Bundesrepublik wurde diese Ehre unter anderem Erwin Essl und Gerhard Weber zuteil. Vgl. Vermerk: Gerhard Weber, 17.5.1982, in: PAAA, ZA 133289.
12 Élections à l'U.S.S. A., in: FUM (1975) 9, S. 6. Der Dissident Efim G. Ėtkind schrieb ihr aufgrund einer Begegnung mit ihr in Leningrad wenig schmeichelhafte Eigenschaften zu: „Schamlosigkeit und Härte, nicht den winzigsten Funken eigener Meinung, keinerlei intellektuelle Begabung, frappante Beherrschung der sowjetischen Phraseologie und zu allem anderen auch noch die passende äußere Erscheinung." Etkind, Efim: Unblutige Hinrichtung. Warum ich die Sowjetunion verlassen mußte, München 1978, S. 254.
13 Allerdings baute Ponomarev gleichzeitig eine Gruppe junger Auslandsexperten auf, darunter Vadim V. Zagladin, denen er die Freiheit gewährte, auch unorthodoxe Ideen zu entwickeln. Rey, Marie-Pierre: Le Département international du Comité central du PCUS, le MID et la politique extérieure soviétique de 1953 à 1991, in: Communisme n° 74/75 (2003), S. 179–215, hier S. 199–202.
14 Zwei Tage im Kreml. Unionskonferenz des Verbandes sowjetischer Gesellschaften für Freundschaft und kulturelle Verbindungen mit dem Ausland, in: Kultur und Leben (1967) 4, S. 9–11, hier S. 9.

vom innersowjetischen Kontext auf die Freundschaftsbewegung übertragen. Zwar beteiligten sich die westlichen Freundschaftsgesellschaften an diesen Zeremonien. Doch erschienen sie immer weiter von den Dynamiken des kulturellen und gesellschaftlichen Austauschs abgekoppelt.

Diese Dynamiken manifestierten sich in einem zweiten Paradigma der Brežnev-Ära – der Internationalisierung der sowjetischen Gesellschaft auf allen Ebenen. Durch Reisen, den Austausch von Literatur und Filmen sowie die intensivierte wirtschaftliche und technologische Zusammenarbeit entstand eine Gesellschaft, die sich an einem „imaginierten Westen" orientierte.[15] Um das sozialistische Projekt jedoch nicht zu gefährden, musste diese Internationalisierung aus Sicht der politischen Führung in geregelte Bahnen gelenkt, eingehegt und kontrolliert werden. So diente auch das harte Vorgehen gegen die Dissidenten in den 1970er Jahren dazu, den staatlichen Machtanspruch im kulturellgesellschaftlichen Bereich zu manifestieren und der Öffnung zum Westen klare Grenzen zu setzen.

Zum Katalysator für kulturelle und gesellschaftliche Beziehungen zwischen Ost und West wurde die 1975 in Helsinki unterzeichnete KSZE-Schlussakte, deren Dritter Korb das Prinzip des freien Austauschs von Ideen und Menschen festschrieb. Die – von den sowjetischen Initiatoren der Sicherheitskonferenz nicht antizipierte – Bedeutung dieser Vereinbarung für die Menschenrechtsbewegung in Osteuropa und der Sowjetunion ist unumstritten. Regimegegner in Osteuropa und der Sowjetunion bezogen sich auf diesen Referenztext, um öffentlich ihre Rechte gegenüber den kommunistischen Regierungen einzufordern. Nicht wenige Analysen gehen davon aus, dass dieses „Helsinki-Netzwerk" und die damit verbundene „Globalisierung der Menschenrechte" wesentlich zum Zusammenbruch der Sowjetunion beigetragen hätten.[16]

Doch der KSZE-Prozess hatte nicht nur Auswirkungen auf die gesellschaftliche Opposition, sondern auch unmittelbar auf die Politik der sowjetischen Regierung. Weniger Beachtung in der Forschung fanden bisher die Passagen des Dritten Korbes zum kulturellen Austausch. So sollten nicht nur Tourismus und Jugendbegegnungen erleichtert, sondern auch der Austausch

---

15 Zum „imaginary West" vgl. Yurchak, Alexei: Everything Was Forever, Until It Was No More. The Last Soviet Generation, Princeton 2006, S. 158–206.
16 Grundlegend zu diesem Aspekt siehe Eckel, Jan: Die Ambivalenz des Guten. Menschenrechte in der internationalen Politik seit den 1940ern, Göttingen 2014, S. 733–765; Peterson, Christian Philip: Globalizing Human Rights. Private Citizens, the Soviet Union, and the West, New York 2012; Snyder, Sarah B.: Human Rights Ac-tivism and the End of the Cold War. A Transnational History of the Helsinki Network, Cambridge 2011.

von Kulturschaffenden, Studierenden und Wissenschaftlern gefördert werden. Zudem verankerte die Schlussakte das Prinzip der Gegenseitigkeit: Für jede sowjetische Veranstaltung im Westen und für jede Delegation von Vortragsreisenden durften die westlichen Partner eine äquivalente Veranstaltung in der Sowjetunion durchführen.[17] An dieser Selbstverpflichtung zur Erhöhung der Durchlässigkeit der „Membran" in beide Richtungen musste sich in der Folge die sowjetische Cultural Diplomacy messen lassen. Dabei gab es in zentralen Punkten unterschiedliche Interpretationen dieser vage formulierten Absichtserklärungen: Erstens betonte die Sowjetunion den Vorrang der zwischenstaatlichen vor den zwischenmenschlichen Beziehungen. Zweitens wollte sie den Austausch inhaltlich kontrollieren und auf Maßnahmen beschränken, die dem „Interesse des Friedens" dienten. Drittens wollte sie die zwischenmenschlichen Kontakte nicht auf individueller Ebene, sondern durch Vereinbarungen zwischen Organisationen und Gruppen knüpfen.[18]

Aus sowjetischer Sicht empfahlen sich die Freundschafts- und Partnergesellschaften daher als ideale Mittlerinstanzen des eingeforderten gesellschaftlichen und kulturellen Austausches. Einerseits waren sie in beiden Ländern – zumindest formell – gesellschaftliche Gruppierungen, die dem westlichen Anspruch von Beziehungen unterhalb der staatlichen Ebene äußerlich gerecht wurden. Andererseits versprach die Zusammenarbeit mit den politisch verlässlichen „Freunden" eine indirekte, aber effiziente inhaltliche Kontrolle ohne den Beigeschmack der direkten staatlichen Zensur. Der stellvertretende Kulturminister der UdSSR, Vladimir I. Popov, konterte beispielsweise in *Kultur und Leben* den Vorwurf des Westens, er behindere einen freien Austausch von Personen und Kultur, dementsprechend mit einer ausführlichen, mit zahlreichen Fotografien illustrierten Aufzählung der von den Freundschaftsgesellschaften organisierten Aktivitäten. Diese belege, dass die Sowjetunion im Sinne der Schlussakte intensiven Kulturaustausch mit 120 Ländern betreibe.[19] Immer wieder differenzierten sie zwischen dem „richtigen" Austausch der Sowjetunion und dem „falschen" des Westens. Sie versuchten dadurch zu belegen, dass die Sowjetunion die Vorgaben der KSZE-Schlussakte letztlich „besser" erfülle.[20]

---

17 Vgl. Konferenz über Sicherheit und Zusammenarbeit in Europa. Schlussakte, Helsinki 1975; http://www.osce.org/node/39503 (23.1.2016).
18 Vgl. Schlotter, Peter: Die KSZE im Ost-West-Konflikt. Wirkung einer internationalen Institution, Frankfurt a.M. 1999, S. 295 f.
19 Popow, Wladimir: Der Kulturaustausch bringt die Völker einander näher, in: Kultur und Leben (1976) 5, S. 20–25, hier S. 25.
20 Vgl. Korionow, Witali: Ein Jahr nach Helsinki, in: Kultur und Leben (1976) 8, S. 6 f. Siehe hierzu auch Peter, Die Bundesrepublik im KSZE-Prozess, S. 183.

So definierten die jährlichen Austauschpläne die Aktivitäten der Freundschaftsgesellschaften explizit als Beitrag zu den kulturellen und gesellschaftlichen Beziehungen gemäß der KSZE-Schlussakte. Damit wuchs einerseits die Anzahl der Veranstaltungen insgesamt. Andererseits ließen die sowjetischen Behörden innerhalb des geschützten Raumes der Freundschaftsgesellschaften nun immer mehr Veranstaltungen in der Sowjetunion zu, um dem Prinzip der Gegenseitigkeit Genüge zu tun. Neue Formate wie Kolloquien, Städteverbindungen oder Begegnungsreisen vervielfältigten die Möglichkeiten zum direkten Dialog und zur virtuellen und persönlichen Begegnung mit dem Westen. Nicht zuletzt gewannen regionale und lokale Akteure an Bedeutung.

Das folgende Kapitel wird am Beispiel ausgewählter Tätigkeitsbereiche (Kulturtage, Reisen, Kolloquien und Städteverbindungen) zeigen, inwiefern die Freundschaftsgesellschaften vor dem Hintergrund eines stagnierenden politischen Systems und im Kontext des KSZE-Prozesses zu einer Dynamik der Begegnung und der kommunikativen Öffnung zwischen Ost und West beitrugen. Vor allem die Reisen und die Städteverbindungen waren sehr komplexe Phänomene, die eigener Untersuchungen bedürften. Im Einklang mit dem Rahmenthema dieser Arbeit liegt der Fokus hier auf dem jeweiligen Beitrag der Freundschaftsgesellschaften.

4.2 Kulturtage und Ausstellungen: Orte der Selbstdarstellung

Kulturtage als virtuelle Reisen in und für die Sowjetrepubliken

In Brežnevs Regierungszeit wurden die Sowjetrepubliken in bestimmten sekundären Bereichen – wie auf dem Gebiet der Kultur – gestärkt, ohne dass der politische Zentralismus aufgehoben worden wäre. Einerseits setzte Brežnev auf eine Zentralisierung der Staatsgewalt im Bereich der Wirtschaft, andererseits gewährte er den lokalen Eliten mehr Autonomie und beließ sie langfristig im Amt („Stabilität der Kader"), so dass sie über die Jahre regionale „Fürstentümer" aufbauen konnten. Das Stichwort des „Verschmelzens" der Nationalitäten wurde abgelöst von der Idee ihres „Aufblühens" innerhalb des sozialistischen Vielvölkerstaates.[21] Im Sinne des „Affirmative Action Empire" wurde die Zentralherrschaft des Sowjetstaates in dieser Phase erneut durch die Förderung der

---

21 Vgl. Fowkes, Ben: The National Question in the Soviet Union under Leonid Brezhnev. Policy and Response, in: Bacon/Sandle, Brezhnev Reconsidered, S. 68–89, hier S. 72.

Sprache und Kultur der jeweiligen Titularnation legitimiert.[22] Die in der Stalinzeit begonnene Folklorisierung und Sowjetisierung der Volkskunst erlebte einen neuen Aufschwung. Ursprünglich spontane, im kleinen Rahmen praktizierte Volksmusik und Volkstänze wurden verschriftlicht und standardisiert von großen Ensembles auf die Bühne gebracht. Jede Republik besaß neben zahlreichen Laienensembles ein staatliches Volkstanz-Ensemble, das bei sowjetischen Großinszenierungen wie den Jahrestagen der Oktoberrevolution auftrat.[23]

Die Nationalitäten und ihre folkloristische Präsentation spielten eine wichtige Rolle in der Außendarstellung der Sowjetunion. Im Gegensatz zu den westlichen Kolonialreichen mit ihren Entkolonialisierungskriegen sollte sich die Sowjetunion als Zusammenschluss gleichberechtigter Völker präsentieren, die ihre Religion, Sprache und Kultur frei entfalten konnten. Dies erhöhte insbesondere ihre Glaubwürdigkeit im Engagement für die Selbstbestimmung der Völker in Asien und Afrika.[24] Die Freundschaftsbewegung war in diesem Sinne eine Möglichkeit, nach außen kulturelle Vielfalt zu demonstrieren und nach innen den Eliten auf Republikebene einen begrenzten Handlungsspielraum für ihre Selbstdarstellung zu gewähren. Wie ein Mitarbeiter der Internationalen Abteilung des ZK Anfang 1965 gegenüber seinen Kollegen in der DDR äußerte, sollte vor allem der Eindruck der „Russifizierung" und der Gleichsetzung von russischer und sowjetischer Kultur vermieden werden.[25]

Diese Präsentation der Sowjetrepubliken wird hier exemplarisch anhand der „Tage der Sowjetunion" untersucht. Die jährlichen Freundschaftsmonate waren in den 1950er Jahren noch eine primär politische Präsentation, zu deren Begleitung ein paar herausragende sowjetische Künstler oder ein Volkstanzensemble auftraten. In den 1970er Jahren entwickelten sie sich dagegen zu umfassenden Kulturtagen mit Ausstellungen, Konzerten, Filmvorführungen, Sportbegegnungen und Vorträgen, die immer jeweils einer Sowjetrepublik gewidmet waren.

---

22 Vgl. Martin, Terry: An Affirmative Action Empire. Ethnicity and the Soviet State, 1923–1938, Ann Arbor 1996.
23 Vgl. Rolf, Malte: Die Nationalisierung der Sowjetunion. Indigenisierungspolitik, nationale Kader und die Entstehung von Dissens in der Litauischen Sowjetrepublik der Ära Brežnev, in: Belge/Deuerlein, Goldenes Zeitalter der Stagnation, S. 203–230, hier S. 211–216. Zur Folklorisierung in Estland vgl. Herzog, Philipp: Sozialistische Völkerfreundschaft, nationaler Widerstand oder harmloser Zeitvertreib? Zur politischen Funktion der Volkskunst im sowjetischen Estland, Stuttgart 2012.
24 Vgl. Klöckner, Kultur- und Freundschaftsbeziehungen, S. 97 f.
25 Vgl. Aktenvermerk über ein Gespräch des Genossen Schlemm mit dem Genossen Karetnikow, Mitarbeiter der Internationalen Abteilung des ZK der KPdSU am 13. Jan. 1965, in: BArch SAPMO, DY 30 IV A2/20/160, zitiert bei Klöckner, Kultur- und Freundschaftsbeziehungen, S. 95.

Neu war außerdem, dass sich nach dem Prinzip der Gegenseitigkeit nicht nur eine Sowjetrepublik im Westen präsentierte, sondern im Gegenzug in dieser Republik Kulturtage des westlichen Partnerlandes stattfanden. In diesem Rahmen fiel den Unterabteilungen der SSOD in den Sowjetrepubliken eine größere Bedeutung zu.

Bevor die SSOD das umfangreichere, auf Gegenseitigkeit basierende Format der Kulturtage in den westlichen Ländern einführte, testete sie es mit den sozialistischen „Bruderländern". So präsentierte sich 1965 beispielsweise die belarussische Republik in der DDR und umgekehrt die DDR in Minsk und einigen anderen Städten Weißrusslands.[26] Nach den ersten Erfolgen fanden als Testballon 1967 vergleichbare wechselseitige Kulturtage zwischen Belarus und Frankreich statt. Dort existierte bereits auf Republikebene eine Filiale von SSSR-Francija, und die sowjetischen Behörden konnten sich in Frankreich auf eine große und verlässliche Freundschaftsgesellschaft stützen. In Belarus blieb die Veranstaltung als erste größere westliche Kulturveranstaltung in Erinnerung und markierte den Beginn der Dezentralisierung westlicher Kulturpräsentation in der Sowjetunion.[27] Ab Mitte der 1970er Jahre war es die Regel, dass in den westlichen Ländern jährliche Kulturtage mit einzelnen Republiken stattfanden, die in den jeweiligen Austauschplänen festgeschrieben waren.[28]

Die Grundelemente und die Grundprobleme blieben allerdings immer ähnlich. Die Kulturtage vermittelten ein sehr oberflächliches, folkloristisches Bild der Republiken, das primär die innersowjetische Völkerfreundschaft präsentieren sollte. Hauptbestandteil war immer die klassische Fotoausstellung über die Republik, die relativ kostengünstig hergestellt und in verschiedene Länder verschickt werden konnte. Das Fotomaterial entsprach im Wesentlichen den Fotos in *Kultur und Leben* mit glücklichen, nicht-russischen Sowjetbewohnern in Trachten oder bei der Arbeit, vorbildlichen sozialen Einrichtungen für Arbeiter, Naturlandschaften oder technischen Errungenschaften. 1967 schickte Belarus Fotoausstellungen über Minsk und die französisch-sowjetische Fliegerstaffel Normanie-Niémen. Aus dem Ausland kam über die Jahrzehnte immer wieder die Kritik, dass diese Fotoausstellungen für das westliche Publikum wenig

---

26 Vgl. Klöckner, Kultur- und Freundschaftsbeziehungen, S. 94–119.
27 Vgl. zu den Kulturtagen in Belarus Šadurskij, Kul'turnye svjazi Belarusi, S. 93 f.
28 Kulturtage jeweils in Frankreich und in der Partnerrepublik: 1968 Georgien; 1969 Armenien; 1975 Kasachstan; 1976 Tadschikistan; 1977 Ukraine; 1978 Usbekistan; 1979 Armenien; 1980 Litauen; 1981 Belarus; 1982 Lettland; 1983 Krigisien; 1985 Turkmenien; 1986 Russland. Vgl. auch die Aufzählungen der Kulturtage in: Materialy k 60-letju, S. 119 und 124.

ansprechend, zu textlastig und veraltet seien.²⁹ Dass diese Ausstellungen kaum auf große Resonanz stießen, lag unter anderem an den Ausstellungsorten. Bei den Tagen Tadschikistans in Frankreich 1976 wurde die Fotoausstellung „Die Tadschikische SSR heute" im Rathaus des Pariser Vororts Ivry gezeigt, wo Laufkundschaft höchstens vereinzelt vorbeikam. Das neue Gebäude von France-URSS ab 1976 verfügte über eigene Ausstellungsräume, die jedoch kaum externes Publikum anzogen. Das zweite wiederkehrende Element der sowjetischen Kulturtage waren Ausstellungen mit Kinderzeichnungen. Diese waren logistisch einfach zu transportieren und politisch unverfänglich. Sie zeigten im Wesentlichen, dass es dort in dem fremden, exotischen Land auch Kinder wie hier gab, die genauso vom Frieden träumten und ähnliche Bilder malten wie im Westen. Allein 1967 verschickte die Informationsabteilung der SSOD 40 Ausstellungen mit Kinderzeichnungen ins Ausland.³⁰ Ein drittes wesentliches Element waren Tourneen von Tanz- und Musikensembles, die volkstümliche Tänze mit traditionellen Instrumenten und bunten Kostümen präsentierten. 1976 tourte beispielsweise das staatliche tadschikische Tanzensemble „Lola" mit zahlreichen Auftritten in der Provinz durch Frankreich.³¹ Die 1965 nach dem Vorbild des Moiseev-Ensembles gegründete Gruppe junger Tänzer präsentierte ganz im Sinne der sowjetisierten Nationalfolklore einen vermeintlichen tadschikischen Kanon volkstümlicher Tänze, der eigens für diesen Zweck geschaffen worden war.³² Diese Ensembles entsprachen einerseits dem westlichen Wunsch nach Exotik mit orientalischen Kostümen und Musikelementen, andererseits den Klischeevorstellungen „russischer" Folklore.

Umgekehrt präsentierte sich Frankreich in Zentralasien nicht weniger einseitig. Ausstellungen von Kinderzeichnungen und Fotos von Paris waren die Grundelemente. Darüber hinaus zeigte France-URSS 1967 in Belarus Fotos von

---

29 O zadačach SSOD po dal'nejšemu razvitiju sotrudničestva i družestvennych svjazej s narodami zarubežnych stran, 2.12.1959, in: GARF, f. 9518, op. 1, d. 32, l. 4–9, hier l. 8. Vgl. zur Kritik der Freundschaftsgesellschaften: General Secretary's Memo on the Society's Future Work, 12.1.1958, in: Hull, U/DPM/68/2; Informacija o prebyvanii v Sovetskom Sojuze delegacii Rejnsko-Vestfal'skogo inostrannogo obščestva (FRG) v period s 28 ijulja po 11 avgusta 1965 g., in: RGANI, f. 5, op. 50, d. 742, l. 188–195, hier l. 192.
30 Vgl. Vladimir Grenkov: Otčet o rabote otdela informacii i sovetskoj kul'tury za 1967 god, in: GARF, f. 9576, op. 16, d. 334, l. 5–10, hier l. 6.
31 Otčet o poezdke delegacii SSOD v svjazi s Dnjami Sovetskogo Sojuza vo Francii (na primere Tadžikistana), 4–13 oktjabra 1976g, in: GARF, f. 9576, op. 20, d. 1062, l. 65–68.
32 Klyčeva, N.A.: Tadžikskij narodnyj tanec i ego novye sovremennye formy, in: Učenye zapiski Chudžandskogo gosudarstvennogo universiteta. Gumanitarnye nauki, 46 (2016) 1, S. 60–66, http://cyberleninka.ru/article/n/tadzhikskiy-narodnyy-tanets-i-ego-novye-sovremennye-formy (20.09.2016).

Skulpturen des kommunistischen Bildhauers Georges Salandre in Minsk und Brest. Im Juni 1976 gab es in Dušanbe eine Ausstellung von Zeichnungen des Karikaturisten des PCF Jean Effel, der unter anderem jährlich die Mitgliedskarte von France-URSS gestaltete. Nur „progressive" Künstler oder Klassiker wie Auguste Rodin hatten die Chance, als Teil der französischen Kultur ausgestellt zu werden. Die sowjetische und vor allem tadschikische Presse berichtete sehr ausführlich über die verschiedenen Programmpunkte, und die Ausstellungen waren sehr gut besucht.[33] Am beliebtesten waren sowohl in Belarus 1967 als auch in Dušanbe 1976 die Vorführungen aktueller französischer Filme.[34] Bei diesen Kulturtagen konnten jedoch kaum Begegnungen mit den Bewohnern des anderen Landes stattfinden, denn es reisten immer nur drei oder vier Vertreter der Leitungsebene von France-URSS in die Sowjetunion (Abb. 6).[35]

Monique Paris, Mitarbeiterin im Sekretariat von France-URSS, zog 1976 eine gemischte Bilanz. Ihrer Meinung nach hätten die Kulturtage noch besser vorbereitet sein müssen. Die beiden Filme erschienen ihr zu gewalttätig. Effels Ausstellung kam direkt aus der Tschechoslowakei und enthielt Darstellungen, die ihr – aus nicht näher präzisierten Gründen – „für eine Ausstellung im Namen von France-URSS nicht geeignet" erschienen. Dennoch war sie sehr angetan von den „informellen und herzlichen Gesprächen" mit den tadschikischen Vertretern vor Ort, die aus den Kulturtagen ein Ereignis von nationaler Tragweite gemacht hätten.[36]

Problematisch war zudem, dass trotz der Nationalitätenpolitik alle Aktivitäten weiterhin über Moskau kontrolliert und gesteuert wurden. Die Republikgesellschaften konnten zwar Vorschläge unterbreiten, doch die SSOD bestimmte in Abstimmung mit dem ZK, welche Republik mit welchem Land Kulturtage durchführte. Im Zuge der Perestrojka prangerte ein Vertreter der kirgisischen Republikgesellschaft an, dass seine Gesellschaft sich beispielsweise nicht selten ein Programm für die Tage Kirgisiens in Polen überlegt hatte, das am Ende

---

33 Vgl. den Pressespiegel in: ANF, 88 AS 44.
34 1967 waren es der Oscar-Preisträger „Un homme et une femme" und der französisch-amerikanische Musikfilm „Les Demoiselles de Rochefort". 1976 in Dušanbe der César-Preisträger „Le vieux fusil" (dt. Abschied in der Nacht), 1975, und das Historiendrama „Sept morts sur ordonnance" (1975).
35 1967 waren dies Raymond Schmittlein, der PCF-Sekretär Albert de Bosschère und Marcel Citerne, Vorsitzender des Philatelisten-Clubs von France-URSS. 1976 nach Dušanbe kam die russisch-französische Schauspielerin Marina Vlady, der ehemalige General von Normandie-Niémen Pierre Pouyade und Monique Paris vom Sekretariat von France-URSS.
36 Compte rendu des journées de la France au Tadjikistan (Douchambé) du 3 au 7 juin 1976, in: ANF, 88 AS 61.; vgl. auch Procès-verbal de la réunion de la Présidence nationale, 25.6.1976, in: ANF, 88 AS 7.

Abb. 6: Eine persönliche interkulturelle Begegnung: Marina Vlady und General Pierre Pouyade bei den Tagen Frankreichs in Tadschikistan 1976.

entweder komplett verändert oder in Vietnam durchgeführt wurde.[37] Die großen zeitlichen Abstände, nach denen sich jede Republik nur alle zehn bis fünfzehn Jahre im gleichen Land präsentieren konnte, verhinderten zudem den Aufbau regelmäßiger Kontakte. Trotz aller Unzulänglichkeiten gehörten die Kulturtage in den Sowjetrepubliken zu den Veranstaltungen, die die Mitarbeiter der französischen Botschaft schätzten. Sie gehörten zu den wenigen Gelegenheiten, französische Kultur in entferntere Gebiete zu bringen. Botschafter Henri Froment-Meurice attestierte SSSR-Francija in diesem Zusammenhang 1980, sich in den letzten Jahren gut entwickelt und ein „gänzlich zufriedenstellendes Niveau" erreicht zu haben.[38] Die mangelnde Responsivität und Einbeziehung der Bevölkerung wurde in den 1970er Jahren teilweise dadurch abgemildert,

---

37 Vgl. Was uns stört, in: Kultur und Leben (1988) 10, S. 34–35, hier S. 34.
38 Henri Froment-Meurice, Botschafter in Moskau, an Außenminister Jean-François Poncet, 1.7.1980, in: ADD, MAE Europe 1976–1980, URSS, 4820.

dass regelmäßige Kulturtage vor allem in Großbritannien und der Bundesrepublik im Rahmen von Städteverbindungen bzw. regionalen Partnerschaften durchgeführt wurden.[39]

Innerhalb des starren Korsetts der sowjetischen Kulturtage gab es allerdings auch durchaus Aushandlungsspielräume. Häufig lag es an der Initiative Einzelner, dass es nicht bei einer endlosen Reihung von Fotoausstellungen und Auftritten von Volkstanzensembles blieb. Wenn die Freundschaftsgesellschaften die Grenzen ausloteten, stießen sie bei den sowjetischen Behörden auf eine erstaunliche Flexibilität. Ein Beispiel hierfür sind die ethnographisch-künstlerischen Ausstellungen in Frankreich in den 1970er Jahren, die die Association France-URSS im Rahmen der sowjetischen Kulturtage einzelner Republiken in Kooperation mit verschiedenen französischen Museen organisierte.

Diese Ausstellungen verdankte France-URSS vor allem der Initiative, der Expertise und dem Durchsetzungsvermögen der zuständigen Nationalsekretärin Hélène Larroche.[40] 1924 in der heutigen Slowakei in eine österreichisch-französisch-jüdische Intellektuellenfamilie geboren, emigrierte sie 1936 nach Südfrankreich. 1965 unternahm sie das erste Mal mit France-URSS eine touristische Reise nach Moskau und Leningrad und trat im Anschluss dem lokalen Komitee der Association bei. Da sie mit ihrem Mann im Bereich Innenarchitektur und Design arbeitete, konnte sie nach eigener Aussage irgendwann nicht mehr sehen, wie dilettantisch die Ausstellungen von France-URSS präsentiert wurden. Die Kataloge waren häufig auf schlechtem Papier gedruckt und fehlerhaft übersetzt. Auch der Inhalt der Ausstellungen erschien ihr für das französische Publikum wenig geeignet. Dies kommunizierte sie – ihrer Darstellung nach – sehr direkt einem Funktionär von SSSR-Francija: „Wenn ihr weiter so Bilder schickt von Künstlern, die so schlecht malen, wie das, was ihr ins Grand Palais geschickt habt, wird man glauben, ihr hättet sie alle ermordet."[41]

Damit sprach Larroche ein zentrales Problem an: Welche sowjetische Kunst sollte auf welche Weise in Frankreich präsentiert werden, um ein größeres Publikum zu erreichen? Die SSOD und das sowjetische Kulturministerium hatten offensichtlich Interesse daran, die Außendarstellung sowjetischer Kunst zu verbessern. Larroche war ab Anfang der 1970er Jahre im nationalen Sekretariat von France-URSS für Ausstellungen zuständig und organisierte fast jährlich

---

39 Siehe Kapitel 4.5.
40 Vgl. zur Biographie Renseignements, 20.11.1967, in: APP, 77W3548, und Interview Hélène Larroche.
41 Vermutlich meinte sie die Ausstellung „Trésors des musées soviétiques. Des Scythes à nos jours", die von Oktober 1967 bis Januar 1968 im Grand Palais gezeigt wurde. Siehe Trésors des musées soviétiques, in: FUM (1967) 12, S. 15–35.

Ausstellungen mit Kunst aus einer Sowjetrepublik. Unter anderem dank ihrer ersten Ausstellungen mit France-URSS wurde Larroche 1975 Projektleiterin für Osteuropa am zukünftigen Centre Georges-Pompidou. Von da an stieg ihr Ansehen in der Sowjetunion noch mehr, und es öffneten sich ihr die Türen zahlreicher Museen in Frankreich. Politisch bezeichnete sie sich als „links eingestellt", doch nicht kommunistisch. Sie versuchte bei ihren Aktivitäten eine kritische Distanz zum PCF, zu France-URSS und auch zum sowjetischen Regime zu wahren.[42] Sie begründete ihr Engagement vor allem mit dem sowjetischen Beitrag zum Sieg über den Faschismus: „[W]ir waren dennoch alle durch den Krieg gegangen, durch Stalingrad. Das bedeutete doch etwas! Ohne Stalingrad wäre ich jetzt nicht hier. Meine ganze Familie wurde ausgelöscht."[43]

Zur Vorbereitung einer Ausstellung reiste Larroche in der Regel zwei- bis dreimal in die jeweilige Sowjetrepublik. Zunächst ging es um das Kennenlernen des Landes und seiner Kunst sowie darum, „das zu finden, was sie nicht zeigen wollten, aber trotzdem im Rahmen des Erlaubten zu bleiben".[44] Häufig reiste sie mit einem Fotografen, meist Marc Garanger, der neben Land und Leuten alle Werke in Museen und Ateliers fotografierte, die für die Ausstellung in Frage kamen.[45] Das dritte Mal reiste sie mit dem Kurator oder Beauftragten des jeweiligen französischen Museums an, in dem die Ausstellung stattfinden sollte.

Bei einer Reise durch Turkmenistan im April 1978 beispielsweise besuchten Larroche und Garanger neben den üblichen Sehenswürdigkeiten des Landes das Institut für die Geschichte Turkmenistans, Ateliers verschiedener Künstler, Bildhauer und Juweliere sowie das Museum der Bildenden Künste. Da Larroche die offiziell genehmigten Malereien aus diesem Museum qualitativ nicht zusagten,[46] zeigte die Ausstellung im Musée de l'Homme in Paris im Sommer 1979 schließlich nur Teppiche, traditionelle Kleidungsstücke und Schmuck. Die Präsentation der Reiseeindrücke variierte Larroche je nach Zielgruppe. Im einleitenden Text des Ausstellungskatalogs portraitierte sie die Republik entsprechend der Darstellungen in *France-URSS Magazine* als eine dank der Sowjetunion modernisierte und

---

42 Svistunov ordnete Larroche als „gaullistisch" ein. Ob obščestve „Francija-SSSR", 14.4.1978, in: GARF, f. 9576, op. 20, d. 1892, l. 3–12, hier l. 7.
43 Interview Hélène Larroche.
44 Ibid.
45 Siehe beispielsweise Larroche, Hélène: Visages du Tadjikistan, in: FUM (1976) 10, S. 28–35.
46 Vgl. auch zum Folgenden Otčet o prebyvanii v Turkmenskoj SSR nacional'nogo sekretarja obščestva „Francija-SSSR" É. Laroš i fotokorrespondenta, 10.5.1978, in: GARF, f. 9576, op. 20, d. 1876, l. 68 f.

industrialisierte Gegend, in der trotz allem das traditionelle Handwerk weiterlebte.[47] Ein gemeinsam mit Garanger herausgegebener Bildband beschrieb dagegen vor allem die Traditionen und stellte Turkmenistan weniger apologetisch dar.[48]

Bei ihrer Vorgehensweise umging Larroche nicht selten die hierarchische Befehlskette über Moskau und verhandelte direkt mit den Vertretern der Museen in den Republiken. Häufig wurden nachträglich die Listen mit den auszustellenden Stücken geändert oder gar andere geschickt. 1978 hatte sie z. B. mit der Direktorin des Musée des Beaux-Arts in Lyon in Museen und Ateliers in Erevan und Umgebung Gemälde und Grafiken von acht Künstlern für die Ausstellung ausgewählt. Der Vorsitzende der Armenischen SOD Samsonov verwies jedoch wiederholt darauf, dass über die Zusammenstellung der Ausstellung letztendlich höhere Instanzen entschieden.[49] Tatsächlich lehnte der armenische Kulturminister die Auswahl als nicht repräsentativ für die zeitgenössische armenische Kunst ab und wollte dafür eine andere Ausstellung schicken. Da dies für Larroche und das Lyoner Museum nicht in Frage kam, entschied am Ende das ZK der Kommunistischen Partei Armeniens, einen Teil der Bilder zu verändern, aber alle von Larroche ausgewählten Künstler zu integrieren.[50] Die Boxen mit den Kunstwerken kamen allerdings erst nach der ursprünglich geplanten Ausstellungseröffnung im Januar 1979 an. Zudem entsprachen nur elf Werke der ursprünglichen und bereits im Katalog abgedruckten Auswahl. Larroche und die Direktorin des Museums waren dementsprechend verärgert und schickten die Ausstellung zurück. In einem Brief an Samsonov und Grenkov von der Zentrale der SSOD argumentierte sie vor allem mit dem Imageschaden gegenüber den externen Partnern:

> Ich kann nicht verstehen, dass eine Maßnahme, die eigentlich Interesse und Sympathie für Armenien wecken und dessen künstlerische und kulturelle Errungenschaften bekannt machen sollte, mit so viel Enttäuschung und Verbitterung endet. Es ärgert mich umso mehr, dass die Wiederholung solcher Vorfälle, ob man will oder nicht, die Ressourcen von Enthusiasmus und Freundschaft angreift, die nicht unerschöpflich sind.[51]

---

47 Einführung von Hélène Larroche in: Art populaire de Turkménie. 9 mai–30 septembre 1979. Exposition organisée au Musée de l'homme, place de Trocadéro Paris, en collaboration avec l'Association France-URSS, Paris 1979 [ohne Paginierung].
48 Larroche, Hélène/Garanger, Marc: Turkmènes, Paris 1980.
49 Vgl. Bericht Samsonov an Ivanov, SSOD, 2.3.1979, in: GARF, f. 9576, op. 20, d. 2265, l. 123–126, hier l. 124.
50 Vgl. ibid, l. 125.
51 Larroche an Samsonov und Grenkov, 19.2.1979, in: GARF, f. 9576, op. 20, d. 2265, l. 113 f.

Nach einem Gespräch mit dem Botschaftssekretär in Paris gab dieser die Kritik an die armenische SOD weiter. Die Verträge müssten „rechtzeitig und richtig" eingehalten werden, da es im sowjetischen Interesse liege, „die großen Möglichkeiten der Verbreitung des sowjetischen Einflusses durch sowjetische Kultur zu nützen".[52] Samsonov verwies seinerseits auf höhere, von Laroche ignorierte Entscheidungsinstanzen: In der Sowjetunion seien eben nur die Listen von den ins Ausland geschickten Ausstellungen endgültig, die auf Antrag des Kulturministeriums der Republik vom Kulturministerium der UdSSR abgesegnet worden seien.[53]

Dieser Fall steht beispielhaft für häufig auftretende Kompetenzkonflikte zwischen den verschiedenen Entscheidungsträgern in der Sowjetunion, die großen logistischen Schwierigkeiten, aber auch die Aushandlungsspielräume, die die westlichen Partner mit etwas Beharrlichkeit hatten. Zumindest für die sowjetischen Vertreter im Westen und auch die SSOD-Zentrale war Ende der 1970er Jahre in der Regel eine erfolgreiche Ausstellung in einem größeren französischen Museum wichtiger als eine ideologisch korrekte Auswahl der Gemälde. Laroche konnte sich diese Freiheiten nehmen, da sie als parteilose ehrenamtliche Sekretärin von France-URSS weder vom PCF noch finanziell von France-URSS abhängig war und als Kuratorin des Centre Georges-Pompidou über ein wertvolles Netzwerk in der französischen Museumslandschaft verfügte. Dennoch brauchte sie France-URSS. Die Association bot ihr den organisatorischen Rahmen, die erforderlichen Kontakte und die politische Rückendeckung in Frankreich und der Sowjetunion. Die Mitgliedschaft in France-URSS war ein Türöffner und ein Ausweis für politische Verlässlichkeit. Da bei offiziell Eingeladenen die Koffer an der Grenze normalerweise nicht durchsucht wurden, hatte Laroche die Möglichkeit, Bücher und Zeitungen für Bekannte in der Sowjetunion mitzubringen. Diese persönlichen Kontakte, die Menschen, die sie bei den Reisen getroffen hatte, waren es auch, die sie trotz aller Schwierigkeiten und politischer Zweifel davon abhielten, aufzugeben: „Sie haben mir gesagt: Wer bringt uns dann den frischen Wind der Neuigkeiten von außen, wenn Du nicht mehr kommst?"[54] Laroche führte ihre Arbeit bis 1990 fort und organisierte noch zahlreiche Ausstellungen sowjetischer Kunst für France-URSS in Frankreich.[55] Bei ihr trafen persönliches

---

52 Zapis' besedy s nacional'nym sekretarem Obščestva „Francija-SSSR" Èlen Ljaroš, 19.3.1979, in: GARF, f. 9576, op. 20, d. 2265, l. 111 f., hier l. 112.
53 Bericht Samsonov an Ivanov, SSOD, 2.3.1979, in: GARF, f. 9576, op. 20, d. 2265, l. 123–126, hier l. 126.
54 Interview Hélène Laroche.
55 Unter anderem L'Art populaire de Turkménie, Musée de l'homme, Paris 1979; L'Art populaire ouzbek, Musée du Prieuré de Graville, Le Havre 1980; Art populaire de Kirghizie, Musée

Interesse, Neugier für unbekannte Regionen, eine gewisse Sympathie für das Land mit einer Portion Eigensinn zusammen.

„Ein Blick in die Bundesrepublik Deutschland" für Sowjetbürger

In der Bundesrepublik fanden die ersten Kulturtage mit umfangreicher politischer Unterstützung von sowjetischer und bundesdeutscher Seite 1973 in Dortmund statt. Um 1970 entwickelten der Vorsitzenden der RWAG Harald Koch gemeinsam mit der Stadt Dortmund die Idee, im Rahmen der regelmäßigen Auslandskulturtage der Stadt sowjetische Kulturtage zu organisieren.[56] Nach anfänglicher Skepsis nutzte die sowjetische Seite die Gelegenheit, dem Dortmunder Publikum gebündelt die ganze Bandbreite der sowjetischen Kultur zu präsentieren. Anders als bei den Kulturtagen in Frankreich stand nicht eine Republik im Mittelpunkt, sondern es präsentierten sich internationale Aushängeschilder und Publikumsgaranten wie das Ballett des Bol'šoj-Theaters, der Pjanicki-Chor und das Staatliche Puppentheater von Sergej Obrazcov. Maxim Šostakovič dirigierte das Dortmunder Symphonieorchester mit Werken seines Vaters und Sergej Prokov'evs. In der Westfalenhalle traten sowjetische Turner und Leichtathleten auf. Ferner präsentierten 16 Ausstellungen unter anderem sowjetische Malerei, Volkskunst aus Armenien, der Ukraine und Lettland sowie Fotos von sowjetischen Städten und Industrieanlagen. Ein Höhepunkt war die Kosmos-Ausstellung in der Westfalenhalle mit einem Sputnik-Modell in Originalgröße und einem Auftritt des Kosmonauten Valerij F. Bykovskij. Nicht zuletzt gab es eine sowjetische Filmwoche. Insgesamt reisten unter Leitung von Kulturministerin Ekaterina A. Furceva über 500 sowjetische Bürger an.[57]

Offensichtlich wollten die sowjetischen Verantwortlichen in Dortmund nach dem Moskauer Vertrag ein Exempel sowjetisch-bundesdeutschen Kulturaustauschs statuieren und ein kulturelles Begleitprogramm für Brežnevs zeitgleich stattfindenden Besuch in der Bundesrepublik schaffen.[58] Ohne Zweifel

---

du Berry, Bourges et Musée de Normandie, Caen 1983; Arts traditionnels de Bouriatie des XIXe et XXe siècles, Paris, 1985.
56 Vgl. Eck-Pfister, Für eine Welt, S. 214.
57 Zum Programm vgl. Legassow, Alexej: Kulturtage der Sowjetunion in Dortmund, in: Kultur und Leben (1973) 9, S. 18 f.; sowie Eck-Pfister, Für eine Welt, S. 214–216.
58 Oberbürgermeister Günter Samtlebe hatte Brežnev auch nach Dortmund eingeladen, was dieser wegen der Kürze des Besuches ablehnen musste. Vgl. Gespräch des Bundeskanzlers Brandt mit dem Generalsekretär der ZK der KPdSU, Breschnew, 20.5.1973, in: Institut für Zeitgeschichte (Hg.): Akten zur Auswärtigen Politik der Bundesrepublik Deutschland, 1973, Bd. 1, 1. Januar bis 30. April, München 2004, S. 758.

dominierte die oberflächliche Repräsentation von „Pomp, Glanz, künstlerischer Perfektion und ein[em] schier unerschütterliche[n] Vertrauen in die Errungenschaften der Sowjetkultur" – wie die *Frankfurter Rundschau* bemerkte.[59] Die Deutsch-sowjetische Gesellschaft innerhalb der RWAG bemühte sich allerdings parallel um weniger spektakuläre, dem Dialog gewidmete Veranstaltungen wie ein Fachseminar zur Vermittlung der russischen Sprache, ein Kolloquium zur europäischen Sicherheitsfrage und Begegnungen mit sowjetischen Schriftstellern. Insgesamt lockte dieses umfangreiche Programm fast 400.000 Besucher an und stieß auf eine große positive regionale und nationale Presseresonanz.[60] In Dortmund waren in jedem Fall weit mehr Sowjetbürger einbezogen als bei den französischen Kulturtagen.

Im Gegenzug für derartige Kulturveranstaltungen hatte die ARGE das Recht, jährlich eine umfangreiche Veranstaltung in der Sowjetunion durchzuführen. Abgesehen von Kulturtagen im kleineren Rahmen von Städteverbindungen organisierte sie ab 1978 jährlich die Ausstellung „Blick in die Bundesrepublik Deutschland"/„Vzgljad na FRG" in jeweils zwei Republikhauptstädten, die ein umfassendes Bild der Politik, Wirtschaft, Kultur und Sehenswürdigkeiten der Bundesrepublik präsentierte.

Als im Juni 1977 die Kulturreferentin der ARGE Gisela Norkus das Ausstellungskonzept im Auswärtigen Amt vorstellte,[61] war der Leiter der Sowjetunion-Abteilung Kühn sofort begeistert: Die Zusammenarbeit mit der ARGE garantiere „eine hohe Wahrscheinlichkeit für die erfolgreiche Durchführung". Es sei sonst „keine Organisation vorstellbar, die Kultur- und Öffentlichkeitsarbeit dieser Art in der Sowjetunion auf sich nehmen könnte" und die Ausstellung „würde an Orten gezeigt werden, wo der Nachholbedarf an deutscher Selbstdarstellung besonders groß" sei.[62] Die ARGE hatte als Veranstalter das Vertrauen der sowjetischen Behörden, aber auch des Auswärtigen Amtes, um eine derartige Maßnahme zur Zufriedenheit aller durchzuführen. Offensichtlich gab

---

59 Schreiber, Ulrich: Vom Glanz der Sowjet-Kultur. Die Dortmunder Auslandskulturtage 1973, in: Frankfurter Rundschau, 29.5.1973.
60 Vgl. Hübner, Dietmar: Die Osteuropa-Aktivitäten der Rheinisch-Westfälischen Auslandsgesellschaft Dortmund – Bericht für die KSZE-Nachfolgekonferenz, Mai 1977, S. 47, in: StA Dortmund, 478/202.
61 Vgl. Vorschlag für Veranstaltungen der ARGE Überregional, 16.5.1977, in: AMA, BayGes, 111; sowie das ausgearbeitete Konzept: Antrag auf Gewährung einer Zuwendung für zwei Ausstellungen der Arge im Jahre 1978, 24.10.1977, in: PAAA, ZA 133126.
62 Kühn an Ref. 610, 27.10.1977, in: PAAA, ZA 133126.

es mehrere Verhandlungsrunden mit der SSOD über das Projekt.⁶³ Der Widerstand von sowjetischer Seite kann nicht allzu groß gewesen sein, da bereits der im Februar 1978 unterzeichnete Austauschplan die Ausstellung aufführte.⁶⁴ Die Ausstellungen erschienen der Sowjetunion als eine geeignete Maßnahme, um einen gegenseitigen Kulturaustausch und die gegenseitige Information über das jeweilige Land im Sinne der KSZE-Schlussakte zu erfüllen. Die Vereinbarung über eine der Folgeausstellungen bezeichnete die Maßnahme explizit als „bei der Bildung der öffentlichen Meinung den Prinzipien und Empfehlungen der Konferenz für Sicherheit und Zusammenarbeit in Europa dienlich und förderlich".⁶⁵

Norkus' Konzept sah vor, die Besucher der Ausstellung möglichst aktiv partizipieren statt nur passiv konsumieren zu lassen. Zu diesem Zweck gab es Malwettbewerbe für Kinder, Quizfragen zur deutschen Landeskunde für Jugendliche sowie Gesang- und Tanzwettbewerbe für Ensembles, an deren Jurys jeweils lokale Vertreter beteiligt wurden. Als Preise lockten unter anderem Bücher, Bastelmaterial, Poster, Schallplatten und Noten. Das Begleitprogramm beinhaltete Filmvorführungen und Vorträge. Zur Darstellung aller Facetten der deutschen Kultur gab es eine Präsentation deutscher Bücher – Bildbände, Literatur, Modezeitschriften – und dezente Hintergrundmusik „von Klassik bis Modern, Folklore, Tanzmusik". Um eine längerfristige Wirkung zu garantieren, verblieben Bücher, Plakate, Schallplatten und Noten als Geschenk bei den jeweiligen Partnergesellschaften vor Ort. Nicht zuletzt sollte eine „Gastlichkeit in kleinem Rahmen" für eine entspannte Atmosphäre sorgen. Die ARGE selbst stellte ihre Struktur und ihre Aktivitäten vor. Die geographische und touristische Darstellung der Bundesrepublik erfolgte mit Hilfe und anhand der jeweiligen Regionalgesellschaften, so dass sich die regionalen Schwerpunkte Bayern, Hamburg, Nordrhein-Westfalen und Saarland ergaben. Insgesamt veranschlagte die ARGE einen finanziellen Aufwand von 71.280 DM für Personal, Material, Geschenke und Versicherungen, den zum größten Teil das Bundespresseamt und das Auswärtige Amt trugen. Mehrere deutsche

---

63 So schreibt Essl in seiner Laudatio auf Norkus: Essl an Norkus, 9.12.1980, in: AMA, BayGes, 111. Zu diesen Verhandlungen konnte allerdings nichts Näheres in den Archiven gefunden werden.
64 Siehe Plan für die Zusammenarbeit zwischen dem Verband sowjetischer Gesellschaften für Freundschaft und kulturelle Beziehungen mit dem Ausland, der Gesellschaft Union der Sozialistischen Sowjetrepubliken – Bundesrepublik Deutschland und der Arbeitsgemeinschaft der Gesellschaften Bundesrepublik Deutschland – Union der Sozialistischen Sowjetrepubliken und ihren Regionalgesellschaften für das Jahr 1978, in: PAAA, ZA 133126.
65 Programm über die Durchführung der Ausstellung der ARGE „Blick in die Bundesrepublik Deutschland" in den Städten Riga und Vilnius im Jahre 1983, in: PAAA, ZA 133290.

Firmen, darunter der Bertelsmann Verlag, spendeten Preise und Bücher.[66] Die Zusammenstellung der Ausstellung erfolgte mit Hilfe von Ausstellungsexperten des Stuttgarter Instituts für Auslandsbeziehungen sowie Material des Bundespresseamtes und des Goethe-Instituts. Die sowjetische Seite stellte die Räumlichkeiten und das Personal vor Ort zur Verfügung.

Vereinfacht gesagt wurde der klassische deutsche Kulturkanon präsentiert. Die Literatur umfasste die Klassiker Goethe, Schiller, Heinrich Heine, Josef von Eichendorff. Vorgestellt wurden aber auch zeitgenössische, in der Sowjetunion bekannte Autoren wie Heinrich Böll, Siegfried Lenz, Günter Grass, Bertolt Brecht und Gottfried Benn sowie Volksliteratur wie Grimms Märchen oder Wilhelm Busch. Außerdem wurden deutsche Übersetzungen russischer Klassiker, Kunstbildbände und Bildbände deutscher Landschaften gezeigt. Nicht zuletzt boten Ausgaben von *Burda-Moden* Anregungen für die handarbeitende Frau. Die Musik reichte von Johann Sebastian Bach bis Franz Josef Degenhardt. Die Auswahl zeugte einerseits von dem Willen, möglichst breite Besuchergruppen anzulocken, andererseits von einer Art Selbstzensur, um die sowjetischen Partner nicht zu provozieren und so möglicherweise das Projekt an sich in Gefahr zu bringen. Moderne, konfliktträchtige Kunst und Musik kam nicht vor. Die Listen mit Büchern und Filmen wurden vorher an die Verantwortlichen der regionalen Gesellschaften zur Prüfung geschickt.[67] Deshalb traten laut dem Botschafter „abgesehen von der Ablehnung eines Adenauerfotos und eines Buches, das Solschenizyn erwähnt[e], keinerlei politische oder sachliche Schwierigkeiten auf".[68] Es war ohne Zweifel ein von der ARGE gefiltertes und von der Sowjetunion abgesegnetes Bild der Bundesrepublik, das in den Ausstellungen geboten wurde. Doch Kühn hatte wohl Recht mit der Annahme, dass nur die ARGE eine solche Ausstellung durchführen konnte, weil sie aufgrund ihrer Filterfunktion über einen gewissen Vertrauensvorschuss von Seiten der sowjetischen Partner verfügte.

Die Ausstellung war im September 1976 jeweils eine Woche in Kiev und Tbilissi in den jeweiligen Freundschaftshäusern zu sehen (Abb. 7). Da in Kiev der Zugang wegen der begrenzten Räumlichkeiten reguliert war, kamen hier nur 750 Besucher pro Tag. In Tbilissi waren es bei freiem Zugang etwa 1.300. Wie Norkus berichtete, „verbreitete sich [dort] die Nachricht über die heißbegehrten Kunststofftüten rapide in der Bevölkerung der Stadt, so daß sich bereits ab dem dritten/vierten Tag nach der Eröffnung riesige Menschenmengen vor dem

---

66 Vgl. Botschaft der BRD Moskau an AA, 631, 2.10.1978, in: PAAA, ZA 133126.
67 Vgl. Bericht über die Ausstellungen der Arbeitsgemeinschaft in Kiew und Tbilisi im September 1978, in: PAAA, Neues Amt 10390.
68 Botschaft der BRD Moskau an AA, 631, 2.10.1978, in: PAAA, ZA 133126.

Hause ansammelten. [...] Der Zustrom aus der Bevölkerung war so groß, daß noch 5 Tage nach Ausstellungsende [...] große Menschengruppen Einlaß begehrten."[69] Doch nicht nur die Werbegeschenke, auch die Wettbewerbe stießen auf sehr große Resonanz. „Renner" der Ausstellung waren die Bücher und Kunstplakate. Zur Weitergabe der Musik wurden Kassetten überspielt, und auch die Gastlichkeit schaffte „eine günstige Atmosphäre für Gespräche" bei Bier und Würstchen.[70] Laut Botschafter Hans-Georg Wieck waren die beiden Ausstellungen „ein voll gelungenes Unternehmen [...]. Sie vermittelten in ansprechender Form gute Information über die Bundesrepublik Deutschland und schufen, indem sie vor allem junge Menschen zur aktiven Teilnahme aufforderten, ein erfreuliches Maß an good-will."[71]

Nach diesem Erfolg behielt die ARGE das Konzept mehr oder weniger bei. Die Ausstellung entwickelte sich zum Selbstläufer und war bis 1989 in insgesamt 24 sowjetischen Städten zu sehen.[72] Sie wurde in jedem Jahr inhaltlich leicht angepasst und durch das Institut für Auslandsbeziehungen und das Bundespresseamt professionalisiert. 1979 kam beispielsweise ein Ausstellungsteil zum Thema „30 Jahre Grundgesetz" hinzu, 1983 ein Wettbewerb zu deutscher Volksmusik und ein sehr beliebter „Frauentisch" mit Kochbüchern und Schnittmustern. Der Besucheransturm war überall groß, obwohl die sowjetischen Behörden immer wieder versuchten, die Besucherzahlen durch möglichst wenig Werbung, verkürzte Öffnungszeiten oder Einschränkungen im Begleitprogramm zu begrenzen.[73] Über den ganzen Zeitraum, auch nach dem Ausscheiden von Norkus 1980, blieb die ARGE Veranstalter, handelte mit der SSOD die

---

69 Bericht über die Ausstellungen der Arbeitsgemeinschaft in Kiew und Tbilisi im September 1978, in: PAAA, Neues Amt 10390.
70 Ibid.
71 Botschaft der BRD Moskau an Auswärtiges Amt 631, 2.10.1978, in: PAAA, ZA 133126.
72 1979 in Erevan und Baku; 1980 in Taškent und Alma-Ata; 1982 in Leningrad; 1983 in Vilnius und Riga; 1984 in Kišinëv und Odessa; 1985 in Dušanbe und Ašchabad; 1986 in Minsk und Brest; 1987 in Vladimir und Rostov-am-Don; 1988 in Kalinin und Smolensk; 1989 in Novgorod und Zaporož'e; 1991 in Jaroslavl und Ivanovo. 1981 fand keine Ausstellung statt, um kein Ungleichgewicht zu schaffen, da die deutsche Seite wegen der sowjetischen Intervention in Afghanistan 1980 die Tage der Sowjetunion abgesagt hatte. Vgl. Vermerk: ARGE, 16.10.1980, in: PAAA, ZA 133145.
73 Besucher: Erevan täglich 2.000; Baku täglich 3.000 und an den letzten beiden Tagen 5.000; Taškent täglich 6.000; Alma-Ata täglich 7.500; Leningrad täglich 4.000–5.000; Vilnius insgesamt 25–30.000 Besucher; Dušanbe 15.600; Ašchabad 16.400; Minsk 25.000; Brest 20.000; Smolensk 25.000; Kalinin 35.000; Ivanovo 40.000. Vgl. zu den Beschränkungen: ARGE, 19.9.1979, in: PAAA, ZA 133145; Vermerk: ARGE, Unterredung mit Herrn Behrendt, 24.3.1981, in: PAAA, ZA 133290.

Ausstellungsorte aus und begleitete die Ausstellung. Die von der Bundesregierung übernommenen Kosten stiegen bis 1988 auf 300.000 DM.[74]

Abb. 7: Die Ausstellung „Blick in die Bundesrepublik Deutschland" in Kiev im September 1978.

Inhaltlich problematisch blieb das Thema Nationalsozialismus. Lange Zeit war der gesamte Themenkomplex des Zweiten Weltkrieges ausgeklammert worden, da dieses Thema offensichtlich beiden Seiten zu konfliktträchtig erschien. 1985 in Dušanbe und Ašchabad durften beispielsweise Bildbände mit Fotografien von Hitler nicht gezeigt werden.[75] 1986 plante die ARGE, die Ausstellung für die weißrussischen Städte Minsk und Brest mit einen Ausstellungsteil über Zwangsarbeiter im Nationalsozialismus „Das Geheimnis der Versöhnung heißt Erinnerung" von der Körber-Stiftung zu ergänzen. Da der ARGE-Vorsitzende Dietrich Sperling sehr darauf bestand, „tolerierte" das Auswärtige Amt zwar diese Entscheidung im Interesse der weiteren Zusammenarbeit, konnte sie jedoch nicht „akzeptieren" und finanzierte diesen Teil explizit nicht mit.[76] Diese

---

74 Vgl. Vermerk: ARGE, 29.4.1988, in: PAAA, ZA 143618.
75 Vgl. Bericht über die Ausstellung „Blick in das Leben der Bundesrepublik Deutschland" in Duschanbe und Aschchabad, 10.10.1985, in: PAAA, ZA 139406.
76 Vgl. Ausstellung „Blick in das Leben der Bundesrepublik Deutschland" in Minsk und Brest im Jahre 1986; sowie Maltzahn, AA, an Döhler, IfA, 5.8.1986, in: PAAA, ZA 139407.

Geste der Versöhnung durch eine kritische Auseinandersetzung mit der eigenen Vergangenheit wurde von den Besuchern durchaus gewürdigt, wie die wenigen über die ARGE überlieferten Gästebucheintragungen bezeugen.[77] Im Kontrast zu den langjährigen Berichten über die „revanchistischen Kräfte" in der Bundesrepublik nahm auch die örtliche Presse diesen Aspekt positiv auf.[78] Selbst die Mitarbeiter der Moskauer Botschaft fanden die Ausstellung „informativ" und „zeigenswert".[79]

Das Besondere an dem Konzept war, dass die Ausstellung in nahezu allen Sowjetrepubliken gezeigt wurde. Norkus sah „eine große und zukunftsreiche Aufgabe" in der „Erschließung der Sowjetrepubliken mit ihrer ganzen historischen und kulturellen Vielfalt, die zu Freundschaften, Patenschaften und Partnerschaften auf allen Ebenen wechselseitig führen könnte".[80] Tatsächlich berichtete sie von einem großen Entgegenkommen und Engagement der Mitarbeiter der Freundschaftshäuser vor Ort, die sich mit dem Unternehmen identifiziert hätten und offensichtlich am Erfolg der Maßnahme interessiert gewesen seien.[81] Während sich in Moskau derartige Ausstellungen und Besuche aus der Bundesrepublik Ende der 1970er Jahre häuften, waren sie in Dušanbe, Taškent oder Ašchabad eine Sensation. Die Ausstellungen 1986 im weißrussischen Brest sowie 1988 in Smolensk und Kalinin waren die ersten derartigen Präsentationen des Westens. Um aus diesen einmal geknüpften institutionellen Kontakten nachhaltige Bindungen zu entwickeln, beantragte die ARGE beim Auswärtigen Amt Geld zur Nachbereitung und weiteren Pflege der Beziehungen zu den Republikgesellschaften.[82]

Abgesehen von den Besucherzahlen lassen sich die qualitative Zusammensetzung des Publikums und seine Reaktionen nur erahnen. Der Großteil der Besucher kam als entsprechend vorbereitete Abgesandte der kollektiven Mitglieder der örtlichen Partnergesellschaften wie Fabrikbelegschaften oder Schulen. 1985 waren nach Schätzungen der ARGE in Dušanbe ca. 15 % der Besucher Schüler. Außerdem registrierten sie dort einen großen Prozentsatz von Angehörigen der deutschen Minderheit, um die sich die Begleitpersonen der

---

77 Vgl. Auszüge aus dem Gästebuch in Minsk, in: PAAA, ZA 139407.
78 Siehe den Pressespiegel weißrussischer Zeitungen in: PAAA, ZA 139407.
79 Vgl. Botschaft an AA, 3.10.1986, in: PAAA, ZA 139407.
80 Vgl. Gisela Norkus: Erfahrungsbericht über die Ausstellungen der Arge im September 1979 in Erewan und Baku, in: AMA, BayGes, 111.
81 Vgl. ibid.
82 Vgl. Antrag auf Gewährung einer Zuwendung zur Pflege der Nachkontakte unserer Ausstellung in der UdSSR „Blick in die Bundesrepublik Deutschland", 27.2.1980, in: PAAA, ZA 133145.

Ausstellung besonders kümmerten.[83] Nur für die Jahre 1986 und 1988 liegen von den Veranstaltern ausgewählte und übersetzte Einträge aus den Gästebüchern vor, die aber nur sehr bedingt ein objektives Abbild der individuellen Rezeption geben können.[84] In Belarus fanden sich sehr viele Kommentare zur Thematik des Zweiten Weltkrieges. In Smolensk 1988 in Zeiten der Perestrojka waren viele Eintragungen kritisch gegenüber ihrer eigenen Regierung und bedauerten den mangelnden Austausch, die im Vergleich schlechter gedruckten Bücher oder die Abwesenheit in Deutschland erschienener, dissidentischer Literatur. Außerdem besuchten die Ausstellung auch mehrere Gruppen von Studierenden aus der DDR.[85]

Die unmittelbare Interaktion zwischen Deutschen und Sowjetbürgern blieb auf wenige Personen beschränkt. Zur Eröffnung der Ausstellung reisten in der Regel Walter Behrendt, Dietrich Sperling oder Gerhard Weber mit ein oder zwei weiteren Vertretern einer Regionalgesellschaft an. Darüber hinaus waren Gisela Norkus oder ihr Nachfolger Eduard Krüger mit drei bis vier russischsprechenden Begleitpersonen während der ganzen Ausstellungszeit anwesend, machten Führungen und versuchten, möglichst viel mit den Besuchern ins Gespräch zu kommen.[86] Als das politische und wirtschaftliche System der Sowjetunion am Zusammenbrechen war, überrannten 1991 in Ivanovo 40.000 Besucher die Ausstellung. Sie interessierten sich allerdings weniger für deutsche Sehenswürdigkeiten und Bücher als für konkrete materielle Hilfen im Alltag, Ausreisemöglichkeiten oder die Beschaffung von Medikamenten.[87] Die Menschen wollten sich nicht mehr mit einer virtuellen Begegnung zufrieden geben, sondern erwarteten reale Perspektiven und humanitäre Unterstützung von der Bundesrepublik.

Die im Westen und in der Sowjetunion veranstalteten Kulturtage erreichten in den 1970er und 1980er Jahren erstens eine sowjetische Verbandsöffentlichkeit, die vorher selbst zu virtuellen Begegnungen mit dem westlichen Ausland nur

---

83 Vgl. Bericht über die Ausstellung „Blick in das Leben der Bundesrepublik Deutschland" in Duschanbe und Aschchabad, 10.10.1985, in: PAAA, ZA 139406.
84 Vgl. zur Einordnung negativer Kommentare aus persönlicher Überzeugung, aufgrund ideologischer Indoktrination oder aus möglicher Angst vor Kontrolle und Repressionen Reid, Susan E.: Who will Beat Whom? Soviet Popular Reception of the American National Exhibition in Moscow 1959, in: Kritika 9 (2008) 4, S. 855–904.
85 Vgl. Ausgewählte Eintragungen der Gästebücher der Ausstellung „Blick in das Leben der Bundesrepublik Deutschland" in Smolensk und Kalinin, in: PAAA, ZA 143618.
86 Vgl. Bericht über die Ausstellung „Blick in das Leben der Bundesrepublik Deutschland" in Duschanbe und Aschchabad, 10.10.1985, in: PAAA, ZA 139406.
87 Bericht über Informations- und Kulturtage „Blick in das Leben der Bundesrepublik Deutschland" in Jaroslavl' vom 19.–27.4.1991 und in Ivanovo vom 10.–19.5.1991 von Peter Hiller, in: LA Saarbrücken, NL Bies.

wenig Gelegenheit gehabt hatte. Zweitens verdeutlichen insbesondere die Ausstellungen, dass die Freundschaftsgesellschaften durchaus über Aushandlungsspielräume zur Realisierung kulturell anspruchsvoller und organisatorisch aufwendiger Projekte verfügten. Denn die Sowjetunion hatte insbesondere nach der Unterzeichnung der KSZE-Schlussakte sehr großes Interesse an qualitativ hochwertiger, attraktiver Selbstdarstellung im Westen und einem Image als offenes Land. Drittens schließlich konnten die Freundschaftsgesellschaften als politisch zuverlässige Mittler zwischen französischen Museen bzw. dem Auswärtigen Amt und den sowjetischen Behörden agieren und auch in den Teilrepubliken größere Aktivitäten entfalten.

4.3 Reisen:
Wege zum Anderen zwischen Ideologie und Kommerz

Die Kulturtage und die Ausstellungen konnten den Menschen nur ein virtuelles, indirektes Bild von der Sowjetunion vermitteln. Viel wirkungsvoller war die persönliche, konkrete Erfahrung des Landes: mit eigenen Augen die beeindruckenden Bauwerke und technischen Errungenschaften, die fröhlichen Menschen verschiedener Nationen und die sozialen Einrichtungen zu sehen, mit eigenen Ohren die Schilderungen des Kolchosvorstehers über die erfolgreiche Ernte oder die erschütternden Berichte über das Leiden der Bevölkerung unter der deutschen Besatzung zu hören, persönlich die legendäre Gastfreundschaft, Herzlichkeit und Friedensliebe der Sowjetbürger zu spüren. Der Reisende kam als Kundschafter und Botschafter stellvertretend für viele Landsleute, sollte entsprechende Informationen und Eindrücke erhalten und diese an möglichst viele der Daheimgebliebenen weitergeben. 1976 definierte G. M. Dolmatov vom Hauptkomitee für ausländischen Tourismus den Zweck der Reise in die Sowjetunion folgendermaßen:

> Es ist besonders wichtig, dass sich die ausländischen Gäste von den unter dem Einfluss der bourgeoisen Propaganda gewachsenen Vorurteilen befreien und einen möglichst guten Eindruck von unserem Land und seinen Bewohnern mitnehmen. Wir müssen alles uns Mögliche tun, dass sie, wenn sie in ihre Heimat zurückkehren, unsere Freunde, Propagandisten unserer sozialistischen Lebensweise und der sowjetischen Realität geworden sind.[88]

---

88 Zitiert nach: Bagdasarjan, Vardan E./Orlov, Igor' u. a.: Sovetskoe zazerkal'e. Inostrannyj turizm v SSSR v 1930–1980-e gody, Moskau 2007, S. 101.

Die Historiographie hat sich bisher vor allem mit den Reisen der „politischen Pilger" der Zwischenkriegszeit in die Sowjetunion befasst.[89] Viele Grundparameter des Reisens in die Sowjetunion, die für die Zwischenkriegszeit herausgearbeitet wurden, blieben während des Kalten Krieges weiter bestehen. Dazu gehörten die komplexen Empfangsstrukturen für westliche Besucher von Inturist und VOKS, die Gratwanderung zwischen politischer Instruktion und „bourgeoiser" Bildungsreise sowie die sorgfältige Auswahl und Vorbereitung von sehenswerten Objekten und zu treffenden Personen. Die Sowjetunionreisen während des Kalten Krieges sind dagegen noch wenig erforscht.[90]

Vor allem änderte sich nun der Maßstab der Reisen. Die Reisenden kamen nicht mehr einzeln oder in kleinen Delegationen, denen eine individuelle Betreuung zuteilwerden konnte. Ab Ende der 1950er und insbesondere ab Mitte der 1960er Jahre stieg die Zahl der Sowjetunionreisenden exponentiell, und es entwickelte sich ein regelrechter Massentourismus. Neue Reiseziele wurden erschlossen, die touristische Infrastruktur ausgebaut und neue Reiseformen wie Individual- und Campingtourismus entwickelt. Damit trat der ökonomische Aspekt des Tourismus in den Vordergrund, da Reisende aus dem Westen wertvolle Devisen brachten.[91] Schließlich wuchs nicht nur der Reiseverkehr in die Sowjetunion, sondern auch der aus der Sowjetunion in westliche Länder. In einem bescheidenerem Maße reisten immer mehr sowjetische Bürger in den Westen, fungierten dort als Botschafter ihres Landes, brauchten entsprechende Empfangsstrukturen und nahmen zugleich nicht wenige Eindrücke und auch ganz konkrete materielle Produkte aus dem Westen mit zurück.[92] Die Rolle der

---

89 Siehe Kapitel 1.2.
90 Siehe das Grundlagenwerk russischer Historiker Bagdasarjan/Orlov, Sovetskoe zazerkal'e; Chripun, Vjačeslav Aleksandrovič: Nekotorye problem organizatsii inostrannogo turizma v Leningrade v 1950-e–1960-e gody, in: Vestnik Sankt-Peterburgskogo Universiteta, Serija 2: Istorija 2 (2011) 1, S. 149–155; ders.: Innostrannyj turizm v Leningrade v 1950–1960-e gody, in: Istoričeskij Ežegodnik. Sibirskoe otdelenie RAN (2010), S. 110–118; sowie für die Anfänge in der Bundesrepublik: Donig, Reisen ins „Arbeiterparadies", S. 325–356; Heeke, Matthias: Mit Intourist durch die UdSSR. Der bundesdeutsche Sowjetunion-Tourismus, in: Spode, Hasso (Hg.): Goldstrand und Teutonengrill. Kultur- und Sozialgeschichte des Tourismus in Deutschland 1945–1989, Berlin 1996, S. 163–184.
91 Siehe zu diesem ökonomischen Aspekt: Salmon, Shawn: Marketing Socialism. Inturist in the Late 1950s and Early 1960s, in: Gorsuch, Anne E./Koenker, Diane P. (Hg.): Turizm. The Russian and East European Tourist under Capitalism and Socialism, Ithaca 2006, S. 186–204; Heeke, Mit Intourist in die UdSSR, S. 173.
92 Siehe zu den sowjetischen Auslandsreisenden vor allem: Tondera, Benedikt: Reisen auf Sowjetisch. Auslandstourismus unter Chruschtschow und Breschnew 1953–1982, Wiesbaden 2019; ders.: Der sowjetische Tourismus in den Westen unter Nikita Chruščev 1955–1964, in: Zeitschrift für Geschichtswissenschaft 61 (2013) 1, S. 43–64; Gorsuch, Anne E.: All This Is Your

Freundschaftsgesellschaften und auch der SSOD für den Sowjetunion-Tourismus fand bisher in der Forschung kaum Beachtung. Dabei waren sie sowohl bei der Organisation und Vorbereitung der Reisen als auch beim Empfang und der „Nachbetreuung" der Reisenden politisch und kommerziell intensiv am Sowjetunion-Tourismus beteiligt.

Organisation: Tourismus als Einnahmequelle

Die zentrale Institution für Reisen in und aus der Sowjetunion blieb auch nach 1945 die 1929 gegründete staatliche Aktiengesellschaft Inturist. Sie war nicht nur zuständig für die Organisation der Reisen, die Ausbildung und Betreuung der Reiseleiter, sondern auch Betreiber der Restaurants und Hotels.[93] Schon in den 1930er Jahren trat Inturist in Konkurrenz mit der VOKS. Während sich letztere um die Betreuung individueller Einzelreisender kümmerte, hatte Inturist die Aufgabe, den Massentourismus zu organisieren. Während bei VOKS die politische Mission im Vordergrund stand, war es bei Inturist der ökonomische Ertrag. 1936 konnte Inturist 13.437 ausländische Touristen ins Land holen – ein erster Höhepunkt des Sowjetunion-Tourismus.[94]

In der Nachkriegszeit hatten zunächst nur vereinzelte Funktionäre der kommunistischen Parteien oder der Freundschaftsgesellschaften die Möglichkeit zu einem Besuch in der Sowjetunion. Ab 1949, im Zuge der Friedenskampagne durften erste, sorgfältig zusammengestellte Delegationen aus Freundschaftsgesellschaften oder Gewerkschaften in die Sowjetunion reisen.[95] Diese ersten Augenzeugen des Kalten Krieges wurden intensiv betreut, vergleichbar mit den westlichen Reisenden in der Zwischenkriegszeit. Ihre exklusiven enthusiastischen Berichte von der Welt jenseits des „Eisernen Vorhangs" hatten umso mehr Gewicht, als sie kaum von anderen Reisenden überprüft werden konnten.

World. Soviet Tourism at Home and Abroad after Stalin, Oxford 2011, S. 106–167; Popov, Aleksej D.: Sovetskie turisty za rubežom. Ideologija, kommunikacija, ėmocii (po otčetam rukovoditelej turistskich grupp), in: Istoričeskaja panorama (2008) 6, S. 49–56; ders.: Ėksport sovetskoj modeli vyezdnogo turizma. Slučaj razdelennoj Germanii, in: Vestnik Permskogo Universiteta (2013) 3, S. 155–165.
93 Vgl. zur Struktur von Inturist und der Entwicklung in der Zwischenkriegszeit Bagdasarjan/Orlov, Sovetskoe zazerkal'e, S. 11–90; Heeke, Reisen zu den Sowjets, S. 33–39.
94 Vgl. David-Fox, Showcasing the Great Experiment, S. 175–182.
95 Siehe Kapitel 1.5.

Der eigentliche Beginn einer nennenswerten Reisetätigkeit in und aus der Sowjetunion ist nach 1953 zu datieren, als im „Tauwetter" Reisen zur demonstrativen Öffnung der Sowjetunion beitrugen. Die Einladung von Gästen aus kapitalistischen Ländern bewies die Bereitschaft der Sowjetunion zur internationalen Zusammenarbeit im Sinne der friedlichen Koexistenz. Sie war Ausdruck des neuen sowjetischen Selbstbewusstseins, demzufolge man dem westlichen Besucher durchaus Zeigenswertes bieten könnte. Nicht zuletzt sollte der Tourismus zur internationalistischen Erziehung der eigenen Bevölkerung beitragen. Ab März 1954 verabschiedete das ZK der KPdSU verschiedene Resolutionen zur Öffnung der Sowjetunion für ausländische Touristen und zu den Möglichkeiten und formalen Bestimmungen für Reisen von Sowjetbürgern in sozialistische und kapitalistische Länder. Zugleich bekam Inturist neue Statuten mit dem expliziten Auftrag, alle Arten von Tourismus, sowohl in die Sowjetunion als auch aus der Sowjetunion, zu entwickeln.[96] Neben Inturist und SSOD bot ab 1958 das Büro für internationalen Jugendtourismus Sputnik, die Reiseagentur des Komsomol, in Kooperation mit ausländischen Jugendorganisationen im Verhältnis preisgünstige Gruppenreisen für die Altersgruppe von 14 bis 30 Jahren an und organisierte internationale Jugendlager.[97]

In dieser Zeit nahm die Zahl der Sowjetunion-Touristen massiv zu. 1956 kamen laut Inturist 486.370 Ausländer, davon 126.230 aus kapitalistischen Ländern. Im Gegenzug reisten 561.420 sowjetische Bürger ins Ausland, darunter 108.560 in kapitalistische Länder.[98] Allerdings sind diese Zahlen kritisch zu hinterfragen. In der Regel bezogen die Zahlen aus sowjetischen publizierten Quellen alle Personen ein, die die Grenze überquerten, ganz unabhängig von der Organisation, der Art und dem Zweck der Reise. So fielen darunter Wissenschaftler auf Kongressreisen, Mitglieder von Künstlergruppen auf Tournee und Sportler ebenso wie Delegierte ausländischer kommunistischer Parteien oder Vertreter der sowjetischen Regierung. Zählt man wie Benedikt Tondera nur die organisierten Reisen über Gewerkschaften und Inturist, betrug die Zahl der im

---

96 Vgl. zu den Beschlüssen zum Tourismus Mitte der 1950er Jahre Orlov, Igor: The Soviet Union Outgoing Tourism in 1955–1985. Volume, Geography, Organizational Forms, HSE Basic Research Program Working Papers, Series: Humaniities, Moscow 2014, http://ssrn.com/abstract=2430667 (17.2.2015), S. 7–10; Tondera, Reisen auf Sowjetisch, S. 58 f.
97 Siehe zu Gründung und Aufbau Solov'ev, A. A.: Zaroždenie meždunarodnogo molodežnogo turizma v SSSR, in: Upravlenie obščestvennymi i ėkonomičeskimi sistemami (2006) 2, http://umc.gu-unpk.ru/umc/arhiv/2006/2/Soloviev.doc (22.2.2016).
98 Die Sowjetunion und der internationale Tourismus. Gespräch mit dem Präsidenten der „Inturist" W.M. Ankudinow, in: Sowjetunion heute, 1.1.1958, S. 26 f.

engeren Sinn als Touristen ins Ausland reisenden Sowjetbürger selbst 1970 nur 239.000.[99]

Die Zahlen sind auch deshalb problematisch, da die Grenzen zwischen den verschiedenen Reiseformen fließend waren. Einerseits gab es so genannte Delegationen, deren Anzahl in den jährlichen Austauschplänen mit den Freundschaftsgesellschaften im Ausland festgelegt war. Diese reisten valutafrei auf Austauschbasis, d. h. die jeweilige Freundschaftsgesellschaft zahlte die Reise bis zur sowjetischen Grenze, und ab dort übernahm die SSOD die Kosten – bei sowjetischen Reisenden ins Ausland entsprechend. Diese Delegationen waren privilegierte Gäste der SSOD, ihre Reise wurde jedoch von Inturist organisiert. Umgekehrt gab es Gruppenreisen in die Sowjetunion, die im Westen ebenfalls von Freundschaftsgesellschaften organisiert, aber von Inturist abgewickelt und von den Teilnehmern selbst bezahlt wurden. Auch für diese stellte die SSOD ein Programm mit Begegnungen im Rahmen von Freundschaftsabenden im Haus der Freundschaft oder Treffen mit sowjetischen Fachleuten zusammen.[100]

Im April 1962 und im Dezember 1969 beschloss das ZK der KPdSU verschiedene Maßnahmen zur Entwicklung des In- und Auslandstourismus, nach denen die Bettenkapazitäten und die Reiserouten massiv ausgebaut werden und die verschiedenen Behörden Voraussetzungen für den Tourismus schaffen sollten.[101] Gleichzeitig wurden in der Sowjetunion politische Institutionen speziell für den ausländischen Tourismus gegründet wie 1964 die Verwaltung (ab 1969 Hauptverwaltung) für ausländischen Tourismus beim Ministerrat der UdSSR – (Glavnoe) Upravlenie po inostrannomu turizmu pri Sovete Ministrov SSSR.[102] Damit begann das Zeitalter des sowjetischen Massentourismus. Im Fünfjahresplan 1971 bis 1975 war gegenüber den beiden vorangegangenen Jahrzehnten das doppelte Budget

---

99 Vgl. Tondera, Benedikt: „Like Sheep"? Disobedience Among Soviet Tourists Travelling Abroad, in: Comparativ (2014) 2, S. 18–35, hier S. 23 f.
100 Eine vergleichbare Unterscheidung traf das „Empfangsbüro" von France-URSS hinsichtlich sowjetischer Reisender: Delegationen bestehen aus wenigen „Persönlichkeiten" und werden von France-URSS eingeladen. Für Touristengruppen von 20 bis 35 Personen bezahlte Inturist oder Sputnik der Freundschaftsgesellschaft eine Pauschale pro Tag und Person. Additif au bilan 1974, 3/1975, in: AD Nord, 151 J 57.
101 Vgl. Radčenko, Ol'ga Nikolaevna: „Inturist" v Ukraine 1960–1980 godov. Meždu krasnoj propagandoj i tverdoj valjutoj, Čerkassy 2013, S. 19; sowie Henningsen, Monika: Der Freizeit- und Fremdenverkehr in der (ehemaligen) Sowjetunion unter besonderer Berücksichtigung des baltischen Raums, Frankfurt a.M. 1994, S. 37.
102 Vgl. Dolženko, Gennadij P.: Istorija turizma v dorevoljucionnoj Rossii i SSSR, Rostov-am-Don 1988, S. 150; Heeke, Mit Intourist durch die UdSSR, S. 168; Tondera, Reisen auf Sowjetisch, S. 50.

für die Erweiterung der touristischen Infrastruktur vorgesehen.[103] Die Zahl der ausländischen Gäste stieg im Verhältnis schneller als in anderen europäischen Ländern an: von einer Million 1964 auf 4,5 Millionen 1975. Zugleich wuchs der Anteil der Touristen aus kapitalistischen Ländern überproportional von 25 % im Jahre 1956 auf 44 % im Jahre 1973.[104] Da die westlichen Reisenden zahlungskräftiger waren, wurden sie von Inturist mehr hofiert und beispielsweise in Hotels und Restaurants bevorzugt behandelt – was bei den Reisenden aus sozialistischen Bruderländern auf wenig Verständnis stieß.[105] Das Verhältnis der Reisenden zu Inturist wandelte sich von einer Patronagebeziehung zu einer zwischen Kunden und Dienstleister. Zwar blieb der politische Diskurs über die Reisenden, die die Wahrheit über die friedliebende Sowjetunion hinaus in die Welt tragen sollten, über die Jahrzehnte der Gleiche, doch traten politische Ziele zugunsten kommerzieller zunehmend in den Hintergrund.[106]

Von den ökonomischen Aspekten des Reiseverkehrs zwischen kapitalistischen Ländern und der Sowjetunion profitierte jedoch nicht nur der sowjetische Staat. Vielmehr waren die West-Ost-Reisen Teil eines großen, noch wenig untersuchten Finanzierungssystems für prosowjetische Aktivitäten im Ausland. Für die Organisation der Reisen auf westlicher Seite arbeitete Inturist mit wenigen Partnerorganisationen im Westen zusammen, über die Reisen in die Sowjetunion gebucht werden konnten und die sowjetische Reisende im Ausland betreuten. Abgesehen von einzelnen kommerziellen Anbietern waren dies in der Regel Agenturen, die eng mit den jeweiligen kommunistischen Parteien bzw. mit den Freundschaftsgesellschaften verbunden waren. Inturist bot ihnen Reisen zu sehr günstigen Konditionen an, die sie mit relativ großer Gewinnmarge an die Kunden weiterverkaufen konnten.

In Frankreich war es die Association France-URSS selbst, die als Reiseanbieter und Partner von Inturist fungierte. Nachdem sich die AUS bereits in der Zwischenkriegszeit relativ erfolgreich über die Organisation von „Arbeiterdelegationen" in die Sowjetunion finanziert hatten, versuchte Grenier bereits 1946 und 1949 vergeblich an diese Praxis anzuknüpfen.[107] Mit gleicher Absicht sprachen Ernest Petit und André Pierrard im April 1956 in Moskau beim

---

103 Vgl. Henningsen, Der Freizeit- und Fremdenverkehr, S. 38.
104 Bagdasarjan/Orlov, Sovetskoe zazerkal'e, S. 94.
105 Dies zeigt Klöckner am Beispiel der DDR-Touristen in der Belarussischen SSR, die sich gegenüber ihren bundesdeutschen Kollegen benachteiligt fühlten: Klöckner, Kultur- und Freundschaftsbeziehungen, S. 275 und 315 f.
106 Vgl. zu den politischen Begründungen Bagdasarjan/Orlov: Sovetskoe zazerkal'e, S. 121 f.
107 Vgl. zur Reiseorganisation durch die AUS Cœuré, La grande lueur, S. 155–157; zu Greniers Versuchen siehe Kapitel 1.5.

Vorsitzenden der SSOD Andrej Denisov, dem Vorsitzenden von Inturist Vladimir M. Ankudinov und Außenminister Molotov vor. Sie wollten vergünstigte Reisekonditionen für ihre Gesellschaft herausschlagen, um – so ihr Argument – auch weniger wohlhabende Franzosen in die Sowjetunion zu bringen. Schließlich erhielten sie auf Fürsprache Molotovs reduzierte Preise für drei Reiserouten dritter Klasse.[108] Dies war der Beginn jährlicher, später dreijährlicher Verträge zwischen Inturist bzw. Sputnik und France-URSS, in denen genau die Art der Reisen, die Anzahl der Reisenden und die Preise festgelegt waren.[109]

Mit den Jahren wurde das Angebot an Reisen hinsichtlich der geographischen Ziele und der Zielgruppen immer breiter und ausdifferenzierter – wie noch im einzelnen ausgeführt werden wird. 1963 konnte France-URSS schon 47 Reisen anbieten, die neben Moskau und Leningrad auch Baku, Erevan, Riga, Minsk, Kiev, Odessa, Taškent, Samarkand und die Krim einschlossen. Darunter waren acht Campingtouren, fünf Kreuzfahrten, vier Flugreisen ab Paris, zwei Jugendreisen, 15 Reisen für spezielle Berufsgruppen wie Metallindustrie, Gesundheitswesen, Eisenbahner und schließlich 13 sogenannte „voyages d'amitié" – Freundschaftsreisen zu günstigeren Preisen bei Anreise mit dem Zug oder Bus.[110] Die Zahl der jährlichen Reisenden mit France-URSS stieg von 1.971 im Jahre 1961 auf 5.208 im Jahre 1965, um 1975 12.013 und 1988 schließlich 20.640 zu erreichen. Wenn auch auf niedrigerem Niveau, wuchs ebenso die Zahl sowjetischer Touristen in Frankreich. 1965 betreute France-URSS nur 69 sowjetische Touristen, 1972 waren es immerhin schon 2.560 und 1986 schließlich 6.232. Von allen 57.694 Franzosen, die 1974 die aus unterschiedlichen Gründen die Grenze zur Sowjetunion überquerten, reisten 9.025 (15,6 %) mit France-URSS. Umgekehrt kamen im gleichen Jahr 3.021 von 37.869 Sowjetbürgern (7,9 %) über France-URSS nach Frankreich.[111] Laut eigener Darstellung betreute France-URSS 1975 jeden dritten französischen Touristen in der Sowjetunion – was bezogen auf die Zahl der französischen Touristen im engeren Sinne glaubhaft ist.[112] Weitere Anbieter in Frankreich, mit denen France-URSS

---

[108] Dies waren 10 Tage Brest-Minsk-Moskau-Brest für 36.800 FF, 11 Tage Brest-Moskau-Leningrad-Brest für 42.500 FF und 11 Tage Čop-Kiev-Moskau-Čop für 42.550 FF. Ankudinov an VOKS, 7.5.1956; Fedorenko, stellvertretender Außenminister, an Denisov, 17.5.1956; Denisov, SSOD, an ZK, 31.5.1956, in: RGANI, f. 5, op. 28, d. 462, l. 86–91.
[109] Die Verträge ab 1974 befinden sich in ANF, 88 AS 43.
[110] Le bureau de Voyages „France-U.R.S.S." présente: 50 moyens pour aller en U.R.S.S. dans les meilleures conditions, in: FUM (1962) 3, S. 28–31.
[111] Statistiques du tourisme en U.R.S.S., in: ANF, 88 AS 36.
[112] Vgl. Čupjakov, SSOD: Otčet o prebyvanie v SSSR delegacii Prezidentskogo Soveta Obščestva „Francija-SSSR", 20.12.1975, in: GARF, f. 9576, op. 20, d. 699, l. 131 f.

auch zusammenarbeitete, waren von Anfang an das kommerzielle Reisebüro Transtours und die Reiseagentur der CGT Tourisme et travail, die Gewerkschafts- und Arbeiterreisen in verschiedene Länder im Angebot hatte.[113]

In den folgenden Jahren entwickelte sich France-URSS quasi zu einer professionellen Reiseagentur. Nach einer genauen Prüfung der Polizeiakten und der politischen Hintergründe aller leitenden Mitglieder wurde sie 1968 vom Commissariat général du tourisme als Association de tourisme eingestuft.[114] Damit galt sie – wie auch Tourisme et travail – als nichtkommerzieller, anerkannter Reiseanbieter, der jedoch keine öffentliche Werbung für seine Reisen machen durfte. Deshalb erschien das jeweilige Februar-Heft von *France-URSS Magazine* als Spezialheft mit allen Reiseangeboten für die kommende Saison (Abb. 8).[115] Die Reiseabteilung der Association wuchs beständig und umfasste 1987 28 hauptamtliche Mitarbeiter.[116]

Die Reisen waren die Haupteinnahmequelle für France-URSS. Die so erwirtschafteten Überschüsse deckten einen Großteil der laufenden Kosten der gesamten Association. Im Jahr 1963 beispielsweise nahm France-URSS mit Reisen 566.675,90 Francs ein, fast 80 % seiner Gesamteinkünfte, und nur 52.165,82 Francs mit Mitgliedsbeiträgen.[117] 1976 machten die Reisen gut 25,8 Millionen Francs, d. h. 95 % der Einnahmen von France-URSS, aus und erwirtschafteten einen Überschuss von 5,7 Millionen, mit dem die gesamten Personalkosten bezahlt werden konnten.[118] Ab 1961 profitierten die Komitees in den Départements auch direkt von der Finanzierung über Reisen . Wenn sie aus ihrem Komitee Mitglieder für die zentral ausgeschriebenen Reisen gewannen oder sogar in Kooperation mit der Zentrale in Paris eigene Komitee-Reisen organisierten, wurden sie an den Gewinnmargen der Reisen von 25 bis 140 Francs pro Reisendem beteiligt.[119]

---

113 Vgl. Pattieu, Sylvain: Voyager en pays socialiste avec Tourisme et travail, in: Vingtième Siècle n° 102 (2009), S. 63–77.
114 Vgl. Demande d'agrément, 23.3.1966, und der darauf folgende umfangreiche Schriftwechsel in: ANF, 19920521/21.
115 Regelmäßig gingen Klagen von kommerziellen Reisebüros ein, dass France-URSS Werbung machen würde. Vgl. stellvertretend J. Lepape, SNABV, an den Comissaire au Tourisme, 27.2.1974, in: ANF, 19920521/21.
116 Vgl. das Organigramm in: Le service voyages de l'Association France-U.R.S.S., [1987], in: AD Nord, 151 J 53.
117 Année 1963. Charges et ressources, in: ANF, 19920521/21.
118 Compte de gestion, 1.1.1976–31.12.1976, in: ANF, 19920521/21.
119 Roussat an die Verantwortlichen der Comités, 27.2.1962, in: AD Nord, 161 J 53. Ab 1960 wurde der Nouveau francs eingeführt. 1 NF entsprach 100 FF. 1962 machte beispielsweise das

Diese Einnahmequelle machte France-URSS zu einer der wohlhabendsten Freundschaftsgesellschaften im Westen, ohne dass sie offiziell hätte Gelder aus Moskau annehmen zu müssen. Andererseits war sie dadurch extrem abhängig vom Wohlwollen der sowjetischen Tourismusorganisationen, touristischen Konjunkturen und internationalen Ereignissen. Als Sputnik beispielsweise 1973 die Preise für Sprachaufenthalte um 22 % erhöhte, appellierte der Präsident Guy Desson in einem Brief an den sowjetischen Botschafter, dass das Problem nicht nur ein kommerzielles für France-URSS, sondern auch ein politisches für die Sowjetunion sei. Zu diesem Preis könnten nur noch Kinder aus reichen Familien in die Sowjetunion fahren. Außerdem würde die Association France-U.S.A. günstigere Sprachreisen in die USA anbieten.[120]

Einen wirklich großen Einbruch bei den Reisen brachte die Doppelkrise durch den sowjetischen Einmarsch in Afghanistan und den daraus folgenden Teilboykott der Olympischen Spiele 1980 in Moskau. France-URSS hatte bereits zwei Jahre zuvor mit der Vorbereitung der Reisekampagne für die Spiele begonnen. In Kooperation mit dem Französischen Olympischen Komitee und der sowjetischen Botschaft startete man eine Informationskampagne mit Ausstellungen und sportlichen Veranstaltungen und schloss Verträge mit Inturist und Sputnik für ein umfangreiches Reiseangebot zu den verschiedenen Wettkämpfen.[121] Nach dem Einmarsch der sowjetischen Truppen in Afghanistan versuchte France-URSS deshalb nicht nur aus politischen Gründen, den Boykott der Olympischen Spiele mit einer großen Kampagne zu verhindern.[122] Zwar hielt das französische Olympische Komitee letztendlich an der Teilnahme fest, doch der politische Imageschaden für die Sowjetunion und der Boykott anderer Länder wie der USA und der BRD blieben nicht wirkungslos. Statt der vorgesehenen 4.500 Touristen reisen nur 1.800 mit France-URSS zu den Spielen nach Moskau. Über 10.000 Eintrittskarten mussten zurückgegeben werden, was der Reiseabteilung und damit der finanziellen Basis der Gesellschaft enorme Verluste brachte.[123] Der endgültige Niedergang kam mit der Perestrojka, als Inturist

---

Komitee im Departement Nord 1.270 Francs Gewinn durch die Vermittlung von Reisen. Vgl. Relevé de comptes „voyages", in: AD Nord, 161 J 53.
120 Vgl. Desson an Botschafter Stepan Červonenko, 22.11.1973, in: ANF, 88 AS 11.
121 Vgl. die Präsentation der Maßnahmen von Roussat im Comité National, 15.1.1978, in: 88 AS 3; sowie der Reiseprospekt in: ANF, 88 AS 37. Zu Einordnung dieser von der Sowjetunion gesteuerten PR-Kampagne für Olympia siehe Parks, The Olympic Games, S. 147 f.
122 Vgl. Rapport de Madame Madeleine Guilbert, présidente coordinatrice, au Comité National du 8 juin 1980, 88 AS 3; Intensifier les efforts. Résolution du Comité national du 9 mars 1980, in: FUM (1980) 4, S. 9. Siehe auch Martin, France-URSS, S. 152.
123 Vgl. Raymond Roussat an Grenkov, SSSR-Francija, 13.6.1980, in: ANF, 88 AS 61.

388 —— 4 Cultural Diplomacy in der Brežnev-Ära

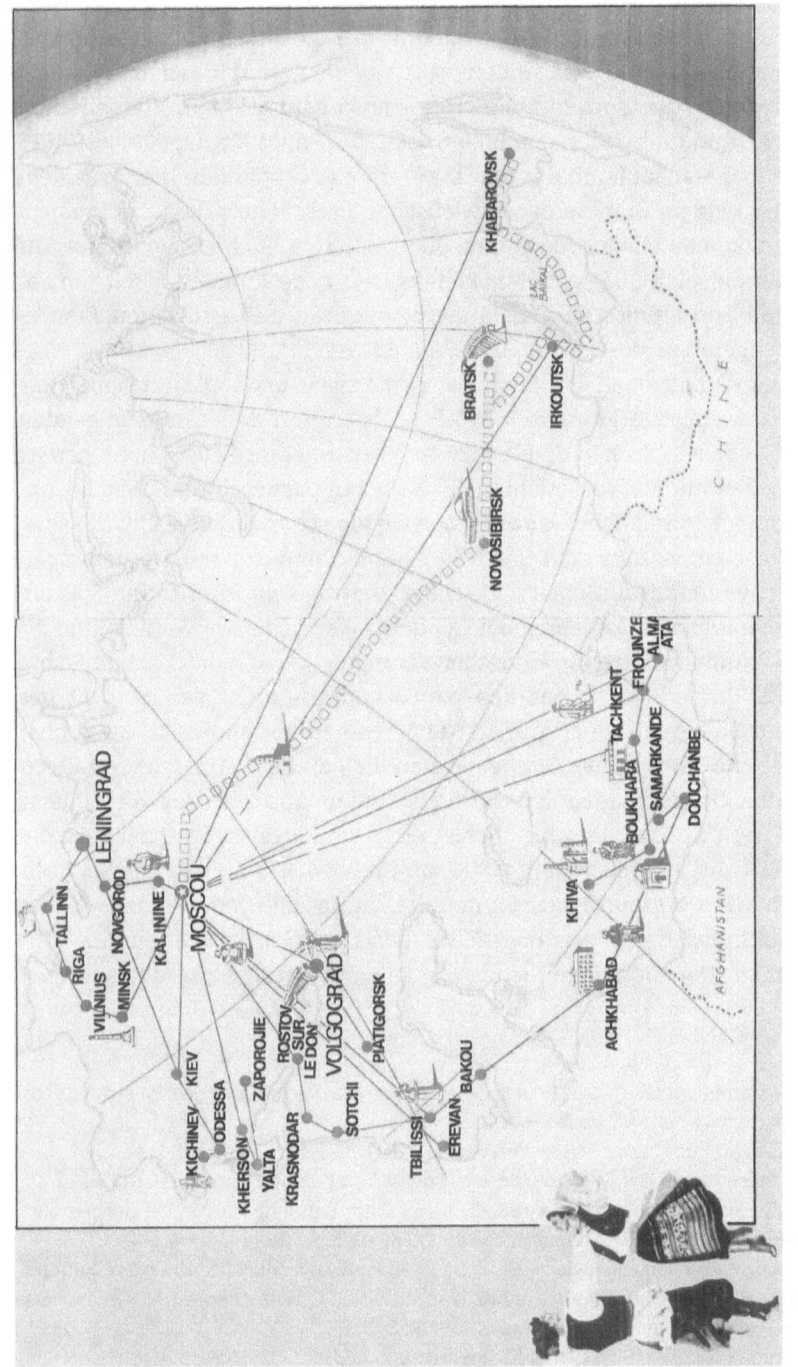

Abb. 8: Karte des Reiseangebots von France-URSS 1976.

und Sputnik tatsächlich wirtschaftlich arbeiten mussten, so dass France-URSS den privilegierten Status verlor und plötzlich mit kommerzieller Konkurrenz und stark steigenden Preisen umgehen musste.[124]

Über eine vergleichbare quasi-professionelle Reiseagentur verfügte nur noch die ÖSG. Der seit 1971 bestehende Reisedienst stellte nach eigenen Angaben den größten Anteil von Reisen in die Sowjetunion auf dem österreichischen Markt. Mitte der 1980er Jahre brachte er jährlich rund 12.000 Österreicher in die Sowjetunion, davon etwa 2.000 Jugendliche, und empfing 3.000 bis 4.000 sowjetische Bürger in Österreich.[125]

In anderen Ländern wurden die Reisen über eine der jeweiligen kommunistischen Partei nahestehende Agentur organisiert, die jedoch häufig in enger Verbindung zur Freundschaftsgesellschaft stand.[126] In Großbritannien war der entsprechende Inturist-Partner die Agentur Progressive Tours, die regelmäßig in *Russia Today* und dem *Anglo-Soviet Journal* Reisen in die Sowjetunion anbot.[127] Die von der CPGB abhängige Agentur konnte allerdings neben dem kommerziellen Anbieter Thomson Holidays keinen großen Marktanteil erringen und war faktisch schon in den 1970er Jahren zahlungsunfähig.[128] 1979 startete die BSFS einen Versuch, unter dem Label „BSFS Tours" eigene Reisen anzubieten, die jedoch ebenfalls von Progressive Tours und Inturist verwaltet wurden. Die BSFS sollte als indirekte Finanzierung 5 Pfund Provision pro gebuchtem Platz bekommen.[129] Doch auch diese Strategie war nicht langfristig erfolgreich. Nach einigen personellen Schwierigkeiten kam beispielsweise 1983 überhaupt keine Reise zustande.[130] Damit fehlte der BSFS im Vergleich zu France-URSS diese wichtige Einnahmequelle.

In der Bundesrepublik wurden Reisen in die Sowjetunion in erster Linie von der DKP-nahen Hansa-Tourist in Hamburg, dem Reisebüro Paul Fröhlich in

---

124 Siehe Kapitel 5.3.
125 Vgl. Vierzig Jahre ÖSG. Festschrift zum 40. Jahrestag der Gründung der Österreichisch-Sowjetischen Gesellschaft, Wien 1985, S. 39. Vgl. zu den Zahlen auch Information über die Österreichisch-Sowjetische Gesellschaft, 1/1985, in: BArch, SAPMO, DY 32/4276.
126 Vgl. zu Dänemark: Frederichsen, Soviet Cultural Diplomacy, S. 103 f.
127 Vgl. British-Soviet Friendship (1956) 2, S. 15.
128 Vgl. Cohen, Phil: Children of the Revolution. Communist Childhood in Cold War Britain, London 1997, S. 92 f.
129 Vgl. Minutes of the Executive Committee meeting, 28.1.1979 und 1.4.1979, in: NottArch, DD/PP/11/3/1.
130 Vgl. Pam Meister an Executive Committee members, 4.2.1982; sowie Reg Millard to Secretaries, 10/1983, in: NottArch, DD/PP/11/3/7.

Hannover und mit DER-Touristik abgewickelt.[131] Als die bundesdeutschen Freundschaftsgesellschaften aktiv wurden, war der Reisemarkt bereits von diesen Firmen abgedeckt. Zwar überlegte Herbert Mochalski 1973 auf Empfehlung des SSOD-Vertreters in Bonn, Aleksej Dijkov, durch die Organisation von Reisen die Finanzierung der Gesellschaft BRD-UdSSR zu sichern. Doch war die Gesellschaft damals schon im Auflösen begriffen.[132] Einige aktive Mitglieder der regionalen Freundschaftsgesellschaften waren allerdings persönlich und auch finanziell am Reisegeschäft beteiligt. In Hamburg organisierte Gerhard Weber im Rahmen des CVJM schon ab 1960 Jugendreisen in die Sowjetunion im Austausch mit dem Leningrader Komsomol. Diese Reisen wurden beständig ausgebaut und richteten sich zunehmend auch an andere Zielgruppen.[133] Ende der 1970er Jahre wurde deutlich, dass die Erträge der Reisen den Gemeinnützigkeitsstatus des CVJM Hamburg gefährdeten. Deshalb gründete Weber mit zwei Mitstreitern den CVJM-Reisedienst, wurde dessen Geschäftsführer und gab sein Amt als Generalsekretär des CVJM auf.[134] Anders als bei France-URSS kam der finanzielle Ertrag des Reisebüros aber nie der Freundschaftsgesellschaft in Hamburg zugute.

Die Bayerische Gesellschaft arbeitete beim Tourismus eng mit der Handels- und Touristik-Firma Lindex GmbH zusammen. Die Firma war einerseits spezialisiert auf Import-Export-Geschäfte mit Osteuropa und führte wie eine Spedition auch Privataufträge für Geschenke an dort lebende Verwandte aus. Andererseits war Lindex Partneragentur von Inturist, Sputnik, Aeroflot und dem Reisebüro der DDR.[135] Geschäftsführerin war die Baltin Ingrid Zinaida Igenbergs, Gründungsmitglied und Schatzmeisterin der Bayerischen Gesellschaft und „rechte Hand" des Vorsitzenden Erwin Essl. Die umtriebige Unternehmerin entstammte aus einer estnisch-russischen Familie und heiratete in Prag einen lettischen Diplomaten. Nachdem es die Familie während des Zweiten Weltkriegs

---

131 Vgl. Heeke, Mit Intourist durch die UdSSR, S. 166. Zu Hansa-Tourist vgl. Amos, Die Westpolitik der SED, S. 98. Zum Reisebüro Fröhlich siehe: Nach Rußland, weil's so schön war, in: Die Zeit, 8.12.1972.
132 Vgl. Dijkov an Ivanov, Präsidium der SSOD, 18.6.1973, in: GARF, f. 9576, op. 20, d. 66, l. 92 f.
133 Vgl. Schildt, Ein Hamburger Beitrag, S. 193–218. Siehe auch Kapitel 3.4 und 4.5.
134 Vgl. Rede aus Anlaß des Ausscheidens Gerhard Webers aus dem Berufsleben von Wolfgang Knobel am 3.2.2009, in: Privatarchiv Weber. Heute trägt das Reisebüro den Namen „Ost und Fern" http://www.ostundfern.de/index.html (3.7.2016).
135 Vgl. Durch die Latten. Osthandel, in: Der Spiegel (13.5.1974) 20, S. 46;

nach Deutschland verschlagen hatte, widersetzte sie sich der Repatriierung und baute in München das Unternehmen auf. Ihren Erfolg verdankte Igenbergs wohl auch der Pflege bester Kontakte in bayerische Wirtschaftskreise und zur sowjetischen Botschaft.[136]

Wenn sowjetische Delegationen der SSOD für die ARGE in die Bundesrepublik kamen, stellte Lindex Dolmetscher zur Verfügung und organisierte das Programm.[137] Obwohl die Firma primär kommerzielle Ziele verfolgte, achtete sie laut sowjetischen Beobachtern darauf, dass Reiseleiter und Fahrer grundsätzlich loyal gegenüber der Sowjetunion waren, um Missverständnisse jeglicher Art zu vermeiden.[138] Indirekt unterstützte Lindex finanziell die Bayerische Gesellschaft, indem sie häufig kostenlos Dolmetscher zur Verfügung stellte, ihnen Sowjetunionflüge ohne Provision buchte und möglichst günstige Konditionen anbot. 1974 empfahlen Mitarbeiter der SSOD auch der Bayerischen Gesellschaft, nach dem französischen Vorbild eine Reisegesellschaft zur finanziellen Absicherung zu gründen.[139] Als 1983 der Reisedienst von Lindex verkauft werden sollte, dachte Essl auf Rat der SSOD kurzzeitig sogar daran, ihn zu übernehmen.[140] Die Saarländische Gesellschaft kooperierte für ihre Reisen direkt mit Hansa-Tourist, deren Leiter im Saarland, Heinz Merkel, zugleich Landesvorsitzender der DKP und Vorstandsmitglied der saarländischen Gesellschaft war.[141] Da die Reisenden bei den anderen Freundschaftsgesellschaften wesentlich weniger waren und die Reisen außerhalb der Freundschaftsgesellschaften organisiert wurden, konzentrieren sich die folgenden Abschnitte vor allem auf die französischen Reisenden.

---

136 Vgl. Interview mit ihrem Sohn Eduard Igenbergs; und die von ihr verfassten Erinnerungen im Privatarchiv Igenbergs.
137 Vgl. Igenbergs an Dingens, Sowjetunion-Abteilung des Auswärtigen Amtes, 7.12.1973, in: PAAA, ZA 112717; sowie die Werbung von Lindex in: Kontakte BRD-UdSSR (1973) 1, S. 7; Aufenthaltsprogramm für die Gruppe SOD aus der Sowjetunion, 10.–23. September 1973, in: PAAA, ZA 112717.
138 Vgl. Popov, Ėksport sovetskoj modeli, S. 157.
139 Vgl. Aktennotiz über ein Gespräch mit Vorstandsmitgliedern der Sod am 20.5.1974, in: AMA, BayGes, 45.
140 Vgl. Protokoll der Besprechung am 9.2.1983, in: AMA, BayGes, 96.
141 30 Jahre Gesellschaft BRD-UdSSR im Saarland e. V., Saarbrücken 1985, S. 15; sowie die Werbeanzeigen von Hansa-Tourist, S. 20 f. Eine ähnliche Konstellation gab es in der Gesellschaft Schweiz-Sowjetunion, wo Vorstandsmitglied Hans Hoffer, Vorsitzender der kommunistischen Partei in Basel, die Reiseagentur „Cosmos" betrieb. Vgl. Polianski, MID. S. 174.

Reisende: Von „Politischen Pilgern" zu Kulturtouristen

Entsprechend der Entwicklung zu einem mehr kommerziellen als politischen Tourismus veränderte sich die Zusammensetzung der Reisegruppen im Laufe der Jahrzehnte. Es fuhren bei weitem nicht mehr nur „politische Pilger" in die Sowjetunion. 1969 teilte eine interne Handreichung für Reiseleiter von France-URSS die Reisenden in drei Gruppen:

- a) Diejenigen, die die „Reise ihres Lebens" machen: Ihre Freundschaft für die UdSSR verleitet sie manchmal zu einer enthusiastischen Bewunderung, die bei den anderen Touristen eher Widerspruch hervorruft als sie zu überzeugen.
- b) Diejenigen, die in die UdSSR als „Neugierige" reisen: Ihre Entdeckung der Sowjetunion wird häufig durch ihre bisherigen Vorurteile und ihr Unwissen über die Realität in der UdSSR und ihre Geschichte verfälscht. Das sind der Großteil der neuen Mitglieder der Association: Sie sind beigetreten, um diese Reise zu machen. [...]
- c) Diejenigen russischer Herkunft: [...] Sie fahren in die Sowjetunion, um ihre Familie oder ihr Land wiederzusehen und folgen in der Regel nicht dem geplanten Programm.[142]

Die allerersten Delegationen in den spätstalinistischen Jahren gehörten sicherlich fast ausschließlich zur ersten Kategorie. Die erste Reisegruppe von France-URSS 1949 umfasste überwiegend verdiente Funktionäre der Freundschaftsgesellschaft, und die der BSFS ausgewählte Gewerkschaftler.[143] Für sie war es tatsächlich die Reise ihres Lebens und bei vielen die erste Auslandsreise überhaupt. Für den späteren Generalsekretär von France-URSS Raymond Treppo, der 1947 überhaupt das erste Mal aus der Gegend um Grenoble nach Paris kam, war die Teilnahme an der Delegation 1949 an der Seite von Intellektuellen ein unglaubliches Ereignis (Abb. 9).[144] Die Reise bedeutete für diese Reisenden eine Initiation, Prüfung und Legitimation für spätere höhere Positionen. Nur wer eingeladen wurde bzw. nach Moskau gereist war, war ein bestätigter Freund der Sowjetunion. Treppo qualifizierte die Reise und seine anschließenden öffentlichen Berichte 1952 für den Posten zum Generalsekretär. André Blumel dagegen, der schon seit 1949 Mitglied des Bureau national war, eröffnete erst die Legitimierung durch seine Sowjetunionreise 1960 das Amt des Président délégué adjoint.[145] Für andere aktive Mitglieder der Freundschaftsgesellschaften waren die Reisen zugleich eine Gratifikation für jahrelange Kärrnerarbeit in den lokalen

---

142 Note à l'attention des responsables de groupes, [1969], in: AD Belfort, 64 J 1.
143 Siehe Kapitel 1.5.
144 Treppo, La Chance de ma vie, S. 65.
145 Siehe Kapitel 3.5.

Sektionen oder auf nationaler Ebene. Die erfolgreichsten Werber neuer Mitglieder oder die besten Verkäufer der Zeitschrift wurden mit einer Reise in die Sowjetunion belohnt.[146]

Diese Reisenden mussten nicht mehr überzeugt werden, sondern genossen als treue „Freunde" und „Stammgäste" umfangreiche Privilegien. Hierzu gehörte die bevorzugte Behandlung am Flughafen ohne Zollkontrolle, die Abholung durch einen Mitarbeiter der SSOD, eine komfortable Unterbringung im Hotel, Diners mit Toasts zu ihren Ehren, Austausch von Gastgeschenken und Treffen mit höheren sowjetischen Funktionären. Viele dieser Vertreter der Freundschaftsgesellschaften gehörten zwar einer politischen und kulturellen Elite an, standen in ihrer Heimat jedoch eher in der zweiten Reihe oder wurden für ihre prosowjetischen Tätigkeiten belächelt oder verachtet. Gerade für sie waren diese Privilegien eine willkommene „Ego-Massage", um ein Schlagwort von Paul Hollander für die Zwischenkriegszeit aufzunehmen.[147] Nicht selten reisten die leitenden Persönlichkeiten drei- bis viermal im Jahr nach Moskau zur Verhandlung und Unterzeichnung von Austauschplänen, zur Eröffnung von Ausstellungen oder Kolloquien, zu Treffen der internationalen Freundschaftsbewegung anlässlich großer Jahrestage der Sowjetunion oder zu Kongressen der Partnergesellschaft in der Sowjetunion. Meist folgten im Anschluss an die Dienstreise nach Moskau einige Tage Entdeckungsurlaub in entfernteren Gegenden der Sowjetunion, im Kaukasus, Zentralasien oder Sibirien, oder Erholungsurlaub am Schwarzen Meer.[148] Nicht wenige Freundschaftsfunktionäre verbrachten regelmäßig auf Einladung der SSOD ihren Sommerurlaub in der Sowjetunion.[149] Der Übergang zwischen Geschäfts- und Urlaubsreise war sehr fließend.

Das Reisepublikum veränderte sich mit der Öffnungspolitik ab 1953. Nun sollten nicht mehr nur die Überzeugten fahren, sondern auch die Neugierigen, die noch überzeugt werden mussten. Die Freundschaftsgesellschaften bekamen gegenüber den kommunistischen Parteien mehr Entscheidungsfreiheit und sollten auch im Auftrag der VOKS versuchen, möglichst bekannte nicht-kommunistische, aber grundsätzlich gegenüber der Sowjetunion positiv

---

146 Siehe beispielsweise Concours. 10 voyages à Moscou, in: France-URSS (1967) 3, S. 3.
147 Hollander, Political Pilgrims, S. 355.
148 Beispielsweise bereisten Pierrard und Petit nach ihren Besprechungen in Moskau im April 1956 zwei Wochen Sibirien und berichteten anschließend in *France-URSS*. Pierrard, André: Deux Français en Sibérie, in: France-URSS (1956) 6 und 7, S. 28–32 und S. 22–25.
149 So beispielsweise Petit: Vgl. Grenkov: Zapis' besedy s členom Politbjuro Kompartii Francii Rajmonom Gijo, 20.1.1960, in: GARF, f. 9576, op. 18, d. 56, l. 29–31, hier l. 31. Auch Christa Zinn wurde 1970 von Popova mit ihrem Mann zum Erholungsurlaub auf die Krim eingeladen. Vgl. Christa Zinn an Nina Popova, 21.5.1970, in: GARF, f. 9576, op. 6, d. 471, l. 212.

Abb. 9: Bild aus dem Fotoalbum der französischen Delegation im April 1949 in Leningrad.

eingestellte Persönlichkeiten in die Sowjetunion zu bringen. Sie übernahmen hier eine wichtige und nicht immer leichte Selektions- und Filterfunktion, denn der Grat für die Auswahl der „richtigen" Delegationsteilnehmer war offensichtlich sehr schmal. Zu den Maifeierlichkeiten 1954 mit anschließender Reise nach Stalingrad und Zentralasien stellte France-URSS unter der Leitung von Grenier eine Gruppe aus Mitgliedern des PCF und der SFIO, Gaullisten und Parteilosen zusammen.[150] Aus Sicht des Leiters der Westeuropa-Abteilung der SSOD war die Auswahl zu politisch divers. So hätten sie Roger Dobigny, Mitglied des gaullistischen MRP, und Jacques Lajardie von Force ouvrière nicht mitnehmen sollen, da sie eine „feindliche Haltung" gegenüber der Sowjetunion hätten und nicht im sowjetischen Radio von ihren Erfahrungen berichten wollten.[151] Umgekehrt kritisierte Jakovlev von der VOKS die Zusammenstellung der britischen Delegation von BSFS und SSFS im Dezember 1953. Denn trotz mehrfacher Aufforderung, auch Parteilose mit einzubeziehen, wären zehn von elf Teilnehmern Kommunisten, und alle Aktivisten der BSFS, SSFS oder SCR gewesen.[152]

In den 1960er Jahren, als alle Mitglieder von France-URSS touristische Reisen buchen konnten, kamen zu den „Neugierigen" auch immer mehr „Heimattouristen". Fast in jeder Reisegruppe des Komitee Nord in den 1960er Jahren war eine Gruppe von „Russen" aus den verschiedenen Emigrationswellen. So fanden sich laut Reiseleiter in einer Reisegruppe aus der nordfranzösischen Kleinstadt Tourcoing nach Minsk 1964 einige „Vertreter der Bourgeoisie und Sprösslinge des zaristischen Regimes".[153] Diese standen der Sowjetunion oft kritisch gegenüber und verzichteten teilweise auf das Programm, um Verwandte und Freunde zu treffen. Manche untergruben als Ko-Reiseleiter die Autorität des Vertreters von France-URSS oder des sowjetischen Reiseleiters.[154] Dennoch standen sich laut der Berichte die „Franzosen" und die „Russen" nicht unversöhnlich gegenüber. Vielmehr sei eine „offene Herzlichkeit" und gemeinsame Gruppendynamik entstanden.[155] Andere versuchten jedoch aus Angst vor dem Misstrauen der

---

150 Unter den bekannteren Reiseteilnehmern waren der ehemalige Bürgermeister von Carcassonne, Marcel Itart-Longueville, der Toulouser Chirurgie-Professor Joseph Ducuing sowie der Schriftsteller Jean Rogissart. Vgl. Informacija o rabote s delegaciej obščestva „Francija-SSSR", 5.6.1964, in: RGANI, f.5, op. 28, d. 251, l. 122–125, hier l. 125. Rogissart schrieb einen Reisebericht: Rogissart, Jean: De Paris à Samarcande, Paris 1954.
151 Vgl. ibid., l. 124.
152 Vgl. Informacija o rabote VOKS s delegaciej aktivistov Obščestva anglo-sovetskoj družby i Obščestva družby Šotlandii i SSSR, [1/1954], in: RGANI, f. 5, op. 28, d. 251, l. 2–6, hier l. 5 f.
153 Mme Dubois an Abdon Lemaire, [9/1964], AD Nord, 161 J 53.
154 Vgl. Note à l'attention des responsables de groupes, [1969], in: AD Belfort, 64 J 1; sowie Remarques sur voyage 1964. Autocar de Tourcoing à Minsk, in: AD Nord, 161 J 53.
155 Rapport sur le voyage à Moscou du 19 au 31 août 1964, in: AD Nord, 161 J 53.

Mitreisenden und vor allem vor dem KGB, den eigentlichen Zweck ihrer Reise geheim zu halten. Die während des Zweiten Weltkrieges über Deutschland nach Frankreich geflohene Litauerin Zounia Finaud reiste beispielsweise mit ihrem französischen Mann und ihrem Sohn mit France-URSS Marseille zu den Maifeierlichkeiten 1968 nach Moskau, um dort in einem Hotel nach 25 Jahren möglichst unauffällig ihre litauischen Eltern und Schwestern wiederzusehen.[156]

Die Profile der Reisenden diversifizierten sich im Laufe der Jahre mit dem immer größeren und immer besser an den Zielgruppen orientierten Reiseangebot. 1977 befand sich in der Februar-Ausgabe von *France-URSS Magazine* ein regelrechter Reiseprospekt von über 30 illustrierten Seiten. Er enthielt von der Flugreise nach Zentralasien und Sibirien über den Besuch der „Weißen Nächte" in Leningrad bis hin zur „kaukasischen Riviera" nach Soči Angebote für verschiedene Interessen, Berufsgruppen und Budgets.[157] Zusätzlich zu den regional zusammengestellten Reisegruppen gab es spezielle Touren für bestimmte Berufsgruppen wie Eisenbahner, Lehrer, Ärzte oder Bergarbeiter. Abenteuerlust und Neugier zeigten vor allem die Individual- und Campingtouristen. Während 1961 nur acht terminlich festgelegte kollektive Campingrouten bei France-URSS im Angebot waren, bestand bereits 1967 die Möglichkeit, im Rahmen der festgelegten Strecken seine Tour individuell zusammenzustellen und über France-URSS von Inturist genehmigen und buchen zu lassen.[158]

Jugendlichen bzw. jungen Erwachsenen bis 30 Jahre boten die Angebote über Sputnik eine relativ günstige Reisemöglichkeit nach Moskau und Leningrad. 1977 war auch eine Erholungsreise in das Ferienlager in Gurzuf auf der Krim im Angebot. Glaubt man der Aussage des Journalisten Serge Kaganski, der selbst 1975 in ein Ferienlager nach Soči fuhr, so waren der Großteil der Jugendlichen entweder Kinder von Mitgliedern des PCF oder der Freundschaftsgesellschaften, die Russisch in der Schule lernten.[159] Zudem gab es ab 1960 spezielle Angebote für Sprachtouristen. 1967 konnte man zwischen sechs verschiedenen ein- bis vierwöchigen Sprachaufenthalten in Moskau, Leningrad und Minsk sowie in Ferienkolonien in Abramcevo bei Moskau oder Djuny bei

---

156 Vgl. Finaud, Marc: Zounia Finaud. Du Niémen à la méditerranée ou Le Bouleau de Sudvajai 2009, http://marcfinaud.webs.com/ (16.6.2015).
157 Voyages 1977, in: FUM (1977) 2, S. 31–67.
158 Le bureau de Voyages „France-U.R.S.S." présente: 50 moyens pour aller en U.R.S.S. dans les meilleures conditions, in: FUM (1962) 3, S. 28–31. 1971 nutzten dieses Angebot 1.192 Individualtouristen, davon 535 Campingtouristen. Vgl. Statistiques voyages 1971–1972, in: ANF, 88 AS 36.
159 Vgl. Kaganski, Serge: Sotchi 1975, Kagan chez les Soviets 2014, http://blogs.lesinrocks.com/kaganski/2014/02/06/sotchi-1975-kagan-chez-les-soviets/ (16.6.2015).

Leningrad wählen.¹⁶⁰ Zusätzlich zu diesen kurzen kommerziellen Sprachreisen waren in den Austauschplänen Plätze für Russisch-Sommerschulen und fünf- bis zehnmonatige Stipendien festgeschrieben. France-URSS durfte ab 1966 jährlich 40 bis 50 Studierende zur Sommerschule an die Lomonossov-Universität schicken, konnte drei Zehn-Monats-Stipendien und Ende der 1970er Jahre mehrere Fünf-Monats-Stipendien für ein Studium in Moskau vergeben. Auch die Gesellschaft BRD-UdSSR und die spätere ARGE durften in der Regel ein Langzeit- und vier Kurzzeitstipendien vergeben.¹⁶¹ Neben den Bibliotheken von SCR und France-URSS machten diese Sprachangebote die Freundschaftsgesellschaften zu attraktiven Orten für Studierende der Slawistik oder der Osteuropäischen Geschichte.

In den 1980er Jahren vermittelte France-URSS Reisen für verschiedene Gruppen ohne politische Ausrichtung. Allein 1983 organisierten sie 77 Reisen für Veteranen, Taxifahrer, Eisenbahner, Schulklassen und sogar katholische Gruppen.¹⁶² Die politische Motivation für eine Reise in die Sowjetunion verlor gegenüber kulturhistorischem Interesse und Neugier immer mehr an Bedeutung. Die Nachfrage nach komfortablen Flugreisen und Zimmer mit eigenem Bad stieg.¹⁶³ Eine typische Touristin aus kulturellem Interesse war die vielgereiste Mittfünfzigerin Valentine Dartigues aus Pau im Südwesten Frankreichs, die in einem Abendkurs aus Neugier Russisch lernte und nun auch das Land kennenlernen wollte. Da die Reisen von France-URSS günstig waren und komfortabel direkt ab Pau gingen, bereiste sie 1980 bis 1983 den Kaukasus, Zentralasien und die Städte des Goldenen Rings.¹⁶⁴ Schließlich musste France-URSS sogar dulden, dass Reiseteilnehmer Zwecke verfolgten, die den Grundsätzen der Freundschaftsgesellschaft entgegenstanden. Da Char'kov nicht in den regulären Inturist-Reisen angeboten wurde, nutzten zwei Jüdinnen aus Lille 1979 eine Reise von France-URSS, um dort die Familie des jüdischen Wissenschaftlers Aleksandr S. Parickij zu treffen, die seit ihrem Ausreiseantrag ihre Arbeit verloren und von den sowjetischen Behörden gegängelt wurde.¹⁶⁵

---

160 Voyages France-U.R.S.S., in: FUM (1967), S. 32–37.
161 1975 profitierte der heutige Direktor des Landesspracheninstituts Bochum und Geschäftsführer des Lotman-Instituts an der Universität Bochum, Klaus Waschik, von einem derartigen zehnmonatigen Stipendium, um „tatsächlich" Russisch zu lernen. Waschik, Klaus: Aus der UdSSR nach Russland, in: Merten/Eicher, Deutsch-russische Kulturarbeit in Dortmund, S. 64–68, hier S. 66.
162 Groupes spécialisés 1983, in: AD Nord, 151 J 54.
163 Vgl. Note à la présidence nationale de France-URSS, 10.1.1973, in: ANF, 88 AS 36.
164 Vgl. ihr autobiographisches Buch: Dartigues, Valentine: Sur les chemins d'Eglantine, Paris 2004, S. 119–121.
165 Nicole Malamet und Ginette Blank an Bonnin und Vahé, 20.3.1979, in: AD Nord, 161 J 24.

Orte: Sehens- und Zeigenswertes zwischen Kreml und Kolchose

Welche Orte sehenswert und was Sehenswürdigkeiten sind, wird im Tourismus durch eine Zusammenspiel aus medialer Vermittlung, gesellschaftlicher Erwartung und „Abstimmung mit den Füßen" bestimmt.[166] Während Individualtouristen von den ausgetretenen Trampelpfaden abweichen und selbst bestimmen wollen, was sehenswert ist, folgen Gruppenreisen einem bestimmten Kanon an Sehenswertem. Bei Reisen in die Sowjetunion dominierten grundsätzlich kollektive Reiseformen mit festgelegten Besichtigungstouren. Zudem hatten auch Individualtouristen viele Beschränkungen. Große Landesteile und viele Städte waren bis 1991 nicht für ausländische Reisende zugänglich oder verfügten über keine touristische Infrastruktur. Es gab einen beschränkten Raum, in dem einerseits das Gezeigte und von den Touristen Gesehene, andererseits das Verhalten der Touristen selbst kontrollierbar war. Diese Gebiete erweiterten sich sukzessive und vermittelten jeweils eine bestimmte Botschaft über die Sowjetunion.

Fast alle Sowjetunionreisenden kamen zunächst nach Moskau, wo sie mindestens ein bis zwei Tage verbrachten. Selbst die vielgereisten, leitenden Persönlichkeiten der Freundschaftsgesellschaften mussten auf ihrem Weg in andere Gebiete der Sowjetunion immer einen Aufenthalt in Moskau einschieben, als sollten sie nie vergessen, wo das Zentrum der Macht lag. Sogar mit dem Auto auf dem Weg von Westeuropa auf die Krim oder nach Georgien musste gemäß den vorgegebenen Routen auf dem Hin- oder Rückweg der „Umweg" über Char'kov und Moskau genommen werden.[167] Moskau war Ort der Vergangenheit und der Zukunft, alte Hauptstadt des Zarenreiches und Zentrum der neuen Macht, Ort des realisierten Sozialismus und der zukünftigen sozialistischen Utopie.[168] Das Besichtigungsprogramm vereinte die Kultstätten der Revolution, das zaristisch-orthodoxe Erbe des Kremls, die stalinistische Architektur der „sieben Schwestern" und der Lomonossov-Universität und den technischen Fortschritt der Metro. Kristallisationspunkt innerhalb Moskaus war

---

[166] Vgl. Noack, Christian: Tourismus in Russland und der UdSSR als Gegenstand historischer Forschung. Ein Werkstattbericht, in: Archiv für Sozialgeschichte 45 (2005), S. 477–498, hier S. 481.
[167] So kam es zu Reisestrecken wie L'vov-Kiev-Char'kov-Rostov-Tbilissi-Kutaisi-Char'kov-Moskau-Minsk-Brest mit über 6.000 Kilometern allein in der Sowjetunion.
[168] Vgl. zur Stadtsemantik Moskaus und Moskau als Reiseziel: Zahn, Reise als Begegnung, S. 120–155; Heeke, Reisen zu den Sowjets, S. 165–229; David-Fox, Showcasing the Great Experiment, S. 117 f.; Behrends, Die erfundene Freundschaft, S. 61 f.; sowie weiterführend Grob, Thomas/Horber, Sabina (Hg.): Moskau. Metropole zwischen Kultur und Macht, Köln 2015.

und ist der Rote Platz. Zwischen Leninmausoleum und der orthodoxen Pracht der Kreml-Kirchen waren sowohl „politische Pilger" als auch Kulturtouristen am Ziel angekommen wie diese Teilnehmer einer Abschlussreise 1968: „Wenn der Kreml das Gehirn der UdSSR ist, ist der Rote Platz ihr Herz. Jeder kennt ihn schon von Postkarten und Filmen. Aber ihn zum ersten Mal zu sehen gibt ein Gefühl, wie wenn man in einem Museum ein bekanntes Gemälde von Van Gogh oder [Bernard] Buffet sieht."[169]

In den 1960er Jahren kam nach Moskau lange nichts. Von den 44 von France-URSS 1962 angebotenen Reisen gingen 43 unter anderem nach Moskau, und nur jeweils 13 nach Leningrad und Kiev. Bot die Besichtigung Moskaus einen Blick in die Zukunft, erlaubte Leningrad eher einen Rückblick auf die – nicht nur düstere – zaristische Vergangenheit und die Revolution: Isaakskathedrale, Smol'nyj-Kloster, Eremitage, Winterpalast, Peter-und-Paul-Festung und der Sommerpalast in Petrodvorec, heute Peterhof. Ein Besuch auf dem Piskarëvskoe-Friedhof mit der Gedenkstätte für die Opfer der Blockade erinnerte die Besucher an Leningrad als Heldenstadt des Zweiten Weltkrieges und des antifaschistischen Widerstands. Während der Anteil der Moskau-Besucher aus sozialistischen und kapitalistischen Ländern relativ ausgewogen war, besuchten Leningrad in den 1970er Jahren mit der Zunahme der touristischen Reisen weit mehr Reisende aus kapitalistischen als aus sozialistischen Ländern.[170] Offensichtlich antwortete Inturist auf die steigende Nachfrage von zahlungskräftigen westlichen Kulturtouristen, die sich mehr für traditionelle kulturhistorische Denkmäler als sozialistische Projekte interessierten. Dafür spricht auch die Aufnahme der Städte des Goldenen Rings, des zaristischen und religiösen Erbes Russlands, in das Reiseprogramm 1967.[171]

Neben Leningrad gehörte Volgograd (bis 1961 Stalingrad) zu den häufig besuchten historischen Erinnerungsorten. Die Heldenstadt war das Symbol für den heroischen Kampf des sowjetischen Volkes gegen die Faschisten, ein Ort des Erinnerns an Zeiten, als die Sowjetunion und der Westen noch auf einer Seite standen. Gleichzeitig war Volgograd ein Symbol des Wiederaufbaus, des Neuanfangs in einer friedlichen Welt, ein Zeichen für den Willen des sowjetischen Volkes zum Frieden. Schon 1949 reiste die erste französische Delegation ins damalige Stalingrad, um zu zeigen, dass „das französische Volk niemals

---

169 Institut supérieur d'électronique du Nord (ISEN). Voyage d'études en URSS de la 9ème Promotion „Blase Pascal" du 3 au 16 avril 1968, in: AD Nord, 151 J 58.
170 1976 fuhren 345.043 Reisende aus sozialistischen Ländern und 360.787 aus kapitalistischen Ländern nach Moskau. Leningrad besuchten dagegen nur 189.368 aus sozialistischen und 318.492 Reisende aus kapitalistischen Ländern. Radčenko, Inturist v Ukraine, S. 75.
171 Vgl. das Reiseprogramm für das Jahr 1967: Voyages France-URSS, in: FUM (1967) 2, S. 33 f.

vergessen wird, was es den Männern und Frauen von Stalingrad schuldet" (Abb. 10).[172] Ab Mitte der 1960er Jahre war die im Zuge des Weltkriegkults unter Brežnev sakralisierte Stadt vor allem zu den Feierlichkeiten zum Ende des Zweiten Weltkriegs ein beliebtes Ziel von Reisegruppen der Freundschaftsgesellschaften oder Veteranen.[173]

In der Kaukasusregion, in Zentralasien und Sibirien entwickelte sich der Tourismus jeweils schrittweise. Zunächst durften einzelne Persönlichkeiten oder kleine, ausgewählte, politisch verlässliche Delegationen aus dem Westen als „Testtouristen" in die Regionen reisen. Diese ersten Reisegruppen, wie die von der BSFS organisierten Gewerkschaftsdelegationen Anfang der 1950er Jahre, befragte die VOKS noch nach ihren Wunschzielen und gab ihnen dadurch das Gefühl, selbst die Reiseroute bestimmen zu können.[174] Diese vermeintliche Wahlfreiheit widerlegte einerseits den Vorwurf der absoluten Kontrolle, andererseits verstärkte sie die Selbstwahrnehmung der Reisenden als „Pioniere" und „Auserwählte", die das erste Mal ein unbekanntes Land bereisen durften, und denen dann „normale" Gruppentouristen folgten. So besuchte die BSFS-Delegation vom Dezember 1953 als erste kapitalistische Reisegruppe Nordossetien.[175] Neun Jahre später war die nordossetische Stadt Ordžonikidze (seit 1991 Vladikavkas) Etappenort für Autoreisende auf der Strecke nach Georgien. Eine französische Delegation unter dem Historiker Henri Wallon reiste 1951 als eine der ersten Gruppen nach Taškent, das gemeinsam mit Samarkand 1962 zu den ersten und einzigen Reisezielen von France-URSS für touristische Reisen in Zentralasien gehörte.[176] Erst in den 1970er Jahren wurden auch das tadschikische Dušanbe und das kirgisische Frunze (seit 1991 Biškek) in das Standardprogramm von France-URSS aufgenommen. Wie Moskau für die ganze Sowjetunion war Taškent eine Modellstadt für das sowjetische

---

172 Pailleret, Camille: Stalingrad. Les heures les plus émouvantes de notre merveilleux voyage, in: France-URSS (1950) 7, S. 6 f.
173 Zum Weltkriegskult vgl. Schattenberg, Leonid Breschnew, S. 440–444..
174 Siehe Kapitel 1.5. Dies beobachtete auch Donig für die bundesdeutschen Reisenden der 1950er Jahre. Donig, Reisen ins Arbeiterparadies, S. 334 f.
175 Vgl. Brotherstone, Terry: In Memoriam: Brian Pearce (9 May 1915–25 November 2008). Personal and Political Reflections, in: Revolutionary Russia 22 (2009) 1, S. 79–92, hier S. 85; Informacija o rabote VOKS s delegaciej aktivistov Obščestva anglo-sovetskoj družby i Obščestva družby Šotlandii i SSSR, [1/1954], in: RGANI, f. 5, op. 28, d. 251, l. 2–6, hier l. 5–6. Aus dieser Reise entstand ein Bericht über Nordossetien: Rothstein, Andrew (Hg.): A People Reborn. The Story of North Ossetia, London 1954.
176 Vgl. Rapport sur le travail de la VOKS avec la délégation de l'association France-URSS, 4.12.1951, in: GARF, f. 5283, op. 22, d. 281, l. 63–66, abgedruckt in: Cœuré/Mazuy, Cousu de fil rouge, S. 273–276.

Abb. 10: Die französische Delegation im April 1949 in Stalingrad.

Zentralasien. Die gute Erreichbarkeit aus der Luft trug dazu bei, dass Taškent Hauptziel der Delegationen aus Lateinamerika, Asien und Afrika wurde. Sie galt als Beispiel für technischen Fortschritt in einer „rückständigen" Stadt, für modernen Städtebau und gut ausgebaute kulturelle Infrastruktur.[177] Und sie diente als Anschauungsmodell für rasche ökonomische und soziale Modernisierung sowie für das friedliche Zusammenleben im sowjetischen Vielvölkerstaat.[178] Als Gegensatz zu den damals akuten Konflikten in den Kolonien ihrer eigenen Länder konnten britische und französische Reisende in Usbekistan eine scheinbar ideale Kombination aus technischer Modernisierung und Bildungsoffensive bewundern, ohne Ausbeutung und unter Beibehaltung traditioneller, religiöser Strukturen.

---

[177] Vgl. auch zum Folgenden das Kapitel „The Tashkent Model" in: Stronski, Paul: Tashkent. Forging a Soviet City 1930–1966, Pittsburgh 2010, S. 234–256.
[178] Vgl. zu Lateinamerika Rupprecht, Soviet Internationalism, S. 64 f.

Der Schriftsteller Jean Rogissart bilanzierte eine Reise von France-URSS nach Taškent 1954 entsprechend: „Wir wollten begreifen, was dabei herauskommt, wenn ein antikapitalistisches System auf lange Zeit unterentwickelte Nationen, offen gesagt auf Kolonien, angewandt wird. [...] Wir sind also gekommen, wir haben gesehen und wir wurden überzeugt!"[179] Allerdings akzeptierten nicht alle Mitreisenden den sowjetischen Umgang mit der Peripherie als Vorbild für die französischen Kolonien. Als der usbekische Kulturminister beim Empfang in Taškent die französische Kolonialpolitik scharf kritisierte und einen Toast auf die Unabhängigkeit Algeriens, Tunesiens und Marokkos sprach, verließen einige gaullistische und sozialistische Delegierte demonstrativ den Saal.[180] Die meisten Reiseberichte über Zentralasien nahmen die von der Sowjetunion gewünschten Topoi aber auf: die technische Modernisierung vom „rückständigen" Nomadenland zu effizienten Baumwollplantagen; der sprunghafte Anstieg der Alphabetisierungs- und Hochschulquote der Bevölkerung; die Emanzipation der Frau von der kopftuchtragenden religiösen Mutter zahlloser Kinder zur erfolgreichen Physikerin; die Bewahrung der religiösen Freiheit, sichtbar an den prachtvollen Moscheen, und schließlich eine „orientalistische" Brille auf ein exotisches Land der Seidenstraße. Im Reisebericht der bundesdeutschen Delegation 1967 beeindruckte auch weniger ideologisch geprägte Reisende wie den Unternehmer Kurt Körber „die erstaunliche, umfassende Bildungsrevolution"[181] und Eugen Kogon der „grandiose" Aufstieg der Frau: „38,5 Prozent der öffentlichen Positionen sind in Frauenhand, wo noch vor einem Halbjahrhundert die Geburt eines Mädchens in Schafe- und Hammelertrag des Hochzeits-‚kaufes' umgerechnet wurde."[182]

Als besonders exklusives Reiseziel wurde zuletzt auch Sibirien für Touristen geöffnet. Novosibirsk, Bratsk und Irkutsk gehörten zu den meistbesuchten Städten. In Sibirien konnten nicht nur die unendlichen Weiten und Naturgewalten, sondern vor allem die technischen Errungenschaften bewundert werden, die diese Naturgewalten überwanden. 1956 berichteten Pierrard und Petit als „Pioniere" entsprechend von ihrer Reise: „Die Menschen in Sibirien erleben eine Heldengeschichte [une épopée]. Und sie wissen es. In ihren Augen, ohne zu übertreiben, liest man dieses Glück, das die Gewissheit bringt, eine große

---

179 Rogissart, Jean: Tachkent en Ouzbekistan, in: France-URSS (1954) 8, S. 6 f., hier S. 6.
180 Vgl. Informacija o rabote s delegaciej obščestva „Francija-SSSR", 5.6.1954, in: RGANI, f. 5, op. 28, d. 251, l. 122–125, hier l. 124.
181 Körber, Kurt A.: Ein Unternehmer reist durch die Sowjetunion, in: Kogon/Mochalski, Sowjet-Sibirien und Zentralasien heute, S. 131–140, hier S. 131 f.
182 Kogon, Eugen: Wo die Welt sich ändert, in: Mochalski/ders., Sowjet-Sibirien und Zentralasien heute, S. 19–30, hier S. 26.

Tat zu vollbringen."[183] Auch in der bundesdeutschen Delegation elf Jahre später zeigte sich Christa Zinn angetan von der endlosen Weite des Landes.[184] Herbert Mochalski bewunderte die Leistung der „jungen Menschen" beim Bau des Bratsker Stausees bei minus 50 Grad Celsius.[185] Marion Gräfin Dönhoff deutete als einzige in ihrem Bericht an, dass die „jungen Menschen" auch aus Lagern kamen.[186] Ansonsten spielte die naheliegende Assoziation zwischen Sibirien und Lager in keinem der Berichte eine Rolle. Pierrard rekonstruiert wie zur Selbstrechtfertigung im Rückblick, dass er 1954 am Bajkalsee auf eine Gruppe Gefangener aufmerksam gemacht hätte:

> Der General Petit sagt zu mir, aber nein, hier gibt es keine Gefangenen, und dann fahren wir vorbei, wir fahren vorbei, und das war alles. [...] Es gab also irgendwo ein Lager. Man zeigt es mir nicht. Es ist 1954. Ich verlange auch nicht danach, es zu sehen, aber ich behaupte trotz allem, dass ich eine Reihe von Menschen gesehen habe und dass Hunde um sie herum waren. Das war ein Gefangenenkonvoi auf dem Weg zur Arbeit.[187]

Nicht zuletzt besuchten Kreuzfahrttouristen wie Erholungsreisende bald die Küstenstädte am Schwarzen Meer: Soči, Jalta, Odessa, wo sie die mediterrane Seite der Sowjetunion erleben konnten. Diese Städte vermittelten die Botschaft, dass „Russland" nicht nur kalt und grau sei und dass die Sowjetunion für die Erholung ihrer Bewohner sorgte. Ab den 1970er Jahren gab es dorthin explizite Erholungsreisen, bei denen nur wenige Besichtigungen auf dem Programm standen und den Reisenden tatsächlich Urlaub am Meer gegönnt wurde.[188]

Der Tourismus in die Sowjetunion sollte jedoch nicht nur Devisen bringen, sondern die Reisenden über die sowjetische Realität und die Errungenschaften des Sozialismus aufklären. Deshalb wurden in der Sowjetunion neben architektonischen auch technische, soziale und ökonomische Sehenswürdigkeiten definiert. Hierzu zählten Kolchosen und Sovchosen, Fabriken, Schulen, Hochschulen und Pionierpaläste und sogar Erziehungslager und Gefängnisse. Inturist und SSOD verfügten über Listen mit diesen zeigenswerten und sehenswürdigen Objekten.

---

[183] Pierrard, André: Deux Français en Sibérie Centrale, in: France-URSS (1956) 7, S. 22–25, hier S. 25.
[184] Vgl. Zinn, Christa: Ein Tag am Baikalsee, in: Mochalski/Kogon, Sowjet-Sibirien und Zentralasien heute, S. 75–77, hier S. 76.
[185] Mochalski, Herbert: Das ist Sibirien heute, in: Mochalski/Kogon, Sowjet-Sibirien und Zentralasien heute, S. 64–74, hier S. 70.
[186] Dönhoff, Marion Gräfin: Europa hinter dem Ural, in: Mochalski/Kogon, Sowjet-Sibirien und Zentralasien heute, S. 31–49, hier S. 48.
[187] Mosco, Mémoires d'Ex, Pierrard, S. 89 f.
[188] Die Reisegruppe aus Denain durfte immerhin knappe vier Tage nur in Jalta verbringen: Denain – Moscou – Mer Noire 2 août 1969 au 21 août 1969, in: AD Nord, 151 J 54.

Wie David-Fox für die Zwischenkriegszeit ausführt, waren diese Orte „Modelle" und Vorzeigeobjekte für ausländische Touristen, aber auch für die sowjetische Öffentlichkeit.[189] Sie waren in diesem Sinne nicht Potemkinsche Dörfer oder Kulissen eines Theaterstücks, die nach dem Besuch wieder abgebaut wurden. Vielmehr waren sie tatsächlich existierende Vorzeigeobjekte, die den Besuchern allerdings vorgaukelten, dass sie der Realität in der ganzen Sowjetunion entsprächen. Während jedoch ein Individualreisender im Westen zumindest theoretisch die Möglichkeit hatte, auch die weniger ansehnlichen Vorstädte zu besuchen, hatte der geführte Sowjetunionreisende keine Vergleichsmöglichkeit mit „normalen" Kolchosen oder Fabriken.[190] Bei Reisen der Freundschaftsgesellschaften waren diese Besichtigungen von besonderer Bedeutung. Das Sekretariat wies die Reiseführer von France-URSS an, ihnen die größte Aufmerksamkeit zu schenken und dafür zu sorgen, dass alle Mitreisenden daran teilnahmen. Auf keinen Fall sollten sie sie wegen der „visuellen Übersättigung und Ermüdung der Teilnehmer" ausfallen lassen.[191]

In den 1950er Jahren waren noch nicht alle Modelleinrichtungen auf den Besuch ausländischer Gäste vorbereitet. Wie bei den Städten besuchten auch sie zunächst Delegationen aus sozialistischen Ländern, dann ausgewählte westliche Delegationen und schließlich größere Reisegruppen. Die Reisepioniere der 1950er Jahre testeten gewissermaßen, wie die Objekte auf westliche Besucher wirkten. Eine Delegation von BSFS-Funktionären im Mai 1955 traf es nach Meinung des stellvertretenden Leiters der britischen Abteilung der VOKS besonders schlecht: In der Kolchose „Stalin" bei Dušanbe (damals Stalinabad) waren die Gemeinschaftshäuser gut, aber die Kolchosbewohner lebten „schäbig". Die Bewohner gäben zwar zehntausende Rubel für religiöse Rituale aus, doch ihre Häuser seien „unkultiviert" (nekul'turno) und schmutzig. Die schon vor zehn Jahren neu gebauten Häuser stünden dagegen leer, da sie zu teuer und schlecht gebaut worden wären.[192]

Der Kolchosbesuch war fester Bestandteil jeder Sowjetunionreise und wurde von den Besuchern erwartet. Die westlichen Touristen nahmen die Kolchose jedoch immer weniger als Ideal sozialistisch organisierter Landwirtschaft wahr denn als unumgängliche landestypische Sehenswürdigkeit. War aus organisatorischen Gründen kein Kolchosbesuch möglich, kam es nicht selten zu

---

189 Vgl. David-Fox: Showcasing the Great Experiment, S. 99.
190 Ähnlich argumentiert auch Donig, Reisen ins Arbeiterparadies, S. 354.
191 Vgl. Note à l'attention des responsables de groupes [1969], in: AD Belfort, 64 J 1.
192 Vgl. Perevoščikov, K: Dokladnaja Zapiska, 31.9.1955, in: GARF, f. 9576, op. 22, d. 499, l. 192–197, hier l. 194–196.

Beschwerden.¹⁹³ Tatsächlich gab es für die schnell steigenden Besucherzahlen zu wenige Vorzeigekolchosen in der Nähe großer Städte, so dass France-URSS die Reiseführer mit Argumenten wappnete, warum nicht alle Kolchosen besichtigen konnten:

> Die Kolchosen befinden sich viele Kilometer außerhalb der Stadt, außerdem sind diese stadtnahen Kolchosen nicht repräsentativ für einen typischen landwirtschaftlichen Betrieb, schließlich fällt die Tourismus-Saison mit der Arbeitssaison zusammen, die in der UdSSR angesichts des sehr langen Winters umso kürzer ist. Um alle touristischen Gruppen zufrieden zu stellen, müsste man also Modell-Kolchosen schaffen, die man in Filzschlappen besuchen würde wie den Kreml, mit Gästeführern in volkstümlichen Kleidern und Zöpfen, mit Souvenir-Verkauf etc.¹⁹⁴

Der Besuch von Fabrikanlagen war heikler, da die westlichen Besucher sie leichter mit Anlagen zu Hause vergleichen konnten. Fabriken zeigten die guten Arbeitsbedingungen, die Gleichberechtigung der Arbeiter im Sozialismus im Gegensatz zu den unterdrückten Arbeitern und der hierarchischen Organisation im Kapitalismus. Reisende, die selbst in Fabriken arbeiteten, waren in der Regel sehr empfänglich für die vielen sozialen Einrichtungen der großen Fabriken und die Bildungs- und Aufstiegsmöglichkeiten für Arbeiter. So war der wichtigste Eindruck einer Delegation französischer Bergbauarbeiter 1960 im Donbass, dass die Arbeiter dort weniger unter Zeitdruck stünden, die „Maschine dem Menschen diene" und nicht andersherum.¹⁹⁵ Eine Textilarbeiterin aus einer Reisegruppe aus Lille 1964 wog dagegen die sozialen Vorteile gegen die individuelle Freiheit und die kleinen Annehmlichkeiten des Lebens auf:

> Der Arbeiter ist sicherlich glücklicher in Russland als in Frankreich, weil er keinerlei Probleme hat: Rente, Sozialversicherung, Urlaub bekommt er umsonst. Der französische Arbeiter würde aber gewisse Seiten dieser Annehmlichkeiten nicht wollen: die mangelnde Auswahl der Urlaubsorte, die festgelegten Zeiten, gewisse Arten zu leben und gelenkt zu werden, [...] die Art und Weise wie die Waren präsentiert werden und ihre Geschmacklosigkeit, [...] das Fehlen von Cafés, nicht nur um dort zu trinken, sondern als Orte der Versammlung und der Erholung.¹⁹⁶

---

193 Vgl. beispielsweise bei einer Reise von France-URSS 1972: J. Delpierre an Monsieur Lemaire, 30.8.1972, in: AD Nord, 151 J 54.
194 Note à l'attention des responsables de groupes, [1969], in: AD Belfort, 64 J 1.
195 Vgl. [Protokoll einer öffentlichen Berichts- und Diskussionsveranstaltung mit der zurückgekehrten Delegation], [1960], in: AD Nord, 151 J 58. Vgl. dazu ähnlich Voyage à Minsk et à Moscou par l'Association France-U.R.S.S., [1964], Henri Martinez, in: AD Nord, 151 J 53.
196 Voyage à Minsk et à Moscou par l'Association France-U.R.S.S., [1964], Mme Deblock, in: AD Nord, 151 J 53.

Allerdings sollten die Fabriken auch die technische Überlegenheit unter Beweis stellen, was sich wesentlich schwieriger gestaltete. Die Abschlussklasse der Ingenieurschule aus Lille sah mehrere Fabrikanlagen in der Ukraine und stellte fest, dass sie zwar nicht „rückständig" und im Wesentlichen vergleichbar mit französischen waren, doch auch keine technische „Avantgarde".[197] Eine bayerische Wirtschaftsdelegation unter Essl 1976 bemerkte deutlich den Investitionsrückstand in vielen Betrieben, die mangelnde Rationalisierung und die Schwerfälligkeit durch die Planwirtschaft.[198] Beeindrucken konnte meist vor allem die schiere Größe der Anlagen. Am besten erschien es, nur solche Bereiche zu zeigen, bei denen die Sowjets dem Westen etwas voraushatten oder kein direkter Vergleich gegeben war, wie beispielsweise Baumwollfabriken. Grenier empfahl Inturist 1964, für französische Touristen in Zukunft wieder eine Brotfabrik in das Programm aufzunehmen, da in Frankreich das Brot immer noch handwerklich und ohne hygienische Kontrolle hergestellt würde.[199]

Zu den sehr beliebten sozialen Sehenswürdigkeiten gehörten Pionierpaläste oder Pionierlager, in denen adrett gekleidete Kinder Tänze und Lieder – möglichst noch in der Sprache der Gäste – zum Besten gaben. Diese Begegnungen mit den Kindern öffneten nicht nur die Herzen der Reisenden und boten ein Motiv für schöne Andenkenfotos, sondern verdeutlichten den Besuchern, wie sehr sich der sowjetische Staat um die intellektuelle und künstlerische Erziehung der Kinder bemühte. In den meisten Reiseberichten werden die Begegnungen mit den Kindern als sehr bewegend geschildert. Allerdings nicht immer mit dem Pathos der Reisegruppe aus Denain bei ihrem Besuch im Pionierlager bei Soči, die in den Kindern „die Versinnbildlichung der Jugend, der Gesundheit, der Stärke, der Lebensfreude, der Frische und gleichzeitig einen besonderen Sanftmut gesehen haben. Alle diese Qualitäten bilden den Charakter der sowjetischen Jugend."[200]

Trotz des dichten Programms gingen die Reiseführer immer wieder auf individuelle Wünsche der Reisenden ein, um gerade nicht den Eindruck von wenigen ausgewählten „Schaufenstern" und vorgegebenen Routen zu wecken. Je wichtiger im politischen Sinne die Reisegruppe erschien, desto flexibler war die Programmgestaltung. Eine Reisegruppe von France-URSS mit gesellschaftlichen,

---

197 Vgl. Institut industriel du Nord de la France. Voyage de fin d'études en U.R.S.S., 16/7–2/8/1965, in: AD Nord, 151 J 58.
198 Vgl. Gille, Hans-Werner: Moskau, Kasachstan, Usbekistan, Sibirien. Bericht über die Reise einer Bayerischen Wirtschaftsdelegation in die UdSSR, München 1976, S. 70 f.
199 Vgl. Grenier: Rapport sur le voyage „France-URSS", 15.0.1964, in: AD SSD, 299 J 4.
200 Denain – Moscou – Mer Noire – Caucase du 12 au 20 août 1968 avec l'Association France-URSS, in: AD Nord, 151 J 54.

nicht-kommunistischen Persönlichkeiten wurde 1960 beispielsweise besonders hofiert. Da sich drei Teilnehmer für Religion in der Sowjetunion interessierten, besuchten sie das Komitee für religiöse Fragen, wurden von Metropolit Nikolaj empfangen und besichtigten zwei Moscheen und eine Kirche. Darüber hinaus bekamen sie eine fünfstündige Audienz beim stellvertretenden Leiter des Staatlichen Planungskomitees Gosplan und besuchten auf eigenen Wunsch mehrere Krankenhäuser.[201] Doch auch einer „normalen" Reisegruppe aus Roubaix ermöglichte der Reiseführer auf Wunsch den Besuch eines orthodoxen Gottesdienstes.[202]

In Gegensatz zu dem proklamierten politischen Anspruch der Reise spielten die Besichtigungen der „sowjetischen Errungenschaften" auch bei den Reisen der Freundschaftsgesellschaften nur eine zweitrangige Rolle. Den überwiegenden und immer größeren Teil des Programms machten konventionelle Sehenswürdigkeiten aus, die – wie bei den Städten des Goldenen Rings und Leningrad – eher das alte zaristische Russland als die neue Sowjetunion repräsentierten.[203] Die vermeintliche politische Pilgerreise näherte sich immer mehr der bourgeoisen Erholungstour an.

Menschen: Geplante und ungeplante Begegnungen

Die Besichtigung der genannten Orte und der Eindruck von der sowjetischen „Realität" blieben jedoch steril ohne die Begegnungen mit Menschen, die diese Orte für die Besucher lebendig und erfahrbar machten. Vergleichbar mit der Auswahl der Vorzeigeobjekte überlegten sich die sowjetischen Behörden genau, mit welchen Personen die westlichen Reisenden zusammentreffen, welche Botschaft sie vermitteln und wie diese auf die Gäste wirken könnten. Um mit Hourmant zu sprechen, reichte es nicht, nur Kulissen aufzubauen, auch die Akteure im Theaterstück mussten gut gewählt sein und ihre Rollen beherrschen. Bei der oben zitierten britischen Delegation 1955 nach Dušanbe fürchtete der Berichterstatter, dass die Vorstellung eher ein Reinfall war:

---

201 Informacija o prebyvanii v SSSR delegacii Obščetva „Francija-SSSR" (20 aprelja – 14 maja 1960g.), in: RGANI, f. 5, op. 50, d. 283, l. 89–98.
202 Vgl. Premier voyage en URSS organisé par le Comité de Roubaix, 14–28 juillet 1966, in: AD Nord, 151 J 54.
203 Schon 1957 waren 70 % der in Leningrad gezeigten Objekte architektonisch-kultureller Natur. Vgl. Chripun, Innostrannyj turizm v Leningrade, S. 114.

> [Die Ausländer] könnten die Schlussfolgerung ziehen, dass bei uns die erzieherische Arbeit zur Hebung der Alltagskultur der Menschen sehr schwach ist. Dies erklärt sich in besonderen Maße in der Geschmacklosigkeit der Wohnungen, die den Ausländern gezeigt werden, in der Herstellung und Verwendung von in der Aufmachung unansehnlichen Gebrauchsgegenständen, im unhygienischen Zustand der öffentlichen Räume, im Auftreten von Menschen an öffentlichen Orten im Pyjama und Morgenrock/Arbeitskittel, unrasierte Männer, schlecht frisierte Frauen. Selbstverständlich benehmen sich viele unserer Leute kultivierter als die Ausländer in öffentlichen Räumen (sie streiten nicht, rauchen nicht, pfeifen nicht), doch in vielen Dingen kann man auch von den Ausländern lernen. Wir denken, dass [durchgestrichen: die Parteiorgane] man sich mit dieser Frage ernsthaft beschäftigen sollte.[204]

In dieser Beschreibung spielen vermutlich auch die persönlichen Vorurteile des Moskauer Funktionärs gegenüber den „unkultivierten" Völkern Zentralasiens eine Rolle, die noch nicht weit genug seien, um als „Modell" für westliche Gäste zu dienen. Durch die jahrelange Abschottung hätte die Sowjetunion aus seiner Sicht grundsätzlich Nachholbedarf im Umgang mit internationalen Gästen und in Sachen Weltgewandtheit.

Es war unter anderem Aufgabe der Partnergesellschaften, die Begegnungen mit den Menschen angemessen zu gestalten und die Sowjetbürger auf den Umgang mit Ausländern vorzubereiten. Während die VOKS vor allem einzelne Reisende durch gut geschulte Reiseführer begleitete, sollte die SSOD mit den Freundschaftsgesellschaften Empfangsstrukturen schaffen, die den Besuchern adäquate und politisch korrekte Begegnungen ermöglichten. Die „internationalistische Erziehung", die Vermittlung von Informationen über andere Länder und von Sprachkenntnissen durch die SSOD sollte nicht nur zur persönlichen Bildung der Mitglieder beitragen, sondern sie vor allem auf diese Begegnungen vorbereiten.[205]

Die Anzahl der zu betreuenden Besucher stieg ständig. Laut Popova kümmerte sich die SSOD 1959 um 12.754 Reisende, davon 2.844 aus kapitalistischen Ländern, ein Jahr später waren es schon 33.541, davon 5.850 aus kapitalistischen Ländern.[206] Dies erforderte einen pragmatischeren und effektiveren Umgang mit den Gästen als in den Vorjahren, und das ZK forderte die SSOD zu Sparmaßnahmen auf. Tatsächlich konnte Popova vermelden, dass durch Einsparungen bei den Transportmitteln, Geschenken, Souvenirs und alkoholischen

---

[204] Perevoščikov, K: Dokladnaja Zapiska, 31.9.1955, in: GARF, f. 5283, op. 22, d. 499, l. 192–197, hier l. 197.
[205] Vgl. Popova: Postanovlenie Prezidiuma SSOD n° 25, 26.1.1961, in: GARF, f. 9518, op. 1, d. 32, l. 204–212, hier l. 209.
[206] Ibid., l. 204 f.

Getränken die Kosten zwischen 1957 und 1958 um 27,3 % sowie bei Empfängen und Banketten um 30,3 % pro Delegation gesenkt werden konnten. Zudem wurde die Aufenthaltsdauer von valutafreien Delegationen in der Sowjetunion von durchschnittlich 20 auf 13,5 Tage gekürzt. Entsprechend durften sowjetische Reisende nicht mehr 16 Tage wie 1957, sondern nur noch 12 Tage im Ausland bleiben.[207] Die Empfangsstrukturen mussten rationaler organisiert werden. SSSR-Francija verfügte bereits 1960 über eine eigene Tourismus-Sektion, die sich ausschließlich mit dem Empfang französischer Reisender beschäftigte, der 1963 folgende Aufgaben umfasste:
- Empfang der Gruppen am Bahnhof und Flughafen
- Gespräche mit den Gruppen und individuellen Touristen in der Gesellschaft
- Organisation von Freundschaftsabenden bei den kollektiven Mitgliedern der Gesellschaft
- Treffen im Freundschaftshaus, normalerweise mit Fragen und Antworten und einem Kinofilm
- Teilnahme der Touristengruppen an Abenden aus Anlass von Festtagen des französischen Volkes
- Bekanntmachen der Touristen mit den sowjetischen Errungenschaften (Organisation von Besuchen verschiedener Objekte über das touristische Programm hinaus, je nach professionellen Interessen der Touristen)
- Organisation von Auftritten der Touristen im Radio und in der Presse[208]

Wie Valentin Svistunov formulierte, sollten die französischen Reisegruppen nicht nur „formell empfangen" werden, sondern unter „ideologischem Einfluss" sein.[209]

Schlüsselfiguren für den richtigen ideologischen Einfluss waren die Reiseleiter (gid-perevodčik). Sie waren nicht nur Dolmetscher für die Sprache, sondern auch für die andere Kultur und das andere politische und gesellschaftliche System. SSSR-Francija rekrutierte hierfür Ende der 1950er Jahre Absolventen der Spezialschulen und Studierende mit guten Sprachkenntnissen vom Institut für

---

[207] Vgl. Popova an ZK, 8.12.1958; sowie Otčet o rabote Sojuza sovetskich obščestv družby i kul'turnoj svjazi s zarubežnymi stranami (fevral' 1958g.–aprel' 1959 g.), 8.5.1959, in: GARF, f. 9576, op. 18, d. 1, l. 86–88 und l. 198–223, hier l. 221
[208] Spravka o dejatel'nosti Obščestva „SSSR-Francija" v 1963 g., [Anfang 1964], in: GARF, f. 9576, op. 23, d. 49, l. 13–22, hier l. 14 f.
[209] Stenogramma Soveščanija predstavitelej SSOD v stranach Zapadnoj Evropy, 9.7.1964, in: GARF, f. 9576, op. 6, d. 510, l. 27.

Fremdsprachen, der MGIMO und anderer Hochschulen.[210] Einer von ihnen war der spätere *Pravda*-Korrespondent in Frankreich Aleksandr V. Ignatov, der die Französisch-Spezialschule in Moskau besucht hatte und anschließend an der MGIMO Sprachen und Geschichte Afrikas studierte. Ab 1959 arbeitete er als Reiseführer für französische Gruppen. Das bot ihm die Gelegenheit, noch besser Französisch zu lernen und durch die Sowjetunion zu reisen.[211] Der Umgang mit ausländischen Touristen war eine Art Vorstufe zur lang ersehnten Auslandsreise, eine Berührung mit der westlichen Gesellschaft und ein erstes Ausprobieren der Sprachkenntnisse gegenüber Muttersprachlern.

Die politischen, intellektuellen und sprachlichen Anforderungen an die Reiseführer waren ebenso hoch wie an die von Inturist 1957: „Der Dolmetscher in ‚Inturist' muss kultiviert [kul'turnym] sein, eine universell geschulte [universal'no podgotovlennym] Person, abgehärtet, ideologisch treu [idejno predannym] und immer bereit, eine Antwort auf jede beliebige Frage zu geben. Der Dolmetscher muss Propagandist, Agitator und Lektor sein."[212] Die Reiseführer sollten über die Situation im Herkunftsland der Reisenden informiert und auf mögliche „provokante" Fragen vorbereitet sein und durch entsprechenden Kontrast mit dem Zarenreich oder sozialen Problemen im Westen kritische Punkte relativieren. Über das sprachlich korrekte Dolmetschen hinaus sollten sie „richtig" übersetzen, also im Zweifelsfall Äußerungen von beiden Seiten in der anderen Sprache anpassen. Deshalb mochten es die Reiseführer nicht, wenn russischsprachige Teilnehmer wie Ruth Kisch bei der BSFS-Delegation 1954 den Delegationsmitgliedern wörtlich übersetzten, „wenn der Dolmetscher der VOKS bei Gesprächen der Gäste mit sowjetischen Leuten einen ungeschickt formulierten Gedanken in etwas geänderter Form darlegte".[213] Der Reiseführer war zugleich der politische Kontrolleur und Beobachter der Gruppe, der sie nie aus den Augen lassen durfte, und anschließend über den Verlauf der Reise, das Verhalten der Reiseteilnehmer und ihre Fragen Bericht erstatten musste. Andererseits gehörte es auch zu den Aufgaben, auf die Reisenden einzugehen, mit ihnen zu sympathisieren und ihr Vertrauen zu gewinnen. Die Reisegruppen vermerkten immer positiv,

---

210 Spravka o dejatel'nosti Obščestva „SSSR-Francija" v 1963 g., [Anfang 1964], in: GARF, f. 9576, op. 23, d. 49, l. 13–22, hier l. 15.
211 Interview Aleksandr Ignatov.
212 Zitiert nach Bagdasarjan/Orlov, Sovetskoe zazerkal'e, S. 187. Vgl. zum Profil des Reiseführers auch im Folgenden ibid., S. 187–198.
213 Vgl. Dokladnaja Zapiska, 31.9.1955, in: GARF, f. 9576, op. 22, d. 499, l. 192–197, hier l. 193.

wenn der Reiseführer mit Teilen der Reisegruppe abends ausging, Überstunden machte und „menschliche Seiten" zeigte.[214]

Bei der Lenkung der Diskussion, beim „Übersetzen" des Gesehenen und Gehörten und bei der Kontrolle bekam der sowjetische Reiseführer Unterstützung vom Reiseleiter der westlichen Freundschaftsgesellschaft. Er fügte dem Gesehenen und Gehörten weitere Erklärungen hinzu, um es dem westlichen Publikum anzupassen und die richtige Rezeption sicherzustellen. Die Reiseleiter von France-URSS sollten dabei den Pluralismus und die offizielle politische Neutralität der Association einhalten, im Zweifelsfall die Darstellungen der sowjetischen Reiseleiter oder der Mitreisenden weiter relativieren und auf eine gewisse Diskussionskultur achten:

> Bei der Entdeckung der sowjetischen Realität wird es zwangsweise Meinungsverschiedenheiten geben. Aber die Meinungen austauschen und sie als absolute Wahrheit darstellen sind zwei verschiedene Dinge. [...] [D]as ist wie bei einem Kolloquium, das ihr leiten müsst. Ihr könnt einige extreme Bewertungen der einen oder anderen abmildern. Aber vor allem müsst ihr unabhängig von den unterschiedlichen Bewertungen herausstellen, dass das Kennenlernen fruchtbar und die Kooperation notwendig ist: zwei grundlegende Prinzipien von France-URSS.[215]

Die sprichwörtliche Gastfreundlichkeit und Herzlichkeit der „Russen" sollten die Gäste in den Partnergesellschaften erleben. In allen Städten, in die häufiger westliche Touristen kamen, gab es Filialen der entsprechenden Partnergesellschaften, die ein „Treffen der Freundschaft" organisierten. Das „Freundschaftshaus" in Moskau war die zentrale Anlaufstelle für alle Reisegruppen aus dem Ausland. Sie wurden dort empfangen, hörten Reden über die Freundschaft zwischen den Völkern für den Frieden und schauten häufig noch einen Film an. Beim anschließenden Empfang gab es die Möglichkeit, sich mit den sowjetischen Gastgebern auszutauschen – soweit es die Sprachkenntnisse und die Dolmetscher zuließen. Allein 1963 empfing SSSR-Francija auf diese Weise 3.000 Franzosen in 95 Reisegruppen.[216] Die bei solchen Freundschaftsabenden anwesenden Sowjetbürger waren in der Regel Vorstandsmitglieder der jeweiligen Freundschaftsgesellschaften, kannten größtenteils die Sprache und schätzten wohl auch die Gelegenheit,

---

214 Vgl. Remarques sur voyage 1964, in: AD Nord, 151 J 53; sowie Premier voyage en URSS organisé par le Comité de Roubaix, 14–28 juillet 1966, in: AD Nord, 151 J 54.
215 Note à l'attention des responsables de groupes, [1969], in: AD Belfort, 64 J 1.
216 Vgl. Spravka o dejatel'nosti Obščestva „SSSR-Francija" v 1963 g., [Anfang 1964], in: GARF, f. 9576, op. 23, d. 49, l. 13–22, hier l. 14.

zumindest in diesem geschützten und kontrollierten Rahmen mit Ausländern in Kontakt zu treten.[217]

Angesichts weiter steigender Touristenzahlen, die nahezu immer Moskau und häufig Leningrad besuchten, waren die dortigen Partnergesellschaften dem Ansturm bald nicht mehr gewachsen. Die Treffen dort verkamen zum automatisierten Freundschaftsritual. Reisegruppen beschwerten sich, dass diesen Begegnungsabenden „Wärme" und Herzlichkeit fehlten. Manchmal waren die Teilnehmer auch einfach zu müde von dem dichten Programm oder nächtlichen Fahrten, um sich für Freundschaftsreden zu begeistern.[218] Deshalb sollten Ende der 1960er Jahre die Gruppen möglichst an anderen Reisezielen von den dortigen Partnergesellschaften empfangen werden.[219] Entsprechend verliefen die Gründungen weiterer lokaler Partnergesellschaften parallel zur Ausweitung des Tourismus. Für die französischen Busreisenden in den 1960er Jahren war Minsk die erste Anlaufstelle in der Sowjetunion. Der Sekretär des ZK der weißrussischen SSR beantragte deshalb 1964 bei der Internationalen Abteilung des ZK der KPdSU die Gründung einer eigenen Filiale von SSSR-Francija in Belarus, da dort bereits lebhafte Kontakte mit Frankreich bestünden und allein 1963 1.100 Franzosen nach Minsk gekommen seien.[220] Tatsächlich wurde diesem Wunsch noch im gleichen Jahr entsprochen und in Anwesenheit einer französischen Reisegruppe eine Filiale der SSSR-Francija gegründet. Die tief bewegten Franzosen erlebten einen „wirklich unvergesslichen Abend".[221] Svistunov und Gorškov von der SSOD legten 1960 umgekehrt dem Sekretär des Stadtkomitees der KPdSU Soči nahe, eine Filiale von SSSR-Francija einzurichten, weil dort regelmäßig französische Gäste weilten.[222] Selbstverständlich gab es auch bei den Empfängen Abstufungen je nach Bedeutung der Reisegruppe. Während manchen nur ein „gesellschaftlicher Empfang" gewährt wurde, genoss die bayerische Wirtschaftsdelegation unter Essls Leitung jeweils in Moskau, Alma-Ata, Taškent und Irkutsk die Gastfreundschaft der SSOD und der Partnergesellschaft SSSR-FRG.[223]

---

217 Vgl. German, Složnoe prošedšee, S. 475.
218 Vgl. Premier voyage en URSS organisé par le Comité de Roubaix, 14–28 juillet 1966, sowie Denain – Moscou – Leningrad – Denain 14 juillet–30 juillet 1967, in: AD Nord, 151 J 54.
219 Vgl. die genaue Aufteilung je nach Reisegruppen in: Note à l'attention des responsables de groupes, [1969], in: AD Belfort, 64 J 1.
220 Vgl. K. Mazurov, ZK Belarus, an ZK KPSS, 26.2.1964, in: RGANI, f. 5, op. 50, d. 550, l. 37–40.
221 Vgl. A. Dubois an Abdon Lemaire, [1964], in: AD Nord, 151 J 53.
222 Vgl. Svistunov und Gorškov an Medunov, 7.3.1960, in: GARF, f. 9576, op. 6, d. 124, l. 63.
223 Vgl. Gille, Moskau, Kasachstan, S. 33, 39, 44 und 61.

Nicht nur in den einzelnen Städten, auch in den besichtigten Vorzeigeobjekten wie Schulen und Kolchosen gab es Komitees der Partnergesellschaften, die sich um den persönlichen Empfang der Reisegruppen kümmerten und ihnen ihr großes Interesse an ihrem Herkunftsland demonstrierten. Die Moskauer Autofabrik Lichačev (ZIL) wurde im SSOD-Bericht 1963 als vorbildliches Beispiel in der Arbeit mit ausländischen Touristen hervorgehoben, da sie im laufenden Jahr allein 600 französische Touristen empfangen hatte. Sie organisierte für die Reisenden Treffen mit der Belegschaft, gab ihnen durch den Besuch des Kulturpalastes der Fabrik, des Kindergartens und der Abendschule die „Gelegenheit, das Leben und die kulturellen Möglichkeiten der Arbeiter kennenzulernen".[224] Die überschwängliche Begrüßung, wie sie der Vorsitzende des dortigen Komitees von SSSR-Francija beschreibt, wird der ersten französischen Delegation 1958 sicherlich im Gedächtnis geblieben sein:

> Über tausend Arbeiter und Angestellte der Werkzeugabteilung kamen damals mit den französischen Freunden zusammen. Der Schnelldreher Sergej Buschujew hielt eine freundschaftliche Ansprache. [...] Im Namen der französischen Touristen sprachen Guy Ruire, ein Arbeiter der Renault-Werke, und René Borello, Vorstandsmitglied der Gesellschaft „Frankreich-UdSSR". Sie dankten den Moskauer Autowerkern für den herzlichen Empfang und sagten, sie würden ihren Landsleuten in der Heimat ausführlich über das in der UdSSR Gesehene erzählen und für die hohen Ziele des Friedens kämpfen. Laienkunstgruppen des Kulturpalastes des Werks gaben ein großes Konzert für die französischen Gäste. Die Franzosen ließen es sich nicht nehmen, ihr Scherflein dazu beizutragen. Auf einer improvisierten Bühne sangen sie das „Lied von Moskau" und das französische Lied „C'est Paris".[225]

In Kolchosen oder Sovchosen hatten Reisende häufig die Gelegenheit, einzelne Familien in ihren Wohnungen zu besuchen. Sicherlich war es kein Zufall, dass die französische Reisegruppe im Kaukasus ausgerechnet die Wohnung eines Fans des französischen Schauspielers Gérard Phillip besichtigte.[226]

Häufig bemängelten die Reisenden, dass diese sozialen Treffen viel zu kurz und unpersönlich ausfielen. Eine Abschlussklasse des Institut industriel du Nord aus Lille konnte sich 1965 mit den Kollegen der Ingenieursschule in Zaporož'e wegen mangelnder Sprachkenntnisse auf beiden Seiten kaum verständigen. Ein sympathischer Besuch bei einem Jugendcamp, bei dem die Sprachbarriere durch ein Volleyballmatch, Tanz und gemeinsames Singen

---

224 Spravka o dejatel'nosti Obščestva „SSSR-Francija" v 1963 g., [Anfang 1964], in: GARF, f. 9576, op. 23, d. 49, l. 13–22, hier l. 16.
225 Kutusow, F.: Sil – Renault, in: Kultur und Leben 6 (1962) 8, S. 37 f.
226 Denain – Moscou – Mer Noire – Caucase du 13 au 20 août 1968 avec l'Association France-URSS, in: AD Nord, 151 J 54.

überwunden wurde, dauerte nur wenige Stunden, so dass auch hier kein tiefergehendes Kennenlernen möglich war.[227] Die Kürze, Einmaligkeit und Kontrolliertheit der Situation erlaubten nur ritualisierte Freundschaftsbekundungen, Bestätigungen von Klischees und oberflächliche Eindrücke von „den Russen".

Persönliche Kontakte mit anderen sowjetischen Bürgern waren zwar nicht verboten, jedoch nicht unbedingt erwünscht und aufgrund der Sprachschwierigkeiten und des vollen Programms schwer möglich. Allerdings konnten und sollten sie in den 1970er Jahren auch nicht verhindert werden. Durch ihre Anstecknadel von France-URSS waren die Reisenden sofort als „kapitalistische" Besucher, aber auch als „Freunde" zu erkennen. Sie funktionierte als „Türöffner", da manche Sowjetbürger ihnen gegenüber gerne ihre Französisch-Kenntnisse anwenden oder ihre Liebe zu Frankreich kundtun wollten.[228] Reisende berichteten immer wieder von spontanen Begegnungen mit Sowjetbürgern, wie eine französische Gruppe am Strand von Jalta mit einem englisch sprechenden Studenten aus Leningrad.[229] Valentine Dartigues, die vorher einige Russischkurse besucht hatte und ihre Kenntnisse unbedingt an Einheimischen ausprobieren wollte, schaffte es Anfang der 1980er Jahre sowohl in Erevan als auch in Samarkand, von Zufallsbekanntschaften in deren Privatwohnungen eingeladen zu werden.[230]

Für solche Begegnungen bei den organisierten Besuchen empfahl France-URSS den französischen Reisenden, kleine Geschenke wie Stifte, Ansichtskarten, Streichhölzer, Briefmarken oder ähnliches mitzunehmen. „Vermeiden Sie als Geschenke Gebrauchsgegenstände [cadeaux à caractère utilitaire] – Kleidungsstücke aus Nylon, Strümpfe etc. Wir weisen darauf hin, dass die sowjetische Gesetzgebung den Handel mit diesen Produkten verbietet."[231] Allein dieser Hinweis zeigt, dass derartige Handelsgeschäfte nicht unüblich waren. Dartigues nahm gezielt Jeans mit nach Zentralasien, um sie dort gegen Souvenirs einzutauschen – auch aus purer Freude daran, die sowjetischen Vorschriften zu umgehen.[232] Nicht selten wurden die westlichen Besucher zum Missfallen der Behörden direkt von Devisenhändlern angesprochen.[233]

---

227 Vgl. Institut industriel du Nord de la France. Voyage de fin d'études en U.R.S.S., 16/7–2/8/1965, in: AD Nord, 151 J 58.
228 Vgl. beispielsweise Schreiben an Lemaire, 30.8.1972, in: AD Nord, 151 J 54; Dartigues, Valentine: Sur les chemins d'Églantine, Paris 2004, S. 140.
229 Vgl. Denain – Moscou – Mer noire du 2 août 1969 au 21 août 1969, in: AD Nord, 151 J 54.
230 Vgl. Dartigues, Sur les chemins, S. 130–136 und S. 154 f.
231 Abdon Lemaire an die Teilnehmer der Reise G44, 26.6.1967, in: AD Nord, 151 J 54.
232 Vgl. Dartigues, Sur les chemins, S. 159–161.
233 Vgl. Molton, Annie: G-55, en route! Compte rendu du voyage France-U.R.S.S. G-55 du 7 août 1966 au 23 août 1966 à Moscou et Leningrad, in: AD Nord, 151 J 54; Spravka

Vor allem wenn sie die Sprache nicht verstehen und lesen konnten, wagten es die meisten Reisenden nicht, sich von der Gruppe zu entfernen. Ihre Einschätzung „des Sowjetmenschen" beschränkte sich deshalb auf die Reiseleiter, die Empfänge bei den Partnergesellschaften und die Beobachtungen auf der Straße. Der Blick auf die Menschen in der Sowjetunion wurde dabei durch die Berichterstattung der westlichen Medien bzw. ihre eventuelle Widerlegung gesteuert. Immer wieder traten deshalb die Fragen nach den Konsummöglichkeiten, dem Warenangebot in den Geschäften, dem materiellen Zustand von Wohnungen, Straßen und Hotels auf. Dabei bemerkten die Delegationen durchaus kritisch beispielsweise die schlechtere Qualität der Kleidung, die teuren Gebrauchsgegenstände oder die Schlangen vor den Geschäften.[234]

Die Frage nach der Abwägung zwischen materiellen Konsumgütern und anderen sozialen Errungenschaften stellte sich exemplarisch an der Position der Frau in der sowjetischen Gesellschaft. *France-URSS Magazine* und *Kultur und Leben* berichteten regelmäßig zum Weltfrauentag im März über die Gleichberechtigung der sowjetischen Frau in der Arbeitswelt.[235] Bei Besuchen in Zentralasien und dem Kaukasus hoben viele die Emanzipation der Frau von traditionellen und religiösen Zwängen, die neuen Bildungschancen und Arbeitsmöglichkeiten hervor. Gleichzeitig galt das äußere Erscheinungsbild der Frauen als Gradmesser für den Zugang zu Konsumprodukten. So bescheinigte ihnen ein Friseur aus Lille 1964, sie seien „auf ihr Äußeres bedacht, korrekt frisiert und gefärbt" und zeigten keine Nachlässigkeit.[236] Frauen in technischen und körperlich anstrengenden Berufen vermittelten allerdings nicht unbedingt das beabsichtigte Bild der Gleichberechtigung und Emanzipation. Einige Reisende, wie diese Textilarbeiterin aus Roubaix, fürchteten um die feminine und familiäre Seite der Frau:

> Frauen als Maurer, Frauen, die auf den Straßen arbeiten und Walzen fahren, davon gibt es viele. Sie haben selbst diesen Beruf gewählt, sagt uns der Reiseleiter. Vielleicht wird das gut bezahlt, aber es ist nicht sehr weiblich. [...] Die sozialen Vorteile, die einer Mutter angeboten werden, damit sie arbeiten kann, schaden dem Familienleben, denke ich. Ich

---

o rabote s gruppoj turistov-člennov Associacii „Francija-SSSR", 20.6.1960, in: GARF, f. 9576, op. 6, d. 119.
234 Vgl. [Protokoll einer öffentlichen Berichts- und Diskussionsveranstaltung mit der zurückgekehrten Delegation], [1960], in: AD Nord, 151 J 58; Vgl. Institut supérieur d'électronique du Nord (ISEN). Voyage d'études en URSS de la 9ème Promotion Blaise Pascal" du 3 au 16 avril 1968, in: AD Nord, 151 J 58.
235 Plas, Emmanuèle: Être femme au Tadjikistan, in: FUM (1975) 7–8, S. 18–23.
236 Voyage à Minsk et à Moscou par l'Association France-U.R.S.S., [1964], Vanden Borre, in: AD Nord, 151 J 53.

glaube, die russische Frau – wie die französische Frau – würde gerne so viel Zeit wie möglich mit ihren Kindern verbringen, sie großziehen, sie erziehen und sie selbst prägen können [...]. Die russische Frau wird bald, das wünsche ich ihr, ein Zuhause und elegantere und günstigere Kleidung haben. Denn wenn sie auch enorme Vorteile in den Firmenkantinen hat, so hätte sie doch gerne auch hübsche Sachen, wie sie jede Frau mag.[237]

Diese Einschätzung teilten grundsätzlich sogar die Teilnehmerinnen der Abschlussklasse der Elektroniker 1968. Sie bewunderten zwar einerseits die Frau, die Maschinen reparieren konnte, andererseits hofften sie, dass der Anteil der Frauen in harten Jobs zurückging, damit die sowjetische Frau wieder ihre „Weiblichkeit" unter Beweis stellen könne.[238]

Trotz der nur sehr beschränkten Kontaktmöglichkeiten mit den Menschen vor Ort nennen die Reiseberichte häufig diese kurzen Begegnungen und die Empfänge als eindrücklichste Erfahrungen der ganzen Reise. Hier das Fazit einer Reisegruppe aus Nordfrankreich:

Wir haben sieben Länder durchquert und mehr als 10.000 Kilometer zurückgelegt. Wir haben einen kleinen Teil eines großen Landes besichtigt: die UdSSR, eigentliches Ziel unserer Reise. Aber mehr als die Landschaften und die Denkmäler waren es der herzliche Empfang, der uns überall bereitet wurde, und die freundschaftlichen Verbindungen, die wir zwischen unseren beiden Völkern geknüpft und verstärkt haben, die auf ewig in unser Gedächtnis und in unsere Herzen eingeschrieben sind.[239]

Folgen: Nach der Rückkehr

Dieses Fazit war das Entscheidende für France-URSS. Anders als bei einem kommerziellen Reiseanbieter ging es nicht nur um die Zufriedenheit mit den Leistungen, sondern auch um den insgesamt positiven Eindruck vom Land, der idealerweise zu einem weiterführenden Engagement für die Beziehungen zur Sowjetunion führte. Der Reiseleiter der Gruppe aus Tourcoing mit Ziel Moskau und Minsk fasste 1964 die Erfahrungen seiner Gruppe in folgende Kategorien:

---

237 Voyage à Minsk et à Moscou par l'Association France-U.R.S.S., [1964], Mme Deblock, in: AD Nord, 151 J 53.
238 Institut supérieur d'électronique du Nord (ISEN). Voyage d'études en URSS de la 9ème Promotion „Blaise Pascal" du 3 au 16 avril 1968, in: AD Nord, 151 J 58. Die hart arbeitenden Frauen missfielen auch einem Bergarbeiter 1960. Vgl. [Protokoll einer öffentlichen Berichts- und Diskussionsveranstaltung mit der zurückgekehrten Delegation], [1960], in: AD Nord, 151 J 58.
239 Denain – Moscou – Mer Noire 2 août 1969 au 21 août 1969, in: AD Nord, 151 J 54.

1) Offenbarung für einige Junge (im Verhältnis zu dem, was man ihnen gesagt hatte, und der Vorstellung, die sie vorher hatten) [...].
2) Für diejenigen, die schon über die UdSSR Bescheid wussten: positiverer Eindruck im Verhältnis zu ihrem vorherigen Bild.
3) Für die „Wiederholungstäter" der Reise [...]: in einem Jahr deutliche Verbesserung in den Geschäften und der Kleidung, insbesondere der Frauen.
4) Kritische Stimmen zu den Unterschieden zu unseren Lebensumständen: eintöniges Essen, graues Brot, Geschäfte und Cafés unüblich, Langsamkeit an den Grenzen, eine unter der Woche geschlossene Kirche in Moskau, Reiseformalitäten für Sowjets.
5) Unfreundliche und ungerechtfertigte Bemerkungen der Nachkommen von russischen Emigranten in Frankreich. [...] Doch sogar in diesen Fällen trug die Reise zu einem besseren Verständnis bei.[240]

Sicherlich war ihm daran gelegen, eine insgesamt positive Bilanz seiner Reise an France-URSS zu melden. Dennoch erscheint in der Gesamtschau sein Fazit nicht unrealistisch und in großen Teilen übertragbar auf andere Reisegruppen. Diejenigen, die aus ideologischen Gründen Mitglied in France-URSS und zugleich im PCF waren, die das Mutterland des Sozialismus suchten und die „Reise ihres Lebens" machten, wurden nicht enttäuscht: Sie durften ein Mal auf dem Roten Platz stehen, ein Mal die technischen Wunderwerke sehen und ein Mal mit glücklichen Sowjetbürgern sprechen. Eventuelle negative Punkte entschuldigten sie entweder mit den Folgen des Zweiten Weltkriegs oder dem noch nicht vollendeten Sozialismus: „Das ist ein Land, das man sehen muss und in regelmäßigen Abständen immer wieder sehen muss, um die Veränderungen zu beurteilen, die sich mit riesigen Schritten vollziehen."[241] In den Quellen findet sich kein einziger Fall, in dem ein überzeugter Kommunist nach seinem Besuch in der Sowjetunion „vom Glauben abgefallen" wäre.

Für diejenigen, die nur eine sehr vage Vorstellung von der Sowjetunion hatten, bekam dieses riesige unbekannte Land weit im Osten ein Gesicht. Vor dem Hintergrund der negativen medialen und politischen Darstellung eines klimatisch kalten, grauen Landes, in dem die Menschen unterdrückt wurden, hinterließ die Reise mit der Besichtigung der Vorzeigeobjekte und den freundschaftlichen Treffen einen positiven Eindruck. Die „Neugierigen" übten vor allem Kritik an organisatorischen und materiellen Aspekten der Reise, dem

---

240 Remarques sur voyage 1964, in: AD Nord, 151 J 53.
241 Voyage à Minsk et à Moscou par l'Association France-U.R.S.S., [1964], Henri Martinez, in: AD Nord, 151 J 53.

Hotel, dem Essen oder den Sanitäranlagen.[242] Unbeliebt war beispielsweise die Unterbringung in den Moskauer Randbezirken wie in Ostankino, wo viele Zimmer über kein eigenes Bad verfügten, und von wo aus es insbesondere ohne Orts- und Sprachkenntnisse äußerst schwierig war, auf eigene Faust das Zentrum zu entdecken.[243] Bezüglich der Versorgung beschwerten sich die Touristen vor allem über ein zu einseitiges Angebot. Bei einer Kreuzfahrt auf der Volga 1965 bestand die Vorspeise dreimal täglich aus Gurken und Tomaten, die Mahlzeiten waren insgesamt nicht ausreichend und es gab – bei französischen Touristen ein häufiger Kritikpunkt – weder Wein noch Bier dazu.[244] Allerdings gehörte vor allem in den 1970er und 1980er Jahren der Bericht über schlechten Service oder organisatorische Probleme zu den beinahe obligatorischen Anekdoten einer Sowjetunionreise. Kulturhistorisch Interessierte kamen bei den Reisen auf ihre Kosten und konnten sich davon überzeugen, dass die Klöster des Goldenen Rings oder die Moscheen in Samarkand und Buchara auch vom sowjetischen Regime in Schuss gehalten wurden. Für die Gruppe der russischstämmigen Reisenden stand ohnehin das Wiedersehen mit der Familie im Vordergrund. Personen, die zutiefst antikommunistisch eingestellt waren und ein sehr negatives Sowjetunionbild hatten, traten von vornherein keine Reise dorthin an oder reisten im Zweifelsfall nicht mit France-URSS. Deshalb war die Gesamtbilanz der meisten Reiseteilnehmer überaus positiv.

Das Ziel der Freundschaftsgesellschaften ging jedoch darüber hinaus. Die Reisenden sollten, sozialistisch formuliert, „aktive Propagandisten" und Multiplikatoren eines positiven Sowjetunionbildes werden. Die Öffentlichkeitsarbeit einer Delegation begann bereits während der Reise. Der Erfolg wurde in der Sowjetunion daran gemessen, ob die Teilnehmer bereit waren, in den sowjetischen Medien über ihre Eindrücke zu sprechen. Bei Gruppen mit „spezieller Zusammensetzung" – d. h. namhafter Persönlichkeiten – erwartete *Moscow News/Nouvelles de Moscou* und manchmal auch *Kultur und Leben* oder das Moskauer Radio Berichte und Statements, die an die Landsleute in der Heimat weitergegeben wurden.[245] Diese Gruppen wurden für

---

242 Von zwölf Kommentaren nach einer Reise von France-URSS 1964 beschwerten sich drei über die sanitären Anlagen, eine über das Zimmer und drei über das Essen. Die übrigen fünf waren insgesamt zufrieden. Rapport sur le voyage à Moscou du 19 au 31 août 1964, in: AD Nord, 151 J 53.
243 Vgl. Rapport Voyage G 73, in: AD Nord, 151 J 54.
244 Pierre Briatte an Abdon Lemaire, [1965], in: AD Nord, 151 J 53. Außerdem wurde immer wieder der Mangel an frischem Obst kritisiert: Rapport sur le voyage „France-URSS" N° A/32, 10 août au 2 septembre 1964, in: AD SSD, 299 J 4; Molton, Annie: G-55, en route! Compte rendu du voyage France-U.R.S.S. G-55 du 7 août 1966 au 23 août 1966 à Moscou et Leningrad, in: AD Nord, 151 J 54.
245 Note à l'attention des responsables de groupes, [1969], in: AD Belfort, 64 J 1.

Presseberichte und Erinnerungsalben professionell fotografiert und mit umfangreichem Informationsmaterial ausgestattet.[246] Wichtige Delegationen verabschiedeten – im Vorfeld vorbereitete – möglichst von allen Reisenden unterzeichnete Resolutionen, in denen sie für ihre Reise dankten und einen politischen Bezug zur Versöhnung zwischen den beiden Ländern herstellten.[247]

Nach ihrer Rückkehr legten die ersten Reisenden und „Pioniere" in unzähligen Vorträgen und Artikeln offiziell Zeugnis ab. Die Mitglieder der Delegation von France-URSS 1949 berichteten innerhalb weniger Monate bei über 300 Versammlungen von ihren Erfahrungen.[248] Die Zeitschrift *France-URSS* war zwischen 1955 und 1960 voll von Reiseberichten aus den verschiedenen Landesteilen der Sowjetunion. Doch als immer mehr Mitglieder reisten, interessierten die klassischen Augenzeugenberichte „Was ich in der UdSSR gesehen habe" bald niemanden mehr, wie ein Redaktionsmitglied 1963 feststellte.[249] Reisegruppen der 1960er Jahre beschränkten ihre propagandistischen Tätigkeiten in der Regel auf ihr Komitee, ihre Firma oder ihre Kommune. Die Mitglieder einer Bergarbeiterdelegation aus Lille erzählten in mehreren Gemeinden des Départements Nord von ihrer Fahrt in den Donbass und standen Rede und Antwort. Ihre Berichte waren dabei weit persönlicher, differenzierter und reflektierter als die in den Zeitschriften publizierten.[250]

Vor allem ab Mitte der 1960er Jahre nahmen die wenigsten internen Berichte an France-URSS auf „das große Ganze", die politische Dimension der Reise und das politische System Bezug. Die meisten beschränkten sich auf Detailkritik an Hotels und Organisation oder lobten den freundlichen Reiseleiter, wie bei einer Reise in irgendein westliches Land. Die Abschlussklasse der Elektroniker, die im April 1968 die Sowjetunion bereiste, bildete hier eine Ausnahme. Angesichts der gesellschaftlichen Proteste in den folgenden Monaten in Frankreich, Polen und der Tschechoslowakei reflektierten sie – noch vor der Intervention in Prag – über die Protestmöglichkeiten in den verschiedenen Ländern – nicht unbedingt im Sinne von France-URSS:

---

246 Die Delegation 1949 von France-URSS bekam ein ganzes Album mit diesen Fotos mit, das sich in: ANF, 88 AS 62 befindet.
247 Vgl. die Resolution der französischen Bergarbeiter 1960: Au Conseil Central des Syndicats de l'URSS, [1960], in: AD Nord, 161 J 58.
248 Vgl. Rapport sur le travail de l'Association „France-URSS" en 1949, 13.2.1950, in: GARF f. 5283, op. 22, d. 215, l. 65 und 73–75, abgedruckt in: Cœuré/Mazuy, Cousu de fil rouge, S. 327–330, hier S. 328 f. Treppo bestritt alleine 150 Vorträge und fühlte sich dabei erstmals als wichtige Persönlichkeit: Treppo, La Chance de ma vie, S. 67.
249 Vgl. Compte rendu de la réunion du comité de rédaction de FUM du 21 février 1963, in: AD SSD, 354 J 50.
250 Vgl. [Protokoll einer öffentlichen Berichts- und Diskussionsveranstaltung mit der zurückgekehrten Delegation], [1960], in: AD Nord, 151 J 58.

> Was in den Ländern des Ostens in geringerem Maße passiert, zeigt gut, dass unabhängig von der Art der Verwaltung einer Nation, die mangelnde Beteiligung der Betroffenen, das heißt des Volkes, früher oder später spürbar wird. Vielleicht ist es in unserem Typ der Zivilisation leichter, diesen Fehlern Abhilfe zu schaffen und stärker einen Wert zu spüren, der bei uns noch genannt werden darf: die Freiheit.[251]

Die positive Bilanz einer Reisegruppe schlug sich idealerweise in den Mitgliederzahlen der Association nieder. So mussten zwar alle Reisende Mitglieder werden. Doch nur diejenigen, die ihre Mitgliedschaft nach der Reise erneuerten und dauerhaft blieben, trugen zum langfristigen Erfolg bei. Einige französische Reiseleiter meldeten genau, welche Personen das „perfekte Verständnis" hatten und als zukünftige Aktive angesprochen werden sollten.[252] Glaubt man den Berichten, funktionierte in den 1960er Jahren diese Rekrutierung durch Reisen noch relativ gut. Ein Reiseleiter aus Tourcoing meldete, dass zwei Drittel der Reisenden aktive Mitglieder der Association geworden seien.[253]

Die stabilen Mitgliederzahlen in den 1970er Jahren weisen jedoch darauf hin, dass nur wenige der in die Zehntausende gehenden Reisenden langfristig rekrutiert werden konnten. Neben dem langjährigen treuen Mitgliederstamm gab es wohl einen relativ großen Teil, der im Jahr der Sowjetunionreise beitrat, um die günstige Reisemöglichkeit zu nutzen, dann aber die Mitgliedskarte nicht erneuerte. Mit der Zunahme von Kulturtouristen und der Entwicklung der Sowjetunion zu einem „normalen" Reiseland wuchs die Unzufriedenheit über materielle Aspekte der Reise. Anders als die „Pioniere" konnten die späteren Reisenden mangelhaften Service oder schlechte Unterkünfte nicht mehr mit dem Nachholbedarf nach dem Krieg rechtfertigen. So bedauerte ein Verantwortlicher des Reisedienstes von France-URSS 1981 „dass sich leider viele Reisende abschließende Urteile über die UdSSR auf der Basis von sehr materiellen Überlegungen bildeten (schlechter Zustand der Sanitäranlagen, defekte Spülung, fehlende Informationen etc.)".[254] Solange France-URSS jedoch vergleichbar günstige Reiseangebote machen konnte, nahmen sie mögliche Unannehmlichkeiten in Kauf.

---

251 Institut supérieur d'électronique du Nord (ISEN). Voyage d'études en URSS de la 9ème Promotion „Blaise Pascal" du 3 au 16 avril 1968, in: AD Nord, 151 J 58.
252 Jean Dobrenine an André Pierrard, [5/1957], in: AD Nord, 151 J 58.
253 Vgl. Comité de Tourcoing: Rapport du 3ème voyage Tourcoing – Minsk – Moscou de Juillet 1965, 16.8.1965, in: AD Nord, 151 J 53.
254 Document de réflexion soumis au Comité national par le groupe de travail du tourisme, 12–13 décembre 1981, in: ANF, 88 AS 3.

Sowjetische Reisende im Westen: Export des Reisesystems

Reiseveranstalter aus dem Heimatland der Touristen versuchen immer, für ihre Kunden den „Kulturschock" abzumildern, ihnen ein Stück Heimat in der vertrauten Sprache zu geben und die fremden Gepflogenheiten zu übersetzen. Für sowjetische Touristen im Ausland wurden nicht nur heimatliche Traditionen, sondern das ganze Tourismussystem in den Westen exportiert, um die Begegnungen mit den Einheimischen möglichst in Grenzen zu halten und die Reisenden nicht ungeschützt der westlichen Gesellschaft auszusetzen. Dabei halfen die Freundschaftsgesellschaften direkt oder indirekt und bauten teilweise eine vergleichbare „Theatrokratie" auf, wie sie ihnen in der Sowjetunion geboten wurde.

Die Anzahl der sowjetischen Reisenden in den Westen stieg zwar deutlich im Laufe der Jahre. Insbesondere im Zuge des Helsinki-Prozesses sahen sich die sowjetischen Behörden gezwungen, die Zahl der sowjetischen Auslandstouristen zu erhöhen.[255] Sie blieb jedoch immer ungleich geringer als in die umgekehrte Richtung. Nicht einmal 1 % der sowjetischen Bevölkerung bekam die Gelegenheit, ins Ausland zu reisen, davon im Schnitt etwa 10 % in kapitalistische Länder.[256] Die Partnergesellschaften boten eine Möglichkeit, an dieses seltene Gut zu kommen. Regelmäßig reisten die Vorsitzenden und Generalsekretäre der Partnergesellschaften, die Präsidiumsmitglieder der SSOD und die Vorsitzenden der Republikgesellschaften in den Westen. Letztere waren häufig vorab SSOD-Vertreter an der jeweiligen Botschaft und deshalb mit dem jeweiligen Land und seiner Sprache vertraut. Je nach Zweck der Reise – zu einem Kolloquium, einer Vortragsreise oder eine Spezialistendelegation – begleiteten sie andere Vorstandsmitglieder der Partnergesellschaft. Deshalb war es für Wissenschaftler und Künstler nicht uninteressant, sich in den Vorstand einer Partnergesellschaft wählen bzw. ernennen zu lassen. Nachdem z. B. die Mittelalterhistorikerin Evgenija V. Gutnova auf Empfehlung ihrer Fakultät Mitglied von SSSR-Velikobritanija geworden war, durfte sie 1965 endlich die ersehnte Reise nach Großbritannien antreten.[257] Die Mitgliedschaft in einer Partnergesellschaft war eine Art Ausweis politischer Loyalität, erforderte aber weniger politisches Engagement als eine Parteimitgliedschaft.[258] Der Kunstwissenschaftler Michaïl J. German, Mitglied im Vorstand von SSSR-Francija, der lange auf seine erste Frankreichreise gewartete

---
255 Zhuk, Rock and Roll, S. 287.
256 Vgl. Tondera, Like Sheep, S. 25.
257 Vgl. Gutnova, Evgenija V.: Perežitoe, Moskau 2001, S. 315.
258 1961 waren laut Tondera 50 % der Inturist-Reisenden Mitglieder der KPdSU. Vgl. Tondera, Der sowjetische Tourismus, S. 49.

hatte, lehnte den Beitritt in die KPdSU ab, obwohl er das verlockende Versprechen bekam, dann jedes Jahr kostenlos ins Ausland fahren zu können.[259] Anfang der 1970er Jahre stellte das französische Verteidigungsministerium anhand von Geheimdienstquellen fest, dass die Partnergesellschaften beständig an oppositionellen Mitgliedern gewännen, die ihre Mitgliedschaft als beste Möglichkeit sahen, um an ein Visum ins Ausland zu gelangen.[260] Die Reisekandidaten mussten sich einem aufwändigen Auswahlverfahren unterziehen. Die örtlichen und überregionalen Parteiorgane und der KGB prüften genauestens mit Fragebögen, persönlichen Befragungen und Informationen von Vorgesetzten die Vergangenheit der Kandidaten und deren politische Gesinnung. Wichtige Delegationen segnete letztendlich das ZK der KPdSU in Moskau ab.[261]

Deshalb war eine Zulassung zur Reise in den Westen eine Gratifikation, eine Anerkennung des Regimes – weniger für wissenschaftliche Verdienste als für politische Zuverlässigkeit. In den Reisegruppen war demnach vor allem die politische, geistige und kulturelle Elite von Parteifunktionären, Lehrern, Ärzten und Kulturschaffenden vertreten. Dagegen durften Arbeiter und Bauern das „Arbeiterparadies" nur selten nach außen repräsentieren.[262] Selbst bei speziellen Arbeiterdelegationen wie der ukrainischen Bergbaudelegation, die als Gegenbesuch zur französischen Bergbaudelegation 1961 Frankreich besuchte, fanden sich nur drei tatsächliche Bergarbeiter. Hinzu kamen zwei Vertreter der zentralen Bergarbeitergewerkschaft und fünf Leiter von Bergbauminen.[263] Für die wissenschaftliche und künstlerische Elite Moskaus und Leningrads war es zudem wesentlich leichter als für Bewohner Zentralasiens, in das westliche

---

259 Vgl. German, Složnoe prošedšee, S. 475 f.
260 Ministre d'Etat chargé de la défense nationale SdECE: Communisme international, [1972], in: APP, 77 W 3546/276910.
261 Das Auswahlverfahren wurde an verschiedenen Stellen ausführlich beschrieben: Vgl. Gorsuch, All This Is Your World, S. 111; Ševyrin, Sergej: Za granicu! (iz istorii zarubežnogo turizma v SSSR), Permskij gosudarstevennyj archiv novejšej istorii 2009, URL: http://www.permgani.ru/publikatsii/stati/za-granitsu-iz-istorii-zarubezhnogo-turizma-v-sssr.html (17.2.2015); Tondera, Reisen auf Sowjetisch, S. 81–85.
262 Tondera kommt für 1961 auf 5 % Arbeiter und Bauern für Delegationen ins kapitalistische Ausland: Tondera, Reisen auf Sowjetisch, S. 73. 1967 waren von den 3.128 Auslandsreisenden aus Kasachstan nur 22,7 % Arbeiter und 1 % Bauern, und von den 2.601 usbekischen Auslandstouristen waren 24 % Arbeiter und Bauern. Vgl. zur sozialen Zusammensetzung je nach Zielregion auch Kassymbekova, Botakoz: Leisure and Politics. Soviet Central Asian Tourists across the Iron Curtain, in: Burrell, Kathy/Hörschelmann, Kathrin (Hg.): Mobilities in Socialist and Post-Socialist States. Societies on the Move, Basingstoke 2014, S. 62–86, hier S. 68.
263 Vgl. Composition du groupe tourisitque des mineurs soviétiques, 1961, in: AD Nord, 151 J 58.

Ausland zu gelangen. Bei diesen wiederum wurden ethnische Russen gegenüber Vertretern der Titularnation bevorzugt.[264]

In den 1970er und 1980er Jahren kamen 20 % bis 25 % der sowjetischen Touristen über France-URSS mit Gruppenreisen von Sputnik nach Frankreich.[265] Außer der mit dem Mouvement de la jeunesse communiste (MJC) verbundenen Association Loisirs et vacances de la jeunesse war France-URSS die einzige französische Organisation, die sowjetische Sputnik-Touristen betreute.[266] Häufig kamen sie aus Anlass offizieller französisch-sowjetischer Jugendtreffen, wie im Mai 1971 in der Pariser Vorstadt Choisy-le-Roi. Auf dem Programm standen hier neben den üblichen Besichtigungen Diskussionen und Vorträge über die Rolle der Jugend für den Frieden und in der Gesellschaft.[267] Auch diese Jugendreisen waren einer gewissen Elite vorbehalten, denn die Teilnehmer waren in aller Regel Mitglieder im Komsomol. Das Durchschnittsalter der Reisegruppen betrug etwa 26 Jahre. Es waren also kaum tatsächliche Jugendliche vertreten, sondern junge Berufstätige und nicht selten über 40-jährige Komsomolfunktionäre.[268]

Die meisten sowjetischen Reisenden kamen zwar formell als Touristen mit entsprechendem Visum und organisiert von Inturist in den Westen, doch war Erholungs- und Kulturtourismus in den seltensten Fällen der Hauptzweck der Reise. Am ehesten galt dies noch für die privilegierten Reisenden der sowjetischen Kreuzfahrtschiffe, mit denen 1975 etwa die Hälfte aller von France-URSS betreuten sowjetischen Inturist-Touristen nach Frankreich kam. Ihr Eindruck beschränkte sich neben Paris auf die Hafenstädte Nizza, Marseille und Le Havre.[269] In der Mehrheit der Fälle – vor allem in der Bundesrepublik und Großbritannien – kamen die Reisenden für Vortragsreisen oder waren professionell spezialisierte Reisegruppen wie Mediziner, Bergarbeiter oder Maschinenbauer sowie Künstlergruppen auf Tournee. Die Reise war ein „Arbeitsurlaub", während dessen der

---

264 Vgl. Kassymbekova, Leisure and Politics, S. 75 f.
265 1971 waren es 243 von 1.240 Touristen, 1976 1.014 von 4.253; 1982 1.636 von 4.230.
266 Vgl. André Langlois und Nicolas Youmatov: Rapport Département „Réceptif", 12/1974, in: AD Nord, 151 J 57.
267 Vgl. Rencontre franco-soviétique de la jeunesse. Ukraine 4 au 11 septembre 1971; sowie Rencontre franco-soviétique de la jeunesse. 29, 30 et 31 mai 1971 Choisy-le-Roy, in: AD Belfort, 61 J 1.
268 Vgl. André Langlois und Nicolas Youmatov: Rapport Département „Réceptif", 12/1974, in: AD Nord, 151 J 57.
269 1973 waren es 1.091 von 2.162 Inturist-Reisenden. Vgl. Tableau comparatif du nombre de touristes reçus en 1973 et 1974, in: AD Nord, 151 J 57. Zur Bedeutung sowjetischer Kreuzfahrten vgl. Popov, A. D.: Zarubežnye kruizy dlja sovetskich turistov. Iz istorii transportnogo turizma v SSSR, in: Sovremennye problemy servisa i turizma (2010) 1, S. 24–30.

Reisende rund um die Uhr als Botschafter seines Landes und des Sozialismus fungierte.[270] Er musste sich entsprechend vorbildlich verhalten, die „richtigen" Antworten auf eventuelle politische Fragen geben und insgesamt auf der internationalen Bühne die gewünschte „Performance" abliefern. Deshalb wurden die Akteure sorgfältig ausgewählt und durch den Reiseleiter und die Gruppe überwacht. Gerade die professionellen Gruppen, die über die Partnergesellschaften ins Ausland reisten, waren besonders wichtig. Denn laut dem stellvertretenden Vorsitzenden von Inturist hätten sie bei ihren Vorträgen und Zusammentreffen mit Kollegen „breite Möglichkeiten [...], die Meinung dieser in Fragen der Wirtschaft, Politik und Kultur zu verändern und über die Errungenschaften der Sowjetunion im Aufbau des Sozialismus zu sprechen".[271]

Die Reiseroute der SSOD-Gruppen wurde daher in der Regel pragmatisch bestimmt. Außerhalb der Hauptstädte Paris, London und auch Bonn, wo die Reisegruppen den obligatorischen Besuch in der Botschaft machten, um politisch vorbereitet zu werden, besuchten sie die vorab organisierten Auftrittsorte. Daraus ergab sich meist ein Besuch der Städte und Regionen, in denen die Freundschaftsgesellschaft besonders aktiv war. In Großbritannien standen neben London deshalb fast immer die Arbeiterhochburgen Manchester, Liverpool und Birmingham auf dem Programm. In Frankreich besuchten sie am häufigsten die Region Rhône-Alpes um Lyon, die Gegend um Marseille und die Arbeiter- und Bergbaugegenden im Norden um Le Havre. In die Bundesrepublik kamen die Wissenschaftler und Vortragsreisenden vor allem in die Städte, in denen es Regionalgesellschaften der ARGE gab: Köln, Saarbrücken, München, Hamburg, Bremen und Frankfurt.[272]

Ähnlich wie für westliche Touristen in der Sowjetunion umfasste das Besichtigungsprogramm für sowjetische Touristen die Pilgerstätten des Sozialismus wie Marx' Grab und Arbeitsstätte in London, Lenins Wohnhäuser in München und Paris oder die Mur des Fédérés, die Mauer der Hinrichtung der Kämpfer der Pariser Kommunarden 1871 auf dem Friedhof Père Lachaise in Paris. Darüber hinaus standen wie in der Sowjetunion „soziale" Besichtigungen von Fabriken, Schulen oder Krankenhäusern auf dem Programm, die die nationalen und lokalen Komitees der Freundschaftsgesellschaften organisierten. Außerdem sorgten sie für Empfänge mit Politikern, Freundschaftsabende und persönliche Begegnungen mit Mitgliedern. Einerseits wollten die Freundschaftsgesellschaften den maximalen Nutzen für ihre eigene Öffentlichkeitsarbeit aus den Delegationen ziehen,

---

270 Vgl. auch zum Folgenden Gorsuch, All This is your World, S. 106–117.
271 S. Nikitin, stellvertretender Vorsitzender von Inturist, an Popova, 16.3.1961, in: RGANI, f. 89, op. 55, zugänglich in: Bukovsky Archives, 0863_ct184-81.
272 Vgl. beispielswiese die Reiseberichte von 1974 in: GARF, f. 9576, op. 20, d. 358.

andererseits waren diese Empfänge der Delegation durch kommunale Politiker von der SSOD erwünscht, da daran der Grad des politischen Einflusses der Delegation gemessen wurde.

Vor allem die ersten Gäste aus der Sowjetunion wurden in der französischen Provinz als große Sensation gefeiert und hatten ein sehr straffes Programm ganz im Dienste der Freundschaftsgesellschaft zu absolvieren, das keinerlei Zeit für Erholung ließ. Die Gruppe der sowjetischen Bergarbeiter im Norden Frankreichs 1961 war beispielsweise während ihres viereinhalbtägigen Aufenthalts in der Region auf acht verschiedenen Empfängen von Bürgermeistern der dortigen Dörfer. Außerdem besichtigte sie eine ehemalige Abtei, ein neues Wohngebiet, zwei Häuser von Arbeitern, eine Schule, das Museum von Lille, eine Mine, die Sozialversicherung und Gewerkschaft der Bergarbeiter sowie die Gräben der Zitadelle von Arras, in denen im Zweiten Weltkrieg insgesamt 218 Mitglieder der Résistance, darunter zwei sowjetische Soldaten, von Deutschen erschossen wurden. Nicht zuletzt wohnte sie der Simulation einer Ehe zwischen einem Sowjetbürger und einer Französin bei. Insgesamt trafen sie – glaubt man dem Bericht – mit fast 500 Franzosen zusammen.[273]

Touristische Aspekte traten bei der Planung der Reiseroute nahezu vollständig in den Hintergrund, obwohl der überwiegende Teil der Gäste durchaus auch gerne das klassische „bourgeoise" Touristenprogramm genossen hätte. Eine aserbaidschanische Künstlergruppe beschwerte sich, dass sie 5.500 Kilometer mit dem Bus durch Frankreich zurückgelegt hätte und oft keine Zeit blieb, die Sehenswürdigkeiten der Städte selbst zu besichtigen.[274] Der sowjetische Filmregisseur Georgij N. Danelija beschreibt in seiner Autobiographie mit viel Humor, wie er 1964 mit der Schauspielerin Galina A. Pol'skich in sechs Provinzstädten Frankreichs Filmvorführungen von France-URSS präsentieren musste, bevor sie endlich für einen Tag nach Paris kamen. Doch auch dort war das Programm so dicht, dass sie am Ende zu ihrer großen Enttäuschung nur die Warteschlange vor dem Louvre und ein paar Eindrücke aus dem Autofenster hatten.[275] An John Platts-Mills' Charakterisierung des „typischen" sowjetischen Gast war sicherlich etwas Wahres:

> In theory, they were coming to meet people, but their needs were always the same: a comfortable lodging, a shopping expedition, to walk at large in the crowded London

---

[273] Séjour dans le Nord et le Pas-de-Calais du groupe touristique des mineurs soviétiques, [1961], in: AD Nord, 151 J 58.
[274] Vgl. Otčet o koncertjach Azerbajdžanskogo gosudarstvennogo ansamblja narodnogo tanca vo Francii, 31.12.1974, in: GARF, f. 9576, op. 20, d. 358, l. 185–190.
[275] Vgl. Danelija, Georgij: Bezbiletnyj passažir, Moskau 2003, S. 271–277.

streets, to visit their embassy and send messages home, and to see the opera or the ballet. Only then would they want to meet the scientists, writers, designers or athletes or whoever were their local counterparts.[276]

Mit der Zeit nahmen die Freundschaftsgesellschaften zunehmend Rücksicht auf die persönlichen Interessen und versuchten für ihre sowjetischen Gäste einen Kompromiss zwischen klassischen Sehenswürdigkeiten, sozialen Empfängen und politischem Programm zu bieten. Die Zentrale von France-URSS wies daher 1974 die für das jeweilige Programm der Gruppe vor Ort zuständigen Komitees an, das Programm nicht zu vollzuladen, an Gelegenheiten für einen Einkaufsbummel zu denken und, falls möglich, einen Ausflug ans Meer einzuplanen.[277] Wie Gorsuch zeigt, war sich auch die sowjetische Führung bewusst, dass die Reisen nicht nur mit Arbeit, sondern auch mit Erholung und Konsum verbunden sein mussten.[278] Entsprechend besuchte eine sowjetische Reisegruppe 1974 in Paris den Louvre, Eiffelturm, Invalidendom, Versailles, den Friedhof Père Lachaise, außerdem Lyon, Grenoble, Grasse, Cannes und Nizza.[279] In der Bundesrepublik sahen Reisegruppen in den 1970er Jahren beispielsweise das Beethovenhaus in Bonn, das Olympiagelände, Rathaus und Pinakotheken in München, den Hamburger Hafen, das Goethe-Museum in Frankfurt, das Germanische Nationalmuseum in Nürnberg und den Kölner Dom.[280] In Großbritannien standen meist der Tower, das British Museum, Westminster Abbey und Oxford auf dem Programm.[281]

Inturist und Sputnik achteten sehr darauf, dass ihre Touristen im Ausland nicht zweiter Klasse behandelt wurden und gaben den Partnern vor Ort genaue Anweisungen zu den materiellen Rahmenbedingungen. Reisende mit Inturist mussten von France-URSS unter anderem mindestens in 2- oder 3-Sterne-Hotels in Doppelzimmern untergebracht werden, wiederholt darauf hingewiesen wurde, dass immer nur eine Person pro (französisches) Bett gerechnet werden dürfte.[282] Die eigentlich erwachsenen Sputnik-Reisenden mit „Jugendtarif" durften zwar zu viert in einem Zimmer untergebracht werden, doch waren sie

---

276 Platts-Mills, Muck, Silk and Socialism, S. 362.
277 Vgl. André Langlois und Nicolas Youmatov: Rapport Département „Réceptif", 12/1974, in: AD Nord, 151 J 57.
278 Vgl. Gorsuch, All This is your World, S. 130–133.
279 Vgl. Kratkij otčet specturgruppy vo Francii s 18 do 27 maja 1974 goda, in: GARF, f. 9576, op. 20, d. 358, l. 67–71.
280 Vgl. Otčet o poezdke specializirovannoj gruppy turistov v FRG v oktjabre 1975 goda, in: GARF, f. 9576, op. 20, d. 699, l. 109–113.
281 Vgl. Gorsuch, All This is Your World, S. 147.
282 Vgl. auch zum Folgenden: André Langlois und Nicolas Youmatov: Rapport Département „Réceptif", 12/1974, in: AD Nord, 151 J 57.

zu alt für Jugendherbergen. Die Schwierigkeit bestand sowohl bei der Unterkunft als auch beim Essen darin, dass France-URSS ein festes Budget pro Gast und Tag zur Verfügung stand, das weder luxuriöse Unterkünfte noch hochwertige Restaurants zuließ. 1974 belief sich diese Pauschale bei Inturist-Touristen auf 70 Francs und bei Sputnik-Touristen auf 42 Francs für Unterkunft und Vollpension. Nicht von ungefähr waren 40 % der Sputnik-Reisenden mit ihrer Unterkunft unzufrieden. Die Analysen der Inturist-Berichte von Anne Gorsuch und Benedikt Tondera zeigen, dass sich einige Teilnehmer zu sehr dem Konsum hingaben, sich nicht „konform" verhielten, Tauschhandel betrieben oder gar im Westen blieben.[283] In den eingesehenen Berichten der SSOD-Reisegruppen tauchte derartiges non-konformes Verhalten nicht auf. Dennoch ist natürlich keineswegs ausgeschlossen, dass dies auch im Rahmen der Reisen mit den Freundschaftsgesellschaften vorkam.

Analog zu den Partnergesellschaften in der Sowjetunion waren die Freundschaftsgesellschaften im Westen unter anderem dafür zuständig, den sowjetischen Gästen kontrollierte Begegnungen mit ausgewählten Menschen vor Ort zu ermöglichen. Mitglieder der Freundschaftsgesellschaften begleiteten die Gruppen auf den Besichtigungstouren und beim kulturellen Abendprogramm, organisierten Freundschaftsabende und andere Treffen mit Persönlichkeiten. Die oben zitierte sowjetische Reisegruppe 1974 wurde in Lyon und Grenoble vom Komitee France-URSS empfangen, so dass sie nicht nur beeindruckt war von der Schönheit der Städte und Gebäude und dem Reichtum der Geschichte und Kultur, sondern auch von dem „einfachen französischen Volk".[284] Diese Funktion erfüllte nicht nur das große Netzwerk der Komitees von France-URSS. Die britischen Freundschaftsgesellschaften bemühten sich vergleichbar, sowjetischen Gästen „menschliche Begegnungen" zu ermöglichen. Die SCR kümmerte sich in den 1960er Jahren regelmäßig um die Betreuung von Passagieren von Kreuzfahrtschiffen, organisierte Treffen mit ihren Mitgliedern und Begegnungen mit sowjetunionfreundlichen Abgeordneten wie beispielsweise Renée Short.[285] Mitglieder der BSFS in Liverpool erinnerten sich, dass sie „hunderte von sowjetischen Seemännern" in ihrem Haus zu Gast hatten und mit den

---

[283] Vgl. Tondera, Rsien auf Sowjetisch, S. 214–228 ; ders., Like Sheep, S. 29–31; Gorsuch, All This is Your World, S. 151–159; zu Konsum während der Reise vgl. auch Zhuk, Rock and Roll, S. 284–290.
[284] Vgl. Kratkij otčet specturgruppy vo Francii s 18 do 27 maja 1974 goda, in: GARF, f. 9576, op. 20, d. 358, l. 67–71.
[285] Siehe beispielsweise ein Kreuzfahrtschiff im Oktober 1965 mit 700 Touristen, in: SCR Events and Activities, in: ASJ (1966) 1, S. 22–26. hier S. 23.

regelmäßig wiederkehrenden Kapitänen Freundschaft geschlossen hätten.[286] Platts-Mills lud größere sowjetische Touristengruppen, Mitarbeiter der sowjetischen Ausstellung in London oder auch das Bol'šoj-Ballett auf seinen Landsitz ein.[287] Sowjetische Delegationen in München wurden nicht selten ins Hause Igenbergs nach Bogenhausen zum Empfang eingeladen oder von Frau Essl in die Pinakothek oder zum Olympiazentrum begleitet.[288]

Innerhalb des geschützten Rahmens der Freundschaftsgesellschaften war es in den 1970er Jahren auch möglich, dass sowjetische Reisende in Privathäuser von französischen oder britischen Mitgliedern der Freundschaftsgesellschaften geladen wurden. Unterkunft und Essen in Familien wurden von Sputnik und Inturist grundsätzlich akzeptiert, wenn die Organisation vorab darüber informiert wurde und dies maximal zwei Mal pro Reise vorkam.[289] Bei Inturist gab es die Anweisung, dass mindestens zwei Personen gemeinsam in einer Familie untergebracht oder verpflegt werden müssten.[290]

Die Begegnungen mit den Mitgliedern der Freundschaftsgesellschaften boten eine gewisse Garantie für eine „richtige" Darstellung des Westens und gegen antisowjetische Anfeindungen. Sie vermittelten wiederum ein gefiltertes Bild von „dem westlichen Bürger" und verhinderten weitgehend, dass sich die sowjetischen Gäste auf eigene Faust Begegnungen mit den Bewohnern kapitalistischer Länder organisierten. In den Berichten an die SSOD tauchte ebenso wie in den Berichten westlicher Reisender häufig die Kritik auf, dass man zu wenig mit den Menschen vor Ort in Kontakt gekommen sei, insbesondere mit „Arbeitern".[291] Entsprechend bemängelten Sputnik-Reisende die fehlenden Begegnungen mit Jugendlichen.[292] Einerseits kann dies als Kritik an der Isolierung der sowjetischen Reisenden von der „normalen" Bevölkerung gelesen werden.

---

286 Communist Party Oral History Project: John and Veronica Gibson, in: British Library. Ähnlich erinnert dies auch der Secretary der BSFS von Great Yarmouth, dass er von den 1950er Jahren bis 1990 jedes Schiff besucht hätte, dass in den Hafen einlief, http://www.ourgreatyarmouth.org.uk/page_id__499.aspx, (15.4.2016).
287 Vgl. Platts-Mills, Muck, Silk and Socialism, S. 369; Excursion for Exhibition Workers, in: British-Soviet Friendship (1961) 8, S. 1.
288 Siehe beispielsweise Aktennotiz über eine Besprechung am 27. November 1973, in: AMA, BayGes, 37.
289 Conditions d'hébergement des groupes Spoutnik, in: AD Nord, 151 J 57.
290 Vgl. André Langlois und Nicolas Youmatov: Rapport Département „Réceptif", 12/1974, in: AD Nord, 151 J 57.
291 Vgl. Sacharov, Leiter der Gruppe: Otčet o poezdke v FRG gruppy turistov SSSR, in: GARF, f. 9576, op. 20, d. 42, l. 142–144.
292 Vgl. André Langlois und Nicolas Youmatov: Rapport Département „Réceptif", 12/1974, in: AD Nord, 151 J 57.

Andererseits war der formelhafte Verweis auf mangelnde Begegnungen mit Arbeitern eine politisch notwendige Rechtfertigung einer reisenden Elite, nachdem zuvor in den Berichten Begegnungen mit der westlichen „Intelligencija" und Besichtigungen konventioneller Sehenswürdigkeiten beschrieben wurden.[293] In intensiven Kontakt mit ausgewählten Franzosen kamen die privilegierten Vorstandsmitglieder der sowjetischen Partnergesellschaften. Der Journalist Vol'f N. Sedych reiste als Vorstandsmitglied von SSSR-Francija 1965 gemeinsam mit Il'ja Ėrenburg zum 20. Geburtstag von France-URSS nach Frankreich und berichtete von einer „unvergesslichen Reise", bei der er von morgens bis spätabends mit Freunden zusammentraf.[294] Da diese Personengruppen regelmäßig hin- und herreisten und sich mehrmals pro Jahr trafen, hatten sie tatsächlich die Möglichkeit, dauerhafte persönliche Verbindungen aufzubauen.

Je mehr die Reisegruppen mit der Welt außerhalb der Freundschaftsgesellschaften konfrontiert wurden, umso größer war die Gefahr, sich mit widersprüchlichen Meinungen auseinandersetzen zu müssen. Gerade in der Bundesrepublik, wo die Freundschaftsgesellschaften keinen so geschlossenen, politisch erwünschten Raum bieten konnten und wollten, waren die Sowjetbürger mit Herausforderungen konfrontiert. Im Oktober 1974 stellte sich eine Gruppe von 15 sowjetischen Wissenschaftlern den Fragen in der Friedrich-Ebert-Stiftung in Bonn, die als ein „wissenschaftlich-forschendes und propagandistisches" Zentrum der SPD beschrieben wurde. Im Publikum saßen unter anderem Willy Brandt, Erhard Eppler und der damalige Bundesverteidigungsminister Georg Leber. Anschließend stand die Gruppe auch im Osteuropainstitut in München Rede und Antwort, wo laut Bericht immer wieder Ideen der „bourgeois-reformistischen Konvergenztheorien" anklangen und die Mitarbeiter ihre – teilweise „antisowjetischen" – Publikationen anpreisen wollten.[295] Auf noch mehr Gegenwind traf der Wirtschaftsprofessor Rėm A. Belousov bei seinem Vortrag vor dem Bundesinstitut für ostwissenschaftliche und internationale Studien in Köln, einem „Zentrum des Antikommunismus". Die Besucher seines Vortrags hätten nicht umgestimmt werden können und kein Interesse an tatsächlichen Informationen gehabt.[296]

---

[293] Ähnliche Beobachtungen macht auch Tondera, Reisen auf Sowjetisch, S. 125.
[294] Vgl. Sedych, Na krugi svoja, S. 226.
[295] Sveetkov, Leiter der Gruppe: Otčet o poezdke specializirovannoj turistskoj gruppy v FRG, [10/1974], in: GARF, f. 9576, op. 20, d. 358, l. 204–207.
[296] Vgl. Otčet o komandirovke Belousova R.A.v FRG (19–28 maja 1973 g.), in: GARF, f. 9576, op. 20, d. 42, l. 115–118.

Bedauerlicherweise liegen zu wenige Quellen vor, um die Erlebnisse und Eindrücke der sowjetischen Westreisenden der SSOD umfassend zu rekonstruieren. Selbst die Berichte der SSOD-Gruppenleiter geben nur wenig Aufschluss, da sie sich meist auf eine Aufzählung des Programmes und einem kurzen Abschnitt über den Erfolg der Reise beschränkten. Private zeitgenössische Egodokumente, die am ehesten die unmittelbare Erfahrung des Reisenden reflektieren würden, liegen leider nicht vor.[297] Die Ausflüge in den Westen gingen sicherlich nicht spurlos an den Reisenden vorüber. Donald J. Raleighs Interviewpartner berichteten von dem tiefen Eindruck und dem Gefühl der Befreiung, das die Westreise bei ihnen hinterlassen hatte.[298] Allerdings wäre es falsch, grundsätzlich auf eine einhellige Bewunderung des Westens und auf eine Art „Erweckungserlebnis" angesichts voller westlicher Schaufenster zu schließen. Wie Gorsuch bei ihrer Untersuchung der Westreisen bilanziert, konnten die Reaktionen so unterschiedlich sein wie die Reisenden. Auch wenn sie manche Annehmlichkeiten des Kapitalismus auf der Reise schätzten und durch abweichende touristischen Praktiken nicht immer der Rolle des Botschafters des Sozialismus gerecht wurden, stellte die Erfahrung für die allergrößte Mehrheit das sozialistische System an sich nicht in Frage.[299] Gerade in den 1970er und 1980er Jahren war insbesondere diese Elite durch Filme und andere Westkontakte vorbereitet und erlitt keinen „Konsumschock" mehr. Die Reisenden der Partnergesellschaften waren vielleicht nicht alle bedingungslos loyal gegenüber der sowjetischen Regierung, doch waren sie fest in der sowjetischen Gesellschaft verankert und hatten dort ihren Platz gefunden. Die Summe von Eindrücken hat jedoch vielleicht dazu beigetragen, dass sie ein differenzierteres Bild vom Westen bekamen, das weder dem schematisch negativen Bild der sowjetischen Medien noch dem idealisierten „imaginary West" entsprach.

Mit der Organisation von Reisen in die Sowjetunion verfolgten die Freundschaftsgesellschaften zunächst ein politisches Ziel: die Präsentation der sowjetischen Errungenschaften vor Ort. Jedoch überwog im Laufe der Jahre immer

---

[297] Vgl. zur Diskussion und Aussagekraft der verschiedenen Arten von Reiseberichten Čistikov, Aleksandr Nikolaevič: „Ladno l' za morem il' chudo?" Vpečatlenija sovetskich ljudej o zagranice v ličnych zapisjach i vystuplenijach (seredina 1950-ch–seredina 1960-ch gg.), in: Novejšaja istorija Rossii (2011) 1, S. 167–177.
[298] Raleigh, Donald J.: „On the Other Side of the Wall, Things Are Even Better." Travel and the Opening of the Soviet Union. The Oral Evidence, in: Ab Imperio (2012) 4, S. 373–399, hier S. 386.
[299] Gorsuch, All This is Your World, S. 166 f.

mehr die kulturelle Absicht einer Sympathiewerbung für Land und Leute. Diese Tendenz zeichnete sich bei der Zusammensetzung der Reisegruppen, in den Reiserouten und im Besichtigungsprogramm ab. Schließlich hatten die Reisen für die Sowjetunion und einige der Freundschaftsgesellschaften auch eine ökonomische Bedeutung, die politische und kulturelle Absichten nicht selten überlagerte. Die Reisen wurden professionalisiert und folgten immer mehr dem wirtschaftlichen Prinzip von Angebot und Nachfrage. Der Aufenthalt in der Sowjetunion entwickelte sich von der politischen Pilgerfahrt zum kommerziellen Konsumgut. Das sowjetische System der ausgewählten Vorzeigeobjekte und Empfangskomitees wurde für die sowjetischen Reisenden auch auf die westlichen Länder übertragen. So sorgten die Freundschaftsgesellschaften dafür, dass die Sowjetbürger einen guten Eindruck vom Gastland bekamen und mit den „richtigen" Menschen zusammentrafen. Sicherlich (re-) produzierten die Freundschafts- und Partnergesellschaften mit ihren Betreuungsprogrammen bereinigte und stereotype Bilder ihrer Länder. Dennoch hatten dadurch jährlich tausende von Franzosen und jeweils einpaar Hundert Engländer, Deutsche und vor allem Sowjetbürger die Möglichkeit, sich einen persönlichen Eindruck von der jeweils anderen Seite des „Eisernen Vorhangs" zu verschaffen.

4.4 Kolloquien: Räume des kontrollierten Dialogs als Beitrag zum KSZE-Prozess

Kolloquien sind eine intellektuelle Austauschform par excellence. Sie sind ein organisierter und formalisierter Dialog, in dem jeder Teilnehmer seine Position darlegt und zur Diskussion stellt. Bereits in den 1960er Jahren organisierten die Freundschaftsgesellschaften Fachkolloquien von Mathematikern, Architekten, Kinderbuchautoren oder Ärzten beider Länder. Bei diesen Treffen tauchte die Frage der Systemgegensätze zwar im Hintergrund immer wieder auf, die Teilnehmer konnten sich jedoch immer auf fachliche Fragen zurückziehen.

Ab Mitte der 1970er Jahre organisierten die Freundschaftsgesellschaften zwei- bis dreitägige Kolloquien zu politischen Themen wie zu den verschiedenen Aspekten der bilateralen Beziehungen oder den Folgen der KSZE-Schlussakte. Das erste derartige Zusammentreffen in der Bundesrepublik war 1975 in Dortmund mit dem Titel „Fünf Jahre Moskauer Vertrag". Das Gegenkolloquium „Zwei Jahre nach Helsinki" fand 1977 in Moskau statt. Danach folgten bis 1989 im Zweijahresrhythmus Kolloquien zu vergleichbaren Themen abwechselnd in der

Sowjetunion und in der Bundesrepublik.[300] In Frankreich organisierte France-URSS unter dem Motto „Un an après Helsinki" das erste größere politische Kolloquium im Dezember 1976 in der ehemaligen Klosteranlage Royaumont nördlich von Paris. Eine Bilanz der französisch-sowjetischen Beziehungen zogen sie bei der Diskussionsveranstaltung im Januar 1983 in Paris zur „Coopération franco-soviétique – sa réalité et ses possibilités – aujourd'hui et demain". Im Kontext der neuen Aufrüstung und der Friedensbewegung in den 1980er Jahren organisierten France-URSS und auch die Bayerische Gesellschaft gemeinsam mit der Evangelischen Akademie Tutzing mehrere Kolloquien zu „Frieden und Abrüstung".[301]

In Großbritannien war die Ausgangsbasis für derartige Kolloquien schwieriger. Die BSFS verfügte nicht über die Möglichkeiten, entsprechende Persönlichkeiten zusammenzubringen. Erst 1989 im Zuge der Perestrojka gelang es ihr, ein Symposium zu „Peace and Friendship through Understanding" auf die Beine zu stellen.[302] Für die SCR wären derartige Kolloquien zu politisch gewesen. Dafür organisierte die Great Britain-USSR Association gemeinsam mit der Obščestvo SSSR-Velikobritanija vergleichbare Diskussionsveranstaltungen 1974 im armenischen Dilžan und 1977 in Edinburgh. Offensichtlich erhofften sich die sowjetischen Behörden von diesem Partner namhaftere Teilnehmer und eine größere politische Ausstrahlung der Veranstaltung als von einem Kolloquium der BSFS.[303]

---

[300] 1979 Köln: „Die Beziehungen zwischen der Bundesrepublik Deutschland und der Union der Sozialistischen Sowjetrepubliken am Vorabend des zehnten Jahrestages der Unterzeichnung des Moskauer Vertrages"; 1981 Kiev: „Stand und Perspektiven der Entwicklung der Beziehungen zwischen der UdSSR und der Bundesrepublik Deutschland"; 1983 Hamburg: „Stand und Perspektiven der Beziehungen zwischen der Bundesrepublik Deutschland und der Sowjetunion"; 1985 Tbilissi: „15 Jahre Moskauer Vertrag und seine Bedeutung für die Entwicklung der Beziehungen zwischen der Bundesrepublik Deutschland und der UdSSR"; 1987 Salzgitter: „Stand und Perspektiven der Beziehungen zwischen der Bundesrepublik Deutschland und der UdSSR"; 1989 Leningrad: „Stand und Perspektiven der kulturellen Beziehungen".
[301] Siehe Martin, Georges: „Paix et désarmement". Un colloque à Moscou, in: FUM (1984) 4, S. 25–36; Martin, Georges: Paix et désarmement. Colloque, in: FUM (1986) 7–8, S. 27–34. Zu den Bayerischen Kolloquien: Evangelische Akademie Tutzing (Hg.): Abrüstungschancen – trotz neuen Wettrüstens, Tutzinger Studien (1980) 1; dies. (Hg.): Friedenssicherung durch Abrüstung?, Tutzinger Studien (1982) 2.
[302] Vgl. Perham, Hilda: „Our two Countries have much in common". Symposium '89, in: B-SF Journal (1989) April, S. 3; Minutes of Executive Committee Meeting, 27.3.1988, 22.5.1988 und 2.4.1989, in: NottArch, DD/PP/11/3/1.
[303] Vgl. Rothstein, Andrew: Creating an Atmosphere of Confidence, in: British-Soviet Friendship (1974) 12, S. 7; Zhukov, G. A.: Peaceful Co-Existence, in: ASJ (1961) 2, S. 19–25; Roberts, Speak Clearly, S. 37–55.

Diese Kolloquien verdienen besondere Beachtung, da die Veranstaltungsform einen wie auch immer gearteten Dialog und politische Diskussionen unvermeidbar machte. Beides wurde sonst von der sowjetischen Seite eher vermieden. Dabei stellt sich die Frage nach den Beweggründen, der Gestaltung und der Wirkung dieses Dialogs sowie nach der Rezeption bei den verschiedenen Beteiligten. Diese Fragen werden hier schwerpunktmäßig an zwei bundesdeutsch-sowjetischen Kolloquien – 1975 in Dortmund und 1977 in Moskau – und einem französisch-sowjetischen 1976 in Royaumont untersucht.

Politische Ziele und hochrangige Teilnehmer

Von wem genau die Initiative für die Kolloquien jeweils ausgegangen war, ist im Einzelnen schwer auszumachen. Zwar hatten jeweils die Führungsgremien der Freundschaftsgesellschaften die Kolloquien beschlossen.[304] Doch allein die zeitliche Konvergenz legt nahe, dass die Sowjetunion zuvor entsprechende Bereitschaft signalisiert hatte. Wie ein Mitarbeiter der SSOD anlässlich des bundesdeutsch-sowjetischen Kolloquiums in Moskau 1977 erläuterte, waren Ziele der Veranstaltung die „Propaganda für den außenpolitischen Kurs der KPdSU", die „Entlarvung der bourgeoisen Propaganda" über die „sowjetische Bedrohung" sowie die „Bekanntmachung der westdeutschen Teilnehmer mit dem Leben und den Errungenschaften des sowjetischen Volkes". Gleichzeitig böten die Kolloquien jedoch eine Möglichkeit, dem Westen zu zeigen, dass die Sowjetunion wirklichen Dialog anstrebe, kritischen Themen nicht ausweiche und damit den Moskauer Vertrag und die Kriterien der Schlussakte von Helsinki erfülle.[305]

Die westlichen Freundschaftsgesellschaften waren ihrerseits daran interessiert, dialogorientierte Diskussionsveranstaltungen zu organisieren, um dem Vorwurf der Einseitigkeit entgegenzuwirken und das Interesse der politischen Eliten ihres Landes für sich zu gewinnen. Für France-URSS war dies in den 1970er Jahren angesichts der innenpolitischen Debatte um die Menschenrechte und die Union de la gauche von besonderer Bedeutung. In der Bundesrepublik

---

304 Vgl. Protokoll der gemeinsamen Sitzung von Kuratorium und Präsidium am 3.5.1974, in: AMA, BayGes, 110; Procès-verbal de la réunion de la Présidence nationale, 16.1.1976, in: 88 AS 7. Ignatov vermutet eine vorherige Absprache zwischen dem ZK der KPdSU und des PCF. Interview Aleksandr Ignatov.
305 O Kollokviume Otnošenija meždu SSSR i FRG: dva goda posle Chel'sinki. Itogi i perspektivy, 22.6.1977, in: GARF, f. 9576, op. 20, d. 1507, l. 21–29, hier l. 21. Vgl. auch die Einschätzung Kühns hierzu: Kühn an DG21, 12.10.1976, in: PAAA, ZA 112804.

zeigte das Auswärtige Amt großes Interesse an den Kolloquien. Auf dem Dortmunder Kolloquium 1975 erschien es dem damaligen Leiter der für Osteuropa zuständigen Abteilung Andreas Meyer-Landrut angesichts des für November geplanten Staatsbesuchs des Bundespräsidenten in der Sowjetunion empfehlenswert, „wo immer möglich für eine günstige Atmosphäre in den deutsch-sowjetischen Beziehungen zu sorgen" und „Entgegenkommen zu zeigen, wo unsere Interessen nicht unmittelbar tangiert werden".[306] Deshalb gewährte das Auswärtige Amt der Veranstaltung politische und finanzielle Unterstützung. Dadurch hoffte es, die Veranstaltung in seinem Sinne zu beeinflussen, „um sowjetischen Propagandavorstellungen entgegenzuwirken".[307] Die Regierungen auf beiden Seiten wollten über die Kolloquien zumindest einer ausgewählten Elite ihre Ansichten zu den politischen, wirtschaftlichen und gesellschaftlichen Beziehungen kommunizieren.

Die Teilnehmer mussten dafür gut gewählt werden. Bei den Kolloquien sprachen immer jeweils ein sowjetischer und ein französischer bzw. deutscher Referent zu den verschiedenen Aspekten der Beziehungen wie Politik, Wirtschaft, Kultur oder Medien. Deshalb sollten beide Seiten möglichst gleichwertige Vortragende präsentieren. Die ARGE und die RWAG profitierten dabei von der Unterstützung des Auswärtigen Amtes und den guten Kontakten der Vorstandsmitglieder Behrendt, Koch, Essl und Weber in die Politik. So konnten sie für das Kolloquium 1975 in Dortmund namhafte Persönlichkeiten als Redner gewinnen. Es sprachen unter anderem Otto Wolff von Amerongen, Präsident der Industrie- und Handelskammer und Vorsitzender des Ostausschusses der Deutschen Wirtschaft, Alfred Herrhausen, Vorstandsmitglied der Deutschen Bank, Richard von Weizsäcker, damals Vorsitzender der Grundsatzkommission der CDU, Diether Posser, Justizminister in Nordrhein-Westfalen, und Egon Bahr, damals Bundesminister für wirtschaftliche Zusammenarbeit. Das Auswärtige Amt wurde vom Leiter der Planungsabteilung, Ministerialdirigent Klaus Blech, vertreten.[308] Zwei Jahre später in Moskau übernahm das Referat über politische Fragen der Staatsminister im Auswärtigen Amt Klaus von Dohnányi und über Sicherheitspolitik der Frankfurter Politikwissenschaftsprofessor und Friedensforscher Egbert Jahn. Über Wirtschaft sprachen Hans-Werner Bücher von

---

[306] Meyer-Landrut über Staatssekretär an Minister zur Entscheidung: Deutsch-Sowjetisches Kolloquium in Dortmund, 11.9.1975, in: PAAA, ZA 112804.
[307] 213 an 640: Zuwendungsantrag der Arbeitsgemeinschaft der Gesellschaften Bundesrepublik Deutschland – Union der Sozialistischen Sowjetrepubliken e. V., 20.4.1977, in: ZA 133127.
[308] Vgl. Koch an Nina Popova, 20.5.1975, in: PAAA, ZA 112804. Vgl. für alle Teilnehmer das Tagungsprogramm in: AMA, BayGes, 111.

der Siemens AG und Diether Hoffmann, Vorstandsmitglied der Bank für Gemeinwirtschaft.[309]

Dagegen hatte es France-URSS ohne offizielle politische Rückendeckung schwerer, einflussreiche Persönlichkeiten für das Kolloquium in Royaumont 1976 zu gewinnen. Die meisten – eher informativ gedachten – Einladungen an Präsident Valéry Giscard d'Estaing, Außenminister Couve de Murville oder den Direktor des *Figaro* Jean d'Ormesson ernteten freundliche Absagen.[310] Die Beteiligung von Edgar Faure, damals Präsident der Nationalversammlung, formell der vierthöchste Posten der Republik, verlieh der Veranstaltung dennoch Prestige.[311] Das nicht-linke politische Lager vertrat unter anderem Roland Nungesser, Vorsitzender der französisch-sowjetischen Handelskammer und Abgeordneter des gaullistischen RPR, der das Referat zu den Wirtschaftsbeziehungen übernahm. Mit dem gaullistischen General Fernand Gambiez zu den politischen Beziehungen und dem Schriftsteller Armand Lanoux zu den kulturellen Beziehungen sprachen außerdem zwei Mitglieder der Présidence von France-URSS.[312]

Die Auswahl der Redner und eingeladenen Persönlichkeiten auf deutscher und französischer Seite war von dem Gedanken getragen, möglichst Vertreter aller großen politischen Richtungen einzubeziehen. Für France-URSS war es 1976 besonders wichtig, dass im Kontext der Union de la gauche sozialistische und kommunistische Teilnehmer gleichermaßen präsent waren.[313] Zugleich sollten keine Redner auftreten, die mit zu provokanten Äußerungen die Veranstaltung zum Eklat brächten. Die französischen Referenten standen in der Regel France-URSS nahe oder waren sogar Mitglieder der Présidence. Vergleichbar handelte es sich bei den bundesdeutschen Teilnehmern um Persönlichkeiten, die grundsätzlich einer Zusammenarbeit mit der

---

309 Außerdem sprachen Jens Feddersen, Chefredakteur der *Neuen Ruhr Zeitung*, über die Bedeutung der öffentlichen Meinung für die Völkerverständigung, und Hans Gmelin, Vize-Präsident des Deutschen Sportbundes, über Sport und Tourismus.
310 Vgl. die verschiedenen Einladungsschreiben mit Antworten in: ANF, 88 AS 52.
311 Faure wechselte im Laufe seines Lebens zwischen Parti radical und Gaullismus und bezeichnete sich selbst als „rapprochiste", der immer für die Annäherung zwischen Ost und West war. Davon zeugte sein Engagement für China und die DDR. Vgl. Wenkel, Auf der Suche, S. 372. Faure war zwar nie formell Mitglied von France-URSS, jedoch schon seit den 1950er Jahren immer wieder bereit, ihr seine politische Stimme zu geben. Siehe z. B. La France entière salue la rencontre de Gaulle – Khrouchtchev, in: FUM (1960) 3, S. 10 f.
312 Vgl. Programm und Teilnehmerliste in der Dokumentation: „1 an après Helsinki" 11.–12. décembre 1976, in: ANF, 88 AS 52.
313 Vgl. Roussat an Leroy, 26.11.1976, in: ANF, 88 AS 52.

Sowjetunion aufgeschlossen gegenüberstanden. Zudem achteten die Organisatoren auf die Präsenz der Presse, um maximale Verbreitung in den Medien zu erreichen.

Die Sowjetunion bemühte sich ihrerseits, politisch und gesellschaftlich gleichwertige Persönlichkeiten zu den Kolloquien zu schicken. 1977 wies Ivanov den Vertreter der Botschaft in Bonn Dijkov an, die Veranstaltung „mit größter Sorgfalt" vorzubereiten. Es sollten möglichst herausragende sowjetische Persönlichkeiten aus den Ministerien, der sowjetisch-bundesdeutschen Parlamentariergruppe und den Republiken auftreten.[314] Sie mussten nicht nur politisch verlässlich sein, sondern auch Erfahrung mit Diskussionen und im Umgang mit Ausländern aufweisen. Die politischen Einführungsreferate hielten in Dortmund, Moskau und Royaumont Pavel A. Naumov, langjähriger Korrespondent der *Pravda* in der DDR und BRD, Chefredakteur der Zeitschrift *Novoe Vremija* und Vorstandsmitglied der Gesellschaft SSSR-FRG, Leonid Zamjatin als Vorsitzender von SSSR-FRG und Boris N. Ponomarev. Die letzteren beiden waren zwar offizielle Repräsentanten der KPdSU, traten bei den Kolloquien jedoch als Vorstandsmitglieder der Partnergesellschaft auf. Die Referate zu den heikleren kulturellen Beziehungen übernahmen in Dortmund der Dichter der sowjetischen und russischen Nationalhymne Sergej V. Michalkov, damals Vorsitzender des Schriftstellerverbandes der RSFSR, und in Moskau und Royaumont der stellvertretende Kulturminister Vladimir I. Popov persönlich. Auch die üblichen Themen wurden von hochrangigen Spezialisten vorgestellt.[315] Häufiger Gast bei den französisch-sowjetischen Kolloquien war Jurij Žukov in seiner Funktion als Präsidiumsmitglied von SSSR-Francija, der als Vorsitzender der GKKS Erfahrung mit der politischen Seite des kulturellen Austausches hatte. Darüber hinaus durften einige Persönlichkeiten auftreten, die sich wissenschaftlich mit Frankreich beschäftigten. In Royaumont sprachen beispielsweise mit Al'bert Z. Manfred ein

---

314 Vgl. Ivanov an Dijkov, 3.5.1977; sowie Falin an Nikitin, Leiter des Komitees für ausländischen Tourismus beim Ministerrat der UdSSR, 12.4.1977, in: GARF, f. 9576, op. 20, d. 1508, l. 60–63.
315 So sprachen beispielsweise 1979 in Moskau zur Wirtschaft der Vorsitzende der Handelskammer der UdSSR Jurij K Prichodov, über Tourismus der Leiter der Hauptverwaltung für Auslandstouristik beim Ministerrat der UdSSR Sergej S. Nikitin, zu Gewerkschaften das Mitglied des Zentralrates der sowjetischen Gewerkschaft Vsevolod E. Mošaev, zum Sport der stellvertretende Vorsitzende des Komitees für Sport der UdSSR Viktor A. Ivonin, zur Öffentlichkeit der Chefredakteur von *Moscow News* Jakov A. Lomko sowie zum technischen Austausch Džermen M. Gvišiani, stellvertretender Vorsitzender des Staatskomitees des Ministerrates der UdSSR für Wissenschaft und Technik. Vgl. Programm des Kolloquiums, in: AMA, BayGes, 111.

Spezialist für französische Geschichte und mit Michail A. Krutogolov ein Experte für französisches Verfassungsrechts.[316]

Politische Kontroversen für ein exklusives Publikum

Die politischen Themen der Kolloquien ließen einige Kontroversen erwarten. Den französischen Organisatoren des Helsinki-Kolloquiums 1976 war klar, dass sie eine Diskussion um den Dritten Korb nicht vermeiden konnten, ohne ihre Glaubwürdigkeit zu verlieren.[317] So sprachen sie gleich auf dem Einladungsschreiben an, dass es in Ost und West unterschiedliche Auffassungen über die Priorität menschlicher Kontakte gegenüber der politischen Entspannung gäbe.[318] Faure lieferte ein sehr versöhnliches Eingangsreferat, in dem er an die gaullistischen Prinzipien der französischen außenpolitischen Unabhängigkeit erinnerte und eine beiderseitige Abrüstung befürwortete.[319] Ponomarev und Žukov stellten relativ schematisch die friedliebende Sowjetunion, die die Helsinki-Schlussakte in allen Punkten erfülle, dem militaristischen Westen gegenüber, der nur vom Dritten Korb spreche, anstatt ihn umzusetzen, und sich „massiv in die inneren Angelegenheiten der Sowjetunion" einmische. Lanoux referierte sehr diplomatisch zu den kulturellen Beziehungen, sparte aber nicht mit indirekter Kritik an der mangelnden Initiative und Blockadehaltung der sowjetischen Seite. Den sowjetischen Vorwurf, dass in Frankreich zu wenig sowjetische Filme liefen und nur dissidentische Literatur gedruckt werde, wies er mit dem Argument zurück, dass die Nachfrage den Markt bestimme und der Staat nicht eingreifen könne. Am Ende seines Referates sagte er den im Anschluss häufig zitierten Satz: „Man sollte nicht darauf bestehen, seinen Partner grundlegend zu ändern, man sollte ihn so respektieren wie er ist, in die eine wie in die andere Richtung."[320] Lanoux' Botschaft, dass beim Kulturaustausch nicht nur Quantität, sondern auch Qualität zähle, kam bei Popov kaum an. Er

---

316 Vgl. zu seiner Biographie http://az-libr.ru/index.shtml?Persons&000/Src/0002/40800413 (4.11.2016).
317 Vgl. Réunion de la commission préparatoire au colloque „Un an après la conférence d'Helsinki", 12.5.1976, in: ANF, 88 AS 52.
318 Vgl. Einladungsschreiben von Roussat, 26.11.1976, in: ANF, 88 AS 52.
319 Vgl. auch zum Folgenden die von France-URSS als Broschüre herausgegebenen Redetexte „1 an après Helsinki", 11.–12.12.1976, in: ANF, 88 AS 52.
320 Redetexte „1 an après Helsinki", 11.–12.12.1976, in: ANF, 88 AS 52, S. 101.

beschränkte sich auf die Aufzählung von Kennzahlen und großen Vorzeigeprojekten des sowjetischen Kulturaustausches mit dem Westen.[321] Für den kritischsten Beitrag sorgte Léo Hamon. Er forderte, dass jedes Land frei entscheiden sollte, welchem Block es angehören möchte, und machte in einem weiteren Diskussionsbeitrag sehr deutlich, dass für ihn bei der Frage der Menschenrechte das Prinzip der Nichteinmischung aufhöre.[322]

Bei den bundesdeutsch-sowjetischen Kolloquien trafen ebenfalls politische Gegensätze aufeinander. Aufsehen erregte insbesondere von Weizsäckers Rede, in der er dem Auswärtigen Amt zufolge „sehr deutlich [...] fast alle Aspekte der sowjetischen Politik" kritisierte, u. a. die sowjetische Auslegung des Viermächteabkommens, die stockende Familienzusammenführung, und die sowjetische Unterstützung für bewaffnete nationale Befreiungsbewegungen.[323] Den Vertretern des Auswärtigen Amtes missfiel wiederum Naumovs Redebeitrag, der einerseits Brežnevs Friedenspolitik anpries und andererseits die bundesdeutsche Presse anprangerte, die gegen die Entspannung wirke und Verleumdungen gegen die Sowjetunion verbreite.[324] Beim Gegenkolloquium in Moskau 1977 legte von Dohnányi die bundesdeutsche Position dar. Er kritisierte die sowjetische Infragestellung des Viermächteabkommens, die „sowjetische Propaganda", nach der nur die sowjetische Seite den Dritten Korb der KSZE-Schlussakte erfülle, und – mit Hinblick auf die Dissidenten – das nicht garantierte Recht auf freie Meinungsäußerung.[325] Zamjatin hielt dagegen mit einer Klage über die „antisowjetischen Standpunkte" der bundesdeutschen Presse und der *Deutschen Welle* sowie über die anhaltende Duldung von *Radio Free Europe* und *Radio Liberty* auf deutschem Boden.[326] Egbert Jahns Referat barg für sowjetische Ohren ebenfalls einige Provokationen, denn er sprach unter

---

321 Ibid., S. 102–114.
322 Vgl. ibid., S. 151.
323 Vgl. Vermerk: Tagung der Rheinisch-Westfälischen Auslandsgesellschaft Dortmund, hier Vorträge von P. Naumow und Dr. R. v. Weizsäcker, 29.10.1975, in: PAAA, ZA 112804. Zu Weizsäckers eher vermittelnder Position in der Diskussion um die Ostpolitik siehe Grau, Gegen den Strom, S. 520 f.
324 Vgl. Vermerk: Tagung der Rheinisch-Westfälischen Auslandsgesellschaft Dortmund, hier Vorträge von P. Naumow und Dr. R. v. Weizsäcker, 29.10.1975, in: PAAA, ZA 112804.
325 Vgl. Die Beziehungen zwischen der Bundesrepublik Deutschland und der UdSSR: Zwei Jahre nach Helsinki, Ergebnisse und Perspektiven. Rohentwurf einer Rede für StM von Dohnányi, in: PAAA, ZA 133127.
326 Vgl. Grundsatzreferat von L. Samjatin, Präsident der Gesellschaft UdSSR-BRD: Beziehungen zwischen der UdSSR und der BRD: Zwei Jahre nach Helsinki, in: AMA, BayGes, 111.

anderem von den deutschen Heimatvertriebenen, vom Rüstungswettlauf und notwendiger Vergangenheitsbewältigung auf beiden Seiten.[327]

Soweit sich der Inhalt der Referate und der Verlauf der Kolloquien rekonstruieren lassen, waren die Diskussionen zwar nicht gerade hitzig, doch blieb es nicht beim Austausch von Höflichkeiten und gegenseitigen Bekundungen der Freundschaft. Beide Seiten stellten ihren Standpunkt deutlich dar und scheuten nicht vor Kritik an der Gegenseite zurück. Gleichzeitig zeigten sie den Willen zum freundschaftlichen Austausch ohne größere Provokationen. Niemand protestierte beispielsweise gegen Weizsäckers oder Dohnányis Ausführungen, niemand griff Lanoux oder Hamon persönlich an. Auch als während des Kolloquiums 1975 in Dortmund mehrere vermeintlich „antisowjetische" Prospekte auslagen, darunter eine Broschüre zur Geschichte der Sowjetunion mit Fotos von Kerenskij, Trockij und Solženicyn, wies die sowjetische Delegationsleitung die Landsleute nur an, die Druckerzeugnisse diskret im Raum zu lassen.[328] Beide Seiten wollten ihre Dialogbereitschaft unter Beweis stellen und einen politischen Eklat verhindern.

Dieser relativ freie Meinungsaustausch konnte unter anderem deshalb zugelassen werden, weil er nur einem ausgewählten Publikum zu Gehör kam. Die Freundschaftsgesellschaften garantierten eine begrenzte, im Grunde wohlgesonnene Verbandsöffentlichkeit, die vor allem aus ihren Mitgliedern und eingeladenen Gästen bestand. Das Publikum des Kolloquiums in Royaumont setzte sich aus einer 27-köpfigen sowjetischen Spezialistengruppe und gut 50 französischen Gästen zusammen, von denen etwa 20 dem Präsidium oder leitenden Organen von France-URSS angehörten.[329] In Dortmund bestand das sowjetische Publikum zu einem Drittel aus Angehörigen der sowjetischen Botschaft oder der Handelsmission, gut zehn Vertretern der wichtigsten sowjetischen Medien und einer 20-köpfigen Reisegruppe der Gesellschaft „Znanie" mit Wissenschaftlern verschiedener Disziplinen aus der ganzen Sowjetunion.[330] Derartige Reisegruppen kamen als Touristen ins Land und besuchten die Kolloquien als einen

---

327 Vgl. Egbert Jahn: Die Sicherheit der Völker Europas – Was wurde getan, was ist zu tun?, in: AMA, BayGes, 111.
328 Es handelte sich höchstwahrscheinlich um die Informationen zur politischen Bildung zur Sowjetunion von der Bundeszentrale für politische Bildung. Vgl. Otčet o poezdke specializirovannoj gruppy turistov v FRG v oktjabre 1975 goda, 10.11.1975, in: GARF, op. 20, d. 699, l. 109–113, hier l. 112.
329 Siehe die Teilnehmerliste in „Un an après Helsinki", 11.–12.12.1976, in: ANF, 88 AS 52.
330 Siehe Tagung Bundesrepublik Deutschland – Sowjetunion, Gäste aus der Sowjetunion, in: AMA, BayGes, 111. Die Gesellschaft „Znanie" wurde 1947 gegründet und veranstaltete zur Volksbildung populärwissenschaftliche öffentliche Vorlesungen und Ausstellungen. Beim Kolloquium 1979 in Köln wurden Einladungskarten an einen ausgewählten Personenkreis

Programmpunkt der Reise. Bei den Kolloquien, die in der Sowjetunion stattfanden – wie 1977 in Moskau – bildeten das sowjetische Publikum „sich einander ablösende Hörergruppen (180 bis 200 Personen)", so dass keine größere Gruppe der gesamten Diskussion folgen oder sich beteiligen konnte. [331]

Diese Selektion schränkte zweifellos die Debatte und die Außenwirkung der Kolloquien ein. Sie erreichten so nur eine sehr begrenzte und entsprechend geschulte sowjetische Verbands-öffentlichkeit, die wiederum Positionen ausgewählter westlicher Vertreter hörten. Indem jedoch nicht nur die Redner, sondern auch das Publikum sorgfältig ausgewählt wurden, konnten aus sowjetischer Sicht eine Eskalation der Diskussionen oder Provokationen durch Menschenrechtsorganisationen vermieden werden. Dennoch war der vortragende Chemiker Viktor I. Spicyn mit dem Publikum in Dortmund 1975 nicht zufrieden:

> Die unzureichende Vorbereitung des Kolloquiums war so, dass unter den 300 gewöhnlichen Teilnehmern der Anteil der progressiv-gesonnenen Menschen (Kommunisten, Sozialdemokraten etc.) nicht ausreichend war. Deshalb wurde zum Beispiel der Vortrag von R. von Weizsäcker [...], der eine Reihe von provokanten Aussagen enthielt, von einem beachtlichen Teil der Kolloquiumsteilnehmer aktiv unterstützt. [...] Den Unterstellungen Weizsäckers wurde in den folgenden Beiträgen von Mitgliedern der sowjetischen Delegation und einzelnen deutschen Teilnehmern eine Abfuhr erteilt. Jedoch muss wiederholt werden, dass die richtige Auswahl der Teilnehmer eine große Bedeutung gehabt hätte. Wahrscheinlich hätten der hiesige Vertreter der SSOD und die Mitarbeiter unserer Botschaft die Gesellschaft dabei unterstützen sollen.[332]

Die Freundschaftsgesellschaft hatte in diesem Fall ihre Filterfunktion nach Auffassung Spicyns nicht ausreichend erfüllt. Eine noch sorgfältigere Auswahl des bundesdeutschen Publikums nach politischen Kriterien würde vermeintlich „antisowjetische" Thesen zurückweisen und dem sowjetischen Publikum suggerieren, dass die bundesdeutsche Öffentlichkeit mehrheitlich die sowjetische Position vertrat, doch die Politiker nicht auf sie hörte.

Die sowjetischen Medien berichteten zwar ausführlich, doch sehr selektiv über die Kolloquien und sorgten so für einen weiteren Filter für die breitere

---

geschickt, so dass dort nur ein entsprechend kleiner Besucherkreis kam. Vgl. Beschluß-Protokoll über die Mitgliederversammlung der ARGE, 31.3.1979, in: AMA, BayGes 111.
331 Programm des Kolloquiums „UdSSR-BRD: die Beziehungen zwei Jahre nach Helsinki", [Juni 1976], in: PAAA, ZA 112804. 1985 in Tbilissi war der Veranstaltungsraum so klein, dass überhaupt nur 70 Personen Platz fanden. Vgl. Verwendungsnachweis für das sowjetisch-deutsche Kolloquium vom 9.–11.9.1985 in Tbilissi, in: PAAA, ZA 139406.
332 V. A. Spizyn: Otčet o komandirovke v FRG v sostave delegacii SSOD, in: GARF, f. 9576, op. 20, d. 699, l. 119–125, hier l. 119 f.

sowjetische Öffentlichkeit. Die Artikel listeten einerseits die namhaften Teilnehmer auf, um die Bedeutung der Treffen hervorzuheben. Andererseits gaben sie vor allem die abschließenden, vorab vorbereiteten Erklärungen wieder, die den Erfolg des Kolloquiums und den gemeinsamen Willen zur Annäherung unterstrichen. Die Inhalte der Referate, die Diskussionen oder gar strittige Punkte erwähnten sie nicht.[333] Von dem Kolloquium in Royaumont 1976 gab *Izvestija* zum Beispiel ausschließlich die Rede Ponomarevs wieder, in der er die sowjetische Einhaltung der Schlussakte von Helsinki der falschen Interpretation im Westen gegenüberstellte.[334] Gegenüber der sowjetischen Öffentlichkeit war für die sowjetischen Verantwortlichen das Ritual der Kolloquien an sich wichtig als Nachweis für den internationalen gesellschaftlichen Austausch der Sowjetunion und ihren Beitrag zur Verwirklichung der KSZE-Schlussakte. Der Inhalt dagegen war nicht für eine breitere Öffentlichkeit gedacht.

Aus jeder Perspektive ein Erfolg

Trotz unterschiedlicher Zielsetzung zogen nahezu alle Beteiligten eine positive Bilanz der Kolloquien. France-URSS freute sich über den Erfolg von Royaumont, wo man es geschafft habe, hochrangige Persönlichkeiten aus beiden Ländern zu einer „offenen und höflichen" Diskussion an einen Tisch zu bekommen.[335] Noch Jahre später galt Royaumont als die Referenz für ein gelungenes Projekt, bei dem der Dritte Korb diskutiert und der politische Pluralismus und die offene Ausrichtung der Association unter Beweis gestellt werden konnten.[336] Die ARGE betrachtete die Konferenz in Dortmund als ein erfolgreiches „Hauptprojekt", mit dem man einen – wenn auch begrenzten – Dialog habe realisieren können.[337] Doch innerhalb der regionalen Gesellschaften teilte man diese Ansicht nicht unbedingt. Die der DKP nahestehenden saarländischen Vertreter konnten eine derart offene Diskussion nicht gutheißen und forderten ähnlich Spicyn, dass „die Beteiligung der verschiedensten Gruppierungen

---

[333] Vgl. zum bundesdeutsch-sowjetischen Kolloquium in Moskau: Za razvitie sotrudničestva, in: Pravda, 11.6.1977, S. 5.
[334] Za polnuju realizaciju vsech dogovorennostej, dostignutych v Chel'sinki, in: Izvestija, 13.12.1976, S. 3.
[335] Vgl. Procès-verbal de la réunion de la Présidence nationale, 17.12.1976, in: ANF, 88 AS 7.
[336] Vgl. Procès verbal de la réunion de la Présidence nationale, 18.12.1981, in: ANF, 88 AS 7; Martin, France-URSS, S. 139–141.
[337] Vgl. Behrendt an den Geschäftsführenden Vorstand der ARGE, 30.4.1976, in: AMA, Bay-Ges, 111.

ausgewogen sein sollte [...]. Dortmund, und dies war die Schuld der Veranstalter, stellte eine Desavouierung unserer Freunde aus der UdSSR dar, [und] war eine grobe Mißachtung des Begriffes Gastfreundschaft".[338] Die deutsche Botschaft dagegen maß gerade am Grad der Diskussion den Erfolg des Kolloquiums und begrüßte, dass beim Folgekolloquium in Moskau der Dialog intensiviert werden konnte:

> Während auf dem Kolloquium in Dortmund vor zwei Jahren keine Diskussion stattgefunden hatte, stellte sich auf dieser Veranstaltung in Gegenwart von Pressevertretern beider Länder und vor einer wenn auch begrenzten sowjetischen Öffentlichkeit ein Prozess sachlicher und freimütiger Aussprache ein, bei dem die Probleme nicht verschleiert wurden. Dies stellt sowohl im Stil als auch in der Substanz einen Durchbruch dar. Zum Abschluss äußerten beide Seiten den Wunsch, das Gespräch in dieser Form fortzusetzen. Aus der Sicht der Botschaft kann diese Absicht nur befürwortet werden.[339]

Doch auch die Sowjetunion schätzte die Diskussionen des Kolloquiums 1977. Der namenlose Berichterstatter der SSOD erwähnte zwar die provokanten Thesen Dohnányis, Jahns und einiger Wirtschaftsvertreter. Doch er hob zugleich hervor, dass Zamjatin, die sowjetischen Zuhörer und Teile des deutschen Publikums diese Argumente entschieden zurückwiesen.[340] Darüber hinaus machte der Bericht noch einmal deutlich, dass es bei diesem Kolloquium keineswegs darum ging, die sowjetische Öffentlichkeit mit den bundesdeutschen Argumenten zu konfrontieren. Er empfahl vielmehr, die kritischen Argumente mit entsprechenden Repliken und die gewonnenen Informationen über das bundesdeutsche Meinungsbild an die entsprechenden Stellen der Auslandspropaganda wie APN weiterzuleiten. So könnten sie für die Auslandsmedien und zukünftige Referenten geeignete Antworten auf diese in der BRD verbreiteten Thesen vorbereiten. Das sowjetische Publikum selbst spielte nur insofern eine Rolle, als die Beteiligten aus den Sowjetrepubliken so Erfahrung mit internationalen Veranstaltungen sammeln konnten. Ansonsten erhoffte er sich angesichts des bevorstehenden Besuchs Brežnevs in der Bundesrepublik vor allem einen positive Wirkung auf die bundesdeutsche Öffentlichkeit sowie auf das Ansehen der ARGE und der Regionalgesellschaften. Das Format sollte auch seiner Meinung nach in jedem Fall beibehalten werden:

---

338 Vorstandssitzung der Gesellschaft BRD-UdSSR am 18.11.1975, in: LA Saarbrücken, NL Bies.
339 Moskau an Bonn, Kolloquium der deutsch-sowjetischen Freundschaftsgesellschaften in Moskau, 13.6.1977, in: PAAA, ZA 133127.
340 Vgl. zum Bericht auch im Folgenden: O kollokviume Otnošenija meždu SSSR i FRG: dva goda posle Chel'sinki. Itogi i perspektivy, in: GARF, f. 9576, op. 20, d. 1507, l. 21–29.

Der Vorschlag der westdeutschen Seite, 1978 nach dem Prinzip der Gegenseitigkeit erneut ein Kolloquium [in der BRD] zu organisieren, bietet einige Möglichkeiten, um Zugang zur westdeutschen Öffentlichkeit, zur Jugend und studentischen Zielgruppen zu bekommen. Die Diskussion als eine Form der sozialen Kommunikation stellt eine Eigenart der politischen Aktivität der westdeutschen Öffentlichkeit dar. Eine gut organisierte Teilnahme der sowjetischen Vertreter [...], vor allem die direkte Auseinandersetzung mit den Referaten in der [Landes-] Sprache, kann effektive Ergebnisse erzielen für die Schaffung einer Atmosphäre des Vertrauens, für die Aufklärung über den grundsätzlichen friedliebenden Kurs der KPdSU und des sowjetischen Staates sowie für die Beteiligung größerer Kreise der Jugend, der Arbeiter und der liberalen Intelligenz bei den Freundschaftsgesellschaften.[341]

Interessanterweise hatten beide Seiten das Gefühl, durch das Kolloquium einer begrenzten Öffentlichkeit des Partnerlandes ihre politischen Thesen vermittelt und ein Zeichen des Dialogs gesetzt zu haben. Die sowjetischen Verantwortlichen ließen sich auf die „Eigenart" des Kolloquiums ein, um die Erwartungen des Westens zu erfüllen, den Eindruck der Offenheit und Dialogbereitschaft zu vermitteln und letztendlich ihre politische Botschaft besser platzieren zu können. Die bundesdeutsche Seite war zu einigen politischen Kompromissen bereit, um mit sowjetischen Politikvertretern in einen Dialog zu treten. Der Inhalt der Diskussion selbst trat dabei vollkommen in den Hintergrund.

Insofern hatten alle Beteiligten in der Bundesrepublik und der Sowjetunion Interesse, diese symbolischen Dialoge fortzuführen. So stellte sich in den folgenden Jahren eine Routine deutsch-sowjetischer Kolloquien im Zwei-Jahres-Rhythmus ein, die eine Bilanz der bilateralen Beziehungen in Politik, Wirtschaft und Kultur zogen. Es ging darum, überhaupt miteinander zu sprechen, die Kommunikation aufrechtzuerhalten – auch in politischen Krisenzeiten. So meinte der Moskauer Botschafter Andreas Meyer-Landrut nach der sowjetischen Intervention in Afghanistan, dass das Kolloquium in Kiev 1981 umso wichtiger sei, als die Parlamentarierkontakte zu dieser Zeit ausgesetzt waren.[342] Den Abschuss der koreanischen Passagiermaschine 1983 missbilligte die ARGE ausdrücklich und drückte in einem Brief an Zamjatin ihre „Betroffenheit und bittere Enttäuschung" aus. Sie sicherte aber gleichzeitig zu, dass sie alles tun werde, um beim bevorstehenden Kolloquium Konflikte mit etwaigen Protestierenden zu verhindern.[343] So schickte das Auswärtige Amt weiterhin hochrangige Vertreter auf die Kolloquien wie 1981 den FDP-Fraktionsvorsitzenden Wolfgang Mischnick oder 1983 den Staatssekretär im Verteidigungsministerium Lothar

---

341 Ibid., l. 27.
342 Vgl. Botschaft Moskau an AA, 12.5.1981, in: PAAA, ZA 133290.
343 Vgl. Behrendt an Zamjatin, 12.9.1983, in: AMA, BayGes, 113; Valentin Lukutin, Vertreter SSOD, an Ivanov, 21.9.1983, in: GARF, f. 9576, op. 20, d. 3886, l. 41 f.

Rühl. In der Regel nutzte es außerdem die Anwesenheit der sowjetischen Gäste wie z. B. Leonid Zamjatins für Gespräche mit weiteren politischen Vertretern in Bonn.[344] Die sowjetische Seite schätzte den Kommunikationskanal in die bundesdeutsche Öffentlichkeit ebenfalls und hoffte auf die Zuschauer und vor allem die Medien als Multiplikatoren zur Verbreitung ihrer Position. Eine einseitige Absage der Kolloquien hätte einen diplomatischen Eklat provoziert. Die französisch-sowjetischen Kolloquien erreichten nicht die gleiche Routine. Doch die sozialistisch-kommunistische Regierung unter Mitterrand nutzte das Kolloquium zu den sowjetisch-französischen Beziehungen 1983 ebenfalls als politische Plattform, unterstützte es mit einem Grußwort von Premierminister Pierre Mauroy und schickte mehrere Minister.[345] Bei den folgenden Abrüstungskolloquien reichten die Referenten jedoch kaum über den Kreis der Présidence von France-URSS heraus.

Bleibt die Frage, was die Teilnehmer selbst aus den Kolloquien mitgenommen haben. Haben sich ihre Sichtweisen verändert? Das Vorstandsmitglied Vol'f Sedych war im Rückblick noch stolz, dass er 1983 seinen Vortrag über die kulturellen Beziehungen vor wichtigen französischen Persönlichkeiten halten durfte.[346] In Ignatovs Erinnerung gab es verhältnismäßig heftige Diskussionen – nicht nur auf den Fluren. Es erschien ihm damals unglaublich, dass so etwas stattfinden konnte und unter dem Schutz beider kommunistischer Parteien Themen diskutiert wurden, die andere nicht wagten anzusprechen.[347] Auch die französischen und bundesdeutschen Interviewpartner erinnerten sich mit gewissem Stolz an die Kolloquien als Veranstaltungen, bei denen endlich einmal echte Diskussionen aufkamen. Interessanterweise waren alle davon überzeugt, dass die Initiative zu den Kolloquien alleine von ihnen ausging und deren Durchführung ein besonderes Verdienst und eine Einzigartigkeit ihrer Freundschaftsgesellschaft war, während dies für andere – linientreuere – Freundschaftsgesellschaften nicht möglich gewesen wäre.[348]

---

344 Vgl. 213 an Staatssekretär: Deutschlandbesuch von L.M. Samjatin, 5.6.1979, in: PAAA, ZA 133145.
345 Vgl. Pierre Mauroy an Madeleine Guilbert, 21.12.1982, in: ANF, 88 AS 54. Ein Referat übernahm der Staatsminister für Forschung und Industrie Jean-Pierre Chevènement und der kommunistische Minister für das Beamtentum und Verwaltungsreformen (la Fonction publique et des Réformes administratives) Anicet Le Pors. Vgl. Colloque coopération: la volonté d'avancer, in: FUM (1983) 3, S. I–VIII.
346 Vgl. Sedych, Na krugi svoja, S. 497 f.
347 Interview Aleksandr Ignatov.
348 So geäußert in den Interviews mit Raphaël Vahé, Roland Leroy, Gerhard Weber und Aleksandr Ignatov.

Kolloquien waren der am besten für echten Dialog geeignete und damit gleichzeitig der am stärksten politisierte Veranstaltungstyp im Programm der Freundschaftsgesellschaften. Diese betätigten sich dabei als Initiatoren und Wegbereiter, als Mediatoren zwischen den verschiedenen Positionen und auch als Kommunikationsfilter gegenüber der sowjetischen Öffentlichkeit. Die von den bundesdeutschen Freundschaftsgesellschaften angestoßenen Kolloquien ermöglichten intensivere Diskussionen, da einerseits die politische Bandbreite der Teilnehmer vergleichsweise groß war und sich andererseits das Auswärtige Amt fördernd und fordernd in die Planungen einschaltete. Für France-URSS und für die SSOD stand eher die symbolische Dimension der Kolloquien im Mittelpunkt. Sie wollten der französischen Öffentlichkeit demonstrieren, dass sie durchaus einen beidseitigen Informationsaustausch praktizierten und sich für offene Diskussionen einsetzten.

4.5 Städteverbindungen: Lokale Kristallisationspunkte der Cultural Diplomacy

Die Etablierung, Vermittlung und Pflege von Verbindungen zwischen sowjetischen und westlichen Städten entwickelte sich im Laufe der Jahrzehnte zu einer zentralen Aufgabe der Freundschaftsgesellschaften.[349] Dieser Tätigkeitsbereich überstieg eigentlich ihre Kompetenzen, da echte Städteverbindungen nur in Zusammenarbeit mit den lokalen Verantwortlichen funktionieren konnten. Diese erste Herausforderung war aber gleichzeitig eine Chance, Kontakte zu lokalen politischen Akteuren unterschiedlicher Parteien zu knüpfen und die gesellschaftliche und politische Verankerung der Freundschaftsgesellschaften zu verbessern. Die zweite Herausforderung von Städteverbindungen war und ist das Zusammenspiel zwischen lokaler und zentraler Macht. Kommunen haben keine außenpolitische Kompetenz an sich. Dennoch oder gerade deshalb können sie eine „kommunale Handlungsautonomie" entwickeln.[350] Diese „alternative Außenpolitik" kann die staatliche Außenpolitik ergänzen, eine Vorreiterrolle gegenüber

---

349 Hier wird Städteverbindungen als Überbegriff verwendet, der sowohl formalisierte als auch informelle, jedoch wiederholte Kontakte zwischen Städten und Kommunen einschließt. Städtepartnerschaften bezeichnen dagegen nur formell besiegelte Verbindungen. Der Rat der Gemeinden und Regionen Europas unterscheidet „Partnerschaften" mit Partnerschaftsvertrag, „Freundschaften" mit zeitlich begrenzter Vereinbarung und „Kontakte" ohne förmliche Festlegung. Vgl. http://www.rgre.de/datenbank_informationen.html (13.6.2016).
350 Vgl. Wagner, Beate: Partnerschaften deutscher Städte und Gemeinden. Transnationale Beiträge zur internationalen Sicherheit, Münster 1995, S. 145.

ihr einnehmen oder im Gegensatz zu ihr stehen.³⁵¹ Während die deutsch-französischen Städteverbindungen der Nachkriegszeit im Einklang mit der außenpolitischen Ausrichtung ihrer Regierung waren, standen die Verbindungen mit Städten in sozialistischen Ländern im Kontext des Kalten Krieges lange Zeit der offiziellen Außenpolitik entgegen. Die dritte Herausforderung bestand darin, die Städteverbindungen mit der Sowjetunion von der Ebene der symbolischen Kommunikation auf die der zwischenmenschlichen und transnationalen Begegnung zu heben. Die erste Ebene besteht einerseits in Ritualen wie gegenseitigen Besuchen der Stadtoberhäupter oder der Unterzeichnung gemeinsamer Partnerschaftsverträge, andererseits in Symbolen wie der Benennung von Straßen, Plätzen und Parks nach der Partnerstadt oder der Pflanzung von „Freundschaftsbäumen". Wenn die Bewohner der Städte entsprechend in die Rituale eingebunden werden, bieten Städteverbindungen auf einer zweiten Ebene die Möglichkeit, beispielsweise bei Gruppenreisen oder durch den Austausch auf Vereins- und Schulebene konkrete Kommunikation zwischen den Menschen entstehen zu lassen. Es wächst die Neugier, das Interesse und das Wissen über das andere Land. Idealerweise entwickeln die Bürger Empathie für die Bewohner der Partnerstadt, persönliche Freundschaften entstehen und schaffen so einen „lokalen transnationalen Raum".³⁵² Die Geschichte der deutsch-französischen Städteverbindungen gilt in diesem Sinne als Musterbeispiel für die erfolgreiche Aussöhnung zweier „Erbfeinde", die durch tausende transnationale Verbindungen zwischen Gemeinden und Städten zu Partnern und Freunden geworden sind und am Aufbau eines gemeinsamen Europas mitgewirkt haben. Hier hat sich scheinbar die Hoffnung auf Aussöhnung und Frieden durch die Vervielfältigung der Kontakte erfüllt.³⁵³ Bei den Städteverbindungen zwischen westlichen und sowjetischen Städten war es weit schwieriger, diese Ebene der Begegnungen zu erreichen. Hier stellt sich die Frage, ob und inwiefern die Freundschaftsgesellschaften versuchten, nicht nur Freundschaftsrituale zu pflegen, sondern auch die zwischenmenschlichen Kontakte zu intensivieren.

---

351 Vgl. Pfundheller, Kai: Städtepartnerschaften. Alternative Außenpolitik der Kommunen, Opladen 2014, S. 67.
352 Vgl. Langenohl, Andreas: Town Twinning, Transnational Connections and Trans-local Citizenship Practices in Europe, Basingstoke 2015, S. 4 f.
353 Filipová, Lucie: Erfüllte Hoffnung. Städtepartnerschaften als Instrument der deutsch-französischen Aussöhnung 1950–2000, Göttingen 2015, für einen ausführlichen Literaturüberblick siehe S. 29–67. Andreas Langenohl stellt in seiner soziologisch-kulturwissenschaftlich angelegten Studie fest, dass die Geschichtsschreibung über Städtepartnerschaften ebenso interessant sei wie die Geschichte selbst, und hat ihr ein eigenes Kapitel gewidmet. Langenohl, Town Twinning, S. 14–29. Siehe auch Defrance, Corine: Les jumelages franco-allemands. Aspect d'une coopération transnationale, in: Vingtième Siècle n° 99 (2008) 3, S. 189–201.

Die Städteverbindungen mit der Sowjetunion sind bisher nur in Ansätzen erforscht. Für die Bundesrepublik liegen nur politikwissenschaftliche Arbeiten vor, die vor allem den lokalen Handlungsspielraum im Verhältnis zur nationalen Politik betrachten.[354] Einige Beispiele der französisch-sowjetischen Städteverbindungen wurden dagegen schon aus geschichtswissenschaftlicher Perspektive untersucht.[355] Nicht zuletzt bietet Franceska Malle in ihrer Master-Arbeit einen sehr guten Überblick über die französisch-sowjetischen Städtepartnerschaften und insbesondere die Rolle der Association France-URSS.[356] Die britisch-sowjetischen Städteverbindungen sind ein Desiderat der Forschung. Überhaupt scheint die transnationale Auslandsarbeit der britischen Städte bisher kaum untersucht. Nick Clarke stellt in seinem Artikel vor allem das erstaunliche Desinteresse der britischen Regierung für die internationalen Aktivitäten der Städte und Kommunen heraus.[357] Die meiste Literatur zu Städteverbindungen machen zu Jubiläen herausgegebene Bildbände und Chroniken aus, in denen meist Protagonisten ihre Erfolgsgeschichte erzählen.[358]

Tauwetter lokal: Freundschaftsgesellschaften als Initiatoren und Vermittler

Als Geburtsstunde aller Städteverbindungen zwischen einer westlichen und einer sowjetischen Stadt gilt der 1941 beginnende Briefwechsel zwischen Bürgern von Coventry und Stalingrad. Das von deutschen Bombern ausradierte Coventry sammelte in den Folgejahren für das belagerte Stalingrad Geld und Material und sandte Unterstützungsbotschaften. Symbolträchtig ist das von

---

354 Siehe Wagner, Beate: Städtepartnerschaften zwischen Ost- und Westeuropa. Eine Analyse am Beispiel bundesdeutscher Städte und Gemeinden, in: Jünemann, Annette (Hg.): Gemeindepartnerschaften im Umbruch Europas, Frankfurt a.M. 1994, S. 109–130, insbesondere S. 120–124; dies., Partnerschaften deutscher Städte, S. 126–140; Lippert, Auswärtige Kulturpolitik, S. 460–530.
355 Siehe Richier, William: Les jumelages entre Guerre froide et enjeux locaux, in: Buton, Philippe (Hg.): La Guerre froide vue d'en bas, Paris 2014, S. 131–149; Gomart, Double détente, S. 136–143.
356 Malle, Franceska: L'Association France-URSS et les jumelages franco-soviétiques des années 1950 à 1992, Master, Université Rennes 2, Rennes 2013 (unveröffentlicht).
357 Clarke, Nick: Town Twinning in Cold-War Britain. (Dis)continuities in Twentieth-Century Municipal Internationalism, in: Contemporary British History 24 (2010) 2, S. 173–191.
358 Beispielsweise Egorov, Nikolaj S.: Petrozavodsk – La Rošel. Goroda-pobratimy, Petrozavodsk 2003; Jürgens, Kai U./Klinck, Wolf-Dieter: „Der erste Schritt ist die Mutter des Weges". Tallinn und Kiel – die Geschichte einer Städtepartnerschaft, Kiel 2006; Manchester – St. Petersburg. 50 Years of Co-operation. Sankt-Peterburg – Mančester. 50 let sotrudničestva, 2012, http://manchesterstpetersburgsoc.org.uk/images/SAINT%20PETERSBURG.pdf. (8.12.2014).

Frauen aus Coventry mit 830 Namen bestickte Tischtuch, das 1944 nach Stalingrad geschickt wurde und noch heute im dortigen Museum zu besichtigen ist.[359] Diese Kontakte präsentieren sowjetische Darstellungen gerne als Beispiel für eine von dem Wunsch nach Frieden und Versöhnung getragene Bürgerinitiative „von unten", die auf der transnationalen Solidarität der Opfer des Faschismus basierte.[360] Tatsächlich war die treibende Kraft hinter dieser Solidaritätsbekundung das örtliche Committee for Anglo-Soviet Unity, die Vorläuferorganisation der BSFS.[361] Auch in zahlreichen anderen britischen Städten nahmen diese Komitees im Zeichen des gemeinsamen Kampfes gegen den Faschismus Kontakte zu sowjetischen Städten auf.[362] Allerdings schliefen diese Kontakte in den spätstalinistischen Jahren ein oder beschränkten sich wie in Coventry auf unregelmäßige Briefwechsel zwischen den Stadtverwaltungen. Die sowjetischen Behörden hatten in der Zeit der Abschottung kein Interesse an lokalen Auslandskontakten.[363]

Um die Kluft zwischen den ehemaligen Feinden zu überwinden und zukünftige Kriege zu verhindern, entstanden bereits Anfang der 1950er Jahre in Westeuropa zwei konkurrierende internationale Städtepartnerschaftsorganisationen.[364] Der Rat der Gemeinden Europas (RGE)[365] war eine föderalistische

---

359 Vgl. Danks, Catherine J.: Your Fight is our Fight. The Anglo-Soviet Alliance during World War II, in: Trudy kafedry istorii Novogo i novejšego vremeni n° 15 (2015), S. 118–138, hier S. 132 f. Zur besonderen transnationalen Dimension der Erinnerungspolitik Coventrys vgl. Goebel, Stefan: Commemorative Cosmopolis. Transnational Networks of Remembrance in Post-War Coventry, in: ders./Keene, Derek (Hg.): Cities into Battlefields. Metropolitan Scenarios, Experiences and Commemorations of Total War, Farnham 2011, S. 163–184.
360 Siehe beispielsweise Pesljak, M.: In Freundschaft mit den Städten der Welt, in: Kultur und Leben 11 (1968) 7, S. 27 f., hier S. 27; Nepomnjaščij, Tichon Alekseevič/Pesljak, Michail: V družbe s gorodami mira, Moskau 1987, S. 14; Materialy k 60-letiju, S. 103 f.; so auch bei Bogoljubova, Stanovlenie i évoljucija, S. 117.
361 Siehe zu den Anglo-Soviet Committees Kapitel 1.3.
362 Auch die Städteverbindungen zwischen Manchester und Leningrad lassen sich auf diese Zeit zurückführen. Vgl. Danks, Catherine: Manchester and Leningrad. The Roads to Friendship, in: Manchester – St. Petersburg, S. 10–21; dies., Your Fight is our Fight, S. 134–136.
363 Vgl. A Letter From Stalingrad to Coventry, in: Russia Today (1949) 3, S. 8 f. Selbst diese Briefe blieben von sowjetischer Seite häufig ohne Antwort. Vgl. Platts-Mills an Denisov, 13.7.1951, in: Hull, U DPM/2/68/2.
364 Vgl. zum Folgenden Vion, Antoine: Europe from the Bottom Up. Town Twinning in France during the Cold War, in: Contemporary European History 11 (2007) 4, S. 623–640; und insbesondere zur FMVJ Belot, Robert: Le jumelage des villes. Avatars d'une „bombe de paix" dans la guerre froide, in: Fleury, Antoine (Hg.): Une Europe malgré tout 1945–1990. Contacts et réseaux culturels, intellectuels et scientifiques entre Européens dans la guerre froide, Bruxelles 2009, S. 367–382; Clarke, Town Twinning, S. 177 f.
365 Conseil des communes d'Europe (CCE)/Council of Europeen Municipalities (CCM).

Vereinigung von eher konservativen Bürgermeistern, die deutsch-französische und innerwestliche Partnerschaften als Beitrag zu einem geeinten Europa förderten. Er lehnte Verbindungen mit nicht-demokratischen und vor allem sozialistischen Ländern grundsätzlich ab. Die 1957 unter Federführung von Jean Bressard gegründete Fédération mondiale des villes jumélées (FMVJ) propagierte dagegen Städteverbindungen unabhängig vom politischen System als Beitrag zum Frieden und zur Völkerverständigung und suchte gerade den Dialog mit dem Osten.[366] Der RGE, westliche Regierungen und viele Bürgermeister betrachteten deshalb die FMVJ als prokommunistische Vereinigung, die es im „Twinning War" besser zu meiden galt.[367]

Tatsächlich begann die Sowjetunion im Zuge des „Tauwetters" Kontakte sowjetischer Städte mit dem Ausland zu fördern und sich innerhalb der FMVJ zu engagieren. Das GKKS betrachtete Städteverbindungen als „eine nützliche Form der kulturellen Zusammenarbeit und einen nützlichen Kanal für Propaganda über die Errungenschaften der UdSSR und ihren Kampf für Frieden".[368] Sie boten eine weitere Möglichkeit, breitere Kreise außerhalb der kommunistischen Parteien zu erreichen und ihre Loyalität zu gewinnen. Über lokale Politiker erschien es möglich, indirekten Einfluss auf die Parteien und die nationale Außenpolitik auszuüben. Dennoch glichen die Städteverbindungen bis Mitte der 1960er Jahre eher sorgfältig beobachteten und kontrollierten Pilotprojekten. Wenn die Freundschaftsgesellschaften den Wunsch einzelner Städte an die sowjetische Botschaft und die SSOD vermittelt hatten, dauerte es häufig mehrere Monate bis Jahre, bis die verschiedenen sowjetischen Institutionen, die SSOD, das GKKS, das ZK und die lokalen Behörden reagierten und eine mögliche Partnerstadt vorschlugen. Der Generalsekretär von France-URSS Jean Cazalbou unterstrich 1960 gegenüber Èrenburg, dass diese Verzögerungen ein schlechtes Licht auf die Sowjetunion warfen.[369] Die Vermittlung scheiterte jedoch nicht nur an umständlichen Entscheidungsprozessen, sondern auch am fehlenden politischen Willen. So warnte der Vorsitzende des GKKS Sergej K. Romanovskij gegenüber Èrenburg vor einem überhasteten quantitativen Ausbau der Städteverbindungen mit

---

366 Im Englischen United Towns Organisation (UTO). Die deutsche Bezeichnung Weltverband der Partnerstädte war wenig geläufig, da der Verband in der Bundesrepublik kaum aktiv sein konnte. Vgl. Wagner, Partnerschaften deutscher Städte, S. 88.
367 Vion, Europe from the Bottom Up, S. 636.
368 Postanovlenie GKKS „Ob ulučšenii svjazej meždu sovetskimi i zarubežnymi gorodami", 9.1.1960, zitiert in: Maksimov, V. B.: Meždunarodnye kontakty gorodov SSSR kak čast' vnešnej politiki pravitel'stva, in: Vestnik Volgogradskogo gosudarstvennogo universiteta, Serija 4, Istorija 22 (2012) 2, S. 96–102, hier S. 96.
369 Vgl. Cazalbou an Èrenburg, 16.9.1960, in: GARF, f. 9576, op. 6, d. 125, l. 224.

Frankreich, da man zunächst eher auf die Qualität der bestehenden Verbindungen setzen wolle.[370]

In diesem Kontext der Pilotprojekte des „Tauwetters" ist die Einladung des Leningrader Stadtsowjets an den Hamburger Senat im März 1957 zu sehen, die Hafenstadt an der Neva zu besuchen.[371] Weil der CDU-Bürgermeister Kurt Sieveking und der Hafensenator Ernst Plate (FDP) mit ihrer „Politik der Elbe" systematisch die für den Hafen so notwendigen internationalen und wirtschaftlichen Kontakte Hamburgs auch nach Osten ausbauten, zögerten sie nicht lange und reisten wenige Monate später nach Leningrad.[372] Damit war der Grundstein für die erste bundesdeutsch-sowjetische Städteverbindung gelegt. Zu diesen wirtschaftlichen kamen ab 1959 gesellschaftliche Kontakte zwischen dem Hamburger Jugendring und dem Leningrader Komsomol. Aus diesen Anfängen entwickelte sich unter der Leitung von Gerhard Weber ab 1961 ein jährlicher Jugendaustausch, der die Basis für die dauerhafte Etablierung der Städteverbindung und die spätere Gesellschaft BRD-UdSSR in Hamburg bildete.[373]

In Großbritannien waren es die Freundschaftsgesellschaften selbst, die als Pioniere der Städteverbindungen in der „Tauwetter"-Zeit agierten, indem sie wie bei Reisen und Kulturtagen an die zuvor aufgebauten Kontakte anknüpfen konnten. Auf Basis der Kriegskontakte unterstützte die BSFS bereits im Zuge der Friedenskampagne ab 1949 die erneute Annäherung zwischen englischen und sowjetischen Städten auf Gewerkschaftsebene. In Manchester tauschten beispielsweise zunächst die Gewerkschaften Grußbotschaften mit Leningrad aus. Anfang der 1950er Jahre lud die BSFS anlässlich des Freundschaftsmonats gezielt sowjetische Gäste nach Manchester ein, und von der BSFS betreute Gewerkschaftsdelegationen aus Manchester fuhren nach Leningrad. Als sich die Stimmung in der „Tauwetter"-Zeit wandelte, gelang es der BSFS, als nächsten Schritt die kommunalpolitische Ebene einzubeziehen. 1956 reiste eine Delegation von Vertretern des City Council der Labour-Partei und der Conservatives aus Manchester für zehn Tage in die zukünftige Partnerstadt. Alle kamen mit

---

370 Vgl. Romanovskij an Ėrenburg, 3.10.1960, in: GARF, f. 9576, op. 6, d. 125, l. 221.
371 Vgl. zu den Anfängen der Städtebeziehungen Schildt, Ein Hamburger Beitrag, S. 197; sowie „In Hamburg haben wir Freunde". Hamburgs Städtepartnerschaft mit St. Petersburg, in: Irlenkäuser, Olaf (Hg.): Russland in Hamburg, Hamburg 2007, S. 162–173, hier S. 162 f.; Wagner, Partnerschaften deutscher Städte, S. 127–132.
372 Vgl. zur „Politik der Elbe" Strupp, Christoph: Das Tor zur Welt. Die „Politik der Elbe" und die EWG. Hamburger Europapolitik in den 1950er und 1960er Jahren, in: Themenportal Europäische Geschichte (2010), http://www.europa.clio-online.de/2010/Article=455 (3.12.2015).
373 Vgl. Schildt: Ein Hamburger Beitrag, S. 198–208. Siehe Kapitel 3.4.

sehr positiven Eindrücken von den Bauwerken Leningrads und der Gastfreundlichkeit seiner Bewohner zurück, die sie nicht nur im *VOKS Bulletin* sondern auch gegenüber der englischen Presse kundtaten.[374] 1961 schließlich wurde die Partnerschaft offiziell besiegelt.[375] Vergleichbar verlief die Annäherung zwischen Birmingham und Sverdlovsk (heute Ekaterinburg) sowie zwischen Nottingham und Minsk.[376] Trotz der nationalen antikommunistischen Politik der Labour-Partei und der politischen Isolierung der BSFS hatten die lokalen Verantwortlichen in Manchester, Birmingham und Coventry offensichtlich kaum Berührungsängste mit den sowjetischen Partnern und der BSFS. In diesen Arbeiterregionen funktionierte die Zusammenarbeit zwischen Gewerkschaften, Labour und BSFS auf lokaler Ebene unabhängig von der Politik in London.

Während die BSFS sehr aktiv für die Städteverbindungen in Großbritannien wirkte, war France-URSS in die erste offizielle französisch-sowjetische Städteverbindung zwischen Dijon und Stalingrad nicht direkt involviert. Sie wurde von dem Bürgermeister von Dijon, dem Kanoniker Felix Kir, initiiert. Der „unabhängiger Republikaner" hatte im Namen der Völkerverständigung und des Pazifismus Dijon bereits mit York, Dallas und Mainz verbunden. Er engagierte sich in der FMVJ, in deren Rahmen der Vorschlag einer Partnerschaft mit Stalingrad aufkam.[377] Nachdem die Kirchenoberen Kir Anfang 1959 eine Reise nach Stalingrad untersagt hatten, kam im September 1959 eine Delegation aus Stalingrad nach Dijon, um einen „Freundschaftspakt" zu unterzeichnen. Dieser blieb allerdings informell, da der Conseil municipal die Zustimmung verweigerte.[378]

Zu Beginn der 1960er Jahre kamen ansonsten in Frankreich vor allem Städteverbindungen mit kommunistisch regierten Kommunen zu Stande. So standen 12 der 18 in diesem Jahrzehnt geschlossenen französisch-sowjetischen Städteverbindungen unter kommunistischer Ägide.[379] Auf Anweisung ihrer

---

374 Vgl. Manchester's Envoys in Leningrad, in: Bulletin VOKS (1956) 4, S. 33–35; Danks, Manchester and Leningrad, S. 16; Russian Architects praise Coventry Planning, in: British-Soviet Friendship (1956) 4, S. 14.
375 Vgl. Danks, Manchester and Leningrad, S. 10–21.
376 Vgl. Baker, Harry: New Trades Council Link. Birmingham – Sverdlovsk, in: British-Soviet Friendship (1956) 7, S. 5–7 und 15; Šadurskij, Kul'turnye svjazi Belarusi, S. 106.
377 Devance, Louis: Le chanoine Kir. L'invention d'une légende, Dijon 2007, zu den Städtepartnerschaften und dem Verhältnis zur Sowjetunion S. 292–322.
378 Morhange, G.: Jumelée avec Dijon. STALINGRAD en Bourgogne, in: France-URSS (1959) 10, S. 19–22. Vgl. auch Belot, Le jumelage des villes, S. 377–379; Devance, Le chanoine Kir, S. 308.
379 Vgl. Malle, L'Association France-URSS, S. 64. Eine Ausnahme bildete Nizza, das der etwas exzentrische gaullistische Bürgermeister Jacques Médecin in den 1960er Jahren zur Völkerverständigung und vor allem zur Förderung des Tourismus mit zahlreichen Städten verband.

Parteiführung suchten die kommunistischen Bürgermeister aktiv Kontakt zu sowjetischen Städten. Hierfür nutzten sie häufig France-URSS als Vermittlungsinstanz zur sowjetischen Botschaft, wodurch die Partei selbst diskret im Hintergrund blieb. Dies betraf vor allem die Vorstädte des „roten Gürtels" um Paris, der Bergbaugebiete im Norden und des Rhône-Tals. Typisch für diese Zeit sind die 1961 etablierten Verbindungen zwischen der Kleinstadt Saint-Étienne-du-Rouvray in der Normandie und der südukrainischen Industriestadt Novaja Kachovka oder zwischen dem Pariser Vorort Pantin und dem Moskauer Vorort Dzeržinskij.[380]

Die „alternative Außenpolitik" vor allem kommunistischer Kommunen stellte für das französische Außenministerium nicht nur ein außen- sondern auch ein innenpolitisches Problem dar. Dementsprechend bemühte sich der Quai d'Orsay vor allem in den 1950er und 1960er Jahren, Städteverbindungen mit der Sowjetunion zu verhindern.[381] Nach einem Dekret von 1956 mussten alle Kommunen, die eine Städteverbindung anstrebten, vor dem ersten Kontakt eine Commission interministérielle pour le contrôle des échanges internationaux entre communes informieren und um Rat fragen. Dieses Prozedere blieb jedoch in der Praxis relativ wirkungslos, wie bei einer Besprechung zwischen Außen- und Innenministerium im Sommer 1960 deutlich wurde: Wenn die Commission überhaupt informiert wurde, konnte sie keine Städtepartnerschaft verhindern, sondern nur davon abraten und etwaigen sowjetischen Delegationen die Visa verweigern. Dies provoziere jedoch den Vorwurf, dass sie die kommunale Autonomie verletze und gesellschaftlichen Austausch verhindere. Oft umgingen die Städteverbindungen – wie auch die Freundschaftsgesellschaften – das offizielle kulturelle Austauschprotokoll und stellten das außenpolitische Monopol der Regierung in Frage: „Es erscheint unmöglich, dass wir dabei bleiben, wenn die immer zahlreicher werdenden Städteverbindungen am Ende den Eindruck hinterlassen, dass Dijon und Ivry-sur-Seine eine Art eigene Außenpolitik betreiben."[382] Als einzige Lösung sahen die Behörden, in Zukunft auf die Informationspflicht der Kommunen zu pochen und die Aktivitäten innerhalb der Städteverbindungen stärker zu kontrollieren. Vergleichbar machtlos schaute

---

Darunter war Jalta, aber auch Kapstadt im Südafrika der Apartheid. Vgl. Médecin, Jacques: Nice. Onze ans de vie commune, Paris 1977, S. 123–125.
380 Gomart, Double détente, S. 136–143; Richier, Les jumelages, S. 137 f.
381 Vgl. zum Folgenden auch Gomart, Double détente, S. 129 f.; Malle, L'Association France-URSS, S. 133–137.
382 Vgl. Le Ministre des Affaires étrangères à Monsieur le ministre de l'intérieur, 30.6.1960; sowie Note: Jumelages de villes françaises avec des villes d'Europe de l'Est, 7/1960, in: AD, Europe 1940–1960, URSS, 274.

das Foreign Office auf die Annäherungsbestrebungen englischer Städte gegenüber der Sowjetunion und musste die relativen Erfolge der BSFS auf lokaler Ebene eingestehen.[383]

Entspannungspolitik lokal: Der Boom der Städteverbindungen unter Brežnev

Unter Brežnev und vor allem im Zuge des KSZE-Prozesses in den 1970er Jahren kam es zu einem regelrechten Boom der sowjetischen Städteverbindungen mit dem Westen. Im Kontext der kulturellen Stärkung der Republiken und lokalen Einheiten gewannen die Städteverbindungen als Teil der sowjetischen Cultural Diplomacy neue Bedeutung. Zur besseren Koordination wurde 1964 innerhalb der SSOD die Assoziation für Verbindungen zwischen sowjetischen und ausländischen Städten (Associacija po svjazjam sovetskich i zarubežnych gorodov) gegründet. Allerdings konnte sie ihre Aktivitäten erst richtig nach der Auflösung des GKKS 1967 entfalten, das bis dahin die Städteverbindungen verwaltete.[384] Die Aufgabe der neuen Assoziation bestand darin, die sowjetischen Städte „in der Entwicklung und Verstärkung ihrer internationalen Kontakte zu unterstützen" und zugleich die ausländische Bevölkerung mit den sowjetischen Errungenschaften und Erfolgen vertraut zu machen.[385] Sie fungierte als sowjetische Sektion der FMVJ und bündelte alle Anfragen ausländischer Städte. Trotz formeller Stärkung lokaler Kräfte wurden alle Städteverbindungen zentral über Moskau vereinbart, betreut und gesteuert. Alle Korrespondenz zwischen den Städten lief über die Botschaften, die SSOD und das MID. Ähnlich wie bei den Freundschaftsgesellschaften arbeiteten die lokalen Stadtverwaltungen im Westen also mit einer quasi-staatlichen zentralen Organisation zusammen. Nach sowjetischen Angaben pflegten 1968 bereits gut 100 sowjetische Städte Kontakt mit 220 Städten in kapitalistischen Ländern und Entwicklungsländern.[386] Diese relativ großzügige Zählung bezog vermutlich auch Kontakte ein, die nur auf

---

383 Vgl. British-Soviet Friendship Society – Activities in British Cities and Towns, 15.6.1964, in: TNA, FO 1110/1820.
384 Das ist vermutlich ein Grund, warum die Gründung der Assoziation für Städteverbindungen häufig auf 1967 datiert wird. Das von Maksimov zitierte Archivmaterial zeigt, dass vor 1967 immer das GKKS Ansprechpartner der Städte war, vgl. Maksimov, Meždunarodnye kontakty gorodov.
385 Vgl. Ustav Associacii po svjazjam sovetskich i zarubežnych gorodov, in: Nepomnjaščij/Pesljak, V družbe s gorodami mira, S. 338–342.
386 Vgl. Pesljak, M.: In Freundschaft mit den Städten der Welt, in: Kultur und Leben 11 (1968) 7, S. 27 f. 1985 hatten 147 sowjetische Gebietseinheiten Partnerschaften mit 336 Gebietseinheiten in 62 Ländern. Materialy k 60-letiju, S. 104.

Ebene der Freundschafts- und Partnergesellschaften zwischen den Städten bestanden.

Denn bereits ab Mitte der 1960er Jahre förderte die SSOD Kontakte zwischen einzelnen lokalen Komitees der Freundschaftsgesellschaften und lokalen Partnergesellschaften, um spätere Städteverbindungen vorzubereiten. Schon Ende der 1950er Jahre richteten die Partnergesellschaften nicht nur Filialen in den Städten ein, die häufig Ziel westlicher Touristen waren, sondern auch dort, wo sich regelmäßige Kontakte mit ausländischen Städten anbahnten. Unmittelbar 1959 gründete sich beispielsweise eine Filiale von SSSR-Francija in Odessa, die sogleich Briefkontakt mit France-URSS in der zukünftigen Partnerstadt Marseille aufnahm.[387] Ebenso wurde in Minsk 1961 in Anwesenheit einer Delegation aus Nottingham und in Sverdlovsk 1960 in Anwesenheit einer Delegation aus Birmingham eine Filiale von SSSR-Velikobritanija gegründet.[388] Diese konnten zukünftig als direkte Ansprechpartner der jeweiligen lokalen Komitees von BSFS und France-URSS fungieren und mit ihnen gemeinsam die Städteverbindung aufbauen. Der Austauschplan zwischen France-URSS und SSSR-Francija hielt 1965 erstmals fest, zwischen welchen Städten Kontakte geknüpft werden sollten.[389] Die Freundschaftsgesellschaften bemühten sich sehr um diese direkten lokalen und regionalen Kontakte, mit denen sich die Mitglieder leichter identifizieren konnten. Anfang 1966 unterstrich Roland Leroy im Gespräch mit Vertretern der SSOD, dass sie zur Glaubwürdigkeit von France-URSS beitragen und bei der Erweiterung der politischen Basis helfen würden.[390]

Die SSOD förderte nicht nur die Zusammenarbeit zwischen Städten, sondern idealerweise zwischen ganzen Regionen und Republiken. In den folgenden Jahren verzeichneten die Austauschpläne genau, wie viele Personen aus welcher französischen Region in welche sowjetische Republik reisen sollten und umgekehrt, um dort Möglichkeiten der Zusammenarbeit zu besprechen.[391]

---

387 Vgl. S. Ja. Ogorodnik, Mitglied des Vorstands der Odessaer Abteilung an Ėrenburg, 4.7.1960, in: GARF, f. 9576, op. 6, d. 125, l. 63 f.
388 Vgl. Šadurskij, Kul'turnye svjazi Belarusi, S. 106; Vyanikov, A.: Sverdlovsk to Birmingham, in: British-Soviet Friendship (1961) 5, S. 7.
389 Vgl. Plan de coopération culturelle pour 1965 entre l'Association „France-URSS" d'une part et l'Union des Associations Soviétiques pour l'Amitié et Relations Culturelles avec l'Étranger, l'Association „France-URSS" d'autre part, 9.2.1965, in: ANF, 88 AS 33.
390 Vgl. Zapis' besedy s tt. Roše i Lerua, 26.7.1967, in: RGANI, f. 5, op. 59, d. 354, l. 156–165, hier l. 157.
391 So durften beispielsweise 1975 zwei Personen aus dem Département Herault im Süden für zehn Tage in die georgische Republik fahren, drei Personen aus dem Komitee Paris für sieben Tage nach Moskau und drei Personen aus dem Département Rhône für sieben Tage nach Belarus. Vgl. Programme d'activités pour les années 1966 et 1967, in: ANF, 88 AS 17; sowie

Im stark zentralisierten Frankreich funktionierte die regionale Zusammenarbeit nur ansatzweise zwischen der Region Nord und der Ukraine, der Region um Lyon und Belarus sowie zwischen der Bourgogne und Moldawien. Eine größere Rolle spielte die Kooperation auf regionaler Ebene mit föderalistischen Ländern wie den USA, Kanada, Österreich oder eben auch der Bundesrepublik.[392] Dort etablierten sich zwischen den Regionalgesellschaften und den Republikgesellschaften teilweise dauerhafte Beziehungen, die wie zwischen Georgien und dem Saarland in den 1980er Jahren auf Ebene der Länderregierungen weitergeführt wurden.[393]

Die Initiativen und über die Jahre gepflegten Verbindungen zwischen den lokalen Komitees von France-URSS und SSSR-Francija zahlten sich in den 1970er Jahren aus. Die internationale Entspannung und die Union de la gauche schufen die politische Basis für die Formalisierung zahlreicher Städteverbindungen – auch mit sozialistischen Stadtverwaltungen. Bereits seit Ende der 1950er Jahre existierte ein regelmäßiger Delegationsaustausch zwischen dem Komitee France-URSS von Lille und SSSR-Francija aus Char'kov. 1964 besuchte die erste Reisegruppe aus Lille die Partner in der Ukraine.[394] In den folgenden Jahren hielten regelmäßige Kollektivreisen des Komitees die Beziehungen nach Char'kov aufrecht. Lange fand dieser Austausch jedoch keine Entsprechung auf politischer Ebene, obwohl die Stadtverwaltung Veranstaltungen von France-URSS und einen Austausch von Ausstellungen zwischen den beiden Städten unterstützte. Schließlich reiste der sozialistische Bürgermeister Auguste Laurent 1967 im Kontext der Annäherung zwischen PS und PCF in die zukünftige Partnerstadt. Allerdings besiegelte erst sein Nachfolger und Parteikollege, der spätere Premierminister Pierre Mauroy – damals auch Vorsitzender der FMVJ – 1975 formell die Städteverbindung zwischen Lille und Char'kov. Zufrieden mit diesem Erfolg fürchtete das lokale Komitee von France-URSS zugleich, dass die Stadt nun die Hoheit über die Städteverbindung an sich reißen würde, und es selbst an politischem Einfluss verlieren könnte.[395] Ebenso schloss Marseille nach langen Jahren der wirtschaftlichen Kontakte und der Zusammenarbeit

---

Programme pour 1975 des activités de l'Association „France-URSS", de l'Union des Associations soviétiques pour l'amitié et les relations culturelles avec les pays étrangers et de l'Association „URSS-France", [1975], in: ANF, 88 AS 34.
392 Vgl. Van Oudenaren, Détente in Europe, S. 293.
393 Beziehungen bestanden zwischen dem Saarland und Georgien, Nordrhein-Westfalen und Litauen, Hessen und Armenien, Schleswig-Holstein und Estland, Ems-Jade und Kasachstan, Rheinland-Pfalz und Aserbaidschan, Bayern und der Ukraine.
394 Vgl. Un beau voyage en URSS du 4 au 18 août, in: AD Nord, 151 J 53.
395 Vgl. Malle, L'Association France-URSS, S. 61–63.

von France-URSS und SSSR-Francija als erste sozialistisch regierte Stadt 1972 ein Partnerschaftsabkommen mit Odessa.[396] Allein zwischen 1970 und 1980 wurden 20 neue Städtepartnerschaften besiegelt, darunter mindestens sieben mit sozialistischen und vier mit gaullistischen Stadtoberhäuptern. Dem Innen- und Außenministerium legten die Stadtverwaltungen zwar noch formal jede Anfrage für eine Städteverbindung mit der Sowjetunion vor, doch hatten diese selbst bei einer kommunistischen Mehrheit im Stadtrat keine Einwände mehr.[397]

In der Bundesrepublik bemühte sich die Gesellschaft BRD-UdSSR Anfang der 1970er Jahre zunächst erfolglos, Städteverbindungen zwischen bundesdeutschen und sowjetischen Gemeinden zu arrangieren und zwischen der SSOD und dem Deutschen Städtetag zu vermitteln.[398] Vorreiter waren die Städteverbindungen zwischen Saarbrücken und Tbilissi. Diese etablierten sich im Zusammenspiel zwischen der Saarländischen Gesellschaft BRD-UdSSR und dem Intendanten des Saarländischen Landestheaters Hermann Wedekind. Seiner persönlichen Mission der Völkerverständigung unter dem Motto „Kunst kennt keine Grenzen" folgend organisierte Wedekind ab 1960 internationale Theatertage in Saarbrücken – 1968 mit dem Gastland Russland.[399] Die Saarländische Freundschaftsgesellschaft war Wedekinds „Schlüssel zur Sowjetunion", als sie ihm 1972 eine Einladung der SSOD und von der staatlichen Konzertagentur Goskoncert nach Moskau und nach Georgien vermittelte.[400] Tief beindruckt von dem Kaukasusland etablierte er einen regelmäßigen Theateraustausch mit Tbilissi. Erste Höhepunkte waren 1973 die westeuropäische Uraufführung der georgischen Oper „Daisi" von Zacharia Paliašvili mit georgischen Sängern in Saarbrücken und Wedekinds Inszenierung von Richard Wagners „Lohengrin" in Tbilissi.[401] Die Saarländische Gesellschaft BRD-UdSSR hatte zu Beginn der

---

396 Vgl. Un jumelage plein de promesses: Marseille – Odessa, in: FUM (1972) 6, S. 54 f.; Nepomnjaščij/Pesljak, V družbe s gorodami mira, S. 130–135.
397 Vgl. mehrere Schreiben des Innenministers an den Außenminister bezüglich geplanter Städtepartnerschaften, in: AD, Europe 1976–80 URSS, 4820.
398 Vgl. Mochalski an Leonov, 16.6.1970, in: GARF, f. 9576, op. 6, d. 459, l. 59.
399 Vgl. Wedekind, Hermann/Garber, Heinz/Gvenetadze, Tamas: Hermann Wedekind erzählt sein Leben, Blieskastel 1997, S. 138–146.
400 Vgl. Impulse, Dezember 1973, in: LA Saarbrücken, NL Bies; sowie zitiert in: Gvenetadze, Tamaz: Chronik einer Freundschaft. 20 Jahre Städtepartnerschaft Saarbrücken-Tbilissi. 10 Jahre Partnerschaft Saarland-Georgien, Saarbrücken 1996, S. 27.
401 „In Tbilissi, in Georgien, habe ich mein Herz verloren. Ich kam ‚heim'. Hier fand ich alles, wovon ich bis dahin geträumt hatte, alles das, was wir Deutsche in uns verschüttet haben: Offenheit, Gastfreundschaft, den ungebrochenen homo ludens!" Wedekind/Garber/Gvenetadze, Hermann Wedekind, S. 157.

1970er Jahre verstärkt Kontakte zur Ukraine und insbesondere zur Bergbaugegend des Donbass gepflegt.[402] Wie sich Annie Herrmann, Ehefrau des langjährigen Vorsitzenden der Saarländischen Gesellschaft Josef Herrmann, erinnerte, wurde ihnen vermutlich auch im Zuge des Theateraustausches Anfang der 1970er Jahre von der Botschaft nahegelegt, dass sie „von der ganzen Mentalität her" besser zu Georgien passten.[403] Vertreter der Saarländischen Gesellschaft reisten in der Folge dorthin und organisierten ihrerseits Veranstaltungen mit georgischen Ensembles wie dem Folklore-Chor Rustavi im Saarland.[404]

Im saarländischen Fall geschah der Aufbau der Städteverbindungen im Einklang mit der Politik. Sowohl die Saarbrücker Stadtverwaltung unter Oberbürgermeister Fritz Schuster und Bürgermeister Edmund Haßdenteufel als auch die Landesregierung mit Ministerpräsident Franz-Josef Röder und Kultusminister Werner Scherer (alle CDU) unterstützten die Annäherung an Georgien, empfingen die georgischen Künstler und reisten selbst zur Lohengrin-Premiere nach Tbilissi. 1974 schließlich organisierten das Landestheater, die Stadt Saarbrücken und die Saarländische Gesellschaft gemeinsam georgische Kulturtage im Saarland. Nachdem die georgische Seite sehr auf eine Formalisierung der Verbindungen drängte, unterzeichneten im März 1975 der Saarbrücker SPD-Bürgermeister Oskar Lafontaine und das Tbilisser Stadtoberhaupt Bachva F. Lobžanidze einen Vertrag über eine unbefristete Partnerschaft zwischen beiden Städten. Damit war die erste offizielle Städtepartnerschaft zwischen einer bundesdeutschen und einer sowjetischen Stadt besiegelt.[405] Wie in Lille war für die Freundschaftsgesellschaft die Kehrseite der Zusammenarbeit mit der Stadtverwaltung die Gefahr, von den offiziellen Stellen an den Rand gedrängt zu werden. Der Streit über die „Urheberschaft" der Kontakte zwischen Saarbrücken und Tbilissi dauerte bis in die 1980er Jahre an. Hugo Bock ärgerte sich anlässlich der Unterzeichnung der Länderpartnerschaft zwischen dem Saarland und Georgien 1986 in einem Leserbrief, dass sich vor allem Wedekind und Ministerpräsident Lafontaine das Verdienst um die Partnerschaft auf die Fahnen schrieben.[406]

---

402 In diesem Zusammenhang zeigte sie 1971 in Kiev die Fotoausstellung „Das schaffende Saarland". Vgl. [Rundschreiben an die Mitglieder], [Ende 1971], in: LA Saarbrücken, NL Bies.
403 Interview Annie Herrmann.
404 Gvenetadze, Chronik einer Freundschaft, S. 28; 30 Jahre Gesellschaft BRD-UdSSR im Saarland, S. 28 f.
405 Vgl. Gvenetadze, Chronik einer Freundschaft, S. 34 f. und 42–44.
406 Vgl. Hugo Bock: Städtepartnerschaften fallen nicht vom Himmel, [9/1986], in: LA Saarbrücken, FNL Bock 58. In der offiziellen rückblickenden Darstellung wurde eine Kompromissformel gefunden für die „Wegbereiter im Hintergrund [...], die das Ihrige taten, um die komplizierten politischen Wege zu ebnen". Landeshauptstadt Saarbrücken: 22. März 2015: 40

Zwei Jahre nach Saarbrücken besiegelte auch Dortmund eine Städteverbindung mit Rostov-am-Don, wobei die Deutsch-sowjetische Gesellschaft der RWAG den Prozess begleitete. Dort war nach den von der Stadt und der RWAG organisierten sowjetischen Auslandskulturtagen 1973 das Interesse an einer Partnerstadt in der Sowjetunion gewachsen. 1974 reiste eine Delegation der RWAG und der Stadtverwaltung in die Industriestadt Rostov-am-Don, um erste Kontakte zu knüpfen[407] Dem Prinzip der Gegenseitigkeit folgend präsentierte sich 1976 schließlich die Stadt Dortmund ihrerseits in Rostov mit Kulturtagen und einer großen Ausstellung über das Ruhrgebiet.[408] Anschließend wurde die Städteverbindung formalisiert. Vergleichbar bahnten die Regionalgesellschaften in den 1970er Jahren weitere Verbindungen beispielsweise zwischen Riga und Bremen oder Oldenburg und Kaliningrad an.[409]

Ebenso wie France-URSS brauchten die ARGE und die regionalen Gesellschaften bei ihrer Vermittlungstätigkeit nicht selten einen langen Atem. In München konnte Essl schon 1973 seinen Parteifreund, den Oberbürgermeister Georg Kronawitter, für eine Städteverbindung mit der Sowjetunion begeistern. Doch den ersten Vorschlag der Botschaft, Novosibirsk, kommentierte Kronawitter angeblich nur mit den Worten: „Da werden doch alle Bayern erfrieren!"[410] Als schließlich die sowjetischen Behörden dem Wunschpartner Kiev zustimmten, sollten die Verbindungen mit ukrainischen Kulturtagen in München 1976 eingeleitet werden. Zu deren Vorbereitung reiste Kronawitter selbst mit einer Stadtratsdelegation nach Kiev. Nachdem die sowjetische Seite keine verbindliche Zusage für eine gleichwertige Gegenveranstaltung machen wollte, verweigerte der von der CSU dominierte Stadtrat die Finanzierung.[411]

Jahre Städtepartnerschaft mit Tbilissi, http://www.saarbruecken.de/rathaus/saarbrueckens_staed tepartnerschaften/22_maerz_2015_40_jahre_staedtepartnerschaft_mit_tbilissi (10.10.2016).
407 Vgl. Dietmar Hübner: Die Osteuropa-Aktivitäten der Rheinisch-Westfälischen Auslandsgesellschaft Dortmund – Bericht für die KSZE-Nachfolgekonferenz, Mai 1977, S. 47, in: StA Dortmund, 478/202.
408 Vgl. Blinow, Anatoli: Dortmunder Tage in Rostow am Don, in: Sowjetunion heute, 16.11.1976, S. 28 f. und 32; Niederschrift über die Sitzung des Geschäftsführenden und des Gesamtvorstandes der Arbeitsgemeinschaft der Gesellschaften BRD-UdSSR, 10.9.1976, in: PAAA, ZA 112804. Wegen der großen Bedeutung für die Außendarstellung der Bundesrepublik beteiligten sich das Auswärtige Amt und das Bundespresseamt finanziell. Vgl. den Briefwechsel zwischen RWAG und AA in: PAAA, ZA 112804; Lippert, Auswärtige Kulturpolitik, S. 487 und 499
409 Ziemelis, Gunar: Partnerschaft Bremen–Riga, in: Sowjetunion heute, 16.8.1975, S. 25; Kallion, Ivar: Tallinn-Kiel. Partnerschaft zweier Olympiastädte, in: Sowjetunion heute, 16.5.1976, S. 10–12; Jürgens/Klinck, Der erste Schritt.
410 Igenbergs an Essl, 26.11.1973, in: AMA, BayGes, 2.
411 Vgl. Kronawitter an Essl, 19.7.1974, in: AMA, BayGes, 38; Erwin Essl an Botschafter Falin, 5.8.1974, in: AMA, BayGes, 38; Dijkov: Zapis' besedy s zavedujuščim otdelom kul'tury

Dennoch pflegte die Bayerische Gesellschaft weiterhin enge Kontakte mit der Ukrainischen SOD, so dass im Kontext der Perestrojka 1989 Kiev und München offiziell verschwistert werden konnten.[412]

Zu Beginn der 1980er Jahre wuchs das Interesse der bundesdeutschen Städte an Verbindungen mit der Sowjetunion. Im Kontext der Friedensbewegung strebten viele Kommunalpolitiker danach, die erneute Konfrontation durch persönliche Kontakte zu überwinden.[413] Der Stadtrat von Hagen beschloss beispielsweise im Oktober 1983, Verbindungen mit einer Stadt in der Sowjetunion aufzunehmen, da er „alle Anstrengungen in Ost und West [begrüße], die darauf abziel[t]en, dem Wettrüsten ein Ende zu bereiten".[414] Deshalb wandte er sich an die Gesellschaft BRD-UdSSR Rhein-Ruhr, die ihm über die sowjetische Botschaft Smolensk als Partner vermittelte.[415] Zur gleichen Zeit half die Bayerische Gesellschaft, den von ihr geförderten Austausch zwischen Schriftstellern aus Erlangen und der Sowjetunion zu einer Städteverbindung mit Vladimir auszubauen.[416] Eine etwas kuriose Partnerschaft vermittelte sie ab 1980 zwischen der oberbayerischen 4000-Einwohner-Gemeinde Denkendorf und dem zentralen Moskauer Stadtteil Krasnaja Presnja. Motiviert von dem Gedanken der Völkerverständigung gerade in schwierigen Zeiten brachte der Arzt Christian Holtz mit Trachtenkapelle und Freibier bayerisches Brauchtum nach Moskau. Diesen Besuch erwiderte 1984 der Bürgermeister des Bezirks mit einer Reise nach Oberbayern, woraus sich eine dauerhafte Partnerschaft entwickelte.[417]

---

magistrata gor. Mjunchena Klausom Biringerom, 29.8.1974, in: GARF, f. 9576, op. 20, d. 385, l. 174–177.
412 Vgl. Beschluß des Verwaltungsausschusses des Stadtrats vom 18. Juli 1989; München hat nun eine Schwester mehr. OB Kronawitter und Amtskollege Valentin Sgurskij unterzeichnen Urkunden, in: Süddeutsche Zeitung, 7./8.10.1989, in: AMA, BayGes.
413 Zu diesem Befund kommt auch Wagner, Partnerschaften deutscher Städte, S. 142 f. und 146.
414 Chronologie der Gespräche zur Städtepartnerschaft Hagen/Smolensk, in: Hagen impuls, November 1985, in: AMA, BayGes.
415 Vgl. ibid.
416 Vgl. zum Beginn der Partnerschaft den Überblick: Städtekontakt Erlangen – Wladimir (UdSSR), 19.10.1983, in: AMA, BayGes.
417 Vgl. Martynow, Sergej: Denkendorfer in Krasnaja Presnja, in: Sowjetunion heute 27 (1982) 3, S. 61; Sewergin, Oleg: Von der Krasnaja Presnja bis nach Bayern, in: Kultur und Leben (1984) 4, S. 30. Inspiriert von der Geschichte drehte bei einem weiteren Besuch 1983 der bayerische Kabarettist Gerhardt Polt den Film „Der Bürgermeister von Moskau" für die Serie „Fast wie im richtigen Leben". https://www.youtube.com/watch?v=-477j-3LqmU, (11.6.2016). Vgl. Forster, Karl: Die Kraft der Naivität. Unterwegs mit dem Denkendorfer Stammtisch, in: Die Zeit, 21.10.1983; und Holzheimer, Gerd: Polt. Die Biographie, München 2012, S. 95–103. In Denkendorf stehen heute mehrere Denkmäler, die der bayerisch-russischen Freundschaft

Die Bedeutung der ARGE und der Regionalgesellschaften für die Vermittlung der Städteverbindungen resultierte vor allem aus der Haltung des Auswärtigen Amtes und des Deutschen Städtetages. Als die Frage nach Städteverbindungen in der Bundesrepublik in den 1970er Jahren aufkam, unterstützte das Auswärtige Amt zwar grundsätzlich kommunale Beziehungen nach Osteuropa, wollte jedoch vor allem eine Formalisierung der Verbindungen verhindern.[418] Viele Jahre scheiterte eine offizielle Politik der Städteverbindungen an der Berlin-Frage. Im Oktober 1975 hatte eine sowjetische Delegation von Kommunalvertretern eine Reise durch westdeutsche Kommunen abgebrochen, weil auch ein Besuch in Westberlin vorgesehen war. Daraufhin verweigerte der Deutsche Städtetag jegliche Zusammenarbeit mit sowjetischen Institutionen.[419] Zudem fürchtete das Auswärtige Amt die mangelnde Gegenseitigkeit und die Ausnutzung der Kontakte für die sowjetische Propaganda. Nicht zuletzt überschritt aus außenpolitischer Sicht die in den Partnerschaftsverträgen übliche Nennung von übergeordneten Zielen wie Frieden, Abrüstung und der Verwirklichung der KSZE-Verträge den kommunalen Zuständigkeitsbereich.[420]

Die Zurückhaltung des Auswärtigen Amtes führte dazu, dass die Koordination der Städteverbindungen auf die gesellschaftliche Ebene verlagert wurde und die ARGE mit dem Segen des Auswärtigen Amtes in der zweiten Hälfte der 1970er und vor allem in den 1980er Jahren die Rolle der Informations- und Vermittlungsstelle für bundesdeutsch-sowjetische Städtekontakte einnahm. Sie leitete die Anfragen an die sowjetische Botschaft weiter, beriet die Stadtverwaltungen in rechtlichen und organisatorischen Fragen und vermittelte Kontakte zu entsprechenden Stellen in der Sowjetunion.[421] Eine zweite Folge der Haltung des Auswärtigen Amtes war die verzögerte Formalisierung der Städteverbindungen in der Bundesrepublik.[422] Extremes Beispiel hierfür ist die Verbindung zwischen Hamburg und Leningrad bzw. Sankt Petersburg. Obwohl seit 1957 ein regelmäßiger und enger Austausch von Delegationen und Jugendgruppen existierte, wurde erst im Jahr 2006 ein gemeinsames Protokoll und bis heute kein Partnerschaftsvertrag unterzeichnet.[423]

---

gewidmet sind. 1993 beehrte Gorbačev den Ort mit einem Besuch. http://www.gemeinde-den kendorf.de/tourismus/sehenswuerdigkeiten/freundschaftsdenkmal (11.6.2016).
418 Vgl. Lippert, Auswärtige Kulturpolitik, S. 488.
419 Vgl. Wagner, Partnerschaften deutscher Städte, S. 132–134.
420 Vgl. West-Ost-Beziehungen auf kommunaler Ebene. Eine Dokumentation, Recklinghausen 1987, S. 21.
421 Vgl. hierzu auch Lippert, Auswärtige Kulturpolitik, S. 491.
422 Vgl. hierzu die tabellarische Aufstellung von Lippert mit dem jeweiligen Jahr der Kontaktaufnahme und der Formalisierung: ibid., S. 495.
423 2013 scheiterte die Unterzeichnung eines weiteren Protokolls an Meinungsverschiedenheiten zwischen der Petersburger und Hamburger Stadtverwaltung über die Einbeziehung der

Städteverbindungen zwischen gesellschaftlicher Mobilisierung und politischer Instrumentalisierung

Ob mit oder ohne formelle Grundlage lebten die Städteverbindungen von regelmäßigen Begegnungen und vom Enthusiasmus und Engagement Einzelner, die unabhängig von der politischen Ausrichtung der Stadtspitze auch nach der ersten Euphorie und in politisch schwierigen Zeiten den Kontakt hielten. Schon in den Gründungsphasen der Städteverbindungen wurde deutlich, dass die Freundschaftsgesellschaften eine wesentliche Rolle dabei spielten, Durststrecken in den Städteverbindungen zu überwinden und sie über Richtungswechsel in der Kommunalpolitik und internationale Krisen hinweg am Leben zu erhalten. Hierzu eigneten sich regelmäßige Veranstaltungen, die möglichst viele Personen einbezogen.

Die BSFS realisierte schon Ende der 1950er Jahre zur Unterstützung der sich anbahnenden Städteverbindungen so genannte „Friendship Fortnights". Statt einer großen sowjetischen Delegation nach London auf „lightning visit" sollten passend zusammengestellte sowjetische Delegationen für längere Zeit in bestimmte Regionen reisen, so dass intensivere Kontakte entstehen konnten.[424] 1959 kamen so drei Bergbaufunktionäre aus der Region Doneck für zwei Wochen nach Sheffield und Umgebung. Sie trafen Vertreter der Gewerkschaften in Leeds, Hull und Sheffield, wurden von mehreren Bürgermeistern und der Handwerkskammer empfangen und besuchten Kinderbibliotheken, Krankenhäuser, Schulen und ein Rugbyspiel. Mehrmals folgten sie Einladungen in Privathäuser, vor allem von Mitgliedern der CPGB und der BSFS.[425] Obwohl dies noch weit von einem tatsächlichen Austausch auf Bürgerebene entfernt war, hatten diese Delegationen in jedem Fall eine neue Qualität gegenüber den früheren, höchstens eintägigen Stippvisiten sowjetischer Eliten.

Bei der Auswahl der lokalen Vertreter nahm es die sowjetische Seite manchmal allerdings nicht so genau. Im Mai 1961 reiste eine kleine Delegation aus Minsk nach Nottingham, um die Verbindungen zwischen den Städten zu stärken. Neben Anatolij Obukovič, Sekretär der belorussischen Gewerkschaften,

---

Zivilgesellschaft, so dass sie sich einigten „im konstruktiven Dialog weiter zusammen zu arbeiten, ohne eine schriftliche Vereinbarung zu treffen". Vgl. Staatsrat Wolfgang Schmidt an Gerhard Weber, 22.1.2013, in: Privatarchiv Weber.
424 Vgl. Friendship Diary, in: British-Soviet Friendship (1958) 6, S. 2 f.; Friendship Fortnights, in: British-Soviet Newsletter, 1.11.1958, S. 1, in: MML.
425 Vgl. Meeting the Russians, in: British-Soviet Friendship (1960) 1, S. 3 f.

kamen auf Beschluss Moskaus Viktor Gorškov, Vize-Präident der SSOD in Moskau, und die ukrainische Schauspielerin Ėlina Bystrickaja. Die Verantwortlichen der BSFS protestierten, dass dies ein schlechtes Licht auf ihre Arbeit werfen würde. Schließlich einigte man sich, Bystrickaja als Minsker Schauspielerin zu präsentieren, was die britische Presse bereitwillig so übernahm.[426] So wurde diese Delegation für die BSFS am Ende angeblich ein großer Erfolg, da Obukovič mit seinen klugen Antworten und Bystrickaja mit ihrem Charme die Herzen der Bewohner Nottinghams erobert hätten.[427]

Ab den 1970er Jahre erreichten die Tage der Partnerstädte neue Dimensionen. Vorreiter waren hier Leningrad und Manchester. Nachdem 1962 die Stadtoberhäupter eine erste, zunächst für zwei Jahre gültige Vereinbarung zwischen beiden Städten unterzeichnet hatten, reisten 1964 erstmals 20 Schüler aus Manchester nach Leningrad. Daraus entwickelte sich ein jährlicher Schüleraustausch auch in umgekehrte Richtung.[428] 1968 veranstaltete Leningrad die ersten „Manchester Days", zu denen damals nur eine Delegation der Stadtverwaltung und der BSFS kam. Der Gegenbesuch erfolgte erst 1971 mit 21 Leningrader Gästen aus der Stadtverwaltung und der lokalen Partnergesellschaft SSSR-Velikobritanija.[429] Von da an fanden fast jährlich abwechselnd „Leningrad Days" in Manchester und „Manchester Days" in Leningrad statt, die die jeweiligen Stadtverwaltungen, die Gewerkschaften und die Freundschaftsgesellschaften gemeinsam organisierten. Die Zahl der beteiligten Bürger und Gruppierungen wuchs mit den Jahren rapide. 1974 kamen 134 Gäste aus Manchester nach Leningrad.[430] Im Gegenzug besuchten 1975 immerhin 40 Leningrader nach Großbritannien.[431] Allein im Jahre 1978 reisten zunächst zwölf Schulkinder aus Manchester nach Leningrad, gefolgt von einer 150-köpfigen Delegation zu den „Manchester Days", die auf

---

426 Vgl. Šadurskij, Kul'turnye svjazi Belarusi, S. 106–107; Minsk-Nottingham, in: British-Soviet Friendship (1961) 6, S. 1.
427 Vgl. Minutes National Council Meeting, 4.6.1961, in: MML.
428 Vgl. Hartman, Dick: Manchester – Leningrad, in: British-Soviet Friendship (1964) 9, S. 5; sowie Tret'jakova, T.P.: Ėto bylo nedavno ... Ėto bylo davno ..., in: Manchester – St.Petersburg, S. 31 f.
429 Vgl. Arnison, Jim: Sunny „Leningrad Days" held in Manchester, in: British-Soviet Friendship (1971) 9, S. 4.
430 Vgl. Gibson, John: Twin Cities Sign Five-Year Friendship Pact, in: British-Soviet Friendship (1974) 9, S. 1, 8.
431 Vgl. Gibson, John: Milestone in Manchester-Leningrad relations, in: British-Soviet Friendship (1975) 7–8, S. 4 f.

dem Rückweg 28 Jugendliche aus Leningrad nach Manchester mitnahmen. Zum Programm gehörten gemeinsame Leichtathletik-Wettbewerbe, ein Austausch zwischen den Musikhochschulen sowie dem Leningrad Philharmonic Orchester und dem Manchester Orchestra.[432] Treibende Kraft dieses Austausches waren die Gewerkschaften in Zusammenarbeit mit dem lokalen Sekretär der BSFS, Dick Hartman, Kandidat der CPGB für die Kommunalwahlen 1947, langjähriges Mitglied des Executive Committee der BSFS und ab 1982 deren nationaler General Secretary.[433]

Leningrad organisierte ähnliche wechselseitige Kulturtage im etwa zweijährlichen Rhythmus mit seinen Partnerstädten Le Havre ab 1971 und Hamburg ab 1979, an denen ebenfalls die Freundschaftsgesellschaften als Initiatoren und Organisatoren mitwirkten. Neben den üblichen Kunst-, Musik- und Sportdarbietungen bemühte sich die Hamburger Gesellschaft BRD-UdSSR beispielsweise 1979 mit einem „Abend der Begegnung" zwischen der 200-köpfigen sowjetischen Delegation und Hamburger Bürgern sowie im Rahmen eines Kolloquiums um Veranstaltungen, die Dialog und Kennenlernen ermöglichen sollten.[434] Pioniere für die Kulturtage im Rahmen von Städteverbindungen in der Bundesrepublik waren Saarbrücken und Tbilissi 1974 im Saarland und 1976 in Tbilissi, bei denen 400 Saarländer nach Georgien reisten.[435] Von da an ersetzten diese Kulturtage in der Bundesrepublik die generellen „Tage der Sowjetunion", was gerade für die zweite Ebene der Begegnung Vorteile brachte.[436] Zwar bedienten

---

432 Vgl. Hartman, Dick: Friendship fortissimo: Twin cities enjoy summer feast. Manchester – Leningrad exchanges, in: British-Soviet Friendship (1978) 11–12, S. 8 f.
433 Vgl. Minutes of Executive Committee, 10.7.1977, in: Hull, U DX/367/13. Sein Engagement für die Städtepartnerschaft wurde 1982 mit der sowjetischen Freundschaftsmedaille belohnt. Vgl. Minutes of Executive Committee Meeting, 31.1.1982, in: NottArch, DD/PP/11/3/1.
434 Auf dem Programm standen unter anderem Ausstellungen wie „Leningrad im Großen Vaterländischen Krieg" und „Russische Malerei zur Zeit Gogols", Auftritte des Maly-Balletts und des Andreev-Volksorchesters sowie Vorführungen von Leichtathleten und Eiskunstläufern Vgl. Leningrad-Tage in Hamburg, in: Sowjetunion heute (1980) 2, S. 60 f. 1981 erfolgte die Gegenveranstaltung in Leningrad, zu der ebenfalls mehrere hundert Hamburger reisten. Vgl. Nepomnjastschi, Alexander: Die „Hamburger Tage" in Leningrad, in: Sowjetunion heute (1982) 1, S. 62–65.
435 Vgl. zu Saarbrücken jeweils Gvenetadze, Chronik einer Freundschaft, S. 34–37 und S. 49.
436 Sowjetische Tage in der Bundesrepublik: 1978 Tage Georgiens im Saarland; 1979 Tage Leningrads in Hamburg und Aserbaidschans in Köln; 1981 Tallinner Kulturtage in Kiel und Tage Armeniens in Hessen; 1982 Tage der Ukraine in Hamburg; 1983 Tage Rostovs in Dortmund; 1983 Litauische Tage an Rhein und Ruhr; 1984 Tage Kasachstans in Ems-Jade und Oldenburg, Moldawiens in Bonn und Armeniens in Hessen; 1985 Tage Rigas in Bremen und Tage Russlands in Nordrhein-Westfalen; 1987 Tage Leningrads in Hamburg; und Litauens an Rhein und Ruhr; 1988 Tage Usbekistans in Niedersachsen und Armeniens in Hessen; 1988 Tage Litauens in Mannheim; 1989 Tage Kasachstans an Ems und Jade. Tage der Bundesrepublik in der

sie immer noch viele oberflächliche kulturelle Klischees, doch waren hier wenn auch ausgewählte, so doch wesentlich größere Gruppen der Bevölkerung beteiligt. Dadurch dass sich die Kulturtage in regelmäßigen Abständen wiederholten, ergab sich die Möglichkeit, sich immer wieder zu treffen und eine langfristige Beziehung aufzubauen. Der lokale Rahmen bot zudem eine unpolitischere Identifikationsebene und erlaubte, politische Probleme zumindest partiell auszublenden. So waren Partnerschaftstage mit den baltischen Städten möglich, obwohl die Bundesrepublik offiziell die Annexion des Baltikums nicht anerkannte.[437]

In Frankreich versuchte France-URSS durch nationsweite Massenreisen, den Städteverbindungen neuen Schwung zu verleihen. Im Februar 1979 reisten so 440 ukrainische Vertreter aus 13 Städten in ihre französischen Partnerstädte und am gleichen Tag 440 Franzosen in die Ukraine.[438] Zu den 30 bis 40 Delegierten pro Stadt gehörten auf beiden Seiten Vertreter der Stadtregierung, der Freundschaftsgesellschaften und lokale Persönlichkeiten. Unter den 38 Delegierten aus Melitopol in Brive-la-Gaillard waren beispielsweise 14 Vertreter des Stadtsowjets und 5 Mitglieder der Exekutive.[439] Nach einer sehr positiven Bilanz von sowjetischer und französischer Seite wurde das Konzept im Oktober 1984 mit 750 Vertretern aus 23 russischen und französischen Partnerstädten wiederholt.[440] Gerade in den kleineren Städten waren die sowjetischen Besucher eine Sensation. Sie wurden von den Stadtoberen empfangen und mit den Sehenswürdigkeiten und Einrichtungen der Partnerstadt vertraut gemacht.[441]

Sowjetunion: 1976 Tage des Saarlands in Georgien; 1981 Hamburger Tage in Leningrad; 1983 Kieler Tage in Tallinn; 1984 Dortmunder Tage in Rostov; 1985 Tage Niedersachsens in Usbekistan und Hessens in Armenien; 1986 Oldenburger Tage in Kasachstan; 1987 Mainzer Tage in Baku; 1988 Tage Baden-Württembergs in Tadschikistan.

437 Das Auswärtige Amt bat darum, die „Tage der Sowjetunion" in Kiel explizit „Tage Tallinns" zu nennen, um diplomatische Probleme zu vermeiden. Vermerk: ARGE; Unterredung mit Herrn Behrendt am 23.3.,1981 in: PAAA, ZA 133290.

438 Vgl. [Roussat:] Note à l'attention de Monsieur Gérard Jaquet, [11/1976], in: ANF, 88 AS 52. Dies waren Belfort–Zaporož'e, Romainville–Darnicja (Kiev), Chalette-sur-Loing–Dnipro, Saint-Étienne-du-Rouvray–Novaja Kachovka, Romilly-sur-Seine–Uman, Lille–Char'kov, Avion–Thorezgrad, Marseille–Odessa, Cassis–Alušta, Nice–Jalta, La Seyne-sur-Mer–Berdjansk, Saint-Étienne–Vorošilovgrad, Toulouse–Kiev, Brive–Melitopol.

439 Vgl. Un séjour enrichissant et chaleureux pour la délégation de Mélitopol, in: ANF, 88 AS 50.

440 Vgl. zur Bilanz Svistunov an Grenkov, Abteilung Westeuropa SSOD, 7.3.1979, in: GARF, f. 9576, op. 20, d. 2265, l. 138; Roussat, Raymond: Une grande première!, in: FUM (1979) 4, S. 5. Zum Treffen 1984 vgl. Martin, France-URSS, S. 171.

441 Vgl. den Pressespiegel in ANF, 88 AS 50. La municipalité romillonne a accueilli 36 délégués de notre ville-sœur d'OUMAN.

Die meisten Kommunen waren France-URSS dankbar für die Organisation der sonst sehr aufwändigen und kostspieligen Reise. Waren Kommunen wie die gaullistische Stadtregierung des Badeortes Menton nicht zur Teilnahme bereit, organisierte das lokale Komitee von France-URSS allein den Empfang der Gäste.[442] Bei diesen Treffen reiste vor allem die jeweilige kommunale Elite. 1980 bis 1986 kamen jährlich jedoch hundert bis zweihundert sowjetische Bürger über Städteverbindungen nach Frankreich.[443]

Regelmäßigere Reisen auch von Theater-, Musik-, Frauen- oder Jugendgruppen schufen ein gewisses Gefühl der Vertrautheit, selbst wenn der Einzelne zum ersten Mal in die Partnerstadt reiste.[444] Eine Gruppe aus La Rochelle berichtete von ihrer zweiwöchigen Fahrt in die Partnerstadt Petrozavodsk im Oktober 1985, dass sie bereits in Moskau von Vertretern aus Petrozavodsk abgeholt wurden, die ihnen das Gefühl der Fremdheit nahmen. In Petrozavodsk folgte „eine Kaskade von Besuchen, Empfängen, mit reichhaltigen und herzlichen Mittag- und Abendessen, alles umgeben von Freundlichkeit und dem Willen eine Freude zu machen". So hatten sie am Ende das Gefühl, Freunde und alte Bekannte zu verlassen. Der anschließende Besuch in Moskau erschien ihnen dagegen eher formell.[445] Auch andere Reiseberichte bezeugten den Kontrast zwischen der unpersönlichen Großstadt Moskau, die zwangsläufig immer besucht werden musste, und dem freundlichen Empfang in der Partnerstadt, wo man eventuell vertraute Personen wieder traf und die politischen Differenzen keine so große Rolle zu spielen schienen. Eine Reisegruppe aus Angoulême bemängelte beispielsweise die stundenlangen Wartezeiten am Flughafen in Moskau, die „schwere Atmosphäre" und die „graue Eintönigkeit" der Hauptstadt, in der sie nur anonyme Touristen waren. Der Zwischenstopp in Soči war dagegen schon positiver, die Menschen „lächelten mehr" und waren weniger „nervös". In ihrer Partnerstadt Gelendžik wurden sie endlich „sehr herzlich" empfangen, dort erschienen die Kolchosmärkte authentischer als die Geschäfte

---

442 Vgl. Jean Aussel an Bernard Crodier, Secrétaire général adjoint France-URSS, 5.3.1985, in: ANF, 88 AS 50.
443 Vgl. Groupes touristiques en France dans le cadre des villes jumelées, 24.9.1986, in: ANF, 88 AS 38.
444 Zwischen La Rochelle und Petrozavodsk reisten beispielsweise zwischen 1973 und 1979 sechs offizielle Delegationen mit insgesamt 22 Personen, zwei Touristengruppen, zwei Jugend-, eine Frauen- und eine Theatergruppe nach Petrozavodsk. Umgekehrt kamen vier Delegationen mit 13 Personen nach La Rochelle sowie jeweils eine Touristen-, eine Jugend- und eine Frauengruppe.Vgl. Jumelage La Rochelle – Petrozavodsk, [1980], in: ANF, 88 AS 50.
445 Échanges de villes jumelées françaises et des villes d'U.R.S.S.: La Rochelle/Petrozavodsk, voyage du 14 au 21 Octobre 1985, in: ANF, 88 AS 50.

für Ausländer in der Hauptstadt, und natürlich lockte der Strand mit seinen Aktivitäten.[446]

Trotz des augenscheinlichen Erfolgs dieser Reisen bedauerten fast alle Beteiligten die mangelnde Gelegenheit für wirklich persönliche Kontakte durch längere Aufenthalte in Familien. Noch Mitte der 1970er Jahre war es für viele ausländische Delegationen gar nicht möglich, länger als einen Tag in der Partnerstadt zu bleiben, wenn es dort kein Inturist-Hotel gab.[447] Selbst die kommunistischen Kommunen wie der Pariser Vorort Pantin hielten bei einer Befragung von France-URSS 1982 nicht mit Kritik zurück: „Die Beziehungen werden unserer Meinung nach zu langsam realisiert und ausgehandelt, als dass sie zu wirklichem Austausch zwischen Arbeitern und anderen Bevölkerungskategorien führen könnten."[448] Insbesondere der mangelnde Austausch der Jugend als zukünftige Träger der Städteverbindung wurde über Jahre von den Komitees bedauert.[449] Während der Schüleraustausch beispielsweise zwischen Frankreich und Deutschland zu den Grundpfeilern der Städteverbindungen gehörte, scheiterte er zwischen westlichen Ländern und der Sowjetunion einerseits an mangelnden Russischkenntnissen, andererseits am Misstrauen der sowjetischen Behörden. Ein wesentlicher Bestandteil derartigen Austausches wäre es, den Alltag einer Familie im Partnerland zu teilen und bei ihr zu wohnen. Leroy versicherte bereits 1966 auf sowjetische Bedenken bei einem Schüleraustausch zwischen der Spezialschule Nr. 2 und einem Lycée in Nancy hin, dass er sich persönlich darum kümmern werde, die sowjetischen Kinder nicht nur in Kontakt mit der französischen Bourgeoisie, sondern auch mit Pariser Arbeiterkindern oder Bergarbeiterkindern aus Lothringen zu bringen.[450] Doch hier halfen selbst die politischen Garantien der Freundschaftsgesellschaft nicht. Selbst ins kommunistisch regierte Nanterre kam erst 1980 eine Jugendgruppe aus Novgorod. Das dortige Komitee von France-URSS betrachtete es als großen Erfolg, dass sowjetische Jugendliche 1982 einen Tag in ausgewählten Familien von Mitgliedern von France-URSS verbringen durften. Der direkte Austausch zwischen Familien blieb jedoch ein Wunsch.[451] Zu den Gründen für diese Blockadehaltung antwortete die

---

446 Comité de Jumelage ville d'Angoulême: Guelendjik, 1980, in: ANF, 88 AS 50.
447 Vgl. [Roussat:] Note à l'attention de Monsieur Gérard Jaquet, [11/1976], in: ANF, 88 AS 52.
448 Vgl. Fragebogen zur Städtepartnerschaft von France-URSS, Pantin, [1982], in: ANF, 88 AS 50.
449 Vgl. beispielsweise Comité de jumelage Beaujolais–Karalach: Rapport d'activité du comité depuis sa création, octobre 1982, in: ANF, 88 AS 50.
450 Vgl. Zapis' besedy Predsedatelja Prezidiuma SSOD t. Popovoj N.V. s členom prezidentskogo soveta Obščestva „Francija-SSSR" sekretarem CK FKP R. Lerua, 19.3.1966, in: RGANI, f. 5, op. 50, d. 785, l. 193–200, hier l. 199.
451 Vgl. Nanterre–Novgorod, Fragebogen France-URSS, [10/1982], in: ANF, 88 AS 50.

SSOD beispielsweise auf eine Anfrage der RWAG 1974 sehr ausweichend: „Was den Vorschlag eines Schüleraustauschs selbst anbelangt, so sollte noch abgewartet werden, bis SSOD einige Probleme mit den Schülern geklärt hat. – Das gleiche gilt für den Austausch von Einzelpersonen und Familien."[452] Beim schon lange durchgeführten Hamburger Austausch von Jugendgruppen wurden die Gruppen immer geschlossen in Jugendherbergen untergebracht.

Die Verhinderungspolitik auf der Ebene des persönlichen Austauschs zwischen den Bevölkerungen der Städte macht deutlich, dass es für die Sowjetunion nicht darum ging, transnationale Verbindungen zwischen den Bewohnern zweier Städte zu schaffen. Sie stellten vielmehr eine weitere Möglichkeit dar, lokale Politiker als Multiplikatoren für die zentrale politische Botschaft der friedliebenden Außenpolitik der Sowjetunion zu gewinnen. Zahlreiche Beschlüsse des GKKS und der Assoziation der Städtepartnerschaften bemühten sich im Laufe der Jahre auf sowjetischer Seite um den Ausbau und die Verbesserung der „Effektivität" (èffektivnost') d. h. der erfolgreichen Vermittlung politischer Botschaften im Rahmen der Städteverbindungen.[453] Im Januar 1980 – offensichtlich angesichts des Imageschadens durch den sowjetischen Einmarsch in Afghanistan – verfasste die Vorsitzende der SSOD Kruglova ein Memorandum zum Zustand der Städteverbindungen. Demnach empfing die SSOD im Rahmen der Städteverbindungen jährlich 200 bis 220 Delegationen mit insgesamt 2.500 Personen und schickte 140 bis 160 Delegationen mit 1.600 Personen ins Ausland. Probleme sah Kruglova vor allem im „formellen Charakter" der Delegationen im Ausland, die sich zu wenig um Treffen mit den Bewohnern der Städte bemühten, und dem mangelnden Engagement mancher Stadtverwaltungen.[454] Die Internationale Abteilung des ZK zog allerdings daraus nicht den Schluss, dass mehr Raum für zwischenmenschliche Begegnungen geschaffen werden müsse, sondern dass die Teilnehmer sorgfältiger ausgewählt und ihre Arbeit stärker kontrolliert werden sollte.[455] Die politische Kontrolle war in diesem Fall immer noch wichtiger als die

---

452 Zitiert nach Dietmar Hübner: Die Osteuropa-Aktivitäten der Rheinisch-Westfälischen Auslandsgesellschaft Dortmund – Bericht für die KSZE-Nachfolgekonferenz, Mai 1977, S. 43, in: StA Dortmund, 478/202.
453 Vgl. die von Maksimov zitierten Beispiele für die 1960er Jahre, Maksimov, Meždunarodnye kontakty gorodov, S. 98.
454 Vgl. Kruglova an CK KPSS, 12.3.1980, in: RGANI, f. 89, op. 39, zugänglich in: Bukovsky Archives, 0832- ct218-80.
455 Vgl. V. Šapošnikov, Stellvertreter in der Internationalen Abteilung des CK KPSS und Nikolaj Pegov, Vertreter der Abteilung für die Arbeit mit ausländischen Kadern und Auslandsreisen, 24.6.1980, in: RGANI, f. 89, op. 39, zugänglich in: Bukovsky Archives, 0832 ct218-80.

Außenwirkung. An diesen Prämissen sollte sich erst während der Perestrojka etwas ändern.

Um die Städteverbindungen in den richtigen politischen Rahmen zu rücken, organisierte France-URSS mit SSSR-Francija mehrmals nationsweite Städtepartnerschaftstreffen. Bei diesen kamen möglichst viele Bürgermeister und andere offizielle Vertreter der verschwisterten Städte zusammen, um über aktuelle Fragen zu diskutieren und anschließend in ihre jeweiligen Partnerstädte zu reisen. Das erste sowjetisch-französische Städtepartnerschaftstreffen fand im Oktober 1973 in Marseille statt.[456] Marseilles Partnerstadt Odessa lud seinerseits 1976 zum zweiten Treffen ein. Weitere derartige Veranstaltungen folgten 1981 in Aix-les-Bains und 1986 in Leningrad. Die Freundschaftsgesellschaften waren gemeinsam mit den Partnergesellschaften die Hauptorganisatoren dieser Treffen.

Je mehr Kommunen verschiedener politischer Couleur sich beteiligten, desto mehr mediale Aufmerksamkeit bekamen die Treffen. Im Vorfeld kontaktierten die lokalen Komitees von France-URSS die Stadtverwaltungen und versuchten, sie von der Teilnahme zu überzeugen.[457] Nach Marseille kamen immerhin Vertreter aus 33 sowjetischen Städten, sechs offizielle Gesandte von SSOD, SSSR-Francija und der FMVJ sowie gut 60 Abgesandte französischer Städte, darunter allerdings viele Vertreter von France-URSS.[458] Drei Jahre später reisten bereits 104 Delegierte französischer Städte und 35 Vertreter von France-URSS nach Odessa, um dort ebenso viele sowjetische Delegierte zu treffen.[459]

Die sowjetische Seite verfolgte eine klare politische Zielrichtung mit den Treffen. Die sowjetischen Teilnehmer wurden vor dem Treffen in Marseille angewiesen, in ihren Vorträgen die Erfolge des sowjetischen Volkes im kommunistischen Aufbau, der Innen- und Außenpolitik der KPdSU und des sowjetischen Staates, die positiven Veränderungen der internationalen Beziehungen dank des Friedensprogramms des 24. Parteitags sowie die Bedeutung der Rolle der

---

456 Dort war wenige Monate vorher von Bürgermeister Gaston Defferre im Mai 1972 die erste Partnerschaft einer sozialistisch geführten Stadt mit Odessa offiziell besiegelt worden.
457 Vgl. Malle, L'Association France-URSS, S. 86.
458 Liste de membres de la délégation soviétique arrivant en France pour participer à la première rencontre franco-soviétique de représentants de villes jumelées, in: ANF, 88 AS 50.
459 Vgl. Otčet o Vtoroj Vstreče predstavitelej sovetskich i francuzskich porodnennych gorodov, [10/1976], in: GARF, f. 9576, op. 20, d. 1388, l. 4–14, hier l. 4. Namentlich aufgezählt in der Dokumentation zu dem Treffen: 2ᵉ rencontre franco-soviétique des villes jumelées, Odessa, 13–16 Octobre 1976, in: ANF, 88 AS 50.

Freundschaftsgesellschaften für die Städteverbindungen hervorzuheben.[460] In Odessa 1976 war das zentrale Thema der Referate der Beitrag der Städteverbindungen zur Erfüllung der Schlussakte von Helsinki und die Bedeutung der Freundschaftsgesellschaften für diese Verbindungen.[461] In der Abschlussresolution wurden die Teilnehmer entsprechend aufgerufen, „effektiv zur Verwirklichung aller Bestimmungen der Schlussakte von Helsinki beizutragen" und alle Initiativen zu stützen, die auf Frieden, das Ende des Rüstungswettlaufs und Abrüstung hinwirkten.[462] Damit sprachen die Abschlussresolutionen Themen an und stellten außenpolitische Forderungen, die den kommunalen Rahmen gänzlich überstiegen.

Abgesehen von diesen politischen Aspekten wurden bei den Treffen auch konkrete kommunale Fragen angesprochen und in kleineren Arbeitsgruppen diskutiert. In Marseille und Aix-les-Bains war der Umweltschutz ein relativ dankbares Hauptthema, da er unabhängig vom politischen System alle Städte in gleichem Maße betraf.[463] Bei der Diskussion über das Gesundheitssystem in Odessa kam es dagegen beinahe zum Eklat, als der kommunistische Bürgermeister der Pariser Vorstadt Montreuil, Marcel Dufriche, die gebotene parteipolitische Neutralität missachtete und die französische Gesundheitspolitik angriff. Auch für das Abschlusskommuniqué mussten die Vertreter der SSOD und France-URSS die kommunistischen Stadtoberhäupter eher bremsen, damit keine explizite Kritik an der französischen Regierung in die Erklärung kam.[464] Auch in diesem Rahmen hätte eine sichtbare Rolle des PCF den Erfolg des Treffens und die Einbindung von Kommunen verschiedener politischer Ausrichtung gefährdet.

Für die tatsächlichen Städteverbindungen und viele Vertreter der Stadtverwaltung waren der Erfahrungsaustausch mit den anderen Städten und vor

---

460 Vgl. Direktivnye ukazanija po učastiju sovetskoj delegacii vo Vstreče predstavitelej gorodov SSSR i Francija osuščestvljajuščich družestvennye svjazi, [10/1973], in: GARF, f. 9576, op. 20, d. 281, l. 23 f.
461 Otčet o Vtoroj Vstreče predstavitelej sovetskich i francuzskich porodnennych gorodov, [10/1976], in: GARF, f. 9576, op. 20, d. 1388, l. 4–14, hier l. 5; sowie zu den Referaten: 2e rencontre franco-soviétique des villes jumelées, Odessa, 13–16 Octobre 1976, S. 25–27, in: ANF, 88 AS 50.
462 Vgl. Appel aux habitants des villes françaises et soviétiques, in: 2e rencontre francosoviétique des villes jumelées, Odessa, 13–16 Octobre 1976, S. 64 f., in: ANF, 88 AS 50. Vgl. 1er rencontre franco-soviétique des villes jumelées, in: FUM (1974) 1–2, S. 14 f. und S. 83–85
463 Commission „Expériences respectives dans le domaine de l'environnement, [10/1981], in: ANF, 88 AS 50.
464 Otčet o Vtoroj Vstreče predstavitelej sovetskich i francuzskich porodnennych gorodov, [10/1976], in: GARF, f. 9576, op. 20, d. 1388, l. 4–14, hier l. 8 f.

allem der anschließende Besuch in ihren Partnerkommunen sicherlich wichtiger als die Reden und Resolutionen der Treffen. Da die Teilnehmer nur ihre Reise nach Odessa zahlen mussten und die SSOD den anschließenden dreitägigen Besuch in der Partnerstadt und in Moskau übernahm, bot sich wie bei den Massenreisen eine relativ preisgünstige und bequeme Gelegenheit, auch etwas eingeschlafene Beziehungen wie z. B. zwischen Dijon und Volgograd wieder aufzufrischen.[465] Andere Stadtvertreter trafen dort zum ersten Mal ihre zukünftigen Partner – so der Bürgermeister von Agen seine Kollegen aus der russischen Schwarzmehrstadt Tuapse in Odessa.[466]

Die Bilanz der Städtepartnerschaftstreffen hing von den ursprünglichen Erwartungen ab. Rein quantitativ kann man es als großen Erfolg bezeichnen, dass so viele Stadtvertreter nahezu aller Partnerstädte zusammengebracht werden konnten. Gegenüber der sowjetischen Öffentlichkeit stellte *Izvestija* besonders heraus, dass die französischen Teilnehmer in Odessa aus allen Parteien kamen, und zeichnete ein sehr positives Bild von den aktuellen Städteverbindungen.[467] Abgesehen von der Kritik an dem mangelnden direkten Austausch zwischen Bevölkerungsgruppen waren die in *France-URSS Magazine* veröffentlichten Kommentare der Delegierten überwiegend positiv.[468] Für France-URSS waren die Treffen zudem ein politischer Erfolg, weil sie die Sichtbarkeit der Freundschaftsgesellschaft erhöhten. Die regionale mediale Resonanz auf die zentralen Veranstaltungen und vor allem auf die Besuche der Delegierten in den Partnerstädten war verhältnismäßig groß. Gerade in der zweiten Hälfte der 1970er Jahre, als die Dissidentenfrage die Berichterstattung über die Sowjetunion und France-URSS dominierte, war ein positives Interview mit Guy Desson in *Le Monde* ein Gewinn.[469] Durch die Zusammenarbeit mit den Stadtverwaltungen unterschiedlicher politischer Parteien wuchs außerdem die politische Salonfähigkeit von France-URSS. Für die Sowjetunion schließlich war es eine Gelegenheit, die Städteverbindungen in ihren politischen Rahmen zurückzubringen.

Die französisch-sowjetischen Städtepartnerschaftstreffen waren kein Einzelfall. In ihrer Zwischenbilanz 1980 zählte Kruglova neben Frankreich fünf

---

[465] Vgl. zur Finanzierung Pesljak, Vertreter des Präsidiums der SSOD, an Svistunov, Vertreter der SSOD in Paris, 27.1.1976, in: GARF, f. 9576, op. 20, d. 1388, l. 37–39. Vgl. „Ce qu'ils en disent...", in: FUM (1976) 12, S. 32–37, hier S. 32.

[466] Vgl. „Ce qu'ils en disent...", in: FUM (1976) 12, S. 32–37, hier S. 32.

[467] Vgl. Zykov, S.: Goroda, porodnennye uzami družby, in: Izvestija, 26.10.1976, S. 5.

[468] Vgl. „Ce qu'ils en disent...", in: FUM (1976) 12, S. 32–37.

[469] Vgl. Otčet o Vtoroj Vstreče predstavitelej sovetskich i francuzskich porodnennych gorodov, [10/1976], in: GARF, f. 9576, op. 20, d. 1388, l. 4–14, hier l. 11.

derartige Treffen mit Finnland, sieben mit Japan und zwei mit Italien auf.[470] In Großbritannien fand möglicherweise aufgrund der organisatorischen und finanziellen Schwäche der Freundschaftsgesellschaften kein vergleichbares Treffen statt. In der Bundesrepublik war in den 1970er Jahren keine ausreichende Anzahl an Städtepartnerschaften vorhanden. Erst Mitte der 1980er Jahre wurde ein solches Treffen mit der ARGE in Kooperation mit der saarländischen Landesregierung unter Ministerpräsident Lafontaine und der Friedrich-Ebert-Stiftung angedacht. Das Projekt scheiterte jedoch daran, dass die SSOD als Vorbedingung die offizielle Beteiligung des Deutschen Städtetages als Mitveranstalter und die Präsenz von CDU-Bürgermeistern forderte. Umgekehrt setzte der Städtetag stillschweigend die Einbeziehung von Westberlin voraus.[471] So konnte erst im Zuge der Perestrojka und mit dem Aufweichen der Blockadepolitik des Deutschen Städtetages im April 1987 ein bundesdeutsch-sowjetisches Treffen der Partnerstädte in Saarbrücken realisiert werden. Daran beteiligten etwa 100 Vertreter aller Parteien, wobei auch zukünftige Partner wie Rothenburg ob der Tauber und Susdal vertreten waren.[472] Im Gegensatz zu den französisch-sowjetischen Treffen wurden hier im Zeichen der Perestrojka nicht mehr nur die erfolgreichen sowjetischen Maßnahmen präsentiert, sondern beim Thema Umweltschutz erstmals das Ausmaß der tatsächlichen Verschmutzung beispielsweise in Doneck angesprochen.[473] Dennoch dominierte auch bei diesem Treffen die Politik Moskaus. So diente es aus Sicht der SSOD vor allem als „einmalige Gelegenheit" für die „direkte Propagandaarbeit" zur Vermittlung der Beschlüsse des Januarplenums des ZK.[474] Die Abschlussresolution kommentierte das sowjetisch-amerikanische Gipfeltreffen in Reykjavik und forderte die Beseitigung von Kernwaffen und Mittelstreckenraketen.[475] Angesichts des damaligen großen Interesses der Bundesrepublik an der Sowjetunion war die

---

470 Vgl. Kruglova an CK KPSS, 12.3.1980, in: RGANI, f. 89, op. 39, zugänglich in: Bukovsky Archives, 0832- ct218-80.
471 Vgl. Vermerk: ARGE, 28.1.1985, in: PAAA, ZA 139406.
472 Vgl. zu Programm und Teilnehmern: Landeshauptstadt Saarbrücken (Hg.): Dokumentation. 1. Treffen von Vertretern der Partnerstädte aus der BRD und der UdSSR vom 29.3.–1.4.1987 in Saarbrücken, Saarbrücken 1988, S. 11–19; Boguševskij an Vedernikov, 16.12.1986, in: GARF, f. 9576, op. 20, d. 5490, l. 5 f.
473 Vgl. Maetzke, Ernst-Otto: Schadstoffe im Lande Lenins. Umweltschutzaufgaben und Lösungsversuche dreier Städte, in: FAZ, 6.4.1987.
474 O rabote predstavitel'stva SSOD v FRG po povyšeniju effektivnosti informacionno-propagandističeskoj dejatel'nosti Federacii i regional'nych Obščestv „FRG-SSSR", [1987], in: GARF, f. 9576, op. 20, d. 5490, l. 105–112, hier l. 108.
475 Vgl. Gemeinsames Abschlusskommuniqué, in: Landeshauptstadt Saarbrücken, Dokumentation, S. 147–149.

Presseresonanz auf das Treffen enorm und überwiegend positiv.[476] Der wichtigste Erfolg für die Sowjetunion war die nun mögliche offizielle Zusammenarbeit mit dem Deutschen Städtetag. Weitere Treffen der bundesdeutsch-sowjetischen Städteverbindungen fanden 1989 in Alma-Ata und 1991 in Biberach an der Riß statt.

Die Freundschaftsgesellschaften spielten eine von der Forschung bis dato kaum beachtete Rolle für die Entstehung und Pflege von Städteverbindungen zwischen der Sowjetunion und dem Westen. In den hier untersuchten Ländern – aber beispielsweise auch in Spanien[477] – unterstützten die Freundschaftsgesellschaften solche Verbindungen, indem sie vorhandene Kontakte zwischen lokalen Komitees und Partnergesellschaften für andere öffneten oder zwischen Stadtverwaltungen und den sowjetischen Behörden vermittelten. Damit nahmen sie nicht selten eine Vorreiterrolle für die staatliche Außenpolitik ein, die Vorbehalte gegenüber formalisierten Städteverbindungen mit der Sowjetunion hatte. Durch ihre Reiseangebote und die Veranstaltung von Kulturtagen füllten Freundschaftsgesellschaften die Städteverbindungen mit Leben und förderten die Entstehung zwischenmenschlicher Begegnungen und einer echten Empathie für die Menschen in der Sowjetunion. Außerdem hielten sie die Städteverbindungen während politischer Krisen oder in Zeiten nachlassenden kommunalen Engagements durch eigene Initiativen aufrecht, so dass sie zu einem späteren Zeitpunkt wiederbelebt werden konnten. So überdauerten viele Städteverbindungen die außenpolitischen Konflikte der späten 1970er und frühen 1980er Jahre weitgehend unbeschadet.

4.6 Fazit: Freundschaftsgesellschaften als Mittler transnationaler Beziehungen

Während der Brežnev-Zeit blieben der institutionelle Rahmen, die personelle Ausstattung und die ideologische Ausrichtung der Freundschaftsbewegung in der Sowjetunion nahezu unverändert. Es gab keine grundlegende Neuorientierung oder institutionellen Umbrüche. Die Stilisierung und Inszenierung als weltweit agierende Freundschaftsbewegung wurden zur Routine. Innerhalb dieser stagnierenden Rahmenbedingungen erlebte die inhaltliche Arbeit der Freundschaftsbewegung allerdings eine sehr dynamische Entwicklung.

---

476 Die Organisatoren des Saarbrücker Treffens trugen allein 347 Seiten mit Presseartikeln unter anderem aus der *FAZ* und der *Süddeutschen Zeitung* zusammen. Landeshauptstadt Saarbrücken, Dokumentation, S. 152–499.

477 Vgl. Garrido Caballero, Las relaciones entre España y la Unión Soviética, S. 563–569.

Einerseits gab es eine enorme quantitative Steigerung der Aktivitäten. Waren noch zu Beginn der 1960er Jahre nur einige wenige Delegationen pro Jahr in die Sowjetunion gereist, so konnten es Ende der 1970er Jahre allein schon im Rahmen einer einzigen Freundschaftsgesellschaft mehrere hundert Personen sein. Hatte es zuvor nur eine sehr geringe Zahl von direkten Verbindungen zwischen sowjetischen und westlichen Städten gegeben, so belief sich ihre Zahl im Jahr 1979 allein für Frankreich auf 31. Waren Tourneen sowjetischer Künstler und Ensembles in früheren Jahren eine vielbeachtete Besonderheit, so organisierten einzelne Freundschaftsgesellschaften nun jeweils mehrere solche Auftritte pro Jahr. Angesichts dieser Zunahme an Kontakten und Begegnungen konnte die Kontrolle bei weitem nicht mehr so lückenlos und intensiv erfolgen wie in den Jahrzehnten zuvor.

Andererseits ließ sich auch eine qualitative Veränderung und Diversifizierung der Maßnahmen erkennen. Zu den klassischen Formaten wie Foto-Ausstellungen, Vorträgen und Gastspielen bekannter Kulturschaffender traten neue Aktivitäten wie Kolloquien, Sportbegegnungen, Auftritte von Laiengruppen und Treffen im Rahmen der Städteverbindungen. Diese beruhten immer mehr auf dem Prinzip der Gegenseitigkeit und fanden sowohl im Westen als auch in der Sowjetunion statt. Sie überwanden außerdem die bisher dominante Praxis der einseitigen Informationsvermittlung zugunsten von persönlichen, zumindest symbolisch dialogischen Begegnungen. Dabei waren auf beiden Seiten immer größere Bevölkerungsgruppen involviert. Angesichts dieser massiven Ausweitung der Aktivitäten verlor die politische Botschaft vordergründig an Bedeutung. Veranstaltungen der Freundschaftsgesellschaften wie Reisen, Ausstellungen oder Sprachkurse wurden von den Mitgliedern zunehmend als reine Kulturangebote wahrgenommen und konsumiert. Neugier und Interesse am Exotischen wurden wichtiger als der Glaube an die sozialistische Ideologie.

In klarem Widerspruch zu Gould-Davies' Diagnose, unter Brežnev seien die Kulturkontakte eingeschränkt worden, muss angesichts der hier untersuchten Aktivitäten eher von einer massiven Ausweitung der kulturellen Kontakte gesprochen werden.[478] Vielleicht motivierte die selbstbewusste Überzeugung von der kulturellen Überlegenheit gegenüber dem Westen wie unter Chruščev weniger. Dennoch blieb die Sorge um das eigene Image im Westen und die Wechselwirkung mit dem Westen bestimmend für die sowjetische Cultural Diplomacy. Das Bild der Sowjetunion und damit auch die Ausrichtung der sowjetischen Cultural Diplomacy hingen nun entscheidend vom KSZE-Prozess ab, denn die

---

478 Vgl. Gould-Davies, The Logic of Soviet Cultural Diplomacy, S. 212.

Sowjetunion hatte sich in der Schlussakte zu einem kulturellen und gesellschaftlichen Austausch auf Basis der Gegenseitigkeit verpflichtet. Um die Vorwürfe des Westens zu widerlegen und die Einhaltung der KSZE-Schlussakte für sich reklamieren zu können, sahen sich die Verantwortlichen zu einer zumindest formellen Einhaltung dieser Selbstverpflichtung gezwungen. Die Schlussakte von Helsinki wirkte deshalb indirekt als Katalysator für eine – weniger bewusst als indirekt beförderte – Internationalisierung der sowjetischen Gesellschaft, eine Vervielfältigung der Kontakte in den Westen und einer Verstärkung des Informationsaustauschs mit dem Ausland.

Gleichzeitig wollten die sowjetischen Behörden jedoch die Kontrolle über die Cultural Diplomacy nicht verlieren und die „Membran" nicht vollkommen durchlässig werden lassen. Deshalb wickelte die Sowjetunion diese erweiterten kulturellen Beziehungen vorzugsweise über besser kontrollierbare gesellschaftliche Organisationen und Austauschpläne ab. Dafür waren die Freundschaftsgesellschaften im Westen in Kooperation mit den sowjetischen Partnergesellschaften ideale Instrumente. Sie waren politisch relativ zuverlässig, ließen sich aber aufgrund ihrer betonten Unabhängigkeit von den kommunistischen Parteien und der sowjetischen Regierung von den ideologischen Gegnern nicht so leicht als Marionetten Moskaus verunglimpfen. Die Kooperation mit den Partnergesellschaften erfüllte zudem formal das Kriterium eines gleichwertigen Austausches auf gesellschaftlicher Basis ohne staatliche Einmischung. Faktisch blieb die Asymmetrie der Beziehungen zwischen dem Westen und der Sowjetunion trotz allem erhalten.

Angesichts ihres Vertrauensvorschusses durch die sowjetische Regierung verfügten die Freundschaftsgesellschaften in mancher Hinsicht über größere Handlungsspielräume als die staatliche Cultural Diplomacy der westlichen Regierungen. Sie konnten umfangreiche Ausstellungen außerhalb Moskaus realisieren, Diskussionen zu politischen Themen organisieren und Städteverbindungen mit lokalen Begegnungen auf die Beine stellen. Die Freundschaftsgesellschaften schufen damit transnationale Kommunikationsräume, innerhalb derer ein vergleichsweise offener Dialog mit einer ausgewählten sowjetischen Teilöffentlichkeit stattfinden konnte. Die führenden Verantwortlichen der Freundschaftsgesellschaften nutzten diese Spielräume in unterschiedlichem Maße. Gerade die bundesrepublikanischen Akteure loteten genau aus, wie viel Selbstzensur erforderlich war, um die Veranstaltungen nicht in Gefahr zu bringen. Im Einzelfall zeigte sich die SSOD bei der Organisation der Maßnahmen jedoch sehr kompromissbereit. Wichtiger als inhaltliche Details der Veranstaltungen war die Realisierung an sich, die als Beleg für die Internationalität der Sowjetunion gelten konnte. Ohnehin beschränkte sich die sowjetische Presse in der Außenkommunikation auf eine oberflächliche Darstellung der

Aktivitäten, ohne allzu genau auf die möglicherweise brisanten Inhalte der Diskussionen mit westlichen Partnern einzugehen.

So wurden die Freundschaftsgesellschaften während der 1970er Jahre zu wichtigen Initiatoren und Trägern des kulturellen und gesellschaftlichen Austausches mit der Sowjetunion. Ausgehend von den ersten Reisen, Kulturtagen und Städteverbindungen in der Pionierzeit der „Tauwetter"-Phase entwickelten sie nun eine professionelle Routine in der Organisation kultureller Begegnungen. Mit der Zeit verloren diese Aktivitäten die innovative Dynamik und den Enthusiasmus der Aufbruchsjahre. Doch hielten sie die Kommunikationskanäle offen und ermöglichten nachhaltigere Kontakte durch wiederholte Begegnungen. Vor allem aber konnte an einem bestimmten Punkt niemand mehr diese Maßnahmen in Frage stellen, ohne ernsthafte diplomatische Verstimmungen auf zwischenstaatlicher Ebene befürchten zu müssen. Abgesehen von kleineren rhetorischen Auseinandersetzungen und kurzen Unterbrechungen nach der sowjetischen Intervention in Afghanistan lief so die während der Entspannung auf Hochtouren gebrachte „Freundschaftsmaschine" in den 1980er Jahren einfach weiter.

5 Die Perestrojka und das Ende der Sowjetunion: Höhepunkt, Niedergang, Neubeginn?

5.1 Einleitung: Die Perestrojka und das neue Bild der Sowjetunion

Die Zeit der Perestrojka brachte die grundlegendsten Veränderungen in der Entwicklung und der Wahrnehmung der Sowjetunion seit Stalins Tod. Die Wahl des verhältnismäßig jungen Michail S. Gorbačev zum Generalsekretär der KPdSU im März 1985 kündigte ein Ende der Gerontokratie Jurij V. Andropovs und Konstantin U. Černenkos an. Sie nährte die Hoffnung auf einen neuen Politikstil und auf Reformen in der sowjetischen Innen- und Außenpolitik. Symbolisch für den Neuanfang stand die Ablösung der altgedienten Kader der Brežnev-Ära durch Vertraute Gorbačevs. In der Außenpolitik ersetzte Eduard Ševardnadze den langjährigen Außenminister Andrej A. Gromyko. Der im Umgang mit dem Westen erfahrene Botschafter in den USA Anatolij F. Dobrynin übernahm von Boris Ponomarev den Vorsitz der für die Freundschaftsgesellschaften zuständigen Internationalen Abteilung. Bereits im Dezember 1984 sprach Gorbačev in London davon, dass ein „Neues Denken" (novoe myšlenie) und ein konstruktiver Dialog zur Lösung internationaler Probleme auf der Basis gegenseitigen Vertrauens notwendig seien. Denn man lebe in einem „gemeinsamen europäischen Haus".[1] Seine erste Auslandsreise in den Westen führte Gorbačev im Oktober 1985 nach Frankreich. Dort gab er mit seiner Frau Raisa zahlreiche Interviews und Pressekonferenzen, präsentierte sich als nahbarer Staatsmann und zeigte sich aufgeschlossen für öffentliche Debatten.

Der 27. Parteitag der KPdSU im Februar 1986 leitete unter den Stichworten Perestrojka und Glasnost konkrete Maßnahmen der Öffnung, Demokratisierung und Liberalisierung ein. Im Bereich der Wirtschaft wurden begrenzte marktwirtschaftliche Akzente zugelassen und die Beschränkungen für den Außenhandel gelockert. Ab 1987 durften Staatsunternehmen ihre Produktion nach dem tatsächlichen Bedarf richten und mussten ihre Finanzen selbst verwalten. Außenpolitisch gestand Gorbačev den Ländern der sowjetischen Einflusszone ein Selbstbestimmungsrecht in inneren Angelegenheiten zu. Wiederholt bot er

---

[1] Vgl. Rey, Marie-Pierre: „Europe is our Common Home". A Study of Gorbachev's Diplomatic Concept, in: Cold War History 4 (2004) 2, S. 33–65, hier S. 34.

den USA Abrüstungsmaßnahmen an, die schließlich im Dezember 1987 zum INF-Vertrag über den Abbau aller Mittelstreckenraketen in Europa führten.[2]

Neben diesen außenpolitischen Gesten trugen auch die innen- und kulturpolitischen Veränderungen zu einem neuen Bild der Sowjetunion in der Welt bei. Symbolisch dafür stand die Rückkehr Sacharovs aus dem Exil in Gorki 1986 und die Freilassung weiterer Dissidenten. Die Zensur wurde gelockert. Literatur, Musik und Bildende Kunst konnten sich freier entfalten, und die alte Führungsriege in den Kulturverbänden musste nach und nach abdanken.[3] Die Bevölkerung wurde zur demokratischen Mitbestimmung und zur Beteiligung an der kritischen Diskussion in allen gesellschaftlichen Bereichen aufgerufen.[4]

Die Entwicklung beschleunigte sich ab 1988 mit grundlegenden Reformen, die die Prinzipien des sowjetischen Systems in Frage stellten. Unter dem Stichwort des „sozialistischen Pluralismus" erklärte die KPdSU den Verzicht auf ihre bisher unanfechtbare Führungsrolle. So konnten im März 1989 erstmals Duma-Wahlen mit einer echten Auswahl zwischen mehreren Kandidaten stattfinden. Immer schonungsloser thematisierten Diskussionen in der sowjetischen Öffentlichkeit die Verfehlungen der Vergangenheit und die aktuellen politischen und gesellschaftlichen Probleme. Die wirtschaftliche Liberalisierung führte nicht zum erhofften Aufschwung, sondern zu einer Knappheit an Lebensmitteln und zur Inflation. Außenpolitisch gestand Gorbačev nun allen Ländern Osteuropas die freie Wahl ihres politischen Regimes zu. Er unterschätzte jedoch die Unabhängigkeitsbestrebungen der sowjetischen Republiken. Ab 1987 kam es wiederholt zu Demonstrationen in den baltischen Ländern und der Ukraine sowie zu ethnischen Unruhen im Kaukasus und in Zentralasien. Angefangen mit den baltischen Staaten erklärten sich 1991 immer mehr Teilrepubliken für unabhängig. Obgleich der Putsch konservativer Kräfte aus der KPdSU und dem KGB gegen Gorbačev im August 1991 scheiterte, war Gorbačevs Entmachtung und der Zerfall der Sowjetunion nicht mehr aufzuhalten. Ende Dezember trat Gorbačev zurück und die Sowjetunion hörte auf zu existieren.

Angesichts dieser fundamentalen Veränderungen in der Sowjetunion innerhalb weniger Jahre stellt sich die Frage, ob und auf welche Weise sie bereits in den Jahren der vermeintlichen Stagnation vorbereitet wurden.[5] Yulija von Saal

---

[2] Siehe zu diesen Entwicklungen: Brown, Archie: Seven Years that Changed the World. Perestroika in Perspective, Oxford 2007, S. 71–90.
[3] Vgl. Laß, Vom Tauwetter zur Perestrojka, S. 377–396.
[4] Vgl. Brown, Seven Years, S. 90–101.
[5] Vgl. zur Frage der Kontinuitäten zwischen der Brežnev-Ära und der Perestrojka Gestwa, Klaus: Von der Stagnation zur Perestrojka. Der Wandel der Bedrohungskommunikation und das Ende der Sowjetunion, in: Belge, Boris/Deuerlein, Goldenes Zeitalter, S. 253–311.

argumentiert, dass der KSZE-Prozess eine „Hebamme" der Perestrojka gewesen sei.[6] Marie-Pierre Rey und Tobias Rupprecht weisen darauf hin, dass die in der Brežnev-Ära ausgebildeten Spezialisten für Internationale Beziehungen schließlich zu zentralen Akteuren der Perestrojka wurden.[7] Nach Robert D. English hatte sich bei den intellektuellen Eliten in der Sowjetunion durch den Austausch mit dem Westen ein allmählicher ideologischer Wandel vollzogen.[8] Hatten die sowjetischen Akteure in der SSOD und den Partnergesellschaften durch ihre langjährigen und regelmäßigen Kontakte in den Westen eine vergleichbare Entwicklung durchlebt, so dass sie nun politische und ideologische Reformen unterstützten? In jedem Fall veränderte sich in dieser Zeit die Wahrnehmung der Sowjetunion und Gorbačevs im westlichen Ausland grundlegend. Nach anfänglich abwartender Skepsis gegenüber dem neuen Mann im Kreml weckten die innen- und außenpolitischen Reformen seit 1986 bei vielen Menschen im Westen wohlwollendes Interesse. Laut einer Eurobarometer-Umfrage hatten 1989 71 % der Westdeutschen, 59 % der Briten und 45 % der Franzosen ein positives Bild von der Sowjetunion.[9] Im Prinzip war damit ein wesentliches Ziel der Freundschaftsgesellschaften erreicht.

Für die kommunistischen Parteien brachte die Perestrojka neue Herausforderungen. Der PCF begrüßte die neue Politik Gorbačevs zunächst einhellig. Angesichts sinkender Mitgliederzahlen und des stetigen Rückgangs der Wählerstimmen ermöglichte die Perestrojka der Parteiführung, sich treu an die Seite der Sowjetunion und zugleich ihren Einsatz für Demokratie und

---

6 Saal, Yuliya von: KSZE-Prozess und Perestroika in der Sowjetunion. Demokratisierung, Werteumbruch und Auflösung 1985–1991, München 2014, S. 259.
7 Vgl. Rey, Marie-Pierre: The Mejdunarodniki in the 1960s and First Half of the 1970s. Backgrounds, Connections, and the Agenda of Soviet International Elites, in: Loth, Wilfried/Soutou, Georges-Henri (Hg.): The Making of Détente. Eastern and Western Europe in the Cold War, 1965–75, London 2008, S. 51–65; Rupprecht, Tobias: Schreibtischrevolutionäre. Die meždunarodniki als Bannerträger des sozialistischen Internationalismus in der späten Sowjetunion, in: Belge/Deuerlein, Goldenes Zeitalter, S. 231–249.
8 Vgl. English, Robert D.: Russia and the Idea of the West. Gorbachev, Intellectuals, and the End of the Cold War, New York 2000.
9 Zitiert bei Weller, Christoph: Feindbilder und ihr Zerfall. Eine Analyse des Einstellungswandels gegenüber der Sowjetunion, Tübingen 1992, S. 27. Nach anderen Meinungsumfragen stieg die Zahl der befragten Franzosen, die ein positives Bild von der Sowjetunion hatten, von 9 % 1985 auf 18 % 1987 und 42 % 1989. Vgl. Chauvin, La lutte finale, S. 523 f. Während in Großbritannien im September 1985 noch 65 % der Befragten die Rolle der Sowjetunion in der Weltpolitik missbilligten, waren es im Oktober 1987 nur noch 35 %. Vgl. Gallup Umfagen, zitiert bei Clarke, Michael: British Perspectives on the Soviet Union, in: Pravda, Alex/Duncan, Peter J. S. (Hg.): Soviet-British Relations since the 1970s, Cambridge 1990, S. 68–91, hier S. 87.

Menschenrechte unter Beweis zu stellen.[10] Als die Sowjetunion sich ab 1987 weiter vom Sozialismus entfernte, immer mehr marktwirtschaftliche Elemente einführte und die selbstkritische Abrechnung mit der Vergangenheit forcierte, distanzierte sich der PCF zunehmend von der KPdSU. Ende 1987 erklärte Marchais, dass die Sowjetunion kein Modell für den Sozialismus in Frankreich sei. Während die sowjetischen Medien äußerst kritisch mit der Vergangenheit ihres Landes ins Gericht gingen, blieben *L'Humanité* und der PCF beim vagen Hinweis auf frühere „Verfehlungen". Geradezu umgekehrt entwickelte sich die Haltung des PS. Präsident François Mitterrand war zunächst äußerst skeptisch gegenüber den vermeintlich oberflächlichen Reformbemühungen Gorbačevs. Doch ab 1987 wurde er zu einem immer enthusiastischeren Unterstützer der Perestrojka.[11]

Innerhalb der CPGB hatte sich der Konflikt zwischen den „Stalinisten" und „Eurokommunisten" schon vor der Perestrojka weiter zugespitzt. Ab 1984 drängte der Parteivorstand die „Stalinisten" systematisch aus der Partei und löste „rebellische" lokale Komitees auf. Die geschrumpfte Restpartei unterstützte zwar Gorbačevs Reformen, verlor aber dennoch massiv an Mitgliedern. 1988 spalteten sich die „Stalinisten" schließlich vollständig ab und gründeten die Communist Party of Britain (CPB). 1991 löste sich die CPGB auf und konstituierte sich neu als sozialdemokratisch ausgerichtete Democratic Left.[12] Mehr noch als 1956 und 1968 zeigten die Reaktionen der Freundschaftsgesellschaften und ihrer Mitglieder auf die Veränderungen der Perestrojka, ob sie loyal an der Seite der kommunistischen Parteien in ihren Ländern standen, der Sowjetunion unabhängig von ihrer ideologischen Entwicklung treu blieben oder an den Idealen des Sozialismus festhielten.

Der erste Abschnitt des Kapitels fragt zunächst nach den positiven Folgen der Perestrojka für die Freundschaftsgesellschaften. In welchem Maße konnten sie die neue Popularität für sich nutzen? Wie veränderte sich ihr Verhältnis zur jeweiligen nationalen Öffentlichkeit und zur staatlichen Außenpolitik? Inwieweit machte sich nun ihre bisherige Tätigkeit bezahlt? Der zweite Teil untersucht die Auswirkungen der Perestrojka auf die SSOD und die Partnergesellschaften in der Sowjetunion sowie die Folgen der Reformen für die Freundschaftsgesellschaften im Westen. Die neue kritische Offenheit verdeutlichte dabei einerseits die bisherige Funktionsweise der SSOD und der Partnergesellschaften. Andererseits brachte sie auch

---

10 Vgl. auch zum Folgenden Andolfatto, PCF, S. 76–85; Rey, Marie-Pierre: La gauche française face à la perestroïka gorbatchévienne, 1985–1991, in: Communisme n° 76/77 (2003/2004), S. 141–167.
11 Vgl. ibid.
12 Vgl. Laybourn, Marxism in Britain, S. 133–137.

finanzielle und politische Abhängigkeiten zwischen den Freundschaftsgesellschaften im Ausland und Moskau ans Licht.

Nicht nur die Reaktionen auf die Perestrojka, sondern auch die Frage, wer in welcher Form nach dem Zusammenbruch der Sowjetunion sein Engagement fortsetzte, geben Einblicke in die Motivationen der einzelnen Mitglieder. Gleichzeitig verdeutlichen die personellen Kontinuitäten, wer sich nicht dem Regime, sondern eher dem Land, der Kultur oder der Bevölkerung verbunden fühlte.

5.2 Höhepunkt? Neue Popularität der Freundschaftsgesellschaften

Der Gorbačev-Boom in Großbritannien und der Bundesrepublik

Das wachsende Interesse für die Sowjetunion und ihr verbessertes Image waren für die Freundschaftsgesellschaften zunächst ein Segen. Sie waren gefragt als Informationsquellen und Kontaktvermittler. In Großbritannien erlebte vor allem die SCR 1985 einen Boom von Anfragen durch Wissenschaftler, Schulen und Einzelpersonen zur Nutzung ihrer gut 25.000 Bände umfassenden Bibliothek.[13] Besonders geehrt fühlte die SCR sich, als das Foreign Affairs Committee des House of Commons bei ihnen um Vorschläge für die Verbesserung der britisch-sowjetischen Beziehungen anfragte.[14] Die BSFS hatte schon in der ersten Hälfte der 1980er Jahre von der Friedensbewegung, der Opposition zu Thatcher und der Anti-Atom-Bewegung in Großbritannien profitiert. Nachdem sich die Sowjetunion mit Gorbačev immer glaubhafter als Friedensmacht präsentieren konnte, waren die verschiedenen Gruppierungen der Friedensbewegung bereit, enger mit der BSFS zusammenzuarbeiten. So konnte die Freundschaftsgesellschaft ihre Mitgliederzahl auf mehr als 3.000 steigern und die Zahl der Veranstaltungen erhöhen.[15] Ausgerechnet Andrew Rothstein erläuterte in *British-Soviet Friendship* 1987 den 27. Parteitag als einen der Wendepunkte der sowjetischen Geschichte. Dabei bemühte er sich allerdings, die Kontinuitäten des Sozialismus zu betonen. So sei schon zuvor eine freie Meinungsäußerung möglich gewesen, nur das Ausmaß der Kritik habe sich verändert.[16]

---

13 Vgl. SCR Annual Report 1985–6, in: NottArch, DD/PP/11/3/55.
14 Vgl. SCR Membership Newsletter, April 1985, in: NottArch, DD/PP/11/3/55.
15 Vgl. BSFS Annual Report 1986; sowie Minutes of Executive Committee Meeting, 31.8.1986, in: NottArch, DD/PP/11/3/1.
16 Rothstein, Andrew: We are Witnessing Great Turning Point in History, in: British-Soviet Friendship (1987) 4, S. 8 f.

Auf der Biennial Conference im April 1988 gab die Generalsekretärin Pam Meister die Parole aus, dass sich die BSFS an die neuen Zeiten anpassen müsse: „BSFS members [...] will have realised that the Society cannot remain on an island, unaffected by these changes. This means finding ways of working more effectively in the new climate and casting off old and stereotyped ideas."[17] Anders als früher führten die Teilnehmer bei der Konferenz relativ hitzige Debatten und übten beispielsweise viel Kritik an der „faden" und „altmodischen" Zeitschrift. Darüber hinaus wurden die Statuten geändert, um eine unbegrenzte Anzahl von Persönlichkeiten zu Vize-Präsidenten ernennen zu können. So konnten die über die Friedensbewegung gewonnenen Persönlichkeiten in dieses repräsentative Gremium integriert werden.[18] Die bessere Verankerung in der britischen Öffentlichkeit ermöglichte es der BSFS 1987 auch erstmals, ein Symposium zu organisieren, in dem britische und sowjetische Experten offen diskutieren konnten. Wie dessen Organisator und Sekretär der British Peace Association, Jean Pavett, zufrieden feststellte, hatten sie jahrelang dafür gearbeitet und konnten nun endlich die Ernte einfahren.[19]

In der Bundesrepublik gelang es der ARGE bereits während der „Eiszeit" der beginnenden 1980er Jahre, immer mehr Mitglieder auch aus der CDU/CSU zu gewinnen. Zugleich wuchs die Bedeutung der ARGE als Vermittlungsinstanz insbesondere für die Städteverbindungen. Mainz nahm beispielsweise 1984 unter dem SPD-Oberbürgermeister Jakob Fuchs Verbindungen mit der Hauptstadt der aserbaidschanischen Republik Baku auf. Gleichzeitig gründete sich unter Leitung des CDU-Bürgermeisters Josef Hofmann eine Regionalgesellschaft Rheinland-Pfalz.[20] Hofmann war nicht nur als CDU-Mitglied, sondern auch als Vorsitzender des RGE für die SSOD ein besonders interessanter Gesprächspartner.[21] Auch andere Regionalgesellschaften bekamen Unterstützung von linken Kreisen der CDU, die laut Dietrich Sperling von Kohls Außenpolitik enttäuscht waren.[22]

---

17 Meister, Pam: Struggle Demands New Ideas, in: British-Soviet Friendship (1988) 4, S. 3.
18 Dies waren unter anderem der Sekretär der Anglican Pacifist Fellowship Vic Allan, Reverend Sidney Hinkes und die Abgeordneten David Lambie und Dennis Canavan. Vgl. Annual Report 1988, in: NottArch, DD/PP/11/3/8.
19 Jean Pavett, Organising secretary for the Symposium to all branch secretaries, 17.10.1988, in: NottArch, DD/PP/11/3/8.
20 Vgl. Vor einer Partnerschaft zwischen Baku und Mainz, in: Sowjetunion heute (1984) 2, S. 60 f.
21 Vgl. Boguševskij, Vertreter SSOD in Bonn, an Ivanov, 12.2.1986, in: GARF, f. 9576, op. 20, d. 5050, l. 5 f
22 Vgl. Boguševskij: Zapis' besedy s deputatom bundestaga, Prezidentom Federacii obščestv „FRG-SSSR" D. Šperlingom (SPD), 22.8.1986, in: GARF, f. 9576, op. 20, d. 5050, l. 144–146.

Ab 1985 tat der in der Bundesrepublik besonders deutliche „Gorbi-Effekt" ein Übriges. Gerade im Vergleich mit der politischen und personellen Stagnation in der DDR hoben sich in der Wahrnehmung der Bundesdeutschen die Veränderungen der Perestrojka positiv ab. Während 1980 noch 71 % der befragten Bundesdeutschen meinten, dass die Sowjetunion den Weltfrieden bedrohe, waren es 1988 nur noch 11 %.[23] Dieses gewandelte Meinungsbild erweiterte die Aktionsmöglichkeiten der ARGE und veränderte die Haltung des Auswärtigen Amtes zu formalisierten Beziehungen. Nach Saarbrücken/Tbilissi 1975 und Dortmund/Rostov-am-Don 1977 waren keine Städteverbindungen mit der Sowjetunion mehr formell besiegelt worden. Dagegen schlossen 1985 mit Bremen/Riga, Duisburg/Vilnius und Hagen/Smolensk gleich drei Städtepaare Partnerschaftsverträge, die zu Beginn der 1980er Jahre ihren Anfang genommen hatten. 1986 folgten drei weitere. Ihren vorläufigen Höhepunkt erreichte diese Entwicklung 1989 mit allein 19 neu geschlossenen Städtepartnerschaften. Die ARGE übernahm die Vermittlung der Kontakte zur SSOD, informierte über die Tücken und Hürden einer bundesdeutsch-sowjetischen Städteverbindung und unterstützte die Kommunen bei den Reisen in die Sowjetunion. Ende 1986 beantragte die ARGE beim Auswärtigen Amt eine jährliche Förderung statt der Projektförderung, da sie „allgemein wichtige politische Aufgaben" erfülle.[24] Tatsächlich brach das Auswärtige Amt 1988 mit den bisherigen Förderprinzipien und gewährte erstmals eine institutionelle Förderung in Höhe von 150.000 DM.[25] Damit war die ARGE offiziell als wichtiger, permanenter Teil der bundesdeutschen Cultural Diplomacy von der Bundesregierung anerkannt. Die Erfahrungen der aktiven Mitglieder der Freundschaftsgesellschaften waren nützlich für die nun explodierenden offiziellen Kulturkontakte. Der langjährige Geschäftsführer der RWAG Rudolf Friebel gab beispielsweise seine Expertise im Kulturaustauch mit der Sowjetunion an das Auswärtige Amt weiter. Er wies darauf hin, wie wichtig die persönlichen Verbindungen mit den sowjetischen Verantwortlichen, die Zusammenarbeit mit dortigen nichtstaatlichen Einrichtungen mit „erheblichem politischen Rückkoppelungseffekt" und die vorsichtige inhaltliche Abstimmung mit den Sowjets durch „Betasten der Reizschwelle" seien.[26]

---

[23] Liedtke, Klaus (Hg.): Der neue Flirt. Russen und Deutsche auf dem Weg zu veränderten Beziehungen, Hamburg 1989, S. 130. Siehe hierzu auch Gavrilova, Die Darstellung der UdSSR, S. 54–57.
[24] Vgl. ARGE an Berichterstatter der Bundestagsfraktionen im Haushaltsausschuß des Deutschen Bundestages: Institutionelle Förderung der Arbeitsgemeinschaft vom Haushaltsjahr 1988, 11.11.1986, in: PAAA, ZA 139407.
[25] Vgl. Vermerk: ARGE, 13.1.1988, in: PAAA, ZA 143618.
[26] Vgl. Friebel: Erfahrungen aus dem RWAG-Bereich, 19.5.1987, in: PAAA, ZA 147217.

Für die mehrheitlich sozialdemokratisch geprägten bundesdeutschen Freundschaftsgesellschaften war die Perestrojka die Verwirklichung eines lange erhofften Demokratisierungsprozesses, den sie ohne Bedenken befürworteten. Die Mitgliederversammlung der ARGE begrüßte im April 1987 einhellig,

> die von der Führung der KPdSU eingeleiteten Neuerungen in Wirtschaft und Gesellschaft der Sowjetunion, vor allem aber die Bemühungen um radikale Veränderung der kulturellen Atmosphäre. Der sich wandelnde Umgang mit anders denkenden Kritikern, wie im Fall Sacharov, das Umdenken in Bezug auf Afghanistan, der kritische Umgang mit der Geschichte, beginnen der Sowjetunion im Westen ein freundlicheres und menschlicheres Gesicht zu geben.[27]

Die neue Popularität schlug sich auch auf die Mitgliederzahlen nieder. Alle Regionalgesellschaften zusammen vereinten Mitte 1989 mit 4.788 Mitgliedern mehr als doppelt so viele wie 1975.[28] Der Vertreter der SSOD Anatolij A. Boguševskij vermerkte mit Genugtuung diese aus seiner Sicht größere Politisierung der Aktivitäten der Freundschaftsgesellschaften. So seien sie im Gegensatz zu früher bereit, Themen wie Frieden und Abrüstung auch im Rahmen der Städteverbindungen zu behandeln.[29] Während sich die bundesdeutschen Vertreter für die neuen direkteren Kontakte und Austauschmöglichkeiten begeisterten, lag dem sowjetischen Abgesandten immer noch vor allem an der politischen Botschaft und der Imagekampagne für die Sowjetunion.

„Bouger avec l'URSS": France-URSS und die Initiative 87

In Frankreich stand der Umgang von France-URSS mit der Perestrojka erneut in Wechselwirkung mit der Haltung des PCF gegenüber der KPdSU. France-URSS beobachtete von Anfang an die Veränderungen in der Sowjetunion nach Gorbačevs Amtsantritt sehr genau, insbesondere anlässlich seines Besuches in Frankreich im Oktober 1985. Nach Gesprächen mit dem sowjetischen Botschafter bekam France-URSS wie bei den Staatsbesuchen Chruščevs und Brežnevs eine Privataudienz für die leitenden Mitglieder, in der Gorbačev die Rolle von France-URSS für die Beziehungen hervorhob. Raisa Gorbačeva besuchte sogar

---

27 [Erklärung Vorstand ARGE], 11.4.1987, in: LA Saarbrücken, NL Bies.
28 Zur Mitgliederversammlung der ARGE, 27.5.1989, in: Privatarchiv Sperling.
29 Vgl. Boguševskij: O rabote predstavitel'stva SSOD v FRG po povyšeniju éffektivnosti informacionno-propagandističeskoj dejatel'nosti Federacii i regional'nych Obščestv „FRG-SSSR", 1987, in: GARF, f. 9576, op. 20, d. 5490, l. 105–112, hier l. 107.

die Räumlichkeiten der Freundschaftsgesellschaft.[30] Außerdem wurden Vertreter der Présidence zu ihrer großen Genugtuung erstmals zu allen Empfängen im Élysée-Palast, im Außenministerium und der Botschaft eingeladen. Damit erkannte die französische Regierung offiziell deren Rolle für die bilateralen Beziehungen an.[31]

Dennoch war die Stimmung in Frankreich zu diesem Zeitpunkt noch alles andere als sowjetunionfreundlich. In den französischen Medien herrschte noch sehr viel Skepsis gegenüber dem neuen Mann im Kreml, bei dem unklar war, in welche Richtung er die Sowjetunion führen würde. Nicht wenige Medien warnten vor einer „Charmeoffensive", die die eigentlichen Absichten verdecken würde.[32] Da es immer wieder zu Protestveranstaltungen gegen die Behandlung von Dissidenten und Juden in der Sowjetunion gab, fürchtete France-URSS bei dem Besuch Gorbačevs gewaltsame Übergriffe und erarbeitete extra einen Sicherheitsplan für den Alarmfall.[33]

France-URSS Magazine präsentierte dagegen ein sehr positives Bild von Gorbačev. Es machte im Vorfeld auf den neuen „Stil Gorbačev" aufmerksam, der direkt und offen kommuniziere, lange aufgeschobene Probleme angehe und personelle Erneuerungen vornehme.[34] Ab dem 27. Parteitag der KPdSU erfolgte eine intensive Berichterstattung über die geplanten Reformen und erstmals auch über die früheren Verfehlungen in der Sowjetunion. Unter dem Titel „Ce qui bouge en U.R.S.S." („Was sich in der UdSSR bewegt") informierte Georges Martin ausführlich über die Reden und Beschlüsse auf dem Parteitag. Er berichtete über die dort aufgezählten Probleme, die schonungslose Abrechnung mit alten Gewohnheiten und Privilegien und die anschließende Diskussion in der Presse. In seinem Artikel gab sich Martin als Reformer aus, der nur darauf gewartet hatte, dass endlich jemand die „Finger in die Wunden" lege.[35] Damit folgte Martin der Linie des PCF. Dieser hatte laut einem Pariser Polizeibericht

---

30 Vgl. Procès verbal de la réunion de la Présidence nationale, 5.7.1985, in: ANF, 88 AS 7; sowie: In einer Atmosphäre der Freundschaft, in: Kultur und Leben (1985) 12, S. 2. Siehe den kurzen Fernsehbericht: La journée de Raissa Gorbatcheva, 5.7.1989, http://www.ina.fr/video/CAB89027981 (5.10.2016).
31 Vgl. Procès verbal de la réunion de la Présidence nationale, 25.10.1985, in: ANF, 88 AS 7; Guilbert, Madeleine: Vers des initiatives communes?, in: FUM (1985) 11, S. 9.
32 Vgl. Chauvin, La lutte finale, S. 490.
33 Mesures de sécurité au Siège National, 16.9.1985, in: ANF, 88 AS 46.
34 Le style Gorbatchev, in: FUM (1985) 9, S. 28–30.
35 Martin, Georges: XXVIIe Congrès du PCUS. À la croisée des chemins, in: FUM (1986) 4, S. 19–24. Die Présidence hatte im Januar 1986 beschlossen, dass die Zeitschrift den Veränderungen in der Sowjetunion mehr folgen sollte. Procès verbal de la réunion de la Présidence nationale, 10.1.1986, in: ANF, 88 AS 8.

die Freundschaftsgesellschaft und ähnliche Vereinigungen angewiesen, „ihren Mitgliedern die bedeutende Entwicklung der Sowjetunion zu vermitteln, angesichts der Ignoranz [ostracisme] der Mehrheit der Medien".[36]

In den folgenden Monaten berichtete *France-URSS Magazine* im Detail über die Veränderungen in der Sowjetunion. Spezielle Dossiers und einzelne Artikel widmeten sich der „Revolution" in den Medien oder der neuen Jugendkultur inklusive der Rock-Musik. Themen waren auch die neue Rolle der Intellektuellen, die Freiheit in der Literatur oder die Umstrukturierungen im Theaterwesen.[37] Allerdings war die Berichterstattung frei von kritischer Reflexion über das eigene, vorher gepflegte Sowjetunionbild. Als Georges Martin über die Rückkehr Sacharovs aus dem Exil berichtete, verwies er stolz darauf, dass die Présidence seine Freilassung bereits 1984 angesichts seines verschlechterten Gesundheitszustandes gefordert habe.[38] Über die frühere Haltung der Freundschaftsgesellschaft gegenüber den Dissidenten schwieg er beflissentlich. Martin zog sich allerdings mehr und mehr aus der Zeitschrift zurück, da er die radikalen Veränderungen offensichtlich nicht mehr mittragen konnte und wollte. Im Mai 1987 übergab er das Amt des Direktors des *France-URSS Magazine* an Richard Mass, der im Sekretariat jahrelang für die Organisation kultureller Veranstaltungen verantwortlich gewesen war.[39] Das gewachsene kommerzielle Interesse an der Sowjetunion drückte sich auch in neuen Werbeanzeigen aus. Während früher vor allem Aeroflot und vom PCF abhängige Firmen inserierten, fanden sich 1987 ganzseitige Anzeigen für Parfums von Christian Dior und Nina Ricci.[40]

Angesichts der Veränderungen in der Sowjetunion stellte sich für France-URSS immer mehr die drängende Frage, wie die Association sich anpassen und von den neuen Möglichkeiten profitieren sollte. Als Léo Hamon bereits im Oktober 1985 große – seiner Meinung nach positive – Veränderungen voraussagte, lehnte die Mehrheit der Präsidiumsmitglieder seinen Artikel als Editorial ab.[41] Er landete schließlich als individuelle Meinungsäußerung in der Dezember-Ausgabe von *France-URSS Magazine*:

---

36 Activité de l'association France-URSS à Saint-Denis [4/1987], in: APP, 77W 3546/276910/14.
37 Beispielsweise La presse à l'heure de la transparence, in: FUM (1987) 2, S. 26–40; Est-il facile d'être jeune?, in: FUM (1987) 4, S. 34–39; Frioux, Claude: Les intellectuels dans la révolution, in: FUM (1987) 5, S. 30–33; Sokologorski, Irène: „Une ère nouvelle...". Quatre écrivains racontent..., in: FUM (1987) 1, S. 42–44; Bergaud, Patrick: „Rendre la démocratie irréversible". Une nouvelle „union" pour le théâtre, in: FUM (1987) 2, S. 41.
38 Vgl. Martin, Georges: Sakharov retrouve ses droits, in: FUM (1987) 2, S. 10.
39 Vgl. Merci, monsieur le directeur, in: FUM (1987) 6, S. 13.
40 Siehe beispielsweise in FUM (1987) 9–10.
41 Procès verbal de la réunion de la Présidence nationale, 25.10.1985, in: ANF, 88 AS 7.

> Die UdSSR von morgen wird anders sein als sie gestern war [...], und [...] vielleicht werden so neue Möglichkeiten entstehen. [...] [D]ie Machtübernahme von M. Gorbačev hat den Weg für gewaltige Veränderungen bereitet. Diese laufenden [Veränderungen] [...] müssen wir genau verfolgen, um unsere Zeit zu verstehen und zu begreifen.[42]

Einige Monate später forderte im April 1986 nicht nur CGT-Funktionär Joannès Galland, sondern auch Leroy im September 1986 alle Mitglieder auf, keine Angst vor den schnellen Veränderungen zu haben. Sie sollten sich umso mehr in France-URSS engagieren, neue Initiativen wagen und sich „mit der Welt" verändern.[43] So zeigten sie sich anlässlich des Nationalkongresses in Bordeaux im April 1987 sehr optimistisch. Denn für alle, die jahrelang „bescheiden, geduldig und beharrlich" gearbeitet hätten, stünden nun „die Tage der Ernte" bevor.[44] Vor allem brachten die Veränderungen neue Möglichkeiten im kulturellen Austausch. So empfingen sie erstmals religiöse Würdenträger und Vertreter populärer russischer Musik wie Bulat Okudžava und Žanna Bičevskaja. Mehr als 500 Sowjetbürger durften mehrere Stunden in französischen Familien verbringen, und es gab gut 300 Vorführungen sowjetischer Filme. In den kommenden Jahren wollte sich France-URSS vor allem um die Jugend bemühen, den Reisedienst weiter ausbauen, direkten Austausch zwischen Familien fördern und neue Milieus erschließen.[45] Die Präsidentin Madeleine Guilbert zog sich ab 1987 immer mehr aus der Leitung zurück zugunsten des neuen Président délégué adjoint Charles Latil. Der Geschäftsmann aus Marseille war damit der erste Gaullist auf diesem Posten. Überzeugt von de Gaulles Sowjetunion-Politik kam er 1968 in das Comité départemental in Marseille, da dort ein Gaullist in der Présidence benötigt wurde. Er wuchs in die Aufgabe hinein, wurde Mitglied des Comité national und 1984 der Présidence in Paris.[46]

Das große Leuchtturmprojekt für 1987 war die so genannte „Initiative 87", eine Massendelegation französischer Persönlichkeiten in die Sowjetunion, um die Perestrojka vor Ort zu sehen und zu beurteilen. Sie zeigt exemplarisch die neue Popularität der Sowjetunion, Gorbačevs und der Association France-URSS. Nach der Idee von Raphaël Vahé und Leroy, den maßgeblichen Vertretern des PCF in der Association, sollte das Projekt bisher skeptische Kreise für France-

---

42 Hamon, Léon: Franchise et cordialité, in: FUM (1985) 12, S. 9.
43 Leroy, Roland: Bouger avec le monde, in: FUM (1986) 9–10, S. 11; siehe auch Galland, Joannès: Élargir notre regard, in: FUM (1986) 4, S. 9.
44 Vgl. Baillot, Louis: Confiance et optimisme, in: FUM (1987) 4, S. 7.
45 Vgl. Raphaël Vahé: Rapport d'activité, 1987, in: ANF, 88 AS 20.
46 Vgl. Interview Charles Latil; Laschenko, Alla: Was den politischen Rivalen half, eine gemeinsame Sprache zu finden, in: Kultur und Leben (1988) 11, S. 6–9, hier S. 8; Compte rendu du Comité national, 14.1.1979, S. 6 f., in: ANF, 88 AS 3.

URSS mobilisieren, die Komitees reaktivieren und France-URSS große Publizität verschaffen. Sowohl der neue sowjetische Botschafter in Frankreich Jakov P. Rjabov, als auch die Vertreter der SSOD unter der neuen Vorsitzende Valentina Tereškova zeigten sich sehr entgegenkommend.[47]

Die Teilnehmer sollten alle politischen Kreise, alle gesellschaftlichen Gruppierungen und alle Regionen Frankreichs repräsentieren. Deshalb wurden in einem langwierigen Prozess von den Mitgliedern der Présidence und des Conseil national 800 Persönlichkeiten vorgeschlagen, geprüft und angeschrieben, die möglichst prestigeträchtig und nicht unbedingt France-URSS nahestehend waren.[48] Der Rücklauf zeigt, dass sich die Stimmung definitiv gewandelt hatte und kaum mehr Berührungsängste mit France-URSS vorhanden waren. Bei den Absagen führte niemand politische Gründe an, und die Nachfrage war größer es die Anzahl der Plätze.[49] Am Ende kam eine beeindruckende Liste von 370 Teilnehmern zusammen. Darunter waren der ehemalige sozialistische Premierminister Pierre Mauroy, der ehemalige Außenminister und Botschafter in der BRD Jean Sauvagnargues, weitere acht ehemalige Minister, zahlreiche Abgeordnete, Senatoren und Bürgermeister, einige Kirchenvertreter, darunter zwei Bischöfe, Gewerkschaftsvertreter, Anwälte, Ärzte und Wissenschaftler, viele Persönlichkeiten des kulturellen Lebens und vor allem Journalisten der nationalen und regionalen Zeitungen.[50]

Für diese Teilnehmer setzten die französischen und sowjetischen Organisatoren alles daran, aus der „Initiative 87" eine Erfolgsgeschichte zu machen. Das umfangreiche Vortrags- und Besichtigungsprogramm war in acht thematische Gruppen unterteilt und reichte von Wirtschaft, Wissenschaft und Gesundheit bis zur Presse. Es beinhaltete für jede Gruppe Treffen und Diskussionsrunden mit entsprechenden sowjetischen Spezialisten. Darüber hinaus gab es zwei größere Podiumsdiskussionen zu den Themen Menschenrechte und Abrüstung. Das Programm umfasste sogar einen Besuch der sonst gesperrten Weltraumstadt Zvëzdnyj Gorodok (Sternenstädtchen) nordöstlich von Moskau, in der sich damals der französische Astronaut Jean-Loup Chrétien auf seinen Weltraumflug vorbereitete.[51] Ebenso wurde individuellen Besichtigungswünschen nachgegangen. So konnte der Präsident der Union des Juifs pour la résistance et

---

47 Vgl. Procès verbal de la réunion de la Présidence nationale, 16.12.1986, 6.2.1987, 27.3.1987, in: ANF, 88 AS 8.
48 Vgl. zum Prozedere: Conseil national du 24 mai 1987, rapport de Charles Latil, in: ANF, 88 AS 4.
49 Siehe die zahlreichen Antwortschreiben und Listen in: ANF, 88 AS 47.
50 Vgl. die Teilnehmerliste in: ANF, 88 AS 47.
51 Vgl. Bergaud, Patrick: Un immense succès, in: FUM (1987) 11–12, S. 17–21.

l'entraide das Jom-Kippur-Fest in der Moskauer Synagoge besuchen, und der Vorsitzende einer Motorsportorganisation traf die entsprechenden Verantwortlichen, um eine Rallye Paris-Moskau zu organisieren.[52] Während die SSOD Wert auf große repräsentative Empfänge legte, bestand Latil auf Begegnungen mit den Menschen: „Ich wollte, dass man uns in sowjetischen Familien empfing, in sowjetischen Wohnungen mit sowjetischem Abendessen."[53]

Unumstrittener Höhepunkt der Reise – und für France-URSS die Krönung jahrzehntelanger Arbeit – war der Empfang durch Gorbačev im Kreml am 29. September 1987.[54] Das Treffen hatte über France-URSS hinaus politische Bedeutung. Einerseits war es der erste öffentliche Auftritt Gorbačevs nach über sieben Wochen, weshalb es in der ausländischen Presse schon Spekulationen über mögliche gesundheitliche Probleme oder einen politischen Machtkampf gegeben hatte.[55] Andererseits nutzte Gorbačev die Gelegenheit für eine grundsätzliche Stellungnahme zur Fortsetzung der Perestrojka. An dem Treffen nahmen außerdem Dobrynin und Vadim V. Zagladin als Leiter bzw. Stellvertreter der Internationalen Abteilung des ZK sowie die Vorsitzende der SSOD Valentina Tereškova teil.

Zunächst ergriffen Vertreter der Gaullisten, Sozialisten und Kommunisten das Wort und lobten aus ihrer jeweiligen Perspektive Gorbačevs Politik.[56] Anschließend erinnerte der Bischof von Poitiers Joseph Rozier, Präsident der katholischen Friedensbewegung Pax Christi, Gorbačev an die große Hoffnung, die viele immer noch aufgrund ihres Glaubens benachteiligte Menschen auf ihn setzten. Gorbačev zeigte sich locker und umgänglich. Er unterbrach die vorbereiteten Reden immer wieder mit Kommentaren. Beispielsweise äußerte er sich zu seiner langen Abwesenheit – „Ich habe doch ein Recht auf Ferien" – oder zum geteilten Echo im Publikum auf Roland Leroys Kritik an der französischen Regierung – „Das ist der Pluralismus, der zu wirken beginnt."[57] Anschließend forderte er das Publikum noch auf, weitere Fragen zu stellen. Unter den sieben Fragestellern war Henri Bulawko, Vertreter der jüdischen Deportierten. Er

---

52 Vgl. Ce qu'ils en ont pensé, in: FUM (1987) 11–12, S. 22–31, hier S. 28–30.
53 Interview Charles Latil.
54 Leroy und Latil hatten diesen Wunsch zwar schon frühzeitig vorgetragen, doch blieb bis zum Vortag unklar, ob Gorbačev der Bitte nachkommen würde. Vgl. Guilbert an Gorbačev, 7.9.1987, in: ANF, 88 AS 47.
55 Vgl. Legras, Denis: Rumeurs et questions autour de Gorbatchev, in: Le Figaro, 23.9.1987, S. 1 und 4; Sowjet-Union: „Zurück können wir nicht", in: Der Spiegel, 5.10.1987, S. 160–172, hier S. 160.
56 Vgl. auch zum Folgenden den Abdruck der Reden in der Sonderbeilage: Mikhaïl Gorbatchev reçoit la France, 29 septembre 1987, in: FUM (1987) 11–12.
57 Ibid, S. IV und VI.

brachte seine große Hoffnung zum Ausdruck, dass Gorbačev auch die Situation der Juden in der Sowjetunion verbessern würde. Außerdem sprach er ihm stellvertretend seinen Dank dafür aus, dass ihm nach der Flucht auf dem Todesmarsch von Auschwitz als erstes sowjetische Soldaten begegnet seien. Der Dominikanerpater Jean Cardonnel, ein Vertreter der Befreiungstheologie, betonte, dass Marxisten und Christen einen gemeinsamen Glauben in die „humanité fraternelle" teilten. Der Journalist der katholischen Tageszeitung *La Croix*, Noël Copin, fragte nach der Religionsfreiheit.[58]

Statt auf die Kommentare direkt einzugehen, lobte Gorbačev die Initiative 87 als außenpolitischen Akt, der die Rolle der öffentlichen Meinung für die internationalen Beziehungen betone:

> [E]s sind nicht nur die Politiker, die am Ende über die Richtung der weltweiten Prozesse und den Erhalt und das Überleben der Menschheit bestimmen. Denn sicher wird jeden Tag, bei jeder Etappe, die Stimme der öffentlichen Meinung, der verschiedenen politischen Kräfte unabhängig von ihrer Klasse lauter werden. [...] Und diese Veränderungen können sich dann auf die Politik auswirken und einen neue Form und einen neuen Typ der internationalen Beziehungen schaffen. [...] Die ganze Tradition unserer Außenpolitik geht auf Lenin zurück. Es ist die Volksdiplomatie [narodnaja diplomatija]. [...] Es ist unmöglich einen neuen Typ der internationalen Beziehungen zu schaffen ohne die Beteiligung der gesellschaftlichen Kräfte, der Völker selbst.[59]

Anschließend erläuterte er die innen- und außenpolitischen Prinzipien der Perestrojka. Er unterstrich, dass es keinesfalls um eine Abkehr vom Sozialismus gehe, sondern um dessen Verbesserung zu einer „sozialistischen Demokratie". Auch mit Blick auf seine Kritiker legitimierte er die Weiterführung der Perestrojka damit, dass die Arbeiterklasse selbst die treibende Kraft für die Perestrojka sei und keinen Stillstand dulde. Außenpolitisch plädierte er für die Idee der Nichteinmischung, „so dass jedes Volk seine Ideologie und seinen Glauben" behalte – gerade angesichts von Mitterrands Beharren auf der Menschenrechtsfrage. Nicht zuletzt wiederholte auch Gorbačev das Mantra von der „antisowjetischen bourgeoisen Presse", die besonders in Frankreich innenpolitische Kämpfe auf dem Rücken der Sowjetunion austrage.

---

58 Weiter fragte der Geschichtslehrer Philippe Guichardaz nach der Abrüstung konventioneller Waffen. Der Rotarier François Giraud, Organisator der Universités internationales d'été pour la paix, der internationalen Sommerschulen für den Frieden, stellte seine Arbeit vor. Eine Russischlehrerin wünschte sich eine vergleichbare Reise für junge französische Russischlerner. Ibid., S. VII–IX.
59 Mikhaïl Gorbatchev reçoit la France, 29 septembre 1987, in: FUM (1987) 11–12, S. IX.

Diese über zweistündige Audienz bekam mit gut 50 Artikeln in der französischen nationalen und regionalen Presse von *Le Monde* über *Canard enchaîné* bis zum *Est-Republicain* große mediale Aufmerksamkeit.[60] Viele Zeitungen konzentrierten sich vor allem auf Gorbačevs Rückkehr an die Öffentlichkeit und widmeten dem Treffen selbst nur ein paar Zeilen. Insbesondere der konservative *Figaro* präsentierte es als Triumph des sowjetunionfreundlichen Mauroy, während seinem Parteifreund Lionel Jospin wenige Tage vorher ein Treffen mit Gorbačev versagt geblieben war.[61] Der Redakteur von *Le Monde* berichtete ausführlich über die Zusammenkunft und Gorbačevs Charme. Er betonte jedoch auch seine Spitzen gegen die französische Presse und seine Nichtbeantwortung der Frage der Menschenrechte.[62] Der bei der Audienz anwesende Korrespondent der katholischen Tageszeitung *La Croix* zeichnete ein relativ sympathisches Bild vom sowjetischen Generalsekretär und mahnte gleichzeitig die Religionsfreiheit an. Er berichtete von seinen Treffen mit dem nach sieben Jahren Haft gerade wieder freigelassenen orthodoxen Priester Gleb P. Jakunin und publizierte dessen Aufruf zum Einsatz für Religionsfreiheit.[63] Insbesondere die Anekdote um Roziers Auftritt als erster katholischer Bischof im Kreml, der in seinem Redebeitrag zudem Gorbačév zum Fest des Heiligen Michael gratulierte, nahm die Presse gerne auf.[64] Andererseits thematisierte bis auf sehr wenige Ausnahmen aus dem Milieu der extremen Rechten kaum ein Artikel die Nähe von France-URSS zum PCF und die Tatsache, dass französische Persönlichkeiten mit der Freundschaftsgesellschaft in die Sowjetunion gereist waren.[65] Insofern kann Chauvins Einschätzung nicht geteilt werden, dass die Presse die Aktion schlecht aufgenommen hätte.[66]

Für die flächendeckende Presseberichterstattung erwies es sich als besonders nützlich, dass die Delegierten aus verschiedenen Regionen kamen. So interviewten zahlreiche Regionalzeitungen „ihre" Vertreter über ihre Erfahrungen

---

60 Siehe die Revue de presse der Association France-URSS, in: ANF, 88 AS 47.
61 Vgl. beispielsweise Legras, Denis: Gorbatchev de retour, in: Le Figaro, 30.9.1987; Gorbatchev ressuscité, in: Le Quotidien de Paris, 30.9.1987, S. 32; Gorbatchev revient en pleine forme, in: L'Est Républicain, 30.9.1987; La rentrée de M. Gorbatchev, in: Les Échos, 30.9.1987.
62 Vgl. Izraelewicz, Erik: Le numéro de charme de Mikhaïl Gorbatchev, in: Le Monde, 1.10.1987.
63 Vgl. Chrétiens d'Occident aidez-nous!, in: La Croix, 8.10.1987.
64 Vgl. exemplarisch Mgr. Rozier: „Bonne fête Mikhail ... ", in: La Croix, 1.10.1987; Vadrot, Claude-Marie: Gorbatchev: „Je vais bien, la Glasnost aussi", in: Le Matin, 30.9.1987.
65 Ausnahmen waren: France-URSS: „Crypto-communiste", in: Est & Ouest, n° 50, janvier 1988; und Dossier: Un charter pour les pays des Soviets: le voyage de 370 collabos, in: Le choc du mois, n° 2, janvier 1988.
66 Vgl. Chauvin, La lutte finale, S. 531.

mit der Perestrojka.⁶⁷ Im Unterschied zu früheren Reiseberichten scheuten sie sich nicht, auch die negativen Punkte der Sowjetunion wie mangelnde Freiheit oder materielle Probleme anzusprechen. Überragend positiv blieb allen das Treffen mit Gorbačev und der Abend in den sowjetischen Familien in Erinnerung. Gerade die Begegnungen mit Kollegen innerhalb der thematischen Gruppen konnten fruchtbare Ergebnisse liefern. Die Psychiater Bernard Doray und Zorka Domic z. B. trafen dort auf ihre sowjetischen Kollegen Natalija S. Avtonomova und Igor' V. Smirnov und begannen eine langjährige wissenschaftliche Kooperation.⁶⁸ Nicht nur in der Presse, sondern auch in den zahlreichen Dankesbriefen zeigten sich die Teilnehmer äußerst zufrieden mit der Organisation der Reise.⁶⁹

Gegenüber früheren vergleichbaren Veranstaltungen hatte sich die sowjetische Presseberichterstattung grundlegend verändert. Während zuvor höchstens eine Notiz über die Delegation und die französisch-sowjetische Freundschaft erschien, druckte die *Pravda* auf der Titelseite nicht nur die fast vollständige Rede Gorbačevs, sondern auch die französischen Redebeiträge inklusive seiner Kommentare. Selbst Roziers Gratulation zum Namenstag und sein Papstzitat „Fürchtet Euch nicht" wurden erwähnt.⁷⁰ Das sowjetische Fernsehen strahlte ebenfalls einen Großteil der Rede aus. In beiden Fällen fehlten allerdings die anschließenden kurzen Fragen der Teilnehmer.⁷¹ Dies unterstreicht, dass Gorbačev nach seiner Rückkehr gegenüber allen Skeptikern in den eigenen Reihen vor der sowjetischen und internationalen Öffentlichkeit ein Zeichen setzen wollte für die Fortführung der Perestrojka und die Abrüstung. Dass er dafür ausgerechnet eine Begegnung mit einer Freundschaftsgesellschaft wählte, ist bezeichnend für sein Verständnis von der Rolle der öffentlichen Meinung für die internationalen Beziehungen und für seinen nach Westen gerichteten

---

67 Vgl. De retour d'U.R.S.S., des Poitevins témoignent, in: La Nouvelle République du Centre-Ouest, 6.10.1987; „Nous étions 370 dans la salle Catherine du Kremlin ...", in: Le Bien Public, 6.10.1987; Du Kremlin à la Cité des étoiles. La délégation poitevine de retour d'URSS, in: Centre presse, 5.10.1987; Mise au point du maire-adjoint d'Ussel. „Initiative 87", in: L'Echo du Centre, octobre 1987; „L'ouverture excite bien!". Deux Saint-Lois de retour d'U.R.S.S., in: La Manche Libre, 10.10.1987; Un Auvergnat dans la Pravda. André Bonnefond a assisté au retour de Gorbatchev, in: La Montagne, 6.10.1987; Martin, Philippe: Pierre Pouvost. Deux heures avec „Gorba", in: Nord-Éclair, 6.10.1987.
68 Vgl. Doray, Bernard/Rennes, Jean-Marc: Le moment moscovite, in: dies. (Hg.): Carrefours sciences sociales et psychanalyse. Le moment moscovite, Paris 1995, S. 3–15, hier S. 6.
69 Siehe die Briefe in: ANF, 88 AS 47.
70 Vgl. Vstreča M. S. Gorbačeva s predstaviteljami francuzskoj obščestvennosti, in: Pravda, 30.9.1987, S. 1 f.
71 Vgl. Noël Copin an Vahé, 6.10.1987, in: ANF, 88 AS 47.

Politikstil. Nicht von ungefähr lobte in einem Gespräch mit Guilbert das Politbüromitglied Egor Ligačëv ausdrücklich die Initiative von France-URSS: „Hier müssen wir einfach von Ihnen lernen."[72]

Bereits im Vorfeld der Initiative 87 war von France-URSS und der französischen Botschaft eine sowjetische Gegendelegation für 1989 angedacht worden.[73] Unter dem Namen „Dialogue 89" reisten vom 1. bis 8. Oktober 1989 320 sowjetische Persönlichkeiten nach Frankreich. Politischer Kopf der Delegation war Zagladin, inzwischen enger Berater von Gorbačev. Entsprechend der französischen Delegation kamen politische und wissenschaftliche Frankreich-Experten, darunter viele Vorstandsmitglieder von SSSR-Francija wie der ehemalige Mitarbeiter der internationalen Abteilung des ZK Vol'f Sedych und der ehemalige Botschaftsrat in Paris Jurij N. Pankov, Vertreter der Politik, der Kirche, der Medien und verschiedener Berufsgruppen.[74]

Nach dem Empfang der französischen Delegation durch Gorbačev 1987 ließ es sich die französische politische Elite nicht nehmen, der sowjetischen Delegation eine vergleichbare Behandlung zukommen zu lassen. Präsident François Mitterrand empfing die Gruppe am 2. Oktober im Elysée-Palast. Er lobte Gorbačevs Intelligenz, Entschlossenheit und Realitätssinn, wünschte der Perestrojka viel Erfolg und plädierte für eine gesamteuropäische Perspektive im Sinne des KSZE-Prozesses.[75] Am nächsten Tag erwies ihnen auch Jacques Chirac – bis 1986 Premierminister und damals Bürgermeister von Paris – die Ehre. Er adelte France-URSS als „Vereinigung, die schon so viel für die Beziehungen zwischen unseren beiden Ländern geleistet hat und die [...] eine noch positivere Rolle spielen wird, in dem Maße in dem sich die aktuelle laufenden Reformen in Eurem Land entwickeln werden".[76] Teile der Gruppe wurden auch von dem damaligen stellvertretenden Bürgermeister von Paris und Generalsekretär des RPR Alain Juppé, vom ehemaligen Premierminister und damaligen Präsidenten der Assemblée nationale Laurent Fabius (PS) und vom Präsidenten des Senats Alain Poher (MRP) empfangen.

---

72 Informacija o vstreče delegacii KPSS vo glave s členom Politbjuro CK KPSS, sekretarem CK KPSS E. K. Ligačevym s Prezidentskim sovetom i sekretariatom obščestva „Francija-SSSR", 5.12.1987, in: GARF, f. 9576, op. 20, d. 5479, l. 136–140, hier l. 137.
73 Procès verbal de la réunion de la Présidence nationale, 27.3.1987, in: ANF, 88 AS 8.
74 Vgl. Dialogue 89. Liste de participants, in: ANF, 88 AS 49.
75 Vgl. Discours prononcé à l'occasion de la réception de personnalités soviétiques organisé à l'initiative de l'Association France-URSS dans le cadre de „Dialogue 89", 2.10.1989, in: ANF, 88 AS 49; 320 Soviétiques à l'Élysée, in: Le Monde, 4.10.1989, S. 4.
76 Jacques Chirac: Réception de l'Association France-URSS, 3.10.1989, in: ANF, 88 AS 49.

Nach dem Besuch in Paris teilte sich die Gruppe auf und reiste für zwei Tage in verschiedene Regionen, um auch dorthin den „Wind der Perestrojka" zu bringen. Sie wurden von Bürgermeistern empfangen, besichtigten Betriebe, Schulen und sonstige Einrichtungen und waren als große Neuerung vor Ort in französischen Familien untergebracht.[77]

Der langfristige Erfolg dieser Initiativen für France-URSS musste sich daran messen, ob sie den Enthusiasmus und die Popularität dieser Projekte auf ihre Mitglieder und Aktivitäten übertragen konnte. War sie fähig, der Perestrojka zu folgen, die bei der Reise gewonnenen Persönlichkeiten zu integrieren und sich ein neues Image zu geben? Einige wenige Teilnehmer wie der Vorsitzende der Ligue des droits de l'homme Henri Noguères und seine Frau beantragten unmittelbar nach der Reise die Mitgliedschaft.[78] Das sonstige Echo auf die gezielte Ansprache der Delegationsteilnehmer blieb allerdings relativ bescheiden. 42 Personen stimmten auf Nachfrage der Aufnahme zu, doch sagten so herausragende Persönlichkeiten wie Bischof Rozier ab.[79] Ernüchtert musste Leroy Anfang 1988 feststellen, dass viele Teilnehmer zwar reisen, sich aber nicht in France-URSS engagieren wollten.[80] Die Mitgliederzahlen stagnierten bei etwas über 33.000.

Der zweite entscheidende Faktor für ein neues Image für France-URSS war die Zeitschrift *France-URSS Magazine* als Vermittler eines neuen Sowjetunionbildes. In der Euphorie der Initiative 87 leitete Latil ab Januar 1988 eine grundsätzliche Umstrukturierung der Zeitschrift ein.[81] Sie sollte zukünftig nicht nur das Organ der Freundschaftsgesellschaft, sondern eine „revue populaire", eine Zeitschrift für das allgemeine, an der Sowjetunion interessierte Publikum werden. Allerdings sollten die Vertreter der Freundschaftsgesellschaft weiterhin die Orientierung festlegen.[82] Die Zeitschrift musste nach Meinung Latils professioneller und graphisch ansprechender werden, um sich auf dem freien Markt zu behaupten. Geplant waren eine inhaltliche Öffnung durch mehr externe

---

77 Martin, Georges: Échange à mille voix, in: FUM (1989) 11, S. 4–7.
78 Vgl. Noguères an Vahé, 12.10.1987, in: ANF, 88 AS 47. Noguères wurde sogleich in den Conseil national und wenige Monate später gemeinsam mit dem ehemaligen französischen Botschafter in Moskau Claude Arnaud in die Présidence berufen.
79 Vgl. Latil: Lettre aux membres du Conseil national, 10.11.1987, in: ANF, 88 AS 47; Conseil National 19 et 20 Mars 1988, sowie Rozier an Vahé, 25.1.1988, in: ANF, 88 AS 5.
80 Vgl. FUM, [2/1988], in: AD SSD, 354 J 50.
81 Vgl. Groupe de travail du Conseil national sur la revue, Procès verbal de la réunion du 23 janvier 1988, in: ANF, 88 AS 31. Siehe auch Mass und Vahé: Note préparatoire au Conseil National, 8.1.1988, in: ANF, 88 AS 31.
82 Groupe de travail du Conseil national sur la revue, Procès verbal de la réunion du 23 janvier 1988, in: ANF, 88 AS 31.

Autoren und Sowjetunionspezialisten und das Abbild widersprüchlicher Meinungen entsprechend der Diskussionen der „sozialistischen Demokratie" in der Sowjetunion. Der Titel sollte allerdings beibehalten werden.[83] Nach umfangreichen Vorbereitungen mit Diskussionsrunden und Leserbefragungen[84] erschien endlich die Ausgabe vom Juni/Juli 1989 anlässlich des zweiten Staatsbesuchs von Gorbačev in Frankreich. In neuem Layout präsentierte sie unter anderem einen Artikel von Roj A. Medvedev, ein Exklusivinterview mit Außenminister Roland Dumas und eine extra in Auftrag gegebene IPSOS-Meinungsumfrage zur Sowjetunion. Nach dieser hatten 71 % der Befragten ein positives Bild von Gorbačev.[85] Die Verkaufszahlen konnten durch neue Leser von etwa 21.000 Anfang 1988 auf mehr als 23.000 Ende 1989 gesteigert werden.[86]

Damit waren die Freundschaftsgesellschaften in Frankreich, aber auch in Großbritannien und der Bundesrepublik eigentlich an ihrem Ziel angelangt. Eine große Mehrheit der Bevölkerung hatte ein positives Bild von der Sowjetunion. Sie waren gefragte Experten und konnten ihre Vorhaben in großem Umfang und mit breiter politischer Unterstützung realisieren. Dennoch hatte ein Teil der westlichen Freundschaftsgesellschaften größte Mühe, mit dem Tempo und der Tragweite der Veränderungen in der Sowjetunion Schritt zu halten.

5.3 Niedergang? Reaktionen auf den Wandel in der Sowjetunion und im Westen

Perestrojka in der SSOD: Narodnaja diplomatija und Kommerzialisierung

Die Politik der Perestrojka erreichte auch den zentralen Ansprechpartner der Freundschaftsgesellschaften in der Sowjetunion, die SSOD. Die dynamische Entwicklung der Aktivitäten während der Brežnev-Zeit erreichte im Wandel der Perestrojka ihren Höhepunkt. Zugleich machte dieser Wandel im Rückblick die Funktionsweise und die strukturellen Konstruktionsfehler der Freundschaftsbewegung deutlich. Als die SSOD im Herbst 1985 mit einem Treffen der Freundschaftsgesellschaften in Moskau das sechzigste Jubiläum der Gründung der VOKS feierte, blieb sie noch ganz den Routinen der vorherigen Jahrzehnte

---

[83] Vgl. Groupe de travail du Conseil national sur la revue, Procès verbal de la réunion du 5 mars 1988, in: ANF, 88 AS 31.

[84] Canevas pour conduite des réunions décentralisées des 16 et 17 avril consacrées à la revue FUM, 13.4.1988, in: ANF, 88 AS 31; Supplément questionnaire, in: FUM (1988) 12.

[85] Vgl. 71 % des Français sont séduits par Gorbatchev, in: FUM (1989) 6–7, S. 28–33.

[86] Vgl. FUM. Evolution des ventes, in: AD SSD, 354 J 50.

verhaftet. Ponomarev unterstrich wie gewohnt, die Bedeutung der SSOD sei, im Ausland die Friedenspolitik der Sowjetunion zu verbreiten und klarzumachen, „wer die wahren Schuldigen an den internationalen Spannungen" seien.[87]

Grundlegende Veränderungen bahnten sich erst mit der vierten Allunionskonferenz der SSOD im März 1987 an – symbolisiert von einem Wechsel an der Führungsspitze. Die Parteifunktionärin Zinaida Kruglova ging offiziell in Ruhestand und wurde von der ersten Frau im All, Valentina V. Tereškova, abgelöst. Die attraktive, charmante und international bekannte Heldin war das ideale Gesicht der neuen Cultural Diplomacy. Seit ihrem Weltraumflug 1963 tourte Tereškova ähnlich wie Jurij A. Gagarin durch viele Länder und verbreitete ein Bild des technischen Fortschritts und der Emanzipation in der Sowjetunion. Als kriegsbedingte Halbwaise, die sich aus einfachen Verhältnissen hochgearbeitet hatte, war sie die „Bilderbuch-Sowjetfrau". Tereškova selbst wollte ursprünglich lieber ihre Karriere als Kosmonautin weiterverfolgen und wehrte sich hinter den Kulissen gegen ihre Instrumentalisierung.[88] Dennoch blieb sie als Vize-Präsidentin des Internationalen Komitees der Frauen und seit 1972 Vorstandsmitglied von SSSR-Francija in der Rolle der internationalen Botschafterin. Obwohl Tereškova seit 1971 Mitglied des ZK der KPdSU war, erschien sie anders als ihre Vorgängerin nicht als Parteifunktionärin. Laut ihrer Mitarbeiterin Svetlana Švecova wurde ihr die neue Aufgabe in der SSOD mehr oder weniger von oben zugetragen, ohne dass sie sie hätte ablehnen können.[89] Doch offensichtlich fand sie sich schnell in die neue diplomatische Rolle ein, denn sie behielt den Posten auch über den Zusammenbruch der Sowjetunion hinaus.

Mit dem neuen Gesicht wandelten sich Ausrichtung und Kommunikation der SSOD. Zunächst wurden die Leser von *Kultur und Leben* und die Mitglieder der ausländischen Freundschaftsgesellschaften umfangreicher über die tatsächlichen Vorgänge in der Sowjetunion informiert. Unter dem vielsagenden Titel „Die Wende" berichtete *Kultur und Leben* im August 1987 erstmals ausführlich über die kontroversen Diskussionen der Beschlüsse des Juni-Plenums des ZK und die Infragestellung der Grundfeste des Sozialismus:

> Wir betrachten nun auch viele bislang als unerschütterlich geltende Begriffe über die Entwicklung des Sozialismus anders. Das bedeutet natürlich nicht, daß wir sie einfach durchstreichen. Das bedeutet lediglich, daß wir sie ohne Scheuklappen und Dogmatismus

---

[87] Für Frieden und Freundschaft zwischen den Völkern, in: Kultur und Leben (1985) 12, S. 3–5, hier S. 4.
[88] Bridger, Sue: The Cold War and the Cosmos. Valentina Tereshkova and the First Woman's Space Flight, in: Ilič, Melanie (Hg.): Women in the Khrushchev Era, Basingstoke 2004, S. 222–237.
[89] Vgl. Interview Švecova.

betrachten. Im Land setzen sich andere Lebensprinzipien durch, und zwar Demokratismus, Transparenz und Wahrhaftigkeit bei der Wertung der Erscheinungen und Ereignisse, kritisches Herangehen, Kühnheit und Offenheit bei Meinungsäußerungen.[90]

Beim Treffen der Freundschaftsgesellschaften im Herbst 1987 anlässlich des 70. Jahrestages der Oktoberrevolution bewertete Tereškova die Perestrojka als weitere Etappe der Revolution auf dem Weg zum Sozialismus. Sie hob die wichtige Rolle der Freundschaftsgesellschaften für die neue Außenpolitik hervor, die nun die Idee der „offenen Außenpolitik" verwirklichten, die Lenin eingefordert hatte.[91]

Neues Schlagwort der SSOD war die „narodnaja diplomatija", was mit „Volksdiplomatie", „diplomatie populaire" oder „Public diplomacy" übersetzt werden kann. Dieses Konzept hatte Gorbačev gegenüber der Delegation der Initiative 87 bereits als ein Mittel der Demokratisierung der Außenpolitik präsentiert, durch das die öffentliche Meinung außenpolitische Entscheidungen beeinflusste.[92] In *Kultur und Leben* wurden nun fast alle Maßnahmen unter den Begriff der Volksdiplomatie gestellt.[93] Volksdiplomatie und Perestrojka befruchteten sich laut dem neuen stellvertretenden Vorsitzenden der SSOD Oleg Ivanickij gegenseitig und waren voneinander abhängig. Einerseits verleihe das „Neue Denken" der Volksdiplomatie einen neuen Impuls. Andererseits fördere die Volksdiplomatie das „Neue Denken" und trüge zu besseren internationalen Beziehungen und wachsender gegenseitiger Verständigung bei. Ähnlich dem Konzept der „friedlichen Koexistenz" gehe es laut Ivanickij auch bei der Volksdiplomatie keinesfalls um die Beseitigung der ideologischen Unterschiede, sondern um die friedliche Lösung des Streits.[94] Was dies für die konkrete für die Arbeit der SSOD bedeutete, erläuterte ein anderer Mitarbeiter:

> Gemeint ist, daß ideologische Grundsätze nicht mehr das Wichtigste und nicht mehr Dominante der Weltpolitik und der internationalen Beziehungen sind. Entideologisierung bedeutet vor allem den Verzicht auf die Verpflichtung, die Vorteile des Sozialismus gegenüber dem Kapitalismus zu demonstrieren und erst dann an die Sache zu gehen. [...] Die Volksdiplomatie [...] ist in dem Sinne entideologisiert, daß die Leute selber die

---

90 Die Wende, in: Kultur und Leben (1987) 8, S. 4 f.
91 Tereschkowa, Walentina: Freundschaft bedeutet Vertrauen, Freundschaft bedeutet Frieden, in: Kultur und Leben (1987) 11, S. 4–6, hier S. 5.
92 Siehe zur Rolle der Narodnaja diplomatija auch: Gorbatschow, Michail: Umgestaltung und neues Denken für unser Land und für die ganze Welt, Berlin 1987, S. 203.
93 Sorinjanz, Eduard: In der Sprache der „Volksdiplomatie", in: Kultur und Leben (1988) 6, S. 28–30; „Volksdiplomatie" – Zeit zu handeln, in: Kultur und Leben (1988) 7, S. 3–5.
94 Vgl. Iwanizki, Oleg: Volksdiplomatie und neues politisches Denken, in: Kultur und Leben (1989) 10, S. 4 f., hier S. 5.

Wahrheit über sich, [ihr] Leben und ihre Ideale weitertragen. Wir zeigen uns der Welt in unserer realen Gestalt und schlagen vor, uns so zu nehmen, wie wir sind. [...] [Die Volksdiplomatie] ist einfach, offenherzig und arglos, denn die Wahrheit selbst wird ausdrucksstärker und energischer als allerlei ideologische Beeinflussungen. [...] [J]edes System [...] demonstriert zwangsläufig nicht nur Fortschritt, sondern auch Rückschritt und begeht Fehler.[95]

Damit gab die SSOD erstmals den Diskurs der Überlegenheit auf. Nun vertraute sie darauf, dass die Menschen auch ohne ideologische Instruktion und politische Kontrolle gute – und glaubwürdigere – Botschafter ihres Landes seien könnten. Als Vorbild in Sachen Pluralismus im Sinne von Koexistenz und Akzeptanz verschiedener politischer Meinungen präsentierte *Kultur und Leben* die Association France-URSS.[96]

Mit dieser Neuausrichtung erfolgten eine Abrechnung mit der bisherigen Praxis und die klare Benennung der Fehler der Vergangenheit. Tereškova merkte auf der Allunionsversammlung 1987 an, dass die bisherige Arbeit unzureichend gewesen sei. „Damit sich die Völker besser kennenlernen und verstehen, müssen die internationalen Beziehungen ‚vermenschlicht', die kulturellen Verbindungen ausgebaut, die Kontakte zwischen Bürgern verschiedener Länder und der öffentliche Dialog ständig erweitert werden."[97] Der „Formalismus" der Veranstaltungen und die mangelnden Kontakte zwischen den Menschen in beiden Ländern waren auch die zentralen Kritikpunkte der Mitglieder der SSOD und der Partnergesellschaften, die sich in *Kultur und Leben* unter dem Titel „Was uns stört" äußerten. Bereits der diese Rubrik einleitende Absatz stellte die vorherige Arbeitsweise grundlegend in Frage:

> Es wird endlich Zeit, von überorganisierten Veranstaltungen, vom Offiziellen, von langweiligen Referaten abzukommen, es wird endlich Zeit, den echten menschlichen Kontakt auszubauen und zu vertiefen, die Wahrheit nicht durch vorher vorbereitete Reden, sondern durch Diskussionen, kameradschaftliche Gespräche und Streits zu finden.[98]

---

95 Antonowitsch, Iwan: Quellen der Volksdiplomatie, in: Kultur und Leben (1989) 12, S. 6–9.
96 „Der Pluralismus ist wie eine Tür, die ins Leben hinausführt und durch die man die Möglichkeit hat, das Leben so zu sehen, wie es ist, ohne sich dabei durch die Ideen einer Partei oder gesellschaftlichen Gruppe vor dessen Polyphonie abzuschirmen." Laschenko, Alla: Was den politischen Rivalen half, eine gemeinsame Sprache zu finden, in: Kultur und Leben (1988) 11, S. 6–9, hier S. 6.
97 Tereschkowa, Walentina: Freundschaft bedeutet Vertrauen, Freundschaft bedeutet Frieden, in: Kultur und Leben (1987) 11, S. 4–6, hier S. 5.
98 Was uns stört, in: Kultur und Leben (1988) 8, S. 27–30.

Stellvertretend für die vielen sehr kritische Äußerungen in dieser Rubrik soll hier ein Kommentar von Svjatoslav N. Fedorov zitiert werden. Der bekannte Augenchirurg war seit 1985 Vorsitzender der Gesellschaft SSSR-Velikobritanija:

> Inwieweit kennt der sowjetische Bürger Iwanow das Leben des englischen Bürgers Johnes nun besser, und umgekehrt? Ich fürchte, daß uns solche Fragen nur enttäuschende Antworten bringen. Weil nämlich, wie mir scheint, die bestehenden Formen der Kontakte unserer Öffentlichkeit zur Öffentlichkeit anderer Länder einst überhaupt nicht darauf abzielten, daß Iwanow mit Johnes zusammenkam, stritt und Freundschaft schloß. Manchmal glaube ich sogar, daß man eher das umgekehrte Ziel verfolgte, daß sich nämlich Iwanow und Johnes gar nicht treffen, streiten und sich anfreunden sollten, und wenn das doch geschah, dann wurde streng aufgepaßt und kontrolliert, daß sie sich um Gottes willen nichts offen sagten.[99]

Neben dem Formalismus kritisierten Vertreter aus den Republiken vor allem die mangelnde Autonomie der Republiksgesellschaften, die nicht selbstständig über ihre Veranstaltungen, Kontakte und Delegationen entscheiden konnten.[100] Der SSOD-Vertreter in Paris Oleg Kozyrev forderte für die Partnergesellschaften wie SSSR-Francija eine Stärkung des Vorstands und eine Erweiterung und bessere Beteiligung der Basis.[101] Ähnlich plädierte das Gründungsmitglied von SSSR-Francija Vol'f Sedych für eine Öffnung für alle politischen Richtungen und vor allem für die Jugend sowie für die Anbahnung persönlicher Kontakte zwischen den Menschen.[102]

Diese Kommentare verdeutlichen, dass trotz aller symbolischer Partizipation und zunehmender formaler Beteiligung die Integration der Bevölkerung und die mangelnde Spontanität der Veranstaltungen und Begegnungen die kritischen Punkte blieben. Zudem waren diese Unzulänglichkeiten den Beteiligten seit Jahren bewusst. Doch konnten sie keine offene Kritik äußern und versuchten deshalb, die vorhandenen Möglichkeiten zu nutzen. Nicht zuletzt bestätigte die frühe und offene Diskussion in der SSOD, dass sich in den Partnergesellschaften tatsächlich eine eher kritische, am Westen orientierte Elite versammelte – wie dies westliche Botschaftsmitarbeiter schon in den 1970er Jahren beobachtet hatten. Nicht wenige langjährige Vorstandsmitglieder entwickelten sich zu

---

99 Fjodorow, Swjatoslaw: In einer freien Gesellschaft gibt es immer eine Alternative, in: Kultur und Leben (1988) 12, S. 8 f. Siehe zu Fedorov auch das hagiographische Portrait als „Mensch der Perestroika": Belizki, Viktor: „Ich muß mich sputen!", in: Kultur und Leben (1988) 6, S. 24–27.
100 Vgl. Was uns stört, in: Kultur und Leben (1988) 8, S. 27–30, hier S. 30.
101 Kozyrev: O sotrudničestve Obščestva „Francija-SSSR" s SSOD i drugimi sovetskimi vedomstvami i organizacijami, [Ende 1987], in: GARF, f. 5479, op. 20, d. 5479, l. 149–154, hier l. 150.
102 Vgl. Sedych, Wolf: Die Sphäre des Dialogs erweitern, in: Kultur und Leben (1989) 8, S. 18 f.

Verfechtern der Perestrojka auch außerhalb der Freundschaftsbewegung. Der Spezialist für französisches Staatsrecht Michail Krutogolov, seit 1972 Mitglied des Vorstands von SSSR-Francija, wurde beispielsweise 1987 Mitglied der von Gorbačev begründeten Menschenrechtskommission. Auch in *Kultur und Leben* forderte er radikale Umbrüche:

> Auf Initiative „von oben" eingeleitet und durchgesetzt, „von unten" unterstützt, wird die Perestrojka „in der Mitte" durch eine millionenstarke Armee von Bürokraten gebremst. Ich bin sicher, sie lassen sich nicht umerziehen oder umbauen. Es sind radikale Maßnahmen erforderlich, denn der heutige Staatsapparat muß, wie in jeder Revolution, abgerissen werden. Aber die Methoden dieses Abbruchs müßten unserem politischen Niveau der 80er Jahre entsprechen.[103]

Selbst wenn dies im Einzelnen kaum nachzuweisen ist, verdankte er wohl seine „liberalen" Vorstellungen auch seinen zahlreichen Reisen nach Frankreich und dem Austausch mit französischen Kollegen. So war Krutogolov unter anderem als Rechtsexperte beim Helsinki-Kolloquium in Royaumont 1976 eingeladen gewesen.

Die letzte Phase der Perestrojka ab 1988 brachte nicht nur rhetorische, sondern auch strukturelle Veränderungen für die SSOD und die Partnergesellschaften, denn auch für gesellschaftliche Organisationen galten nun marktwirtschaftliche Kriterien. 1989 bekamen die Unterorganisationen der SSOD auf Republikebene die Hoheit über die eigenen Finanzen und durften direkt mit den ausländischen Partnern verhandeln.[104] Im Laufe der Jahre 1989 und 1990 passten sich die einzelnen Partnergesellschaften erstaunlich schnell an die neuen Rahmenbedingungen an. Ende 1989 hatte der Vorstand von SSSR-Francija den neuen Weg in die Zukunft unter den Bedingungen der Perestrojka beschlossen. Erstens beabsichtigten sie, ein Netzwerk weniger zentral kontrollierter Gesellschaften auf dem ganzen Gebiet der Sowjetunion zu schaffen. Zweitens wollten sie zwar noch mit der SSOD kooperieren, sich aber rechtlich und ökonomisch von ihr abnabeln. Drittens sollte eine Kommission zur Anbahnung wirtschaftlicher Kontakte zukünftig das Einkommen der Gesellschaft generieren, ohne sie jedoch vollständig zu kommerzialisieren.[105] Auch die Obščestvo SSSR-Velikobritanija gab sich im Februar 1990 neue Statuten, in

---

103 Persönliche Meinung über Perestroika, in: Kultur und Leben (1988) 12, S. 2–5, hier S. 5.
104 Vgl. beispielsweise die georgische Gesellschaft: GODIKs Protokoll der Vorstandssitzung vom 25.8.1989, in: LA Saarbrücken, NL Bies.
105 Vgl. den Vortrag von Evgenij Kožokin auf dem 19. Kongress von France-URSS, in: L'intégrale du XVIIe congrès, France-URSS Informations (1990) 9, S. 11 f, in: ANF, 88 AS 21.

denen die wirtschaftliche Unabhängigkeit und die individuelle Mitgliedschaft festgeschrieben wurden.[106] Die Obščestvo SSSR-FRG erneuerte sich bei ihrer vierten Allunionskonferenz im Dezember 1988. Sie beschloss entsprechend der „neuen Philosophie", vermehrt Geschäftskontakte auszubauen, eine individuelle Mitgliedschaft einzurichten, die Selbstständigkeit der Regionalgesellschaften zu fördern und auch die Russlanddeutschen einzubeziehen. Der neue Präsident, der Physiker Jurij A. Osip'jan, sollte nur noch von einem Stellvertreter und acht thematischen Kommissionsvertretern unterstützt werden.[107] Diese schnelle Neuausrichtung der Partnergesellschaften zeigt, dass viele der Mitglieder auch unter den neuen Vorzeichen die Arbeit für Verständigung fortsetzen und die Kontakte mit dem Westen umso mehr pflegen wollten. Diese personellen Kontinuitäten werden noch einmal nach dem Zusammenbruch der Sowjetunion evident.

Der finanzielle und politische Niedergang der Association France-URSS

Die Freundschaftsgesellschaften im Westen taten sich dagegen wesentlich schwerer, mit der plötzlichen Selbstkritik der SSOD, der kommerziellen Ausrichtung der Freundschaftsbewegung und dem damit einhergehenden Verlust materieller und politischer Privilegien umzugehen. Besonders France-URSS traf die Kommerzialisierung von Inturist empfindlich, nachdem sie nahezu ausschließlich von den Einnahmen der Reiseabteilung gelebt hatte. Der Niedergang des Sowjetunion-Tourismus trat paradoxerweise an seinem Höhepunkt ein. Mit der Perestrojka stieg das Interesse an Reisen in die Sowjetunion rapide, so dass allein 1988 20.640 Franzosen mit France-URSS die Sowjetunion entdeckten. Diesem Ansturm waren die touristische Infrastruktur von Inturist, die Bettenkapazitäten und die aufwändigen Empfangsstrukturen nicht gewachsen. Inturist bestätigte schon gebuchte Reisen erst in letzter Minute, plante kurzfristig Reiserouten um oder stornierte sie vollständig. Am Ende der Saison waren 80 % der Kunden von France-URSS mit den Leistungen unzufrieden und die Freundschaftsgesellschaft blieb auf Entschädigungsforderungen sitzen.[108]

---

[106] Vgl. Minutes of Executive Committee Meeting BSFS, 8.10.1989, in: NottArch, DD/PP/11/3/1.
[107] Vgl. Botschafter Mayer-Landrut an Bonn: Betr.: 4. Allunionskongress der Gesellschaft Sowjetunion-BRD, 14.12.1988, in: PAAA, ZA 147217. Mit der Wahl Osip'jans wurde eine lange Periode der Führungslosigkeit nach Zamjatins Ernennung zum Botschafter in London 1986 und einer kurzen Amtszeit des TASS-Direktors Sergej A. Losev von September 1987 bis Oktober 1988 beendet.
[108] Vgl. beispielsweise Paul Desvillettes: État des relations de coopération entre l'Association France-URSS et l'Intourist, 10.10.1988, in: ANF, 88 AS 43. Ähnliche Schwierigkeiten mit

Aufgrund der neuen kommerziellen Ausrichtung von Inturist und Sputnik konnte das Geschäft mit vorab reservierten Kontingenten und vorteilhaften Preisen nicht mehr aufrechtgehalten werden. Für Kunden von France-URSS stiegen die Preise um 100 % bis 200 %. Die Freundschaftsgesellschaft musste als ein Anbieter unter vielen mit anderen Reiseagenturen in Frankreich konkurrieren. Der langjährige Erfolg der Sowjetunionreisen wurde ihr nun zum Verhängnis, da sämtliche anderen Aktivitäten und die vielen Angestellten vollständig von diesen Einkünften abhingen und keinerlei Rücklagen vorhanden waren. Um die Gesellschaft zu retten, entließ die Présidence noch 1988 neun Personen und schloss das Dokumentationszentrum in Paris.[109] Die zahlreichen Protestschreiben von Russischlehrern und anderen Bibliotheken wie der BDIC zeigen die Bedeutung, die diese Einrichtung als Informationsquelle über die Sowjetunion gewonnen hatte.[110] Die Finanzlage wurde in den internen Gremien zum Thema Nummer eins der Jahre 1989 und 1990. Analog zur Kommerzialisierung der Partnergesellschaften in der Sowjetunion versuchte France-URSS zur Rettung der Finanzen die Gründung formell unabhängiger, halbkommerzieller Agenturen, die nach den Prinzipien der Wirtschaftlichkeit und Selbstfinanzierung arbeiten sollten. Bereits im Januar 1988 gründete France-URSS eine Veranstaltungsagentur Pleins feux, die französische und ausländische Spektakel in Frankreich organisieren und die „Kulturen der Welt" in Frankreich und die französische Kultur im Ausland verbreiten sollte.[111] Ebenso beschloss der Conseil national 1989, eine kommerzielle Reiseagentur zu gründen.[112] Diese Maßnahmen waren jedoch nicht ausreichend und griffen zu spät.

Die Zahl der Reisenden fiel kontinuierlich von 15.000 im Jahre 1989 auf nur noch 7.500 zwei Jahre später. Das schlechtere Preis-Leistungs-Verhältnis, die billigeren Angebote kommerzieller Reiseunternehmen und die neuen Möglichkeiten für Individualreisen setzten France-URSS weiter zu. Hinzu kamen ab 1990 die unklaren Verhältnisse und Versorgungsschwierigkeiten in der Sowjetunion sowie der Golfkrieg 1991, der den Tourismus generell dämpfte. Nicht zuletzt brach das Klientel für politische Reisen mit France-URSS weg. Wie ein Mitglied des Conseil national formulierte, hatte die „Pilgerfahrt nach Mekka" an Sinn verloren.

---

steigenden Reisekosten hatte auch die Amitiés belgo-soviétiques: Vgl. 3000 Tourists From Belgian Society to USSR, in: British-Soviet Friendship (1988) 5, S. 4.
109 Vgl. Rede Leroys vor dem Conseil national, 28./29.1.1988, in: ANF, 88 AS 5.
110 Siehe die vielen Protestschreiben in: ANF, 88 AS 58.
111 Vgl. Création d'une société „Pleins feux", 20.1.1988, in: ANF, 88 AS 1.
112 Vgl. Groupe de Travail du Conseil National „Voyages", 21.6.1989, in: 88 AS 26; und Conseil National du 17 décembre 1989. Contribution pour l'ouverture de la discussion du 18e Congrès National de l'Association France-URSS, in: ANF, 88 AS 5.

Erholungs- und komfortsuchende Touristen dagegen konnten zum gleichen Preis auch in die Karibik fahren.[113]

France-URSS war nur noch ein Partner unter vielen, und das auf politischer Loyalität basierende Klientelverhältnis funktionierte nicht mehr. Die Verantwortlichen mussten die bittere Erfahrung machen, dass die vermeintliche „Freundschaft" nun kapitalistischen Kriterien untergeordnet wurde. Die langjährige politische Treue als „sicherer Partner in Frankreich, der unabhängig von der internationalen Lage mit Entschlossenheit für die Förderung des Tourismus in der UdSSR agiert[e]", zahlte sich nicht mehr aus.[114] Latil, Vahé und der für Reisen zuständige Sekretär Paul Desvillettes richteten eindringliche Appelle an den Botschafter und reisten wiederholt nach Moskau, um mit Vertretern von Inturist, Sputnik und Aeroflot zu verhandeln. Sie wurden jedoch nur noch als lästige Bittsteller empfangen, für die es in einer marktwirtschaftlichen Welt keine Ausnahmen gab.[115]

Zu diesen finanziellen Schwierigkeiten kamen politische Zweifel vor allem an der Basis von France-URSS. Die Mitglieder der Présidence – allen voran Latil, Leroy und Hamon – sprachen sich weiterhin klar für eine Anpassung an die neuen Gegebenheiten aus. Sie bewerteten die Veränderungen in der Sowjetunion positiv, da sie „vielversprechende Perspektiven" öffneten.[116] Einige Präsidenten, darunter Yves Arcadias und Francis Cohen, begründeten auf Initiative von Hamon 1988 sogar eine eigene Association pour la connaissance de la nouvelle Union soviétique, da sich ihrer Ansicht nach France-URSS nicht schnell genug veränderte.[117] Wie auch der Vertreter der SSOD in Paris wiederholt feststellte, gab es jedoch insbesondere in den lokalen Komitees viele Mitglieder, die eine abwartende Haltung zur Perestrojka einnahmen und einfach so weitermachen wollten wie bisher.[118] Nachdem sich auch der PCF ab 1987 von der Perestrojka distanziert hatte, wuchsen bei Vielen die Zweifel. Bezeichnenderweise

---

113 Vgl. Guy Morvan: France-URSS. Quelle association pour quel but?, in: ANF, 88 AS 21. Zu den anderen Aspekten vgl. Lettre aux secrétaires généraux, 12.3.1991, in: ANF, 88 AS 37.
114 Latil: Memorandum sur l'état de la coopération entre l'Association France-URSS et Inturist, 21.9.89, in: ANF, 88 AS 43.
115 Note établie à la demande de Monsieur l'Ambassadeur de l'U.R.S.S., 18.5.88, in: ANF, 88 AS 36; Telegramm Projet de Memorandum à remettre à S.E. l'Ambassadeur d'U.R.S.S. en France 29.11.89, in: ANF, 88 AS 43. Reisen vor Ort: Déplacement à Moscou de Paul Desvilettes et Charles Latil 27–30 Juin 1988, in: ANF, 88 AS 36. Vgl. zu den zahlreichen weiteren Verhandlungen bis 1991 die Korrespondenz in: ANF, 88 AS 43.
116 Vgl. Déclaration de la présidence nationale de France-URSS, in: FUM (1988) 7–8, S. 15.
117 Vgl. Robin Hivert, Léo Hamon, S. 5–7; Hamon, Vivre ses choix, S. 522–525.
118 Vgl. Kozyrev: Otčet o zasedanii nacional'nogo soveta Obščestva „Francija-SSSR", in: GARF, f. 9576, op. 20, d. 5901, l. 28–33, hier l. 32.

hatten bei der IPSOS-Umfrage 1989 in *France-URSS Magazine* 79 % der RPR-Wähler, aber nur 61 % der PCF-Wähler ein positives Bild von Gorbačev.[119] Gerade die treuesten Sowjetunion-Freunde wollten dem neuen Kurs nicht folgen. Die Inflexibilität eines Teils der Mitglieder hing auch mit ihrer Überalterung zusammen. Ein großer Anteil war schon seit Jahrzehnten dabei. Beim Kongress von France-URSS 1973 waren 20 % der 448 Delegierten unter 30 und 18 % über 60 Jahre alt. 1990 waren nur noch 7 % unter 30 und 34 % über 60 Jahre.[120]

Der Bruch zwischen Présidence und Basis lässt sich am besten anhand der Reaktionen auf die neue Ausrichtung des *France-URSS Magazine* nachzeichnen. Einige Mitglieder der Présidence, darunter Raymond Marquié und Raymond Roussat, warnten schon damals, dass die neue Zeitschrift nicht konkurrenzfähig sein und von den Komitees kaum angenommen werden würde.[121] Schon vor der vollständigen Umsetzung des Projekts gab es Proteste gegen die geplante kritischere Darstellung der Sowjetunion. Ein langjähriges Mitglied kündigte, da er genug habe von den „antisowjetischen und klerikalen Artikeln". Die Présidence bestehe seiner Meinung nach ohnehin aus Vertretern der Bourgeoisie, die nicht einmal mehr progressistisch, sondern richtig antikommunistisch wären. Er bleibe jedoch ein Freund der Sowjetunion in der Form, wie sie bei der Revolution begründet worden sei.[122]

Als ab Mitte 1989 das neue *France-URSS Magazine* die lange geleugneten vergangenen und aktuellen Schattenseiten der Sowjetunion in Artikeln über AIDS, Wohnungsnot, schlechte Versorgung, Kriminalität oder die sowjetische Verantwortung in Katyn zur Sprache brachte, stieß dies einen großen Teil der treuen Leser vor den Kopf.[123] In zahlreichen Leserbriefen äußerten sie ihr Missfallen: „Ich bin verbittert und ich habe den Eindruck, den Figaro zu lesen. Ich kann nicht mehr zulassen, dass man jeden Monat Stalin kritisiert." Oder: „Es scheint mir, dass es nicht die Rolle von FUM ist, Gorbi und die Gorbimania zu unterstützen, sondern sich für den sowjetischen Sozialismus einzusetzen."[124] Trotz steigender Verkaufszahlen blieb der große Boom der Zeitschrift aus. Es reichte bei weitem nicht für eine Selbstfinanzierung – insbesondere angesichts

---

119 Vgl. 71 % des Français sont séduits par Gorbatchev, in: France-URSS (1989) 6–7, S. 28–33.
120 Vermutlich war der Anteil der Über-60-Jährigen unter den Mitgliedern noch deutlich höher als unter den Delegierten. Vgl. XIIIe Congrès national 2–4 novembre 1973, Commission des mandats, in: ANF, 88 AS 18; France-URSS Informations, Septembre 1990, S. 77, in: ANF, 88 AS 21.
121 Vgl. Kozyrev, Vertreter SSOD an Ryčatov, 24.12.1987, in: GARF, f. 9576, op. 20, d. 5479, l. 14–16.
122 Jean Grégoire an Guilbert, 15.12.1988, in: ANF, 88 AS 12.
123 Recherche logement, désespérément, in: FUM (1989) 11, S. 14–16; La situation s'aggrave, in: FUM (1989) 12, S. 67; Katyn. L'URSS reconnaît sa responsabilité (1990) 5, S. 10.
124 Courrier, in: FUM (1989) 12, S. 58 f. Siehe auch Courrier, in: FUM (1990) 1, S. 56.

der finanziellen Einbrüche bei den Reisen. Anfang Oktober 1990 musste deshalb der Conseil national aus finanziellen Gründen die Einstellung der Zeitschrift beschließen.[125] *La Lettre France-URSS*, ein 16-seitiges, schwarz-weißes Bulletin ab März 1991, das größtenteils nur interne Informationen lieferte, bot keinen wirklichen Ersatz. Ein dort abgedrucktes Interview mit der Sowjetologin Hélène Carrère d'Encausse, deren Schriften – laut einer Leserin – „nur in einer permanenten Verunglimpfung der UdSSR" bestünden, trug nicht dazu bei, positive Reaktionen von der enttäuschten Leserschaft zu bekommen.[126]

Beim 18. Nationalkongress im April 1990 brach eine erbitterte Diskussion aus, ob man Gorbačevs Politik nur beobachten, begrüßen oder unterstützen sollte.[127] Viele fürchteten durch eine eindeutige Stellungnahme für die Perestrojka mit den falschen Freunden des „Antisowjetismus" in ein Boot zu geraten und France-URSS zu spalten. Andere wie Latil, Gérard Jaquet oder der Vertreter aus Rhône Marcel Meunier meinten, dass sich France-URSS selbst vollständig ins Abseits bringen würde, wenn die Association nicht klar Stellung bezöge. Hamon forderte sogar eine demonstrative Distanzierung von der eigenen Vergangenheit, um ein neues Image zu schaffen. Ohnehin wären die „Irrtümer", von denen er damals eine Distanzierung gewünscht hätte, minimal gegenüber den „Brandmarkungen", die heute jeden Tag in der sowjetischen Presse erschienen. Dazwischen gab es einige, die vor einer zu eindeutigen Positionierung für die Politik einer Person warnten und eher Solidarität mit der sowjetischen Bevölkerung insgesamt forderten. Angesichts der vorhandenen Meinungsverschiedenheiten ermöglichte der Kongress weder einen personellen, noch einen strukturellen oder inhaltlichen Neuanfang.

In den folgenden Monaten wuchs der Unmut an der Basis, die sich von den Entscheidungen der Zentrale für eine Kommerzialisierung von Teilen der Association und ihren Statements für die Perestrojka überrumpelt fühlte. Ein Schatzmeister aus dem Pariser Komitee gab seinen Posten auf, da France-URSS nun als „Sprungbrett für den Kapitalismus in der UdSSR" diene. Daran wolle er sich nicht beteiligen.[128] Die erneuten Diskussionen beim außerordentlichen Kongress im April 1991 seien laut einem Teilnehmer nur die „Spitze des Eisbergs"

---

125 Conseil National, 6.–7.10.1990, in: ANF, 88 AS 2. Die Einstellung wurde auf einem beigelegten Blatt in der letzten Ausgabe für September/Oktober angekündigt.
126 Mme Estrade an France-URSS, 3.4.1991, in: ANF, 88 AS 31. Siehe dort mehrere ähnlich erboste Leserbriefe.
127 Vgl. auch zum Folgenden den Abdruck der Diskussionen: L'intégrale du XVIIIe congrès, in: France-URSS Informations, n° 45 (1990) 9, in: ANF, 88 AS 21.
128 Vgl. René Lefort an Francis Cohen, 27.9.1990, in: AD SSD, 354 J 53.

im Verhältnis zu den Meinungen an der Basis.[129] Insbesondere die eindeutige Unterstützung Gorbačevs beim Putschversuch gegen ihn im August 1991 nahmen viele Mitglieder der Présidence übel.[130] Die Abschlussresolution des Kongresses klammerte sich dennoch fast verzweifelt an die üblichen zuversichtlichen Floskeln von Freundschaft und Kooperation, zwischen denen nur ein Appell an die Anstrengungen aller Mitglieder etwas von der tatsächlichen Lage preisgab.[131] Erst im Oktober 1991, nach dem Putschversuch gegen Gorbačev und nach der Unabhängigkeitserklärung der baltischen Länder und der Ukraine, erklärte France-URSS offiziell die Zahlungsunfähigkeit. Doch selbst in seinem Memorandum an das Gericht äußerte Latil noch die Hoffnung, alles weiterführen zu können. So wurde im Bulletin sogar noch eine „Initative 91" zum Austausch zwischen Familien angekündigt.[132] Als sie jedoch die offizielle Auflösung der Sowjetunion im Dezember 1991 – laut Latil – „überraschte",[133] beschloss ein weiterer außerordentlicher Kongress am 2. Februar 1992 schließlich das Ende der Association:

> Fast ein halbes Jahrhundert lang hat France-URSS [...] effektiv zum Erfolg der friedlichen Koexistenz, der kulturellen, wirtschaftlichen und sportlichen Beziehungen sowie zum menschlichen Austausch beigetragen. Heute existiert die UdSSR nicht mehr als politische Einheit. Außerdem haben die Instabilität der Situation und die dortigen, schnell aufeinander folgenden dramatischen Ereignisse, einen drastischen Einbruch der von der Association zwischen beiden Ländern organisierten Reisen nach sich gezogen. Dies löste für sie eine unüberwindbare finanzielle Krise aus. Die Association als solche muss die Konsequenzen aus diesen beiden Tatsachen ziehen: Sie erklärt heute ihre Auflösung.[134]

Mit der eindeutigen Unterstützung Gorbačevs und der Perestrojka hatte France-URSS die jahrzehntelang proklamierte politische Neutralität gegenüber den

---

129 Vgl. Intervention de Jean-Luc Bernet au Congrès de France-URSS, 21.4.1991, in: ANF, 88 AS 21; sowie Compte rendu du Conseil national, 10.3.1991, 88 AS 5.
130 Vgl. zur Verurteilung des Putsches: Communiqué de Presse 8.9.1991, in: ANF, 88 AS 2; und zur Kritik daran: Motion (non-) soumise au vote de l'assemblee générale du Comité du 13ᵉ arrondissement de l'Association France-URSS le 10 décembre 1991, in: ANF, AD SSD, 354 J 53.
131 Vgl. Résolution du XIXe Congrès National de l'Association France-URSS, 21.4.1991, in: ANF, 88 AS 21.
132 Vgl. Schreiben Latils an die Mitglieder des Conseil national, 10.10.1991; und Memorandum remis par Charles Latil, président délégué de l'Association France-URSS à la Premier chambre du Tribunal de Grande Instance de Paris le 8 novembre 1991, in: ANF, 88 AS 2; „Initiative-91", in: La Lettre (1991) 10, S. 1 und 16.
133 Vgl. Rapport d'ouverture du Congrès extraordinaire de l'Association France-URSS, 2.2.1992, in: ANF, 88 AS 2.
134 Déclaration du Congrès extraordinaire de l'Association France-U.R.S.S. le 2 février 1992 à Paris, in: ANF, 88 AS 2.

politischen Vorgängen in der Sowjetunion aufgegeben. Früher versuchte sie durch die Fassade der Neutralität, das Image als blinde Unterstützer des sowjetischen Regimes zu widerlegen. Auf dem Höhepunkt der Perestrojka sollte dagegen die ostentative Unterstützung der sowjetischen Regierung beweisen, dass sie mit der Zeit ging und nicht in den alten Strukturen verhaftet blieb. Diese klare Parteinahme für Gorbačevs Politik brachte die Freundschaftsgesellschaft allerdings in Schwierigkeiten als die innenpolitischen Reformen weiter gingen als gedacht und weitreichende außenpolitische Konsequenzen mit sich brachten.

Der finanzielle und politische Niedergang der BSFS

Die bisher bedingungslos prosowjetische BSFS in Großbritannien tat sich im Umgang mit der Perestrojka noch schwerer als France-URSS. Denn nun wandte sich die Sowjetunion selbst von den sozialistischen Prinzipien ab, die die BSFS im Gegensatz zur eurokommunistischen CPGB aufrechtgehalten hatte. Zwar hatte Pam Meister auf der Biennial Conference im April 1988 für eine Anpassung an die Veränderungen plädiert, doch die dort verabschiedeten Resolutionen verweisen eher auf eine rhetorische als auf eine strukturelle Wende. Die Abschlussresolution unterstützte einerseits offiziell die Perestrojka, andererseits bekräftigte die BSFS darin ihre Hauptaufgabe, „falschen" Darstellungen der Veränderungen in der Sowjetunion in der britischen Presse entgegenzuwirken. Die BSFS sollte sich für alle politischen Richtungen öffnen, doch wurden kaum konkrete Maßnahmen in diese Richtung beschlossen.[135]

Derart oberflächliche Anpassungen gab es auch bei der Zeitschrift der BSFS. Ab Januar 1989 erschien sie in neuem Layout unter dem Titel *B-SF* – ohne größere inhaltliche Veränderungen. Die meisten Artikel beschäftigten sich mit den Aktivitäten der Freundschaftsgesellschaft selbst. Der Sekretär von Coventry, John Moore, hatte bereits während der Biennial Conference 1988 Kritik an dem Inhalt der Zeitschrift geäußert und war auch mit der neuen Aufmachung nicht zufrieden. Seiner Meinung nach war die BSFS dabei, die Perestrojka zu verschlafen. Die Zeitschrift sollte auf die „kosmetische Verschönerung der UdSSR" verzichten und die in der Sowjetunion stattfindenden Debatten aufnehmen. Selbst die Zeitschrift der Botschaft *Soviet Weekly* sei

---

135 Society to Work Harder to Develop Friendship, in: British-Soviet Friendship (1988) 7, S. 6 f. Vgl. die abweichenden Resolutionen in: Conference Paper N° 5, 11.3.1988, in: Hull, U DX/367/13.

kritischer.¹³⁶ Die Antwort von Pam Meister machte jedoch deutlich, dass auch in der Zukunft Kritik an der Sowjetunion keinen Platz finden werde: „[W]e certainly won't attract the average person by indulging in polemics about the Soviet Union."¹³⁷ Zu größeren Veränderungen war die BSFS zudem finanziell nicht mehr in der Lage. Nachdem die sowjetischen Organisationen wirtschaftlich arbeiten sollten, fielen viele indirekten Subventionen wie das kostenlose Printmaterial weg. Auch die Mitgliederzahlen stiegen nicht weiter wie erhofft, da die jüngere Generation trotz eines eigens gegründeten Jugendkomitees schwer erreichbar blieben.¹³⁸

Ab Juni 1990 erschien die Zeitschrift unter dem Titel *BSFS Journal* nur noch vierteljährlich und wollte nun „objektiv" zu berichten.¹³⁹ Die letze Gesamtkonferenz im April 1990 verfolgte zwar noch die Absicht, die BSFS als „vorwärtsschauende und flexiblere Organisation voller Leben" zu „re-vitalisieren."¹⁴⁰ Doch den altgedienten Leitungsmitgliedern fiel es schwer, die neue Weltordnung zu akzeptieren und alte Freund-Feind-Schemata abzulegen. Sinnbildlich dafür steht die Reaktion der BSFS auf die Eröffnung der von der Great Britain-USSR Association organisierten Tage Großbritanniens in Kiev in Anwesenheit von Thatcher und Prinzessin Anne im Oktober 1990.¹⁴¹ Die BSFS konnte nicht ertragen, dass sie von den sowjetischen Partnern nicht mehr für ihre Loyalität belohnt wurde und der konkurrierenden regierungsnahen Organisation solch ein Coup gelang. Zugleich musste sie zusehen, wie sich Thatcher – ihr größtes antisowjetisches Feindbild – in der Sowjetunion feiern ließ. Verzweifelt suchte der Chefredakteur Tony Foley deshalb nach Erklärungen für Thatchers Popularität: „One answer might be that in a country which, to say the least, is not entirely bereft of male chauvinism, a woman who publicly orders men about is an entertaining oddity."¹⁴²

Die BSFS war zu sehr auf ihre politische Mission fixiert, die Errungenschaften des Sozialismus und die sowjetische Innen- und Außenpolitik in möglichst positivem Licht darzustellen, als dass sie deren Zerfall überleben hätte können. Über eine offizielle Auflösung der BSFS ist nichts bekannt. Vieles spricht dafür,

---

136 John Moore, Secretary of Coventry Branch to all Officers and Secretaries, [4/1989], in: NottArch, DD/PP/11/3/8.
137 Pam Meister an John Moore, 16.5.1989, in: NottArch, DD/PP/11/3/8.
138 Minutes of the Branch Secretaries Meeting, 4.12.1988, in: NottArch, DD/PP/11/3/3.
139 Foley, Tony: For the Open Minded Reader, in: BSFS Journal (1990) 6, S. 3.
140 Meister, Pam: A Fresh Approach, in: B-SF Journal (1990) 3–4, S. 2.
141 Modina, Ludmila: Tage Großbritanniens in der UdSSR, in: Kultur und Leben (1990) 11, S. 2–7, 23 und 28; Roberts, Speak Clearly, S. 208–210.
142 Foley, Tony: Two Women of Britain, in: BSFS Journal (1991) Summer, S. 2.

dass diese stillschweigend stattfand. Die Zeitschrift und die überlieferten Unterlagen enden im Sommer 1991. Die Bibliothek und viele Mitglieder gingen an die SCR über.[143] Zwar geriet auch diese Gesellschaft im Sommer 1990 in eine finanzielle Krise und musste ihre Mitarbeiter auf nur noch drei reduzieren.[144] Die Mehrheit der Mitglieder sprach sich jedoch bei einer außerordentlichen Versammlung noch im November 1991 für die Fortführung der Gesellschaft und den Austausch mit allen Republiken der Sowjetunion aus.[145]

Sowohl France-URSS als auch die BSFS erwiesen sich letztlich als unfähig, mit der Geschwindigkeit der Veränderungen in der Sowjetunion Schritt zu halten. Ihre sowjetischen Partner schienen wesentlich flexibler und offener für eine Kommerzialisierung und Öffnung der Freundschaftsbewegung. Bei der Sitzung der Westeuropa-Sektion der SSOD im Juni 1989 kritisierten deren Mitarbeiter die veralteten Strukturen der Freundschaftsgesellschaften, denen man freilich aus historischen Gründen die Treue halten müsse.[146] Die sowjetische Botschaft in Paris warf France-URSS vor, dass die alten Kader die Ziele der Perestrojka noch nicht verinnerlicht und keine tragfähigen Pläne für die Fortsetzung ihrer Arbeit entwickelt hätten.[147]

Auch die neu konstituierten Partnergesellschaften versuchten, die Freundschaftsgesellschaften zu Reformen zu bewegen. Eine Delegation von SSSR-Velikobritanija unter der Leitung der Dolmetscherin Zoja V. Zarubina rief beim Kongress der BSFS 1990 dazu auf, sich den Herausforderungen des „Neuen Denkens" zu stellen und sich – wie SSSR-Velikobritanija – auf grundlegende Reformen einzulassen.[148] Aleksandr Ignatov, Vorstandsmitglied von SSSR-Francija, fällte nach der Auflösung von France-URSS ein hartes, aber in vielen Punkten durchaus treffendes Urteil:

> Anstatt schnell die Strategie zu ändern [...] lieferte man sich in der Rue Boissière in Paris politische Kämpfe, bei denen die sowjetische Seite für alles Übel verantwortlich gemacht wurde. Es zeigte sich, dass der bürokratische Apparat der Association, der unserem ähnelte, weder für den Wettbewerb, noch für einen kommerziellen Weg bereit war. [...]

---

143 Vgl. Annual Report 1992–1993, in: SCRSS. Auch die Ireland-USSR Society löste sich stillschweigend auf: Quinn, The Ireland-USSR Society, S. 100.
144 SCR Annual Report 1990–1991, in: SCRSS.
145 SCR Annual Report 1991–1992, in: SCRSS.
146 Vgl. Stenogramma zasedanija sekcii stran Zapadnoj Evropy v ramkach soveščanija predstavitelej SSOD za rubežom, 13.7.1989, in: GARF, f. 9576, op. 20, d. 6118, l. 1–118.
147 Kozyrev, Vertreter der SSOD: Otčet o zasedanii nacional'nogo soveta Obščestva „Francija-SSSR", [10/1988], in: GARF, f. 9576, op. 20, d. 5901, l. 28–33, hier l. 32.
148 Učastnikam konferencii Obščestva britano-sovetskoj družby, 27.4.1990, in: MML; Biennial Conference, in: BSFS Journal (1990) 6, S. 8–12, hier S. 10.

Trotzdem mache ich unseren treuen Freunden keine Vorwürfe [...]. Sie sind noch viel stärker als wir Opfer der Katastrophe des sowjetischen Sozialismus. [...] Man sollte besser zusammen überlegen, wie man die Freundschaftsgefühle auf eine andere, nicht am Modell ausgerichtete Basis stellen könnte. Denn wahre Freunde in Frankreich brauchen wir jetzt mehr als je zuvor.[149]

5.4 Neubeginn? Kontinuitäten und Brüche nach dem Ende der Sowjetunion

Institutionelle Neuanfänge und personelle Kontinuitäten in Westeuropa

Der Zusammenbruch einiger Freundschaftsgesellschaften bedeutete allerdings nicht das Ende gesellschaftlicher Initiativen für die kulturelle Zusammenarbeit mit den Nachfolgestaaten der Sowjetunion. Im Gegenteil setzten viele Mitglieder ihr Engagement fort, obwohl sich die Institutionen aufgelöst hatten. Die Frage, wer weitermachte, gibt rückblickend Aufschluss über die tieferliegenden Beweggründe für das individuelle Engagement.

Der Übergang fiel den Mitgliedern besonders schwer, die sich primär der Sowjetunion als Mutterland des Sozialismus verbunden fühlten und „echte" Freunde im ideologischen Sinne waren. Für sie brach schon während der Perestrojka und spätestens 1991 ein Lebenstraum zusammen. Sie konnten und wollten nicht an die Berichte glauben, die plötzlich alles Vergangene in der Sowjetunion negativ darstellten. Sie konnten und wollten nicht glauben, dass die Utopie gescheitert war, auf die sie ihr Leben ausgerichtet hatten. Sie fühlten sich dem System gegenüber loyal, waren nun plötzlich „heimatlos" und klammerten sich deshalb nahezu verzweifelt an die Vergangenheit. Beispielhaft hierfür war die Reaktion von Fernand Grenier, der mit der Sowjetunion durch alle Hochs und Tiefs gegangen war. 1991 beging er seinen 90. Geburtstag im Kreise seiner Freunde aus dem PCF, von France-URSS und SSSR-Francija in Saint-Denis. Seine Gäste erinnern sich gut an die Tränen in seinen Augen angesichts der Tatsache, dass „die Sache eine Katastrophe erleidet, der er fast sein ganzes, nicht leichtes Leben gewidmet hatte. [...] [I]hm war bitter bewusst, dass seine geliebte Association ihre letzten Tage durchlebte. Sein Leben schien seinen höheren Sinn verloren zu haben."[150] Auch Jüngere versuchten ihren alten Traum zu bewahren, indem sie die Augen vor der Realität verschlossen.

---

[149] Ignatov, Alexandre: L'Association France-URSS se déclare en faillite, in: Les Nouvelles de Moscou, 29.1.1992, in: ANF, 88 AS 61.
[150] Sedych, Na krugi svoja, S. 661; und Interview Charles Latil.

Veronica Gibson aus Liverpool war „sehr traurig" über den Zusammenbruch der Sowjetunion und hat Russland danach nie wieder besucht: „I want to remember it as it was."[151] Eine Zusammenarbeit mit den kapitalistisch ausgerichteten Nachfolgestaaten, insbesondere mit Russland unter dem „Konterrevolutionär" Boris El'cyn – wie es der Schatzmeister des Pariser Komitees von France-URSS formulierte[152] –, kam für diese Mitglieder nicht in Frage.

Die meisten dieser politisch mit der Sowjetunion verbundenen Mitglieder blieben dem Sozialismus an sich und der kommunistischen Partei treu. Für Leroy verrieten die Reformen Gorbačevs am Ende die Idee des Sozialismus. Er wandte sich vom sowjetischen Modell ab und verfolgte die Idee eines demokratischen Sozialismus ohne mit dem PCF zu brechen.[153] Auch für den langjährigen Peace Officer der BSFS Gordon Schaffer ging der „Kampf für den Sozialismus weiter, um die Kluft zwischen Reichen und Armen zu überwinden".[154] Ebenso hat der letzte Generalsekretär von France-URSS Vahé sich von dem unmittelbaren Engagement für die französisch-russischen Zusammenarbeit verabschiedet, auch wenn er als Präsident der Association républicaine des anciens combattants et victimes de guerre (ARAC) dem Universum der dem PCF nahestehenden Vereinigungen treu geblieben ist.[155]

Auch einige Nicht-Kommunisten, die sich mit den Freundschaftsgesellschaften identifiziert hatten, waren von einer gewissen Bitternis und Nostalgie erfüllt. Latil hielt zwar persönliche Kontakte nach Russland. Er war aber nicht mehr bereit, sich unter den neuen Gegebenheiten weiter zu engagieren, wie er in einem Brief an Sedych 1997 schrieb:

> Ich habe das Gefühl, dass der letzte Président délégué der Association France-URSS heute in seiner Geburtsregion bleiben sollte – glücklich darüber, dass er mit Euch und dank Euch außergewöhnliche Stunden erlebt hat, aber im Bewusstsein, dass alles, was er damals

---

151 Vgl. Communist Party Oral History Project: John and Veronica Gibson, in: British Library.
152 René Lefort an Francis Cohen, 9.9.1991, in: AD SSD, 354 J 50.
153 „Eine Wahrheit zeichnet sich für mich ab: Ich habe mich nicht verändert und ich habe mich verändert. Ich habe mich nicht verändert, weil ich immer noch den gleichen Drang nach Gerechtigkeit und Freiheit habe wie in meiner Jugend. Ich habe immer noch die gleiche patriotische Verbundenheit. Ich habe mich nicht verändert, da ich keine meiner früheren Engagements bereue. Aber zugleich habe ich mich grundsätzlich verändert." Leroy, La quête du bonheur, S. 94; Interview Roland Leroy. Eine ähnliche Reflexion auch bei Cohen, Francis: Je ne laisserai pas ma place, in: L'Humanité, 7.3.2000.
154 Vgl. Schaffer, Baby in the Bathwater, S. 269.
155 Die ARAC wurde 1917 unter anderem von Henri Barbusse und Paul Vaillant-Couturier unter dem Eindruck der Folgen des Ersten Weltkriegs gegründet, setzt sich weltweit für Frieden und Abrüstung ein und unterstützt Kriegsveteranen und -opfer wie zum Beispiel in Vietnam. Interview II Raphaël Vahé.

dank gemeinsamer Initiativen erreicht hat, heute in dem neuen Austausch und den neuen Kooperationsformen mit RUSSLAND nicht mehr zählt. Ich wünsche mir sehr, dass Du und Deine Freunde – meine Freunde – darin einzig den Beweis dafür sehen, dass ich immer ein loyaler und treuer Aktivist im Dienste der Sache war, die wir gemeinsam verteidigten.[156]

Umgekehrt setzten jedoch zahlreiche – auch kommunistische – Mitglieder ihr Engagement unter den neuen Vorzeichen fort. Dabei erwiesen sich insbesondere die Beziehungen auf lokaler Ebene im Rahmen der Städteverbindungen als langfristig tragfähig. Sogar einzelne Komitees der BSFS konnten sich dort neu konstituieren, wo feste Verbindungen mit sowjetischen Städten existierten. So führen die Manchester and St. Petersburg Friendship Society oder die British-Russian Society in Birmingham ihre Arbeit bis heute weiter.[157] In Frankreich konstituierten sich unmittelbar nach Ende der nationalen Gesellschaft fast hundert lokale Nachfolgegesellschaften.[158] Zu den noch heute bestehenden gehört die Association Bourgogne Eurcasie (Europe-Caucase-Asie), die Anfang 1992 der langjährige Präsident von France-URSS Côte d'Or, René Justrabo, und sein Generalsekretär, André Belleville, gründeten.[159] Zu nennen wären auch exemplarisch die Association Droujba in Limoges, die Association France-Russie-CEI Nantes oder die Association Isba et Datcha in Lille.[160] Für diese lokalen Gesellschaften gründeten mehrere ehemalige Mitglieder des Sekretariats von France-URSS eine neue landesweite, weniger zentralistische Dachorganisation mit dem Namen Union nationale des associations d'amitié avec la Russie et la CEI.[161] Unter ihnen war André Langlois, der als Mitglied von PCF und CGT schon

---

156 Latil an Sedych, 23.10.1997, abgedruckt in: Sedych, Na krugi svoja, unpaginierter Anhang.
157 Siehe Manchester and St. Petersburg Friendship Society, http://manchesterstpetersburgsoc.org.uk/ (24.10.2016); British-Russian Society in the Midlands, http://www.britishrussian.org.uk/ (24.10.2016). Auch der Associazione Italia-URSS gelang der Übergang vor allem auf lokaler Ebene. Vgl. Dall'Associazione Italia-URSS alla Russkij Mir. 1946–2006: 60 anni di cultura, conoscenza e pace, http://www.comune.torino.it/infogio/ric/2006/pub7893.htm (21.8.2014).
158 Siehe zur Nachgeschichte von France-URSS: Postface von André Belleville und Antoine Segura, in: Martin, France-URSS, S. 231–241.
159 Auszüge aus dem Bulletin de l'association France-URSS Côte-d'Or vom Oktober 1992: Association Bourgogne-Eurcasie, http://lilianmessmer.typepad.fr/bourgogneeurcasie/historique/ (12.9.2016).
160 Association Droujba de Limoges, http://www.droujba.fr/association.htm (12.9.2016); Association France-Russie-CEI Nantes, http://francerussiecei-nantes.fr/accueil/ (12.9.2016); Association Isba et Datcha, http://isbadatcha.e-monsite.com/pages/historique.html (12.9.2016).
161 Vgl. Postface von André Belleville und Antoine Segura, in: Martin, France-URSS, S. 231–241. Heute heißt sie Union Nationale des Associations d'Amitié avec la Russie, la C.E.I. et les États Baltes, http://francerussie.cei.free.fr/index.htm (12.9.2016).

Anfang der 1950er Jahren Generalsekretär von France-URSS Marseille und seit 1954 Mitarbeiter im Sekretariat in Paris war.[162] France-Russie-CEI musste mit einigen materiellen und personellen Schwierigkeiten kämpfen und konnte bei weitem nicht mehr die Mitgliederstärke und den politischen Einfluss von France-URSS erreichen. Dennoch gelang es ihnen mehrmals in Kooperation mit Universitäten und staatlichen Organen, große Konferenzen für russische Französischlehrer zu organisieren.

In der Bundesrepublik vereinfachte die lokale Verankerung der Regionalgesellschaften die Fortführung der Arbeit über den Zusammenbruch hinweg. Zudem hatten die wenigsten Mitglieder dort auf das Ideal des sowjetischen Sozialismus gebaut. Viele „Ostpolitiker" hatte gerade die Hoffnung auf einen Wandel von innen dazu bewegt, sich für gesellschaftliche und kulturelle Kontakte mit der Sowjetunion zu engagieren. Sie hofften auf eine weitere Demokratisierung der Nachfolgestaaten und wollten diesen Prozess begleiten. Deshalb setzten nahezu alle Regionalgesellschaften ihr Engagement für Beziehungen mit Russland und den anderen Nachfolgestaaten der Sowjetunion mit dem gleichen Personal fort. Selbst DKP-Mitglieder wie im Saarland Luitwin Bies oder in der Gesellschaft Rhein-Ruhr die Vorsitzende Walborg Schröder passten sich an die neuen Gegebenheiten an.[163]

Die Hamburger Gesellschaft BRD-UdSSR wurde zur Deutsch-Russischen Gesellschaft in Hamburg.[164] Die Hessische Gesellschaft konzentrierte sich als Hessische Gesellschaft für Ostbeziehungen vor allem auf das Partnerland Armenien.[165] Die Regionalgesellschaft Rhein-Neckar wurde zur Gesellschaft für Ostbeziehungen Rhein-Neckar und die Gesellschaft Rhein-Ruhr zur Deutsch-Russischen Gesellschaft.[166] Die Bayerische Gesellschaft geriet bereits mit den zunehmenden gesundheitlichen Problemen ihrer Führungsfigur Erwin Essl Ende der 1980er Jahre in Schwierigkeiten. Als Essl 1990 zurücktrat, spaltete sich die Gesellschaft auf. Die SPD-Stadträte Inge Hügenell und Friedrich Mager leiteten die Bayerische Ostgesellschaft, die den Schwerpunkt auf humanitäre Hilfsprojekte und kulturelle Veranstaltungen legte. Eine zweite Gruppe gründete im April 1991 das Deutsch-Sowjetische Forum München – ab 1992 Deutsches

---

162 Vgl. Lahaxe, Les communistes à Marseille, S. 192 f.
163 Zu Walborg Schröder vgl. Pivovar, Helena: Die Entstehung der Städtepartnerschaft zwischen Bergisch Gladbach und Marijampole 1989, in: Eßer, Albert/Hilbrenner, Anke (Hg.): Osteuropa in Bergisch Gladbach. Zwangsarbeit und Partnerschaft, 1941–1991, Bergisch Gladbach 2010, S. 42–65.
164 Deutsch-russische Gesellschaft Hamburg, http://www.drghamburg.de (12.9.2016)
165 Siehe zahlreiche Dokumente in Privatarchiv Sperling.
166 Vgl. Pivovar, Die Entstehung der Städtepartnerschaft.

Ostforum München – das im Sinne Essls die wirtschaftlichen Beziehungen mit den Nachfolgestaaten förderte.[167] Schwierigkeiten bereitete der territoriale Zerfall der Sowjetunion vor allem denjenigen Regionalgesellschaften, die schwerpunktmäßig mit einer Sowjetrepublik zusammengearbeitet hatten. Viele ihrer Mitglieder hatten explizit Interesse an der russischen Sprache und Kultur, von der sich nun die armenischen oder georgischen Partner demonstrativ distanzierten.[168] Die Saarländische Gesellschaft wollte beispielsweise weder die Beziehungen zu Georgien abbrechen, noch sich auf Georgien beschränken.[169] Sie nannte sich schließlich ab 1992 sehr allgemein West-Ost-Freundschaftsgesellschaft, um sowohl die Länderpartnerschaft mit Georgien weiterzuführen als auch beispielsweise den Schüleraustausch mit der autonomen kaukasischen Republik Karačaevo-Čerkesija weiter betreuen zu können.[170]

Die Aktivitäten der neuen und weitergeführten Gesellschaften konzentrierten sich auf kulturellen Austausch, die lange vermissten zwischenmenschlichen Beziehungen über Schüleraustausch oder Bürgerreisen und vor allem humanitäre Hilfe. Während die Sowjetunion vorher jegliche internationale Hilfe abgelehnt hatte, sammelten die Freundschaftsgesellschaften erstmals nach dem Erdbeben in Armenien 1988 auch im Auftrag der SSOD Geld- und Sachspenden.[171] Durch die persönlichen Kontakte in die GUS-Staaten erfuhren sie aus erster Hand von den wirtschaftlichen Schwierigkeiten in der Umbruchphase und versuchten, materielle Unterstützung zu leisten. Viele Freundschaftsgesellschaften organisierten mit großem persönlichem Engagement und gewisser Abenteuerlust Hilfstransporte mit Kleidung, Lebensmitteln und medizinischem Material in die Partnerstädte. Nach dem Zusammenbruch der staatlichen Strukturen wurden die sich nun verstärkenden persönlichen Beziehungen umso wichtiger.[172] Gerhard Weber organisierte humanitäre Hilfsaktionen für Hamburgs Partnerstadt Leningrad und reiste noch 2011 mehrmals jährlich

---

167 Vgl. Interview Friedrich Mager; Bayerische Ostgesellschaft, http://www.bayerische-ostgesellschaft.de (27.10.2016); Deutsches Ostforum München, http://www.dom-muenchen.de/ueber-uns/historie/ (15.9.2016).
168 Vgl. zu dieser Problematik auch Sperling, Dietrich: Gesellschaften BRD-UdSSR im Umbruch, in: Wostok (1992) 2, S. 84–87.
169 Vgl. Einladung und Notizen von Bies zur Informellen Gesprächsrunde zu den Ereignissen in der Sowjetunion, 29.8.1991, in: LA Saarbrücken, NL Bies.
170 Vgl. Interview Marianne Granz und Jens Bicker. West-Ost-Freundschaftsgesellschaft Saar, http://www.west-ost-saar.de/ (15.9.2016).
171 Vgl. Présidence nationale, 22.12.1988, in: ANF, 88 AS 8; Perham, Hilda: Armenia's Call for Help is Heeded, in: B-SF Journal (1990) 1, S. 3.
172 Vgl. exemplarisch Dieckenhoff, Dieter: Städtepartnerschaft Dortmund – Rostow am Don, in: Merten /Eicher, Deutsch-russische Kulturarbeit in Dortmund, S. 61–63; Interview Marianne

dorthin, um persönlich Geldspenden Hamburger Bürger für bedürftige Petersburger zu übergeben.[173] Gleichzeitig versuchten die Kommunen durch Beratung und organisatorische Unterstützung beim Aufbau neuer Strukturen zu helfen. Das Saarland unterstützte Georgien beispielsweise beim Aufbau des Katasterwesens und des Abfallentsorgungssystems und lieferte über den Arbeiter-Samariter-Bund medizinische und soziale Hilfe.[174] Der Vorsitzende der ARGE Dietrich Sperling engagierte sich nach dem Zusammenbruch im Namen der Friedrich-Ebert-Stiftung für die Aussöhnung der Kaukasus-Völker.[175]

Ein Teil der vorherigen Aufgaben der Freundschaftsgesellschaften wurden nach 1991 von staatlichen Organisationen übernommen. In der Bundesrepublik kümmerte sich beispielsweise der Deutsche Städtetag nun selbst um die Städteverbindungen zu den Nachfolgestaaten der Sowjetunion. In Russland übernahm der russische Staat direkt die Cultural Diplomacy vor Ort im Ausland. Dies veranschaulicht das weitere Schicksal der Räumlichkeiten von France-URSS in Paris. Zunächst entstand an der prestigeträchtigen Adresse in der Nähe des Arc de Triomphe der Centre culturel russe. In der Übergangszeit organisierte der langjährige Sekretär von France-URSS Wladimir Matchabelli weiterhin Russischkurse und Konferenzen im Auftrag des russischen Staates. Da das Gebäude formell Inturist gehörte, mussten zunächst die Besitzverhältnisse geklärt werden.[176] 1995 wurde schließlich auf Regierungsbeschluss in den Räumlichkeiten der Centre de Russie pour la science et la culture à Paris eingerichtet, der Rosstrudničestvo untersteht.[177] So werden heute mit der dortigen Bibliothek und der Organisation von Sprachkursen, Ausstellungen sowie Theater- und

---

Granz und Jens Bicker; Interview Gerhard Weber; Pik, Kėt/Britikova, Ol'ga: Sankt-Peterburgskij blagotvoritel'nyj fond pomošči detjam „Roof", in: Manchester – St. Petersburg, S. 28.
173 Vgl. Schütte, Gisela: Letzte Reise nach St. Petersburg. Nach 20 Jahren endet die humanitäre Briefbrücke in die Partnerstadt – Zum Abschluss bringt Gerhard Weber noch einmal 100.000 Euro an die Newa, in: Die Welt, 5.1.2011.
174 Vgl. Interview Marianne Granz und Jens Bicker; sowie Gvenetadze, Chronik einer Freundschaft, S. 184–199.
175 Vgl. Interview Dietrich Sperling; sowie Dokumente in Privatarchiv Sperling.
176 Plusieurs administrations russes revendiquent la propriété des locaux de l'Association France-URSS, 10.2.1994, in: APP, 77 W 3546/276910/0. Zu Wladimir Matchabelli, der heute als Unternehmer in Russland arbeitet, vgl. Centre de recherches entreprises et sociétés: Tour d'horizon sur la Russie à ce jour, 27.10.2014, http://cres.ch/tour-dhorizon-sur-la-russie-a-ce-jour/ (24.1.2017); Bratersky, Alexander: Q&A: Ice Cream and Socialism Inspire French Russophile, in: The Moscow Times, 15.6.2012, https://themoscowtimes.com/articles/qa-ice-cream-and-socialism-inspire-french-russophile-15449 (24.1.2017).
177 Vgl. Interview Svetlana Švecova. Der heutige Centre de Russie pour la Science et la Culture à Paris erwähnt France-URSS nicht als Vorgänger: http://www.russiefrance.org/fr/nous/historique.html (13.9.2016).

Filmvorführungen im Prinzip die Aktivitäten der Freundschaftsgesellschaft in den gleichen Räumen fortgeführt. Die Vermittlung durch vermeintlich neutrale gesellschaftliche Akteure ist unter den neuen Bedingungen nicht mehr nötig. Eine ähnliche Metamorphose erlebten auch die Häuser anderer Freundschaftsgesellschaften.[178]

Dank der Konzentration auf kulturellen und wissenschaftlichen Austausch konnte auch die SCR den Zusammenbruch der Sowjetunion überleben. Mit nur noch 30 zahlenden Abonnenten wurde im Mai 1992 das *Anglo-Soviet Journal* eingestellt. Doch eine Mehrheit der Mitglieder entschied sich für die Fortführung der Arbeit unter dem Namen Society for Co-operation in Russian and Soviet Studies (SCRSS). Ihre offizielle politische Unabhängigkeit ermöglichte zwar den Übergang, doch zeigten sich die Mitglieder enttäuscht von der Hinwendung der sowjetischen Nachfolgestaaten zum Kapitalismus. Insofern gaben sie sich eine neue politische Mission:

> At the same time, the Society has always sought to associate itself with what is progressive, democratic and humane in Russian and Soviet culture. [...] Contemporary Russia faces a two-fold threat: absorption, at the level of simple robbery of natural resources and impoverishment of her people, into world capitalism, and the rise of the most primitive and bestial nationalism, obscurantism and anti-Semitism. [...] Today, the Society exists to make common cause with all those writers, artists, historians and others who seek to preserve and develop the best traditions of Russia and the former USSR. We stand together against the present world-wide tide of ignorance, xenophobia and resurgent fascism.[179]

Vor dem finanziellen Niedergang rettete sich die Gesellschaft durch die Einstellung der Zeitschrift, Spenden, einen teilweisen Verkauf der Bibliothek und die Weiterführung der Sprachkurse. Zahlreiche ehemalige Mitglieder der BSFS engagierten sich in der neuen SCRSS weiter. Darunter war Ralph Gibson, damals Jugendbeauftragter der BSFS und heute Vorsitzender der SCRSS. 2014 konnte die SCRSS stolz auf 90 Jahre ihres Bestehen zurückblicken.[180]

---

[178] Der 1974 unter der Ägide der Association Luxembourg-URSS gegründete Centre Pouchkine wurde nach 1992 zunächst von der Nachfolgeorganisation Association Luxembourg-Russie weitergeführt und 2010 unter der Verwaltung von Rossotrudničestvo zum staatlichen Centre Culture et Scientifique de Russie umgewandelt. Siehe http://lux.rs.gov.ru/ru/pages/682 (28.11.2016). Ebenso erging es dem 1975 für die dänische Freundschaftsgesellschaft gekaufte Gebäude in Kopenhagen. Siehe Frederichsen, Soviet Cultural Diplomacy. S. 218 f. und S. 263.
[179] Annual Report 1992–93, S. 1, in: SCRSS.
[180] SCRSS Digest, 90th Anniversary Issue, Summer 2014, http://www.scrss.org.uk/Documents/SCRSSDigest_Summer2014.pdf (4.10.2014). Ebenso bis heute existiert unter gleichem Namen die Isländische Gesellschaft: Ne zatuchaet ogon' družby, in: Konsul 45 (2016) 4,

Institutionelle Neuanfänge und personelle Kontinuitäten in der Sowjetunion

Dieses Phänomen der personellen und strukturellen Kontinuitäten über den Zusammenbruch hinweg lässt sich auch auf sowjetischer Seite beobachten. So schnell wie die Partnergesellschaften die Möglichkeiten der Perestrojka nutzten, so flexibel reagierten sie auf den Zusammenbruch der Sowjetunion. Im Januar 1992 vereinte sich die Obščestvo SSSR-FRG mit der analogen Partnergesellschaft der DDR (Sovetskoe obščestv družby s GDR) zur neuen Obščestvo Rossija-Germania (Gesellschaft Russland-Deutschland). Neben Osip'jan, der bis 2007 Präsident blieb, setzten zahlreiche Vorstandsmitglieder wie Valentin Falin oder der Journalist Aleksandr Urban ihr Engagement in der neuen Gesellschaft fort.[181] Der Generalsekretär von Rossija-Germanija Lel' Bratus' arbeitete nach kurzen Aufenthalten an den Botschaften in Bonn und Ostberlin schon seit 1972 im Sekretariat von SSSR-FRG. Er hatte somit sein ganzes Leben der deutsch-sowjetischen Zusammenarbeit gewidmet und blieb dieser Aufgabe als Generalsekretär weiter treu. Bis heute wirkt er in der Verwaltung der Gesellschaft mit.[182]

Die personellen Kontinuitäten über diesen Bruch hinweg sind auch bei SSSR-Francija markant. Von den 36 Präsidenten und Vize-Präsidenten von 1979 blieben 22 der Gesellschaft bei der Umstrukturierung Ende 1989 erhalten.[183] Dieser Vorstand wiederum begründete fast geschlossen im September 1991 bei einer außerordentlichen Konferenz im Haus der Freundschaft die Associacija Druzej Francii, die Gesellschaft der Freunde Frankreichs. Der dort gewählte Vorsitzende Vol'f Sedych war bereits Mitglied im Gründungsvorstand von 1958. Dies gilt auch für den Spezialisten für französische Linguistik Vladimir G. Gak, den Komponisten Nikita V. Bogoslovskij und General Georgij N. Zacharov, ein Veteran von Normandie-Niémen. Weitere langjährige Mitglieder waren die Schauspielerin und Redakteurin von *La femme soviétique* Galina S. Vasil'eva, der ehemalige *Pravda*-Korrespondent Aleksandr V. Ignatov, die ehemals hauptamtlichen Angestellten der SSOD Valentin Svistunov und Viktor Volodin und der ehemalige Botschafter Stepan V. Červonenko. Trotz der personellen Kontinuitäten betonte Sedych in seiner Rede den Neuanfang: „Aus unserer Sicht

---

http://www.magazineconsul.ru/archive/36/mnogolikaya-diplomatiya/ne-zatuxaet-ogon-druzhbyii.html (24.11.2016).

181 Zur Entwicklung von Rossija-Germanija nach 1991 vgl. : Bratus', Lel': Spravka po Obščestvu, 12/2013, in: Privatarchiv Bratus'. Eine gekürzte Version findet sich unter: http://www.russland-deutschland.info/инфо-об-обществе (9.3.2017). 2007 übernahm der stellvertretende Bürgermeister von Moskau Jurij V. Rosljak das Amt des Präsidenten.
182 Vgl. Interview Lel' Bratus'.
183 Vgl. Membres de la direction nationale de l'Association URSS-France 1990, in: ANF, 88 AS 61.

werden wir gerade Zeugen und Teilnehmer einer vollkommen einzigartigen historischen Epoche im Leben unseres Heimatlandes und der Gesellschaft SSSR-Francija, die nun mit neuen Aufgaben aufersteht."[184] Tatsächlich passten sie ihre Aktivitäten schnell an die neuen Möglichkeiten an. Die Druz'ja Francii entwickelten in den ersten Jahren eine Art Reisedienst, über den Franzosen in russischen Familien beherbergt wurden. Dies brachte für französische Reisende endlich die direkte Begegnung mit der „normalen" Bevölkerung und den Gastgebern willkommene materielle Unterstützung während der wirtschaftlichen Krise Anfang der 1990er Jahre.[185] Rossija-Germanija nutzte die Erfahrungen und Kontakte der letzten Jahrzehnte, um als Antwort auf den großen Informationsbedarf mit deutschen Stiftungen und anderen Institutionen Konferenzen, Ausstellungen und Begegnungen zu organisieren. Während für SSSR-Irlandija die Geschichte vergleichbar nahtlos weiterging,[186] verliert sich die Spur von SSSR-Velikobritanija dagegen in den 1990er Jahren.

Die Kontinuitäten über den Zusammenbruch der Sowjetunion hinweg weisen darauf hin, dass die sowjetisch-russischen Vorstandsmitglieder trotz der geänderten Bedingungen mit freien Reise- und Kontaktmöglichkeiten in den Westen sich weiterhin der Pflege internationaler kultureller und gesellschaftlicher Beziehungen verpflichtet fühlten. Im Rückblick begründeten dies die russischen Interviewpartner damit, dass die Partnergesellschaften trotz politischer Kontrolle einen relativ unabhängigen und liberalen Raum boten. Solange man sich an gewisse Spielregeln hielt, konnte man dort interessante Persönlichkeiten treffen, an Informationen über das Ausland gelangen und selbst ins Ausland reisen. „Wir waren die demokratischste und offenste derartige Organisation", meinte Lel' Bratus'.[187] Insofern hatte sich während der Brežnev-Jahre eine Gruppe von international-westlich interessierten Persönlichkeiten in den Partnergesellschaften zusammengefunden, die die Möglichkeiten innerhalb des Systems zu nutzen lernten. Sie hatten sich über die Jahre mit der Partnergesellschaft und ihren Zielen identifiziert und blieben aus persönlichen oder beruflichen Gründen mit Frankreich oder Deutschland verbunden. Offensichtlich waren persönliche Kontakte und echte Freundschaften entstanden, die über den Zusammenbruch hinweg von Dauer waren.

Während sich die Partnergesellschaften nun endgültig in der gesellschaftlichen Sphäre verankerten, spaltete sich die SSOD zumindest formell in ihre gesellschaftliche und staatliche Komponente auf. Anfang 1992 berief Tereškova eine

---

184 Sedych, Na krugi svoja, S. 671.
185 Vgl. Interview Aleksandr Ignatov.
186 Quinn, Michael J.: Irish-Soviet Diplomatic and Friendship Relations, S. 176.
187 Interview Lel' Bratus'. Ähnlich auch Interview Aleksandr Ignatov.

Konferenz ein, auf der eine grundsätzliche Entscheidung über das Weiterleben der Organisation getroffen werden sollte.[188] Dort wurde einerseits die Rossijskaja associacija meždunarodnogo sotrudničestva (RAMS) gegründet, die auf Anordnung von Präsident El'cyn vom 12. Mai 1992 die Rechtsnachfolge der SSOD antrat.[189] Sie blieb eine sehr schwache gesellschaftliche Dachorganisation mit den Nachfolgern der Partnergesellschaften als Mitgliedern, die lieber ihre gerade neu erworbene Unabhängigkeit wahren wollten. Anderseits wurde die staatliche Struktur der Rossijskoe agentstvo meždunarodnogo sotrudničestva i razvitija (RAMSiR) geschaffen, die 1994 in Roszarubežcentr (Rossojskij centr meždunarodnogo naučnogo i kul'turnogo sotrudničestva pri Pravitel'svte Rossijskoj Federacii) umbenannt wurde. Der Aufgabenbereich von RAMSiR bzw. Roszarubežcentr umfasste primär die russischen Kulturhäuser im Ausland. Gleichzeitig war sie aber auch der staatliche Ansprechpartner für die Partnergesellschaften und die verbliebenen Freundschaftsgesellschaften im Ausland. Die enge Verbindung zwischen beiden Organisationen wird allein dadurch deutlich, dass Tereškova bis 2004 sowohl Vorsitzende von RAMS als auch von Roszarubežcentr war.[190] Die neuen Partnergesellschaften verloren jegliche finanzielle Unterstützung von Seiten des Staates. Allerdings durften sie für ihre Büros und Veranstaltungen weiter das Moskauer Haus der Freundschaft nutzen. Der Umbau dieses Gebäudes ab 2003 zum Repräsentationsgebäude des Präsidenten bedeutete für viele von ihnen den faktischen Todesstoß, weil sie sich keine alternativen Räumlichkeiten in Moskau leisten konnten. Die russische Cultural Diplomacy lief nun primär über die Kulturzentren im Ausland, die – wie gesehen – oft die direkte Nachfolge der Freundschaftsgesellschaften antraten.

5.5 Fazit: Das Ende politischer Loyalitäten und der Beginn persönlicher Beziehungen

Die Perestrojka mit ihrem Nebeneinander von demokratischen Reformen und wirtschaftlich-politischem Niedergang hatte auch für die Freundschaftsgesellschaften höchst ambivalente Folgen. Wie die Umbrüche nach Stalins Tod, so

---

188 Vgl. Tereškova an Sedych, 14.1.1992, abgedruckt in: Sedych, Na krugi svoja, unpaginierter Anhang.
189 Ukaz Prezidenta Rossijskoj Federacii O Rossijskoj associacii meždunarodnogo sotrudničestva, 14.8.1992, http://pravo.gov.ru/proxy/ips/?docbody=&nd=102016158&rdk=&backlink=1 (23.9.2016).
190 Vgl. hierzu auch Vozdvizhenskaja, T. A. u. a. (Hg.): Dorogami družby i sotrudničestva, Moskau 2000, S. 71.

ermöglichen auch die grundlegenden Veränderungen der Jahre 1985 bis 1991 Einblicke in die Funktionsweise der Freundschaftsbewegung und die Motivationen ihrer Mitglieder in West und Ost.

Erstens brachten die neuen Entwicklungen ans Licht, wie groß die politische und finanzielle Abhängigkeit der meisten Freundschaftsgesellschaften von der Sowjetunion und von den kommunistischen Parteien im Westen war. Aus Mangel an alternativen Finanzquellen waren die BSFS und vor allem France-URSS auf die indirekte Finanzierung über Reisen und die kostenlose Lieferung von Informations- und Arbeitsmaterial angewiesen. Dieses Klientelverhältnis gewährte finanzielle Vorteile im Gegenzug für politische Loyalität. Durch die Neuausrichtung der Reisebranche an rein marktwirtschaftlichen Kriterien verlor France-URSS die finanziellen Vergünstigungen. Die jahrzehntelange politische Loyalität zahlte sich nicht mehr aus. In der Sowjetunion zählten ökonomische und marktwirtschaftliche Kriterien nun mehr als politische und ideologische Affinitäten. Das System funktionierte nur, solange die Sowjetunion ihr außenpolitisches Image in allen Bereichen kontrollieren wollte. Je mehr pluralistische und selbstkritische Töne die neue Führung in Moskau zuließ, umso weniger war sie auf die Freundschaftsgesellschaften als Filter ihrer Außenkommunikation angewiesen. Freundschaftsgesellschaften mit alternativen Finanzquellen und geringerer politischer Abhängigkeit – wie zum Beispiel in der Bundesrepublik – konnten leichter mit der neuen, „kapitalistischen" Ausrichtung des sowjetischen Systems umgehen.

Zweitens verdeutlichte der Umgang der Freundschaftsgesellschaften mit der Perestrojka und dem Zusammenbruch der Sowjetunion im Rückblick ihre politische Zusammensetzung. In der Présidence von France-URSS hatte zwar seit den 1960er Jahren ein gewisser politischer Pluralismus Einzug gehalten, doch setzte er sich nur bedingt an der Basis fort. Ein großer Teil der Mitglieder begründete das Engagement für die Sowjetunion nach wie vor mit seiner Sympathie für das sozialistische System. Die Hinwendung des vielbeschworenen Mutterlandes des Sozialismus zum Kapitalismus enttäuschte sie und ließ sie politisch orientierungslos zurück. Eine vergleichbare Desillusionierung lässt sich auch für die meisten Mitglieder der BSFS beobachten. Hingegen war ein anderer Teil der Mitglieder von France-URSS und BSFS ebenso wie eine Mehrheit in den westdeutschen Gesellschaften bereit, ihr Engagement auch nach dem Ende der Sowjetunion fortzusetzen. Bei ihnen waren die Idee der Völkerverständigung oder kulturelles Interesse ausschlaggebende Faktoren für das Engagement in der Freundschaftsbewegung gewesen. Sie hatten zwar keine politische Loyalität zum Regime, wohl aber eine emotionale Beziehung zu Land und Leuten aufgebaut. Sie begrüßten die Demokratisierung, unterstützten die Bevölkerung mit humanitären Projekten und setzten den kulturellen Austausch fort.

Drittens zeigen die Vorgänge während der Perestrojka und nach dem Zusammenbruch auch, dass die Freundschaftsgesellschaften und ihre Partnergesellschaften in den vorangegangenen Jahrzehnten der Brežnev-Ära intensive und nachhaltige transnationale Beziehungen zwischen Ost und West etabliert hatten. Angesichts der internationalen Entspannung, des gewachsenen Interesses an der Sowjetunion und des positiveren Bildes der Sowjetunion in der Öffentlichkeit konnten die westlichen Freundschaftsgesellschaften die zuvor geschaffenen Kommunikationskanäle nun voll zur Geltung bringen. Sie wurden zu gefragten Experten für breite politische und gesellschaftliche Kreise und erhielten dafür Anerkennung von den Regierungen.

Die Reaktionen der SSOD und der Partnergesellschaften zeigen, dass sich im Rahmen dieser Institutionen eine Elite gebildet hatte, die den Ideen der Perestrojka sehr aufgeschlossen gegenüberstand und den Öffnungs- und Demokratisierungsprozess vorantrieb. Durch ihren Beitrag zur Internationalisierung der sowjetischen Gesellschaft unter Brežnev hatte die Freundschaftsbewegung insofern ebenfalls zur Anbahnung der Perestrojka beigetragen. Gleichzeitig hatten auch die sowjetischen Akteure enge persönliche Bindungen zum Westen geknüpft, auf deren Basis sie ihr Engagement für kulturelle und gesellschaftliche transnationale Zusammenarbeit auch nach dem Zusammenbruch der Sowjetunion fortsetzen konnten.

Nach 1991 war erstmals seit Ende des Zweiten Weltkriegs ein nahezu unbeschränkter und grenzenloser Austausch von Personen und Informationen zwischen Ost und West möglich. Die „selektiv permeable Membran" hatte ihre Bedeutung eingebüßt. Damit verloren aber auch die Freundschaftsgesellschaften ihre politische Existenzberechtigung als Filter und Katalysatoren der Kommunikation zwischen Ost und West. Den meisten gelang es jedoch, die langersehnten Möglichkeiten eines freien Austausches auf Basis ihrer alten Kontakte zu nutzen und eine neue Rolle als transnationale Akteure einzunehmen.

Ergebnisse und Ausblicke

Die Geschichte der sowjetischen Freundschaftsgesellschaften in Westeuropa ist weit mehr als eine Geschichte der sowjetischen Propaganda, auf die einige naive Kommunisten hineinfallen und Freunde der „falschen Seite" werden. Sie ist eine gesamteuropäische, transnationale Geschichte der Cultural Diplomacy zwischen Ost und West, die staatliche ebenso wie gesellschaftliche Akteure einbezieht. Von der sowjetischen Führung waren die Freundschaftsgesellschaften im Westen zwar ursprünglich als einseitige Propagandainstrumente gedacht. Im Laufe der Jahrzehnte schufen sie allerdings Kommunikationskanäle und brachten im Rahmen ihrer Aktivitäten zahlreiche Menschen aus Ost und West zusammen. Sie blieben damit zwar Instrumente der sowjetischen Cultural Diplomacy, konnten jedoch auch immer mehr zu eigenständigen Akteuren werden und als ein Element westlicher Cultural Diplomacy in die Sowjetunion hineinwirken. Nicht nur vom Westen initiierte Kulturkontakte, sondern auch von sowjetischer Seite angestoßene Beziehungen trugen somit zur transnationalen Vermittlung und Annäherung zwischen Ost und West bei, so dass auch echte Freundschaften entstehen konnten. Die Freundschaftsgesellschaften haben dadurch den Kalten Krieg nicht beendet. Aber sie waren mit dafür verantwortlich, dass der „Eiserne Vorhang" in Wirklichkeit eine „selektiv permeable Membran" blieb.

Der Vergleich zwischen den Freundschaftsgesellschaften bringt enorme Unterschiede zwischen den einzelnen Ländern und Organisationen zum Vorschein. Diese Varianz ist ein Hinweis auf den großen Aushandlungsspielraum der einzelnen Akteure und die pragmatische Anpassung der Sowjetunion an nationale Gegebenheiten. In Frankreich war die bis zuletzt relativ mitglieds- und finanzstarke Association France-URSS eng mit dem PCF verbunden. Sie konnte jedoch mit Hilfe ihrer reichhaltigen kulturellen Angebote und vor allem durch die Organisation von Reisen ein breiteres Publikum über die kommunistische Partei hinaus ansprechen. Die Anknüpfungspunkte mit den außenpolitischen Vorstellungen der Gaullisten und die phasenweise sehr intensive innenpolitische Zusammenarbeit mit den Sozialisten ermöglichten es, einen parteipolitisch pluralistischen Vorstand aufzubauen. Die Kehrseite dieses Pluralismus wurde jedoch während der 1970er Jahre in den heftigen internen Auseinandersetzungen um die Frage der Menschenrechte sichtbar.

Die British-Soviet Friendship Society war hingegen ungleich kleiner und politisch homogener. Sie blieb der Sowjetunion auch in schwierigen Zeiten treu und schaffte es kaum, Mitglieder über kommunistische Kreise hinaus zu gewinnen. Als sich die CPGB Ende der 1970er Jahre von Moskau distanzierte, wurde die BSFS zum Sammelbecken für den prosowjetischen Teil der Partei. Nur auf lokaler

Ebene konnte sie sich im Rahmen von Städteverbindungen gesellschaftlich verankern. Obwohl sich die Mitglieder der SCR zu großen Teilen aus den gleichen Kreisen rekrutierten, war sie besser gegen wechselnde politische Konjunkturen gewappnet, da sie sich vor allem über kulturelle und wissenschaftliche Aktivitäten sowie die Sprachvermittlung definierte. Die Great Britain-USSR Association wiederum war politisch und finanziell abhängig von der britischen Regierung. Dennoch behandelte die SSOD sie wie eine Freundschaftsgesellschaft.

In der Bundesrepublik musste der westdeutsche Ableger der Gesellschaft für deutsch-sowjetische Freundschaft infolge des KPD-Verbotsverfahrens 1956 seine Aktivitäten einstellen. In den 1960er Jahren entstanden jedoch mehrere neue Organisationen, die sich für eine Verbesserung der bundesdeutschen Beziehungen zur Sowjetunion einsetzten. Diese bundesdeutschen Freundschaftsgesellschaften und insbesondere ihr 1975 gegründeter Dachverband ARGE wiesen hinsichtlich ihrer engen Zusammenarbeit mit dem Auswärtigen Amt Ähnlichkeiten mit der Great Britain-USSR Association auf. Sie gingen kaum auf die politischen Kampagnen der Sowjetunion ein, sondern konzentrierten sich auf die Ebene der konkreten kulturellen Aktivitäten und des direkten gesellschaftlichen Austauschs.

Große Varianzen werden nicht nur im synchronen, sondern auch im diachronen Vergleich sichtbar. Die Freundschaftsgesellschaften, die den Zusammenbruch der Sowjetunion verarbeiten mussten, waren nicht mehr die gleichen wie diejenigen, die 40 Jahre zuvor noch Stalin gehuldigt hatten. Sie hatten eine enormen, in vielen Punkten parallelen Wandel durchlaufen: von gleichgeschalteten Transmissionsriemen der sowjetischen Propaganda zu vergleichsweise pluralistischen Organisatoren kultureller Veranstaltungen; von politisch und gesellschaftlich isolierten Gruppierungen zu anerkannten Partnern staatlicher Institutionen; von Zusammenschlüssen überzeugter Kommunisten zu Vereinigungen von Liebhabern russischer Kultur und Sprache sowie Befürwortern einer gesamteuropäischen Verständigung.

Nach der chronologischen Darstellung im Hauptteil werden diese Entwicklungen und die nationalen Unterschiede hier nun thematisch anhand der vier in der Einleitung vorgestellten Forschungsperspektiven resümiert. Abschließend werden jeweils mögliche weitere Forschungswege aufgezeigt.

Mechanismen der kulturellen und gesellschaftlichen Öffnung und Abschottung zwischen Ost und West

An der Schnittstelle zwischen Ost und West erfüllten die Freundschaftsgesellschaften eine Filterfunktion. Langfristig jedoch entwickelten sie sich in immer stärkerem Maße zu Katalysatoren der transnationalen Kommunikation und zu Vermittlern des Austausches von Personen und Ideen.

An der „selektiv permeablen Membran" zwischen Ost und West kontrollierten die Freundschaftsgesellschaften in den ersten Jahren einen der noch seltenen Durchlässe. Dort wachten sie darüber, dass kein „falsches" Bild auf die andere Seite gelangte. Insbesondere während der Hochphase des Kalten Krieges zwischen 1946 und 1953 waren sie Teil eines Systems, das die Kommunikation zwischen Ost und West stark einschränkte. Sie übernahmen das von der Sowjetunion ausgesandte Selbstbild einer friedliebenden, in allen Bereichen überlegenen Sowjetunion und gaben es nahezu unverändert an die Öffentlichkeit in ihren Ländern weiter. Gleichzeitig bekämpften sie konkurrierende, ambivalente oder negative Bilder von der Sowjetunion als falsche, „antisowjetisch" motivierte Trugbilder. Ihre Zielgruppe war ausschließlich die eigene Bevölkerung. Die sowjetische Bevölkerung war für sie nahezu unerreichbar. Die Kommunikation war fast ausschließlich ein Monolog des Ostens an den Westen.

In späteren Jahren wirkten die Freundschafts- und Partnergesellschaften als nachgeordnete Filter. Die Membran war insgesamt durchlässiger geworden, doch die Gesellschaften filterten den Austausch weiterhin durch eine gezielte Auswahl der Personen, die sich zwischen beiden Welten bewegen durften. Gleichzeitig entschieden sie darüber, mit wem die Reisenden vor Ort zusammentrafen. So sollten die jeweiligen Gäste möglichst nur mit einer genau auf sie abgestimmten Realität konfrontiert werden. Besonders deutlich wird dies bei der gezielten Auswahl des Publikums für politische Kolloquien oder beim Export des sowjetischen Reisemodells mit umfassender Betreuung für sowjetische Reisende in den Westen. Als zunehmend alternative Bilder von der Sowjetunion in den Westen gelangten, funktionierten die Freundschaftsgesellschaften immer mehr als Mediatoren. Sie passten die von der Sowjetunion ausgesandte Botschaft stärker an die nationalen Zielgruppen ihres Landes an, um ihre Glaubwürdigkeit zu erhöhen. Die bundesdeutschen Gesellschaften versuchten, das sowjetische Selbstbild durch Dialog und Diskussion zu relativieren. France-URSS bemühte sich, in der Frage der Menschenrechte und der Dissidenten zu vermitteln und eine für beide Seiten akzeptable Kompromisslösung zu präsentieren.

Die Filterfunktion der Freundschaftsgesellschaften wirkte jedoch nicht nur hemmend. Die Freundschaftsgesellschaften konnten überhaupt nur deshalb Kontakte herstellen und Austauschprojekte vorantreiben, weil die Sowjetunion von ihrer Loyalität überzeugt war und ihnen ein hohes Maß an Vertrauen entgegenbrachte. Ihre Anerkennung als effizienter Filter war somit die Voraussetzung dafür, dass die Freundschaftsgesellschaften als Katalysatoren die Durchlässigkeit der Membran erhöhen konnten.

In den Jahren der Abschottung 1947 bis 1953 gehörten die Freundschaftsgesellschaften zu den wenigen Akteuren, die überhaupt Kontakte in den Osten pflegten. Die vereinzelten Delegationsbesuche und die Kommunikation zwischen britischen und sowjetischen Wissenschaftlern wie im Rahmen der SCR waren zwar stark selektiert, doch sie schufen eine Basis für die Intensivierung der Kontakte nach 1953. So leisteten die Freundschaftsgesellschaften einen wichtigen Beitrag dazu, dass der kulturelle und gesellschaftliche Austausch während des „Tauwetters" derart schnell ausgebaut werden konnte. Sie waren bei den ersten, die größere sowjetische Kulturveranstaltungen im Westen organisierten. Sie entsandten erste Delegationen in Regionen außerhalb des engeren Moskauer Einzugsbereichs und knüpften – wie die BSFS – erste Verbindungen zwischen westlichen und sowjetischen Städten. Indirekt unterstützten sie damit die Cultural Diplomacy der westlichen Regierungen.

In den 1970er Jahren organisierten die Freundschaftsgesellschaften Veranstaltungen, die auf tatsächlichen Austausch und Dialog abzielten. Vor allem die ARGE und France-URSS brachten in politischen Kolloquien westliche und sowjetische Eliten zusammen. Sie präsentierten Kulturprogramme und Ausstellungen aus dem Westen in Zentralasien und dem Kaukasus, was für die Regierungen kaum möglich gewesen wäre. Sie initiierten Städteverbindungen und hielten sie über alle politischen Konflikte hinweg am Leben. Bei diesen Maßnahmen konnte zumindest innerhalb der kleinen Gruppe der Organisatoren auch die dritte Stufe der Interaktion der Public Diplomacy – die Kooperation – erreicht werden, indem ein Projekt miteinander ausgehandelt und verwirklicht wurde. Waren Beziehungen erst einmal geknüpft, dann agierten die Freundschaftsgesellschaften als Sachwalter dieser Beziehungen und vermittelten Kontakte für andere Akteure. So konnten die Freundschaftsgesellschaften an der Schnittstelle zwischen Ost und West sowie zwischen Gesellschaft und Staat in der Sowjetunion die Türen öffnen und die Projekte anderer Gruppierungen unterstützen.

Die Freundschaftsgesellschaften trugen somit zur Transzendierung der physischen, kulturellen und ideologischen Grenze zwischen West und Ost bei. France-URSS ermöglichte es zehntausenden Franzosen und einigen tausend Sowjetbürgern, auf die andere Seite des „Eisernen Vorhangs" zu blicken. Auch die BSFS – im Rahmen der Städteverbindungen – und die bundesrepublikanischen Gesellschaften animierten zahlreiche Menschen zu Reisen in die Sowjetunion. Unabhängig von ihrem politischen Hintergrund wurde die Sowjetunion von diesen Reisenden nicht mehr als der große unbekannte, bedrohliche Feind wahrgenommen, sondern als ein Land mit Stärken und Schwächen, mit unterschiedlichen Bewohnern und einer reichhaltigen Kultur. Nicht wenige Beteiligte entwickelten eine emotionale Beziehung zu Land und Leuten, die auch über den Zusammenbruch der Sowjetunion hinaus anhielt.

Weitere Arbeiten zum kulturellen Austausch zwischen dem Westen und der Sowjetunion sind erforderlich, um die von der Sowjetunion und vom Westen vermittelten Selbstbilder genauer zu beschreiben, zu analysieren und mit der Berichterstattung des Ziellandes abzugleichen. Detaillierte Untersuchungen zu den Reisen in die Sowjetunion, zum Sprachaustausch oder zu Städteverbindungen wären wünschenswert, um das Zusammenspiel der verschiedenen westlichen und sowjetischen Akteure besser verstehen zu können. Solche Untersuchungen würden die zentrale Rolle der Freundschaftsgesellschaften sicher noch deutlicher zu Tage treten lassen.

Außenpolitische und innergesellschaftliche Funktionen und Wirkungen sowjetischer Cultural Diplomacy

Die Geschichte der Freundschaftsgesellschaften erlaubt Rückschlüsse auf die Entwicklung, die Funktionsweise und die Strategien sowjetischer Cultural Diplomacy insgesamt. Dies gilt erstens für den Wandel der sowjetischen Cultural Diplomacy während der Jahrzehnte des Kalten Krieges. Am Beispiel der Freundschaftsgesellschaften wird deutlich, dass die sowjetische Cultural Diplomacy Zwang und Kontrolle in zunehmendem Maße reduzierte, um eine höhere Glaubwürdigkeit zu gewinnen. Die kulturelle Botschaft schob sich vor die politische, und der anfängliche Monolog verwandelte sich in einen Dialog mit dem Westen. Zweitens zeigt sich, dass der tatsächliche Erfolg der sowjetischen Cultural Diplomacy, also ihre Auswirkungen auf die Außenpolitik und die öffentliche Meinung im Westen, relativ gering blieben. Drittens trug die Cultural Diplomacy entgegen ihrer eigentlichen Absicht zur Internationalisierung der sowjetischen Gesellschaft bei.

Für die Sowjetunion waren die Freundschaftsgesellschaften immer ein Instrument der Außendarstellung. Mit ihrer Hilfe sollte die öffentliche Meinung im Ausland beeinflusst, ein positives Bild der Sowjetunion verbreitet und idealerweise die Politik des betreffenden Landes verändert werden. Obwohl diese Ziele der sowjetischen Cultural Diplomacy grundsätzlich nie aufgegeben wurden, verschob sich ihre Akzentuierung im Laufe der Jahrzehnte deutlich. Denn um ein glaubwürdiges Bild der Sowjetunion als international offenes Land zu zeichnen, mussten die sowjetischen Verantwortlichen mehr Offenheit und Dialog zulassen. Verfolgt man diese Entwicklung im diachronen Verlauf, so lässt sich so mancher Bruch innerhalb der sowjetischen Geschichte im Verhältnis zum Westen relativieren. Die unmittelbare Nachkriegszeit stand noch unter dem Eindruck der Kriegsallianzen. Bis 1946 setzten die Akteure der Cultural Diplomacy die Politik der Öffnung fort, um an die prosowjetische Stimmung und die Kontakte der Kriegsjahre anzuknüpfen. Davon zeugen die schnelle Gründung politisch relativ breit gefächerter Freundschaftsgesellschaften und die sofortige Etablierung von Kontakten zwischen diesen und der VOKS.

Auch wenn die sowjetische Führung schon vorher versucht hatte, den Ausbau transnationaler kultureller Verbindungen einzudämmen, begann die eigentliche Politik der Abschottung erst um 1947. Ab diesem Zeitpunkt wurden die Freundschaftsgesellschaften in den verschiedenen Ländern vereinheitlicht und ganz in den Dienst der Auseinandersetzung zwischen der sozialistischen und der kapitalistischen Welt gestellt. Nun beteiligten sie sich an den politischen Kampagnen, die die Errungenschaften der Sowjetunion anpriesen und jeden innen- und außenpolitischen Schritt der Sowjetunion verteidigten. SSOD, ZK und andere sowjetische Organisationen betrieben einen enormen organisatorischen, logistischen und finanziellen Aufwand, um das ins Ausland kommunizierte Bild zu kontrollieren. Dieses uniforme Selbstbild der Sowjetunion wurde in einem einseitigen Monolog verbreitet. Außerhalb der kommunistischen Milieus war diese Botschaft wenig glaubwürdig, so dass sie die nationale Öffentlichkeit kaum erreichte. Paradoxerweise war die Wirkung der sowjetischen Cultural Diplomacy auf die öffentliche Meinung also ausgerechnet in der Zeit am schwächsten, in der die westlichen Regierungen sich am meisten vor einer „Unterwanderung" durch die sowjetische Propaganda fürchteten. An der Entwicklung der Freundschaftsgesellschaften wird jedoch auch deutlich, dass bereits mit der Friedenskampagne ab 1949 eine vorsichtige Aufweichung dieser Abschottungspolitik einsetzte. Offensichtlich wurde in den letzten Regierungsjahren Stalins klar, dass die Sowjetunion auf einen größeren, über das kommunistische Milieu hinausreichenden Rückhalt im Westen angewiesen war. Dieser Rückhalt war leichter durch kulturelle Veranstaltungen und Friedenskampagnen zu gewinnen als durch kämpferische, antiwestliche Rhetorik.

Der tatsächliche Umschwung erfolgte nach dem Tod Stalins. Schon Ende 1953 drängten die Mitarbeiter der VOKS die Freundschaftsgesellschaften im Westen zu einer politischen Öffnung und einer verstärkten Ausrichtung auf kulturelle Aktivitäten. Im Zuge der Politik der friedlichen Koexistenz wurde Kultur zu einem zentralen Faktor im Wettbewerb mit dem Westen. Um das Bild einer weltoffenen sowjetischen Gesellschaft zu vermitteln, wollte die sowjetische Führung die Quantität und Qualität der internationalen Verbindungen spürbar erhöhen. Die Freundschaftsgesellschaften erschienen aufgrund ihrer bestehenden Kontakte und ihrer politischen Verlässlichkeit als ideales Instrument zur Umsetzung dieser Absicht. Der von ihnen eingefädelte kulturelle und gesellschaftliche Austausch diente als Testballon für nachfolgende Vereinbarungen auf Regierungsebene.

Die sowjetische Regierung wollte zwar ihr Image im Ausland weiterhin kontrollieren, doch gehörte es nun zur Selbstdarstellung, sich als offene, internationale Macht zu präsentieren. Um die Glaubwürdigkeit dieser Selbstdarstellung nicht zu gefährden, musste die SSOD allerdings auf eine direkte Steuerung der Freundschaftsgesellschaften verzichten. Nur wenn diese als eigenständige Akteure wahrgenommen wurden, konnten sie auch breitere gesellschaftliche Kreise erreichen. Deutlich wird der begrenzte Einfluss der SSOD bei der demonstrativ neutralen Reaktion der Freundschaftsgesellschaften auf die Intervention in Ungarn 1956. Eine zu eindeutige Unterstützung der sowjetischen Politik hätte die Freundschaftsgesellschaften erneut als verlängerten Arm Moskaus erscheinen lassen.

Auch der zweite sprunghafte Anstieg der Intensität des kulturellen Austausches ab Mitte der 1960er Jahre erfolgte mit Blick auf den Westen. Unter Brežnev erlebten zunächst die Städteverbindungen und der Tourismus einen großen Aufschwung. Vor dem Hintergrund des Helsinki-Prozesses wollte die sowjetische Führung demonstrieren, dass sie für einen wechselseitigen kulturellen und gesellschaftlichen Austausch eintrat und die Vereinbarungen der KSZE-Schlussakte erfüllte. Deshalb wurden neue Formen des Dialogs wie z. B. Kolloquien ermöglicht und eine wachsende Anzahl westlicher Kulturveranstaltungen in der Sowjetunion zugelassen. Als politisch loyale Partner sorgten die Freundschaftsgesellschaften dafür, dass diese neuen Formen der Begegnung in kontrollierten Räumen stattfanden. Die Kontrolle erfolgte indirekt über Austauschpläne oder treue Mittelsmänner in den Leitungsgremien der Freundschaftsgesellschaften und den regelmäßigen Austausch mit SSOD-Vertretern an den sowjetischen Botschaften.

Dementsprechend war die sowjetische Cultural Diplomacy im Falle der Freundschaftsgesellschaften von hoher Flexibilität und Kompromissbereitschaft geprägt. Die politische Vielfalt musste jeweils groß genug sein, um die von den Freundschaftsgesellschaften ausgesandte Botschaft in der nationalen Öffentlichkeit glaubwürdig erscheinen zu lassen. Dies galt z. B. für die Bundesrepublik, in der vor den Neugründungen der späten 1960er Jahre mehrere Anläufe zur Schaffung politisch zuverlässiger Freundschaftsgesellschaften gescheitert waren. Auch den Mitarbeitern der SSOD war klar, dass ein zu großer Einfluss der DKP die Arbeit der regionalen Gesellschaften in Frage gestellt hätte. Innerhalb von France-URSS ließ die SSOD eine offene Diskussion über die Dissidenten zu. Sie versuchte allerdings, durch indirekte Einflussnahme kritische Stellungnahmen in der Öffentlichkeit zu verhindern. Die einseitig prosowjetische Ausrichtung der BSFS akzeptierte sie wohl auch deshalb, weil die Great Britain-USSR Association und die SCR andere Bereiche des politischen Meinungsspektrums abdeckten.

Der verstärkte Dialog und die Ausweitung der Begegnungen in den 1970er Jahren waren Vorboten der neuen Konzeption der „Volksdiplomatie" in der Perestrojka. In der Schlussphase der Sowjetunion wurde der Überlegenheitsdiskurs des sozialistischen Systems erstmals aufgegeben. Als glaubwürdig galt nun in erster Linie die pluralistische Darstellung des Landes mit all seinen Vor- und Nachteilen durch seine Bürger. Unter dem Strich hat das sowjetische Bemühen um eine Selbstdarstellung als weltoffenes Land indirekt dazu geführt, den kulturellen und gesellschaftlichen Austausch mit dem Westen immer weiter auszubauen und auch nicht-kommunistische Einflüsse zuzulassen.

Konnte die Sowjetunion mit dieser Strategie tatsächlich Einfluss auf die westliche Politik und öffentliche Meinung ausüben? Gemessen an ihrer ursprünglichen Zielsetzung waren die Freundschaftsgesellschaften weit weniger wirksam, als dies gerade von antikommunistischer Seite behauptet wurde. Von einer Unterwanderung des Westens konnte keine Rede sein. So konnten die Freundschaftsgesellschaften selbst in Frankreich immer nur eine Minderheit der Bevölkerung mobilisieren. Sie entwickelten sich – anders als in den sozialistischen Ländern – nie zu Massenorganisationen. Durch die unmittelbare Begegnung mit der Sowjetunion revidierten vielleicht Einzelne ihre Vorstellungen. Doch konnten die Freundschaftsgesellschaften die öffentliche Meinung im Westen nicht entscheidend beeinflussen. Vielmehr verbesserte sich das Bild der Sowjetunion in der westlichen Wahrnehmung immer dann, wenn sich – wie in der „Tauwetter"-Periode und während der Perestrojka – ein Umschwung der sowjetischen Politik in Richtung einer Öffnung abzeichnete. Nur wenn das politische Handeln mit dem vermittelten Image übereinstimmte, wenn die ausgesandte Friedensbotschaft zum Beispiel nicht durch militärische Interventionen konterkariert wurde, wuchs auch die Soft Power der Sowjetunion. Dies erleichterte dann wiederum die Arbeit der Freundschaftsgesellschaften. Die Freundschaftsgesellschaften waren also eher abhängig vom jeweils dominierenden Sowjetunionbild und von der internationalen politischen Lage, als dass sie diese hätten beeinflussen können. Die Sowjetunion war hinsichtlich des finanziellen, personellen und organisatorischen Aufwandes eine „Soft Superpower", konnte jedoch daraus wenig tatsächliches politisches Kapital schöpfen. Dies bedeutet jedoch nicht, dass die Freundschaftsgesellschaften als Instrumente der Cultural Diplomacy vollkommen wirkungslos geblieben wären. Sie wirkten allerdings nur begrenzt in die ursprünglich intendierte Richtung.

Die Freundschaftsgesellschaften und ihre Partnerorganisationen kommunizierten das Bild einer offenen, international ausgerichteten sowjetischen Gesellschaft nicht nur in den Westen, sondern auch in die sowjetische Öffentlichkeit. Vor allem in der Zeit des „Tauwetters" und der Détente vermittelten die Medienberichte über die Partnergesellschaften, die Delegationsreisen und die internationalen Veranstaltungen, dass die sowjetische Gesellschaft im konstruktiven Dialog mit der Außenwelt stehe und intensiven kulturellen Austausch mit dem Westen betreibe. Auch weckte die Berichterstattung den Anschein, dass sich prinzipiell jeder an diesem Austausch beteiligen könne.

Der Diskurs über Internationalisierung hatte jedoch auch einen realen Kern, denn über die kollektive Mitgliedschaft von Firmen, Schulen oder Kolchosen wurde ein beträchtlicher Teil der sowjetischen Bevölkerung für die außenpolitische Mission und die Cultural Diplomacy der Sowjetunion mobilisiert. Kam z. B. eine ausländische Delegation zu Besuch, so mussten die Komitees der Partnergesellschaft die Gäste würdig empfangen, Begegnungsabende mit Sowjetbürgern organisieren und die freundschaftlichen Gefühle der Sowjetunion für ihr Herkunftsland unter Beweis stellen. Die Beteiligten traten also nicht nur auf Auslandsreisen als Botschafter ihres Landes in Erscheinung. Dies war Teil einer symbolischen Partizipation, die zur Legitimierung und Festigung des Herrschaftssystems beitragen sollte.

Noch intensiver wurden die kulturellen, wissenschaftlichen und politischen Eliten in diese Form der Kommunikation eingebunden. Denn die Partnergesellschaften boten ein Ventil für ein – oft auch beruflich bedingtes – Interesse an Westkontakten. Sie vermittelten Informationen über das Ausland und eröffneten die Möglichkeit, selbst als Teil einer Delegation dorthin zu fahren. Insbesondere Vorstandsmitglieder konnten so Auslandskontakte knüpfen. Dadurch entstand eine transnational vernetzte Elite, die die Möglichkeiten des Systems zu nutzen wusste und sich in der Perestrojka für eine weitreichende Öffnung des Landes einsetzte. Letztlich trug die Freundschaftsbewegung in der Sowjetunion somit wohl mehr zur Internationalisierung der eigenen Bevölkerung als zur „Sowjetisierung" der westlichen Öffentlichkeit bei.

Das Beispiel der Freundschaftsgesellschaften verdeutlicht, dass die Analyse von sowjetischen Akteuren und Akteursgruppen an der Grenze zwischen der staatlichen und der gesellschaftlichen Sphäre aufschlussreiche Ergebnisse verspricht. Obwohl die Partnergesellschaften staatlich gelenkt wurden, boten sie gesellschaftlichen Akteuren Aushandlungsspielräume und Möglichkeiten der Emanzipation. So bietet sich ein Vergleich der Freundschaftsgesellschaften mit anderen Organisationen wie z. B. der Internationalen Demokratischen Frauenföderation oder der Internationalen Vereinigung Demokratischer Juristen an, die ebenfalls nicht-kommunistische Kreise im Ausland für die Sowjetunion gewinnen sollten. Großer Forschungsbedarf besteht nach wie vor auch zur Geschichte der SSOD selbst. Einerseits müssten Entscheidungs- und Aushandlungsprozesse innerhalb der SSOD und in Wechselwirkungen mit anderen sowjetischen Organisationen wie dem Kulturministerium oder dem Außenministerium noch genauer analysiert werden. Andererseits fehlt es an Arbeiten zur Politik der SSOD gegenüber den in die Unabhängigkeit entlassenen Ländern Asiens, Lateinamerikas und Afrikas sowie zur Zusammenarbeit mit Freundschaftsgesellschaften in den sozialistischen Partnerländern nach den 1950er Jahren. Die These einer von den Freundschaftsgesellschaften ausgehenden Internationalisierung müsste durch Untersuchungen zu den Partnergesellschaften in Städten oder Betrieben anhand lokaler und regionaler Archive überprüft werden. Bestände der SSOD-Abteilungen in den nicht-russischen Nachfolgestaaten der Sowjetunion könnten Aufschluss darüber geben, inwieweit sich die Partnergesellschaften in den Republiken um kulturelle und politische Unabhängigkeit von Moskau bemühten.

Verflechtungen und Dynamik westlicher Cultural Diplomacy im Kalten Krieg

Die Geschichte der sowjetischen Freundschaftsgesellschaften im Westen verdeutlicht die enge Verflechtung staatlicher und gesellschaftlicher Akteure der Cultural Diplomacy während des Kalten Krieges. Die Freundschaftsgesellschaften wirkten erstens als Stimulatoren für staatliche Aktivitäten auf dem Feld der Cultural Diplomacy. Zweitens wurden sie zunehmend auch von den westlichen Regierungen als nützliche Instrumente der eigenen Cultural Diplomacy angesehen. Drittens wird deutlich, dass die staatliche Cultural Diplomacy zwar stets der Außenpolitik untergeordnet blieb, dass jedoch gesellschaftliche Akteure durchaus als Vorreiter und Türöffner in den internationalen Beziehungen fungieren konnten.

Da die Sowjetunion in der Hochphase des Kalten Krieges Ende der 1940er Jahre keinerlei Interesse am Austausch signalisierte, setzten auch die westlichen Regierungen auf Abschottung. In dieser Zeit lehnten alle westlichen Regierungen die Freundschaftsgesellschaften und die Friedensbewegung als Propagandainstrumente der Sowjetunion ab. Sie versuchten, deren Aktivitäten möglichst einzuschränken oder – wie in der Bundesrepublik – ganz zu verbieten. Das Bedrohungsszenario einer sowjetischen Unterwanderung wurde der Realität jedoch kaum gerecht. Das Vorgehen der westlichen Regierungen radikalisierte die Aktivisten eher und schweißte sie enger zusammen.

Im Zuge des „Tauwetters" begann die Sowjetunion, die Freundschaftsgesellschaften für den Ausbau des kulturellen Austausches mit dem Westen zu nutzen. Sie übernahmen damit zunächst eine Ersatzfunktion für direkte, staatliche Formen der Cultural Diplomacy, die von den westlichen Regierungen kaum geduldet werden konnten. Die sowjetische Regierung signalisierte nun ihre Bereitschaft zu zwischenstaatlichen Kulturabkommen gemäß dem Prinzip der Gegenseitigkeit. Nach anfänglichem Misstrauen griffen die westlichen Regierungen dieses Angebot in der Hoffnung auf, über kulturelle Veranstaltungen in der Sowjetunion ihrerseits politische Botschaften an die sowjetische

Bevölkerung senden zu können. Um den Freundschaftsgesellschaften nicht das Monopol des kulturellen Austausches zu überlassen, entwickelten die westlichen Regierungen somit eine eigene Cultural Diplomacy gegenüber der Sowjetunion. Frankreich und die Bundesrepublik verabschiedeten Kulturabkommen. Die britische Regierung rief mit dem SRC und der Great Britain-USSR Association sogar eigene, alternative Mittlergesellschaften ins Leben. Indirekt stießen die Freundschaftsgesellschaften in dieser Zeit also den Ausbau der zwischenstaatlichen Kulturbeziehungen an.

Die staatlichen Initiativen konnten die Aktivitäten der Freundschaftsgesellschaften allerdings nie ganz ersetzen oder verdrängen, so dass ein dauerhaftes Konkurrenzverhältnis begründet wurde. Erstens behandelte die sowjetische Seite die Freundschaftsgesellschaften weiterhin als privilegierte Ansprechpartner und handelte mit ihnen eigene Austauschpläne aus. Zweitens blieb die staatliche Cultural Diplomacy anders als die Freundschaftsgesellschaften hochgradig abhängig vom Stand der jeweiligen außenpolitischen Beziehungen und von der Entwicklung der internationalen Rahmenbedingungen. Drittens sahen sich die Maßnahmen westlicher Regierungen in der Sowjetunion immer mit dem Vorwurf der staatlichen Propaganda konfrontiert. Wie im Falle der sowjetischen Cultural Diplomacy im Westen, so litt auch die Glaubwürdigkeit westlicher Cultural Diplomacy in der Sowjetunion dann, wenn sie allzu direkt und offensichtlich von staatlichen Akteuren betrieben wurde. Aus diesen Gründen sollte die Konkurrenzsituation zwischen staatlicher und gesellschaftlicher Cultural Diplomacy die Kulturbeziehungen zwischen der Sowjetunion und dem Westen auch in den folgenden Jahrzehnten beleben.

Jenseits des äußerlichen Konkurrenzverhältnisses jedoch nutzten die westlichen Regierungen die Freundschaftsgesellschaften in zunehmendem Maße selbst als Vermittler und als Instrumente der Cultural Diplomacy. Dank ihrer Kontakte und ihres politischen Vertrauensvorschusses bei den sowjetischen Partnern konnten die Freundschaftsgesellschaften potentielle Zielgruppen in der Sowjetunion deutlich besser erreichen als die staatliche Cultural Diplomacy. Im Rahmen der Gegenseitigkeit konnten die Freundschaftsgesellschaften in den 1970er Jahren auch Veranstaltungen in entlegenen Sowjetrepubliken durchführen, die für westliche Kulturangebote und Reisende sonst kaum erreichbar gewesen wären. Von den Freundschaftsgesellschaften organisierte Kolloquien und Diskussionsrunden boten westlichen Politikern die Möglichkeit, ihren Standpunkt zumindest einer begrenzten Öffentlichkeit sowjetischer Eliten zu erläutern. Für die Tage der Sowjetunion im Rahmen der Städteverbindungen reisten große sowjetischer Delegationen in den Westen. Die ARGE ermöglichte mit einer Ausstellung in den 1980er Jahren tausenden Sowjetbürgern aus verschiedenen Republiken einen „Blick in die Bundesrepublik Deutschland".

Die britische Regierung kooperierte zwar nicht mit der BSFS und arbeitete erst während der Perestrojka mit der SCR zusammen. Mit der Gründung der Great Britain-USSR Association, die von der SSOD und SSSR-Velikobritanija als Partner angesehen wurde, erkannte sie den Nutzen und den Einfluss der Freundschaftsgesellschaften jedoch zumindest indirekt an. Allerdings war die Association zu eng mit dem Foreign Office verbunden, um in Krisenzeiten unabhängig von dessen Politik agieren zu können. Ähnlich gestaltete sich die Situation in der Bundesrepublik während der 1970er und 1980er Jahre. Dort entwickelte sich zum beiderseitigen Vorteil eine enge Kooperation zwischen dem Auswärtigen Amt und der ARGE. Dank der ARGE konnte das Auswärtige Amt kulturellen Austausch fördern, ohne sich allzu offen kulturpolitisch zu engagieren und außenpolitische Grundsätze aufgeben zu müssen. Umgekehrt profitierten die bundesrepublikanischen Freundschaftsgesellschaften von der politischen und finanziellen Unterstützung durch das Auswärtige Amt. Sowohl die Great Britain-USSR Association als auch die ARGE mussten deshalb beständig zwischen den politischen Interessen der britischen bzw. bundesdeutschen und denen der sowjetischen Regierung abwägen. In anderen Ländern wie z. B. in Frankreich war diese Zusammenarbeit zwar weniger ausgeprägt. Doch griff auch das französische Außenministerium immer wieder auf die Kontakte von France-URSS und SSSR-Francija zurück, um sich über Entwicklungen in der Sowjetunion zu informieren und zumindest eine begrenzte sowjetische Öffentlichkeit zu erreichen.

In den westlichen Regierungen wuchs das Bewusstsein dafür, dass die Cultural Diplomacy ein wichtiges außenpolitisches Betätigungsfeld darstellte. Dennoch bestätigt die Geschichte der Freundschaftsgesellschaften, dass die Cultural Diplomacy – um mit Barbara Lippert zu sprechen – eher eine „Magd" der klassischen Außenpolitik blieb. Angespannte zwischenstaatliche Beziehungen ließen sich auch durch kulturpolitische Maßnahmen kaum verbessern. Hingegen wurden die kulturellen Kontakte immer dann intensiviert, wenn die außenpolitischen Rahmenbedingungen günstig waren. Dies zeigt sich z. B. beim Blick auf die „Tauwetter"-Zeit oder auf die Auswärtige Kulturpolitik der Bundesrepublik nach dem Moskauer Vertrag.

Nichtstaatliche bzw. gesellschaftliche Akteure konnten hingegen deutlich unabhängiger agieren. So pflegten die Freundschaftsgesellschaften auch in der Hochphase des Kalten Krieges intensive Kontakte mit der Sowjetunion. Auf diese Kontakte konnten z. B. kommunalpolitische Akteure in Großbritannien zurückgreifen, als sie erste Verbindungen zu späteren sowjetischen Partnerstädten knüpften. Die bundesrepublikanischen Gesellschaften der 1970er Jahre traten mit dem Anspruch auf, der Politik „den Boden aufzulockern". Tatsächlich suchte das Auswärtige Amt gezielt das Gespräch über politische Fragen mit sowjetischen Gästen, die von den Freundschaftsgesellschaften in die Bundesrepublik eingeladen wurden. Kulturelle und gesellschaftliche Verbindungen konnten zudem die öffentliche Akzeptanz für politische Annäherung erhöhen. War die Cultural Diplomacy jedoch erst einmal auf solide Grundlage gestellt, war sie auch gegen außenpolitische Krisen resistent. Bestehende kulturelle und gesellschaftliche Kontakte wurden in solchen Phasen von beiden Seiten genutzt, um die Kommunikation nicht vollständig abreißen zu lassen. Dies zeigte sich z. B. 1968 und noch stärker in der ersten Hälfte der 1980er Jahre. In diesen Konfliktsituationen waren jene transnationalen Kontakte umso wertvoller, die unabhängig von den Regierungen bestanden.

Die Geschichte der Freundschaftsgesellschaften liefert somit wichtige Anregungen für eine umfassende Analyse westlicher Cultural Diplomacy gegenüber der Sowjetunion auf staatlicher und gesellschaftlicher Ebene. Im Rahmen dieser Arbeit konnten z. B. interne Auseinandersetzungen um die westliche Cultural Diplomacy nur gestreift werden. Eine Rekonstruktion der Aushandlungsprozesse zwischen Regierungen und Abgeordneten, zwischen verschiedenen Parteien, zwischen den zuständigen Abteilungen der Außenministerien und den Botschaften vor Ort bleibt ein wichtiges Desiderat der Forschung. Die Rolle der Freundschaftsgesellschaften könnte außerdem mit anderen gesellschaftlichen Mittlerorganisationen – z. B. im Bereich des Spracherwerbs und des wissenschaftlichen Austauschs – verglichen werden.

Gesellschaftliche Verankerung kommunistischer Parteien und prosowjetische Milieus in Westeuropa

Die vergleichende Untersuchung der Freundschaftsgesellschaften verdeutlicht einerseits die großen Divergenzen in der innenpolitischen Bedeutung und gesellschaftlichen Verankerung kommunistischer Parteien und prosowjetischer Milieus im Westen. Andererseits veranschaulicht sie, dass die Loyalität zur Sowjetunion keineswegs immer nur auf ideologischen Überzeugen basierte. Beide Faktoren nahmen entscheidenden Einfluss auf die höchst unterschiedliche Entwicklung der Freundschaftsgesellschaften im jeweiligen Land.

In allen Ländern waren die Freundschaftsgesellschaften während den 1950er Jahre politisch und personell sehr eng an die kommunistischen Parteien gebunden. Ihre Mitglieder rekrutierten sich in erster Linie aus Parteimitgliedern, die ihr Engagement für die Sowjetunion als eine selbstverständliche Facette ihrer politischen Lebenswelt verstanden. Die Partei war für Personalentscheidungen und für die politische Ausrichtung der Freundschaftsgesellschaften zuständig. Unterschiede traten jedoch schon ab Mitte der 1950er Jahre hervor. Der PCF nutzte

France-URSS systematisch für innen- und parteipolitische Zwecke. Er sah in der Association eine Chance, den politischen Einfluss der Partei jenseits des engeren kommunistischen Milieus zu erhöhen und die Partei besser in der Gesellschaft zu verankern. Wie von der SSOD nahegelegt, trat die Partei jedoch nach Möglichkeit nicht offen in Erscheinung, sondern zog die Fäden über Mittelsmänner in Sekretariat und Präsidium eher im Hintergrund. Insbesondere im Vorfeld und während der Union de la gauche bot France-URSS eine Plattform zur Annäherung von Sozialisten und Kommunisten. Als sich der PCF in den 1970er Jahren durch seinen eurokommunistischen Kurs von den Vorgaben aus Moskau entfernte, drohte der Freundschaftsgesellschaft eine Zerreißprobe. France-URSS versuchte daher, eine vermittelnde Position einzunehmen, um ihre Glaubwürdigkeit und politische Unabhängigkeit nicht in Gefahr zu bringen. Zwar wurde interne Kritik an der sowjetischen Politik geduldet, die grundsätzliche Unterstützung für das sowjetische Projekt und die Zusammenarbeit mit Moskau standen jedoch nie zur Debatte. Gleichzeitig bemühte sich die Sowjetunion, über France-URSS die prosowjetischen Kräfte innerhalb des PCF zu stärken und ihren politischen Einfluss auf die Freundschaftsgesellschaft zu wahren.

Die CPGB hingegen wollte oder konnte die BSFS weniger für ihre Zwecke einsetzen und mischte sich nicht offen in Kaderfragen ein. Zudem scheiterte eine Integration breiterer Gesellschaftsschichten an der strikten antikommunistischen Haltung der Labour-Partei. Anders als die sozialistischen Parteien in Frankreich war Labour nicht auf Wahlbündnisse mit den Kommunisten angewiesen. Die BSFS versuchte deshalb jahrelang vergeblich, sich der Labour-Partei anzunähern und Labour-Mitglieder offiziell als Mitglieder zu werben. Dies gelang in begrenztem Umfang erst ab Mitte der 1970er Jahre mit Hilfe der Gewerkschaften und der Friedensbewegung. Nun wurde die BSFS zur Anlaufstelle für Labour-Mitglieder, die mit der antisowjetischen Politik ihrer Parteiführung nicht einverstanden waren. Zugleich distanzierte sich die BSFS vom eurokommunistischen Kurs der CPGB, so dass sie am Ende die prosowjetischen Kräfte beider Parteien vereinen konnte.

In der Bundesrepublik konnte die DKP nur indirekten Einfluss nehmen. Die Gründung der Gesellschaft BRD-UdSSR Ende der 1960er Jahre war zwar im Auftrag Moskaus von der KPD initiiert. Noch klarer als in anderen westlichen Ländern galt allerdings für die Bundesrepublik, dass die Freundschaftsgesellschaft nur dann erfolgreich agieren konnte, wenn die Partei sich im Hintergrund hielt. Abgesehen von einzelnen Vorstandsmitgliedern auf regionaler Ebene konnte die DKP in den bundesdeutschen Freundschaftsgesellschaften daher kaum Fuß fassen. Die sozialdemokratischen Vorsitzenden der ARGE argumentierten gegenüber den sowjetischen Partnern, dass eine kommunistische Ausrichtung ihre Glaubwürdigkeit nachhaltig beschädigen würde. Die sowjetischen Verantwortlichen mussten schließlich Freundschaftsgesellschaften ohne nennenswerte kommunistische Beteiligung akzeptieren.

Der Blick auf die Zusammensetzung der Freundschaftsgesellschaften gibt Aufschlüsse über die unterschiedliche Verankerung der Parteien in der Gesellschaft. Er erlaubt jedoch auch Einblicke in die Haltung breiterer Bevölkerungskreise gegenüber der Sowjetunion. Die Gründe für ein prosowjetisches Engagement konnten sehr unterschiedlich sein. Schematisch lassen sich dabei vier idealtypische Bilder von der Sowjetunion unterscheiden, die sich in der Realität natürlich überlagern konnten: die Sowjetunion als Ort des verwirklichten Sozialismus, als Siegerin über den Faschismus im Zweiten Weltkrieg, als außenpolitische Macht in Europa und als Erbin der russischen Kultur.

Vor allem für die 1950er Jahre kann das Engagement eines ganz überwiegenden Teils der Mitglieder mit der Faszination für den Sozialismus erklärt werden. Der Anteil an ideologisch motivierten Mitgliedern nahm jedoch im Laufe der Jahrzehnte in allen Freundschaftsgesellschaften ab. In der Bundesrepublik der 1970er Jahre war er marginal. Doch wie die Reaktionen auf die Perestrojka verdeutlichen, waren für viele Mitglieder der BSFS und von France-URSS selbst noch in den 1980er Jahren sozialistische Überzeugungen und der Glaube an das sowjetische Projekt ausschlaggebend.

Für einen Großteil von ihnen war auch ein zweiter Faktor zentral: die Erfahrung des Zweiten Weltkriegs und das daraus resultierende Engagement für den Frieden. Der Rekurs auf den Krieg vereinte die Mitglieder über Länder- und Parteigrenzen hinweg. Die Dankbarkeit für den sowjetischen Beitrag zum Sieg über den Faschismus rechtfertigte für viele Mitglieder eine Zusammenarbeit mit der Sowjetunion zur zukünftigen Sicherung des Friedens. Vor allem France-URSS konnte zudem auf parteiübergreifende Netzwerke vormaliger Widerstandskämpfer zurückgreifen. In der Bundesrepublik unterschied sich die Erinnerung an den Zweiten Weltkrieg grundlegend von der in den westeuropäischen Nachbarländern. Doch auch für die Gründergeneration der Gesellschaft BRD-UdSSR war die Erfahrung des gemeinsamen Widerstands gegen den Nationalsozialismus bedeutsam. Für die maßgeblichen Persönlichkeiten der 1970er Jahre spielte der persönliche Wille zur Aussöhnung eine entscheidende Rolle. Aus dem Rahmen öffentlicher Aktivitäten wurde das Thema Zweiter Weltkrieg jedoch eher ausgeklammert.

Unabhängig von allen ideologischen Differenzen war die Sowjetunion jedoch für die meisten bundesrepublikanischen Mitglieder ebenso wie für die französischen Gaullisten vor allem eine wichtige europäische Macht, die im Interesse der nationalen Sicherheit als außenpolitischer Verhandlungspartner akzeptiert werden musste. Die Gaullisten sahen gute Beziehungen zur Sowjetunion als ein unentbehrliches Gegengewicht zu den USA und zur Bundesrepublik. Die bundesdeutschen „Ostpolitiker" wiederum verfolgten das Ziel, durch die Verbesserung der Beziehungen zu Moskau auch das innerdeutsche Verhältnis zu beeinflussen. Beiden gemeinsam war die Hoffnung, durch kulturelle und gesellschaftliche Aktivitäten zu einem langsamen Wandel der Sowjetunion von innen heraus beitragen zu können. Ökonomische Beweggründe lassen sich hingegen vor allem am Beispiel der Bayerischen Gesellschaft beobachten, die gezielt am Handel mit der Sowjetunion interessierte Unternehmen ansprach.

Mehr oder weniger stark verankert war schließlich bei allen Mitgliedern das Bild von der Sowjetunion als Erbin der reichen russischen Kultur. Die Philatelisten, Sprachschüler, Reisenden und Liebhaber russischer Musik oder Literatur einte eine diffuse Bewunderung für die russisch-sowjetische Kultur – wie auch immer diese im Einzelfall definiert wurde. Diese Bewunderung basierte nicht selten auf familiären Bindungen zu Russland und bezog sich in der Regel weniger auf die Errungenschaften der sozialistischen Kultur als auf die kulturellen Erzeugnisse des Zarenreichs.

Das Zusammenspiel dieser unterschiedlichen Faktoren war ausschlaggebend dafür, ob und inwieweit die Freundschaftsgesellschaften nicht-kommunistische Kreise mobilisieren konnten. In Frankreich waren für die Integration nicht-kommunistischer Mitglieder vor allem das Andenken an Krieg und Résistance sowie die Konvergenz außenpolitischer Interessen ausschlaggebend. Insofern war France-URSS nicht Teil einer geschlossenen „contre-société", sondern konnte über den PCF hinaus breitere gesellschaftliche und politische Kreise ansprechen. In der Bundesrepublik verhinderte der antikommunistische Konsens der 1950er Jahre den Aufbau einer Freundschaftsgesellschaft. Doch das Zusammentreffen außenpolitischer Interessen mit dem Wunsch nach Frieden und Aussöhnung begünstigte einen Kurswechsel ab den späten 1960er Jahren. In Großbritannien spielten weder der Faktor der Kriegsallianz noch das außenpolitische Interesse eine derart große Rolle. Deshalb war es dort für die Freundschaftsgesellschaften und die CPGB besonders schwierig, größere Kreise zu mobilisieren. Wenngleich sie nicht ausschließlich unter Mitgliedern der CPGB rekrutierte, so blieb die BSFS alles in allem eine mehr oder weniger geschlossene, prosowjetische Gesellschaft.

Die Freundschaftsgesellschaften und die sowjetische Cultural Diplomacy berücksichtigten diese unterschiedlichen Motivationen bei ihren Bemühungen, die diffuse emotionale Verbindung mit der Sowjetunion in eine dauerhafte Loyalität zu verwandeln. In den 1950er Jahren sprachen sie mit ihren politische Diskursen und inszenierten Gedenkfeiern zur Oktoberrevolution vor allem ideologisch Überzeugte an. In der unmittelbaren Nachkriegszeit und dann wieder verstärkt unter Brežnev zielten ritualisierte Gedenkveranstaltungen zum Zweiten Weltkrieg und Friedenskampagnen auf die Mobilisierung von Kriegsveteranen. Zudem ließ das von beiden Seiten geschürte Bedrohungsgefühl die Freundschaftsgesellschaften als ein Mittel der Friedenssicherung und der Verständigung erscheinen. Reisen, Literaturzirkel und Sprachangebote richteten sich dagegen vor allem an die kulturell Interessierten.

Darüber hinaus belohnte die Sowjetunion ihre treuen „Kunden" mit einer privilegierten Behandlung. Während viele Mitglieder der Freundschaftsgesellschaften zu Hause für ihr Engagement beschimpft oder belächelt wurden, erfuhren sie in der Sowjetunion hohe Wertschätzung. Führende Mitglieder der Freundschaftsgesellschaften wurden wie Staatsgäste oder Diplomaten empfangen und konnten mit hohen Funktionären zusammentreffen. Parteiinterne Minderheiten wie die Gaullistes de gauche, die Labour Left oder linke Sozialdemokraten, die in der nationalen Regierungspolitik geringen Einfluss hatten, konnten sich im Rahmen der Freundschaftsgesellschaften Gehör verschaffen und Handlungsspielräume erarbeiten.

Zeitgenossen warfen den Mitgliedern der Freundschaftsgesellschaften immer wieder vor, sich als „nützliche Idioten" für die sowjetische Innen- und Außenpolitik instrumentalisieren zu lassen. Demgegenüber rechtfertigten sich viele Akteure rückblickend, dass ihnen die Fehler des sowjetischen Systems schon relativ früh bewusst gewesen seien. Die internen Diskussionen zeigen, dass tatsächlich viele die Unzulänglichkeiten des sowjetischen Systems sahen und ihre Kritik auch gegenüber sowjetischen Partnern äußerten. Sie hielten sie sich jedoch in aller Regel mit öffentlichen Äußerungen zurück und waren im Zweifelsfall zu Kompromissen bereit. Die sozialistische Idee, die Dankbarkeit für den Sieg im Zweiten Weltkrieg, der Gedanke der Völkerverständigung, sicherheitspolitische Überlegungen oder das kulturelle Interesse hatten für sie im Zweifelsfall Priorität. Stellte die Sowjetunion die Loyalität – wie 1956, 1968 oder in der Frage der Dissidenten – auf die Probe, dann bekundeten die meisten offen ihre Treue oder kündigten ihre „Freundschaft" zur Sowjetunion zumindest nicht auf. Dahinter stand nicht zuletzt die Angst, durch öffentliche Kritik an Moskau mit den „Antisowjets" gemeinsame Sache zu machen. Dieser Mechanismus war insbesondere in der bipolaren Struktur der öffentlichen Meinung der 1940er und 1950er Jahre evident. Aber auch in späteren Jahren scheuten viele vor Kritik zurück, um den Entspannungsgegnern keine Argumente zu liefern.

Die Reaktionen der Mitglieder auf den Zusammenbruch der Sowjetunion machen deutlich, dass sie zwar eine dauerhafte und krisenfeste Loyalität entwickelt hatten. Diese Loyalität bezog sich jedoch bei den meisten nicht primär auf das sozialistische System. Die Mitglieder hatten über die Jahre vielmehr eine Loyalitätsbeziehung gegenüber Land und Leuten aufgebaut, die unabhängig von politischen Überzeugungen auch den Zusammenbruch der Sowjetunion überdauerte. Eine Reise in die Sowjetunion machte kulturell interessierte Touristen noch lange nicht zu überzeugten Anhängern des Sozialismus. Umgekehrt wurden Sowjetbürger durch die Aktivitäten der Freundschaftsgesellschaften sicherlich nicht zu Verfechtern des Kapitalismus oder zu offenen Gegnern des sowjetischen Regimes. Die tatsächliche Wirksamkeit der Cultural Diplomacy beider Seiten lag eher in einer graduellen Veränderung des Blickwinkels. Die Auseinandersetzung und Begegnung mit dem Anderen brachte Gewissheiten ins Schwanken, veränderte Einstellungen und prägte die Persönlichkeit der Beteiligten oft dauerhaft.

Die hier skizzierten Befunde zu gesellschaftlichen Organisationen und prosowjetischen Milieus müssten durch weitere Untersuchungen überprüft werden. Beispielsweise würde es sich anbieten, für alle drei Länder die Rolle anderer parteinaher gesellschaftlicher Organisationen wie Gewerkschaften, Verlagshäuser, Frauen- und Jugendvereinigungen in den Blick zu nehmen. Weitere Erkenntnisse über das Bild der Sowjetunion im Westen würden detailliertere kollektivbiographische Untersuchungen zu bestimmten politischen Gruppierungen wie den französischen Gaullisten und den deutschen Sozialdemokraten oder zu bestimmten Altersgruppen wie der der Kriegskinder liefern. Insbesondere wäre es interessant, die Nachwirkungen der vor 1992 aufgebauten Loyalitätsbeziehungen für das Verhältnis zum heutigen Russland nachzuverfolgen.

Bei vielen Akteuren sind diese Prägungen nämlich bis heute spürbar. Im Zuge der sogenannten Ukraine-Krise fühlen sich viele Beobachter in die Zeit des Kalten Krieges zurückversetzt. Sowohl im Westen als auch in Russland sehen diejenigen, die ihr Engagement für Annäherung und Austausch fortgesetzt hatten, ihr Lebenswerk in Gefahr. Im Westen fühlen sie sich wieder zu einer Rechtfertigung für ihr Engagement gedrängt und vor die Frage gestellt, ob sie sich für das Regime oder für die Menschen in Russland engagieren wollen. Gleichzeitig werden viele als naive „Russlandversteher" abgestempelt, die im Gegensatz zur großen Mehrheit ihrer Landsleute tatsächlich schon einmal in Russland waren und persönliche Kontakte mit Russen pflegen. In diesem Sinne sprach sich der Vorsitzende des heutigen Bundesverbandes der West-Ost-Gesellschaften, der Nachfolgeorganisation der ARGE, 2014 für eine Intensivierung der gesellschaftlichen Beziehungen aus. Denn es gebe „viele gute Gründe, Brücke zu sein, über die man in die eine oder andere Richtung schreiten kann, statt Schlachten zwischen West- und Osteuropa auf dem Rücken der Bürger der Ukraine auszutragen".[1]

---

[1] Franke, Peter: Schwarz und Weiß, in: Wostok (2014) 1, S. 3.

Meine russischen Interviewpartner sahen deshalb in der Vernachlässigung staatlich geförderter gesellschaftlicher Kontakte eine Ursache für den „Informationskrieg" zwischen Russland und dem Westen und das sinkende Prestige Russlands im Ausland. Damit stellten sie rückblickend den Beitrag der damaligen Partnergesellschaften für den Erhalt des Friedens heraus.[2] Ihrer Meinung nach hätte die russische Regierung diesen Ansehensverlust zumindest partiell verhindern können, wenn sie die Arbeit der Freundschaftsgesellschaften weiter unterstützt hätte.

Während die Partnergesellschaften inzwischen keine Rolle mehr spielten, hat die russische Regierung neue halbstaatliche Organisationen und Think Tanks im Bereich der Cultural Diplomacy gegründet, so z. B. das Institute for Democracy and Cooperation in Paris oder den Alexander Gorchakov Public Diplomacy Fund. Mit der Umbenennung 2008 wurden auch die Kompetenzen von Rossotruničestvo erweitert.[3] Damit setzt die russische Regierung wieder auf zentral kontrollierbare halb-staatliche Institutionen und bringt ihr Misstrauen gegenüber dezentralen und transnational agierenden Organisationen zum Ausdruck. Andererseits könnte wie in Zeiten des Kalten Krieges in der neuen Phase der Konfrontation und der internationalen Konflikte die Bedeutung transnationaler Kontakte zwischen Gesellschaften wachsen, die eine Annäherung trotz diplomatischer Konflikte erlauben. Entsprechend rief der damalige Außenminister Frank-Walter Steinmeier Anfang 2015 bei einer Konferenz zivilgesellschaftlicher Organisationen, die mit Russland und der Ukraine zusammenarbeiten, dazu auf, wieder zu Dahrendorfs „Außenpolitik der Gesellschaften" zu kommen:

> Nur der Dialog der Gesellschaften miteinander wird es möglich machen, dass wir uns wenigstens zu verstehen versuchen, ohne Verständnis für jede einzelne Entscheidung zu haben. Und vielleicht ist dies der einzige Schutz davor, dass Staaten nicht zurückfallen in geostrategische Feindbilder, hegemoniale Machtphantasien oder Bedrohungsszenarien.[4]

---

[2] Vgl. Interview mit Svetlana Švecova, 4.3.2014; Interview Lel' Bratus', 5.3.2014; Interview mit Aleksandr Ignatov, 18.3.2014.
[3] Institut de la démocratie et de la coopération, http://www.idc-europe.org/en (16.11.2016); Fond podderžki publičnoj diplomatii imeni A. M. Gorčakova, http://gorchakovfund.ru/en/ (16.11.2016). Siehe hierzu ausführlich: Lankina, Tomila/Niemczyk, King: Russia's Foreign Policy and Soft Power, in: Cadier, David/Light, Margot (Hg.): Russia's Foreign Policy. Ideas, Domestic Politics and External Relations, Basingstoke 2015, S. 97–113, hier S. 106.
[4] Rede von Außenminister Frank-Walter Steinmeier bei der Konferenz deutscher Nichtregierungsorganisationen zum Thema „Ein Jahr nach dem Maidan – Perspektiven der zwischengesellschaftlichen Zusammenarbeit mit der Ukraine und Russland", 6.2.2015, http://www.auswaertiges-amt.de/DE/Infoservice/Presse/Reden/2015/150206_BM_NGO_Maidan.html (19.3.2017).

Quellen- und Literaturverzeichnis

Ungedruckte Quellen

Russländische Föderation
Gosudarstvennyj archiv Rossijskoj Federacii, Moskau (GARF)
    Fond GKKS, f. 9518
    Fond SSOD, f. 9576
    Fond VOKS, f. 5283

Rossijskij gosudarstvennyj archiv novejšej istorii, Moskau (RGANI)
    f. 5

Frankreich
Archives nationales de France, Pierrefitte (ANF)
    Fonds Association France-URSS, 88 AS
    Fonds René Cassin, 382 AP
    Ministre de la culture: Service des affaires internationales, 19920214/38
    Tourisme: Sous-direction des professions touristiques, 19920521/21

Archives diplomatiques du Ministère des affaires étrangères, La Courneuve (AD)
    Europe, URSS
    Couve de Murville

Archives départementales Seine-Saint-Denis, Bobigny (AD SSD)
    Bureau Politique 261 J 4
    Comité Central 261 J 33
    Fonds Francis Cohen 354 J
    Fonds Fernand Grenier 299 J (unsortiert)

Archives départementales du Nord, Lille (AD Nord)
    Fonds Association France-URSS, 151 J

Archives départementales Territoire de Belfort, Belfort (AD Belfort)
    Fonds Raymond Schmittlein 64 J

Archives nationales d'outre-mer, Aix-en-Provence (ANOM)
    Ministère d'État chargé des affaires algériennes, 81F

Archives de la Préfecture de Paris, Le Pré Saint-Gervais (APP)
    Renseignements généraux, 77 W

Bibliothèque de documentation internationale contemporaine, Nanterre (BDIC)
    Mosco, Alain: Mémoires d'Ex. Interviews de divers membres exclus ou démissionnaires du Parti Communiste français

Office universitaire de recherche socialiste, Paris (OURS)
    Comptes rendus des réunions du secrétariat et du Comité directeur
    Claude Fuzier
    Guy Mollet AGM
    Maurice Deixonne 1 APO

Großbritannien

The National Archives, Kew (TNA)
    Foreign Office, FCO bzw. FO
    British Council, BW
    MI5 Personal Files, KV 2

Hull History Centre, Hull (Hull)
    Papers Robin Page Arnot, U DAR
    Papers Reginald Francis Orlando Bridgeman, U DBN
    Papers Reverend Canon Stanley Evans, U DEV
    Papers Pearl Lilley, U DX
    Papers John Platts-Mills, U DPM
    Papers Commander Edgar Philip Young, U DYO

Nottinghamshire Archives, Nottingham (NottArch)
    British-Soviet Friendship Society, Nottingham Branch, DD/PP/11

Birminghamshire Archives, Birmingham
    British-Soviet Friendship Society, Birmingham Branch MS 2141/C/5

Marx Memorial Library, London (MML)
    einzelne Broschüren und Dokumente (unsortiert)

Society for Co-operation in Russian and Soviet Studies, London (SCRSS)
    Jahresberichte (unsortiert)

British Library, London (BL)
    Dokumente zur British-Soviet Friendship Society
    Communist Party Oral History Project

Bundesrepublik Deutschland

Archiv der Münchner Arbeiterbewegung e. V., München (AMA)
    Bestand der Bayerischen Gesellschaft für Beziehungen zwischen der Bundesrepublik Deutschland und der Sowjetunion (unsortiert: BayGes)

Politisches Archiv des Auswärtiges Amtes, Berlin (PAAA)

Stiftung Archiv der Parteien und Massenorganisationen der DDR im Bundesarchiv, Berlin (BArch SAPMO)
    Gesellschaft für Deutsch-Sowjetische Freundschaft, DY 32
    Kommunistische Partei Deutschlands, BY 1

Bayerisches Hauptstaatsarchiv, München (BayHStA)
    Staatskanzlei, StK
    Wirtschaftsministerium, MWi

Landesarchiv des Saarlandes, Saarbrücken (LA Saarbrücken)
    Sammlung Luitwin Bies, NL Bies (unsortiert)
    Familiennachlass Bock, Hugo Bock, FNL Bock

Stadtarchiv Dortmund (StA Dortmund)
    Rheinisch-Westfälische Auslandsgesellschaft e. V., 478

Stadtarchiv München (StA München)
    Nachlass Erwin Essl, NL Essl

Digitalisierte Archive

Bukovsky Archives
http://bukovsky-archives.net/

Communist Party of Great Britain Archive (CPGB Archive)
http://www.communistpartyarchive.org.uk/
    Papers Ivor Montagu CP/IND/MONT

Diplomatic Documents of Switzerland, Online Database Dodis
http://db.dodis.ch/

Fond Aleksandra N. Jakovleva
http://www.alexanderyakovlev.org/

International Institute of Social History, Amsterdam (IISH)
https://socialhistory.org/en
    Dora Russell Papers

NATO Archives Online (NATO)
http://archives.nato.int/

Open Society Archives (OSA)
http://catalog.osaarchivum.org/
    Records of Radio Free Europe/Radio Liberty Research Institute

University College London Archives (UCL)
http://archives.ucl.ac.uk/
    Haldane Papers

Wilson Center Digital Archive, Cold War International History Project (CWIHP)
http://digitalarchive.wilsoncenter.org
    Mitrokhin Archive

Privatarchive

Privatarchiv Eduard Igenbergs
Privatarchiv Charles Latil
Privatarchiv Dietrich Sperling
Privatarchiv Raphaël Vahé
Privatarchiv Gerhard Weber

Interviews

Lel' Bratus', 5.3.2014, Moskau
Marianne Granz und Jens Bicker, 3.12.2013, Saarbrücken
Annie Herrmann, 3.12.2013, Wadgassen
Eduard Igenbergs, 3.5.2016, München
Aleksandr Ignatov, 18.3.2014, Moskau
Hélène Larroche, 4.12.2013, Paris
Charles Latil, 11.9.2014, Gémenos
Roland Leroy, 24.10.2013, Clermont-l'Herault
Friedrich Mager, 27.3.2013, München
Dietrich Sperling, 7.8.2015, Potsdam
Svetlana Švecova, 4.3.2014, Moskau
Raphaël Vahé, 6.3.2012 (I) und 4.12.2013 (II), Paris
Gerhard Weber, 1.5.2015, Garding

Gedruckte Quellen

Zeitschriften (systematisch durchgesehen)

Anglo-Soviet Journal (1944–1990)
British-Soviet Friendship (1956–1991)
France-URSS (1944–1960)
France-URSS Magazine (1960–1991)

Kultur und Leben (1957-1989)
Labour Monthly (1941)
Russia Today (1943-1956)
SCRSS digest (2000-2016)
Sowjetunion heute (1955-1990)
VOKS Bulletin (1943-1957)

Quellenbände, Memoiren und zeitgenössische Druckschriften
Allardt, Helmut: Moskauer Tagebuch. Beobachtungen Notizen Erlebnisse, Düsseldorf 1973.
Art populaire de Turkménie. 9 mai-30 septembre 1979. Exposition organisée au Musée de l'homme, place de Trocadéro Paris, en collaboration avec l'Association France-URSS, Paris 1979.
Barbieri, Orazio: La fede e la ragione. Ricordi e riflessioni di un comunista, Mailand 1982.
Bethke, Hildburg/ Jaspert, Werner (Hg.): Moskau – Leningrad heute. Berichte und Impressionen von einer Reise, Frankfurt a.M. 1965.
Boulier, Jean: J'étais un prêtre rouge. Souvenirs et témoignages, Paris 1977.
British-Soviet Friendship Society 1946-1986. The History and Present Day Activities of the Society, London 1986.
Brotherstone, Terry: In Memoriam: Brian Pearce (9 May 1915-25 November 2008). Personal and Political Reflections, in: Revolutionary Russia 22 (2009) 1, S. 79-92.
Cœuré, Sophie/ Mazuy, Rachel (Hg.): Cousu de fil rouge. Voyages des intellectuels français en Union soviétique – 150 documents inédits des Archives russes, Paris 2012.
Danelija, Georgij: Bezbiletnyj passažir, Moskau 2003.
Dartigues, Valentine: Sur les chemins d'Eglantine, Paris 2004.
Das Netzwerk der Frontorganisationen, in: Ost-Probleme (1954) 41, S. 1638-1656.
Debray, Pierre: Ein Katholik erlebt die Sowjetunion, Leipzig 1952.
DKP-beinflußte „Freundschaftsgesellschaften". Antwort der Bundesregierung auf die Kleine Anfrage. Drucksache 8/4188, 31. 3. 1980, http://dip21.bundestag.de/dip21/btd/08/041/0804188.pdf (10.12.2012).
[Dreißig] 30 Jahre Gesellschaft BRD-UdSSR im Saarland e. V., Frankfurt a.M. 1985.
Durch Freundschaft zum Frieden! Rede des Naturwissenschaftlers und Arztes Dr. Alfred Wahl anlässlich des Gründungskongresses der Gesellschaft für Deutsch-Sowjetische Freundschaft in Homberg (Niederrhein) am 17. September 1950, Düsseldorf 1950.
Einführungsvortrag des Vorsitzenden der Deutsch-Sowjetischen Gesellschaft e. V., Wilhelm Rotter, Frankfurt/ Main, am 1. Dezember 1964, in: Blätter für deutsche und internationale Politik (1965) 1, S. 90-95.
Egorov, Nikolaj S.: Petrozavodsk – La Rošel. Goroda-pobratimy, Petrozavodsk 2003.
Ehrenburg, Ilja: Menschen, Jahre, Leben, 2 Bde., München 1965.
Èrenburg, Il'ja G./Frezinskij, Boris Ja. (Hg.): Počta Il'i Èrenburga. Ja slyšu vsë ... 1916-1967, Moskau 2006.
Èrenburg, Il'ja G.: Pis'ma 1908-1967. Bd. 2: Na cokole istorij ... Pis'ma 1931-1967, Moskau 2004.
Essl, Ruth/ Hitzer, Friedrich (Hg.): Erwin Essl. 80 Jahre. Aus seinem Leben. In Wort, in Bild, in Reden, München 1990.

Estier, Claude: J'en ai tant vu. Mémoires, Paris 2008.
Etkind, Efim: Unblutige Hinrichtung. Warum ich die Sowjetunion verlassen mußte, München 1978.
Evangelische Akademie Tutzing (Hg.): Abrüstungschancen – trotz neuen Wettrüstens, Tutzinger Studien (1980) 1.
Evangelische Akademie Tutzing (Hg.): Friedenssicherung durch Abrüstung?, Tutzinger Studien (1982) 2.
Falber, Reuben: The 1968 Czechoslovak Crisis. Inside the British Communist Party, London 1996.
Flora, Francesco: Quindici anni dell'Associazione Italia-URSS, Rom 1962.
Friedensburg, Ferdinand: Es ging um Deutschlands Einheit. Rückschau eines Berliners auf die Jahre nach 1945, Berlin 1971.
Fursenko, Aleksandr Aleksandrovič (Hg.): Prezidium CK KPSS. 1954–1964. Černovye protokol'nye zapisi zasedanij, stenogrammy, postanovlenija v 3 tomach, Bd. 2: Postanovlenija 1954–1958, Moskau 2006.
Gallup, George H. (Hg.): The Gallup International Public Opinion Polls. Great Britain, Bd. 1: 1937–1975, New York 1976.
Gallup, George H. (Hg.): The Gallup International Public Opionion Polls. France, Bd. 1: 1939, 1944–1975, New York 1976.
Germain, André: Hitler ou Moscou?, Paris 1933.
German, Michail: Složnoe prošedšee. Passé composé, St. Petersburg 2000.
Gille, Hans-Werner: Moskau, Kasachstan, Usbekistan, Sibirien. Bericht über die Reise einer Bayerischen Wirtschaftsdelegation in die UdSSR, München 1976.
Gorbatschow, Michail: Umgestaltung und neues Denken für unser Land und für die ganze Welt, Berlin 1987.
Grenier, Fernand: Au pays de Staline, Paris 1950.
Grenier, Fernand: C'était ainsi ... (1940–1945), Paris^{8}1978.
Grenier, Fernand: Ce bonheur-là, Paris 1974.
Grenier, Fernand: Ceux de Châteaubriant, Paris 1961.
Grünberg, Martin: Der Protest der Österreichisch-Sowjetischen Gesellschaft, in: Karner, Stefan/ Tomilina, Natalja/ Tschubarjan, Alexander (Hg.): Prager Frühling. Das internationale Krisenjahr 1968. Beiträge, Köln 2008, S. 1167f.
Gusev, B. I./ Murav'ev, Ju. N. (Hg.): „My dolgo ždali ėtoj vystavki, podoždem ešče 10 minut", in: Istoričeskij Archiv 19 (2011) 1, S. 33–83.
Gutnova, Evgenija V.: Perežitoe, Moskau 2001.
Gvenetadze, Tamaz: Chronik einer Freundschaft. 20 Jahre Städtepartnerschaft Saarbrücken–Tbilissi. 10 Jahre Partnerschaft Saarland–Georgien, Saarbrücken 1996.
Hamon, Léo: Vivre ses choix, Paris 1991.
Hannover, Heinrich: Die Republik vor Gericht. Erinnerungen eines unbequemen Rechtsanwalts, Bd. 1: 1954–1974, Berlin 1998.
Hansen, Karl-Heinz: „Es ist nicht alles schlecht, was scheitert". Ein politischer Lebenslauf, Hamburg 2014.
Hobsbawm, Eric: Interesting Times. A Twentieth-Century Life, London 2002.
Institut für Zeitgeschichte (Hg.): Akten zur Auswärtigen Politik der Bundesrepublik Deutschland, 1973, Bd. 1, 1. Januar bis 30. April, München 2004.
Irlenkäuser, Olaf (Hg.): Russland in Hamburg, Hamburg 2007.

Joliot-Curie, Frédéric: Paul Langevin. 1872–1946, in: Obituary Notices of Fellows of the Royal Society 7 (1951) 20, S. 405–419.
Jürgens, Kai U./Klinck, Wolf-Dieter: „Der erste Schritt ist die Mutter des Weges". Tallinn und Kiel – die Geschichte einer Städtepartnerschaft, Kiel 2006.
Khrouchtchev en France, Paris 1960.
Klumb, Hans: Eine Studien- und Informationsreise in die UdSSR, in: Physikalische Blätter 11 (1955) 4, S. 166–170.
Kooperation und Sicherheit in Europa. Texte des Kolloquiums vom 4.–6. Juni 1971 in der Theodor-Heuß-Akademie in Gummersbach zwischen Politikern, Wissenschaftlern und Publizisten aus der Sowjetunion und aus der Bundesrepublik Deutschland, Frankfurt a.M. 1971.
Kuczynski, Jürgen: Beginn einer großen Freundschaftsbewegung, in: Schiel, Ilse (Hg.): Im Zeichen des roten Sterns. Erinnerungen an die Traditionen der deutsch-sowjetischen Freundschaft, Berlin 1975, S. 477–481.
Kuz'min, M.: Anglijskoe obščestvo kul'turnych sviazej s SSSR, in: Voprosy Istorii (1966) 2, S. 203–206.
Landeshauptstadt Saarbrücken (Hg.): Dokumentation. 1. Treffen von Vertretern der Partnerstädte aus der BRD und der UdSSR vom 29. 3.–1.4.1987 in Saarbrücken, Saarbrücken 1988.
Larroche, Hélène/ Garanger, Marc: Turkmènes, Paris 1980.
Leroy, Roland: La quête du bonheur, Paris 1995.
Lungina, Lilianna Z.: Podstročnik. Žizn' Lilianny Lunginoj, rasskazannaja eju v fil'me Olega Dormana, Moskau 2010.
Manchester – St. Petersburg. 50 Years of Co-operation. Sankt-Peterburg – Mančester. 50 let sotrudničestva, 2012, http://manchesterstpetersburgsoc.org.uk/images/SAINT%20PETERSBURG.pdf (8.12.2014).
Martin, Georges: France-URSS 1945–1992. Histoire d'une grande association de connaissance, d'échanges et d'amitié, Saint-Martin-d'Hères 2002.
Materialy k 60-letiju Sojuza sovetskich obščestv družby i kul'turnoj svjazi s zarubežnymi stranami, Moskau 1985.
Mayhew, Christopher: A War of Words. A Cold War Witness, London 1998.
Médecin, Jacques: Nice. Onze ans de vie commune, Paris 1977.
Merten, Artur/ Eicher, Thomas (Hg.): Deutsch-russische Kulturarbeit in Dortmund. 50 Jahre Länderkreis Osteuropa in der Auslandsgesellschaft Nordrhein-Westfalen, Oberhausen 2002.
Mochalski, Herbert/ Kogon, Eugen (Hg.): Sowjet-Sibirien und Zentralasien heute. Berichte, Erfahrungen und politische Gespräche, Frankfurt a.M. 1967.
Montagu, Ivor: The Youngest Son. Autobiographical Sketches, London 1970.
Nadžafov, D. G. (Hg.): Stalin i kosmopolitizm. Dokumenty Agitpropa CK KPSS. 1945–1953, Moskva 2005.
Nemzer, Louis: The Soviet Friendship Societies, in: The Public Opinion Quarterly 13 (1949) 2, S. 265–284.
Nepomnjaščij, Tichon Alekseevič/Pesljak, Michail: V družbe s gorodami mira, Moskau 1987.
Obrazcov, Sergej: O tom, čto ja uvidel, uznal i ponjal vo vremija dvuch poezdov v London, Moskau 1957. In englischer Übersetzung: Obraztsov, Sergei: On What I Saw, Learned and Understood During two Visits to London, London 1957.
Orlowa-Kopelew, Raissa: Eine Vergangenheit, die nicht vergeht. Rückblicke aus fünf Jahrzehnten, München 1985.

Platts-Mills, John: Muck, Silk and Socialism. Recollections of a left-wing Queen's Counsel, Wedmore 2002.
Polianski, Nicolas: MID. Douze ans dans les services diplomatiques du Kremlin, Paris 1984.
Posser, Diether: Anwalt im Kalten Krieg. Deutsche Geschichte in politischen Prozessen, 1951–1968, Bonn 2000.
„Pražskaja vesna" i pozicija zapadnoevropej'skich kompartij, in: Voprosy Istorii (2008) 12, S. 3–23.
Priestley, J. B.: Russian Journey, London 1946.
Pritt, Denis Nowell: The Autobiography of D. N. Pritt; Bd. 1: From Right to Left; Bd. 2: Brasshats and Bureaucrats; Bd. 3: The Defence Accuses, London 1965–1966.
Procacci, Giuliano (Hg.): The Cominform. Minutes of the Three Conferences 1947/1948/1949, Milano 1994.
Rasch, Harold: Die Bundesrepublik und Osteuropa. Grundfragen einer künftigen deutschen Ostpolitik, Köln 1963.
Rasch, Harold: Deutsche Ostpolitik in der Sackgasse – und ein Ausweg, in: Blätter für deutsche und internationale Politik (1964) 7, S. 530–541.
Revel, Jean-François: La nouvelle censure. Exemple de mise en place d'une mentalité totalitaire, Paris 1977.
Roberts, John C. Q.: Speak Clearly into the Chandelier. Cultural Politics between Britain and Russia, 1973–2000, Richmond 2000.
Rogissart, Jean: De Paris à Samarcande, Paris 1954.
Romanovskij, Sergej K.: Meždunarodnye kul'turnye i naučnye svjazi SSSR, Moskau 1966.
Rose, Clive: The Soviet Propaganda Network. A Directory of Organisations serving Soviet Foreign Policy, London 1988.
Rothstein, Andrew (Hg.): A People Reborn. The Story of North Ossetia, London 1954.
Russell, Bertrand/ Bone, Andrew G.: The Collected Papers of Bertrand Russell. Bd. 29: Détente or Destruction, 1955–57, London 2005.
Russia 1952. The Complete Report of 12 British Trade Unionists in the U.S.S.R., May 1952, London 1952.
Russia With our Own Eyes. Full Report of the British Workers' Delegation 1950, London 1950.
Russia, the Truth. Official Report of the Elected Delegation of Trade Unionists to the U.S.S.R., 1951, London 1951.
Saakov, R. R.: Dviženie obščestvennosti za družbu meždu narodami SSSR i drugich stran, in: Voprosy Istorii (1975) 10, S. 15–28.
Schaffer, Gordon: Baby in the Bathwater. Memories of a Political Journalist, Lewes 1996.
Scotland-USSR Society 1945–1985. 40 Years of Working for Friendship. A Brief Account, http://www.scotland-russia.llc.ed.ac.uk/archives/history-politics/soviet-period/scotland-ussr-society/ (4.6.2019).
Sedych, Vol'f: Na krugi svoja. Pereosmyslivaja XX vek i svoju žizn', Moskau 2008.
Sloan, Pat[rick]: Common Sense about Russia, London 1950.
Sovetsko-francuzskie otnošenija vo vremja velikoj otečestvennoj vojny 1941–1945. Dokumenty i materialy v dvuch tomach, Bd. 2: 1944–1945, Moskau 1983.
Soviet Writers Reply to English Writers' Questions, London 1948.
Treppo, Raymond: La Chance de ma vie, Paris 2006.
Urban, Alexander/ Wedernikow, Igor: Verständigung im Namen des Friedens. 10 Jahre Gesellschaft „UdSSR-BRD", Moskau 1982.
Vercors: P[our]. P[rendre]. C[ongé]. ou le concours des blois, Paris 1957.

Vierzig Jahre ÖSG. Festschrift zum 40. Jahrestag der Gründung der Österreichisch-Sowjetischen Gesellschaft, Wien 1985.

Wedekind, Hermann/ Garber, Heinz/ Gvenetadze, Tamas: Hermann Wedekind erzählt sein Leben, Blieskastel 1997.

Werth, Nicolas/ Moullec, Gaël (Hg.): Rapports secrets soviétiques. La société russe dans les documents confidentiels 1921–1991, Paris 1994.

West-Ost-Beziehungen auf kommunaler Ebene. Eine Dokumentation, Recklinghausen 1987.

Zappi, Graziano „Mirco": Ricordi di un comunista italiano. Parte seconda, in: Slavia (2008) 4, http://brezhnardini.blogspot.de/2009/02/ricordi-di-un-comunista-italiano-2.html (23.11.2015).

Sekundärliteratur

Abraham, Nils: Die politische Auslandsarbeit der DDR in Schweden. Zur Public Diplomacy der DDR gegenüber Schweden nach der diplomatischen Anerkennung (1972–1989), Berlin 2007.

Ackermann, Ulrike: Sündenfall der Intellektuellen. Ein deutsch-französischer Streit von 1945 bis heute, Stuttgart 2000.

Addison, Paul: The Road to 1945. British Politics and the Second World War, London 1977.

Adibekov, Grant M.: Das Kominform und Stalins Neuordnung Europas, Frankfurt a.M. 2002.

Aggeeva, Irina A.: Kul'turnye svjazi ėpochi cholodnoj vojny. SSSR– Kanada (1950–1970-e gg.), Moskau 2011.

Aguilar, Manuela: Cultural Diplomacy and Foreign Policy. German-American Relations, 1955–1968, New York 1996.

Albert, Gleb J.: Das Charisma der Weltrevolution. Revolutionärer Internationalismus in der frühen Sowjetgesellschaft 1917–1927, Köln 2017.

Amos, Heike: Die Westpolitik der DDR 1949 bis Mitte der 1960er Jahre. Institutionelle Voraussetzungen, Apparate und politische Konzeptionen, in: Creuzberger, Stefan/ Hoffmann, Dierk (Hg.): „Geistige Gefahr" und „Immunisierung der Gesellschaft". Antikommunismus und politische Kultur in der frühen Bundesrepublik, München 2014, S. 43–58.

Amos, Heike: Die Westpolitik der SED 1948/49–1961. „Arbeit nach Westdeutschland" durch die Nationale Front, das Ministerium für Auswärtige Angelegenheiten und das Ministerium für Staatssicherheit, Berlin 1999.

Anderson, Jennifer: Propaganda and Persuasion in the Cold War. The Canadian-Soviet Friendship Society 1949–1960, Dissertation, Carleton University, Ottawa 2008, https://curve.carleton.ca/theses/28113 (17.12.2014).

Andolfatto, Dominique: PCF. De la mutation à la liquidation, Monaco 2005.

Andrews, Geoff: Culture, Ideology and Strategy of the Communist Party of Great Britain 1964–1979, Dissertation, Kingston University, Kingston 2002, http://ethos.bl.uk/Order Details.do?uin=uk.bl.ethos.394192 (23.5.2014).

Andrews, Geoff: Endgames and New Times. The Final Years of British Communism 1964–1991, London 2004.

Applebaum, Rachel: Friendship of the Peoples. Soviet-Czechoslovak Cultural and Social Contacts from the Battle for Prague to the Prague Spring, 1945–1969, Dissertation, University of Chicago, Chicago 2012 (unveröffentlicht).

Arzakanian, Marina: De Gaulle pendant la Seconde Guerre mondiale à travers les archives soviétiques, in: Vaïsse, Maurice (Hg.): De Gaulle et la Russie, Paris 2012, S. 61–73.

Arzakanian, Marina: Le rapprochement franco-soviétique pendant la Seconde guerre mondiale, in: Soutou, Georges-Henri (Hg.): L'URSS et l'Europe. De 1941 à 1957, Paris 2008, S. 131–136.

Askotchenskii, Dimitrii: Der verschwundene Feind. Zur Genese der gegenseitigen Wahrnehmung im Massenbewußtsein der Bundesrepublik Deutschland und der Sowjetunion in der Zeit von 1985 bis 1991, Bonn 1997.

Audinet, Maxime: Promouvoir la culture, conforter l'influence. „Rossotrudničestvo" et „Russkij Mir", instruments du „soft power" russe à l'ère postsoviétique, in: La revue russe n° 46 (2016), S. 39–53.

Ayers, David: Hewlett Johnson. Britain's „Red Dean" and the Cold War, in: Muehlenbeck, Philip E. (Hg.): Religion and the Cold War. A Global Perspective, Nashville 2012, S. 65–87.

Bacon, Edwin: Reconsidering Brezhnev, in: ders./Sandle, Mark (Hg.): Brezhnev Reconsidered, Basingstoke 2002, S. 1–21.

Bagdasarjan, Vardan E./Orlov, Igor' u.a.: Sovetskoe zazerkal'e. Inostrannyj turizm v SSSR v 1930–1980-e gody, Moskau 2007.

Bagley, Tennent H.: Spymaster. Startling Cold War Revelations of a Soviet KGB Chief, New York 2013.

Barghoorn, Frederick C.: Cultural Relations and Soviet Foreign Policy, in: World Politics 8 (1956) 3, S. 323–344.

Barghoorn, Frederick C.: The Soviet Cultural Offensive. The Role of Cultural Diplomacy in Soviet Foreign Policy, Princeton 1960.

Bariéty, Jacques: La délégation diplomatique et la mission militaire de la France libre en Union soviétique. Juin 1941–décembre 1944, in: Soutou, Georges-Henri (Hg.): L'URSS et l'Europe. De 1941 à 1957, Paris 2008, S. 185–219.

Baron, Udo: Kalter Krieg und heißer Frieden. Der Einfluß der SED und ihrer westdeutschen Verbündeten auf die Partei „Die Grünen", Münster 2003.

Baruch, Hazan: Olympic Sports and Propaganda Games. Moscow 1980, New Brunswick 1982.

Bauerkämper, Arndt/ DiPalma, Francesco (Hg.): Bruderparteien jenseits des Eisernen Vorhangs. Die Beziehungen der SED zu den kommunistischen Parteien West- und Südeuropas (1968–1989), Berlin 2011.

Bayerlein, Bernhard H.: The „Cultural International" as the Comintern's Intermediate Empire. International Mass and Sympathizing Organisations beyond Parties, in: Weiss, Holger (Hg.): International Communism and Transnational Solidarity. Radical Networks, Mass Movements and Global Politics, 1919–1939, Leiden 2017, S. 28–88.

Bazin, Jérôme/Dubourg Glatigny, Pascal/ Piotrowski, Piotr (Hg.): Art Beyond Borders. Artistic Exchange in Communist Europe (1945–1989), Budapest 2016.

Becker, Klaus J.: Die KPD in Rheinland-Pfalz 1946–1956, Mainz 2001.

Becker, Wilfried: Die Entwicklung der politischen Parteien im Saarland 1945 bis 1955 nach französischen Quellen, in: Hudemann, Rainer/ Poidevin, Raymond (Hg.): Die Saar 1945–1955/La Sarre 1945–1955. Ein Problem der europäischen Geschichte/Un problème de l'histoire européenne, München 1992, S. 253–296.

Behrends, Jan C.: Die erfundene Freundschaft. Propaganda für die Sowjetunion in Polen und in der DDR, Köln 2006.
Behrends, Jan C.: Vom Panslavismus zum „Friedenskampf". Außenpolitik, Herrschaftslegitimation und Massenmobilisierung im sowjetischen Nachkriegsimperium (1944–1953), in: Jahrbücher für Geschichte Osteuropas 56 (2008) 1, S. 27–53.
Belge, Boris/ Deuerlein, Martin: Einführung: Ein goldenes Zeitalter der Stagnation? Neue Perspektiven auf die Brežnev-Ära, in: dies. (Hg.): Goldenes Zeitalter der Stagnation? Perspektiven auf die sowjetische Ordnung der Brežnev-Ära, Tübingen 2014, S. 1–33.
Bell, Philip M. H.: John Bull and the Bear. British Public Opinion, Foreign Policy and the Soviet Union 1941–1945, London 1990.
Bellanger, Emmanuel: Ivry, banlieue rouge. Capitale du communisme français. XXe siècle, Grâne 2017.
Belot, Robert: Le jumelage des villes. Avatars d'une „bombe de paix" dans la guerre froide, in: Fleury, Antoine (Hg.): Une Europe malgré tout 1945–1990. Contacts et réseaux culturels, intellectuels et scientifiques entre Européens dans la guerre froide, Bruxelles 2009, S. 367–382.
Bensaude-Vincent, Bernadette: Langevin 1872–1946. Science et vigilance, Paris 1987.
Bentele, Günter: Sozialistische Öffentlichkeitsstrukturen und Öffentlichkeitsarbeit in der DDR, in: Szyszka, Peter (Hg.): Öffentlichkeit. Diskurs zu einem Schlüsselbegriff der Organisationskommunikation, Opladen 1999, S. 157–163.
Berger, Stefan/ LaPorte, Norman: Britische Parlamentarierkontakte nach Osteuropa 1945–1989. Zwischen „fellow travelling" und ostpolitischer Erneuerung, in: Archiv für Sozialgeschichte 45 (2005), S. 3–42.
Bernard, Jean-Pierre A.: Novembre 1956 à Paris, in: Vingtième siècle n° 30 (1991) 1, S. 66–81.
Besch, Werner: Duzen, Siezen, Titulieren. Zur Anrede im Deutschen heute und gestern, Göttingen²1998.
Birchall, Ian H.: Sartre against Stalinism, New York 2004.
Boden, Ragna: Die Grenzen der Weltmacht. Sowjetische Indonesienpolitik von Stalin bis Brežnev, Stuttgart 2006.
Boel, Bent: French Support for Eastern European Dissidence, 1968–1989. Approaches and Controversies, in: Villaume, Poul/Westad, Odd Arne (Hg.): Perforating the Iron Curtain. European Detente, Transatlantic Relations and the Cold War 1965–1985, Kopenhagen 2009, S. 215–241.
Bogoljubova, Natal'ja Michajlovna: Stanovlenie i ėvoljucija vnešnej kul'turnoj politiki Rossii, St. Petersburg 2013.
Borisova, Natal'ja Valer'evna: Nina Popova. Žizn' kak sozidanie, Elec 2005.
Boulland, Paul: Des vies en rouge. Militants, cadres et dirigeants du PCF (1944–1981), Ivry-sur-Seine 2016.
Bowker, Mike: Brezhnev and Superpower Relations, in: Bacon, Edwin/ Sandle, Mark (Hg.): Brezhnev Reconsidered, Basingstoke 2002, S. 90–109.
Bracke, Maud: Which Socialism? Whose Détente? West European Communism and the Czechoslovak Crisis of 1968, Budapest 2007.
Branson, Noreen: History of the Communist Party in Britain 1941–1951, London 1997.
Braskén, Kasper: In Pursuit of Global International Solidarity? The Transnational Networks of the International Workers' Relief, 1921–1935, in: Weiss, Holger (Hg.): International Communism and Transnational Solidarity. Radical Networks, Mass Movements and Global Politics, 1919–1939, Leiden 2017, S. 130–167.

Brent, Jonathan/ Naumov, Vladimir: Stalin's Last Crime. The Plot Against the Jewish Doctors, 1948–1953, New York 2010.
Breslauer, George W.: Khrushchev Reconsidered, in: Problems of Communism (1976) 9–10, S. 18–33.
Brian, Denis: The Curies. A Biography of the Most Controversial Family in Science, Hoboken 2005.
Bridger, Sue: The Cold War and the Cosmos. Valentina Tereshkova and the First Woman's Space Flight, in: Ilič, Melanie (Hg.): Women in the Khrushchev Era, Basingstoke 2004, S. 222–237.
Brooks, Jeffrey: Thank You Comrade Stalin! Soviet Public Culture from Revolution to Cold War, Princeton 2000.
Brown, Archie: Seven Years that Changed the World. Perestroika in Perspective, Oxford 2007.
Bullock, Ian: Romancing the Revolution. The Myth of Soviet Democracy and the British Left, Edmonton 2011.
Bunke, Hendrik: Die KPD in Bremen. 1945–1968, Köln 2001.
Burke, David: Lawn Road Flats. Spies, Writers and Artists, Woodbridge 2014.
Butler, John R.: The Red Dean of Canterbury. The Public and Private Faces of Hewlett Johnson, London 2011.
Buton, Philippe: La CED, l'affaire Dreyfus de la Quatrième République?, in: Vingtième Siècle n° 84 (2004), S. 43–59.
Buton, Philippe: L'éviction des ministres communistes, in: Berstein, Serge (Hg.): L'Année 1947, Paris 2000, S. 339–355.
Buton, Philippe: Les lendemains qui déchantent. Le Parti communiste français à la Libération, Paris 1993.
Callaghan, John: Cold War, Crisis and Conflict. The CPGB 1951–68, London 2003.
Callaghan, John: Towards Isolation. The Communist Party and the Labour Government, in: Fyrth, Jim (Hg.): Labour's Promised Land? Culture and Society in Labour Britain, 1945–51, London 1995, S. 88–99.
Carley, Michael Jabara: Silent Conflict. A Hidden History of Early Soviet-Western Relations, Lanham 2014.
Carr, Graham: „No Political Significance of Any Kind". Glenn Gould's Tour of the Soviet Union and the Culture of the Cold War, in: Canadian Historical Review 95 (2014) 1, S. 1–29.
Caute, David: The Dancer Defects. The Struggle for Cultural Supremacy During the Cold War, Oxford 2003.
Chauvin, Hervé: L'union de la gauche et la problématique des droits de l'homme en URSS, in: Tartarowsky, Danielle/ Bergounioux, Alain (Hg.): L'union sans unité. Le programme commun de la gauche, 1963–1978, Rennes 2012, S. 83–94.
Chauvin, Hervé: La lutte finale. L'URSS dans le débat politique et intellectuel en France de 1975 à 1991, Dissertation, Université Michel de Montaigne Bordeaux 3, Bordeaux 2012 (unveröffentlicht).
Cho, Myunghun Y.: Die Volksdiplomatie in Ostasien. Entstehung, Theorie und Praxis. Die Asienpolitik der Vereinigten Staaten und die Beziehungen zwischen der Volksrepublik China und Japan, Wiesbaden 1971.
Chripun, Vjačeslav Aleksandrovič: Innostrannyj turizm v Leningrade v 1950–1960-e gody, in: Istoričeskij Ežegodnik. Sibirskoe otdelenie RAN (2010), S. 110–118.
Chripun, Vjačeslav Aleksandrovič: Nekotorye problem organizatsii inostrannogo turizma v Leningrade v 1950-e–1960-e gody, in: Vestnik Sankt-Peterburgskogo Universiteta, Serija 2: Istorija 2 (2011) 1, S. 149–155.

Christofferson, Michael Scott: French Intellectuals against the Left. The Antitotalitarian Moment of the 1970s, New York 2004.
Čistikov, Aleksandr Nikolaevič: „Ladno l' za morem il' chudo?" Vpečatlenija sovetskich ljudej o zagranice v ličnych zapisjach i vystuplenijach (seredina 1950-ch–seredina 1960-ch gg.), in: Novejšaja istorija Rossii (2011) 1, S. 167–177.
Clark, Katerina/ Dobrenko, Evgeny (Hg.): Soviet Culture and Power. A History in Documents, 1917–1953, New Haven 2007.
Clark, Ronald: J. B. S. The Life and Work of J. B. S. Haldane, Oxford 1984.
Clarke, John D.: French Eagles, Soviet Heroes. The Normandie-Niemen Squadrons on the Eastern Front, Stoud 2005.
Clarke, Michael: British Perspectives on the Soviet Union, in: Pravda, Alex/ Duncan, Peter J. S. (Hg.): Soviet-British Relations since the 1970s, Cambridge 1990, S. 68–91.
Clarke, Nick: Town Twinning in Cold-War Britain. (Dis)continuities in Twentieth-Century Municipal Internationalism, in: Contemporary British History 24 (2010) 2, S. 173–191.
Clews, John C.: Communist Propaganda Techniques, New York 1966.
Cœuré, Sophie: „Les fêtes d'Octobre" 1927 à Moscou. La dynamique des structures d'influence soviétiques et kominterniennes autour d'un anniversaire, in: Communisme (1995), S. 57–74.
Cœuré, Sophie: La grande lueur à l'Est. Les Français et l'Union soviétique, 1917–1939, Paris 1999.
Cohen, Phil: Children of the Revolution. Communist Childhood in Cold War Britain, London 1997.
Coppin, Marc: La Côte d'Opale en guerre d'Algérie 1954–1962, Villeneuve-d'Asq 2012.
Courtois, François u.a. (Hg.): Le livre noir du communisme. Crimes, terreur et répression, Paris 1997.
Courtois, Stéphane (Hg.): 50 ans d'une passion française. De Gaulle et les communistes, Paris 1991.
Courtois, Stéphane/ Andolfatto, Dominique: France. The Collapse of the House of Communism, in: Backes, Uwe/ Moreau, Patrick (Hg.): Communist and Post-Communist Parties in Europe, Göttingen 2008, S. 87–132.
Courtois, Stéphane/ Lazar, Marc: Histoire du Parti Communiste Français, Paris 1995.
Cowan, Geoffrey/ Arsenault, Amelia: Moving from Monologue to Dialogue to Collaboration. The Three Layers of Public Diplomacy, in: The Annals of the American Academy of Political and Social Science n° 616 (2008), S. 10–33.
Cucchetti, Humberto: Communism, French Patriotism, and Soviet Legitimacy in France. Social Trajectories and Nationalism (1945–1954), in: Iacob, Bogdan C. (Hg.): Communism, Nationalism, and State Building in Post-War Europe, Bucharest 2012, S. 109–129.
Cull, Nicholas J.: The Cold War and the United States Information Agency. American Propaganda and Public Diplomacy, 1945–1989, Cambridge 2008.
Cull, Nicholas J.: Public Diplomacy. Taxonomies and Histories, in: The Annals of the American Academy of Political and Social Science n°616 (2008), S. 31–54.
Danks, Catherine J.: Your Fight is our Fight. The Anglo-Soviet Alliance during World War II, in: Trudy kafedry istorii Novogo i novejšego vremeni n° 15 (2015), S. 118–138.
Dannenberg, Julia von: The Foundations of Ostpolitik. The Making of the Moscow Treaty between West Germany and the USSR, Oxford 2008.
Danzer, Doris: Zwischen Vertrauen und Verrat. Deutschsprachige kommunistische Intellektuelle und ihre sozialen Beziehungen (1918–1960), Göttingen 2012.
Davenport, Lisa E.: Jazz Diplomacy. Promoting America in the Cold War Era, Jackson 2009.

David-Fox, Michael: The Fellow Travelers Revisited. The „Cultured West" through Soviet Eyes, in: The Journal of Modern History 75 (2003) 2, S. 300-335.
David-Fox, Michael: From Illusory „Society" to Intellectual „Public". VOKS, International Travel and Party-Intelligentsia Relations in the Interwar Period, in: Contemporary European History 11 (2002) 1, S. 7-32.
David-Fox, Michael: The Implications of Transnationalism, in: Kritika 12 (2011) 4, S. 885-904.
David-Fox, Michael: The Iron Curtain as Semi-Permeable Membrane. The Origins and Demise of the Stalinist Superiority Complex, in: Babiracki, Patryk (Hg.): Cold War Crossings. International Travel and Exchange across the Soviet Bloc, 1940s-1960s, College Station 2014, S. 14-39.
David-Fox, Michael: Showcasing the Great Experiment. Cultural Diplomacy and Western Visitors to the Soviet Union, 1921-1941, Oxford, New York 2011.
David-Fox, Michael: Stalinist Westernizer? Aleksandr Arosev's Literary and Political Depictions of Europe, in: Slavic Review 62 (2003) 4, S. 733-759.
Davieau-Pousset, Sophie: Maurice Dejean, diplomat atypique (1899-1982), Dissertation, Institut d'études politiques, Paris 2013 (unveröffentlicht).
Deery, Philip: The Dove Flies East. Whitehall, Warsaw and the 1950 World Peace Congress, in: Australian Journal of Politics and History 48 (2002) 4, S. 449-468.
Defrance, Corine: Die Auswärtige Kulturpolitik im Wandel. Neuansätze der Jahre 1966-1974, in: Wilkens, Andreas (Hg.): Wir sind auf dem richtigen Weg. Willy Brandt und die europäische Einigung, Bonn 2010, S. 320-341.
Defrance, Corine: Les jumelages franco-allemands. Aspect d'une coopération transnationale, in: Vingtième Siècle n° 99 (2008) 3, S. 189-201.
Defrance, Corine: Raymond Schmittlein. Un itinéraire dans la France libre, entre activités militaires et diplomatiques, in: Relations Internationales n° 108 (2001), S. 487-501.
Defrance, Corine: Raymond Schmittlein (1904-1974). Leben und Werk eines Gründungsvaters der Universität Mainz, in: Kißener, Michael/ Mathy, Helmut (Hg.): Ut omnes unum sint. Gründungspersönlichkeiten der Johannes-Gutenberg-Universität, Stuttgart 2005, S. 11-30.
Defrance, Corine: Raymond Schmittlein (1904-1974). Médiateur entre la France et la Lituanie, in: Cahiers Lituaniens n° 9 (2008), S. 18-23.
Defty, Andrew: Britain, America and Anti-Communist Propaganda 1945-53. The Information Research Department, London 2013.
DeJong-Lambert, William: Biological Utopias East and West. Trofim D. Lysenko and his Critics, in: Romijn, Peter/ Abrams, Nathan (Hg.): Divided Dreamworlds? The Cultural Cold War in East and West, Amsterdam 2012, S. 33-52.
Déroche, Gilles: Guy Desson, la politique, la culture. Itinéraire d'un député ardennais, Charlesville-Mézières 1996.
Devance, Louis: Le chanoine Kir. L'invention d'une légende, Dijon 2007.
Dhaille-Hervieu, Marie-Paule: Communistes au Havre. Histoire sociale, culturelle et politique (1930-1983), Mont-Saint-Aignan 2009.
Dingel, Frank: Die Kommunistische Partei Saar, in: Stöss, Richard (Hg.): Parteien-Handbuch. Die Parteien der Bundesrepublik Deutschland 1945-1980, Bd. 2: FDP bis WAV, Opladen 1983, S. 1852-1879.
DiPalma, Francesco/ Müller, Wolfgang (Hg.): Kommunismus und Europa. Europapolitik und -vorstellungen der europäischen kommunistischen Parteien im Kalten Krieg, Paderborn 2016.
Dizard, Wilson P.: Inventing Public Diplomacy. The Story of the U.S. Information Agency, Boulder 2004.

Dörr, Nikolas R.: Eurokommunismus als Teil der historischen Kommunismusforschung, in: Docupedia-Zeitgeschichte (6.1.2014), http://docupedia.de/zg/doerr_eurokommunismus_ v1_de_2014 (6.11.2015).

Dörr, Nikolas R.: François Mitterrand und der PCF. Die Folgen der „rééquilibrage de la gauche" für den Parti Communiste Francais, in: Mitteilungen des Instituts für Deutsches und Internationales Parteienrecht und Parteienforschung 17 (2011), S. 43–52.

Dörr, Nikolas: NATO and Eurocommunism. The Fear of a Weakening of the Southern Flank from the mid-1970s to mid-1980s, in: Journal of European Integration History (2014) 2, S. 245–258.

Dolženko, Gennadij P.: Istorija turizma v dorevoljucionnoj Rossii i SSSR, Rostov-am-Don 1988.

Donig, Natalia: Kulturaustausch oder Propaganda? Westdeutsche Reaktionen auf die sowjetische auswärtige Kulturpolitik in den 50er Jahren, in: Krüger, Verena/ Olshevska, Anna (Hg.): Dem Raum eine Grenze geben, Bochum 2006, S. 179–207.

Donig, Natalia: Reisen ins „Arbeiterparadies". Deutsche Delegationen in der Sowjetunion zwischen Inszenierung und Eigensinn (1953–1957), in: Pietrow-Ennker, Bianka (Hg.): Russlands imperiale Macht. Integrationsstrategien und ihre Reichweite in transnationaler Perspektive, Wien 2012, S. 325–356.

Doray, Bernard/ Rennes, Jean-Marc: Le moment moscovite, in: dies. (Hg.): Carrefours sciences sociales et psychanalyse. Le moment moscovite, Paris 1995, S. 3–15.

Dorman, Oleg: Podstročnik. Žizn' Lilianny Lunginoj, rasskazannaja eju v fil'me Olega Dormana, Moskva 2010.

Drake, David: Sartre, London 2005.

Dralle, Lothar: Von der Sowjetunion lernen, ... Zur Geschichte der Gesellschaft für Deutsch-Sowjetische Freundschaft, Berlin 1993.

Dreyfus, Michel u.a. (Hg.): Le siècle des communismes, Paris 2000.

Duhamel, Olivier/ Parodi, Jean-Luc: Images du communisme. La dégradation de l'image de l'Union soviétique, in: Pouvoirs n° 21 (1982), S. 169–180.

Durand, Claude: Le choc Soljénitsyne, in: Histoire n° 233 (1998), S. 66–69.

Eaden, James/ Renton, Dave: The Communist Party of Great Britain since 1920, Basingstoke 2002.

Ebon, Martin: The Soviet Propaganda Machine, New York 1987.

Eckel, Jan: Die Ambivalenz des Guten. Menschenrechte in der internationalen Politik seit den 1940ern, Göttingen 2014.

Eck-Pfister, Silvia: Für eine Welt – Humanität und Toleranz. Eine Bürgerinitiative für Verständigung über Grenzen und internationalen Austausch 1945–1995, Dortmund 1995.

Elias, Rolf: Die Gesellschaft der Freunde des Neuen Rußland. Mit vollständigem Inhaltsverzeichnis aller Jahrgänge der Zeitschrift „Das neue Rußland" 1923–1932, Köln 1985.

Elie, Marc/ Ohayon, Isabelle: Introduction, in: Cahiers du monde russe 54 (2013) 1–2, S. 11–28.

English, Robert D.: Russia and the Idea of the West. Gorbachev, Intellectuals, and the End of the Cold War, New York 2000.

Eßer, Albert/ Hilbrenner, Anke (Hg.): Osteuropa in Bergisch Gladbach. Zwangsarbeit und Partnerschaft, 1941–1991, Bergisch Gladbach 2010.

Estienne, Sophie: Les Amis de l'Union soviétique 1928–1939, Abbeville 2004.

Evangelista, Matthew: Unarmed Forces. The Transnational Movement to End the Cold War, Ithaca 1999.

Eveno, Patrick: Histoire du journal „Le Monde" 1944–2004, Paris 2004.

Ezrahi, Christina: Swans of the Kremlin. Ballet and Power in Soviet Russia, Pittsburgh 2012.

Facon, Patrick: Le „Normandie-Niémen", vecteur de la politique soviétique du général de Gaulle, in: Vaïsse, Maurice (Hg.): De Gaulle et la Russie, Paris 2012, S. 45–59.

Fähnrich, Birte: Science Diplomacy. Strategische Kommunikation in der Auswärtigen Wissenschaftspolitik, Wiesbaden 2013.
Fagge, Roger: The Vision of J. B. Priestley, London 2012.
Fairclough, Pauline/ Wiggins, Louise: Friendship of the Musicians. Anglo-Soviet Musical Exchanges 1938–1948, in: Mikkonen, Simo/ Suutari, Pekka (Hg.): Music, Art and Diplomacy. East-West Cultural Interactions and the Cold War, Burlington 2016, S. 29–47.
Fairclough, Pauline: Détente to Cold War. Anglo-Soviet Musical Exchanges in the Late Stalin Period, in: dies. (Hg.): Twentieth-century Music and Politics. Essays in Memory of Neil Edmunds, Burlington 2013, S. 37–56.
Fayet, Jean-François: La Société pour les échanges culturels entre l'URSS et l'étranger (VOKS), in: Relations Internationales n° 115 (2003), S. 411–423.
Fayet, Jean-François: V.O.K.S. Le laboratoire soviétique. Histoire de la diplomatie culturelle soviétique durant l'entre-deux-guerres, Chêne-Bourg 2014.
Fayet, Jean-François: VOKS. The Third Dimension of Soviet Foreign Policy, in: Gienow-Hecht, Jessica C. E./Donfried, Mark C. (Hg.): Searching for a Cultural Diplomacy, New York 2010, S. 33–49.
Filipová, Lucie: Erfüllte Hoffnung. Städtepartnerschaften als Instrument der deutsch-französischen Aussöhnung 1950–2000, Göttingen 2015.
Fitzpatrick, Sheila: Foreigners Observed. Moscow Visitors in the 1930s under the Gaze of their Soviet Guides, in: Russian History/Histoire Russe 35 (2008) 1–2, S. 215–234.
Fitzpatrick, Sheila/ Rasmussen, Carolyn (Hg.): Political Tourists. Travellers from Australia to the Soviet Union in the 1920s–1940s, Carlton 2008.
Fleming, John V.: The Anti-Communist Manifestos. Four Books that Shaped the Cold War, New York 2009.
Fokin, Vladimir I.: Meždunarodnyj kul'turnyj obmen i SSSR v 20–30-e gody, St. Petersburg 1999.
Fowkes, Ben: The National Question in the Soviet Union under Leonid Brezhnev. Policy and Response, in: Bacon, Edwin/ Sandle, Mark (Hg.): Brezhnev Reconsidered, Basingstoke 2002, S. 68–89.
Frederichsen, Kim: Soviet Cultural Diplomacy towards Denmark during the Cold War, 1945–1991, Dissertation, Københavns Universitet, Kopenhagen 2017.
Furet, François: Le passé d'une illusion. Essai sur l'idée communiste au XXe siècle, Paris 1995.
Fürst, Juliane: Late Stalinist Society. History, Policies and People, in: dies. (Hg.): Late Stalinist Russia. Society between Reconstruction and Reinvention, London 2006, S. 1–19.
Garrido Caballero, Magdalena María: La propaganda soviética en el exterior, in: Engochea Tirado, Enrique/Monzón Pertejo, Elena/Pérez Sarmiento, David G. (Hg.): Relaciones en conflicto. Nuevas perspectivas sobre relaciones internacionales desde la historia, València 2015, S. 103–106, http://roderic.uv.es/handle/10550/42835 (15.4.2016).
Garrido Caballero, Magdalena María: Las relaciones entre España y la Unión Soviética a través de las Asociaciones de Amistad en el siglo XX, Universidad de Murcia 2006, http://hdl.handle.net/10803/10891 (12.7.2010).
Gassert, Philipp/ Geiger, Tim/ Wentker, Hermann (Hg.): Zweiter Kalter Krieg und Friedensbewegung. Der NATO-Doppelbeschluss in deutsch-deutscher und internationaler Perspektive, München 2011.
Gavrilova, Stella: Die Darstellung der UdSSR und Russlands in der „Bild-Zeitung" 1985–1999. Eine Untersuchung zu Kontinuität und Wandel deutscher Russlandbilder unter Berücksichtigung der Zeitungen „Die Welt", „Süddeutsche Zeitung" und „Frankfurter Rundschau", Frankfurt a.M. 2005.

Gehrig, Christine: Die Anfänge der Gesellschaft „Schweiz-Sowjetunion", in: Brang, Peter (Hg.): Bild und Begegnung. Kulturelle Wechselseitigkeit zwischen der Schweiz und Osteuropa im Wandel der Zeit, Basel 1996, S. 593–634.

Gestwa, Klaus: Von der Stagnation zur Perestrojka. Der Wandel der Bedrohungskommunikation und das Ende der Sowjetunion, in: Belge, Boris/ Deuerlein, Martin (Hg.): Goldenes Zeitalter der Stagnation? Perspektiven auf die sowjetische Ordnung der Brežnev-Ära, Tübingen 2014, S. 253–311.

Gienow-Hecht, Jessica C. E.: The Model of Cultural Diplomacy. Power, Distance, and the Promise of Civil Society, in: Gienow-Hecht, Jessica C. E./Donfried, Mark C. (Hg.): Searching for a Cultural Diplomacy, New York 2010, S. 13–29.

Gilburd, Eleonory: Books and Borders. Sergei Obraztsov and Soviet Travels to London in the 1950s, in: Gorsuch, Anne E./Koenker, Diane P. (Hg.): Turizm. The Russian and East European Tourist under Capitalism and Socialism, Ithaca 2006, S. 227–247.

Gilburd, Eleonory: Picasso in Thaw Culture, in: Cahiers du monde russe 47 (2006) 1–2, S. 65–108.

Gilburd, Eleonory: The Revival of Soviet Internationalism in the Mid to Late 1950s, in: Kozlov, Denis/dies. (Hg.): The Thaw. Soviet Society and Culture during the 1950s and 1960s, Toronto 2013, S. 362–401.

Gillabert, Matthieu: L'Association Suisse-URSS dans la Guerre froide. Quête de légitimité dans les relations culturelles, in: Briegel, Françoise/ Farré, Sebastien (Hg.): Rites, hiérarchies, Chêne-Bourg 2010, S. 133–145.

Gilles, Candar: Les socialistes français et la révolution de 1905, in: Cahiers du monde russe 48 (2007) 2–3, S. 365–378.

Gillot, Jean-Jacques: Les communistes en Périgord, 1917–1958, Périgueux 2007.

Giraud, Henri-Christian: De Gaulle et les communistes, Bd. 2: Le Piège. Mai 1943–Janvier 1946, Paris 1989.

Goebel, Stefan: Commemorative Cosmopolis. Transnational Networks of Remembrance in Post-War Coventry, in: ders./Keene, Derek (Hg.): Cities into Battlefields. Metropolitan Scenarios, Experiences and Commemorations of Total War, Farnham 2011, S. 163–184.

Goff, Patricia M.: Cultural Diplomacy, in: Cooper, Andrew Fenton (Hg.): The Oxford Handbook of Modern Diplomacy, Oxford 2013, S. 419–435.

Golubev, Aleksandr V.: „... vzgljad na zemlju obetovannuju". Iz istorii sovetskoj kul'turnoj diplomatii 1920–1930-ch godov, Moskau 2004.

Golubev, Aleksandr V.: „Zvezdnyj čas" sovetskoj kul'turnoj diplomatii: 1929–1939 gody, in: Rossija i sovremennyj mir (1999) 2, S. 224–244.

Golubev, Aleksandr V./Borisov, Jurij S.: Rossija i Zapad. Formirovanie vnešnepolitičeskich stereotipov v soznanii rossijskogo obščestva pervoj poloviny XX v, Moskau 1998.

Golubev, Aleksandr V./Nevežin, Vladimir A.: VOKS v 1930–1940-e gody, in: Minuvšee 14 (1993), S. 313–364.

Golz, Hans-Georg: Verordnete Völkerfreundschaft. Das Wirken der Freundschaftsgesellschaft DDR-Großbritannien und der Britain-GDR Society – Möglichkeiten und Grenzen, Leipzig 2004.

Gomart, Thomas: La diplomatie culturelle française à l'égard de l'URSS. Objectifs, moyens et obstacles (1956–1966), in: Sirinelli, Jean-François/Soutou, Georges-Henri (Hg.): Culture et guerre froide, Paris 2008, S. 173–188.

Gomart, Thomas: Le dispositif du PCF dans les relations franco-soviétiques (1958–1964), in: Vaïsse, Maurice (Hg.): De Gaulle et la Russie, Paris 2006, S. 125–138.

Gomart, Thomas: Double détente. Les relations franco-soviétiques de 1958 à 1964, Paris 2003.

Gomart, Thomas: Le PCF au miroir des relations franco-soviétiques (1964–1968), in: Relations Internationales n° 114 (2003), S. 249–266.
Gonçalves, Stéphanie: Danser pendant la guerre froide 1945–1968, Rennes 2018.
Goodlad, Graham: Attlee, Bevin and Britain's Cold War, in: History Review n° 69 (2011), S. 1–6.
Gorsuch, Anne E.: All This Is Your World. Soviet Tourism at Home and Abroad after Stalin, Oxford 2011.
Gotovitch, José/ Pennetier, Claude (Hg.): Dictionnaire biographique de l'Internationale communiste en France, en Belgique, au Luxembourg, en Suisse et à Moscou (1919–1943), CD-Rom-Beigabe zu : Wolikow, Serge: L'internationale communiste, 1919–1943. Le Komintern ou le rêve déchu du parti mondial de la révolution, Paris 2010.
Gould-Davies, Nigel: The Logic of Soviet Cultural Diplomacy, in: Diplomatic History 27 (2003) 2, S. 193–214.
Grahn, Gerlinde: Vorläufer. Zum Wirken der „Gesellschaft der Freunde des neuen Russland" und des „Bundes der Freunde der Sowjetunion" in der Weimarer Republik, in: Schützler, Horst (Hg.): „Mehr als ein Studium ...". Gründung und Wirken der Gesellschaft zum Studium der Kultur der Sowjetunion, Gesellschaft für Deutsch-Sowjetische Freundschaft, Ostdeutsche Freundschaftsgesellschaften. Was war – was bleibt – wie weiter? Beiträge und Materialien zum 60. Jahrestag der Gründung der „Gesellschaft zum Studium der Kultur der Sowjetunion" am 30. Juni 1947 in Berlin, [Berlin] 2008, S. 43–53.
Grau, Andreas: Gegen den Strom. Die Reaktion der CDU/CSU-Opposition auf die Ost- und Deutschlandpolitik der sozial-liberalen Koalition 1969–1973, Düsseldorf 2005.
Gravina, Giovanni: Per una storia dell'Associazione Italia-URSS. Prima parte, in: Slavia 2 (1993) 3, S. 70–108.
Gravina, Giovanni: Per una storia dell'Associazione Italia-URSS. Parte seconda, in: Slavia 4 (1995) 1, S. 48–100.
Gravina, Giovanni: Per una storia dell'Associazione Italia-URSS. Parte terza, in: Slavia 4 (1995) 3–4, S. 103–141.
Gravina, Giovanni: Per una storia dell'Associazione Italia-URSS. Parte quarta, in: Slavia 6 (1997) 3, S. 135–159.
Gries, Rainer: Zur Ästhetik und Architektur von Propagemen. Überlegungen zu einer Propagandageschichte als Kulturgeschichte, in: ders./Ahbe, Thomas (Hg.): Kultur der Propaganda, Bochum 2005.
Gries, Rainer: Propagandageschichte als Kulturgeschichte. Methodische Erwartungen und Erfahrungen, in: Deutschland Archiv 33 (2000), S. 558–570.
Griese, Olivia: Auswärtige Kulturpolitik und Kalter Krieg. Die Konkurrenz von Bundesrepublik und DDR in Finnland 1949–1973, Wiesbaden 2006.
Griffin, Nicholas: Ping Pong Diplomacy. Ivor Montagu and the Astonishing Story behind the Game that Changed the World, London 2014.
Grob, Thomas/ Horber, Sabina (Hg.): Moskau. Metropole zwischen Kultur und Macht, Köln 2015.
Grosser, Pierre: L'entrée de la France en guerre froide, in: Berstein, Serge (Hg.): L'Année 1947, Paris 2000, S. 167–188.
Großmann, Johannes: Die „Grundtorheit unserer Epoche"? Neue Forschungen und Zugänge zur Geschichte des Antikommunismus, in: Archiv für Sozialgeschichte 56 (2016), S. 549–590.
Großmann, Johannes: Die Internationale der Konservativen. Transnationale Elitenzirkel und private Außenpolitik in Westeuropa seit 1945, München 2014.
Großmann, Sonja: Une autre diplomatie entre Est et Ouest. Les associations d'amitié avec l'URSS en Europe occidentale pendant la Guerre froide, in: Genin, Vincent/ Osmont,

Matthieu/Raineau, Thomas (Hg.): Réinventer la diplomatie. Sociabilités, réseaux et pratiques diplomatiques en Europe depuis 1919/Reshaping Diplomacy. Networks, Practices and Dynamics of Socialization in European Diplomacy since 1919, Bruxelles 2016, S. 105–120.

Grüner, Frank: Patrioten und Kosmopoliten. Juden im Sowjetstaat 1941–1953, Köln 2008.

Hamon, Léo/ Conac, Gérard/ Maisl, Herbert/ Vaudiaux, Jacques (Hg.): Itinéraires. Études en l'honneur de Léo Hamon, Paris 1982.

Hardy, Jeffrey S.: Gulag Tourism. Khrushchev's „Show" Prisons in the Cold War Context, 1954–59, in: Russian Review 71 (2012) 1, S. 49–78.

Hartmann, Anne/ Eggeling, Wolfram: Sowjetische Präsenz im kulturellen Leben der SBZ und frühen DDR 1945–1953, Berlin 1998.

Hauschild, Sonja: Propheten oder Störenfriede? Sowjetische Dissidenten in der Bundesrepublik Deutschland und Frankreich und ihre Rezeption bei den Intellektuellen (1974–1977), Digitale Osteuropa-Bibliothek: Reihe Geschichte, Bd. 13, 2007, S. 78–83, https://epub.ub.uni-muenchen.de/1359/ (13.5.2013).

Heeke, Matthias: Mit Intourist durch die UdSSR. Der bundesdeutsche Sowjetunion-Tourismus, in: Spode, Hasso (Hg.): Goldstrand und Teutonengrill. Kultur- und Sozialgeschichte des Tourismus in Deutschland 1945–1989, Berlin 1996, S. 163–184.

Heeke, Matthias: Reisen zu den Sowjets. Der ausländische Tourismus in Rußland 1921–1941; mit einem bio-bibliographischen Anhang zu 96 deutschen Reiseautoren, Münster 2003.

Henningsen, Monika: Der Freizeit- und Fremdenverkehr in der (ehemaligen) Sowjetunion unter besonderer Berücksichtigung des baltischen Raums, Frankfurt a.M. 1994.

Herzog, Philipp: Sozialistische Völkerfreundschaft, nationaler Widerstand oder harmloser Zeitvertreib? Zur politischen Funktion der Volkskunst im sowjetischen Estland, Stuttgart 2012.

Heurtebize, Frédéric: Le péril rouge. Washington face à l'eurocommunisme, Paris 2014.

Heyde, Veronika: Frankreich im KSZE-Prozess. Diplomatie im Namen der europäischen Sicherheit 1969–1983, Berlin/Boston 2017.

Hildermeier, Manfred: Geschichte der Sowjetunion 1917–1991. Entstehung und Niedergang des ersten sozialistischen Staates, München 1998.

Hirscher, Gerhard/ Baron, Udo (Hg.): Was wurde aus der DKP? Beiträge zu Geschichte und Gegenwart der extremen Linken in Deutschland, Brühl/Rheinland 2008.

Hofmann, Birgit: Der „Prager Frühling" und der Westen. Frankreich und die Bundesrepublik in der internationalen Krise um die Tschechoslowakei 1968, Göttingen 2015.

Hollander, Paul: Political Pilgrims. Travels of Western Intellectuals to the Soviet Union, China and Cuba 1928–1978, New York 1981.

Holzheimer, Gerd: Polt. Die Biographie, München 2012.

Horel, Catherine: Frankreich und die Ungarnkrise 1956, in: Schmidl, Erwin A./Engelke, E. (Hg.): Ungarnkrise 1956 und Österreich, Wien 2003, S. 175–186.

Hourmant, François: La croisière rouge, entre simulacre et théâtrocratie. Le système des privilèges des voyageurs aux pays de l'Avenir Radieux, in: Revue historique n° 613 (2000) 1, S. 123–156.

Hourmant, François: Au pays de l'avenir radieux. Voyages des intellectuels français en URSS, à Cuba et en Chine populaire, Paris 2000.

Hudemann, Rainer/ Poidevin, Raymond (Hg.): Die Saar 1945–1955/La Sarre 1945–1955. Ein Problem der europäischen Geschichte, München 1992.

Hung Le, Xuan: Almost the Same, But Not Quite (Soft): the Duality of Russian Soft Power, in: e-International Relations Studies, 29.6.2016, http://www.e-ir.info/2016/06/29/almost-the-same-but-not-quite-soft-the-duality-of-russian-soft-power/ (11.1.2017).
Iriye, Akira: Global and Transnational History. The Past, Present, and Future, Basingstoke 2013.
Israël, Liora: Un procès du Goulag au temps du Goulag? L'affaire Kravchenko (1949), in: Critique internationale (2007) 3, S. 85–101.
Jansen, Sabine: Pierre Cot. Un antifasciste radical, Paris 2002.
Jeffery, Inez Cope: Inside Russia. The Life and Times of Zoya Zarubina, Austin 1999.
Jenks, John: British Propaganda and News Media in the Cold War, Edinburgh 2006.
Jeu, Bernard: La coopération culturelle franco-soviétique, in: Tiers-Monde 9 (1968) 35, S. 897–907.
Johnson, Oliver: Mutually Assured Distinction. VOKS and Artistic Exchange in the Early Cold War, in: Mikkonen, Simo/ Suutari, Pekka (Hg.): Music, Art and Diplomacy. East-West Cultural Interactions and the Cold War, Burlington 2016, S. 17–28.
Johnston, Timothy A.: Being Soviet. Identity, Rumour, and Everyday Life under Stalin 1939–1953, Oxford 2011.
Jones, Bill: The Russia Complex. The British Labour Party and the Soviet Union, Manchester 1977.
Jørgensen, Thomas Ekman: Friedliches Auseinanderwachsen. Überlegungen zu einer Sozialgeschichte der Entspannung 1960–1980, in: Zeithistorische Forschungen (2006) 3, S. 363–380.
Judt, Tony: Past Imperfect. French Intellectuals, 1944–1956, Berkeley 1992.
Kaninskaya, Galina: La perception des gaullistes en URSS durant la querelle de la CED, in: Vaïsse, Maurice (Hg.): De Gaulle et la Russie, Paris 2012, S. 181–194.
Kapitonova, Natalia: Visit of Soviet Leaders Nikita Khrushchev and Nicholas Bulganin to Britain in April 1956, in: Cold War History 14 (2014) 1, S. 127–152.
Karlsch, Rainer: Boris Rajewsky und das Kaiser-Wilhelm-Institut für Biophysik in der Zeit des Nationalsozialismus, in: Maier, Helmut (Hg.): Gemeinschaftsforschung, Bevollmächtigte und der Wissenstransfer. Die Rolle der Kaiser-Wilhelm-Gesellschaft im System kriegsrelevanter Forschung des Nationalsozialismus, Göttingen 2007, S. 395–452.
Kasack, Wolfgang: Kulturelle Außenpolitik, in: Anweiler, Oskar/ Ruffmann, Karl-Heinz (Hg.): Kulturpolitik der Sowjetunion, Stuttgart 1973, S. 345–390.
Kassymbekova, Botakoz: Leisure and Politics. Soviet Central Asian Tourists across the Iron Curtain, in: Burrell, Kathy/ Hörschelmann, Kathrin (Hg.): Mobilities in Socialist and Post-Socialist States. Societies on the Move, Basingstoke 2014, S. 62–86.
Kasza, Gregory J.: The Conscription Society. Administered Mass Organizations, New Haven 1995.
Keeble, Curtis: Britain, the Soviet Union and Russia, Basingstoke²2000.
Keller, Mechthild (Hg.): Russen und Rußland aus deutscher Sicht, Bd. 4: 19./20. Jahrhundert. Von der Bismarckzeit bis zum Ersten Weltkrieg, München 2000.
Kiseleva, Yulia: Russia's Soft Power Discourse. Identity, Status and the Attraction of Power, in: Politics 35 (2015) 3–4, S. 316–329.
Klenjánszky, Sarolta: Culture et propagande dans la guerre froide (1945–1975). Le cas de l'association France-Hongrie, in: Öt Kontinens, Eötvös Loránd Tudományegyetem (2006) 2, S. 211–234.
Klöckner, Michelle: Kultur- und Freundschaftsbeziehungen zwischen der DDR und der Belorussischen Sozialistischen Sowjetrepublik (1958–1980), Stuttgart 2017.
Klyčeva, N.A.: Tadžikskij narodnyj tanec i ego novye sovremennye formy, in: Učenye zapiski Chudžandskogo gosudarstvennogo universiteta. Gumanitarnye nauki, 46 (2016) 1,

S. 60–66, http://cyberleninka.ru/article/n/tadzhikskiy-narodnyy-tanets-i-ego-novye-sov remennye-formy (20.09.2016).

Knight, Claire: Mrs. Churchill Goes to Russia. The Wartime Gift Exchange between Britain and the Soviet Union, in: Cross, Anthony Glenn (Hg.): A People Passing Rude. British Responses to Russian Culture, Cambridge 2012, S. 253–267.

Knippschild, Dieter: Behrendt, Walter, in: Bohrmann, Hans (Hg.): Biographien bedeutender Dortmunder. Menschen in, aus und für Dortmund, Essen 2001.

Kocho-Williams, Alastair: Russian and Soviet Diplomacy, 1900–39, Basingstoke 2012.

Kocka, Jürgen/ Haupt, Heinz-Gerhard: Comparison and Beyond: Traditions, Scope, and Perspectives of Comparative History, in: dies. (Hg.): Comparative and Transnational History. Central European Approaches and New Perspectives, New York 2009, S. 1–30.

Koenen, Gerd/ Kopelew, Lew (Hg.): Russen und Rußland aus deutscher Sicht. Deutschland und die Russische Revolution 1917–1924, München 1998.

Körner, Axel: Transnational History. Identities, Structures, States, in: Haider-Wilson, Barbara/ Godsey, William D./Mueller, Wolfgang (Hg.): Internationale Geschichte in Theorie und Praxis. International History in Theory and Practice, Wien 2017, S. 265–290.

Kössler, Till: Abschied von der Revolution. Kommunisten und Gesellschaft in Westdeutschland 1945–1968, Düsseldorf 2005.

Kössler, Till: Die Grenzen der Demokratie. Antikommunismus als politische und gesellschaftliche Praxis in der frühen Bundesrepublik, in: Creuzberger, Stefan/Hoffmann, Dierk (Hg.). „Geistige Gefahr" und „Immunisierung der Gesellschaft". Antikommunismus und politische Kultur in der frühen Bundesrepublik, München 2014, S. 229–250.

Korowin, Elena: Der Russen-Boom. Sowjetische Ausstellungen als Mittel der Diplomatie in der BRD, Köln 2015.

Kotek, Joël/Kotek, Dan: L'affaire Lyssenko, Paris 1986.

Kraus, Michael: „Kultura". Der Einfluss der sowjetischen Besatzung auf die österreichische Kultur 1945–1955, Diplomarbeit, Universität Wien, Wien 2008, http://othes.univie.ac.at/1953/1/2008-09-03_7502796.pdf (13.2.2013).

Krementsov, Nikolai: A „Second Front" in Soviet Genetics. The International Dimension of the Lysenko Controversy, 1944–1947, in: Journal of the History of Biology 29 (1996) 2, S. 229–250.

Krementsov, Nikolai: Stalinist Science, Princeton 1997.

Kriegel, Annie/ Bourgeois, Guillaume: Les communistes français dans leur premier demi-siècle 1920–1970, Paris 1985.

Kriegel, Annie: Les communistes français. Essai d'ethnographie politique, Paris 1968.

Kroll, Thomas: Kommunistische Intellektuelle im westlichen Deutschland (1945–1956). Eine glaubensgeschichtliche Untersuchung in vergleichender Perspektive, in: Geschichte und Gesellschaft 33 (2007), S. 258–288.

Kroll, Thomas: Kommunistische Intellektuelle in Westeuropa. Frankreich, Österreich, Italien und Großbritannien im Vergleich (1945–1956), Köln 2007.

Kuhn, Katja: „Wer mit der Sowjetunion verbunden ist, gehört zu den Siegern der Geschichte ...". Die Gesellschaft für Deutsch-Sowjetische Freundschaft im Spannungsfeld von Moskau und Ostberlin, Dissertation, Mannheim 2002, http://madoc.bib.uni-mannheim.de/madoc/volltexte/2003/64/pdf/DSF.PDF (10.03.2014).

Kuznick, Peter J. (Hg.): Rethinking Cold War Culture, Washington 2001.

Lafon, François: André Blumel, un itinéraire sioniste à la croisée des chemins, in: Bulletin du Centre de la recherche français à Jérusalem (2008), http://bcrfj.revues.org/5949 (14.6.2013).
Lafon, François: Le PCF et l'intervention soviétique à Prague, in: Communisme n° 97–98 (2009), S. 87–101.
Lahaxe, Jean-Claude: Les communistes à Marseille à l'apogée de la guerre froide 1949–1954, Aix-en-Provence 2006.
Langenohl, Andreas: Town Twinning, Transnational Connections and Trans-local Citizenship Practices in Europe, Basingstoke 2015.
Lankina, Tomila/ Niemczyk, King: Russia's Foreign Policy and Soft Power, in: Cadier, David/ Light, Margot (Hg.): Russia's Foreign Policy. Ideas, Domestic Politics and External Relations, Basingstoke 2015, S. 97–113.
Laß, Karen: Vom Tauwetter zur Perestrojka. Kulturpolitik in der Sowjetunion (1953–1991), Köln 2002.
Laybourn, Keith: Marxism in Britain. Dissent, Decline and Re-emergence 1945–c. 2000, London 2005.
Lazar, Marc: Communisme français et communisme international, in: Berstein, Serge (Hg.): L'Année 1947, Paris 2000, S. 357–372.
Lazar, Marc: Maisons rouges. Les partis communistes français et italien de la Libération à nos jours, Paris 1992.
Lazar, Marc: Unité et crises des PC ouest-européens 1947–1960, in: Communisme n° 29–31 (1991), S. 29–43.
Lecomte, Bernard: Le Bunker. Vingt ans de relations franco-soviétiques, Paris 1994.
Lefebvre, Denis: Le parti socialiste à l'heure de l'union de la gauche, in: Tartakowsky, Danielle/ Bergounioux, Alain (Hg.): L'union sans unité. Le programme commun de la gauche, 1963–1978, Rennes 2012, S. 35–43.
Leise, Britta: Koch, Harald Albrecht Friedrich, in: Bohrmann, Hans (Hg.): Biographien bedeutender Dortmunder. Menschen in, aus und für Dortmund, Essen 2001, S. 117–120.
Léon, Cristina: Zwischen Paris und Moskau. Kommunistische Vorstadtidentität und lokale Erinnerungskultur in Ivry-sur-Seine, München 2012.
Liebold, Sebastian: Kollaboration des Geistes. Deutsche und französische Rechtsintellektuelle 1933–1940, Berlin 2013.
Liedtke, Klaus (Hg.): Der neue Flirt. Russen und Deutsche auf dem Weg zu veränderten Beziehungen, Hamburg 1989.
Lill, Johannes: Völkerfreundschaft im Kalten Krieg? Die politischen, kulturellen und ökonomischen Beziehungen der DDR zu Italien 1949–1973, Frankfurt am Main 2001.
Lilleker, Darren G: Against the Cold War. The History and Political Traditions of Pro-Sovietism in the British Labour Party 1945–89, London 2004.
Lippert, Barbara: Auswärtige Kulturpolitik im Zeichen der Ostpolitik. Verhandlungen mit Moskau 1969–1990, Münster 1996.
Löhr, Eberhard/ Scherer, Eberhard: Boris Rajewsky (1893–1974). Ein Rückblick auf Leben und Werk, in: Strahlentherapie und Onkologie (2004) 1, S. 1–4.
Lomellini, Valentine: Les relations dangereuses. French Socialists, Communists and the Human Rights Issue in the Soviet Bloc, Brüssel 2012
Loth, Wilfried: Die Rettung der Welt. Entspannungspolitik im Kalten Krieg 1950–1991, Frankfurt a.M. 2016.

Lygo, Emily: Literature as a „Little Bridge". Exchange Between British and Soviet Writers in the Post-War Period, in: History. Journal of Education and Science 6 (2015) 10, http://history.jes.su/s207987840001329-0-1-en (31.5.2016).

Lygo, Emily: Promoting Soviet Culture in Britain. The History of the Society for Cultural Relations between the Peoples of the British Commonwealth and the USSR, 1924–1945, in: Modern Language Review 108 (2013) 2, S. 571–596.

Macintyre, Ben: Operation Mincemeat. The True Spy Story that Changed the Course of World War II, London 2010.

Magnúsdóttir, Rósa: Intellectual Activism during the Cold War. Icelandic Socialists and their International Networks, in: Autio-Sarasmo, Sari/ Humphreys, Brendan (Hg.): Winter Kept us Warm. Cold War Interactions Reconsidered, Helsinki 2010, S. 154–169.

Maguire, Thomas J.: Counter-Subversion in Early Cold War Britain. The Official Committee on Communism (Home), the Information Research Department, and „State-Private Networks", in: Intelligence and National Security 30 (2015) 5, S. 637–666.

Major, Patrick: The Death of the KPD. Communism and Anti-Communism in West Germany 1945–1956, Oxford 1997.

Maksimov, V. B.: Meždunarodnye kontakty gorodov SSSR kak čast' vnešnej politiki pravitel'stva, in: Vestnik Volgogradskogo gosudarstvennogo universiteta, Serija 4, Istorija 22 (2012) 2, S. 96–102.

Maliukevičius, Nerijus: (Re)Constructing Russian Soft Power in Post-Soviet Region, in: Baltic Security & Defence Review 15 (2013) 2, S. 70–97.

Malle, Franceska: L'Association France-URSS et les jumelages franco-soviétiques des années 1950 à 1992, Master, Université Rennes 2, Rennes 2013 (unveröffentlicht).

Mallmann, Klaus-Michael/Paul, Gerhard: Das zersplitterte Nein. Saarländer gegen Hitler, Bonn 1989.

Manigand, Christine: L'image de l'URSS avant l'entrée en Guerre froide. Sondages et études de presse, in: Du Réau, Elisabeth (Hg.): Regards croisées et coopération en Europe au XXe siècle, Paris 1996, S. 117–126.

Marcou, Lilly: Ilya Ehrenbourg. Un homme dans son siècle, Paris 1992.

Martelli, Roger: 1956 communiste. Le glas d'une espérance, Paris 2006.

Martelli, Roger: L'empreinte communiste. PCF et société française 1920–2010, Paris 2010.

Martelli, Roger: Prendre sa carte, 1920–2009. Données nouvelles sur les effectifs du PCF 2010, http://www.gabrielperi.fr/IMG/pdf/Prendre_sa_carte_1920-2009_R_Martelli.pdf (27.2.2012).

Martin, Garret: Towards a New Concert of Europe. De Gaulle's Vision of a Post-Cold War Europe, in: Bozo, Frédéric/ Rey, Marie-Pierre/Rother, Bernd/ Ludlow, N. Piers (Hg.): Visions of the End of the Cold War in Europe, 1945–1990, New York 2012, S. 91–104.

Martin, Terry: An Affirmative Action Empire. Ethnicity and the Soviet State, 1923–1938, Ann Arbor 1996.

Mastny, Vojtech: The Elusive Détente. Stalin's Successors and the West, in: Larres, Klaus/ Osgood, Kenneth Alan (Hg.): The Cold War after Stalin's Death. A Missed Opportunity for Peace?, Lanham 2006, S. 3–26

Matonti, Frédérique: Les „garde-fous". Trajectoires biographiques et obéissance politique. L'exemple du groupe dirigeant de La Nouvelle Critique (1967–1980), in: Le Mouvement social n° 186 (1999), S. 23–43.

Maurel, Marie-Claude: Pierre George compagnon de route, une trajectoire d'engagement, in: Cahiers de géographie du Québec n° 146 (2008), S. 319–324.

Mazuy, Rachel: Croire plutôt que voir? Voyages en Russie soviétique (1919–1939), Paris 2002.
Mazuy, Rachel: Parti communiste et organisation de masse dans la tourmente. Les débuts des Amis de l'URSS, in: Andrieu, Claire/ LeBéguec, Gilles/ Tartakowsky, Danielle (Hg.): Associations et champ politique. La loi de 1901 à l'épreuve du siècle, Paris 2001, S. 291–298.
McDaniel, Cadra Peterson: American-Soviet Cultural Diplomacy. The Bolshoi Ballet's American Premiere, Lanham 2015.
McLynn, Frank: Fitzroy Maclean, London 1992.
McNair, John: Winning Friends, Influencing People. Soviet Cultural Diplomacy in Australia, 1928–1968, in: Australian Journal of Politics and History 61 (2015) 4, S. 515–529.
Merl, Stephan: Entstalinisierung, Reformen und Wettlauf der Systeme 1953–1964, in: Plaggenborg, Stefan (Hg.): Handbuch der Geschichte Russlands, Bd. 5: 1945–1991. Vom Ende des Zweiten Weltkriegs bis zum Zusammenbruch der Sowjetunion, Stuttgart 2002, S. 175–318.
Merl, Stephan: Politische Kommunikation in der Diktatur. Deutschland und die Sowjetunion im Vergleich, Göttingen 2012.
Mertin, Evelyn: Sowjetisch-deutsche Sportbeziehungen im „Kalten Krieg", St. Augustin 2009.
Mikkonen, Simo: The Finish-Soviet Society. From Political to Cultural Connections, in: Magnúsdóttir, Rosa/ Ingimundarson, Valur (Hg.): Nordic Cold War Cultures. Ideological Promotion, Public Reception and East-West Interactions, Helsinki 2015, S. 109–131.
Mikkonen, Simo/ Koivunen, Pia (Hg.): Beyond the Divide. Entangled Histories of Cold War Europe, New York/Oxford 2015.
Mikkonen, Simo/ Suutari, Pekka (Hg.): Music, Art and Diplomacy. East-West Cultural Interactions and the Cold War, Burlington 2016.
Miner, Steven Merritt: Stalin's Holy War. Religion, Nationalism, and Alliance Politics, 1941–1945, Chapel Hill 2003.
Mink, Georges/ Lazar, Marc/ Sielski, Mariusz (Hg.): 1956, une date européenne, Lausanne 2010.
Montaldo, Jean: La France communiste. Un État dans l'État, Paris 1978.
Morelle, Chantal: Louis Joxe. Diplomate dans l'âme, Bruxelles 2010.
Morgan, Kevin: Against Fascism and War. Ruptures and Continuities in British Communist politics, 1935–41, Manchester 1989.
Morgan, Kevin: The Communist Party and the Trade Unions, 8.6.2013, Trade Union Forum, History & Policy, http://www.historyandpolicy.org/trade-union-forum/meeting/the-communist-party-and-the-trade-unions (11.10.2015).
Morgan, Kevin (Hg.): Agents of the Revolution. New Biographical Approaches to the History of International Communism in the Age of Lenin and Stalin, Bern/Oxford 2005.
Morgan, Kevin/ Cohen, Gidon/ Flinn, Andrew: Communists and British Society 1920–1991, London 2007.
Müller, Hans-Peter: Gründung und Frühgeschichte der DKP im Lichte der SED-Akten, in: Schröder, Klaus (Hg.): Geschichte und Transformation des SED-Staates. Beiträge und Analysen, Berlin 1994, S. 251–285.
Mueller, Wolfgang: Die sowjetische Besatzung in Österreich 1945–1955 und ihre politische Mission, Wien 2005.
Münch, Hans: Die Gesellschaft der Freunde des neuen Rußland (1923–1933), in: Deutschland – Sowjetunion. Aus fünf Jahrzehnten kultureller Zusammenarbeit, Berlin 1966, S. 110–116.
Nadaud, Éric: André Blumel, dirigeant socialiste et sioniste, in: Archives Juives 42 (2009) 2, S. 133–139.

Nadžafov, D. G. (Hg.): Stalin i kosmopolitizm. Dokumenty Agitpropa CK KPSS 1945–1953, Moskau 2005.

Narinski, Mikhaïl: L'image de l'occident en URSS en période de transition vers 1945–1947, in: Du Réau, Elisabeth (Hg.): Regards croisés et coopération en Europe au XXe siècle. Espace européen, Paris 1996, S. 137–149.

Narinski, Mikhaïl: Moscou et le Parti communiste français pendant la Seconde guerre mondiale (1942–1944), in: Soutou, Georges-Henri (Hg.): L'URSS et l'Europe. De 1941 à 1957, Paris 2008, S. 231–244.

Narinski, Mikhaïl: La visite de la délégation française en URSS en 1956, in: Soutou, Georges-Henri (Hg.): L'URSS et l'Europe. De 1941 à 1957, Paris 2008, S. 451–464.

Nettelbeck, Colin: Anti-Americanism in France, in: O'Connor, Brendon (Hg.): Anti-Americanism. History, Causes, and Themes, Bd. 3: Comparative Perspectives, Oxford 2007, S. 131–153.

Nicholas, Larraine: Fellow Travellers. Dance and British Cold War Politics in the Early 1950s, in: Dance Research 19 (2001) 2, S. 83–105.

Niedhart, Gottfried/ Bange, Oliver: Die „Relikte der Nachkriegszeit" beseitigen. Ostpolitik in der zweiten außenpolitischen Formationsphase der Bundesrepublik Deutschland im Übergang von den Sechziger- zu den Siebzigerjahren, in: Archiv für Sozialgeschichte 44 (2004), S. 415–448.

Nilsen, Sarah: Projecting America, 1958. Film and Cultural Diplomacy at the Brussels World's Fair, Jefferson 2011.

Niño, Antonio: Uso y abuso de las relaciones culturales en la política internacional, in: Ayer n°75 (2009), S. 25–61.

Noack, Christian: Tourismus in Russland und der UdSSR als Gegenstand historischer Forschung. Ein Werkstattbericht, in: Archiv für Sozialgeschichte 45 (2005), S. 477–498.

Nye, Joseph S.: Soft Power. The Means to Success in World Politics, New York 2004.

Oberloskamp, Eva: Fremde neue Welten. Reisen deutscher und französischer Linksintellektueller in die Sowjetunion 1917–1939, München 2011.

Oliver, Kendrick: Kennedy, Macmillan and the Nuclear Test-Ban Debate, 1961–63, Basingstoke 1998.

Orlov, Igor: The Soviet Union Outgoing Tourism in 1955–1985. Volume, Geography, Organizational Forms, HSE Basic Research Program Working Papers, Series: Humanities, Moscow 2014, http://ssrn.com/abstract=2430667 (17.2.2015), S. 7–10.

Ory, Pascal: Préface, in: Dubosclard, Alain u.a. (Hg.): Entre rayonnement et réciprocité. Contributions à l'histoire de la diplomatie culturelle, Paris 2002, S. 11–13.

Osgood, Kenneth Alan: Hearts and Minds. The Unconventional Cold War, in: Journal of Cold War Studies 4 (2002) 2, S. 85–107.

Osgood, Kenneth Alan/Etheridge, Brian Craig (Hg.): The United States and Public Diplomacy. New Directions in Cultural and International History, Leiden 2010.

Osterkamp, Jana/Schulze Wessel, Martin (Hg.): Exploring Loyalty, Göttingen 2017.

Osterkamp, Jana/Schulze Wessel, Martin: Texturen von Loyalität. Überlegungen zu einem analytischen Begriff, in: Geschichte und Gesellschaft 42 (2016) 4, S. 553–573.

Ostrowski, Daniel: Die Public Diplomacy der deutschen Auslandsvertretungen weltweit. Theorie und Praxis der deutschen Auslandsöffentlichkeitsarbeit, Wiesbaden 2010.

Parks, Jenifer: The Olympic Games, the Soviet Sports Bureaucracy, and the Cold War. Red Sport, Red Tape, Lanham/Boulder 2017.

Patel, Kiran Klaus: An Emperor without Clothes? The Debate about Transnational History Twenty-five Years on, in: Histoire@Politique n° 26 (2015), http://www.histoire-politique.fr/index.php?numero=26&rub=pistes&item=32#_ftnref39 (25.4.2016).
Pattieu, Sylvain: Voyager en pays socialiste avec Tourisme et travail, in: Vingtième Siècle n° 102 (2009), S. 63–77.
Paul, Diane B.: A War on Two Fronts. J. B. S. Haldane and the Response to Lysenkoism in Britain, in: Journal of the History of Biology 16 (1983) 1, S. 1–37.
Pechatnov, Vladimir O.: The Soviet Union and the World, 1944–1953, in: Leffler, Melvyn P./ Westad, Odd Arne (Hg.): Origins. The Cambridge History of the Cold War, Bd. 1, Cambridge 2010, S. 90–111.
Pechatnov, Vladimir: Exercise in Frustration. Soviet Foreign Propaganda in the Early Cold War, 1945–47, in: Cold War History 1 (2001) 2, S. 1–27.
Pekelder, Jacco: Die Niederlande und die DDR. Bildformung und Beziehungen 1949–1989, Münster 2002.
Peter, Matthias: Die Bundesrepublik im KSZE-Prozess 1975–1983. Die Umkehrung der Diplomatie, Berlin/München/Boston 2015.
Péteri, György: Nylon Curtain. Transnational and Transsystemic Tendencies in the Cultural Life of State-Socialist Russia and East-Central Europe, in: Slavonica 10 (2004) 2, S. 113–123.
Peterson, Christian Philip: Globalizing Human Rights. Private Citizens, the Soviet Union, and the West, New York 2012.
Petrovskij, Vladimir: „Mjagkaja sila" po-russki v poiskach točki opory, in: Meždunarodnaja Žizn' (2013) 7, S. 72–84.
Pfeil, Ulrich: Die „anderen" deutsch-französischen Beziehungen. Die DDR und Frankreich 1949–1990, Weimar 2004.
Pfundheller, Kai: Städtepartnerschaften. Alternative Außenpolitik der Kommunen, Opladen 2014.
Pinault, Michel: Frédéric Joliot-Curie, Paris 2000.
Pivovar, Helena: Die Entstehung der Städtepartnerschaft zwischen Bergisch Gladbach und Marijampole 1989, in: Eßer, Albert/ Hilbrenner, Anke (Hg.): Osteuropa in Bergisch Gladbach. Zwangsarbeit und Partnerschaft, 1941–1991, Bergisch Gladbach 2010, S. 42–65.
Polexe, Laura: Netzwerke und Freundschaft. Sozialdemokraten in Rumänien, Russland und der Schweiz an der Schwelle zum 20. Jahrhundert, Göttingen 2011.
Popov, Aleksej D.: Èksport sovetskoj modeli vyezdnogo turizma. Slučaj razdelennoj Germanii, in: Vestnik Permskogo Universiteta (2013) 3, S. 155–165.
Popov, Aleksej D.: Sovetskie turisty za rubežom. Ideologija, kommunikacija, èmocii (po otčetam rukovoditelej turistskich grupp), in: Istoričeskaja panorama (2008) 6, S. 49–56.
Popov, A. D.: Zarubežnye kruizy dlja sovetskich turistov. Iz istorii transportnogo turizma v SSSR, in: Sovremennye problemy servisa i turizma (2010) 1, S. 24–30.
Pozdeeva, L. V: London – Moskva. Britanskoe obščestvennoe mnenie i SSSR 1939–1945, Moskau 2000.
Pozzi, Jérôme: Les mouvements gaullistes. Partis, associations et réseaux (1958–1976), Rennes 2011.
Pravda, Alex/ Duncan, Peter J. S. (Hg.): Soviet-British Relations since the 1970s, Cambridge 1990.
Prevots, Naima: Dance for Export. Cultural Diplomacy and the Cold War, Hanover 1998.
Pudal, Bernard: Prendre parti. Pour une sociologie historique du PCF, Paris 1989.

Pudal, Bernard: Über die Geschichtsschreibung zum französischen Kommunismus, in: Jahrbuch für historische Kommunismusforschung (2013), S. 183–190.

Quinn, Michael J.: The Ireland-USSR Society, 1966–92, in: Saothar 38 (2013), S. 93–103.

Quinn, Michael J.: Irish-Soviet Diplomatic and Friendship Relations, 1919–80, Dissertation, National University of Ireland, Maynooth, 2014, http://eprints.maynoothuniversity.ie/7689/1/Quinn.pdf (21.6.2018)

Radčenko, Ol'ga Nikolaevna: „Inturist" v Ukraine 1960–1980 godov. Meždu krasnoj propagandoj i tverdoj valjutoj, Čerkassy 2013.

Raleigh, Donald J.: „On the Other Side of the Wall, Things Are Even Better." Travel and the Opening of the Soviet Union. The Oral Evidence, in: Ab Imperio (2012) 4, S. 373–399.

Reccia, Alessandra: L'Italia nelle relazioni culturali sovietiche, tra pratiche d'apparato e politiche del disgelo, in: eSamizdat. Rivista di culture dei paesi slavi (2012–2013) 9, S. 23–42, http://www.esamizdat.it/rivista/2012-2013/pdf/reccia_eS_2012-2013_(IX).pdf (20.11.2015).

Reddaway, Peter: Repression und Liberalisierung. Sowjetmacht und Dissidenten 1953–1986, in: Osteuropa 60 (2010) 11, S. 105–125.

Reid, Susan E.: Who will Beat Whom? Soviet Popular Reception of the American National Exhibition in Moscow 1959, in: Kritika 9 (2008) 4, S. 855–904.

Remer, Claus: Der Bund der Freunde der Sowjetunion und seine Tätigkeit auf kulturellem Gebiet, in: Deutschland – Sowjetunion. Aus fünf Jahrzehnten kultureller Zusammenarbeit, Berlin 1966, S. 117–128.

Rey, Marie-Pierre: Le Département international du Comité central du PCUS, le MID et la politique extérieure soviétique de 1953 à 1991, in: Communisme n° 74–75 (2003), S. 179–215.

Rey, Marie-Pierre: „Europe is our Common Home". A Study of Gorbachev's Diplomatic Concept, in: Cold War History 4 (2004) 2, S. 33–65.

Rey, Marie-Pierre: La gauche française face à la perestroïka gorbatchévienne, 1985–1991, in: Communisme n° 76–77 (2003/2004), S. 141–167.

Rey, Marie-Pierre: The Mejdunarodniki in the 1960s and First Half of the 1970s. Backgrounds, Connections, and the Agenda of Soviet International Elites, in: Loth, Wilfried/ Soutou, Georges-Henri (Hg.): The Making of Détente. Eastern and Western Europe in the Cold War, 1965–75, London 2008, S. 51–65.

Rey, Marie-Pierre: La tentation du rapprochement. France et URSS à l'heure de la détente (1964–1974), Paris 1991.

Richmond, Yale: Cultural Exchange and the Cold War. How the West Won, in: American Communist History 9 (2010) 1, S. 61–75.

Richier, William: Les jumelages entre Guerre froide et enjeux locaux, in: Buton, Philippe (Hg.): La Guerre froide vue d'en bas, Paris 2014, S. 131–149.

Riffaud, Alain: Vercors. L'homme du silence, Rom 2014.

Risse-Kappen, Thomas: Bringing Transnational Relations Back In. Introduction, in: ders. (Hg.): Bringing Transnational Relations Back In. Non-state Actors, Domestic Structures, and International Institutions, Cambridge 1995, S. 3–33.

Rittersporn, Gábor T./Rolf, Malte/ Behrends, Jan C: Von Schichten, Räumen und Sphären. Gibt es eine sowjetische Ordnung von Öffentlichkeiten?, in: dies. (Hg.): Sphären von Öffentlichkeit in Gesellschaften sowjetischen Typs zwischen parteistaatlicher Selbstinszenierung und kirchlichen Gegenwelten, Frankfurt am Main 2003, S. 389–421.

Roberts, Geoffrey: Averting Armageddon. The Communist Peace Movement, 1948–1956, in: Smith, Stephen A. (Hg.): The Oxford Handbook of the History of Communism, Oxford 2014, S. 322–338.
Roberts, Geoffrey: Moscow's Campaign against the Cold War, 1948–1955, in: Bozo, Frédéric/ Rey, Marie-Pierre/Rother, Bernd/Ludlow, N. Piers (Hg.): Visions of the End of the Cold War in Europe, 1945–1990, New York 2012, S. 47–60.
Robin Hivert, Emilia: Le sport, vecteur de propagande internationale. Le cas des revues d'amitié Est-Ouest dans les années 1950, in: Attali, Michael/Combeau-Mari, Évelyne (Hg.): Le sport dans la presse communiste, Rennes 2013, S. 179–191.
Robin Hivert, Emilia: Léo Hamon et les relations Est-Ouest, Paper im Rahmen des Kolloquiums „Léo Hamon", Centre d'histoire de Sciences Po Paris, 12.–13.12.2013 (unveröffent-licht).
Robrieux, Philippe: Histoire intérieure du Parti communiste. Bd. 1: 1920–1945, Paris 1980.
Robrieux, Philippe: Histoire intérieure du Parti communiste. Bd. 2: 1945–1972, Paris 1981.
Robrieux, Philippe: Histoire intérieure du Parti communiste. Bd. 3: 1972–1982, Paris 1982.
Robrieux, Philippe: Histoire intérieure du Parti communiste. Bd. 4: Biographies, chronologie, bibliographie, Paris 1984.
Roik, Michael: Die DKP und die demokratischen Parteien 1968–1984, Paderborn 2006.
Rolf, Malte: Die Nationalisierung der Sowjetunion. Indigenisierungspolitik, nationale Kader und die Entstehung von Dissens in der Litauischen Sowjetrepublik der Ära Brežnev, in: Belge, Boris/ Deuerlein, Martin (Hg.): Goldenes Zeitalter der Stagnation? Perspektiven auf die sowjetische Ordnung der Brežnev-Ära, Tübingen 2014, S. 203–230.
Romijn, Peter/ Abrams, Nathan (Hg.): Divided Dreamworlds? The Cultural Cold War in East and West, Amsterdam 2012.
Rosenbaum, Ulrich: Rudolf Scharping. Biographie, Berlin u.a. 1993.
Rotihaug, Ingunn: „For fred og vennskap mellom folkene". Sambandet Norge-Sovjetunionen 1945–70, Oslo 2000.
Rubenstein, Joshua: Ilya Ehrenburg. Between East and West, in: Journal of Cold War Studies 4 (2002) 1, S. 44–65.
Rubenstein, Joshua: Tangled Loyalties. The Life and Times of Ilya Ehrenburg, New York 1996.
Rudolph, Karsten: Wirtschaftsdiplomatie im Kalten Krieg. Die Ostpolitik der westdeutschen Großindustrie 1945–1991, Frankfurt a.M. 2004.
Rupprecht, Tobias: Schreibtischrevolutionäre. Die meždunarodniki als Bannerträger des sozialistischen Internationalismus in der späten Sowjetunion, in: Belge, Boris/ Deuerlein, Martin (Hg.): Goldenes Zeitalter der Stagnation? Perspektiven auf die sowjetische Ordnung der Brežnev-Ära, Tübingen 2014, S. 231–249.
Rupprecht, Tobias: Soviet Internationalism after Stalin. Interaction and Exchange between the USSR and Latin America during the Cold War, Cambridge 2015.
Saal, Yuliya von: KSZE-Prozess und Perestroika in der Sowjetunion. Demokratisierung, Werteumbruch und Auflösung 1985–1991, München 2014.
Šadurskij, Viktor G.: Kul'turnye svjazi Belarusi so stranami Central'noj i Zapadnoj Evropy (1945–1990-e gody), Minsk 2000.
Salmon, Shawn: Marketing Socialism. Inturist in the Late 1950s and Early 1960s, in: Gorsuch, Anne E./Koenker, Diane P. (Hg.): Turizm. The Russian and East European Tourist under Capitalism and Socialism, Ithaca 2006, S. 186–204.
Šamina, Lidija Alekseevna/Moiseeva, Ol'ga: Teatr Igorja Moiseeva, Moskau 2012.
Santamaria, Yves: Le parti de l'ennemi? Le Parti Communiste Français dans la lutte pour la paix (1947–1958), Paris 2006.

Sassoon, Donald: One Hundred Years of Socialism. The West European Left in the Twentieth Century, London/New York 1996.
Saunders, Frances Stonor: Who Paid the Piper? The CIA and the Cultural Cold War, London 1999.
Saunier, Pierre-Yves: Transnational History, Basingstoke 2013.
Schattenberg, Susanne: 1918. Die Neuerfindung der Diplomatie und die Friedensverhandlungen in Brest-Litovsk, in: Stadelmann, Matthias/ Antipow, Lilia/ Altrichter, Helmut (Hg.): Schlüsseljahre. Zentrale Konstellationen der mittel- und osteuropäischen Geschichte, Stuttgart 2011, S. 273–292.
Schattenberg, Susanne: Leonid Breschnew. Staatsmann und Schauspieler im Schatten Stalins. Eine Biographie, Köln 2017.
Schildt, Axel: Ein Hamburger Beitrag zur Verständigung im Kalten Krieg. Der Jugendaustausch mit Leningrad 1959–1991, in: Zeitschrift des Vereins für Hamburgische Geschichte 98 (2012), S. 193–218.
Schlaga, Rüdiger: Die Kommunisten in der Friedensbewegung – erfolglos? Die Politik des Weltfriedensrates im Verhältnis zur Außenpolitik der Sowjetunion und zu unabhängigen Friedensbewegungen im Westen (1950–1979), Münster 1991.
Schlotter, Peter: Die KSZE im Ost-West-Konflikt. Wirkung einer internationalen Institution, Frankfurt a.M. 1999.
Schützler, Horst (Hg.): „Mehr als ein Studium ...". Gründung und Wirken der Gesellschaft zum Studium der Kultur der Sowjetunion, Gesellschaft für Deutsch-Sowjetische Freundschaft, Ostdeutsche Freundschaftsgesellschaften. Was war – was bleibt – wie weiter? Beiträge und Materialien zum 60. Jahrestag der Gründung der „Gesellschaft zum Studium der Kultur der Sowjetunion" am 30. Juni 1947 in Berlin, [Berlin] 2008.
Schultz, Jens: Sozialdemokratie und Kommunismus. Die Auseinandersetzung der SPD mit dem Kommunismus im Zeichen der Neuen Ostpolitik 1969–1974, Dissertation, Universität Mannheim, Mannheim 2009, https://ub-madoc.bib.uni-mannheim.de/29348/4/Sozialdemokratie_und_KommunismusErbe2.pdf (30.10.2012).
Scott-Smith, Giles/ Krabbendam, Hans (Hg.): The Cultural Cold War in Western Europe 1945–1960, London 2003.
Ševyrin, Sergej: Za granicu! (iz istorii zarubežnogo turizma v SSSR), Permskij gosudarstevennyj archiv novejšej istorii 2009, URL: http://www.permgani.ru/publikatsii/stati/za-granitsu-iz-istorii-zarubezhnogo-turizma-v-sssr.html (17.2.2015).
Shaw, Tony/ Youngblood, Denise J.: Cinematic Cold War. The American and Soviet struggle for Hearts and Minds, Lawrence 2010.
Shultz, Richard H./Godson, Roy: Dezinformatsia: Active Measures in Soviet Strategy, Washington ³1984.
Singh, Robert: Anti-Amercanism in the United Kingdom, in: O'Connor, Brendon (Hg.): Anti-Americanism. History, Causes, and Themes, Bd. 3: Comparative Perspectives, Oxford 2007, S. 183–212.
Sirinelli, Jean-François/Soutou, Georges-Henri (Hg.): Culture et guerre froide, Paris 2008.
Smith, W. Rand: Enemy Brothers. Socialists and Communists in France, Italy, and Spain, Lanham 2012.
Snyder, Sarah B.: Human Rights Activism and the End of the Cold War. A Transnational History of the Helsinki Network, Cambridge 2011.
Soldatov, Sergej Alekseevič/Čižikova, Olesja Vladimirovna: Dejatel'nost' sovetskich obščestv družby i kul'turnoj svjazi so stranami Azii v 60–80-e gody XX veka (na materialach Priangar'ja), Bratsk 2010.

Solov'ev, A. A.: Zaroždenie meždunarodnogo molodëžnogo turizma v SSSR, in: Upravlenie obščestvennymi i ėkonomičeskimi sistemami (2006) 2, http://umc.gu-unpk.ru/umc/arhiv/2006/2/Soloviev.doc (22.2.2016).
Sonin, Anatolij Stepanovič: Bor'ba s kosmopolitizmom v sovetskoj nauke, Moskau 2011.
Soutou, Georges-Henri: La France libre et la place de l'URSS dans le système européen, in: ders. (Hg.): L'URSS et l'Europe. De 1941 à 1957, Paris 2008, S. 137–183.
Soutou, Georges-Henri: General de Gaulle and the Soviet Union, 1943–5. Ideology or European Equilibrium, in: Gori, Francesca/Pons, Silvio (Hg.): The Soviet Union and Europe in the Cold War, 1943–53, Basingstoke 1996, S. 310–333.
Soutou, Georges-Henri: La guerre de cinquante ans. Les relations Est-Ouest 1943–1990, Paris 2001.
Stern, Ljudmila: Western Intellectuals and the Soviet Union 1920–40, London 2009.
Stevens, Richard: Cold-War Politics. Communism and Anti-Communism in Trade Unions, in: Campbell, Alan/ Fishman, Nina/McIlroy, John (Hg.): The Post-War Compromise. British Trade Unions and Industrial Politics, 1945–64, Monmouth 2007, S. 168–191.
Stöss, Richard: Die Aktionsgemeinschaft Unabhängiger Deutscher, in: ders. (Hg.): Parteien-Handbuch. Die Parteien der Bundesrepublik Deutschland 1945–1980, Bd. 1, Opladen 1983, S. 310–335.
Stöver, Bernd: Der Kalte Krieg 1947–1991. Geschichte eines radikalen Zeitalters, München 2007.
Stronski, Paul: Tashkent. Forging a Soviet City 1930–1966, Pittsburgh 2010.
Strupp, Christoph: Das Tor zur Welt. Die „Politik der Elbe" und die EWG. Hamburger Europapolitik in den 1950er und 1960er Jahren, in: Themenportal Europäische Geschichte (2010), http://www.europa.clio-online.de/2010/Article=455 (3.12.2015).
Studer, Brigitte: The Transnational World of the Cominternians, Basingstoke 2015.
Sverčkov, Vassilij Ivanovič: Internacionalizm sibirijakkov. Opyt i problemy, 60-e–načalo 80-ch gg, Irkutsk 1992.
Tartarowsky, Danielle/ Bergounioux, Alain (Hg.): L'union sans unité. Le programme commun de la gauche 1963–1978, Rennes 2012.
Thom, Françoise: La campagne contre „l'adulation de l'Occident", in: Sirinelli, Jean-François/ Soutou, Georges-Henri (Hg.): Culture et guerre froide, Paris 2008, S. 11–26.
Thorpe, Andrew: A History of the British Labour Party, Basingstoke³2008.
Tomoff, Kiril: Virtuosi Abroad. Soviet Music and Imperial Competition during the Early Cold War, 1945–1958, Ithaca 2015.
Tondera, Benedikt: „Like Sheep"? Disobedience Among Soviet Tourists Travelling Abroad, in: Comparativ (2014) 2, S. 18–35.
Tondera, Benedikt: Reisen auf Sowjetisch. Auslandstourismus unter Chruschtschow und Breschnew 1953–1982, Wiesbaden 2019.
Tondera, Benedikt: Der sowjetische Tourismus in den Westen unter Nikita Chruščev 1955–1964, in: Zeitschrift für Geschichtswissenschaft 61 (2013) 1, S. 43–64.
Treeck, Joost van: Loyalität. Die Psychologie der Kundenbindung, Norderstedt 2011.
Treffke, Jörg: Gustav Heinemann. Wanderer zwischen den Parteien. Eine politische Biographie, Paderborn 2009.
Tsur, Jacob: Blumel, André, in: Encyclopaedia Judaica, Second Edition, Bd. 4, New York 2007.
Tuch, Hans N: Communicating with the World. U.S. Public Diplomacy Overseas, New York 1990.

Uhlig, Christiane: Utopie oder Alptraum? Schweizer Reiseberichte über die Sowjetunion 1917–1941, Zürich 1992.
Urban, Thomas: Ilja Ehrenburg als Kriegspropagandist, in: Eimermacher, Karl (Hg.): West-östliche Spiegelungen. Russen und Deutsche nach 1945, München 2006, S. 455–488.
Uztopal, Deniz: La réception en France du lyssenkisme, les scientifiques communistes français et la conceptualisation de la „science prolétarienne" (1948–1956), in: Cahiers d'histoire. Revue d'histoire critique n° 122 (2014), S. 121–141.
Vaïsse, Maurice (Hg.): De Gaulle et la Russie, Paris 2006.
Vaïsse, Maurice: La grandeur. Politique étrangère du général de Gaulle, 1958–1969, Paris 1998.
Vaissié, Cécile: Pour votre liberté et pour la nôtre. Le combat des dissidents de Russie, Paris 1999.
Valandré, Frédéric: France Intox, Paris 2006.
Van Oudenaren, John: Détente in Europe. The Soviet Union and the West since 1953, Durham 1991.
Védrine, Jean/ Barasz, Johanna: Les prisonniers de guerre. Vichy et la Résistance (1940–1945), Paris 2013.
Verdès-Leroux, Jeannine: La foi des vaincus. Les „révolutionnaires" français de 1945 à 2005, Paris 2005.
Verdès-Leroux, Jeannine: Le réveil des somnambules. Le parti communiste, les intellectuels et la culture (1956–1985), Paris 1987.
Verdès-Leroux, Jeannine: Au service du parti. Le parti communiste, les intellectuels et la culture (1944–1956), Paris 1983.
Vigreux, Jean: Le parti communiste à l'heure de l'union de la gauche, in: Tartakowsky, Danielle/ Bergounioux, Alain (Hg.): L'union sans unité. Le programme commun de la gauche, 1963–1978, S. 45–56.
Vigreux, Jean: Waldeck Rochet. Une biographie politique, Paris 2000.
Vion, Antoine: Europe from the Bottom Up. Town Twinning in France during the Cold War, in: Contemporary European History 11 (2007) 4, S. 623–640.
Volovnikov, Vladimir G.: O neobyknovennom gode neobyknovennoj ėpochi. Neizvestnaja istorijja vystavki Pablo Pikasso v SSSR v 1956g., Moskau 2007.
Vozdviženskaja, T. A. u.a. (Hg.): Dorogami družby i sotrudničestva, Moskau 2000.
Wagner, Andreas: Das „Heidelberger Manifest" von 1981. Deutsche Professoren warnen vor „Überfremdung des deutschen Volkes", in: Klatt, Johanna/D'Antonio, Oliver (Hg.): Manifeste. Geschichte und Gegenwart des politischen Appells, Bielefeld 2011, S. 285–313.
Wagner, Beate: Partnerschaften deutscher Städte und Gemeinden. Transnationale Beiträge zur internationalen Sicherheit, Münster 1995.
Wagner, Beate: Städtepartnerschaften zwischen Ost- und Westeuropa. Eine Analyse am Beispiel bundesdeutscher Städte und Gemeinden, in: Jünemann, Annette (Hg.): Gemeindepartnerschaften im Umbruch Europas, Frankfurt a.M. 1994, S. 109–130.
Watanabe, Aiko: The British Council's Soviet Relations Committee. A Departure from its „Cultural Brief" or the Manifestation of an inherent Political Tendency?, in: Odysseus 7 (2003), S. 74–95.
Weller, Christoph: Feindbilder und ihr Zerfall. Eine Analyse des Einstellungswandels gegenüber der Sowjetunion, Tübingen 1992.

Wenell, Olov: Sovjetunionen och svenska vänsällskap 1945–1958. Sällskapen Sverige-
Sovjetunionen som medel i sovjetisk strategi, Dissertation, Umeå universitet, Umeå
2015, http://urn.kb.se/resolve?urn=urn:nbn:se:umu:diva-98934(14.4.2016).
Wengst, Udo: Die bundesdeutschen Parteien und ihre Reaktionen auf den Einmarsch,
in: Karner, Stefan/ Tomilina, Natalja/ Tschubarjan, Alexander (Hg.): Prager Frühling. Das
internationale Krisenjahr 1968, Köln 2008, S. 559–569.
Wenkel, Christian: Auf der Suche nach einem „anderen Deutschland". Das Verhältnis
Frankreichs zur DDR im Spannungsfeld von Perzeption und Diplomatie, München 2014.
West, Nigel: MASK. MI5's penetration of the Communist Party of Great Britain, London 2005.
Weth, Burkard: Deutsch-Sowjetische Kulturbeziehungen 1955–1975. Kulturpolitik im Kalten
Krieg, Herzogenrath 2014.
Wettig, Gerhard: High Road, Low Road. Diplomacy and Public Action in Soviet Foreign Policy,
Washington 1989.
Wettig, Gerhard: Stalin und die kommunistischen Parteien in Westeuropa 1944–1951, in:
Jahrbuch für historische Kommunismusforschung 16 (2010), S. 1–13
White, Brian: Britain, Detente and Changing East-West Relations, London 1992.
Wieviorka, Olivier: Histoire de la Résistance 1940–1945, Paris 2013.
Wilke, Manfred/ Müller, Hans-Peter/Brabant, Marion: Die Deutsche Kommunistische Partei
(DKP). Geschichte, Organisation, Politik, Köln 1990.
Willard, Germaine (Hg.): Londres – Paris: 1943. Fernand Grenier – Jacques Duclos. Les
relations de Gaulle – PCF, Paris 1994.
Winkels, Martin: Die Deutschland- und Ostpolitik der ersten Großen Koalition in der
Bundesrepublik Deutschland (1966–1969), Dissertation, Universität Bonn 2009,
http://hss.ulb.uni-bonn.de/2009/1967/1967.pdf (26.11.2015).
Wolikow, Serge: L'internationale communiste, 1919–1943. Le Komintern ou le rêve déchu du
parti mondial de la révolution, Paris 2010.
Wolton, Thierry: La France sous influence. Paris-Moscou: 30 ans de relations secrètes, Paris 1997.
Wolton, Thierry: Le KGB en France, Paris 1986.
Yegorova, Natalia: The All-Union Society for Cultural Relations with Foreign Countries (VOKS)
and the Early Détente, 1953–1955, in: Fleury, Antoine (Hg.): Une Europe malgré tout,
1945–1990. Contacts et réseaux culturels, intellectuels et scientifiques entre Européens
dans la guerre froide, Brüssel 2009, S. 89–102.
Yurchak, Alexei: Everything Was Forever, Until It Was No More. The Last Soviet Generation,
Princeton 2006.
Zahn, Inka: Reise als Begegnung mit dem Anderen? Französische Reiseberichte über Moskau
in der Zwischenkriegszeit, Bielefeld 2008.
Zhuk, Sergei I.: Rock and Roll in the Rocket City. The West, Identity, and Ideology in Soviet
Dniepropetrovsk, 1960–1985, Washington 2010.
Zimmermann, Volker: Eine sozialistische Freundschaft im Wandel. Die Beziehungen zwischen
der SBZ/DDR und der Tschechoslowakei (1945–1969), Essen 2010.
Zubkov, Sergej A.: Sovetskaja propaganda na zarubežnye strany i formirovanie novogo obraza
strany i ee liderov v mire, 1953–1964 gg., in: Golubev, Aleksandr Vladimirovič (Hg.):
Rossija i mir glazami drug druga. Iz istorii vzaimovosprijatija, Moskau 2009, S. 254–275.
Zubkova, Elena/ Zubkov, Sergej: Das große PR-Projekt „Nikita Chruščev für den Westen".
Konstruktionsmechanismen und Repräsentationsstrategien eines neuen

Sowjetunionbildes, in: Pietrow-Ennker, Bianka (Hg.): Russlands imperiale Macht. Integrationsstrategien und ihre Reichweite in transnationaler Perspektive, Wien 2012, S. 209–225.

Zubok, Vladislav M.: The Demise of „Socialist Realism for Export" in 1947. VOKS receives John Steinbeck and Robert Capa, in: Dobrenko, Evgeny/Jonsson-Skradol, Natalia: Socialist Realism in Central and Eastern European Literatures. Institutions, Dynamics, Discourses, London 2018, S. 71–88.

Zubok, Vladislav M.: A Failed Empire. The Soviet Union in the Cold War from Stalin to Gorbachev, Chapel Hill 2007.

Zubok, Vladislav M.: Soviet Policy Aims at the Geneva Conference, 1955, in: Bischof, Günter/ Dockrill, Saki (Hg.): Cold War Respite. The Geneva Summit of 1955, Baton Rouge 2000, S. 55–74.

Zylberberg-Hocquard, Marie-Hélène: Madeleine Guilbert (1910–2006), in: CLIO. Histoire, femmes et sociétés n° 25 (2007), S. 5–8.

Internetressourcen

À la mémoire de Gérard Jacquet, 19.3.2014, http://battutjean.blogspot.de/2014/03/a-la-me moire-de-gerard-jaquet-gerard.html (14.6.2016.).

Around Britain, 1947 http://youtu.be/K87Z_ewRVNc (31.5.2016).

Associacija Rossija-Germanija http://www.russland-deutschland.info/инфо-об-обществе (9.3.2017).

Association Bourgogne-Eurcasie, http://lilianmessmer.typepad.fr/bourgogneeurcasie/histori que/ (12.9.2016).

Association Droujba de Limoges http://www.droujba.fr/association.htm (12.9.2016).

Association France-Russie-CEI Nantes http://francerussiecei-nantes.fr/accueil/ (12.9.2016).

Association Isba et Datcha http://isbadatcha.e-monsite.com/pages/historique.html (12.9.2016).

Bayerische Ostgesellschaft http://www.bayerische-ostgesellschaft.de (27.10.2016).

British-Russian Society in the Midlands http://www.britishrussian.org.uk/ (24.10.2016).

Centre culturel et scientifique de Russie au Luxembourg http://lux.rs.gov.ru/ru/pages/682 (28.11.2016).

Centre de recherches entreprises et sociétés: Tour d'horizon sur la Russie à ce jour, 7.10.2014, http://cres.ch/tour-dhorizon-sur-la-russie-a-ce-jour/ (24.1.2017).

Centre de Russie pour la Science et la Culture à Paris http://www.russiefrance.org/fr/nous/ historique.html (13.9.2016).

Dall'Associazione Italia-URSS alla Russkij Mir. 1946–2006: 60 anni di cultura, conoscenza e pace http://www.comune.torino.it/infogio/ric/2006/pub7893.htm (21.8.2014).

Deutsches Ostforum München http://www.dom-muenchen.de/ueber-uns/historie/ (15.9.2016).

Deutsch-russische Gesellschaft Hamburg http://www.drghamburg.de (12.9.2016).

Finaud, Marc: Zounia Finaud. Du Niémen à la méditerranée ou Le Bouleau de Sudvajai 2009 http://marcfinaud.webs.com/ (16.6.2015).

Fond podderžki publičnoj diplomatii imeni A.M. Gorčakova http://gorchakovfund.ru/en/ (16.11.2016).

Gemeinde Denkendorf http://www.gemeinde-denkendorf.de/tourismus/sehenswuerdigkei ten/freundschaftsdenkmal (11.6.2016).

Gerhardt Polt „Der Bürgermeister von Moskau", https://www.youtube.com/watch?v=-477j-3LqmU, (11.6.2016).
Graham Stevenson: Fergus Nicholson, http://www.grahamstevenson.me.uk/index.php?option=com_content&view=article&id=1411:nicholson-fergus&catid=14:n&Itemid=115 (25.10.2016).
Institut de la démocratie et de la coopération http://www.idc-europe.org/en (16.11.2016).
Kaganski, Serge: Sotchi 1975, Kagan chez les Soviets 2014, http://blogs.lesinrocks.com/kaganski/2014/02/06/sotchi-1975-kagan-chez-les-soviets/ (16.6.2015).
Konferenz über Sicherheit und Zusammenarbeit in Europa. Schlussakte, Helsinki 1975, http://www.osce.org/node/39503 (23.1.2016).
Konzeption der Außenpolitik der Russischen Föderation, gebilligt vom Präsidenten der Russischen Föderation, Wladimir Putin, am 12. Februar 2013, http://www.mid.ru/de/foreign_policy/official_documents/-/asset_publisher/CptICkB6BZ29/content/id/122186 (15.11.2016)
La journée de Raissa Gorbatcheva, 5.7.1989 http://www.ina.fr/video/CAB89027981(5.10.2016).
Landeshauptstadt Saarbrücken: 22. März 2015: 40 Jahre Städtepartnerschaft mit Tbilissi, http://www.saarbruecken.de/rathaus/saarbrueckens_staedtepartnerschaften/22_maerz_2015_40_jahre_staedtepartnerschaft_mit_tbilissi (10.10.2016).
Manchester and St. Petersburg Friendship Society http://manchesterstpetersburgsoc.org.uk/ (24.10.2016).
MID, Rede des Außenministers Russlands, Sergej Lawrow, auf der Konferenz der Niederlassungsleiter und Vertreter von Rossotrudnitschestwo im Ausland, Moskau, 9. Juli 2014, http://www.mid.ru/de/vistupleniya_ministra/-/asset_publisher/MCZ7HQuMdqBY/content/id/678197 (15.11.2016).
Ne zatuchaet ogon' družby, in: Konsul 45 (2016) 4, http://www.magazineconsul.ru/archive/36/mnogolikaya-diplomatiya/ne-zatuxaet-ogon-druzhbyii.html (24.11.2016).
Ost und Fern Reisebüro http://www.ostundfern.de/index.html (3.7.2016).
Our Great Yarmouth, Portside Memories http://www.ourgreatyarmouth.org.uk/page_id__499.aspx (15.4.2016).
Rat der Gemeinden und Regionen Europas http://www.rgre.de/datenbank_informationen.html (13.6.2016).
RIA Novosti http://ria.ru/infografika/20151126/1328765702.html, (15.11.2016).
Rossotrudničestvo http://rs.gov.ru/ (15.11.2016).
Russisches Haus Berlin http://russisches-haus.de/ru/about/90JahreRossotrudnichestvo (15.11.2016)
Saarland-Biografien http://www.saarland-biografien.de/Bies-Luitwin (3.2.2017).
Stanley Forman. A Retrospective, in: Netribution, 2000, http://www.netribution.co.uk/features/interviews/2000/stanley_forman/1.html (3.3.2015).
Union Nationale des Associations d'Amitié avec la Russie, la C.E.I. et les États Baltes http://francerussie.cei.free.fr/index.htm (12.9.2016).
Verzeichnis der Professorinnen und Professoren der Universität Mainz http://gutenberg-biographics.ub.uni-mainz.de/id/d373a232-bb00-4a9c-bd37-8eb6196a8612 (19.01.2017).
West-Ost-Freundschaftsgesellschaft Saar http://www.west-ost-saar.de/ (15.9.2016)

Anhang

Abkürzungsverzeichnis

a.M.	am Main
AD	Archives diplomatiques du Ministère des affaires étrangères
AD Belfort	Archives départementales du Territoire de Belfort
AD Nord	Archives départementales du Nord
AD SSD	Archives départementales Seine-Saint-Denis
AKROS	Arbeitskreis Ost
ALAP	Agence Littéraire et Artistique Parisienne
AMA	Archiv der Münchner Arbeiterbewegung e. V.
ANF	Archives nationales de France
ANOM	Archives nationales d'outre-mer
APN	Agenstvo pečati „Novosti" (Presseagentur Novosti)
APP	Archives de la Préfecture de Paris, Le Pré Saint-Gervais
ARAC	Association républicaine des anciens combattants et victimes de guerre
ARGE	Arbeitsgemeinschaft der Gesellschaften für Beziehungen zwischen der Bundesrepublik Deutschland und der Sowjetunion e. V.
ASJ	Anglo-Soviet Journal
AUD	Aktionsgemeinschaft Unabhängiger Deutscher
AUS	Amis de l'Union soviétique
BArch	Bundesarchiv
Bayerische Gesellschaft	Bayerische Gesellschaft zur Förderung der Beziehungen zur Sowjetunion
BayHStA	Bayerisches Hauptstaatsarchiv
BDIC	Bibliothèque de documentation internationale contemporaine
BL	British Library
BPA	Bundespresseamt
BPC	British Peace Committee
BRD/RFA/FRG	Bundesrepublik Deutschland/République fédérale d'Allemagne/Federativnaja Respublika Germanii
BSFS	British-Soviet Friendship Society
BSS	British-Soviet Society
CDU	Christlich-Demokratische Union
CEA	Commissariat à l'énergie atomique
CFDT	Confédération française démocratique du travail
CFLN	Comité français de Libération nationale
CFTC	Confédération française des travailleurs chrétiens
CGT	Confédération générale du travail
CNRS	Centre national de la recherche scientifique
CPB	Communist Party of Britain
CPGB	Communist Party of Great Britain
CPGB Archive	Communist Party of Great Britain Archive

CSU	Christlich-Soziale Union
CVJM	Christlicher Verein Junger Männer (seit 1985: Menschen)
CWIHP	Cold War International History Project
DDU	Deutsche Demokratische Union
DFU	Deutsche Friedensunion
DGACT	Direction Générale des Affaires Culturelles et Techniques
DGAP	Deutsche Gesellschaft für Auswärtige Politik
DGO	Deutsche Gesellschaft für Osteuropakunde
DKP	Deutsche Kommunistische Partei
DSF/GfDSF	Gesellschaft für Deutsch-Sowjetische Freundschaft der DDR
DSG	Deutsch-Sowjetische Gesellschaft
EHESS	École des hautes études en sciences sociales
ENS	École normale supérieure
EVG	Europäische Verteidigungsgemeinschaft
EWG	Europäische Wirtschaftsgemeinschaft
FAZ	Frankfurter Allgemeine Zeitung
FDP	Freie Demokratische Partei
FMVJ	Fédération mondiale des villes jumélées
FUM	France-URSS Magazine
GARF	Gosudarstvennyj archiv Rossijskoj Federacii (Staatliches Archiv der Russländischen Föderation)
Gesellschaft BRD-UdSSR	Gesellschaft zur Förderung der Beziehungen zwischen der Bundesrepublik Deutschland und der Union der Sozialistischen Sowjetrepubliken
GKKS	Gosudarstvennyj komitet kul'turnych svjazej (Staatliches Komitee für kulturellen Austausch)
GPRF	Gouvernement provisoire de la République française
GUS/CEI	Gemeinschaft unabhängiger Staaten/Communauté des États indépendants
GVP	Gesamtdeutsche Volkspartei
Hull	Hull History Centre
IAH/Mežrabpom	Internationale Arbeiterhilfe/Meždunarodnaja rabočnaja pomošč'
IDF	Internationale Demokratische Frauenföderation
IfA	Institut für Auslandsbeziehungen, Stuttgart
IISH	International Institute of Social History, Amsterdam
IRD	Information Research Department
Kominform	Kommunistisches Informationsbüro
Komintern	Kommunistische Internationale
Komsomol	Kommunističeskij sojuz molodeži (Kommunistischer Jugendverband)
KPČ	Komunistická strana Československa (Kommunistische Partei der Tschechoslowakei)
KPD	Kommunistische Partei Deutschlands
KPdSU/KPSS/PCUS	Kommunistische Partei der Sowjetunion/Kommunističeskaja partija Sovetskogo Sojuza/Parti communiste de l'Union soviétique
KPÖ	Kommunistische Partei Österreichs
KPS	Kommunistische Partei Saar
KSZE	Konferenz für Sicherheit und Zusammenarbeit in Europa

LA Saarbrücken	Landesarchiv Saarbrücken
MAN	Maschinenfabrik Augsburg-Nürnberg
MdB	Mitglied des Bundestags
MGIMO	Moskovskij gosudarstvennyj institut meždunarodnych otnošenij/ Staatliches Institut für Internationale Beziehungen
MGU	Moskovskij gosudarstvennyj universitet imeni M.V. Lomonosova/ Lomonossov-Universität Moskau
MID	Ministerstvo inostrannych del (Außenministerium)
MJC	Mouvement de la jeunesse communiste
MML	Marx Memorial Library, London
MRP	Mouvement républicain populaire
Narkomindel	Narodnyj kommissariat inostrannych del (Volkskommissariat für Auswärtige Angelegenheiten)
Narkompros	Narodnij komissariat prosveščenija (Volkskommissariat für Bildungswesen)
NATO	North Atlantic Treaty Organization
NCBSU	National Council for British-Soviet Unity
NCP	New Communist Party of Britain
NottArch	Nottinghamshire Archives
NPD	Nationaldemokratische Partei Deutschlands
OBI	Ob"edinennoe bjuro informacii (Vereinigtes Informationsbüro)
ORTF	Office de radiodiffusion-télévision française
OSA	Open Society Archives
ÖSG	Österreichisch-Sowjetische Gesellschaft
OURS	Office universitaire de recherche socialiste, Paris
PAAA	Politisches Archiv des Auswärtigen Amtes, Berlin
PCF	Parti communiste français
PCI	Partido Communista Italiano
POLEX	Section Politique extérieure
PS	Parti socialiste
PStS	Parlamentarischer Staatssekretär
PSU	Parti socialiste unitaire (1948–1954) Parti socialiste unifié (1960–1990)
RAMS	Rossijskaja associacija meždunarodnogo sotrudničestva (Russische Vereinigung für internationale Zusammenarbeit)
RAMSiR	Rossijskoe agentstvo meždunarodnogo sotrudničestva i razvitija (Russische Agentur für internationale Zusammenarbeit und Entwicklung)
RGANI	Rossijskij gosudarstvennyj archiv novejšej istorii (Russländisches Staatliches Archiv für neueste Geschichte)
RGE/CCE/CCM	Rat der Gemeinden Europas/Conseil des communes d'Europe / Council of Europeen Municipalities
Rossotrudničestvo	Federal'noe agenstvo po delam Sodružestva Nezavisimych Gosudarstv, sootečestvennikov za rubežom, i po meždunarodnomu gumanitarnomu sotrudničestvu (Föderale Agentur für die Angelegenheiten der GUS, für Fragen der im Ausland lebenden Mitbürger und für internationalehumanitäre Zusammenarbeit)

Abkürzungsverzeichnis —— 577

Roszarubežcentr	Rossijskij centr meždunarodnogo naučnogo i kul'turnogo sotrudničestva pri Pravitel'svte Rossijskoj Federacii (Russisches Zentrum für wissenschaftliche und kulturelleZusammenarbeit bei der Regierung der Russländischen Föderation)
RPF	Rassemblement du peuple français
RPR	Rassemblement pour la République
RSFSR	Rossijskaja Sovetskaja Federativnaja Socialističeskaja Respublika (Russische Sozialistische Föderative Sowjetrepublik)
RWAG	Rheinisch-Westfälische Auslandsgesellschaft
Saarländische Gesellschaft	Gesellschaft für kulturelle Verbindung mit der UdSSR, Saar; ab 1972: Gesellschaft BRD-UdSSR im Saarland
SAPMO	Stiftung Archiv der Parteien und Massenorganisationen der DDR im Bundesarchiv, Berlin
SCR	Society for Cultural Relations between the Peoples of the British Commonwealth and the USSR; ab 1947: Society for Cultural Relations with the Soviet Union
SCRSS	Society for Co-operation in Russian and Soviet Studies, London
SdP	Sekretariat des Präsidiums der DSF
SED	Sozialistische Einheitspartei Deutschlands
SFIO	Section française de l'Internationale ouvrière
Sovinformbjuro	Sovetskoe informacionnoe bjuro (Sowjetisches Informationsbüro)
SPD	Sozialdemokratische Partei Deutschlands
SPÖ	Sozialdemokratische Partei Österreichs
SRC	Soviet Relations Committee
SSFS	Scottish-Soviet Friendship Society
SSOD	Sojuz sovetskich obščestv družby i kul'turnoj svjazi s zarubežnymi stranami (Union der sowjetischen Gesellschaften für Freundschaft und kulturelle Beziehungen mit dem Ausland)
StA Dortmund	Stadtarchiv Dortmund
StA München	Stadtarchiv München
TASS	Telegrafnoe agenstvo Sovetskogo Sojuza (Telegraphenagentur der Sowjetunion)
TNA	The National Archives, Kew
TUC	Trade Union Congress
UCL	University College London
UdSSR/SSSR/URSS[1]/USSR	Union der Sozialistischen Sowjetrepubliken/Sojuz sovetskich socialističeskich respublik/Union des républiques socialistes soviétiques/Union of Soviet Socialist Republics
UDT	Union démocratique du travail
UNESCO	United Nations Educational, Scientific and Cultural Organization
UNO	United Nations Organization
UNR	Union pour la Nouvelle République

---

[1] URSS kann im Französischen mit und ohne Punkte geschrieben werden. Hier wird die zweite, heute üblichere Schreibweise verwendet, in Titeln jedoch die ursprüngliche Form beibehalten.

USIA	United States Information Agency
UTO	United Towns Organisation
VCSPS	Vsesojuznyj central'nyj sovet professional'nych sojuzov Zentraler Allunionsrat der Gewerkschaften
VDNV	Vereinigung deutscher Nationalversammlung
VOKS	Vsesojuznoe obščestvo kul'turnoj svjazi s zagranicej (Allunionsgesellschaft für kulturelle Beziehungen mit dem Ausland)
VVN	Vereinigung der Verfolgten des Naziregimes
z. B.	zum Beispiel
ZIL	Zavod imeni Lichačeva (Fabrik namens Lichačev)
ZK/CK/CC	Zentralkomitee/Central'nyj komitet/Comité Central

Kurzbiographien

Abercrombie, Patrick (1879–1957): Architekt und Stadtplaner; Entwürfe für Nachkriegslondon, Kingston upon Hull, Hongkong und Addis Abeba; ab 1948 Präsident der International Union of Architects; 1942–1946 Vizepräsident des NCBSU; 1946–1947 Vizepräsident der BSS; 1941–1947 Vizepräsident der SCR.

Aleksandrov, Grigorij Vasil'evič (1903–1983): Geigen- und Regieausbildung in Ekaterinburg; ab 1921 Schauspieler im Theater; mehrere gemeinsame Regieprojekte mit Sergej M. Ejzenštejn u.a. für „Panzerkreuzer Potemkin"; Anfang der 1930er Jahre in Hollywood; Regisseur von erfolgreichen Musical-Filmen, darunter 1934 „Vesëlye rebjata" (Lustige Burschen); 1951–1957 Dozent für Regie am Gerassimov-Institut für Kinematographie; 1958–1983 Vorsitzender von SSSR-Italija.

Arcadias, Yves (1931–2002): Hochschuldozent, Secrétaire confédéral der CFTC, ab 1964 Funktionär der CFDT, dort zuständig für internationale Beziehungen; 1973–1991 Mitglied der Présidence von France-URSS, sowie Mitglied der Présidence der Association d'Amitié Franco-Vietnamienne.

Arosev, Aleksandr Jakovlevič (1890–1938): Schriftsteller; seit 1907 Mitglied der Bol'ševiki; 1917 Kommandeur des Mokauer Revolutionskomitees; Redakteur der Zeitschriften *Krasnaja nov'* und *Novij Mir*; 1927–1933 Diplomat in Litauen und der Tschechoslowakei; 1934–1937 Vorsitzender der VOKS; 1938 Hinrichtung.

Baillot, Louis (1924–2007): kommunistische Résistance, Funktionär des MJC; 1953–1989 Conseiller de Paris, 1967–1968 und 1973–1978 Abgeordneter der Assemblée Nationale; 1979–1984 und 1986–1989 Abgeordneter des Europäischen Parlaments, 1961–1964 und ab 1972 Mitglied des Comité Central des PCF; 1973–1991 Mitglied der Présidence von France-URSS.

Behrendt, Walter (1914–1997): stammt aus einer Bergarbeiterfamilie in Dortmund, kaufmännische Lehre, ab 1932 Mitglied der SPD; französische Kriegsgefangenschaft; 1945–1947 Vorsitzender der Jungsozialisten für das Gebiet Dortmund; 1949–1954 Arbeit als Industriekaufmann; 1952–1955 Kreisvorsitzender der SPD Dortmund; 1952–1997 Stadtratsmitglied von Dortmund; 1954–1967 Mitarbeiter in der Pressestelle der Hoesch AG; 1957–1976 MdB; 1967–1977 Mitglied, 1971–1973 Präsident sowie 1970–1971 und 1973–1977 Vizepräsident des Europaparlaments; 1977–1984 Vorsitzender der ARGE.

Bies, Luitwin (1930–2009): Elektrikerlehre; 1950 Eintritt in die KPS; Parteisekretär in Merzig; Redakteur der *Neuen Zeit*; 1956–1974 DKP-Stadtratsmitglied in Völklingen; Abitur im Fernkurs; Fernstudium und 1978 Promotion in Geschichte an der Humboldt-Universität; Veröffentlichungen zum Widerstand im Saarland; 1982–1989 Tätigkeit für die VVN in Frankfurt; 1972–2009 Mitglied des Vorstands der Saarländischen Gesellschaft für Beziehungen mit der Sowjetunion.

Blumel, André (1893–1973): eigentlich Blum; 1911–1946 und 1957–1959 Mitglied der SFIO; Tätigkeit für verschiedene sozialistische Zeitungen; 1936–1938 Kabinettschef von Léon Blum; sozialistische Résistance; 1944 Kabinettschef des Innenminister Adrien Texier; 1947 Mitbegründer der Union sioniste de France; ab 1948 Mitglied der Combattants de la Paix et de la Liberté und des Comité de la Paix; 1952–1956 Secrétaire des Parti socialiste unitaire bzw. des Parti socialiste de gauche, ab 1949 Bureau national France-URSS; 1954–1959 Generalsekretär und Präsident der Fédération sioniste de France; 1960–1961 Mitglied des Parti socialiste unifié; 1965–1973 Conseiller municipal von Paris; Präsidiumsmitglied der Échanges franco-allemands; 1959–1965 Mitglied der Présidence, 1965–1970 Président délégué adjoint, 1970–1973 Président délégué von France-URSS.

Bogoslovskij, Nikita Vladimirovič (1913–2004): Komponist zahlreicher Lieder, Symphonien, Operetten und Filmmusiken; Studium der Komposition in Leningrad, 1976–1980 Vorstandsmitglied im Komponistenverband; 1958–2004 Vorstandsmitglied von SSSR-Francija bzw. Druzej Francii.

Boulier, Jean (1894–1980): Mitglied der Royalisten um Charles Maurras; 1920 Mitbegründer der Jeunesse ouvrière chrétienne; Priester in Paris und Monaco; ab 1948 in der Friedensbewegung; 1949–1963 Mitglied des Bureau national und anschließend des Comité national von France-URSS; 1953–1960 wegen seiner politischen Aktivitäten als Priester suspendiert.

Bratus', Lel' Sergeevič: Ende der 1960er Jahre Mitarbeiter der Botschaft in Ostberlin und Bonn; ab 1974 Mitarbeiter im Sekretariat von SSSR-FRG; seit 1991 Generalsekretär der Obščestvo Rossija-Germanija.

Capitant, René (1903–1970): Jura-Studium; 1929–1939 Professor an der Universität Strasbourg; Mitarbeit in der Résistancegruppe „Combat"; 1941–1943 Professor an der Universität Algier; 1943–1944 Commissaire à l'Instruction publique; 1944–1945 Ministre de l'Éducation nationale; 1945–1951 und 1962–1969 Abgeordneter der Assemblée nationale; 1957–1960 Direktor der Maison franco-japonaise in Tokio; 1968 Justizminister (Garde de sceaux); 1957–1970 Mitglied der Présidence von France-URSS; ab 1965 Mitglied des Comité National der Amitiés franco-chinoises.

Cassin, René (1887–1976): Jura-Studium; ab 1920 Professor in Lille und Paris; 1924–1938 Vertreter Frankreichs beim Völkerbund; während des Krieges enger Vertrauter von de Gaulle in London; ab 1944 in CFLN; 1946–1960 Vizepräsident des Conseil d'État; 1946–1958 Vertreter Frankreichs bei der UNO; 1959–1968 Vizepräsident und Präsident des Europäischen Gerichtshofes.

Champeix, Marcel (1902–1994): 1945–1946 Abgeordneter der SFIO; 1946–1980 Mitglied des Senats für SFIO bzw. PS; 1956–1957 Staatssekretär für Algerienfragen; 1966-1968 Mitglied der Présidence von France-URSS.

Chvostov, Vladimir Michailovič (1905–1972): ab 1938 Professor an der historischen Fakultät der MGU; 1944–1945 und 1957–1959 Mitarbeiter des Apparats des ZK der KPdSU; Mitherausgeber der diplomatischen Dokumente des KPdSU; Mitbegründer und Chefredakteur der Zeitschrift *Meždunarodnaja žizn'*, 1959–1967 Direktor der Historischen Instituts der Akademie der Wissenschaften; 1970–1972 Präsident des Instituts SSSR-FRG.

Cohen, Francis (1914–2000): Sohn des Linguisten Marcel Cohen; 1934–1938 Sekretär der Union fédérale des étudiants, sowie ab 1939 der Union des étudiants communistes; aktiv in kommunistischer Résistance; 1945–1948 Moskaukorrespondent von *L'Humanité*; ab 1952 Redakteur und 1967–1980 Direktor der *Nouvelle Critique*; ab 1980 Mitarbeiter des Institut des recherches marxistes; 1950–1958 Mitglied des Sekretariats, 1958–1991 Mitglied des Comité national von France-URSS; in den 1970er Jahren Mitglied des Redaktionskomitees von FUM.

Cot, Pierre (1895–1977): Jura-Studium; 1928–1942 Abgeordneter des Parti radical; 1933–1934 und 1936–1938 Luftfahrt- und Handelsminister; während des Krieges im Exil in den USA; von de Gaulle in die Sowjetunion geschickt; 1945–1958 und 1967–1968 Abgeordneter für die Union progressiste; Mitglied des Weltfriedensrates.

Cotton, Eugénie (1881–1967): Studium der Physik u.a. bei Marie Curie, Promotion und Wissenschaftlerin an der ENS, 1937–1942 Präsidentin der ENS, aktiv in der Résistance, 1945–1967 Präsidentin der Union des femmes françaises, 1945–1967 Präsidentin der Internationalen Demokratischen Frauenföderation, 1949–1967 Vizepräsidentin des Weltfriedensrates, 1954–1967 Mitglied der Présidence von France-URSS

Debray, Pierre (1922–1999): Studium der Philosophie; Ende der 1930er Jahre Konversion zum Christentum; nach 1945 Redakteur für verschiedene christliche Zeitungen, darunter *Témoignage chrétien*; reiste 1949 mit France-URSS in die Sowjetunion; Redakteur für *France-URSS*; wandte sich später der extremen Rechten und einem sehr konservativen Katholizismus zu.

Debû-Bridel, Jacques (1902–1993): ehemaliger Anhänger von Charles Maurras; in den 1930er Jahren Regierungsmitglied; Mitbegründer des Comité national des écrivains in der Résistance und ab 1943 Mitglied des Conseil national de la Résistance; ab 1944 Abgeordneter in der Assemblée Consultative Provisoire; 1948–1958 Senator für den RPF; ab 1960 einer der Anführer der in der UDT vereinten Linksgaullisten.

Dejean, Maurice (1899–1982): ab 1930 im diplomatischen Dienst, zunächst in Deutschland; ging während des Krieges zu de Gaulle nach London; 1941–1942 Commissaire aux Affaires étrangères des CNFL; 1943–1944 Repräsentant der France libre bei den Alliierten in London; 1944–1949 Botschafter in Prag; 1950–1954 unter anderm Botschafter in Tokio und Indochina; 1955–1964 Botschafter in Moskau; 1973–1982 Mitglied der Présidence von France-URSS.

Denisov, Andrej Ivanovič (1906–1984): Professor für Staatsrecht an der MGU, 1948–1957 Vorsitzender der VOKS, 1956–1962 Vorsitzender der Juristischen Kommission beim Ministerrat, Mitarbeit an der Ausarbeitung der sowjetischen Verfassung von 1977.

Denninghaus, Friedhelm (1928–1994): während des Krieges Freundschaft mit russischem Kriegsgefangenen; Studium der Slavistik und Sinologie; Mitte der 1960er Jahre Professor für Linguistik an der Universität Bochum; schrieb zahlreiche Lehrbücher für die russische und chinesische Sprache; 1972–1994 Vorsitzender der Deutsch-sowjetischen Gesellschaft in Dortmund.

Desson, Guy (1909–1980): Lehrer für Französisch und Philosophie; sozialistische Résistance als Redakteur des *Populaire*; 1947–1958 Abgeordneter der SFIO, dort Beauftragter für Film; 1967–1968 Abgeordneter des PSU; 1953–1968 Bürgermeister von Grandpré (Ardennen); in den 1950er Jahren regelmäßig Mitglied der Jury der Filmfestspiele in Cannes; 1965–1970 Mitglied der Présidence, 1970–1973 Président délégué adjoint, 1973–1980 Président délégué von France-URSS.

Diehl, Walter (*1927): Studium der Sprachwissenschaften und Theologie, freier Dolmetscher und Übersetzer, 1953–1959 Mitarbeiter bzw. Geschäftsführer des Westdeutschen Friedenskomitees, 1951–1970 Mitglied des Weltfriedensrates; 1969–1974 Geschäftsführer der Gesellschaft BRD-UdSSR.

Ėrenburg, Il'ja Grigor'evič (1891–1967): Beteiligung an der Revolution von 1905; 1908–1917 im Exil in Paris; 1917–1921 in Russland und Georgien; 1921–1940 lange Aufenthalte in Frankreich, Berlin, als Korrespondent der *Izvestija* im Spanischen Bürgerkrieg; Organisation des antifaschistischen Engagements der Intellektuellen; 1942–1945 Kriegskorrespondent; 1945/46 Reisen in verschiedene Staaten Osteuropas und die USA; 1949–1967 Vizepräsident des Weltfriedensrates; April 1954 Publikation von „Ottepel'"; 1956–1967 Vorsitzender der Druz'ja kul'tury i nauki Francii bzw. SSSR-Francija.

Essl, Erwin (1920–2001): Lehre zum Maschinenschlosser; 1933 Vorsitzender der Sozialistischen Arbeiterjugend Schweinfurt; 1935–1941 für MAN in Südamerika; 1941–1945 Internierung in England; 1946–1949 Bevollmächtigter der IG Metall in Schweinfurt; 1949–1974 Vorsitzender der IG Metall Bayern; 1954–1974 SPD-Abgeordneter im Bayerischen Landtag; 1954–1974 Vorsitzender des Wirtschaftsbeirats der SPD; 1973–1991 Vorsitzender der Bayerischen Gesellschaft.

Estier, Claude (1925–2016): Résistance socialiste; 1945–1947 Mitglied der SFIO; 1945–1947 Redakteur *Le Populaire*; 1947–1955 Redakteur *France Observateur*; 1955-1958 Redakteur *Le Monde*; 1948–1971 Mitglied des PSU; 1958–1964 Chefredakteur von *Libération*; 1964–1967 Redakteur bei *Le Nouvel Observateur*; ab 1971 Mitglied des PS; 1967–1968 und 1981–1986 Abgeordneter der Assemblée Nationale, 1981–1986 Président der Commission des Affaires étrangèrs der Assemblée Nationale, 1971–1989 Conseiller de Paris, 1986–2004 Mitglied des Senats, dort Präsident der Senatorengruppe France-URSS; 1970–1992 Mitglied der Présidence von France-URSS.

Evans, Stanley George (1912–1965): mehrere Jahre stellvertretender Priester in verschiedenen Kirchen; ab 1942 Chairman des NCBSU; 1946–1951 Chairman der BSFS; ab 1953 Chairman der British-Polish Friendship Society.

Fedorov, Svjatoslav Nikolajevič (1927–2000): Pionier für Mikrochirurgie der Augen, Arbeit in Rostov, Archangel'sk und ab 1967 in Moskau; 1989–1991 Mitglied des Obersten Sowjets; 1994 Mitbegründer der linksliberalen Partija samoupravlenija trudjaščichsja; 1995 Mitglied der Duma.

Forman, Stanley (1921–2013): Mitglied der Youth Communist League; 1947–1950 General Secretary der BSS; anschließend Gründer der Firma Plato Films, die osteuropäische und sowjetische Filme nach Großbritannien importierte; Arbeit als Dokumentarfilmer.

Friedensburg, Ferdinand (1896–1973): 1925–1927 Polizeivizepräsident von Berlin; 1927–1933 Regierungspräsident in Kassel und Mitglied der DDP; 1933–1945 Arbeit in Bergbauwissenschaft; 1945–1968 Leiter des Deutschen Instituts für Wirtschaftsforschung in Berlin; 1946–1951 stellvertretender Bürgermeister von Gesamt- bzw. Westberlin; 1952–1965 CDU-Abgeordneter im Bundestag; 1967–1973 Vorsitzender der Gesellschaft Deutschland-Sowjetunion.

Fuzier, Claude (1924–1997); 1956–1970 Chefredakteur *Le Populaire de Paris*; 1963–1968 Mitglied des Bureau der SFIO; 1977–1986 und 1991–1995 Mitglied des Senats; 1966–1968 Mitglied der Présidence von France-URSS.

Gak, Vladimir Grigor'evič (1924–2004): Studium der französischen Sprache und Geschichte an der MGU, Professor für französische Linguistik an der MGU; Verfasser zahlreicher Lehrbücher für französische Sprache, unter anderem eines französisch-russischen Wörterbuchs mit Jean Triomphe; seit 1966 Mitglied der Société linguistique de Paris; 1958–2004 im Vorstand von SSSR-Francija und der Associacija Druzej Francii.

Gambiez, Fernand (1903–1989): Absolvent der Militärschule Saint-Cyr; 1925–1964 in militärischen Diensten in verschiedenen Kriegen unter anderem in Indochina, Tunesien und Algerien; während der Résistance Kommandant eines Bataillons zur Befreiung Korsikas; 1969–1989 Direktor der Commission National d'Histoire Militaire; 1977–1989 Mitglied der Présidence von France-URSS.

Grenier, Fernand (1901–1992): Bäckerlehre in der nordfranzösischen Kleinstadt Tourcoing; ab 1922 Mitglied des PCF und Sekretär des MJC; 1924 Parteischule in Bobigny; 1932–1964 Mitglied des Comité Central; 1932–1939 und in der Résistance Generalsekretär der AUS; 1937–1939, 1945–1962 und 1967–1968 Abgeordneter der Assemblée nationale; 1940 Verhaftung; 1941 Flucht aus dem Lager Châteaubriand; 1942 Kontaktperson zur gaullistischen Résistance; 1943–1946 Mitglied der Assemblée provisoire; 1944 Commissaire de l'air in der provisorischen Regierung in Algier; 1946–1968 Abgeordneter der Assemblée nationale; 1945–1954 Vice-Président von France-URSS und Directeur von *France-URSS*, 1954–1992 Mitglied des Comité national von France-URSS.

Guilbert, Madeleine (1910–2006): Beteiligung an der Résistance, 1945 Eintritt in den PCF; Mitglied des CNRS; 1969–1979 Professorin für Soziologie in Tours; 1970–1980 Mitglied der Présidence und 1980–1989 Présidente déléguée von France-URSS.

Haldane, John Burdon Sanderson (1892–1964): schottische Aristokratenfamilie; Studium der Mathematik und Klassischen Sprachen in Oxford; 1922–1932 Dozent für Biochemie in Cambridge; 1933–1956 Professor für Genetik am University College London; Pionier der Evolutionsgenetik; 1937–1950 Mitglied der CPGB; 1940–1949 Mitglied des Editorial Boards des *Daily Worker*; ab 1942 Vizepräsident des NCBSU bzw. BSS; 1943–1956 Vizepräsident der SCR; 1956 Auswanderung nach Indien.

Hamon, Léo (1908–1993): geboren Lev Goldenberg; Sohn polnisch-russischer jüdischer Eltern, die nach 1905 ins französische Exil gingen; Jura-Studium; 1940 in der Résistance als Redakteur der Zeitschrift *Combat* und Vizepräsident des Comité de Libération in Paris; 1945–1947 Conseillier municipal von Paris; 1945–1968 Mitglied des Senats; 1969–1972 Staatssekretär und Sprecher des Premierministers Jacques Chaban-Delmas; Mitbegründer der UDT; 1965–1991 Mitglied der Présidence von France-URSS.

Hansen, Karl-Heinz (1927–2014): 1969–1983 MdB; 1981 Ausschluss aus der SPD wegen Kritik an der Verteidigungspolitik; 1982 Gründung der Demokratischen Sozialisten; nach 1990 Annäherung an Linkspartei; ab 1979 Vorsitzender der Gesellschaft BRD-UdSSR Rhein-Ruhr.

Hitzer, Friedrich (1935–2007): Studium der Amerikanistik, Slawistik, Germanistik und Osteuropäischen Geschichte; Übersetzer zahlreicher russischer Spielfilme und Romane, u.a. von Čingiz Ajtmatov; 1965–1987 Mitherausgeber und Chefredakteur des *kürbiskern*; Gründungsmitglied des Verbands deutscher Schriftsteller in Bayern; ab 1963 Mitglied der KPD/DKP; 1973-1991 Vorstandsmitglied der Bayerischen Gesellschaft.

Igenbergs, Ingrid Zinaida (191?–1984): estnisch-russischer Abstammung; Ende der 1920er Jahre Studium in Prag; dort Hochzeit mit dem lettischen Diplomaten Igenbergs; 1939–1941 in Riga; 1941–1945 in Deutschland; Verweigerung der Repatriierung und Aufbau einer Import-Export-Firma in München.

Ignatov, Aleksandr Vasiljevič (*ca. 1944): Besuch der Spezialschule für Französisch; Studium der Afrikanistik am MGIMO; ab 1959/60 während des Studiums Arbeit als Reiseführer für SSSR-Francija; ab 1964 Arbeit für MID in Afrika; 1980–1986 als Korrespondent für *Pravda* und *Novoe vremja* in Frankreich; anschließend in Lateinamerika; ab 1964 Mitglied des Vorstands von SSSR-Francija; seit 1991 Vorstandsmitglied der Associacija Druzej Francii.

Jaquet, Gérard (1916–2013): Studium der Medizin; seit 1932 Mitglied der SFIO; sozialistische Résistance, 1945–1958 Abgeordneter der Assemblée nationale; 1956–1957 Staatssekretär; 1957–1958 Minister für France Outre-Mer; 1963–1965 Directeur von
Le Populaire, Mitglied des Bureau politique des PS; 1979–1984 Mitglied des Europäischen Parlaments, 1973–1992 Mitglied der Présidence von France-URSS.

Jeanson, André (1911–1994): ab 1937 Sekretär in der CFTC; deutsche Kriegsgefangenschaft; 1951–1967 Président de la Fédération générale des syndicats chrétiens de fonctionnaires; 1964 einer der Mitbegründer der CFDT, 1967–1970 Président der CFDT; beteiligt am Zusammenschluss der sozialistischen Parteien Anfang der 1970er; 1970–1977 Mitglied der Présidence von France-URSS.

Johnson, Hewlett (1874–1966): arbeitete zunächst als Eisenbahner; 1904 Priesterweihe; 1924–1931 Dean of Manchester; 1931–1963 Dean of Canterbury; 1951 Stalinfriedenspreis; 1949–1966 Präsident des BPC; 1944–1946 Vizepräsident des NCBSU; 1946–1948 Vizepräsident der BSS; 1948–1966 President der BSFS.

Joliot-Curie, Frédéric (1900–1958): Studium der Physik an der École Supérieure de Physique et de Chimie; Assistent von Paul Langevin und ab 1925 am Institut du Radium von Marie Curie; 1926 Hochzeit mit deren Tochter Irène Curie; Forschung am Institut du Radium; 1935 mit Irène Chemie-Nobelpreis; Weiterarbeit unter der Besatzung, aber Schmuggel der Forschungsergebnisse nach England; 1946–1949 Leiter des CEA; 1946–1958 Präsident der Association France-URSS; 1950–1956 Präsident des Weltfriedensrates.

Kabalevskij, Dmitrij Borisovič (1904–1987): 1952–1930 Studium von Komposition und Klavier am Čajkovskij-Konservatorium; 1939–1980 Professor für Komposition am Čajkovskij-Konservatorium; 1940–1946 Chefredakteur von *Sovetskaja Muzyka*; 1940–1948 Vorsitzender des Sowjetischen Komponistenverbandes; 1948 des Formalismus bezichtigt, doch nach öffentlicher Selbstkritik rehabilitiert.

Kameneva, Ol'ga Davidovna (1883–1941): Schwester von Lev Trockij; ab 1902 Mitglied der Russischen sozialdemokratischen Arbeiterpartei; 1908–1914 mit ihrem Ehemann Lev Kamenev im Exil in Genf und Paris; 1918–1919 zuständig für Proletarisierung des Theaters; 1921–1923 Internationale Hungerhilfe; 1923-1925 Vorsitzende des OBI; 1925–1928 Vorsitzende der VOKS; 1928 Absetzung Trockijs und Kamenevs; 1936 Schauprozess und Hinrichtung Kamenevs; 1936 Verhaftung Kamenevas; 1941 Hinrichtung.

Karaganov, Aleksandr Vasil'evič (1915–2007): Studium der englischen Literatur; Sekretär der Gebietsverwaltung des Komsomol in Čeljabinsk; 1944–1947 stellvertretender Vorsitzender der VOKS; 1947 Parteiausschluss und Verhaftung; 1960–1964 Direktor des Verlags Isskustvo; ab 1965 Sekretär des Sowjetischen Verbands der Filmschaffenden.

Kemenov, Vladimir Semenovič (1908–1988): 1938–1940 Direktor der Tretjakovskij Galerie; seit 1939 Mitglied der KPdSU; 1940–1948 Vorsitzender der VOKS; 1954–1956 stellv. Kulturminister; 1956–1958 Vertreter der Sowjetunion bei der UNESCO.

Kislova, Lidija Dimitrievna (*1899): Dolmetscherin für Französisch und Englisch; ab Mitte der 1930er Jahre Leiterin der Englischen Abteilung der VOKS und 1942–1961 Mitglied im Vorstand der VOKS bzw. SSOD.

Klumb, Hans (1902–1980): Schüler des Atomphysikers Otto Hahn; Studium in Karlsruhe und Berlin; Promotion in Berlin; 1936 aus politischen Gründen entlassen; 1937–1945 Deutsche Versuchsanstalt für Luftfahrt und Luftkriegsakademie Berlin-Gatow; 1946–1968 Professor für Experimentalphysik und Direktor des Physikalischen Instituts der Universität Mainz; 1955–1958 Vorsitzender des AKROS.

Koch, Harald (1907–1992): in den 1930er Jahren Jurist im Staatsdienst; während des Krieges Steuerprüfer in der Wirtschaft; 1946 Finanzminister in Oldenburg; 1947 hessischer Wirtschaftsminister; 1949–1953 SPD-Bundestagsabgeordneter; 1953–1968 Vorstandsmitglied und ab 1968 Aufsichtsratsmitglied der Hoesch Werke AG; 1956–1985 Vorsitzender der RWAG; 1975–1977 Vorsitzender der ARGE.

Kogon, Eugen (1903–1987): promovierte 1927 über Faschismus; 1937–1945 Inhaftierung, u.a. in Buchenwald; 1946 Publikation „Der SS-Staat"; Zeuge in mehreren NS-Prozessen; 1946 Gründung der *Frankfurter Hefte*; 1949–1954 Präsident der Europa-Union; 1951–1968 Professor für Politikwissenschaft in Darmstadt; 1968–1974 Vizepräsident der Gesellschaft BRD-UdSSR.

Kruglova, Zinaida Michajlovna (1923–1995): nach dem Kriegsdienst Lehrerin; 1954–1968 Parteifunktionärin auf verschiedenen Posten in Leningrad; 1966–1976 Mitglied der Revisionskomission des ZK der KPdSU; 1974–1989 Mitglied des ZK der KPdSU; 1974–1975 stellvertretende Kulturministerin; 1974–1989 Deputierte des Obersten Sowjets der UdSSR; 1974–1989 Vorsitzende der SSOD.

Krutogolov, Michail Anatolievič (*1923): Jurist, Spezialist für französisches Staatsrecht; schrieb mehrere Bücher über die französischen staatlichen Institutionen; Wissenschaftler am Institut für Staat und Recht, Mitglied der Akademie der Wissenschaften, Vizepräsident der Vereinigung sowjetischer Juristen; 1973–1990 Mitglied des Präsidiums von SSSR-Francija; ab 1987 Mitglied der von Gorbačev gegründeten Kommission für Menschenrechte.

Langevin, Paul (1872–1946): Physik-Studium, ab 1905 Professor und 1925–1940 und 1945–1946 Direktor der École de Physique et de Chimie; ab 1927 Vizepräsident der Ligue des droits de l'Homme; 1924 Comité pour les relations scientifiques avec l'URSS; 1944 Eintritt in den PCF; 1945–1946 Conseiller de Paris; 1945–1946 Präsident von France-URSS.

Langlois, André (*1921): seit 1938 Mitglied des MJC; 1946 Sekretär des PCF in Marseille; seit 1952 Sekretär von France-URSS Marseille; ab 1954 Sekretär von France-URSS; Mitbegründer von France-Russie-CEI.

Larroche, Hélène (*1924); geboren in Brno/Brünn; 1935 Flucht mit dem Vater zunächst in die Schweiz, dann nach Südfrankreich; ab 1945 Studium der Biochemie in Paris; Heirat mit dem Architekten Fernand Larroche; Kuratorin unter anderem am Musée national de la recherche scientifique; 1975–1988 Kuratorin im Centre Georges-Pompidou; 1988–2006 Inhaberin einer Reisebuchhandlung in Paris.

Latil, Charles (1929–2017): Geschäftsmann in Marseille, ab 1968 Mitglied der Présidence von France-URSS Marseille und des Comité national; ab 1984 Mitglied der Présidence nationale; 1987–1990 Président délégué adjoint und 1990–1992 Président délégué von France-URSS.

Leroy, Roland (*1926): Lehre als Eisenbahner; während des Krieges in Résistance und MJC; 1948–1960 Secrétaire des PCF in Seine Maritime; 1956–1958, 1967–1981 und 1986–1988 Abgeordneter der Assemblée nationale; 1956–1959 Kandidat und 1959–1994 Mitglied des Comité central; 1960–1979 Sekretariat des PCF; 1964–1967 Kandidat und 1967–1994 Mitglied des Bureau politique, zuständig für die Arbeit mit den Intellektuellen; 1974–1994 Direktor von *L'Humanité*; 1965–1991 Mitglied der Présidence von France-URSS.

Lipkowski, Jean de (1920–1997): Mitglied der gaullistischen Résistance; 1945 Eintritt in diplomatischen Dienst; 1956–1997 mit einigen Unterbrechungen Abgeordneter der Assemblée Nationale für UNR und RPR; 1968–1974 Staatssekretär für Auswärtige Angelegenheiten; 1976 Minister für Kooperation; 1965–1977 und 1983–1989 Bürgermeister von Royan; 1977–1981 Mitglied der Présidence von France-URSS.

Maclean, Fitzroy (1911–1996): ab 1933 im diplomatischen Dienst; 1937–1941 Mitarbeiter an der Botschaft in Moskau; ausgedehnte Reisen bis nach Zentralasien; freiwilliger Dienst im Zweiten Weltkrieg u.a. als Kontaktperson zu Tito in Jugoslawien; 1941–1974 Abgeordneter im Unterhaus für die Conservatives, später Unionists; 1954–1957 Junior Minister im War Office; 1957 geadelt; schrieb zahlreiche Reiseberichte; 1958–1970 Chairman und 1970–1979 President der Great Britain-USSR Association.

Marquié, Raymond (*1913): Arbeiter in einer Chemiefabrik; Mitglied des PCF; als Kriegsgefangener Dolmetscher für französische und sowjetische Häftlinge in Militärkrankenhaus; 1943 Rückkehr nach Frankreich; 1944–1947 Beauftragter für die Repatriierung französischer Gefangener in Moskau; 1949–1957 Mitglied des Sekretariat, 1957–1990 Mitglied des Comité national und 1970–1991 Mitglied der Présidence von France-URSS.

Martin, Georges (1926–2016): aktiv in der Résistance in der Region Rhône-Alpes; Mitglied des PCF; Lehrer in Bourg-en-Bresse; 1970–1988 Chefredakteur von *France-URSS Magazine*.

Matchabelli, Wladimir (*1948): stammt aus einer Familie georgischer Emigranten; Russisch-Studium; Mitglied des PS; 1974–1991 Mitarbeiter im Sekretariat und Secrétaire général adjoint von France-URSS, 1991–1995 Direktor des Centre Pouchkine in Paris; 1995–1999 Vertreter der Chambre de Commerce et d'Industrie de Paris in Moskau; 1999–2003 Berater Russlands bei der Eurotradia International; seit 2004 Generaldirektor des Eiswaffelherstellers „Ruskon" in Moskau.

Mauriac, François (1885–1970): Schriftsteller und Publizist; aktiv in der Résistance; Kritik an pauschaler Verurteilung der Kollaborateure; Kritik an Algerienkrieg und Folter; 1952 Nobelpreis für Literatur; 1944–1956 und 1960–1970 Mitglied bei France-URSS.

Mayhew, Christopher Paget (1915–1997): im Zweiten Weltkrieg Arbeit für den britischen Nachrichtendienst; 1945–1950 und 1951–1974 Labour-Abgeordneter; 1945–1949 Staatssekretär im Außenministerium, anschließend Mitarbeiter im Foreign Office; 1949–1951 Initiator und Director des IRD; 1954–1959 Chairman des SRC; ab 1959 Vizepräsident der Great Britain-USSR Association; 1961–1964 außenpolitischer Sprecher der Labour-Partei; 1974 Übertritt zu den Liberals; ab 1981 Mitglied des House of Lords.

Mochalski, Herbert (1910–1992): 1937 Pfarrer in Schlesien, 1939 Pfarrer in Berlin; 1941–1945 Pfarrer in Martin Niemöllers Gemeinde in Berlin-Dahlem; 1948–1951 Geschäftsführer des Bruderrates der Evangelischen Kirche in Deutschland; 1951–1961 Studentenpfarrer in Darmstadt; 1949–1973 Chefredakteur der Zeitschrift *Stimme der Gemeinde*; ab 1952 Vorstandsmitglied der GVP; ab 1960 Mitglied der DFU; 1968–1974 Präsidiumsmitglied der Gesellschaft BRD-UdSSR.

Montagu, Ivor Goldsmid Samuel (1904–1984): aristokratisch-jüdische Familie; Studium der Zoologie; 1925 Mitbegründer der London Film Society; Aktivität als Produzent, Regisseur und Drehbuchautor (1934 Oskar für besten Kurzfilm); 1926–1967 Gründungspräsident der English Table Tennis Association und der International Table Tennis Federation; 1926 erste Reise in die Sowjetunion; ab 1931 Mitglied der CPGB; 1948–1967 Chairmain des BPC, BSS; 1929–1969 Mitglied des Executive Committee, 1969–1972 Vizepräsident und 1972–1981 Präsident der SCR; Mitglied der Writers' Section und Vorsitzender der Film Section der SCR; 1971-1984 Vizepräsident der BSFS.

Nicolle, Jacques (1901–1971): Physiker; Assistent von Paul Langevin, reiste mit ihm 1938 in die Sowjetunion; später Assistent von Louis de Broglie; Direktor des Biochemischen Labors an der EHESS; 1945–1950 Sekretär und Leiter des Centre culturel et économique von France-URSS.

Noguères, Henri (1916–1990): Jura-Studium in Paris, Mitglied der sozialistischen Résistance, nach 1945 Journalist beim *Populaire* und *Provençal*, 1962–1966 Verwaltungsdirektor der Éditions Robert Laffont, 1966–1976 Generalsekretär bei Flammarion, ab 1974 Präsident der Ligue des droits de l'homme, Mitglied des PSU und ab 1969 des PS, 1988–1990 Mitglied des Comité national und 1990 Mitglied der Présidence France-URSS.

Osip'jan, Jurij Andreevič (1931–2008): Physiker; 1964–2008 Lehrstuhl für Festkörperphysik des Moskauer Instituts für Physik und Technologie und Lehrstuhl für Physik der kondensierten Materie an der MGU; 1981–2008 Professor und später Direktor am Institut für Festkörperphysik der sowjetischen Akademie der Wissenschaften; 1989–1991 Abgeordneter des Obersten Sowjet; 1988–2007 Präsident der Obščestvo SSSR-FRG bzw. Rossija-Germanija.

Pailleret, Camille (1903–1984): seit 1934 Mitglied der AUS und Sekretär des Komitees von Paris; 1945–1954 Generalsekretär; danach Mitglied des Comité national und ab 1958 Mitglied des Bureau national von France-URSS.

Petit, Ernest Émile (1888–1971): Militärakademie Saint-Cyr; Offizier im Ersten Weltkrieg; währenddessen Bekanntschaft mit de Gaulle; danach verschiedene leitende militärische

Posten; 1941–1942 Stabschef des Kommandeurs der Forces françaises libres; 1942–1944 Leiter der französischen Militärmission in der Sowjetunion; 1944–1945 Militärattaché der französischen Botschaft in Moskau; 1947 Chef des Militärkabinetts im Verteidigungsministerium; 1948–1968 Senator, gewählt auf einer vom PCF unterstützten Liste; ab 1946 Mitglied, ab 1950 Vize-Präsident und 1954–1970 Präsident von France-URSS.

Pierrard, André (1916–1997): 1935 Eintritt in die MJC; leitendes Mitglied des Comité de libération Pas-de-Calais; 1946–1958 Abgeordneter der Assemblée Nationale; 1954–1959 Mitglied des ZK des PCF; 1954–1972 Mitglied der Présidence von France-URSS und Directeur von *France-URSS* bzw. *France-URSS Magazine*; 1972 Austritt aus PCF; Tätigkeit als Lehrer.

Platts-Mills, John (1906–2001): geboren in Neuseeland; ab 1928 Jura-Studium in Großbritannien; 1936–1948 und 1969–2001 Mitglied der Labour Party; 1945–1950 Member of Parliament; 1946–1951 Mitglied des Executive Committee und 1951–1963 Chairman der BSFS; 1967–1979 Mitglied des Executive Committees, 1979–1990 Vice-President und 1990–2001 President der SCR.

Ponomarev, Boris Nikolaevič (1905–1995): Studium der Geschichte; 1932–1937 stellvertretender bzw. Direktor des Instituts für Parteigeschichte der KPdSU; 1948–1955 Stellvertreter und 1955–1986 Leiter des Abteilung für Beziehungen mit den kommunistischen Parteien im Ausland; 1961–1986 Sekretär des ZK; 1972–1986 Kandidat des Politbüros.

Popova, Nina Vasil'evna (1908–1994): seit 1932 Mitglied der KPdSU; arbeitete ab 1934 für Partei; 1941 Gründungsmitglied und ab 1945 Vorsitzende des Antifaschistischen Komitees sowjetischer Frauen; 1945–1957 Sekretärin des Zentralrats der Gewerkschaften (VCSPS); 1954 Kandidatin des ZK der KPdSU; 1961–1971 Mitglied des ZK; 1950–1979 Mitglied des Obersten Sowjets; 1957–1974 Vorsitzende der SSOD.

Pritt, Denis Nowell (1887–1972): Jura-Studium; 1914–1918 Mitglied der Liberal Party; 1918–1940 Mitglied der Labour Party; 1935–1950 Mitglied des Unterhauses; Vorsitzender der Internationalen Untersuchungskommission zur Aufklärung des Reichstagsbrandes 1933; 1934–1955 Chairman und 1955–1972 President der SCR; 1946–1953 Mitglied des Executive Committee und 1953–1955 Vice-President der BSFS. Seine Ehefrau Marie Pritt war 1953–1990 Vice-President der BSFS.

Pudovkin, Vsevolod Illaronovič (1893–1953): bekannt durch den Revolutionsfilm „Mat'" (Die Mutter) von 1926; Verfasser einiger Bücher zur Filmtheorie; 1944–1953 Vorsitzender der Filmsektion der VOKS.

Rajewsky, Boris (1893–1974): 1912–1917 Physik-Studium in Kiev; 1922 Übersiedlung nach Deutschland, 1927 Promotion an der Universität Frankfurt; 1937–1966 Direktor des Max-Planck-Instituts für Biophysik; 1949–1951 Rektor der Universität Frankfurt; 1956 Vorsitzender des Sonderausschusses Radioaktivität der Bundesregierung; 1963 Reise zur Sowjetischen Akademie der Wissenschaften; 1968–1974 Präsident der Gesellschaft BRD-UdSSR.

Roberts, John C. Q.: ab 1951 Russischkurs bei der Royal Air Force; 1952–1956 Russisch-Studium in Oxford; 1958–1973 Russischdozent am Marlborough College, 1973–1993 Director der Great Britain-USSR Association.

Rothstein, Andrew (1898–1994): Studium der Geschichte in Oxford; 1920 Gründungsmitglied der CPGB; arbeitete für TASS in London und Genf; 1946–1950

Lecturer an der School of Slavonic and East European Studies; Arbeit als Übersetzer und Herausgeber; 1950–1958 Herausgeber des ASJ; 1955–1975 Vice-Chairman und 1975–1990 Präsident der BSFS; bis zu seinem Tod Präsident der MML.

Roussat, Raymond (1918–1993): Leutnant in der Résistance; 1949–1951 Fräser in Venissieux; ab 1952 Präsident der Commission du Contrôle financier du PCF in Rhône; ab 1957 Mitglied des Comité fédéral du Rhône des PCF; 1954–1961 Mitglied des Bureau national und Generalsekretär im Département Rhône von France-URSS; 1962-1981 Generalsekretär von France-URSS.

Schaffer, Gordon (*1905): aufgewachsen in Clapham; Journalist für *Clapham Observer* und Press Association, 1936 erste Reise in die Sowjetunion, 1937–1953 Redakteur bei *Reynold's News*, ab den 1940er Jahren Mitglied der BSFS, ab 1950 Mitglied des BPC, Mitglied des Political Committee des Coop Movement; 1976–1991 Peace Officer der BSFS.

Schmittlein, Raymond (1904–1974): Studium der Slavistik und Germanistik in Berlin und Paris; verheiratet mit einer Deutschen; 1934–1938 Französischlektor an der Universität Kaunas; 1938–1939 Leiter des Institut français in Riga; 1942–1943 Vertreter der France libre in der UdSSR; 1945–1951 Generaldirektor für Kulturelle Angelegenheiten in der französischen Besatzungszone (ernannt von Capitant); 1951–1955 und 1958–1967 Abgeordneter der Assemblée nationale (UNR bzw. RPF); 1957–1974 Mitglied der Présidence von France-URSS.

Schneider, Julius (1908–1988): Bergmann; engagiert in Sozialistischer Arbeiter-Jugend und Sozialistischem Schutzbund; 1936 ins französische Exil; 1936–1938 Internationale Brigade; 1939–1942 interniert; 1942–1945 Résistance in Basses Alpes; 1946 KPS-Stadtrat von Sulzbach/Saar; 1948 im Saarbrücker Kreistag; 1955–1972 Generalsekretär der Saarländischen Gesellschaft.

Sedych, Vol'f Nikolaevič (*1928): 1961–1965 Mitarbeiter der Internationalen Abteilung des ZK der KPdSU; 1965–1968 Verantwortlicher für die Verbindungen mit kapitalistischen Ländern der Abteilung für internationale Information des ZK der KPdSU; 1968–1976 Korrespondent der *Pravda* in Frankreich; 1976–1987 Direktor des Verlags Progress; 1987–1989 politischer Kommentator für APN; 1958–1991 Mitglied im Vorstand von SSSR-Francija; ab 1991 Präsident der Associacija Druzej Francii.

Sloan, Patrick (1908–1978): Studium der Wirtschaft; 1931–1937 längere Aufenthalte in der Sowjetunion; ab 1938 Mitglied der CPGB; 1937–1941 Herausgeber von *Russia Today*; 1951–1961 Generalsekretär der BSFS; 1961–1965 Herausgeber der *British-Soviet Friendship*; 1965–1978 Vizepräsident der BSFS.

Spade, Henri (1921–2008): Studium der Literaturwissenschaft und Jura in Paris und Straßburg; Résistance bei den Forces françaises libres; ab 1945 Journalist und Moderator beim französischen Fernsehen; 1952–1960 Moderation und Produktion der Sendung „La joie de vivre"; ab 1972 stellvertretender Direktor der ORTF; Produzent und Regisseur zahlreicher Fernsehfilme; Autor von Chanson-Texten und Romanen. 1962–1970 Mitglied des Comité national und 1970–1991 Mitglied der Présidence von France-URSS.

Sperling, Dietrich (*1933): 1953–1959 Studium der Rechtswissenschaft, Volkswirtschaftslehre und Soziologie in Göttingen und Berlin; ab 1964 Dozent und 1965–1977 Leiter der

Heimvolkshochschule Falkenstein im Taunus zur gesellschaftlich-politischen Erwachsenenbildung; 1969–1998 MdB für Hessen; 1978–1982 Parlamentarischer Staatssekretär beim Bundesminister für Raumordnung, Bauwesen und Städtebau; 1984–1990 Vorsitzender der ARGE; ab 1991 Berater in Kaukasus-Fragen für die Friedrich-Ebert-Stiftung.

Surkov, Aleksej Aleksandrovič (1899–1983): ab 1982 Vorsitzender der Russischen Vereinigung proletarischer Schriftsteller; im Zweiten Weltkrieg Kriegskorrespondent der *Krasnaja Zvezda*; 1944–1946 Chefredakteur der *Literaturnaja gazeta*, 1945–1953 von *Ogonëk*; 1956–1966 Kandidat für das ZK der KPdSU; 1949 Sekretär und 1953–1959 Erster Sekretär des Schriftstellerverbands der UdSSR; 1958–1985 Vorsitzender von SSSR-Velikobritanija.

Svistunov, Valentin Ivanovič (*1923): Französisch-Studium; nach kurzer Zeit als Lehrer in den Dienst der SSOD; 1958–1962, 1968–1974 und 1980–1987 Generalsekretär von SSSR-Francija; 1962–1968 und 1974–1980 Vertreter der SSOD in Paris.

Tereškova, Valentina Vladimirovna (*1937): Arbeiterin in einer Textilfabrik; Abendschule; 1962 Eintritt in die Kosmonautenschule; 1963 erster Weltraumflug einer Kosmonautin; 1966–1989 Mitglied des Obersten Sowjets, ab 1974 im Präsidium des Obersten Sowjets, 1971–1990 Mitglied des ZK der KPdSU; 1972–1991 Mitglied im Vorstand von SSSR-Francija; 1968–1987 Vorsitzende des Sowjetischen Frauenkomitees; 1987–2004 Vorsitzende der SSOD und der Nachfolgeorganisation Rozzarubežcentr; 2008–2011 Abgeordnete der Duma der Region Jaroslavl; seit 2011 Abgeordnete der Russischen Duma für die Partei „Einiges Russland".

Treppo, Raymond (*1926): geboren in Italien; als Kind Übersiedlung nach Frankreich; arbeitete als Kuhhirte und Bergarbeiter; Gehilfe in der Résistance; ab 1943 in PCF; ab 1948 Département-Sekretär von France-URSS Isère; 1954–1959 Generalsekretär von France-URSS; 1960–1965 „Instructeur"; 1965–1975 bei Renault; 1970–1979 Mitglied des ZK.

Vahé, Raphaël (*1947): Lehrer für Geschichte und Geographie; seit 1968 Mitglied in France-URSS; 1969 Secrétaire local von France-URSS in Denain; 1973-1981 Mitglied des Comité national; 1981–1991 Generalsekretär von France-URSS; seit 1991 Präsident der ARAC.

Vercors, Pseudonym von Jean Bruller (1902–1991): Vater ungarischer Herkunft; Studium des Ingenieurwesens; zeichnete in den 1920ern Karikaturen; kämpfte in der Résistance am Bergmassiv Vercors; 1941 Gründung des Verlags Éditions de Minuit im Untergrund; Aussage im Kravčenko-Prozess und aktive Beteiligung an der Friedensbewegung; 1949–1962 Mitglied des Comité national und 1962–1970 Mitglied der Présidence von France-URSS.

Wahl, Alfred (1900–1953): Studium der Zahnmedizin und Naturwissenschaften; 1945 Eintritt in die KPD; 1952–1953 Abgeordneter in der Hamburger Bürgerschaft; 1949–1953 Vorsitzender der DSF West.

Weber, Gerhard (*1932), Studium am Institut für Jugendpädagogik und Jugendtheologie in Kassel, 1954–1959 Leiter eines CVJM-Heims in Köln, 1958–1978 Generalsekretär des CVJM Hamburg, 1962/63 und 1967–1970 Vorsitzender des Hamburger Jugendrings, 1969–1990er Jahre FDP-Mitglied, ab 1971 Mitglied der Hamburger Bürgerschaft; 1972–2003 Vorsitzender der Gesellschaft BRD-UdSSR Hamburg bzw. der Deutsch-Russischen Gesellschaft Hamburg.

Wedekind, Hermann (1910–1998): Schauspieler als Autodidakt; 1946–1950 Oberspielleiter am Theater Bonn; 1950–1954 Leiter des Theaters in Münster; 1954–1960 Intendant in Basel; 1960–1975 Intendant am Saarbrücker Stadttheater bzw. Saarländischen Landestheater.

Weill-Hallé, Benjamin (1875–1958): elsässisch-jüdische Familie; Medizinprofessor; Pionier der Pädiatrie; erste Lebendimpfung gegen Tuberkulose; Mitglied der Friedensbewegung; 1951 Reise in die Sowjetunion; 1952–1958 Mitglied der Présidence von France-URSS; seine Frau, die Gynäkologin Marie-Andrée Lagroua Weill-Hallé (1916–1994), war selbst 1970–1977 Mitglied der Présidence von France-URSS.

Wilson, William (1913–2010): ab 1939 einfacher Rechtsanwalt (Solicitor); 1941–1946 Militärdienst in Nordafrika und Griechenland, 1958–1993 Warwickshire County Council, 1964–1983 Labour-Abgeordneter für Coventry North und South; 1978–1990 Chairman der BSFS.

Zamjatin, Leonid Mitrofanovič (*1922): 1962–1970 Vorsitzender der Presseabteilung des MID, 1970–1978 Generaldirektor der TASS, 1978–1986 Vorsitzender der Internationalen Abteilung des ZK der KPdSU, 1973–1986 Vorsitzender von SSSR-FRG; 1986–1991 sowjetischer Botschafter in London.

Zarubina, Zoja Vasil'eva (1920–2009): Tochter der KGB-Mitarbeiter Vasilij Michajlovič Zarubin und Ol'ga Georgievna, nach deren Trennung Stiefvater Naum Isaakovič Eitingon und Stiefmutter Elizabeta Jul'evna Zarubina, die auch für den KGB arbeiteten. Zarubina wuchs in China auf und war dort auf der amerikanischen Schule, war Dolmetscherin auf zahlreichen internationalen Konferenzen unter anderem Teheran, Jalta, Potsdam und Helsinki, arbeitete ebenfalls für den KGB, Dozentin am Moskauer Fremdspracheninstitut und an der Diplomatischen Akademie des MID; ab 1958 Mitglied des Vorstands von SSSR-Velikobritanija und SSSR-SŠA.

Žukov, Georgij/Jurij Aleksandrovič (1908–1991): Journalist; vor dem Krieg unter anderem bei *Komsomol'skaja pravda*, *Naša Strana* und *Novyj mir*; 1946–1948 Redakteur der *Pravda*; 1948–1952 *Pravda*-Korrespondent in Frankreich; 1952–1957 stellvertretender Chefredakteur der *Pravda*; 1958–1967 Vorsitzender der GKKS; anschließend wieder als Journalist bei der *Pravda* und eigene Fernsehsendung im Pervej kanal'; literarische Übersetzungen aus dem Französischen; 1956–1976 Mitglied des Revisionskomitees; 1976–1989 Kandidat des ZK; 1962–1989 Abgeordneter des Obersten Sowjets; 1962–1982 stellvertretender, danach erster Vorsitzender des Sowjetischen Friedenskomitees; 1958–1990 Vorstandsmitglied von SSSR-Francija.

Führende Persönlichkeiten in den Freundschaftsgesellschaften

Frankreich

France-URSS

Président bzw. Président délégué:
1945–1946 Paul Langevin
1946–1954 Frédéric Joliot-Curie
1954–1970 Ernest Petit
1970–1973 André Blumel
1973–1980 Guy Desson
1980–1987 Madeleine Guilbert
1987–1992 Charles Latil

Secrétaire général:
1944–1954 Camille Pailleret
1954–1959 Raymond Treppo
1959–1962 Jean Cazalbou
1962–1981 Raymond Roussat
1981–1992 Raphael Vahé

Mitglieder der Présidence:
Arcadias, Yves (1973–1992)
Armengaud, André (1970–1974)
Arnaud, Claude (1990–1992)
Baillot, Louis (1973–1992)
Battut, Jean (1984–1992)
Bauer, Albert (1970–1973)
Baugnies de Saint-Marceau, Gaton (1980–1984)
Bazin, Hervé (1984–1990)
Bellon, André (1991–1992)
Besançon, Justin (1947–1952)
Blumel, André (1959–1973)
Capitant, René (1957–1970)
Casadesus, Jean-Claude (1990–1992)
Champeix, Marcel (1966–1968)
Charles-Roux, Edmonde (1977–1990)
Chrétien, Jean-Loup (1990–1992)
Coste, Frédéric (1990–1992)
Cotton, Eugénie (1954–1967)
Decaux, Alain (1973–1977)
Dejean, Maurice (1973–1982)
Desson, Guy (1965–1980)
Estier, Claude (1970–1992)
Fuzier, Claude (1966–1968)
Galland, Joannès (1984–1992)
Gambiez, Fernand (1977–1989)
Gilles, Christiane (1973–1984)
Gorse, Georges (1977–1992)
Grenier, Fernand (1947–1954)
Guilbert, Madeleine (1970–1992)
Hamon, Léo (1965–1992)
Huisman, Georges (1957–1959)
Jaquet, Gérard (1973–1992)
Jeanson, André (1970–1977)
Joxe, Louis (1970–1990)
Labeyrie, Émile (1957–1965)
Lacassagne, Antoine (1957–1971)
Lagroua-Weill-Hallé, Marie-Andrée (1970–1977)
Lanoux, Armand (1965–1980)
Latil, Charles (1984–1992)
Lavigne, Marie (1980–1991)
Le Léap, Alain (1957–1965)
Leroy, Roland (1965–1992)
Lipkovski, Jean de (1977–1981)
Luchaire, François (1980–1992)
Mallet, Robert (1990–1991)
Marquié, Raymond (1970–1992)
Noguères, Henri (1990–1991)
Offroy, Raymond (1984–1992)
Paris, Monique (1962–1973)
Petit, Ernest (1949–1971)

Piccoli, Michel (1970–1973)
Pierrard, André (1954–1973
Pineau, Pierre (1990–1992)
Poczobut, Jean (1984–1991)
Portal, Roger (1962–1990)
Pouyade, Pierre (1973–1979)
Roussat, Raymond (1984–1992)
Saillant, Louis (1947–1952)

Sartre, Jean-Paul (1954–1956)
Schmittlein, Raymond (1957–1974)
Spade, Henri (1970–1992)
Vercors (1962–1970)
Vildrac, Charles (1947–1949)
Vlady, Marina (1970–1990)
Weill-Halle, Benjamin (1952–1957)
Wertheimer, Pierre (1970–1973)

Großbritannien

Aufgrund der lückenhaften Quellenlage sind im britischen Fall nicht alle Namen rekonstruierbar.

British-Soviet Friendship Society

President:
1946–1948 Henry A. Wilson, Bishop of Chelmsford
1958–1966 Hewlett Johnson
1966–1975 N.N.
1975–1990 Andrew Rothstein

General Secretary:
1946–1947 Tom Brown
1947–1949 Stanley Forman
1949–1951 William Wainwright
1951–1961 Pat Sloan
1961–1968 Colin Williams
1969–1975 Pearl Lilley
1975–1977 Steve Parry
1978–1982 Dick Woolf
1982–1990 Pam Meister

Chairman:
1946–1949 Stanley Evans
1949–1951 N.N.
1951–1963 John Platts-Mills
1965 Fred Tonge
1965–1978 Lawrence Bradshaw
1978–1990 William Wilson

Society for Cultural Relations with the Soviet Union

General Secretary:
1937–1952 Judith Todd
1952–1955 Christopher Freeman
1955–1957 Eleonory Fox
1957–? Henry Campbell Creighton
1968–1971 Trevor Taylor
1971–1978 Ruth Kisch/English
1978–1980 Reg Millard
1980–1985 John Russell
1985–2013 Jean Turner

Chairman:
1934–1957 Denis Nowell Pritt
1957–1969 Lipman Kessel
1969–1976 N.N.
1976–1981 Maurice Hookham
1982–1989 Dina Aldridge
1989–1997 William Bowring

President:
1937–1951 Charles Trevelyan
1952–1972 Denis Nowell Pritt
1972–1981 Ivor Montagu

1982–1988 Hugh Jenkins of Putney
1990–2001 John Platts-Mills

Bundesrepublik Deutschland

Gesellschaft für deutsch-sowjetische Freundschaft (1949–1956)
Vorsitzender: Alfred Wahl

Arbeitskreis Ost (1955–1958)
Vorsitzender: Hans Klumb

Gesellschaft zur Förderung der Beziehungen zwischen der Bundesrepublik Deutschland und der Union der Sozialistischen Sowjetrepubliken (1968–1974)
Präsident: Boris Rajewsky
Vizepräsidenten: Eugen Kogon, Harald Koch, Christa Zinn, Herbert Mochalski
Generalsekretär: Walter Diehl

Arbeitsgemeinschaft der Gesellschaften Bundesrepublik Deutschland-Sowjetunion e.V. (1974–1992)
Vorsitzende:
1975–1977 Harald Koch
1977–1984 Walter Behrendt
1984–1991 Dietrich Sperling
Stellvertretende Vorsitzende:
1975–1991 Erwin Essl und Gerhard Weber

Mitgliedsgesellschaften der ARGE
Stand 1985 mit damaligen Vorsitzenden und Gründungsdaten, LA Saarbrücken, NL Bies.

Gesellschaft für kulturelle Verbindung mit der UdSSR (1955–1972)
Gesellschaft BRD – UdSSR im Saarland e. V. (1972)
Josef Herrmann

Ostgesellschaft innerhalb der RWAG (1955–1971)
Deutsch-Sowjetische Gesellschaft Dortmund (ab 1971)
Friedhelm Denninghaus

Verein zur Förderung der Beziehungen zur UdSSR Rhein-Neckar e.V. (1967)
Jörg-Heinrich von Bülow

Bayerische Gesellschaft zur Förderung der Beziehungen zwischen der Bundesrepublik Deutschland und der Sowjetunion e.V. (1972)
Erwin Essl

Gesellschaft BRD-UdSSR in Hamburg e.V. (1974)
Gerhard Weber

Gesellschaft zur Förderung der Beziehungen zwischen der Bundesrepublik Deutschland und der Sowjetunion - Regionalverband Rhein/Ruhr e.V. (1974)
Karl-Heinz Hansen

Hessische Gesellschaft zur Förderung der Beziehungen zwischen der Bundesrepublik Deutschland und der Sowjetunion (1975)
Herbert Mochalski

Gesellschaft zur Förderung der Beziehungen zwischen der Bundesrepublik Deutschland un der UdSSR in Schleswig-Holstein e. V. (1976)
Herbert Schulz

Gesellschaft zur Förderung der Beziehungen zwischen der Bundesrepublik Deutschland und der UdSSR e.V. Bremen-Weser-Ems (1978)
Erich Ströh

Gesellschaft BRD - UdSSR e. V./Bezirksverband Südbaden (1978)
Bernt Waldmann

Gesellschaft BRD-UdSSR Ems-Jade e.V. (1981)
Karl-Heinz Fischer

Gesellschaft BRD-UdSSR Bonn e.V. (1981)
Karl Wienand

Gesellschaft BRD-UdSSR in Niedersachsen e.V. (1983)
Joachim Raffert

Gesellschaft BRD-UdSSR Oldenburg e.V. (1983)
Ulrich Knauer

Gesellschaft BRD-UdSSR Rheinland-Pfalz e.V. (1984)
Josef Hofmann

Württembergische Gesellschaft zur Förderung der deutsch-sowjetischen Beziehungen e.V. (1985)
Dieter Schwörer

Sowjetunion

VOKS/SSOD

Vorsitzende:
1948–1957 Andrej Ivanovič Denisov
1957–1975 Nina Vasil'evna Popova
1975–1987 Zinaida Michajlovna Kruglova
1987–1991 Valentina Vladimirovna Tereškova
Langjährige Vizepräsidenten:
Evgenij Vjačeslavovič Ivanov
Viktor Ivanovič Gorškov

SSSR-Francija

Präsident:
1955–1967 Il'ja Grigo'evič Ėrenburg
1967–1991 Jurij Aleksandrovič Žukov

SSSR-Velikobritanija

Präsident:
1958–1985 Aleksej Aleksandrovič Surkov
1985–1991 Svjatoslav Nikolajevič Fedorov

SSSR-FRG

Präsident:
1970–1972 Vladimir Michajlovič Chvostov
1972–1987 Leonid Mitrofanovič Zamjatin
1987–1988 Sergej Andreevič Losev
1988–1991 Juirj Andreevič Osip'jan

Abbildungsverzeichnis

Titelbild	Programm Festival of Friendship 1962, British-Soviet Friendship Society, Hull, U DPM/2/68/3.
Abb. 1	France-URSS (1944) 10, privat.
Abb. 2	Abzeichen zum Monat der deutsch-sowjetischen Freundschaft 1953, privat.
Abb. 3	VOKS Bulletin, (1956) 5, S. 8, Bestand Universitätsbibliothek Tübingen.
Abb. 4	Sovetskaja kul'tura, 26.3.1960, S. 1, Bestand Universitätsbibliothek Tübingen.
Abb. 5	France-URSS (1964) 5, S. 22, Bestand BDIC.
Abb. 6	ANF, 88 AS 44.
Abb. 7	Urban, Alexander/Wedernikow, Igor: Verständigung im Namen des Friedens. 10 Jahre Gesellschaft „UdSSR-BRD", Moskau 1982, o.S.
Abb. 8	FUM (1977) 2, S. 36f, privat.
Abb. 9	ANF, 88 AS 62.
Abb. 10	ANF, 88 AS 62.

Register

Personen mit Kurzbiographie im Anhang sind mit *gekennzeichnet. Kursive Seitenzahlen verweisen auf Erwähnungen in den Fußnoten.

Abercrombie, Patrick* 82f, 578
Abrosimov, Pavel V. 215
Achmatova, Anna A. 107
Adams, Harry 63, 82
Adenauer, Konrad 168, 189, 282, 288, 374
Adžubej, Aleksej I. 260
Afghanistan 254, 338–350, 353, 375, 387, 443, 467, 475, 483
Agen 470
Aix-les-Bains 468f
Akademie der Wissenschaften 53, 84, 87, 108, 128, 170, 214, 295, 580, 584, 586f,
AKROS 170–172, 281, 284, 584
Aktionsgemeinschaft Unabhängiger Deutscher (AUD) 283
ALAP 182, 233, 243
Albertz, Luise 288
Aldridge, Dina 592
Aldridge, James 340
Aleksandrov, Grigorij V.* 177, 179, 183, 215, 578
Alexander Gorchakov Public Diplomacy Fund 539
Algerien 180, 264, 265, 402, 579, 582, 586
Algier 46, 70–73, 79, 90, 203, 579, 582
Allan, Vic 481
Allardt, Helmut 292, 295, 310
Alliance Française 50
Alma-Ata 286, 375, 412, 472
Amerongen, Otto Wolff von 434
Amis de l'Union soviétique (AUS) 58, 60, 70f, 73, 77f, 80f, 330, 333, 384, 582, 586
Amitiés Belgo-Soviétiques 77, 501
Amitiés franco-chinoises 579
Andropov, Jurij V. 476
Anglo-Soviet Journal 41, 68, 109f, 113, 132, 149, 389, 515
Anglo-Soviet Youth Friendship Alliance 67
Angoulême 465
Ankudinov, Vladimir M. 385

Aplatov, Michail V. 215
Aragon, Louis 79, 80, 89, 116, 182
Arcadias, Yves* 335–337, 343, 502, 578, 591
Arentin, Karl von 287
ARGE 11, 42, 306–316, 338, 347–350, 372–377, 391, 397, 424, 434, 441–443, 458, 460, 471, 481–483, 514, 522, 524, 531f, 534, 538, 578, 584, 589, 593
Armengaud, André 591
Armenien 88, 159, 177, 215, 220, 363, 369–371, 432, 455, 463f, 512f,
Arnaud, Claude 493, 591
Arnold, Tom 235
Arnot, Alexander 349
Arnot, Robin Page 41
Arosev, Aleksandr J.* 60, 578
Arras 425
Arutjunjan, Amazasp O. 216
Associacija Druzej Francii 516f, 579, 582f, 588
Association Bourgogne-Eurcasie 511
Association d'Amitié Franco-Vietnamienne 578
Association des amis du peuple russe et des peuples annexés 57
Association Droujba 511
Association France-URSS 10f, 24–26, 40, 69–81, 87f, 91, 94–105, 112, 116–118, 120f, 123–127, 133–139, 146, 155–162, 173, 174, 175, 178, 182, 184, 187f, 190, 192–206, 213, 215, 223f, 242–244, 254–269, 271–280, 307, 315–338, 343–347, 351–353, 358, 364–371, 383, 384–390, 392, 395–397, 399–402, 404–406, 413–420, 423, 425–427, 429, 432–441, 444f, 447, 449, 451f, 454–456, 458, 464–466, 468–470, 483–494, 497, 500–506, 508–512, 514, 519, 521, 523f, 527, 532, 534–536, 578–592
Association Isba et Datcha 511

Association Luxembourg-URSS 77, *515*
Association pour le rapprochement franco-soviétique 71
Association républicaine des anciens combattants et victimes de guerre (ARAC) 510, 589
Association Suisse-URSS/Gesellschaft Schweiz-Sowjetunion 26, 77, *79*, 96, *218*, *391*
Associazione Italia-URSS/Associazione italiana per i rapporti culturali con l'Unione Sovietica 26, 97, *112*, *158*, 162, 195, 244, *259*, 353, 471, *511*
Astier de La Vigerie, Emmanuel d' *102*
Attlee, Clement 93, 99, 120, 239
Auric, Georges 79
Australien *9*, 26
Auswärtiges Amt *11*, 42, 171, 229, 244, 281–283, *286*, 290, 293, 300, 302–315, 349–353, 372–379, 434, 438, 443, 445, *458*, 460, *464*, 482, 522, 532
Avtonomova, Natalija S. 491

Baade, Fritz *287*
Baby, Jean 101
Backhaus, Carl *288*
Bagdasarjan, Spartak B. *215*
Bagockij, Sergej *53*
Bahr, Egon 249, 304, 434
Baillot, Louis* 327, 331, 335, 344, *486*, 578, 591
Baku *357*, 385, *464*, 481
Bantock, Granville 82
Barbieri, Orazio 162, 195
Barbusse, Henri 58, *510*
Barthel, Max 56
Bateman, Angus 113
Battut, Jean 591
Baudet, Philippe *258*, 261f
Bauer, Albert 591
Baugnies de Saint-Marceau, Gaston *203*, 591
Bayerische Gesellschaft zur Förderung der Beziehungen zwischen der Bundesrepublik Deutschland und der Sowjetunion e.V. 42, 298f, 390f, 432, 459, 512, 536, 581, 583f
Bazin, Hervé 591

Behrendt, Walter* 308–314, 347–349, 378, 434, *443*, *464*, 578, 593
Belarus 24, 27, 106, 219, *271*, 363–365, 376–378, *384*, 412, *454*, 455
Belgien 75, 77, 173, 244
Belleville, André 511
Bellon, André 591
Belochvostikov, Nikolaj D. *235*
Belousov, Rêm A. 291, 429
Bentele, Wilhelm *288*
Bentley, Phyllis *85*
Benz, Georg *285*
Berëzka-Ensemble 150, 184
Berežkov, Valentin M. 294f
Bernet, Jean-Luc *505*
Bertelsmann Verlag *374*
Berti, Guiseppe 97
Besançon, Justin 591
Bethke, Hildburg *285*
Bevin, Ernest 93
Bezrodnij, Igor' S. 129
Biberach an der Riß *472*
Bičevskaja, Žanna 486
Bieringer, Klaus *459*
Bidault, Georges 75, 91
Bies, Luitwin* 42, 301, *313*, *348*, 512, *513*, 579
Billiet, Joseph 79
Birmingham 41, 128, 179f, 424, 451, 454, 511
Bismarck, Friedrich-Christoph von 293, *302*
Blank, Ginette *397*
Blätter für deutsche und internationale Politik 283f
Blech, Klaus 434
Bloch, Jean-Richard 55, 57, 79, *80*, 89, 223
Blum, Léon 266, 579
Blumel, André* 101, 258, 266–268, 273–275, 277f, 318–321, 392, 579, 591
Blumenfeld, Alfred *282*, 292, 300, *302*, 304
Bock, Hugo 42, 173–175, 301, 457
Bogomolov, Aleksandr E. 69, 72, 88, 125
Bogoslovskij, Nikita V.* *216*, 516, 579
Boguševskij, Anatolij A. *471*, *481*, 483
Boisseau, Albert 335
Bol'šoj-Ballett 106, 150, 177, 184, 215, 233, 237, 242, 291, 371, 428
Böll, Heinrich *287*, 288, 374

Bonn 174, 292, 294, 309, 311, 313, 390, 424, 426, 429, 436, 444, *463*, 516, 579
Bosschère, Albert de *365*
Boulier, Jean* 124, 137, 579
Bourger, Dagmar *308*
Bourgogne 455, 511
Bowen, Marjorie *85*
Bowring, William 592
Bradshaw, Laurence *357*, 592
Brandt, Heinz 298
Brandt, Willy 249, 280, 290, *371*, 429
Bratsk *134*, 402f
Bratus', Lel'* 516f, 579
Breidbach, Helmut 313f
Bremen 11, 141, 169, 313f, 424, 458, *463*, 482
Brest 51, 365, *375*, 376f, *385*, *398*
Brežnev, Leonid I. 44, *149*, 248f, 253, 296, 311, 314, 355f, 359, 361, 371, 400, 438, 442, 453, 472f, 476, *477*, 478, 483, 494, 517, 520, 527, 536
Bridgeman, Reginald Francis Orlando *41*
Brighton 179
Bristol 129, 179
Britain-USSR 241
British Council 41, 208, 231, 234f, 239
British-GDR Friendship Society 341
British-Polish Friendship Society 581
British-Soviet Friendship 192, 328, 480, 588
British-Soviet Friendship Houses Ltd. 67
British-Soviet Friendship Society (BSFS) 10f, 41, 121f, 126–128, 131, 133, 135, 146, 149, 163–166, 175, 178, 181, 183–185, 188–195, 198–200, 213, *229*, 233–236, *237*, *238*, 251, 260, 270–272, 338–342, 347, 349, 352f, *357*, *358*, 389, 392, 395, 400, 404, 410, 427, 432, 448, 450f, 453f, 461–463, 480f, 506–508, 510f, 515, 519, 521, 524, 527, 532, 534–536, 581, 583, 586–588, 590, 592
British-Soviet Society (BSS) 67–69, 82f, 88f, 93f, *96*, 99f, 102, 105, 113f, 117–119, 123, 131, 578, 581–583, 586
British-Soviet Unity Committee 64f, 67
British-Soviet Women's Committee 67
Brive-la-Gaillard 464
Brown, Tom *83*, *93*, 592

Bücher, Hans-Werner 434
Buchmann, Albert *283f*
Bukovskij, Vladimir K. 321, 325
Bulawko, Henri 488
Bulganin, Nikolaj A. 189, *190*,192, 235
Bülow, Jörg-Heinrich von 593
Bund der Deutschen 300
Bund der Freunde der Sowjetunion 58
Bundespresseamt (BPA) 309f, *312*, 373–375, *458*
Bush, Alan 68, *340*
Bykovskij, Valerij F. 371
Bystrickaja, Élina A. 216, 462

Callaghan, James 340
Cambridge 128f, 582
Canadian-Soviet Friendship Society 26, 130
Canavan, Dennis *481*
Capalkin, Anatolij N. 321, *324*, *326*
Capitant, René* 160, 202–205, 255, 261, 265, 273, *274*, 579, 588, 591
Carapkin, Semen K. 289
Cardonnel, Jean 489
Carrère d'Encausse, Hélène 504
Carter, Jimmy 254, 342
Casadesus, Jean-Claude 591
Casanova, Laurent 266
Cassin, René* 96, 579
Cazalbou, Jean 331, 449, 591
CDU 249, 282, 293, 301f, 310f, 348, *349*, 352, 434, 450, 457, 471, 481, 582
Cercle de la Russie neuve. 57, 80
Cerf-Ferrière, René 194
Černenko, Konstantin U. 476
Červonenko, Stepan V. *387*, 516
CFDT 268, 335, 578, 583
CFTC 578, 583
CGT 79, 91, 386, 486, 511
Chaban-Delmas, Jacques 582
Chačaturjan, Aram I. 178, 255
Chagall, Marc 89
Chalmers-Mittchel, Peter 82
Champeix, Marcel* 268, 579, 591
Champenois, Jean 98, *188*
Char'kov 397f, 455, 464
Charles-Roux, Edmonde 591
Chesterton, Ada 82, *85*

Chevènement, Jean-Pierre 444
Chirac, Jacques 492
Chorley, Robert 193, 200
Chrétien, Jean-Loup 487, 591
Christie, Agatha 85
Chruščev, Nikita 43, 187, 189, *190*, 192, 207, 235, 248, 255–258, 260, 265f, *326*, 473, 483
Churchill, Clementine 65
Churchill, Thomas B. L. 260, 272
Churchill, Winston 46f, 62f
Chvostov, Vladimir M.* 295, 580, 595
Cicin, Nikolaj V. *165*
Citerne, Marcel 365
Clouzot, Henri-Georges 224
Cohen, Francis* 104, *133*, 202, 502, *504*, *510*, 580
Combattants de la paix et de la liberté 116, *123*, 579
Comédie française 150, 242
Comité français de Libération nationale (CFLN) 46, 70, 72, *102*, 579
Comité International de Défence de la Civilisation Chrétienne 137
Comité national de la France libre 46, 69
Communist Party of Britain 479
Congress of Cultural Freedom 137
Conservative Party 46, 82, 184, *231*, 239, 340f, 450, 585
Conze, Werner 282
Čop 385
Copin, Noël 489, *491*
Coste, Frédéric 591
Cot, Pierre* 77, 80, *102*, 580
Cotton, Eugénie* 105, 116, 260, 580, 591
Coventry 150, 339, 341, 447f, 451, 506, 590
CPGB 10, 18, 46, 48, 63–65, 82, 92f, 99f, 113f, 118f, 126, 131–133, 135f, 163–166, 175, 187, 191, 199, 239, 251f, 270, 272, 338–342, 389, 461, 463, 479, 506, 521, 534, 536, 582, 586–588
Creighton, Henry Campbell 592
Crotty, Horace 82
ČSSR, siehe Tschechoslowakei
CSU 249, 298, 299, 305, 311f, 348f, 352. 458. 481
Čubarov, Vladimir 218

Curie, Marie 80f, 580, 583
Curie, Pierre 80
CVJM 296, 390, 589

Dahrendorf, Ralf 290, 539
Daily Worker 113, 582
Danelija, Georgij N. 425
Dänemark 95, *389*, 515
Daniel, Julij M. 319
Dante-Alighieri-Gesellschaft *50*
Dartigues, Valentine 397, 414
Daubeney, Peter 233
Davidovič, Bella M. 177, *178*
Day Lewis, Cecil 86
DDR 3, 6, 11, 19, 24, 27, 37, 43, *102*, *128*, 131, 138, 141–144, 147, 168f, *171*, 174f, 204f, *213*, *221*, 227, 249f, *282*, 283, 295, 297, 314, 319, 341, 362f, 378, *384*, 390, *435*, 436, 482, 516
Debray, Pierre* *102*, 124, 133, 137f, 155, *160*, *180*, *203*, 580
Debû-Bridel, Jacques* 79f, 580
Decaux, Alain 591
Dehler, Thomas 282
Dejean, Maurice* 72, *205*, 580, 591
Denain 403, 506, 589
Denisov, Andrej I.* 108, 164, *165*, 169, *171*, *184*, *210*, *236*, *242*, 385, *448*, 580, 595
Denjoy, Arnaud 275
Denkendorf 459
Dennighaus, Friedrich* 299, 348, 580, 593
DER-Touristik 390
Desson, Guy* *274*, 318f, 321, 326, *329*, 331, 337, 387, 470, 581, 591
Desvillettes, Paul *500*, 502
Deutsche Demokratische Union (DDU) 300
Deutsche Gesellschaft für Osteuropakunde (DGO) 245, 305
Deutschen Friedensunion (DFU) 285, 288, 300, 313, 586
Deutscher Städtetag 456, 460, 471f, 514
Deutsches Ostforum München 512f
Deutsch-Sowjetische Gesellschaft (DSG) 282f
Deutsch-Sowjetisches Forum München 512f
Dickinson, Thorold 111
Die Zeit 281, 285

Diehl, Walter* *292*, 293, *300*, 302, *303*, 581, 593
Dijkov, Aleksej 303, 306, 390, 436, *458*
Dijon 150, 205, 451f, 470
Dingens, Peter *305*, *391*
Dirks, Walter *287*
DKP 10f, 19, 252f, 281, 288, 294, 296f, 299–301, 303, 305–307, 309, 311–314, 348f, 352, 389, 391, 441, 512, 527, 534, 579, 583
Dobigny, Roger 395
Dobrenine, Jean *420*
Dobrynin, Anatolij F. 476, 488
Dohnányi, Klaus von 434, 438f, 442
Dolmatov, G.M. 379
Doluchanova, Zara 177, *178*
Domic, Zorka 491
Doneck 461, 471
Dönhoff, Marion Gräfin von 285, 304, 403
Doray, Bernard 491
Dortmund 42, *288*, 299, 306, 308, 371f, 431, 433f, 436, 439, 441f, 458, *463f*, 482, 578, 580
Dorville, Jean 133
Drexel, Josef E. *287*
Druz'ja kul'tury i nauki Francii 211, 223f, 581
DSF, siehe Gesellschaft für Deutsch-Sowjetische Freundschaft
Dubček, Alexander 269
Duchêne, Gabrielle 79, *80*
Duclos, Jacques *92*, 118, 156
Ducuing, Joseph 395
Dufriche, Marcel 469
Duisburg 141, 482
Dumas, Roland 494
Dušanbe 365, *375*, 376f, 400, 404, 407
Dzeržinskij 452

Ebert, Friedrich 169
Effel, Jean 125, 365
Einstein, Albert 56
El'cyn, Boris 510, 518
Eliot, T. S. *86*
Éluard, Paul 79, *80*, 116
Eppler, Erhard 429

Èrenburg, Il'ja G.* 89f, 109, 129, *130*, 136, 152, 177, 195–197, 212, 214f, 222–224, 227, 429, 449f, *454*, 581, 595
Erevan 369, *375*, 385, 414
Erlangen 459
Ermakov [Referent SSOD] 314
Erochin, Michail G. 129
Essl, Erwin* 298, 303, 306, 347f, 350, *358*, *373*, 390f, 406, 412, 428, 434, 458, 512f, 581, 593f
Estier, Claude* 318, *321*, 322, 337, 581, 591
Estland 362, 390, *455*, 583
Ètkind, Efim G. *358*
Études soviétiques 103
Evans, Stanley G.* *41*, 83, *96*, 100, 188f, 191, 581, 592
EVG 160, 203, 205
Ežov, Vsevolod D. 294

Fabian Society 63
Fadeev, Aleksandr A. 109, *111*
Falin, Valentin M. 303, 350, *436*, *458*, 516
Fandjušin, V. A. 128
Farges, Yves 116
Faure, Edgar 435, 437
FDP 280f, *282*, 294, 297f, 301, 310, 443, 450, 589
Feddersen, Jens *435*
Fedin, Konstantin A. 129, *169*
Fedorenko, Nikolaj T. *385*
Fedorov [Konsul in Hamburg] *297*, 313f
Fedorov, Svjatoslav N.* 498, 581, 595
Feldzer, Constantin 275
Feuchtwanger, Lion 55
Filatov, V. [Referent SSOD] *284*
Finaud, Zounia 396
Finnland 64, 77, 212, *213*, 471
Fischer, Karl-Heinz 594
FMVJ *448*, 449, 451, 453, 455, 468
Foley, Tony 507
Force ouvrière 395
Foreign Office 41, 68, 97, 99, *131*, 136, 184, 229–232, 234, 237–241, 262, 272f, 315, 319f, 350, 453, 532, 586
Forman, Stanley* 96, 581, 592
Fox, Eleonory 208, 221
Frachon, Benoît 79

France, Anatole 57
France-URSS Magazine/France-URSS 71, 74, 76f, 81, 90, 95, 98, 103–105, 117, 124, 149, 155, 157, 159, 161, 180, 187f, 194, 197, 255, 265, 275–279, 322f, 325–327, 330–332, 334–336, 343, 368, 386, 396, 415, 470, 484f, 493, 503, 585, 587
France-URSS, siehe Association France-URSS
Frankfurt am Main 11, 141, 282–284, 286, *292*, 296, 306, 424, 426, 434, 579, 587
Freeman, Christopher 592
French, Sid 338
Friebel, Rudolf 168, *173*, 308, 312, 482
Friedensburg, Ferdinand* 282, 592
Friedrich Ebert-Stiftung 429, 471, 514, 589
Friends of Soviet Russia/Friends of the Soviet Union 58
Froment-Meurice, Henri 366
Frunze/Biškek 400
Fuchs, Jakob 481
Furceva, Ekaterina A. 371
Fuzier, Claude* 268, 273, *274*, 582, 591

Gagarin, Jurij A. 495
Gak, Vladimir G.* 216, 516, 582
Galland, Joannès 486, 591
Gambiez, Fernand* *203*, 435, 582, 591
Gampfer, Georg 145
Garanger, Marc 368f
Garreau, Roger 69
Gaulle, Charles de 21, 46–48, 69f, 72, 74f, 80, 91, 94, 101, 159, 194, 203–205, *216*, 248f, 254–256, 258, 264, 267, 269, 280, 317f, 486, 579, 586
Gazier, Albert 79
Gelendžik 465
George, David Lloyd 82
George, Pierre 104
Georgien 88, 135, 159, 301f, 309, *373*, 398, 400, *454*, 455–457, 463, *464*, *499*, 513f, 581, 585
Gerasimov, Aleksandr M. 224
Gerasimov, Sergej A. *111*
Gerbault, Jean-Marie 71
Germain, André 76, *81*
German, Michaïl J. 226, 421

Gerzywisch, Hans *288*
Gesamtdeutsche Volkspartei (GVP) 285, 586
Gesellschaft der Freunde des neuen Rußland 56
Gesellschaft Deutschland-Sowjetunion 282f, 582
Gesellschaft für Deutsch-Sowjetische Freundschaft (DSF) 11, *27*, 42, 102, 131, 138–146, 167–172, 174, 229, 281f, 284, *303*, *314*, 589
Gesellschaft für kulturelle Verbindung mit der UdSSR/Gesellschaft BRD-UdSSR im Saarland 11, 42, 172–174, 281, 301, 300–302, 312, 391, 441, 456f, 513, 579, 588, 593
Gesellschaft Schweiz-Sowjetunion, siehe Association Suisse-URSS
Gesellschaft BRD-UdSSR 11, 281, 286, 288–290, 293f, 296f, 300–310, 316, 390, 397, *442*, 456, 534f, 586
Gibson, John 135, *428*, *462*, 510
Gibson, Ralph 515
Gibson, Veronica 135, *428*, 510
Gide, André 55
Gilel's, Émil' G. 129, 150, 242
Gilles, Christiane 591
Giraud, François *489*
Giraud, Henri 70
Girondeau, Lucien 277
Giscard d'Estaing, Valéry 324, 435
GKKS 39, 210, 212, 215, 219, 238, 243, 245, 356, 436, 449, 453, 467, 590
Glaser, Hans 145
Gluščenko, Ivan E. 114, 128
Gmelin, Hans *435*
Goethe-Institut 374
Golding, Louis 109
Gollan, John 166f, 187, 251, 270
Goppel, Alfons *298*
Gorbačev, Michail S. 5, 248, 355, 476–480, 483f, 486, 488–492, 494, 496, 499, 503–506, 510, 584
Gorbačeva, Raisa 483, *491*
Gorse, George *204*, 591
Gorškov, Viktor I. *211*, *219*, *221f*, *256*, 258, 265, *267*, *321*, 412, 462, 595
Goss, John 192

Gouin, Félix 79
Grégoire, Jean 503
Grenier, Fernand* 70–73, 75f, 79, *80*, 81, *94*, 95, 98f, 101, 103f, 125, 127, *134*, *136*, 156–159, 203, *267*, 275, *323*, 344, 357, 384f, 406, 509, 582, 591
Grenkov, Vladimir F. 326, *364*, 369, *387*, *393*, *464*
Grenoble 392, 426, 427
Griechenland *146*, *213*, 269, 590
Gromyko, Andrej A. *237*, 476
Grünberg, Gottfried *143*, 167
Grünberg, Martin 271
Grünstein, Herbert *314*
Guardian, The 342
Guichardaz, Philippe *489*
Guilbert, Madeleine* 322, 335, 344f, *346*, *387*, *444*, *484*, 486, *488*, 492, *503*, 582, 591
Guizard, Marcel 125
Gutnova, Evgenija V. 421
Guyot, Raymond 263, 265, *267*, *393*
Gvišiani, Džermen M. *436*

Hagen 459, 482
Haldane, John B. S.* *64*, 82f, 113f, 116, 320, 582
Hamburg 11, 150, 296f, 306, *314*, 347, 373, 389f, 424, 426, *432*, 450, 460, 463, *464*, 467, 512–514, 589
Hamm-Brücher, Hildegard 312
Hamon, Léo* 202–205, 273, *274*, 275, 327, 331, 334–337, 343, 346, 438f, 485f, 502, 504, 582, 591
Hanauer, Rudolf 298
Hansa-Tourist 389–391
Hansen, Karl-Heinz* 313, 348, 583, 594
Hartman, Dick *462*, 463
Haßdenteufel, Edmund 457
Heinemann, Gustav 252, 285, *286*, 291
Heinsohn, Karl *297*
Hermsdorf, Hans *294*
Herrhausen, Alfred 434
Herriot, Edouard 57, 79, 160, 193
Herrmann, Annie 457
Herrmann, Josef 457, 593
Heydorn, Hans-Joachim *287*

Heyken, Eberhard *309*, 312f, *315*
Hillebrand, Jan W. *288*
Hinkes, Sidney *481*
Hitler, Adolf 98f, 121, 135, 146, 203, 376
Hitler-Stalin-Pakt 46, 60, 68, 101, 271
Hitzer, Friedrich* *299*, *313*, 583
Hobsbawn, Eric *132*
Hochhauser, Victor 178, 181, 239
Hoffmann, Diether 435
Hoffmann, Helmut *298f*
Hoffmann, Werner *285*
Hofmann, Josef *481*, 594
Hoheisel, Guido 170
Hohler, Henry A.F. 229, 231f
Holtz, Christian 459
Holz, Hans-Heinz *285*
Hookham, Maurice 592
Hügenell, Inge *299*, 512
Huisman, Georges 591
Hull 41, 461
Huxley, Julian *84*, 116

IAH/ Mežrabpom 52, 56
Igenbergs, Zinaida* 390, 428, *458*, 583
Ignatov, Aleksandr V.* 410, *433*, 444, 508f, 516, 583
Imšeneckij, Aleksandr A. *215*
Indien 9, *213*, 225, 582
Institut für Auslandsbeziehungen (IfA) 305, 374f, *376*
Institut po razvitiju otnošenij s obščestvennost'ju FRG 294–296
Institute for Democracy and Cooperation 539
Internationale Demokratische Frauenföderation 105, 116, 210, 529, 580
Internationale Vereinigung der Freunde der Sowjetunion 58
Internationale Vereinigung revolutionärer Schriftsteller 52
Inturist 55, 225, 293, 380–385, 387, 389f, 396f, 399, 403, 406, 410, *421*, 423f, 426–428, 466, 500–502, 514
Information Research Department (IRD) 136, 184, 230, 260, 586
Irkutsk 219, 226, *285*, 402, 412
Irland 26, 77, 268, *508*, 517

Isère 158, 161, 589
Island *26*, 130, *515*
Italien 21, 62, 92, 117, 158, 212, *213*, 244, 251, 269, 295, 353, 471, 589
Itart-Longueville, Marcel *395*
Ivanickij, Oleg 496
Ivanov, Evgenij V. *211*, 301, *313*, *316*, *327*, 328, *329*, *334*, 350, *369f*, *390*, 436, *443*, *481*, 595
Ivonin, Viktor A. *436*
Ivry-sur-Seine 364, 452
Izvestija 441, 470, 581

Jacoby, Georg 169
Jahn, Egbert 434, 438f, 442
Jahn, Gerhard 281, 291
Jakovlev, Vladimir G. 154, 165f, *184*, 186, *189*, *193*, *198*, 208, 224, 232f, 235f, 395
Jakunin, Gleb P. 490
Jakutsk 216
Jalta 403, 414, *452*, 464, 590
Janaev, Gennadij I. *342*, *350*
Jaquet, Gérard* 318, 327, 331, 334, 337, *464*, *466*, 504, 583, 591
Jeanson, André* 268, *274*, 318, 583, 591
Jeanson, Colette 194
Jeanson, Francis 194
Jefferson, Thomas *118*
Jellicoe, George *229*, *234*
Jenkins of Putney, Hugh 593
Jeunesse ouvrière chrétienne 124, 579
Joad, Cyril E. M. 82
Johnson, Hewlett 64, 82, 88, 102, 179, 193, 200, *340*, 583, 592
Joint Committee for Soviet Aid 65, 88
Joliot-Curie, Irène 79, 81, *84*, 116, 583
Joliot-Curie, Frédéric* 79–81, *84*, 101, 118, 125, 136, 159, 345, 583, 591
Jospin, Lionel 490
Jourdain, Francis 79, *80*
Joxe, Louis *204f*, 591
Juppé, Alain 492
Justrabo, René 511
Jutkevič, Sergej I. *215*

Kabalevskij, Dmitrij B.* 128f, 583
Kaftanov, Sergej V. *237*

Kaganski, Serge 396
Kairov, Ivan A. *215*
Kaliningrad 458
Kališjan, Griorgij M. *211*
Kamenev, Lev B. 52, 64, 102, 584
Kameneva, Ol'ga D.* 52–54, 59, 584
Kapalet, Lev M. 294
Kaplan, Reinhard W. *287*
Karaganov, Aleksandr V.* *84*, 88, 584
Karcher, Oskar *169*, 171
Karry, Heinz-Herbert *304*
Kasachstan 227, *363*, *422*, *455*, *463f*
Kelly, L.C. *234*
Kemenov, Vladimir S.* 60f, 84, 88, 108, 119, 584
Kennedy, John F. 248
Kerenskij, Aleksandr F. 439
Kessel, Lipman 592
Kesternich, Hubert 173, *174*, *301*
Kettig, Alma *285*
Keuning, Dietrich *288*
Keyes, Sydney *86*
Kiel *463f*
Kiev 126, 374, 376, 385, *398*, 399, *432*, 443, 457, 458f, 464, 507, 587
Kijatkin, M. M. 167
Kir, Felix 451
Kirgisien 365, 400
Kirkpatrik, Ivone *229*
Kirov-Ballett 117, 291
Kisch/English, Ruth 410, 592
Kišinëv *375*
Kislova, Lidija D.* *87*, 103, 156, *184*, 218, 584
Kitsikis, Beata *146*
Klett, Arnulf *288*
Klin 216
Klumb, Hans* 169–172, 584, 593
Klumpp, Werner 301, *302*
Knauer, Ulrich 594
Koch, Hans *170*
Koch, Harald* 285–287, 306–308, 371, 434, 584, 593
Koestler, Arthur 55
Kogan, Leonid B. *235*, 292
Kogon, Eugen* 284–286, 289, 306, 402, 584, 593
Kollwitz, Käthe 56

Kolmogorov, Andrej N. 215
Kominform 48f, 92, 100, 119
Kondraščev, Sergej A. *183f, 233*
Koppel, Walter *297*
Körber, Kurt A. 285, 376, 402
Korenblit, Lev 321
Kornejčuk, Aleksandr 215
Korovin, Evgenij A. *215*
Kosminskij, Evgenij A. 129
Kožokin, Evgenij M. *499*
Kozyrev, Oleg 498, *502f*, *508*
KPD 10f, 19, 42, 139–145, 167, 169, 171, 175, 252f, 282–285, 287f, *297*, 300, 306, 352, 522, 534, 583, 589
KPdSU 17, 40, 48, 112, 116, *123*, 153, 165, 177, 186f, 209, *210–212*, 214, 217, *219*f, 221, 224, *266*, *268*, 270, 276, *277*, 279, *294*, 315, 325, 333, 343, *362*, 382f, 412, *421*, 422, 433, 436, 443, *467*, 468, *471*, 476f, 479, 483f, *492*, 495, 580, 584, 587–590
KPS 172–174, 579, 588
Kravčenko, Viktor A. 100–102, 118, 124, 159, 266, 315, 333, 589
Kroll, Hans *282*
Kronawitter, Georg 298, 458, *459*
Krüger, Eduard 378
Kruglova, Zinaida M.* 4, *335f*, *345*, 358, 467, 470f, 495, 584, 595
Krutogolov, Michail A.* 437, 499, 584
Krylov, Aleksej G. *215*
KSZE 44, 250, 253f, 324, 332, 345, 349, 359–361, 373, 379, 431, 438, 441, 453, 460, 473f, 478, 492, 527
Kühn, [Legationsrat Auswärtiges Amt] *306, 311*, 372, 374, *433*
Kul'tura i žizn'/Kultur und Leben 213, 221f, 256, 347, 360, 415, 418, 495–497, 499
Kunick, Konrad 314
Kursanov, Andrej L. *215*
Kutaisi *398*
Kuznecov, Nikolaj G. *236*

L'Humanité 73, 79, 104, *155*, 194, 325, 332, 479, 580, 585
La Rochelle 465
Labeyrie, Émile 591

Labour Monthly 272
Labour Party 10, 21, 46, 48, 62–64, 66, 82, 92f, 99f, 122, 136, 164, 184, 192, 200, 230, 251, 268, 272, 339–341, 352, 450f, 534, 537, 586f, 590
Lacassagne, Antoine 591
Lafontaine, Oskar 457, 471
Lagroua-Weill-Hallé, Marie-Andrée 590f
Lajardie, Jacques 395
Lambie, David *481*
Lamond, James 341
Langevin, Paul* 57, 80f, 87, 223, 345, 583f, 586, 591
Langguth, Gerd 312f
Langlois, André* *276*, *423*, *426*, *428*, 511, 585
Lanoux, Armand 278, 319, 435, 437, 439, 591
Larroche, Hélène* *322*, *334*, *367*, 368–370, 543, 585
Latil, Charles* *344*, 486–488, 493, 502, 504f, 510f, 585, 591
Laurent, Auguste 455
Lavigne, Marie 591
Lavrov, Sergej V 1f
Lawrence, John 350
Lawson, Joan 68
Lawther, Will 82
Layzell, Jim *341*
Le Havre *329*, 423f, 463
Le Léap, Alain 591
Le Monde 76, *197*, 470, 490, 581
Le Pors, Anicet 444
Leber, Georg 429
Ledig-Rowohlt, Heinz-Maria *287*
Leeds 461
Lefort, René *504*, *510*
Leitz, Franz J.P. *285*
Lemaire, Abdon *357*, *395*, *405*, *412*, *414*, *418*
Lenin 37, 154, 193, 320, 424, 489, 496
Leningrad 88, 107, 125f, 150, 171, 216, 219, 226, 262, 285, 296, 321, 333, 358, 367, *375*, 385, 390, 394, 396f, 399, 407, 412, 414, 422, *432*, 448, 450f, 460, 462–464, 468, 513, 579, 584
Leonov [Vertreter SSOD] *456*
Leont'ev, Aleksej N. *215*
Leroy, Roland* 256, 265–269, *274*, 275, 277–280, 317–319, *321*, 322, 330, 333f,

435, 454, 466, 486, 488, 493, *501*, 502, 510, 585, 591
Les Lettres françaises 100f, 125, 266
Lettland 215, 295, *314*, *363*, 371, 390, 583
Lewis, Alun *86*
Libération 159, 193, *197*, 318, 581
Ligačëv, Egor K. 492
Lille 40, 397, 405f, 413, 415, 419. 425, 455, 457, *464*, 511, 579
Lilley, Pearl *41*, 592
Limoges 511
Lincke, Dietrich *293*
Lindex GmbH 390f
Lindsay, Jack *85*
Lindt, August Rudolf *263*
Linke, Karl *285*
Lipkowski, Jean de* *204*, 346, 585
Litauen *363*, 396, *455*, *463*, 578
Literaturnaja Gazeta 129, *196*, 197, 237, 589
Liverpool 128, 135, 179, 424, 427, 510
Livian, Marcel *268*
Ljubimov, Jurij P. 332
Lobžanidze, Bachva 457
London 10, 41, 46, 66, 69f, 98, 110, 128f, 132, 149, 164, *165*, 166, 180f, 192, 195, 218, 233, 235, 237, *319*, 424, 428, 451, 461, 476, *500*, 579f, 582, 587, 590
Losev, Sergej A. *500*, 595
Luchaire, François 591
Lukutin, Valentin *443*
Lumbroso, Fernand 182
Lurçat, Jean 79, *80*, 182
Luxemburg, siehe auch Association Luxembourg-URSS 77, 269
L'vov *398*
Lyn'kov, Nikolaj M. *350*
Lyon 121, 345, 369, 424, 426f, 455
Lysenko, Trofim D. 112–114, 135

Macaulay, Rose *87*
Maclean, Fitzroy* 239, 272, 319, 349, 585
Macmillan, Harold 248f
MacNiece, Louis *86*
Mädler, Hermann *314*
Ministère des affaires étrangères (MAE) 25, 41, 75, 243f, 255, 257, 259, 262, *266*, 346, *366*, 452, 484, 532

Mager, Friedrich 512f
Mainz 169f *202*, 451, *464*, 481, 584
Malamet, Nicole *397*
Malaterre-Sellier, Germaine 79
Malenkov, Georgij M. 84, 151
Malik, Jakov A. *178*, 232f, 235–239
Mallet, Robert 591
Manchester 128f, 179f, 271f, 424, *447f*, 450f, 462f, *514*, 583
Manchester and St. Petersburg Friendship Society 511
Manfred, Al'bert Z. 436f
Mann, Golo *287*, 288
Mannheim *463f*
Marchais, Georges 343, 479
Mare, Walter de la *86*, *110*
Mares'ev, Aleksej P. *215*
Marquet, Albert 79
Marquié, Raymond* 101, *202*, 275, 327, 333–336, 344, 503, 585, 591
Marseille *18*, 150, 396, 423f, 454–456, *464*, 468f, 486, 512, 585
Martin, Georges* 24, *43*, 72f, 78f, *112*, *173*, *188*, *280*, 322f, *324*, 326–333, *387*, *432*, *441*, *464*, 484f, *493*, *511*, 585
Martin-Chauffier, Louis *102*
Martiros, Sarjan *215*
Marxism Today 272
Mas'ko, Anatolij 217f, 342, *350*
Masloh, Aloys *302*
Matchabelli, Wladimir* *347*, *514*, 585
Matkovskij, N. V. 128
Mauriac, François* 79, 87, 193, 586
Mauroy, Pierre 444, 455, 487, 490
Maurras, Charles 579f
Mayhew, Christopher* 230f, 233, *234*, 235–237, 239–241, 586
Mazon, André 79
Mazurov, Kirill T. *412*
Médecin, Jacques 451f
Medvedev, Roj A. 494
Meister, Pam(ela) 342, *358*, *389*, 481, 506f, 592
Melitopol 464
Menne, Alexander *282*
Menton 465
Menuhin, Yehudi 181

Merkel, Heinz 391
Meunier, Marcel *357*, 504
Meyer, Ernst Wilhelm *282*
Meyer-Landrut, Andreas *303*, 305, 434, 334
Meždunarodnaja žizn' 580
Michajlov, Nikolaj A. 235f, *237*
Michajlov, Pavel 227
Michalkov, Sergej V. 436
Mikojan, Anastas I. 261
Millard, Reg *389*, 592
Minsk 363–365, *375*, 376, *377*, 385, 395–397, *398*, *405*, 412, *415*, 416, *417*, 420, 451, 454, 461f
Mischnick, Wolfgang 443f
Mitscherlich, Alexander *287f*
Mitterrand, François 17f, 268, 317f, 346, 444, 479, 489, 492
Mochalski, Herbert* 284–289, 292f, 300, 303, 305f, 390, *402*, 403, *456*, 586, 593f
Moersch, Karl 294
Moiseev-Ensemble 150, 181f, 184, 233f, 364
Moldawien 455, *463*
Mollet, Guy *137*, 189f, 212, 221, 243, 268
Molotov, Vjačeslav M. 61, 84, 107, 164, 385
Montagu, Ewen *119*
Montagu, Ivor* 41, *63*, 68, *85*, 115, 118f, *136*, 340, 586, 593
Montreuil 469
Moore, John 506, *507*
Moore, Thomas 82
Morgan, Claude 125, 191
Morning Star 272
Morozov, Arsenij A. *174*, 225
Morton, Alan G. 113, *114*
Mošaev, Vsevolod E. *436*
Mott-Radclyffe, Charles *231*
Motylëva, Tamara L. 216
Müller-Heydenreich, Eckhart *299*
München 298f, *303*, 306, 391, 424, 426, 428f, 458f, 512f, 583
Murray, Ralph *239*
Murville, Couve de 255, *258*, 261f, 435
Muth, Wolfgang *289*
Myers, Elisabeth *85*

Nanterre 466
Nantes 511
National Council for British-Soviet Unity (NCBSU) 65–68, *77*, 81–83, *93*, 113, 578, 581–583
National Council of American-Soviet Unity 66
National Council of Canadian-Soviet Unity 66, 130
NATO 117, 119, 160f, 229, 232f, 243, 249, 254, 315
Naumov, Pavel A. *306*, 436
Neuhöffer, Paul *313*
Neumann, Robert *110*
Neumann, Thomas *297*
New Communist Party of Britain (NCP) 338
Nicholson, Fergus *342*
Nicolle, Jacques* 81, 87f, *102*, 586
Niemöller, Martin 285, *293*, 306, 586
Nikitin, Sergej S. *424*, *436*
Ninkulin, Lev V. 216
Nizza 197, 423, 426, *451*
Noel-Baker, Francis 319
Noguères, Henri* *493*, 586, 591
Nordirland 77
Norkus, Gisela 372–378
Normanie-Niémen [Jagdfliegergeschwader] 69, *203*, 216, *365*, 516
Norwegen 77, *79*, 268
Nottingham 41, 179, *342*, 451, 454, 461f
Nouvel Observateur, Le 321, 581
Novaja Kachovka 452, *464*
Novgorod *375*, 466
Novosibirsk 285f, *402*, 458
Nungesser, Roland 435
Nutting, Anthony *235*

O'Casey, Sean *110*
Ob"edinennoe bjuro informacii (OBI) 52f, 584
Obrazcov, Sergej V. 177, 180, 183–185, 371
Obščestvo Rossija-Germania 516
Obščestvo SSSR-Francija 25, *38*, 213–215, 217, 222f, 226f, 256, 258, 261–263, 321, 326, 335, *336*, *343*, 344, 363, 366f, *387*, *409*, *410*, 411–413, 421, 429, 436,

454–456, 468, 492, 495, 498f, 509, 516f, 532, 579, 581–584, 588f, 595
Obščestvo SSSR-FRG *38*, 295f, 304, 311, 412, 436, 500, 516, 579f, 586, 590, 595
Obščestvo SSSR-Italija 212f, *215*, 578
Obščestvo SSSR-Velikobritanija 212, *216f*, 218, 223, 240f, 262, 272, 421, 454, 462, 498–500, 508, 517, 532, 589f, 595
Obukovič, Anatolij 461f
Odessa 98, 150, 216, *375*, 385, 403, 454–456, *464*, 468–470
Offroy, Raymond 591
Ojstrach, David F. 174, 177, *178*, 181, 229
Ojstrach, Igor' D. 177f, 181, 183
Okudžava, Bulat 486
Oldenburg 458, *463*, 584, 594
Oparin, Aleksandr I. 178
Oranovkaja, Aleksandra P. 216
Ordžonikidze/Vladikavkas 400
Orlov, Jurij F. 332
Orlova-Kopeleva, Raisa *60*
Ormesson, Jean d' 435
Ormsby-Gore, David *239*
Osip'jan, Jurij A.* 500, 516, 586, 595
Österreich 21, 77, *213*, 233, *271*, 389, 455
Österreichisch-Sowjetische Gesellschaft (ÖSG) 77, 270f, 389
Ould, Herman *85*
Oxford 62, 128, 132, 426, 582, 587
Oyler-Waterhouse, William Arthur *96*

Pachomov, Vasilij I. 216
Pahl-Rugenstein Verlag 283
Pailleret, Camille* 75, *80*, 81, 94, *96*, *121*, *123*, *125*, *138*, 157, 159, *400*, 586, 591
Paix et Liberté 137
Pal'gunov, Nikolaj G. *215*, *224*
Palme Dutt, Rajani 63, 272
Pankov, Jurij N. 492
Pantin 452, 466
Paputin, Viktor S. 326
Parastaev, Andrej 218, 341
Parickij, Aleksandr S. 397
Paris 70, 72–76, 80f, 88, 116f, 137, 195, 197, *217*, 218, *223*, 224, 233, 242, 261, *267*, 268, 318, 321, *358*, 364, 368, 370, 385f, 392, 423–426, 432, 452, 454, *470*, 486,
492f, 498, 501f, 508, 512, 514, 539, 578f, 581f, 584–586, *588f*
Paris, Monique 260, *274*, 365
Parrott, Cecil C. *233*
Parry, Steve 349f, 592
Pau 397
Pavett, Jean 481
PCF 10, 17f, 25, 40, 46–48, 69–75, 79–81, 87, 91f, 94, *95*, 101, 104, 116, 118, 125, 133, 137, 156–160, 175, 182, 184, 187, 191, 193, *194*, 196, 199–201, 205, 251f, 254–257, 263–268, 270, 273f, 276f, 279f, 317, 319, 321–326, 329, 331–333, 343, 345–347, 351–353, 365, 368, 370, 395f, 417, *433*, 455, 469, 478f, 483–486, 490, 502f, 509–511, 521, 533f, 536, 578, 582, 585, 587–589
PCI 92, 97, 158, 162f, 195, 200, 251f, 353
Peel, David *86*
People's Convention 62–64
Perevoščikov, K. *404*, *408*
Perham, Hilda *358*, *432*, *513*
Petit, Ernest* 69, *98*, 101, 137, 159, 162, *194*, *196*, 203, 206, 213, 221, 255, 260, 265, 267, *333*, 384f, *393*, 402f, 586, 591
Petrov, Fëdor N. 59
Petrozavodsk *447*, 465
Peyrefitte, Alain 258
Philipps, Morgan 100
Picasso, Pablo 89, 116, 223–225
Piccoli, Michel 592
Pierrard, André* 135, 157, *158*, 159, 188, 197, 200, 205, *213*, 221, 260, 264f, 274, 278f, 322, 384, *393*, 402f, *420*, 587, 592
Pineau, Christian 190, 212, 243
Pineau, Pierre 592
Pivovarova, Varbara A. *215*
Plate, Ernst 450
Platts-Mills, John* *41*, 62, 135f, *178*, 179, 188, *189f*, 193, 231, 235f, 241, 425f, 428, *448*, 587, 592f
Pljušč, Leonid I. 325, 327f
Poczobut, Jean 592
Pol'skich, Galina A. 425
Polen *3*, 27, 130, 147, 212, 249, 345, 365f, 419
Poletti, Mattéo 81, *190*, 265

Pollitt, Harry *163*, 164–166, *181*, 187
Polt, Gerhardt *459*
Pompidou, Georges 324
Poncet, Jean-François *366*
Ponomarev, Boris N.* 358, 436f, 441, 476, 495, 587
Popov, V. V. *267*
Popov, Vladimir I. 360, 436–438
Popova, Nina V.* 207f, 210, *211*, 213f, *219f*, *222*, 247, *266*, 268, 281, 293f, 358, *393*, 408f, *424*, *434*, 587, 595
Poršnev, Boris F. 216
Posser, Diether *145*, 434
Potts, James H. 82
Poulenc, Francis 79
Poulton, Marc *80*, 81
Pravda *107*, 210, *212*, *214*, 215, 224, *259*, *357*, 410, 436, 441, *478*, 491, 516, 583, 588, 590
Prenant, Marcel 125
Prichodov, Jurij K. *436*
Priestley, J. B. 85f, 110
Pritchett, Victor Sawdon 110
Pritt, Denis Nowell* 63f, *68*, 82f, 88f, 94, 102f, 108, 149, 166, *340*, 341, 587, 592f
Profumo, John *239*
Progressive Tours 389
Pross, Harry *285*
Pross-Weerth, Heddy *285*
Prößl, Willy *299*
PS 251, 273, 317f, 343, 455, 479, 492, 579, 581, 583, 585f
Parti socialiste unifié (PSU) 317f, 581, 586, 579
Parti socialiste unitaire 266, 318, 579
Pudovkin, Vsevolod I.* 115, 587
Putin, Vladimir V. 1f

Raffert, Joachim 594
Ramadier, Paul 48, 92
RAMS 518
RAMSiR 518
Rasch, Harold 282f
Rajewsky, Boris* 285f, 290, 292, 587, 593
Rebières, Charles 335
Reimann, Max *283f*
Rennie, John O. *234*

Résistance 46f, 69f, 73f, 78–81, 101, 116f, 124, 136f, 157–159, 161, 173, 196, 202, 222, 255, 265, 275, 318, 344f, 425, 487f, 535f, 578–583, 585f, 588f
Reuter, Frank *282*
Revel, Jean-François 330
Rat der Gemeinden Europas (RGE) 448f, 481
Richardson, E. J. M. *232*
Richnell, Donovan T. 166
Rjabov, Jakov P. 487
Rjumin, Michail D. 152
Roberts, John C. Q.* 215, *275*, 349f, *432*, *507*, 587
Robinson, Robert *84*
Röder, Franz-Josef 457
Rodin, Auguste 365
Rödl, Helmut *313*
Rogissart, Jean *395*, 402
Rogov [Vertreter VOKS] 156, *184*, *218*, 241f
Rolland, Romain 55, 57
Romanovskij, Sergej K. *151*, 449f
Roment-Meurice, Henr 366
Rosljak, Jurij V. *516*
Rossotrudničestvo 2, *515*
Rostropovič, Mstislav L. 150, 178, 332
Roszarubežcentr 518
Rothe, Wilhelm *299*
Rothenburg ob der Tauber 471
Rothstein, Andrew* 132f, 163, 165f, 182, *189*, 221, 235f, 271, *340*, *400*, *432*, 480, 587, 592
Rothstein, Theodore 132
Rotter, Wilhelm 282f
Roubaix 407, 411f, 415
Roussat, Raymond* *258*, 260, 266, 277, 321, 336, 345, 386f, *435*, *437*, 464, 466, 503, 588, 591f
Roy, Claude 191, *423*
Royaumont 432f, 435f, 439, 441, 499
Rozier, Joseph 488, 490f, 493
RPR 435, 492, 585
Rubakin, Nikolaj A. 71
Rubin, Hans-Wolfgang 294
Rudenko, Roman A. 326
Rühl, Lothar 443f
Russell, Bertrand *192*
Russell, John 592

Russia Today 58, 67, 102f, 105, 123, 131, 134, 163, 192, 389, 588
Russia Today Society 58, 63, 65, 67, 118
Russie d'aujourd'hui 70
RWAG 286f, 299, 304, 306, 308, *314*, 348, *364*, 371f, 434, 458, 467, 482, 584, 593

Saarland/Saargebiet, siehe auch Gesellschaft BRD-UdSSR im Saarland 11, 42, 172–174, 300f, 303, *313*, 373, 391, 441, 455–457, 463, *464*, 471, 512, 514, 579, 588, 590
Saddler's Well Ballet 237
Sahm, Ulrich 290f, *302*, 304
Saillant, Louis *79*, 592
Saint-Étienne-du-Rouvray 452
Salandre, Georges 364f
Samson, Villis P. *215*
Samsonov, R. 369f
Samtlebe, Günter *371*
Sankt Petersburg, siehe Leningrad
Sanne, Carl-Werner 304
Šarapov [Vizekonsul Hamburg] 297
Sartre, Jean-Paul 109, 159f, *174*, 193, 196, 592
Sauvagnargues, Jean 487
Schäfer, Max *283*, 284
Schaffer, Gordon* 340, *341*, 510, 588
Scharping, Rudolf 309
Scheel, Walter 303f
Scherer, Werner 457
Schirner, Ludwig 167
Schlichting, Wolfgang *288*
Schmittlein, Raymond* 69, 202–205, 255, 265, *274*, 275, 278, 280, 319, 321–324, 326, *365*, 588, 592
Schneider, Julius* *172*, 173f, 588
Schön, Konrad 301
Schöndube, Wilfred *299*
Schorlepp, Hans 145
Schröder, Gerhard *282*
Schröder, Karl-Heinz *299*, *348*
Schröder, Walborg *299*, 512
Schulz, Herbert 594
Schuster, Fritz 457
Schwann, Hermann *283*
Schweden *68*, 130, 213f

Schweiz, siehe auch Association Suisse-URSS 23, 26, *53*, 77, *79*, 95f, *218*, 262, *391*, 585
Schwörer, Dieter 594
Scottish-Soviet Friendship Society (SSFS) 10, 164, 395, *400*
SCR 10f 41, 57, 63, 65, 68f, 83, 85, 87–89, 94, *95*, 106–115, 118, 128f, 135, 148f, 154, 165f, 177–180, 184, 193, 195, 200, 208, 221, *231*, 233, *238*, 260, 395, 397, 427, 432, 480, 508, 515, 522, 524, 527, 532, 578, 582, 586f
SCRSS 41, 515
Secker, Hans Friedrich 170
SED 19, 138, 140, 142, 144, *169*, 170, 172, 175, 252
Sedych, Vol'f N.* *195*, 429, 444, 492, 498, 509, 510, *511*, 516, *517f*, 588
Segura, Antoine *511*
Service des œuvres françaises à l'étranger *50*
Servin, Marcel 158, 201, 266
SFIO 48, 137, 251, 264, 266–268, 276, 317f, 395, 579, 581–583
Sheffield 136, 461
Short, Renée 340f, 358, 427
Sidorova, Nina A. 222
Sieveking, Kurt 450
Silverman, Julius *96*
Simonitto, Nathalie *345*
Simonov, Konstantin M. 109, 129
Sinjavskij, Andrej D. 319
Sinker, Paul *231*
Sitwell, Edith *86*
Sizov, M. T. *211*
Slánský, Rudolf 129
Slater, Montagu 85
Šling, Otto 135
Sloan, Patrick* 131f, 163, 165f, 181, *183*, 184, 188, 198, 221, 233, 235f, 271, *340*, 588, 592
Smirnov, Igor' V. 491
Smirnovskij, Michail N. 319
Smolensk *375*, 377f, 459, 482
Smollett, Peter 68f
Solomon, Jacques 80
Sommerset Maugham, William 110

Soria, George 182, 233
Šostakovič, Dmitrij 136, *215*, 371
Šostakovič, Maxim 371
Sovetskaja Kul'tura 256
Soviet Weekly 103, 221, 506f
Sovinformbjuro 95, 103, 210
Sowjetunion heute 348
Spade, Henri* 275f, 322, 335–337, 343, *344*, 588, 592
Spanien 25, 251, 472
Spanischer Bürgerkrieg 62, 83, 173, *340*, 581
SPD 173, 252, 280f, *282*, 286, 294, 297–299, 301, 306, 308f, 313f, 429, 457, 481, 512, 578, 581, 583f,
Speaight, Richard L. 260
Spender, Stephen 86, *110*
Sperling, Dietrich* 309, 376, 378, 481, *513*, 514, 588f, 593
Spicyn, Viktor I. 440f
SRC 231–233, 235–240, 531, 586
Stabreit, Immo 304
Staden, Berndt von *303*, 304
Stalin, Joseph 4, 23, 45f, 50, 59f, 68, 72, 80, 84, 88–91, 101, *102*, 104, 106f, 128f, *130*, 134f, *142*, 146, 149f, 155, 163, 175f, 187–190, *193*, 219, 228, 246, 248, 271, 294, 404, 476, 503, 518, 522, 526
Stalingrad 65, 88f, 125, 150, 220, 341, 368, 395, 399–401, 447f, 451, 470
Stankievičius, Jouzapas 215
Stark, Rudolf 173
Steinmeier, Frank-Walter 539
Stertzenbach, Werner *313*
Stimme der Gemeinde 284, 289, 586
Stimme-Verlag 285f
Stöcker, Helene 56
Storm Jameson, Margaret *110*
Straight Left 341
Strauß, Franz-Josef 298
Ströh, Erich 314, 594
Surkov, Aleksej A.* 110, 128, 214, *240*, 272, 589, 595
Švecova, Svetlana 495, *514*, *539*
Svistunov, Valentin I.* 162, 217, *223*, 227, 280, *321*, *324*, *326f*, 328f, 334, *335*,
336, *345*, *368*, 409, 412, 464, *470*, 516, 589
Swift, Frank *339*, *341*

Tadschikistan *363*, 364f, 366, 400, *464*
Tallinn 447, *458*, *463f*
Tambowsky, Gustav *348*
Taškent *285f*, *375*, 377, 385, 400–402, 412
Taut, Bruno 56
Tautz, Helmut *295*
Taylor, Trevor 592
Tbilissi 300f, 310, 374, *398*, *432*, *440*, 456f, *458*, 463, 482
Tereškova, Valentina V.* 257, 487f, 495–497, 517f, 589, 595
Thatcher, Margaret 340, 342, 349, 480, 507
Thelen, Liesel *313*
Thompson, Frank 86
Thomson Holidays 389
Thorez, Maurice 72, 156, 187, 200f, 205, 266f
Tjul'panov, Sergej I. 139
Todd, Judith 88, 592
Togliatti, Palmiro 195
Tonge, Fred 592
Tourcoing 395, 416, 420, 582
Tourisme et travail 386
Townsend-Warner, Sylvia *85*
Treppo, Raymond* 158f, *193*, *196*, 392, *419*, 589, 591
Trevelyan, Charles 83, *96*, 108, 593
Trockij, Lev D. 52, 59, 439, 584
Tschechoslowakei 27, 129f, 131, 247, 269f, 273–279, 289, 365, 419, 578
Tuapse 470
Tümmers, Peter *313*
Turkmenistan 368f
Turner, Jean 592
Tverdochlebov, N. E. 175
Tychina, Pavlo G. 128

UDT 204, 580, 582
Uexküll, Gösta von *285*
Ukraine 1, 100f, 128, 180, 205, 219, *363*, 371, 406, 422, *423*, 452, 455, 457, 462, *463*, 464, 477, 505, *538f*
Ulanova, Galina S. 215

Ungarn 8, 12f, *28*, 153, 186, *187*, 190–193, 196, 200f, 204, 209, 212, *213*, 237f, 242, 244, 527, 589
Union nationale des associations d'amitié avec la Russie et la CEI 511
Urban, Aleksandr *259*, 516
USA, siehe auch National Council of American-Soviet Unity *3f*, 12, 47, 60, 75, *84f*, 99f, 106, 118–120, 122, 129, 140, 150, 189, 193, 203f, *234*, 243, 248–250, 280, 341f, 387, 455, 476f, 535, 580f
Usbekistan 180, *363*, 401f, *406*, *422*, *463f*

Vahé, Raphaël* *280*, 345, *397*, *444*, 486, *491*, *493*, 502, 510, 589, 591
Vasil'eva, Galina S. 516
Vaughan, Roger *342*
Vavilov, Nikolaj I. 113
Vedernikov, Igor' N. *348*, *471*
Vercors* *102*, 196f, 274, 278f, 589, 592
Vereinigung deutscher Nationalversammlung (VDNV) 283
Vildrac, Charles 79, *80*, 592
Vilnius 295, *373*, *375*, 482
Vitt, Werner 285
Vlady, Marina 337, *365*, 366, 592
Vogel, Heinrich *299*
Vogeler, Heinrich 55
VOKS Bulletin 66, 108, *151*, 153f, *179*, 220f, 451
Volgin, Vjačeslav P. 128
Volgograd, siehe Stalingrad
Volodin, Viktor S. 216f, *256*, 260, 265, 279, 516
Vereinigung der Verfolgten des Naziregimes (VVN) 579

Wagner, Manfred 301
Wagner, Richard 456
Wahl, Alfred* 141, 145, 589, 593
Wainwright, William 102, 126, 128, 131, *136*, 138, 592
Waldmann, Bernt 594
Walkhoff, Karl-Heinz *299*, *313*
Wallisfurth, Rainer Maria 170f
Wallon, Henri 79, 87, 191, 400
Walser, Martin *287*, 288

Waschik, Klaus *397*
Weber, Gerhard* 296f, 306, 316, 348, 350, 358, 378, 390, 434, *444*, 450, *461*, 513f, 589, 593f
Weber, Werner *313*
Wedekind, Hermann* 300, 456f, 590
Weill-Hallé, Benjamin* 194, 590–592
Weisenborn, Günther *287*
Weißrussland, siehe Belarus
Weizsäcker, Richard von 434, 438–440
Wells, Herbert G. 82
Weltfriedensrat *117*, 118, 122f, 130, 147, 196, 580f, 583
Wertheimer, Pierre *357*, 592
Wieck, Hans-Georg *314*, 375
Wienand, Karl *313*, 594
Willerding, Klaus *145*
Williams, Alan Moray 85
Williams, Colin 592
Wilson, Harold 349
Wilson, Henry A. 65f, 82, 96, 592
Wilson, William* 340f, 357f, 590
Wischnewski, Hans-Jürgen *294*
Woolf, Dick 592

Youmatov, Nicolas *423*, *426*, *428*
Young, Edgar Philip *41*, 102
Young, George *96*, 100

Zacharov, Georgij N. 216, 516
Zagladin, Vadim V. *358*, 488, 492
Zamjatin, Leonid M.* 296, 304f, 311, 436, 438, 442–444, *500*, 590, 595
Zaporož'e *375*, 413, *464*
Zarubin, Georgij N. 86
Zarubina, Zoja V.* *217*, 508, 590
Zasuchin, Azat A. 348
Ždanov, Andrej A. 47f, 92, 107, 159
Zinn, Christa 285, *287*, *393*, 403, 593
Zinn, Ernst August 285, *287*
Zinov'ev, Grigorij E. 64, 102
Zorin, Valerian A. *233*, 321
Zoščenko, Michail M. 107
Zotov, Vasilij P. *215*
Žukov, Jurij A.* 210, 212, 215, *240*, *279*, 326, 436f, 590, 595
Zvezda 107

www.ingramcontent.com/pod-product-compliance
Lightning Source LLC
Chambersburg PA
CBHW030558230426
43661CB00053B/1759

www.ingramcontent.com/pod-product-compliance
Lightning Source LLC
Chambersburg PA
CBHW030558230426
43661CB00053B/1758